叶之秋 著

勘破封神

商亡周兴万千谜 壹

中国发展出版社
CHINA DEVELOPMENT PRESS

图书在版编目（CIP）数据

勘破封神．1/叶之秋著．—北京：中国发展出版社，2017.8
（2020.1 重印）

ISBN 978－7－5177－0713－4

Ⅰ．①勘…　Ⅱ．①叶…　Ⅲ．①《封神演义》—小说研究
Ⅳ．①I207.419

中国版本图书馆 CIP 数据核字（2017）第 160366 号

书　　名：勘破封神．1
著作责任者：叶之秋
联 系 地 址：北京市西城区裕民东路 3 号 9 层　100029
标 准 书 号：ISBN 978－7－5177－0713－4
经　销　者：各地新华书店
印　刷　者：河北鑫兆源印刷有限公司
开　　本：710mm×1000mm　1/16
印　　张：19.75
字　　数：338 千字
版　　次：2017 年 8 月第 1 版
印　　次：2020 年 1 月第 2 次印刷
定　　价：39.80 元

联 系 电 话：（010）68990642　68990692
购 书 热 线：（010）68990682　68990686
网 络 订 购：http：//zgfzcbs.tmall.com//
网 购 电 话：（010）68990639　88333349
本 社 网 址：http：//www.develpress.com.cn
电 子 邮 件：271799043@qq.com

序　言
商亡周兴万千谜

名著之所以能流传数百年而不朽，一个关键原因，就在于它内涵丰富，禁得起多角度解读。

一部《封神演义》，有人看到了历史更迭，王朝兴衰；有人看到了武将征伐，兵机奇谋；有人看到了仙人斗法，绚烂神奇；还有人看到了权谋韬略，步步惊心……

作为中国第一部将历史与仙幻融于一体的经典名著，《封神演义》确实值得反复阅读，再三研究。

整部《封神演义》，写得是姜子牙借商周兴替之战，进行封神行动的故事。“封神”是整部书的核心。故此，民间也多称此书为“封神榜”。

全书大体上可以分成三个部分。第一部分是写商朝为何没落，周朝（西岐）为何兴起；第二部分是讲商朝与截教，对西岐、对姜子牙发动的三十六路征伐；第三部分是姜子牙金台拜将后，周朝大举东征，伐五关，会孟津，大败商军，推翻商朝的故事。

“勘破封神”系列的第一部书，就围绕“商亡周兴”这个话题展开。

在许多人看来，商朝灭亡的原因很简单，不就是因为商纣王昏庸无道，宠幸妲己，滥杀功臣，残害百姓，于是搞得天怒人怨，兵祸四起?

确实，无论是在历史上，还是在原著中，商纣王都绝非明君。不过，若我们仔细阅读原著，就可以发现一个惊人的现象——商纣王也绝非昏君，商朝的天下，更不是被商纣王败掉的!

原著中的商纣王，精明而残忍，好色而重利，做出了许多糊涂至极的决策，极大加速了商朝的覆灭。

为了满足私欲，他在女娲宫墙壁上题写淫诗，侮辱圣人；他下令天下广选美女，充实后宫；他开凿酒池、肉林，享尽人间美味；他造炮烙，挖虿盆，在朝堂后宫大搞恐怖政治；他还修摘星楼，造鹿台，起寿仙宫，奴役万民；他为讨妲己一笑，不惜诛妻杀子，更令首相商容撞柱而死，亚相比干挖心而亡……

商纣王为人如此残暴，治国如此糊涂，可谓罪孽深重，恶行累累。如此商纣王，怎么还不是昏君？

只因，商纣王这些举措，几乎都是被人魅惑，受人操控之后所为。

在明面上，魅惑纣王、操控纣王的人，叫做苏妲己。

严格来说，真正的苏妲己——冀州侯苏护之女——早在恩州驿站中就已经死去。进入纣王后宫、从后妃变成皇后、操纵纣王近30年的，一直都是修炼千年的大妖九尾狐！

九尾狐之所以潜入皇宫，搅乱国政，则是受妖祖女娲娘娘所命。女娲娘娘才是导致纣王“被昏君”、商朝“被腐朽”的罪魁祸首。

这个观点或许很雷人，但细细品读，却可以在原著中发现许多证据。

只是，真相仅止于此吗？

女娲娘娘为何要派出九尾狐、琵琶精、雉鸡精等轩辕坟三妖潜入皇宫，魅惑纣王，败坏商朝国政？

那是因为商纣王在女娲宫墙壁上题写了一首情诗。

若题写情诗的，是与女娲娘娘同等级的圣人，比如三皇之首的伏羲，或者说老子、元始天尊、通天教主等三教圣人，那么，就算女娲娘娘看不对眼，也不会生气。可是，区区一介凡人，也敢对圣人动心思，那可就是癞蛤蟆想吃天鹅肉了！对天鹅来说，癞蛤蟆的喜欢，就是一种侮辱。

于是，见到情诗后，女娲娘娘勃然大怒，甚至想冲入朝歌皇宫，直接灭杀纣王。后来清醒了些，女娲才改命三妖前往朝歌。

那纣王为何会在宫墙上题写情诗呢？

只因他无意间看到了女娲娘娘的画像。画像中的女娲，乃是一位绝美少女。爱美之心，人皆有之，何况是权倾天下的商纣王？见到美女后，第一反应自然是强行占有。

但是，女娲圣像本在宫殿深处，被帘幕遮盖，参拜之人根本无法看见女娲真容。商纣王之所以会看到女娲娘娘画像，全因参拜时大殿内凭空起了一阵怪风！

大殿在高墙之内，帷幔重重，为何凭空起怪风？这放出怪风之人是谁？为何要放出怪风，引发一系列巨变？

若我们一步步深挖，最终就将勘破迷局，发现真相——原来，一切的迷局，背后都有三教圣人的身影。而三教圣人之上，更有封神世界的至尊强者鸿钧老祖！

其实，不单是商朝灭亡不能深责商纣王，就连周朝兴起，严格来说，也没文王姬昌、武王姬发什么事。

周朝之所以兴起，关键原因在于姜子牙。姜子牙能东征灭纣，并非姜子牙多么有才，能运筹帷幄，决胜千里。《封神演义》中的姜子牙，只是一个传声筒、代言人。他的每一个重要举措，都是仙界高层数十年、上百年前就已经安排好的！

甚至姜子牙何时渭水遇文王，何时金台拜将、大举东征、会兵孟津，何时攻破朝歌、覆灭商朝，那都早有安排。

在这个安排中，商朝必须灭亡，纣王必须昏庸，周朝必须兴起，子牙必须贤明。

制定这个安排表的，是神通广大的三教圣人。这个安排表，叫做“封神榜”。

要想弄清楚商亡周兴的万千谜团，就必须围绕“封神榜”展开。那么，仙界高层为何要封神？“封神榜”上有何内容？封神的实质又是什么？

请您随《勘破封神》系列一起，走入奇幻的封神世界，领略不一样的精彩！

目 录

001 封神世界有何奇妙的创世理论

作为中国古代神魔小说的两大高峰，《西游记》与《封神演义》都很值得一读。

儿时，我们迷恋奇幻的故事情节，喜欢稀奇古怪的法宝，渴望得到神奇强大的法术；现在，我们品读这两部书作品，更多的则是剖析人性，感悟人生，了解世道人心。

明朝中后期出现的《封神演义》，在某种意义上说，是《西游记》的前传。虽然两部作品并非同一个作者，但是，因《西游记》在前，并且已经闯下偌大名头，这使得《封神演义》的作者不得不，或者说总是不自觉地将《西游记》中的一些观念、一些人物写入《封神演义》之中。

比如说，《西游记》中作为配角出现的二十八宿、四大天王、九天雷声普华天尊、哪吒、李靖、二郎神，在《封神演义》中都能找到。仿佛正因为他们参加了封神之战，成为天神，然后才有了《西游记》中的种种故事。

其他诸如观音、文殊、普贤、燃灯、接引、菩提等等西游世界的大神级人物，在《封神演义》中，也能找到似曾相识的身影。

不过，我们在品读《封神演义》的时候，一定要明确：《西游记》是《西游记》，《封神演义》是《封神演义》。

一些人物虽然名字相同，但出现在不同的作品中，就已经有了不同的背景，被作者赋予了不同的意义。将其混同，并不理性。

《封神演义》这本部作品主要是讲姜子牙辅佐周文王、周武王，振兴西周，讨伐殷商，然后诸天仙神或者辅佐商朝，或者辅佐周朝，借商周之战行封神之举，最终商灭周兴，姜子牙代天封神等等故事。

从小说大意中我们就可以发现，商朝与西周的灭亡与兴盛，并非由人间决定，而是由天界诸神决定。

因此，要想明白商朝为何灭，西周为何兴，就必须明白封神大战为何阐教胜出，截教大败；而要明白封神大战胜败的玄机，就必须先了解封神世界的仙界格局；要想了解仙界格局，就必须明白封神世界奇妙的创世理论。

观点一：世界由无数个轮回组成。

在《西游记》中，太上老君被明确为三界第一仙，是他开辟鸿蒙，创造了西游世界。

那么，在封神世界中呢？

在小说第一回卷首诗中说：

“混沌初分盘古先，太极两仪四象悬。

子天丑地人寅出，避除兽患有巢贤。”

类似的观点在书中之后的章节中多次被提到。因此，我们可以明确，劈开混沌、开启封神世界的大神，正是盘古。

只是，盘古是封神世界地位与实力最高的大神吗？

很遗憾，不是。

在传统神话观念中，混沌时代是世界最初的形态，盘古是混沌中唯一的大神，世界万物都是在盘古开天辟地之后诞生的。但是，在封神世界中，混沌时代只是天地运行的诸多时代中的一个。

和《西游记》中一样，《封神演义》也认为世界是由无数个轮回组成，由生到灭，由灭到生。在生与灭之间，一共存在十二个时代。每个时代对应一个地支。比如混沌时代就相当于子时。开天辟地之后，天地进入鸿蒙时代，相当于丑时。丑时之后是寅时，人类与禽兽开始诞生。天地持续运行，运行到最后一个时辰亥时，天地进入玄黄时代，各种生灵大都覆灭，仅仅剩下圣人以上的生灵存活。玄黄时代之后，就是混沌时代。在灭亡中孕育生机，天地开始新一轮运转。

盘古能开天辟地，其神通自然极大，但是，与盘古一样，生长于混沌之中，拥有开辟世界神通的圣人还有不少，比如老子、元始天尊、通天教主，书中提到他们都有开辟世界的本领。

这三位圣人的共同老师鸿钧道人，更是法力无边，挥手间可以开辟、毁灭一个世界。与诸多大神相比，鸿钧道人才是封神世界毫无疑问的第一高手。

观点二：混沌之前还有多样生灵存在。

书中老子出场时，念了这样几句诗：“玄黄外兮拜明师，混沌时兮任我为。五行兮在我掌握，大道兮渡进群贤。”

相比生于混沌的盘古，老子的寿元明显高出太多。人家老子早在玄黄时代之前就已经拜鸿钧老祖为师，到混沌时代已经达到了诸神的巅峰，可以在混沌诸神中任意逍遥，无所顾忌。

从老子的诗句可以看出，在混沌时代绝非仅有盘古一人。在小说中，元始天尊、通天教主等人登场时，也明确提到是在混沌时代就开始修炼，并且取得了不凡的成就。

在玄黄时代之前，除了鸿钧道人与老子，还有没有其他生灵存在呢？

我们看鸿钧老祖的出场诗：

“高卧九重云，蒲团了道真。天地玄黄外，吾当掌教尊。”

所谓天地玄黄，其实就是天玄地黄，即天是黑色的，地是黄色的。一般我们把天地玄黄理解为形容天道高深莫测，难以窥探。

然而《封神演义》的作者，对于这天地玄黄有全新的定义。他认为新世界起源于混沌，但在混沌之前，还有一个玄黄时代，而在玄黄时代之外，更有一个早已经得道、出任掌教的鸿钧老祖。

至于玄黄时代之前叫什么，作者没有命名，我们也就不得而知。

从鸿钧老祖在玄黄时代之前就已经是一派至尊，我们也可以看出，在那个时候鸿钧门下当有许多仙人。老子只是其中一人。

只是，世界运行到玄黄时代时，因为种种原因，没有达到混元大罗金仙级别的各种生灵全部死亡了。

观点三：鸿钧老祖在封神世界并非无所不能。

既然封神世界最早、最强的大神是鸿钧老祖，那么，鸿钧老祖是不是无所不能呢？

不是的。在登场诸仙中，鸿钧老祖的修为确实是毫无疑问的第一人，但是在封神世界中，还有一些强大而神秘的力量。

比如西方教背后的力量就让鸿钧老祖深深忌惮。西方教教主准提道人与接引道人的实力与通天教主、元始天尊不相上下，都是混元大罗金仙级别。这种修为相比其他仙人自然很高，但与鸿钧道人相比还远远不如。不过，原著中，鸿钧老祖在见到二人时非常客气，竟主动提出与二人平辈论交，互称道友。仙界重资历，讲实力。西方教二教主的资历与实力连老子都远远不如，鸿钧老祖为何对两位教主那么客气呢？

唯一的可能是，西方教两位教主背后还有靠山。准提道人与接引道人修习的功法与鸿钧门下截然不同，他们另有师承。或许两位教主的师父与鸿钧老祖一样，早在混沌之前、玄黄之前就已经达到了混元无极大罗金仙水平。

在封神世界中还有许多散仙，他们既不是阐教门下，也不是截教门下，更不是西方教门下。他们的师承和鸿钧老祖无关，但一样拥有不俗的神通。他们的背后力量，极有可能上溯到玄黄时代之前。

当然，就算是封神世界还有诸多隐秘而强大的势力，但鸿钧老祖创立的道门依然是封神世界的主宰力量。封神世界的种种大事件，其背后或深或浅都有鸿钧老祖的身影。

那么，对三界影响深远的封神大战，与鸿钧老祖又有什么关系呢？

002 谁是封神世界最强仙人

《封神演义》中人物众多，单单被姜子牙封为正神的，就有三百六七十位。其他还有肉身成圣的“小强”以及倚仗师门庇佑逃过杀劫的阐教大仙。

《封神演义》中事件繁杂，既有忠臣与奸佞的朝堂斗争，又有邦国之间的彼此攻伐，更有仙界三教势力的绚烂斗法。若只是粗略读来，确实很难理清头绪。

那么，如何才能在纷繁芜杂的人物与事件中提纲挈领，一举勘破迷局呢？

很简单，抓主要人物。

这里所谓“主要人物”，并不是说写的篇幅最长、作者用墨最多的人物，而是在诸多事件中起到决定性作用的人物。

比如姜子牙，故事虽多，但他不过就是一个传声筒、一个提线傀儡。他的主要言行基本都是受人操纵。

那个幕后操纵者，自然是高居昆仑山玉虚宫的混元大罗金仙元始天尊。

元始天尊算是主要人物吗？

是！但他依然不是核心人物。

照我看来，老子、元始天尊、通天教主是整部书中的主要人物，而鸿钧老祖则是核心人物。

翻遍《封神演义》，我们惊讶地发现，鸿钧老祖只不过有一次出场，且出场之后的言行也很简单，不过是交代三个徒弟，要和平相处，要遵守当初约定，不要兄弟相残搞内斗云云。

可是，若我们仔细去看，就可以发现，鸿钧老祖在《封神演义》中几乎无处不在。封神世界的诸多大行动，其背后或深或浅都有鸿钧老祖的身影。

理解鸿钧老祖的行为，就成了我们理解封神世界诸多人物、事件的一把钥匙。

在封神行动之前的无数年，鸿钧老祖做了哪些举动呢？

一是鸿钧老祖自称："天地玄黄外，吾当掌教尊。"

早在玄黄时代之前，鸿钧老祖就已经创立了自己的宗派，成为一教之主。既然是掌教，自然有不少弟子，有自己的势力范围。只是书中没有明写，他具体有多少弟子，势力如何，所以我们不得而知。

二是老子登场时诗云："玄黄世兮拜明师，混沌时兮任我为。"

在玄黄时代，鸿钧老祖终于收了一个天资卓越的徒弟，此人即为老子。鸿钧老祖对这个徒弟非常满意，将一身功夫尽数相传。经过无数年的修行，在混沌时代，老子就已经达到了混元大罗金仙的修为。

三是元始天尊登场诗云："混沌从来道德奇，全凭玄理立玄机。太极两仪并四象，天开于子任为之。地丑人寅吾掌教，黄庭两卷度群迷。"

在混沌时期，鸿钧老祖又收了两个徒弟，即元始天尊和通天教主。

这两个徒弟也都是天资卓越。他们经过了整整一个混沌时代的修炼，到天地开辟之后的鸿蒙时代，终于也修行到了混元大罗金仙的级别。

鸿蒙时代之后，是洪荒时代。那个时候，天地刚刚孕化出人、虫、鸟、兽种种生灵。面对诸多生灵，元始天尊选择人类作为传法对象，通天教主则有教无类，把二师兄看不上眼的飞禽走兽，统统纳入门下，甚至人人践踏的石头，都可以得到他的功法传承。

两大圣人各自开创教派，创下不同门规，看似自行做主，其实背后都离不开鸿钧老祖的支持。

那么，鸿钧老祖为何要做这三件大事呢？

“天下熙熙，皆为利来；天下攘攘，皆为利往。”

虽然说：在为人处世方面，“唯利是图”很不好，但是在分析人与事上，往往抓住了“利”，就能抓住人与事的本质。

鸿钧老祖出场诗云：“高卧九重云，蒲团了道真。”

从诗句可以看出，在鸿钧老祖的心中，他最乐意过的生活，或者说他标榜的幸福生活，是逍遥自在高卧在九重天外，或者在蒲团上打坐修真，感悟天道。鸿钧老祖的生活，本当是不沾染人间烟火气、高雅脱俗的生活。

作为一个在玄黄时代之前就已经踏入混元无极大罗金仙层次的牛人，作为《封神演义》登场人物中毫无争议的第一高手，几乎没有人能强迫他去做他不愿意做的事情。

那么，鸿钧老祖为何要放弃清修，花极大心思去栽培门徒，并且悉心引导他们再去广招门徒，创建势力呢？

利，有很多种表现方式。

金银财宝，是利；官职权位，是利；名传千古，是利；万民敬仰，依然是利。

鸿钧老祖图的是什么利呢？

因为封神行动，鸿钧老祖不但亲自召集三个徒弟开会，当场签订封神盟约，在事后竟然还降临凡尘，对三个徒弟谆谆教诲。

只因，这一切本就是他的安排。

鸿钧老祖为何要策划封神行动呢？原因有许多，其中最为关键的，是鸿钧老祖还需要变得更强，活得更长！

人外有人，天外有天。在封神世界出场仙人中，鸿钧老祖无疑是修为最高的一位。不过，鸿钧是不是就强到宇宙无敌的地步呢？

未必！

在登场仙人之外，封神世界中还潜藏着许多圣人以上修为的大神。比如，虽然没有登场，但应该存在的西方教二位教主的师尊。

因此，鸿钧老祖虽然已经很强，但还需要更强。

人外有人，天外有天。追求仙道，也永无止境。

即便是没有对手的威胁，鸿钧老祖本身也会面临寿元耗尽的问题。我们常说某某仙人长生不老，寿与天齐，其实都是一种含混的说法。无论是何种等级的仙人，其寿元必定会有一个极限。要想继续活下去，就必须达到更高的层次。

寿命越长的人，往往越怕死，仙人也不例外。

作为一个高等级仙人，要想提高等级，除了自身加强修炼外，还需要广泛地收集香火。

在《封神演义》中，香火非常重要。在太乙真人的计划中，哪吒本当是以香火凝聚出真身，可惜哪吒仅仅受了半年香火，雕像就被李靖打坏。万不得已，太乙真人才以莲花为哪吒塑身。

香火，不但可以增强仙体强度，而且可以作为运用法术神通的依托。一个仙人，聚集的香火越多，拥有的战斗力也就越强。

那如何才能收拢许多香火呢？

当然是发展门徒、扩充势力。

经过无数年的发展，几乎整个东方仙界与人间国度，都成了鸿钧老祖的势力范围。数以万计的仙人，数以亿万计的凡人，成为鸿钧老祖的信徒。在信徒的叩拜与供奉中，香火之力源源不断地汇聚到鸿钧老祖手中。

香火越多，鸿钧老祖的实力就越强，就更有可能突破到下一个层次，拥有更加悠长的寿元。这就是鸿钧老祖图谋的利。

不过，如何解释鸿钧老祖连续收了三个门徒，让他们分别创立教派，并让元始天尊主持封神行动呢？

003　老子与太上老君是同一个人吗

要想明白鸿钧老祖用意，先要明确老子身份。

《封神演义》中的老子与《西游记》中的太上老君，其实是两个人，大家在品读时，万万不可混淆。

乍一看，两人有不少相似处：两人都是道派圣人，都骑着牛，都擅长炼丹，都和元始天尊有关系。

若细细分析，就可以发现，两个人其实没有半点相似。

何以见得呢？

在《封神演义》中，老子乃是鸿钧老祖的大弟子、元始天尊的师兄，是阐教的大掌教。

那《西游记》中的太上老君呢？人家并无老师，乃是在混沌之外就已经得道的唯一仙人，是他开天辟地，创造了世界，书中所有混沌时期出现的法宝，全在太上老君一人手上。

也就是说，太上老君在西游世界中的地位是创世神，是道祖，一切的道门（西游世界中，佛派是道门的分支），都源自于他。相比鸿钧老祖在封神世界中的地位，太上老君更要牛气。

在《西游记》中，太上老君与元始天尊并非师兄弟关系，他们与灵宝天尊因实力相近，并称为“三清”。

《封神演义》中也有“三清”。不过，三清所指完全变了，不再是玉清元始天尊、上清灵宝天尊、太清道德天尊，而变成了老子在混沌时期就开始修炼的一种分身神通。在诛仙阵大战通天教主（他与灵宝天尊也截然不同）时，“老子一气化三清”，即老子施展分身神通，变化出玉清道人、上清道人、太清道人。

三个人先后与通天教主大战，神通强大，让通天教主大感惊讶。

不过，最让通天教主感到不能理解的，还不是三清之神通，而是三清道人的长相。以通天教主之博闻广识，竟然从没有见过、听过三清之名。

之所以如此，只因所谓“三清”，不过是老子修习的一门化身神通。

原文说：“话说老子一气化的三清，不过是元气而已，虽然有形有色裹住了通天教主，也不能伤他。”当然，三清道人并非单纯幻影，他们各自和通天教主都交手过几个照面，足见有强大的攻击输出。只是，通天教主也神通广大，相比老子不过仅是略逊一筹。

其他不同的地方还有很多。

比如住所。

看原文：“此处乃大罗宫玄都洞是老子所居之地，内有八景宫，仙境异常，令人把玩不暇。”

大罗宫，其实就是大罗山。和其师弟元始天尊一样，封神世界中的老子，还有许多的神仙，都住在人间。

西游世界的太上老君，则高居于三十三重天离恨天之中的兜率宫。老子与老君的住所完全不同。

比如骑的牛。

老子与老君貌似骑的都是牛，其实不然。

在封神世界中，牛是一种常见的坐骑，品种很多。像黄飞虎骑五色神牛，通天教主骑的是奎牛。至于老子，每次出行几乎都骑牛，书中交代，他骑的是青牛。这青牛有何神奇处，书中没有特别描绘，但是骑的是牛无疑。

在西游世界中，太上老君出门很少骑牛，唯独在金兜洞降伏了青牛精后骑了一回。其实，青牛精只是外行人的说法，人家太上老君的坐骑根本不是牛，至少不是普通的青牛。金兜洞故事中，原著中通篇都是称呼那魔头为“兕大王”。

这“兕”，既不是牛，也不是犀牛，而是一种似牛非牛、似犀非犀的奇兽。在《山海经》中说得明白：“兕在舜葬东，湘水南。其状如牛，苍黑，一角。兕西北有犀牛，其状如牛而黑。”

正因为独角兕大王不是牛精，也不是犀牛怪，《西游记》作者才会又写到牛魔王以及避寒大王等犀牛精。类似撞车的低级错误，大师是不会犯的。

甚至，老子与老君擅长的技艺都不相同。

西游世界的老君乃是三界第一炼丹、炼器大师。封神世界的老子却并不擅长此道，他最擅长的乃是炼气。一气化三清，不就是他炼气的独门神通嘛。

只是，在《封神演义》中，有126处称老子为“老子”，却又有10处称其为“老君”，1处称其为“太上老君”。如何理解这一现象呢？

我把书中的11处非“老子”句子列举如下，大家稍稍比较，就可以发现其中规律：

1. 第3回写苏全忠的武器方天画戟，诗云：“能工巧匠费经营，老君炉里炼成兵。”

2. 第16回写姜子牙火烧琵琶精，诗云：“好似老君扳倒炼丹炉，一块火光连地滚。”

3. 第33回写黄天禄的武器长枪，诗云：“老君炉里炼，曾敲十万八千槌。"

4. 第34回哪吒战余华时，自吟诗句云："昨日老君从此过，也须送我一金砖。"

5～6. 第44回，赤精子用太极图破落魂阵，原著正文云："赤精子将老君太极图打散抖开，此图乃老君劈地开天，分清理浊，定地、水、火、风，包罗万象之宝。"

7. 第48回陆压登场诗云："不去玄都拜老君，不去玉虚门上诺。"

8. 第67回写姜子牙之盔甲，诗云："龙吞口，兽吞肩。红似火，赤似烟。老君炉，曾烧炼，千锤打，万锤颠。"

9. 第71回写火灵圣母之火，诗云："这火不是燧人钻木，又不是老君炼丹，非天火，非野火，乃是火灵圣母炼成一块三昧火。"

10. 第73回黄天祥大战丘引，写其铁枪，诗云："老君炉里炼，曾敲十万八千锤。"

11. 第77回唯一一处出现"太上老君"："话说元始见太上老君驾临，同众门人下篷迎接。"

为何在诗歌中，会有8处提到"老君"擅长炼丹、炼器呢？

在《封神演义》中，许多武将、仙人都频繁使用丹药。比如，太乙真人用金丹让哪吒重生；道德真君用两粒金丹让徒弟杨任眼睛中长出两只手；土行孙从其师惧留孙处偷走了五葫芦金丹。截教仙人中也有不少人身怀仙丹，像擅长制毒的一气仙余元，擅长制造瘟丹的吕岳等等。

也就是说，元始天尊与通天教主门下诸多仙人都能炼丹，唯独老子多次出场，没有一处正文提到他擅长炼丹。

在全书中，最擅长炼丹的，不是老子，而是人族三圣中的地皇神农。在姜子牙与周武王中毒之后，群仙无人可解。若老子真的擅长炼丹，手中有像《西游记》一样的九转还魂丹，那诸仙还不立刻去找师伯求救？可最后，是杨戬求到神农门下，得了三粒仙丹，救了姜子牙、周武王以及西岐万民。

何况，元始天尊炼制、赏赐给诸位弟子的法宝，无一不是杀伤力惊人的奇宝。像太乙真人手中的九龙神火罩，广成子手中的番天印，都能遇仙斩仙，遇神杀神。老子乃是鸿钧老祖大弟子的身份，其神通比元始天尊还高一截，若苏全忠、黄天祥、黄天禄等人手中的兵器，真的是老子炼制，怎么可能还要与凡人将领大战数百回合？完全应该分分钟秒杀对方才对。

再者，第3处与第10处，写黄天祥、黄天禄两兄弟的兵器，干脆是使用一模一样的诗句，明显是一处败笔。

因此，我认为，《封神演义》的诗歌中出现的“老君”炼丹、炼器等等描述，不过是原作者因循民间对于老君擅长炼丹、炼器的说法，生搬硬套在了故事当中。

至于第44回描述赤精子使用太极图时，说老君曾以太极图开天辟地，定地、水、火、风云云，其中另有玄机，我们后文再说。

作为后人，《封神演义》作者一心要在封神世界塑造出一个与以往截然不同的老子形象，为此他极力将老子与老君区分开来。应该说，他做得比较成功，但依然有瑕疵。

那么，封神世界中的老子，是一个怎样的人物呢？

004 老子无数万年都在忙活啥

鸿钧老祖一共收了三个徒弟。三个徒弟中，大徒弟老子显得最另类。

二徒弟元始天尊为阐教掌教，无数年来培养了许多优秀弟子。其中，十二位大弟子，达到了金仙中期甚至后期水平，成为仙界公认的“十二仙首”。除已经离开师门的大弟子们外，在玉虚宫还有数十上百像姜子牙、申公豹这样修为不俗的神仙、金仙。

三弟子通天教主为截教掌教。因通天教主施行有教无类的传功方略，碧游宫门人论数量远在玉虚宫之上；论质量，佼佼者比如多宝道人、金灵圣母、三霄娘娘、赵公明等个个远远超过十二仙首。截教的综合实力尚在阐教之上。

两个师弟都开宗立派，门徒万千，拥有强大的势力，可身为大师兄的老子，从玄黄时代算起一直到如今，已有无数万年过去，竟然只收了一个叫作玄都大法师的弟子。并且，就这唯一的徒弟，在三教封神大战中，既没有参与大战展现神通，也没提到有任何惊人法宝。玄都大法师除了做门童帮老子看门，通风报信，就是做牧童帮老子牵牛扶鞍，简直就毫无出彩之处。

若老子实力孱弱也就罢了，偏偏其修为早在混沌时期就达到了混元大罗金仙的水平，凌驾于诸多混沌大神之上。放眼封神世界，除了其师鸿钧老祖，老子是当之无愧的第一人。

老子明明知道其师鸿钧老祖一心希望扩充教派，以便拥有更多香火之体提升修为，为何偏偏不不遵从鸿钧老祖的意思呢？

只因老子很精明，早就将掌教虚名看破。

鸿钧老祖在玄黄时代之外就已经创立教派，拥有无数信徒。之后，他收老子为亲传弟子，本意乃是让老子接替他出任掌教，负责管理门下繁杂事务。

没想到老子名义上是掌门大弟子，实际上一点掌门的俗务也不愿意去做。他从师父鸿钧老祖的所作所为就已经领悟到：当个掌教看起来权柄在手，风光无限，但势必会耽误自身修行。

出任掌教门徒万千，一呼百应前呼后拥，看起来风光无限，但是，万千散仙面对混元金仙，只有被屠戮的命运。

在仙界，有实力，就会有权力。而有权力，未必有实力。自身没有实力，即便权柄再大，最终也都是虚妄。

于是，老子在无数万年来一直都把绝大部分精力放在自身的修行上。于是，《封神演义》中就出现了一个既不擅长炼丹，也不擅长炼器，却一心炼气的老子。

对于大徒弟不听招呼，鸿钧老祖自然有几分不快。不过，老子很会来事，在对待师父的礼节上，从来没有半点含糊。

就像在万仙阵，鸿钧老祖下界劝说三兄弟和好，老子早早发觉，带着元始天尊匆忙迎接师父。老子一大把年纪了，当着众多晚辈的面却毫无半点迟疑，带头趴伏在地，连连叩头，口中还恭恭敬敬道：“不知老师大驾下临，弟子有失远接，望乞恕罪。”在鸿钧老祖离开时，老子又率领众人在路边趴伏送行，一直到老师去得远了，才起身拱手站立。

在迎接与送行的描写中，原著只是提老子，一字不提元始天尊。一方面是老子是大师兄，另一方面更是因为老子对师父特别恭敬。

当然，鸿钧老祖最终放过老子，关键因素还是老子本身修为非常强大。

在诛仙阵故事中，老子一气化三清，其中诗句中反复提到，三清道人在混沌时期修炼，到鸿蒙初辟时都成就大道，即达到了混元大罗金仙水平。

也就是说，论真正实力，老子一人就堪比四位混元大罗金仙！

诛仙阵中，通天教主被老子以及三清道人（共 4 人）围攻。虽然通天教主神通极强，但最终还是被老子的扁拐狠狠打了两三下，受了伤。通天教主的大弟子多宝道人担忧师父伤情，冒死上前拦住老子，结果被老子用风火蒲团一招拿下。

拿下了多宝道人之后，老子也没有再做纠缠，就此退出了诛仙阵。他为何不趁着通天教主受伤，将其重创，甚至击杀呢？老子的实力到底比通天教主高出多少呢？我们等讲到相应章节时，再详细解说。

正因为老子的实力在三兄弟当中遥遥领先，鸿钧老祖把三兄弟召集起来，劝他们握手言和时说："今日我与你讲明，从此解释（从此解开放下怨仇）。大徒弟，你须让过他罢。俱各归仙阙，毋得戕害生灵。"

元始天尊与通天教主数万年来本就势同水火。因封神大战，元始天尊的徒子徒孙更是和通天教主的徒子徒孙彼此杀戮，结下无边怨仇。此番鸿钧老祖力主言和，本当劝说元始天尊与通天教主各让一步，结果却是，鸿钧老祖不劝老二元始天尊，不劝老三通天教主，偏偏提老大，希望老子放通天教主一马。

这是为什么呢？

只因以元始天尊与阐教仙人的实力，根本奈何不了通天教主。但若老子一出手，通天教主就惨了！

元始天尊能否与通天教主和好，不在于他自个儿，而在于大师兄老子愿不愿意帮忙出手狂扁小师弟。

为何在兄弟纷争中，老子最终选择站在二师弟元始天尊这边呢？

005 元始天尊为何怨气深沉

但凡成功人士，无不是深谋远虑之人。作为一教至尊的阐教掌教元始天尊，其智谋、心机当然不是常人可比。

只是，翻看《封神演义》，总是觉得元始天尊身上常常笼罩着一层怨气。

元始天尊乃阐教圣人，要有气息也当是英雄气、霸气，怎么会有怨气呢？

鸿钧老祖一共收了三个亲传弟子。

最初，他对大徒弟老子寄予厚望。可惜，老子一心向道，不关心俗物，白白耗费了鸿钧老祖好一番栽培。在混沌时期，洪钧老祖又先后收了两位亲传弟子：老二元始天尊，老三通天教主。这两位弟子都堪称惊才绝艳，不但修为都达到了混元大罗金仙（圣人级），而且分别开创了阐教、截教，使得鸿钧门下的总体势力大大增强。

作为阐教掌教，元始天尊备受门徒崇敬。因他择徒标准严苛，入门后更是戒律森严，阐教整体风气良好，在人间与仙界都有着良好口碑。在世人心目中，元始天尊俨然成为封神世界正义的化身。

可是，元始天尊的心中始终憋着一股怨气——只因在老师鸿钧老祖眼中，他处处不如小师弟通天。

没错，在三个徒弟中，鸿钧老祖最爱小徒弟通天教主，最忌惮大徒弟老子，至于二徒弟元始天尊，则经常被他无视。

正义的化身元始天尊，为何不讨鸿钧老祖喜爱呢？我认为原因至少有以下两点。

其一，元始天尊比通天教主入门时间长许多，但白白多修行无数万年，修为竟然比小师弟通天教主还要弱。

其二，元始天尊的性情为鸿钧老祖所不喜。

作为师门尊长，最喜欢哪种晚辈？有才华、有前途者，自然是受到万千宠爱。即便没有才华，若是为人乖巧，懂得讨长辈欢心，甚至偶尔流露小儿女柔弱姿态，长辈也定然会加倍关注。俗话说得好：会哭的孩子有奶吃。

相比而言，通天教主就是那会哭的孩子。元始天尊为人死板，凡事都讲究规则，属于那种特别沉闷、特别无趣的人。这种人，即便再会做事，也无法让长辈亲近。

以元始天尊的智慧，当然知道自己的问题所在。但他知道归知道，却并没有改变自己的意思。他要用自己的实际行动，证明自己比通天教主强，证明老师鸿钧看错了。

夹缝中生存的老二元始天尊，究竟做了些啥，最终成功改变了自身地位呢？

作为鸿钧的大徒弟，自然而然肩负着半个掌门的职责。可是，在封神大战中，老子一点儿帮助小师弟的意思都没有流露，百分之百地站在了二师弟元始天尊一边，十足的就是拉偏架。

对于老子如此作为，鸿钧老祖很有几分不快。正因大徒弟处事不公，鸿钧老祖才会在万仙阵会面时，直接出言敲打老子。

那老子为何铁了心帮助元始天尊呢？

首先，元始天尊对老子百般推崇。

虽然老子不管俗务，但在阐教之中享有至高无上之地位。所有阐教仙人，包括十二仙首，对老子都非常恭敬，称其为“掌教大老爷”。换言之，老子为阐教大掌教，元始天尊只是二掌教。

弟子们对老子的推崇，源自其师元始天尊。在十绝阵故事中，元始天尊亲口告诉心腹弟子南极仙翁：“吾虽掌此大教，事体尚有疑难。你叫赤精子去八景宫见大老爷，便知始末。”

在元始天尊的描述中，自己虽然做了掌教，可事有疑难，还必须请大师兄做主。类似的语言说得多了，玉虚宫门下弟子对老子又怎么可能不尊敬？

当然，老子法力通天，一心修行，区区阐教大老爷的虚名，很难真的打动老子。

其次，元始天尊与老子有着共同的对手。

老子之所以愿意帮助元始天尊，主要还是因为自身有利益需求。两人在纷繁复杂的仙界斗争中，有着共同的强大对手。

这个对手，自然就是小师弟通天教主。

本来，老子在两个师弟的斗法中，完全可以保持超然的地位。毕竟老子的修为远远高过两位师弟。通天教主虽然没有像元始天尊那样，公开讨好大师兄，但是对老子也不敢轻视。

老子与通天之间，本无仇隙。可是，鸿钧老祖对通天教主的偏爱，不但让元始天尊心怀不满，也让老子深深忌惮。

鸿钧老祖修为高深，早就到了超凡入圣的级别。他老人家出手，已经不再需要什么法宝。于是，在无数万年前，鸿钧老祖把三个徒弟叫到分宝岩前，把自己往日使用过的诸多法宝，一一分发给三个徒弟。

在分发时，鸿钧老祖并非公平分配，而是按照自己的喜好，率性而为。

他手中的诸多法宝，最为强大的就是四大仙剑：诛仙剑、戮仙剑、陷仙剑、绝仙剑。

这四把仙剑堪称封神世界最强仙剑。用此四剑布下的诛仙阵威力极强。那究竟强到何种地步呢？

原文中元始天尊亲口说："此阵有四门，得四位有力量的方能破得。"

什么才叫"有力量的"？

老子说："我与你只顾得两处，还有两处，非众门人所敢破之阵。"

原来，以四大仙剑组成的诛仙剑阵竟然需要四位混元大罗金仙级别的高手齐齐出动，才能破除。少一人都不成！

换言之，通天教主四剑在手，就等于拥有了四位混元大罗金仙的杀伤力。

按照常理，这种镇派之宝，本当由掌门大弟子继承。退一步来说，也可以一人分一把，那样老子与元始天尊也会心理平衡些。可是，鸿钧老祖根本没有顾及老子、元始天尊，俨然把通天教主当成了最后的衣钵传人。

这是大徒弟老子绝对不能容忍的。

老师吩咐的事情可以不做，但老师传下的宝贝一定要拿。世人一向是"不患寡而患不均"，神仙也不能免俗！

因此，老子选择与元始天尊联手，二打一对付通天教主。

坊间流传一句话，说有四种人关系最铁：一起同过窗，一起扛过枪，一起分过赃，一起嫖过娼。老子之所以与元始天尊关系铁，与两人在无数万年前，共同干过一件大事有关。这件事情是什么呢？

006 开天辟地后盘古大神去哪了

《封神演义》卷首诗云：

混沌初分盘古先，太极两仪四象悬。子天丑地人寅出，避除兽患有巢贤。

一部近百万字的长篇巨作，在文中或许会出现些许错谬，但作为开篇的卷首诗，必然经过原作者字字斟酌，反复咀嚼，几乎不可能出错。

在太极图灭殷洪故事中，原著又说：

"混沌未分盘古出，太极传下两仪来。四象无穷真变化，殷洪此际丧飞灰。”

因此，盘古大神乃封神世界开天辟地之神，仿佛确凿无疑了。

可是，在《封神演义》当中，还有两个人都标榜自己开天辟地。

其一是老子。

在赤精子到达大罗宫玄都洞老子住所时，见到门前有一副对联：

“道判混元，曾见太极两仪生四象。鸿蒙传法，又将胡人西度出函关。”

在《封神演义》中，虽然在此处也提到老子出关，度化胡人，却没有明确提到“化胡为佛”，故在提到西方教时，始终强调西方两位教主与东方仙界没有关系。

此对联中，老子声称自己亲眼见到太极生两仪，两仪生四象——这乃是天地初开，世界初成时期的异象。

如果说此对联对开天辟地的描述还比较含混，那么，在讲到老子的太极图时，原著更用了非常明确的描述。

进入玄都洞，赤精子拜见了老子，求得了老子的法宝太极图。这太极图相当厉害，原文说：“此图乃老君劈地开天，分清理浊，定地、水、火、风，包罗万象之宝。”

若此原文没有错谬，那就意味着老子才是开天辟地，定力地、水、火、风，开创新世界的大神。

其二是元始天尊。

在现实道教的典籍中，元始天尊与盘古本是一人。

只因元始天尊之所以号为“元始”，就意味着他是天地第一人，与唯一在混沌时代就存在、开辟新世界的盘古大神形象如一。道教把二者画上了等号。

《封神演义》是小说，不是道藏。不过，在原文中也有过元始天尊开天辟地的描述。

元始天尊出场诗云：

“混沌从来道德奇，全凭玄理立玄机。太极两仪并四象，天开于子任为之。地丑人寅吾掌教，黄庭两卷度群迷。”

乍一看仿佛文字中没有提到元始天尊开天辟地，但我们细品此诗，就会发现，诗句每一句的主语，其实都是元始天尊。那么，诗歌的意思就变成了：

我元始天尊在混沌时代道行就很牛，我感悟玄妙天道掌握了万千法门。我领悟了太极生两仪，两仪生四象之创世大道，然后我开天辟地建立新世界任我施为，我广收门徒，在地丑人寅时代创立阐教，成为掌教。

在通天教主设立下太极阵时，元始天尊亲口说：

“混元初判道为尊，炼就乾坤清浊分。太极两仪生四象，如今还在掌中存。”

此诗的主语依然是我。诗歌大意为：在天地初开时，我道为尊，我炼就乾坤，将清天浊地分开。那开天地、衍化出太极两仪四象的法宝（盘古幡），如今还在我掌中保存。

这么算下来，在封神世界中竟然存在了三位开天辟地的大神。如何理解这种矛盾的现象呢？

在《封神演义》一书中，开天辟地的主角，就是盘古。

在《封神演义》中，盘古是明白、确切存在的大神，并非老子或元始天尊化身。何以见得呢？

一是盘古有事迹流传。

仙界也好，人间也好，都知道是盘古开天辟地。就算是老子、元始天尊的老师鸿钧老祖，在登场时也吟诵：

“天地玄黄外，吾当掌教尊。盘古生太极，两仪四象循。”

从此可见，盘古不但是一个独立存在的大神，并且鸿钧老祖在登场诗中将盘古与自己并列，可见在鸿钧老祖心中，盘古大神乃是一个领悟了天地大道，即和他一样，达到了混元无极大罗金仙的超级高手。

二是盘古有遗物流传。

在封神世界中，盘古开天辟地倚仗两样法宝。一样是盘古幡。此幡有撕裂空间，开辟世界的神奇功效。一样是太极图。天地初开世界不稳，用太极图就可以镇压四方，让天地按照规律自行运转，衍生万物。

这两件法宝，一件主破，攻击力极强；一件主立，可以让世界自行运转。打个比方，一个好比利剑，一个好比坚盾。用盘古幡开创新世界，用太极图去稳定、巩固新世界。

两件法宝中，元始天尊手上的盘古幡直接以盘古为名，可见其最初主人必定不是元始天尊。

在封神世界中，元始天尊的地位可远远不如在道教典籍中。

三是盘古与老子、元始天尊在同一时期活跃。

就算封神世界真有盘古其人，也真的是盘古开辟了天地，那有没有可能盘古是某位大神的化身呢？

比如说，老子化身盘古，元始天尊化身盘古，等等。

这也不可能。

盘古与老子、元始天尊同为混沌时期活跃的大神。

另外，在整个封神世界中，没有明确写到任何一位仙人，在同一时期拥有其他化身。这一点和《西游记》中明确提到女娲乃老君化身截然不同。

老子在破诛仙阵时，施展了一气化三清之术。不过，原文说：“老子一气化的三清，不过是元气而已。”

老子所化的三清，只是一团精纯元气，可以用来困敌，惑敌，但并非是实实在在、拥有血肉、拥有独立思维的人（仙）。

那么，真相到底如何呢？

结合以上分析，我们可以归纳出下面几点：

1. 在封神世界中，盘古是独立并且真实存在的大神，不是他人化身；

2. 盘古神通广大，修为堪比鸿钧老祖；

3. 盘古与老子、元始天尊、通天教主等同在混沌时期活跃，彼此可能相识，可能是友，也可能是敌；

4. 盘古以盘古幡与太极图开辟了天地；

5. 在开天辟地之后，盘古神秘消失，其法宝分别被老子、元始天尊得到。

那么，最后一个问题来了，盘古大神何等强大，为何神秘消失了呢？

在《封神演义》中关于盘古的记载实在太少了。不过，我们可以结合老子、元始天尊等人的言行，做出以下推测：

修为到达混元大罗金仙之后，就有了开天辟地建立新世界的基础实力。但是，开天辟地需要耗费极大能量，即便是混元无极大罗金仙，也可能受伤。

因此，鸿钧老祖虽然修为高深，却没有开天辟地。

可是，混沌时代必须终结，进入全新的时代。于是，作为鸿钧老祖的代表，老子与元始天尊，找到了盘古，谈判共同开天辟地。

或许是老子、元始天尊给出了许多好处，或许是盘古大神追求无上天道，想验证一下自己的修为，最终，盘古决定出手。

于是以盘古为主，老子、元始天尊为辅，三人共同开辟了天地。

开辟天地需要极大能量，盘古大神拼尽全力，老子与元始天尊则偷奸耍滑，最终，盘古大神心血耗尽而死，其法宝太极图与盘古幡，分别被老子与元始天尊夺走。

建立新世界有助于鸿钧老祖扩充势力，收集香火；盘古去世，天地间也少了一个威胁鸿钧老祖的存在；老子与元始天尊分别得到了一件先天灵宝，拥有了开天辟地的威名，受万民供奉。总之，鸿钧老祖一脉在此次行动中获利极多。

那么，作为老三的通天教主，又是怎样一个人呢？

007 通天教主究竟是啥样人

在不少影视作品中，鸿钧老祖的三弟子通天教主，都被描绘成一个心胸狭隘、行事偏激、暴戾无常的阴谋家形象。其实，在原著中的通天教主根本不是那样。

通天教主是一个明辨是非、看重大局的人。

当广成子杀死其徒孙火灵圣母后，带着战利品金霞冠来到碧游宫，通天教主不但没有护犊子，反倒当众宣布："广成子，你与姜尚说，他有打神鞭，如有我教下门人阻他者，任凭他打。前日我有谕帖在宫外，诸弟子各宜紧守，他若不听教训的，是自取咎，与姜尚无干。"

通天教主是不是人前作秀，背后怨愤呢？根本不是。

在广成子出宫之后，通天门下四大弟子之一的龟灵圣母出手拦截，广成子不敢相斗，只是躲入碧游宫告状。通天教主听后，竟然当众宣布，将爱徒龟灵圣母驱逐出截教门墙。

若通天教主是偏听偏信、不顾全大局之人，怎么会对自家徒弟如此严苛？

门下不忿，再次把广成子拦住。广成子第三次躲入碧游宫中。

通天教主闻言，勃然大怒，把所有亲近门徒都召集近前，训斥说："你这些不守规矩的畜生！如何师命不遵，恃强生事，这是何说！广成子是我三教法旨扶助周武，这是应运而兴。他等逆天行事，理当如此。你等如何还是这等胡为？情实可恨！"

通天教主是生了真怒，对徒子徒孙们不能体会自家苦心极度失望。

只因通天教主明白，老子与元始天尊有意对付他截教。当初三教共同制定封神榜，明摆着是对他截教不利。所以，他才会一而再，再而三地严令截教门下遵守规矩，不得私自下山。若是下山被阐教门下打死，也纯属活该！

那么，通天教主为何又食言而肥，让多宝道人代替自己布下诛仙剑阵，最终自个儿也掺和到封神大战之中呢？

只因在广成子走后，大徒弟多宝道人禀告道："老师在上：弟子原不敢说，只今老师不知详细，事已至此，不得不以直告。他骂吾教是左道旁门，'不分披毛带角之人，湿生卵化之辈，皆可同群共处'。他视我为无物，独称他玉虚道法为'无上至尊'，所以弟子等不服也。"

火灵圣母被杀，作为师父的多宝道人最为心痛。他当然想下山亲手为徒弟报仇。以多宝道人截教门下第一大弟子的身份，其修为肯定在广成子之上，无须他人相助，多宝道人就可以搞定广成子。

但是，多宝道人对师父通天教主的脾气非常了解。若是直接请求下山，通天教主不但不会答应，反倒会把他大骂一顿。

他告诉通天教主，广成子曾经宣称截教是旁门左道，而玉虚宫则是道门无上至尊。

广成子有没有说过那些话呢？

在书中并没有明确记载。从广成子下山，到杀死火灵圣母，也就是一个照面的时间。广成子与火灵圣母也聊了几句，却并没有攻击截教门下是禽兽之流，更没有说截教是旁门左道。

但是，当时没说，并不意味着广成子此前就没有说。

在诛仙剑阵前，通天教主斥责广成子诽谤截教。在有师父元始天尊在场的情况下，广成子没有进行任何辩驳，明摆着是承认自己说过那番话。

以通天教主的见识，自然知道自己出手将会引发轩然大波，封神大战将迅速升级，最终导致不可收拾的下场。那么，他为何还要出手呢？

只因多宝道人从鸿蒙初辟时就追随通天教主，最是知道师父的软肋。作为鸿钧门下最小的徒弟，通天教主最忌恨的就是被人小瞧，尤其是被二师兄元始天尊看不起。

作为入门最晚的亲传弟子，通天教主极度渴望证明自己。于是他日夜苦修，终成大道。即便是创立教派后，他也是日夜修持，不敢懈怠。

他要向世人，尤其是向鸿钧老祖证明——咱通天不比任何人差，甚至，咱通天就是最强！

在通天教主心目中，他的成就早就超过二师兄元始天尊，故他骂徒弟们是“师命不遵，恃强生事”。言下之意，截教门下实力大大超过阐教。即便是对大师兄老子，通天教主也从无畏惧之心。有诛仙剑在手，通天教主自可横行此界。

听了多宝道人的话，通天教主心中大怒，不过，嘴上依然问道：“我看广成子亦是真实君子，断无是言。你们不要错听了。”

多宝道人再三表示自己绝不会欺骗老师，众多门人一直作证广成子确实说过。通天教主这才打定主意，要教训教训阐教仙人。

不过，即便生气，此刻的通天教主并没有想和两位师兄翻脸。故他只是让多宝道人拿了自家仙剑下山，布下大阵。通天教主以为，只要此剑阵一出，阐教必然无法可破。到那时候，只要二师兄元始天尊肯承认他截教不是旁门，通天教主自然会收回诛仙剑阵。

通天教主万万没有想到，二师兄也好，大师兄也罢，早就打定了主意大干一场。老子与元始天尊才是那蛮不讲理、一心闹事的主。

以广成子为代表的阐教仙人，为何看不起截教仙人呢？

按照常理，阐教也好，截教也好，同源共祖。所谓：“红花白藕青荷叶，三教原来总一家。”大家都是鸿钧老祖门下，修行的都是一脉相传的功法，本不应该彼此蔑视，甚至刀兵相见。

只是，有人的地方就会有江湖，有江湖的地方就会有圈子。圈子不同，利益就不同。于是，各种纷争也就随之而生。

一方面，阐教与截教出身不同，自然而然形成两个相对的势力。

阐教门下都是由人族出身，进而修成仙体。截教门下则是由鸟兽虫鱼踏上修真之途。二者虽然都是天地所生，但是人类天生就开启灵智，适合修行。阐教门下十二仙首，年纪小的，不过修行千年，竟然就达到了金仙水平。反观截教门下，尽是些禽兽精怪。他们天生灵智低下，要想修成仙道比人族难了千倍万倍。像石矶娘娘，本是天地玄黄之外的一颗石头，经过了无数万年方才开启灵智。她的寿元本和老子相当，乃是圣人级别，可最终竟然死在玉虚宫二代弟子太乙真人手中。石矶娘娘之所以会死，除了太乙真人手中有元始天尊赐下的强大法宝九龙神火罩之外，和她本身修仙资质太差密切相关。

因此，截教门下虽然有不少高手，总体势力也超过阐教仙人，但这是建立在截教门下拥有赛过阐教数倍乃至十数倍仙人基础上的。

队伍一旦大了，就难免龙蛇混杂。数万年下来，在仙界逐渐就形成了阐教门下多精英、截教门下多渣滓的共识。

由此一来，阐教仙人自然会看不起截教仙人。

另一方面，阐教仙人对截教的蔑视自有根源。

老子与元始天尊这二位圣人，对小师弟通天教主的传授方式一直不以为然，对通天教主的自高自大更是心怀不满。

所谓："上有所好，下必甚焉；上有所恶，下必弃之。"有两位掌教老师做榜样，也难免阐教仙人看不起截教仙人。

元始天尊与老子对截教的厌恶，在诛仙阵师兄弟会面时表露无遗。

元始天尊与老子见到通天教主是如何态度呢？三兄弟彻底闹翻，究竟是为了什么呢？

008　四大圣人为何联手痛扁通天教主

诛仙剑阵前，元始天尊、老子、准提道人、接引道人四位混元大罗金仙（圣人级别）高手齐齐出手，痛扁老三通天教主。

通天教主究竟为啥会惹了众怒，以至于遭到天地间四大至强高手的围殴呢？

先看元始天尊如何对通天。

诛仙剑阵前，两位师兄弟会面。通天教主先打稽首问好，元始天尊根本不回礼，直接训斥说：“贤弟为何设此恶阵？这是何说？”接着，元始天尊叨叨叨地说了一通当初三人如何签下封神榜，表态各有天命，不得干涉。

元始天尊不等通天教主答话，又训斥说：“贤弟为何出乎反乎，自取失信之愆。况此恶阵，立名便自可恶。只‘诛仙’二字，可是你我道家所为的事！且此剑立有‘诛’‘戮’‘陷’‘绝’之名，亦非是你我道家所用之物。这是何说，你作此过端？”

初一见面，元始天尊就给通天教主冠以两项罪名：

其一，出尔反尔，失信于人。

其二，布下恶阵，有违天道。

其实，这两项罪名只是强加于人，站不住脚。

通天教主毫不生气，淡淡说道：“道兄不必问我，你只问广成子，便知我的本心。”当着通天教主的面，广成子不敢隐瞒，把当初通天教主的言行一一说明。

本来，有广成子的话，足可以证明通天教主不但没有出尔反尔，反倒是顾全大局。而之所以布下剑阵，全因广成子诽谤截教，通天教主要为自家讨个公道。

按照常理，此刻元始天尊当向通天教主道歉，表示三教本是一家。如此，兄弟和好，纷争不再。

可是，元始天尊却说：“贤弟，你也莫怪广成子。其实，你门下胡为乱做，不知顺逆，一味恃强，人言兽行。况贤弟也不择是何根行，一意收留，致有彼此搬弄是非，令生灵涂炭。你心忍乎！”

从元始天尊所说“你也莫怪广成子”，可见，广成子确实说了诽谤截教的话，即广成子确实有错。但是，元始天尊得出的结论却是：自家徒弟即便有错，也是没错；通天教主门下即便没错，也是有错；究其根源，是通天教主“不择是何根行，一意收留”。

这“不择是何根行，一意收留”是什么意思？不就和广成子口中所说的“不分披毛带角之人，湿生卵化之辈，皆可同群共处”同样，是骂通天教主收徒太滥吗？

可见，阐教门下确实是上梁不正下梁歪，确实污蔑了人家截教。

其实，就道家观点说，鸟兽虫鱼与人类皆是天地生灵，并无高下。通天教主施行有教无类策略，对诸多族群一视同仁，并皆收录，正是符合天道之举。

那元始天尊为何要反对通天教主的收徒方式呢？

原因就是一个：通天教主开创的截教，势力太大，已经严重威胁到他阐教的生存。

所谓：“木秀于林，风必摧之。”对于这个入门比自己晚，修为却比自己高的小师弟通天，元始天尊很是嫉恨。

为了把这小师弟搞臭，搞垮，元始天尊做了不少工作。以后我们会一一说明。

见二师兄不讲理，通天教主也恼了。他虽然想顾全大局，但多年掌教，权倾天下，其尊严也不容任何人藐视——尤其是不容二师兄藐视！

通天教主愤愤然说：“据道兄所说，只是你的门人有理，连骂我也是该的？不念一门手足罢了。我已是摆了此阵，道兄就破吾此阵，便见高下。”

元始天尊哈哈一笑说：“你要我破此阵，这也不难，待吾自来见你此阵。”之后，元始天尊就进入诛仙阵东门一游。

出诛仙阵后，南极仙翁询问元始天尊，既然已经进入剑阵，为何不顺手破去。元始天尊说：“古云：‘先师次长。’虽然吾掌此教，况有师长在前，岂可独自专擅？候大师兄来，自有道理。”

按照元始天尊的说法，自家破诛仙阵不费吹灰之力，只是自己还有师长在前，不可自作主张。其实，这老小子是在给自己遮羞。以他的性情，若是能破，早就破了。像那种可以扇通天教主耳光的事情，元始天尊怎么可能放过？

等了许久，老子驾到。老子也好奇元始天尊为何不出手，他说：“你就破了他的罢了。他肯相从就罢，他若不肯相从，便将他拿上紫霄宫去见老师，看他如何讲。”

从老子话可知，破阵之事根本不需要等候老子。等老子出入诛仙阵一趟，老子明言：诛仙阵需四位混元大罗金仙水平的高人齐聚，方才能破。

老子的话无疑就证明，此前元始天尊在吹牛！

再看老子如何对通天。

老子见通天的一幕，也是火药味浓重。

两人见面，同样是通天教主先打稽首问好。老子同样开口便是训斥："贤弟，我与你三人共立'封神榜'，乃是体上天应运劫数。你如何反阻周兵，使姜尚有违天命？"

前次被元始天尊冤枉，通天教主已经不快。此刻见到大师兄完全是一副拉偏架的样子，通天教主腾得火起。

他一面解释自己设立诛仙阵，只因广成子如何恶意谩骂，侮辱截教，一面反问："今兄长不责自己弟子，反来怪我，此是何意？"并提出，阐教必须交出广成子给他发落。

老子乃是大师兄，年岁比通天教主高出太多。在元始天尊那儿，老子被无限推崇，没想到在小师弟通天这里，却不卖他老人家的面子。老子勃然大怒。

老子说："莫说广成子未必有此言语，便有，也罪不致此。你就动此念头，悔却初心，有逆天道，不守清规，有犯嗔痴之戒。你趁早听我之言，速速将此阵解释，回守碧游宫，改过前愆，尚可容你还掌截教；若不听吾言，拿你去紫霄宫，见了师尊，将你贬入轮回，永不能再至碧游宫，那时悔之晚矣！"

老子这番话，霸气十足，也霸道十足。在他老人家看来，通天教主胆敢不听自己劝说，那没错也是有错。并且，若不听自己的话，后果非常严重，严重到要废除通天教主全部修为，变成凡人进入轮回！

通天教主听了，顿时暴走。

无数万年来，即便是老师鸿钧老祖也没有如此训斥过他通天。大师兄虽然神通广大，可同样还是混元大罗金仙级别。自家有四把仙剑在手，何惧他老子！

通天教主大怒说："李聃！我和你一体同人，总掌二教，你如何这等欺灭我，偏心护短，一意遮饰，将我抢白，难道我不如你！吾已摆下此阵，断不与你甘休！”

通天教主强调自己与老子辈分相同，都是鸿钧门人；两人在仙界各自都是掌教，地位也相同。既然辈分相同，地位相同，老子凭啥以命令口气说话？凭啥将其抢白？归根到底一句话：难道我通天不如你？

通天教主忍了许久，终于把心底深处压抑了无数万年的话说了出来。

在他通天看来，自己修为高深，门徒广大。论个人行为，论门派势力，自家都在阐教掌教元始天尊之上；即便是与大师兄老子相比，也未必不如。

老子听了，只是大笑。他早就想找机会教训下这个风头十足的小师弟。自从鸿钧老祖在分宝岩上将他那套先天宝剑传给通天教主，老子就对通天产生了恨意。

但是，通天教主确实厉害，本身实力强大，门派更是仙人众多，为鸿钧老祖收集香火作出了重大贡献，深受鸿钧老祖宠爱。在没有充足理由的情况下，老子不能对通天教主下手。

直到此刻，通天教主摆下剑阵，挑战他老子。

老子笑呵呵走入剑阵，口中还吟诵道：“玄黄外兮拜明师，混沌时兮任我为。五行兮在吾掌握，大道兮度进群迷。两手包罗天地外，腹安五岳共须弥。”

（因电子书版本问题，之前引用此句时，作“玄黄世时拜名师”，后反复对比各家纸质书，发现确实存在两种版本。一字不同，老子拜师的时间也不同。）

老子谈笑自如，一副全不在意模样，可是手底下却谨慎万分，一出手就是亿万年从未动用过的压箱底秘术——一气化三清。这秘术估计鸿钧老祖见了都要大吃一惊。

元始天尊与老子携手对付小师弟，这很好理解。西方教之准提道人与接引道人，与通天教主无冤无仇，为何也掺和到诛仙阵行动中呢？

接引道人说得明白：“贫道来此，会有缘之客，也是欲了冥数。”

西方教两位教主开创教派多年，可是门下信徒寥落，几乎就是光杆司令。听闻东方仙界阐教、截教内斗，他二人兴冲冲前来，想要招揽门徒，捡个便宜。

于是，每当看到资质过人的仙人，多半是截教仙人，这西方教两位教主就会出现，口称其人与西方有缘，然后将其带走。

至于西方教为何不帮助通天教主，却帮助元始天尊，原因也很简单。单单元始天尊自然斗不过通天教主，可元始天尊背后有老子相帮，形成了二打一局面。如此一来，阐教必胜，截教必败。

西方教两位教主都是优秀的投机分子，自然要把宝押在赢面大的一方。因西方教两位教主在封神行动中多少出了点力，元始天尊、老子对西方教半路截和、带走优秀仙人的事情，也就睁一只眼，闭一只眼。

元始天尊与老子在训斥通天教主时，都提到姜子牙领导的封神大战乃是顺应天命云云。那么，关键的问题来了：封神大战发生的真正原因是什么？所谓天命，又是什么？

009 十二仙首都是谁，为何要渡杀劫

之前的几章，我们简单介绍了下封神世界的创世论与几位仙界大佬之间的纷争。正是这些纷争，为封神大战埋下了种子。

在原著中明确提到导致封神大战的原因有三个。

其一，十二仙首渡杀劫。

其二，昊天上帝命十二仙首称臣。

其三，商纣无道，姜子牙辅佐周文王、周武王，以正义伐无道。

于是，诸天仙神借商周之战，以完杀劫。道行高深者，成就仙道，无拘无束；道行中庸者，成就神道，长生不老；道行微末者，成就人道，转世轮回。

不过，若我们细品原著，就可以发现，真相远没有这么简单。

本章单说十二仙首渡杀劫。

要弄清楚这个问题，首先我们要明确，十二仙首是谁？

从字面上理解，所谓“仙首”，自然就是仙人中的首领、仙人中的佼佼者。十二仙首，就是十二位神通广大的仙人。

在书中，这十二仙首有明确指向，即玉虚宫门下十二代弟子，在原著第45回《燃灯议破十绝阵》中隆重登场，其文曰：

“话说燃灯掌握元戎，领众仙下篷，步行排班，缓缓而行。只见赤精子对广成子；太乙真人对灵宝大法师；道德真君对惧留孙；文殊广法天尊对普贤真人；慈航道人对黄龙真人；玉鼎真人对道行天尊；十二代上仙，齐齐整整摆出；当中梅花鹿上坐燃灯道人；赤精子击金钟；广成子击玉磬。”

燃灯道人在玉虚宫仙人中，具有超然脱俗的地位，远高于十二代弟子。关于此人我们以后会详细解说。

十二代弟子之间，班次分明。按照站位顺序，简单列举如下：

第一代，赤精子；

第二代，广成子；

第三代，太乙真人；

第四代，灵宝大法师；

第五代，道德真君；

第六代，惧留孙；

第七代，文殊广法天尊；

第八代，普贤真人；

第九代，慈航道人；

第十代，黄龙真人；

第十一代，玉鼎真人；

第十二代，道行天尊。

翻看原著时，我注意到了两个问题：

其一，原著为何将这十二位仙人，称为“十二代”弟子？

其二，排名的规律是什么？是按照道行、神通排名吗？

所谓第几代弟子，通常要结合门派师承关系论定。

阐教乃元始天尊所创，因其住所为玉虚宫，因此他的弟子也被称为玉虚宫门下。

元始天尊的亲传弟子，自然是玉虚宫二代弟子。

元始天尊的徒孙，即玉虚宫三代弟子，比如哪吒、杨戬。

元始天尊徒孙的徒弟，即玉虚宫四代弟子。在整部《封神演义》中，玉虚宫三代弟子仅仅有杨戬一人收了徒弟，即金毛童子。那金毛童子，算是唯一的一位玉虚宫四代弟子。

矛盾于是出现了，太乙真人与玉鼎真人同样都是元始天尊的弟子，为何一个是第三代弟子，一个是第十一代弟子呢？他们不都应当是第二代弟子吗？

按照我的理解，此处的“十二代”弟子，当理解成“十二届”弟子。

元始天尊自从鸿蒙初开就开始收徒传道，历经无数万年。他收徒当有一定的规律，比如说，每隔一千年收取一批弟子，这些弟子统统算作一代（届）。

每一届的神仙培训班，总会有那么一些表现出色的。经过元始天尊的种种考核，最终，每一届最优秀的一名仙人，将荣获“仙首”称号，并得到元始天尊亲手炼制的一件超强法宝。

这应当就是太乙真人、玉鼎真人被称为“十二代”弟子、十二仙首的原因。

每一届的弟子资质不一，仙首的实力也就有高下。有可能一届弟子都是废柴，于是，那一届中荣获仙首的那位仙人，实力也未必有多么强劲；也有可能一届弟子中藏龙卧虎，于是，那一届的仙首实力就格外强大。

总之，十二仙首之间的排名，不是按照神通，而是按照参加培训班的先后，即按照资历进行排名的。

那么，渡杀劫又是怎么一回事呢？

从鸿蒙时代到如今，元始天尊办了许多届培训班。他门下的弟子，远不止“十二代”。

比如南极仙翁，论资历，十二仙首都必须称他为师兄；论实力，十二仙首在十绝阵中屡屡受挫，南极仙翁举手间却破了凶险无比的红砂阵。

这南极仙翁堪称元始天尊门下第一仙，然而他不在十二仙首之列。只因他早就渡过了杀劫，斩却了三尸，修得了无上神通。

关于渡杀劫，在原文中有多处描述。我们将其结合归纳，就可以发现端倪。

原文一：“当有太华山云霄洞赤精子，九仙山桃源洞广成子，只因一千五百年神仙犯了杀戒，昆仑山玉虚宫掌阐道法宣扬正教圣人元始天尊闭了讲筵，不阐道德。”

原文二：“且言乾元山金光洞太乙真人，因神仙一千五百年犯了杀戒，乃年积月累，天下大乱一场，然后复定。”

原文三：“因吾辈一千五百年不曾斩却三尸，犯了杀戒，故此降生人间，有征诛杀伐，以完此劫数。”

原来，在《封神演义》中，部分继承了《西游记》中关于神仙渡劫的说法。

《西游记》中菩提祖师传道时曾经告诉孙悟空，在修成仙道之后，每隔五百年，上天就会降下一次灾难，前后要历经雷劫、火劫、风劫等三大天劫。渡劫之后，就可以享受无边寿元，真正逍遥自在。

在《封神演义》中，要想成就无上仙道，一样要渡劫。不过，这劫难并非来自上天，而是来自自身（斩却三尸），其时间也并非五百年一次，而是一千五百年一次。

按照《封神演义》的描述，那十二代仙人成就仙道的时间并不长，不过，也都超过了一千五百年。仙人只要修行超过一千五百年还没有斩却三尸，就会被认定为“犯了杀戒”，就要“降生人间”，要借助杀伐来完成这个劫数。

那么，什么才是斩却三尸呢？

关于三尸，在道教传说中被描述成三种虫子，寄居在人体内。这三种虫子分别代表了食欲、私欲、性欲。斩却三尸，其实就是说斩却人的一切执念，以达到一种超脱的境界。

在《封神演义》中，对于斩三尸的描述语焉不详，对于渡杀劫则有明确的说法。

我们结合上面三段原文可以发现，因为不能斩却三尸，于是，十二仙首就要渡杀劫。那如何渡杀劫呢？就是借助商周大战来“开杀戒”。

当然，开杀戒是有风险的，可能把别人杀死，也有可能被别人杀死。

杀死别人，最后自己存活下来，那就是渡过了杀劫。被别人杀死，那就是没有渡过杀劫：就这么简单。

是谁规定神仙修行一千五百年就必须斩却三尸呢？是谁规定无法斩却三尸，就必须通过渡杀劫来完成劫数呢？

在封神世界中，没有什么上天，没有什么神秘力量。于是，我们自然而然地可以推出：制定这些规矩的人，只能是高高在上的鸿钧老祖。

在我的理解中，一千五百年必须斩却三尸只是一个借口，一个让仙人参加死亡测试的借口。

为何这么说呢？

十二仙首乃是元始天尊门下最优秀的一批仙人。以他们的资质，竟然统统没有在一千五百年中斩却三尸，这说明了什么？

说明斩三尸根本就是虚无缥缈的事情，规矩制定者说你斩了就斩了，说你没斩就没斩。

没有斩三尸，就必须渡杀劫，参加死亡测试。

在我的理解中，渡杀劫类似于毕业仪式。只是，和现实中的毕业仪式不同，封神世界不搞什么欢庆，不搞什么典礼，而是通过杀戮，通过血与火的洗礼，来印证门下仙人的修为。

通过死亡测试的，鸿钧老祖就认可其为真仙；被杀死的，也可以去封神。

用这种渡杀劫的方式，可以让许多仙人在杀戮中殒落。如此一来，天庭寥落，缺乏神将的情况就可以得到改变。

只是，这十二仙首渡杀劫，本来是十二仙首的事情，大一点来说，是元始天尊，是玉虚宫，是阐教的事情。和截教，和通天教主没有一毛钱关系。

为何因为十二仙首渡杀劫，截教仙人就要来当炮灰，挡子弹呢？

在其中捣鬼的，毫无疑问，是元始天尊。不过，元始天尊要成功捣鬼，必须得说动鸿钧老祖。那么，鸿钧老祖为何会答应元始天尊，让通天教主门下的截教仙人也参与到渡杀劫行动当中呢？

010 截教到底有多强？大罗金仙十多个

按照前文所说，通天教主开创截教，使得道门大昌，信徒广大，香火之力源源不断。对于鸿钧老祖来说，通天乃是有大功之人。为何在阐教十二仙首渡杀劫的问题上，鸿钧老祖要主动出面，把通天教主以及其麾下截教拉入战团呢？难道他会不知道，截教一旦参战，必定就会有死伤？

只因在通天教主“有教无类”的观念下，经过无数万年的发展，截教势力已经强大到一个变态的地步！面对强大的截教势力，鸿钧老祖不得不忍痛出手，在通天教主尾大不掉之前，将其爪牙狠狠斩断。

截教到底有多强呢？

我们先看阐教的势力。

阐教初代：老子、元始天尊。

两人都是混元大罗金仙修为。若是按照仙侠小说的标准再划分层次的话，老子当是混元大罗金仙后期修为，施展一气化三清秘术，估计接近后期巅峰。元始天尊比较弱，当是混元大罗金仙初期修为。

阐教二代：燃灯、南极仙翁、十二仙首。

阐教二代中，毫无疑问，燃灯是圣人之下第一人。书中明确燃灯为群仙之首，故在十绝阵中，燃灯作为主帅，安排群仙对阵。十二仙首对燃灯非常恭敬。姜子牙更称呼燃灯为老师。

南极仙翁为元始天尊门徒中第一人，实力超过十二仙首，略逊于燃灯。

十二仙首中广成子实力强劲，其手中法宝番天印更是牛气哄哄。其他十一位仙首也各有神通，实力在金仙当中当属强者。

与十二仙首同时期得道的仙人，多数是金仙初期修为。十二仙首应当有金仙中期修为。广成子、赤精子当有金仙后期修为，南极仙翁更高一筹，当在金仙后期圆满境界。至于燃灯道人早在天皇时期就已经进阶大罗金仙（即准圣境界），并且，即便是在大罗金仙中，燃灯道人也算是强者！

阐教三代：杨戬、哪吒、杨任、雷震子，等等。

阐教三代弟子修为普遍不高，除了杨戬、韦陀等少数几人修为较强外，大都是人仙修为。不过，因为他们手中大都有师父赐给的金仙镇洞之宝，所以战斗力还是很强。

再看截教势力。

截教初代：通天教主。

通天教主虽然是老三，但其实力毫无疑问超过元始天尊，当在混元大罗金仙中期修为。他手中更有四件得自鸿钧老祖的仙剑，用此四柄仙剑布下的诛仙剑阵，连神通广大的老子也说，必须四位有力量（混元大罗金仙级别）的高人同时出手方才能破。

换言之，若是单打独斗，拥有四把仙剑的通天教主绝对不怵老子，对付元始天尊更是不在话下。至于西方教两位教主，也就是趁着老子与元始天尊踢馆的时候，在一旁趁火打劫一番。若是单挑，这二位绝不敢来捋通天教主的虎须。

截教二代：多宝道人、金灵圣母、无当圣母、龟灵圣母、孔宣、赵公明、云霄娘娘、碧霄娘娘、琼霄娘娘、吕岳、羽翼仙，等等。

这些仙人大都常在碧游宫听通天教主说法，都有大罗金仙修为，堪比燃灯道人，远在阐教十二仙首之上。

这些仙人之所以会殒落，或者因四圣（老子、元始天尊、准提道人、接引道人）亲自出手，或者因被四圣借出的超强法宝击中。若是与十二仙首正常交手，绝不至落败。

明面上，阐教仅仅拥有一位大罗金仙，而截教的大罗金仙超过十人！

通天教主的大弟子多宝道人，其实力更是甩元始天尊大弟子南极仙翁一条街。他的实力无限逼近混元大罗金仙。即便是老子面对多宝道人，都要祭出圣人级别法宝，才能将其擒拿。

截教门下还有不少实力堪比十二仙首的高手。比如毗卢仙、金箍仙、十天君（秦完、赵江、董全、袁角、金光圣母、孙良、白礼、姚宾、王奕、张绍）、九龙岛四圣（王魔、杨森、高友乾、李兴霸）、罗宣、菡芝仙、石矶娘娘，等等。

这些人的殒落，或者是因为十二仙首借来了圣人级别的法宝，或者是被十二仙首抢先出手。他们本身的修为，不少都达到了金仙中期水平。

截教三代：火灵圣母、殷商太师闻仲、崇黑虎、李奇、周信、杨文辉、朱天麟、余元，等等。

截教的三代弟子总体实力依旧远超阐教三代弟子。他们这些人之所以殒落，不是被十二仙首杀死，就是被十二仙首赐予的金仙级法宝杀死。

即便是截教的第四代弟子，也有几位绽放出耀眼光彩。比如号称七首将军的余化，用化血神刀竟然就能伤了阐教三代精英弟子哪吒。后来，余化遇上了阐教三代逆天人才杨戬，因化血神刀伤不到杨戬，余化心慌，才被雷震子偷袭杀害。

截教这些高手后来都殒落了，可是，我们不能因为他们都死了，燃灯、十二仙首活了下来，就简单认为截教都是窝囊废。其实，截教高手死得都很冤，几乎都是被阐教设局杀害，阐教手段多少有些不光彩。

为何说手段不光彩？只因所谓的正派仙人、阐教门下，都是三代打截教四代，二代打人家三代，初代打人家二代。尤其可恶的是老子、元始天尊还伙同接引道人、准提道人，四人联手，开启作弊模式，反复“刷怪”，最后刷得通天教主泪水涟涟，几乎崩溃。

原著82回《三教大会万仙阵》中描述说：芦篷上众仙一见，睁目细看数番，见截教中高高下下，攒攒簇簇，俱是五岳三山四海之中云游道客，奇奇怪怪之人。燃灯点头对众道人叹曰：“今日方知截教有这许多人品。吾教不过屈指可数之人。”

阐教说是兴盛，其实达到金仙以上境界的，不过一二十人。加上三代、四代弟子，也就是百十人，真正是屈指可数。

可是，截教呢？在通天教主的苦心经营下，他的门徒竟然数以千计，将近万人。

截教教主所在碧游宫，出入仙人众多，号称“万仙来朝”。

通天教主有超强的心腹弟子，更有成千上万的基层门徒，其实已经大大超过阐教，成为三界之中最强大的一股势力。

鸿钧老祖喜爱通天教主不假，但是，作为一个掌控三界的牛人，他必须时刻注意到权力的均衡。任何一方的坐大，都会打破这个平衡。平衡一旦被打破了，就会引发变乱。

截教的壮大为鸿钧老祖作出了贡献，但是，放纵截教继续发展，在不久的未来，截教极有可能出现一批混元大罗金仙。其实，只要截教多出那么一两名混元大罗金仙，那么，阐教就极有可能被灭，而阐教一旦被灭，西方教自然很难存活，最终，鸿钧老祖都有可能被架空。

一个高明的领导人，应当在事情还处在萌芽状态、可控状态下就提前做出应对。通天教主虽然还没有明确的称霸迹象，但是，“匹夫无罪，怀璧其罪”。一个人若是掌控了足以颠覆世界的强大力量，那么，他的野心也会随之膨胀。力量最是能改变一个人！

为了三界安宁以及自身利益，鸿钧做出了截教必须参与封神大战，与阐教十二仙首一决高下的决定。

其实，对于截教的壮大可能带来的危机，鸿钧老祖早有考虑。把截教拖入渡杀劫大战中，只是其计划之一。早在策划封神大战之前，鸿钧老祖就推出了一个人，一项策略，来作为调控三界的重要措施。

那个人叫昊天上帝，那项策略叫作组建天庭。昊天上帝是何方神圣？他为何能够出任天帝呢？

011 天庭之主昊天上帝是谁

在中国的神话体系中，昊天上帝是一个非常独特的存在。

之所以独特，是因为多数的神话人物都是后人依据前人事迹加以种种附会，尊其为神。比如老子李耳，本是春秋时期《道德经》的作者，道家学派的代表人物。可是，到了东汉魏晋时期，老子却被道教徒尊为太上老君，成为道教之祖。

其他如嫦娥、后羿、真武大帝、武圣关羽等等，都是如此。

在古代历史中，并没有昊天上帝这个人物存在。从最开始，他就是作为神出现的。早在尧舜禹时期，甚至在更早的炎黄时期，各部落就有祭祀上天的风俗。这上天，就是昊天上帝。

人们为何把上天称为“昊天上帝”呢？“元气广大”即是“昊天”，又因位尊则处上，至尊则为帝，而古人认为上天最大，故称上天为昊天上帝。

欲理解昊天上帝，首先要了解他与《西游记》中的玉皇大帝有何异同。

在名称上，玉皇大帝的全称叫作昊天金阙无上至尊自然妙有弥罗至真玉皇上帝，仿佛正是昊天上帝的缩写。其实，他们是两个人物。

论资历，昊天上帝是老前辈；玉皇大帝在宋朝才由道教徒提出，并得到皇家认可，尊为天帝。

论属性，昊天上帝是自然神（把自然现象视为神灵加以崇拜）；玉皇大帝是道教神（道教信仰中产生的神）。

论地位，在中国历代王朝祭祀中，昊天上帝都是至高神，并且受到广泛崇拜；只有当皇帝信奉道教时，才会出面祭祀玉皇大帝，并且，玉皇大帝在道教诸神中的地位，比三清要低，元始天尊才是道教至高神。

说完了古代历史、神话中的昊天上帝，我们再来说说《封神演义》中的昊天上帝。

在《封神演义》中，有关昊天上帝的记载极少，一共只有四处。就算是这四处，还都只是背景介绍。昊天上帝在整个封神大战中，始终没有正面出场。

不过，这位大神虽然没怎么露面，但其影响力几乎无处不在。封神大战的缘起，就和昊天上帝密切相关。

原著第15回说：“因昊天上帝命仙首十二称臣，故此三教并谈，乃阐教、截教、人道三等，共编成三百六十五位成神。”

昊天上帝为何要命令十二仙首称臣呢？

只因天庭虽然已建立许久，但多年来各项职位空缺严重。说白了，昊天上帝就是一光杆司令。

昊天上帝希望能够征召一批优秀仙人充实到天庭当中，帮他打理各项事务。可是，哪位仙人不向往自由？谁愿意成为他人臣子仆从，听从使唤呢？因此，许多年过去了，昊天上帝枉费许多工夫，应征进入天庭工作的神仙寥寥可数。

于是，昊天上帝下了狠心，要改变这一窘境。

在三界当中，可以为昊天上帝掌控的仙人当中，最为优秀的，当属十二仙首。

在截教当中，有不少仙人神通不在十二仙首之下，甚至犹有过之，为何昊天上帝不征召他们进入天庭呢？只因截教仙人多率性放荡，不服礼法，不遵纪律，无法无天惯了。那种人若是进入天庭，昊天上帝必然要花费许多精神去管理。

十二仙首与截教仙人大不相同，他们门规森严，尊卑有序。十二仙首若是能够进入天庭工作，必然能给整个仙界做出表率。昊天上帝再想征召其他人进入天庭，就轻松许多了。

只是，十二仙首乃是元始天尊的弟子。作为阐教掌教的元始天尊，是绝不可能轻易把苦心培养多年的弟子交给昊天上帝的。十二仙首若是进入天庭，那昊天上帝一方势力自然大大增强，元始天尊的阐教势力则大大削弱。以元始天尊之精明，绝不可能答应。

不过，昊天上帝之所以敢于下达“命十二仙首称臣”的诏令，就因为他背后有鸿钧老祖的支持。有鸿钧在幕后撑腰，就算是元始天尊也不敢公开反对。

从何处可知，昊天上帝背后的支持者是鸿钧老祖呢？

昊天上帝所建立的天庭势力，并非亘古以来一直存在。在混沌时期，根本无所谓天，自然也就没有天帝。

盘古开天辟地之后，世界进入了鸿蒙时期。虽然人类与禽兽到寅时才开始出现，但在子时、丑时，已经有不少神灵孕化。

昊天上帝大约就在那时诞生，开始修行，并最终感悟大道，达到了混元大罗金仙级别。

相比元始天尊，昊天上帝修行时间晚，神通法力自然也差了一些，但毕竟也已得证混元，算是到了圣人级别。

作为在老子、元始天尊、通天教主之后第四位进阶混元大罗金仙级别的圣人，昊天上帝当然应当在仙界统领一方，拥有自身的势力。

虽然说书中没有明确交代鸿钧老祖与昊天上帝之间的关系，但是鸿钧老祖作为封神世界第一大神，他的力量足以开辟封神世界，也足以毁灭封神世界。若没有得到鸿钧老祖的默许，昊天上帝不可能进阶混元大罗金仙。

因此，天庭的组建，背后必然得到了鸿钧老祖的支持。

并且，这昊天上帝建立的天庭，分管的正是封神世界的东部——西方教所在，并不归昊天上帝管辖——这东部，正是鸿钧老祖的大本营所在。

那鸿钧老祖为何要扶持昊天上帝，建立并扩充天庭势力呢？

鸿钧老祖在混沌时期收下元始天尊与通天教主两个弟子。经过无数万年的悉心培养，两位弟子终于在鸿蒙时代证道混元，可以开始创立教派，为鸿钧老祖服务了。

可是，经过无数万年的发展后，鸿钧老祖发现，阐教与截教的发展距离自己的预期越来越远。

阐教走的路线，小而不精。元始天尊门下仙人没几个，修为还不高。而截教走的路线，有教无类。通天教主门下万仙来朝，高手林立。在不久的未来，截教极有可能完全压倒阐教，独霸整个仙界。

为避免出现一方独大的现象，鸿钧老祖必须抢先出手，将截教的疯狂扩张势头遏制！

只是，截教推行的有教无类策略，正符合鸿钧老祖一贯提倡的“大道”。鸿钧老祖若是直接出手打击截教，有自个儿打嘴之嫌。于是，借天庭与阐教之手，加以打压，正是其最好的选择。

我们都知道，一山不容二虎。但是，当一山中第三只虎出现，却会出现微妙的平衡。这就仿佛三国鼎立。截教好比曹操，霸占整个中原，实力强劲。阐教好比刘备，自命正道，可力量不强，只能偏居一隅。若只有曹刘争霸，最终，阐教必然被灭。可是，有了天庭势力加入就不同了。天庭就好比孙吴。截教强，则阐教、天庭联合，一起对付截教。

昊天上帝下令让十二仙首称臣，其实就是针对截教而出的一个杀招。

表面看来，鸿钧老祖、昊天上帝都对十二仙首不满：一方面宣布十二仙首要渡杀劫，一方面又说让十二仙首去当差。事实上，鸿钧老祖与昊天上帝在联手作秀，目的就是引诱通天教主答应参加封神大战，然后借机将过于强大的截教灭杀！

看封神大战之后的仙界格局，就可以明白其中门道。

一是天庭势力。有昊天上帝、瑶池金母两位圣人坐镇。

十二仙首没有一人加入天庭，不过，从人间、阐教、截教中收取到了一些略有神通的中下层仙人，加封365位正神。这些神仙虽然没有超强战力，但是数量众多，班子配备齐全，力量绝不容忽视。

二是阐教势力。有老子、元始天尊两位圣人坐镇，且老子实力超强。

十二仙首剩下8人，燃灯跑去了西方教，二代实力受到削弱，三代最优秀的弟子诸如杨戬、哪吒都归属天庭。阐教总体势力受到削弱。

三是截教势力。通天教主被鸿钧带走，长期处于禁闭状态。

截教门徒死伤惨重，基本在死后进入天庭，成为正神。截教基本灭教。

四是西方教势力。有接引道人、准提道人两位圣人坐镇。

燃灯与多宝道人加盟，在不久后都进阶混元，成为圣人，取代接引、准提执掌西方教。据说多宝道人就是后来的如来佛祖。阐教与截教多位仙人加盟。尤其是十二仙首中的慈航、普贤、文殊、惧留孙，成为西方教主将。

西方教是封神大战最大受益人。不过，经过鸿钧老祖的暗中操控，西方教名存实亡，其主体力量都变成了鸿钧门徒。西方教与阐教、天庭一起重新构建成三角势力，达到新一轮的平衡。

012 天庭二圣凭啥驾驭万仙

虽然昊天上帝达到了混元大罗金仙修为，可是，在封神世界中，达到这个修为的还有多位：比如大名鼎鼎的人族三皇——天皇伏羲、地皇神农、人皇黄帝；比如在读者中人气极高的女娲娘娘。

虽然书中没有明确提到这四位的修为，但是十二仙首面对这四位都要口称弟子，言语恭敬。另外，这四位与老子、元始天尊、通天教主一样，在原著中被冠以“圣人”之名。因此，四人当是混元大罗金仙无疑。

凭啥鸿钧老祖就选定昊天上帝为天庭掌舵人？昊天上帝凭啥驾驭三界万千仙人呢？

俗话说：“打铁还要自身硬。”即便昊天上帝有鸿钧老祖在幕后支持，可具体工作还需要昊天上帝自己来开展。

昊天上帝被鸿钧选定的关键原因有两个。

其一，他有一个同样证道混元的老婆瑶池金母。

俗话说，一个成功的男人背后总有一个伟大的女人。瑶池金母就是这样一个女人。

在书中明确提到瑶池金母与昊天上帝是夫妻关系。

原著第55回，龙吉公主出场时自云：“吾非别人，乃昊天上帝亲女，瑶池金母所生。”龙吉公主乃是昊天上帝与瑶池金母之女。自然，瑶池金母就是昊天上帝之妻。

《封神演义》对这瑶池金母的身份描述有些含混，一方面称她为西王母（西王母乃上古女神，人面虎身，性情凶残，住在西昆仑），一方面却说瑶池金母住在瑶池，喜欢种植花草，俨然把瑶池金母当成西王母与王母娘娘的结合体。

在封神世界中，她是第一个证道混元的女仙，其资历还在女娲娘娘之上。

何以见得呢？

在原著第一章中写道："且言女娲娘娘降诞，三月十五日往火云宫朝贺伏羲、炎帝、轩辕三圣而回。"书中讲女娲见人族三皇是"朝贺"，可见女娲与三皇之间，是臣子与君王的关系。自然而然的，我们可以推出：女娲娘娘在仙界的地位，不如人族三皇。

可是，人族三皇是在天地运行到寅时，人类产生之后，才孕育出现，修行得道。昊天上帝与瑶池金母则早在鸿蒙初开时（即子时、丑时）就已经踏入仙道。瑶池金母的资历、修为，自然在女娲娘娘之上。

其二，瑶池金母有一件让群仙艳羡的神秘法宝。

正是这件神秘法宝让群仙不得不承认其尊位，听从其指挥。这件神秘法宝是什么呢？

原文第5回，终南山炼气士云中子自云："不问天皇、地皇与人皇，不问天籁、地籁与人籁。闲来一枕山中睡，梦魂要赴蟠桃会。"

云中子虽然不是玉虚宫十二仙首之一，但其修为也达到了金仙级别。在他心目中，天皇、地皇、人皇的地位并不怎么高。为何呢？因三皇对于他增进修为全然无用。从"闲来一枕山中睡，梦魂要赴蟠桃会"可知，云中子梦寐以求的，是有机会能够受邀参加蟠桃会。

以云中子的修为，为何没有参加过蟠桃会呢？

我们看文殊广法天尊的自述就可以明白。

原著第15回，文殊广法天尊云："玉虚宫元始门下，群仙首曾赴蟠桃。全凭五气炼成豪，天皇氏修仙养道。"

结合文殊广法天尊的话语，我们可以知道，并非是所有的修仙之人都可以参加蟠桃会。那些寻常的散仙、小仙是没有资格受到邀请的，只有像文殊广法天尊这样，出身阐教、截教等仙界名门大派，并且还需要是精英弟子，才能参加蟠桃会。

原著第48回陆压登场时诗云：“跨青弯，骑白鹤，不去蟠桃飧寿药，不去玄都拜老君，不去玉虚门上诺。”

陆压的诗歌吟得豪气，不去这个，不去那个，貌似逍遥自在，无拘无束，其实陆压虽然修为高深，差不多是到准圣级别，但出身草野，在昊天上帝看来，依然是穷草根一枚。因此，即便是陆压，也没有资格参加蟠桃会。

那蟠桃有何神奇之处，让无数仙人梦寐以求呢？

原著第44回杨戬登场时，自述云：“随风有影即无形，赴得蟠桃添寿节。”

原著第45回燃灯登场时，自述云：“灵鹫山下号燃灯，时赴蟠桃添寿域。”

多位仙人在提到蟠桃时，都会强调它的神奇功效——添寿。

修道也好，修佛也罢，最终目的，都是为了长生。在正常情况下，要想延寿，就必须提升自身的修仙等级。但提高一个等级何其艰难，往往需要长时间的打坐修炼。可是，瑶池金母的蟠桃非常神奇，只要服下一颗，立刻延寿不少。到底延寿多少岁呢？《封神演义》中没有提及。但是，从金仙修为的云中子对蟠桃都艳羡不已可以想见，其延寿效果必然有千年、万年。

因此，在封神世界中，这瑶池金母的蟠桃，可称为第一灵药。

只是，昊天上帝与瑶池金母虽然有蟠桃这等逆天灵药，却挡不住老子、元始天尊、通天教主对天庭的封堵。

他们夫妻自从天庭建立以来，辛辛苦苦开了许多届蟠桃会，可是，金仙级别的仙人，尤其是阐教、截教门下的金仙，吃了许多年的蟠桃，却没有一个答应在天庭上班。

只因为元始天尊与通天教主都不愿意把辛苦培育多年的弟子，拱手让给昊天上帝，削弱自身，壮大他人。

昊天上帝与瑶池金母，名为天帝、天后，面对十二仙首等人却非常客气，尤其是面对通天教主、元始天尊时，更有几分恭敬，几分胆寒。

原著第55回，龙吉公主提到自身被贬下界的原因时说：“只因那年蟠桃会，该我奉酒，有失规矩，误犯清戒，将我谪贬凤凰山青鸾匽阙。”

作为天帝之女，龙吉公主竟然得亲自给诸位仙人倒酒。只因倒酒时“有失规矩”——比如给通天教主倒酒，酒水洒到通天教主衣袖上——就被父亲贬落凡间。

可见，在封神大战之前的天庭，综合势力远比截教、阐教弱，并没有真正起到第三方制衡的作用。

正因如此，鸿钧老祖才会策划封神大战，扫荡截教，打压阐教，充实天庭，重新组建三方格局。

013 明知封神不利，通天为何还签名

鸿钧老祖虽然是封神世界天地第一仙，但他并不能任意操纵万物。封神大战之所以会举行，除了他在暗中推动之外，符合各方需求也是重要原因。

以元始天尊为首的阐教势力，因其麾下十二仙首只有渡过杀劫，才能修成真仙，所以举行封神大战以完成杀劫，势在必行。

以昊天上帝为首的天庭势力，需要选拔大量仙人，充实天庭各种空缺职位。昊天上帝最希望阐教十二仙首成为其麾下，但因忌惮老子与元始天尊，无法用强，所以以封神大战进行选拔，成为双方都可以接受的方式。

以通天教主为首的截教势力，本来既不需要渡杀劫，也没有接到天庭征召的命令，为何通天教主会答应截教也掺和到封神大战中呢？

一旦在封神榜上签上大名，通天教主就等于将门下万千弟子的性命置于危险境地。以通天之英明睿智，为何会做出这个决定呢？

其一，让截教弟子参与到封神大战中，乃是师尊鸿钧老祖所命，通天无法推辞。

通天教主可以不把昊天上帝放在眼中，但是不能无视老师鸿钧的命令。既然鸿钧老祖发出了邀请，让门下三位弟子共同主持封神大战，那么，作为小徒弟的通天教主，责无旁贷，只能遵照执行，完成老师指令。

其二，在通天教主看来，封神大战主要针对的是阐教门人，与他截教关系不大。

封神大战发生的两大理由，无一不是针对阐教十二仙首。在截教仙人看

来，封神大战就是想要削弱阐教。通天教主本就和元始天尊有着无数万年的积怨，自然巴不得阐教倒霉，元始天尊难过。

鸿钧老祖规定，只有三个徒弟都在封神榜上签字画押，封神大战才能开始施行。通天教主想看到阐教倒霉，于是在榜单上签了字。

其三，通天教主以为只要截教仙人闭门不出，在家中安静修炼，就可以渡过劫难，坐看阐教倒霉。

在签署封神榜之后，通天教主召集心腹弟子，告诫他们在此后的数十年间安心在山中修炼，千万不要随意下山。

为了警示弟子，让大家引起足够重视，通天教主特意在碧游宫大殿前张贴一副对联，文曰：

“紧闭洞门，静诵黄庭三两卷；身投西土，封神榜上有名人。”

应该说，通天教主对封神大战可能对截教带来的危害，已经足够重视。对于门下弟子，他也提出了避祸的方式：紧闭洞门，远离西土（指的是西岐）。

如果截教弟子都能够遵守通天教主的命令，确实可以远离祸患，躲过一劫。那么，截教仙人为何会被卷入封神大战的漩涡？

这就不得不提到元始天尊。正因为他的谋划，截教才被拖入封神大战的泥淖，最终陷落，当了阐教的炮灰。

在封神大战开始之初，截教与阐教并没有形成针锋相对的形态。在商纣王麾下，其实既有阐教仙人，也有截教仙人。双方都有门人弟子在商朝为官。

可是，两个人物的出现，改变了这一格局，并且最终将商朝定性为截教势力，将西岐定性为阐教势力。

这两个人一个叫作姜子牙，一个叫作申公豹。

对于姜子牙在封神大战中的作用，多数人都知道。正是因为姜子牙的出现，西岐逐渐强大，拥有了足以对抗商朝的力量；更因为有姜子牙的人脉，阐教仙人纷纷下界，帮助西岐，连续大败商朝，最终奠定了八百年江山。

不过，多数人都把姜子牙的地位看得太高，仿佛姜子牙真的可以左右封神大战，册封诸神时想封谁就封谁，甚至有人说姜子牙本想将天帝的位置留给自己……

其实，姜子牙只不过是元始天尊的傀儡，十二仙首也并不看重姜子牙。人家在意的，是自己的小命与师父元始天尊的法旨。各路散仙纷纷相助，大都是讨好阐教二圣。姜子牙做出的所有大决策，更无一不是遵循元始天尊命令。

打个比方说，元始天尊是发号施令的皇帝，那姜子牙不过是宣读圣旨的太监。千万别把姜子牙看得太高。

对于申公豹，多数人都把他当成一小丑，自动忽略。其实，他在封神行动中的重要性，远远大于姜子牙！

正是因为有申公豹四处煽风点火，打着情义的招牌招摇撞骗，截教仙人才会纷纷下山。他们心中想着的是兄弟情义，谁料想却中了别人的算计。

表面看来，申公豹之所以如此干，是因为嫉妒姜子牙。其实，那只是掩人耳目。申公豹真正的身份，与姜子牙一样，都是推进封神行动的关键人物。只是，他的使命比姜子牙更加艰辛，更加沉重。

申公豹就仿佛是仙界的一根搅屎棍，为的是把仙界的水搅浑，把截教的水搅浑。正因为他的出现，截教仙人被纷纷拖入封神大战中，并一个个死去。

与其说截教仙人是被姜子牙等人打败了，不如说是被申公豹坑死了。可叹那些截教仙人，一面和阐教姜子牙等人大战，一面还相信阐教出身的申公豹，真是单纯得很，傻帽儿得很。

在元始天尊的背后，自然还有鸿钧老祖。

有读者疑问，既然鸿钧老祖很喜欢通天教主，为何还要搞封神大战整治通天教主呢？

我此前写了几年的宋史，给大家讲一个宋朝的小故事。

宋朝的第二任皇帝叫作宋太宗。

作为父亲，对儿子自然是喜爱的、信任的。但是，为了权力，许多人可以摒弃最基本的人性。在历史上，为了夺权，演绎出不少儿子杀老子、老子杀儿子的惨剧。

宋太宗没有杀儿子，可是，与几个儿子也相处得很不愉快。

因为册立皇太子一事，大儿子被他逼疯了，二儿子被小妾毒死了。在考察了许多年后，宋太宗最终册立三儿子为皇太子。

册封之日，百官欢呼："真社稷之主也。"

其实，那时候的三儿子并没有什么特殊的政绩，大家不过是因为他成了皇太子，照例说个恭维话。可是，这话传入宋太宗耳中，分外不是滋味。他找到大臣寇准说："四海心属太子，欲置我何地？"

宋太宗是嫉妒儿子吗？不是的，他是嫉妒的是皇太子！皇太子既是他儿子，也是他的政敌，并且还是合理合法的政敌！民心越是归属太子，他作为现任皇帝就越是担心。因为万民归心，皇太子就有可能发动政变，让他靠边站！

鸿钧老祖喜爱通天教主不假，可是，提防通天教主也是真。尤其是通天教主本身实力强大，可称封神世界第三人，并且麾下高手林立，准圣级别超过十人。若是不加遏制，在不久的未来，截教势力就将称霸天地间，无人可以遏制。

于是，在截教还在掌控中时，鸿钧老祖打着封神大战的旗帜，表面削弱阐教，其实是恶整截教。为了永久掌控封神世界的至高权力，鸿钧老祖不介意大开杀戒，即便对手是亲如儿子的小徒弟。

014 定立封神榜单的是哪三教

在《封神演义》中，签押封神榜可称第一大事。书中但凡提到签押榜单，必定提到"三教共立"字眼。这三教到底指的是哪三教？参与签押封神榜的，究竟有哪些人呢？

一种观点说，封神世界的三教，乃是阐教、截教、西方教。

在书中写到诛仙阵与万仙阵故事时，其目录一个是"三教会破诛仙阵"，一个是"三教大破万仙阵"，都明确提到了三教。

在正文中，老子、元始天尊邀请西方教正副教主共破诛仙阵，当时准提道人说："既然如此，总来为渡有缘，待我去请我教主来。正应三教会诛仙，分辨玉石。"此处，准提道人提出，自己代表的西方教与老子、元始天尊代表的阐教，将与通天教主代表的截教，在诛仙阵会战。

等到接引道人来到，老子代表阐教表示感谢，他说：“今日敢烦，就是三教会盟，共完劫运，非吾等故作此孽障耳。”此处，老子也提到“三教”。

在准提与老子的口中，“三教”就是阐教、截教、西方教。

不过，当初签押封神榜时的“三教”说的是这三教吗？接引道人与准提道人参与了定立榜单吗？

乍一看，接引道人、准提道人仿佛对封神榜定立的内幕非常清楚。

在接引道人与准提道人的努力下，在封神大战中，不少截教、阐教仙人被召入西方教。这些人或者神通广大，阐教十二仙首难以对抗，或者有奇门神通，天资卓越，乃可造之才。每每在关键时刻，接引道人与准提道人就会跳出来宣称：某某在封神榜上无名，与我西方有缘。于是，这两人就会把人带走。

如果接引道人、准提道人参与了封神榜的签押，那么，他们知道封神榜名册上有谁，或者没有谁，那都很好理解。

事实却是，接引道人与准提道人根本就没有参与签押封神榜。他们又怎么可能知道榜单上有无某个人的名字呢？

在书中第84回，老子、元始天尊与接引道人、准提道人联手破了通天教主的万仙阵。之后，鸿钧老祖驾临，当面教训三个徒弟。在那番对话中，鸿钧老祖亲口道出了“三教”定立封神榜的秘密。

鸿钧先是说：“当日三教共佥‘封神榜’，你何得尽忘之也！名利乃凡夫俗子之所争，嗔怒乃儿女子之所事，纵是未斩三犭之仙，未赴蟠桃之客，也要脱此苦恼。岂意你三人乃是混元大罗金仙，历万劫不磨之体，为三教元首，为因小事，生此嗔痴，作此邪欲。”

鸿钧老祖说话时，虽然接引道人与准提道人也在场，但看其语气，明显是针对三个徒弟而说。话语中，鸿钧训斥通天贪恋名利，妄动无名，而对老子、元始天尊携手外人对付自家师弟，也有些生气，故同时训斥三人。

从鸿钧称呼三个徒弟为“三教元首”可以知道，老子、元始天尊、通天教主就是三教的带头大哥。接引道人与准提道人，并不在其列。

之后，鸿钧老祖又说：“当时只因周家国运将兴，汤数当尽，神仙逢此杀运，故命你三个共立‘封神榜’，以观众仙根行浅深，或仙，或神，各成其品。”从“命你三个共立‘封神榜’”可知，当初定立榜单的就是老子、元始天尊、通天教主三人。除了鸿钧老祖作为公证人在现场外，无其他大神。

难道老子、元始天尊、通天教主分别是一教之主，于是三人才被称为“三教元首”，定立封神榜才被称为“三教共立”？

在书中第15回姜子牙下山故事中，提到封神背景时说：“因昊天上帝命仙首十二称臣，故此三教并谈，乃阐教、截教、人道三等，共编成三百六十五位成神。”在此处，书中明确把“三教”定义为阐教、截教、人道教。

应该说，这“三教”才是封神世界绝大多数地方三教的本义。只有在极少数情况下，三教才会被理解成阐教、截教、西方教。

这是因为封神大战乃是东方世界之事，本和西方无关。三教自然就应该是东方世界的三教（阐教、截教、人道教都在封神世界的东方）。

只是，随着形势的发展，阐教单独无力抗衡截教，老子与元始天尊不得不向外界求助。西方教两位教主当然不会做赔本买卖，他们打着匡扶正义、帮助阐教的旗号，挺进东方仙界，从封神大战中捞取到不少好处。

元始天尊是阐教教主，通天教主是截教教主，两教都有自己的代表。那么，人道教呢？

有一种观点说，老子就是人道教的掌教，加上他，刚好凑齐三教圣人。

这种观点正确吗？

很遗憾，这种观点在原著中并没有根据。

万仙阵故事中，原文说：“说话通天教主见二位教主，对面打稽首。”书中把老子、元始天尊称为“二位教主”，可见，老子也是教主。那么，他是什么教的教主呢？

后文通天教主怒斥老子、元始天尊说：“你等谬掌阐教，自恃己长，纵容门人，肆行猖獗。”原来，元始天尊是阐教教主无疑，那老子其实也是阐教教主。只是，为了区别二人，阐教门人多称呼元始天尊为“掌教老爷”，称呼老子为“掌教大老爷”。

在封神世界中，人道教自有教主，即端居于火云宫的人族三皇——天皇伏羲、地皇炎帝、人皇轩辕。这三位是天地运行到寅时，孕化出了人类之后，最早修成仙道的人类。他们在仙界的地位极高，即便是十二仙首等人，按照礼节，见到人族三皇，也当下跪，行弟子礼。

那么，为何人族三皇没有参加封神榜的签订呢？

原因不难猜，这三皇虽然也证得大道，达到了混元大罗金仙水准，但是，其修炼时期尚短，修为与老子、通天教主相差甚远，即便是比元始天尊，也大大不如。

任何一个世界的话语权，都掌握在绝对强者的手中。

相比寻常仙人，人族三皇自然是圣人，是强者，但是在老子、元始天尊、通天教主这混沌时期就已经得道的老牌三圣面前，只有颤抖的份。

于是，阐教大掌教老子、掌教元始天尊、截教掌教通天教主三人共同签订封神榜，决定东方仙界未来仙、神、人的最终归宿。人道教虽然有教主，但地位卑微，势力孱弱，无权参与仙界至高会议。其实，不但是人族三皇没有与会，资格比他们还要老些的昊天上帝、瑶池金母，也被排除在最高权力之外。

在任何一个世界，沉默的永远是大多数，而能够被执权者代表，已经算是幸运。

015 鸿钧老祖为何要灭商兴周

早在商纣王变坏之前，甚至在商纣王登基之前，鸿钧老祖就已经让三个徒弟签订了封神榜，决定了借人间灭商大战，来推行封神计划。

换言之，无论商纣王是否残暴，是否昏庸，都注定了当一个亡国之君。商朝已经被鸿钧老祖抛弃，“气数已尽”；其附属小邦周部落，则受到鸿钧老祖眷顾，“天命所归”。

那么，鸿钧老祖为何定要灭商兴周呢？

在中国古代，许多王朝对于自己始祖的诞生，都有一些貌似荒诞其实大有玄机的记载。

在《封神演义》第 1 回中，讲到商朝的兴起，就提到了“玄鸟生商”的典故。

据说其祖先，一位名叫简狄氏的女子，和她两个姐妹一起前往一条叫作玄丘的河水中洗澡。正在洗澡时，天空飞来一只全身都是黑羽的鸟儿。这鸟儿飞过玄丘河时，下了一个蛋。简狄氏或许是觉得好玩，或许是饿肚子了，捡起漂浮在水面的鸟蛋就吃了下去。奇怪的事情发生了，少女简狄氏怀孕了！

简狄氏生下一个儿子，名字叫作契。契长大后跟随大禹治水，立下功勋，被舜帝任命为司徒，封于商地。契，就是商国的第一代国君。

古代史中还记载了周朝始祖的故事，和简狄氏的故事有几分相似。

据说周朝的祖先是一位叫作姜嫄的女子，她本是黄帝的玄孙帝喾的妃子。有一天，姜嫄外出散步，看到四野葱茏，草木茂盛，心情大好，不知不觉走了很远。

当她走到一个陌生的原野上，忽然看到前方有一个巨大的脚印，光是大脚趾就比寻常人整个脚印都大。什么人才会留下这么大的脚印呢？姜嫄一时好奇，抬脚踩在那巨大脚印上。忽然，那脚印中传来一股暖流，从姜嫄脚底冲上全身，让姜嫄感觉无比惬意。就在此时，姜嫄感到腹中微微颤动，竟仿佛其中有了胎儿一般。姜嫄又惊又怕，却毫无办法。

十个月后，姜嫄产下一个男婴。因无端受孕，姜嫄无法自处，于是将男婴抛弃。奇怪的事情发生了：将男婴扔在车水马龙的街道上，过往的牛马都会自动绕道；将男婴扔在山林中，飞来大鸟用羽翼覆盖男婴，为其保暖。

姜嫄深深震撼，认为上天不绝男婴，于是把男婴抱回，取名为“弃”。弃后来立下功勋，建立国家。弃，就是周的第一代国君。

类似的故事还有很多，虽然细节不同，但都是说某某女人和非人类生物有了交集，神秘受孕。这些女人或者没有老公，或者有老公也没老公啥事。总之，他们的祖先都不是人，至少不是一般人。

乍一看这些故事都很荒诞，但放在封神世界中再看这类故事，就会发现其中另有玄机。

为何吞下鸟蛋，踩个脚印就会怀孕？当然是因为鸟是神鸟，巨人是神人。神仙一流传宗接代，当然不能像寻常老百姓一样。

不过，神通广大的神仙为何要在孱弱的凡人当中留下自己的种子呢？

只因神人、仙人也需要在人间建立自己的势力！

千万年来，神族、仙族一直在有意识地控制人间王朝的盛衰兴替。

神仙参与人间王朝的事情，可以在不少传说中找到踪迹。

若非有仙人指引，伏羲怎么可能感悟出八卦？神农怎么可能以炼药得道？若非有仙人相助，黄帝怎么能够呼风唤雨，借来天兵大败蚩尤？传说中大禹的父亲鲧死后竟然化身黄龙，可见他本就不是凡人。而大禹治水时，更是频频变身巨熊，凿山通河，最终击败洪水。

仙族，作为更为高级的生命体，其寿元、神通远远高于凡人。不过，当仙人达到一定境界之后，因资源所限，进步将越来越缓慢。比如金仙级别，即便有数百年、上千年的闭关苦修，也未必能够提高多少修为。可若是寻访到罕见的灵药仙草，炼制成仙丹，就有可能快速进阶。

仙界比人间更加讲究力量，一言不合，就可能生死相搏。有一件强力法宝，往往能够让人绝处逢生，逆转局面。只是，越是高级的法宝，需要的材料就越是罕见。

仙人们没有精力去慢慢收集仙草、矿石，于是，把这些俗事、杂事交给附属的人族来做，就成了一个不错的选择。

尤为重要的，是收集香火。鸿钧老祖那等混元无极大罗金仙都需要香火，更何况其下的混元大罗金仙、大罗金仙？

在建立人间势力的时候，神仙们经常做的一件事情是确立图腾。人间大大小小的部族，有着繁多而迥异的图腾。影响比较大的，是天子所在部族的图腾。比如，夏朝以龙为图腾，商朝以玄鸟（即凤凰）为图腾。万民对图腾的祭拜，让神仙们可以从中源源不断获得香火，获得信仰之力。

虽然在书中没有明确提到暗中扶持商汤建立新朝的是哪一家仙人，但是我们结合原著可以发现，长久以来，商朝其实一直都被截教仙人掌控。

何以见得呢？

我们从封神大战时，商朝官员中修仙者的派系、师承中窥见一斑。

在整部《封神演义》中，有哪些商朝官员出身截教，哪些官员又出身阐教呢？

商朝号称有八百镇诸侯，书中有不少是明确提到曾拜截教仙人为师，学得异术者：身背葫芦，擅长召唤铁嘴神鹰的曹州侯崇黑虎；精通呼人落马之术的青龙关总兵张桂芳；后来成为四大天王的佳梦关总兵魔家四将；走桃花运、迎娶昊天上帝之女的三山关总兵洪锦；口吐勾魂红珠的青龙关继任总兵丘引；一门五杰、擅长细菌战的潼关大将余化龙家族；生擒过黄飞虎的穿云关守将龙安吉；诛杀土行孙的渑池守将张奎等等。

除了以上这些一方诸侯外，在原著中还提到至少十余位截教弟子在各镇诸侯麾下充当部将。

最为重要的，是商纣王即位之后，其国家最高权力，在很长一段时间里，都掌握在太师闻仲手中。而闻仲，正是截教正宗三代弟子。

为何说掌握商朝最高权力的是闻仲，而不是商纣王呢？

闻仲在商朝的地位非常高。他本就是太师身份，身为百官之首，比首相商容、亚相比干的地位还要高。在先帝归天时，闻仲更是排名第一的托孤大臣。

按照当时的分工，闻仲当分管文事，武成王黄飞虎分管武事。事实上却是太师闻仲不分文武统统一把抓。商纣王犯下的所有荒唐事，全部都是在太师闻仲不在家的时候。

只是，天下广大，祸乱四起，闻仲这个“消防队长”实在忙碌，根本不能常在朝歌。等到他平定边患时，却发现商纣王已经把江山折腾得满目疮痍，西周也壮大到尾大不掉。

反观阐教，除了阐教散仙度厄真人门下李靖、郑伦在商朝为官，多数在封神大战中出场的三代弟子，本身都未在商朝为官。他们大都是在妲己魅惑纣王之后，封神大战已然开启时，才被阐教仙人收为门徒，充作打手的。

正因为截教势力对商朝的渗透已经十分严重，鸿钧老祖对商朝深感担忧。于是，他苦心培养西周。在封神大战之前的西周还非常纯洁，没有任何一名截教仙人在西周为官。在经过封神大战之后，西周的最高层貌似掌握在姬家手中，其实，真正掌握其命脉的，是阐教仙人。

姜子牙就如同当初的闻仲一样，成为仙界在人间王朝的代言人。

016　怎样的历史观才最真实

和许多古典小说一样，《封神演义》在开篇第一回有一首卷首诗。诗歌挺长，此处不附。大体的意思是说，自从盘古开天以来，历经三皇五帝，传到后来的夏朝、商朝，权力多有更迭，但都有一个规律：得民心者得天下，失民心者失天下。

为了证明这个观点，在卷首诗以及正文第一段中，作者特意举了夏桀亡国与商汤兴起的故事。原作者就是要以夏亡商兴的故事作为前车之鉴，告诉我们，商朝为何会灭亡，周朝为何会兴起。

只是，以“得人心者得天下”或者“仁者无敌”等来归纳王朝更替的原因，虽然朴素，却有失真实。

《封神演义》认为，商汤为何能夺取天下呢？秘密全在“网开三面”（后引申为网开一面）故事中。

据说，有那么一天，商汤到郊外巡视，看到负责捕鸟的官员在山谷中张开四面大网，并且祈祷道：“从天下坠的鸟，从地底飞起的鸟，以及从四方飞来的鸟，全部都落到我的大网中吧。”商汤看了，觉得太残忍，下令那位捕鸟人解开三面大网，并且更改祈祷词说：“想要去左面的鸟，就去左面吧；想要去右面的鸟，就去右面吧；想要飞往高处的鸟，就飞往高处吧；想要飞往低处的鸟，就飞往低处吧；唯独那不想活的鸟，才会撞入我的网罗中！”

汉水以南的诸侯国听闻这件事情，大家都认为商汤的德行实在太宽仁、太博大了，于是陆陆续续归顺的国家就有40多个。

网开三面成了商汤仁德之行的代表举措。一个连鸟都关心的君王，他会不关心人吗？这样有仁慈之心的君王，难道不值得我们拥护吗？能够做出此举的商汤，正是千百年来无数百姓渴望的仁德之君。

只是，仅仅靠着网开三面，靠着仁德之心，商汤就能够击败强大的夏朝吗？

这绝不可能！

三国时期，黄巾军为祸天下，儒生向栩向皇帝献策，不需劳师征讨，只要派人到阵前大声诵念《孝经》，必定能兵不血刃，感化贼军。因其建议过于荒唐，结果被皇帝下令斩首。

任何一个政权背后都有着一个或者多个庞大的利益集团，即便代表人物，比如某某帝王比较昏庸，其利益集团也绝不会束手待毙，自动退出历史舞台。这也是几乎每一次王朝更迭都会爆发大规模战争的重要原因。

但是，夏商之争的结局是夏桀覆灭，商汤功成。于是，商汤当年的种种举动，都被后来的官员学者演绎成无比伟大的壮举！

商汤夺取天下的真正原因是什么？

其一，商汤乃夏朝的世袭贵族。

如同秦朝为何能统一天下一样，商汤与秦始皇只是最终登上高位，书写霸业的那个人。其实，早在他们之前，他们的祖先就已为之付出了无数努力。

商国的第一任国君叫作契，早在舜帝时期就有了自己的封地。夏朝建立时，商国趁机兼并周边小国，势力逐步壮大。等到五六百年过去，商国传到汤的手上时，商朝已经是夏朝屈指可数的几大诸侯国之一，其地位犹如《封神演义》中的西伯侯姬昌。

早在夏桀即位时，商国的势力就已经非常强大，让身为天子的夏桀也深深忌惮。

其二，商汤苦心招贤，得高人指点。

商汤的宰相叫作伊尹，此人最初是一个奴隶，身份卑贱。后来，莘国的厨师觉得小伊尹很机灵，就收了伊尹做学徒。

伊尹和其他奴隶不一样，除了吃饱穿暖，他还有着更加远大的追求。他利用一切空闲时间，钻研尧舜禹等前代明君治理国家之道，并且把为人处事的道理融入做菜之中。

后来，一些贵族听闻伊尹不但能做得一手好菜，还学问广博，就聘请他做师仆。这样，伊尹得以有机会接触到一些上层人物。

再后来，伊尹听闻商汤的大名，于是借烹调的机会，向商汤献策。也有人说，是商汤听闻伊尹的大名，几次三番前去拜访伊尹。总之，不管是谁先拜访谁，最终，明君和贤相走到了一起。

商汤用伊尹为相，在今天的人们看来，或许是一件寻常的事情，可是在当年，这却绝对是一件轰动四方的大事。先秦时期身份等级制度非常苛刻，官员都是世袭贵族，一个奴隶别说当宰相了，就是获得平民身份也是千难万难的事情。

伊尹成为宰相之后，提出了许多重要策略，其中最重要的一条，就是告诫商汤，夏桀依然强大，要时刻隐忍，徐图发展。

其三，商汤远交近攻，合纵连横，最终大败夏桀。

商汤出任商国国君一共 17 年。在这 17 年中，商汤夺取天下的进程主要分三步。

第一步，扮演夏朝天子桀的忠实走狗，在朝排除异己，在地方扩充势力。

在这一步中，最为重要的事是，商汤宣布，商国的邻国葛国国君没有按照朝廷规定举行祭祀，对天子不敬。于是商汤奉命讨伐葛国，并最终获得胜利。

第二步，忍辱负重，积蓄力量，结交盟友。

葛国被灭，人口和土地并入商国。夏桀除了面子上光鲜些，并没有得到实惠。夏桀很聪明，他一面利用商汤去剿灭各地叛乱，一面再三试探商汤。若商汤有不臣举动，给了夏桀足够的理由，夏桀就会毫不犹豫地将商汤杀害。

最典型的事件是，夏桀宣布讨伐韦国，请商汤前来议事。商汤不敢带兵，独自前来，却被夏桀扣押，拘禁在夏台数年。（和西伯侯姬昌被拘禁在羑里何其相像！）

在夏台的数年，商汤派遣大臣上下活动，营造汤忠君爱国却遭受不公待遇的舆论，获得了许多诸侯国的同情。最终，迫于舆论压力，加上没有抓住商汤不臣的过硬把柄，夏桀释放了商汤。

第三步，号召天下诸侯，代表上天，讨伐夏桀。

商汤成功脱难后，他利用自己被囚禁的事情大做文章，把此前自己东征西讨的罪过全部推到夏桀身上，使得天下诸侯都认为夏桀想将诸侯国各个击破；忠于夏桀，也没有好下场。因为这个原因，许多诸侯国纷纷来拜访商汤，并与商汤结盟，以求共同对抗残暴的夏桀。

在得到天下 2/3 诸侯的拥戴后，商汤召集诸侯会盟，共同进攻夏桀。夏桀大败。在诸侯的推举下，商汤登上天子宝座。

商汤夺取夏桀天下的过程，坎坷而传奇，许多地方被《封神演义》作者改编到了周文王身上。

总之，并非因为商汤仁德，所以得到天下。而是因为商汤最终得到了天下，于是他就被描绘成仁德之君。

这才是历史的真实。

周文王姬昌崛起的故事几乎就是商汤的山寨版。只是，商纣王远比夏桀聪明，姬昌也远比商汤狡猾。

那么，商纣王又是一个怎样的人呢？

017 商纣王登基时面临怎样的危机

按照《封神演义》明面的描写，商纣王即位之初，“万民乐业，风调雨顺，国泰民安；四夷拱手，八方宾服，八百镇诸侯尽朝于商”，仿佛商纣王一登上帝位就过上了坐享太平的幸福生活。

事实上，早在商纣王即位前后，商朝的形势就已经岌岌可危。在一片太平景象下，纣王究竟面临哪些危机呢？

商纣王本是帝乙第三个儿子。为何是他最终登上了帝位呢？

其一，正牌嫡子身份。

他大哥微子启乃是侧妃所生，虽是长子，却是庶出。二哥微子衍与纣王是一母所生，但是，在生二哥的时候，其母还是侧妃。等到生纣王的时候，其母已经扶正，成了皇后（其实当时只有王后，没有皇后，此处依原著）。故三兄弟中，纣王身份最为贵重。

其二，有救驾之功。

帝乙与百官在御花园游玩，进入飞云阁歇息，竟然遇上了房梁倒塌。百官丢下天子，各顾自己，纷纷逃命。唯独三子辛（纣王）冲上前去，双臂托起房梁，让父王帝乙安然退出。俗话说，功莫大于救驾。更何况这次是以子救父，帝乙感动不已。

其实，我猜这飞云阁事件极有可能是商纣王全力导演的，目的就是要感动父王，然后顺势上位。要知道，商纣王最大的缺点是没文化，最大的优点则是力气大。飞云阁事件很明显在扬纣王之长，避纣王之短。

其三，朝中有大臣支持。

宰相商容与上大夫梅伯，在飞云阁事件之后，就上表请求立三王子为皇太子，可见这二人乃是纣王之心腹。有这二位文官领袖支持，其他两个兄弟更是无法与纣王抗衡。

帝乙在册立纣王为太子之后，为纣王做了两件事情，以求儿子能够顺利即位。

一件事情是给儿子娶老婆。

商纣王在做太子的时候，娶了三房老婆：太子妃是东伯侯姜家女儿，侧妃是武成王黄飞虎的妹妹，还有一位姓杨，估计也是某家诸侯女儿。

三房老婆的家族在朝中都背景深厚，尤其东伯侯姜家与武成王黄飞虎两家，更是手握重兵的实力派。两家一在地方，一在中央，都给予纣王极大的支持，以武力保证纣王顺利即位。

另一件事情是任命闻仲为托孤大臣。

太师在古代乃是三公之首，在魏晋三国之后更是成为百官中最为荣耀的勋爵，宰相的排位常常也在太师之下。

在封神世界中就是如此。那会儿的文官首领是宰相商容、亚相比干，武将首领是武成王黄飞虎，然而，他们一见到太师闻仲，都要躬身行礼，交出大权。

有闻仲的庇佑，在帝乙看来，儿子会更加顺利地即位。

只是，帝乙没有想到，自己的这些安排确实使得儿子顺利登基，但同样也给儿子登基之后的亲政造成了许多麻烦。

那么，商纣王在登基之后，究竟面临哪些问题呢？

第一，权臣当道。

商纣王即位时多大了？在正史中，商纣王即位时已经30岁整。在《封神演义》中虽然没有明说其年龄，却在其即位7年后，提到其两个儿子殷郊、殷洪已经是少年王子了。如此估算，商纣王的年纪，在即位时怎么算都应该超过20岁了。

换言之，商纣王即位时已经成年了。既然已经成年，理当亲自处理国政。因为天子乃一国之君，其王权神圣不可侵犯，即便是母亲，于朝中见天子，也得行臣子礼。

现实情况如何呢？商纣王即位7年，大小国政基本上是由太师闻仲一人把持，商纣王形同傀儡。

这绝非耸人听闻！

书中提到，在闻太师走后，丞相商容禀奏纣王，请纣王前往女娲宫进香。女娲乃是保护朝歌的正神，即商朝的护国神祇，天子应当年年去供奉祭祀。可是，商纣王竟然连女娲的功绩都没有听过，更从没有参与祭祀。

之后，书中描绘京城百姓围观纣王出行的景象，也在暗示，商纣王在登基7年之中从没有走出皇宫一步，都城的百姓从来没有见过天子。

商纣王即位7年间，王权旁落竟然到如此地步！

那么，此前是谁代表天子祭祀女娲呢？

毫无疑问，是太师闻仲。

尽管闻仲是一片忠心，然而架空皇权已经是事实。对闻仲来说，自己是忠于商朝历代天子；对纣王来说，闻仲却是夺取自己皇权的隐性敌人。

第二，后宫也是权力场。

按照《封神演义》的说法，商纣王的三个老婆都贤良淑德。那为何商纣王还是不满意，甚至看到一美女画像都会心动不已呢？

是商纣王好色吗？

不是。

最可能的事实是，商纣王想爱三个老婆，可实在是爱不起来。

为何这么说？

只因为三个老婆背后代表的势力都非常可怕！

在纣王还是太子的时候，三房老婆给了纣王许多助力。但商纣王即位之后，他与三位老婆之间的关系就变了。尤其是姜皇后为他生下了两个儿子之后，这夫妻关系变得更加紧张。

从姜家的立场来说，巴不得纣王死掉，这样他家外孙就可以登基，姜家便可以趁机摄政，掌控天下。

因此，商纣王要想亲政，独立掌控皇权，对他这三位老婆，就必须保持一种若即若离的关系。

若是疏远了，必定激怒这些朝廷勋贵，引发地方势力和朝中武将势力对纣王的不满；若是亲近了，姜家的、黄家的势力势必更加膨胀，最终尾大不掉，难以控制。

正是因为这个原因，商纣王的婚姻生活貌似和和美美，其实步步惊心。

之后，商纣王希望地方诸侯进献美女，看似荒淫好色，其实是借机宠幸新人，以架空姜家、黄家、杨家在后宫中的势力。

第三，割据局面初露端倪。

相比闻太师专权，后宫外戚势力强大，最让商纣王畏惧的是，商朝地方诸侯割据局面已然露出端倪。

在商汤建国之初，天下有三千诸侯来朝。当时，商朝并没有设立方伯。但是，随着形势的发展，一些强大的诸侯国不断吞并周边小国，实力壮大，成为一方霸主。在迫不得已的情况下，商朝天子不得不承认这些人的霸主地位。

书中介绍："有四路大诸侯率领八百小诸侯：东伯侯姜桓楚，居于东鲁，南伯侯鄂崇禹，西伯侯姬昌，北伯侯崇侯虎；每一镇诸侯领二百镇小诸侯，共八百镇诸侯属商。"

这句话看似平淡，其实杀机四伏。

为何这么说?

夏商周时期的天下，施行的是分封制，而并非后来的郡县制。也就是说，作为天子的商纣，真正控制的地盘仅仅是都城朝歌附近地区。而其他的所有地盘，都由大大小小的诸侯国掌控。

那些大大小小的诸侯国，除了要定期向商纣王朝贡、有义务随同商纣王征伐外，拥有独立的人事权、财政权、军事权。诸侯国的国君死了，不是由商纣王任命新君，而是由原诸侯国公子继承。

商朝的统治，从某种意义上说，是一种联邦制度。商朝只是因为地盘大些，军队多些，实力强些，成为大家名义上的盟主。

若是所有诸侯都是小诸侯，实力远远在商朝之下，那么，商纣王可以凭借天子之威轻松震慑。但诸侯当中若是出现了强大势力，足以对抗中央，那么，商纣王的王座可就不稳了。

事实就是，在商朝晚期，在商纣王即位之前，八百小诸侯当中就已经出现了四个大诸侯，即四大方伯。这四大方伯各自统领一方两百小诸侯，看起来是商朝的四方护卫，其实正是商纣王心中的四大隐患。

在这种内有权臣、外有割据的局面下，商纣王会如何做呢?

018 女娲娘娘在封神中竟是万妖之祖

在先秦神话中，女娲娘娘的地位极高。她与伏羲一起，被后人尊为人类始祖。加上有炼石补天之功，女娲地位之高，估计仅在开天辟地的盘古大神之下。

但是，《封神演义》一书中，对女娲娘娘的设定与传统神话有很大不同。这些改动直接影响到女娲娘娘在封神世界的地位。那么，究竟有哪些不同呢？

其一，无造人之功。

宰相商容在介绍女娲娘娘时说："女娲娘娘乃上古神女，生有圣德。那时共工氏头触不周山，天倾西北，地陷东南；女娲乃采五色石，炼之以补青天，故有功于百姓。"

此处，商容大谈女娲炼石补天的功勋，却只字不提女娲造人之事。事实上，不仅仅是此处，我们翻遍《封神演义》，也找不到一处有关女娲造人的描述。

卷首诗中也点出，人类以及鸟兽虫鱼，并非是哪位神仙创造，而是天地运行到一定时间（寅时），自行孕育产生的。

取消了女娲造人之功，就等于取消了女娲人类始祖的身份。事实上，在封神世界，人类始祖的桂冠落到了人族三圣头上——天皇伏羲、地皇炎帝、人皇黄帝。

那么，女娲娘娘在封神世界的身份是什么呢？

其二，为万妖之祖。

因商纣王题写淫诗，对女娲娘娘不敬，女娲娘娘心生恨意。她有心搞垮纣王江山，于是拿出了一件宝贝。原文说：

"唤彩云童儿把后宫中金葫芦取来，放在丹墀之下，揭去芦盖，用手一指，葫芦中有一道白光，其大如线，高四五丈有余。白光之上，悬出一首幡来，光分五彩，瑞映千条，名曰'招妖幡'。"

在《封神演义》中，女娲娘娘一共有三件法宝：其一，山河社稷图，其中可以自成世界，随心幻化；其二，缚妖索，施展起来就如同捆仙索一样，可以将妖怪捆住；其三，招妖幡。

这招妖幡可了不得。书中说：“风过数阵，天下群妖俱到行宫听候法旨。”女娲娘娘的招妖幡一出，天下所有妖怪竟然都要赶来听令。这就意味着，女娲娘娘是封神世界实际上的万妖之祖。

当然，那招妖幡招来的，其实并不是真正的“天下群妖”。像通天教主门下那些修行正统道法、修为高深的大妖怪，他们才不会听从女娲召唤。

女娲召唤的群妖，其实都是一些不成气候，出身草根的小妖、野妖。

其三，乃圣人末流。

女娲娘娘的修为达到了圣人级别，即混元大罗金仙修为，这一点在书中可以找到多处证据。

在原著中，女娲娘娘并没有在十二仙首面前出现，不过，她曾经两次出手帮助杨戬降妖。从他们之间的对话，可以看出女娲娘娘的修为。

第一次，女娲娘娘亲自赶到捉妖现场，让贴身侍女青云女童用缚妖索抓住牛怪金大升。第二次，杨戬与猴精袁洪斗法，女娲娘娘再度现身，送给杨戬一个法宝，叫作山河社稷图，收伏了袁洪。

杨戬见到女娲，口称：“弟子杨戬不知娘娘圣驾降临，有失回避，望娘娘恕罪！”

杨戬称呼女娲到来为“圣驾降临”。在杨戬看来，女娲娘娘已经是圣人级别。

女娲娘娘也说：“你虽是玉泉山金霞洞玉鼎真人门徒，善会八九变化，不能降伏此怪。吾将此宝授你，可以收伏此恶怪也。”

大家都知道，杨戬在三代弟子中是毫无悬念的第一人。其真实水平，早就达到了大罗金仙水准。至于其师父玉鼎真人，也是十二仙首之一。但是，在女娲娘娘看来，这种水平还不够。

那么，能轻松降伏二怪的女娲娘娘，其神通自然远在杨戬、玉鼎真人之上。

还有一点，十二金仙降临，经常有祥云随身。而女娲娘娘出行，不但有五彩祥云，更有仙乐飘飘。在小说当中，享受祥云加仙乐出场待遇的，除了女娲娘娘外，还写到了元始天尊、老子、通天教主、瑶池金母。

既然其他四人都是圣人，都是混元大罗金仙，那么，享受同等待遇的女娲，也当是混元大罗金仙无疑。

只是，女娲娘娘在诸多圣人中，其实力属于末流。准确来说，是十二圣人中最末一名。

鸿钧老祖是最强圣人，有混元无极大罗金仙修为。老子、通天教主、元始天尊为混沌三圣，早在无数万年之前，就已经达到了混元大罗金仙修为。准提道人与接引道人来历成谜，不知何时修成大道，但肯定比通天教主等人要晚。昊天上帝、瑶池金母大约在鸿蒙时代成就大道，进阶混元大罗金仙。人族三圣本就在洪荒时代诞生，修成大道最早也是在洪荒时代。

至于女娲，修成大道必然晚于人族三圣。

原文说得明白："且言女娲娘娘降诞，三月十五日往火云宫朝贺伏羲、炎帝、轩辕三圣而回。"三月十五日本是女娲娘娘生日。生日当天，女娲竟然还要赶到火云宫去向人族三圣朝贺。可见，人族三圣不但修为高过女娲娘娘，并且是女娲娘娘的直接主管。

那么，女娲娘娘为何要在生日当天还要赶往火云宫呢？莫非人族三圣有重要指示？

019 女娲娘娘要灭商，真因纣王题淫诗吗

在开篇第 1 回，上古神女女娲娘娘使用奇宝招妖幡，招来天下群妖，随即命令修为相对高深的轩辕坟三妖"隐其妖形，托身宫院，惑乱君心。俟武王伐纣，以助成功"。

女娲这个命令很是歹毒。若非有轩辕坟三妖中的九尾妖狐化身妲己，魅惑纣王，做下无边罪孽，商朝绝不至于那么快人心离散，江山破碎。

那么，女娲娘娘为何要下达这道祸害商朝的命令呢？

在原著第 1 回结尾有这样一首诗：

"三月中旬驾进香，吟诗一首起飞殃。只知把笔施才学，不晓今番社稷亡。"

按照这首诗的说法，导致商朝灭亡的原因，乃是因为商纣王在三月十五

日到女娲宫进香时，对女娲像题写了一首淫诗。纣王下笔如流，自以为高妙，其实触怒了女娲娘娘，最终引发女娲娘娘的报复，从而下达了祸害商朝的命令。

类似的观点在书中还有许多，比如宰相商容就说："女娲乃上古之正神，朝歌之福主。今陛下作诗亵渎圣明，毫无虔敬之诚，是获罪于神圣，非天子巡幸祈请之礼。愿主公以水洗之。"

所谓"上古正神"，即女娲并非草根野妖，而是拥有仙箓，受到天庭庇佑的神；所谓"朝歌之福主"，即女娲乃是商朝的庇护神，商朝帝王的直接主管：有这两重身份的女娲，那万万得罪不起。

可是，纣王却写诗亵渎女娲，这必然会惹得女娲大怒。于是商容劝商纣王将题诗洗去。

商纣王究竟对女娲写了一首怎样的诗歌，以至于天怒人怨呢？原诗如下："凤鸾宝帐景非常，尽是泥金巧样妆。曲曲远山飞翠色，翩翩舞袖映霞裳。梨花带雨争娇艳，芍药笼烟骋媚妆。但得妖娆能举动，取回长乐侍君王。"

全诗四联八句，第一联写女娲宫大殿富丽堂皇，周围塑像奢华精巧；第二联远观女娲画像，远山叠翠，一女子在其间翩然起舞；第三联近观女娲画像，写女娲容颜娇美，有倾国倾城之姿；第四联写纣王心理，渴望女娲能从画像中走出，让他带回宫中常伴自己。

在原著中，多次用"淫诗"来概括这首诗。其实，这首诗歌根本就不淫，不但不淫，还写得挺含蓄。若这首诗歌是帝王送给某某公主、某某闺秀，当成为一段佳话。

之所以这首诗歌会成为淫诗，不是因为诗歌本身不好，而是因为商纣王与女娲二者的身份差距。

用商容的话来说，女娲乃上古正神、朝歌福主，纣王不过是区区人间帝王，怎么配得上女娲呢？一位王子给一位公主写情诗，那叫郎情妾意，天生一对。一位乞丐、一个草根给公主写情诗，那叫癞蛤蟆想吃天鹅肉，痴心妄想。

可是，纣王并不觉得自己是癞蛤蟆。在纣王看来，自己人间天子的地位比女娲娘娘还要高。他写诗给女娲，那是看得起女娲，女娲应当感激涕零，谢主隆恩才对。

事实上，纣王的地位确实挺高。在他麾下，有许多截教三代仙人，比如太师闻仲、曹州侯崇黑虎。他们见到纣王，都必须三跪九叩，行君臣大礼。即便是二代弟子，比如在仙界地位堪比十二仙首的终南山炼气士云中子，见到纣王也躬身行礼，落座时仅仅是“侧身而坐”，并不敢和纣王分庭抗礼。

不过，纣王的地位也就是如此，只比十二仙首略高，比起圣人级别的女娲娘娘，还有很大距离。

纣王对自身的定位错误，导致他得罪了女娲而不自知。一个人要想认清世界，很难；要想认清自己，更难！

不过，仅仅是因为商纣王冒昧给自己写了一首情诗，女娲娘娘就要弄死纣王，毁掉一个人间王朝吗？若真的如此，女娲娘娘未免太小肚鸡肠了。

事实上，女娲娘娘生气归生气，在下达祸害商朝命令的时候，其实另有考虑。

她初见诗十分激动，愤愤然说：“殷受无道昏君，不想修身立德以保天下，今反不畏上天，吟诗亵我，甚是可恶！”在女娲娘娘看来，身为朝歌福神的她，就是商朝的天。纣王不敬畏女娲，就是不敬畏上天。于是，她立刻前往皇宫找纣王算账。

但是，在半空云路被殷郊、殷洪（商纣王两位王子，封神榜上正神）挡住后，她立刻清醒了过来。

原文说：“知纣王尚有二十八年气运，不可造次。”

女娲娘娘为何能一眼看出商纣王还有二十八年气运——还可做二十八年天子呢？并非女娲娘娘神通广大到可以自行勘破天机，预测未来。在封神世界，没有任何一位大神可以真正预测未来。所谓未卜先知，所谓神算，其实都不过是结合各种客观因素，对未来的一种推测。

之所以女娲娘娘知道商纣王还有二十八年帝位，全因她已经接到了仙界高层指令——在二十八年后，商朝灭亡，周朝建立。

结合此前我们对封神大战原因的分析可以知道，鸿钧老祖在许多年前就已经布下一个超大的局。在这个局中，他早就把封神行动如何开展详细列出。诸如姜子牙在何年下山，何年遇上文王，何年孟津大会，何年大破商军，何年纣王身亡，何年子牙封神，全部都已经定好日期。鸿钧麾下全部都在按部就班地严格落实老祖的指令。

女娲娘娘是如何知道这些封神机密的呢？她仅仅是圣人末流，在制定封神计划时，女娲也根本不在场。

原著有一句话泄漏了天机：“且言女娲娘娘降诞，三月十五日往火云宫朝贺伏羲、炎帝、轩辕三圣而回，下得青鸾，坐于宝殿。”

女娲娘娘为何在自己生日当天，还要跑到火云宫去朝拜人族三圣？虽然她的实力不如人族三圣，可毕竟三月十五是她生日，为何人族三圣就那么不通情理呢？怎么着也应该给人家女娲娘娘放假一天吧？

之所以如此，全因三月十五日会发生大事，而大事发生时，女娲必须不在场！

三月十五日会发生什么事情呢？当然就是商纣王到女娲宫进香。依照商纣王极端好色的秉性，在看到女娲塑像时，必然会引起不良反应。

何况，仙界高层早就派出了仙人去努力促成商纣王题写淫诗。何以见得？且看原文：

“飘飘奇彩异寻常，金炉瑞霭；袅袅祯祥腾紫雾，银烛辉煌。君王正看行宫景，一阵狂风透胆寒。”

女娲宫壮丽奢华，殿阁广大。从诗句的描写中，我们也可以看到，大殿上香烟袅袅，根本就没有风。忽然，不知道从哪里刮来一阵狂风，并且是透骨寒风，无巧不巧的，就掀起了帘子，让商纣王看到了帘子背后的女娲画像。

在大殿深处女娲画像前的帘子，寻常根本不会被掀起。若帘子不掀起，也就不会有商纣王鲁莽的举动，也就不会有妲己祸商的种种举动了。

这风来得实在太奇怪了，必然是有人暗中捣鬼！

若纣王参拜女娲宫时，女娲在现场，亲眼见到纣王题诗，以她的暴烈脾气，必然会当场出手弄死纣王。那样的话可就打乱了鸿钧老祖的计划。

于是，三月十五日，女娲娘娘必须离开女娲宫。

在火云宫相会时，人族三圣肯定还透漏给女娲娘娘一些封神计划的细节——比如商纣王何时身亡，其子殷郊、殷洪都是封神榜上人物，等等。

关键一点，人族三圣必定会告诉女娲娘娘，只能促成而决不能破坏封神计划。

因此，女娲娘娘在向轩辕坟三妖宣布命令时，才会强调："成汤望气黯然，当失天下；凤鸣岐山，西周已生圣主。天意已定，气数使然。"

对于女娲来说，纣王得罪自己，只是一个浅层原因。她虽然心中不悦，但是在前往皇宫见到殷洪、殷郊后，她已经放弃了简单的报复，而变成积极促成鸿钧老祖的封神计划。

所谓"天意已定，气数使然"，其实就是说，鸿钧老祖已经抛弃了商朝，纣王的帝位已坐经不久了。

女娲娘娘修成大道已经多年，却始终居于圣人末流。她也希望借助推进封神计划，进入鸿钧老祖的视野，以期收获更多好处。

正因如此，其他圣人都是被求到门下才下山，唯独女娲娘娘两次都是主动下山，主动帮助降妖。谁让她在仙界的地位那么尴尬呢？

020　天子亲口提亲苏护为何还反商

《封神演义》的第 2 回，冀州侯苏护当殿训斥纣王无道，下殿后更在午门口当众题写反诗，向天下宣告反商。作为八百镇诸侯之一，苏护本来过着平静安乐的生活，为何会忽然公开反叛，成为天下公敌呢？

回到冀州城后，苏护本人是这么告诉众将的：

"当今天子失政，天下诸侯朝觐，不知哪一个奸臣，暗奏吾女姿色，昏君宣吾进殿，欲将吾女选立宫妃。彼时被我当面谏诤，不意昏君大怒，将我拿问忤旨之罪，当有费仲、尤浑二人保奏，将我赦回，欲我送女进献。彼时心甚不快，偶题诗贴于午门而反商。"

这段话中苏护提到自己之所以反商，有以下三个原因。

其一，奸臣捣鬼。

按照苏护的口吻，因有奸臣在朝，处心积虑针对苏护，因此苏护在朝歌难以立足，只能反商。

事情真的是这样吗？

苏护所说的奸臣，毫无疑问是说费仲、尤浑二人。他二人确实瞒着苏护做了一件事情。只是，那件事情对于苏护一家来说，有益无害。

当时，商纣王宠幸费仲、尤浑二人。八百诸侯除了苏护一人，全部都向费仲、尤浑行贿。费仲、尤浑与苏护本无仇隙，可众人都有礼物，唯独苏护自视清高搞特殊，二人深感尊严受到藐视，于是就憋着坏整治苏护。

恰恰费仲、尤浑听闻苏护女儿妲己有倾国倾城之姿，而商纣王正为寻觅美女愁苦万分，二人于是禀奏商纣王，放弃在民间无头绪的挑选，单独征召苏护之女入宫即可。如此一来，商纣王既可以得到超级美女，也可以赢得不扰民且守信的好名声。商纣王听后自然大喜。

平心而论，费仲、尤浑的这个举荐，对于苏护一家来说不是什么坏事。甚至可以说，费仲、尤浑还担了不少风险：若妲己真的美貌，费仲、尤浑自然有举荐之功；可若妲己名不副实，费仲、尤浑还有欺君之罪。

何况，当时的商纣王不过是30来岁，正当壮年，并且后宫中仅仅有一后二妃。以苏护一镇诸侯的身份，女儿入宫至少是妃嫔的位分。多少人家想还想不到呢。

可以说，这奸臣捣鬼的杀伤力实在有限。

其二，昏君拒谏。

苏护提到自己不得不造反，是因为自己直言进谏，而昏君纣王拒绝纳谏，并且要严惩他。

苏护因何事进谏呢?

崇侯虎兴兵讨伐，苏护在城楼下面对三军时说："今天子无道，轻贤重色，不思量留心邦本。听谗佞之言，强纳臣子之女为妃。"

在苏护口中，他是因为商纣王好色荒淫，要强纳自家女儿，自己为商朝江山社稷考虑，直言进谏，可商纣王竟然大怒，要往死里整他。

应该说，苏护所言非常有煽动力。若真相如苏护所说，商纣王确实是个好色荒淫的无道昏君。

但是，真相与苏护所言相差其实很远。商纣王既没有强逼苏护嫁女，在苏护当众顶撞后也没有严惩苏护。

商纣王单独召见苏护，如是说："朕闻卿有一女，德性幽娴，举止中度。朕欲选侍后宫。卿为国戚，食其天禄，受其显位，永镇冀州，坐享安康，名扬四海，天下莫不欣羡。卿意下如何?"

大家看商纣王这番话，哪里有什么强纳臣子之女为妃的事情?

商纣王召见苏护，非常客气，几乎就是用商量的语气说起提亲的事情。并且，商纣王为苏护一家开出了极为优厚的条件：若是允婚，苏护之女可直接成为后宫（后宫即后宫妃嫔，与普通宫女不同）；若是允婚，苏护本人将成为皇亲国戚，工资与级别都会有很大提升；若是允婚，那苏护一家将世世代代永远镇守冀州。

从这三个条件看，商纣王这次提亲非常有诚意，根本就不是强逼。

其三，心情不好。

苏护提到，自己之所以会在午门题诗，是因为当时“心甚不快”，即心情不好。仿佛公开反商，只是苏护一时冲动。

事实上，苏护反商绝非一时冲动，而是在仔细权衡之后做出的决定。

在午门题诗之前，苏护与众将商议时，他曾说：“我想闻太师远征，二贼弄权，眼见昏君必荒淫酒色，紊乱朝政，天下荒荒，黎民倒悬，可怜成汤社稷化为乌有。”

苏护在这里提到，当时的商朝（朝歌）形势很不妙——这不妙对于他苏护来说，恰恰是很妙，是可以利用的优势。

当时北方袁福通率领七十二镇造反，最有威望的商朝大臣闻仲率军远征。换言之，朝歌的精锐部队并不在朝歌。

另外，费仲、尤浑在朝廷弄权，必定惹得很多大臣不满。于是，大臣们对费仲、尤浑的对头苏护也就会心生同情。商朝国政越是混乱，大家越是会理解苏护造反。

苏护之所以会在午门题诗，真正的原因是有众将支持。原文说——

众将闻言，齐曰：“吾闻‘君不正则臣投外国’，今主上轻贤重色，眼见昏乱，不若反出朝歌，自守一国，上可以保宗社，下可以保一家。”

因为商朝的政治体制是分封制，商天子帝辛（纣王）只是八百镇诸侯名义上的君王。凭借朝歌远大于一镇诸侯的军力，他可以威慑天下，对一些不臣服的诸侯进行讨伐。但是，商纣王并不能直接管理天下每一个地方，尤其是一个镇（国）的内部官员升迁贬黜，更是与商天子无关。

换言之，冀州侯苏护是商纣王的臣子，但冀州本镇的文官武将的任免，只听冀州侯苏护的，商纣王无权过问。这就使得每镇的文官武将仅仅忠于自家君上，对远在朝歌的商天子，并没有多少忠诚。

正因如此，听闻苏护要造反，这冀州众将竟然没有一人劝谏。大家都觉得，反就反了吧，没啥了不起。

结合以上三个原因的分析，我们可以看出，苏护所言都言不符实。他之所以反商，其实另有原因！

那么，苏护是因为忠于商朝，不忍心看到江山毁在纣王手中吗？

听闻纣王提亲时，苏护不但不欢喜，反倒大怒说："人君爱色，必颠覆社稷；卿大夫爱色，必绝灭宗庙；士庶人爱色，必戕贼其身。且君为臣之标率，君不向道，臣下将化之，而朋比作奸，天下事尚忍言哉！臣恐商家六百余年基业，必自陛下紊乱之矣。"

苏护告诫商纣王，千万不能好色，好色就要亡国。苏护这番话乍看是没错，仿佛句句都在理，但仔细一琢磨，就发现都是空洞的大道理。

人家商纣王纳一个妃子就是好色了？按照古代礼制，身为帝王每隔三年就要举行一次选秀，以充实后宫，延续子嗣。商纣王登基已经八年，不过是一后二妃，两个王子，这点家底可远远没有达到天子的标准。人家一个村级地主也有三五个老婆，一大堆儿女呢。

苏护的反应其实很过激，过激到不符合常理。人家纣王好意提亲，你苏护莫名其妙就翻脸，就把纣王大骂一顿，这是怎么回事呢？

这只因为苏护怀才不遇太久，他太想出名了！

在八百镇诸侯中，苏护只是非常普通的一个。虽然苏护在一些有见识的诸侯眼中是个人物，比如西伯侯姬昌、曹州侯崇黑虎就都很欣赏苏护，但是苏护在八百镇诸侯中地位平平。若非有费仲、尤浑提起，商纣王根本不知道还有苏护这么一个人。

在苏护看来，自己文武兼备，能力过人。在他的治理下，冀州百姓安康，四境平安。以他的能力，完全应该被朝廷委以更为重要的职务——比如取代庸碌无能的北伯侯崇侯虎。可是，他虽然有才，却始终没有机会进入最高层。

怀才不遇、壮志未酬的遗憾让雄心勃勃的苏护很不甘心，很不服气！

于是，苏护经常做出一些与众不同的举动，以标榜自己的特立独行。

朝廷举行大朝会，八百镇诸侯奉命朝拜天子。到达京城时，大伙儿都给奸臣费仲、尤浑送礼，就连大名鼎鼎的西伯侯姬昌，在费仲、尤浑面前都低下了高贵的头，给二人行贿，向二人请安。

可是，苏护坚决不送礼！

苏护这么做看似是刚正不阿，疾恶如仇，其实正犯了官场大忌。官员不合群，必然成为众矢之的。但是，苏护就是要让世人知道自己特立独行，与众不同。于是，就算是部下劝他送礼，他就是不听。

他这番举动，虽然让费仲、尤浑记恨上了他，却也为他赢得了刚方正直的美名。就连西伯侯姬昌也夸赞他："素怀忠义，累有军功。"

他在朝廷当众训斥商纣王，并且在午门题诗，高调反商，确实有极大风险，但是也可能获得极大回报。

我们结合事情的结局，可以发现：苏护最终还是把女儿妲己献给了商纣王，然而，他既享受了种种因女儿而得来的富贵，却没有背负用女儿博取富贵的污名。因率先对抗天子，并成功击败来犯之军，苏护赢得了极高的荣誉。在八百镇诸侯之中，他俨然成为四大诸侯之下第一人。

021 苏护反商后唯一出路在何方

苏护不是一个冲动的人。他经过了仔细权衡之后，方才做出反商的决定。那么，苏护凭什么认为反商不会给他们苏家带来灭门之祸，反倒会让他走出平庸，开拓一片新天地呢？

一是午门题诗让苏护占据道德制高点。

在朝堂上与商纣王大闹了一番后，苏护回到了自家营寨。在与众将简单交谈，众将表示追随之后，苏护做了一个出乎很多人意料的举动——午门题诗。

苏护在午门题写的诗歌如下：

"君坏臣纲，有败五常。冀州苏护，永不朝商！"

午门乃朝歌皇城正门，大小官员都必须从午门进出。就朝歌来说，午门散播消息的速度绝对最快，尤其当时正值八百诸侯云集朝歌。以往消息传到地方需要几个月甚至更长时间，如今半天工夫，午门发生的事情就会传入每一镇诸侯耳中。

苏护与商纣王当庭辩争，因为商纣王刻意封锁消息，许多人并不知情。比如西伯侯姬昌就不知道商纣王还特意召见了苏护。这对于苏护来说，是非常不利的事情。

在各镇诸侯都不知内情的条件下，商纣王完全可以捏造一个苏护藐视君王、诽谤朝廷的罪名将其抓捕。到那时，苏护就会陷入人人喊打、众叛亲离的地步。

既然已经决定反商，那么就干脆把反商的事情闹得轰轰烈烈，人尽皆知，并且努力占据道德制高点。

于是，苏护在午门题诗中，强调自己之所以要造反，是因为商纣王身为君王丧失纲常在先。

苏护没有明言商纣王到底怎么有败五常。然而，以各镇诸侯的能力，只要肯花工夫，一定可以把商纣王如何要纳苏护女儿为妃，苏护如何严词拒绝等等情况打听得一清二楚。

因为是苏护首先爆料，大家在第一印象上就已经同情苏护，鄙视纣王，因此，在听到相关内情后，必然会更加坚定地站在苏护一边。无论纣王如何辩驳，都会被大家认定是一个好色荒淫的君王。

道德舆论的力量是相当强大的。在许多时候，千军万马也抵不过官员百姓的悠悠之口。

二是苏护兵精粮足，冀州集团战力强大。

苏护是冀州侯，以苏护为首的冀州军事集团，文武兼备，战斗力非常强大。冀州在北方二百镇诸侯中是绝对的大镇，辖区内兵精粮足，为苏护打持久战奠定了坚实的根基。

苏护本人自不必说，口碑、韬略在人间诸将中都堪称一流。西伯侯姬昌评价苏护："素怀忠义，累有军功。"朝歌大将鲁雄评价苏护："苏护乃忠良之士，素怀忠义。"

苏护之子苏全忠是《封神演义》罕见的悍将。苏全忠虽然年轻，但骁勇善战，有万夫不当之勇。第一次出战，他就轻松击杀敌方一员大将。在之后的伏击战中，他在又击杀一将之后，以一人迎战敌方三员大将，不但没有落败，反倒击伤二将，大胜而归。

苏护麾下有两位副将，其中一位叫作赵丙，其见识谋略还在苏护之上。

他不但连番为苏护献策，一再击败来犯的崇侯虎军队，更是为苏护指出冀州集团未来的出路——

“若依末将愚见，‘一不做，二不休’，侯虎新败，不过十里远近；乘其不备，人衔枚，马摘辔，暗劫营寨，杀彼片甲不存，方知我等厉害。然后再寻那一路贤良诸侯，依附于彼，庶可进退，亦可以保全宗社。不知君侯尊意何如?”

应该说，赵丙的目光非常锐利。以冀州一城之力，在朝廷只是派出一两路军队剿灭的情况下，或许可以将其战胜。然而商天子麾下有八百镇诸侯，太师闻仲麾下更有远超地方的精锐之师。从长远来看，与朝廷和谈才是唯一出路。

但是，和谈必须建立在打胜仗的前提下，才能保证冀州集团的利益。以战求和，是苏护的唯一出路。

赵丙还给告诉苏护，就算是商天子不肯接受和谈，那苏护也可以依附于东、西、南三大诸侯之一，有他们的庇佑，商纣王也无可奈何。

当然，苏护之所以能够在朝廷征讨下存活，除了自身强大外，与崇侯虎的无能与西伯侯姬昌的“不作为”也密切相关。

那么，堂堂北伯侯崇侯虎为何打不过苏护？西伯侯姬昌为何迟迟不发兵呢？

022 为何说北伯侯崇侯虎只是官场小丑

北伯侯崇侯虎，身为商朝四大诸侯之一，顶头上司只有天子纣王一人，麾下统领两百诸侯，跺跺脚天下政局就要颤三颤。可以说，在商朝的官员体系中，崇侯虎是绝对的官场大鳄。可是，就是这样一个大人物，在苏护之变中的表现却纯粹如同一个小丑。

首先，政治上毫无主见，只知阿附领导。

崇侯虎本是冀州侯苏护的直接领导，可是在苏护心中，崇侯虎的形象十分不堪。一听前来征讨的统帅是崇侯虎，苏护勃然大怒说：“若是别镇诸侯，还有他议；此人素行不道，断不能以礼解释。不若乘此大破其兵，以振军威，且为万姓除害。”

苏护为何会生气呢？只因他平生最看不起的就是顶头上司崇侯虎。

论文治，苏护治理冀州，物阜民丰，民心安定；论武功，苏护军功赫赫，四境少数民族无一敢犯。正因苏护文武兼备，才会在西伯侯姬昌与朝歌大将鲁雄等军政高层精英中获得很高赞誉。

崇侯虎呢？在苏护看来，崇侯虎别无他能，唯一的本事就是阿谀奉承，讨好纣王。无论商纣王说得对不对，只要发了话，让崇侯虎往东，他绝不敢往西。

应该说，苏护非常了解崇侯虎。

商纣王在苏护午门题诗之后，立刻派出使者传达圣旨，要求北伯侯崇侯虎与西伯侯姬昌，同时率军出征冀州，擒拿苏护满门。

听闻圣旨，姬昌提出苏护人品如何如何好，对纣王的命令提出质疑。崇侯虎则说：“‘王言如丝，其出如纶。’今诏旨已出，谁敢抗违。况苏护题诗午门，必然有据；天子岂无故而发此难端。今诸侯八百，俱不遵王命，大肆猖獗，是王命不能行于诸侯，乃取乱之道也。”

所谓“王言如丝，其出如纶”，意思是说君王所说的话像丝那么细，传出去后就像绳子那么粗，引申为王权之大，不能违抗。

在崇侯虎看来，天子乃金口玉牙，他不说旁人有罪，偏偏说苏护有罪，那必然是苏护犯了罪过。既然天子已经认定苏护有罪，那还需要核查吗？大家相信天子，相信领导就好啦。

听领导的话本不是坏事，毕竟和领导唱对台戏绝对不会有好下场。可是，不论是非对错，一味阿附领导，最终的结果只能是让同事厌恶，让领导鄙视。

若是其他将领前来，苏护好言解释，或许可以得到对方同情。可来的是商纣王的应声虫崇侯虎，苏护就算说得天花乱坠，也不会有什么效果。

果然，两军交锋前，苏护的解释刚说完，崇侯虎就开骂了：“你忤逆天子诏旨，题反诗于午门，是为贼臣，罪不容诛。今奉诏问罪，则当肘膝辕门，尚敢巧语支吾，持兵贯甲，以骋其强暴哉！”

果然是话不投机半句多，双方随即开战。

若崇侯虎有些自知之明，就不应该直接开战。他本就是个眼高手低之人，吹吹牛皮，拍拍马屁可以，真的上阵杀敌，那绝对是外行。

其次，军事上脓包一个，连续犯下多个低级错误。

崇侯虎与苏护两次交手，两次大败。第一次大败后，崇侯虎说："吾自行军，征伐多年，未尝有败。"第二次大败后，崇侯虎继续说："吾自提兵以来，未尝大败。"

明明自己带着五万人前来，一天一夜两次交手后只剩下不到五千人，崇侯虎还有脸说，老子打仗从来没有打过败仗。——见过不要脸的，没见过这么不要脸的。

那么，崇侯虎与苏护交战中，接连犯了哪些低级错误呢？

其一，长途奔袭，却主动求战。

从朝歌到冀州有近千里路程，官军一路行军，到达冀州已经非常疲惫。若是野战，则要求争分夺秒，在第一时间给予敌人沉重打击。可眼下是攻城战，冀州一方以逸待劳，那么，崇侯虎一方本当在城下安全地带扎下营寨，稍作休整，等待士气恢复，再行攻城。

可是，崇侯虎不顾将士辛劳，一到冀州就下令攻城。以疲惫之师迎战，已经注定了败局。

其二，自高自大，轻视敌人。

崇侯虎自诩从军多年，官居要职，根本不把原来的属下苏护放在眼中，可接下来交战的情况却狠狠扇了他一个耳光。

一开战，苏护一方就派出了最强战将苏全忠上场。崇侯虎这方本当也派第一主力迎战——崇侯虎麾下并非没有能人，大将黄元济可谓智勇双全，绝不在苏全忠之下。可是，崇侯虎根本就没有把苏护一家放在眼中，任凭麾下小将梅武出马。这梅武不就是没武吗？一看名字就知道是来送死的。果然，不到20个回合，梅武被苏全忠刺于马下。

至关重要的第一战，就这样被崇侯虎随手给输掉了。

其三，受挫之后，不知悔改。

初次交战失败之后，崇侯虎一方损失并不大。在见识了冀州军团的实力之后，崇侯虎本当认清现实，积极调整作战方略。

比如，在己方失败之后，崇侯虎本当小心谨慎，积极防备。尤其是在夜间，冀州军团很可能乘胜追击，前来劫营。可是，崇侯虎竟然与诸将饮酒作乐，根本没做任何防备。

在第3回中，崇侯虎之弟崇黑虎到来之后，他做的第一件事情就是下令三军把冀州城团团围住，但围而不攻。

崇黑虎此举，虽然有短时期保护苏护的意思，却也是朝廷军队当时最为正确的做法。

冀州集团的优势是兵强马壮，但毕竟是一座孤城，因此，速战速决是冀州的唯一出路。崇侯虎的劣势是不会用兵，但是他背后有八百镇诸侯做后盾，有无穷无尽的粮草供应。只要把冀州围困起来，截断其粮道、水道，等上十天半个月，冀州城自然不攻自破。

话说回来，崇侯虎之所以会被原作者描绘得如此不堪，如此无能，其中一个重要目的就是充当陪衬——以北伯侯崇侯虎的庸碌无能，衬托西伯侯的英明睿智。

确实，相比小丑式的崇侯虎，姬昌的政治智慧高明得太多了。在封神世界中，他绝对当得起权谋大师的称号。甚至姜子牙与姬昌相比，也是大大不如！

023 招降苏护的姬昌堪称权谋大师

《封神演义》中的西伯侯姬昌，在处理苏护反商事件上体现的政治智慧，绝对达到了权谋大师级别。

姬昌对整个事件的处理一共分三步。

第一步，仗义执言。

西伯侯姬昌一登场，其风采就迥乎不同，凌驾于百官之上。

姬昌与其他三位伯侯在首相商容、亚相比干的陪同下，在显庆殿饮酒。酒过三巡，天子纣王传来旨意，命令西伯侯姬昌与北伯侯崇侯虎率军前往冀州剿灭苏护。

使者刚刚诵念完圣旨，西伯侯姬昌就为苏护大鸣不平，他说："苏护朝商，未进殿庭，未参圣上；今诏旨有'立殿忤君'，不知此语何来？且此人素怀忠义，累有军功，午门题诗，必有诈伪。天子听信何人之言，欲伐有功之臣。恐天下诸侯不服。"

姬昌此番话说得非常高明，他先是对苏护反商提出质疑，再点出苏护一向忠心，最后说明天子诏令下达，可能会引起商朝的重大政治危机。

简单几句话，让在场诸位肃然起敬，体现了西伯侯姬昌卓越的政治素养。

其一，对天子诏令不盲从。

在座的六位都是商朝官场大佬，他们或者为一方诸侯之长，或者为朝廷百官之首。和天下许多官员相比，他们的地位高出太多。因为地位高，眼界也就不一样。天下人多数都对天子盲目崇拜，可在座的六位是天子身边的人，更是商朝权力中枢的核心人马，他们对天子不但有听从诏令的义务，更有直言劝谏的权利。

对于西伯侯姬昌这种不盲从天子诏令的行为，在座的诸位除了崇侯虎，其他四位都非常欣赏。

在他们五人看来，天子虽富有四海，高高在上，但其权力必须受到监控，受到遏制，而代表天下人行使这种权力的，正是在座的六人。

其二，为天下庇佑正直之士。

苏护乃冀州侯，按照归属是北伯侯崇侯虎麾下。西伯侯姬昌为苏护说话，可谓毫无私心，全部出于对大商天下的热爱与忠诚。

在为苏护说话时，西伯侯姬昌最为强调的，不是苏护如何骁勇善战，而是苏护如何赤胆忠心。只因在当时的问题上，唯有忠诚于商，才能使得苏护避免大难，才能证明商纣王的旨意是错误的。

西伯侯姬昌强调，若是对苏护用兵，"恐天下诸侯不服"。人家西伯侯姬昌担心的不是自己不能剿灭苏护，获得军功，而是担心灭了苏护之后，让商天子失去了天下诸侯的拥戴。这份忠心，让身为商纣王亲戚兼心腹的商容、比干非常感动。

不过，在讲完一番大道理后，老谋深算的西伯侯姬昌提出："望二位丞相明日早朝见驾，请察其详。苏护所得何罪？果言而正，伐之可也；倘言而不正，合当止之。"

原来，西伯侯姬昌不但公忠体国，更是狡猾多谋，深通明哲保身之道。

按道理说，既然西伯侯姬昌对商纣王的旨意有诸多不满，那么，他就应该金殿面君，直斥其非。这样才是真正的直言敢谏，才算是有凛然不惧的风骨。可是，姬昌是怎么做的呢？

他当众发了一通牢骚，然后告诉首相商容与亚相比干，你们去提意见吧。

姬昌这番话无疑是把商容和比干推到了火堆上——意见我已经提了，当面说我可不干，这种得罪天子的事情，你们两位去做吧。

首相商容是个精明人，一听就明白其中的危机，于是沉默不语。亚相比干是个实在人，还在那里赞叹："君侯言之是也。"

不过，后来在商容的提点下，亚相比干也没有到商纣王那里提意见。姬昌和崇侯虎在酒席上辩论时可谓豪气勃发，可全都是雷声大没雨点。诸位大佬们没有一个人最后去谏诤纣王，征讨苏护的事情也就这么定了下来。

西伯侯姬昌什么风险也没有冒，可是为苏护仗义出头的名声却流传了开去。大家纷纷赞叹——西伯侯姬昌，好人啊！

第二步按兵不动。

在接到圣旨之后，西伯侯姬昌就告诉崇侯虎与诸位大佬："侯虎先去，姬昌暂回西岐，领兵续进。"

按照道理，圣旨是发给西伯侯姬昌与北伯侯崇侯虎二人的。二人本应当共同统兵，一起前往。姬昌为何要按兵不动，让崇侯虎先去呢？

姬昌自有理由——"姬昌暂回西岐，领兵续进。"

崇侯虎本是北伯侯，他常年在京城陪伴纣王，在朝歌也驻扎了一部分兵马。于是，崇侯虎就直接从朝歌拉了五万人，开往冀州。可是，姬昌的兵马都在西岐，姬昌要先回到西岐，才能召集兵马，赶往冀州。于是，让崇侯虎先去，姬昌自己之后再赶来，就有了充分的理由。

但是，瞎子都明白，姬昌此举是明摆着对圣旨不满，故意按兵不动。

在两番大败后，大将黄元济提出，迅速发出公函，催促西伯侯姬昌发兵。崇侯虎愤然说："姬伯按兵不举，坐观成败，我今又去催他，反便宜了他一个'违避圣旨'罪名。"

若崇侯虎出兵，凭借一军之力拿下了冀州，那朝廷就有理由治姬昌一个

“违避圣旨”的罪名。就算姬昌人脉广，轻则也会判处一个渎职罪，重则可能判处欺君罪，削职免官那是免不了了。可眼下崇侯虎大败，再邀请姬昌前来，姬昌不但无罪，反倒有可能捡个便宜。因此崇侯虎很是不满。

其实，弱智的崇侯虎哪里知道，从姬昌回西岐开始，他就根本没有打算出兵。姬昌让崇侯虎先去，就是要借苏护之手，挫挫崇侯虎与纣王的锐气。

崇侯虎自高自大，看不清现状，可姬昌看得分明——苏护屡立战功，深通将略，乃商朝八百镇诸侯中第一流军事将领。以崇侯虎的庸碌，别说五万大军，就算是十万大军也拿不下冀州。

西伯侯姬昌一直想要搭救苏护。可如何搭救呢？是到大殿上面见纣王，为苏护说情？人家苏护已经在午门题诗，已经当面侮辱天子，纣王与苏护之间已经彻底闹翻，西伯侯姬昌猜想自己的面子也没那么大。于是，让朝廷军队在冀州吃个大憋，让纣王意识到苏护的强大，才是保全苏护的唯一方法。

于是，姬昌的人虽然远在西岐，可冀州的情报却在第一时间传递到姬昌耳中。当崇侯虎的军队经过两次大败，五万人仅存五千人，且前来援助的崇黑虎也被苏护擒拿时，西伯侯姬昌的使者“从天而降”，无巧不巧地出现在冀州城下。

结果，一封书信劝降冀州军，西伯一言胜过十万兵。

姬昌在八百镇诸侯中的形象顿时高大伟岸了起来。

第三步，一书劝降。

此前久战之下都未投降的苏护，为何在收到西伯侯姬昌一封书信之后，立刻就表示答应献上女儿，重新臣服商朝了呢？莫非姬昌在书信中给苏护许下了什么特别承诺？

我们先看书信——

西伯侯姬昌百拜冀州君侯苏公麾下：昌闻：“率土之滨，莫非王臣。”今天子欲选艳妃，凡公卿士庶之家，岂得隐匿？今足下有女淑德，天子欲选入宫，自是美事，足下竟与天子相抗，是足下忤君，且题诗午门，意欲何为？足下之罪，已在不赦。足下仅知小节，为爱一女，而失君臣大义。昌素闻公忠义，不忍坐视，特进一言，可转祸为福，幸垂听焉！且足下欲进女王廷，实有三利：女受宫帏之宠，父享椒房之贵，官居国戚，食禄千钟，一利也。

冀州永镇，满宅无惊，二利也。百姓无涂炭之苦，三军无杀戮之伤，三利也。公若执迷，三害日下至矣：冀州失守，宗庙无存，一害也。骨肉有灭族之祸，二害也。军民遭兵燹之灾，三害也。大丈夫当舍小节，而全大义，岂得效区区无知之辈，以自取灭亡哉？昌与足下同为商臣，不得不直言上渎，幸君侯留意也。草草奉闻，立候裁决。谨启。

西伯侯姬昌的书信可以分成三层意思。

第一，苏护是商朝的臣子，有献女为妃的义务。

第二，题诗午门，已经有违君臣大义，将成为朝野公敌。

第三，献出女儿有三大好处：父女都能享受荣华，永远镇守冀州，不用打仗死人。不献女儿有三大害处：官爵被剥夺，家破人亡，百姓也遭殃。

应该说，西伯侯姬昌的信件虽然不长，但已经把苏护是否献女的利弊说得一清二楚。

但是，这所谓利与弊，苏护此前知道吗？

知道！

姬昌在这封书信上所说的内容，其实毫无创新，毫无特别之处。关于苏护有献女为妃的义务，崇侯虎在两军阵前也曾告诉苏护，换来的是苏护一顿臭骂。关于午门题诗，已经违背君臣大义，崇侯虎也曾警告苏护，但换来的是苏全忠一顿冲杀。

在书信中姬昌提到的献上女儿的三大好处，其内容与当初商纣王亲口对苏护所说一般无二。即便是所说的三大害处，其实也是苏护早就知道的。

换言之，姬昌对苏护的劝降信，其实全部都是官话、套话，没有一句奇谋妙策。

可就是这么一封平平无奇的书信，就让苏护答应归降了。

苏护还当着众人的面慨叹说：“姬伯之书，实是有理，果是真心为国为民，乃仁义君子也。敢不如命！”

玄机究竟出在哪里呢？

苏护归降的关键其实不在书信的内容上，而在于西伯侯姬昌在对的时间做了对的事情。

若在此前，冀州在军事上没有获胜，也就没有和朝廷谈判的筹码，即便归降，也是罪人一个。

眼下，冀州军大败崇侯虎、崇黑虎兄弟，冀州军团的胜利达到巅峰。战事若再拖延下去，朝廷必定再派军队征讨。以一城博天下，最终的结局肯定是灭亡。

此刻投降，毫无疑问，苏护与冀州集团都可以获得最大的利益。

苏护与诸将正在发愁不知道如何与朝廷高层搭上关系，恰恰此时，西伯侯姬昌的书信就来到了。

可以说，就算是姬昌送来的是白纸一张，苏护也会大赞，这信写得太好了，姬昌这人太好了。

西伯侯姬昌虽然在千里之外，但对两军阵前的局势发展了若指掌。他早就派出了使者，早早来到两军阵前等待。等到冀州军一再获得胜利，使者才出面说和，最终成就大功。

可以说，在遇到姜子牙之前，人家西伯侯姬昌就已经是一代人杰、权谋大师了。

024 封神炼气士有哪七大境界

对于《封神演义》，多数读者最为关注的是封神世界的武力排行。

原著第3回，身为截教门下的崇黑虎与阐教门下的郑伦有过一场精彩的斗法。那场斗法可以说掀开了封神大战仙神斗法的序幕，其影响非常深远。

为了更准确、更到位地对双方实力进行评价，也为了精准评价之后的许多场斗法，有必要先和大家聊聊封神世界的仙人境界划分。

封神世界的所有人、神、仙按照修为，可以分为七个大境界，每个境界又可以分成三个小境界。

第一个境界，即最高境界——混元无极大罗金仙。

达到这个修为的，整部书中唯有一人，即高高在上的鸿钧老祖。

虽然在整部书中鸿钧老祖都没有出手，但是从三位弟子的神通以及三位弟子对鸿钧的敬畏可以知道，鸿钧老祖已经完全掌控天地大道，挥手间可以创造、毁灭一个世界。

但是，我们也要明确，鸿钧老祖只是封神世界已经登场的诸位仙人中的第一高手。鸿钧并非无所畏惧，更不是无所不能。

第二个境界——混元大罗金仙。

达到这个修为的，整部书中有11人，即老子、通天教主、元始天尊、准提道人、接引道人、昊天上帝、瑶池金母、天皇伏羲、地皇神农、人皇轩辕、妖祖女娲。

修仙者唯有领悟天地大道，方可进入混元大罗金仙境界。进入这个境界非常艰难，在仙人当中，也属于超越凡俗，万中无一。因此，这个境界以上的仙人，被诸仙共尊为圣人。

每位圣人至少都会领悟一种天地法则，比如地皇神农，就是以丹入道，成就圣人之身。要想提升等级，就必须领悟更多的天地法则。

虽然11位圣人同属于混元大罗金仙，但是彼此的实力差距很大。比如身为阐教大掌教的老子，其常规实力绝对是鸿钧之下第一仙，达到了混元大罗金仙后期境界，一旦开启一气化三清模式，将达到后期圆满，无限逼近混元无极大罗金仙境界。

至于女娲娘娘，其地位还在三皇之下，在天皇之后方才证道，故虽然达到了混元境界，但仅是混元大罗金仙初期境界，甚至可能仅是第一层。

第三个境界——大罗金仙。

在书中明确提到了证道大罗，道德已全的仙人很少。在封神榜敕封评价中，赵公明未登大罗，闻太师已登未达彼岸，金灵圣母则道德已全。

多宝道人、金灵圣母、闻太师、赵公明、三霄娘娘、孔宣、燃灯等人都可以划入大罗金仙境界，即准圣境界。

其突出特征是，至少修成了三花聚顶、五气朝元，可以历百劫而不死，部分修为高深者甚至窥悟天道。

如果细分的话，可以把大罗金仙分成三个小境界：

一是大罗金仙初期：已达朝元，未证大罗。

二是大罗金仙中期：证道大罗，道德有亏。

三是大罗金仙后期：道德已全，窥得天道。

像多宝道人、金灵圣母等人，其实力就无限逼近混元大罗金仙。闻太师等人修为要超过赵公明、三霄娘娘，三霄的实力又要超过燃灯等等。

当然，修为仅仅是斗法的基础，在封神世界中，若无强力法宝，阴沟里翻船的事情也很常见。

第四个境界——金仙。

封神大战中登场的多数阐教、截教仙人都是这个境界，比如南极仙翁、十二仙首、申公豹，比如十天君、九龙岛四圣，等等。

达到金仙境界有几个标准：其一，寿元超过千年，基本摆脱了生死轮回；其二，拥有特殊气息，或者紫气绕体，或者五气朝元。

第五个境界——神仙。

能拥有数百年甚至千年寿元，能熟练运用五行神通法术者，基本达到了神仙之境。比如姜子牙、哪吒。

还有那轩辕坟三妖、姜子牙的徒弟龙须虎等，他们虽然修炼千年，但是没有高深道法，修为其实不高，都是神仙境界。

第六个境界——人仙。

所谓人仙，大都因为资质所限，修仙数年或数十年，仅仅初窥仙家门径。其寿元相比凡人没有太多不同，其躯体依然不能摆脱轮回。不过，毕竟有修习仙法，能掌握最基本的五行法术。若是拥有强力法宝，或者独门天赋神通，也能对抗神仙乃至金仙，但面对大罗金仙以上，则毫无反抗之力。

像托塔天王李靖、曹州侯崇黑虎、冀州督粮官郑伦都属于人仙级别。

第七个境界——凡人。

虽然同为凡人，实力也有强有弱。文官不必说，同为武将，其武艺高下也天差地别。有的是刚一上场就被一刀秒杀，有的却能以凡人之躯越级杀死人仙。

凡人将领中最为杰出的，莫过于黄飞虎之子黄天祥。夜夜欢歌依然龙精虎猛的商纣王，也是一个 BUG 式的存在。

相对而言，划分神仙等级比较简单，毕竟有一个相对清晰的标准。但确定武力排行则不然。在手持强力法宝的情况下，极有可能发生人仙干掉神仙的事情。比如拥有番天印的殷郊，曾经打遍周营无敌手，即便是其师十二仙首中实力顶尖的广成子，也要退避三舍。但我们不能因此说殷郊的实力就堪比十二仙首。

那么，在进行武力排行时，有哪些标准值得注意呢？

其一，依据七大境界的基本特征，确定修为。

封神大战中出场的人物虽多，但是其本身的修为还是比较好划分的。到底这个人是凡人武将，还是人仙、神仙乃至金仙，应该说，可以比较清晰地界定。

其二，确定本身修为后，再看其神通。

有的人具有独特的天赋神通，或者修习了奇门法术，在战场上有强大的杀伤力。只要他们没有借助外物（法宝）的力量，就算是其本体神通。

等级越高的仙人，其神通也就越强。强大的仙人往往不需要借助任何法宝，随便伸手一指，就可以杀敌于无形。

其三，明确神通后，看法宝威力。

比较法宝的威力时要注意以下两点。

一个是法宝由谁在使用。不同的使用者使用同一个法宝，施展的威力截然不同。比如同样是番天印，殷郊施展与广成子施展，其杀伤力截然不同。

一个是法宝使用的先后。不同的法宝威力会有高下，也会有侧重。极有可能出现不同法宝都很强，但谁先施展，谁就获胜的情况。在这种情况下，不能简单认定先施展的法宝就强大。

其四，有无先手杀敌意识。

应该说，在武力排行中，修为、神通、法宝分别是三个重要指标，基本上结合这三个指标，就能够对不同的人物进行比较准确的评价。不过，具体情况要具体分析，在比较时还要多做换位思考。很多时候，一位仙人被杀死不是因为水平渣，而是因为后出手。因此，是否有先手杀敌的意识，也是评判人物战力的重要标准。

025 崇黑虎 PK 郑伦，谁更强

原著第3回，曹州侯崇黑虎在城下大战冀州督粮官郑伦。郑伦放出吸魂白气，将崇黑虎生擒活捉。

前一章我们说了，战场上情况千变万化，我们不能因为崇黑虎被擒就简

单认为郑伦一定强过崇黑虎。当然，我们也不能无视被擒的事情，硬说郑伦不如崇黑虎。

那么，崇黑虎大战郑伦，谁的综合实力更强呢？

我们从五个方面对他们进行详细对比评定。

一、武艺。

在与郑伦大战之前，崇黑虎曾经与苏护之子苏全忠交手。苏全忠在全力拼杀下，“把崇黑虎杀了一身冷汗”。崇黑虎心中暗暗称赞苏全忠，不愧是将门虎子。

双方大战许久，当有百十回合，崇黑虎虽然出了一身冷汗，但是并未招式散乱，露出败象。也就是说，崇黑虎比勇冠三军的苏全忠也不过略逊一筹。

书中明言，郑伦自从年幼时（估计20出头）跟随苏护，但是一直对苏护隐瞒其身怀道术的事情。因此，大家平常看到的只是凡人将领郑伦。

那么，郑伦的武艺如何呢？我们从郑伦在冀州诸将中的地位可以推算一下。在与崇侯虎的两次大战中，充当主力的都是苏全忠。他是冀州诸将中毫无疑问的第一高手。其次是大将赵丙。此人有谋，为苏护献策提出未来出路；此人有勇，夜间劫营时曾一刀斩杀敌军将领。再次是大将陈季贞。苏护让此人独领一支队伍。

至于郑伦，因为武艺平平只被苏护派去后方调集粮草。因此，冀州与朝廷的两次大战，郑伦都没有出场。

当郑伦提出要迎战崇黑虎时，苏护百般劝阻。在他看来，崇黑虎不仅道术精奇，万人难敌，就算单凭武艺，崇黑虎也远在郑伦之上。

事实也大体如此。崇黑虎与郑伦交手不过二十四五个回合，郑伦已经有些不支。于是他放弃比武，另寻取胜之机。

单论武艺，苏全忠 > 崇黑虎 > 赵丙 > 陈季贞 > 郑伦。

二、修为。

崇黑虎曾经拜截教仙人为师，至于具体是谁，书中没有明言。郑伦曾拜西昆仑度厄真人为师。度厄真人并非元始天尊玉虚宫门下，只是住在昆仑山上的一位散仙。

他们二人因仙道难成，于是都被师父派下山，去人间寻求富贵。二人虽然拜得仙师，粗通法术，但和凡人一样要经历生老病死，无法超脱轮回，故修为都仅是人仙。

三、神通。

原文说：“传他窍中二气，吸人魂魄。”

郑伦最强大的地方，是度厄真人传授给他吸人魂魄的秘术。郑伦在对敌时没有借助外物，即使用的是一种神通。

那么，郑伦这种神通的杀伤力如何？

应该说，非常强大。原文说：“凡与将对敌，逢之即擒。”事实上也是如此。冀州城下，郑伦鼻喷白气，生擒崇黑虎。后来，苏护奉命讨伐西岐，郑伦又施展秘法，连连擒拿武成王黄飞虎、神勇无敌的黄天化、擅长土遁的土行孙。几乎与之对阵的敌将，都被郑伦生擒。

当然，凡事都有例外。

郑伦第一次失手，是在捉拿土行孙的时候。当时邓婵玉冲上去营救，郑伦上前交战。没想到邓婵玉非常机敏，立刻后退并甩出五光石。郑伦躲闪不及，被打了个鼻青脸肿。

之后郑伦就开始倒霉。先是遇上了没有魂魄的哪吒，接连哼哼了好多次，哪吒浑然无事。郑伦大骇，只能转身逃走。

从以上对战可以看出，郑伦的秘术在对付人仙级别对手时几乎无往不利，但是，要想获胜必须有两个前提条件。

其一，对方有魂魄可吸。像哪吒乃是莲花化身，本身并无魂魄，故郑伦的神通对哪吒无效。在看出这个破绽之后，郑伦再上场时，哪吒就主动迎战，让郑伦很是头疼。

其二，必须近身对敌。郑伦神通的有效范围不大，对手必须在自己附近，大致也就是三五米的样子。要是超过这个范围，鼻中白气就会失效。于是，选择远距离攻击郑伦，也可以轻松破掉郑伦的神通。

四、法宝。

封神世界的人仙、神仙大体只有一种保命秘术，或者是神通，或者是法宝。

就如崇黑虎没有神通一样，郑伦没有法宝。

崇黑虎的法宝是一个葫芦。要想开启葫芦必须先念诵一段咒语。咒语念完，会从葫芦中冒出一股黑烟。黑眼随风幻化，变成成百上千只铁嘴神鹰。

铁嘴神鹰能够根据主人的指令发动攻击。

在与郑伦对阵时，崇黑虎还没有来得及出手就被拿下。不过，在与苏全忠的交手中，铁嘴神鹰大展神威。我们可以结合那次交战，分析铁嘴神鹰这法宝的优劣之处。

铁嘴神鹰的优点不少。一是数量多。神鹰有成百上千只，这意味着崇黑虎不但可以攻击主将个人，还可以对敌军将士造成片杀伤。拥有铁嘴神鹰的崇黑虎完全可以做到一骑当千，甚至一骑当万。二是速度快。神鹰飞行迅速，能够在敌军没有做出防备的情况下做出攻击。一旦发起进攻，收效一般都很好。三是空袭，来去自由。在封神世界，能够发动空袭就意味着拥有强大的优势。像雷震子，没有什么特殊神通，也没有什么强力法宝，可仗着有一双风雷翅，在空中来去自由，以二流的武艺也能建立功勋。

但是，铁嘴神鹰的缺点也很明显。一是发动需要时间。崇黑虎是在诈败逃跑时悄悄诵念咒语，开启葫芦。战场情况瞬息变化，施法等待的时间越长，性命就越是危险。二是铁嘴神鹰的杀伤力不大。与苏全忠交战时，铁嘴神鹰用嘴去啄苏全忠战马的眼睛，其结果竟然只是致其受伤，而不是将其啄瞎。

故整场封神大战中，崇黑虎放出铁嘴神鹰，除了生擒苏全忠外，就是在金鸡岭前破了高继能的蜈蜂，此外并无非常出彩的战绩。

五、意识。

应该说，郑伦的先手意识非常强！每次临战，原著中都会写到郑伦心想："打人不过先下手。"每次交手，郑伦也确实都是不管不顾，抢先出手。故郑伦无论是在商营还是在周营，都取得了骄人的战绩。

不过，瓦罐不离井上破，将军难免阵前亡。郑伦的先手意识确实强，但还有比他更强的。一般郑伦都会和对方交手一二十回合再抽空出绝招，可金大升在更早之前就出绝招了。郑伦与金大升交手时只不过才两三招，郑伦就被金大升口中喷出的牛黄击中，当场被打晕，随即被金大升砍死。

相比郑伦，崇黑虎被动得多。他担任曹州侯多年，与人交往很注重礼节。像与高继能交战时，对方不施展法宝，他也就始终用武艺比拼。仿佛唯有如此，才算公平公正。当然，崇黑虎也不是迂腐透顶之人。俗话说，吃一堑，长一智，在对阵张奎时，崇黑虎就率先想到使用法宝。可惜，他施法的等待时间太长，再加上敌将张奎骑的乃是一匹神兽，速度如飞，待崇黑虎刚揭开葫芦盖，还没开始念诵咒语，张奎就赶到崇黑虎身后，一刀将他砍成两段。

综上，崇黑虎大战郑伦：若是近战，崇黑虎虽然武艺高强，但郑伦鼻中白气一出，崇黑虎必败无疑。若是崇黑虎诈败退走，郑伦骑的是普通灵兽，很难追上，那么，一段时间后郑伦就会被铁嘴神鹰击伤。即便郑伦施展神通，崇黑虎不在施法范围内，铁嘴神鹰又是烟雾幻化，白气无魂魄可吸，最终他也会被崇黑虎生擒。但若郑伦在崇黑虎撤退念咒的时间用弓箭射击，阻碍崇黑虎施法，那胜败又未可知。

那么，综合来看两人的实力谁更强呢？

崇黑虎近战武艺高强，堪称一流；法宝擅长远程攻击，效果不错，但施法需要等待时间；先手意识不强，但能在战斗中成长。综合来说，崇黑虎当有人仙后期境界。

郑伦武艺平平，神通近战几乎无敌，先手意识强，综合来说，也当有人仙后期境界。因其神通强悍，先手意识强，故要略胜崇黑虎一筹！

026 美女妲己早在入宫之前就死了

在封神世界的普通民众看来，那个魅惑天子，搞得天下怨声载道、分崩离析的狐媚女子妲己，乃是冀州侯苏护之女。其实，苏护的女儿妲己早在许多年前就已经死了。在朝歌后宫中兴风作浪、搅乱商朝江山的是九尾狐狸精。

那么，人类美女妲己是被谁杀死的呢？

乍一看，这似乎是个根本无须回答的问题。原著第 4 回目录说得明白——《恩州驿狐狸死妲己》，是九尾妖狐吞噬了妲己的魂魄，夺舍了妲己的身躯，造成了妲己的死亡。

只是，九尾妖狐为何能够吞噬妲己的魂魄，夺舍妲己的身躯呢？妲己的死，有多少人要负责呢？

其一，毫无疑问，杀死妲己的直接凶手，就是九尾妖狐。

苏护与女儿妲己从冀州出发，一路走来，到达朝歌附近的恩州驿馆。晚间，妲己住在驿馆后堂，苏护在前厅挑灯浏览兵书。为了保护女儿的安全，苏护带来的三千亲兵在驿站周围站岗，让五百家将在驿站门口防守。妲己所住的后堂内外，还有五十个丫鬟团团护卫。可以说，苏护对女儿妲己的安保工作非常重视。在正常情况下，妲己不会受到任何伤害。

但军队人数再多，也只能防备凡人。九尾妖狐擅长变化之术，更能揣摩人心，她轻而易举地就混进了驿馆，来到了厅堂。

只是，九尾妖狐要想吞噬凡人魂魄，必须以元神进入凡人体内，进行夺舍。以九尾妖狐的千年道行，夺舍区区凡人，不需要多少时间。可是，时间即便很短，若是中途遇上干扰，也将会对九尾妖狐造成很大的困扰。

于是，九尾妖狐必须调虎离山，将妲己周边的丫鬟支走，尤其是躲过在前厅护卫的苏护。苏护乃见惯血腥的沙场老将，寻常妖邪可不是他的对手。

九尾妖狐是如何解决这个难题呢？

原著说："将交三鼓，可煞作怪，忽然一阵风响，透人肌肤，将灯灭而复明。"九尾妖狐化为一阵阴风，吹灭灯火。苏护被怪风吹得毛骨悚然，正在惊疑之间，听闻后堂丫鬟高喊："有妖精来了！"苏护急忙到后厅查看。可走到半路，苏护又遇上一阵怪风，将手中灯火扑灭。苏护无奈，只好回到大厅，招呼家将取来灯火，再次进入后堂。就在灭灯与取火回来的空档，九尾妖狐就绕过苏护，吸走了妲己的魂魄。

原文说得明白："方才灭灯之时，再出厅前取得灯火来，这是多少时候了，妲己魂魄已被狐狸吸去，死之久矣；乃借体成形，迷惑纣王，断送他锦绣江山。"

其二，在妲己死亡的问题上，其父冀州侯苏护也难辞其咎。

早在入住恩州驿站前，驿丞就说："启老爷：此驿三年前出一妖精，以后凡有一应过往老爷，俱不在里面安歇。可请贵人权在行营安歇，庶保无虞。不知老爷尊意如何？"

驿丞本是好意提醒苏护说，驿站中有妖精作祟，三年来经过恩州驿站的大小官员，都不敢在驿站厅堂安歇。何况，苏护前往朝歌，本就有大军随行，而此前的许多日子，父女二人都是住在自家行营之中的。此前可住的，今天当然也能住的。

若苏护听从驿丞的劝说，恩州驿站劫难就能避过。可惜，为了自家颜面，苏护葬送了女儿的性命。

苏护大声呵斥驿丞说："天子贵人，岂惧什么邪魅。况有馆驿，安得停居行营之礼！快去打扫驿中厅堂住室，毋得迟误取罪！”

谁是天子贵人？说的当然是他女儿妲己。在苏护看来，女儿可不是寻常官员可比，她一入朝歌那就要成为后宫妃嫔。别人能住行营，自家女儿不成！

何况，恩州不是边塞，此城靠近朝歌，来往许多皇亲贵戚。若女儿住在行营，其消息极有可能传入朝歌，惹得那些贵官笑话。苏护一生最爱面子，当然不能在恩州驿站丢了脸面。

苏护宁可让女儿冒着遭遇妖怪的危险，也要维护自家的体面，强行入住驿站。

其实，苏护对女儿妲己貌似关怀，其实淡漠。

在决定要归降商朝，献上女儿后，苏护回到后院见妻子。苏护只说姬昌如何劝他朝拜天子，自己决定献上女儿云云。妻子一听，放声大哭，说道：“此女生来娇柔，恐不谙侍君之礼，反又惹事。”苏护却说：“这也没奈何，只得听之而已。”

妲己乃冀州侯之女，也算是小国公主，平常也是养尊处优，使奴唤婢。如今要远离家乡，前往陌生的朝歌，母亲很是担心。毕竟天子的脾气从来都是喜怒无常，后宫更有许多妃嫔争宠。在母亲看来，妲己此去就是去受气，去受罪。故她一听到女儿入宫，就放声大哭。

苏护的反应很平静，平静得冷漠。此前，他拒绝商纣王的求婚，就是不想让百官笑话他靠女儿。虽然苏护这么一折腾差点为全家惹来灭顶之灾，差点让冀州血流成河，但如今冀州与朝廷一番大战，以大胜求和，谁也不敢小瞧了他苏护。故此，他答应求婚，献上了女儿。至于女儿本身是不是幸福，他并不关心。

正因如此，苏护明明察觉驿站有妖物作祟，灯火忽明忽灭大有问题，但看到女儿还活着，他就放下心来，不去追究。

其三，妲己就算是在恩州驿站躲过了劫难，在进入朝歌，进入后宫之后，也难逃一死。

只因要她性命的，表面上是九尾妖狐，其实是神通广大的女娲娘娘。

驿丞告诉苏护：“此驿三年前出一妖精。”说明九尾妖狐三年前就在恩州驿站潜伏。

恰恰是在三年前，商纣王在女娲宫题写淫诗，激怒了女娲娘娘。女娲娘娘顾及鸿钧老祖的封神大业，忍住恶气没有直接出手干掉商纣王。她派出麾下实力较强的轩辕坟三妖前往朝歌，找机会混入后宫，魅惑纣王，施行她的灭商大计。只是，朝歌后宫自有神灵护卫，三妖要想直接混入很难。于是，女娲娘娘利用商纣王好色的特点，让三妖用秀女的身份混入后宫。

八百镇诸侯前往朝歌，必定会经过恩州驿站。于是，擅长魅惑之术的九尾妖狐在接到命令之后，就混迹于恩州驿站。

本来，九尾妖狐应当深深潜伏，不露行迹。只是，她要经常吃人才能维持幻化形态，于是时间一久，恩州驿站就传出了妖怪作祟的流言。

这流言对于九尾妖狐非常不利，可苏护恰恰就是一个爱面子的冷漠父亲。驿丞一说起流言，反倒激得苏护一定要入住驿站。

在封神世界中有许多这种“人算不如天算”的例子。

在我看来，封神世界中没有什么天命，有的只是高层仙人的可怕算计。就算苏护没有入住恩州驿站，妲己侥幸逃过一劫，在进入后宫之前，甚至在进入后宫之后，女娲娘娘都会找寻机会干掉人类妲己，以完成她的复仇计划。

027 为何说苏护一生很可悲

《封神演义》中的冀州侯苏护，一生坎坷，为求生存两度叛商，其命运颇为可悲。

此人骁勇善战，有勇有谋，身为冀州侯多年，以一城之力阻挡诸多少数民族入侵，于商朝功莫大焉。

可就是这么一个英雄人物，却因为非常可笑的一点小事，一而再，再而三地陷入生死危机中。

这个可笑的事情就是没有给商纣王的宠臣费仲、尤浑送礼。

老话说：宁得罪君子，不得罪小人。不给奸臣送礼，后果太严重。

费仲、尤浑掌权其间，苏护一共两次进京。

第一次，天下诸侯齐聚朝歌，人人都送礼了，唯独苏护不送礼。费仲、尤浑大怒，认为苏护不懂事，藐视他们。于是，他们跑到商纣王身边大进谗言。

费仲、尤浑都是很聪明的奸臣，他们从来不直接说某某官员很差，而是顺着商纣王的口风、脾气，顺势而为。二人一番叨叨，让商纣王只觉得自己王霸之气四溢，天大地大我最大，于是神挡杀神，佛挡杀佛，根本就没有发觉自己被二人当了枪使。

在提议让苏护献女的事情上，费仲、尤浑就非常为商纣王着想。他们说，此前纣王已经答应了首相商容，不再从民间广泛选取美女。如果现在再提议，就会失信于民。听闻苏护之女有倾国之姿，不如让苏护一人献女。如此一来，“又不惊扰天下百姓，自不动人耳目”。

商纣王一听大喜。按照二人的说法，如此安排既不惊动百官万民，又可以得到真正美女；即保全了圣君美名，又满足了个人淫欲。可谓一举两得。

只是，商纣王万万没有想到，苏护是个脾气耿直到暴烈的人。

苏护一生最为自豪的，就是自己拥有不逊色于天下任何诸侯的勇武与将略。按照他心底深处的看法，那统率北方两百镇诸侯的北伯侯大位，当由他苏护来当。

只是，四大诸侯的格局早在上百年前就已经成形，已传承了许多代。其根基之深，之广，是苏护这种一镇小诸侯不能比拟的。

苏护确实有个倾国倾城之貌的美丽女儿，此前也肯定有许多家诸侯前来提亲，但是苏护最为厌恶的，就是别人提到嫁女儿后，苏护能够得到什么好处。

靠着女儿获得荣华富贵，是苏护一生中最以为耻辱的事情。

在苏护看来，唯有靠着掌中枪拼杀而来的富贵，才值得拥有，值得骄傲。

于是，商纣王在提亲时开出的条件越是优厚，苏护的怒火就越发高涨。最终，苏护大骂纣王昏庸无道，并于午门题诗反出朝歌。

这一切商纣王没有料到，却都在费仲、尤浑的算计之中。

一个连给领导送礼都深感不屑的怪咖，怎么可能平静地接受靠女儿身体换来的幸福?

在冀州大战之后，苏护三败官军，打出了赫赫威名。靠着这亮闪闪的筹码，加上西伯侯姬昌从中牵线，苏护终于放弃对抗，再度朝商。

只是，他这次老毛病依然不改，到了朝歌，还是不给费仲、尤浑送礼。

是苏护不懂得官场规矩吗？不！苏护对官场的规矩摸得一清二楚。

苏护护送女儿到达朝歌城外，安营扎寨。原文说——

苏护先差官进城，用“脚色”见武成王黄飞虎。飞虎见了苏护进女赎罪文书，忙差龙环出城，吩咐苏护，把人马扎在城外，令护同女进城，到金亭馆驿安置。

苏护的主要身份乃是冀州侯，乃八百镇诸侯之一。在一般情况下进京，他应当主动联系首相商容。为何此时他主动联系黄飞虎呢？

因为苏护不是孤身而来，而是带着三千五百兵丁。朝歌城外出现了一支全副武装的部队，可不是小事情。为了表示诚意，苏护主动派人去联系三军统帅黄飞虎，使者还郑重带着苏护的“脚色”——即履历，相当于明清时期官员拜访时投递的名帖。这意味着苏护在走官方途径，将随行三千五百人的管理权转交给了黄飞虎。

故此，黄飞虎立刻派出心腹大将龙环去见苏护，接管苏护军队，安排苏护父女在驿馆安歇。

说白了，苏护就是不屑于给费仲、尤浑送礼。此前他就敢不送，更何况此刻！苏护可是杀败了朝廷两路大军呢。

费仲、尤浑恨得咬牙切齿，原文中他们说：“这逆贼，你虽则献女赎罪，天子之喜怒不测，凡事俱在我二人点缀，其生死存亡，只在我等掌握之中，他全然不理我等，甚是可恶！”

费仲、尤浑的威胁还真不是瞎吹。经过他们一挑拨，苏护的朝商行动差点泡汤，苏护本人也差点被推出午门斩首。

这是怎么一回事呢？

费仲、尤浑在得知苏护到达朝歌后，就入宫面见纣王，告知苏护来朝一事。商纣王一听勃然大怒说：“这匹夫，当日强辞乱政，朕欲置于法，赖卿等谏止，赦归本国；岂意此贼题诗午门，欺藐朕躬，殊属可恨。明日朝见，定正国法，以惩欺君之罪！”

纣王这一怒，大有问题：西伯侯姬昌早就答应为苏护斡旋朝商之事，为何到此刻商纣王竟然不知苏护朝商的事情呢？

这就不得不慨叹姬昌老奸巨猾了。

姬昌一方面答应了苏护，只要投降，商天子就必定会接纳，并且有许多好处，可另一方面姬昌并没有见到商纣王，更没有得到商纣王的任何承诺。

姬昌做的，只是把相关情报汇报给了首相商容、亚相比干。这样，姬昌就可以最大限度地规避风险——商纣王的古怪脾气可不是谁都受得了的。

费仲、尤浑因为是纣王宠臣，也知道了事情原委。在苏护再度来到朝歌之前，商容、比干也好，费仲、尤浑也好，谁都没有向商纣王回报苏护的最新动态。

费仲、尤浑不禀告可以理解，人家二人本就要整苏护，怎么可能帮苏护说情呢？可商容与比干为何也不说呢？

只因这二位虽然身为宰相，但其实也是个明哲保身、报喜不报忧的家伙。单从费仲、尤浑并非宰相，却常常出入宫闱，面见纣王，而商容、比干无一言劝阻就可以看出这一点。若闻太师在朝，二奸臣绝不敢放肆。

当然，二位宰相做人还是有点底线的。

当苏护跪在朝堂，商纣王也不多说，直接就宣布苏护罪状，让人把苏护拉去午门枭首。这时，首相商容赶紧出列，劝谏说："苏护反商，理当正法；但前日西伯侯姬昌有本，令苏护进女赎罪，以完君臣大义。今苏护既尊王法，进女朝王赎罪，情有可原。且陛下因不进女而致罪，今已进女而又加罪，甚非陛下本心。乞陛下怜而赦之。"

商容说话非常艺术。他先是顺着纣王的口风，说苏护应当被砍头，但随即搬出西伯侯姬昌的本章，说苏护已经愿意进女赎罪，希望纣王体察。

当时的商纣王对首相商容还是颇为敬重，毕竟商容乃是他潜邸旧臣，感情很深。加上西伯侯姬昌人不在朝堂，可是影响力依旧。两位老臣的面子都必须给。

于是商纣王陷入了迟疑。

最终还是费仲、尤浑一语解难。他们暗中告诉纣王，不如让苏护之女觐见。若是美貌，一切罢了。若是貌丑，再将苏护斩首。纣王立刻答应。

费仲、尤浑此举看似为苏护解围，其实是再度向苏护挥起了屠刀。只要妲己长得丑，苏护就必死。只是他们万万没有想到，苏妲己竟然美得如同妖孽——他们更没有想到，人家本就是妖孽。

当朝文武百官都看出商纣王对苏护不欢喜，只是顾及两位重臣的面子没有发作而已，那苏护此后的命运堪忧。

但等苏妲己上场之后，大家发现商纣王的脸色顿时变了。原文说纣王一见妲己，立刻“就魂游天外，魄散九霄，骨软筋酥，耳热眼跳，不知如何是好”。商纣王严重失态，就差没有当场流鼻血了。

商纣王下令赦免苏护全家之罪，官复原职。因是国戚，每月还增加俸禄两千石，在显庆殿摆宴，由宰相带领百官前去道贺。

百官议论纷纷，各种羡慕嫉妒恨。

最终，苏护还是靠着女儿妲己，才免于灾祸，才享受到了相当于四大诸侯的待遇。

拼了老命挣扎了一回，苏护最终还是落得靠女儿发家的可笑境地。

妲己入宫之后，朝歌皇宫妖气弥漫，远在终南山的炼气士云中子发现妖氛，于是进京降妖。那么，云中子是啥样人？他降妖目的何在？

028 云中子献剑降妖只是一场秀

住在终南山玉柱洞的炼气士云中子，在封神世界中，可谓大大有名。

截教摆下黄河阵，玉虚宫门下诸多仙人被削去顶上三花，千年修炼毁于一旦。可是，多次参与封神大战的云中子却没有遭受这种厄运。

于是，群仙纷纷慨叹：“云中子乃福德之仙也！”云中子的福气确实不错。只是，他之所以好运连连，不是靠积德行善，更不是靠后台撑腰。那是靠什么呢？

要想在混乱的仙界生存下去，并且谋求发展，单靠拳头硬、法宝强远远不够。云中子的实力很强，与十二仙首中精英相比也毫不逊色，但是再强，也强不过混元大罗金仙。在那个圣人之下皆蝼蚁的乱世，唯有头脑精明，看清形势才能够最终全身保命。

那么，云中子是如何从一介散仙成长为阐教门下骨干，并成功躲过许多灾难，早早证道的呢？

第一步，看清形势，站稳立场。

随着时间流逝，封神大战的序幕已经拉开。在阐教与截教的斗法中，选择一派站队，是云中子第一个要考虑的问题。

有朋友会说，云中子乃是十二金仙之一，本就是阐教门下，何来站队之说？

其实，云中子并非阐教门下，十二仙首也另有其人。

书中说得明白，云中子乃是终南山一炼气士，只字未提他的师门。在后文中云中子与玉虚宫门下相会，燃灯、广成子等人也只是和云中子以道友相称。也就是说，他和元始天尊的玉虚宫、老子的玄都洞没有一毛钱关系。

在封神世界中，类似于云中子的散仙还有很多，比如名气更大的陆压道人。陆压他虽然出身于昆仑山，但是从师承关系上说，和元始天尊建立的阐教也没有什么关系。

那为何云中子与陆压在阐截二教的纷争中，都选择站在阐教一边呢？

传统的说法是，截教都是坏蛋，帮助商纣王是助纣为虐，注定了灭亡。云中子是福德之仙，是好人，自然不屑于和截教为伍。

其实，前文已经分析过，封神大战中阐教与截教斗法，乃是鸿钧老祖指定。从道门来讲，阐教与截教都是玄门正宗，无所谓是非正邪。并且，绝大多数的截教仙人都是重情重义的汉子，当然也有一部分截教仙人修行邪术，比如散布瘟毒的九龙岛炼气士吕岳。所谓林子大了，什么鸟都有，总体来说，截教并不坏。

真正促使云中子站队的，是他敏锐地发现：唯有跟随阐教，获得的利益才会最大，前途才会更光明。

表面看来，阐教弱而截教强，二教相争，截教赢面大。但是阐教有两位圣人，截教只有一位圣人。二打一，结果还不是很明显吗？

截教人数众多有用吗？

在仙界不同等级之间的实力差距实在太大。截教十位准圣级高手一起上，老子挥挥手就能让他们全部形神俱灭。

更为重要的，是封神大战幕后最高存在鸿钧老祖的态度。所谓灭商兴周，天命已定——这不就意味着帮助周朝就是顺应鸿钧老祖，帮助商朝就是忤逆鸿钧老祖吗？

截教帮助商朝，和鸿钧老祖对着干，还能有好下场吗？

第二步，主动降妖，表明立场。

在封神大战中，老子与元始天尊最为倚重的是他们历届弟子中最为优秀的“十二仙首”。

在原著第45回，燃灯主持破十绝阵时，原文说得明白：“赤精子对广成子；太乙真人对灵宝大法师；道德真君对惧留孙；文殊广法天尊对普贤真人；慈航道人对黄龙真人；玉鼎真人对道行天尊：十二代上仙，齐齐整整摆出。”

论实力，云中子比十二仙首中的半数都要强。云中子不但修为精深，法宝也非常强大。

他掌中有照妖宝剑，厉害无比，更有照妖宝鉴（镜）可以照出妖怪原形。杨戬为降伏马善，就特意前往终南山玉柱洞向云中子借宝。

不仅如此，云中子还擅长炼器。他曾经亲手编织水火花篮，更炼制出威力强大的通天神火柱。这通天神火柱在绝龙岭成功杀死了截教三代精英弟子闻太师。

反观十二仙首，他们手中的法宝基本上都是元始天尊炼制并赐予。也就是说，单从炼器水平来说，云中子已经无限接近元始天尊，绝对是圣人之下最强的炼器大师。

可是，拥有这种水平的云中子，在封神大战之前只是仙界默默无名的小人物。

哪里看出云中子名气小，地位低呢？

云中子曾经对纣王说起修道的好处，其中谈到自己的生活理想，他说：“闲来一枕山中睡，梦魂要赴蟠桃会。”以云中子的实力，竟然无缘参加蟠桃会，喝仙酒吃蟠桃的好时光只能在梦中才能出现。可是，后文杨戬登场时提到，他就经常参加蟠桃会。

原因无他，杨戬虽然是晚辈，却是玉虚宫门下，乃道门正宗传人。云中子实力虽然强，但却是散修，乃仙界草根一枚。

于是，云中子非常迫切地想要和阐教搭上关系。在多番思考之后，他做出了一个决定：进京降妖！

那么，云中子是如何降妖的？为何以他的实力没有弄死九尾妖狐呢？

第三步，降而不杀，飘然退场。

按照常理，九尾妖狐化身的妲己，也算是修行千年。若是阐截二教的门人，修习千年后至少也是神仙修为，佼佼者甚至达到大罗金仙水准。可是，九尾妖狐虽然住在地皇轩辕的坟墓中（轩辕黄帝并非真的死了，而是成仙时尸解而去，后代将其遗骸、衣物放入陵墓中供奉），但并没有得到轩辕黄帝的传承。一个没有正统修仙功法的草根野妖，苦修千年，吸收人兽精血无数，其修为也不过堪比神仙。

在原著96回中，杨戬大战雉鸡精、雷震子棒打九尾狐、韦护与琵琶精厮杀，三妖虽然拼命抵挡，然而三五个回合之后，就精疲力软，只能逃窜。

当然，杨戬乃是三代弟子中的巅峰强者，能在他手底下走三五个回合，那雉鸡精也算不错。只是，这三妖除了会点武艺和基础法术，没有特殊神通，更没有强力法宝，综合实力在神仙中，也很难算是强者。

以云中子堪比金仙中期的水准，降伏一个神仙级别的九尾妖狐，可以说就是挥挥手的事情。

可云中子辛辛苦苦入朝歌一趟，竟然只是让九尾狐受了一番惊吓，没有伤及她一根汗毛。这是为什么呢?

是云中子空有高深修为，却没有强力法宝降妖吗?当然不是。其原因是，毕竟云中子是外人，不得进入后宫降妖。他只能让纣王将自家的法宝送入后宫，借以除妖。

那么，云中子有什么法宝呢?

在原著中一共提到云中子有三件法宝，这三件法宝各有妙用，件件都是奇珍。

法宝一：照妖宝鉴。

古语中的“鉴”，其实就是现在的镜子。此宝可以看破幻化，确定妖精本源，然后借相生相克之道发动有效攻击。

法宝二：水火花篮。

花篮有什么作用?看过西游的朋友估计都会记得观音菩萨编织花篮抓捕金鱼精的情节。篮子的作用乃是容纳。换言之，花篮可以看成一个容器，一个用来困住妖怪的容器。

至于水火，二物本来互相克制，可云中子竟然将水火融合，也就意味着他领悟了相生相克之道。这必然使得花篮的束缚功能更加强大。此宝一出，估计金仙以下的妖、仙，全部在劫难逃。

法宝三：照妖宝剑。

云中子的照妖宝剑锋利无比，一剑挥出，金仙以下的妖、仙全部必死。云中子看出朝歌皇宫有妖邪之气，想要前往降伏。他告诉童子，去树林中把那枯松枝取一段来，制作一把木剑。童子奇怪，问为何不用照妖宝剑。云中子笑曰："千年老狐，岂足当吾宝剑！只此足矣。"

云中子是在吹牛吗？

云中子交代纣王将木剑悬挂在分宫楼前，口称："三日内必有应验！"纣王让人按照吩咐挂好木剑。

不久云中子告别，纣王入后宫见妲己。原文说："见妲己面似金枝，唇如白纸，昏昏惨惨，气息微茫，恹恹若绝。"

纣王早晨上朝时，苏妲己还言笑晏晏，送纣王出宫。为何半天工夫就生命垂危，奄奄待毙呢？

妲己自己说："陛下！妾身早晨送驾临轩，午时远迎陛下，不知行至分宫楼前候驾，猛抬头见一宝剑高悬，不觉惊出一身冷汗，竟得此危症。"

原来，妲己只是远远看到木剑，就被木剑所蕴含的凌厉剑气伤害。云中子随意制作的木剑就如此了得，若是妲己见到的是威力超过千百倍的照妖宝剑，那还不得当场毙命？

为何云中子口中说是降妖，却偏偏不拿宝剑，而要费时间另外搞个木剑再出门呢？

只因为他此次前往朝歌，真正的目的不是降妖，而是借助降妖表明立场。

为何说是借助降妖表明立场？

早在最初看到东南方向妖气冲天的时候，云中子用出照妖宝鉴，就已经发现妖怪的本源。

原著云中子说："此畜不过是千年狐狸，今假托人形，潜匿朝歌皇宫之内，若不早除，必为大患。我出家人慈悲为本，方便为门。"

无论在哪个世界，都有山头，都有势力范围。像终南山，那就是云中子的势力范围。那么，朝歌城呢？千百年来，朝歌城一直是妖祖女娲娘娘的地盘。

一个千年狐妖在朝歌皇宫作恶，和妖族之祖女娲娘娘会没有关系？

人家狐妖八成是奉了上命，潜伏宫中！

以云中子的老辣，自然不会鲁莽到直接冲上去就和狐妖干仗。降妖本身不是目的，借助降妖表明立场才是关键。

于是，云中子故意没带威力强大的照妖宝剑，而是带了个威力平平的木剑。

妲己一见木剑，吓得魂飞魄散，却又没有伤筋动骨。这样的结果，恰到好处。

云中子在向女娲娘娘表明——我已经看出你的布局了，我很有善意，我不搞破坏。

女娲娘娘的背后其实是人族三圣，人族三圣的背后其实是鸿钧老祖。云中子是在借降妖告诉仙界高层，我有能力搞破坏，但是我很乖。

云中子口中说要为民除害，骨子里却是个投机分子。

他此去朝歌，其实还藏了一手。因为他还除了拿着木剑，另一只手还挎着水火花篮。

带着水火花篮就意味着云中子虽然不能杀死九尾狐，却能轻松困住九尾狐。若是九尾狐被困，显出了原形，那么，商纣王自然就不会再宠幸妲己。商朝的覆灭或许就因此不会那么迅速。

那么，云中子为何只是送出木剑，却带回了水火花篮呢？

因为云中子与商纣王有一番交谈。

谈话时，商纣王态度有多次变化。

看到云中子不行跪拜大礼，纣王有些生气；看到云中子谈吐高雅，纣王变得欢喜；听云中子讲道家如何如何好，纣王大喜；见云中子道术神妙，纣王喜不自胜；邀请云中子入朝为官，云中子明白拒绝，纣王叹息不已。

这番谈话中，商纣王看似精明，其实毫无明君气度。身为人君，首先当喜怒不形于色。唯有喜怒不形于色，才能不轻易表露自己的好恶，才不会轻易被臣下操控。并且，身为人君当心系天下，而不是追寻什么长生，更不能渴望用道术来治理国家。

因割据、叛乱等等问题，商朝本就病体沉重，加上主政的商纣王视国政为玩物，单凭个人喜好行事，如此商朝，焉能不亡？

纣王如此不堪，商朝必然灭亡，那么，商朝背后的截教势力自然也是沾染不得。从甩袖离开的那一刻起，云中子就铁了心力挺阐教。

029 云中子为何能预知商朝灭亡日期

终南山炼气士云中子，在朝歌皇城面见商纣王时，一直扮演着世外高人的角色，仿佛对尘世中官位、名利一无所求。

初见面，商纣王问曰：“那道者从何处来？”

云中子回答：“贫道从云水而至。”

商纣王一听就愣了，这回答好有深度！于是追问：“何为云水？”

云中子微微一笑说：“心似白云常自在，意如流水任东西。”

商纣王一看，这道人一副逍遥自在模样，对自己颇有不屑之态，于是冷冷道：“云散水枯，汝归何处？”这句话语含杀机，颇有威胁之意。

云中子淡淡道：“云散皓月当空，水枯明珠出现。”咱金仙可不是区区人间帝王可以威胁的。

听云中子如此回答，纣王也明白云中子乃得道之士。一位天子，为何能够驱使百官，统率万民？因为他手中有权力，具体来说，是有官帽。有权力可以分发官帽，官帽可以让百官、让臣民获得利益。若是对方不屑屈膝以谋求官帽，那天子也就不再高高在上。

商纣王转怒为喜，命人给云中子赐坐。

一番交谈后，商纣王自以为与云中子熟络了些，于是再次提出：“先生有这等道术，明于阴阳，能察妖魅，何不弃终南山而保护朕躬，官居显爵，扬名于后世，岂不美哉！何苦甘为淡薄，没世无闻。”

商纣王的邀请还是有一定诱惑力。毕竟商纣王开出的条件已经算是优厚——他答应让云中子能够官居显爵。虽然纣王没有说明具体是何职务，但是堂堂天子口中的重要职务，那至少也该是上大夫级别。

只是，云中子的反应依然很淡漠。他表示自己习惯了山中慵懒的生活，不愿意接受官场束缚。他还特意吟诵了一首诗，以展示自己当下的生活状态：

“上三竿堪睡足，裸衣跣足满山游。”

与充满束缚的官场生活相比，云中子的山中生活实在是逍遥无边。

听云中子如此说，商纣王只好放弃。

只是，商纣王看人的眼光实在不咋的。云中子根本就不是一个淡泊名利之辈。他之所以拒绝商纣王，只是因为商纣王开出的价码还不够高。

为何这么说？

原著第5回说：“云中子道罢，离了九间大殿，打一稽首，大袖飘风，扬长竟出午门去了。”云中子这一甩袖子的姿势极美，估计狠狠刺伤了商纣王的小心脏。

那云中子是不是真的就视功名如粪土，一甩袖子回归了终南山呢？根本没有！

原著第6回说：“且说此时云中子尚不曾回终南山，还在朝歌，忽见妖光复起，冲照宫闱，云中子点首叹曰……”

云中子在献上木剑之后为何不直接回转终南山呢？只因为他心底深处非常在意这次进剑降妖的结果。

云中子说了，三天之内必有应验。当时商纣王根本不信后宫有妖邪，因此他开口邀请云中子为官的诚意不足（因此纣王才一被拒绝就放弃），给的官职也绝不会太大。但若等到后宫妖魅显出原形时，商纣王必然惊喜，对云中子完全拜服，那时候给出的官就完全不同了。

作为一个有道之士，云中子绝不会像姜子牙一样，卑躬屈膝当什么下大夫，他也不屑于当什么司天台的太师（原著有误，司天台长官其实是太史）。他至少也当和闻仲一样，当个太师，或者是国师等等。

与天子为师为友或可，为臣为民万万不行。金仙的脸面丢不起。

云中子自己的一番话，足以证明我上文的推理。他说：“我只欲以此剑镇灭妖氛，稍延成汤脉络，孰知大数已去，将我此剑焚毁。”

云中子献上宝剑的真实意图其实不是为了天下苍生。为苍生考虑那就应当除掉残暴的纣王，推翻腐朽的商朝。可是，云中子竟然还想着帮助纣王，帮助商朝。这不是逆天而行吗？

这只因高层虽然定下灭商兴周的方案，但是商朝、纣王在当时的影响力还很大。换言之，如果是商周双方在当时就开战，商朝的赢面更大。

若在当时商纣王除掉妲己，重用云中子，那说不得云中子就要和截教联盟，共同收拾阐教了。以云中子的滑头，加上通天教主的实力，许多场比试还真的未必会输。

那云中子预言未来又是怎么一回事呢？

降妖计划失败之后，云中子非常不甘心。

辛辛苦苦下山一趟，结果既没有除掉妖怪，也没有闯出名头，若就此回到终南山，脸面实在丢不起。

于是，云中子走到大街上，连连慨叹。他说："一则是成汤合灭；二则是周国当兴；三则神仙遭逢大劫；四则姜子牙合受人间富贵；五则有诸神欲讨封号。罢，罢，罢，也是贫道下山一场，留下二十四字，以验后人。"

然后，云中子在司天台的官衙墙壁上提笔写了一首诗。诗云：

"妖氛秽乱宫廷，圣德播扬西土。要知血染朝歌，戊午岁中甲子。"

云中子这个举动可谓惊世骇俗。元始天尊八成会被云中子吓出一身冷汗，估计就连高高在上的鸿钧老祖，也会关注到这个草根散修。

云中子口中所说的五件事情件件都还没有发生，但件件最终都发生了。莫非，云中子能够未卜先知，预言未来？

其实，在西游世界也好，在封神世界也好，没有谁能够真正未卜先知。

云中子口中所说的五件大事，其实都是鸿钧老祖与三教圣人签订封神榜时商定的内容。这些内容对于人间百姓来说，自然是隐秘的，可是在仙界早就传开。在之后的封神大战中，我们可以看到无数阐教、截教仙人都知道以上内容，包括一些无门无派的散仙。

作为一个时刻关注仙界高层动向，渴望加入仙界主流的金仙，云中子知道以上五件大事，一点不稀奇。

但是，云中子把这些仙界秘闻以诗歌的形式写在人间官衙墙壁之上，这可就捅了马蜂窝了！

要知道仙界高层虽然已经定下了灭商兴周的计划，并且已经在缓缓推进，但是，正式展开封神大战，即商周两国之间战争的时机还远远没有到来。

当时的商朝除了北海有小叛乱，天下还是臣服于商的。当时姜子牙都还没有下山，西伯侯姬昌更是还处在人生的茫然阶段。

云中子这种泄漏天机的行为，实在是胆大包天。

云中子为何要这么做呢？

说穿了，云中子是一草根散修，他太想出名了。想出名，博上位最好的途径是什么？是爆料！爆仙界秘闻！

云中子如此肆意妄为，为何仙界高层没有把云中子抓去处罚一番呢？

书中提到，百姓围观之后，虽然纷纷将此诗传读，却并没有谁看懂此诗。就连司天台太师——国家培养的专业巫师，都没有勘破这首诗。

那这首诗歌是什么意思呢？

简单来说，即皇宫内有妖怪（九尾狐化身妲己）作祟，未来的天子已经降生在西方。至于商朝灭亡周朝建立的日子，是在戊午岁中的甲子日。

云中子的诗歌写得还算含蓄，明白人看得懂，糊涂人都看不懂。并且，云中子的诗歌并没有传到商纣王耳中，对封神大业的影响微乎其微。

云中子爆料仙界秘闻，风险很大，但收益更大。最终，他成功规避了风险，获得了丰厚收益。很快，云中子就进入了阐教高层的视野。像云中子这样有破坏力且无派系的仙人正是元始天尊积极拉拢的对象。

凭着其超强实力与过人谋略，数年后，云中子在阐教中就获得了堪比十二仙首的崇高地位。

030 商纣王炮烙忠良另有玄机

虽然说成者王侯败者寇，最后的成功者往往会肆意篡改历史，抹杀真相，以便使时人、后人认可其正统地位，但是，失败者之所以会失败，亦必定有其过错处。

就像商纣王，无论多么喜欢翻案的学人，都无法把商纣王描绘成一个明君、贤君。他犯下的罪孽，实在太多。

只是，当我们静下心来一一查看商纣王犯下的那些罪孽时，却将惊讶地发现，商纣王其实根本不昏庸，一点不糊涂。他做出的许多恶行，都是他当时认为最应该做的。

换言之，商纣王炮烙忠良、诛妻杀子绝非一时冲动，更不是像许多朋友误认为的——被九尾狐狸妲己迷住了。相反，商纣王是在非常清醒的情况下，下达了这一系列残酷命令。

何以见得呢？

原著第6回目录是《纣王无道造炮烙》，故事讲的是司天台太师杜元铣见到云中子题诗，感慨商纣王被妲己迷惑，担忧成汤江山社稷，于是，携手首相商容，共同到纣王寝宫进谏。因杜元铣言辞激烈，触怒了商纣王，商纣王便要将其处死。一旁妲己进言说，她有一种酷刑，名叫炮烙，可以让罪犯生不如死。以此酷刑惩罚罪犯，必定可以震慑群臣，以儆效尤。商纣王采纳。后来，上大夫梅伯听闻将要炮烙杜元铣，大怒，也跑去劝谏纣王。在妲己的挑唆下，纣王下令将梅伯一起炮烙。首相商容心灰意冷，主动辞官，回归故里。

从故事梗概中我们可以发现，两起冤案之所以铸成，苏妲己的挑唆确实起到了极为恶劣的作用。

只是，苏妲己说了什么，竟然让商纣王态度全改，立场大变？是苏妲己施展了狐媚之术，让商纣王丧失了理智，还是商纣王另有考虑？

且让我们看看群臣说了什么，妲己又说了什么。

先看杜元铣。杜元铣首先告诉纣王，最近天象异常，上天不满，不久将有大灾降临。之后，杜元铣分析说，为何上天不高兴呢？有两个原因：其一，之前有道士云中子献宝剑除妖，纣王不应该焚毁宝剑，导致宫中妖气不散；其二，纣王身为天子，几个月不理朝政，整日沉湎酒色，留恋后宫。

杜元铣这次上朝，是抱着必死的信念，因此，他言辞激烈，在批评纣王上很不客气，就连“朝纲无纪，御案生尘，朝政紊乱，百官失望”等等语句都说了出来。

面对杜元铣如此激烈的进谏，商纣王是不是勃然大怒，立刻就要处死人家呢？没有！

原文说：“纣王看毕，自思：‘言之甚善。’”

纣王其实一点不糊涂，他也觉得自己最近比较偷懒，被骂纯属活该。何况杜元铣身为司天台长官，负责监察天象，及时反馈，以便天子、宰相能够采取措施，扭转天意。人家此举乃职责所在，说得也全在理。

此时，商纣王没有半点想责罚杜元铣的意思。

但是，妲己之后的禀奏，从另一个角度解读杜元铣的奏章，一下子就让杜元铣从一个关心国家、心忧百姓的忠臣，变成了一个野心勃勃、图谋不轨的逆贼。

妲己说：“前日云中子乃方外术士，假捏妖言，蔽惑圣聪，摇乱万民，此是妖言乱国；今杜元铣又假此为题，皆是朋党惑众，驾言生事。百姓至愚，一听此妖言，不慌者自慌，不乱者自乱，致使百姓皇皇，莫能自安，自然生乱。究其始，皆自此无稽之言惑之也。故凡妖言惑众者，杀无赦！”

妲己精通语言艺术，推理环环相扣。既然杜元铣拿云中子说事，那就要先搞臭云中子。虽然纣王失约，烧了宝剑，但事实上谁也没有亲眼见到后宫中有妖物。既然后宫没有妖物，云中子却说后宫有妖物，这不是欺君罔上、迷惑百姓是什么？

如今如何理解杜元铣也说宫中有妖气呢？很简单，杜元铣与云中子早有勾结——否则云中子怎么会跑到司天台、杜元铣的官衙门前题写反诗呢？

身为天子，最担心的就是臣下结成朋党，共同进退，挟制君王。

杜元铣身为朝廷官员，不去制止谣言，维护天子威仪，却参与散播谣言，使得朝歌人心惶惶。而人心一乱，国家难安。

杜元铣犯下结党营私、蛊惑百姓两大罪状，自然应该杀无赦。

商纣王一听，立刻说：“美人言之极当！传朕旨意：把杜元铣枭首示众，以戒妖言！”

妲己的话貌似有理，其实有很大的破绽。一听纣王改变态度，要杀掉杜元铣，一旁的宰相商容连忙劝阻。

他强调，杜元铣乃三朝老臣，身家清白，世代忠良。此前杜元铣和云中子根本就不认识，何来结党营私之说？何况，杜元铣身为司天台掌管，本就拥有观察天象、禀奏朝廷的权力。既然天象说宫中有妖气，杜元铣为何说不得？

商纣王听后，思考许久，最后告诉商容，杜元铣还是要杀。为何呢？

纣王说：“不斩元铣，诬言终无已时，致令百姓皇皇，无有宁宇矣。”

原来，人家纣王一直都明白，杜元铣既没有勾结朋党，也没有制造谣言。但是，云中子在朝歌制造的恶劣影响已经形成，后宫有妖魅的流言使得百姓对天子至高无上的威权也产生了怀疑。这是纣王绝对不能容忍的。

为了维护王权，挽回天子的尊严，纣王明知杜元铣没罪，也只能借杜元铣的头颅以平息谣言，以树立君威。

并且，在如此情况下杀了杜元铣，多数人只会痛骂妲己狠辣，觉得纣王耳根软罢了。

至于杀上大夫梅伯，与杀杜元铣情形不同。纣王本无心杀老杜，但是对梅伯却早就有杀心。

听闻杜元铣入狱，梅伯气呼呼入宫，一见纣王，劈面大骂。商纣王虽然不满，但依然将杜元铣的所谓罪状一一说明。不想梅伯不依不饶，一点面子也不给，直接就训斥纣王是昏君，并且气呼呼地诅咒说，成汤数百年江山就会丧失在纣王这个昏君手中。

梅伯与纣王一共两番对话，单单昏君一词就说了三次。毫无疑问，这是对商纣王的极大蔑视。

梅伯为何对商纣王说话如此不客气呢？

大家应该还记得第1回的故事吧，当初请求册立三王子为太子的，正是宰相商容与上大夫梅伯。换言之，梅伯不但是三朝元老，并且对纣王有大恩。

正因梅伯自视为纣王恩人，于是才会在纣王下令，仅仅让商容一人入后宫的情况下，擅自跟随进入后宫。

即位以来，有三件事让纣王日夜忧心，辗转难眠：其一，宰臣专权；其二，诸侯割据；其三，后宫跋扈。

三件事中，宰臣专权尤其让纣王苦恼。

在此前的文章我曾经提到，商纣王即位之后七年，其实一直没有亲政。朝政大权一直掌握在闻太师手中。此刻，闻太师虽已走一二年，但是朝廷当中依然有一帮元老，处处掣肘纣王，让纣王不得如意。

故当首相商容等人说纣王不理朝政时，纣王气呼呼地说，政务自有宰相处理！他这个天子，半年不上朝，天下照样转。（《封神》中明代的痕迹很重）

商纣王一直想着如何削除宰臣集团的力量。只是，闻太师威望极高，纣王深深忌惮；首相商容处处忍让，全无过错；亚相比干谨小慎微，从不出头。

商纣王一直找不到机会。

此刻，既然宰臣集团骨干梅伯接连犯下擅闯后宫、藐视君王等多项大罪，商纣王正好抓住机会，除掉梅伯！

自古以来，相权与君权就是势不两立。

相权重则天子危，君权重则天下危。对于商纣王来说，当然要巩固君权。想要巩固君权，当然要把挡路的石头砸掉。

应该说，商纣王这一手敲山震虎、杀鸡骇猴的效果很不错。就在当天，首相商容就主动找到纣王，请求告老还乡。商容一走，朝歌宰臣集团即受到重创。纣王夺回君权的行动，获得了重大胜利。

031 妲己夺宫封后堪称步步惊心

在《封神演义》关于纣王的故事当中，有两个故事最为精彩：其一，姜子牙火烧琵琶精；其二，妲己计除姜后，成功上位。

姜子牙的故事我们后文再说，本文先来说说姜皇后被废，妲己成功封后的故事。

姜皇后身为纣王正妻，乃一国之母；孕有二子，且长子殷郊已正位东宫；其父姜桓楚是统领东方两百镇诸侯，位在四大诸侯之首。放眼人间，姜皇后是当之无愧的第一夫人，身份贵重，无人可比。

妲己在当时不过是区区美人，连个妃位都没有混上；父亲也不过是八百镇诸侯之一。可以说，论身份，论背景，妲己根本斗不过姜皇后，更不要说取而代之了。

可是，事情的发展就是那么让人目瞪口呆。就在商容罢相不久，纣王就宣布废除姜皇后之位。

即便纣王是一国之君，在没有充分的理由下，也根本不可能废除皇后。那么，纣王废后的理由是什么呢？原著锁拿皇后诏令如下：

敕曰：皇后位正中宫，德配坤元，贵敌天子。不思日夜兢惕，敬修厥德，毋忝姆懿，克谐内助，乃敢肆行大逆，豢养武士姜环，于分宫楼前行刺。幸天地有灵，大奸遂获，发赴午门勘问。招称：皇后与父姜桓楚同谋不道，侥幸天位。彝伦有乖，三纲尽绝。着奉御官拿送西宫，好生打着勘明，从重拟罪，毋得徇情故纵，罪有攸归。特敕。

原来，那天纣王好不容易忙里偷闲，决定上朝去见见百官，处理下政务。可是，纣王一行人刚走到分宫楼（此楼乃前朝与后宫的分界）前，忽然见到一个男子，身高丈四，头戴扎巾，昂然不跪，不但不跪，手中还拿着明晃晃一把宝剑，如狼似虎一般，大喝一声，冲上前行刺。边走此人还边喊：“昏君无道，荒淫酒色，吾奉主母之命，刺杀昏君，庶成汤天下不失与他人，可保吾主为君也!”

结果，此人连纣王的衣衫都没有碰到，就被纣王的侍卫给拿下，绑成粽子一般。经过中谏大夫费仲的审讯，刺客坦承，自己乃是东伯侯姜桓楚之家将姜环，奉命潜入宫中，在皇后姜氏的命令下，在分宫楼前行刺。

在刺客被当场擒拿，且供认不讳的情况下，纣王下达了锁拿皇后的诏令。

明眼人一看此事，就会觉得疑点太多。

疑点一：刺客为何知道纣王行踪?

以纣王的身份，其安保工作必然是帝国重中之重的大事。他的行踪，只有极少数人能够事先知道。即便是保驾的将领兵丁，多数也是临时奉命而已。

那刺客等候在分宫楼前，一副料定天子必定从此经过的样子。区区外臣，如何能够知道天子的行踪呢?

疑点二：刺客的行刺方式很可笑。

以纣王的身份，其出行必定是前呼后拥，有百千武士护卫。更不要说商纣王本人就有万夫不当之勇，当年曾经亲手格杀猛虎，勇武之名，传遍天下。

刺杀天子乃是抄家灭族的大事。既然行动，自然希望成功。可若想成功刺杀纣王，就应当选纣王落单的时候，派出武林高手前来刺杀。而不是像那所谓姜家家将姜环，在护卫重重时还主动冲上前去。

疑点三：刺客主动暴露主使者很可疑。

既然是要搞暗杀，搞行刺，就证明无法正面对敌。但凡真正的刺客行刺，必定谨守秘密，被抓后或者吞药自尽，或者宁死不招。哪里会像姜环一样，喊着口号冲上去刺杀。一旦被抓，还像竹筒倒豆子，什么都说了出来。

疑点四：刺客为何能混入宫中?

纣王曾经询问当天轮值将领鲁雄。鲁雄宣称，昨晚自己一直在前殿来往巡查，并未见到任何人从午门进入后宫。鲁雄隐含的意思是，刺客早就潜藏在后宫。当然，鲁雄也提出另一种可能——刺客在百官上朝时混入，潜藏在分宫楼前。

疑点如此之多，纣王本应当细细盘查，毕竟一国之母的清誉不容诋毁。可是，在拿到姜环的认罪供状后，纣王不顾百官反对，果断下诏，锁拿了姜皇后。

纣王为何要如此做呢？是纣王昏庸无道，被酒色迷了双眼，看不清是非对错了吗？

不是的。以纣王之精明，对刺杀事件的前因后果虽然未必一清二楚，但是姜皇后有冤屈、姜环刺杀另有内情，他必然知道。

为何这么说呢？因为纣王只要有中人之智，就会明白刺杀事件背后的猫腻。

刺客为何会知道纣王行踪？

商纣王此前已经一个多月不去上朝。可是，昨天与妲己饮宴时，在妲己的劝说下，纣王答应今天去上朝。

换言之，真正知道纣王在今天会上朝，将经过分宫楼的，只有妲己一人。如此，妲己与姜环必定有某种联系！而对妲己与姜后之间的仇隙，纣王一清二楚！

纣王勇武过人，一眼就可以看出那姜环绝对不是专业刺客。一两招就被侍卫拿下的庸才，也配当刺客？何况，那姜环不打自招，说自己是奉了主母之命来抢夺江山。有这么傻的刺客吗？轻易相信姜环的人，才是傻瓜！

纣王下令锁拿姜皇后的真正原因只有一个：那就是他早就想要废后，姜环事件恰恰给了他一个机会。

那么，纣王为何决意废后呢？是姜皇后做了什么对不起他的事情吗？

032 明知姜后蒙冤纣王为何还要杀死她

姜皇后没有做任何对不起商纣王的事情。但即便如此，姜皇后也必须废，必须死！

对于天下万民，对于朝中百官来说，姜皇后贤良淑德，有国母风范。但对于纣王来说，姜皇后却有三大必死的理由。

一是不解风情，不识抬举。

那天，纣王与妲己正在喝酒听曲，快活无比。忽然，姜皇后不请自到。

按照礼制，天子与皇后各有寝宫。纣王的寝宫叫作寿仙宫。皇后在未得天子允许下，不得随意出入天子寝宫。

听闻皇后到来，纣王并未生气，反倒吩咐妲己说："苏美人，你当去接梓童。"古时唯有天子之妻被尊称为梓童。纣王身为夫君，按照礼节，不必迎接妻子，妲己虽然受宠，然而她在后宫的位分仅仅是美人，因此纣王让妲己去迎接姜皇后。

纣王对姜皇后还是很尊重的。姜皇后进入，纣王下令赐坐，并且亲自为姜后倒酒，还命令妲己下场去歌舞，给姜后赏玩。

纣王、姜后之间并无情爱，有的只是婚姻，只是责任。在纣王看来，自己能如此善待姜皇后，已经足够给面子了。

可是，姜皇后却始终冷着脸，眼观鼻，鼻观心，竟然一点不看妲己歌舞。不看歌舞也罢了，还上前进谏纣王，痛批纣王荒淫酒色，穷奢极欲，滥杀忠良，宠幸奸佞。并且，姜后还"威胁"纣王说，若是听她话，远离女色（妲己），亲近忠良，那么上天或许会回心转意；若是不听他的话，继续胡作非为，那么，倾家亡国之祸就在眼前！

若在平日，姜后如此劝说纣王还会忍。可是，当时纣王正玩得开心。如他所说："御妻，光阴瞬息，岁月如流，景致无多，正宜当此取乐。"他本有心与姜后同乐，谁想到热脸贴了个冷屁股。姜皇后不但不领情，反倒训斥起他来了。

尤其是姜皇后话语中包含的威胁意味，让纣王极不舒服。这大商的江山，乃是他纣王的，哪里轮得到姜家人做主？

姜皇后在批评了一番纣王之后，也不管纣王如何，一甩袖子直接走人了。

纣王当场怒了，他愤然说："这贱人不识抬举！朕着美人歌舞一回，与她取乐玩赏，反被她言三语四，许多说话。若不是正宫，用金瓜击死，方消我恨。好懊恼人也！"

虽然说在第二天酒醒之后，纣王并没有进一步的行动，但是对姜皇后的恨却泛滥开来。

一个人一旦对另一个人开始猜忌，那么，很快就会堕入疑人偷斧的境地。渐渐的，纣王对姜皇后越看越不顺眼。所有姜皇后的不好，都被放大了开去。

何况，纣王身边还有一个苏妲己，不停地挑拨离间！

二是当众羞辱妲己。

妲己和姜皇后之间，注定了是一场你死我亡的争斗。

自从妲己入宫以来，几乎夜夜专宠。其他妃嫔全都怒火中烧，但她们不敢和妲己正面冲突。妲己的位分虽然比较低，可人家正当红，谁碰谁死！于是，几位妃嫔诸如黄飞虎的妹妹黄贵妃，还有另外一位杨贵妃，三天两头跑去皇后宫中告妲己的状。

姜皇后眼看纣王专宠妲己，坏了后宫的规矩，也很不满意。为了正宫规，肃风纪，姜皇后决定朝妲己下手。

按照礼法，每个月的初一、十五日，各宫的妃嫔都要去皇后宫请安问候。有一次，黄贵妃与杨贵妃早早来到，偏偏那天妲己有事，到得最晚。那两位贵妃少不得在皇后面前嘀咕妲己目无尊长，不知规矩。

妲己进入后，按礼请安。姜皇后教训妲己，说天子不分昼夜，宣淫作乐，不理朝政，妲己身为后宫，不能劝谏天子，反倒挑唆天子残害忠良。姜皇后警告说："从今如不悛改，引君当道，仍前肆无忌惮，定以中宫之法处之！且退！"

有纣王撑腰，妲己怎么会将姜皇后的警告放在心中。不过，妲己非常聪明，只要有其他妃嫔在前，她对姜皇后必定毕恭毕敬，遵循礼法。任凭姜后责骂，妲己总是乖顺听从。

妲己就是要给后宫众人，尤其是给纣王造成一种自己很良善，皇后很凶暴的假象。

一直等回到自己宫殿，在心腹丫鬟面前，妲己才显露心机，想要办法报复姜后。

在心腹丫鬟的建议下，妲己找到了中谏大夫费仲。费仲苦思多日，终于想到了嫁祸于人之计——那姜环本是费仲家将，费仲许以重利，姜环就按照费仲交代，入宫行刺，诬陷姜后。

当然，若姜皇后仅仅是不解风情、不识抬举，或者看妲己不顺眼、要收拾妲己，对于纣王来说，都是小事。别看纣王在许多事情上对妲己千依百顺，但在关于王权的问题上，纣王从来都不容任何人染指。妲己的许多挑唆之所以会被纣王采纳，其实是纣王本身觉得对自己有利！

真正让纣王决意废掉姜皇后的，是第三个原因。

三是姜皇后是姜桓楚之女。

之前分析过，商纣王登基七年，名为天子，实际上大权旁落。一直等到闻太师出征，纣王才开始亲政。但是，纣王名义上有了亲政之权，实际上权力依然被宰相集团、外戚集团、地方割据集团等三大势力把持。

像此前苏护公然反商，纣王下令西伯侯与北伯侯联合出兵征讨。虽然最后苏护来朝，西伯侯有劝降之功，但从另一个角度看，西伯侯按兵不动，已经是公然抗命。就算劝降，西伯侯未经天子同意，擅自开出价码，接受苏护投降，行事依然有专擅之嫌。

奏章到达朝歌之后，宰相商容、比干等人竟然扣下不禀，也有欺瞒天子之实。

商纣王确实经常不上朝，可是，商容三番五次闯入纣王寝宫，也没见他禀奏苏护归降一事。以至于苏护兴冲冲归降，纣王毫不知情，差点就将苏护推出午门斩首。

在商容主动辞职之后，宰相集团的威胁大大削弱。纣王便开始考虑清除割据势力与外戚势力。

在当时，天子四方有四大诸侯，东伯侯姜桓楚正是四大诸侯之首，并且是姜皇后的父亲。这两重身份加在一起，对商纣王有莫大威胁。

自古以来，以国丈之威，干掉女婿，然后立小外孙做门面，自己把持朝政的事情很多！就算是把外孙干掉，自己来做皇帝的，也大有人在。比如大名鼎鼎的隋文帝杨坚，就抢了外孙的帝位，建立了隋朝。

在纣王看来，唯有废掉姜皇后，除掉东伯侯姜桓楚在朝中的根基，然后找机会废除姜桓楚东伯侯之位，才能重新把东方两百镇诸侯抓在手中。

在下令锁拿姜皇后之时，纣王并不想杀死姜皇后。毕竟，姜皇后之子殷郊还是东宫太子呢！

事实上，真正把姜皇后推向死亡境地的，不是纣王，而是一个貌似善良的女人！

这个貌似善良的女人究竟是谁？她为何要害死姜皇后呢？

033 杀死姜后还有一位神秘推手

毫无疑问，苏妲己是促成姜后被杀的主谋。

苏妲己深受纣王宠爱，但位分仅仅是美人。一个人的能力与地位不相称，就会不甘心，就会产生怨气。苏妲己绝不甘心继续做后宫末流。她渴望上位。

后宫之中，位分在苏妲己之上的有三个人，分别是正宫姜皇后、西宫黄贵妃、馨庆宫杨贵妃。黄、杨二人位分比妲己高，但是忌惮妲己受宠，从来不敢与之正面交锋。唯独姜皇后，仗着自己是正宫皇后，父亲姜桓楚势大，多次羞辱妲己。在妲己看来，唯有扳倒姜皇后，自己在后宫才有出头之日。

二者之间注定了有一场生死相斗。

于是，从阴谋开始策划的那刻起，苏妲己就打定主意要废黜并彻底除掉姜皇后。

毫无疑问，纣王是导致姜后被废乃至被杀的帮凶。

纣王心中多少还顾及与姜后的夫妻之情。在听闻姜后眼睛被挖依然不承认罪行时，纣王非常惭愧，非常惶恐。他一度训斥妲己，埋怨自己。但是，夫妻之情再深，也深不过对王权的贪恋。一想到放弃追打，极有可能遭到东伯侯姜桓楚的大反扑，纣王就狠下心肠，斩断夫妻之情，硬生生铸成一桩冤案。

不过，在读者痛骂妲己狠毒、纣王昏庸的时候，经常会忽略姜后冤案中的一个重要人物。貌似善良的这个人物，其实在此案中扮演了一个非常不光彩的角色。甚至可以说，正是由于她的悄悄推进，姜皇后才会从被废变成被杀。一桩原本可以轻松查明的案件，被她搞成了诛妻杀子的一桩惨案。

此人就是武成王黄飞虎的妹妹、西宫娘娘黄贵妃。

俗话说，捉贼要拿赃。让我们一起看看在姜后案件中，黄贵妃究竟做了哪些丑事。

其一，劝姜后认罪。

姜环刺杀案件发生之后，纣王暴怒，吩咐锁拿姜后，由黄贵妃负责审理姜后一案。应该说，当时的纣王虽然恼怒，但是处理事情还算公允。他没有让与姜后有仇隙的苏妲己负责审案，而是让相对中立的西宫黄贵妃审理。

若黄贵妃一直秉公调查，未必不能还姜皇后一个清白。可惜，黄贵妃有私心！

最开始，黄贵妃只是如实向姜皇后传达诏令，也如实把姜皇后的回答禀奏纣王。但是，在见了纣王一面之后，黄贵妃对姜皇后的态度就发生了变化。

黄贵妃一见纣王，纣王就喝问："那贱人招了不曾？"纣王对姜后的厌恶溢于言表。听闻黄贵妃说姜后不肯承认谋刺，纣王也略有迟疑。在听闻妲己说，谋逆事关重大，姜后绝不会轻易认下，唯有严刑逼供，才能让姜后说实话，纣王立刻转变风向，下令按照妲己所言，如姜后不肯老实招供，就剜去一只眼睛。

接到如此凶残的命令，黄贵妃本当在纣王面前为姜后说情。自古以来从无对皇后用如此残酷刑罚之事。纣王虽然昏庸，但未必不会听从。可是，黄贵妃什么也没做。

关键一点，是黄贵妃在姜皇后面前说了许多误导性的话。原著说——

黄贵妃见姜后，垂泪顿足曰："我的皇娘，妲己是你百世冤家！君前献妒忌之言，如你不认，即剜你一目。可依我，就认了罢！历代君王，并无将正宫加害之理，无非贬至不游宫便了。"

面对刺杀一案，黄贵妃本当着重审问刺客姜环。姜环虽然姓姜，可书中提到，他乃是费仲家将，跟随费仲已经一二十年。天下官员到费仲家中者多矣。只要积极调查，必定会有官员认得姜环，从而查出姜环刺杀案背后的真凶不是姜后，而是费仲。可是，黄贵妃对姜环没有展开任何调查，她从最开始就盯着姜后，一直在劝说姜后认下谋逆大罪，以免受刑罚之苦。

黄贵妃的话颇有诱惑力——历代君王确实极少出现天子杀掉皇后的惨剧，常常都是打入冷宫了事——但是，那些被打入冷宫的皇后，也没有哪个是犯了谋逆大罪。如今若姜皇后认下罪名，眼下的确可以少受些苦楚，但等到案件定性之后，不但自己活不了，整个家族也要跟着陪葬。

姜皇后遭遇剧变，神智依然清明。她果断拒绝了黄贵妃“好意”劝说，坚决选择了剜去一目，以证明自己的清白。

其二，再劝姜后认罪。

听闻姜后宁可剜目也不认罪，纣王惭愧、惶恐。妲己劝说道：“事已到此，一不做，二不休，招成则安静无说，不招则议论风生，竟无宁宇。为今之计，只有严刑酷拷，不怕她不认。”

因姜后眼睛已经剜去，大错已经铸成，纣王知道无法回头，只能听从妲己建议，再次对姜后施炮烙双手之酷刑。

听闻纣王传旨，黄贵妃依然没有一句话求情。再见姜后时，黄贵妃大哭说：“贤后娘娘，你认了罢！昏君意呆心毒，听信贱人之言，必欲致你死地。如你再不招，用铜斗炮烙你二手。如此惨恶，我何忍见。”

黄贵妃再一次劝说姜后认罪。只是，正如黄贵妃自己所言：妲己必欲弄死姜后，即便姜后此刻认罪，最终也难逃一死。

姜后坚持宁可一死，也不认罪。

这黄贵妃也不知道在施行时打个折扣，依然用烧红的铜斗来烧姜后双手。可怜姜后眨眼工夫，双手皮焦肉臭，昏死在地。

其三，放纵殷郊杀死姜环。

如果说此前两次对姜后用刑，黄贵妃是奉命而为，身不由己，那么，她在面对殷郊时的言行，则实实在在居心不良。

纣王下令，把姜环送入后宫，交黄贵妃审问。这正是当堂对质，查明真相的大好机会。可是这一宝贵机会，被黄贵妃有意无意间葬送。

当时，殷郊与殷洪两位王子还在东宫下棋。两位少年根本不知道自己母亲正在受罪。一个太监也不知受谁指使，跑来告诉两位王子：皇后被人陷害，正在西宫接受审讯。于是，两位王子怒气冲冲来到西宫。

殷郊、殷洪虽然是王子，身份贵重，但他们乃是姜皇后之子，理当避嫌。何况，两位王子一个年方十四，一个年仅十二，都还不通世务。让他们掺和到审案当中，有害无益。

若黄贵妃有心保护两位王子，就应该力劝两位王子远离审案现场，甚至远离姜皇后。此刻两位王子最好的应对方式，是跑去寿仙宫前跪着，向父亲求情。无论母亲是否参与谋逆，身为儿子，为母求情、以尽孝道总是正确的。

可是，黄贵妃不但没有阻止两位王子进入，并且让年轻冲动的两位王子亲眼看见母亲遭受酷刑的惨状。果然，两位王子见到母亲满脸鲜血，双手见骨，无不泪流满面，咬碎钢牙。

太子殷郊气呼呼地问：“谁是姜环?”很明显，他要找到刺客姜环为母亲报仇。

此刻，黄贵妃最应该做的，是劝说殷郊冷静一些，冲动解决不了问题。最不应该做的，就是告诉殷郊谁是姜环。可是，黄贵妃偏偏伸出纤纤玉手，指向跪在一边、吓得瑟瑟发抖的姜环说：“跪的这个恶人就是你母亲对头。”

结果，殷郊二话不说，拔出宝剑把姜环一剑砍成两段，凶案最关键的人物当场死亡。

要想为姜皇后洗刷冤屈，姜环绝不能死。即便要弄死姜环，也绝不能由姜皇后身边的人出手。殷郊杀死姜环，给世人的第一印象，就是包庇母亲，杀人灭口。

殷郊年少冲动，考虑问题不顾后果，但黄贵妃久在深宫，见惯了各种倾轧手段，会不明白其中的轻重?

可以说，案犯姜环在审案过程中被被告之子殷郊所杀，身为主审官的黄贵妃当负主要责任。

姜环一死，姜后翻案的唯一可能就消失了。

其四，对殷郊、殷洪态度其实冷漠。

黄贵妃表面看起来非常善良，非常贤惠，其实心机深沉。她对殷郊、殷洪的态度其实非常冷漠。

在杀死姜环之后，殷郊怒气未消，气呼呼走出宫殿，口中还说：“我先杀妲己以报母仇!”

原著说：“黄妃见殿下杀了姜环，持剑出宫，大惊曰：‘这冤家不谙事体。’”

黄贵妃是在殷郊已经杀了姜环，并且拿着血剑走出了西宫，然后才做大吃一惊状，让殷洪把哥哥找回来。

可是，殷郊提着血淋淋宝剑在宫中行走的事情已经被宣扬开去。后来，纣王果然误会殷郊是要提剑弑父，导致纣王下令捉拿殷郊、殷洪兄弟。

眼看军队冲入东宫，两位王子慌忙逃跑。他们先逃到了西宫黄贵妃处。

按照黄贵妃口中与姜皇后的恩情，她就应该收留殷郊、殷洪。可是，黄贵妃说：“昏君杀子诛妻，我这西宫救不得你，你可往馨庆宫杨贵妃那里，可避一二日。若有大臣谏救，方保无事。”

其实，不是西宫救不得两位王子，而是西宫黄贵妃不想掺和到姜皇后家族与妲己的争斗中。

结果，还是那没有什么强大背景的杨贵妃好心收留了两位王子。只是，宫中盘查一天比一天紧，杨贵妃只好建议两位王子去九间殿拜见诸位宰相，求他们帮忙说情。在送走两位王子后，杨贵妃感念姜皇后恩情，担心妲己迁怒，竟然自缢而死。

那么，黄贵妃为何会在姜皇后逆谋案中充当幕后推手呢？

只因黄贵妃心底深处自有小算盘：论地位，她乃是西宫娘娘，在后宫诸位妃嫔中，位分仅次于姜皇后；论家世，她兄长乃是武成王黄飞虎，乃商朝最高军事长官。

有如此地位、如此家世，在姜皇后去世之后，那皇后宝座，还不就轮到她黄贵妃来做？

只是，黄贵妃万万没有想到，纣王早就定下苏妲己为下一任皇后。原因很简单，黄贵妃的家族势力不在姜皇后之下，纣王可不想前门驱狼，后门迎虎。相比之下，还是妩媚动人且家世平平的苏妲己，最适合坐皇后之位。

034 纣王诛妻杀子为何百官无人问

按照礼制，天子虽是一国之主，并不能专断独行。宰相可以制衡，后宫可以劝谏，宗室可以弹劾。别说是天子权力相对弱势的先秦时期，就算是王权专制到达巅峰的明清时期，天子也绝不能率性而为。

无论商纣王出于何种考虑，诛妻杀子都可谓灭绝人性之举。面对纣王如此暴行，朝廷那些王公大臣有何反应呢？

当时的朝廷，虽然闻太师在外征伐，首相商容辞官养老，但依然文有亚相比干，武有武成王黄飞虎，宗室当中还有纣王的亲哥哥微之启、微子衍，综合实力不可谓不强大。

可以说，只要他们能够联合起来，同心戮力向纣王施压，完全可以掌控朝局，甚至推翻纣王，另立新君，扭转商朝败亡的颓势。

只可惜，这些所谓高官名臣，平常开口闭口都是成汤江山，百姓安危，一旦事到临头，全部都做了缩头乌龟。只有那为士大夫鄙视的、充当仪仗队排头兵的方弼、方相兄弟在关键时刻挺身而出，为冤死的姜皇后，为孤单的两位王子鸣不平。

这究竟是怎么一回事呢？

听闻姜皇后被锁拿，交由黄贵妃审理，百官议论纷纷。但是，谁也没有出头。

之所以没出头，有两种原因。

其一，不敢出头，怕担风险。

比如亚相比干。比干虽然忠诚，但有个致命缺点——有见识无胆略！早年有老丞相商容在朝中，比干只需跟在商容身后附和一二即可。如今商容走了，轮到他当家做主。可他高兴了没几天，就发现这百官之首实在不好当。做任何决定，不是得罪了这人，就是得罪了那人。更何况如今的事情牵涉后宫，牵涉后宫妃嫔、皇亲国戚之间的权力斗争。无论是正当红的美人苏妲己，还是家底深厚的姜皇后，比干两边都不想得罪。于是，紧闭嘴巴，静观其变，成了比干最后的选择。

其二，不愿出头，想捡便宜。

比如武成王黄飞虎。黄飞虎的妹妹乃是西宫黄贵妃。以黄飞虎的身份、地位，他的妹妹完全有资格当大商朝的皇后。此前因为姜皇后是原配，黄贵妃只能屈居其下。如今姜皇后被扳倒，那黄贵妃就有了上位的可能。于是，在姜皇后与苏妲己之间的争斗中，黄贵妃有意无意地将姜皇后置之于死地。而在九间殿中的武成王黄飞虎，也非常默契地选择了安静等候。

结果，明明文武百官都知道姜皇后被锁拿后九死一生，正是应该合力劝谏纣王的时候，大家竟然整天都只是在九间殿吵嚷，没有一个人带头前往后宫。

一直等到殷郊、殷洪兄弟匆匆逃出后宫，来到九间殿，文武百官才知道，他们口中贤良淑德的一国之母姜皇后已经屈死，两位王子也被冤枉，受到追杀。

殷郊泪流满面，哀哀哭泣说：“望列位皇伯怜我母亲受屈身亡，救我殷郊，庶不失成汤之一脉！”

听闻纣王竟然干出这等违背纲常、灭绝人性的事情，文武百官纷纷流泪，上前慰问。大家表示，要鸣钟击鼓，催促天子上殿，说明事情原委，一定要把罪人挖出，还皇后一个清白！

只是，文武百官人人脸有怒色，个个说要进谏，可是，没有一个人真的去鸣钟击鼓，包括亚相比干、武成王黄飞虎。

最后，还是镇殿大将军方弼、方相兄弟忍不住怒火，站出来大声疾呼，痛斥商纣王诛妻杀子，炮烙忠良。他们兄弟表示：“今天子不道，三纲已绝，大义有乖，恐不能为天下之主，我等亦耻为之臣。我等不若反出朝歌，另择新君，去此无道之主，保全社稷！”

方弼、方相兄弟为何敢挺身而出，怒斥纣王，并公开宣布反叛商朝呢？

一来，头脑简单。方弼、方相一个身高三丈六，一个身高三丈四，个子极高，双臂有千斤之力。只是，这二位空有一身蛮力，却是个头大无脑之辈。当然，说他们头大无脑有点刻薄，准确来说，他们是单纯可爱的人。

二来，无甚牵挂。方弼、方相兄弟二人无父无母，无妻无子。担任的镇殿大将军也不过是个虚职，实际上他们麾下一个兵也没有。只是因为他们个子奇高，纣王才让他们在大殿上、仪仗队中充门面。

因为头脑单纯，于是是非分明，对就是对，错就错；因为无甚牵挂，于是失去也就不可惜，在面对得与失的选择时不至于优柔寡断，瞻前顾后，甚至模糊是非，黑白颠倒。

不过，方弼、方相兄弟这一番仗义执言的话刚一出口，便遭到一人的厉声呵斥。这位呵斥方氏兄弟的人，是谁呢？

035 方弼反叛，黄飞虎为何出手相助

方弼、方相二人在朝堂上公开质疑纣王，倡议反商。此话一出，百官

震悚。

虽然百官对纣王多有不满，可是，为臣多年，忠君的思想早就深入骨髓。更何况，对于多数高官来说，商朝的盛衰与他们自身休戚相关。就像比干、微子启、微子衍，若反叛商朝，就等于把家族世代荣华全部抛却，这可是万万不能的。

眼看百官都用异样的眼光看着方弼、方相，武成王黄飞虎大喝一声说："你多大官，敢如此乱言！满朝该多少大臣，岂到得你讲！本当拿了你这等乱臣贼子，还不退去！"

为何百官之中，唯独黄飞虎开口训斥方弼、方相？是黄飞虎最忠于纣王，最厌恶方弼、方相吗？

恰恰相反。黄飞虎大骂方弼、方相，正是为了保护二人，当然，同时也是保护他自己。

一来，方弼、方相二人乃是他麾下将领。二人言语若是传到纣王耳中，肯定会被定成叛逆，那样，身为上官的黄飞虎也难辞其咎。于是，黄飞虎早早做出训斥姿态，将二人赶下朝堂。如此，既可以让二人避免更深重的惩罚，也可以向百官、向纣王明确自己的立场。

二来，黄飞虎表面上训斥方弼兄弟官职不大却胡言乱语，实际是在责骂朝堂高官。区区方家兄弟都有血性，为国母不平，为太子叫屈，身为成汤社稷重臣的诸位为何不敢出头？既然方家兄弟的初衷并没有错误，那么，自然也不必对鲁莽的方家兄弟深究。

方弼、方相的直言，黄飞虎的反语，让百官心中更是沉重。只是，"满朝文武，人人切齿，个个长吁，无甚计策"。大家虽然对纣王不满，人人长吁短叹，但没有一个人能够挺身而出。

上大夫杨任心有不甘，面对百官说："可怜成汤社稷，一旦丘墟，似我等不久终被他人所掳。"杨任告诉百官，此刻我们做沉默状，在不久的将来，当屠刀挥向我们的时候，其他人也只会沉默。只是，他这番话，除了引得黄飞虎的认同，百官依然沉默，没有一个人出头。

最终还是方弼、方相兄弟大叫说："今日保二位殿下往东鲁借兵，除了昏君，再立成汤之嗣。我等反了！"随即，二人各自背着一位王子，出朝堂而去。

之前一直闭口的亚相比干，见方弼兄弟背着殷郊、殷洪兄弟跑了，一把扯住黄飞虎说："黄大人，方弼反了，大人为何独无一言?"

后人说到商朝的忠臣，经常会提到亚相比干。确实，比干因与妲己对抗，最终被妲己设计挖心而死。但是，之所以会造成那惨烈的局面，大半缘自比干一直奉行的不作为策略。

身为百官之首，在皇后面临审讯时，比干本当率领百官到寿仙宫劝谏。朝廷百官有良知之人多，真正的恶人少。只要比干带头，百官必定响应，那样纣王也会知道收敛。

可是，比干什么也没有做。

面对殷郊、殷洪两位王子的哀哀哭泣，比干本当以成汤社稷为重，带领百官力保太子。有黄飞虎相助，合力废掉纣王也不是难事。可是，比干只是垂泪。

因为枪打出头鸟，比干不想被纣王嫉恨。

等到方弼、方相兄弟把殷郊、殷洪救出朝歌了，这比干丞相终于开口了。他话语中隐含的意思，竟是要黄飞虎派兵追捕方弼，擒回太子。

黄飞虎对比干很失望。他回答说："惜文武之中，并无一位似方弼二人的！若圣旨追赶回来，殿下一死无疑!"

比干一听，脸色一白，闭口不言。

不久，宫廷侍卫官晁田兄弟赶到，听闻方弼、方相兄弟带着两位殿下反出朝歌，大吃一惊。他们知道斗不过方弼兄弟，于是回宫禀奏纣王，请求发兵擒拿。

既然要调兵，那就要经过武将之首、武成王黄飞虎。纣王干脆下诏，让黄飞虎带兵擒回方弼、方相以及两位王子。

黄飞虎接到圣旨，也不禁叹息。他思考许久，终于打定了主意。

那方弼、方相二人虽然身高腿长，可是背着一个大活人，一口气跑出三十里，就累得不行了。就在他们停下歇息的时候，黄飞虎骑着五色神牛已经赶到。

方弼、方相虽然神勇，却不是黄飞虎的对手。两位殿下见到黄飞虎，更吓得跪在地上，只知道求饶。可是，黄飞虎不但没有抓捕四人，反倒为迷茫的四人指了一条出路。

黄飞虎让方弼保护殷郊前往东鲁，找其外公姜桓楚借兵，让方相保护殷洪前往南方，找南伯侯鄂崇禹借兵。至于他黄飞虎，“那时自有处治”。

黄飞虎为何做出如此应对呢？是黄飞虎忠于成汤社稷，为保护殷郊、殷洪两位王子，不惜赌上身家性命吗？

和比干不同，黄飞虎从来就不是一个愚忠之辈。他的选择，无一不是三思之后的决定。真正促使黄飞虎放弃纣王，力保太子，有三个方面的原因。

其一，后宫升迁无望。

黄飞虎一度寄希望于妹妹黄贵妃。若纣王在姜皇后被废后，让黄贵妃晋升为皇后，那么，黄家就会风光无限，成为成汤第一外戚，第一豪门。

可是，当看到纣王竟然酷刑折磨死姜皇后，并且狠心追杀亲生儿子，黄飞虎就明白，这皇后之位，他妹妹绝对当不得。

既然黄贵妃不能当，杨贵妃已经死掉，那么，最终封后的毫无疑问是苏妲己。

之前姜皇后在世之日，她为人公允宽厚，黄贵妃的日子过得比较轻松。等苏妲己上位，凭着她的狡诈与狠毒，后宫妃嫔绝对没有好日子过。

因此，在以后的日子中，妹妹黄贵妃不但无法对黄飞虎提供助力，反倒将成为黄家的一个祸根。

可若是殷郊称帝，苏妲己必定会被赐死，平日与殷郊兄弟亲善的黄贵妃必将成为太后，那么，黄家在后宫的势力将会更加稳固。

其二，自身危机重重。

纣王对妲己的偏听偏信，百官在危难面前的冷漠无情，让武成王黄飞虎心中产生了非常浓重的危机感。

苏妲己在收拾了姜皇后之后，必然会对黄贵妃下手。要知道在姜皇后统率后宫的日子，黄贵妃可没少打妲己的小报告。以妲己那睚眦必报的性情，会那么轻松放过黄贵妃吗？

妲己要想扳倒黄贵妃，首先就会干掉黄飞虎。黄飞虎虽然立身严谨，可是，以无心对有心。等到纣王真的要整黄飞虎，黄飞虎就只有死路一条。

何况，黄飞虎身为武将，对天下局势的了解也远在比干等文官之上。单看那北海袁福通，仅仅七十二路人马竟然就牵制朝廷大军许多年。此刻，纣王又整死姜皇后，必然逼反东伯侯姜桓楚。姜桓楚一反，商朝局势便岌岌可危。

身为商朝武将首领的黄飞虎，可不想自己与家族为纣王陪葬。加上方弼、方相二人乃是他的部下，带走两位王子，公开反商乃是众所周知的事情。他黄飞虎虽然大加训斥，可是，没有当场拿下二人，那就是罪过。这难保纣王在事后不去追究。

其三，放走殷郊风险小，收益大。

以黄飞虎的身份，若是在朝歌直接拥立殷郊称帝，风险太大——先不说朝歌有诸多武将忠于纣王，就算是比干那一关，黄飞虎就过不了。

没有比干的支持，就等于没有贵族集团的支持。以黄飞虎的心机，当然不会把自己独自放在火山口上。

黄飞虎要拉上一帮人一起干，让风险分摊。放走殷郊，让姜桓楚带头出兵，那风险就完全转嫁到姜桓楚那边了。

黄飞虎不担心姜桓楚不出兵。谁让姜桓楚是姜后之父、殷郊之外公呢？他就算不出兵，纣王下一个也要收拾他。

若姜桓楚与鄂崇禹真的能够兵临城下，那么，在黄飞虎的配合下，纣王被废，殷郊称帝完全可能。那时，他黄飞虎不但可以照旧掌握兵权，享受富贵，甚至可能再进一步，成为新的闻太师。

只是，人算不如天算。黄飞虎万万没有想到自己说了许多鼓励的话，还留下玉佩给四人做盘缠，结果，此前还胆大如虎的方弼、方相兄弟竟然怂了，抛弃两位王子独自逃命去了。

这是怎么回事呢？落单的少年王子此后的命运又如何呢？

036 殷郊、殷洪被擒拿的真正原因

武成王黄飞虎冒着极大的风险，放殷郊、殷洪逃命，可他万万没有想到，仅时隔一天，殷郊、殷洪二人就被擒拿归案。

当时的商纣王，诛妻杀子的恶名传遍朝歌，百官愤恨；对殷郊、殷洪兄

弟，人人都有怜惜相助之心。为何有如此大好局势，殷郊、殷洪还未能成功逃离呢？

首先，方弼、方相有勇无谋，百官中支持殷郊、殷洪的力量其实很小。

方弼、方相兄弟在朝歌军界略有地位，但是影响力有限。在诸多世代贵族都沉默的情况下，殷郊、殷洪出逃，就变得危机重重。

尤其是方弼、方相虽有勇武，却智略不足。若知道自己笨，老实听话也就罢了，偏偏这两兄弟还喜欢自作主张，结果害人害己。

此前，方弼说缺少盘缠，黄飞虎就送出玉佩。方弼说不知前途在何方，黄飞虎就告诉他们，一个保护殷郊去找东伯侯姜桓楚，一个保护殷洪去找南伯侯鄂崇禹。再三交代之后，黄飞虎才转身回去朝歌。

黄飞虎万万没有想到，他离开不久，方弼、方相兄弟就告诉殷郊、殷洪，要四个人分开，各走各的路。

这个提议，无异于将茫然无知的少年王子殷郊、殷洪抛弃。两位王子都是娇生惯养，在没人护持的情况下根本就活不下去。

那么，方弼、方相为何要离开殷郊、殷洪呢？

方弼振振有词地告诉殷郊说："臣等乃一勇之夫，秉性愚卤；昨见殿下负此冤苦，一时性起，反了朝歌，并不曾想到路途窎远，盘费全无。今欲将黄将军所留玉玦货卖使用，又恐盘诘出来，反为不便。况逃灾避祸，须要隐秀些方是。"

方弼提出，因为是突然起意带走王子反叛朝廷，身上没有带钱。此去东鲁路途遥远，没钱根本到不了。此前黄飞虎送了一块玉佩，可以换不少钱。但是，黄飞虎的玉佩乃是贵重之物，拿去典当很容易被人误会，查出形迹。

刚好他们走到了分叉路口，于是，方弼就告诉殷郊、殷洪，让他们一个前往东鲁找外公姜桓楚，一个到南方找鄂崇禹。至于他们自己，会投靠一个诸侯，等两位王子起兵的时候，必定再来效力。

听了方弼、方相的话，殷郊、殷洪只知道流泪。四人就此分道扬镳。

那么，方弼、方相分开的提议正确吗？

可以说，这个提议糊涂之至。

方弼主张分开的关键原因是缺钱。方弼、方相都是身高体长之人，估计都是超级吃货，光饭钱都要不少。方弼、方相离开殷郊、殷洪，确实可以为两位王子减少开支——可关键的问题是，殷郊、殷洪两位王子也没钱！

方家兄弟离开后，殷郊、殷洪如何解决吃饭问题呢？

其实，方弼、方相兄弟完全可以按照黄飞虎的交代去做，兵分两路，由方弼保护殷郊，由方相保护殷洪，各自前往一方调兵。如何解决盘缠问题呢？方弼、方相兄弟都有万夫不当之勇，殷郊、殷洪又是正牌的成汤王子，他们完全可以找到一个大户，或者亮明身份，许以重利，或者威逼利诱，强取豪夺，借些钱粮，带走几匹马，不用多久就可以各自赶到目的地。

笨蛋方弼自以为分开走是对殷郊、殷洪好，结果，刚分开一天，殷郊、殷洪就被官军擒拿。

其次，前来擒拿的殷破败、雷开代表的势力很强大。

听闻黄飞虎没有追上殷郊、殷洪，纣王虽然生气，却也没有发作。毕竟当时的朝廷已经足够纷乱，若是责备黄飞虎，难免另起风波。

纣王命令心腹大将殷破败与雷开调遣三千人马，追击殷郊、殷洪。

那黄飞虎也有意思，先是告诉殷破败二人，当天时间太晚，没有办法召集军士，必须等第二天再出发。等到了第二天，黄飞虎又故意让人把三千老弱病残调派给殷破败、雷开，以拖延抓捕速度。

殷破败、雷开虽然奉有纣王圣旨，却也知道追捕王子乃是一件吃力不讨好的事情。见黄飞虎故意刁难，他们也没有多说。

因三千老弱行动实在太慢，走了一天才走了三十里路，殷破败于是提议精选人马，加快追捕速度。于是，两人从三千人马中各自挑选了五十名精干兵丁，行军速度大大提高。

结果，当天傍晚，两位王子就先后落网。

原著中看似只有殷破败、雷开充当恶人，追捕殷郊、殷洪，其实，他们所代表的势力非常强大。

虽然文武百官在纣王诛妻杀子的事情上多有不满，但是百官都还是听从纣王的调遣。圣旨一下，即便心中再不同意，绝大多数官员都会执行。

换言之，纣王虽然屠戮了极少数高官，但是对整个商朝官员阶层来说，并没有触动他们的既得利益。相反，一些贵戚的倒台，反倒空出了一些位置，让他们有了升迁的空间。

这也是许多官员一边为姜皇后慨叹感伤，一边却没有人站出来帮助殷郊、殷洪的重要原因。

最为关键的是，身为王子的殷郊、殷洪二人本性孱弱，难以扶持！

惨案发生时，殷郊年届十五，已正位东宫多年。在古代来说，十五岁已经成年，许多人都已当了父亲。可就是这位太子爷，在大难来临之际，除了大哭，没有半点主张。

黄飞虎追上两人时，殷郊下跪流泪，恳请黄飞虎放过二人，许诺只要放弟弟殷洪逃命，自己愿意回朝歌赴死。

殷郊的话很感人，但也很窝囊，于大事根本无用。

殷郊不但没有身为人君必须有的决断能力，就连最基本的危机意识都没有。

与弟弟殷洪分开逃命后，殷郊一路前行。渐近黄昏，他腹中饥饿。眼看前方有一座宅院，上书“太师府”三字，他也不四处打听一下，就直接走入大门。他心里想的是：“此处是宦官，可以借宿一宵，明日早行。”

其实，越是官宦人家，此时的殷郊越是应该远离。因为他们极有可能已得到朝歌消息，多半会遵循纣王旨意，抓捕殷郊归案。

半点警惕性也没有的殷郊，根本就无法在波诡云谲的王朝高层斗争中生存。一个大浪打来，殷郊就会尸骨无存。

果然，就在殷郊进入太师府不久，追踪而来的殷破败也走入太师府。一番交谈之下，忠于成汤社稷的商容，最终还是将违背皇命的殷郊拱手交出。

相比哥哥殷郊，弟弟殷洪更加没用。这十二岁的娃，一路走来肚子饿得咕咕叫。看到一家店铺卖东西吃，就上前说：“拿饭与孤家用！”那店家竟然就真的端出饭菜给殷洪吃，并且还分文不收。

只是，幸运的事情不是常常有。吃饱饭后走了半天，殷洪又累又饿，看到前方有座庙，就走入庙中休息，没多久，就呼呼大睡。

结果，就在殷洪睡着的当口，雷开带领五十名兵丁赶到庙宇，将殷洪轻松擒拿。

这样，两位王子在逃离朝歌两天后被抓捕归案。

回归朝歌之后，纣王下令将儿子斩首。可是，一阵狂风刮起，两位王子竟然神秘失踪。

037 赤精子广成子是大发慈悲救下二王子的吗

前文说到殷破败、雷开二将将殷郊、殷洪二王子擒拿，回归朝歌。文武百官见了无不悲伤，纷纷表示要撞金钟请纣王上殿议事。纣王知道此刻上殿必定会被围攻，于是坚持先斩二逆子，明天再上殿议事。

就在两位王子被绑赴午门，准备开刀问斩的时候，忽然狂风大作，飞沙走石。等待风沙退却，两位王子已经不知所踪。

这是怎么一回事呢？

原来，是玉虚宫门下云霄洞赤精子、桃源洞广成子所为："二仙无事，闲乐三山，兴游五岳，脚踏云光，往朝歌经过，忽被二位殿下顶上两道红光把二位大仙足下云光阻住。"

按原著字面的意思，是赤精子与广成子闲来无事，偶然来到朝歌，救下了两位王子。

不过，赤精子与广成子真是偶然来到朝歌，于无意中救下两位王子的吗？

当然不是！

赤精子与广成子早就在那高天之上等候，一直等到殷郊、殷洪两位王子全无活路，只能引颈待戮时，方才出手营救。

有何证据证明两位金仙营救殷郊、殷洪是早有预谋呢？

其一，殷郊、殷洪乃封神榜上有名正神。

在原著第 1 回与第 9 回，都提到殷郊、殷洪两位殿下是"封神榜"上有名的，注定了要兴周灭商，命不该绝。

于是，在第 1 回中，女娲想要报私仇，被殷郊、殷洪的头顶红光阻拦仙路。在第 9 回中，赤精子与广成子同样是被殷郊、殷洪头顶红光阻拦仙路。

有关"封神榜"上的名单问题，下文专文再述。不过，可以明确一点，对于兴周灭商，元始天尊、通天教主以及老子，已经定下了一个基本的盘子。也就是说，在一些细节上，或许做不到完美，会有一些突发事件，但是在大体的走向上，都已经规定好了，并且写成了文案。

像殷郊、殷洪的命运，就被定为以子杀父，背叛殷商。

既然殷郊、殷洪的未来是反叛殷商，那么，在阐教与截教的站队中，二人自然应该归入阐教门下。于是，身为玉虚宫大弟子的赤精子与广成子，当仁不让，同时下凡来到人间，救下两位王子。

其二，对殷郊、殷洪，两位大仙关注已久。

原著说："见午门杀气连绵，愁云卷结。二仙早知其意。"

两位金仙若真是偶然路过朝歌，见到朝歌杀气连绵，愁云卷结，怎么可能就知道是殷郊、殷洪要被杀？

在封神世界，没有哪位大神能够真正做到未卜先知，全知全能。所谓"未卜先知"，大都是知道了内幕消息，或者根据各种已知的消息做出合理的预判。

赤精子与广成子也是如此。

从其师元始天尊处，赤精子与广成子必然已经知道，身在朝歌的女娲娘娘已经奉命派出妖魅潜入深宫，魅惑纣王，搅乱成汤天下。

此前，终南山炼气士云中子献宝剑降妖的事情，在人间仙界传得沸沸扬扬。别说身在东土的十二金仙，就连身在西方灵鹫山的燃灯道人，都知道了云中子的"光辉"事迹。

因此，在仙界中，大家几乎都知道那妲己乃九尾妖狐变化。

一方面，妲己魅惑纣王乃是奉承女娲娘娘之命，她必须做出许多坏事，才能完成女娲交代的任务；另一方面，妲己为了自身的生存，也必须排挤姜皇后，扫清后宫障碍。

只是，自古以来，扫帚不到，灰尘不会自己跑。姜皇后不会因为妲己想要上位就自动让出皇后之位。于是，设局陷害就成了必然。而要将姜皇后势力彻底赶出皇宫，就必须斩草除根将姜皇后两个儿子一起除掉。

因此，殷郊、殷洪二人被推至午门斩首，就成了必然命运。

其三，殷郊、殷洪身份特殊，值得利用。

鸿钧老祖宣布十二仙首都犯了杀劫，十二仙首要想成功渡劫，就必须得到师尊元始天尊的帮助。在玉虚宫与碧游宫的争斗中，建立功勋，以获得师尊器重，是玉虚宫门下仙人梦寐以求的事情。

殷郊、殷洪恰恰是两个可堪大用的棋子。

殷郊、殷洪乃成汤一脉，殷郊更是东宫太子。玉虚宫一向标榜正义，与碧游宫势不两立。那么，若殷郊、殷洪二位殷商王子也能参加到兴周灭商的大业中，不就能够充分证明纣王昏庸、商朝无望、截教邪恶吗？

其四，赤精子、广成子出现的时机刚刚好。

赤精子与广成子在朝歌午门上空出现的时机实在太巧了，巧到让人无法置信的地步。他们二人若是早些来到，就可以劫下殷郊、殷洪二人，让两位王子免受午门斩首的惊吓；他们二人若是晚些来到，殷郊、殷洪二人就已经被斩首了。

赤精子与广成子不早不晚，偏偏就在殷郊、殷洪饱受待屠的惊恐，对父亲纣王最后的一点眷恋也消磨殆尽的时候出现，然后救走两位王子，匆匆离去。

若赤精子、广成子再晚一些走，就会看到卸任宰相商容在九间殿怒撞石柱，脑浆迸裂而亡。

若那时候走，旁观者必然会怪罪两位金仙心肠狠毒，不去救忠心耿耿的老丞相。但若是出手救了忠于成汤的商容，对于力主兴周灭商的阐教大仙们，又全无用处。

于是，在关键那一秒赶到，办完事之后立刻离开，既办了正事，又不惹闲事，就成了以赤精子、广成子为代表的阐教仙人招收门徒的基本方式。

在救人之前，广成子对赤精子说："道兄，成汤王气将终，西岐圣主已出。你我道心，无处不慈悲，何不救他一救。你带他一个，我带他一个回山，久后助姜子牙成功，东进五关，也是一举两得。"

按照广成子的说法，他救殷郊、殷洪，乃是一片慈悲之心。

结合上文分析，我们就知道这广成子纯粹在扯淡。

面对师兄弟，广成子还是会说些心里话。在打了一番官腔之后，广成子告诉赤精子，我们救下殷郊、殷洪其实不吃亏——"久后助姜子牙成功，东进五关，也是一举两得。"

这一举两得如何解？

一来，救下殷郊、殷洪性命乃是积德行善之举，两位王子也必定会感恩戴德。

二来，两位王子在日后可以帮助姜子牙讨伐殷商，推进兴周灭商大业。这也算是两位金仙在切切实实落实老师元始天尊的指示，必然会受到老师嘉奖。

在十二仙首中，广成子不但实力高超，并且精明异常。其他仙首正是看出广成子慈悲心之后的小算盘，于是纷纷效仿，一个接一个到人间来招收门徒。

038 为何说商容死谏感人却无用

在殷郊、殷洪被广成子、赤精子救走之后，朝歌皇城九间殿中上演了一幕惨烈至极的死谏行动。

死谏，一直被古代士大夫看成是忧国忘家、捐躯济难的壮举，所谓“文死谏，武死战”。仿佛唯有这种死亡的方式，才最感人，最可贵。

历代以来，死谏的官员并不多。毕竟人人都爱惜性命，敢于抛弃一己性命直言进谏者，需要莫大的勇气。“物以稀为贵”，于是，像海瑞抬棺死谏，就成为明朝官场佳话。

商朝卸任宰相商容冒死进谏，为表忠心，撞死在石柱上。一时之间，纣王震怒，百官流涕。千年之下，无数后人也为商容唏嘘。

《封神演义》作者赋诗一首，以颂商容：

“炮烙岂辞心似铁，忠言直谏意如钢。今朝撞死金阶下，留得声名万古香。”

只是，死谏之举看似感人，其实于现实无甚用处。对之过于推崇，有害无益。

如此评价忠臣义士，是否过于冷血呢？

身为大臣，向君王进谏，使得君王能够弥补缺失，使得国政能够更加完善，使得百姓能够更加富足，这种行为当然是值得表彰、值得推崇的。

但是，死谏和一般的进谏不同。一般的进谏多是为君王、为国家，死谏更多的是为自己。

原著中商容对百官说："老夫此来，面见天子，有死无生，今日必犯颜直谏，舍身报国，庶几有目见先王于在天之灵。"

此时的商容，已经卸任归田，不再是商朝宰相。所谓"不在其位不谋其政"，商容此时回朝进谏，其实已经是越权之举。难怪商纣王一见商容，生气地说："卿既归林下，复往都城，不遵宣诏，擅进大殿，何自不知进退如此！"

还算是纣王尊重商容是三朝老臣，没有直接把商容驱逐。

从商容的话可以知道，他此次回朝歌，早就一心求死。他犯颜直谏的目的，是因为只有如此，才有脸面去地下见先王帝乙。

果然，商容在九间殿上大骂纣王："朝廷失政，三纲尽绝，伦纪全乖，社稷颠危，祸乱已生，隐忧百出。"

在商容的口中，当时的商朝已经是百乱丛生，崩溃在即；商纣王是亡国之君，昏庸残暴。总之，纣王已经没救了，商朝也已经没救了。

商容骂完，纣王派人要把商容拖下去用金瓜击顶。商容大喝："谁敢拿我！我乃三世之股肱，托孤之大臣！"

然后商容又一番大骂，把纣王骂得狗血淋头，然后一头撞在石柱上，脑浆迸裂而死。

商容一死百了，可把纣王气得半死。他下令："将这老匹夫尸骸抛去都城外，毋得掩埋！"

纣王是因为被商容骂得很惨于是生气吗？不是，纣王是因为商容身为宰相，肩负匡扶社稷、统率百官之重责，却把商朝颓败的全部责任，都推到他纣王一个人头上。

这不公平！

此前，商容乃是商朝首相，为国家文官之首。在当时，商容既有向君王进谏之权力，更有向纣王进谏之责任。

在为相期间，商容有没有向纣王进谏呢？

应该说，有！

比如，商纣王在女娲宫墙壁上题写淫诗，商容就大胆进谏，劝说纣王擦去题诗，以免惹出灾祸；商纣王想要让天下八百镇诸侯都献出一位美女，商容再度进谏，劝说纣王以国事为重，切莫贪恋女色；商纣王想要处死司天台长官杜元铣，商容又一次进谏，说杜元铣直言乃职责所在，请纣王赦免其罪；其他的事情还有很多。

但是，商容进谏的效果很差，几乎每一次进谏都以失败告终。

劝纣王擦洗诗歌，纣王不听；劝纣王别杀大臣，纣王依旧不听；劝纣王别骚扰各地，征召美女，纣王表面没答应，其实心中一直牢记，最终还是听费仲的话，收了妲己一人了事。

同样是进谏，为何纣王不听商容的话，对费仲却言听计从呢？

原因很简单，商容虽然为人宽厚，执政公允，但空有德行，并无才干，更没有过人的见识、超凡的胆略。

像商容这种人，如果生在太平年间，只需要按流程批阅公文，按制度处理事情，那么，当可以成为一代贤相。

可是，商容很不幸，生在了末世，生在了国家积弊丛生，军阀割据，奸佞横行的末世。于是，空有德行却无才干，更无见识、胆略的商容，注定了只能成为庸相。

在中国历史上，最负盛名的谏官莫过于魏征。很多人都觉得魏征经常犯颜直谏，其实根本不是那回事。

魏征经常进谏不假，不过，他既懂得把握进谏的时机，更明白进谏时要注意语言的分寸。进谏，就是提意见，就是挑毛病。任何一个人，就算是普通人，都喜欢听好话，不喜欢听坏话，更何况是整天好话满耳的皇帝。

对皇帝直言进谏，甚至口出恶言，百分之九十九会触霉头。皇帝一怒，进谏者不死也会脱层皮。直言进谏，不但很容易激怒皇帝，而且很容易伤害到自己。明明知道有如此危害，还坚持去做——这种人不是傻瓜，就是别有用心！

确实，多数的文官，都是希望以死谏的方式，在青史留名！

纣王即位之前，商容就已经是丞相。纣王即位之后的十来年，商容依然是宰相。可以说，纣王之所以会成为一个暴虐、任性的君王，和商容的貌似宽厚其实庸碌无能关系密切！

当初商容辞官时，百官之中七位亲王（比干、微子等商朝王族）说：“老丞相今日固是荣归，你为一国元老，如何下得这般毒意，就把成汤社稷抛弃一旁，扬鞭而去，于心安乎！”

商容当时辞官，明显有撂挑子嫌疑。只是，他也没有想到，商朝的局势会恶化得那么快。当太子殷郊也被擒拿时，商容就已经打定主意回转朝歌。因为唯有当庭死谏，才能在天下人心中洗刷干净他商容无能庸碌之污名。

果然，这一死，死得其所。文武百官与天下万民仿佛都忘记了商容的种种不好，只记得商容对成汤江山的忠心。

只是，商容的死不但没有挽救成汤的覆灭，反倒把商纣王进一步推向极端。纣王认定只要提意见的官员，必定不怀好心。渐渐的，商纣王不但失去了天下民心，连商朝的官心也失去了。

039 姬昌演先天神数预知未来咋回事

无论是在历史中还是在演义中，周文王姬昌都有着一个先知的光环。

历史中的姬昌，真实面容被太多的谜团覆盖，演义中的姬昌则不然，他的一举一动，都被作者清晰刻画下来，留存在文字之中。因此，要想摸清《封神演义》中周文王的底细，还是比较容易的。

在原著第十回、第十一回中，先后写到了姬昌预言未来的三大奇事：

一是预言自己有七年之灾；

二是预言自己将有百子；

三是预言商朝灭亡之期，费仲死亡方式。

我们结合原著，一起来探究下姬昌的三个预言。

商容死谏，让商纣王非常惊恐。暴君的另一面，就是独夫。看起来非常强大的商纣王，心底深处非常脆弱，非常恐惧群臣反叛。于是，他和费仲商议，决定召集四大诸侯，并将其全部斩杀。群龙无首，自然就掀不起风浪。

商纣王的想法很好。

一个智者和愚者最大的不同，是在考虑问题的时候，不仅仅想到对自己有利的一面，也要想到对自己有害的一面，在利与弊的权衡中，做出对自己最佳的抉择。纣王只看到灭杀行动的利，却看不到其中的弊，此次行动注定了失败。

于是，四位使者奔赴四方，其中之一，来到了西岐。

使者告诉姬昌：北海袁福通叛逆，生灵涂炭。如今，闻太师率军出征，朝歌之内没有重臣辅佐，纣王心中不安。于是特调遣四大诸侯进朝歌，共襄国政，勘定祸乱。

纣王还许诺：等到功成之日，还将给四大诸侯裂土分茅，加官晋爵。

纣王的诏书看起来很美，其实漏洞太多。

四大诸侯何时朝拜天子，那都有制度。此前不久，四大诸侯已经到了朝歌，见了天子。关键一点，当时袁福通就已经反叛，可是，纣王并没有任何想要留四大诸侯辅政的意思。一晃数年过去，纣王旧事重提，其中必有猫腻。

在这样的情况下，姬昌起了一卦，然后告诉儿子伯邑考说，卦象凶多吉少，纵然不至于死亡，也将有七年大难。

一听父亲如此说，伯邑考大惊，连忙劝父亲不要去。若一定要去，自己愿意代替父亲前往。姬昌却说："天数已定，断不可逃。"

等他回到后宫，向母亲太姜辞行时，其母太姜叹息说："我儿，为母与你演先天数，你有七年灾难。"他母亲竟然也是先天数高手！甚至有可能，姬昌的先天数就学自其母太姜。

为何姬昌与太姜都预言说，姬昌此去凶险异常，并且将有七年之难呢？

在我看来，根本无须卜卦，只要熟知天下时局，尤其是知道朝歌最近半年的变化，就可以对姬昌此次朝拜之行，做出凶多吉少的预判！

最近几个月，朝歌连连发生大事。先是云中子献上宝剑，然后是太师杜元铣趁机进言。再是杜元铣被炮烙，首相商容灰心失望告老还乡。再就是纣王杀妻诛子，惹得天怒人怨。

很明显，在诛杀姜皇后之后，纣王下一个举动必然是追杀姜桓楚，将姜家势力连根拔除。南伯侯鄂崇禹向来唯姜桓楚马首是瞻，两家乃是坚定的攻守同盟。因此，纣王在除掉姜桓楚的同时，也会把鄂崇禹一起收拾掉。

至于西伯侯姬昌，暂时和商纣王没有直接的冲突，但是，姬昌乃一方霸主，统率两百镇诸侯，所谓："斯人无罪，怀璧其罪。"何况姬昌还刻意笼络朝廷宰辅大臣，在诸侯之中积极扩充人脉，明摆着有不臣之心。纣王只要找到机会，就必定会把姬昌扫除，以期彻底掌控天下。

只是，为何此去是有七年之难，而非六年或八年之难呢？

实际上，史料中没有提到姬昌被囚禁了几年。《封神演义》中囚禁七年的提法，完全出自作者意愿。

七，在中国传统文化中具有特定的意义。北斗是七星，日月加五行是七曜，有个传统节日叫七夕，潮起潮落月圆月缺都是四个七天，诗歌中有七绝，音乐中有七弦，人死后每七天是一个祭日……

若是关姬昌三年则太短，关九年则太长，七年不短不长，刚刚好。

那如何理解姬昌一生有百子的预言呢？

《封神演义》说：西伯侯有四乳，二十四妃，生九十九子。在进入燕山地带，忽然天将雷雨，西伯侯宣称：雷过生光，将星出现。他要众位家将四处寻找，看看有没有将星。

众家将满腹狐疑，却也只得四处寻找。果然在一处古墓旁边发现了一个男孩。姬昌一看，大喜说："我该有百子，今只有九十九子，适才之数，该得此儿，正成百子之兆，真是美事。"

在历史中，姬昌虽然妻妾众多，但一共也只有18个儿子。在《封神演义》中倒好，一下子给姬昌多出了81个亲生儿子。

中国人将一个家族子嗣兴旺，叫作"百子千孙"。这姬昌作为周朝奠基之主，自然要占尽风光。有了99亲生儿子个还不够，还需要再多一个义子，凑满100个。如此，方才显得圣人家族十全十美，与众不同。

我们可以用占有详细资料、推测时局来解释七年之难，用渴望百子千孙、幸福圆满来解释姬昌百子之说，不过，要如何解释姬昌预言商朝灭亡年份呢？

费仲询问商朝的未来如何，姬昌非常明确地回答："国家气数黯然，只此一传而绝。不过四七年间，戊午岁中甲子而已。"

姬昌告诉费仲，商朝的天下将亡于纣王之手，无法再向下传承。并且，他连王朝覆灭的时间都说得非常具体，即28年后戊午岁的甲子日。

那么，商朝灭亡的时间和姬昌的预言是否一致呢？我们结合后文，惊讶地发现，二者一模一样，连一天的差距都没有！

莫非姬昌的先天数真的能够预知未来？

此前说过，在封神世界中，没有哪一位大神真的能够预知未来。就算是元始天尊、通天教主、老子乃至于鸿钧老祖，都不可以。

他们若是真的可以了解一切，掌控一切，又何必要签订《封神榜》？万仙阵后，鸿钧老祖为何会责备三个徒弟一个鲁莽，两个刁钻，都是不成才之辈？若鸿钧老祖可以预知未来，他何必要三位弟子都服下毒丹，借毒丹来掌控弟子？

反之，若鸿钧老祖都不能真的预知未来，那区区凡人姬昌，又凭啥能够知道未来呢？

因此，姬昌演习先天数的真相，其实并非是预知未来，而是和云中子等仙人一样，通过某种特殊途径，了解到一些凡人无法接触的仙界秘闻。

要知道早在许多年前，《封神榜》中的相关信息就已经在仙界广为流传。对于凡人来说，商朝的覆灭日期是一个谜，可是，对于仙人来说，商朝的覆灭日期，明明白白写在封神计划的文案中。一个稍有些门道的仙人，就可以得知这个未来的信息。

当年云中子在听闻自己宝剑被焚之后，愤然在司天台墙壁上题诗，他也提到了“知血染朝歌，戊午岁中甲子”，与姬昌的预言，完全一致。

因此，我觉得，姬昌的先天数并非真的可以预知未来，而是如同请神一般，可以通过演算，沟通仙界，从仙人口中，得到一些凡人无法了解的秘密。

唯有如此，才可以解释姬昌在演习先天数中，出现的两个问题。

姬昌在演习先天数中，出现了哪两个问题？

其一，对于费仲的死亡方式，预言有错。

费仲听闻姬昌说商朝即将覆灭，他并不相信。他随口再问自己的未来如何。姬昌演算一番，狐疑说：“将来不知何故，被雪水渰身，冻在冰内而死。”

费仲乃是纣王宠臣，享尽富贵荣华。如果姬昌说他未来可能会得“三高”而死，那费仲会相信。可姬昌竟然说他会冻在冰中活活冷死，费仲全然不信。

事情结果如何呢？

后来，纣王派遣总兵鲁雄率领大军征讨西岐，费仲奉命随行。两军相遇，姜子牙施展法术，在商军大营凭空刮起大风雪。5万军兵被埋在风雪中数日。结果，5万人冻死了3000人，其他人也战力全无。鲁雄与费仲都被姜子牙擒拿。

最终，费仲不是在冰雪中被冻死，而是被姜子牙擒拿后，斩首而死。

若姬昌的先天数真的能预言未来，结果就不会一个正确，一个错误——错误率高达50%！

真相是什么呢？就是那商朝覆灭时间和费仲的死亡方式，都是仙界圣人安排，并写在封神计划当中。但是，圣人也不是万能的，他们虽然安排周详，但是，总有一些变数出现。这些变数恰恰体现了天道博大，无法全然操控。

类似费仲之死这种与预言不符的现象，在原著中还有不少。

其二，对于费仲利用先天数打击姬昌，姬昌浑然不觉。

早在姬昌出行时，其母太姜就再三嘱咐姬昌："我儿此去，百事斟酌，不可造次。"

太姜告诉姬昌，此行凶险，务必小心。具体如何小心呢？那就是谨言慎行，千万不要造次，即鲁莽冲动。

当时的姬昌继承爵位多年，早就是一个非常成熟的政治家。在此前苏护故事中，姬昌的表现也完全可以用城府深沉、虑事长远来形容。他乃是一个喜怒不形于色的政坛大高手，绝对不会犯一些低级小错误。

可是，当纣王宣布放姬昌归国后，姬昌仿佛就是自己找死一般，犯下一连串低级错误。

当时，纣王杀死了东伯侯姜桓楚、南伯侯鄂崇禹，在丞相和宗室的集体进谏下，放了姬昌一马。按照正常情况，姬昌在鬼门关前走了一遭，应当心惊胆寒，变得更加小心谨慎，最好就是闭上嘴巴，赶紧逃回西岐才对。

姬昌的表现恰恰相反。

当费仲、尤浑前来，百官纷纷辞行。大家都知道这二位阴险毒辣，最喜欢搜罗证据，打击对手。身为官场老手的姬昌，见到二人，心里本当警戒防备。可是，听闻费仲询问国家未来如何，姬昌竟然全然不顾忌讳，面对朝廷最大的奸臣，将自己所知道的全盘托出。

这非常不合理！

原著中如何解释？“此时姬伯酒已半酣，却忘记此二人来意，一听得问天子休咎，便蹙额欷歔。”

后来，费仲询问自己的未来，姬昌再次直言相告。费仲询问姬昌未来如何，姬昌也直言自己将享尽荣华，寿终正寝。费仲一听，当然大怒。

原著中如何解释？“姬伯原是贤人君子，哪知虚伪。”

其实，只要细看原著，就会发现姬昌哪里是什么贤人君子。前一天姜桓楚与鄂崇禹被擒拿，被杀，从头到尾姬昌就没有帮忙说过一句话。在关键时刻，姬昌翻脸比翻书还要快。

当然，也不能就此说姬昌是一个坏人。姬昌是一个政治家，首先考虑的当然是自己活下去。“留得青山在不怕没柴烧”嘛！

原著中把姬昌当成贤人君子，明显是在走愚民路线。

那么，到底是为了什么，姬昌会明知费仲阴险，还要在费仲面前大谈商朝覆灭，纣王无道呢？

因为他就是要让商纣王将自己擒拿。

此次前来，姬昌与太姜都算出了有七年之难。既然天书（封神榜）已经定下姬昌有七年之难，那么，姬昌怎能躲避？了解仙界秘闻的他，必定了解违背天书将会引发更加严重的后果。于是，姬昌在自己可以顺利脱身的时候，在奸臣面前，大放厥词，故意激怒纣王，将自己擒拿。

姬昌料定自己一番言辞虽然会得罪费仲，得罪纣王，但是，罪不至死。有比干与一帮王叔支持，更有维护天书的仙人们在背后撑腰，姬昌相信，只要熬过了七年，自己就会有好事降临！

040 商纣王为何一道诏令就能灭杀两大方伯

东伯侯姜桓楚与南伯侯鄂崇禹，这两位都是各自统领两百镇诸侯的一方霸主。他们的威权，放眼天下，绝对是一人之下，万万人之上。昔日北方袁福通，仅仅是拥有七十二路诸侯，就掀起滔天风浪，让闻太师征伐多年，也不得休息。可是，当商纣王要整死姜桓楚和鄂崇禹时，竟然只是下了一道诏令，这两位就乖乖引颈就戮。

这是怎么一回事呢？

问题的关键，出在姜桓楚与鄂崇禹自己身上。

四大方伯齐聚朝歌，大家在一起喝酒聊天。宴席上，南伯侯鄂崇禹指着崇侯虎的鼻子大骂，说崇侯虎如何阿附费仲，讨好纣王，为建造摘星楼、寿仙宫，欺凌百姓，丢尽了四大方伯的脸面。

崇侯虎一听，又羞又怒，当场拍案而起，就要和鄂崇禹干架。一旁的西伯侯姬昌却说："崇贤伯，鄂贤伯劝你俱是好言，你怎这等横暴！难道我等在此，你好毁打鄂贤伯！"

崇侯虎一听姬昌如此说，默默不语。对面那鄂崇禹火气更旺，抄起一个酒壶，竟然就打在崇侯虎脸上。崇侯虎冲上前反击，却被姜桓楚架住。崇侯虎见大伙三打一，只得气呼呼回家。

从这场打架，可以看出以下两点。

其一，四大方伯之中，其实分成两大阵营：东伯侯姜桓楚为首，南伯侯鄂崇禹、西伯侯姬昌是一派；北伯侯崇侯虎被孤立，单独一派。

在姜桓楚一派中，鄂崇禹为人豪爽率性，是个火爆脾气。换言之，有勇无谋，唯姜桓楚马首是瞻。

其二，姜桓楚与鄂崇禹没有意识到此行具有大风险。

危机来临时，姜桓楚与鄂崇禹本当联络一切可以联络的力量，共同联合对付纣王。可是，姜桓楚完全没有意识到此行的凶险，竟然放纵鄂崇禹挑衅崇侯虎，凭空把四大方伯之间良好的气氛破坏。

按照原著的说法，姬昌也好，姜桓楚也好，四大方伯在酒宴之前，根本就没有听说过姜皇后、殷郊被诛杀的事情。

是在酒席宴时，旁边一位本地驿卒见到三位方伯很是开心的样子，不禁慨叹："你们今夜传杯欢会饮，只怕明日鲜红染市曹！"姬昌最是谨慎，听闻此话，就把这人叫来细细询问。姜桓楚这才知道女儿和外孙都已经死了。

在这个悲痛时刻，姜桓楚是什么反应呢？

原著说："姜桓楚雨泪千行，一夜修本。"姜桓楚想的，不是串联大臣，行逼宫夺位之事，而是一边流泪，一边写奏章，希望主导这场冤案的纣王能够醒悟过来，为自己女儿洗刷冤屈。

原著作者为了凸显出纣王的恶，不惜拉低姜桓楚的智商。以姜桓楚的善良与忠诚，反衬商纣王的残暴和无情。

与姜桓楚、鄂崇禹愚忠、大意不同，商纣王则大权在握，且早就杀意腾腾。以有心算无心，四大诸侯逃了两个，已经算是幸运。

四大方伯拜见纣王，纣王劈面就是一句："姜桓楚，你知罪么?"

姜桓楚忙说，自己镇守东鲁多年，一直奉公守法，遵守臣节，并无犯罪之处。反倒是天子纣王，宠幸妖姬，听信谗言，诛杀妻子，自绝宗嗣。

总之一句："实君负微臣，臣无负于君。"

纣王一听大怒，让金瓜武士剥去姜桓楚衣冠，绑缚午门斩首。

纣王口谕方出，金瓜武士汹汹上前，把姜桓楚拖走。一旁南伯侯鄂崇禹、西伯侯姬昌、北伯侯崇侯虎，全都大吃一惊。

他们为何大惊?

其一，诸位方伯万万没有想到，纣王专横到了如此蛮不讲理、违背纲常的地步。

按照律法，斩杀方伯这种等级的高官，至少要由相关司法部门进行刑讯调查，等证据确凿之后，方能行刑。怎么能因天子一句话，就治方伯之死罪呢?

其二，诸位方伯万万没有想到，纣王如此专横，在皇宫中、朝堂上竟然无人可以压制，也无人敢以压制。尤其是在皇宫中、朝堂上的军事力量，竟然全盘掌握在纣王一人手上。

武成王黄飞虎对纣王有诸多不满，但是，皇城的军事力量是由纣王直接掌控，根本就不受黄飞虎调配。也就是说，纣王在皇宫中想要杀谁，谁就得死!

其实，纣王的影响力不单单在皇宫中拥有至高无上的地位，就算是在整个朝歌，整个天下，在当时依然是无人可以取代。

因此，当姜桓楚面对不公正待遇时，姜桓楚没有力量反抗，其他三位方伯同样也只能俯伏跪拜，苦苦哀求纣王。

纣王看了奏章，大怒，下诏将三人一起推出午门。金瓜武士上前，把三人匆匆赶出朝堂。

这将斩未斩的时刻，正是考验一个人关系与人脉的时刻。

一旁的费仲、尤浑二人平时得了崇侯虎不少好处。这两人虽然奸佞，但也都是拿了钱财就必定办事的主。眼看崇侯虎就要被砍头，急忙出班启奏，宣城崇侯虎与其他三位方伯不同，监造摘星楼、寿仙宫，为纣王的享乐工程还是作出了一些贡献。纣王一听，改口说："据二卿之言，昔崇侯虎既有功于社稷，朕当不负前劳。"于是，下诏特赦崇侯虎。

一旁的黄飞虎与比干等人一直在观望。眼看费仲说情，释放了崇侯虎，这班人也开始串联起来。结果黄飞虎与比干，还有微子、箕子、微子启、微子衍、伯夷、叔齐等等皇亲国戚一同出列，为西伯侯姬昌说情。

比干等人说，姬昌治理西岐，夜不闭户，路不拾遗，四方瞻仰，称为西方圣人；鄂崇禹治理南方，日夜勤劳王家，使一方无警：那都是有功于国家社稷之良臣，希望纣王一并赦免。

纣王一听，不高兴了。从群臣的言辞就可以看出来，这姬昌、鄂崇禹二人和崇侯虎并非一路人。崇侯虎做的都是对纣王有利的事情，是真正的有功于朝廷。那姬昌与鄂崇禹把那西方和南方治理得很好，不过是为了自家的名声与影响。他们干得越好，越是对朝歌构成威胁。这种人怎么能赦免呢？

见纣王还在沉吟，一旁武成王黄飞虎急忙开口。他与姬昌关系向来不错，也深知纣王脾气。他将姬昌的好一笔带过，大谈三路诸侯麾下都有数十万兵马，一旦全部被斩杀，势必让三路全部反叛。闻太师征讨北海还没有回归呢，若是其他三方再反，那由谁去平定呢？

黄飞虎的话，立刻让纣王意识到，在短时期对四大方伯同时出手确实很不明智，应当分批逐步推进，如此才可以大大缓解周边反叛对朝廷的压力。

于是，纣王下令，在赦免崇侯虎之后，再赦免西伯侯姬昌，至于南伯侯鄂崇禹，与姜桓楚走得太近，即便赦免，也必然反叛。于是，姜桓楚与鄂崇禹被公开斩首。

041 燕山天降雷震子本是一个局

《封神演义》虽然是神魔小说，不过，其中的人、妖、仙、神，大都来历清楚。尤其是原著重点描绘的几个人物，比如姜子牙、哪吒、杨戬等人。

可是，与上面三人同样拥有独立章节的雷震子，其来历却不清不楚，堪称谜一般的人物。

据原著记载，这雷震子乃是在一场大雷雨之后，被人从一座古墓旁边发现，当时仅仅是婴儿形态。

一个婴儿，为何会在古墓旁忽然出现？莫非是白骨精穿越？

民间传说，雷震子乃是雷电之精所化。我们从后文雷震子的具体战绩可以知道，雷震子不像哪吒与杨戬，一个乃莲花化身，一个修习九转玄功，雷震子的躯体依然是肉体凡胎。既然是肉体凡胎，那就不是雷电孕化。

原著中姬昌和云中子都说，雷震子乃是将星临凡。事实上，雷震子除了会飞，从高空偷袭，全无其他杀招。就算是在第三代弟子当中，其实力也在中下。他最后能肉身成圣，几乎全靠运气。这种渣渣的水平也算是将星？

细看原著第10回，就可以发现，雷震子的出现，其实是其师云中子精心布置的一个局。

此前我曾说过，西伯侯姬昌的所谓先天数，并非真的能够预知未来，而是能够与仙人沟通，得到一些仙界秘闻。这个与姬昌沟通的仙人是谁呢？

依我看来，就是终南山玉柱洞之云中子。

云中子是原著中第一个明确说出商朝灭亡是在戊午岁的甲子日的仙人。

姬昌是原著中第一个明确说出商朝灭亡是在戊午岁的甲子日的凡人。

两人的身份地位截然不同，对同一事情却做出了同样的预言。当然，若仅有此一处，还可以说是一个巧合。事实上，在雷震子故事中，云中子与姬昌的种种表现，配合痕迹非常明显。若非是双方早有沟通，实在很难做到那么默契。

具体有哪些配合痕迹呢？

其一，来历表述，口径一致。

但凡人类，必有父母。在荒郊野外忽然出现一个婴儿，多数人都会怀疑是妖魅转世。可是，姬昌与云中子都强调，雷震子不是妖魅，而是将星！

当时，姬昌一行来到燕山。正当夏季，天气炎热。姬昌预言：马上就要下雨，快入树林避雨。众人不信，可随即大雨倾盆。

之后，雷电交加，震动山野。姬昌预言：“雷过生光，将星出现。”让众家将去把将星找来。

众位随行家将都是姬昌的心腹，早就知道姬昌擅长先天数，可是，对于姬昌今日的表现，大家还是觉得非常奇怪，难以置信。只是，一番寻找，大家还真的在一座古墓旁边找到了一个男婴。

哪家男婴会莫名其妙出现在古墓旁？虽然姬昌老爷认定男婴是将星转世，可大家心中依然有些狐疑。

不久，终南山云中子飘然出现。他丰姿清秀，相貌稀奇，一看就是仙家人物。一见众人，云中子也说：“方才雨过雷鸣，将星出现。贫道不辞千里而来，寻访将星。”人家老神仙都说男婴是将星转世，那肯定就是将星转世。

其二，出场时间，先后有序。

姬昌出场的时间非常巧。他三次预言，都是话音刚落，变化陡生。就仿佛有四大龙神、雷公电母在一旁听令一般。他说下雨就下雨，他说打雷就打雷。

关键一点是，云中子的出场时间掐算得非常好。在见到婴儿后，姬昌表示：我命中该有百子，如今只有 99 个。这男婴我就收为义子，凑满一百之数。

在确定与男婴的关系之后，云中子随即出现。

云中子表示，自己愿意收男婴为徒，暂时带走男婴。等男婴长大后自然会下山帮助父亲。

云中子出现早一些，就会先姬昌找到男婴。那样的话，男婴就不能成为姬昌第一百个儿子。云中子也就无法和姬昌攀上关系。

其三，归宿早定，毫无争议。

姬昌在确定与男婴的父子关系后，吩咐众家将：将此儿送往前村权养，待孤七载回来，带往西岐；久后此子福分不浅。

按照常理，姬昌在认下义子之后，或者带在身边，日夜教导；或者派人送回西岐，让妻子代替管教。可姬昌倒好，准备把这个男婴送到前面某个村庄，让某个农民来抚养——他心中对于这个男婴，根本就没有什么感情。

既然没什么感情，为何还要认男婴为义子呢？

只因“久后此子福分不浅”，姬昌早就知道这个男婴在日后必定能够帮助自己。

姬昌凭啥认为男婴福分不浅，以后能帮到自己呢？

因为他虽然不清楚男婴的真正来历，却早就知道男婴日后的归宿。

走了一小段路，遇上云中子。云中子提出，愿意将男婴带走，收为徒弟，传授他神通法术，日后帮助姬昌。姬昌毫无二话，立刻把男婴交出。他认下男婴做义子的目的，同样是为了和云中子攀上关系。

姬昌在收雷震子为义子的故事中，三次预言，却三次都没有演习先天数。没有演习先天数，姬昌为何能次次言中？

只因云中子早就通过先天数，告诉姬昌：当天将会有大雨，大雨过后有大雷，大雷过后有将星，将星是姬昌第一百子，第一百子对姬昌未来有大帮助。

那么，这个雷震子与云中子到底是什么关系呢？

这雷震子，其实本就是云中子的大徒弟！

终南山玉柱洞炼气士云中子，一共有几个徒弟？

在原著第 5 回中，出现了一个徒弟，名叫金霞童子。

云中子见到朝歌有妖邪作祟，于是想进献宝剑降妖。对于云中子不带宝剑，只带木剑前往朝歌，金霞童子颇有不解。他说："何不用照妖宝剑，斩断妖邪，永绝祸根？"他跟随云中子多年，对于照妖宝剑和枯松木剑之间威力的巨大差异，非常清楚。可是，云中子显然另有谋划，根本不听金霞童子劝说。

果然，木剑根本杀不死妲己，只是让妲己心惊胆寒而已。

从何处可知雷震子也是云中子的徒弟，并且是云中子的大徒弟呢？

原著第 21 回，讲到西伯侯姬昌逃出五关，云中子算出姬昌有大难，于是派出雷震子前往救援。

云中子吩咐金霞童子说："金霞童儿在哪里？你与我后桃园中请你师兄来。"金霞童儿领命，往桃园中来，见了师兄道："师父有请。"雷震子答曰："师弟先行，我随即就来。"

大家看原文表述，云中子说，让金霞童子去桃园中请师兄雷震子。金霞童子也认为雷震子是师兄，雷震子也称呼金霞童子为师弟。

三人之间都有一个共同的观点，都认为在云中子的徒弟中，雷震子为大，金霞童子为小。

但是，原著第5回时，金霞童子已经在云中子门下修真，雷震子是在数年后方才加入玉柱洞。为何后入门的雷震子，反倒成了师兄呢？

真相只有一个：那雷震子本就是云中子的大徒弟。为了和西伯侯姬昌攀上关系，云中子命令大徒弟下界投胎，化身婴儿，做了西伯侯姬昌的干儿子，然后，云中子重新将婴儿雷震子接回洞府，重新修炼。

雷震子的肉身虽然有变化，但是其灵魂前后如一。云中子为何要如此苦心孤诣，不惜让徒弟转世重修，也要和姬昌搭上关系呢？

前文说过，云中子虽然修为高深，实力绝不逊色于玉虚宫十二代弟子。但是，因为出身草根，云中子一直没有被仙界高层接纳。就连蟠桃会，云中子也没有资格参与。

如何混入仙界上流阶层，是云中子日夜忧心的事情。

此前，云中子前往朝歌，借献宝剑一事，公开标榜自己兴周灭商的立场，已经引起了阐教高层的注意。

只是，仅仅如此，云中子还无法被阐教高层接纳。

于是，云中子想从姬昌入手，在兴周灭商的行动中，作出一些实打实的贡献。

只是，如何保证自己在兴周灭商行动中，自己的利益不会受损呢？

云中子苦思冥想，终于想到了一个好办法——让徒弟认西伯侯姬昌为义父！

当时的姬昌，已经七老八十，让徒弟投胎做亲儿子有点不现实。于是，云中子在姬昌演化先天数时，大展神威，告诉姬昌未来还有一子。然后在燕山，成功将徒弟送到姬昌面前。姬昌也是多年成精老戏骨，明白雷震子必定有仙界后台。两人一拍即合，配合完美。

云中子让徒弟认西伯侯姬昌为义父，并且在姬昌有难时舍命相救，用实际行动推进兴周灭商大业。在封神行动中，阐教负责辅佐周朝。云中子的行动，切切实实地帮了阐教的大忙。在燃灯主持十绝阵时，云中子接收到阐教高层的邀请，前往参战。其谋略，其实力，让玉虚宫十二仙首也敬佩不已。

从此之后，云中子彻底摆脱了草根身份，成为阐教主流仙人。

042　哪吒出世隐藏哪些玄机

哪吒，是中国古代神话中名头极大的一位神仙。他在《西游记》中闪亮登场，战孙悟空，斩牛魔王，在读者心中留下了深刻印象。不过，和许多神仙一样，《西游记》中并没有提到他们成仙的经历，而这一切，在《封神演义》中有了答案。

最近几年，有不少精品影视剧都提到了哪吒出世的桥段，尤其是《十万个冷笑话》更是把哪吒的故事演绎成了爆笑故事。只是，在封神世界，用了三回写哪吒的故事，虽非常精彩，但一点不好笑，甚至可以说，充满了杀气。

为何这么说呢？

虽然说自古以来，神圣仙佛出生，必然有种种奇异景象，但哪吒出世却处处古怪。

其一，怀孕时间。

原著说："殷夫人后又怀孕在身，已及三年零六个月，倘不生产。李靖时常心下忧疑。"

为了神化帝王，历代史家费尽心机。多数史家还是在出生时的景象上做做文章，很少改变怀孕时间的。只因，从很早很早以前，人们就已经明白，生产时间可以提前，却不能延长。一个孩子降生，一般都需要十月怀胎（农历月份，其实是280天左右）。哪吒竟在娘胎里待了三年六个月，完全不合常理。李靖心中慌慌，他说："怀孕三载有余，尚不降生，非妖即怪。"哪吒他妈也说："此孕定非吉兆，教我日夜忧心。"

若说因为哪吒是灵珠子转世，就要怀孕这么久，并不符合情理。《西游记》中唐僧乃金蝉子转世，身份一点不比哪吒差，可人家也是十月怀胎，正常生产呢。

其二，产时景象。

在快要生产的那天，李夫人梦到一个道人走入房间。李夫人斥责那道士无礼之极，竟然跑到女人产房中。那道士拿着一个东西往李夫人怀中一送，口中说："夫人快接麟儿。"然后，李夫人被吓醒，不一会儿，就开始生产。

李靖在门外等候，家将来禀告，夫人生下一个妖精了。李靖大吃一惊，担心老婆有危险，提着剑就进了房间。看到屋子里红光一片，一个肉球在空中盘旋。李靖大吃一惊，一剑砍去，肉球分开，跳出一个小孩，就是后来的哪吒。

小孩何等模样呢？“遍体红光，面如傅粉，右手套一金镯，肚皮上围着一块红绫，金光射目。”哪吒出生时，竟然就带着乾元山金光洞的镇洞之宝乾坤圈与混天绫！

其三，天降老师。

哪吒一出生，就口吐人言，活蹦乱跳。李靖本提宝剑而来，见儿子可爱，不忍下手。第二天，有个道士来访，李靖一问，是乾元山金光洞太乙真人。

太乙真人此次前来，目的非常明确，收哪吒做弟子。李靖一听名号，知道对方乃玉虚宫十二仙人之一，很高兴。李靖答应说：“但凭起一名字，便拜道长为师。”太乙真人于是给取名哪吒。

有朋友问，李靖的大儿子叫金吒，二儿子叫木吒，为何三儿子叫哪吒呢？按照道理，应该叫水吒啊。

原来，哪吒乃是从印度进口来的神仙，哪吒乃是音译词，没有实际意义。后人演绎哪吒故事时，觉得光棍一个太孤单，于是给编造了两个哥哥。哥哥是中国制造，于是按照中国传统五行学说取名，先金后木。三兄弟的名字，也算是中外合璧的杰作。

那么，哪吒为何要在娘胎中待满三年六个月呢？

真相在原著中，太乙真人询问李靖，哪吒是什么时辰出生。李靖说出哪吒的生辰八字。太乙真人说，八字不好。李靖很担心，询问哪里不好。太乙真人说：“此子生于丑时，正犯一千七百杀戒。”

原来，太乙真人就是要选择一个犯一千七百杀戒的凶煞日子让哪吒降生。在这个日子降生的哪吒，凶煞气息极重，致使脾气暴躁，动辄杀戮。哪吒七岁时，果然因脾气凶暴，打死巡海夜叉，杀死龙三太子敖丙，惹出一场大祸。

至于生产前后的种种异象，无一不在表明，哪吒并非凡人。那个走入李夫人产房中的道人，自然就是太乙真人。那送入李夫人腹中的东西，自然就是灵珠子。灵珠子本体乃是一枚灵珠，故生产后为一圆球形态，被李靖一剑砍开，方才现出人形。

婴儿哪吒出生便能说话跑跳，并且随身带着混天绫与乾坤圈，更显出哪吒乃神仙转世，不同凡人。

太乙真人为哪吒取名之后，随即离开，根本就没有教导哪吒。

从哪吒在特定的时间降生，出世后太乙真人立刻到场收徒，这些都可以看出，哪吒在李靖家中降生，是其师太乙真人精心布置的一个局。

哪吒究竟是一个怎样的人？太乙真人如此布局的目的何在呢？

043 哪吒面对龙太子为何很嚣张

关于哪吒，在很多影视剧中都把他描绘成一个有勇有谋、敢作敢当、敢于反抗强权的小英雄。可惜，那都是影视剧出于种种目的，对《封神演义》原著进行了和谐化处理。原著中的哪吒，和影视剧中的哪吒完全是两个人！

那么，在《封神演义》中哪吒是一个怎样的人呢？

在哪吒出世一回中，除了提到哪吒出生时的种种异象外，还写到了哪吒七岁时候的几件事情——杀夜叉、杀龙太子、斗敖光、剔骨还父母。我们一起看看，这几件事情中的哪吒，是怎样的形象。

那一天，七岁的哪吒在家将的陪同下出门散步，走了一里多一点，因为天热，于是到树荫下休息。那树下不远处就有一条河，河水清澈，杨柳依依，很是凉爽。哪吒大喜，就想要洗个澡。家将提醒说：“公子仔细，只怕老爷回来，可早些回去。”哪吒说：“不妨。”从此可见，哪吒的家教极严，只要李靖在家，哪吒是不能出府随便走动的。哪吒对于父亲李靖呢，看似恭敬，其实，更多的是叛逆。

洗澡时，哪吒把从娘胎中带来的乾坤圈和混天绫也放在河水中洗涤。这两件宝贝可是元始天尊赐给爱徒太乙真人镇守金光洞的法宝，威力何等强大。那河水叫作九河湾，就在不远处流入东海。哪吒一摆弄两件法宝，水波粼粼，不但是九河湾晃动起来，就连东海龙宫也犹如地震一般晃动。东海龙王敖光很惊讶，就派巡海夜叉李艮前去探查。原文对话如下：

夜叉分水，大叫曰：“那孩子将什么作怪东西，把河水映红，宫殿摇动?”哪吒回头一看，见水底一物，面如蓝靛，发似朱砂，巨口獠牙，手持大斧。哪吒曰：“你那畜生，是个甚东西，也说话?”夜叉大怒，“吾奉主公点差巡海夜叉，怎骂我是畜生?”

这巡海夜叉不是普通神仙，他不但有天庭的正式编制，更是天帝指派，下界公干。就算是敖光和龙太子，对李艮也要礼让三分。

有如此背景的巡海夜叉，在看到肇事者哪吒时，并没有冲上来就行凶，而是询问哪吒用什么奇怪东西，使得河水和龙宫出现奇怪景象。应该说，这夜叉就算是有些粗鲁（大叫），但并没有侮辱，更没有伤害哪吒。

哪吒却说：“你那畜生，是个甚东西，也说话?”

夜叉确实长得丑，红头发，蓝皮肤，大嘴巴，长牙齿，就是一个妖怪模样。可是，再怎么样哪吒也不应该直接骂人家是畜生。有读者或许会说，哪吒是七岁小孩，没见过妖怪，自然害怕。事情真的是这样吗?

不是的!

哪吒刚出生，太乙真人就来收徒。收徒之后，太乙真人随即走了。此后七年，太乙真人从来没有来陈塘关，一点本事也没有传授。可是，在和龙太子斗法时，哪吒武艺精通。在和龙王敖光斗法时，他会土遁、水遁，更是在没有任何人指点下，直接来到乾元山金光洞找师父。而太乙真人的童子，一见哪吒，就说师兄回来了。

这些说明了什么?说明了哪吒一出生，就拥有前世的全部记忆。人家的各种法术、神通都记得。这记忆中，自然也包括对各种神仙、妖怪的认识。

如果哪吒是童年无知，第一次看到巡海夜叉，畏惧害怕，因此骂其为“畜生”，这还可以理解为童言无忌。事实是，哪吒虽然是童子之身，其灵魂却是修炼多年的灵珠子!他辱骂夜叉，目的只有一个——激怒李艮，并将其杀死。

哪吒挥起乾坤圈，将李艮打得脑浆迸流，死于岸上。看着那样一种惨象，家将瑟瑟发抖，哪吒呢?他笑着说：“把我的乾坤圈都污了。”然后，在知道乾坤圈、混天绫会摇动龙宫的情况下，再次洗圈子。

由此，引出了龙三太子敖丙。

敖丙也是衙内，霸道得很。他带着虾兵蟹将，气势汹汹前来问罪。两人见了，敖丙问是谁打死了李艮，哪吒很平静，说是自己。

哪吒为何如此平静？

哪吒说："我乃陈塘关李靖第三子哪吒是也。俺父亲镇守此间，乃一镇之主。我在此避暑洗澡，与他无干；他来骂我，我打死了他，也无妨。"

原来，哪吒有后台，人家老子乃是陈塘关总兵，也就是八百诸侯之一。因此，哪吒在九河湾洗澡，乃是在自己的地盘。李艮来问，已经是冒犯。李艮还骂人，哪吒就可以弄死李艮。

在哪吒的价值观念中，他这么做事合情合理，没有任何错误。

敖丙自然大怒，说李艮身份如何。哪吒傲慢地说："你原来是敖光之子，你妄自尊大。若恼了我，连你那老泥鳅都拿出来，把皮也剥了他的。"正因为哪吒侮辱了敖丙的父亲敖光，龙三太子才会大怒出手。可惜，两人本领差距实在太大，敖丙被混天绫困住，被乾坤圈一下打出本相。

之后，哪吒硬生生从敖丙身上抽出龙筋，把敖丙弄死。

在杀死李艮和敖丙之后，哪吒转身回家。母亲看到儿子，询问哪吒到哪儿去了。哪吒很平静地说："关外闲行，不觉来迟。"然后回到自己房间去了。

大家看看，在杀李艮、斗敖丙事件中的哪吒，是一个怎样的人呢？

骂李艮为畜生，可见哪吒之粗俗；挥手将其打死，可见哪吒之狠辣；无视敖丙身份，可见哪吒之高傲；抽筋之后混若无事，可见哪吒之无情。

只是，哪吒凭什么这么嚣张呢？光凭一个李靖？

李靖是八百镇诸侯之一、陈塘关之主不假，但那威权，只是对凡人有用。东海龙王可不买李靖的账。当然，李靖也不是凡人，他早年也拜西昆仑散仙度厄真人为师，学了一点道术。但是，毕竟和天庭正神东海龙王没有法比。

那哪吒仗了谁的势？

敖光上门问罪，说要高上天庭，祸害李家以及陈塘关百姓。李靖与夫人大惊失色，痛骂哪吒。

哪吒说："爹爹，母亲，孩儿今日说了罢。我不是凡夫俗子，我是乾元山金光洞太乙真人弟子，此宝皆系师父所赐，料敖光怎的不得我。我如今往乾元山上，问我师尊，必有主意。常言道：'一人做事一人当。'岂敢连累父母？"

原来，哪吒心中，最大的依靠从来都是师父，即那位七年多从不出现，居住在远方乾元山金光洞的太乙真人。

哪吒这番话乍一看很寻常，就是介绍哪吒师承，仔细想想很奇怪。

哪吒为何从出生就拥有灵珠子的记忆？按照一般的转世投胎规律，前世的记忆都会被抹去。就算后来恢复，也会有两重记忆。可是，看哪吒的种种表现，哪吒从来都是灵珠子，而没有一丁点是李哪吒！换言之，真正的李靖之子，九成九在李靖老婆的肚子之时，就已经被太乙真人抹去了灵魂记忆——杀死在腹中了。

那么，太乙真人为何不直接让灵珠子下凡，加入姜子牙阵营，偏偏要绕一个大圈，让弟子投胎到李靖的家中呢？

太乙真人花费十多年的心血，究竟在布置一个什么局？

044 究竟是谁逼得哪吒剖腹挖心

哪吒七岁时，因游泳打死了巡海夜叉李艮、龙王三太子敖丙，得罪了东海龙王。四海龙王连手要水淹陈塘关，李靖惶恐。在万般无奈之下，哪吒选择了自杀，以保全父亲。

有人说，哪吒之死，李靖难辞其咎。作为父亲，他对哪吒缺乏管教，同时又冷漠无情。也有人说，害死哪吒的，是东海龙王。因哪吒杀死了他儿子，于是敖光要哪吒偿命。

其实，这两个说法都不准确，真正害死哪吒的，不是李靖，不是敖光，而是哪吒的师父太乙真人！

为何这么说呢？

第一，太乙真人授予哪吒超强法宝，另有目的。

哪吒一出生，从娘胎里就带有两件法宝——混天绫和乾坤圈。这两件法宝可不是凡品。在书中有交代，乃是元始天尊赐给太乙真人镇乾元山金光洞之宝，杀伤力奇大。

按照正常推理，太乙真人收哪吒为徒后，应当传授其武艺，等待哪吒成人出师后，再将法宝相送——《封神演义》中绝大多数修仙者，不都是如此吗？

哪吒却不是这样。他一出生，从娘胎里就带着混天绫和乾坤圈。这就犹如让一个婴儿手中握着核武器发射器，闯出大祸几乎是迟早的事情。

若没有混天绫和乾坤圈，七岁的哪吒估计连李艮都斗不过，更不要说敖丙了。

第二，哪吒一出生就带有灵珠子记忆，一直隐瞒，一直等待七岁出手。

原著中提到，哪吒从一出世就能跑能跳，还能开口说话。本来李靖是要杀死哪吒的，可见到哪吒可爱，就放弃了。

这是因为，李靖以为哪吒是他自己的孩子！

其实，哪吒根本不是李靖的儿子，他只是肉体是李靖的儿子，但灵魂是灵珠子的。

正因为一出生就具有灵珠子的记忆，所以，哪吒对父亲李靖没有太多的情感。在他心中，最为重要的亲人，是他的老师太乙真人。

因此，当受到生命威胁时，他才会坦白告诉李靖：爹爹！母亲！孩儿今日说了罢：我不是凡夫俗子，我是乾元山金光洞太乙真人弟子！

大家细细品味哪吒这句话，就可以明白我的推理。

第三，哪吒向太乙真人求助，太乙真人放纵哪吒，进一步把事情闹大。

听闻敖光上天告状，哪吒就去找师父帮忙。在此时，正常来说，师父应该训斥徒弟无礼，然后出面找对方说情，说情不过，再施压。总之，要尽量大事化小，小事化了。

可太乙真人处理的方法恰恰相反。他是唯恐天下不乱，让哪吒把祸闯得越大越好。

太乙真人说：虽然哪吒无知，误伤敖丙，但这是天数。今敖光虽是龙中之王，只见步雨兴云，然上天垂象，岂得推为不知？以此一小事，干渎天庭，真是不谙事体。

哪吒闯下大祸，太乙真人没一句批评，全是包庇。按照他的意思，错不在哪吒，因为敖丙是上天注定死在哪吒手上的。有错的反倒是敖光，因为敖光也是神仙，也应该能知道敖丙注定被哪吒打死。

这是什么逻辑？这就是典型的强盗逻辑。

第四，太乙真人打包票，别有用心。

太乙真人给哪吒画了一道隐身符，让哪吒上天阻止龙王告状。他说：

"你到宝德门如此如此。事完后，你回到陈塘关与你父母说：'若有事还有师父，决不干碍父母。'"

正因为有那隐身符，哪吒才在宝德门外成功戏弄敖光。加上混天绫和乾坤圈，哪吒把敖光龙鳞都剥了几十片，逼得敖光变成小蛇。双方的仇恨变得更大。

在这样的情况下，敖光纠集其他三大龙王，同去告状。李靖害怕，哪吒让父亲放心，说有师父做主，一切OK。

太乙真人凭啥这么牛？

哪吒转述太乙真人的话说：（哪吒）不是私自投胎至此，奉玉虚宫符命，来保明君，连四海龙王便都坏了，也不妨甚么事；若有大事，师父自然承当。

原来，这哪吒的来历竟然如此大，是灵珠子奉了元始天尊的命令，转世投胎，之后更要作姜子牙帐下先锋。换言之，哪吒的后台极大。在《封神演义》中，那东海龙王不过是和李靖同级别的神仙，在太乙真人面前，就已经算是晚辈。如今哪吒的大后台竟然是元始天尊。若弄死了哪吒，就是破坏了元始天尊的大计，这还了得。

第五，哪吒自杀，乃奉师父之命。

哪吒从金光洞回来，恰巧遇到四海龙王齐聚陈塘关讨说法。李靖手足无措，全家人惶恐不安。

七岁的哪吒一回来，就大叫说："一人行事一人当，我打死敖丙、李良，我当偿命，岂有子连累父母之罪？"又说："我一身非轻，乃灵珠子，是奉玉虚符命，应运下世；我今日剖腹剔肠，剜骨肉还于父母，不累双亲，你们意下如何？如若不肯，我同你齐到灵霄殿见天王，我自有话说。"

哪吒这番话，软中带硬。他主动表态自己要用死来结束这场风波，并且威胁龙王，若是再纠缠，闹上灵霄殿，自己也不怕。因为"我一身非轻"，哪吒可不是一般人！

在这种情况下，哪吒自杀。

哪吒初见敖光，敖光责备哪吒打死儿子敖丙，哪吒说："伯父！小侄不知，一时失错，望伯父恕罪；原筋交付明白，分毫未动。"在哪吒看来，打死敖丙根本就是小事，只要把龙筋交还给敖光，就没有事情了。哪吒的灵魂是灵珠子，已经是成年人，但估计灵珠子常年在金光洞修仙，在言谈间完全不通世务。

可哪吒死前说得一番话，却有条有理，很明显是师父教的。

果然，在剜肠剔骨之后，哪吒的魂魄没有去阴间，而是去了乾元山金光洞，找师父去了。

从以上种种可以看出，从哪吒在李靖家出生，到七岁闯祸自杀，其实都是太乙真人在幕后操纵。

那么，太乙真人做这一切的目的是什么呢？

045 太乙真人苦心安排哪吒转世为了啥

按照原著所说，本来奉命下界辅佐姜子牙、出任先锋大将的，是太乙真人的弟子灵珠子。可是，太乙真人却耗费了十多年的时间，让弟子转世投胎到陈塘关总兵李靖家中。之后七年，却又放纵哪吒闯出大祸，自杀谢罪。

太乙真人苦心布局十多年，到底为了啥？

要想弄清楚这个问题，首先要关注灵珠子直接下山，和哪吒转世后相比，有哪些不同。

第一个不同，哪吒的身份发生了重大变化。

在之前，灵珠子仅仅是乾元山金光洞太乙真人的弟子；转世为哪吒后，除了是太乙真人弟子外，哪吒还多了一重李家公子的身份。

李家公子的身份，实在太重要了！

我们一一细数。

李靖本人是西昆仑散仙度厄真人弟子，前文也提到，苏护麾下督粮官郑伦，也是度厄真人弟子。

度厄真人并非玉虚宫门下，因此，不入十二金仙行列。但是，度厄真人在仙界的地位极高，绝对不在十二金仙之下。

在对阵十绝阵时，有一大阵叫作风吼阵。燃灯道人说，唯有定风珠才能破此阵。可哪里有定风珠呢？

灵宝大法师说："吾有一道友，在九鼎铁叉山，八宝灵光洞，度厄真人有定风珠。"灵宝大法师为玉虚宫十二金仙之一，他也称度厄真人为道友，可见度厄真人是与十二金仙一样的第三代仙人。

据说，这个度厄真人后来加入佛派，就是《西游记》中的灵吉菩萨。

另外，李靖长子金吒，拜在文殊真人门下；次子木吒，拜在普贤真人门下。文殊、普贤都是玉虚宫十二金仙之一。

换言之，李靖一家，其实是在凡间万家万户中，与仙界关系最紧密的一家。

灵珠子转世成为哪吒，也就意味着，太乙真人可以通过哪吒，和度厄真人、文殊真人、普贤真人紧紧联系在一起。这是一张何等强大的关系网!

第二个不同，哪吒的肉体发生了重大变化。

灵珠子本是天界奇宝之灵，身体是灵体，一旦转世投胎，就变成血肉凡胎。哪吒势必因为肉体拖累，修仙效果、攻防能力都会受到严重影响。为此，脱去肉体凡胎，重塑仙身，势在必行。

因此，太乙真人早就安排好了，哪吒在七岁时出手伤人，闯出大祸，借此，哪吒剜肠剔骨，脱去血肉凡胎。

从这个意义上说，哪吒打死敖丙，确实是定数。

为何要是七岁呢？因为三教圣人早就规定好了商周大战的时间。在第1回中，女娲娘娘就提到，商纣王还有28年江山。因此，每一年，都要有周密的计划。

因为处理转世投胎还保留记忆的问题，太乙真人耗费了三年。之后第七年，出手杀敖丙，脱去凡体。

在太乙真人最初的安排中，哪吒的新身体并非莲花、莲藕，而是香火化身。

哪吒死后，他按照师父的安排，频繁给母亲托梦，让母亲在翠屏山修建了一座庙宇——哪吒行宫，享受万民香火。按照太乙真人的规划，哪吒需要享受三年香火供奉，就可以化成人形。

不巧的是，仅仅半年后，李靖在很偶然的机会发现了百姓竟然供奉哪吒。李靖大怒，在他看来，哪吒乃是不孝子，根本不配被百姓供奉。于是，李靖拆掉了神庙，哪吒的魂魄便无所依托。

但也因为有半年的香火供奉，哪吒的魂魄已经凝聚。

哪吒之魂找到太乙真人，在无奈之下，真人用金丹融合莲花、莲藕，为哪吒重塑身体。

若哪吒是香火化身，就等于是天生仙体。莲花化身比肉体凡胎自然要超妙许多，但比仙体，其实还要差一些。

之后商周大战时，有一张桂芳，一开口喊："某某还不下马，更待何时!"对方大将就会跌下马来。张桂芳凭借这一招，横扫战场无敌手。可最后撞到了哪吒手上，再怎么喊，哪吒也不下马，最终反被哪吒所杀。

其中关键就是，哪吒的肉体发生了重大变化——哪吒已经不是血肉之躯，而是莲花化身。

这两个不同，对于哪吒和太乙真人有什么影响呢?

哪吒（灵珠子）的影响力大大增强。

经过转世投胎，哪吒的个人作战能力大大增强，莲花化身应该比灵珠子本身的灵体要强一些，毕竟，莲花化身还耗费了太乙真人的一颗金丹。在姜子牙大营中，哪吒是公认的第二强者。不只是因为哪吒有火尖枪、混天绫、乾坤圈，更因为他是莲花化身!

同时，哪吒有了李靖家族成员的背景，金吒、木吒实力都超强。《封神演义》中，最后仅有七个人肉身成圣，哪吒一家，就占了四个指标，实在牛叉到变态!

哪吒实力的增强，也就意味着太乙真人实力的增强。

在官场，当官当到一定级别，能力就变成次要，关系、背景反倒变成主要了。在封神世界也是如此。

修仙到十二金仙这个级别，彼此之间实力大体相当，关键看谁的法宝强。大家都爱惜生命，轻易不会出杀招。于是，遇到难题时，很少通过打架的方式解决，而往往是摆关系，论背景。大家看谁的势力大，谁说话就有分量。

太乙真人实力在十二金仙中处于中等，本来没什么话语权。可是，因为有哪吒三兄弟的关系，太乙真人就和文殊、普贤捆绑到了一起。自然而然，太乙真人的影响力就大大增加了。

046 哪吒与石矶娘娘究竟谁才是"坏人"

在哪吒在南天门戏弄敖光之后，到四海龙王齐聚，大闹陈塘关之前，

《封神演义》中还插入了一段石矶娘娘的故事。

在许多关于哪吒的动画片中，哪吒都是小英雄形象，石矶娘娘则被描绘成了古怪邪恶的坏女人。事实和影视剧中恰恰相反：石矶娘娘是一个重情重义的好人，而哪吒则是一个仗势欺人、霸道蛮横的坏蛋。

两人之间的纠纷，源自哪吒在城楼上胡乱射出的一箭。

石矶娘娘见弟子惨死，心中大痛。她见箭上有李靖官衔，于是乘坐青鸾，来到陈塘关，祭出法宝八卦云光帕，锁定李靖，之后现出黄巾力士，将李靖擒拿。

石矶娘娘若是坏人，此时必然直接把李靖杀死，为弟子报仇。若再狠毒些，直接出手，灭了李靖满门，甚至屠灭陈塘关。以石矶娘娘的实力，她完全可以做到。

要知道，石矶娘娘在后文和哪吒有直接交手，哪吒几乎是被石矶娘娘秒杀，两人完全不在一个档次上。

当时，哪吒抢先出手，击杀了彩云童子。石矶娘娘出现，哪吒二话不说，用乾坤圈去砸。石矶娘娘竟然不避不让，以空手接住乾坤圈。哪吒大惊，再次施展混天绫。那混天绫其实就是捆仙索，当初战龙王敖光时，混天绫就把敖光捆得现出原形。可是，石矶娘娘子大笑声中，将大袖一甩，直接把混天绫也给收走了。幸亏哪吒脑子转得快，见机不妙，转身就逃。

拥有如此强悍实力的石矶娘娘，是怎么对李靖和哪吒的呢？

抓到李靖后，石矶娘娘训斥李靖说："李靖！你仙道未成，已得人间富贵，你却亏了何人？今不思报本，反起歹意，将我徒弟碧云童子封死，有何话说？"

书中交代，这石矶娘娘和李靖的师父度厄真人竟然还是好友。两人都是草根出身，毫无背景。只是，石矶是顽石成仙，修习截教道术；度厄真人是人类得道，修习阐教道术。

当初，李靖修道多年，不能成仙，留在山上毫无前途，正是石矶娘娘向度厄真人求情，放李靖下山，求取人间富贵。如今，李靖已经位至八百镇诸侯之一，富贵已极。

可以说，李靖欠石矶娘娘一个很大的人情。可是，如今李靖不但没有报恩，却惹上杀害石矶娘娘弟子的嫌疑。

即便是在这样的情况下，石矶娘娘也没有着急下狠手。她虽然将李靖擒拿，但只是要和李靖当面对质，说清真相。

李靖说，此时自己不知情，请放自己回去查明真相。石矶娘娘竟然就放李靖走了。等到李靖把哪吒带来，石矶娘娘又说："李靖！不干你事，你回去罢。"完全不追究李靖对儿子管教不严的罪过。

从对待李靖的态度来看，石矶娘娘是一个重情重义、恩怨分明的人。

再看石矶娘娘对哪吒。

李靖回家找哪吒对质。李靖亲眼看到碧云童子尸体，手中又拿着哪吒刚射出的那支箭。哪吒射死碧云童子一事，可谓确凿无疑。

但是，哪吒说："石矶娘娘在那里住？他的徒弟在何处，我怎样射死他？平地赖人，其心不服。"后来，哪吒更放出狠话："若还不是，我打他个搅海翻江，我才回来。"

大家看看哪吒，不但拒绝承认，而且反咬一口，说石矶娘娘冤枉无辜。

李靖与哪吒前后脚来到了骷髅山，李靖先去见石矶娘娘。哪吒一到，恰巧见到彩云童子走出洞府。

哪吒不想着如何道歉认错，反倒想："打人不如先下手，此间是他巢穴，反为不便。"祭起乾坤圈一下打将来，彩云童儿不曾提防，夹颈一圈，呵呀一声，跌倒在地。

这哪吒还有一点小英雄的形象吗？哪吒和彩云童子两人素未谋面，从无怨仇。可哪吒霸道惯了，狠毒惯了。他这种"仙二代"的心中，从来都是只能赢，不能输。《三国演义》中曹操所说的"只许我负天下人，不许天下人负我"，用在哪吒身上，完全适用。

哪吒这"仙二代"，比《水浒传》中的高俅之子高衙内还要衙内。

亲眼看到哪吒又杀死自己一位弟子，石矶娘娘对哪吒还没有下杀手。若她一见到哪吒，就祭出自己的法宝八卦云光帕，以哪吒的手段，根本就逃无可逃。

哪吒几次出手无效，转身逃跑，石矶娘娘让李靖离开，自己不急不缓追着，一直来到金光洞。

石矶娘娘有机会下狠手，为何不弄死哪吒呢？因为石矶娘娘太重情义了，太善良了。在她看来，哪吒乃是小辈，直接杀死哪吒太没有面子了。

当见到太乙真人时，石矶娘娘说：“道兄好好把哪吒叫他出来见我，还是好面相看，万事俱息；若道兄隐护，只恐明珠弹雀，反为不美。”

言下之意，只要太乙真人让哪吒出来道歉认错，石矶娘娘就愿意了结此事。毕竟杀死碧云童子也算是无心之过，而彩云童子也只是重伤，没有死亡。

可以说，石矶娘娘对哪吒已经是礼让有加，仁至义尽。

可是，太乙真人呢？

正所谓“上梁不正下梁歪”，哪吒之所以变成个小霸王，就是因为太乙真人是个大恶人！

太乙真人说：“哪吒在我洞里，要他出来不难，你只到玉虚宫见吾掌教老师，他教与你，我就与你。哪吒奉玉虚敕命，出世辅保明君，非我一己之私。”

太乙真人明白告诉石矶，杀人凶手哪吒就在我这里。可是，我的后台很硬，哪吒是奉了元始天尊的命令下凡。你要弄死哪吒，我师父必定饶不了你！

石矶娘娘听了，气得发笑说：“道兄差矣！你将教主压我，难道纵徒弟行凶？杀我的徒弟，还将大言压我！”

太乙真人说她不过，于是耍无赖说：“哪吒乃灵珠子下世，辅姜子牙而灭成汤，奉的是元始掌教符命，就伤了你的徒弟，乃是天数。”

太乙真人此前就告诉哪吒，打死敖丙，乃是天数。这里又说，杀死碧云童子也是天数。杀死敖丙，剜肠剔骨确实是太乙真人计划好的（谁让龙族在《封神演义》中也是渣呢！），杀死碧云童子则纯属偶然。太乙真人动辄抬出元始天尊压人，让草根出身、没有任何背景的石矶娘娘悲愤异常。

最终一番大战，太乙真人以强力法宝杀死石矶娘娘。重情重义、善良忍让的石矶娘娘死于非命。

那么，石矶娘娘为何会被太乙真人杀死呢？是因为其道行不够吗？

047 石矶娘娘与太乙真人谁的修为高

石矶娘娘在仙界的资格很老。

石矶娘娘修行了多少年呢？

原著说“此石生于天地玄黄之外，经过地水火风，炼成精灵”，在第13回卷首诗中又云“天然顽石得机先，结就灵胎已万年”。

原来，石矶娘娘竟然是比混沌时代还早、玄黄时代的一块石头，历经无数万年，方才有了灵性。再经过一万年的修炼，这顽石终于修成了人形。在得道之后，又修行了数千年，方才有今天的修为。

不得不说，相比人类，顽石要想修成仙道，经历的痛苦磨难不知道要多多少倍！

人类的寿命虽然短暂，但往往数十年就可以踏入仙途。即便不能成仙，也有机会成为天庭正神。可是，其他族群就不一样了。

当然，虽然修行速度很缓慢，但因为历经无数岁月，石矶娘娘对道的理解非常深刻。就其综合实力来说，尚在太乙真人之上。

首先，看石矶娘娘的神通。

石矶娘娘前往陈塘关见李靖，一碰面，祭出八卦云光帕，就将李靖锁定，之后，黄巾力士出现，把李靖擒拿。可以说，在八卦云光帕面前，李靖根本没有还手之力。

八卦云光帕，也叫八卦龙须帕，估计是以龙须编织而成的一块手帕。身为女性的石矶娘娘，以手帕为武器，这点很好理解。古人用手帕，最主要的一个功能是用来包裹东西，比如什么首饰、银两等等。因此，这八卦龙须帕最主要的功能，就是包裹，即锁定、擒拿。

石矶娘娘见到哪吒，哪吒劈面就用乾坤圈来砸，被石矶随手拿走。哪吒再抛出混天绫想要束缚，石矶娘娘一甩袖将混天绫也收走。可见，即便是手拿两件金光洞镇洞之宝的哪吒，也完全不是石矶娘娘的对手。

再后来，石矶娘娘遇见太乙真人，双方言谈不和，大打出手。在不动用法宝的情况下，谁的战斗力更强呢？

估计很多人会猜错——论单体战斗力，石矶娘娘竟然胜过太乙真人！

看原文：

石矶娘娘大怒，手执宝剑望真人劈面砍来。太乙真人让过，抽身复入洞中，取剑挂在手上，暗带一物，……石矶又一剑砍来，太乙真人用剑架住。……石矶娘娘与太乙真人往来冲突，翻腾数转，二剑交架。……石矶大怒，脸变桃花，剑如雪片。太乙真人曰：“事到其间，不得不行。”真人将身一跃，跳出圈子外来。

大家细看原文这段描写。先是石矶娘娘挥剑进攻，太乙真人不敢空手去接，只能撤退进入洞中，拿到宝剑。在拿到宝剑的同时，暗中又拿了另一件法宝——九龙神火罩。若在武力上斗得过石矶何必要用法宝？

之后，两人交战，一直都是石矶主攻，太乙主守。

只是，非常遗憾，石矶娘娘的法宝太少了。修成人形几千年了，竟然还只有一件辅助性法宝。并且，这八卦云光帕的等级也比较低——从其原材料就可以看出。龙在封神世界，比在西游世界还要渣——看哪吒随便玩弄东海龙王就知道了！用龙须制作的法宝，只够去抓第三代弟子，对与石矶同为第二代弟子的太乙真人根本没用。

结果，石矶娘娘用出八卦云光帕，被太乙真人一指，落到凡尘。而太乙真人祭出的九龙神火罩，却牢牢将石矶娘娘困在其中煅烧。

其次，看石矶娘娘对道法的理解。

石矶娘娘与太乙真人见面，有一番论道。

石矶娘娘说："道德森森出混元，修成乾建得长存。三花聚顶非闲说，五气朝元岂浪言。闲坐苍龙归紫极，喜乘白鹤下昆仑。休将教主欺吾党，劫运回环已万源。"

在这首诗歌中，石矶娘娘极为自信，说自己已经达到了三花聚顶、五气朝元的境界，四海之间，普天之下，可以任意遨游。并且，她对太乙真人完全不讲道理，就知道抬出老师元始天尊压人，很是蔑视。

从此看，石矶娘娘竟然已经到达了金仙后期境界，即便在金仙后期之中，其修为也属于绝对强者！

太乙真人一听，恼了，他也吟诵了一首诗，印证自己的道法："交光日月炼金英，一颗灵珠透室明。摆动乾坤知道力，避移生死见功成。逍遥四海留踪迹，归在三清立姓名。直上五云云路稳，紫鸾朱鹤自来迎。"

在太乙真人的诗歌中，他虽然也强调自己修成金丹大道，拥有操控乾坤之力，能够趋吉避凶躲避生死，但关键一点，依然是强调自己是三清门下，和石矶娘娘那种草根出身、无门无派的散修完全不同。

从两位仙人的自述中，我们可以看出，石矶娘娘最为得意的，是自己已经领悟了高深道法；太乙真人最为自傲的，则是出身名门大派，背后有元始天尊这等大靠山。

相比之下，两人的道行谁高谁低，一清二楚。

既然石矶娘娘的道行本来在太乙真人之上，那为何死的却是石矶娘娘呢？

其一，是因为太乙真人手上有一个强力法宝——九龙神火罩。这法宝，不但可以将敌人罩住，有困敌之功，而且可以释放九条神龙，喷出三昧真火，将被困敌人炼化，攻击力极高。

其二，可叹石矶修行无数年，却始终无门无派，草根一枚。遇上强敌时，没有强大后台，唯有一死。

在哪吒挑战石矶落败之时，以石矶娘娘的遁术，完全可以追上哪吒，将其杀死。可是石矶没有这么做。一来，是石矶娘娘心地善良，忍让有加。二来，是石矶娘娘一看到乾坤圈，就认出是太乙真人的法宝。杀哪吒很轻松，却会惹出太乙真人这个强敌。

石矶娘娘敢追击哪吒，来到金光洞，表明她有一定的信心战胜太乙真人，但是，太乙真人背后的元始天尊，是她绝对招惹不起的。

于是，明明是哪吒行凶杀人，石矶娘娘却憋屈地表示，只要道歉就不计较——谁让她是卑微的草根呢？

可没想到太乙真人实在霸道，仗着自己是元始天尊亲传弟子，一点亏也不肯吃。

太乙真人呵斥石矶说："你根源浅薄，道行难坚，怎敢在我乾元山自恃凶暴！"

在人族修仙者居多的阐教看来，但凡鸟兽虫鱼、花草树木修行得道的，都是妖怪。石矶娘娘，自然也就是石妖。对这类修仙者，阐教仙人都很蔑视。

更何况，石矶娘娘虽然号称是截教门人，但和通天教主没有一毛钱关系。她就是人界一散仙。

无论是神话世界，还是现实人生，一个没有背景的草根，总是备受欺凌，要想出头，实在太难。

最令人恶心的是，太乙真人明明是包庇恶徒，杀人行凶，却把石矶之死说成"今日天数已定，合于此地而死"。话语权从来都只掌握在强者手中，草根如石矶即便惨死，也只会被黑化，被遗忘！

048 神秘的香火究竟有啥用

在写《勘破西游》的时候，就有不少朋友问我，香火之力到底是什么。我结合西游做过一些解释，不过，我觉得把香火效力写得最明白的，还是《封神演义》中有关哪吒重生的桥段。

因四海龙王逼迫，哪吒为了不牵连父母，剜肠剔骨，自杀而死。之后，哪吒的三魂七魄就散了。处于魂魄状态的哪吒非常虚弱，原文说："杳杳冥冥，飘飘荡荡，随风定止。"魂魄状态的哪吒，无法操控自己的身体，只是随风飘荡。估计一人间道士，就可以轻易将哪吒魂魄灭杀。

因太乙真人早有安排，哪吒之魂最终飘到了乾元山金光洞。太乙真人非常严肃地嘱咐哪吒："此处非汝安身之所。你回到陈塘关，托一梦与你母亲，离关四十里，有一翠屏山，山上有一空地，令你母亲造一座哪吒行宫，你受香烟三载，又可立于人间，辅佐真主。可速去，不得迟误!"

魂魄离散的状态无法持久，长期暴露在阳光之下，极有可能魂飞魄散，彻底死亡。即便强大如太乙真人，在哪吒肉身毁去、魂魄离散的状态下，也无法让哪吒还阳重生。

一般来说，要想重生，就必须转世轮回，但那样的话，前世的记忆和法力将会丧失，这是太乙真人绝对无法容忍的。于是，他选择了一个非常另类的方式——以香火之力，为哪吒凝聚魂魄，再塑仙身。

什么是香火之力呢?

我们看原文中的描述。哪吒要重生，需要几个条件：

其一，修建哪吒行宫，即有一个以哪吒之名命名的庙宇，以哪吒之形修造的塑像，哪吒的魂魄依附在塑像上；

其二，百姓供奉哪吒，即百姓相信哪吒拥有神力，献上供品，然后哪吒显灵，帮助百姓；

其三，需要三年时间，才能够彻底重生，在这段时间，哪吒的魂魄会日渐凝实。就如某个事物从无到有，从稀薄的烟雾状逐渐凝聚，最终形成实体。

这三个条件，缺一不可。

行宫，在古代一般是说皇帝出行在外所居住的临时宫殿。但是，在《封神演义》中不是这个意思。在第1回中，提到女娲所住，叫作女娲行宫。这里的行宫，其实就是庙宇，是神仙在人间受供奉的所在。

作为一个神仙，其法力主要有两大来源：一个，是自身修炼，吸纳天地灵气，转化而成的内家真气；另一个，是被万民供奉，而得到的一种神秘力量。

百姓的供奉，表面上看来，是鸡鸭鱼肉，是猪牛羊三牲，其实，更重要的，是百姓对神仙的信仰——信任到了一定的高度，就变成信仰。这个信仰，让百姓相信神仙有强大的力量帮助人们完成心愿。于是，在传统神话中，这种信仰，同样也使得神仙具有了强大的力量。

估计很多朋友都看过日本动漫《夏目友人帐》，里面有一集对我触动很大。说有那么一个神，在江户时代神通广大，法力无边，可是，到了今天，城市到处开发，百姓迁移，他在许多地方的神像都被毁坏，知道这个神的名号的人越来越少了。这个神告诉男主角，等没有人知道他、供奉他的时候，他就会从这个世界彻底消失。

我觉得哪吒重生的事件，和这个故事很像。有百姓供奉、信仰，故而产生了神。没有了百姓供奉、信仰，神自然就消亡了。

要想当好一个神，绝不能只索取供奉，而不付出。原文说："哪吒在此翠屏山显圣，感动万民，千请千灵，万请万应，因此庙宇轩昂，十分齐整。"

百姓献上鸡鸭，信奉哪吒，那哪吒就必须回应百姓，完成百姓的心愿。百姓与神仙之间，虽然百姓跪在下面，神则高高在上，但本质上，依然是一种交易。

供奉神仙的百姓越多，信仰之力自然越大，神仙的法力自然也就越强大。

若哪吒能够以纯粹的香火之力凝聚出身体，必然会比莲花化身还要强大。可惜，一个偶然的机会，李靖撞破了妻子为哪吒修建行宫的事情。李靖大怒，冲入哪吒行宫，砸毁了神像，让哪吒的魂魄无所依托。

没有了神像，取缔了行宫，哪吒就没有办法再收集香火之力。不过，幸亏已经过去了半年，哪吒虽然没有凝实而成新身体，但魂魄却牢固了不少。正因如此，太乙真人才能用一粒金丹，加上莲花、莲藕，为哪吒塑造新身体。

那么，身为哪吒父亲的李靖，为何要砸掉哪吒神像，毁掉哪吒重生的机会呢？

049 李靖哪吒父子成仇，谁最终得利

面对李靖拆毁行宫的野蛮行为，哪吒怒不可遏。

原著中哪吒曾说：“我与你无干了，骨肉还你父母，你如何打我金身，烧毁行宫，令我无处栖身。”

原来，哪吒接受师父命令，回到陈塘关，给母亲托梦，请求建造行宫。母亲殷夫人一开始不答应，可是哪吒搅扰不休，殷夫人只能在距离陈塘关外40里的翠屏山上修建了一座哪吒行宫。

因哪吒行宫距离陈塘关较远，李靖平常忙于操练军马，对修建行宫一事，并不知情。半年后，李靖偶然路过翠屏山，见昔日荒凉的翠屏山竟然人来人往，很是热闹。他询问中军官，中军官告诉他，那是因为此间有一个神仙，非常灵验。李靖本就是修道之人，一听有神仙临凡，很感兴趣，就追问神仙是谁。中军官说，神仙之名，叫作哪吒。

李靖一听大怒，冲上前去驱散民众，打碎哪吒神像，一把火烧了哪吒行宫。

在哪吒看来，自己已经把血肉还给了李靖、殷夫人，自然和李靖一家已经没有了关系。如今李靖再打碎金身，烧毁行宫，害得哪吒魂魄无处栖身，这就是李靖的不对了。

那么，李靖为何要打碎哪吒金身呢？

有两个原因。

第一个原因，李靖始终放不下对哪吒的恨。

在哪吒行宫前，李靖大骂：“畜生！你生前扰害父母，死后愚弄百姓。”哪吒出生时，就能跑能跳，开口能言。这种不同寻常的现象，你可以把它理解成神仙下凡，也可以理解成妖怪作祟，所谓“事若反常即为妖”。因见到儿子活泼可爱，李靖也放下疑虑，与夫人欢喜庆祝。之后七年，李靖一直对

哪吒严加管教，生怕哪吒闯祸。可是，千防万防，哪吒还是杀死了巡海夜叉、龙王三太子，之后更戏弄东海龙王敖光，藐视天庭律法。那敖光毕竟是天帝任命的正神，龙王想要告状，却在南天门外受辱，你说天帝会不会生气？

正因为天帝生气了，才会派出四海龙王同时来到陈塘关，向李靖讨要说法。虽说最终因哪吒自杀，勉强了结了此事，但从此之后，李靖与龙族交恶已经成为定局。

第二个原因，为哪吒修建神庙，不合规矩。

李靖回到家中，大骂妻子殷夫人："你生的好儿子，还遗害我不少，今又替他造行宫，煽惑良民，你要把我这条玉带送了才罢！如今权臣当道，况我不与费仲、尤浑二人交接，倘有人传至朝歌，奸臣参我恨降邪神，白白的断送我数载之功。这样事俱是你妇人所为，今日我已烧毁庙宇。"

在这段话中，李靖把擅自修建庙宇的害处说得很明白。

自古以来，只有两种人可以修建神庙。其一，人家本就是天庭正神；其二，朝廷特批，允许祭祀的帝王、名臣。

蜀汉时期的诸葛亮去世之后，蜀汉百姓私下祭祀者极多。诸葛亮掌权多年，刘禅心中有些怨恨，不许民间祭祀诸葛亮。后来，因为朝野反对声音太大，刘禅才改口，特批官府修建庙宇，予以祭祀，但依然不许民间私下祭祀。

像诸葛亮这种有大功于天下的名臣尚且不能私下祭祀，更何况毫无功绩的哪吒？

像哪吒这种私自建造行宫的神，就叫作邪神。祭祀邪神，那可是一桩大罪。李靖久在官场自然知道其中利害。若朝廷纠察官员得知此事，李靖极有可能会被贬官流放。

李靖砸毁哪吒神像后，哪吒是不是就恨上了李靖呢？

没有。当时哪吒的反应是"心上甚是不快"，虽然心里很不高兴，但在哪吒看来，父亲就是父亲，虽然这父亲霸道蛮横了一些，可依然是父亲！

真正让哪吒对李靖产生不死不休仇恨的，是其师太乙真人。

听闻哪吒哭诉，太乙真人本该调和父子仇隙，他却说："这就是李靖的不是，他既然还了父母骨肉，他在翠屏山上与你无干，今使他不受香火，如何成得身体？"太乙真人丝毫不提哪吒闯下的大祸，而把一切罪过都归之于李靖身上。哪吒一听，心中那仇恨的火苗顿时飙涨。是啊，我没错，一切都怪李靖!

当哪吒重获新生后，太乙真人开口第一句话说：“李靖毁打泥身之事，其实伤心!”既然哪吒已经获得新身，过去的事情本该就此揭过，不再计较。但太乙真人没有，他在挑唆哪吒去找父亲李靖报仇。

哪吒一听，有师父撑腰，立刻说：“师父在上，此仇绝难干休!”

为了帮助哪吒打李靖，太乙真人特意传哪吒火尖枪枪法，之后又给哪吒一个豹皮囊（储物袋），里面除了装有乾坤圈、混天绫外，还有一件新法宝——金砖。

太乙真人为何要挑唆哪吒，定要杀死李靖呢?

只因李靖、哪吒父子成仇，不少大仙可以从中获利。

首先，获利最大的自然是太乙真人。

哪吒的前世是灵珠子，灵珠子本就是太乙真人的弟子。灵珠子转世成为哪吒，太乙真人很不放心——师徒之情再怎么深厚，也比不过父子之情啊。太乙真人为了牢牢掌控哪吒，不断地挑唆哪吒闯祸。闯出大祸后，哪吒亲眼见证父亲如何窝囊，如何冷漠，为了保全自身，完全不在乎哪吒死活。唯有师父，时刻把自己放在心上。一次次的失望，让哪吒恨透了李靖，同时，也对师父太乙真人更加尊崇。

哪吒明白，其他任谁都靠不住，只有师父是他最大的靠山。

其次，因哪吒要杀李靖，太乙真人与普贤、文殊更紧密团结。

哪吒要杀李靖的消息一传开，金吒、木吒自然坐不住，便追打哪吒。哪吒逃跑，恰遇木吒。哪吒见到木吒，把过往经历说了一遍。他本想争取二哥站在自己这边，可是，木吒却说：“天下无不是的父母。”李靖既然是父亲，那做什么都是对的。哪吒强调，自己已经还了骨肉，从此两不相欠了。木吒听了大怒，连骂哪吒是逆子、孽障。

哪吒无奈，只能开打。两人武艺相当，但木吒空有武艺，没有法宝，最后被哪吒的新法宝金砖，一砖头打了一个跌，受伤逃走。

估计是知道金吒出手无用，其师文殊天尊亲自出马，以遁龙桩困住了哪吒。金吒上前，用扁拐打了哪吒几百杖，把哪吒打得三昧真火喷出。

再后来，太乙真人到来。文殊一见，笑说：“你的徒弟，我来教训。”太乙真人忙说：“贫道因他杀戒重了，故送他来磨其杀性，孰知果获罪于天尊。”

此后多处，太乙真人反复提到，因哪吒杀戒太重，于是派他来磨杀性。事情真的是这样吗？

当然不是。事实是哪吒这种暴躁性情以及对李靖的仇恨，不但没有减少，反而更加严重！

不过，太乙真人这番话给了文殊天尊一个很好的台阶。你打了我徒弟，我一点不生气，我还要感谢你。因为你是在帮我，磨去哪吒的杀性。

因哪吒要杀李靖，金吒、木吒要保护李靖，所以，太乙真人与文殊、普贤的联系更加紧密了。

再次，太乙真人将一份大人情送给了燃灯，把燃灯也拉入团伙。

文殊天尊让李靖离开，不久，太乙真人也放哪吒离开。

太乙真人的原话是让哪吒不要闹事，直接回乾元山金光洞去。可是，谁都知道，哪吒一离开，必然找李靖麻烦。

李靖心道：“这道者可为失言，既先着我来，就不该放他下山方是。我今去没多时，便放来赶我，这正是为人不终，怎生奈何？”太乙真人这么快就放哪吒下山，明显不安好心。

就在李靖胆寒之时，一个道人出现，救了李靖。哪吒大怒，抡起火尖枪就刺道人。道人抛出一座玲珑宝塔，一下把哪吒罩住。塔中生出无穷烈火，把哪吒烧得哇哇大叫。

那道人就是燃灯，燃灯把宝塔送给李靖。从此之后，李靖无时无刻不托着宝塔，哪吒虽然心有怨恨，可是也不敢下手了。

表面看起来，燃灯损失了一座宝塔，其实，却收获了李靖的尊重。保护好了李靖，金吒、木吒自然就感谢，文殊、普贤也同样感谢。

这燃灯为何会出现在此处呢？原文有交代——道人原是太乙真人请到此间，磨哪吒之性，以后父子重圆。

原来，燃灯是太乙真人请来，但是，太乙真人的目的不是为了让李靖父子团圆，而是保证父子之间永远不会团圆。

若李靖没有宝塔，那必然会被哪吒杀死。杀死了李靖，金吒、木吒就会与哪吒不死不休，文殊、普贤、太乙三位大仙的联盟就会失去基础。

此刻李靖有了宝塔，哪吒与李靖之间成了均衡之势。哪吒要想复仇，就必须紧紧追随太乙真人。李靖想要保命，就必须和燃灯、文殊、普贤更加亲近。

这父子成仇，反倒把四位大仙团结到了一起。

可怜哪吒，无论是前世还是今生，都是太乙真人随意操弄的一枚棋子！

050 元始天尊为何选择姜子牙为封神主持人

封神行动是一项关系新旧国家更替、仙界格局重新划分的大行动。作为封神行动的幕后策划者元始天尊，他门下弟子众多，其中多有法力通天、心性过人之辈。为何元始天尊不派燃灯，不派十二仙首出马，偏偏派姜子牙下山呢？

或许有读者会说，那是因为姜子牙乃万神总领，命中注定要出将入相，开创新朝。事情是这样吗？

当然不是！

姜子牙能成为万神总领，诸神避让，那是因为姜子牙是封神行动主持人。

我们不能用事情的结果来证明原因。真相如何，还要落实到原著，从元始天尊的话语当中去找寻：

一日元始天尊坐八宝云光座上，命白鹤童子："请你师叔姜尚来。"白鹤童子往桃园中来请子牙，口称："师叔！老爷有请。"子牙忙至宝殿座前行礼曰："弟子姜尚拜见。"天尊曰："你上昆仑几载了？"子牙曰："弟子三十二岁上山，如今虚度七十二岁了。"天尊曰："你生来命薄，仙道难成，只可受人间之福：成汤数尽，周室当兴。你与我代劳封神，下山扶助明主，身为将相，也不枉你上山修行四十年之功，此处亦非汝久居之地，可早早收拾下山。"

在我看来，姜子牙能够主持封神大行动，原因有四点。

其一，草根一枚却师出名门。

姜子牙是何出身？姜子牙本是东海许州人士，普通百姓一枚。可是，从32岁起，姜子牙的人生发生了巨变——他成功拜入了玉虚宫门下，成为元始天尊的亲传弟子之一。

这个身份可了不得！

当时的仙界，以鸿钧老祖为首，分为阐教和截教两大派。截教仙人以通天教主为掌教，门下弟子成千上万，多数是各种飞禽走兽修炼成精。阐教则以元始天尊为掌教，门下有仙首十二人，个个都是精英。

如此，这姜子牙，就是和十二仙首同一辈分。像二郎神杨戬、哪吒、土行孙、闻太师等人，虽然神通不俗，可论起辈分都是姜子牙的晚辈。

因为师出名门，且辈分很高，姜子牙下山才能够号令群仙，地位尊崇。

其二，人到老年却仙道未成。

姜子牙从32岁拜入元始天尊门下，到72岁下山，足足修行了40年。40年对于神仙来说，绝对不算长。可是，那些资质绝佳的弟子，完全可以在40年时间中修成仙道。可是，姜子牙呢——估计修到白头发，依然还是炼气期。

眼看姜子牙都垂垂老矣，再不出师就要砸了元始天尊的招牌了。大家细想一下，元始天尊的第二代仙人中，除了姜子牙，还有谁没有修成仙身吗？没有！所有学生都毕业了，就剩姜子牙一个学渣了。

于是，元始天尊告诉姜子牙，你生来命薄，仙道难成，不如下山去寻个人间富贵。这富贵如何寻求呢？只要帮助元始天尊代劳封神，那就保证姜子牙出将入相。

其三，悟性不高却忠心耿耿。

元始天尊门下有许多仙人，亲传弟子也有不少。可是，那些神仙一个个心机深沉，动辄坑人。就像太乙真人，为了扩充势力，不惜让弟子灵珠子两次经历重生之苦。唯独姜子牙，虽然活了70多岁，依然天真烂漫。

对于领导者来说，最为看重的，不是下属的能力，而是忠心！姜子牙仙法虽然很渣，对老师却忠心耿耿。

听说让他下山，姜子牙苦苦哀求说：“弟子乃真心出家。苦熬岁月，今亦修行有年；虽是滚芥投针，望老爷大发慈悲，指迷归觉。弟子情愿在山苦行，必不敢贪恋红尘富贵，望师曾收录。”

姜子牙以为师父在考验他，于是再三强调，自己不敢贪恋红尘，是真心出家。虽然姜子牙比较笨，没有领会元始天尊的真意，但这份赤诚之心，还是让元始天尊有些感动。

其四，有好友相助，可谓朝中有人。

姜子牙和十二仙首关系淡漠，但是和南极仙翁关系极好。十二仙首毕业下山时间很久了，各有洞府，自成一脉，一年也没几天待在昆仑山。南极仙翁不同，他时常陪伴在元始天尊左右，最是了解元始天尊心思。估计这姜子牙主持封神工作，最初的推荐人就是南极仙翁。

元始天尊告诉姜子牙："你命缘如此，必听乎天，岂得违拗？"

他老人家看到姜子牙哭哭啼啼不肯下山，开始有点感动，后来却有些心烦。什么叫"命缘如此，必听乎天"？所谓的天，就是元始天尊；所谓的命，就是元始天尊吩咐你如何，你就必须去如何。

虽然封神行动是三教圣人共同签押，可是，最积极的推动者非元始天尊莫属。

在师父鸿钧面前，元始天尊唯有低头听命；但在徒弟徒孙面前，元始天尊的法旨就是天命。

见元始天尊有些不高兴了，南极仙翁急忙劝阻姜子牙说："子牙！机会难逢，时不可失；况天数已定，自难逃躲。你虽是下山，待你功成之时，自有上山之日。"

当时的姜子牙，还很愚钝，根本不知道下山封神是件轻松捞取政绩的大好事。在元始天尊面前，南极仙翁不好说得太直白，只能提醒子牙，此次下山乃大机缘，千万不能错过。见姜子牙还是傻傻的，南极仙翁就告诉姜子牙，等到封神成功，还有机会再次上山修仙。元始天尊多睿智，立刻听懂了南极仙翁的意思——不答应姜子牙可以回山修仙，这老家伙估计就不肯下山了。元始天尊也就表态："虽然你去，还有上山之日。"

见师父都表态了，姜子牙这才收拾包袱，下山去了。

当时的姜子牙还很不成熟，活了72岁，依然是个懵懂老年。可是，20年之后，天真烂漫的姜子牙却知道在渭水设局，钓文王上钩。可谓心机深沉，手法老练！

姜子牙为何能完成从懵懂老年到权谋大师的转变呢？只因他下山之后遭遇了一番红尘苦练，生活逼的老姜不得不迅速成熟起来。

姜子牙下山到底遭遇了什么糗事呢？

051 姜子牙能治好一国为何不会做生意

姜子牙是《封神演义》的主人公。

在书中，对其为相后如何治国治军的描写极少，反倒记载了大量早年的坎坷、屈辱事迹。一方面是因为史料缺失。正史中仅仅是说，周朝兴起，多半是姜子牙之功，但是，姜子牙究竟有何功劳，并无记载。另一方面，也是因为作者为民间文人，充分了解民众心理。相比逆袭之后遥不可及的富贵生活，老百姓更关心主人公如何从草根走向崛起，期间有着怎样的辛酸与坎坷。想到那高高在上的大人物，早年也曾经历种种糗事，老百姓会哈哈大笑，并在大笑中找到安慰，觉得大人物也不过如此！只是，这份安慰实在过于卑微。

《封神演义》第15回，就用了整整一回的内容来描写姜子牙下山之后的悲催生活。

姜子牙的倒霉，似乎是从遇上马氏开始。

马氏，在古代绝对是一个奇葩的存在。这个活了68岁，依然还是黄花大闺女的老处女，在嫁给姜子牙后，就一直逼着姜子牙去做这做那。可是，无论姜子牙做什么，最终都是失败。

姜子牙能统率百万大军，治理万千百姓，辅佐武王开创八百年周朝天下，为齐国开国之君。如此英雄人物，为何就做生意屡遭失败呢？

我们简单了解下姜子牙做生意的失败经历，或许能从中发现什么。

姜子牙做的第一个生意，是卖笊篱。

什么叫作笊篱？就是用竹子编制的一种勺子。因为是竹子编制，有较小空隙，不能用来舀水，主要用来捞饭。

30年前的南方农村，笊篱还随处可见，我小时候家中也有。早上，在大锅中放入许多水，一些米。大火烧开水，锅中的米已经有七八分熟，这时候，笊篱入锅，把未熟透的米饭捞起大半，放在甑中，中午蒸熟。锅中剩下一小部分米，用小火煮熟成米粥。

在古代，用来捞饭的笊篱（也可以做漏勺使用），以及舀水的瓢（半边葫芦），几乎是每户人家必备的工具。

姜子牙去义兄宋异人家的后园，砍了些免费的竹子，劈成篾条，编成了笊篱，第二天挑了一担，到35里外的朝歌城中去卖。

姜子牙入城一天，到晚上回家，一个笊篱也没卖成。

姜子牙忙碌了一天，腰酸背痛，一到家就指着老婆大骂：“娘子你不贤，恐怕我在家闲着，叫我卖笊，朝歌城必定不用笊。如何卖了一日，一个也卖不得，倒把肩头压肿了？”

在姜子牙看来，自己没有卖出笊篱，根本原因是朝歌城百姓都不用笊篱，是老婆马氏故意戏弄他。

事情是这样的吗？根本不是。马氏说得好：“笊天下通用之物，不说你不会卖，反来假报怨。”

在那个时代，家家户户都需要笊篱。朝歌城中的百姓就不吃饭，不喝粥了？关键问题在姜子牙身上，是姜子牙不会卖。必定是姜子牙入城，也不知道叫卖，也不懂得拉客，又不知道笊篱的行情。如此一来，就是有生意也会跑掉了。

不懂得宣传，不知道包装，是姜子牙做生意失败的第一个原因。

两夫妻吵架，惊动了宋异人。宋异人提出，自己家还有一些发芽的麦子，不如就让姜子牙磨成面粉，担到朝歌城去贩卖。

姜子牙依言做了，第二天担着两箩重重的面粉，前去朝歌城。因为他不开口叫卖，谁也不知道他箩筐里是什么。大半天过去，一两面粉也没卖出去。到南门时，姜子牙累了，就坐在城墙根下歇息。这时有个路人经过，无意中看到姜子牙的面粉担子，就提出买一文钱面粉。姜子牙想，虽然是极小的生意，也算是开张了吧。

正在此时，南城军营中，一天训练结束，放炮解散队伍。因炮声，惊走了一匹马。那马冲出军营，在大路上狂奔，行人纷纷闪避。

本来，姜子牙所在地方，距离军营还远，完全可以避开。可是，姜子牙修道多年，虽然懂得些法术，可对于人情事理却犹如孩童一般。他放下担子时，本应当收拾好担绳索，以免绊到路人，或被他人绊到。可那姜子牙，把担绳撒在地上全不管。马冲过来，姜子牙躲过了，可马蹄却带走了担绳，眨眼工夫，就把一担面撒得满天飞。

姜子牙手中抓了一把面粉，卖了一文钱。然后，全身白白的，担着空箩筐回家了。

回到家，姜子牙怒气冲冲大骂老婆是贱人，马氏也不服气，大骂姜子牙就是吃货，什么本事也无。还是多亏宋异人来劝架，一场风波才过去。

毫无经验，且没有谦虚好学之心，是姜子牙做生意失败的第二个原因。

宋异人安慰姜子牙，做生意最重要就是运气。此前两次失败，都是姜子牙运气不好。宋异人提出，让姜子牙负责一家酒店，如此一来，也不用走街串巷那么太辛苦。

宋异人那家酒店靠近南门。南门附近乃是朝歌军营重地。朝歌城中有10万守军，许多士兵都是宋家酒店的老客户。按理来讲，任凭谁来做酒店掌柜，都可以赚得钵满瓢满。

可是，事情就是这么怪。等姜子牙接管酒店的那天，他把各种酒肉饭菜准备得好好的，可是，当天中午竟然下起了大暴雨。武成王黄飞虎下令，暂停一日操练。大夏天天气酷热，还没到傍晚，那些猪羊肉、各种点心就都酸了。姜子牙无奈，只能让伙计把食物都处理了。

书中评价说："一则子牙乃万神总领，二则年庚不利。"什么意思？就是说，因为姜子牙是万神总领，诸神辟易，谁都不敢上门，还有这一年，姜子牙诸事不利，做什么都不会成功。

事情真的是这样吗？当然不是！

姜子牙第三次做生意失败，关键原因是信息闭塞。古代人早就知道看云识天气。虽然很难精确，但当天有没有雨，还是可以估算得到。就算是姜子牙不懂得天文，可是，一旦下雨，军营就无法操练，这种常规消息姜子牙总能够打听到吧。若姜子牙能够在得知军营不操练时，第一时间转换销售对象，绝对不至于亏本。

姜子牙的第四个生意，是贩卖牛羊。宋异人在安慰姜子牙后，叫后生同子牙走集场贩卖牛马猪羊——难道活东西也会臭了？

一晃许多天过去，姜子牙辛辛苦苦收了许多牛马猪羊，赶到朝歌城，准备入城贩卖。可是，所有牛马猪羊都被官军以违禁的名义充公了。

这是怎么一回事呢？书中交代，因朝歌半年不曾下雨，商纣王为百姓祈祷，于是下令禁止屠杀、贩卖牲畜。告示已经在朝歌城池四门张贴多日。可是，姜子牙竟然全不知情。

这第四次做生意失败，除了信息闭塞之外，还在于姜子牙不知变通，“失于打点”。

一个人想做事情难免会遇到困难挫折，遇到事情后不能畏惧退缩，而应当想办法解决。书中说姜子牙“失于打点”，是说姜子牙不知道送礼。送礼是行贿，不值得提倡。可是，当行贿受贿已经成为社会潜规则的时候，你想要混社会，就很难独善其身。

除了以上四个原因，姜子牙身上还有哪些做生意或者说创业的大忌呢？

我先不回答这个问题，让我们换个角度，谈谈姜子牙的结义兄弟宋异人。

和姜子牙屡遭失败不同，宋异人堪称朝歌商界奇才。如果当年有福布斯排行，这宋异人绝对是榜单中的风云人物。

宋异人为何成功？姜子牙为何失败？我们结合他们不同的做法，可以得出以下几个规律。

其一，不要把蛋放在一个筐里。

把蛋都放在一个筐里，一旦这个筐受到撞击，很可能所有的蛋都会被毁掉。姜子牙每次做生意，都是放弃全部而投资一种。可是，宋异人在朝歌城中有三五十家店铺，各自经营不同的生意。今天下大雨，南门不训练，酒店生意要吃亏，可是，人家另一家雨伞店就大卖。

其二，做事情不能没有长性。

就比如姜子牙做酒店生意，第一天遇上下雨，亏了本。总不可能第二天、第三天都下雨吧？朝歌城在黄河流域，总是晴天多，雨天少。若姜子牙承包酒店一个月，生意绝对有赚无赔。

可是，姜子牙所有的生意都是只干一天，当天赔了，立马就缩手不干了。做事情如此没有耐心，没有长性，是绝对不可能成功的。

其三，为人忌冲动，不知反思。

做生意，最重要就是和气生财。可是，姜子牙一旦遭遇挫折，就和老婆吵架，连“贱人”这种极具侮辱性的话都能说得出口。可以说，姜子牙是一个好宰相，但绝非一个好丈夫、好男人。

反观人家宋异人，对姜子牙夫妻实在太好了。姜子牙不过是异姓兄弟，可是，每次生意失败，宋异人都毫无怨言，给予鼓励。宋异人为何这么做？

其一，是情分；其二，是懂得放长线钓大鱼。

毕竟姜子牙在昆仑山修仙40年，保不齐哪天就发达了。应该说，宋异人的眼光毒辣，做法高超。在姜子牙平定天下之后，宋异人的生意也必将走出朝歌，走向天下。

052 谁堪称封神最被误会的女神

女神，在很多“屌丝”的心目中，都是白富美的代名词。其实，女神也分很多种。今天给大家介绍的这位女神，虽然距离白富美比较遥远，但却颇有几分励志意义。

姜子牙修筑封神台，一共册封了365位正神，其中女性之神寥寥无几。几乎每一位能够成神的女性，都是那个时代了不起的大人物。比如大名鼎鼎、杀伤力极强的三霄娘娘。

下面介绍的女神，虽没有任何法力，但她在民间的影响却绝不逊色于三宵。

她的名字叫马氏，神号叫作扫帚星。

所谓“扫帚星”，就是彗星。古人认为，彗星现世，必定引来无穷天灾人祸。于是，扫帚星也就成为晦气女人的代名词。马氏，则是晦气女人之祖。

马氏为何会被封为扫帚星呢？因为，她的前夫是姜子牙。

据说，姜子牙娶了马氏之后，霉运连连，做什么事情都不顺。等到后来与马氏离婚了，姜子牙就遇上周文王，出将入相，扫平天下，威风八面。在许多人看来，姜子牙早年的霉运，全都要怪在马氏的头上。事情真的是这样吗？

当然不是！只要我们稍稍了解马氏的言行事迹，就会发现一个惊人的现象：马氏不但不是一个晦气女人，反而可以说是古代罕见的励志女。姜子牙之所以能够成功，可以说，和马氏的激励关系密切。甚至可以说，马氏是姜子牙人生路上的第一个导师。

事迹一：坚守本心，等待伊人。

书中交代，姜子牙的结发妻子马氏，比姜子牙小4岁，结婚时已经68

岁，依然是处子之身。

姜子牙32岁上昆仑，身在道门40年，接触的都是摒除欲念的道士、道姑，能够洁身自好，还比较轻松。可是，马氏身处红尘俗世，要抵抗住多大的压力，才能坚持到68岁，依然是黄花大闺女。这可非常难得。

在古代，多数女子在15~20岁就已经嫁人。30岁做奶奶也是常事。为何这马氏到了68岁还没有嫁人呢？

是马氏长得太丑，还是身体有毛病？

都不是！

原文说："马洪之女，才貌双全，正好配贤弟；这女子今年68岁，尚是黄花女儿。"说话之人乃是姜子牙的结拜兄弟宋异人，此人对姜子牙极好，不但包吃包住，还多次借钱给姜子牙投资创业。从其性情看，是绝对不可能坑姜子牙的。宋异人说马氏才貌双全，就算不是绝色美女，至少也应当是平头正脸。

并且，结婚之后，姜子牙和马氏的感情还不错。后来姜子牙做生意屡次失败，两夫妻经常吵架，姜子牙连"贱人"都骂出口了，却没有一个字提到马氏长得丑，有暗疾。

于是，马氏之所以挨到68岁还没有出嫁，原因只剩下一个：眼光太高，于是成了"齐天大剩"！

马氏为何会答应姜子牙的求婚呢？并非姜子牙有多么好，最大的原因，是宋异人一力促成。

宋异人亲自做媒，马洪询问姜子牙的底细，宋异人在介绍姓名之后，重点强调"与小侄契交通家"，即姜子牙和他宋异人关系极好。马洪一听，立刻拍板说："贤契主亲，定无差池。"宋异人乃是朝歌巨富，在朝歌城光酒店就有三五十家。能够攀上宋异人，马洪也不用担心女儿的下半生了。

事迹二：不做寄生虫，激励夫君创业。

在很多作家笔下，马氏被丑化成了一个贪慕富贵的虚荣女子。其实，马氏不但不贪慕虚荣，反而是一个罕见的自强自立的女子。

结婚之后，姜子牙一天到头也不知道做事，除了打坐，就是和宋异人闲聊。对于自己被冷落，马氏没有一丝一毫的抱怨。但是，对丈夫一天到晚无所事事，她不能容忍。

有一天，马氏问姜子牙："宋伯伯是你姑表弟兄?"子牙曰："宋兄是我结义兄弟。"马氏曰："原来如此。便是亲生弟兄，也无有不散的筵席。今宋伯伯在，我夫妻可以安闲自在；倘异日不在，我和你如何处？常言道：'人生天地间，以营运为主。'我劝你做些生意，以防我夫妻后事。"

大家看看马氏这番话，说得多好！人生天地间，以营运为主。若想做成一件事，没有苦心经营是不会成功的。所谓"人无远虑，必有近忧"！马氏提醒丈夫，切不可只顾眼前。眼前有宋异人照顾，万一宋异人死了，宋异人的儿子们掌家，姜子牙还能在宋家庄每天混吃混喝吗?

姜子牙听了，也不禁慨叹："贤妻说的是!"

事迹三：丈夫创业屡次失败，依然不离不弃。

第一次，姜子牙卖笊篱。一天下来，一个笊篱也没卖掉。姜子牙不但不反思，回到家第一句话就说："娘子你不贤!"

第二次，姜子牙卖面粉，被马带走了担绳。一担面粉只卖了一文钱。姜子牙不怪自己无能，回到家中，劈面大骂说："都是你这贱人多事!"

受到这样的侮辱，马氏当然不甘心。她奋起反击，痛斥姜子牙："不说你不会卖，反来假报怨!"她又说："不是你无用，反来怨我！真是饭囊衣架，惟知饮食之徒。"

面对妻子的反驳，姜子牙什么态度呢？子牙大怒说："贱人女流，焉敢啐侮丈夫!"二人揪扭一堆。

姜子牙说不过妻子，就摆出丈夫的身份，以势压人。古代人讲究三纲五常，所谓"夫为妻纲"。在很多家庭中，丈夫就是天，妻子必须顺从。可是，马氏并非那种唯唯诺诺、一味顺从的女人。于是，两夫妻当众操练了起来。马氏被拳打脚踢，姜子牙脸上也没少留下爪痕。

姜子牙屡次创业失败的那段时期，可以说是姜子牙一生当中最灰暗的时期。在当时那种环境下，绝大多数女人都无法容忍。可是，马氏对姜子牙不离不弃!

不仅如此，马氏知道姜子牙爱面子，自己若是再说话，估计姜子牙会受不了。于是，马氏主动和宋异人的妻子孙氏搞好关系，由宋异人出面，劝说姜子牙再次进行创业。

可以说，马氏对姜子牙是很不错的，为了维系这个家庭，马氏付出了很多。

既然马氏与姜子牙的感情这么好，为何后来要离开姜子牙呢？

053　姜子牙为何会被老婆休掉

姜子牙乃是万神总领、齐国开国之君。如此了不起的男人，为何会被结发妻子一脚蹬了呢？

我没写错，不是姜子牙休妻，是姜子牙被女人甩。

原著中，姜子牙再三再四求马氏跟随自己去西岐，可是，马氏坚决不从，坚持要姜子牙写休书。姜子牙不肯离婚，说不过老婆，就要动粗，强行带走。马氏拼死抵抗，两人再度开战。因为战况实在激烈，惊动了隔壁的宋异人夫妻。在宋异人的劝说下，姜子牙万般无奈，才写了休书，与马氏离婚。

那么，马氏为何要与姜子牙离婚呢？

首先，是姜子牙身份变了，从下大夫变成了通缉犯。

在四次创业失败后，姜子牙降伏五路神，显露出降妖算命的本领。所谓“山重水复疑无路，柳暗花明又一村”，姜子牙虽然不会做生意，但是他的道术足以让他扬名立万。

之后，他开命馆，打死琵琶精，被商纣王封为下大夫。子牙摇身一变，从一草根，变成了朝廷命官。马氏自然妻凭夫贵，过了几天官太太的幸福生活。

可是，好景不长。在妲己的建议下，商纣王要姜子牙修筑鹿台。姜子牙本可以答应，却故意进谏，拒绝了这个任命。纣王大怒，下令处死姜子牙。姜子牙早有准备，转身就跑。把商纣王看得又怒又笑：“御妻！你看这老匹夫，听见‘拿’之一字就跑了，礼节法度，全然不知，那有一个跑了的？”最终，姜子牙跳下九龙桥，借水遁回家。

姜子牙虽然投水，可是已经惹怒了商纣王。用不了多久，朝廷的兵马就会包围宋家庄，抓捕姜子牙以及家属。

姜子牙本是朝廷下大夫，主管钦天监，那也算是中央部委司局级官员。马氏没有奢求姜子牙继续升迁，出将入相，她希望的，只是保住眼前稳定的生活。可惜，姜子牙命中注定就不是一个安分度日的人。大好的前途，硬是被他葬送。

本来是朝廷命官，眼下却沦为通缉要犯。灾难来临，姜子牙可以一走了之，可是马氏家族呢？书中交代，马家世代居住在朝歌。如果马氏跟随姜子牙走了，留下父亲马洪以及族人必定要受到朝廷株连。

可若马氏和姜子牙离婚，那就不一样了。自古以来，法律就有规定，夫妻一方家族有罪，只要离婚，就可以免除刑罚。马氏坚持离婚，就等于保全了整个马氏家族。

其次，马氏认定姜子牙主动招惹是非，不珍惜前程。

姜子牙告诉马氏自己闯了大祸，必须离开朝歌，马氏很生气："你又不是文家出身，不过是江湖术士；天幸做了下大夫，感天子之德不浅。今命你造台，乃看顾你监工；况钱粮既多，你不管甚么东西，也赚他些回来。你多大官，也上本谏言，还是你无福，只是个术士的命！"

马氏的话说得没错。原著中，姜子牙曾经向亚相比干表示，要进谏纣王，不要修筑鹿台。比干就说，你不过是钦天监官员，术士出身的下大夫，并非谏官。既没有职责，也没有权限向商纣王进谏。比干还说，如果修筑鹿台确实有许多弊端，他会向纣王进谏。

可是，姜子牙不听比干的劝告，依然直言进谏："陛下不留心邦本，与百姓养和平之福，日荒淫于酒色，远贤近佞，荒乱国政，杀害忠良。民怨天愁，累示警报，陛下全不修省；今又听狐媚之言，妄兴土木，陷害万民，臣不知陛下之所终矣！"

比干曾经告诉姜子牙："面君以顺为是，何害之有？"既然姜子牙没有进谏之责，完全可以顺从商纣王，你下令，我办事就成——可是，姜子牙不但不听比干好言，反倒对商纣王恶言相向，痛斥商纣王滥杀贤臣，宠信妲己，简直就是找死的节奏。

马氏可以容忍姜子牙再三再四创业失败，可以过粗茶淡饭的草根生活，但是她绝对不能容忍自己的男人亲手毁掉来之不易的幸福。

姜子牙的这次进谏，除了为自己博得一点好名声，几乎就一无是处！

那么，姜子牙为何这么傻，要毁掉眼前的幸福生活呢？

这就要说到他们夫妻离婚的第三个原因：姜子牙秘密太多。

早在姜子牙下山时，师父元始天尊就留下一首诗，预示姜子牙此后人生。诗云：“一十年来窘迫乡，耐心守分且安然；溪石上垂竿钓，自有高明访子贤。辅佐圣君为相父，九三拜将握兵权，诸侯会合逢戊申，九八封神又四年。”

姜子牙72岁下山，注定有近10年的窘迫生活。80岁姜子牙将会遇见周文王，拜为丞相。93岁统兵伐纣，诸侯会盟。98岁天下归一，完成封神。

姜子牙下山后为何不直接去西岐，而是来到朝歌？一方面是因为朝歌有义兄宋异人，投靠义兄，有个落脚点。另一方面，他作为西周既定的主帅，也想对敌方势力商朝有一些了解。于是他来到朝歌，最终进入商朝官场。

在亲眼见识了商纣王的昏庸后，姜子牙确信商朝必然灭亡，于是，开始盘算如何得到周文王的提拔。既然要投靠西岐，首先就要离开。

于是，这次纣王命令姜子牙修筑鹿台，就成了姜子牙离开朝歌，投靠西岐的最好机会。以姜子牙的道术，他完全相信在大骂纣王之后，可以轻松脱身。

姜子牙知道自己未来是要当宰相的人，自然不会把商朝的下大夫看在眼里。可是，妻子马氏就不一样了，她根本不了解这个和自己睡了半年的男人，更不知道姜子牙有着深厚的仙界背景。若姜子牙能够向妻子泄漏一星半点，马氏必然会倾心相随。

可是，姜子牙一面苦苦哀求，一面却不给马氏任何希望。最终，马氏对眼前这个只知道吹牛皮的男人极度失望，只能选择分手！

扫帚星马氏的结局如何呢？

话说在姜子牙离开几年后，马氏就改嫁了。70来岁的再嫁人，自然找不到什么好人家。马氏的第二任丈夫，是农民张三老。

一晃，很多年过去了。姜子牙98岁封神，马氏也已经94岁了。

一天，马氏听一个老婆子说起姜子牙，说来说去，就谈到了马氏。老婆子笑说：“当日还是大娘子错了，若是当时随了姜某，今日也享这无穷富贵，却强如在这里守穷度日。这还是你命里没福！”马氏听了羞愧不已，却又担心张冠李戴，怕封神的姜子牙，不是自己的前老公姜子牙。后来，马氏询问张三老，张三老告诉她，封神的姜子牙，就是马氏的前夫。并且他说：“前日姜丞相在朝歌，甚么样威仪！天下诸侯，俱各听命。我那时要与你说去见他一见，也讨个小小的富贵；我只怕他品位俱尊，恐惹出事来，故此一向不曾说得。今蒙娘子问及，只得说与你知道。”马氏听闻，半天不说话。

当天晚上，马氏假意劝说丈夫先睡了，然后浑身收拾干净，哭了数声，悬梁自尽而死。

马氏为何要自杀呢？自然是觉得当年不应该蹬掉姜子牙，否则，今天就能够做一品夫人，威风八面了。

马氏本是一个平凡女子，她渴望丈夫有出息，于是多次出言激励。可是，她万万没想到，当初被自己看扁的男人，如今竟然成了天下权势最大的人。

只是，我对马氏不但没有丝毫的鄙视，反而对她的干脆与刚烈敬佩不已。

多数人在面临马氏的境遇时，选择的不会是自杀，而是舔着脸求取富贵。比如汉代朱买臣的前妻，比如马氏的第二任丈夫。在他们眼中，所谓面子，所谓尊严，根本不如到手的富贵重要。只要可以换来富贵，就算是再下作的事情，也可以做得出。

可是，马氏在得知自己犯下错误时，只是愧疚。这个自强自立的女人，最终用死亡来证明自己的刚烈。

马氏虽然喜欢富贵——谁又不喜欢富贵呢？——可是，马氏宁肯一死，也不愿意用尊严来换取富贵。这种奇女子，被后人视为扫帚星，其实是大大的误解！

054 姜子牙占卜为何能预知未来

占卜术一直被传的很神奇。不但是在民间传说中，就连正史中，也记载了不少大神预知未来、未卜先知的故事。

不知道大家是怎么看待这个问题的。至于我，我相信宇宙中自有大能，或许能够预知未来，操纵一切，但是，至少是我眼前所见，都是骗局。

在《封神演义》的第 16 回故事中，写了姜子牙如何神机妙算、预知未来的两个故事。故事的效果很给力，姜子牙一举成名，附近十里八乡的百姓，都来姜子牙的命馆算命。姜子牙每位客人收取五钱银子，起价颇高，但客源不缺。姜家一举脱贫，马氏也欢喜无限。

那么，姜子牙真的能够神机妙算吗？我说姜子牙是个大骗子，有什么证据呢？

我先把姜子牙神算的两个故事叙述一遍。大家看看能不能在叙述中，自己发现问题。

因为降伏五路神，姜子牙展现出神奇的道术。在马氏的请求下，宋异人给姜子牙开了一个命馆，地址就设在最为繁华热闹的南门大街上。

经过四次做生意的挫折，姜子牙吸取教训，在新开命馆时，非常注意宣传工作。他一口气在命馆里外贴了三副对联。

其一，只言玄妙一团理，不说寻常半句虚。

其二，一张铁口，诚破人间凶与吉；两只怪眼，善观世上败和兴。

其三，袖里乾坤大，壶中日月长。

和之前卖笊篱、卖面粉不同，姜子牙一改往昔的沉默低调，他这三副对联中充斥着傲气和霸气。

第一副对联，姜子牙表示，本人绝不扯淡，说的都是真理。第二副对联，姜子牙不但说自己能够道破个人凶与吉，甚至连国家的兴衰都能够看破。第三副对联，原指袖子很大，里面另有乾坤；喝醉酒之后，日子就变得很长。此处，姜子牙表示，自己身怀异能，法术通玄。

按照常理，姜子牙如此卖力宣传，应当获得很好的效果。可是，现实恰恰相反——估计是姜子牙的对联贴得太多，牛皮吹得太响——结果，足足四五个月，姜子牙的命馆竟然一个生意也没有！

大约在命馆开张半年左右，终于有第一个客户上门。这个客户叫作刘乾。

这刘乾不知道怎么的，路过命馆，看到姜子牙正趴在桌子上打瞌睡，就走过去猛拍了一把桌子。姜子牙揉揉眼睛醒来，问来人干吗。刘乾就问："且问先生'袖里乾坤大，壶中日月长'这对联怎么讲？"大家听听这问话就能明白，刘乾是来踢馆的。姜子牙很冷静，回答说："袖里乾坤大，乃知过去未来，包罗万象；壶中日月长，有长生不死之术。"刘乾一听，认定姜子牙口出大言，吹牛皮。于是，他主动提出算一卦。如果准，厚礼相谢；如果不准，就把命馆给拆了。

姜子牙说："此卦要你依我才准。"刘乾答应。然后，姜子牙写了一个帖子，上面有4句话，让刘乾前往，所有事情必定会如帖子上所写，一一发生。刘乾拿过帖子，上面写着：

“一直往南走，柳阴一老叟，青蚨一百二十文，四个点心两碗酒。”

刘乾于是担着柴，出南门而去。走了好一段路，在柳树林旁边看到一座宅院，院门口站着一个老头，伸手招呼说：“柴来！”老人问刘乾柴火要多少钱一担。姜子牙帖子上说刘乾卖柴可以得120文铜钱，于是刘乾故意说，自己这担柴，只卖100文。老人家一听，说：“看看好柴乾的，好困子大，就是一百文也罢。”老人家毫不还价，答应给100文。

老人家入门去拿钱，刘乾看院子里落下一些柴叶子，就用扫把扫干净了。老人家出来，很高兴说：“老哥！今日是我小儿毕姻，遇着你这好人，又卖的好柴。”然后，老人家让仆人端出四个点心，一碗酒，还有两封钱来。老人说，100文是柴钱，还有20文，“今日是我小儿喜辰，这是与你做喜钱，买酒吃”。

刘乾一看，又惊又喜，一路跑回来，在命馆前大叫大嚷说：“姜先生真神仙也，好准课；朝歌城中有此高人，万民有福，都知趋吉避凶！”

以上，是姜子牙预知未来的第一个故事。

第二个故事相对简单。姜子牙与刘乾要算命的钱，刘乾舍不得给，就另外拉了一个人来算命。

那个人是个腰束皮带、行走如飞的公差。刘乾赶上，抓住那公差，要他算命。公差说：“我有紧急公文要走路，我不算命。”刘乾表示，姜子牙算命很准，今日对方不算命不成。若不算命，自己就跳河而死，赖上那公差。公差没有法子，只能走进命馆——此时命馆已经被人群围得水泄不通。

公差挤进去，说自己有紧急公务，就不算命了，直接抽了一个签。姜子牙看了签，写了一句批语。批语说：“此卦逢于艮，钱粮不必问，等候你多时，一百零三锭。”

公差问要多少钱一卦，刘乾讨要了5钱银子。5钱银子可不是一个小数。在明代——《封神演义》虽然是商朝故事，但这些社会风俗，更多是比照明朝——1两银子＝10钱＝1000文铜钱。5钱银子那就是500文钱。

公差无奈，付了钱后赶紧走人。过了两个小时后，公差押着钱粮回到姜子牙的命馆。当着众人的面，这公差宣布：“姜先生乃神仙出世，果是一百零三锭，真不负五钱一课。”

以上，是姜子牙神机妙算的第二个故事。

原文说：“子牙从此时来，轰动了朝歌军民人等，俱来算命看课。五钱一命，子牙收得起的银子，马氏欢喜，异人遂心。”

对于姜子牙的命馆生意为何从门可罗雀突变为火爆异常，原著归结为“时来”，时来即运转。之前倒霉，是姜子牙时运未到。如今时运到来，姜子牙就发达了。

这时运到底是什么呢？虚无缥缈，无迹可寻。我觉得，作者是故意如此说，迷惑读者的视听。在我看来，姜子牙的两桩预知未来的传奇故事，都不过是姜子牙苦心经营的一个局。

首先，我不相信姜子牙会预知未来。

在《封神演义》中，姜子牙虽然是封神榜的主持人，号称万神总领，但是，姜子牙本人的法力并不高明。与同门师兄十二金仙等人，姜子牙完全没法比。就算是比杨戬、哪吒也大大不如。在后文中，没有打神鞭之前，姜子牙几乎就是一个人见人踩的角色。当然，姜子牙还会什么土遁、水遁，但那是修仙者都会使用的基本法术，根本不值一提。

并且，就算地位崇高犹如元始天尊、通天教主等人，他们都未必掌握预知未来的法术。

比如说，姜子牙临别时，元始天尊赠送了一首诗歌，里面写了姜子牙下山之后20来年发生的事情。但那是预知未来吗？不是啊，那何时拜相，何时灭商，何时封神，这些时间点都是三教圣人共同计划好的。

与其说那诗歌是预言诗，不如说是行程表。

元始天尊是在提醒姜子牙，到了某年，就应该完成某项任务。唯有严格遵照行程表，封神行动才能顺利完成。

其次，宋异人在朝歌，尤其在南门势力极大，编织了一张庞大的关系网。

因为半年多没有生意，马氏必然成天唠叨。姜子牙为了摆脱困境，必然会苦心经营，绞尽脑汁走出困局。

要如何走出困局呢？只要制造一两桩子牙预知未来的事件，就足以轰动南门。

宋异人在南门有许多店铺，宋家庄又在南门外35里。可以说，借助宋家的力量，经过半年的酝酿，姜子牙完全有能力了解到南门内外常住人口的基本信息。

最终，姜子牙找到了一个合适的“托”。这个托，就是刘乾。书中说他乃是朝歌的破落户。什么叫作破落户？就是家中本来发达过，可是如今没落了。正因为如此，刘乾能识字，精明小气，虽然是卖柴为生，可是平常经常横着走，在南门百姓中还颇有点小地位。

选刘乾当托，既不扎眼，又有影响力，很合适。当然，姜子牙的高明处在于，刘乾本人并不知道自己是托。

如何实现对李乾卖柴的预言呢？

再次，预言被戳穿，其实就很简单。

姜子牙的预知未来，与其说法术通玄，不如说是情报的胜利。

在书中，柳树下老人曾经说刘乾的柴又大又结实，值得100文。通过宋家的力量，姜子牙必然可以了解到，刘乾平日，一担柴就是卖100文。当然，生意人开价都有些虚高。因为打赌，他开价必然会低于120文，但是又绝不会少于100文，否则就亏本了。这是精明的刘乾绝不会干的。

如何预知柳树下老人会给20文喜钱呢？我们注意老人家住的地点——南门外一直往前走。

姜子牙所住的宋家庄，就在南门外35里。早晨离家时，姜子牙必然在柳树下老人家经过，亲眼看到老人家儿子正在结婚。甚至，我猜测，姜子牙已经上门道贺，亲手从老人那里，品尝了四个点心、一碗酒，并且得到了一份20文的喜钱。

大家看姜子牙在算命时，特别强调“此卦要你依我才准”。就是说，刘乾必须往南门走，一切才会顺利发生。若刘乾往北门走，姜子牙就瞎了。

至于第二个故事，乍一看很突然，其实姜子牙也可以做到。

姜子牙批语的前三句“此卦逢于艮，钱粮不必问，等候你多时”，没什么含金量。公差已经表明，自己很着急，要去催钱粮。关键在第四句。

姜子牙为何能猜到公差能押解到103锭钱粮呢？

公差往哪边去了？原文说，从南门外走了一个时辰才回来。也就是说，走出南门不超过10里。这10里，依然还在宋家庄的掌控范围内！

也就是说，公差是前往南门外10里左右的村庄收缴钱粮。宋异人是生意人，家又住在朝歌附近。两人在聊天时，完全有可能谈到过每个村庄要缴纳多少钱粮？

甚至，我猜测，姜子牙在今天出门时，经过南门外附近村庄，已经看到了当地老百姓收集了103锭的钱粮，等候公差来收取了！

或许有读者会说，你说得一切，都是猜测。其实，我们可以站在姜子牙的角度想一想：前四次做生意，尤其是第三次和第四次，姜子牙为何失败？最重要的原因，就是信息闭塞。

从姜子牙开命馆注重宣传，我们可以知道，姜子牙是吸取了第一次、第二次做生意失败的教训的。那么，我们有什么理由怀疑姜子牙不会吸取第三次、第四次的失败教训呢？

这两个所谓的预言，只要掌握足够的信息，别说是姜子牙，就算是宋异人、马氏，甚至平凡如你我，都有可能做到！

055 姜子牙晚年草根逆袭成功原因是啥

一个人能够成功，最为关键的因素是什么？

《封神演义》的作者宣称，是“运”。无运，万事不成；运来，万事不愁。

我觉得，成功的关键，在“谋”。人无谋不立！

那么，姜子牙是一个怎样的人呢？拜相统兵的姜子牙，自然是多谋善断。那么，在拜相之前呢？

渭水河边，樵夫武吉曾经嘲笑姜子牙：“有智不在年高，无谋空言百岁。”其实，他小看姜子牙了。下山最初的那么几个月，忽然从打坐修炼平静的生活中跳出，来到钩心斗角的红尘俗世，这让姜子牙很不习惯，犯下种种低级、可笑的错误。可是，吃一堑，长一智。加上有老婆马氏日夜鞭策，姜子牙迅速完成了蜕变。

姜子牙本就天资聪颖，不然怎能修仙？经过半年的锻炼，姜子牙已经从一个懵懂老年，迅速成为一个心机深沉、精通谋略的高人。

姜子牙借助刘乾，在朝歌一举成名。之后，他更步步为营，利用火烧琵琶精事件，使得自己在极短的时间，从一介草根，崛起为百姓仰望的贵族！

那一天南门外轩辕黄帝坟墓中，有一个玉石琵琶精，到王宫中看望姐妹九尾狐狸精妲己。回家时，路过南门，看到不少百姓聚集在一处。琵琶精童心萌动，走入人群，结果发现被围的不是帅哥，而是一个糟老头。琵琶精看到姜子牙命馆外的三副对联，认定姜子牙在吹牛皮，于是“变作一个妇人，身穿重孝，扭捏腰肢”，要让姜子牙算命。

琵琶精的出现，是一个偶然事件，当然不是姜子牙布的局。原文说：“见一妇人来的蹊跷。”姜子牙第一眼就觉得眼前寡妇很奇怪。奇怪在何处？

自古有云“寡妇门前是非多”。丈夫死了，寡妇本当深居简出，避免是非。可是，眼前这个寡妇，不但身穿重孝招摇过市，走路还风摆杨柳，搔首弄姿。

当然，以上种种，只能说那寡妇不正经，还不足以说明人家就是妖精。

姜子牙让寡妇伸出手来，说要看看右手。琵琶精以为是看手相，也没有在意。可姜子牙一把扣住寡妇的寸关尺脉门，然后“丹田中先天元气，运上火眼金睛，把妖光钉住了”。大家没看错，姜子牙竟然有火眼金睛神通。在《封神演义》中，一共有两个人明确提到具有火眼金睛，能看破妖魅。一个是姜子牙，一个是伯邑考的宠物千年白猿。

可以说，从扣住妖怪的脉门，发现眼前寡妇是妖怪开始，姜子牙就开始谋划，如何利用眼前这妖怪，迅速提升自己的地位。

首先，我们要分辨一个概念，即什么是仙，什么是妖。

妖，都是由非人类修炼而成。比如说，姜子牙在宋家后院降伏的五路神，就是人类看不到的五个精灵。琵琶精是轩辕古墓中千年琵琶修炼成精。妲己是九尾狐狸附身。还有后来的梅山六怪，都是非人类。他们这些修炼者，都被人类称之为妖。

但是，所有的非人类修炼者，都是妖怪吗？不是的。比如说，通天教主门下有几位大神通仙人，比如赫赫有名的龟灵圣母，那就非妖乃仙。

可见，虽然是非人类修炼者，但只要是出身名门，且神通广大，依然会被称为仙。

于是，我们可以把妖的定义限制为神通不大、非名门大派的非人类修炼者。

在姜子牙这种阐教修炼者的观念中，妖，乃大奸大恶之辈，人人得而诛之。于是，姜子牙一旦看出眼前寡妇为非人类，就认定此妖是邪恶之徒。于是，一场打着正义之名的降魔大战拉开了帷幕。

在正常情况下，突遇敌人，多数人都会选择收手，暂时避让。若觉得斗得过妖精，多半会在事后找寻踪迹，暗中灭杀；若是觉得斗不过妖精，那不妨隐匿踪迹，悄悄离开。

可是，姜子牙不但没收手，反倒扣住妖怪脉门不放，口中一句解释的话没有，顿时成为千夫所指的对象。

琵琶精说："先生不相不言，我乃女流，如何拿住我手。快放手！旁人看着，这是何说！"旁边那些小男人、中男人、老男人，一看绝色寡妇一脸无助样，顿时爱心膨胀，纷纷大骂说："姜子牙，你年纪老大，怎干这样事！你贪爱此女姿色，对众欺骗，此乃天子日月脚下，怎这等无知，实为可恶！"

姜子牙也是修道多年，你骂他别的，他绝不会放在心上。可是，骂他好色，子牙公的脸上还是有些挂不住。姜子牙好半天，挤出一句话说："列位，此女非人，乃是妖精。"可是，眼前的女子楚楚动人，和大家心目中狰狞恐怖的妖精一点不搭边。所有男女，都把姜子牙神算之名抛在九霄云外，认定姜子牙是一个老色鬼。

姜子牙被大家的唾沫星子淹得半死，心中也有不少火气。不过，他依然很冷静，任凭大家怎么说，手中就是不松劲。琵琶精几番挣扎，甚至还有一些壮汉冲上来帮忙拉扯。姜子牙退无可退，看到桌上有一个砚台，于是抄起来，狠狠一下拍在美女脑门上。登时，寡妇美女被打得脑浆迸裂，血染衣衫，当场死去。

四周群众顿时恼了，纷纷叫嚷："算命的打死人了！"此时，姜子牙本可以丢下妖精，一走了之。老百姓就算包围着他，他撒一把土，扬在空中，就可以借土遁而走。可是，姜子牙没有走。他任凭众人推推搡搡，但手上依然死死扣住妖精的脉门。

姜子牙为何不走？因为他在等，在等官员到来。

这南门乃朝歌城最为繁华之地，公差往来极多。朝廷大员入宫面圣，也多从南门经过。果然，不久之后，亚相比干骑着马，路过此地。

这些老百姓有不少人以前是姜子牙的粉丝，可是，此刻看到姜子牙当众打死人，立刻转变立场，认定姜子牙是个老淫棍。

有一个壮汉，代表群众出列，禀告比干说："启老爷：此间有一人算命，叫作姜尚。适间有一个女子来算命，他见女子姿色，便欲欺骗。女子贞洁不从，姜尚陡起凶心，提起石砚，照顶上一下打死，可怜血溅满身，死于非命。"

有一句俗话，叫作"眼见为实，耳听为虚"。事实上，眼见也未必为实。这些群众，有不少亲眼看到寡妇走入人群算命，亲眼看到姜子牙扣住人家脉门，亲眼看到姜子牙挥起砚台打死人。期间，姜子牙没有说过一句调戏的话，没有做过一件调戏的事，可是在大家的心目中，姜子牙就是贪图女色，要行欺骗——莫非当众办事？还女子贞洁不从，姜子牙就起了凶心。在我看来，这些话完全应该是那些围观男人的心里话——他们看到美女寡妇妩媚动人模样，就恨不得想把人家扒光推倒。只是，大家都是小百姓，有贼心没贼胆。谁也没想到，姜子牙却发狠把美女打死了！这怎么不让人生气？

壮汉的一番话，引发众人一片慨叹，人人叹息女人死得可惜，咒骂子牙人老心花。

比干毕竟是一位贤臣，知道不能偏听偏信，于是询问姜子牙，有何辩解之词。

姜子牙见机会到来，于是说："老爷在上，容姜尚禀明。姜尚自幼读书守礼，岂敢违法。但此女非人，乃是妖精。近日只见妖气贯于宫中，灾星历遍天下，小人既在辇毂之下，感当今皇上水土之恩，除妖灭怪，荡魔驱邪，以尽子民之志。此女实是妖怪，怎敢为非。望老爷细察，小民方得生路。"

姜子牙这番话绝非随便出口，它包含三层意思。

其一，我乃读书守礼之人，不敢违法。表示自己对国法很尊重，不会肆意妄为。比干乃谦谦君子，一心忠于社稷，对国法最为看重。子牙此话，立刻博得比干三分好感。

其二，此女乃妖精，并且，妖精聚集在王宫之中。此前，云中子就已经进献桃木剑，并且说宫中有妖怪作祟。虽然没有查到实据，但不少大臣却因进谏被杀。比干对宫中有妖精一事，有八分相信。姜子牙此话，与云中子暗合，比干又信了三分。

其三，自己除妖乃是一片忠心。姜子牙强调，自己除妖不为钱，乃是身为朝廷子民，报效国家之举。比干本就是商朝忠良，听了更加感动，对姜子牙又加了三分好感。

可以说，听完姜子牙一番话，比干其实已经相信了姜子牙。但是，群情汹涌，比干也不会公然偏私，于是提出禀明天子，以辨清白。

姜子牙一听大喜。一群人跟随比干，来到王宫摘星楼下。

结合前文姜子牙降伏五路神我们可以知道，只要姜子牙施展掌心雷，琵琶精必定显露原形。可是，姜子牙为何不在南门命馆前就施法呢？因为姜子牙就是要把事情闹大，闹到王宫，闹到商纣王面前。

在商纣王面前大展神通，才能将降妖的影响发挥到最大。

商纣王询问姜子牙，如何才能分辨死去的寡妇是人是妖。姜子牙不着急，他说：“陛下若要妖精现形，可取柴数担，炼此妖精，原形自现。”

结果，商纣王让人准备了柴火，姜子牙把琵琶精放在火堆中，又用符箓将琵琶精镇压。大火点燃，足足烧了四个小时。

商纣王不禁心惊，正常人烧四个小时都成渣了，可寡妇竟然分毫未伤，必定是个妖怪。

商纣王说：“卿问姜尚，此妖果是何物成精？”姜子牙表示，要想妖怪现出原形不难。他当场放出三昧真火，没几分钟妖怪就从火中坐起，全身痛苦，叫嚷不休，把纣王吓得半死。姜子牙双手齐放，手掌心雷电轰鸣，全部击打在女子身上。烟火散去，火堆中只剩下妖精的本体——轩辕黄帝坟墓中的一个琵琶。

在亲眼见识到姜子牙的神通后，商纣王惊叹不已，当场晋封姜子牙为下大夫，到钦天监任职。草根姜子牙，借助降伏琵琶精一事，成功上位，成为商朝贵族。

至于琵琶精，在临死前曾经高喊：“姜子牙，我与你无冤无仇，怎将三昧真火烧我？”琵琶精和姜子牙确实没有仇怨，可是，非我族类，其心必异。谁让琵琶精没有高贵的师门呢？身为妖怪，命中注定就要成为仙人，尤其是阐教仙人的垫脚石！

056 姜子牙修为有多高，神通有多强

在朝歌遭遇了种种囧事之后，姜子牙终于时来运转。他先在后花园降伏了五路神，后在纣王面前火烧琵琶精，一时之间，威名大震。从区区街头算命先生，一跃而成商朝下大夫，姜子牙从此摆脱了草根身份，走入了贵族圈子。

之前，我分析过，姜子牙所谓预知未来、神机妙算，不过是一场秀。那么，姜子牙在降伏五路神、琵琶精时展现的真正战力，在封神诸仙中处于怎样一个位置呢？

先说降伏五路神。

首先我们要区别一个概念。一般意义上的五路神，乃是五路财神，即以赵公明为首的五大财神。在《封神演义》中，五路神则指的是，在朝歌宋异人家后花园作祟的五个妖怪。

这五个妖怪平日间弄火风，吓吓凡人，那是可以，若与阐截诸仙比较起来，随便是谁，都可以轻松将其降伏。

为何这么说呢？且看原文——

宋异人说："不瞒贤弟说，此处也起造七八次，造起来就烧了，故此我也无心起造它。"

这五个妖怪，最大的本领就是喷火弄风。因为宋异人家后花园那处地方，乃是一处风水宝地，估计聚敛的天地灵气比其他地方充裕。因此，五个妖怪就一直霸占那里，不让宋家修建宅院。

五个妖怪修为太浅，修出的妖火也只能烧毁寻常建筑。面对出身仙界正统名门、精通五行道法的姜子牙，根本就是一触即溃，毫无反手之力。

姜子牙是怎么降伏五路神的呢？

话说子牙在牡丹亭里，见风火影里，五个精灵作怪。子牙忙披发仗剑，用手一指，把剑一挥，喝声："孽畜不落，更待何时！"再把手一放，雷鸣空中，把五个妖物慌忙跪倒。

原来，姜子牙只是用区区掌心雷，一招之下，就迫使五个妖精认输。这

所谓的五路神，根本没有达到神仙修为，也就是人仙级别，估计连煞气重些的凡人都可以将其击败。

原著还写到马氏眼见姜子牙一个人在那里自言自语，挥舞宝剑，不禁连连慨叹倒霉，晦气！从此可知，那五个妖怪只是精灵之体，连人形都未修成。

还算这五个小妖精有眼色，一看“大仙”降临，立刻下跪求饶。姜子牙把这五个精灵发配到西岐，让他们日后搬砖运土，为其效力。

原著第37回写到姜子牙一上昆仑，途径西岐，再遇五路神。这五路神对姜子牙非常恭敬，一口一个“恩师”。只是，五路神的实力实在太渣，姜子牙根本看不上眼。

姜子牙让五路神负责修建封神台，由轩辕黄帝麾下总兵官阴魂柏鉴负责监督。最后，柏鉴因监造有功，被封为三界首领清福正神，真正建造封神台的五路神，则完全被姜子牙选择性遗忘，辛苦数年，一点好处没捞到。

有背景的监工和没背景的民工，待遇果然不同！

再说姜子牙与琵琶精。

琵琶精拥有千年道行，修为不俗。

在后文姜子牙攻打朝歌时，九尾狐、雉鸡精、琵琶精分别与雷震子、杨戬、韦护三人交手。双方大战三五个回合。琵琶精对韦护不落下风。怎奈杨戬实力太强，更有哮天犬相助。那狗一口咬掉了雉鸡精一个头，雉鸡精败走。九尾狐与琵琶精虽未落败，也只能逃跑。

雉鸡精虽然受伤，但她的战力在三妖中最强，并不影响逃跑。三人追赶许久都没有追上三妖。若非女娲娘娘出手，三妖保不齐就能逃走。

韦护在阐教第三代弟子当中，堪称强者。比之杨戬，略有不如；比之哪吒，则毫不逊色。琵琶精能与韦护交手三五个回合不落下风，被追踪许久还能保持距离，足以证明琵琶精实力不俗。

姜子牙虽然是阐教门下第二代门人，但是他天赋不高，且修为浅薄，在修仙一途上并无太大成就。没有打神鞭的姜子牙，若是和韦护单挑，估计败多胜少。

可是，在火烧琵琶精故事中，姜子牙竟然让强悍的琵琶精毫无反手之力，硬生生被逼的现出原形。这又是为什么呢？

一方面，琵琶精太大意；另一方面，姜子牙心机深沉，步步为营，将琵琶精可能出手的机会全部堵死！

战力平平的姜子牙是如何降伏琵琶精的呢？

第一步，扣住琵琶精寸关尺脉。

姜子牙一见琵琶精变化之妇女，就看出妖气萦绕。于是，他借口看手相，扣住琵琶精右手寸关尺脉。

原著又说："将丹田中先天元气，运上火眼金睛，把妖光钉住了。"

在扣住琵琶精寸关尺脉，让对方无法运行真气的同时，姜子牙加强自身法力运转，全面压制琵琶精妖气。

第二步，造成琵琶精肉身死亡。

琵琶精也狡诈，一见自己寸关尺脉被扣，立刻说姜子牙为老不尊，骚扰良家妇女。围观众人愤愤不平，姜子牙有口莫辩。

最终，姜子牙抄起桌案上的一方砚台，狠狠砸向琵琶精脑门。姜子牙虽然是七八十岁老头，可修仙多年，至少也有数百斤力气。一砸之下，琵琶精变化成的妇女，立刻脑浆迸裂——琵琶精当然没死，可也受到重创，一时之间陷入昏迷。

第三步，坚持扣住寸关尺脉。

围观众人眼见姜子牙打死美女，全部都激动且愤怒了。姜子牙不管众人如何冷嘲热讽，就是抓住琵琶精寸关尺脉不放。

不一会儿，亚相比干来临。众人告状。比干见姜子牙行为奇怪，女子已经死了，姜子牙竟然还扯住不放。姜子牙解释说，若是放手，妖怪精魂就会脱体而去，那样他就百口莫辩了。

比干毕竟不是寻常人，他也听闻一些仙界奇闻，知道一些降妖手段。

在难以决断的情况下，比干带着姜子牙前往皇城，求见纣王。

第四步，符咒镇压，真火焚烧。

见到纣王后，姜子牙表示修真多年，法术高强，降妖伏魔不在话下。纣王一听，大感惊奇，于是让姜子牙施展手段，看看妖精本相如何。

姜子牙让人搬来柴火，然后在妖精头顶上贴上符箓，以阻止妖精魂魄逃离。为保万全，姜子牙还将琵琶精肉身衣衫剖除，在前心后背多处位置贴上符咒，用宝印镇压。如此一来，就算琵琶精醒来，也无法脱身。

随从点火。大火足足烧了四个小时。开始，纣王还兴致很高，渐渐就有些无聊。不过，大火烧了这么久，火堆上的女子竟然浑身上下一点灼伤也没有。这足以证明，此女必是妖精。

然后，姜子牙从眼鼻口处喷出三昧真火，手掌心释放掌心雷。在火烧雷击之下，琵琶精拼命抵抗，依然被打出原形。

可以说，琵琶精之败，不是败在实力，而是败在心机。

057 兴周灭商最成功的潜伏者是谁

为了完成鸿钧老祖兴周灭商大计，无数仙妖化身潜伏者，在商朝阵营工作。他们与公开在西岐阵营工作的仙妖一起，共同促成了商朝的没落，西周的兴起。

在诸多潜伏者中，有两位堪称其中的“双璧”：其一曰九尾狐，其一曰申公豹。

本文单说九尾狐。

九尾狐本是轩辕坟三妖之一，奉妖族女娲之命潜入朝歌皇宫，狐媚纣王，败坏成汤江山。应该说，九尾狐接受的这个任务非常艰巨，稍有不慎，暴露形迹，就可能遭遇灭顶之灾。毕竟人妖殊途，就算是商纣王，也一直坚定地认为，但凡妖怪，必定该杀。可是，九尾狐却突破重重危机，几近完美地完成了领导交付的任务。

九尾狐的潜伏人生绝非一帆风顺。她曾经遭遇三大危机：终南山炼气士云中子献剑除妖；姜子牙当着纣王、九尾狐的面火烧琵琶精；比干、黄飞虎发现轩辕坟诸妖形迹，火焚除妖等等。可以说，这三大危机差点让九尾狐暴露。不过，无论是哪位进谏纣王，甚至当面宣称九尾狐化身的妲己是妖怪，纣王都对妲己深信不疑。

九尾狐为何能够获得如此巨大的成功呢？且看原著第 17 回。

第 17 回中写了两件事情。其一，姜子牙火烧琵琶精以及后续造鹿台故事。其二，妲己造虿盆残杀宫人故事。

在对这两件事情的处理中，九尾狐化身的妲己表现出了极高的政治智慧。纣王信任妲己的原因，也包含在其中。

当姜子牙以掌心雷轰出琵琶精本相后，妲己大怒。若是寻常人，看到好姐妹惨死，多半会忍不住脾气，当场发作，严惩姜子牙。可是，妲己却装出一脸笑容，启禀纣王说："陛下命左右将玉石琵琶取上楼来，待妾上了丝弦，早晚与陛下进御取乐。妾观姜尚，才术两全，何不封彼在朝保驾?"

面临危机，妲己虽心中大怒，但是处理事情丝毫不乱。她知道，当场发怒只能逞一时之快，却会暴露自己妖怪的身份。

妲己首先请求纣王，把琵琶交付她管理，理由是可以早晚被纣王弹奏取乐。妲己明明恨死了姜子牙，可是却禀奏纣王，姜子牙才术两全，应当留在朝廷为官。

纣王见妲己时刻为自己的幸福生活着想，当然万分高兴，又见妲己能够为国家举荐贤才，更觉得妲己不是寻常女子。于是，纣王大喜，无一不准。

其实，妲己把琵琶拿在手上，是为避免琵琶精本体被姜子牙带走，彻底毁灭。琵琶精放在摘星楼上吸取天地精华，五年后果然恢复妖形。至于举荐姜子牙，其实是为了以官职束缚姜子牙，然后找寻机会对付他。

无论古今，身在官场、职场，第一生存要素，就是忍。忍常人不能忍，方能成就大事。

当然，忍不是目的，只是手段。忍的目的是为了不忍。在时机不成熟时，只能等。

一晃，几个月过去了。纣王几乎就要把姜子牙给淡忘了，姜子牙也几乎要把妲己给忘记了。就在此时，妲己果断出手。

一天，妲己与纣王饮宴，酒到半酣，妲己让人拿来一副画，让纣王观赏。妲己说，图中所画名为"鹿台"，巍峨壮丽，最为神奇的是，此台一旦修成，必会有男仙、女仙降临。

纣王一听有女仙会降临，大喜。只是，如此浩瀚、艰辛的工程让谁来监工呢？妲己禀奏说："此工须得才艺精巧、聪明睿智、深识阴阳、洞晓生克，以妾观之，非下大夫姜尚不可。"

妲己献图的真意原来在此！此前，妲己举荐姜子牙时，说他才术双全。如今督造鹿台者，又必须是才术双全者。纣王一听，果然认为妲己举荐是一片公心，造鹿台非姜子牙不可。

妲己在纣王身边20多年，从来没有擅自下令杀害某人，从来都是假借纣王之手。借力打力，许多人都会使，可是，像妲己这样，使用了几十年却从不露出痕迹，被操纵者如纣王，始终浑然不觉的，实在罕见！

按照妲己的预计，以姜子牙的脾气，在听闻这个任命时，必定劝谏纣王，从而惹得纣王大怒。如此，姜子牙难逃一死。

可是，妲己料想到了开始，却没有想到结局。姜子牙确实向纣王进谏了，可是，在纣王下令杀死姜子牙时，姜子牙竟然转身逃跑。

纣王见了，又笑又怒说："御妻，你看这老匹夫，听见'拿'之一字就跑了。礼节法度，全然不知，哪有一个跑了的?"

纣王当然不知道，其他被杀死的大臣都是忠于成汤社稷的大臣，姜子牙却身在朝歌心在西岐，他在朝歌当官，只是为了混资历。姜子牙哪会甘心为商朝陪葬?

眼见姜子牙跳入河水，借水遁逃了出去，妲己只能慨叹：这姜老头，不按常理出牌，太滑头。

不过，既然姜子牙明面上已经跳水而死，妲己也就不再追究。刚露出的爪牙，立刻再度隐藏。

等，是妲己生存的第二要素。留得青山在，不怕没柴烧。

等与忍一样，都是手段，不是目的。时机一旦成熟，出手必定要狠，狠到一击必杀，斩草除根，不留后患。

妲己用虿盆之刑，剿杀姜皇后"余孽"，就是如此。

在创造性发明出炮烙之刑后，苏妲己又发明出所谓"虿盆"之刑。

她建议纣王，在摘星楼下挖一个大坑，方圆24丈，深达5丈，形状犹如一个大盆。在挖坑同时，向民间征集毒蛇。朝歌百姓每户缴纳毒蛇4条。短短数天，大坑中就有了数以万计的毒蛇。最后，犯罪分子将被推入大坑，饱尝万蛇啃噬之苦。

这虿盆之刑非常狠毒，比之炮烙之刑有过之无不及。受炮烙之刑虽然痛苦，但是，由生到死，不过须臾之间。虿盆之刑，受刑者往往哭嚎半天，也不得死去——那种一被咬中，几秒钟人就会被毒死的毒蛇其实很少见。

面对如此酷刑，大臣胶鬲劝谏纣王说："人之四肢，莫非皮肉，虽有贵贱之殊，总是一体。今入坑穴之中，毒蛇吞啖，苦痛伤心。陛下观之，其心何忍，圣意何乐?”纣王听后，也颇有触动，回答说：“卿之所谏，亦似有理。”

只是，纣王明知刑法残酷，明知受刑者非常痛苦，却还是狠心将一大批宫女推入大坑，让万蛇啃咬，凄惨死去。

这是为什么呢?

只因苏妲己告诉纣王，这批受刑者罪大恶极，非如此处罚不可!

事情还要从几天前说起。当时，纣王正在观看妲己跳舞。苏妲己之舞蹈，本就堪称一绝，更何况她如今已经是正宫皇后，身份贵重。一曲舞毕，在场宫女、宦官纷纷拍手叫好。苏妲己环顾四周，看到有一伙宫女不但不鼓掌，反倒暗自垂泪。

苏妲己很不高兴，询问随从，那伙宫女是哪一宫的。随从上前查询，回复说，都是原来姜皇后一宫的。这下可捅了马蜂窝。苏妲己大怒，心中就起了杀机。

妲己为何要杀这批宫女呢?

一来，苏妲己是用阴谋诡计害死了姜皇后。因为本身得位不正，于是苏妲己就要千方百计去证明自己得位是正确的。那如何证明自己正确呢?当然是下狠手，证明姜皇后犯有谋逆大罪。

二来，苏妲己是从美人直接封后，后宫中多有妃嫔不服，苏妲己正要借人头立威。这批宫女是姜皇后麾下，正好让苏妲己用来杀鸡骇猴。

只是，没有任何律法说，流眼泪有罪。加上纣王对姜皇后之死，心底深处其实很是内疚。

但苏妲己实在太了解商纣王了。她只用了一句话，就让纣王下令，将所有流泪宫女全部处死。

苏妲己训斥那些宫女说：“你主母谋逆赐死，你们反怀忿怒，久后必成宫闱之患。”

苏妲己很巧妙地暗示纣王，那伙宫女乃是主持谋逆之废后姜氏麾下，你杀掉人家故主，她们必定对你心怀怨恨；目前这伙宫女只是流泪悲伤，没有具体行动，但是，在未来这伙宫女必定伺机报仇，成为后宫大患。

苏妲己这番话，处处强调杀宫女对纣王有大利，只字不提自己在杀宫女事件中将获得的好处。

纣王一听，立刻下令将这批流泪宫女用金瓜击顶。苏妲己却建议说，不如用虿盆之刑。唯有如此，方能震慑后宫，以儆效尤！

纣王对妲己的这个建议深以为然。

后来胶鬲进谏，纣王就回复说：“肘腋之患，发不及觉，岂得以草率之刑治之。况妇寺阴谋险毒，不如此，彼未必知警耳。”

相比地方诸侯造反，商纣王更担心祸起肘腋。一旦后宫中宫女、宦官有心谋害天子，确实防不胜防。

为了保证自身的安全，商纣王不介意用最残酷的刑法去收拾心存不轨的宫女、宦官。

当 72 位宫人被推入坑中，饱尝万蛇啃噬之苦时，商纣王拍拍妲己的背，欢喜无限说：“喜你这等奇法，妙不可言！”商纣王对妲己如此贴心，为他皇位考虑，深感喜悦。

妲己之狠，不但体现在她蔑视人命，残害无辜上，更体现在她擅于控制人心，借刀杀人上。

光有脸蛋或胸器，在后宫中可是混不下去的。

忍、等、狠，是妲己成为潜伏者“双璧”之三大秘诀。忍住脾气，等待时机，狠心一击，掌握了如此秘诀，妲己不成功也难。

058 姜子牙为何对老婆又瞒又骗

姜子牙乃开创周朝八百年江山之第一功臣，其人功业自然伟大。只是，伟大如姜子牙，并非处处高大上。就如鲁迅先生所说：孔雀开屏固然好看，但不免露出后面的屁眼。

在原著第 18 回所写的子牙休妻与送民出关两件事上，就暴露了姜子牙经常玩弄瞒与骗的丑陋伎俩。

不少人都觉得，姜子牙夫妻离婚，责任在马氏一方。是马氏贪恋富贵，目光短浅，看不起姜子牙，于是双方才会离婚。确实，二人离婚，马氏有着不可推卸的责任，但是究其关键，还在姜子牙刻意的瞒与骗上。

姜子牙对妻子马氏，隐瞒了什么，又欺骗了什么呢？

其一，隐瞒罢官原因。

见到姜子牙回家，妻子马氏非常高兴，主动迎上来说："恭喜大夫，今日回家。"马氏称子牙为"大夫"，暴露了她心底深处对富贵的渴望。只是，身为妻子，希望丈夫升官发财，希望生活越变越好，这有错吗？

没错！

姜子牙回答说："我如今不做官了。"马氏一听大吃一惊，连忙追问原因。姜子牙就说："我不忍万民遭殃，黎庶有难，是我上一本，天子不行。"

姜子牙说自己被罢官，是因为心系万民，把罢官的原因描绘得极为高大上。事实上姜子牙料定今天入宫会有危险，他于是在深思熟虑之后，才做出进谏的决定。

原著姜子牙说："朝歌非吾久居之地，且将言语感悟这昏君，昏君必定不听、发怒。我就此脱身隐了，何为不可！"

原来，姜子牙早就想要辞官。他奉师命下山，是要辅佐西岐，开创周朝。他本该隐居不出，静待时机。可是姜子牙不甘寂寞，不但擅自结婚，还入朝为官，拿了商朝的俸禄，成了纣王的臣子。

如今，西伯侯拘禁七年的日期已满，姜子牙必须尽快赶到西岐，才能够按照师父元始天尊的吩咐，制造机会见到姬昌，加入西岐阵营。

因此，姜子牙口中说自己是为天下苍生请命，于是才被纣王罢官。其实，他之所以进谏，是料定纣王必定发怒，他正好借机会离开朝歌。

其二，隐瞒进谏结局。

说到进谏，姜子牙说："被我直谏，圣上大怒，把我罢职归田。"事实上，姜子牙进谏引发的后果，绝非纣王大怒，将姜子牙罢官了事，而是下令将姜子牙处死。姜子牙不奉诏令，转身逃跑，从桥中跳下，借水遁逃生。

姜子牙若是白丁一枚，隐居不出，那么，他与商朝之间就没有什么权责关系。可是，姜子牙已经出任商朝下大夫，领取了商朝的俸禄，那么，按照礼法，姜子牙就应当如其他所有大臣一样，无论君王的诏令是对是错，一律接受。

身为商朝大臣，姜子牙不奉诏令，已经是不忠。姜子牙自然知道这是大大的污点，于是刻意隐瞒。

若姜子牙明白告诉马氏，自己已成朝廷钦犯，那么，在离婚谈判中，姜子牙就将处于绝对的劣势，马氏要求离婚也就不会背负任何道义上的责任。

其三，隐瞒自身底牌。

作为夫妻，彼此本应当坦诚相待。应该说，在婚后，马氏一直都把自己的全身心寄托在姜子牙身上，希望姜子牙做好生意，当好官，希望姜子牙自强自立，不要老是依靠义兄宋异人。

反观姜子牙，对妻子马氏隐藏了许多秘密。可以说，正是姜子牙的欺瞒，导致了夫妻双方最终的破裂。

姜子牙告诉马氏："不日官居一品，位列公卿，你授一品夫人，身着霞珮，头带珠冠，荣耀西岐。"

凭姜子牙元始天尊弟子、封神行动主持人的身份，他的未来已经注定：80 岁遇上西伯侯姬昌，93 岁登台拜帅，98 岁灭商封神。下山之前，元始天尊就已经明白告诉姜子牙。

可以说，姜子牙如果老老实实把自己的一些底牌告诉妻子马氏，那么，马氏必定会死心塌地跟随姜子牙。可是，姜子牙始终隐瞒。

在面临朝廷通缉的关键时刻，姜子牙一方面装出诚挚恳切的模样，邀请马氏与自己同往西岐，大谈未来将如何富贵；另一方面，姜子牙却刻意隐瞒，不给马氏一点信心。

经过这一番瞒与骗，在旁观者宋异人夫妇看来，在无数读者看来，离婚一事就变成了马氏的责任。

宋异人说："贤弟乃奇男子，岂无佳配，何必苦苦留恋她。"

事实上，离婚一事的责任大半在姜子牙身上。姜子牙对马氏，绝非是什么苦苦留恋，而是苦心谋划甩开马氏。

姜子牙为何要如此呢？

前文说了，姜子牙一下山就结婚，并且入朝歌为官，成为商朝的臣子，这一切并不在其师元始天尊的计划中。眼看姜子牙下山已经七年，西伯侯拘禁七年之期也满，姜子牙必须尽快赶往西岐。

但是，在西伯侯姬昌面前出现的姜子牙，应当是一个隐居不出的高人形象，而不是商朝通缉的罪臣形象。并且，在朝歌的七年，姜子牙身上发生了许多囧事，身为妻子的马氏对此一清二楚。这些囧事也将极大破坏姜子牙的伟岸形象。在未来，姜子牙将出将入相，富贵无比，他的妻子自然也应当是名门闺秀。马氏草根一枚，哪里配得上他呢。

于是，为了更好完成师父交代的任务，更完美地打造自己隐士的形象，姜子牙苦心谋划，刻意隐瞒，最终成功摆脱了马氏。他换上一身道袍，告别宋异人，独自前往西岐。

059 为出五关，姜子牙又撒了哪些谎

话说姜子牙与马氏离婚后，就告别宋异人夫妻，独身前往西岐。在路途中，发生了携民度关的故事。

从朝歌到西岐路途遥远，途中还要经过五座由商朝将领把守的关隘。与朝歌最近的关隘，叫作临潼关。

在城关之下，姜子牙见到了一伙流民，足足七八百人。这伙人都扶老携幼，拖家带口，个个焦急惶恐，涕泪泗流，悲哭之声，传遍四方。

姜子牙上前询问。

原来这伙百姓也来自朝歌。此前纣王命姜子牙造鹿台，被他水遁躲过。之后，纣王命令崇侯虎督造。

崇侯虎一心讨好纣王，预计在三年内建成鹿台。于是，他发布命令，征召大量百姓服劳役。据百姓说，崇侯虎施行“三丁抽二，独丁赴役”的野蛮政策，致使百姓家家农田荒废，生活无着。加上督造严苛，日夜赶工，已经有数万民夫被折磨致死。

朝歌附近百姓，见机不妙，许多人家就想着逃离朝歌，前往他处避难。

只是，历代王朝对百姓户籍的管理都非常严苛，为防范百姓躲避劳役、兵役，在天下各处设立关卡。百姓没有相关部门发布的通行证，根本就不能出关。

故此，这七八百人汇聚在临潼关前，不得出去。

原著第 21 回姬昌出五关故事，姬昌从朝歌赶到临潼关，不过是花了一天一夜工夫，殷破败等追兵，更只花了半天，就拍马赶到。

以姜子牙的速度，赶到临潼关也就一二天工夫，可是，那七八百朝歌百姓拖家带口，行动缓慢，竟然比姜子牙还早到临潼关。并且，从接到造鹿台

命令到如今，顶多是一两天，崇侯虎竟然就折磨死了几万人。按照这个速度，等修建完鹿台，天下的人也就死绝了。

《封神演义》相对粗陋，此处不合理处暂且放过。

且说姜子牙听了百姓诉说，见百姓人人流泪，担心被朝廷抓捕回去，善心大发，于是表态："你们不必如此，待我去见张总兵，替你们说个人情，放你们出关。"百姓一听，大为感动。

只是，姜子牙何德何能，能够说动临潼关总兵张凤呢？

姜子牙用了三招。

第一招：亮出曾经的官场身份。

百姓躲避劳役，擅自离开户籍属地，已经触犯刑律。总兵官张凤没有强行抓捕，只是紧闭城门，期待百姓自行回归。可以说，张凤为人已经不错。

不过，张凤虽然心善，做事也有自己的底线。这个底线，就是不能对商朝、对纣王不忠。

百姓擅自离开，张凤可以不抓，但他也绝不会开关，放百姓离去。百姓乃国之根本，放百姓离开，就等于帮助敌人，损害本国。

姜子牙与张凤此前并不相识，别说劝张凤放人，就算是让张凤见面，也是难事。

姜子牙是怎么做的呢？

他来到官衙，告诉守门兵丁："烦你通报，商都下大夫姜尚来拜你总兵。"

一听有来自商都朝歌的下大夫前来拜见，张凤立刻高度重视。他暗自思量："他是文官，我乃武官；他近朝廷，我居关隘，百事有烦他。"

《封神演义》成书于明朝，宋明时期，重文轻武，同品级的武官是无法与文官相提并论的。故姜子牙虽然只是下大夫，但在一镇总兵张凤看来，也是高官。何况，人家姜子牙来自都城，乃天子身边人。张凤觉得，交好姜子牙，有利无害。

于是，张凤急忙命令身边人请姜子牙进入。

第二招：隐瞒被赐死真相。

其实，当时的姜子牙早就不是什么商都下大夫了，人家纣王已经下令赐死姜子牙。只是姜子牙跳入河水，纣王误认为姜子牙已经死了——从纣王没有追究姜子牙妻子、朋友看，人家纣王还是不错的。

姜子牙在劝说张凤时，谈到自己。他对纣王赐死一事丝毫不提，只说自己直言进谏，触怒了纣王。原文说："我本当以一死以报爵禄之恩，奈尚天数未尽，蒙恩赦宥，放归故乡。"

在古代，有所谓"食君之禄，忠君之事"。姜子牙领受了俸禄，却不接受赐死的命令，这是对朝廷大大的不忠，是自身品行上大大的污点。姜子牙是绝对不肯把这种丑事说出去的。

为了圆谎，姜子牙只好含含糊糊地说，是因为天数未尽，于是自己蒙恩赦宥，罢官回乡。

第三招：大谈商朝危机。

见了张凤，姜子牙大谈纣王如何昏庸，被妲己迷惑，修建鹿台，耗费民力。百姓因此民不聊生，不得不流离失所。

只是，放百姓出关毕竟是违背朝廷律法的事情。于是，姜子牙强调，各地诸侯纷纷造反，天下人对纣王灰心失望。

因纣王杀死姜桓楚与鄂崇禹，东方与南方共 400 镇诸侯已经宣布脱离商朝。就算是在朝歌官员中，也有不少官员不看好商朝前景，在考虑另寻高枝。

姜子牙亮出曾经的官职，成功进入了总兵府。他满以为自己大谈商朝面临的重重危机，就可以引发张凤对朝廷、对纣王的不满，对百姓的同情，从而放百姓离开。

可是，姜子牙没有想到，张凤虽然是武将，可是头脑清明，不好糊弄。尤其是姜子牙口称是商都下大夫，却一身道袍进入官衙，引发了张凤深深怀疑。

最终，张凤看穿了姜子牙的瞒骗，把姜子牙好一番训斥，然后把他赶出总兵府。

与前次面对马氏不同，姜子牙这次对张凤的瞒与骗，是为了他人利益。他这番瞒与骗，虽然没能救出百姓，但是对民众的一片关爱之心表露无遗。

得知张凤不肯放人，百姓放声啼哭。姜子牙于心不忍，于是在黄昏时分无人处，施展土遁之术，将那七八百人全部带出五关，带到西岐地界。

姜子牙为何不在一开始就施展法术，偏要在劝说张凤无效，百姓担惊受怕之后呢？

只因姜子牙深知人心：轻易得来的就不容易珍惜。只有让百姓知道商朝官员的狠心与无情，在出关后才会对姜子牙感恩戴德，安心在西岐生活。

060 那么多忠臣被杀，为何杨任独被救

原著第 18 回，除了写姜子牙拒造鹿台、携民度关，还写了上大夫杨任被剜目后，为青峰山紫阳洞清虚道德真君营救之事。

自从纣王痴迷妲己以来，杀了不少大臣，比如太师杜元铣、上大夫梅伯、上大夫赵启、东伯侯姜桓楚、南伯侯鄂崇禹、上大夫胶鬲；没有直接被杀死，但实际是被逼迫而死的，还有皇后姜氏、首相商容。

为何诸多商朝大人物被炮烙、被斩首、被逼迫时，阐教的仙人们都不现身营救，唯独上大夫杨任受剜目之刑后，清虚道德真君出手相助呢？

对于这个问题，原著如此解释："且说杨任忠肝义胆，实为纣王，虽剜二目，忠心不灭，一道怨气，直冲在青峰山紫阳洞清虚道德真君面前。"

原来，杨任被剜目之后，与其他人表现不同。他释放出一道怨气，直接冲到遥远的青峰山紫阳洞前。清虚道德真君了解到杨任的冤情，于是出手相助。

也就是说，要想仙人出手相救，自个儿先要给仙人发求救信号，并且，信号要成功无误地被仙人收到。

当杨任到达紫阳洞，并且被救醒后，清虚道德真君说："因见子有忠心赤胆，直谏纣王，怜救万民，身遭剜目之灾，贫道怜你阳寿不绝，度你上山。"

收到凡人发出的信号后，仙人还会对那人进行一番审核。比如杨任，清虚道德真君之所以营救杨任，有三个原因：其一，杨任有忠心赤胆，且怜爱万民；其二，杨任遭受剜目这等不公正对待；其三，杨任阳寿未绝。

以上是原著从主观与客观两个方面，对杨任获救做出的解释。

只是，若我们把杨任与其他惨死的诸位进行比较，就可以发现，所谓的几个原因，其实都是借口。杨任获救的真正原因，另有玄机。

为何说道德真君的三个原因都是借口呢？

所有被纣王、妲己害死的公卿大臣以及姜皇后，他们都有一颗赤胆忠心，对商朝社稷都无比忠诚，都能够为万民着想。尤其是商容，他本已经卸任回乡，可以安享晚年。只是，眼见纣王诛妻杀子，商容心中不安，于是回到朝歌，主动求死。

若是有忠心就可以获得仙人营救，那么，惨死的大臣也好，皇后也好，都应当获得营救，尤其是商容。他对商朝的忠心，对百姓的关爱，比杨任有过之而无不及！

为何阐教仙人不去救商容，不去救姜皇后呢？可见，杨任获救是因赤胆忠心云云，纯属扯淡。

至于说杨任获救是因为受到了剜目这种不公正待遇，也于理不通。

杨任劝阻纣王修建露台，惹怒纣王，被处以剜目之刑。纣王当时说："将此匹夫剜去二目！朕念前岁有功，姑恕他一次。"

纣王说得明白，朕念及他此前功勋，暂且饶恕他一次。纣王仅仅是下令剜去杨任眼睛，并没有取杨任性命的意思。事实上，在剜去两只眼睛之后，杨任也并未死去。

可其他诸位呢？杜元宪、梅伯、赵启被炮烙而死，胶鬲被万蛇啃噬而死，鄂崇禹被枭首示众，姜桓楚被乱刀剁成肉酱，姜皇后被炮烙双手后自尽而死，商容撞柱脑浆迸裂而死……

总之，无论把哪一位挑出来比较，都比蒙受剜目之刑的杨任要惨。

那是不是其他人的死亡都是阳寿已尽，而杨任则阳寿未尽，故仙人只救杨任呢？

首先，那些人是否阳寿耗尽，不得而知，就算真的阳寿已尽，对于道德真君这等金仙级别的高人，也根本不算个事儿。像姜子牙，在整个封神大战中，几乎隔三岔五就要死一回，阐教仙人一而再，再而三地用仙丹把姜子牙救活。

其次，杨任在受剜目之刑后本没有死去，道德真君却命令黄巾力士将杨任弄死，然后再以仙丹救活。

书中说得明白："杨任的尸首被力士摄上紫阳洞，回真君法旨。"

纣王说了饶恕杨任性命，若杨任死了，行刑之人就是违旨。因此，杨任被剜去双眼，虽然疼痛万分，必定没死。

可是，书中说黄巾力士弄神风卷走的明明白白是杨任的尸体。并且，书中还特别提到道德真君把两粒仙丹放入杨任双眼之中，吹口仙气，“真是仙家妙术，起死回生”，然后杨任就真的活了过来。

真相只有一个：杨任在疼痛昏迷状态下，被道德真君下令弄死，然后再用仙丹救活。

人家道德真君根本不需要活的杨任。因此，所谓杨任阳寿未尽，也是扯淡。

那么，阐教仙人不救其他人，单单救杨任的真正原因是什么呢？

答案还是落在这句原文中：“且说杨任忠肝义胆，实为纣王，虽剜二目，忠心不灭，一道怨气，直冲在青峰山紫阳洞清虚道德真君面前。”

大家细品原文，可以发现，文意其实矛盾：既然杨任忠肝义胆，剜去二目，依然忠心不灭，那为何有一道怨气冲天？

其他大臣被杀死，为何没有冲天怨气？

事实上，与惨死的大臣、皇后相比，杨任不是更加忠心，而是更加不忠心。

在纣王下令赐死时，其他大臣虽然悲伤，但是，天子有命，身为臣子怎敢推辞。所谓“雷霆雨露，均是君恩”，他们都毫无怨言地接受了死亡。

唯独杨任，当自己为国进谏却受到剜目之刑处罚后，他很不甘心。他心中尽是怨恨，不知不觉中，他对商朝满腔的爱，变成了对商朝满腔的恨。

正是因为感受到杨任对商朝的恨，道德真君才出手相救。

道德真君告诉杨任：“后辅周王成其正道。”若道德真君把商容，把姜皇后救下，劝说他们投靠周朝，日后讨伐周朝，商容、姜皇后等人会答应吗？绝对不会答应？他们都是宁可自己去死，也不愿意背叛商朝的人。

可是，杨任闻言，毫不迟疑就答应了。

换言之，人间王朝的忠奸善恶，凡人的生死存亡，对于阐教仙人来说，根本都是浮云。他们看重的，不是什么忠臣义士，而是一个字——利！

有利可图，他们才会出手。

道德真君出手救杨任，就如当初广成子与赤精子出手营救殷郊、殷洪一样，表面上说，出手都是因为一道红光冲天，一道怨气冲天，其实，他们早就了解了一切。

殷郊、殷洪的母亲被纣王整死，自己也被赐死，故二人恨透了纣王。二位阐教大仙于是利用两位王子的仇恨，将他们拉入自家阵营。

杨任对纣王早就不满，当初方弼、方相宣言反叛时，杨任就深表同情。当自己蒙受剜目之刑后，杨任更是立刻转换了立场，放弃了臣节，改换了门庭。这才是以道德真君为代表的阐教仙人不管其他人死活，单单救下杨任的真正原因。

061 到底是谁坑死了伯邑考

伯邑考是西伯侯姬昌的大儿子。七年前，姬昌接到纣王调令前往朝歌的时候，就再三交代伯邑考："待孤七载之后灾满，自然荣归。你切不可差人来接我。此是至嘱至嘱，不可有忘！"

可是，七年之后，伯邑考不顾众人劝阻，不但发动了救父行动，并且亲自上阵，前往朝歌。结果，父亲没有救成，自家却丢了小命。

伯邑考之死，乍一看全怪妲己。只是，若细细品读原著，就可以发现，真相绝非那么简单！

那么，到底是谁坑死了伯邑考呢？

首先，伯邑考本人在其死亡事件中负有不可推卸的责任。

天下人皆知西伯侯姬昌擅长演算先天数。身为长子，并且是已经成年，早已经参与行政管理的伯邑考，对父亲与仙界沟通的能力，应当远比他人清楚。

既然父亲已经交代，切不可派人迎接，伯邑考本当遵守父命，安安分分在西岐等候父亲归来。可是，伯邑考把父亲的嘱托抛在脑后，罔顾西岐重臣散宜生的劝阻，一意孤行前往朝歌救父。

这一去，明摆着是深入虎穴，踏入死地。

其次，伯邑考的祖母态度可疑。

原著第10回，写到姬昌的母亲、伯邑考的祖母太姜时，特别提到太姜也擅长演算先天数，算出姬昌此去有七年之难。

可是，当伯邑考筹备前往朝歌救父的时候，祖母太姜竟然并无一言劝阻。只是由伯邑考的母亲太姬出面，询问伯邑考离开之后，西岐政务交托给谁。

太姜能算到姬昌有七年之难，当然也就能算到伯邑考此去将命丧他乡，一去不回。可是，太姜竟然一言不发。

再次、西岐重臣散宜生的态度很奇怪。

伯邑考提出要去朝歌，上大夫散宜生反对，伯邑考坚决不听。于是，散宜生也就放弃劝说。

主上能纳谏自然是好事，若主上不听，臣子也无可奈何。从这个意义上说，散宜生既然已经劝阻，那么，伯邑考后来被害也就怪不到散宜生头上。

可是，在伯邑考死讯传到西岐后，散宜生的表现却非常奇怪。

大将军南宫适一听少主伯邑考被害，吵嚷着要起兵造反，杀进朝歌。二公子姬发询问散宜生意见。散宜生说："公子命刀斧手先将南宫适拿出端门斩了，然后再议大事。"

大家都很吃惊，散宜生却说，南宫适有勇无谋，贸然起兵，只能害了被囚禁的老大王。

姬发询问散宜生有何救父良策，散宜生表示，很简单，送钱！只要给纣王身边的宠臣费仲、尤浑送去黄金白银，那么，他们自然会帮助姬昌说话。老大王回归也就指日可待了。

事实上，一切都如散宜生所料。得钱之后，费仲、尤浑果然劝说纣王，放姬昌还乡。

只是，散宜生有如此救主良策，为何在当初不告诉伯邑考呢？

那样的话，既可以救出姬昌，伯邑考也不会死！

从伯邑考在面对纣王和妲己的谈吐看，他并不是一个冲动的人。那么，伯邑考为何一定要坚持前往朝歌营救父亲呢？

我想，一个非常可能的原因是，伯邑考深切感受到了来自弟弟姬发的威胁！

从伯邑考死后武将领袖南宫适与文官领袖散宜生的不同态度看，西岐武将毫无疑问是支持伯邑考的，可是西岐文官对伯邑考的态度很暧昧。

少主伯邑考被害，作为臣子深感痛心，要为主上报仇，这完全符合常理，本应当被高层表扬。可是，散宜生却认定，南宫适等武将的言行，是对西岐的重大背叛，犯下砍头大罪。

确实，贸然起兵会让还在商朝地盘的姬昌处境更加糟糕，可是，对忠于少主的武将们下达斩首命令，这又是何等无情?

从此可以看出，以散宜生为代表的西岐文官，其实是二公子姬发的人马。

如此，才可以解释散宜生明明有救主良策，却不告诉伯邑考的原因。

伯邑考正是感受到了弟弟的威胁，于是，他千方百计想要做得更好。

父亲被囚禁七年，伯邑考也掌管西岐七年。可是，这七年间，姬发、散宜生等人处处掣肘，让伯邑考很是焦虑。他急需建立一场大功勋，来巩固、增强自己西岐少当家的地位。

救出父亲，就是伯邑考选定的提升自己名望的好方法。

并且，伯邑考为营救父亲，也做了充分准备。

他从西岐宝库中精挑细选了三件宝贝献给纣王——七香车，醒酒毡，白面猿猴，另外还有西岐美女 10 名!

听闻介绍，亚相比干叹息说："此宝虽妙，今天子失德，又以游戏之物进贡，正是助桀为虐，荧惑圣聪，反加朝廷之乱。"

身为商朝丞相的比干，自然对这三宝看不上眼，觉得会败坏商朝国政。可是，从伯邑考的角度看，他这些贡品，都有着极强的针对性!

纣王不是喜欢出游吗?伯邑考献上可以自动行走的七香车。纣王不是喜欢喝酒吗?伯邑考献上醒酒毡。纣王不是喜欢听曲吗?伯邑考献上会唱 3000 首小曲的白面猿猴。纣王不是喜欢美女吗?伯邑考就献上西岐最美的 10 个女子。

按照伯邑考的推测，他此来朝歌，本当顺利完成救父任务。在立下此大功之后，他西岐接班人的地位将再无人可以撼动。

可是，伯邑考算到了纣王，却忽略了妲己，从而引出了杀身大祸。

那如何理解太姜的诡异举动呢?身为祖母，她为何不劝阻孙子呢?

只因太姜明白，伯邑考之死是仙界高层的既定安排。她知道伯邑考此去必死，但是不能劝阻。

与太姜一样，姬昌同样从演习先天数中了解到了仙界高层的既定计划——长子伯邑考必须失去，并且必须被纣王杀死。

当初离别西岐时，姬昌告诉伯邑考："你切不可差人来接我。此是至嘱至嘱，不可有忘！"

细品语句，可以看出，姬昌在当时就已经知道伯邑考若是前往朝歌营救自己，将有杀身之祸。可是，他不能说破天机，只能用"切不可""至嘱"等词语做出强调，希望伯邑考能够体会自家苦心。

当纣王将伯邑考做成肉饼，拿给姬昌吃时，姬昌痛哭流涕说："我儿不听父言，遭此碎身之祸！"此处话语，再一次证明姬昌早就知道，伯邑考将死在朝歌。

仙界高层制定的封神计划中，为何要安排纣王、妲己杀死伯邑考呢？

因为，唯有如此，西伯侯姬昌反叛商朝，才师出有名！

四大诸侯中，当时已经有东南两家起兵造反。那两家都是因为父亲无辜惨死，于是反叛商朝。东、南四百镇诸侯独立，可谓名正言顺。

可是，西伯侯姬昌有什么理由造反呢？

就因为纣王把姬昌软禁了七年，西岐就要造反吗？人家纣王之所以软禁姬昌，是因为姬昌同情叛逆姜桓楚、鄂崇禹。

所以，故单凭姬昌被软禁，还不能成为其反叛的理由。

可是，当纣王无辜杀害西岐少主，并且强迫西岐主君吞下自家儿子的肉之后，局势就大变样了。纣王之举，可谓灭绝人性，丧尽天良。这不但是对西岐全民的挑衅，而且本身也就此丧失了人君的资格。

果然，在结束七年囚禁、逃回西岐之后，姬昌就开始招兵买马，图谋造反了！

062 "小鲜肉"为何会变成小鲜肉

《封神演义》为了塑造伯邑考的忠贞善良，突显妲己的好色荒淫，描写了一段妲己调戏伯邑考的故事。

妲己为何要调戏伯邑考？

原著中说："妲己在帘内，见邑考丰姿都雅，目秀眉清，唇红齿白，言语温柔。"又说："自古佳人爱少年，何况妲己乃一妖魅乎。"

换言之，伯邑考青春年少，玉树临风，是"小鲜肉"一枚，于是妖妃妲己色心大起，向伯邑考伸出了魔爪。

其实，这个故事有一个重大破绽！

在原著第29回"斩侯虎文王托孤"故事中，讲到周文王病逝，终年96岁。文王去世之时，距离结束在羑里的软禁生活、回到西岐，不超过两年。

虽然在《封神演义》中没有正面描写伯邑考的真正年纪，但古时人们结婚早，也生育早。就算周文王晚婚晚育，30岁生第一个孩子，那伯邑考也有66岁。

也就是说，伯邑考进朝歌营救父亲，拜见纣王、妲己时，已不是花季翩翩少年郎，而是年过花甲的老人家。

为了剧情需要，原著作者大笔一挥，伯邑考从60多岁摇身一变，成为弱冠少年。

此破绽且放一边。

伯邑考身为西伯侯姬昌长子，若没有异变，姬昌死后，就是由他继承爵位。若伯邑考登上王位，西岐的走向将会如何呢？

我们结合妲己调戏事件就可以发现，伯邑考身上具有几个致命缺点。若是由他领导西岐，西岐必将由兴盛转向衰败。

伯邑考身上有哪些致命缺点呢？

妲己当时年纪不超过30岁，她见伯邑考青春年少，容颜俊俏，于是心生爱慕，这也算人之常情。只是，多数人都会顾及身份，顾及礼法，虽然心中有所想，却不敢贸然行动。

妲己则不然。她本是妖魅之身，纣王对她又言听计从，故色心大起，于是以学琴为由，支开了纣王，单独和伯邑考待在一室。

妲己是个极有心机的妖狐。她可不是一上来就对伯邑考动手动脚。她先是以眼色挑逗，见伯邑考不予理会，于是摆下酒宴，以招待师父为名，请伯邑考坐在自己身边。伯邑考连忙趴伏在地，以妲己身份贵重，自己乃罪臣之子为名，坚决不肯入座。

妲己于是撤去酒宴，继续学琴。她提出，自己指法不熟，希望能够坐在伯邑考怀中，由伯邑考手把手传授。

伯邑考闻言，觉得妲己把自己当成毫无节操的浮华浪子，当场大怒，直言拒绝，并且警告妲己说："娘娘之言，使臣万载竟为狗彘之人！史官载在典章，以娘娘为何如！今为传琴一事，亵尊一至于此，深属儿戏，成何体统！"

妲己听后，就算她是千年老狐，也不禁羞得满脸通红。等伯邑考退下之后，妲己心中恨道："这等匹夫，轻人如此！管教你粉骨碎身，方消吾恨！"

要如何看待伯邑考在妲己调戏事件中的表现呢？

其一，性情迂腐，不知变通。

能够得到皇后妲己的爱慕，这对营救父亲却求告无门的伯邑考来说，本是天大的好事。

伯邑考来到朝歌之后，拜会了比干。比干虽然是亚相，但在纣王面前其实毫无分量。伯邑考也没有联络其他大臣，就直接找上纣王，恳请放父王回乡。

伯邑考虽然献上三宝，但是在朝中无人帮忙说话，可以说，他要想救出父亲，非常艰难。此刻，皇后妲己对伯邑考传达出爱慕之意，伯邑考若能够好好利用，让妲己在纣王面上说几句好话，那救出姬昌几乎不成问题。

可是，伯邑考却迂腐之极，把妲己的示爱当成对自己的侮辱。

其实，就算是伯邑考对妲己毫无感觉，也不屑利用妲己救出父亲，那他也应当委婉拒绝。可是，伯邑考选择了最笨的应对之策——他不但直接拒绝了妲己，并且把自己对妲己的蔑视当场说出！

可以说，一个天大的有利因素，硬生生被伯邑考整成了天大的不利因素。妲己原本可以成为营救姬昌的最大助力，却被伯邑考激成了最大阻力。

其二，目光短浅，不顾大局。

作为西岐的大世子，伯邑考已经出任西岐执政官七年之久。不得不说，伯邑考在处理妲己调戏事件时的表现相当幼稚！

当妲己挑逗他时，伯邑考心想：“这贱人把我当作不忠、不德、不孝、不仁、非礼、非义、不智、不良之类。”

在伯邑考看来，妲己挑逗他，是对他的莫大侮辱。是可忍，孰不可忍。

其实，妲己对伯邑考的爱慕，可以是坏事，也可以是好事，关键看伯邑考怎么去应对。为人坚守原则本是好事，但凡事都有一个度，所谓“过刚者折”。尤其是作为一个领导者，作为统率万千百姓的君主，在考虑问题的时候，必须顾全大局，就算是个人受辱，也必须忍耐。

在这一点上，伯邑考比起他父亲姬昌，差得实在太远了。为了自己活命，姬昌连儿子的肉都可以咽下，更何况其他。

其三，感情用事，错失良机。

应该说，伯邑考有一定才华。当妲己在纣王面前诽谤他时，当白面猿猴扑打妖妃妲己之时，伯邑考都能够机智应对，将两场大劫消弭于无形。

人家纣王都原谅了伯邑考，伯邑考对妲己却嫉恨在心。

妲己提出，让伯邑考抚琴一曲，若是其中有忤逆之心，就将伯邑考斩首；若是其中有忠君之心，就放伯邑考回乡。

当此之时，就算伯邑考心中有万丈怒火，他也当演奏一曲赞美纣王、宣誓忠于商朝的曲子。

所谓：“好汉不吃眼前亏。”又所谓：“留得青山在，不怕没柴烧。”只要躲过眼前劫难，回到西岐，那伯邑考就还会有光明的未来。

可是，伯邑考却演奏了一曲批评时政、抨击纣王无道的曲子。

纣王不懂歌曲，妲己却是音乐大家。原文说：“妲己妖魅，听得琴中之音有毁谤君上之言。妲己以手指邑考骂曰：‘大胆匹夫！敢于琴中暗寓毁谤之言，辱君骂主，情殊可恨！’”

大家细看原文，妲己可不是污蔑伯邑考。曲子当中，确实就有诽谤纣王的意思。

伯邑考若要活命，本当极力辩白。反正纣王不懂音乐，公说公有理，婆说婆有理，伯邑考总还有一半活命的机会。

伯邑考却一边骂着纣王，一边把琴砸向妲己，来了一个现场刺杀。

这下可谓铁证如山，无可辩驳。纣王大怒，下令将伯邑考剁成肉酱。

封神中的绝代“小鲜肉”，最后真的变成了小鲜肉。

063 封神白猿是孙悟空的前世吗

关于孙悟空的前世，坊间一直流传着种种说法。

有人说，梅山七圣之首的袁洪，就是孙悟空的前身。

那袁洪，乃是白猿成精，修成八九（七十二）玄功，擅长变化之术，与二郎神大战，双方旗鼓相当。二郎神靠着女娲娘娘赐予的圣人级法宝山河社稷图才将其收服。被俘斩首时，袁洪砍了一个头又长一个头，最终，姜子牙用散人陆压的斩仙飞刀，才将袁洪杀死。

应该说，《封神演义》中的袁洪与《西游记》中的孙悟空，确实有几分相像。两位都是猿猴成精，都精通变化之术，都能够砍头再生……

只是，《封神演义》与《西游记》本就是两本书，串联起来解读，难免有关公战秦琼之讥。更何况，《封神演义》最后说得明白，袁洪去世之后，姜子牙封神，那袁洪之魂被封为四废星，成为天庭正神。

也就是说，即便认可封神大战是西游故事前传的观点，那袁洪也已是天庭神仙，且一直活着。天庭星宿每隔一周都要按时点名，点名不到就要被天规处罚。四废星袁洪怎么可能擅自下界，并且一去就是一千多年？更何况，《西游记》原著中，几次明确提到，满天星宿无一不在岗。

因此，无论从哪种角度说，袁洪都不可能是孙悟空的前身。

至于袁洪的诸多神通为何会与孙悟空相似，很简单，因为《封神演义》成书在《西游记》之后。其作者深受《西游记》影响，在塑造猿猴类妖怪时，自觉或不自觉地在模仿《西游记》，山寨孙悟空。

有人说，那拥有火眼金睛神通的白面猿猴，才是孙悟空的前身。

白面猿猴与孙悟空之间，有两个相似点：

其一，都是猿猴；

其二，都会火眼金睛。

第一处不必多说，白面猿猴与孙悟空的火眼金睛是一回事吗？

二者之间，貌似相同，实则有天渊之别！

为何如此说呢？

孙悟空的火眼金睛，有两大奇效。若不运转法力，孙悟空的眼睛和寻常仙人（比如八戒、沙僧）无异。一旦运转法力，孙悟空的眼睛就犹如超级望远镜一般，可以日看千里，夜看八百；同时，他眼睛又犹如透视镜一般，可以看破幻象，发现事物本质。

白面猿猴的火眼金睛呢？他能够直接看破妖怪幻象吗？

《封神演义》中伯邑考为救父亲，带着三宝到朝歌救父。三宝之一，就是白面猿猴。那猿猴虽然是动物，却能唱歌，并且精通三千小曲，八百大曲，甚至能一边唱歌一边跳舞，可谓稀罕之极！

猿猴怎么能唱歌呢？

书中有交代："这白猴乃千年得道之猿，修的十二重楼横骨俱无，故此善能歌唱。"

所谓"十二重楼"，看似神妙，其实就是喉咙的意思。换言之，那白猿因为经常唱歌，于是喉咙中没有横骨——声带发育非常完美。

那白面猿猴会火眼金睛是怎么一回事呢？

原著说："（白面猿猴）又修成火眼金睛，善看人间妖魅。"

当时，纣王与妲己一同聆听白面猿猴唱歌，都被深深迷醉。妲己虽然是千年狐妖，在歌声中也不禁意乱情迷，恍惚之间，显出了原形。

原著说："妲己原形现出，白猿看见上面有个狐狸，不知狐狸乃妲己本相。白猿虽是得道之物，终是个畜类。此猿将檀板掷于地下，隔九龙侍席上，一撺劈面来抓妲己。"

大家注意原文细节，白猿的火眼金睛其实并没有直接看破苏妲己人类形体之下是妖狐真形。它是在九尾狐听曲忘形，显露了本体之后，才用檀板去砸妲己的。

因此，白猿的火眼金睛，顶多也就是能够感受到幻化成人形的妖怪身上散发出的妖气。并且，白猿虽修行千年，但道行实际上非常低，也就勉强进入仙途，算人仙境界而已。

白猿虽然活了千年，但是未能化成人形，始终还停留在畜生阶段。顶多也就是一个有点唱歌天赋（魅惑神通）的猿猴而已。

它的实力不但和九尾狐妲己无法相提并论（妲己躲避，只是装出一副柔弱女子的姿态），就连轩辕坟中的许多小狐狸精，都已经能够变成人形，凭空飞行。

更何况，在封神世界，所谓火眼金睛，看破妖魅，其实是一种很低级的神通。姜子牙火烧琵琶精时，就特别点出姜子牙运转火眼金睛神通，定住琵琶精，使其不能任意变化。而姜子牙的修为，在封神二代弟子中，几乎就是垫底的存在。

《封神演义》原著中还提到像云中子、广成子、道德真君等金仙级别的仙人，他们几乎都具有凭空望气，发现妖魅的神通。他们在几百里几千里之外，就能看出朝歌皇宫之中，有妖魅作祟。他们这种神通，比姜子牙、白面猿猴的火眼金睛，强得太多了。

在《西游记》中，孙悟空的火眼金睛神通，则是在金仙（天仙）中也非常罕见的一种神通。若非稀罕无比，火眼金睛也无法与筋斗云一起，成为孙悟空的两大招牌神通之一。

虽然同是猿猴成精，虽然都会所谓火眼金睛，但白面猿猴乃《封神演义》小畜，孙悟空却是《西游记》大圣，二者无论是出身来历，还是神通道行，都全然不同，毫无关联。

064 为洗刷谋逆污名，姬昌出了哪些奇招

在《封神演义》中，妲己绝对是第一毒妇。纣王虽然残暴，但对待那些冒犯他的人，也不过是砍头而已。妲己却接连发明出炮烙、虿盆等刑法，让人受尽折磨，不得好死。

对天下人来说，妲己是个毒妇；对纣王来说，妲己是贴心小棉袄。

在纣王看来，妲己的所有毒计，都是为了他纣王，为了大商江山。当初杀姜皇后宫人是如此，现在把伯邑考做成肉饼，也是如此。

前文说到伯邑考不甘心被妲己调戏，一边进谏纣王，一边用琴去砸妲己。他本是弱冠书生，力气平平，与妲己之间又隔得很远，徒然打碎了一些盘碟杯盏，妲己根本就毫发无伤。

纣王大怒，伯邑考竟敢伤他爱妃，这还了得！他发狠命人将伯邑考抓了，准备扔到虿盆，让万蛇啃噬。妲己拦阻，说出个一箭双雕的处置方法。

妲己提出："妾常闻姬昌号为圣人，说他能明祸福，善识阴阳。妾闻圣人不食子肉，今将邑考之肉着厨役用作料，做成肉饼，赐与姬昌。若昌竟食此肉，乃是妄诞虚名，祸福阴阳，俱是谬说，竟可赦宥，以表皇上不杀之仁；如果不食，当速杀姬昌，恐遗后患。"

纣王一听大喜，连连慨叹："御妻之言，正合吾意！"

当初，西伯侯姬昌为何会惹得纣王大怒，下令将其抓捕？

因为姬昌擅长演习先天数！

天道渺远，高深难测。自古以来，人们对上天、对未来就深深敬畏。姬昌演习先天数，却能够勘破天机，预知未来，这是何等了不起！

姬昌不过是臣子身份，却在百姓当中、士大夫之间拥有"圣人"之名。这对于一国天子纣王来说，绝非好事。

俗话说："天无二日，国无二主。"姬昌眼下虽然还没有足够的实力与纣王叫板，但是，姬昌一方面是西方两百镇诸侯首领，一方面在天下百姓心中号称圣人，这两种身份加起来，已经对纣王的统治构成了重大威胁。

尤其是姬昌在发表所谓预言时，竟然声称纣王的帝位将一传而绝，大商的江山即将败亡。

是可忍，孰不可忍！

相比空有勋爵的姜桓楚、鄂崇禹，在天下百姓中拥有崇高声望的姬昌，危险系数更大！于是，纣王在斩杀了东伯侯姜桓楚、南伯侯鄂崇禹之后，明知不宜再惹是非，又树强敌，还是将西伯侯姬昌软禁起来。

只是，一晃七年过去，那姬昌夹着尾巴做人，对朝廷恭恭敬敬，对纣王毫无怨言。加上比干、黄飞虎多次为姬昌求情，令纣王也在狐疑，或许姬昌真的没有反叛之心？可就此放走姬昌，纣王又不大放心。

妲己的计策，恰恰可以为纣王解忧！

把伯邑考的肉做成肉饼，送给姬昌吃，这对纣王来说，有何好处呢？

其一，若姬昌看不出肉饼是伯邑考之肉所做，直接吃下，那就证明姬昌预知祸福纯属骗人，乃庸人一个，将其那放回西岐也不会有威胁。

其二，若姬昌看出了肉饼是伯邑考之肉所做，坚决不吃，那就证明姬昌有反叛之心，纣王就有理由把姬昌杀了。

纣王命人把肉饼拿给西伯侯姬昌，等候使者回禀消息。

纣王虽然也算精明，但权谋机心比起姬昌来说，差得不是一星半点。在吃肉饼事件中，他只看到了非此即彼的两种可能，完全没有想到，其实还有第三种可能。

即西伯侯姬昌确实看出了肉饼是儿子之肉所做，但为了保全自身性命，逃回西岐，依然选择吃下。

事实上，在使者拿肉饼到来之前，姬昌已经用金钱占了一课，知道儿子伯邑考被杀。

姬昌流泪说："我儿不听父言，遭此碎身之祸！今日如不食子肉，难逃杀身之祸；如食子肉，其心何忍！使我心如刀绞！"

古代有所谓"长者赐不可辞"，更不要说是天子之赐。拒绝天子的赏赐，就等于忤逆，就要被砍头。

于是，不吃肉饼，姬昌注定一死；吃肉饼，却是吃儿子的肉，姬昌心中痛如刀绞。

只是，虽然痛如刀绞，可好死不如赖活着。反正伯邑考死都死了，还是让伯邑考死得有价值吧。

最终，姬昌打开盒盖，做出一副幸福状，当着使者的面大口大口吃肉饼，把三块大肉饼全部吃光，才送走使者。

听使者回禀，纣王心中惭愧，就要放姬昌回国。一旁费仲却说，小心姬昌要诈：为求活命，才勉强吃儿子的肉。

纣王不信，他说："昌知子肉，决不肯食。昌乃大贤，岂有大贤忍啖子肉哉！"

纣王为何不相信姬昌在知道肉饼是伯邑考之肉的情况下还会吃呢？

因为那样，姬昌将会面临两个问题：

其一，以父食子，自身将受到良心的无尽折磨；

其二，以父食子，一旦消息传开，姬昌必将受到万千百姓的唾弃。

第一个还好说，毕竟姬昌儿子多。古时候父母也多把儿女当成私有财产，尤其在乱世，或者饥荒时期，更有易子而食。食子虽然残忍，却也不算罕见。

可第二个呢？为了活命，姬昌连亲生儿子都能吃掉，更何况其他毫无血缘关系的寻常老百姓呢？

姬昌若是不知，自然问心无愧；可若是知道，并且消息传开，姬昌将有何脸面统率百姓？

纣王毕竟天真，真正了解姬昌的，还是费仲。这大奸和大忠，除了道德底线不同，那都是权谋高手。

姬昌确实厉害，他忍心食子，骗过了纣王，最终回到了故乡。到了西岐后，他又自编自导了一场戏，把食子的丑事，也轻轻遮掩过去。

姬昌是怎么做的呢？

那一天，姬发带领西岐文官武将在道旁迎接姬昌。然后，姬昌登上逍遥马，进入西岐，万千百姓跪地迎接，场面隆重之极。

在无数官员百姓瞩目之下，姬昌当场赋诗一首，在大声吟诵之间，竟然把自己如何被困羑里，如何被迫吃儿子伯邑考的肉一一说出。

姬昌明白，这种事情是绝对隐瞒不了的。就算他不说，纣王一方也会故意宣扬。与其等日后西岐百姓道听途说流言纷纷，不如当众说出以正视听。

只是，食子毕竟是惨无人道、骇人听闻的事情，若处理不当，姬昌以后就没法见人。

姬昌果然是高手！

他吟诵完毕，大叫一声从逍遥马上摔下来。姬发连忙上前，扶起父亲。大家一通抢救，姬昌醒转，从口中接连吐出三个肉块——那肉块在地上一滚，竟然化成三个兔子，跑入丛林去了。

肉饼竟然变成兔子，这是怎么一回事呢？以我的理解，这必定是姬昌安排给围观万千百姓看的一场戏。

姬昌晕倒后，立刻被姬发等诸多儿子、心腹包围。百姓看到的，只是从诸王子中忽然跑出三个兔子。事后一打听，哦，原来是老大王把当初吃的伯邑考肉饼吐了出来，三个肉饼变成了三个兔子。

由此一来，姬昌食子的危机，就彻底解除了。

只是，这闹剧只能骗骗无知妇孺。当时距离姬昌吃肉饼已经过去了几个月，伯邑考牌肉饼早就进了五谷轮回之所，怎么可能还在姬昌肚中？

065 姬昌逃出朝歌回到西岐的真正原因

前文说到，伯邑考献上三宝以求救父姬昌，却落得身死人亡、父食子肉的悲戚下场。可是，在短短一两个月之后，姬昌不但获得大赦，走出羑里，还被加封为王，成为商朝真正的一人之下万人之上的超级诸侯。

究竟是什么力量改变了姬昌的命运？

姬昌能归国，首功之人当推西岐上大夫散宜生。

当伯邑考被害的消息传到西岐，以二公子姬发为首的西岐领导层就开始讨论如何营救主公姬昌。

上至二公子姬发，下至大将南宫适，大家都感到前途渺茫，束手无策。可是，上大夫散宜生却提出，要想救回主公姬昌，其实也不是什么难事！

散宜生分析当初伯邑考救父计划失败的原因。他认为，伯邑考的死亡原因有二个：

其一，不听父亲姬昌的警告，擅自前往朝歌救父；

其二，看不清朝歌局势，所托非人。

伯邑考到达朝歌后，拜访了亚相比干，比干也答应为他说情。在伯邑考看来，比干一方面是朝廷百官首领，一方面又是纣王的叔父。由他出面说情，自然一句顶一万句。

事实上，纣王对比干只是表面尊重，他真正信任的是费仲和尤浑。

伯邑考到了朝歌，没有给费仲和尤浑两位送礼。以费仲与尤浑的脾气，必定从中作梗。如此一来，救父行动怎么可能成功？

事实上，在姬昌吃了伯邑考的肉后，纣王已经提出，可以释放姬昌归国。但就是费仲提出反对意见，导致纣王改变了态度。

那散宜生的营救方案如何呢？

散宜生说："为今之计，不若先差官一员，用重赂私通费、尤，使内外相应；待臣修书，恳切哀求。若奸臣受贿，必在纣王面前以好言解释，老大王自然还国。"

散宜生的营救方案非常简单——给费仲与尤浑送钱！

所谓打蛇要打七寸。纣王耳根子软，在后宫，他经常被妲己左右；在朝堂，他经常被费仲、尤浑左右。

关押姬昌乃是朝廷政务，找费仲与尤浑才算是对口。而费仲、尤浑喜爱的，无非是金银财宝。

散宜生写了两封信，从西岐将官中挑选出两个办事谨慎的，带着书信与许多金银前往朝歌，求见费仲、尤浑。

在费仲与尤浑收到金银后不久，姬昌就被释放归国。

可以说，金钱的力量，在营救姬昌的行动中发挥了重大作用。

当然，金钱只是外物，只是驱动力，真正改变姬昌命运的，是费仲与尤浑。

费仲这个人虽然奸诈，但盗亦有道，他一直还是秉持收人钱财，替人消灾的古老规则。在收了万金之后，就开始盘算如何救人。

费仲与尤浑不愧是商朝排名第一、第二的奸佞之臣，在见风使舵、揣摩人心方面的造诣，可谓登峰造极。

姬昌当初被捕，是犯下妄言国政、欺君侮上的大罪。并且，费仲与尤浑正是力主抓捕姬昌、严惩姬昌的代表人物。如今他们两位要为姬昌说情，首先就要面对纣王的质疑，若处理不当，就会搬起石头砸自己的脚。

他们没有在朝堂公开提议释放姬昌，而是在摘星楼与纣王下棋，于纣王连胜两盘心中大喜的时候，假作随意评价一边的歌女琴艺平平，引得纣王说到伯邑考，谈起西伯侯姬昌。

纣王慨叹：姬昌连自己儿子的肉都吃了，可见所谓姬昌擅长先天数、预知未来都是一派胡言！

眼见纣王对姬昌的敌意大大降低，费仲趁机禀奏说："臣闻姬昌素有叛逆不臣之心，一向防备。臣于前数日着心腹往羑里探听虚实。羑里军民俱言姬昌实有忠义，每月逢朔望之辰，焚香祈求陛下国祚安康，四夷拱服，国泰民安，雨顺风调，四民乐业，社稷永昌，宫闱安静。陛下囚昌七载，并无一怨言。据臣意，看姬昌真乃忠臣。"

纣王一听，奇怪了，说："卿前日言姬昌'外有忠诚，内怀奸诈'，包藏祸心，非是好人，何今日言之反也?"

费仲说："据人言，昌或忠或佞，入耳难分，一时不辨，因此臣暗使心腹，探听真实，方知昌是忠耿之人。正所谓‘路遥知马力，日久见人心’。”

费仲很会说话。他故意以“臣闻”开头，一方面强调自己当初提倡抓捕、严惩纣王，是听他人传言，为当初误判洗刷罪过；一方面强调自己已经派人到羑里查实，姬昌七年间表现确实不错，为释放姬昌提供证据。

如此一来，在纣王眼中，费仲不但不是那种昨是今非、毫无定见之人，反而成了敢于求证、勇于认错的忠诚之士。

纣王一听，觉得费仲所言颇有道理，再询问尤浑意见如何。尤浑表示，自己和费仲看法一样。纣王当即拍板，要释放姬昌。

赦免姬昌事件上，费仲出力多，尤浑出力少。而尤浑是个注重口碑的人，他既然收下了西岐万金，就要办一件万金难买的大事，如此才能体现他尤浑大人的价值。

于是，尤浑提议：朝廷应当加封姬昌为王，如此一来，既可以让天下人知道纣王之宽仁博爱，又可以让姬昌代替天子去剿灭东南叛贼，一举两得。

纣王一听大喜，当即封姬昌为王，让姬昌夸官三日，再回西岐。

本来，姬昌只要老老实实夸官三天，就可以回到西岐。可是，一个貌似聪明其实蠢到家的人给姬昌提了一个意见。这个意见，让刚恢复自由身的姬昌，又变成朝廷逆贼，受官兵追捕。

这个提馊主意的人是谁呢？姬昌又如何躲过朝廷追捕呢？

066 黄飞虎到底是笨蛋，还是坏蛋

姬昌夸官途中，遇上的人是商朝武成王黄飞虎。

姬昌一见，急忙下马，站在道旁，对黄飞虎欠身打躬。

姬昌为何如此客气？姬昌此时虽然受封王爵，可以代替天子征伐四方，可是，人家黄飞虎早就是王爷，并且妹妹还是纣王贵妃。在西岐，姬昌是一方霸主，但在朝歌，还要多番仰仗人家黄飞虎。

见姬昌如此客气，黄飞虎也忙滚鞍下马，向姬昌行礼，并且表示自己有重要事情相告，希望姬昌移步到黄府一叙。

此前，姬昌虽然也和武成王相熟，但彼此并无深交。见黄飞虎主动邀请，姬昌觉得，正是加强彼此联系的大好机会，于是爽快答应。

到了黄府，黄飞虎把众人屏退，对姬昌说了一番话。正是这番话，把姬昌吓得胆战心惊，一出黄府就立刻逃亡。

黄飞虎说了什么呢？

黄飞虎说："当今宠信邪佞，不听忠言，陷坏大臣，荒于酒色，不整朝纲，不容谏本，炮烙以退忠良之心，虿盆以阻谏臣之语。万姓慌慌，刀兵四起。东、南两处已反四百诸侯，以贤王之德，尚有羑里困苦之羁，今已特赦，是龙归大海，虎入深山，金鳌脱钓，如何尚不省悟！况且朝中无三日正条，贤王夸什么官，显什么王！何不早早飞出雕笼，何必在此网罗之中，做此吉凶未定之事也。"

黄飞虎一番话，主要强调了三点。

其一，纣王无道，臣子不必守节。

当今皇帝纣王，乃是一个沉湎酒色，不理朝政，虐杀忠良，善恶不分的昏君。

和明清时期君臣关系不同，先秦时期的君臣之间虽未达到彼此平等，但也绝不是臣子单方面付出。

所谓："君王待臣子如手足，臣属待君王则如心腹；君王待臣子如犬马，臣属视君则如路人。"既然纣王对大臣一味凶暴，那么，大臣对纣王也就不再有效忠的义务。

其二，天下皆反，纣王已不可信任。

天下一共八百镇诸侯，东、南四百镇都被纣王逼反，北方更有袁福通率领的七十二路反叛军。唯一安定的就是以西岐为首的西方两百诸侯。

可是，立下安邦定国大功的姬昌不但没有受到朝廷赏赐，反倒被朝廷下令拘禁。纣王如此功过不分，善恶不明，怎能信任，怎可托付？

其三，纣王朝令夕改，姬昌处境危险。

七年前，纣王因为荒唐的理由将姬昌抓捕。七年后，纣王莫名其妙又将姬昌放出。多数官员，比如比干、微子等人，觉得是姬昌命好，甚至慨叹纣王宽仁。

但是，黄飞虎却告诉姬昌，以纣王之糊涂残暴，他可以一时兴起放了姬昌，也可能一时兴起杀掉姬昌。眼下姬昌看似荣耀，其实依然处在危险境地。唯有逃出五关，回到西岐地界，纣王才会有所忌惮，才会放过姬昌。

姬昌一听，吓得魂飞天外。只是他还有困扰：从朝歌到西岐一路有关隘阻挡，没有兵符，根本就不能出关。

黄飞虎慨然许诺帮忙，送给姬昌出关铜符，命部下打开朝歌西门。姬昌在晚上八九点离开，一路快马奔驰，逃回西岐。

黄飞虎对时局的分析对不对呢？

很对！

黄飞虎提议姬昌立刻逃离朝歌对不对呢？

大错！

后文中写到，因姬昌晚上没有按时回到驿舍住宿，驿舍官员发觉后，怀疑姬昌已经潜逃，立刻禀告费仲、尤浑。费仲、尤浑立刻禀告纣王，纣王大怒，认定姬昌之前种种是欺瞒君王，派出心腹将领殷破败、雷开率领三千飞骑追赶。

结果，姬昌提前一晚出发，官军第二天上午追赶。黄昏时分，临潼关前，官军已经赶上。就算姬昌侥幸凭借铜符，逃出了临潼关。可是，之后还有四座关隘，姬昌一年迈老人，无论如何不可能逃过精锐骑兵的追捕。

换言之，若姬昌在朝歌安安分分夸官三日，正常来讲，就可以风光无限、太太平平地回到西岐。可是，若姬昌逃出朝歌，正常来讲，姬昌必定会被官军擒拿，最终以欺君罔上之罪被斩首。

黄飞虎统兵多年，对麾下精锐骑兵的追捕速度应当一清二楚。当初追捕殷郊、殷洪两位王子，黄飞虎几次出手干预，最终朝廷官军还是捉回了两位王子。

那么，黄飞虎为何还要建议姬昌潜逃？这不是把姬昌往火堆里推吗？

没错，在我看来，黄飞虎就是要把姬昌往火坑里推！

证据一：放纵殷、雷二将追捕姬昌。

殷破败、雷开二人领了圣旨之后，到黄飞虎处调兵。黄飞虎没有像上次一样，给他们老弱病残，而是派出三千精锐骑兵，以至于官军仅仅花了半天工夫，在距离临潼关还有20里的路上，就追上了姬昌。

证据二：姬昌自身也明白逃离方案失当。

面对后面追兵，姬昌知道逃命无望，心中无奈叹息说："武成王虽是为我，我一时失于打点，夤夜逃归；想必当今知道，旁人奏闻，怪我私自逃回，必有追兵赶逐。此一拿回，再无生理。如今只得趱马前行，以脱此厄。"

《封神演义》中的姬昌，是一个典型的以德报怨的谦谦君子。姬昌将自己被捕的责任，归咎于自己"失于打点"，也就是没有给一些人（比如驿舍官员）送钱，于是他们禀奏朝廷，纣王下令抓捕。

一出事情驿舍官员就向费仲禀告，看来他是费仲的心腹。其实，就算姬昌给了驿舍官员金山银山，见姬昌一夜未归，也必定会向费仲、尤浑禀告。

所谓有命拿钱也要有命享受，若是包庇姬昌，那等待驿舍官员的就是死亡。

因此，问题的关键不是姬昌失于打点，而是逃亡计划本身就不靠谱。

只是，黄飞虎与姬昌无冤无仇，为何要害姬昌呢？

因为黄飞虎乃商朝贵戚，姬昌乃地方霸主。

黄飞虎的幸福，和商朝的江山有着密切关系。他的父亲是界牌关总兵，他妹妹是后宫贵妃，他自己更是统率朝歌兵马的武成王。

商朝若是败亡，他的富贵也就到了终点。

能够威胁到商朝统治的，首推地方四大诸侯。

因此，虽然纣王不分是非屠戮了姜桓楚、鄂崇禹，拘禁了姬昌，但是，武成王面对这些冤案，基本上闭口不言。

在对姬昌的一番提醒中，黄飞虎大谈纣王无道，大谈天下皆反，可是，黄飞虎自己却一直待在商朝阵营中。黄飞虎在商朝富贵已极，他投奔西岐顶破天也就是享受和商朝一样的待遇。他何必多此一举呢？

只是，黄飞虎万万没有想到，自己落花有意，纣王流水无情。他这边为了商朝的稳定殚精竭虑，甚至不惜做坏蛋害人，可那边纣王却要给他戴绿帽，逼得他不得不反。

当下，姬昌能够走出困局，靠的不是黄飞虎的通关铜符，而是化身鸟人的雷震子。那雷震子本是人身，为何会变成鸟人呢？

067 雷震子为何会变成丑陋鸟人

七年之前，云中子巧设计谋，将自家大弟子雷震子送到燕山之下，认了西伯侯姬昌做义父。一晃，七年过去，姬昌灾难已满。按照封神计划，姬昌当回归西岐。只是，武成王黄飞虎献上毒计，让姬昌再度沦为逆贼，受官军追捕。云中子了解一切之后，决定派徒弟雷震子下山救父。

封神世界阐教第三代弟子大都相貌堂堂，虽也有容貌怪异者，比如眼中生手的杨任，但杨任毕竟是双眼被剜在先，道德真君不得已才加以改造。为何雷震子明明是完好无损的人类身躯，其师云中子却要将其强行改造成一个怪物呢？

雷震子之丑，在封神世界中数一数二。原文说："原来两边长出翅来，不打紧，连脸都变了：鼻子高了，面如青靛，发似朱砂，眼睛暴湛，牙齿横生，出于唇外；身躯长有二丈。"

见到自己变得如此丑陋，雷震子的第一反应是"痴呆不语"。自个儿都吓傻了。

听闻师父召唤，雷震子不敢见人，一步一步挪过去，如同斗败的公鸡一般，把那两个翅膀拖着。

只是，雷震子万万没有想到，让自己变得丑陋万分的，正是自己最敬重的师父。

为何如此说呢？

云中子告诉雷震子："汝父乃是西伯侯姬昌，有难在临潼关；你可往虎儿崖下寻一兵器来，待吾秘授你些兵法，好去救你父亲。"

雷震子很乖，在虎儿崖找了很久。虎儿崖有山有水，有桃有杏，有走兽飞禽，可是，根本就看不到刀枪剑戟这类兵器。

雷震子很苦恼，正想回去问问师父，忽然闻到一股异香传来。雷震子寻找过去，发现香气的源头是来自杏树林中两枚鲜红的杏果。

雷震子毕竟还是一个七岁的孩子，一见红杏，立刻馋得流口水。摘了红杏，他还说："此二枚红杏，我吃一个，留一个带与师父。"等吃了一个，不知不觉又把另一枚也吃了。

两枚红杏刚吃完，异变就发生了，在雷震子左右两肋下各长出一只长翅，不一会工夫，连嘴脸也变得可怕起来。

事实上，虎儿崖上根本就没有所谓兵器。雷震子后来舞弄的黄金棍，并非从虎儿崖找来，而是云中子直接赐予的。

云中子就是要骗雷震子到虎儿崖，料定雷震子还是孩子，贪吃，必定会吃下两枚红杏。

那两枚红杏，其实根本就不是红杏，而是两枚可以激发人体变异，进行人体改造的仙丹。

云中子为何要这么做呢？

因为云中子很穷。

十二仙首是玉虚宫元始天尊门下弟子，他们在下山时，元始天尊都会赐予两三件镇山法宝。比如太乙真人的乾坤圈、混天绫、九龙神火罩都是元始天尊亲手炼制，赐予太乙。

云中子虽然也算是阐教仙人，但并非元始天尊门下。他平常自己使用的法宝，只有一把斩妖仙剑，还有一个水火花篮。这两件法宝降伏寻常妖怪还可以，若赐给徒弟，参加封神大战，那只会出丑。

云中子唯一难得出手的法宝，是在绝龙岭上降伏闻太师的通天神火柱。只是，那神火柱是在多年之后——云中子已经得到元始天尊召见之后方才炼制。通天神火柱和太乙真人的九龙神火罩的功能几乎相同，其炼制方法十有八九是元始天尊传授。

也就是说，草根仙人云中子没有什么拿得出手的法宝赐给雷震子。于是，他只好另辟蹊径，在身体改造上下功夫。

应该说，云中子炼制的人体改造仙丹效果还是不错的。

在服下两枚红杏之后，雷震子背生双翅，从此拥有了飞行的能力。

封神大战中，阐教、截教的第三代弟子，都精通五行遁术，但大都属于人仙境界。一般来说，修行者唯有突破到神仙境界以上方才能够不借助飞行法宝，踏空飞行。

雷震子拥有飞行能力，可以做到打不过就跑，因此，与同级别弟子大战时，基本上就立于不败之地。

同时，服下两枚红杏之后，雷震子身体强壮，两臂有千斤之力，远远超过凡人将领，比一般人仙级别修真者也高出不少。

雷震子出场的招牌动作是，先大吼一声说：“你的头可有这山结实?”然后挥起黄金棍，一棍子把山尖打碎。

这一招在封神大战前期，让雷震子出尽了风头。

只是，这改造身体的仙丹，也有着十分严重的副作用——让容貌变得丑陋不堪。

几乎每个见到雷震子的人，都要对雷震子嘲笑一番。

为了安抚雷震子，给雷震子以信心，云中子一见到变形之后的雷震子，就吟诵一首诗，开头两句非常霸气：“两枚仙杏安天下，一条金棍定乾坤。”

果然，被云中子一番忽悠，雷震子转悲为喜，乐滋滋下山救父去了。

当然，那时的雷震子只有七岁，还没到谈恋爱的年纪。不知道等雷震子长大后，面对美女的嘲笑，还能不能淡定?

凡事有利必有弊，有得必有舍。苍天还缺一角呢。

事实上，云中子对徒弟的这番改造，确实让雷震子从此走上了不同的道路。在茫茫仙界第三代弟子当中，雷震子没有强力法宝，很少建立斩将攻城大功，但是，其本体武艺高超，更有飞行突袭能力。于是，在多次大混战当中，许多有强力法宝的仙人都被杀死了，雷震子却总能逃过劫难，最终肉身成圣，位列仙班。

068 云中子为何命令雷震子半路抛下父亲

雷震子奉师父云中子之命下山救父。在临潼关前，雷震子大展神威，以黄金棍打掉山尖，吓退追兵。之后，他背负义父姬昌，飞过五关，来到西岐地界。

落脚地虽已是西土，但距离都城还有数百里路程。姬昌已经是耄耋之年，又无马可以乘骑，为免老父亲奔波劳苦，雷震子本应当把姬昌送到西岐国都。可是，雷震子却告诉姬昌，自己就此告归。

姬昌又气又恼说：“我儿，你为何中途抛我，这是何说!”

雷震子无奈道：“奉师父之命，只救父亲出关，即归山洞。今不敢有违，恐负师言，孩儿有罪。”

那雷震子本也想把父亲送回家，可是下山前云中子有严令，不许雷震子同姬昌前往西岐（国都）。雷震子从出世一来，一直跟随师父，对师父敬畏有加，怎敢违命？

那么，云中子为何不许雷震子送姬昌到西岐呢？

当雷震子离开之后，姬昌独自一人在山路上行走，又无马匹，走了足足一整天，又累又饿。

幸亏路边有村寨，姬昌晚上在一家店铺投宿，吃了晚饭。第二天起程出发，店家要来结账，姬昌分文皆无。店小二不禁发怒，要打姬昌。虽然被店老板劝住，但姬昌总是受了一场羞辱。

幸亏姬昌的母亲太姜（估计都一百二三十岁了）演先天数，推算出姬昌已经到达西岐，于是派遣姬发率领诸位世子及百官前去郊外迎接。在途中，双方遇上。于是姬昌登上车驾，回到西岐。

雷震子有风雷双翅，展翅飞行，瞬息百里，送姬昌归国，不过是举手之劳，为何云中子偏要阻止呢？

是云中子有意刁难姬昌，折腾姬昌？

当然不是，云中子虽然是仙人，高高在上，但姬昌也不是凡夫，可以任意欺凌。封神计划已经写定，姬昌代表的西岐将取代商朝。获得姬昌的信任与支持，就意味着能在未来的周朝拥有诸多信徒，壮大香火。这可是很多仙人梦寐以求的事情。

不是有特殊原因，云中子绝不会下达这种可能得罪姬昌的命令。

有什么特殊原因呢？

其一，不去西岐，能更好地控制雷震子。

云中子与姬昌之间本无交集，云中子本身也不是玉虚宫门下。为了在封神行动中捞取一杯羹，云中子主动掺和、多番讨好阐教仙人。

在制造献剑风波后，云中子苦心谋划，让自己的弟子转世投胎，化身雷震子，认姬昌做义父。从此，云中子与姬昌，与阐教，与封神行动有了明确的联系。

可以说，控制了雷震子这位周朝王子，就意味着将自家利益与阐教捆绑在了一起，就意味着在未来的周朝供奉诸神中占据了一席之地。

云中子在让雷震子认下姬昌为父亲后，就把雷震子带回山中。一是因为姬昌远行，不便抚养婴儿；二来，是为了更好笼络雷震子。

雷震子在终南山修炼七年，一直到下山之时，他都不知道姬昌是自己的义父。他知道的，只是云中子是自己的师父。

不过，雷震子是个非常重情义的人。一听姬昌是自己父亲，并且有难，就万分着急。在临潼关，雷震子第一次见到姬昌，可是，他毫不迟疑，当即下拜；听闻殷破败追赶姬昌，雷震子大怒，就要与他们拼命。

也就是说，如果雷震子跟随姬昌来到西岐城，必然会被诸位兄弟叔伯、祖母母亲等诸多亲属包围。一旦雷震子感受到了浓浓亲情，他对于清苦的修道生活必然会有所厌倦，对于严厉的师父云中子也必然会有所疏离。

这是云中子不能接受的。

其二，不去西岐，能避免争端过早激化。

封神计划已经公布多年，但仅仅是在仙界流传。而人间万民，并不知情。

为保证封神大战的公正性，鸿钧老祖早就做出规定：封神大战开始前，双方不能过多干涉人间王朝。

像那姜子牙在72岁下山，下山之后，或者做生意，或者算命，或者为官，总之，七年都是庸庸碌碌。一直到第八年，姜子牙才在渭水设局，求见姬昌。之后，姜子牙拜相，方才兴利除弊，开始西岐的独立之路。

为何姜子牙不直接去西岐，尽早壮大西岐？只因师尊有命，必须按照封神计划一步步操作。否则，便是有违天命！

同样，姬昌在临潼关受阻，本当凭借人间力量解脱灾难。云中子派雷震子下山，等于是阐教干涉，形同作弊。

只是，姬昌脱难回归西岐，又属于封神计划的既定安排，而借谁之手脱难，并不固定。

因此，云中子派雷震子下山救父，逃出五关，虽然有作弊之嫌，但因是顺应封神计划，截教仙人也不好多事。

但若雷震子陪同姬昌前往西岐，甚至就此留在西岐，以仙家道法帮助西岐打天下，那就是严重破坏约定了。

因此，云中子要求雷震子救父之后立刻回山，以避免阐、截二教的争夺过早激化。

姬昌回归西岐之后，是否就开始了对商朝的复仇呢？

069 圣人姬昌是如何治理西岐的

姬昌回归西岐之后，西岐上下无不振奋。无论是以南宫适为代表的武将派系，还是以散宜生为代表的文官派系，都觉得为大王子伯邑考报仇雪恨的时机到了。

南宫适与散宜生联名禀奏：今西岐雄兵40万，战将60员，正宜杀进五关，围住朝歌，斩费仲、妲己于市曹，废弃昏君，另立明主，以泄天下之忿！

伯邑考被纣王无辜杀害，西岐百官无不愤恨。此前，因老大王姬昌还在纣王手中，投鼠忌器，西岐上下不得不收敛锋芒。如今姬昌已经回归，正是虎入深山，龙游大海，正是英雄大展拳脚，有仇报仇，有冤报冤的大好时刻。

可是，姬昌却将二人大骂一通，并且宣布，终他一世，绝不叛商！

姬昌为何在儿子被残害，自己受拘禁之后，依然选择尊奉商朝，谨守臣节，终生不背叛商朝呢？

姬昌有三大理由。

其一，君臣有别。

纣王身为君王，即便有错，身为臣子，也只能默默承受。所谓："君叫臣死，臣不得不死；父叫子亡，子不得不亡。"

姬昌受商朝封诰，食商朝俸禄，自然就应该听从商君诏令，为商朝社稷效忠。

姬昌的这番话看似空洞，其实符合礼法。做大事，一方面要不拘小节，另一方面却需师出有名。若纣王对姬昌残暴不仁，那姬昌自然可反。事实却是，纣王对姬昌不坏。

其二，纣王对姬昌不坏。

当初东、南四百镇诸侯会反叛，是因为东、南两大方伯都被纣王无辜杀害。

纣王虽然将姬昌拘禁，但是，姬昌确实有散播流言、诽谤君王的罪行。

故纣王下令杀死姬昌时，以比干为首的宗室贵胄纷纷为姬昌求情，一旦纣王让步，改成拘禁姬昌，比干、微子等人也就放弃了营救。

何况，七年之后的现在，纣王不但释放了姬昌，并且封姬昌为王，让其夸官三日，荣归故里。天下人皆知纣王对姬昌荣宠有加！

姬昌“以小人之心，度君子之腹”，在夸官第二日擅自逃离朝歌，犯下藐视君王大罪，于是，姬昌才会被商朝官兵追捕。

也就是说，纣王与姬昌之间，姬昌多少还亏欠了纣王。

其三，伯邑考被杀，纣王并不理亏。

当然，很多人会说，纣王不是杀了姬昌儿子伯邑考吗？是可忍，孰不可忍！

只是，我们读者自然明白，伯邑考被杀，是因为妲己调戏不成，倒打一耙。可是，封神世界中的万民，对伯邑考被杀事件会怎么看呢？

原著中说得明白，就算是伯邑考的随从也不知道伯邑考被杀的真正原因。他们知道的，只是伯邑考在朝堂上用琴砸皇后妲己，然后被纣王当堂拿下。

纣王也正是用伯邑考弑君杀后的名义，将伯邑考剁成肉酱。

在古代，谋逆乃十恶不赦之大罪，将谋逆者剁成肉酱，完全合法！

姬昌本人是如何评判儿子伯邑考之死呢？

他说：“邑考不遵父训，自恃骄拗，执忠孝之大节，不知从权，又失打点，不知时务进退，自己德薄才庸，情性偏执，不顺天时，致遭此醢身之祸。”

在姬昌看来，伯邑考会被杀，首先是伯邑考不听自己训诫，为人骄傲执拗，擅自前往朝歌救父，却又不知变通，不知进退，才德浅薄，最终方才被杀。

一言以蔽之，伯邑考被杀，全怪他自己！

当然，以上三个理由都是姬昌面对西岐百官，当众说出。事实上，姬昌还有一个不能公开说明的理由——即便姬昌有心反商，眼下时机也未成熟！

为何这么说呢？

当时天下东、南四百镇诸侯已经反商，攻打商朝游魂关、三山关多年，可是，从未踏入商土一步。

一方面是东、南两大方伯各率两百镇诸侯攻打，另一方面只是商朝一镇总兵防守，为何多年下来，反叛大军都无法取胜呢？

并非游魂关、三山关总兵多么厉害，也绝非他们麾下兵马多么强悍，而是东、南四百镇诸侯各怀鬼胎，并不能齐心协力反抗商朝。

新任东伯侯姜文焕与新任南伯侯鄂顺，与纣王、与商朝有仇，而其他四百镇诸侯可没有。他们不过是畏惧方伯，于是只能跟在他们后面摇旗呐喊而已。

反观商朝，虽然纣王残暴荒淫，杀了不少大臣，但是他除掉的都是朝廷高官、宗室贵胄，对于商朝的地方总兵，并无迫害。也就是说，纣王虽然在朝歌死命折腾，但商朝的地方实力并未受损。

并且，多数的商朝关隘总兵，对纣王都忠心耿耿。

再看西岐。

一旦开战，西岐必将暴露出两大致命弱点。

其一，国力匮乏，难以支撑长时期战争。

西岐文有散宜生，武有南宫适，麾下雄兵40万，看似强大，其实实力远不能和商朝抗衡。毕竟西岐只是八百镇诸侯中一国，就算有西方两百镇诸侯支持，也远不是商朝的对手。

高筑墙，广积粮，静观其变，等待时机，是姬昌当下最好的选择。

其二，缺乏主帅，难以对抗商朝诸多名将。

姬昌仁德有余，权谋不足。散宜生具体办事执行力尚可，制定国家发展战略眼光不足；南宫适勇悍有余，可冲锋陷阵，却不知变通，难以通观战争全局。反观商朝，有着以闻太师为首的诸多名将，许多人都有着独当一面的才略，其实力是西岐大将南宫适拍马也难以企及的。

姬昌迫切需要一个兼具将相之才的贤人。于是，在低调为君的同时，姬昌积极行动，四方打探，希望能找到一个王佐之才。

070 西岐为何成八百诸侯最强国家

西岐要想强大，首先必须有一个长远且可行的治国方略。

在世人眼中，西岐能强大，最终击败商朝，其功勋首推姜子牙。其实，姜子牙其功再大，不过是人臣。他有再好的建议，也须身为君主的姬昌、姬发能够采纳。

因此，姬昌才是奠定西岐强大之路的关键人物。

那么，姬昌归国之后，制定了怎样一条发展壮大之路呢？

姬昌告诉百官："孤既归国，当以化行俗美为先，民丰物阜为务，则百姓自受安康，孤与卿等共享太平。"

这句话中，其实就包含着姬昌治国的核心思想：力行教化，以礼治国。

只是，所谓"教化"，即精神文明建设，这是个非常虚的东西。姬昌这位大圣人是如何化虚为实，让西岐万民时刻紧跟自己的步伐，最终将西岐打造成天下第一强国的呢？

姬昌一共用了三招。

其一，高举为百姓谋福利的旗帜。

和暴君纣王任性使气，时刻以自我为中心不同，姬昌常常在公众场合宣扬以民为重，全力为百姓谋求福利，因此，在西岐百姓心中，姬昌拥有着无人可比的崇高地位。

姬昌归国后，首先兴建了一座宏伟建筑——灵台。

朝歌那纣王修建鹿台惹得天怒人怨，百姓逃离，可是，百姓听闻姬昌要修建灵台，却纷纷放下手中农活，自觉前往帮助。

这只因纣王建造鹿台，是为了自个儿享乐，而姬昌修建灵台，则是为西岐万民祈福，居住于灵台之中，以先天神数为西岐趋吉避凶。

姬昌担心扰及百姓，于是向上大夫散宜生问策。散宜生提出：对于出工一事，不做统一规定，不愿来的，不予惩罚；愿意来的，每天给工钱一钱。

诏令一出，西岐百姓无不欢欣鼓舞。

在当下，按劳取酬、多劳多得的观念深入人心。但在千百年前，朝廷与百姓之间哪里有这种观念？文王姬昌给做了事情的民夫工钱，在我们今天看来天经地义，可是，无论是商朝还是其他王朝，百姓给朝廷服劳役，无不是义务劳动，不但要出工出力，还要自带伙食。

在受惯了欺凌，做惯了顺民的时代，朝廷给点甜头，万民自然无不感恩。

除了给工钱之外，姬昌还有另一个高明举措——埋葬枯骨。

在建好灵台之后，姬昌下令在灵台之畔挖一个湖，以形成水火相济的风水宝局。百姓们在挖土时，挖出一副枯骨。

谁也不知道那枯骨是谁。那些百姓就把枯骨随意抛弃在路边。姬昌巡查工地时，看到了这一情景，急忙命人把枯骨捡齐，放在一个匣子中，选择一个高地，将其妥善安葬。

老百姓们一看文王如此，感动万分。他们说："圣德之君，泽及枯骨，何况我等人民！"老大王姬昌对一副无名枯骨都能够施以仁德，妥善安葬，何况是对待麾下子民呢。

在百姓面前，身为西岐国主的姬昌，是一个时刻心系百姓、仁德慈爱的君王。这副面貌，当然不是姬昌的全部——姬昌食子，就是明证——只是，无论姬昌还有多少个面目，对于百姓来说，只要能善待他们，不去肆意欺凌，就已经足够了。

其二，治理国家时将术与法结合。

姬昌在治理国家方面，颇有自身特色。

在《封神演义》中写了一个"画地为牢"的故事，鲜明地体现了姬昌的治国理念。

樵夫武吉担着一担柴火，到西岐城中贩卖。恰巧遇上姬昌前往灵台。前面武士喝道，武吉连忙退让躲闪。因街道狭窄，武吉特意把柴火换肩挑。一不小心，柴火滑落，扁担暴起，把旁边的一个叫作王相的士兵给当场打死。

见出了人命，现场一片慌乱。士兵们把武吉押到姬昌驾前。姬昌一番审问，最后判定武吉给王相偿命。

在古代，即便被判死刑，一般都不会即刻施行，而是拘押起来，等待秋天再行问斩。

西岐没有监牢。按照惯例，司法人员在一个角落画了一个圈圈，让武吉走入圈中。这圈圈就是牢房，武吉不得擅自离开，别人也不敢随便踏入。

为何一道圈圈就可以让囚犯不逃跑呢？

这就要说起姬昌的特殊本领先天数了。

早在许多年前，西岐百姓就已经知晓，国主姬昌擅长演习先天数，可预测未来。任何跑出圈圈、擅自逃离的囚犯，最终都会被姬昌以先天数找到。一旦被抓捕回来，那些囚犯将受到更加严苛的惩罚。

凭着姬昌先天数的强大保证，西岐治安极好，夜不闭户、路不拾遗这种现象，随处可见。

后来，上大夫散宜生见樵夫武吉痛哭，说家中还有老母，乞求回家一趟安排后事。散宜生一来见武吉孝心可嘉，二来觉得有姬昌先天数做后盾，于是批准武吉先行回家，安排好后事之后再回来受刑。

最终，武吉一去不回。姬昌以先天数追踪，发现武吉已经跳崖而死，于是，追捕武吉一事就作罢。其实，武吉一直好好地活着。他得姜子牙帮助，子牙以仙家秘法屏蔽了信号，让姬昌查无可查。

只是，姜子牙只有一个，并且，他之所以出手，也是为了引来文王姬昌。就整个西岐来说，在姬昌术与法兼施的情况下，可谓百姓安康，人人守法。

其三，礼贤下士，招揽英才。

善待百姓，让西岐的崛起有了群众基础。术与法结合治国，让西岐万民行事有着明确的准则。

只是，西岐最为缺乏的，是一个文武兼备，尤其是在军事方面有着高超素养的统帅型人物。

为了找到这个人，姬昌下令招贤，并且派遣官员到各地收集民歌，了解民情，自己也多次出城，亲自查访。

最终，姬昌在渭水河畔找到了姜子牙。94 岁的姬昌一见到 80 岁的姜子牙，惊为天人，不但立刻任命姜子牙为丞相，并且举国相托，临终前还要儿子叫姜子牙为尚父。

姜子牙在朝歌的表现可谓窝囊之极。那个被马氏弃如敝屣的姜子牙，为何会变成文王姬昌眼中的一块宝呢？

原来，姬昌渭水得遇姜子牙，看似一场巧遇，其实是姜子牙苦心两年，精心安排的一个局。

姜子牙是如何布局，又如何引得姬昌重视的呢？

071 渭水访贤本是姜子牙苦心布局

文王姬昌渭水访贤，看似是偶遇渔樵唱诵歌谣，得知子牙乃不出世之大贤，于是登门拜访，礼聘子牙。一切顺理成章，仿佛天成。其实，这都是姜子牙苦心安排，巧妙设局所致。

那么，在这段访求贤才的君臣佳话中，姜子牙在暗中究竟做了些什么呢？

且说姜子牙在72岁离开昆仑山，在朝歌待了7年。在79岁的时候，他离开朝歌，来到了西岐。

按照师父元始天尊的安排，姜子牙必须在80岁时“巧遇”姬昌，得到重用，从此开启人间富贵之路。

只是，姜子牙要如何在短短一两年间，就让自己的名声被姬昌所知，被姬昌重用呢？

自个儿主动上门、毛遂自荐？若是那样做的话，或许姬昌也会给个一官半职，但绝不会引起重视，封侯拜相更是绝无可能。哪个大贤会这么掉价，送货上门？

姜子牙已经是七老八十的人了，没有时间也没有精力去按部就班。他要做的，是一举成名，一步登天。

于是，精心谋划，苦心造势，就成了姜子牙崛起的必然选择。

在一两年间，姜子牙主要做了三件事情。

其一，渭水垂钓。

姜太公钓鱼——愿者上钩。这则歇后语，在中国可谓老少皆知。

姜子牙初到西岐，急需闯出一番名气。

古代交通闭塞，信息传播手段贫乏。可是，姜子牙硬是靠着最简单、最朴素的口口相传的传播方式，在渭水河畔数百里方圆，为自己成功树立起大贤的光辉形象。

姜子牙是怎么做的呢？

他每天都在固定时间到达固定地点钓鱼，每次钓鱼所用的鱼钩都是直钩（如同一根针）。并且，当有人围观的时候，姜子牙会故意把鱼钩捞起。在众人嘲笑姜子牙很傻，竟然用直钩钓鱼的时候，姜子牙就会摆出一副高人模样，说：“宁在直中取，不向曲中求，不为锦鳞设，只钓王与侯。”

姜子牙这几句诗非常有讲究，向围观者传递了一个重要信息：他不像茫茫多的隐士一样，标榜淡泊名利，而是宣扬自己想要谋求人间富贵，只是，他绝不会像一般人一样，走常规途径为官。

最开始，大家都把姜子牙当成一个笑话。人们疯传，渭水河畔有一个脑袋有毛病的老头，正在用直钩钓鱼，还说自己要当王侯。许多渔夫、樵夫不远数十里跑去观看。

姜子牙从不躲避众人的围观，他每天准时出现在渭水河畔，在众人诧异的目光中用直钩钓鱼。一边钓鱼，姜子牙还一边唱歌。

一日复一日，一月复一月，人们的观念渐渐发生了改变。或许，姜子牙真的是一个大贤？或许姜子牙真的有朝一日能富贵？

不知不觉，渭水百姓对姜子牙的看法有了改变，从陌生变成了熟悉，从鄙视变成了崇拜。

靠着长时期非主流的言行，姜子牙终于在渭水两岸百姓心中成功树立起一个热衷富贵却又不同流俗的高人形象。

其二，以歌自荐。

姜子牙在钓鱼的同时，还经常唱歌。他唱的一些歌谣，看似随口吟诵，其实每一篇每一句都是他进行创作。

围观的渔夫、樵夫们听姜子牙唱得好听，歌词也蛮有味道，于是也加入传唱队伍。久而久之，姜子牙创作的歌谣成为渭水两岸娱乐圈最红的神曲。

在姜子牙80岁那年春天，文王姬昌出门郊游，路上先后听到了渔夫、樵夫唱歌。每听一曲，姬昌必然慨叹："此中必有贤人！"

那么，姜子牙所创作的歌谣到底说的是什么？为何会让姬昌激动呢？

我们先看看渔夫吟诵歌谣：

"忆昔成汤扫桀时，十一征兮自葛始。堂堂正大应天人，义旗一举民安止。今经六百有余年，祝纲恩波将歇息。悬肉为林酒作池，鹿台积血高千尺。内荒于色外荒禽，嘈嘈四海沸呻吟。我曹本是沧海客，洗耳不听亡国音。日逐洪涛歌浩浩，夜观星斗垂孤钓。孤钓不如天地宽，白头俯仰天地老。"

这歌词大意是说，夏朝末年，桀王暴虐，于是成汤起兵，先是讨伐葛国建立威信，然后一举扫灭夏朝，夺取天下。一晃六百年过去，商朝已经没落，如今的帝王（纣王）昏庸无道，天下百姓水深火热。我本是不问世事的隐士，对于富贵荣华没有半点欲求，我所追求的只是钓钓鱼儿，看看星星，平平淡淡，度过一生。

我们稍一对比，就可以发现歌谣所唱和姬昌所处非常相似。在姬昌看来，昔年的夏桀，正是如今的商纣，只是不知当下的自己有没有可能像当年的商汤一样，一统天下，建立全新的帝国。

姬昌知道，要想让西岐崛起，单靠自己这点班底绝对不行。他必须访求大贤。如今歌谣中就有人自称是高人，让他如何不激动?

而樵夫所唱又与渔夫大不相同。如果说，渔夫说唱，重在点出姬昌所处的尴尬地位，那么樵夫说唱，则重点就是突出姜子牙之非同凡响。歌谣大略说：

"凤非乏兮麟非无，但嗟治世有隆污。龙兴云出虎生风，世人慢惜寻贤路。君不见耕莘野夫，心乐尧舜与犁锄。不遇成汤三使聘，怀抱经纶学左徒。又不见一傅岩子，萧萧蓑笠甘寒楚。当年不入高宗梦，霖雨终身藏版土。"

在歌谣中，姜子牙宣称，这个世界上不是没有凤凰，不是没有麒麟。只是，像这样的大贤不会轻易出山。姬昌要想求得大贤，就必须像尧舜、成汤一样，恭恭敬敬亲自登门。

很明显，姜子牙自命为凤凰麒麟，他在告诉姬昌，要想我出山，不但需要给高薪高职，还需要不同流俗的尊崇。我姜子牙到西岐，不是来为你打工的，是来帮你忙的!

姜子牙这两招非常管用，果然引起了文王姬昌的高度重视。不过，让姬昌下决心放下王者尊严，以谦恭之心面对姜子牙的，是因为姜子牙的第三招。

072 姜子牙凭啥一下就打动文王姬昌

姜子牙渭水设局最重要的一步，是收武吉为徒。

武吉是姜子牙来到渭水之后，暗中观察多时，精心挑选之后方才确认的收徒对象。

武吉何德何能，能够成为姜子牙的徒弟呢?

武吉虽然出身卑微，只是一介樵夫，但是，其胸襟气度比那些世代贵族也不遑多让。

姜子牙在见武吉之前，先听闻武吉唱歌，歌词大略说："无忧樵子，胜似腰金。担柴一石，易米三升。随时菜蔬，沽酒二瓶。对月邀饮，乐守孤林。”

武吉的这段歌谣，像极了《西游记》中菩提祖师洞府之前樵夫所唱，满满的都是道意。

武吉虽然贫穷，却不羡慕功名富贵；虽然卑微，却乐天知命。习武者收徒，讲究根骨，修道者讲究仙根，这武吉的根骨与仙根着实不凡。

后来，武吉和姜子牙一番谈话，虽然对姜子牙自称道号飞熊，有所不满，但谈吐洒脱，言行自如，根本不像一个乡间鄙陋的樵夫。

那姜子牙收武吉为徒，与他渭水访贤的布局，有何关系呢？

从小的方面说，武吉可以充当姜子牙的代言人、解说者。

姜子牙身为高人，行事当自重身份。比如外人误会子牙，嘲笑子牙，姜子牙若出面说，吵个面红耳赤，即便赢了，也是丢脸。但若由徒弟出面，说明真相，点出抱负，让百姓明白姜子牙的高明之处，就算徒弟被百姓挤兑、嘲笑，也与姜子牙的超然身份无碍。

从大的方面说，姜子牙需要借武吉这个人，来证明自身实力高超，足可以安邦定国，甚至是改变天命。

文王姬昌一生最引以为傲的是什么？

毫无疑问，是先天数！

姬昌的先天数学自其母太姜，在拘禁的七年中，姬昌的先天数进一步精进，他从八卦推衍出六十四卦。可以说，在回归西岐之后，姬昌的先天数已经青出于蓝，超越了母亲太姜。

正因为如此，姬昌一回西岐，立刻就修建灵台。在他看来，以先天数推衍西岐命运，自然可以趋吉避凶，让西岐未来一片光明。

姜子牙要想引起姬昌足够重视，单靠一些渔夫、樵夫唱唱歌，吹吹牛，很明显是不够的。姜子牙必须拿出一些干货，才能打动文王姬昌。

姜子牙一出手，果然不同凡响，让姬昌大为震动。

他是怎么出手的呢？

前文讲了武吉入西岐，误杀了兵丁王相，被判画地为牢，秋后问斩。是武吉向上大夫散宜生求情，于是才回到故乡。

到了家中，武吉说明原委，其母认定姜子牙是高人，催逼着武吉向姜子牙求情。于是，姜子牙让武吉挖一个坑，躺在其中，在头前、脚下分别点上一盏灯。当天晚上，姜子牙披发仗剑，脚踏罡斗，为武吉作法。

在姜子牙一番施法之后，姬昌再演先天数，认为武吉已经跳崖自尽，于是就放弃抓捕武吉。

可是，等第二年春天，文王出行，在见了唱歌的渔夫、樵夫之后，姬昌竟然见到死去多时的武吉，不禁大吃一惊。

文王姬昌说："匹夫怎敢欺孤太甚！今非谓武吉逃躲，则先天数竟有差错，何以传世。"

在姬昌眼中，小小一个武吉的生死，自然算不得什么。但是，先天数可是姬昌的镇国法宝，武吉竟然能逃过先天数追捕，这可就事态严重了。

武吉连忙下跪求饶，并告诉姬昌，帮他躲过劫难的乃是道号飞熊的世外高人姜子牙。

一听武吉回答，姬昌心中再次震动。

原来，姬昌归国之日，就做了一个怪梦，梦中一头长着翅膀的白额猛虎从东南方冲到帐前。姬昌大惊醒来。他把这梦境告诉散宜生，散宜生连连贺喜。

这状如猛虎、背生双翅的怪兽叫作飞熊，自古以来，就被看成大贤象征。当年商王武丁梦到飞熊，之后就得到了大贤傅说。如今姬昌梦到飞熊，足以证明在不久之后，西岐也将迎来一位大贤。

之后的几个月，姬昌无时无刻不在想着此事。见到武吉，听闻能瞒过先天数的世外高人，道号正是飞熊，如何不让姬昌震惊?

其实，姬昌能梦到飞熊，八成也是姜子牙所为。

姜子牙虽然修仙不成，可毕竟在仙家正统名门玉虚宫学道40年，让区区凡人做个怪梦，还不是轻而易举?

而即便是武吉误杀王相，也极有可能是姜子牙所为。

原文如此描述杀人事件："武吉挑着一担柴往南门来，市井道窄，将柴换肩，不知塌了一头，番转尖担，把门军王相夹耳门一下，即刻打死。"

大家细看原文，短短一句话间，其实有三处巧合。

巧合一：武吉把柴火换肩，恰巧柴火脱落，扁担暴起；

巧合二：扁担不但打中旁边的兵丁王相，并且恰巧打在了最为脆弱的耳门上；

巧合三：被扁担打中的王相不是晕倒，不是受伤，而是当场死亡。

武吉乃是砍柴担担的老手，从其说话做事看，绝非一个粗心鲁莽之辈，为何在做把担子转换肩头这种寻常小事时，会发生意外呢？为何扁担恰巧就打中了人，并且是打中了脑袋，被打中的人还立刻就死了呢？

若只有一处巧合，还可以说是意外。但接连三处巧合，就绝不可能是巧合了，而是有人暗中捣鬼。

这个暗中捣鬼的人，就是姜子牙！

以姜子牙的法力，他只要躲在一角，对着武吉伸伸手指头，就可以轻松做到这一切。

姜子牙就是要让武吉打死人，然后被判画地为牢，然后他施展法术，让武吉躲过先天数追捕。然后，故意让姬昌见到武吉，亲眼见证他姜子牙道术高妙，可以逆天改命！

果然，在听到歌谣，见到武吉之后，姬昌对姜子牙心服口服，倾慕不已。他恭恭敬敬前往姜子牙住所。被告知姜子牙出外访友之后，姬昌半点脾气没有。他回到王府，斋戒沐浴，在三天之后，再次前往恭请姜子牙。

这一回姬昌自然见到了姜子牙。两人一见如故，一见倾心，彼此都觉得顺眼无比。两位权谋大师强强联合，开始了一统天下的霸业。

073 比干被杀死到底该怪谁

《封神演义》写了一圈西岐崛起后，回归到商朝覆灭故事中。

《封神演义》和《水浒传》的调调像极了，都主张“乱自上作”。所谓“上梁不正下梁歪”，闹得天下荒荒，罪魁就是高高在上的帝王。

因此，在封神故事的前20回中，重点描绘纣王的荒唐。从纣王在女娲宫题写淫诗写起，到纳妲己为妃，逼反了冀州侯苏护，再到借刀杀人，害死了原配姜皇后，诛杀了东、南方伯，逼反了四百镇诸侯。

首相商容的卸任与最终在九间殿撞死，其死亡意义不仅仅代表商容个人，更象征着整个商朝皇族、权贵阶层对纣王的失控。纣王与商朝高层渐行渐远，最终成为真正的独夫。

商容死后，纣王再也没有任命首相，其皇叔比干，一直以亚相的身份干着首相的活。只是，“名不正则言不顺”，比干不是首相，就没有首相的威权，对纣王的约束力几乎为零。当然，即便比干当了首相，以其才干与魄力，也终究会一无所成。

不过，比干虽然无用，但比干之死，尤其是被挖心而死，还是具有非常震撼的悲剧效果。比干在临死前面对妻子哀哀悲泣：“我死之后，你母子好生守我家训，不可造次。朝中并无一人矣！”

其实，在当时的商朝高层，还有许多实权派人物，比如皇族微子、箕子，武成王黄飞虎等。这些人或文或武，手中都握有重权。纣王对这些人，表面上也颇为尊重。

只是，这些人不是事不关己、高高挂起，就是有胆无识、难成大事。比干之悲，不仅仅是悲叹自身性命难保，更是悲叹六百年商朝社稷即将溃灭。

然后，比干剖心而死。

噩耗传来，原著说：“微子等百官无不伤情。”只是，伤心归伤心，真正敢冲出队列，直面纣王的，唯有一个非常卑微的龙套——下大夫夏招。他拿了一把剑直接冲上鹿台要杀纣王，结果没走几步，就被武士拦住。他也不求饶，直接跳下鹿台，摔了个脑浆迸裂。

夏招这么一闹，让朝歌百官更加不安。最终，哪还有大臣再敢为比干喊冤？相比所谓道义，还是自家富贵重要。

比干就这么默默地死了。生前，风光无限；死后，孤孤单单。以黄飞虎、微子为代表的比干老友，聚在一起不免怨天尤人，悄悄嘀咕纣王坏话。

只是，若我们深究比干之死，就可以发现，真正坑杀比干的，其实不是纣王，也不是妲己！

纣王对比干，其实很好，比对文武百官都要好。

就在比干被杀的前几个月，时逢仲冬，天寒地冻，雪花飘飞。比干献了一件狐裘大衣给纣王。纣王大喜，当场穿上，并且夸赞说：“朕为天子，富有四海，实缺此袍御寒。今皇叔之功，世莫大焉！”

就这一幕看，二人之间全然都是叔慈侄孝，君臣融融。纣王对比干哪里有半点忌惮与不满。

既然纣王对比干很好，那为何几个月之后他执意要杀比干呢？

当时，妲己染病，有人告诉纣王，必须取七窍玲珑心一片，煎熬成汤喝下，方能治愈妲己之病。纣王一听，立刻追问哪里有这玲珑心。那人告诉纣王，亚相比干就有。于是，纣王立刻下诏，要比干献上心肝。

朝堂上，纣王面容和善，对比干说："御妻偶发沉疴心痛之疾，惟玲珑心可愈。皇叔有玲珑心，乞借一片作汤，治疾若愈，此功莫大焉。"

听纣王言语，仿佛那心只如一件凡物，有借有还，再借不难。比干立刻恼了，大骂纣王猪狗不如，糊涂至于极，竟然不知道人没有心就会死。

纣王难道真是糊涂了？当然不是！

只因对纣王来说，事有轻重，人有亲疏。比干是他皇叔不假，但妲己是他爱妃。与一般人相比，纣王自然与比干亲些。但若比干与妲己要二选一，那纣王毫不迟疑要选妲己而弃比干。

除了他自家性命不能给予，妲己就算是要取尽天下人心，纣王也会毫不迟疑下令。

纣王为何对取比干之心毫无愧疚之意呢？

只因在纣王看来，"普天之下莫非王土，率土之滨莫非王臣"。这天下人都是他家私有财产，可以任意取用。更何况比干乃是商朝臣子，食商朝俸禄，"君叫臣死，臣不得不死"。既然国母有需求，那身为臣子的比干本就应该乖乖献上一切。

比干能为国母妲己而死，是比干的荣耀！所谓强盗逻辑，不都是如此吗？

比干之死，关键不在纣王。纣王与比干之间，并无仇隙。关键在妲己，是妲己一心要取比干性命。

那妲己为何要杀比干呢？

比干与妲己的孽缘，还要追溯到大半年前。

当时，崇侯虎前来禀告，经过三年工夫，鹿台终于建成。纣王大喜，前往视察。见到琼楼玉宇壮丽巍峨景象，纣王不禁想起了三年前妲己的一句闲话："爱卿曾言鹿台造完，自有神仙、仙子、仙姬俱来行乐；今台已造完成，不识神仙、仙子，可一日一至乎？"

当初妲己是为了陷害姜子牙，于是提议修建鹿台。为让纣王批准这项工程，她撒谎说建成后会有神仙降临。不想三年过去，纣王竟然还记得。

为了圆谎，妲己不得不在夜间回到朝歌城外的轩辕坟中。妲己真身乃是千年九尾妖狐，轩辕坟中她的子孙数以百计。她从中挑选了三四十位能够变化的子孙，让他们在月圆之夜，变成人形，飞到鹿台，假扮神仙，参加宴会。

妲己以神仙不喜打扰为由，不许纣王出现在宴会现场。纣王提议，派一海量大臣充当陪宴官，给诸位神仙劝个酒，夹个菜什么的，不能让神仙们觉得商朝皇帝冷落了他们。

妲己无奈，只能同意。纣王遍想百官，因比干有百斗酒量，于是命令比干为陪宴官。

到了十五月圆夜，三四十位仙人从天而降。比干下跪叩头，恭迎仙人。

乍一看，那些仙人个个仙风道骨。可是，酒过三巡，一些小狐狸酒劲上头，法力不济，现出了狐狸尾巴。

比干一见，大感羞辱。他心中暗道："我身居相位，反见妖怪叩头，羞杀我也!"

正因心中愤恨，出宫见到武成王黄飞虎，比干就把自己所见一一说出。两人就联手定下降妖之计。

当晚，众狐妖喝得大醉，不少妖狐驾不得风雾，只能彼此搀扶，走回家中。黄飞虎派出干将，跟随其后，发现了狐妖老巢。

第二天，黄飞虎带着家将，一把火把点燃了轩辕坟。坟中那数以百计的大小狐狸，全被烧死、熏死。

比干用保全尚好的狐狸皮毛，做成了狐裘，献给纣王。

站在比干的立场看，他与黄飞虎降妖伏魔，自然全无过错。

而站在妲己的立场看，她那些子孙不过是喝了纣王一场酒，比干竟然就把他们全部杀尽，比干其心，实在歹毒!

二者之间，究竟错在哪方?

比干要杀狐狸，表面上是因为狐妖迷惑君王，有碍社稷，骨子里是因为他身为丞相，竟然曾经向妖怪屈膝。面子问题从来都是最大的问题。在比干看来，他乃是丞相，乃是皇族，狐狸则不过是畜生，是妖怪。

其实，比干的等级观念根本就是错的。

在众妖怪看来，人类才是卑微的，脆弱的。人家那三四十个狐狸精，已经能飞天遁地，化成人形，已经脱离了畜道，是远高于人类的修真者。

比干自不量力，在众狐妖酒醉之后将其杀害。只是，他却忘记了，打狗还要看主人。众狐妖背后还有一位通天角色。

比干会死，只因他主动挑衅，害死了妲己全部家人。

比干杀了妲己家数百口性命，而妲己只是取了比干一人性命，并没祸及妻儿。

比干之死，除了是自己作死，与还与一位好友撺掇有关。那位好友是典型的猪队友，几乎见人就坑，前些年就差点坑死了姬昌。

没错，这位猪队友就是黄飞虎。黄飞虎究竟是如何坑比干的呢？

074 为何说黄飞虎是猪队友，专门坑人

猪，貌似憨厚，其实诡诈；表面上乐于助人，实际上总是坑人；智慧远逊于能力，眼高手低，虚有其表；最坑人的，是没有担当，有吃食冲锋在前，有危险缩在人后。

照此标准看，说武成王黄飞虎是猪队友，一点也不冤。

黄飞虎一共做了三件事，硬生生把比干给坑死了。

第一件，擅自除妖。

那天夜深，群妖散去，比干奉旨回家，郁郁不乐。中途遇上了巡街的武成王黄飞虎。黄飞虎热情相问，为何半夜方才出午门。

比干也是多嘴，见人询问，就一边跺脚，一边把心中羞辱事情说出。黄飞虎听完，一脸义愤填膺。他拍着胸脯告诉比干：“丞相请回，末将明日自有理会。”

比干虽然海量，但陪着39位仙人喝了三轮酒，如今又在路上吹风，酒意上涌，也就没有细想黄飞虎话语含义，直接上马回家去了。

黄飞虎下令心腹家将前往朝歌四城，观察那醉酒狐妖前往何处。天亮时分，家将回禀，那些狐妖都进入城南35里轩辕坟中。

黄飞虎大喜，下令心腹家将率领300兵丁前往轩辕坟，带上柴薪，堵住洞口，将那坟中妖狐全部烧死。

家将领命而去。上午，轩辕坟烟火腾腾。

大家注意，黄飞虎是在比干全然不知的情况下，下令杀死了轩辕坟群妖。也就是说，黄飞虎才是还是狐妖的真正凶手。比干不过是发了几句牢骚而已。

其二，陪同出行。

本来，只要妲己事后追查，就能发现，除妖事件是武成王黄飞虎擅自做主。那么，倒霉的就是黄飞虎，而不是比干。

可是，黄飞虎却耍了一个滑头，轻轻松松把剿杀狐妖的帽子扣到了比干头上。

在除妖的同时，比干到武成王府拜访。他还不知道黄飞虎究竟会用何种手段为他出气。

黄飞虎见了比干，把自己如何如何全番说出。见黄飞虎一脸兴奋，貌似全然不知除妖将引发妲己报复，比干只能装出一副大喜模样，对黄飞虎连连夸赞。

中午，两人在一起喝酒吃肉，这一两年来的压抑，仿佛与那百十狐妖一样，化为烟火。比干觉得很痛快。

下午，家将回禀，除妖已经接近尾声。

黄飞虎提议："末将同丞相一往如何？"比干想也没想，就回答："愿随车驾。"

于是，在朝歌城外，轩辕坟边，许多百姓都看到亚相比干在武成王黄飞虎的陪同下，来到现场。黄飞虎指指点点作介绍状，比干频频点头作领导状。

消息很快就传到宫中，妲己大怒！在她看来，黄飞虎除妖不过是执行命令，比干才是罪魁祸首。

其三，火上浇油。

对于这场大火，原作者也颇有不忍。他在书中说："说这些狐狸吃了酒的死也甘心，还有不会变的，无辜俱死于一穴。"

对于比干、黄飞虎来说，这把大火，除掉的不过是一窝畜生。可在妲己看来，比干、黄飞虎却是灭了她满门。

若是两人此前有仇，那也罢了。何况妲己此前从来没有招惹比干。

妲己也没有料到，除妖事件的真凶其实不是比干，而是黄飞虎。

黄飞虎为何要除妖？只因他早就对妲己心怀愤恨！

当初姜皇后被废，黄贵妃本有机会上位。为了黄贵妃能封后，黄飞虎没少沉默，坐看姜后被害。黄贵妃也暗中推波助澜，做了一些亏心事。没想到两兄妹干了脏活，却没有得到回报——最后还是可恶的妲己封后，黄家兄妹竹篮打水全然一场空。

烧掉群孤后，见到还有一些狐狸毛皮完好，比干就想着把这些狐狸皮做成一件狐皮大衣。比干说："造一袍袄献与当今，以惑妲己之心，使妖魅不安于君前，必至内乱；使天子醒悟，或知贬谪妲己，也见我等忠诚。"

比干果然是个书生，想了一大堆献狐裘的光辉意义——事实上，纣王看到狐裘后，除了觉得穿上很温暖，比干这叔父比较贴心外，根本就没有其他联想。什么看到狐裘，就能醒悟，贬斥妲己，远离妖魅什么的，纯然就是比干妄想。

作为朋友，黄飞虎早就知道比干书生意气，有心无胆。可是，黄飞虎不但没有点出献裘的危害，反倒大赞比干如何见识高远，老成谋国。

结果，两人中饭刚吃完，就开始吃晚饭。酒宴上，黄飞虎对比干好一顿猛夸。到大半夜，比干欢欢喜喜回家。

明眼人都能看出比干大祸将至，可比干浑然不觉。

最为可耻的，是在比干挖心事件中黄飞虎的态度。

几个月过去。妲己终于出手，开始她的报复计划。

纣王下令，要取比干心肝。比干虽然不忿，但作为臣子，他还是应召上殿，并亲手开膛破肚，取出心肝。

不久，比干死在了朝歌北门。

在比干死前，黄飞虎对比干将要被挖心一事知道吗？

知道！

纣王为让比干献上心肝，连续下了六道诏令。这可是多年来从没有发生的事情。原著说："且说六札宣比干，陈青泄了内事，惊得一城军民官宰，尽知取比干心作羹汤。"

不但满城军民都知道，书中还特别写到，比干在进入鹿台前，在午门恰逢黄飞虎，他亲口告诉黄飞虎，自己将要被挖心。

在当时，身为好友兼商朝武官领袖的黄飞虎，本应该带头号召百官，共同前往鹿台面圣，为比干求情，向纣王进谏。

纣王虽然贪欢爱美，但绝不糊涂。只要百官齐齐站出来庇护比干，那么，纣王绝不敢触犯众怒。

可是，黄飞虎除了默默注视比干那颤抖的身躯走进鹿台，什么也没有做。

比干在鹿台声讨纣王，最后挖心的同时，原文说："诸大臣在殿前打听比干之事。众臣纷纷，议论朝廷失政。"

和以往多次大事件一样，面对比干将被取心一事，文武百官都选择了在九间殿空谈。百官如此，黄飞虎也是如此。

其他人作壁上观尚可原谅，毕竟一旦进谏，就有性命之忧。可是，黄飞虎绝不该沉默。从陈青泄漏的情况，大家都知道是妲己要对付比干。而比干得罪妲己的事情只有一件——轩辕坟群狐妖被杀。

面对比干惨死，家人悲戚，黄飞虎却将除妖的真相深深隐藏。

他就像一个局外人一样，扮演着热心人的角色，和微子等皇族亲贵共同操持比干的丧事。除了几个心腹家将有所猜疑，谁也不知道黄飞虎才是坑死了比干的关键人物。

075 比干有姜子牙仙符，为何还难保性命

在比干之死故事中，最为读者瞩目的，不是比干与妲己之间的争斗，而是比干挖心之后竟然不死。

比干不过是凡人一枚，为何剖腹取心之后不流血，没有当场死亡呢？

事情还要从一二年前说起。

当时，姜子牙还在朝歌为官。那妲己起意建造鹿台，由姜子牙督造。鹿台工程浩大，姜子牙必定难以在预定期限内完成，妲己到时就可以挑唆纣王杀死子牙。

不想姜子牙早就算到自己当有一难，于是事先做好了潜逃准备。

逃离之前，姜子牙去比干府辞行。见到比干，姜子牙感谢说："姜尚荷蒙大德提携，并早晚指教之恩，不期今日相别。此恩此德，不知何时可报。"

对于姜子牙来说，朝歌百官之中，唯独对他有些恩情的，就是亚相比干。

当初他用砚台当众打死琵琶精，若非比干谨慎，喝阻围观群众，姜子牙难逃一顿暴打。姜子牙毕竟是神仙一流，凡人的拳脚自然伤不了他。可是，堂堂未来的开国丞相、万神总领，若是被老百姓当街暴打，那可是一个永生难以磨灭的污点。

之后，姜子牙在比干的举荐之下，得以在纣王面前展现本领，最终被封为下大夫，从此草根变贵族。可以说，比干对姜子牙确实有知遇之恩、提携之情。

姜子牙此人是个恩怨分明的人。既然要走，并且是走到商朝的敌对阵营，姜子牙就不准备欠比干人情。

比干身为亚相，金银财帛全不缺。姜子牙乃修道之士，于是给比干留下了一封书柬，里面有姜子牙所画符篆一枚，并附有使用详细说明书。

姜子牙告诉比干："丞相有大难临身，无处解释，可观此柬，庶几可脱其危，乃卑职报丞相涓涯之万一耳。"

姜子牙走了。对于姜子牙所说的未来大难，比干全不在意。他只把这件事情当个笑话讲给了妻子儿女们听。

当纣王取心诏令传来，比干张皇失措，还是他儿子提醒，当初姜子牙留有书柬，或许有帮助。比干忙去书房查看，然后按照上面说明，把符篆烧化在水里，然后把符水服下。

正因有姜子牙所留仙符护心，故比干取心之后，其血不流，其人不死。

只是，比干最终还是死了。死在了朝歌北城门外，他旁边，是一个惊慌失措的卖菜大妈。

黄飞虎麾下心腹一直跟随在比干身后，亲耳听到了比干与卖菜大妈之间的对话。

那卖菜大妈卖的不是常见菜蔬，而是比较少见的无心菜。

比干问："人若是无心，如何？"

大妈回答："人若无心，即死。"

话音刚落，比干大叫一声摔下马去，胸腔鲜血崩流，当场死亡。

以姜子牙的道术，其留下的仙符能不能救活比干呢？

应该能！

对于凡人来说，起死回生难比登天。所谓：“阎王叫你三更死，谁人敢留到五更。”可是，对于修仙者来说，逆天改命也寻常。

封神大战中，姜子牙死了许多次。他吃仙丹就如同吃糖豆一般，一次又一次重生。他有主角光环，这就不多说了。还有许多人都死而复生，比如进谏而死的杨任、陷入红沙阵的周武王。

只要仙人不想你死，那救活的方法多了去了。

那为何姜子牙的仙符没有彻底救下比干呢？

原著对此解释说：

“御札飞来实可伤，妲己设计害忠良。比干倚仗昆仑术，卜兆焉知在路旁。”

当初姜子牙留下的书柬中说得明白：服下符水后，若遭遇大难，则需急出北门。

至于为何要赶到北门，姜子牙没有说。

见到卖无心菜的，比干心中疑惑，于是开口询问。原著中特别提到，若是那卖菜大妈回答“人无心，还活”，那么比干就可以不死。

姜子牙把比干的性命，交给了一个路边无名大妈。此举看似很公平，但姜子牙其实从最开始就没有想救活比干。

为何这么说？

面对比干的提问——“菜无心可活；人若无心，如何？”卖菜大妈仿佛有两种回答：

其一，人若无心，可活；

其二，人若无心，必死。

但仔细一想，就可以发现，比干所提的这个问题，答案只有一个——“人若无心，必死。”

这就如同问人，人若是被砍头将会怎样，正常人绝对会回答“会死”，而不会有第二种回答。

比干不是对姜子牙有恩吗？为何在比干有难时，姜子牙不出全力，不救活比干呢？

在我看来，原因有三点。

其一，比干乃商朝亚相，身份贵重。

比干的生死，对于商朝的国运至关重要。在商容死后，比干已经成了支撑商朝国政的重要支柱。比干一死，就意味着商朝向崩溃的边缘，大大迈进了一步。

若比干只是普通人，其生死都与人间王朝大局无关，那么，姜子牙自然会将其救活。就如同姜子牙以道术赐予樵夫武吉第二次生命一般。

可是，比干的生死对于商亡周兴的大局至关重要，姜子牙根本就不敢过多干涉。

其二，姜子牙乃西周丞相，阵营敌对。

比干对姜子牙有恩，这只是私情。从大局看，比干乃是姜子牙之政敌。

比干活着，商朝的国运就能多支撑几年；比干死了，商朝就会加速腐朽。

对于未来的周朝丞相姜子牙来说，他当然希望商朝加速腐朽。为了达成这个目的，姜子牙不可能会全力出手营救比干。

其三，封神行动乃高悬利剑。

早在姜子牙下山时，师父元始天尊就已经把封神行动的几个重要时间点告诉了姜子牙。姜子牙 72 岁下山，他必须在 80 岁时当上西岐丞相，在 93 岁时统率 800 镇诸侯讨伐商朝，并最终击败商军，建立全新的大周王朝。

以姜子牙的道术，混上西岐丞相可谓轻而易举。但问题的关键，是如何在短短 13 年间壮大西岐实力，削弱商朝实力。

为此，即便姜子牙有能力营救比干，也绝不敢去营救比干。元始天尊可不是一个心慈手软的人！

于是，姜子牙留给比干的所谓仙符，只是短暂地保住了比干的性命。不知内情的比干家人对姜子牙感恩戴德，以为姜子牙也算是还了当初比干的那些恩情。

076 邪恶妲己总能战神正义大臣的原因

在商朝高层正义与邪恶的斗争中，代表正义一方的首相商容、亚相比干、皇后姜氏先后饮恨，代表邪恶一方的妖狐妲己、奸臣费仲等人却连战连捷。

问题究竟出现在哪里？

在我看来，道德是必需的，公义也是必需的，但是，光有道德，光有公义，是远远不够的。

政治斗争不是过家家，而是你死我活的血斗。只会喊口号，问候祖宗，却不懂得谋略，不懂得隐忍，那就只能吃败仗！

妲己一方虽然代表邪恶，可是，妲己在纣王面前的表现从来都不邪恶。她不但不邪恶，反倒总是充当着为商朝江山社稷、为天下万民殚精竭虑的伟大角色。

在最初入宫时，妲己还比较稚嫩，许多时候不敢发出自己的声音。斗个姜皇后还要借助费仲的力量。随着时间的推移，妲己不但坐稳了皇后宝座，连斗争经验也越发丰富起来。可以说，此时她比之费仲，也有过之而无不及。

从为狐妖复仇，取比干心肝故事，就可以发现，妲己经验老到，见识高远，手段繁多，已经达到了封神世界第一流权谋高手境界。

至于比干之流，与妲己的差距不可以道里计，其最终身殒，势所必然！

此前文章中，我曾经提到，妲己能够成功封后、得纣王信任，因她有着三项本领：忍、等、狠。而对于一个成熟的政治家来说，那些还只能算是基本功。

妲己达到一流权谋高手境界之后，领悟了三项本领。靠着三项基本功以及三项加强版技能，妲己在商朝政坛混得风生水起。

妲己领悟了哪三项加强版技能呢？

其一，会演戏。

九尾妖狐妲己身为商朝后宫女官之首，没有精湛的演技，估计一天也混不下去。

见到比干献上的狐裘，得知诸多儿孙都惨死在比干手下，妲己恨得咬牙切齿。她心中流泪，暗中骂道："比干老贼！吾子孙就享了当今酒席，与老贼何干？你明明欺我，把皮毛惑吾之心。我不把你这老贼剜出你的心来，也不算中宫之后！"

就在此刻，妲己就已经下定决心，要将比干剖腹挖心，以报灭门之仇。

可是，因纣王在场，妲己的泪，妲己的恨，都深深埋藏在心中。她表现出来的，是一片欢欣，是对纣王的无限爱意。

妲己虽是皇后，贵为国母，但比干是纣王叔父、商朝亚相，同样身份贵重。要想除掉比干，除非比干犯下谋逆大罪。何况两人一在后宫，一在朝堂，彼此基本没有交集。若妲己表露出厌恶比干，要惩治比干的迹象，反倒会让纣王疑心。

见纣王夸赞比干，妲己没有一言反驳。她一脸谦卑、满眼关怀地说："妾有愚言，不识陛下可容纳否？陛下乃龙体，怎披此狐狸皮毛？不当稳便，甚为亵尊。"

纣王对妲己宠爱万分，但是一直厌恶后宫干政。当初姜皇后被废，一个重要原因就是时常进谏，干涉朝政。因此，妲己一直很注意把握分寸，时刻装出一副谨守后宫本分、贤良淑德的模样。

妲己心中虽然恨死了比干，可在进言时只提狐皮大衣，不提亚相比干。即便提狐皮大衣，也不否定比干献衣的忠心，只是说狐皮大衣与纣王真龙天子的身份不合。

妲己仿佛时时刻刻都在以妻子的身份，为纣王考虑。难怪纣王会对妲己信之不疑。

其二，会借势。

纣王不穿狐皮大衣了，自然，对比干的忠心也就渐渐淡忘了。

本来，以妲己对纣王的影响力，她完全可以独立完成复仇。可是，为了稳妥，为了继续隐藏，也为了壮大自家队伍，妲己选择了借势。

所谓借势，就是借助他人力量，趁势而起，实现自己目的。

妲己是怎么借势的呢？

妲己本是女流。在当时的环境下，女子不能干政，于是，妲己走的依然是后宫路线。

她找的帮手，是轩辕坟三妖中的千年雉鸡精。

话说轩辕坟中本有三妖——千年狐妖，千年琵琶精，千年雉鸡精。三妖之中，狐妖最擅变化，也最为机敏，于是承担起了潜藏后宫，迷惑纣王的重任。

三妖之中水平最菜的，当属千年琵琶精。此妖性情浮躁，见姜子牙在街头摆摊，本该远远避开，可是却不知进退，主动上前，结果引来杀身大祸。之后的许多年，妲己都将琵琶精的本体放在鹿台吸收日月精华。

三妖之中，战力最强的当属千年雉鸡精。对于妲己，雉鸡精多少有些羡慕嫉妒恨。

不久前，妲己回到轩辕坟，让自家子孙能变化者前去鹿台赴宴。当时，她也邀请了雉鸡精。可是，雉鸡精以有事将要外出为由，拒绝了邀请。

其实，书中无论明线还是暗线，都没有提到雉鸡精外出有何重要事情。最可能的是，雉鸡精不屑自降身份等同末流小妖，给妲己捧场。

此时妲己求到雉鸡精跟前，自然少不了被一阵奚落。之后，妲己提出，希望雉鸡精帮忙，也入宫去陪伴纣王。

雉鸡精开始当然不愿意，可是，妲己说出了两个让她无法拒绝的理由：

一是雉鸡精独守巢穴，未免寂寞，入宫之后却可以享受皇宫血食，过上杀杀人，跳跳舞的幸福生活；

二是明白告诉雉鸡精自己想要为子孙报仇，需要借助雉鸡精的力量，姐妹同心，其利断金。

妲己示之以利，动之以情，雉鸡精终于答应。

经过妲己好一番布局，雉鸡精化身美女道姑胡喜媚入宫，成功赢得纣王宠幸。

在胡喜媚的帮助下，两人共同演出了一场大戏，成功引纣王、比干入局。

其三，擅布局。

对于权谋高手来说，最为重要的本领，就是擅布局。

怎样的局才算是一个高明的局？我想，有以下几个特征。

一是不像局。

布局的目的无非是引诱对手，然后打击对手。对手也不是傻子，若是看出前方是局，怎么可能还会往前冲？

于是，一个高明的局最重要的特征，就是不像局。

为何纣王一直坚信妲己是个贤良淑德的皇后？只因妲己布局从来深远，她把自己隐藏得极好。每次纣王入局，都毫无察觉，被妲己耍得团团转，还总认为各种命令都是乾纲独断。

二是有大利。

仅仅是不像局还不行，要想别人入局，这个局还必须有大利益。

面对些许小利，人人都能理性判断，基本不会入局。只有诱之以大利，才能确保对手入局。

爱情从来都是自私的。为何妲己要把胡喜媚介绍给纣王，与她女分享一夫呢？

只因妲己明白，纣王天性好色。名利钱财，纣王都看得极淡。唯有在色字上面，纣王最容易被突破。

三是放长线。

要想钓大鱼，必须放长线。

从冬天见到狐皮大衣开始，妲己就开始布局，到第二年上半年，纣王已把比干献衣的事情忘光了，妲己才开始施行计划。

她先是把自己变丑，再把化身美女的胡喜媚介绍给纣王。纣王乍见胡喜媚，惊为天人，于是一见动心，立刻上床。

之后，妲己继续装丑，不但装丑，还做出一副病恹恹状态，仿佛命不久矣。

纣王因为背着妲己与胡喜媚偷欢，本就对妲己心怀愧疚，见妲己病危，更加心焦。为了治好妲己，纣王将不计后果。于是，明知治好妲己需要杀掉亲叔叔，纣王也毫不犹豫地下令。

四是能脱身。

我们经常用“偷鸡不成蚀把米”或者“羊肉吃不到，惹得一身骚”来形容一个糟糕的布局。

一个好局，不但要能成功击溃对手，而且要能顺利脱身，就如“我挥一挥衣袖，不带走一片云彩”那般潇洒从容。

妲己装病后，御医久治无效，纣王忧心忡忡。此刻，胡喜媚提出，妲己此病，早年也曾经犯过。冀州有位高人名叫张元，曾经以玲珑心治好过妲己。纣王一听，立刻要宣召张元。胡喜媚则提出，冀州路远，等不到张元赶到朝歌，妲己恐怕就要死掉。

纣王心慌意乱，胡喜媚提出，她擅长演算，知道朝歌城中就有人是七窍玲珑心。纣王问是谁，胡喜媚回答，是比干。

纣王一听大喜，立刻命人宣召比干入宫。在他看来，比干能为国母而死，是他天大的荣幸，比干乃国之忠臣，也当甘心一死。

后来，比干大闹朝堂，纣王大怒，最后比干死亡。

即便经过如此折腾，纣王依然对妲己没有半点怀疑。在他看来，提议取比干之心的，是胡喜媚。整个事件中，妲己一言未发，仿佛全不知情。

所以，当闻太师还朝，要废黜妲己皇后之位，纣王非常不能理解。他说："今妲己德性幽娴，并无失德，如何便加谪贬？"

在纣王看来，妲己乃是天下第一美貌加善良的女人，并且从来不干政，乃是难得的好皇后！为何外人总把妲己当坏女人呢？

古人说："不识庐山真面目，只缘身在此山中。"纣王虽然精明，但也禁不住妲己时刻演戏，经常借势，总在布局。

妲己害死比干不久，闻太师还朝，还朝之后，闻太师大发神威，训斥纣王，提出十项改革措施。此前但凡有人提意见，纣王无不发飙，把对方往死里整。可是，这次闻太师提意见，纣王竟然做了缩头乌龟。

纣王为何那么怕闻太师呢？

077　堂堂天子商纣王为何惧怕闻太师

正当比干被杀，百官心碎，对商朝前途一片茫然的时候，太师闻仲扫灭了北海七十二路反贼，得胜归来。

听闻此消息，以黄飞虎为首的商朝百官无不兴奋，人人都觉得又看到了希望。

果然，在得知纣王的种种倒行逆施，妲己的恶毒，费仲、尤浑的奸佞之后，闻太师果断上书，提出十项建议，要求纣王立刻下诏施行。

具体是哪十项建议呢？

第一件：拆鹿台，安民不乱；

第二件：废炮烙，使谏官尽忠；

第三件：填虿盆，宫患自安；

第四件：去酒池、肉林，掩诸侯谤议；

第五件：贬妲己，别立正宫，使内庭无蛊惑之虞；

第六件：勘佞臣，速斩费仲、尤浑而快人心，使不肖者自远；

第七件：开仓廪，赈民饥馑；

第八件：遣使命招安于东南；

第九件：访遗贤于山泽，释天下疑似者之心；

第十件：纳忠谏，大开言路，使天下无壅塞之蔽。

闻太师这十项建议，可以说切中时弊，直击要害。若是纣王能够全部施行，商朝的江山即便不能起死回生，也会延寿许多年。

只是，这十项建议无一不是在训斥纣王治国无方，荒淫无道。按以前的脾气，纣王应当暴走，不但拒不施行，并且会把进谏者残忍折磨死。

可是这回，纣王不但爽快接受了其中七项建议，就连废除苏妲己，杀死费仲、尤浑，纣王都表示自己会考虑。

一贯强硬的纣王为何如此软弱呢？只因这次敲打纣王的，是让纣王从骨子里都害怕的闻太师！

纣王究竟有多怕闻太师呢？

纣王看奏章之时，闻太师就站在龙书案边磨墨。纣王刚刚看好，闻太师就将毛笔递给纣王，口中还说："请陛下批准施行。"

类似的谏言，此前商容、梅伯等人或多或少都提过。可是，他们无一不被纣王整死。眼下，闻太师不但怒斥纣王亲政以来犯下种种逆行，甚至还要求纣王当堂批准，立刻下诏废除弊政。

闻太师之举，可以说是对纣王的极大羞辱。可面对闻太师，纣王的脸上毫无怒色，反倒满是讨好，充斥着小心。

纣王对闻太师说，十项建议中，七项都会立刻施行，唯独三项，请闻太师再做考虑。

哪三项呢？

纣王提出，鹿台毕竟是耗费许多钱财建造，一旦拆除，实在可惜；妲己向来贤良淑德，并没有恶行；费仲、尤浑尽忠职守，于国有功。此三项是否可以再议？

闻太师当即反驳，鹿台确实耗费巨大，拆毁确实可惜，但建造过程中有着太多百姓的血泪。拆除鹿台，就等于昭告天下，国家将一改前非，意义重大。

而让百姓痛恨的鹿台，正是皇后妲己建议建造，因此，妲己必须废黜。

至于费仲、尤浑，犯下罪行实在太多，不但要贬斥，而且当立斩。

朝堂上，闻太师口气非常强硬，仿佛他才是商朝社稷之主，纣王反倒成了唯唯诺诺、听从命令的傀儡。

费仲、尤浑见闻太师要杀自己，哪里会甘心受缚。他们先后跳出来，怒斥闻太师已经犯下三项大罪。

其罪一：拿着笔逼迫纣王签署诏令，不合礼法；

其罪二：身为臣子竟然要求废黜国母，已失臣节；

其罪三：不经司法机关审核就要斩杀大臣，无视国法。

总之，闻太师是以下犯上，全无君臣之礼，此等之人，已经属于十恶不赦之流，当速速斩杀。

费仲尤浑都是聪明人，他们列举的闻太师所谓罪状，都是满堂百官亲眼见到、亲耳听到的事情。

按照他们的理解，纣王在听闻举报后，当顺水推舟拿下闻太师。如此，自然闻太师对他们的威胁也就消失了。

可是，他们万万没有料到，在听到费仲、尤浑的弹劾后，纣王露出了非常尴尬的笑容。

暴怒的闻太师一拳一个将费仲、尤浑先后打翻，然后喝令武士将二人拖到午门，等候斩首诏令。

原著中纣王心中暗道："费、尤二人不知起倒，自讨其辱。"

这闻太师当着纣王的面暴打纣王宠臣，纣王竟然不敢为费仲、尤浑出头。纣王这是多害怕闻太师啊！

当闻太师再次要求纣王施行建议时，纣王无奈表示，对闻太师提出的十项建议，他将全部接纳。其中，七项建议即刻下诏施行，另外三项建议事关重大，在各部门提出妥善方案后再施行。

可以说，整场朝会君臣斗法，以闻太师大胜、纣王惨败告终。

那么，纣王到底为啥会害怕闻太师呢？

只因闻太师在商朝百官中的地位实在太高！

接到奏报，闻太师得胜回朝。原著说："百官齐上马，迎接十里。"以武成王为首的官员匆忙赶到城外军营迎接。闻仲告诉百官，自己甲胄在身，暂时就不见面了。等到午门时，再与大家见面。

于是，黄飞虎带着文武百官匆匆赶到午门，排好班次，等候闻仲。

这份恭敬，绝不是一般的上下级礼节，而是臣子迎接君王的礼节。

商朝文官以首相商容、亚相比干为首，武将以武成王黄飞虎为首。可是，商容也好，黄飞虎也好，在面对闻太师时，都只能口称"卑职"，恭恭敬敬行礼。

在此前的章节中，我曾经提到，商纣王在即位之初的七年，其实一直都没有亲政，国政掌握在太师闻仲手中。

原著第1回说得明白："帝乙在位三十年而崩，托孤与太师闻仲，遂立寿王为天子，名曰纣王。"

托孤大臣，有的地方也叫作顾命大臣。往往是前代帝王临终时，因新君年幼，于是命令心腹大臣辅佐。等候新君长大，再交还国政。

在新君亲政之前，托孤大臣就等同帝王，摄行政务。

闻太师在纣王一朝的地位，就犹如诸葛亮在蜀汉刘禅朝的地位一样。

并且，我们当注意，首相商容与武成王黄飞虎都不是托孤大臣。这等于是说，商容、黄飞虎与闻太师之间，既可以说是同僚，也可以说是君臣。

因北海叛军作乱，闻太师出征，纣王得以亲政。一晃十多年过去，闻太师归来。闻太师虽然没有提出要把大权取回，可纣王出于惯性，在面对闻太师时习惯地选择了退缩。

并非纣王不想摆脱闻太师，只因闻太师影响力实在太大。只要闻太师活着一天，别说是杀几个奸佞，废黜个皇后，即便是废黜纣王，也不是什么难事。

在接见百官时，闻仲亲口告诉大家："我闻仲感先王托孤之重，不敢有负遗言。但当今颠倒宪章，有不道之事。各以公论，不可架捏。我自有平定之说。"

看闻仲说话，满是霸气。与他在朝堂上的嚣张，正是一致。

只是，闻仲本有机会改革朝政，振兴江山，可是，仅仅因为一件小事，他就主动放弃了斗争，离开了朝歌。

闻太师一离开朝歌，不但废妲己、杀奸佞、拆鹿台三项建议永久停止，就连其他七项建议，也就此搁置。闻太师的改革终究只是泡影。

那么，当时究竟发生了什么，让闻太师改变了主意？

078 闻太师为何在提出改革后不久就离开朝廷

朝歌文武百官把振兴商朝的最后希望全部寄托在太师闻仲身上。应当说，以闻仲的超然身份和绝对影响力，他也确实堪称大商帝国之“擎天博玉柱，驾海紫金梁”。

有闻仲牵头，以黄飞虎、微子等人为羽翼，如果能成功架空纣王，或者废掉纣王，那么，商朝的江山将会有一番全新气象。

可是，文武百官的美梦只是做了四天就破碎了。

第一天，闻太师回朝，大殿上骂纣王如骂儿，纣王一言不敢发。

散朝后，闻太师集思广益，了解弊政。之后闭门谢客，用三天时间思考如何写奏章，如何救商朝。

第四天，闻太师提出十项建议，正式开启挽救行动。可是，刚一散朝，他就接到东海军报，有平灵王反叛，请求朝歌支援。

第五天，闻太师主动上表，请求率军远征。纣王一听大喜，立刻批准。

闻太师前脚刚走，纣王后脚就下令释放费仲、尤浑。闻仲所提的十项建议，全部被束之高阁。因闻太师归来而兴起的挽救商朝行动，随之风流云散，化为泡影。

难道商朝军界除了闻太师就没一个能人，地方上有一点动静，都要闻太师亲自出马吗？

闻太师为何选择在提出建议的第二天就离开朝歌，难道他不知道自己离开，将会人走茶凉，人亡政息吗？

事实是闻太师一直都是一个精明角色，他当然知道自己言行将引发的后果。可是，他依然选择了那么做。

闻太师为何要主动离开呢？

莫非东海平灵王很厉害，非闻太师出马不可吗？

原著中提到，次年正月，武成王被逼反，闻太师统兵回到朝歌。计算时间，前后不过半年。去掉大军来回行军时间，真正作战的时间极短。几乎就是闻太师兵马一到，平灵王叛军即刻平定。

既然平灵王是个渣，为何还要闻太师出马呢？

商朝军界能人众多。且不说地方上许多总兵都是截教门人，有不少精通道术，威震一方。即便是朝歌城中，也有着数位可堪挂帅出征的名将。比如武成王黄飞虎，比如总兵官鲁雄。

按照当时的局势，闻太师刚刚提出改革奏议，本当主政朝歌，将十项建议一一落实。地方叛乱完全可以交给武成王黄飞虎去处理。

事实上，黄飞虎已经答应统兵出征。

那天，闻太师就谁统兵的问题询问黄飞虎。黄飞虎回答："末将去也可，老太师去也可，但凭太师主见。"

黄飞虎对闻太师的挽救行动充满希望，因此，在回答时，他把自己前去放在前面。至于说太师去也可，听凭太师做主，只是对闻仲的尊重。

可是，闻太师思前想后，最终还是决定让黄飞虎留在朝歌，自己统兵离开。

也就是说，闻太师离开朝歌，并非其他人逼迫，而是他自己的选择。

那么，闻仲为了什么主动放弃十项建议，放弃挽救商朝行动呢？

主要有三个原因。

其一，纣王态度恭顺。

初回朝歌，大殿上，闻仲问纣王，为何要杀死姜桓楚、鄂崇禹。纣王回答，二人犯下谋逆大罪。闻仲质问："姜桓楚篡位，鄂崇禹纵恶，谁可以为证？"纣王无言以对。

闻仲总结说："今四海荒荒，诸侯齐叛，皆陛下有负于诸侯，故有离叛之患。"一个"皆"字，把国政衰败的种种现象全部归结到纣王身上。

说完东南问题，闻仲又提到纣王宠幸妲己，重用费仲等事。他说："陛下近淫酒，亲奸佞，亡恩爱，将皇后炮手剜睛，杀子嗣，自剪其后。此皆无道之君所行，自取灭亡之祸。"

废姜皇后，诛杀殷郊、殷洪，在纣王看来，本是他夺取权力、巩固皇权的重要功绩，可是在闻仲口中，皆是无道之举。

面对闻仲如此训斥，纣王依旧一言不发。

三天后，闻仲列举十项建议，送上笔墨，要求纣王即刻施行。闻仲语气十分强硬，纣王一度提出反对意见，但最终还是答应施行。

纣王在闻仲面前的态度，用一个词可以概括——恭顺。你说啥，那就是啥。说闻仲骂纣王如骂儿，那也不过分。

其二，纣王羽翼已成。

纣王是君，闻仲是臣，按照道理，君为臣纲，应当闻仲对纣王态度恭顺，这才符合常理。

纣王真的害怕闻仲吗？

闻太师还朝之时，纣王已经即位 20 年，独掌大权也已经 13 年。若是在即位之初，闻太师大权独揽，纣王困居深宫，连女娲之名都没听过。当时的纣王自然害怕闻太师。

可是，此刻的纣王早就是一个成熟的君王，并且，经过他的几番布局，几番杀戮，朝歌军政大权已经全部落入他一人掌控之中。

从纣王杀姜桓楚、鄂崇禹，逼死比干，依然稳坐龙椅，就可以看出，他对朝歌，对整个商朝的控制力，已经在闻太师之上。

闻太师北海征战 13 年，就意味着远离商朝中枢政权 13 年。13 年过去，一切早就沧海桑田。纣王早就完成了对商朝军政要职的洗牌。闻太师虽然依旧是太师，依旧顶着一个托孤大臣的头衔，但实际上闻太师已经成了一个外人，除了三五好友，就只有在城外驻扎的亲兵是闻太师的嫡系。

真到了要和纣王动刀枪的时候，有多少人会追随闻太师，还真说不定。

纣王对闻太师恭顺，是尊重闻太师，但绝不是真的怕闻太师。因此，闻太师刚出朝歌，纣王就赦免费仲，一切照旧。他根本就不怕消息传到闻仲军营！

其三，闻仲忠心耿耿。

闻仲和姬昌不同，和黄飞虎也不同。他虽然口中骂着纣王，恼恨纣王不争气，但他从来就没有动过废黜纣王的念头。

封神世界中的闻仲，是彻头彻尾的商朝忠臣。即便他曾经摄政，风光无限，卸任之后也绝不贪恋。

原著说，闻太师见纣王再三委曲，反有兢业颜色，自思："吾虽为国直谏尽忠，使君惧臣，吾先得欺君之罪矣。"

费仲、尤浑弹劾闻仲以下犯上时，闻仲大怒，当堂把二人打翻。可是，二人的批评，闻仲其实听进去了。

见纣王一副恭顺，甚至害怕的样子，闻仲非但没有高兴，反倒非常不安，非常惶恐。

若是纣王听闻弹劾，对闻仲发脾气，甚至对闻仲喊打喊杀，那闻仲自然可以摆出托孤大臣的身份，狠狠教训纣王。如今纣王一味顺从，闻仲这狠狠一拳，就仿佛打在棉花上一样，无处着力。

闻仲若再纠缠，就超越了君臣礼节，就真的是欺辱君王了。

于是，大殿上就出现了一个奇怪的现象：纣王对闻仲很客气，闻仲对纣王更客气。

接到平灵王反叛军报，闻仲几番思量：

留在朝歌，闻仲与纣王的矛盾势必激化，这是闻仲不愿看到的；

离开朝歌，拯救计划必将付之东流，这也是闻仲不愿意看到的。

反复权衡之下，闻仲最终还是选择了离开。

纣王羽翼已成，若是硬逼，必然会引发一场腥风血雨。如今纣王对闻仲态度恭顺，给了闻仲足够面子，闻仲于是就坡下驴，放弃拯救计划，离开朝歌。

至于商朝的江山，人家纣王都不着急，闻仲自然也可以先放一放。

079 姜子牙为何把崇侯虎作头号打击对象

前文说到闻太师率领大军，再度离开朝歌，远征东海。消息传到西岐，丞相姜子牙禀奏文王姬昌，希望发动对北伯侯崇侯虎的讨伐战。

姬昌虽然拥有王爵，但其职务与崇侯虎一样，同为四大方伯之一。姜子牙、姬昌等人有何资格讨伐北伯侯崇侯虎呢？

所谓："名不正则言不顺。"既然要出兵讨伐敌国，那就必须师出有名。

对于这点，姬昌也提出了疑问，他说："孤与崇侯虎一样爵位，岂有擅自征伐之理?"在未得纣王诏令的前提下讨伐崇侯虎，不但将犯下藐视君王之罪，并且将暴露西岐的野心，引发天下诸侯的围攻。

姜子牙则认为，凡事有利也有弊，有可为有不可为。当下讨伐崇侯虎有以下三利。

其一，纣王荒淫酒色，宠信奸佞，朝政混乱。

天下八百镇诸侯，因纣王无道，已经有东、南四百镇诸侯分裂出去。不久前，纣王又逼死比干，让百官寒心。天下日趋动荡，朝局已然不稳，正是英雄大有可为之期。

西岐麾下有二百镇诸侯，在姬昌多年经营下，个个感念姬昌恩德，初步具备了叫板朝廷的实力。

其二，闻太师远征东海，无暇管顾地方。

闻太师乃商朝擎天玉柱，不但忠心耿耿，且道术、兵法精妙卓绝。姜子牙虽有神机妙算，但对闻仲也深深忌惮。闻仲在朝歌一日，姜子牙就一日不敢轻易出手。如今闻仲远离朝歌，无暇顾及西岐，正是姜子牙大展神威之际。

其三，崇侯虎蛊惑圣聪，陷害大臣，沟通奸佞，民愤极大。

崇侯虎因修筑鹿台一事得罪了朝歌万民，又因与费仲、尤浑勾结，处处讨好纣王，有失大臣威仪，被姜桓楚、鄂崇禹等方伯嘲笑。

即便是在北方两百镇诸侯之中，崇侯虎也官心丧尽。先是北海袁福通率领七十二路诸侯叛乱，后是冀州侯苏护公然反商。崇侯虎领兵平叛，又被苏护杀得屁滚尿流。

如此一个民心、官心丧尽的崇侯虎，西岐不打他打谁?

至于说姬昌与崇侯虎同为大臣，擅自攻伐会得罪君王，姜子牙也有说辞。

他提出，当初姬昌在朝歌时，那费仲、尤浑收了西岐万金之礼，于是在纣王面前帮姬昌说情。结果，纣王不但封姬昌为王，并且赐予姬昌白旄黄钺，可以代替天子讨伐四方。

如今讨伐崇侯虎，正可借用这个名头!

听姜子牙如此说，文王大喜，亲统大军，兵伐崇城。

其实，姜子牙之所以要讨伐崇侯虎，其原因远远不止上面三个。甚至可以说，上面三个只是貌似堂皇的官方原因。

那么，真实原因是什么呢？

其一，姜子牙执政西岐不久，急需一场大战证明自身实力。

在凡人看来，姜子牙身负绝学，有逆天神通。但是，姜子牙的道术再精妙，在短短一二年时间中，姜子牙也不可能让西岐人人信服。

尤其是姜子牙执政西岐以来，在治民治军方面，并无什么高招——不但是演义中没有写，在正史中也是如此。姜子牙与其说是个丞相，不如说是个军师，他擅长的是阴谋诡计，而不是治理万民。

即便是文王姬昌，对姜子牙的才学也有些狐疑。他虽然答应兵伐崇侯虎，却没有让姜子牙为帅，而是亲自统兵，前往讨伐。

毕竟口号喊得再响，也不如眼见让人信服。于是，姜子牙急需发动一场大战，来证明自己。

其二，讨伐崇侯虎，其实是效仿前贤，更是开创新朝的重要尝试。

商朝开国之君汤，在公开独立之前，曾经讨伐过在诸侯中声名狼藉的葛国。通过讨伐葛国，汤不但壮大了自身实力，更在诸侯中确立了霸主地位，为以后率领天下诸侯对抗夏朝，建立了扎实的根基。

对于这个典故，姜子牙非常清楚，在渭水垂钓时，他就曾经把这个典故写入歌谣中，唱给姬昌听。

如今，西岐的形势和当初的商国非常像：他们都还没有与朝廷决裂，他们又都有着决裂的打算。于是，找一个适当的对手打一打，既可以壮大实力，也可以试探天下诸侯与朝廷态度。这是西岐必须迈出的一步。

其三，崇侯虎所在崇城，看似坚固，其实内部矛盾重重。

崇侯虎常年待在朝歌，由其子崇应彪驻守崇城。崇城虽然有精兵坚城，但与西岐依然不能相比。在第一场交锋中，崇城首席大将黄元济就被南宫适斩于马下。

当然，若崇氏一门上下一心，坚守城池，西岐大军要想在短时间攻破，也非常艰难。而一旦陷入持久战，将对西岐非常不利。

可是，姜子牙早在大战之前，已经敏锐地发现了崇氏内部存在重要矛盾。

姜子牙通过姬昌，对当初冀州侯苏护反叛前后的事情已经全部掌握。对于崇侯虎、崇黑虎兄弟貌合神离的事情也了如指掌。

其中，崇黑虎对兄长崇侯虎心有怨念，且有心攀附姬昌，这对于西岐非常有利。

只要好好运用崇黑虎这枚棋子，就能取到意想不到的成果。

果然，西岐大军在与崇城兵马打了一个胜仗之后，就围而不打，静观其变。同时，姜子牙派人给崇黑虎送去一封书信。见到书信之后，崇黑虎就下定决心，杀死哥哥，投靠西岐。

姜子牙是怎么说动崇黑虎的呢？信中子牙说："君侯能擒叛逆，解送周营，以谢天下，庶几洗一身之清白，见贤愚之有分。不然，天下之口哓哓，恐昆仑火焰，玉石无分，尚深为君侯惜矣！"

姜子牙的言语看似软，其实硬。他告诉崇黑虎，若是你不能与哥哥崇侯虎划清界限，亲自擒拿以表心迹，那么，等待你的就是玉石俱焚，崇氏一门全灭！

本来，以崇黑虎的暴脾气，听到姜子牙如此挑拨离间的话语，本当立刻发飙，用铁嘴神鹰与姜子牙大战三百回合。可事实让人大跌眼镜，崇黑虎竟连连点头，认为姜子牙说得在理。

在保大哥还是保自己之间，崇黑虎果断地选择了放弃哥哥一家，投靠了西岐。

其实，崇黑虎也有自己的小算盘。姜子牙虽然道术精奇，崇黑虎或难以敌对。但是西岐远在千百里之外，根本无法直接管理崇城。最可能的，就是姬昌、姜子牙在撤军之时，委派一人管理北方。

果然，在亲手把大哥崇侯虎、侄子崇应彪送上断头台之后，文王姬昌非常慷慨地任命崇黑虎为崇城之主，管理北方两百镇诸侯。

姜子牙经过此战，不但为西岐赢得了两百镇诸侯的支持，也巩固了自身地位，可谓收获颇丰。不过，这两个收获与另一个意外收获相比，根本不算啥。

080 见惯血腥的姬昌为何被鬼魂吓死

姜子牙讨伐崇侯虎，最大的收获究竟是啥呢？

是吓死了文王姬昌。

姬昌之死，死得有些可笑。

崇黑虎把哥哥崇侯虎捆绑送到西岐军营。姜子牙宣判崇侯虎死刑。原文说：

不一时，推将出去，宝纛幡一展，侯虎父子二人首级斩了，来献中军。文王自不曾见人之首级，猛见献上来，吓得魂不附体，忙将袍袖掩面曰："骇杀孤家！"

原著又说：

自见斩了崇侯虎的首级，文王神魂不定，身心不安，郁郁不乐。一路上茶饭懒餐，睡卧不宁，合眼朦胧，又见崇侯虎立于面前，惊疑失神。

结合这两处原文，我们可以很清晰地看出，文王姬昌之死，最关键的原因是看了被砍下的血淋淋的崇侯虎的人头，于是受了惊吓，最终一病不起。

文王姬昌也见惯大场面，此前西岐也曾经对周边国家发动过讨伐战争，姬昌不可能没见过血。为何见了个死人头，就会被吓得神魂出窍，一命呜呼呢？

姬昌的心理承受力也忒差了点吧？

在我看来，姬昌之所以会生病，之所以会被吓死，其根本原因不在人头上，而在于姜子牙身上！

姜子牙的狠辣无情，让文王姬昌深感恐惧。

当初，姜子牙请求征伐崇侯虎，姬昌既然同意，本当命令姜子牙为帅，统领大军前往。可是，姬昌却亲自统领大军。为了啥？

原著说，文王恐子牙杀伐太重，自思："我去还有酌量。"

姜子牙虽然出身道家，但是执政风格却似法家，狠辣无情。姬昌一生以仁德行事，为天下尊奉。他可不想自己的美好形象被姜子牙毁掉。于是，姬昌亲自统军前往。

姬昌万万没有想到，一场大战之后，姜子牙凭借军威，竟独断专行，罔顾姬昌意见。姬昌深深担忧。

为除掉崇侯虎，姜子牙在没有请示文王姬昌的情况下，擅自做主，派人与崇黑虎联络，并提出条件，诱使崇黑虎除掉哥哥崇侯虎。

等到崇黑虎绑着崇侯虎父子来到西岐军营，姬昌莫名其妙，他问："呀！

原来崇二贤侯，为何至此？”

崇侯虎把自己如何听从姜子牙丞相命令，如何舍小家顾大家，大义灭亲绑了哥哥一家给姬昌说明。

按照道理，姬昌应当高兴，可事实是，姬昌很不开心！

原著说姬昌其心不悦，沉思：“是你一胞兄弟，反陷家庭，亦是不义。”

原来，姬昌是一个行事以礼义为先的人。在他看来，天下人都可以对崇侯虎喊打喊杀，唯独崇黑虎不行。他两个乃是兄弟，并且，崇侯虎从没有对不起弟弟。以弟卖兄，非大丈夫所为！

一旁的姜子牙见气氛尴尬，立刻上前说：“崇侯不仁，黑虎奉诏讨逆，不避骨肉，真忠贤君子，慷慨丈夫！”

子牙公这番话立刻就把崇侯虎卖兄求荣一事改了基调，从卖兄求荣变成了大义灭亲。姜子牙认定崇黑虎乃是忠诚君子、慷慨丈夫。

对于姜子牙这番评论，姬昌不认同，可是，满营众将却个个附和。

短短工夫，姜子牙在西岐将领中的威信火速飙升，隐然超越西岐之主姬昌。

原因很简单，姬昌素来仁德，重视文治，不爱征伐。不打仗将领就不能发财，不能升官。跟着姬昌，众将坐冷板凳；跟着姜丞相，众将升职加薪。

之后，姜子牙询问众将，如何处置崇侯虎。原著说：“文王在旁，有意不忍加诛。”

按照姬昌的意思，既然崇侯虎已经被抓，崇城已经易主，那么，崇侯虎也就无法作恶。上天有好生之德，不如就把崇侯虎给放了。加上崇侯虎和他姬昌地位一样，彼此同朝为官多年，虽然不是什么好朋友，可多少还有些情分。而杀了崇侯虎，也必然有损姬昌仁德美名。

姜子牙就算不问众将，也当征求姬昌意见。可姬昌万万没有想到，姜子牙没等姬昌开口，就直接宣布结果：“崇侯虎恶贯满盈，今日自犯天诛，有何理说？速斩首回报！”

让姬昌郁闷的是，满营众将无人认为姜子牙有不妥。将士们立刻将崇侯虎父子推出大帐，在辕门前斩首。

在这样的情况下，姬昌见到了崇侯虎人头，说出“骇死孤家”那番话。姬昌一方面是因为骤然看到血淋淋人头，心中不安；另一方面，更是亲身感受到姜子牙独断专行、大权独揽的可怕。

这让年将百岁，已入垂暮的姬昌，对西岐的未来深感担忧。恐惧不安日夜缠绕在心，姬昌最终一病不起。临终之际，姬昌把姜子牙叫到床边，将后事托付。

大凡君王托孤，都会几番嘉奖，以恩宠笼络其心。可是，文王姬昌的托孤之言与众不同，他威胁姜子牙，若是不按照他的心愿去做，到了阴间不好相见。

文王姬昌究竟在担心什么？姜子牙有没有遵守自己的承诺呢？

081 姬昌临终托孤隐藏哪些刀光剑影

原著第27回回目叫作“斩侯虎文王托孤”。文王姬昌托孤于姜子牙，和斩杀崇侯虎之间确实有着紧密的联系。只是，这个联系并不像世人所知道的那样。

在世人眼中，姜子牙斩杀崇侯虎立下大功，极大抬高了西岐地位，因此，文王姬昌对姜子牙无比信任。于是，在生命垂危之际，文王将西岐未来托付，将幼子姬发托付。

在未看原著的情况下，很多读者想当然地以为，这一幕必然是君臣和睦，肝胆相照，既悲情又温情，既热血又慷慨。

其实，真正的托孤过程中，满是凶险。姬昌与姜子牙之间，既有信任，更有怀疑，甚至可以说，怀疑是深层的，信任是表面的。

其实，不单单是姬昌与子牙之间，历代君王临终托孤之时，温情的假象背后，都是刀光剑影、阴谋诡计，都是深深的猜忌与长久的无奈。

身为西岐之主，姬昌当然希望自己的国家壮大，甚至在未来取代商朝，成为高高在上的万邦宗主。可是，和姜子牙不同。姜子牙可以把西岐当成他攫取功名富贵的试验品，而姬昌不能。故此，姜子牙可以允许西岐失败，姬昌不能允许！

就如征伐崇侯虎，看似是两国之间的征伐，西岐国富兵强，有一定优势，其实，更是西方二百诸侯对北方二百诸侯之间的征伐。若崇黑虎不反水，不卖兄求荣，崇侯虎赶回崇城，统率北方群侯对抗西岐，西岐远来，必将陷入苦战，最后多半崇城会胜出。就算拼命攻打下了崇城，西岐也无法顺利接收北方两百诸侯。

可以说，姜子牙征伐崇侯虎，是将西岐的未来、姬昌整个家族都置于险地。若是成功，姜子牙和姬昌双赢；可若是失败，姜子牙自可以远遁他乡，姬昌家族却将身死国灭，成为天下笑柄。

因此，在西岐发展战略上面，姬昌和姜子牙的观念有着极大不同。两人都希望西岐壮大，但姬昌是希望稳扎稳打，静观天下；姜子牙则希望冲锋在前，引领天下。

按照姬昌的观点，西岐在未来的一二十年自然不能一统，无法成为天下共主，但是，商朝日薄西山，西岐日渐崛起，一二十年不成，那就等待五十年，一百年。可以说，最终西岐依然将取代商朝，一统天下。

可是，姬昌愿意等，姜子牙不能等，元始天尊不能等，鸿钧道祖也不能等。于是，姜子牙必须兵行险招——何况，姜子牙有仙家法术傍身，更有阐教仙人为后盾，根本无须担心战场失利。

只是，姜子牙不会也不能把自己阐教代言人、封神主持人的身份透漏给姬昌。

于是，在姜子牙独断专行，西岐未来凶险的局势下，老病缠身的文王姬昌忧心忡忡。他担心西岐，担心儿子姬发，更担心已经成功掌握军政大权的阴谋大师姜子牙。

与其说，姬昌是被崇侯虎阴魂恐吓，神魂不安，不如说姬昌是担心征伐崇侯虎之后，即将到来的纣王的怒火。

姬昌的担忧不是没有道理。

书中交代，崇黑虎卖兄求荣、崇城易主的消息很快就传到了朝歌。主持政务的微子等人有喜有忧。喜的是崇侯虎本是奸佞，罪有应得；忧的是姬昌未得王命，擅自征伐，明显是藐视天子威权，崇黑虎又与姬昌联手，西北四百镇诸侯都有反商的可能。

微子禀奏纣王，纣王大怒，立刻要求征讨姬昌，抓捕崇黑虎。幸亏当时有个大臣建议，说东、南已经不稳，闻太师又在外征伐，若又与西、北开战，那天下必陷于混乱。不如暂且放过姬昌、崇黑虎，等闻太师安定东、南之后再做处理。

纣王本就是个热衷享乐，不爱江山爱美人的主。一听大臣如此说，他也就懒得出兵，把政务托付给宰臣管理。

只是，纣王可以将此事搁置，姬昌却始终觉得头上有一把利剑高悬。若是他身体尚可，以他在西岐的无上威望，自然可以压姜子牙一头，确保西岐能稳妥发展。

可是，眼看身体一日不如一日，姬昌不得不做托孤打算。

托孤之时，姬昌对姜子牙说了些什么呢？

姬昌宣召姜子牙到床榻之前，说："孤今召卿入内，并无别论。孤居西北，坐镇兑方，统二百镇诸侯元首，感蒙圣恩不浅。方今虽则乱离，况且还有君臣名分，未至乖离。孤伐侯虎，虽斩逆而归，外舒而心实怯非。乱臣贼子，虽人人可诛，今明君在上，不解天子而自行诛戮，是自专也。况孤与侯虎一般爵位，自行专擅，大罪也。自杀侯虎之后，孤每夜闻悲泣之声，合目则立于榻前。吾思不能久立于阳世矣。今日请卿入内，孤有一言，切不可负：倘吾死之后，纵君恶贯盈，切不可听诸侯之唆，以臣伐君。丞相若违背孤言，冥中不好相见。"

姬昌用了好大一番话来强调自己商朝臣子的身份，然后引导出自己的托付之言：希望在他死后，姜子牙执政西岐期间，依然能够对商朝执臣子之礼。

姬昌知道姜子牙与自己政见不同，于是，一方面以感情笼络，说自己每天都听到崇侯虎哭泣，希望姜子牙明白自己苦楚；另一方面以君主威严压迫，强调姜子牙若是违背嘱托，到了阴间自己也不会放过他。

按照姜子牙的执政观念，他当然不会像姬昌一样。可是，姬昌死亡在即，并且话已经挑明，姜子牙若是不能爽快答应，别说到了阴间不好向姬昌交代，估计马上从帷幕之后就会涌出刀斧手，送姜子牙上阴间。

姜子牙立刻下跪说："臣荷蒙恩宠，身居相位，敢不受命。若负君言，即系不忠。"就在姜子牙表忠心之时，姬昌第二个儿子姬发进入内殿。书中说姬发是"忽"入殿。其实，这姬发必然是接到姬昌诏令，早就在一旁等候。

姬昌对于权谋之道的理解，比之姜子牙只会高不会低。在示之以威后，必然要施之以恩。恩威并施，才是君主统辖臣子之道。

姬昌非常严肃地告诫姬发："我死之后，吾儿年幼，恐妄听他人之言，肆行征伐。纵天子不德，亦不得造次妄为，以成臣弑君之名。"

在又一次强调稳妥治国的理念后，姬昌要求姬发拜姜子牙为"亚父"。所谓亚父，就是仅次于父亲的人。

姬昌为何要姬发拜姜子牙为亚父呢？

就如刘备临终之际要刘禅认诸葛亮为相父一样，姬昌临终之际非常明确地知道，姬发即位之后，必然会面临君权、相权之争。若姬发才能卓著，那自然可以亲政。可姬发才略远不如姜子牙，那么，与其彼此争斗，国力大伤，不如认丞相为父，明确彼此关系，从纷争中摆脱出来。

有了亚父这个光环，姜子牙必然会更加忠心为姬家卖命；有了亚父这个遮羞布，姬发王权孱弱，也可以有个托词。

姬昌临终之时再三强调：西岐万万不可反商，姜子牙与姬发也再三赌咒发誓，绝对会遵循姬昌叮嘱。姬昌虽然还有万千不舍，可大限已至，最终还是在忧心忡忡中去世，终年 96 岁。

在姬昌恩威并施之下，姬发即位、姜子牙摄政之初，果然一改此前激进作风，把主要精力放在稳固西方二百镇诸侯上。

只是，姬昌管得了西岐，管不了天下。在他去世不久，朝歌政局发生重大变故，兵马大元帅黄飞虎被逼反商，偏偏跑到西岐。黄飞虎这个猪队友顿时将西岐逼到了不得不反的地步。

黄飞虎乃商朝重臣，为何他也会反商？

082 黄飞虎反商的真正原因

武成王黄飞虎在商朝百官之中地位超然。他南征北讨，立下赫赫战功，而立之年就已经是商朝兵马大元帅，其军界地位仅次于闻太师。

黄家，在商朝堪称世代贵胄。黄飞虎曾介绍说："黄氏一门七世忠良，享国恩二百余年。"前代功勋不算，除却黄飞虎在朝歌扬威，其父黄滚担任界牌关总兵，为一镇诸侯，其妹黄贵妃少年入宫，位分仅次于皇后。

可以说，放眼天下，黄家都堪称顶级贵族。黄家的利益与商朝紧密捆绑，可谓商朝兴则黄家兴，商朝亡则黄家亡。那么，身为黄家当代掌舵人的黄飞虎，为何还要反叛商朝呢？

其实，黄飞虎根本不想反商。只是形势逼人，他不得不反！

哪些人、哪些势力在逼迫黄飞虎呢？

罪魁自然是皇后苏妲己。

妲己美丽妖娆，在纣王面前总是装出一副宽仁博爱的面孔，其实阴险刻薄，残忍异常。

妲己和黄飞虎之间得以产生矛盾，源于一场意外。

当时，闻太师离开朝歌，纣王大喜，下令在御花园宴请百官。妲己身为皇后，也参与了这场盛宴。因除去心腹大患比干，妲己心中快活，不免贪杯。入夜时分，妲己半醉半醒，嗜血本性发作，于是显出九尾妖狐真身，到御花园吃人。

百官尚在陪酒，忽然见妖风扑面，几人惨死，立刻乱成一团。黄飞虎毕竟是久经沙场的老将，临危不乱。他手中没有兵器，于是劈手砍下一截栏杆，朝妖怪打去。

狐妖急忙闪避，踪迹不见。若事情到此为止，妲己或许不会记仇。偏偏黄飞虎深恨妖怪为祸后宫，高叫："快取北海进来的金眼神莺！"

那金眼神莺虽然仙道未成，但勇悍异常，且专克狐狸。金眼神莺嗅觉敏锐，很快发现狐妖踪迹。它挥动如钩铁爪，对着狐妖狠狠一抓。狐妖受伤，远远遁去。

纣王半夜回宫，见妲己面上竟然带伤，不禁大骇。妲己好一番花言巧语，才勉强遮掩过去。

御花园妖怪作乱风波，很快就被纣王遗忘。可是，妲己对黄飞虎的仇恨则一天天滋长。

妲己此妖，深通权谋之道，最是能忍。她一直在找寻机会，以求一击必杀。

在第二年的正月，妲己终于等来了机会。她利用纣王好色的脾性，巧妙安排纣王与黄飞虎妻子贾氏会面，成功制造出贾氏与黄贵妃先后跳楼的悲剧，将黄飞虎推入仇恨的深渊。

只是，妲己一人并没有能力造成这个大悲剧。俗话说："苍蝇不叮无缝的蛋。"黄飞虎的妻子贾氏与妹妹黄贵妃，或轻或重的，自觉或不自觉的，在这场悲剧中也充当了推手。

先说贾氏。

贾氏从小生活在大家庭，长大后又嫁入豪门，本当见惯权谋斗争。可面对妲己的种种引诱，竟然毫无抵抗力。也不知道贾氏为何能执掌黄家内务，且活到 49 岁。

说贾氏是小白，丝毫不为过。

贾氏与诸大臣之妻共同入宫，朝贺皇后苏妲己。其他人行礼后就自行回家，唯独贾氏拜见时，苏妲己赐坐。一番客套后，妲己要求与贾氏结为姐妹。若贾氏稍有头脑，就应当记起苏妲己和其小姑黄贵妃早就是面和心不合，她本当极力拒绝，坚持回家，那么，一场大祸可免。

可是，在苏妲己一番温言软语之下，贾氏竟然飘飘然起来，不但与妲己姐妹相称，还与妲己同桌饮酒，出宫的时间一拖再拖。终于，纣王回宫。

妲己让贾氏到别宫暂避，然后告诉纣王贾氏国色天香，自己可以安排他们见面。纣王大喜，定好时间后，离宫而去。

妲己告诉贾氏，彼此姐妹一年只能会面一次，不如随她去摘星楼一观。那摘星楼是什么地方？那是纣王消遣取乐的地方。此去毫无疑问会碰到纣王。

古时礼法规定，君不见臣妻。妲己之安排，已经陷贾氏于不贞之地。此时，贾氏本当严词出宫，即便与妲己翻脸，妲己也不能如何贾氏。

可是，贾氏竟然没有反对，傻乎乎就跟着妲己去了。

上摘星楼后，走到九曲栏杆旁，贾氏往下一看，看到下面白骨森森，阴风阵阵。那里乃是虿盆，是纣王、妲己用来折磨宫人的地方。贾氏吓得魂不附体，此时，她本该坚持下楼。可是，当妲己摆开酒宴，让贾氏喝酒时，贾氏只是略作推辞，又开始饮酒。

于是，一拖再拖，终于，挨到了纣王出场。

纣王到来，偷看贾氏容貌，心中大喜。不过，纣王顾及礼法，并没有对贾氏无礼。是妲己说，贾氏乃是她结拜姐姐，是一家人，纣王才端起酒杯，邀请贾氏入座，并向"皇姨"祝酒。

此时，贾氏本当以礼法责备妲己、纣王，要求即刻出宫。纣王虽然好色，但他行事绝非一味任性。以纣王脾性，必然放贾氏离开。

可是，贾氏的选择非常极端。她认定纣王就是禽兽，见了自己必定要施暴，于是宁为玉碎，不为瓦全，一边大骂纣王，一边跳下摘星楼。

这惊人一幕，让刚刚被骂、火冒三丈的纣王目瞪口呆。

原著说纣王“好懊恼，平地风波，悔之不及”。

其实，贾氏之死，一方面是妲己险恶用心，另一方面也是贾氏不知进退。若此刻能够有一个中间人，在黄飞虎与纣王之间说和一二，纣王必定原谅贾氏侮辱君上之罪，黄飞虎也会明白贾氏其实保全了清白，也就不会叛商。

这个最佳中间人，当然是黄飞虎的妹妹、纣王的黄贵妃。

可是，黄贵妃在得知贾氏之死后，不但不冷静处理问题，反倒肆意而行，最终将事情闹至不可收拾的地步。

黄贵妃做了些什么？

她冲上摘星楼，先是说黄家如何忠于商朝，立下赫赫功勋，再大骂纣王灭绝人伦，不分纲常，简直就是有辱先王。

黄贵妃一番话说得很直接，若是其他大臣，早就被纣王弄死了。可因为是自家枕边人，贾氏之死令纣王心中有愧，于是纣王虽被臭骂，但只是默默无言。

黄贵妃骂完纣王，再大骂妲己，一边骂一边还冲上去厮打。妲己本是千年狐妖，法力通神，可顾及纣王在一边观看，只好硬挨黄贵妃拳脚。

原著说：“黄妃原有气力，乃将门之女，把妲己拖翻在地，捺在尘埃，手起拳落，打了二三十下。”

若事情到此为止，那妲己这顿打也就算白挨了，毕竟人死不能复生。可是，黄贵妃竟然不依不饶，还要继续暴打妲己。

一旁的纣王看不下去了。在他看来，黄贵妃强悍，苏妲己柔弱。纣王上前劝架，黄贵妃还要打人。纠缠之间，黄贵妃一拳打在纣王脸上。

黄贵妃大骂纣王，纣王本就有些气。按古代礼法，伤及龙颜，更是灭门大罪。纣王趁机上前，一把抓住黄贵妃，往一边甩去。

纣王怒气攻心，全然忘记了当时是在高台之上。纣王有九牛二虎之力，黄贵妃竟被直接甩下栏杆，坠下摘星楼，脑浆迸裂而死。

黄贵妃死后，原著说："纣王摔了黄妃下楼，独坐无言，心下甚是懊恼，只是不好埋怨妲己。"

此刻，若纣王能够向黄飞虎说明情况，并主动道歉，那么，黄飞虎即便恼恨，也没有反叛的理由。只是，一方面纣王拉不下面子，另一方面黄飞虎身边有人不停撩拨黄飞虎，激化黄家与纣王的矛盾。

这个挑唆黄飞虎反商的人是谁呢？真正逼的黄飞虎不得不反商的又是谁呢？

083　是谁把黄飞虎逼上造反绝路

事实上，妻子贾氏与妹妹黄贵妃的惨死，只能说是黄飞虎反商的导火索。将黄飞虎逼上反商绝路的，另有其人。

原著说："话说飞虎听得此信，无语沉吟；又见三子哭得酸楚。"

当黄飞虎听闻妻子、妹妹双双惨死时，他的反应是什么？

是无语沉吟。

多数人听闻此噩耗，会怎么做？

没能力的，会像黄飞虎的三个娃一样，痛哭流涕；有能力的，会像黄飞虎的几个弟兄一样，当场发飙，就要去找纣王报仇。

黄飞虎自然是属于有能力的一拨，为何他会选择无语沉吟呢？

只因黄飞虎不是个空有勇武，毫无谋略的莽夫。他少年成名，勇冠三军，韬略过人，不但在战场上百战百胜，并且在官场上官运亨通。他能够在 30 岁左右就成为商朝武成王，军界名义上的最高统帅，靠的不是家族背景，而是自身综合实力！

如此聪明的黄飞虎，在沉吟什么呢？

听到妻子、妹妹惨死的消息，黄飞虎当然伤心，当然生气。可是，伤心、生气能够解决眼前的困局吗？黄飞虎身为黄家当代掌舵人，他说话做事不能够只凭一腔热血，个人好恶，而应当从整个家族长远发展利益去看。

见黄飞虎沉吟，结拜兄弟黄明以为黄飞虎在猜测消息的真伪。于是他帮忙分析，认为必定是纣王见贾氏姿色，心生歹意，君欺臣妻；贾氏节烈，为保贞洁跳楼而死；黄贵妃前往争辩，纣王偏袒，把黄贵妃摔下楼去。

黄明分析的大体属实。只是，黄飞虎考虑的，不是事情的真相如何，而是在事情已经发生后，如何处置方才对黄飞虎、对整个黄家最为有利！

眼下给黄飞虎的选择，有三个：

其一，反叛商朝，再寻出路；

其二，默认现状，委曲求全；

其三，静观其变，暂不反商。

多数人，比如说黄飞虎的四个结拜兄弟，他们都会选择第一条。原因也不难猜。在原著中，他们都是光棍一条，一人吃饱，全家不愁，做事情率性而为，没有太多顾虑。他们宣称："君不正，臣投外国。"反正天下有八百镇诸侯，在商朝混不下去，还可以去其他诸侯国。

黄明、周纪等四人可以洒脱离开，但黄飞虎不行。黄飞虎一家七代仕商，家族利益早就和商朝捆绑在了一起，并且，黄飞虎官居武成王，为兵马大元帅，已经是武将极品。黄明等人跑到别国去，还有升官发财的空间，而黄飞虎离开商朝后，无论投靠哪个诸侯国，那都是自降身份，自毁前程！

就如黄明等人主张逃亡西岐，黄飞虎到了西岐后，其官职、地位能够和在商朝相比吗？在商朝，就算是文王姬昌，与黄飞虎之间那也是兄弟相称，姬昌也都要时不时拍黄飞虎的马屁。而黄飞虎到了西岐，不但要成为姬昌之子武王姬发的下属，还要成为昔日下大夫姜子牙的下属，甚至是上大夫散宜生的下属！

并且，以黄飞虎对商朝与西岐力量的了解，此刻的商朝综合实力还远在西岐之上。黄家前往投靠西岐，搞不好是自寻死路！

在一番权衡之下，黄飞虎做出了静观其变，暂不反商的决定。

可是，在周纪的一番鼓动下，黄飞虎渐渐被情感左右，最终走上了反商之路。

黄飞虎有四个结拜兄弟，号称四友，分别叫作黄明、周纪、龙环、吴谦。四人之中黄明年资最长，周纪最是多谋。

他们见黄飞虎不肯反商，于是聚在一起，商议对策。他们一共使出了三招。

第一招，抢先谋反。在分析完利弊之后，黄明带头，三人跟随，一起离开黄府，就要前往西岐。黄飞虎大惊，担心四人鲁莽，泄露形迹，牵连到他，于是声称也要谋反，把四人骗回家中。

到了家中，黄飞虎大骂黄明四人，批评他们鲁莽行事，黄门七世忠良绝不能因为一介女人而谋反。

第二招，出言嘲讽。见黄飞虎说出心中担忧，黄明四人假作答应，于是大声欢笑，纵情饮酒。黄飞虎生气询问，周纪回答，笑的就是黄飞虎。

周纪说："兄长，你只知官居首领，显耀爵禄，身北蟒袍。知者说仗你平生胸襟，位至尊大；不知者，只说你倚嫂嫂姿色，和悦君王，得其富贵。"

相比老婆、妹妹的性命，黄飞虎更看重的是自家功名。这并非黄飞虎冷血，而是时代观念使然。古代人尤其是元明时期的人，对女人基本都持轻视态度。像明朝写成的《三国演义》《水浒传》等书，其中绝大多数男人都把女人看成玩物。不爱女色，是成为英雄的必备条件。

周纪话语的意思是，若黄飞虎在妻子、妹妹惨死事件中保持沉默，世人就会认为黄飞虎之所以功成名就，依靠的不是自身实力，而是靠着出卖妻子取悦纣王所致。

所谓是可忍，孰不可忍。对于黄飞虎来说，富贵很重要，名节更可贵。当初苏护听闻纣王要纳他女儿为后宫，不是欢喜，而是大怒，就因为他也爱惜羽毛，不想世人误会。

听周纪如此嘲讽，黄飞虎大叫一声："气杀我也!"于是，决定反商。

第三招，午门战君。周纪等人知道，黄飞虎反商的意志并不坚定，于是再出"毒计"。他们嚷嚷，去午门与纣王一战，为贾氏、黄贵妃出口恶气。原著说："黄飞虎心下昏乱，随口答应。"

若黄飞虎清醒，就会知道前往午门挑战君王是以下犯上、以臣欺君，属于十恶不赦之举。黄飞虎本处于道义优势，可一旦做出午门战君之举，就将陷入不忠不义局面。可是，他正因周纪嘲讽心中发怒，没有多想，就跟着前去了。

黄飞虎率领黄明、周纪，在午门与纣王大战。三虎战一龙，相当精彩。最终，纣王落败，但依然能从容退入午门。黄飞虎见抓不到纣王，只能逃走。

黄飞虎一家离开朝歌之后，匆匆前往西岐。此时，闻太师归朝。以闻太师在朝中的影响力，若他能够从中调和，黄飞虎依然有可能回归。可是，闻太师的应对让人大感惊诧！他不但不从中斡旋，留下黄飞虎，反而坐实黄飞虎反叛之罪，斩断黄飞虎回商的最后一点希望，亲手将黄飞虎推上绝路！

闻太师究不是以忠义闻名天下吗？他这么做的意图又是什么？

084 闻太师为何挖坑把黄飞虎往绝路上逼

就在黄飞虎一家离开朝歌，快到五关的时候，闻太师远征东海回归。原著说：

探事马报进午门曰："闻太师征东海奏凯回兵。"百官大喜，齐辞朝上马，出郭迎接。

闻太师回归，给人的第一印象是架子极大，威权极高。文武百官本在上朝，听说闻仲回归，竟然辞别纣王，齐齐赶往城外大军帐前请安问候。闻太师完全就是商朝的又一位天子，并且威权还在商纣王之上！

权势如此了得的闻太师，在听闻黄飞虎反商之后的表现如何呢？

他到了朝堂，见了纣王，没看到黄飞虎，也不问百官，直接问纣王。纣王一番解释，自然把责任都推到黄飞虎身上。

听完纣王陈述，闻太师厉声呵斥："此一件事，据老臣愚见，还是陛下有负于臣子！"然后，闻太师把自己分析所见一一说出，几乎和真相一般无二，听得百官无不垂泪，纣王惭愧不言。

文武百官对闻太师的精明干练、刚正不阿更是钦佩！

只是，事情已经发生，批评纣王也不能解决任何问题。如何处理才能快速了解此事，并让各方满意呢？

一方面，纣王虽然心中有愧，可是他身为帝王，本就有些骄傲，且已亲政 17 年，更是羽翼丰满。在一般情况下，他根本不可能向臣下低头认错。即便闻太师以极高威望，强行逼迫，纣王心中也只是不服。

一方面，以微子为首的百官对纣王已经是怨气深沉，大家都把黄飞虎反商事件看成是纣王的又一恶行。此前比干被挖心的惨状犹在眼前，如今又有贾氏跳楼，贵妃被摔。可以说，若处理不当，很可能引发皇族宗室以及朝歌文武对纣王的集体仇视。

可是，闻太师仅仅说了两句话，就把整个朝堂，上至纣王，下至百官，全部都掌握在手掌之中，人人都无法反对闻太师的处理意见。

第一句，他说："乞陛下可赦黄飞虎一概大罪，待臣追赶飞虎回来，社稷可保，家国太平。"

闻太师说，黄飞虎赤胆忠心，功在社稷，其被迫反商，事出有因。他希望纣王赦免黄飞虎的一切罪过，并由自己亲自出面追回黄飞虎。如此一来，黄飞虎就没有理由反商。

此话一出，文武百官无不叫好。黄飞虎反商虽然属于叛逆，可是大家都明白其中必有苦衷，对黄飞虎很是同情。如果能按照闻太师所说处理，百官比较满意。

可是，百官满意了，纣王不满意啊。若是下这样的诏令，不是让纣王扇自己嘴巴吗？

纣王一脸不情愿地看着闻太师，正要嘟囔几句。闻太师那边抛出了第二句话。纣王一听，立刻大喜。

闻太师说："若果飞虎有负君之处，只怕老臣一时之见，还有礼当说者，即行商议，不可有误国事。"

闻太师表示，自己要纣王下诏赦免黄飞虎之罪过，是因为天子确实有辜负臣子的地方。但是，我们处事不能只看一面，黄飞虎有没有辜负天子的地方呢？

闻太师还引导说，自己刚刚回来，对事情不是很了解，如果有知情人——知道黄飞虎有辜负纣王事迹的人，赶紧说出，若不及时说出，就是耽误国事！

闻太师这番话一出，文武百官个个惊心。太师这是在搞啥？这不是引诱百官告黄飞虎的状吗？

微子等一干和黄飞虎交情好的高官们，人人沉默。最终，一个叫作徐荣的下大夫走出班列，说黄飞虎也有忤逆君王之大罪。

徐荣说："君欺臣妻，天子负臣；不顾恩爱，摔死黄娘娘，也是天子失政。黄飞虎岂得率众杀入午门，声言天子之罪，与天子在午门大战，臣节全无，故武成王也有不是。"

这徐荣不愧叫作徐荣（虚荣），为了讨好闻太师，讨好纣王，竟然断章取义，污蔑黄飞虎。

在徐荣看来，黄飞虎在午门战君，就是忤逆大罪。可是，百官都明白，事情有果就有因。人家是因为妻子、妹妹无辜惨死，才会跑到午门叫阵。

可是，百官可以同情并理解黄飞虎，闻太师不能。

他一听徐荣解释，立刻宣布，此前赦免黄飞虎罪过的诏令也不用下了，改下诏令，全国通缉黄飞虎。并且，他向纣王表示，自己将亲自率领军马，前往追赶，务必保证把黄飞虎这个十恶不赦的罪臣擒拿。

闻太师追捕黄飞虎可不是做做样子。他带着朝歌大军出发，下令各关紧守关隘，让黄飞虎插翅难飞。

见到闻太师亲自追捕自己，黄飞虎不禁慨叹："闻太师兵来，如何抵敌！吾等束手待毙而已！"

闻太师与黄飞虎虽然说不上是好朋友，但也同朝为官20来年。不久前，闻太师还亲自向黄飞虎敬酒，对黄飞虎多有夸赞，如今竟然翻脸无情！黄飞虎有难，闻太师不但不出手相助，反倒故意挖坑，把黄飞虎往死路上逼。

这是为什么？

一来，闻太师希望借黄飞虎之头，"以正大法"。

在黄飞虎反商的事情上，纣王有错在先，但是，黄飞虎就没有错吗？黄飞虎不但有反商之言，并且在午门要杀纣王，忤逆之罪可谓铁证如山。闻太师当然知道罪魁还是纣王，但国家法统不能毁弃。君可以负臣，臣不可以负君。所谓："君叫臣死，臣不得不死！"

一旦君臣失序，纲常崩毁，那么，就不是一个黄飞虎要反叛，而是天下诸侯都要反商。

于是，即便黄飞虎反商事出有因，值得同情，闻太师最终还是挥起屠刀，要用黄飞虎之头颅，以正国法，以明纲常。

二来，闻太师自视极高，以为一人可安天下。

大家都知道闻太师乃商朝忠义之臣，可是，绝大多数人都不知道，闻太师的忠义并不纯粹。

闻太师骨子里看重的，不是商朝社稷，而是自家名声。

前次他回朝，提出十项改革措施。人人以为商朝复兴有望，他却中途毁弃。为了啥？还不是因为他不想和纣王直接发生冲突，总希望别人冲在前面，不能脏了自己的手。

闻太师极为自负。在他看来，商朝有他一人，即可安定天下。于是，他几乎是放纵纣王行事，从纣王七年离开朝歌，一去就是 15 年。对于纣王杀商容，害比干，逼反黄飞虎，闻太师看似有过问，其实没有为这些人真正说过一句话。对这些人的生死，他全不在意。

结果就是天下人对闻太师寄予厚望，希望他一匡天下，可每次他都是乘兴而来，败兴而归。每一次，闻太师都是让天下人更加失望，让纣王更加嚣张。最终，商朝的股肱大臣一个个被害，只剩下闻太师一人。

所谓："众人拾柴火焰高。"即便是天才，也不能做孤家寡人。

闻太师下令封锁五关，黄飞虎一家插翅难飞。这时候一个神秘人物登场，挥挥手解决了黄飞虎的难题。

085　哪位大仙挥手从包围中救出黄飞虎一家

黄飞虎一家仓皇逃命。虽然他们早一步出发，可是，一来家眷众多，老幼不齐，行程缓慢；二来闻太师威望素著，一声令下，各关隘守将无不在第一时间领兵阻截。

渑池县临潼关前，各路大军齐齐赶到，眼看就要将黄飞虎一行人包了饺子。就在黄飞虎慨叹唯有一死时，一个神秘人物从天而降。此人接连出手，为黄飞虎化解一次次危机，最终，黄飞虎成功穿过五关，到达西岐。

这个神秘人物乃是玉虚宫元始天尊门下、十二金仙之一的紫阳洞清虚道德真君。

道德真君是怎么救黄飞虎一家人的呢？

他老人家明处出手三次，暗处出手一次，为黄飞虎化解了四次大灾。

第一次，以混元幡挪移。

朝歌追兵已经远远看见黄飞虎一行人。黄飞虎前有临潼关之阻隔，后有闻太师之追袭，可谓上天无路，入地无门。

面对窘境，道德真君拿出法宝混元幡，往黄家人上方轻轻一罩。顿时，黄家人在十数万大军视线中神秘消失。他命令黄巾力士驾起风雾，把混元幡中人全部挪移出大道。黄飞虎一行人只感觉晕晕乎乎，等清醒时，他们已经跳出官军包围圈，出现在一处山间小道上。

第二次，抛出神砂迷惑追兵。

在各路追兵中，实力最强的当然是来自朝歌的闻太师人马。闻太师可不是普通人物，他本是截教通天教主麾下四大弟子中金灵圣母弟子。他虽然是截教三代弟子，可是神通广大，法力不俗，别说是姜子牙之流无法与之相比，就算是比之道德真君这样的阐教二代弟子、十二金仙一流，也毫不逊色。

只要闻太师继续追捕黄飞虎，黄飞虎就没有逃脱可能。于是，道德真君拿出自家宝葫芦，从中倒出神砂一捏，运转仙力，念动口诀，把神砂往东南方向洒去。

顿时，东南地面凭空出现百千人马，带头的正是黄飞虎。

传令官急报闻太师：黄飞虎带领家将倒杀回朝歌去了。

闻太师正因黄飞虎凭空不见而狐疑，听闻后方出现黄飞虎踪迹，大吃一惊，立刻撤军回防。

没有了闻太师的追捕，黄飞虎一家方才有可能通过五关。

第三次，派黄天化下山救父。

所谓五关，即临潼关、潼关、穿云关、界牌关、汜水关。每关都有大将守卫。黄飞虎此时乃是逃犯，要想通过，可谓千难万难。

那黄家人是如何通过五关的呢?

因萧银杀死张凤，黄飞虎顺利通过了临潼关。

潼关守将陈桐早年得异人传授（多半是截教仙人），擅打火龙标。黄飞虎众人虽然勇武，不过是凡人将领。黄飞虎与周纪都被火龙标击杀。

眼看黄家要全军覆没，道德真君派出大弟子黄天化（黄飞虎的大儿子）下山。

黄天化修道 13 年，神通不俗，又有师父交给的水火花篮、莫邪宝剑。最终，黄天化用水火花篮收走了火龙标，以莫邪宝剑斩杀了陈桐。

送父亲黄飞虎过了潼关后，黄天化按照师父要求，回紫阳洞去了。

第四次，派哪吒击败七首将军余化。

因贾氏亡魂提醒，黄飞虎击杀陈梧，通过了穿云关。

黄明、周纪用计，赚取黄飞虎之父黄滚，大家顺利通过了界牌关。

最后一关是汜水关。

黄飞虎一行遇上了七首将军余化。余化乃截教第四代门人，掌中有奇宝戮魂幡。神仙以下只要有三魂七魄者，都难逃戮魂之难。

书中交代，乾元洞太乙真人心血来潮，感应到黄飞虎有大难，于是派出弟子哪吒下山，击败余化，救出黄飞虎。

其实，心血来潮乃是个托词。真正的原因是，道德真君自知他两个徒弟（黄天化、杨任），都被余化的戮魂幡克制，而太乙真人的弟子哪吒，乃是莲花化身，并无三魂七魄，戮魂幡对他攻击无效。于是，道德真君发出信息，拜托太乙真人。

哪吒果然奇特，在戮魂幡攻击下浑然无觉，成功救出黄飞虎一家。

黄飞虎度过汜水关，成功来到了西岐。

清虚道德真君为何要救黄飞虎一家呢？

所谓："天下熙熙，皆为利来；天下攘攘，皆为利往。"封神世界中的神仙们，尤其是阐教神仙们都是无利不起早的主。

得知封神计划后，元始天尊门下的仙人们无不摩拳擦掌，想着在封神计划中立下战功，分一杯羹。

十二仙首中为首的赤精子、广成子，成功救走了商纣王的儿子殷洪、殷郊，把商朝王子都拉到了阐教阵营，对阐教来说，可谓大功一件。

十二仙首中的太乙真人，派出弟子灵珠子下山，投胎到陈塘关总兵（一镇诸侯）李靖家中。之后，李靖起兵归顺西岐，对阐教来说，也是大功一件。

终南山散仙云中子早就想进入高层，入朝歌献宝剑除妖失败后，苦心做局，把徒弟转世，送给西伯侯姬昌做了干儿子，大大巩固了西岐和阐教的联系，对阐教来说，可谓大功一件。

眼看师兄弟们纷纷出手，清虚道德真君也坐不住了。他先后两次出手，为反商大业培养了两位干将，为阐教立下大功。

其一，纣王即位第七年，女娲娘娘正式奉命推进封神计划的那一年，清虚道德真君就跑到武成王黄飞虎家中，强行掳走了刚刚三岁、人事未知的小娃娃黄天化。

多年之后，他告诉黄天化，是因为黄天化煞气冲天，又有富贵之命，于是自己才会将他带上紫阳洞。

其实，道德真君早就知道封神计划中，黄飞虎必然叛商，叛商后乃是西岐军事重臣。于是，他才早早掳走黄天化，并且 13 年丝毫不告诉黄天化身世。

其二，在纣王亲政数年，屠戮大臣时，清虚道德真君救走了上大夫杨任。前文文分析过，被纣王杀害的大臣有不少，道德真君选择杨任乃是深思熟虑的结果。

这一次出手救下黄飞虎，可以说是道德真君第三次出手，也是最为小心的一次出手。

为何说道德真君此次出手最为小心呢？

以道德真君的能力，他挥挥手就可以把黄飞虎这一二百人带出五关——当初姜子牙不就带着七八百老百姓飞出五关吗？道德真君的神通可远远在姜子牙之上！

可是，道德真君在退了闻太师兵马后就回紫阳洞去了。

派黄天化下山时，他又严厉叮嘱，送黄飞虎出了潼关之后，黄天化就必须赶回紫阳洞。

为何道德真君不直接把黄飞虎一行人送出五关？或者让徒弟黄天化一直保护黄飞虎呢？

虽然说余化的戮魂幡厉害，可是，紫阳洞镇洞之宝莫邪宝剑也不是吃素的。只要黄天化先用莫邪宝剑，死的就是余化！

只因清虚道德真君明白，封神计划虽然已经开始，但是，真正的仙界大战，时机还未成熟。此时，身为阐教重要人物的他，不适宜在人间过多行走。若是身份暴露，被截教高层知道，难免引出纷争。

截教何等强大，若是他们也抢先搞小动作，阐教根本就没有胜出的希望。

于是，以道德真君为代表的阐教仙人，一方面频频在人间出手，利用各种手段挖坑，布陷阱；一方面总是遮遮掩掩，不敢公开见人。

086 战五关诸神排座，谁实力最强

五关之战，不但有凡人武将比斗，更有阐教、截教仙家斗法，场面极大，牵涉甚广，堪称商周大战展开前的精彩预演。

那么，谁是战五关故事中凡人武将第一人？谁又是仙家斗法第一人呢？

黄飞虎过五关一共打了五场大战，我们结合原著，分析下场诸将战力。

第一场：临潼关之战。

战斗 1：黄飞虎大战张凤。

张凤抢先出手，一刀劈来，黄飞虎反应敏捷，轻松以枪驾住。之后，双方刀枪往来，大战 30 回合。

书中明确说："张凤力怯，拨马便走。"见硬拼武艺不行，张凤于是诈败，暗中使出百炼锤回马一击。谁料想黄飞虎眼明手快，抽出宝剑削断百炼锤绳索。张凤只得败归本阵，黄飞虎也不追赶。

小结：黄飞虎武艺远在张凤之上。

战斗 2：张凤派人偷营。

衡量武将实力，不仅仅要看他与人单挑的表现，也要看他的战斗智慧。张凤虽然因为老迈，武艺不如黄飞虎，可是在智略上丝毫不逊色于黄飞虎。他在自己白天大败之后，竟然命令部下前去偷营。

只是，智者千虑，必有一失，张凤猜中黄飞虎不及防备，却忽略了部将萧银受过黄飞虎大恩。萧银领命后，直接去找黄飞虎告密。

听了萧银讲述，原著说：

飞虎听毕，大惊曰："多感将军盛德！不然黄门老少死于非命矣。实系再生之恩，何时能报。"

从飞虎话语可见，若无萧银告密，张凤劫营之计必然成功。

小结：张凤智略不在黄飞虎之下。

战斗 3：萧银偷袭张凤。

萧银在朝歌为将时，被黄飞虎看中，将他派往临潼关为副将。萧银无论是武艺还是智略，都在张凤之下。可是，萧银以有心算无心，在张凤追击黄

飞虎，路过关隘大门时，他暗中出手，从背后一戟刺死了张凤。

这萧银救黄飞虎看似报了大恩，其实是为私恩而忘大义，难怪作者会嘲笑其为小人（萧银谐音）。

小结：萧银武艺虽不如张凤，但阴险狠辣，让人难防。

第二场：潼关大战。

战斗1：黄飞虎大战陈桐。

陈桐曾在朝歌为官，黄飞虎按律责罚，陈桐怀恨在心，故一心要捉拿黄飞虎。

双方大战，20回合后陈桐不敌。原著明确说：“陈桐非飞虎敌手，料不能胜。”

可是，陈桐早年得异人（多半是截教仙人）传授，炼就一件法宝，叫作火龙标。此标一旦出手，就有烟火产生，无论对方如何闪躲，也无法逃过一击。

这火龙标很像现代热感导弹，竟然有自动追击功效，故原著说：“出手烟生，百发百中。”黄飞虎被一标打中心脏，当场身亡，摔下马来。

小结：黄飞虎武艺虽强，不过是凡人武将，而陈桐武艺虽弱，但已经迈入人仙境界，故黄飞虎被秒杀，很正常。

战斗2：黄明、周纪大战陈桐。

黄明、周纪见义兄黄飞虎倒地，急忙上前，为夺回黄飞虎尸体争取时间。双方战有数个回合，陈桐诈败，回手一火龙标打向周纪。火龙标穿过周纪脖颈，周纪当场死亡。因黄家人齐齐赶出，陈桐不再追赶。

战斗3：黄飞虎、黄天化战陈桐。

黄天化带着仙药下山，救活了父亲与周纪。第二天，黄飞虎听从黄天化安排，去关前叫阵。陈桐出关应战。两人交手没有几个回合，陈桐再次使出火龙标，黄飞虎大吃一惊，以为必死。暗中闪出黄天化，将师尊赐给的花篮对准火龙标。那火龙标竟然像被无形之手牵引一般，调转方向，奔花篮而去。

眼看自家法宝火龙标被敌人收走，陈桐大吃一惊。就在陈桐慌乱之时，黄天化使出师父赐给的另一件法宝莫邪宝剑，剑尖对准陈桐，从莫邪宝剑中闪出一道星光，有杯盏大小，直奔陈桐。眨眼工夫，陈桐头颅被削去，倒地身亡。

从战斗结果看，陈桐死而天化胜，其实，陈桐的综合实力还在此时的黄天化之上。

封神世界仙人间的比斗，一看修为境界，高境界基本上可以碾压低境界；二看法宝，超强法宝拥有者可以秒杀垃圾法宝拥有者。

陈桐修为与黄天化相比，都属于人仙境界，但黄天化刚刚出师，陈桐下山已久，二人大境界相同，小境界却是陈桐高上一些。这也是黄天化不敢正面和陈桐交战，只是让父亲出手，自己躲在暗处的主要原因。

另外，火龙标乃是陈桐自身炼就的法宝，且有多枚，枚枚致命。而花篮与莫邪宝剑则都是黄天化师父道德真君之物——书中说是紫阳洞镇洞之宝，可见还都是元始天尊炼制，送给徒弟们护身的。

潼关大战时，因火龙标狠毒，道德真君不得不把自家的防身法宝借给徒弟黄天化使用。等任务完成，黄天化就把这两件法宝还给了师父。黄天化正式下山时，除了带着战利品火龙标，还有其师道德真君赐给的法宝攒心钉。

攒心钉什么模样，书中说："此宝有七寸五分，放出华光，火焰夺目。"

这攒心钉的形态、功能，与火龙标怎么那么像？八成就是道德真君仔细研究莫邪宝剑与火龙标后，推出的二合一山寨版。

第三场：穿云关大战。

战斗 1：黄明、黄飞虎双战陈梧。

陈梧乃是陈桐的兄弟，他没有修道，斗不过黄飞虎，不过他脑袋很聪明，嘴皮子很能说。

黄飞虎一行人杀掉了陈桐，方才通过了潼关。黄飞虎早就知道穿云关守将陈梧就是陈桐兄弟。因此，大家都心存戒备，准备和陈梧血斗一场。没想到陈梧主动出城迎接，大骂哥哥瞎眼，吹捧黄飞虎忠义。

陈梧非常会演戏。黄家这些人中，黄飞虎、黄明等虽然都是绝对的人精，可无论是谁，都没有看破陈梧的把戏。大家都欢欢喜喜进入穿云关。

要不是黄飞虎的老婆贾氏亡魂前来托梦，警告黄飞虎，黄飞虎一行人就会被陈梧一场大火烧成烤猪。

黄飞虎一行在半夜三更逃出驿站时，正撞上前来放火的陈梧。黄明先迎上，与陈梧战在一处。随即，黄飞虎加入战团。那陈梧连黄明都打不过，又怎能抵挡二虎？结果，没三五回合，黄飞虎大吼一声，将陈梧一枪穿胸，挑死于马下。

小结：陈梧武艺平常，却心智高超，口才一流，怎奈天要亡商！

第四场：界牌关大战。

战斗1：黄明、周纪、龙环、吴谦群战黄滚。

界牌关总兵黄滚是黄飞虎的亲生父亲，却一心要把黄飞虎擒拿。黄明知道黄飞虎不方便出面，于是主动上前迎战黄滚。之后，三位义弟也上前，把黄滚缠住。趁这机会，黄飞虎出关而去。

小结：此战四友只是缠住黄滚，并未施展杀手。不过，从黄滚在四友围攻下，连冲杀之力也无，气得想要自杀，可以看出，黄滚已经老迈，战力远不如黄飞虎，比黄明等人也要逊色。

第五场：汜水关大战。

战斗1：黄飞虎大战余化。

原文说："话说武成王展放钢枪，使得性发，似一条银蟒裹住余化，只杀得他马仰人翻。"黄飞虎的武艺在封神世界，堪称一流，只有极少数的三五个人，在武艺上可以胜过他。余化虽修道多年，但单凭武艺并不是黄飞虎对手。

当然，从二人交战战到黄飞虎"使得性发"，可以看出，双方已经打了很久，差不多有数十回合。因此，余化的武艺也不是全无是处。

之后，余化以戮魂幡轻松擒拿黄飞虎。

战斗2：黄明、周纪双战余化。

三将交锋，不到30回合，余化拨马回走。二将追赶，被余化以戮魂幡轻松擒拿。

战斗3：黄飞彪、黄飞豹双战余化。

三人战有20回合，余化拨马败走。二将追赶，余化以戮魂幡轻松擒拿二将。

战斗4：龙环、吴谦双战余化。

三人大战20回合，余化故技重施，擒拿二将。

战斗5：黄天禄大战余化。

黄天禄不过是14岁年纪，可是武艺精湛，枪法高强。书中说："天禄见战不下余化，在马上卖一个名解，唤做'丹凤入昆仑'，一枪正刺中余化左腿。”

从原著话语看，黄天禄毕竟年轻，武艺其实还不如余化老辣。不过，正因黄天禄年幼，余化多少有些轻敌，故被黄天禄破绽引诱，反倒受伤。

后来，余化拿出戮魂幡，轻松擒拿黄天禄。

战斗 6：哪吒大战余化。

书中虽然未写双方大战了多少回合，余化方才落败，不过却提到“哪吒乃仙传妙法，比众大不相同，把余化杀的力尽筋舒”。余化武艺不如哪吒，这当是实。

之后，余化拿出戮魂幡，哪吒追赶。走过戮魂幡时，见有数道黑气扑面而来，哪吒挥手一招，竟然接住那黑气，塞往豹皮囊中。

余化见法宝被破，转身再战哪吒。哪吒拿出法宝金砖，砸向余化。金砖在余化顶门重重一击，打得余化趴伏在鞍上，口鼻出血败走。

战斗 7：哪吒再战余化。

哪吒救出了黄飞虎一行人后，反身攻打汜水关。哪吒一金砖把汜水关总兵韩荣护心镜打碎。余化上前护主，再战哪吒。哪吒拿出法宝乾坤圈，狠命朝余化打去。乾坤圈打中余化胳膊，当场打得骨断筋折，余化剧痛，几乎坠下座骑，匆匆逃走。

小结：从黄飞虎杀余化杀得人仰马翻看，在汜水关大战中，黄飞虎武艺当是第一；书中明确提到哪吒武艺超过余化，哪吒武艺当是第二；余化能双战黄明、周纪 30 回合，足可证明其武艺高出二人一筹；黄明、周纪武艺逊于余化；黄天禄虽然年轻，但此时武艺当在龙环诸将之上；龙环、吴谦、黄飞虎、黄飞豹都属于龙套角色，武艺也只能打酱油。

余化的戮魂幡能灭杀神仙以下一切仙人，其法宝威力不可谓不大，但是，戮魂幡要想发挥功效，必须等敌将从戮魂幡下过，至少是靠近戮魂幡。也就是说，戮魂幡威力虽强，但是攻击范围很窄。此法宝在敌人不明究竟时可以发挥奇效，可敌人吃过一次亏后，基本也就不会去送死了。

哪吒不单单是武艺高过余化，莲花之体不受戮魂幡克制，就是其三件法宝的威力，比之戮魂幡，也略胜一筹。混天绫有捆缚之效，金砖可以砸人，乾坤圈可以套人也可以砸人。从战斗威力看，乾坤圈高于金砖。三件法宝有攻有守，可以近身作战，也可以远程攻击。哪吒能成为封神大战中赫赫有名的英雄人物，和他这法宝三件套关系密切。

当然，余化和哪吒的辈分不同。人家余化乃是第四代弟子，论辈分哪吒是他师叔。余化的戮魂幡乃是截教三代一气仙余元炼制。乾坤圈、混天绫等却是阐教一代元始天尊炼制。

可以说，余化绝对是封神世界四代第一仙。即便被金砖砸中脑门也没有落马，足可见其强悍。从此我们也可以看出，截教之真正实力确实远在阐教之上。

只是，阐教惯于挖坑与作弊，总是以大欺小，在封神大战中频频得分。这告诉我们，拳头硬不如脑子活，只有笑到最后的，才能成为大家口中的英雄！

087 封神仙人心血来潮有啥玄机

在黄飞虎过五关的的故事中，我曾经提到道德真君手腕高，早早安排多路人马去营救黄飞虎。有读者提出，黄天化下山救父确实是道德真君指派，可是，哪吒下山明明是太乙真人吩咐，和道德真君没有一毛钱关系。

事情真的是这样吗？

确实，书中没有写道德真君如何开口向太乙真人求助。这只因为，阐教仙人之间，尤其是在高层仙人之间，他们早就发明出一种堪称神奇的传讯方式。

这种传讯方式可以让仙人们在一念之间，就可以把相关讯息传递到千万里之外指定对象手中，既迅捷，又准确。

道德真君就是依靠这种最为先进的传讯方式，把黄飞虎近况以及非哪吒不能破余化的情况告知太乙真人。然后，才有太乙真人派哪吒下山之事。

那么，这种神奇的传讯方式到底是什么呢？

我们且看太乙真人是如何察觉到黄飞虎有难的。

第 34 回原文说：“乾元山金光洞有太乙真人闲坐碧游床，正运元神，忽心血来潮。真人袖里一掐，早知此事。”

从表面看，太乙真人是通过掐指一算，知道黄飞虎有难，于是派出弟子哪吒下山营救。

不过，仔细推敲就可以发现，掐指一算是有前提的。这个前提，就是心血来潮。

作为仙人，尤其是已经达到了金仙级别的仙人，早就应该心如坚石，斩断一切烦恼、嗔痴、爱欲，怎么会忽然心血来潮呢？

书中特别解释说，所谓心血来潮，不过是“心中忽动耳”。

只是，这个解释依然勉强，只是含糊说明心血来潮是什么，并没有提到心血来潮的真正原因。

我们再看看全书其他地方有关“心血来潮”的记载。

1. 第21回：“且说终南山云中子在玉柱洞中碧游床运其元神，守离龙，纳坎虎，猛的心血潮来。”

云中子心血来潮感应到了姬昌有难，于是命令徒弟雷震子下山救父。

2. 第34回，原文见上。

太乙真人感应到黄飞虎有难，命哪吒下山救黄飞虎。

3. 第36回：“且说乾元山金光洞太乙真人坐碧游床运元神，忽然心血来潮，早知其故。”

太乙真人感应到姜子牙有难，于是派遣哪吒下山，共破呼名落马的张桂芳。

4. 第41回：“且说青峰山紫阳洞清虚道德真君忽然心血潮来，叫金霞童子：‘请你师兄来。’”

佳梦关魔家四将奉命征伐西岐，西岐众将连吃败仗。道德真君感应到了，于是派徒弟黄天化下山助阵，结果，黄天化连诛魔家四将，大显神威。

5. 第48回：“燃灯与众门人静坐，各运元神。陆压忽然心血来潮，道人不语，掐指一算，早解其意。”

昆仑散仙陆压在修炼时忽然心血来潮，感应到闻太师将派人盗取箭书，于是告知燃灯，派杨戬与哪吒前去守护。

6. 第75回：“余元默运元神，忽然心血潮来。余元暗暗掐指一算，已知土行孙来盗他的坐骑。”

一气仙余元在修炼时忽然心血来潮，感应到了危机，于是故意布局，引诱土行孙。

全书一共出现6次有关“心血来潮”（或心血潮来）的记载。

若大家仔细对比6处记载，查看各处异同，就可以发现心血来潮的真正秘密——仙人们尤其是阐教仙人们，之所以能够在事情发生前准确感应到危机，与他们屁股下的碧游床关系密切！

凡人若是想要了解信息，可以派人四下查访，收集资料，也可以亲自出去，耳闻目见。仙人们了解信息，和凡人大不相同。一些隐秘信息当然还是需要派人查探，专人传递。比如说玉虚宫最为著名的跑龙套，当属白鹤童子。

封神大战开始前后，这白鹤童子就异常繁忙，经常在玉虚宫与十二仙首洞府之间来往飞行，干着专职快递员的活计。

不过，若是收集一些大众化的信息，仙人们就不必像凡人那么麻烦了。他们大都是像陆压和余元一样，端坐修炼，运转元神，将神识远远散布开去，很轻易就能了解到方圆百十里，乃至千万里的风吹草动。

陆压与余元正是通过运转元神，以神识探查的方式，了解到距离自己不远处、敌方阵营的一些细微举动。

可是，运转元神只能对附近地区进行查探，对修为有较高的要求，施展起来颇为耗费精力。尤其是这种探查只能单方面进行，无法双向交流。

而在阐教大佬炼器大师元始天尊的多年钻研下，他成功炼制出了一件奇宝，完美解决了信息快捷传递、多向交流的难题。

这个法宝叫作碧游床。虽然炼制法宝不容易，但元始天尊还是把碧游床作为阐教中层的标配，每人一张。

碧游床首先是一张床，和今天的家具相比，它更像长椅。若是在碧游床上修炼，仙人们可以更快进入空明境界，对于境界的提升有很大助益。

不过，修为境界到了金仙层次，想再进一步，所花费的时间就不是一年、两年，而是百年、千年乃至于万年。

眼下封神大战即将开启，各方情况千变万化，元始天尊非常迫切地需要自己12位大弟子时刻保持警惕，在第一时间解决危机。

于是，碧游床的另一功能就显得更为重要。

这个功能，就是互相传递讯息。

元始天尊神通广大，元神探查范围远远超过万千仙人，加上门下弟子会把各种情报上报，因此，元始天尊对于封神大战的近况，了解得一清二楚。

碍于身份，元始天尊不便亲自出手，于是每当危机出现，就通过碧游床向门下弟子发出命令——姬昌有难，云中子你派人去帮忙。

十二仙首之间也会交流情报，互相帮忙——三哥，三哥，我是小五，黄飞虎有难，麻烦你让哪吒帮个忙。

在阐教与截教的大战中，阐教实力弱，人马少，截教实力高，人马多。可是，最终阐教以弱胜强，取得了胜利。

阐教胜利的其原因有许多，非常关键的一条，是他们讯息交流及时而准确。后援队总能在关键一秒出现，救下战友。

反观截教，虽然兵强马壮，可是对阐教信息了解非常匮乏，一再犯下低级错误，大好局面最终被硬生生毁掉。

088 为何说黄飞虎的父亲黄滚很奇葩

说黄飞虎的父亲黄滚是个奇葩，一点不为过。

黄飞虎的妻子贾氏，为了保全丈夫的名声，跳楼惨死；黄飞虎的妹妹黄贵妃，为贾氏讨公道，被纣王直接摔死。贾氏是黄滚儿媳，黄贵妃是黄滚女儿，两位都是黄滚的亲属。可是，黄飞虎一行人千里逃亡，来到黄滚镇守的界牌关前时，黄滚却下令将儿子一家人全部逮捕，要押解回京城问罪。

俗话说：“虎毒不食子。”黄滚身为人父，为何坐视儿媳与女儿的惨死，为何一点不顾念儿子的冤情，执意要弄死儿子满门呢？

黄飞虎一行人离开穿云关时，黄明周纪慨叹：“再也不须杀了。前关乃是太老爷镇守的，乃是自家人。”

可等走到界牌关前，大家看到关前有3000人马一字排开，人马前更有囚车10辆。一位老人站在最前面，很远都能听到他在嚷嚷：“把这反贼总拿解朝歌！”

双方还未见面，黄滚已经把黄飞虎一行人定罪为“反贼”。

见父亲如此，黄飞虎也不惊诧。毕竟和黄明、周纪不同，他还是了解自己父亲的。黄飞虎主动上前问候。黄滚喝道：“你是何人。”老头子一肚子火气，装作不认识黄飞虎。

黄滚为何不认儿子?

原文说：“我家受天子七世恩荣，为商汤之股肱，忠孝贤良者有，叛逆奸佞者无。况我黄门无犯法之男，无再嫁之女。你今为一妇人，而背君亲之大恩，弃七代之簪缨，绝腰间之宝玉，失人伦之大体，忘国家之遗荫，背主求荣，无端造反，杀朝廷命官，闯天子关隘，乘机抢掳，百姓遭殃，辱祖宗于九泉，愧父颜于人世，忠不能于天子，孝不尽于父前。畜生！你空为王位，累父餐刀！你生有愧于天下，死有辱于先人！你再有何颜见我!”

黄滚理由有四点。

其一，黄家世受君王大恩。

黄家乃是商朝名门，七代为官，受了许多帝王恩宠。黄滚是个老派人，在他看来，君为臣纲，君叫臣死，臣不得不死。何况，人家商朝天子对黄家极好。怎能轻易背叛?

其二，黄家门风森严。

贾氏虽然是被纣王逼得跳楼，但是，贾氏跑到纣王享乐的摘星楼去，明显也有伤妇道。在黄滚看来，贾氏就算是跳楼，也已经损伤了黄家名节。至于女儿跑到纣王面前大闹，最终被纣王摔死，在黄滚看来，女儿既然已经出嫁，那么嫁鸡随鸡，嫁狗随狗，已经是纣王家的人了，其是死是活，和黄家没多大关系。

其三，黄飞虎叛商极端错误。

黄滚可以接受儿媳与女儿的死，却不能接受黄飞虎叛商。身为臣子，忠于君王，忠于社稷，乃是大丈夫立身第一原则。故黄滚痛骂黄飞虎反商，是失人伦之大体的极端错误的举动。

其四，黄飞虎叛商会牵连到他。

黄滚前面说了一大堆，可谓正气凛然。只是，结尾处一句话却说漏了嘴，暴露出黄滚在道貌岸然之下的丑陋嘴脸。

黄滚骂曰：“畜生，你空为王位，累父餐刀!”

原来，黄滚心中最为在意的，还是黄飞虎反商之后，朝廷将下令将他也抓起来问罪。

毕竟叛逆乃是株连九族的灭门大罪。

那么，黄滚到底是一个有些古板却忠心社稷之人，还是一个空言大义自私自利之人呢？

见黄飞虎不说话，黄滚再次大骂，说黄飞虎不忠不孝，不如把他当场刺杀，再去投奔西岐。黄飞虎颇为动容。

黄滚接着说，只有自己死了，才能不因为儿子反叛拖累自己披枷戴锁，死于街边，被人嘲笑说："此某人之父，因子造反而致某于此也！"

我们细品话语，可以看出，黄滚关心的确实不是什么国家，而是自己。

类似的证据还有很多。

证据一：当黄明说，自古虎毒不食子，黄滚却要将儿子一家送往死路，实在让人难以理解时，黄滚大怒说："反贼，巧言舌辩，气杀我！"

黄滚面对黄飞虎时，口才极好，一二三四说得非常有条理。可是，被黄明一说，除了大骂反贼，竟然无言以驳。

为什么？

只因黄明一言道中了黄滚心中所想。黄滚在乎的只有自己，即便是以儿子一家的性命为代价也在所不惜。

证据二：黄明假言欺骗黄滚，说将会配合黄滚，在酒宴上将黄飞虎一行人捆绑，押解前往朝歌。黄滚大喜说："黄将军，你原来是个好人。"

只因，把儿子押解回京城砍头，他自个儿就可以活命。

证据三：黄滚被黄明等人胁迫，不得不离开界牌关。在汜水关前，想到前方有道术通玄的余化镇守，黄滚不禁长叹："我若解你往朝歌，尚留我老身一命；今日一同至此，真是荆山失火，玉石俱焚。此正天数难逃，吾命所该。"

大战将至，黄滚关心的不是儿孙们将会被杀，而是自己也会受牵连。在黄滚看来，若是按照他的计划，黄飞虎一行人虽然死路一条，但是他自个儿可以活命。可如今只能玉石俱焚，给儿子陪葬，黄滚非常不甘心！

多亏道德真君早有安排，先派黄天化，后派哪吒下界帮助，黄飞虎一行人终于有惊无险地到达了西岐，见到了周武王姬发与丞相姜子牙。

周武王在见黄飞虎时，在勉励一番的同时说了一些很奇怪的话。

089 黄飞虎全家来投，姬发为何不高兴

按照常理，身为西岐之主的武王姬发，看到敌对国家大将主动来投，并且还带来数千军马，应当欢喜无限才对。像姜子牙就对黄飞虎一家非常热情，对黄飞虎来投高度评价。可是，在见到黄飞虎时，武王姬发的态度不冷不热，交谈时甚至语含批评，很不欢迎黄飞虎。

书中虽然没有明言武王姬发即位时的年岁，但是，早在伯邑考入朝歌救父时，姬发就已经在处理政务。到八九年之后文王姬昌去世时，姬发再怎么的也当有20多岁了。

换言之，姬发在继承王位时，就已经是一个成年并且成熟的君主。为何他在接见黄飞虎这个西岐未来重要人物时，态度会那么奇怪呢？

是黄飞虎自恃身份，对昔日的下属姜子牙态度傲慢？对昔日同僚的儿子武王姬发不够恭顺？

不是的。

黄飞虎处事稳健，能屈能伸。他非常明白自己此刻的处境。虽然姜子牙昔日是他的下属，他也并没有刁难过姜子牙，虽然文王姬昌昔日与他感情还不错，甚至还欠过他人情，可是此一时彼一时也。

昔日，黄飞虎乃是商朝镇国武成王，天下兵马大元帅，又是商朝皇亲国戚，即便是行天子权的闻太师，对黄飞虎也颇为尊重。

眼下呢？黄飞虎的妹妹黄贵妃惨死，黄飞虎与纣王在午门大战，他们一家已经成为天下通缉的要犯。谁要敢收留黄飞虎，就等着接受纣王与闻太师的怒火吧。

因此，到达西岐之后，黄飞虎一点也不张扬，甚至低调得有些谦卑。

不过，黄飞虎麾下有来自界牌关的3000军马，有从五关一路走来劫掠的无数金银，有父子、兄弟、好友总共10多位骁勇战将，更有30年执掌朝歌军权积攒的庞大人脉。应该说，无论是拜见哪位诸侯，黄飞虎都有着与之平等谈判的资本。

可是，来到西岐，黄飞虎早早在城外70里就安下营寨，孤身前往城中拜

见姜子牙。在和父亲黄滚告别时，黄飞虎说："如肯纳我等，就好进城；如不纳我等，再作道理。"

到达姜子牙府邸，黄飞虎让人通传，然后在门外安静等候。见面后，姜子牙以宾主之礼请黄飞虎落座。黄飞虎称："末将乃商之叛臣，怎敢列坐丞相之旁？"姜子牙再三强调自己早年乃是黄飞虎下属，希望黄飞虎不要太过谦虚。

黄飞虎落座后，态度非常真诚。他毫不隐瞒，把自己已经反商，准备投靠西岐的事情和盘托出。

在拜见武王姬发时，黄飞虎丝毫没有摆架子，见面就倒身下拜，一开口就表态愿意归顺，成为臣子："荷蒙大王提拔，飞虎一门出陷阱之中，离网罗之内，敢不效驽骀之力，以报大王！"

可以说，黄飞虎如此谦恭，如此低调，绝不至于引起姜子牙、武王姬发的厌恶。

那么，武王姬发为何不欢迎黄飞虎呢？

姬发是担心收留黄飞虎，会招来纣王、闻太师的征伐吗？

听闻黄飞虎来投，姜子牙立刻表态："大王既肯相投，竭力扶持社稷，武王不胜幸甚！岂有不容纳之理？"然后，姜子牙吩咐下人安排黄飞虎在府中安歇，自己即刻入宫，把这件喜讯告诉武王姬发。

见到姬发后，子牙曰："大王万千之喜也，今成汤武成王黄飞虎弃纣来投大王，此西土兴旺之兆也。"

姜子牙为何高兴呢？

姜子牙是何等人物，在朝歌数年，他一方面是在静待时机，另一方面也在了解敌情。他对于朝歌的高层人物非常了解，当然明白武成王黄飞虎来投西岐将给西岐带来何种影响。

好的方面，天下诸侯都会认为，西岐必能成就霸业。以武成王黄飞虎在商朝的重要地位，若非看好西岐未来，怎会放弃商朝富贵，举家来投？

坏的方面，以纣王为首的商朝高层，必定会追究西岐责任。闻太师正在朝歌，以他对黄飞虎事件的态度，征伐西岐的军队很快就会到来。

可是，在利与弊的衡量中，姜子牙几乎是在一刹那间，就决定了留下黄飞虎，准备和朝歌开战！

姜子牙为何会如此处理此事呢？

很简单，姜子牙根本不害怕纣王的怒火，闻太师的征伐。

早在文王姬昌在世时，姜子牙就主动出兵，征伐崇侯虎。大胜之后，西岐不但得到北方两百镇诸侯的支持，就连东、南两方，也出现了许多西岐的拥护者。

书中明确提到，此时的天下，三分之二已归西岐。

有庞大的人力、财力作为后盾，又有姜子牙英明卓越的领导，更有阐教高层的强力支持，姜子牙怎么会害怕必将没落的商朝呢？

姜子牙早就想和朝歌开战，只是一直苦无机会。半年前，他答应了姬昌，不能主动讨伐商朝，可若是商朝来犯，他姜子牙自可以狠狠回击。

收留黄飞虎，既可以壮大西岐实力，又可以名正言顺地与朝歌开战，姜子牙怎能不高兴？

对于姜子牙的欢喜，武王姬昌自然看在眼里。只是，姜子牙看到的，是黄飞虎来投具有的积极意义；而武王姬发看到的，却是黄飞虎反商的消极影响。

从听闻黄飞虎来投开始，姬发就对黄飞虎持怀疑态度。他说："黄飞虎可是朝歌国戚？"言下之意，黄飞虎乃是商朝外戚，享尽荣华富贵，如今却来投西岐，莫非另有所图？

姜子牙赶紧说："昔先王曾说夸官得受大恩，今既来归，礼当请见。"当年文王夸官，得黄飞虎提醒，在夸官第二天就跑回西岐。虽然遭遇追兵，但总算有惊无险，摆脱牢笼。黄飞虎对姬昌也算是有救命之恩。

姬发见姜子牙如此说，不好不见黄飞虎。

见面后，黄飞虎言辞恭顺，自称成汤难臣。姬发听后，颇为受用，亲口任命黄飞虎为开国武成王。

武王姬发是重用黄飞虎吗？

不是！

在朝歌，黄飞虎的爵位是镇国武成王，此时封为开国武成王，仅仅一字之差。但是，在朝歌，黄飞虎统管天下兵权；在西岐，只是个有名无实的王爷。

之后，姬发邀请黄飞虎参加宴会。宴会上，姬发问起黄飞虎反商的缘由，黄飞虎把前后经过详细说了一遍。

按照常理，人们在听闻黄飞虎讲述后，基本上都会大骂纣王，同情黄飞虎。一方面是事实如此，另一方面黄飞虎在讲述此事时，必然略去自身错误，大谈纣王无道。

可是，武王姬发却告诉黄飞虎：“君虽不正，臣礼宜恭，各尽其道而已！”

这话什么意思？

姬发竟然在警告黄飞虎，君王即便做出不正确的事情，做臣子的也应当态度恭顺！

换言之，雷霆雨露，均是君恩！你既然是商朝大臣，就应当遵守臣节，一心效忠商君！对于黄飞虎的种种冤情，武王姬发竟毫不同情。

所谓“屁股决定脑袋”。姬发乃是西岐之主，统率万千臣民。对于君主来说，最好的臣子不是能干的臣子，而是忠心的臣子。黄飞虎能干则能干，可是太精明，太爱讲条件。什么“君不正，臣投外国”，在臣子们听来，觉得很爽，可是在君主听来，非常刺耳。

因此，武王姬发虽然最终还是收留了黄飞虎，但是对于拥有错误君臣观念的黄飞虎，还是忍不住出言敲打。若是西岐的大臣们都像黄飞虎一般，那他这个君主宝座就很难安稳了！

在黄飞虎投奔西岐不久，闻太师就派出晁田、晁雷来西岐探查，揭开了商朝对西岐的三十六路征伐战。

这三十六路征伐，其中多数是阐教与截教仙人之间的对战。万仙会战中，三界大能齐出，各色法宝横飞，神通道术炫目，可谓高潮迭起，而其中掩藏的各种阴谋阳谋，也耐人品味，精彩至极。

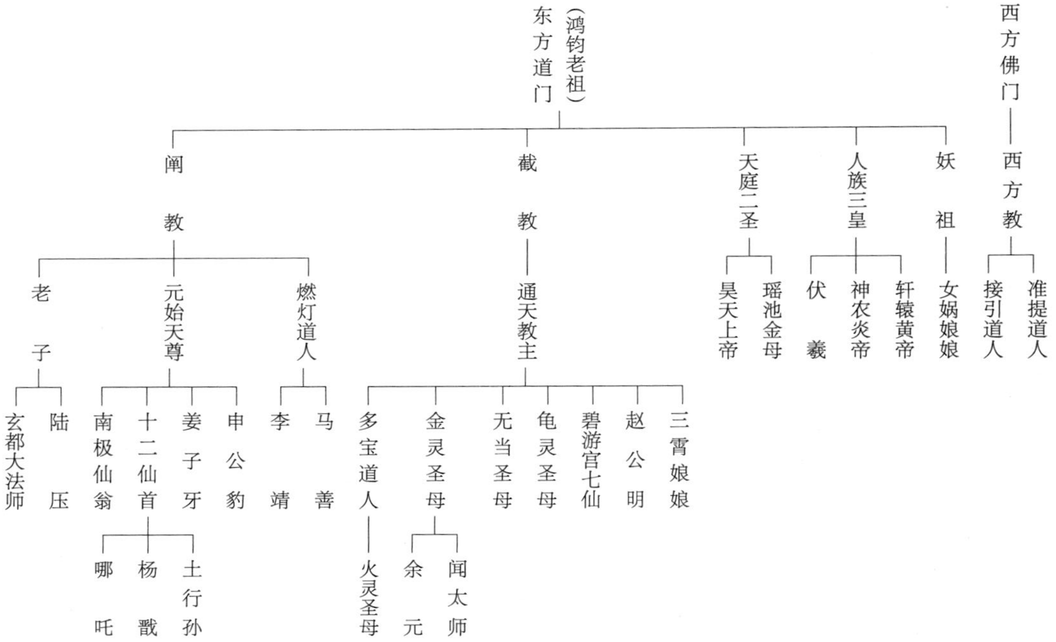

附表一　封神仙界主要力量格局简表

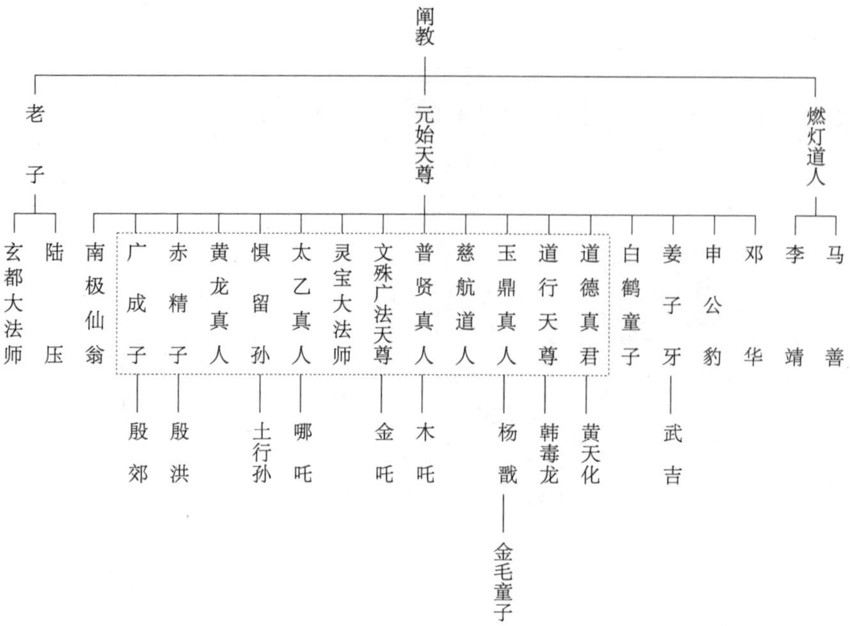

附表二　阐教主要仙人简表

注：虚框内十二仙人为十二仙首。

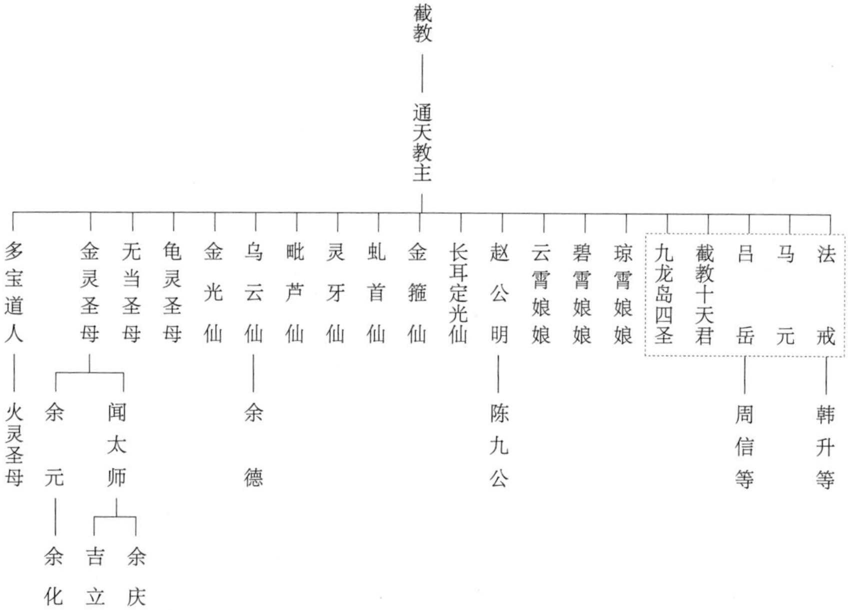

附表三　截教主要仙人简表

注：虚框内诸仙为与通天教主无明确师承关系的仙人。

声　明

本书内容与现实宗教无关。本书所解读的是我国古典名著《封神演义》虚构的神话世界。

致　　谢

《勘破封神》能够出版，首先要感谢中国发展出版社的编辑老师们。另外，还得到了许多一直关注我微信公众号“叶之秋读书”的热心读者的大力支持。这里特别列出名单，表示诚挚感谢！

柴晓峰　陈宋标　印鑫鸿　吴　月　朱明海　李　洋
徐　睿　田雯宇　王永林　高瑀含　杨鑫瑶　胡浙徽
叶　飞　苏　健　黄　薇　王　巍　张岚峰　王　量
李　楠　陆艮辉　郭　俊　周　辉　黄词帆　何　意
张　祎　杜宏志　苏辉胜　王立哲　康　健　林小国
杨　璞　姚新宇　邹　晖　林创鸿　旅行者　国　光
腰果嘛　朱政清　顾笑磊　逯久伟　留　着　王于辉
尚　倩　毛旭辉　陈　志　车俊伟　国正红 058　战
手心里的阳光　严着掌纹　方正菩提　MirandaLi　平
jacky_chen　Jamting　安

勘破封神

阐截大战一场戏 贰

叶之秋 著

中国发展出版社
CHINA DEVELOPMENT PRESS

图书在版编目（CIP）数据

勘破封神 . 2/叶之秋著 . —北京：中国发展出版社，2017. 11
ISBN 978 – 7 – 5177 – 0714 – 1

Ⅰ. ①勘…　Ⅱ. ①叶…　Ⅲ. ①《封神演义》—小说研究
Ⅳ. ①I207. 419

中国版本图书馆 CIP 数据核字（2017）第 160368 号

书　　　名： 勘破封神 . 2
著作责任者： 叶之秋
出 版 发 行： 中国发展出版社
（北京市西城区百万庄大街 16 号 8 层　100037）
标 准 书 号： ISBN 978 – 7 – 5177 – 0714 – 1
经　销　者： 各地新华书店
印　刷　者： 三河市东方印刷有限公司
开　　　本： 710mm × 1000mm　1/16
印　　　张： 20. 75
字　　　数： 380 千字
版　　　次： 2017 年 11 月第 1 版
印　　　次： 2017 年 11 月第 1 次印刷
定　　　价： 42. 00 元

联 系 电 话：（010）68990642　68990692
购 书 热 线：（010）68990682　68990686
网 络 订 购： http：//zgfzcbs. tmall. com//
网 购 电 话：（010）68990639　88333349
本 社 网 址： http：//www. develpress. com. cn
电 子 邮 件： 271799043@ qq. com

序　言
封神大战中，究竟有多少人真正陨落

许多读者有这样一些疑问：截教仙人明知去西岐有性命之忧，为何还一波波前去送死？身为截教掌教的通天教主，明明知道老子、元始天尊在杀他的弟子，为何迟迟不出手干预？阐教精英都千方百计地避免被杀，一些散仙如萧升、曹宝之流却主动赶到西岐送死，这又是为什么呢？

要想弄清楚这些问题并不难，关键一点，我们要看清封神大战的本质。

封神大战的本质，并非商周之间的王朝战争，甚至不是阐教与截教的兄弟相残，它归根到底，是鸿钧老祖对三界势力的重新布局。

最能体现这一点的，就是从纣王二十一年到纣王三十五年一共十四年封神大战期间，看似有无数截教仙人、阐教仙人、凡人武将陨落，而事实上，那些知名的凡人武将、阐教仙人、截教仙人、散仙一个都没有死！

没错！大家没有看错，一个都没有死！

元始天尊与老子谋划多年，屡次纡尊降贵出手，带着十二仙首大杀四方，最终的结果是，被杀死的这些人其实都没有死，至少没有一个是真正死亡！

这些人在肉身被毁后，魂魄都归了封神台。此后在元始天尊命令姜子牙敕封诸神时，他们都重获新生。元始天尊、昊天上帝等圣人，以莫大法力挥手之间就让这些人重新凝聚肉身。他们的记忆和以往一样，像封神时就特别提到闻太师，他在见到姜子牙时依然气愤难平，立而不跪。是以这批人除了从原来的教派转投到天庭外，他们的长相、实力、法宝乃至记忆，都和死亡前一样！

因此，我们说，他们都没死。

当然，并非所有参加封神大战的人都被封神了。

像武王姬发、大将南宫适等人，本属于人道教麾下，他们没有在封神大战中阵亡，就没有被封神的资格。不过，他们可以享受后代祭祀，享受人间香火，也算是另有所得。

阐教门下像杨戬、哪吒等人，他们活到了封神大战（商周大战）结束，虽然没有被天庭封神，但获得了肉身成圣的资格。在天界仙神中，地位超然。

姜子牙则略有不同。他是阐教门下，却又是周朝宰相。最终，他虽没有被封神，也没有成圣，却获得了裂土封侯的待遇，可以享受人间祭祀，而其妻子、徒弟都被破例封神，也算是特别优待。

另外，被西方教带走的三千多截教仙人，大都是活体带走。归属西方教后，接引、准提道人二人自然会为他们安排合适的职位。像龟灵圣母虽然被蚊虫杀死，但只是血肉被吃，其魂魄依然完好。以接引、准提道人的圣人手段，完全有能力复活龟灵圣母，逼着她为西方教效力。

在封神大战中，真正彻底死亡、无法转世重生，就连记忆也被彻底抹杀的，是成千上万的普通凡人将士。还有虽然修仙但道行粗浅，在万仙阵中被彻底轰杀的七千无名仙人（截教号称万仙来朝，另外三千仙人被西方教带走）。

就如《西游记》中草根妖怪都被打死，而有背景的都被带走一样，在《封神演义》中，有背景的人与仙都没死！

正所谓：“商亡周兴万千谜，阐截大战一场戏，三界封神皆是局！”

目 录

001 闻太师犯下什么决策错误

《封神演义》原著用了三分之一的篇幅进行各种铺垫，到第35回才终于开始写封神大战。

所谓封神大战，即阐教、截教二派借商周（西岐）之争，敕封诸神的行动。其中包括商朝对西岐的讨伐，以及西岐对商朝的反击两个部分。

商朝一共对西岐展开了三十六路征伐，最终都失败了。失败的原因有很多，简单来说有两个：一方面对手太狡猾——阐教总是以大欺小，有针对性地派出人马；另一方面商朝高层以及截教仙人太轻敌，一再误判形势，常常高调出场，悲催收场。

在导致商军大败的诸多责任人当中，毫无疑问，前期商军最高指挥官闻太师错误最大，责任最重。

闻太师领导期间，西岐虽然积蓄多年，斗志昂扬，但实际上，无论是人间军队实力，还是仙界支持实力，都远不是商朝对手。可是，闻太师却硬生生葬送大好局面，不但自己身败名裂，商朝也被折腾得奄奄待毙。

闻太师是商朝忠臣不假，可是，顶着忠义之名的光辉，闻太师没少干伤害商朝的事情。举两件事来说，一是他放纵纣王胡闹，彻底断绝黄飞虎归路；二是商周揭幕战上，他竟然派晁田、晁雷兄弟领兵。

首先，闻太师根本没有意识到黄飞虎逃出五关，被西岐收留将会引发的重大连锁反应。

原著第35回开篇诗云：子牙妙算安周室，闻仲无谋改纣愆。

说姜子牙神机妙算，大家都同意，可是，说闻太师无谋少断，想必很多人难以接受。

事实上，闻太师比之姜子牙，确实可以说无谋——谁让他指挥的战争一再以失败告终呢！

当初，姜子牙听闻黄飞虎来投，万分欢喜。因为他明白，黄飞虎来到西岐，就等于向天下人树立了一个典范——西岐远比商朝好！更不要说黄飞虎一家无论是在人界还是在仙界，都有强大影响力。得到黄飞虎一家帮助，西岐可谓如虎添翼。

闻太师追击黄飞虎时，被道德真君一捏神砂迷惑，骗回朝歌。但以他的速度完全可以再次追击黄飞虎，可他端坐朝歌，坐观成败。等到黄飞虎成功逃离，他方才大怒，召集众将商议对策。

其次，在商议对策时，闻太师对黄飞虎叛逃的恶性影响依然估计不足。

闻太师询问众将：“今黄飞虎反叛，已归姬发，必生祸乱。今不若先起兵，明正其罪，方是讨伐不臣。尔等意下如何？”

闻太师其人，从来都主见十足，根本就不是一个能够察言纳谏的人。他的一言一行，都别有深意。

若闻太师真的想大起兵马，讨伐西岐，根本就不会询问众将意见。而他之所以询问众将意见，只因他根本就不想大举征伐。

当总兵官鲁雄提出，当下东南叛乱、天下局势不稳，不好再启战端，不如以防守为主时，闻太师立刻表态：老将军之言是也！

当然，闻太师还是提出，现在的西岐文有散宜生，武有南宫适，更有文武兼备的姜子牙，也不可不防。于是，鲁雄提出解决方法：派出一两位将领，出五关打探西岐消息：如动，则动；如止，则止。根据西岐的动态，商朝再做应对。

鲁雄的这个方法看似稳妥，其实错误。

西岐对朝歌早就有不臣之心，且有不臣之行——按照规矩，姬昌死后必须由天子（纣王）下发诏令，册封姬昌之子姬发为王，可是姬发竟然不待天子诏令，自立为王，这已经等同背叛。而西岐收留叛将黄飞虎，更是公然与朝歌作对。

面对这种局面，闻太师本当使出雷霆手段，亲率大军，借抓捕黄飞虎之名，一举将西岐剿灭。

鲁雄所谓东南叛乱，其实根本不是问题。东南方向的东伯侯姜文焕叛商攻打游魂关，南伯侯鄂顺叛商攻打三山关许多年，均一直无法破关。商朝虽然没有收服东南四百诸侯，但东南地界一直都是安全的。

当时，商朝完全可以倾尽全力，攻灭西岐。

可是，闻太师竟然派晁田为帅，带领区区三万兵马去西岐，这几乎就等于告诉天下人，他并不在乎抓不抓黄飞虎，且会放过西岐。

晁田有那么渣吗？

晁田当时官职为佑圣上将，大致相当于禁军统领。晁雷是他的兄弟，也是禁军将领。这二位此前从来就没有统兵打仗，根本没有实战经验。更何况，这二位能力极差，此前办的所有差事，几乎没有一件真正成功过。

比如，晁田、晁雷兄弟曾经奉命押着费仲为谋害姜皇后而唆使的刺客姜环前往西宫，接受黄贵妃审讯。晁田兄弟本当保全证人性命。可是，太子殷郊到来后，当着二位的面一剑把姜环砍为两断。晁田、晁雷转身逃跑，而且为推卸自身护卫不力之责，诬陷殷郊欲谋杀纣王。搞得纣王大怒，下令抓捕殷郊、殷洪兄弟俩。

在抓捕殷郊、殷洪时，晁田、晁雷弱智的一面再度显现。当时殷郊、殷洪无路可去，就躲在西宫。晁田、晁雷到西宫查问，被黄贵妃一番训斥后，就灰溜溜地走了。若他们明面上离开，暗地里在西宫外等候，早就抓到殷郊、殷洪了。

结果这二位胡乱搜捕，一直慢半拍。见在后宫找不到时，他们除了如实禀奏纣王，全无主见。反倒是纣王立刻反应过来，让他们去前殿搜查。但等到晁田赶到前殿时，殷郊兄弟已经被方弼、方相带走。

可以说，这晁田、晁雷兄弟除了对纣王忠心耿耿，毫无二心，什么脏活、黑活都干之外，就如废柴一般。

闻太师派这样两个毫无统兵经验，只知一味顺上的马屁精去带兵，注定了商周揭幕战最后的败局。

那么，闻太师为何会一连做出这么多错误判断呢？

原著中提到，听闻黄飞虎已经出了五关，闻太师告诉部下："元旦灾来，反了股肱重臣，追之不及，中途中计而归，此乃天命。"

闻太师提出，之所以没有追上黄飞虎，是因为这一切都是天命。事实是这样吗？

根本就不是！闻太师之所以中计，并非因实力不济。书中说："太师乃碧游宫金灵圣母门下，五行大道，倒海移山，闻风知胜败，嗅土定军情，怎么一捏神砂，便自不知？"闻太师的实力，在封神第三代弟子中绝对是翘楚。他的实力不但远远超过黄天化、哪吒等人，就算是比之十二仙首，也不遑多让。

《封神演义》中闻太师最后是怎么死的呢？阐教多位金仙联手，将闻太师引入绝龙岭，云中子用在元始天尊指点下最新炼制的通天神火柱，方才烧死了闻太师。

我们细品原文，也可以看出，在原著心中，闻太师的实力比道德真君绝对不差，甚至还要高出一些。

如此大能的闻太师，为何将追不上黄飞虎说成是天命呢？

归根究底，还是闻太师过于托大。他总是觉得自个儿是商朝擎天玉柱，架海金梁，除了他，谁也保不了商朝。黄飞虎本就是他逼上绝路的，又怎么会真心把黄飞虎找回来呢？

怀着如此心思的闻太师，怎么能带好队伍，怎么能正确估计形势？

002 为何说晁田、晁雷是作死

不作就不会死。封神大战第一路军主帅晁田、晁雷兄弟，就是作死的典范。

本来，闻太师给晁田、晁雷兄弟的命令是前往西岐探查敌情。晁田在闻太师面前也拍胸脯保证，已经领会了太师意图："末将此去，一则探虚实，二则观西岐进退巢穴。"

可是，等到晁田、晁雷率领大军离开朝歌，这二位就把当初的承诺抛到九霄云外，一心要击败西岐，建立旷世之战功。只是，他们的能力实在有限。在朝歌时，有纣王发号施令，晁田、晁雷按部就班做事，还不至于犯下大错。可如今他们独当一面，信心爆棚，就胡作非为起来，差点把自家小命丢了。

晁田、晁雷兄弟具体有哪些作死举动呢?

其一，驻军西门。

晁田奉命到西岐查探形势。既然是查探，本该悄悄行事，才可以看到西岐的真正动向。可是，晁田一路"轰天炮响，震地锣鸣"，穿州过府，耍够了威风，摆足了架子。因此，晁田的人马刚到西岐，姜子牙就已经得到了消息。

晁田此来，有心闹事。既然准备开战，在选择驻军地址时就须谨慎小心。

此后的许多路兵马来到西岐，大都驻军在西岐城东门，有个别驻扎在西岐城南门或者北门，唯独晁田一人将大军驻扎在西岐城西门。

两军开战，若是商军战胜也还罢了。若是败阵，驻军东门最适合撤退，在南门与北门也有机会逃离。唯独驻军西门，绝对会被西岐军队截断后路。

是晁田不知道驻军西门有极大风险吗?

当然不是。

晁田虽然没有实战经验，但从军多年，兵法还是看过不少的。他这么做，就是要置之死地而后生。何况，在晁田看来，他口含天宪，代表纣王，手中更有三万精兵，攻破区区西岐城，还不是弹指间的事情。

其二，派弟叫战。

晁田到达西岐后，本当以纣王特使身份前往西岐城找武王姬发。毕竟当时的姬发虽然自立为武王，但并未公开宣布反叛。若晁田以天子诏令，让姬发交出黄飞虎，姬发与姜子牙还真不好办。

可是，晁田一心立功，竟然跳过论理，直接叫战。如此一来，西岐迎战就属于保家卫国，而晁田代表的商军反倒处于理亏之地。

若晁田派出高手叫战，那也不算作死，偏偏派出去的是自家弟兄晁雷。

晁田对于弟弟晁雷的功夫，自然是一清二楚。晁雷乃是莽夫一个，在商军中下层将官之间还算可以，但比之第一流武将差得不是一星半点。

相比西岐方面将官呢？

别说西岐头号战将南宫适了，就是正在西岐城中的黄家诸将，无论把哪一位拉出来，都可以轻易收拾掉晁雷。

果然，晁雷与南宫适交手不过二三十回合，就被南宫适生擒活捉。

其三，辱骂子牙。

晁雷被抓后，当众辱骂姜子牙，说姜子牙当初不过是一个编篱卖面的小人物，如今却在众人面前装模作样。

晁雷此举也是作死。作为俘虏，晁雷若有心守节，悍不畏死，那应当痛斥姜子牙曾食商禄却背叛纣王；若是胆小怕死，那应当软语哀求，表态效忠。可是，晁雷明明贪生，却还嘲笑姜子牙出身卑贱。他嘴上是痛快了，却也激怒了姜子牙。

果然，姜子牙下令，要将无知匹夫晁雷推出辕门斩首。

幸而黄飞虎因刚到西岐，急于立功，于是出面说情，提出劝降晁雷之策。

一方面，姜子牙必须得给黄飞虎一个面子；另一方面，姜子牙也不希望堵死后来商军将领的归降之路。

在晁雷表态归降后，姜子牙这才下令释放晁雷，让他去劝降晁田。

其四，扣押飞虎。

晁雷兴冲冲回到商军大营，见到了哥哥晁田。他按照姜子牙的吩咐，把投降西岐的好处一一说明，劝哥哥也投降。

若晁田是个明白人，他此刻有两种选择：一是归降西岐；二是撤军回商都朝歌。

可是，晁田偏偏做出了第三种选择——他告诉弟弟晁雷，可以利用西岐对己方的信任，扣押对方将领，带个人质回朝歌，如此就可以建立大功。

晁雷是个没脑子的人。他听黄飞虎一番话，就降了西岐；听姜子牙一番话，就来劝哥哥投降；听哥哥一番话，又觉得与西岐作对更好。

晁雷又来到西岐城，告诉姜子牙：哥哥晁田毕竟是商军主帅、天子代表，做事需要讲个脸面，要他投降可以，但西岐必须派个代表前去。

黄飞虎觉得是自己提出招降的，必须对晁雷兄弟负责到底，就主动提出前往商军大营。

黄飞虎刚入商军大营，晁田就下令扣下黄飞虎，并立刻撤军，退回汜水关。

不料就在半路，西岐军队一拥而出，截断商军归路，将晁田与晁雷一举擒拿，三万商军眨眼工夫就被全部消灭，黄飞虎也被成功营救。

原来，姜子牙早就料到晁田不会轻易归降，于是在派黄飞虎入商军大营的同时，派出军队在商军后路埋伏。

姜子牙的高明之处在于，他明明看出了晁田可能要诈，明明看到了黄飞虎深入险地有性命危险，却偏偏不说破。

是姜子牙冷酷无情吗？

这还真不能怪人家姜子牙。打仗哪能没有牺牲，既然黄飞虎主动提出孤身入敌营，就要有承受被敌人俘虏甚至杀害的风险。

何况，此举对于收服晁田、晁雷、黄飞虎一行都有着莫大好处。

此前，晁田兄弟手中有三万兵马，不可能轻易放弃抵抗而投降。而等到西岐军队击败商军，救回黄飞虎后，晁田、晁雷再无谈判资本，自然只能臣服。

黄飞虎一行来到西岐后，虽然西岐给出了不错的待遇，但西岐毕竟只是地方一国，在曾经担任商朝武成王、天下兵马元帅的黄飞虎心中，多少还是有一些失落，有一些不满。但在经过被晁田拘禁，再被西岐解救的生死危机后，黄飞虎在面对姜子牙，面对武王姬发时，再无谈判资本。救命之恩，众人皆见。

从此，在曾经的下属姜子牙面前，武成王黄飞虎只能放下以往的尊严，乖乖听命。

003 哪位人仙实力超强，一度横扫西岐

晁田、晁雷大败的消息传到朝歌，闻太师大怒。为了收拾西岐，闻太师这次精心挑选了一位高手统军出征。这位高手就是青龙关总兵张桂芳。

张桂芳战力很强，在封神大战初期，几乎就是个无敌的存在。

闻太师在选择第二路军主帅时，询问弟子吉立、余庆。两位徒弟跟随闻太师多年，对商朝各镇主将的能力一清二楚。他们回禀说："老爷欲伐西岐，非青龙关张桂芳不可。"闻太师一听大喜，立刻下达任命。由此可见，在闻太师心中，张桂芳能力极强，堪称讨伐西岐的最佳人选。

张桂芳不但精通兵法，武艺超群，并且少年时师从截教仙人，学得一门秘法。

仗着此秘法，张桂芳在商朝八百镇诸侯中鹤立鸡群，称雄一方，其综合实力足以笑傲封神人仙境界。

我们先来了解下张桂芳的秘术。

张桂芳大军来到西岐后，姜子牙升帐议事。他询问黄飞虎，对张桂芳有何看法。黄飞虎忧心忡忡地回答：“张桂芳乃左道旁门术士，有幻术伤人。但凡与人交兵会战，必先通名报姓。如末将叫黄某，正战之间，他就叫：‘黄飞虎不下马更待何时！’末将自然下马。故有此术，似难对战。丞相须吩咐众位将军，但遇桂芳交战，切不可通名。如有通名者，无不获去之理。”

从黄飞虎的描述中我们可以得知，张桂芳擅长的术法可以称为“呼名落马之术”。其基本特点有三个。

其一，发动秘术时，必须先得知对方姓名。若是不知道对方姓名，此秘术就无法发动。

这是呼名落马术的重大弊端。黄飞虎正是点出这个弊端，提醒众将，在与张桂芳对阵时，千万不要告诉对方姓名，以免中招。

不过，黄飞虎的应对方法很消极、很被动，并不能从根本上解决问题。

按照《封神演义》中描述的战争规则，两军对阵时，双方互通姓名乃是基本礼节。而就算对方刻意不说自己名字，张桂芳也可以通过调查，了解到对方将领姓名这种最基本的信息。

其二，发动秘术的关键在伤人不在伤坐骑。

两军对阵，黄飞虎大战张桂芳，双方杀得难解难分。张桂芳知道在武艺上胜不了黄飞虎，于是，才打了十五个回合，他就大叫一声：“黄飞虎不下骑更待何时！”话一出口，黄飞虎就如同中了魔咒一般，身不由己，掉下马鞍。

之后周纪上前对战，张桂芳再次大叫：“周纪不下马更待何时！”那周纪头一晕，瞬间栽下马去。

再后来，张桂芳与哪吒对战，张桂芳大叫：“哪吒不下轮更待何时！”可是，他连叫三遍，哪吒就是不下风火轮。

有人认为张桂芳的秘术之所以对哪吒无效，是因为哪吒脚下所踩是风火轮。张桂芳开口一喊，把黄飞虎的牛惊了，于是把黄飞虎掀翻在地。周纪骑的是马，也会受惊发狂。而哪吒的风火轮是没有生命的法宝，于是张桂芳的秘术攻击无效。

但其实，原著中已经说得明白，张桂芳的秘术伤不了哪吒另有原因。

其三，呼名落马专门攻击魂魄。

原著解释说：“但凡精血成胎者，有三魂七魄，被桂芳叫一声，魂魄不居一体，散在各方，自然落马；哪吒乃莲花化身，浑身俱是莲花，哪里有三魂七魄，故此不得叫下轮来。”

原来，张桂芳的呼名落马术专门攻击魂魄。哪吒之所以不受秘术伤害，并非当时的哪吒强过张桂芳，而是因为太乙真人对哪吒进行了人体改造，使得哪吒变成了莲花化身，从而没有了三魂七魄。

于是，号称“如有通名者，无不获去之理”、在战场上百试百灵的呼名落马术，在哪吒面前失效了。

封神世界中，以攻击魂魄为特征的秘术并非张桂芳一家，凭啥就说张桂芳实力超强，可以笑傲人仙呢？

原因有以下三点。

其一，人仙以下皆被克制。

任何人只要是未成仙道，没有凝练出元神，都会有三魂七魄。而只要有三魂七魄，就会被呼名落马术克制。

其二，其秘术攻击范围大。

在封神世界中，还有几位人仙高手也擅长对魂魄发动攻击。比如七首将军余化，哼哈二将，等等。

张桂芳与余化和哼哈二将比较，孰优孰劣呢？当然是张桂芳更强。

余化施展戮魂幡时，必须要让敌将走到戮魂幡下才能发动攻击；哼哈二将口鼻中喷出奇异气息，一般只有三五尺长，只有与敌将近身搏斗时，其法术攻击才会奏效。

呼名落马术的攻击范围则要大得多。两军对阵时，只要让张桂芳看到对方，呼唤其名字，对方就会昏迷落马。——当然，敌人落马不是死亡，而是昏迷，因此，必须有部下配合，才能将对方擒拿。

其三，施法次数无上限。

在介绍哼哈二将时，原著强调：“有异人秘传，养成腹内一道黄气。”

也就是说，在一定时间内，哼哈二将只能发动一次攻击。哈将陈奇捉拿邓九公之后，在第二天才再次施法，捉拿了太鸾。第三天，黄飞虎的三个儿子一起上阵。陈奇出阵后，拼着老命挨了一枪才成功施法，擒拿了次子黄天禄。

可见，一天之内喷出一道黄气之后，陈奇就得撤回本阵，再不能施展神通出战。

张桂芳的呼名落马术则既不需要借助外在法宝，也不需要腹中特意养成气息，他只要张嘴喊出敌将姓名，就可以击晕对方。

在与黄飞虎、周纪等人对战时，张桂芳就连续喊出两人名字，先后将两人喊晕落马。由此可见呼名落马术的效力远高于其他人仙的魂魄攻击术。

只是，张桂芳在被哪吒击败后，多年积攒的信心似乎一下崩溃了。此后几次与西岐对战，他竟然再不施展呼名落马术。

当然，呼名落马术也只是对人仙及凡人有效。比如，让张桂芳对已入神仙境界的杨戬使用此术，就绝对无效。只因修炼到神仙境界后，人的三魂七魄就被凝练成了更高形态的元神。三魂七魄没有了，自然呼名落马术也就无效了。

004 呼名落马术为何对哪吒无效

在《封神演义》中，哪吒绝对是个另类。乍一看，哪吒非常强大：七首将军余化的戮魂幡逢敌必克，结果对哪吒施法时，哪吒被黑气侵袭却浑然无事；擅长呼名落马术的张桂芳，百战百胜，唯独对哪吒连叫三声也不能把哪吒唤下轮来；在其他将领束手无策时，哪吒多次大展神威，连续击败几乎无敌的对手……

其实，哪吒之所以能够如此，并非他本身修为高过对方，而是因为他经过太乙真人的特殊改造，肉身与魂魄已经与其他“人”都不相同。

原著第37回解释说：“但凡精血成胎者，有三魂七魄，被桂芳叫一声，魂魄不居一体，散在各方，自然落马；哪吒乃莲花化身，浑身俱是莲花，哪里有三魂七魄，故此不得叫下轮来。”

只是，就算哪吒是莲花化身，不再是血肉之躯，为何连凡人必有的三魂七魄也没有了呢？莫非哪吒已经凝练出元神，达到了比人仙更高级别的神仙之境？

不是的。全书对哪吒的描写极多，但从未有一次提到哪吒有元神。虽然哪吒的战力在后期已堪比神仙强者，但是，那更多的是依靠莲花化身以及超强法宝，其本身修为依然只是人仙境界。

既然哪吒依然是人仙，那么，人仙必有的三魂七魄哪去了呢？

哪吒转世投胎到陈塘关总兵李靖家中，本是其师太乙真人苦心经营多年布置的一个局。其目的有两个。

其一，李家背景深厚，太乙真人要借哪吒之躯与李家攀上关系；

其二，制造种种矛盾，让哪吒脱去凡胎成为特殊躯体。

在封神世界中，增强战力的最基本的方法是修炼（炼气），但是修炼之道漫长而艰辛。可是，封神大战在即，给予阐教的时间很少。于是，以十二仙首为代表的阐教仙人，纷纷对弟子施展人体改造术，希望借助另类（其实是邪门）方法，强行激发肉身潜能，使得弟子的战斗力大大提升。

比如，云中子故意引诱七岁的淳朴儿童雷震子吃下两个仙杏——其实是两颗人体改造丹。这丹药还处于试验阶段，有着明显的副作用。结果，雷震子的战斗力是提升了一些，可是，从此也和丑八怪画上了等号。

相比云中子，道德真君更邪性。他打着救杨任的旗号，先把活的杨任硬生生弄死，然后借着杨任的一腔怨气，让杨任服下人体改造丹。结果，从杨任眼睛中各自长出一只小手，手中各有一只眼睛。这吃了怪丹的杨任，虽然战斗力高强，堪称周营后期第三强者（仅次于杨戬、哪吒），但是性情激愤好杀，比魔头还像魔头，给人的感觉实在不好。

相比上面两位师父，太乙真人更阴险。在他的布局下，哪吒大闹东海，不但与龙王结下生死大仇，而且和父亲李靖的关系也搞得一团糟。偏激儿童哪吒最后竟然剖腹挖心，要把血肉还给父亲——这对李靖夫妻是多大的打击！

原著说："哪吒便右手提剑，先去一臂膊，后自剖其腹，剜肠剔骨，散了七魄三魂，一命归泉。"

书中强调，哪吒本是灵珠子转世。灵珠子乃是一个宝贝，修成了精灵，自然没有人类才有的三魂七魄。可是，因灵珠子转世投胎成了哪吒，于是，"藉了精血，故有魂魄"。

如今哪吒已没有肉身，自然魂魄就无所依托。不过，后文又说："且说哪吒魂无所依，魄无所倚，飘飘荡荡，随风而至。"

可见，哪吒在剖腹挖心之后，其魂魄并非消失了，而只是无所依托，故此不能凝聚。

后来，哪吒魂魄飘到乾元山金光洞前，太乙真人吩咐徒儿，去托梦给母亲，修建一座行宫。让哪吒通过百姓祭拜获得香火，以香火之力凝练出身体，使得魂魄重新凝聚。

但后来李靖发现了哪吒行宫，大怒，砸毁了神像，让哪吒的魂魄再次无所归依。不过，原著说："哪吒受了半年香烟，已觉有些形声。"香火非常神奇，哪吒仅仅受了半年，其身躯就略具规模。因此，神像虽然被毁，但哪吒的魂魄还是没有消散。

也就是说，到此刻，哪吒依然是有魂魄的！

那哪吒的三魂七魄是什么时候"消失"的呢？

秘密就在太乙真人施展的莲花重生术中。且看原著——

"真人将花勒下瓣儿，铺成三才，又将荷叶梗儿折成三百骨节，三个荷叶，按上、中、下，按天、地、人。真人将一粒金丹放于居中，法用先天，气运九转，分离龙、坎虎，绰住哪吒魂魄，望荷、莲里一推，喝声：‘哪吒不成人形，更待何时！’”

书中说得明白：“太乙真人绰住哪吒魂魄。”哪吒的三魂七魄根本就没有消失，一直都存在于哪吒的新身体当中。

那么，为何原著中反复说“哪吒是莲花化身，哪里有三魂七魄呢”？是作者不小心挖了个坑，把自己给陷进去了？

哪吒是《封神演义》中非常重要的角色，而哪吒不受魂魄攻击，又是哪吒的最大倚仗。因此，原作者在构思时，别的地方或许会出问题，此处绝不会有问题。

那如何解释这前后的矛盾呢？

我认为，关键还是在魂魄所依之不同。

一般人（包含人仙炼气士）都是血肉之躯，其三魂七魄依附血肉而生，脱离血肉而灭。可是哪吒呢？他的身体不是血肉了，而是莲花。

余化的戮魂幡、张桂芳的呼名落马术以及后来的哼哈二将的特异神通，其施法原则，都是针对魂魄与血肉的组合发动攻击。如今却遇上了魂魄与莲花的组合，其法术自然无效。这就如戮魂幡与呼名落马术对元神攻击无效一样。魂魄与莲花的全新组合，就如同一种新生事物（新病毒?），让戮魂幡、呼名落马术（杀毒软件?）无法识别，故无从下手，效果全无。

若哪吒能按照太乙真人最初的设计，以香火凝聚身体，让魂魄依附，那么，类似法术对这种身躯必然还是无效的。

005 哪吒大胜张桂芳，姜子牙为何还要上昆仑

擅长呼名落马术的张桂芳一度称霸战场，可是在对魂魄攻击免疫的哪吒到来后，受到重创，从此龟缩不出，只能静待闻太师援手。

此时，姜子牙本当催动大军，以雷霆之势横扫商军，将张桂芳部队逐出西岐。可是，姜子牙却做了一个让众人目瞪口呆的决定。

书中说，姜子牙沐浴更衣后辞别武王姬发：“臣辞主公，往昆仑山去一遭。”姬发大吃一惊说：“兵临城下，将至濠边，国内无人，相父不可逗留高山，使孤盼望。”

姬发知道姜子牙一旦做出决定，自己根本无法劝回。可是，眼下西岐局势紧张，西岐军队能够抵挡住张桂芳，全仗哪吒。而哪吒只是姜子牙师侄，并非

周营将领。也就是说，西岐的胜败全部寄托在姜子牙个人身上。姜子牙若撒手不管，谁也使唤不动哪吒。于是，姬发只能又是担心又是无奈地提醒姜子牙快点回来。

姜子牙临行之前把徒弟武吉、师侄哪吒叫到身边。

从全书看，姜子牙并未传授武吉道术，不过武吉资质不错，学了一身的好功夫，在兵法上造诣也不俗。在姜子牙离开相府时，武吉经常作为姜子牙的代言人，暂时管理日常事务。

姜子牙叮嘱哪吒："你与武吉好生守城，不必与张桂芳厮杀；待我回来，再作区划。"

很明显，姜子牙不想在短时间内击败张桂芳，他想让西岐继续保持有敌人威胁的紧张局面。

姜子牙如此行事，目的何在？是养寇自重？

当然不是。姜子牙已经不需要用"养寇"这种低劣的把戏来提升自己在西岐的威信。姬昌死后，姜子牙已经是西岐军政两界毫无争议的掌权人。

那么，姜子牙此举有何意图？

原文中，姜子牙在决定上昆仑前，有一句内心独白："哪吒虽则取胜，恐后面朝歌调动大队人马，有累西土。"

仿佛，姜子牙是因为担心过早击败了张桂芳，朝歌方面会派来更厉害的人马。于是，西岐方面暂时选择藏拙。只是，你西岐不去进攻，人家张桂芳已经把战败求助的奏报送到朝歌，援军一样会来。因此，根本原因不在于朝歌方面。

姜子牙上昆仑，乃另有所图。

最开始听黄飞虎讲到张桂芳呼名落马术如何神奇时，满营众将皆不相信。姜子牙是见过大世面的人，听后则满面忧愁之色。事实和他预料的一样，张桂芳一出场就伤了黄飞虎，擒了周纪。之后，张桂芳叫战，原著说："子牙因他开口叫名字便落马，故不敢传令。"

姜子牙下山之初，意气风发。与天下诸多炼气士不同，他有幸拜在仙界巨擘元始天尊门下，亲听教诲四十年。虽然姜子牙仙根平平，但其炼气四十年，也修炼到了神仙之境。故当初在朝歌，姜子牙发掌心雷收服五路神，以三昧火炼化琵琶精，很是威风了一把。

可是，张桂芳出场后，姜子牙发现自己白白拜在元始天尊门下。临出师门，师父竟然没有传给自己一两样保命秘术或者送给一两件厉害法宝。

在那时，姜子牙对元始天尊产生了一丝怨念。

等到亲眼看到师侄哪吒手持火尖枪，臂套乾坤圈，腰缠混天绫，脚踏风火轮时，姜子牙眼睛都要瞪掉出来了。这师侄简直一身都是豪华装备。瞧瞧人家师父，对比下自己师父，一个何等大方，一个何等小气！

等见到哪吒轻松降伏张桂芳，姜子牙更是坚定了要上昆仑的决心。姜子牙自然也不知道哪吒魂魄的秘密。在他看来，必定是那一身奢华装备，让哪吒免受呼名落马术的伤害。

当初元始天尊拜托姜子牙主持封神大业时，姜子牙虽然为难，但还是答应了下来，并且苦心谋划多年，终于有了一些成就。可是，要想马儿跑，多少也要给点草吧。

于是，上昆仑找师父元始天尊诉苦，讨要法宝，成了姜子牙上昆仑的最大目的。

可是，等姜子牙到了昆仑，见到了元始天尊，还没等他开口，元始天尊就吩咐南极仙翁取来封神榜，让姜子牙去岐山建造一座封神台。

这师父果然抠门，不但不给法宝，还又加了一件任务！

若是十年前的姜子牙，必然只会默默承受，把一腔委屈往肚里吞。可是，经过十年磨炼的姜子牙已经变得腹黑皮厚了。

他也不领封神榜，只是跪地磕头，诉说张桂芳如何厉害，自己道行如何弱，不能降伏。最后，他提出："望老爷大发慈悲，提拔弟子。"

姜子牙的意思：您老就发发善心，赏个三五件法宝吧。

没想到元始天尊把脸一板，冷冷地说："你为人间宰相，受享国禄，称为'相父'。凡间之事，我贫道怎管得你的尽。"

在元始天尊看来，让姜子牙主持封神大业，对姜子牙乃是天大好事。虽然姜子牙要辛苦操劳，可是，不也享受了人间富贵吗？这人间富贵从何而来？还不是元始天尊牵线搭桥，暗中运作？

等到姜子牙一脸惨白，元始天尊才换了语气，表示若是西岐有难，自然会有高人相辅，让他不要多虑。

最终，姜子牙除了怀中多了个封神榜，依旧双手空空。

那么，元始天尊为何不肯给姜子牙法宝呢？是他听不出姜子牙的话中含义吗？

当然不是！

封神榜本是老子、元始天尊、通天教主三人佥押，许多门人亲眼见证。大家都明白，封神大战的最终目的是要杀死一批仙人，充实天庭，建立新的三界秩序。

神虽然高贵，但是毫无自由。多数的修真者依然愿意做仙人。

因实力强大，极度自信，以通天教主为主的截教高层选择了关闭宫门、静观其变的消极做法。而实力偏弱、心机深沉的元始天尊、老子等阐教高层则积极行动起来，多番联络，到处串联，布下一个又一个局。

只是，阐教为了掩饰自己的目的，在行动时一直秉持一些基本规则：在截教仙人参与封神大战之前，阐教仙人不公开参与；在截教中高层没有参与之前，阐教中高层也不公开参与。

故赤精子、广成子、云中子、道德真君等人虽然插手朝歌政务，救下一批人，但都会用一些手段，比如一阵狂风，一阵雷雨，掩藏己方真正背景。

故姬昌有难，云中子自己不出手，而让姬昌的义子雷震子出手。黄飞虎有难，道德真君亦不出手，让黄飞虎的儿子黄天化出手。

在晁田、晁雷攻打西岐时，十二仙首方面没有派一人参战。等张桂芳领兵时，因张桂芳乃是截教门人，太乙真人才派弟子哪吒参战。

第 38 回时，闻太师请来九龙岛四圣参战。姜子牙二上昆仑时，元始天尊不等姜子牙开口，就主动送出三件高品质法宝（四不相、打神鞭、杏黄旗），让老姜头欢喜无限。只因九龙岛四圣虽然未到金仙之境，却也和十二仙首辈分相同。既然截教中高层已经登场，元始天尊便送给姜子牙一些法宝，参与大战。即便截教高层知道了此事，也不能说元始天尊作弊了。

006 申公豹反水，乃是元始天尊制胜的关键一步棋

但凡听说过《封神演义》的，没有不知道申公豹的。此公在《封神演义》中的名气，甚至还超过十二仙首中的多数人，隐隐然有《封神演义》第一男配角的风采。

申公豹为何这么出名？原因很多。最为关键的是，申公豹本是玉虚宫门下，却跳槽反水，跑到截教阵营，挑唆三山五岳的豪杰，与师兄姜子牙作对，扶助黑暗衰朽的商朝，对付勃勃新生的西岐。

经过数百年的评书演绎、百姓口口相传，在民间印象中，申公豹已经成了一个背叛师门、忘恩负义、小肚鸡肠、自私自利的小人。《封神演义》中的申公豹，被老百姓用唾沫星子牢牢钉死在历史罪人的耻辱柱上。

以元始天尊为首的阐教仙人力主扶周灭商，为何会放纵门下胡作非为呢？以元始天尊的霸道脾气，早该一巴掌拍死申公豹才对。

只因事情的真相远不像表面看起来那么简单。

对于元始天尊推进的封神大业来说，姜子牙是一步明棋，而申公豹是一步暗棋。两人相辅相成，缺一不可。

为何这么说呢？

我们结合原著，分析下申公豹登场前后的描写，就会明白此公在封神行动中的真正地位。

前文提到，姜子牙一上昆仑，本为借宝，不料被师父元始天尊一顿臭骂。姜子牙心中万分委屈，就差没骂师父抠门。

在姜子牙悻悻然准备离开时，元始天尊忽然想到了什么，貌似随意地说："此一去，但凡有叫你的，不可应他。若是应他，有三十六路征伐你。"

大家想必都能猜到，元始天尊口中所说的叫住姜子牙的人，就是申公豹。

出宫时，姜子牙一边走一边向大师兄南极仙翁诉苦。南极仙翁笑笑说："上天数定，终不能移。只是有人叫你，切不可应他，着实要紧！我不得远送你了。"

姜子牙本来对有人叫他浑不在意。他在玉虚宫修道四十年，多少也认识一些人。有人叫他，本属寻常。可经过师父与大师兄再三提醒，让姜子牙心底深处不禁产生强烈的好奇心——到底是谁要叫自己，以至让师父和大师兄如此在意？带着这份心思，姜子牙缓步下山。

从大殿走下山，一路没人。一直走到麒麟崖，姜子牙正准备驾土遁离开昆仑，恰在此时，有人高喊："姜子牙！"

姜子牙心道："当真有人叫，不可应他。"

这"当真"乃是"果然"之意，可见姜子牙一路留心。理智告诉姜子牙不可应他，可心底深处却叫嚣——到底是谁叫我，好想回头看看！

见一叫不成，那人再次叫道："子牙公！"姜子牙依然不答应。那人第三次叫道："姜丞相！"

申公豹一张利口堪称封神第一法宝，一句"道兄留步！"坑杀无数仙人。此处申公豹三次叫唤，也颇有讲究。

第一次叫，是平辈之间直接呼名道姓。第二次叫，对姜子牙用上了敬称。第三次叫，以官爵称呼姜子牙。三次称呼，一次比一次尊敬，也一次比一次势利！

但姜子牙依然不应。

见三叫不应，申公豹大叫："姜尚！你忒薄情而忘旧也！你今就做丞相，位极人臣，独不思在玉虚宫与你学道四十年，今日连呼你数次，应也不应！”

此处，申公豹痛斥姜子牙薄情，当了丞相就翻脸不认旧日兄弟。姜子牙虽然得师父、师兄提醒，可毕竟还是磨不开面子，受不了污名，于是回头观看，出言答应。

简单看来，姜子牙与申公豹的见面，是出自姜子牙的主观决定。申公豹与姜子牙闹翻，也是申公豹的个人行动。但若仔细推敲，就可以发现其中大有问题。

元始天尊为何会知道有人要叫住姜子牙？

封神世界和西游世界一样，没有哪位大仙能够真正做到未卜先知，预测未来。许多事情看似偶然，其实是高人精心布局。

纣王题诗女娲宫，姬昌燕山收雷震，黄天化五关救父等等事件，已经一再证明，都是有高人布局。

此处也一样。

若元始天尊真的不想让申公豹叫住姜子牙，完全可以把申公豹拘禁起来。就算他不亲自出手，也可以或明令，或暗示南极仙翁出手。

可南极仙翁一面提醒姜子牙小心，一面却说自己不能远送。——事实上，南极仙翁根本就没有走远，一直在暗中尾随姜子牙！

南极仙翁乃是玉虚宫掌门大弟子，对师父元始天尊的心意摸得一清二楚。他明白元始天尊不是不肯借宝，而是不能借宝。他更明白，必须促成姜子牙与申公豹的见面，让申公豹公开地、合理地从阐教反水。

因此，申公豹登场必定是元始天尊的安排。

当然，以元始天尊的地位与心机，他绝不会亲自与申公豹接触。这个负责在申公豹与元始天尊之间传递消息的人，非南极仙翁莫属。

那么，元始天尊为何要如此安排呢？

要想摸清楚元始天尊的布局，我们先要弄明白申公豹为何会和姜子牙结怨。

姜子牙初见是申公豹叫他，说：“兄弟，吾不知是你叫我。我只因师尊吩咐，但有人叫我，切不可应他。我故此不曾答应，得罪了！”

从此处可知，姜子牙与申公豹虽然已十年未见，但是同门之情谊尚在，彼此之间并无利害冲突。按照常理，申公豹不应该和姜子牙作对。

问题到底出在哪里呢？

两人寒暄一番后，申公豹询问姜子牙手里拿着什么。子牙回答是封神榜。申公豹问姜子牙哪里去，姜子牙说去造封神台。申公豹问姜子牙在商朝与西岐之间要保哪一家。姜子牙笑笑说，自然是西岐。

申公豹听后提出："我如今下山，保成汤，扶纣王。子牙，你要扶周，我和你掣肘。"

姜子牙一听大吃一惊，忙劝说："贤弟，你说哪里话！师尊严命，怎敢有违？"

从姜子牙话语可以看出，在玉虚宫亲传弟子之间，大家都明白元始天尊已经在商周大战中亮明了自己的态度——保西岐，灭朝歌。同样作为元始天尊亲传弟子，申公豹不可能不知道元始天尊的态度。申公豹若要保纣王灭西岐，就是和元始天尊作对。

申公豹为何要冒着被元始天尊责罚的危险，与姜子牙对着干呢？

申公豹大怒说："姜子牙！料你保周，你有多大本领，道行不过四十年而已！"然后，申公豹口中诵念了一首诗，说自己如何如何厉害，远在姜子牙之上。

对于这点，姜子牙没有否认，只是弱弱地说："你的功夫是你的，我的功夫是我的。"意思是你强任你强，清风拂山冈；你横任你横，明月照大江。

虽然申公豹功夫高，但是姜子牙命好，深得师父信任，主持封神大业，出任西岐宰相。

照字面的意思，申公豹就是因为受到了不公正待遇，才对姜子牙起了坏心思：师父偏心，把肥差交给废柴师兄姜子牙，无视他这个天才徒弟，那他就扯后腿，搞破坏。

只是，就算申公豹真的对元始天尊有意见，借他十个胆子也不敢公开和元始天尊叫板。那么，他为何公然叫嚣要掣肘姜子牙，阻碍灭商兴周的计划呢？必定是有人在暗中指使他，给他保证，给他撑腰。

这个人，明面上是南极仙翁，暗地里就是元始天尊！唯有元始天尊表态，允许申公豹找姜子牙去闹，申公豹才敢去找姜子牙。

还有什么地方可以证明申公豹是元始天尊的棋子，与姜子牙大闹是一场戏呢？

证据一：申公豹的赌赛有问题。

申公豹提出，要和姜子牙来一个赌赛——看他申公豹能否在割下头颅后继续存活。按照常理推测，申公豹不满姜子牙可以封神，可以当人间宰相，那么，当他与姜子牙赌赛时，就应该约定：若是我申公豹胜出，那就由我主持封神大业，出任西岐丞相。

可是，申公豹提出的约定是什么呢？

原著申公豹说："你依我烧了'封神榜'，同吾往朝歌，亦不失丞相之位。"申公豹竟然提出，要姜子牙烧掉封神榜，跟随他前往朝歌，保纣王，灭西岐。

这就出了大问题了。要知道，三教圣人佥押封神榜时，早就告诉各自门下：西岐兴起，商朝灭亡，乃是上天注定！这个上天，谁都知道，就是封神世界第一仙鸿钧老祖。鸿钧老祖都表态了，西岐要兴起，商朝要灭亡。三教圣人都遵照执行，并把消息传遍了仙界高层。

小小一个申公豹，吃了熊心豹胆，竟然敢逆天行事，保纣王，灭西岐？

证据二：南极仙翁的出手有问题。

申公豹砍头之后果然不死，把姜子牙震惊得外焦里嫩。

一直在暗中观察形势的南极仙翁，见姜子牙下不了台，赶紧命令徒弟白鹤童子显出本相，叼走申公豹的头，让申公豹完不成法术。

眼看申公豹要死了，在姜子牙的哀求下（连姜子牙都知道申公豹脑袋被叼走是南极仙翁搞鬼），南极仙翁召回白鹤，放下头颅。

然后，南极仙翁怒斥申公豹："你把左道惑弄姜子牙，使他烧毁'封神榜'，令子牙保纣灭周，这是何说？该拿到玉虚宫，见掌教老师去才好。"

南极仙翁强调，自己之所以惩罚申公豹，是因他犯下两件大罪：其一，蛊惑姜子牙烧毁封神榜；其二，让姜子牙保纣灭周。

南极仙翁有没有说，你申公豹竟然要保纣灭周，犯下大错呢？没有！也就是说，姜子牙不能保纣灭周，申公豹却能。

这是什么意思？

揭开谜底的时间到了！

原来，鸿钧老祖在让三教圣人签订封神榜的时候，只是强调了西岐兴起，商朝覆灭，并且，由元始天尊出面，选定了姜子牙为封神计划主持人。因此，申公豹蛊惑姜子牙烧毁封神榜，怂恿姜子牙保纣灭周，那都是违背鸿钧老祖意图的举动，确实犯下大错。

但是，鸿钧老祖有没有规定，阐教仙人必须保西岐，截教仙人必须保商朝呢？

没有！

事实上，在商朝势力内部，有截教仙人，也有阐教仙人。比如陈塘关总兵李靖的师父，很明确是阐教仙人度厄真人。还有很多商朝将领，比如张桂芳、哼哈二将、魔家四将，书中都只是说早年得异人传授，拥有神奇法宝或秘术，但并没有提到他们的师父是阐教门下还是截教门下。虽然闻太师是截教三代弟子，但是，肯定没人规定截教仙人，尤其是闻太师的师伯、师叔们要听师侄的，去保商朝，灭西岐。

在封神大战正式开始前，西岐势力方面出了一个出身阐教，立场却必须中立的姜子牙，并无其他炼气士。此时，阐教可以选择保西岐，截教也可以选择保西岐。截教仙人又不是傻子，没道理逆天行事。得罪鸿钧老祖，还有好果子吃吗？

是谁使得截教仙人不得不站在商朝方面，与西岐作对呢？

因为两个人：一个是闻太师，一个是申公豹。

闻太师本是截教仙人，他找截教旧日道友帮忙，合情合理。可申公豹本是阐教门下，认识的朋友当然大部分是阐教仙人，为何不唆使阐教旧友保纣灭周，全部找截教仙人去西岐送死呢？

这申公豹弃熟就生，难道还不是大大有问题？

多数截教仙人在初见申公豹的时候，都会提出质疑：你一阐教门下，来找我截教帮忙，有何企图？可是，等听完申公豹叙述，元始天尊如何偏心，他与姜子牙赌赛时南极仙翁如何刁难，于是才要与阐教作对后，那些重情重义（单纯好骗）的截教仙人纷纷接纳了申公豹，并把这阐教叛徒引为知己。

结果，这些截教仙人，一个接一个地被申公豹送上了前线，送上了断头台。

007 姜子牙是神仙境界，申公豹到底啥境界

封神大反派申公豹，对于废柴师兄姜子牙能出任封神行动主持人非常不满。在申公豹看来，天才如他，才是主持封神的最佳人选。

面对姜子牙，申公豹大刺刺地说：“姜子牙！料你保周，你有多大本领，道行不过四十年而已。”

姜子牙修道四十年，虽然大道未成，但也拥有呼风唤雨、移山倒海之能，其修为境界已经进入了神仙之境，可以元神出窍，神游万里。

那么，申公豹修行了多少年？他的修为比姜子牙又如何呢？

昆仑山下见到姜子牙，申公豹责备说：“你今就做丞相，位极人臣，独不思在玉虚宫与你学道四十年，今日连呼你数次，应也不应！”

从此话可以看出，申公豹拜入元始天尊门下仅仅比姜子牙略晚，两人同窗四十年。不过，十年前姜子牙奉命下山，申公豹则在昆仑山继续修炼。即，申公豹统共修行了五十年。

那申公豹的修为究竟达到了什么境界呢？

为劝阻姜子牙，申公豹吟诗一首，证明自己的道行远在姜子牙之上。他说："练就五行真妙诀，移山倒海更通玄。降龙伏虎随吾意，跨鹤乘鸾入九天。紫气飞升千万丈，喜时火内种金莲。足踏霞光闲戏耍，逍遥也过几千年。"

如何理解这首诗呢？

诗中把仙界的修为大略划分为三个境界。

其一，掌握初阶五行法术的人仙境界。

封神世界是一个以炼气为主的世界。吸纳天地灵气，掌握五行法术，是修仙的入门功夫。多数人仙都可以比较灵活地运用五行法术。比如土遁、水遁，只要入门五七年，几乎都可以掌握。

其二，能移山倒海的神仙境界。

像李靖、黄天化、张桂芳这种人仙级别炼气士，虽然神通不俗，但是他们大多数都只是在五行法术之外得到师父传授的一门秘术或者一件法宝，其本身的修为并未达到神仙境界。

达到神仙境界的典型特征有两个：一个是将三魂七魄凝练成为元神，可以施展元神出窍、元神护体等神通；一个是能熟练施展高阶五行法术，比如呼风唤雨、移山倒海等。

原著中，申公豹嘲笑姜子牙："你不过五行之术，倒海移山而已，你怎比得我。"可见，申公豹不但达到了神仙境界，并且修为要大大高于姜子牙。

那么，申公豹究竟是比姜子牙高一个小境界，比如达到了神仙中期、后期修为，还是比姜子牙高出一个大境界，达到了金仙修为呢？

其三，身有紫气，体有金莲，寿元几千年的金仙境界。

玉虚宫门下十二弟子之所以能够成为仙首，主要是因为他们普遍达到了金仙中期修为，拥有远超普通金仙的修为。

金仙修为的特征主要有两个：一个是拥有三花聚顶、五气朝元、紫气萦绕等奇异法相；一个是寿元悠长，可活千年乃至万年。

元始天尊登场诗云："玉京金阙传徒众，火种金莲是我为。顶上庆云三万丈，遍身霞绕彩云飞。"

元始天尊乃是混元大罗金仙，他不但能火种金莲，并且拥有庆云三万丈，单从外在法相看就远超众位金仙。

原著中与赵公明平辈相称的散仙萧升、曹宝自称："眉藏火电非闲说，手种金莲岂自夸。"描写文殊广法天尊时说："手中紫气三千丈，顶上凌云百尺高。"

结合此二处描写可以知道，能在体内丹火中孕育金莲，能身具数千丈奇异气息（或者是紫气，或者是五彩气），都算是达到了金仙境界。

申公豹在诗中说他能火种金莲，随身有紫气千万丈——此处当作千丈、万丈理解，否则申公豹比元始天尊还要牛了。

毫无疑问，申公豹已经超越了神仙之境，进入了封神世界高手行列——金仙之境。

申公豹说自己能砍头不死，姜子牙不信。因为以姜子牙对仙道的理解，即便是神仙，也做不到砍头不死，何况他和申公豹同门修道四十年，对申公豹的修为——至少是十年前的修为一清二楚。他不相信申公豹能做到神仙都不能做到的事情。

事实却是，申公豹做到了。只因他在姜子牙下山之后的十年间修为突飞猛进，成功进入金仙之境界！

他爽快地砍下自己的脑袋，脑袋自行飞去，他却依然不死。若非南极仙翁跳出来找茬，申公豹绝对可以顺利完成这个法术。

南极仙翁对姜子牙说："你原来是一个呆子！申公豹乃左道之人，此乃些小幻术，你也当真！只用一时三刻，其头不到颈上，自然冒血而死。"

南极仙翁在睁着眼睛说瞎话。明明申公豹是元始天尊弟子，修行的是阐教道法，却说是左道之士——正统人士一旦看人不顺眼，首先就给人扣个左道、旁门的大帽子。

南极仙翁说申公豹的砍头术是幻术。但结合原著我们可以明确看到，申公豹确确实实是把自家头颅砍了下来，也确确实实做到了脑袋离身体不死。这是实实在在的仙家神通，哪里是幻术？至于申公豹的砍头不死术只能坚持一时三刻，是因为申公豹修为不够，和幻术、左道其实没关系。

也正因为申公豹不但有着阐教二代弟子的身份，并且有着与赵公明、三霄娘娘等人同样的修仙等级，他才能够与截教强者们攀上关系。若是元始天尊指派像姜子牙这样的废柴神仙去搞潜伏，估计人家连山门也不让进。

008 此人为何在强者林立的封神榜上排名第一

在封神世界中，能够封为天庭正神者，不是征战沙场的人间悍将，就是精通道法的仙界高人。按照常理，这些人的带头大哥，应当是一位能够横扫八荒、称霸封神榜单的绝世牛人。

比如截教三代人物第一人闻太师，此人虽然是三代弟子，却天资卓绝，修为超强，是姜子牙封神评语中唯一一个明确提到已经到达大罗金仙境界的强者。

原文说：“虽闻朝元之果，未证至一之谛，登大罗而无缘。”

就算是赵公明这种强者，在封神评语中都说没有到达大罗之境。可见，闻太师的修为还在赵公明之上。

只是，闻太师空有如此高深修为，在榜单中排名却很靠后。他被封为九天应元雷声普化天尊，官爵仿佛很霸气，其实只是雷部二十四位正神统帅。

在封神榜单中真正地位超然，可与任何人叫板的，是被封为坎宫斗母的金灵圣母。

金灵圣母乃是通天教主四大弟子之一，封神评语说：“道德已全，曾历百千之劫；嗔心未退，致罹杀戮之殃。”闻太师虽然到达大罗金仙之境界，但是未证至一境界，即道德未全。而金灵圣母的修为已经逼近甚至达到了混元大罗金仙境界。

只是，金灵圣母在封神榜中也不过是统率诸天星宿（天罡三十六，地煞七十二，五斗星部，太岁星部，九曜星部），并非是万神之首。

真正在封神榜单上排名第一，元始天尊钦定的万神首领，是清福正神柏鉴。原文说：“今敕封尔为三界首领八部三百六十五位清福正神之职。”

清福正神柏鉴是谁？难道他比闻太师、比金灵圣母还要厉害？

当初，姜子牙在东海初次见到柏鉴，柏鉴口中说：“大仙！游魂埋没千载，未得脱体。望法师大展威光，普济游魂，超出烟波，拔离苦海。洪恩万载！”

原来，这柏鉴不过以幽魂之体修行千载。幽魂修行本就不如人类，进展极度缓慢。而柏鉴的资质仿佛也很渣，虽修行了千年，竟然连鬼魂之体都没有脱去——鬼魂修真，第一大关就是凝聚肉身，脱去魂体，就如哪吒重生一般。

可见，这柏鉴的修为很渣。就连姜子牙这等末流神仙，都可以施展掌心雷将其一击轰杀。

既然柏鉴实力这么渣，为何封神榜上排名那么高？

内幕！当然是因为有内幕！

内幕一：柏鉴乃人皇旧部。

柏鉴自我介绍说：“游魂乃轩辕黄帝总兵官柏鉴也。因大破蚩尤，被火器打入海中，千年未能出劫。万望法师指超福地，恩同泰山。”

原来，这柏鉴乃是人族三皇之一的人皇轩辕黄帝麾下总兵。当初他也曾经建立赫赫战功，与轩辕黄帝交情颇深。若轩辕黄帝仙道未成，柏鉴也只能继续做他的孤魂野鬼，可千年过去，轩辕黄帝竟证道混元，成为圣人级别的高手！

眼下，昊天上帝组建天庭，册封诸神，其中肥缺多多，轩辕黄帝正好把昔日的老兄弟塞进去。那些以凡人武将册封为神的，都算是人道教麾下。只是，那些人和三皇关系太疏远，而柏鉴则是黄帝昔日旧部。

以柏鉴为诸神首领，既可以还昔日人情，让其更加卖命，也可以让人族三皇的势力在天庭中更加稳固。

内幕二：柏鉴与道德真君关系莫逆。

就算柏鉴是人皇轩辕的旧部，但如今主持封神计划的乃是阐教出身的姜子牙，姜子牙的上头则是阐教大佬元始天尊。若柏鉴在阐教没有深厚关系，也无法掺和进入封神行动中。

柏鉴告诉姜子牙："前日清虚道德真君符命，言今日今时，法师经过，使游魂伺候。"

在十二仙首中，有些人非常低调，仿佛是个隐形人，比如既没有法宝，也没有徒弟的黄龙真人；有些人则非常高调，仿佛无处不在，比如这个清虚道德真君。

清虚道德真君收的两个徒弟——黄天化、杨任，都算是第四代弟子中卓尔不群的强者，他本人也神通不俗。如今，他又和柏鉴搞在了一起。

清虚道德真君非常有心机，推荐柏鉴，不但可以增加自身在天庭的人脉，而且可以与人族三皇搞好关系，可谓一举两得。

内幕三：代表人族三皇分一杯羹。

在姜子牙下山时，元始天尊除了提醒子牙不要随便答应陌生人外，还交代会在东海遇上神秘人。这东海神秘人自然就是柏鉴。

换言之，这柏鉴能够上位，不仅仅因为他是人皇旧部，又有道德真君推荐，更因为他是元始天尊认可的人。早在封神大战开始之初，元始天尊就在封神榜单中给柏鉴留了一个好位置。

元始天尊实力远超人族三皇，为何还要卖给轩辕黄帝人情呢？

只因封神大战打出的旗号是"三教共立封神榜"。这三教，就是阐教、截教、人道教——在原著中，某些特定情节中，也可以指阐教、人道教、西方教（三教大会万仙阵）。

人道教本就是封神行动的"股东"之一。虽然因为资本匮乏，人道教只是个小股东，在重要决策上没有发言权，但再小的股东也是老板，和普通员工的身份就是不同。何况，人道教在封神大战中坚定地站在阐教一边，最终促成了阐教胜出。

于是，分享胜利果实、册封天庭诸神的时候，元始天尊自然而然地拔高人道教出身诸神，贬低截教出身诸神。

天庭诸神中，只有极少数阐教出身的神。但是，在天庭诸神中，阐教依然有着强大的发言权。几个最高职位，都掌握在阐教神或人道教神的手中。

比如，在封神行动中只是充当“导游”的柏鉴，被封为万神首领；凡人武将黄飞虎被封为总管天地间福祸吉凶的东岳大帝；阐教出身的黄天化被封为统管三山的炳灵公。这三位大神之后，才是闻太师。

009 九龙岛四圣实力有多强

在得知张桂芳再度大败、西岐汇聚众多能人之后，闻太师不得不亲自出马，前往三山五岳中邀请能人前往阵前助战。

闻太师交游广阔，朋友众多，不过，与他关系最为亲密的，也是他首先想到的，是九龙岛四圣。

九龙岛四圣不但是第一批登场的截教三代仙人，也是第一批死在封神大战中的截教仙人。有些人据此认为四圣本领低微，热衷功名，死了活该。其实，四圣不但神通不俗，而且悲天悯人。他们的死，绝对是一个悲剧。

那么，九龙岛四圣的本领到底有多强呢？

从侧面来说，有两个地方可以证明九龙岛四圣实力不俗。

其一，他们是闻太师首批邀请的仙人。

闻太师之所以寻访道友，是因为西岐方面有精通道术的能人助战。因此，闻太师寻访的对象必定道术精深、神通不俗，甚至能一战碾压西岐。

闻太师初见四圣，彼此客套一番。之后，四圣询问来意，闻太师说：“特来进谒。”

四圣修炼之地，乃是在西海九龙岛，与朝歌距离遥远。闻太师此来，并非随意行走来到九龙岛，而是特意来请四圣出山。

由此可见，在闻太师心目中，九龙岛四圣绝对是截教仙人中的强者，是完全可以托付重任之人。

其二，他们是闻太师唯一推荐给纣王，并受到纣王接见的人。

原著中，闻太师找去助战的道友很多，但多数都是直奔前线，唯有九龙岛四圣被闻太师邀请到朝歌，亲自款待并推荐给纣王。其他所有人都没有受到纣王接见这等隆重待遇。

闻太师为何对九龙岛四圣如此器重？

有两方面的原因。

一方面，闻太师想提醒纣王，如今商朝江山不稳，需要借助外界力量才能对抗西岐，希望纣王能够收敛恶行，好好治国，切莫辜负自己一番心意。

纣王对闻太师又敬又畏，主动提出：“太师为孤佐国，何不请来相见？”

纣王与武王等人间帝王，在封神世界的地位其实极高，虽然难比圣人，但绝对在其他金仙，甚至大罗金仙之上。人间帝王，那也号称天子，金口玉牙，张口便能封神。因此，能得到纣王的接见，对于绝大多数仙人来说，是一种殊荣。

另一方面，九龙岛四圣相貌清奇，在公众场合颇有视觉冲击力。书中提到，四圣或者面如锅底，或者面如蓝靛，或者赤发蓬蓬，或者獠牙深深，人人都有一丈五六尺长。像四圣这种相貌、这种身高，一看就不是凡人。

果然，他们来到朝歌时，朝歌军民一见，人人吓得魂不附体。

不过，害怕归害怕，在害怕之后，朝歌军民因天下大乱而骚动的心，反倒安定了下来。有九龙岛四圣这种海外奇人辅佐，想必闻太师必定能扫平叛逆，安邦定国。

当然，更重要的，还是闻太师对九龙岛四圣的实力有足够的信心。否则，贸然把人推荐给纣王，万一败了，那还不是搬起石头砸自己的脚，给人一个识人不明、办事不利的口实？

从正面来说，九龙岛四圣与西岐的数场大战，也可以证明其已达到金仙境界，实力比文殊、普贤等十二仙首中的强者，也毫不逊色！

大战一：四圣登场，西岐不战自乱。

四圣来到西岐阵前，一眼看出风林是被乾坤圈所伤，却毫不在意，挥手间就治好了风林与张桂芳。可见，在四圣心中，乾坤圈的主人太乙真人也不是什么了不得的角色。

四圣初登战场非常潇洒，霸气十足。他们不出一招，不动一法宝，就让西岐军队大乱。

原文说：“旗幡开处，走出四样异兽：王魔骑狴犴，杨森骑狻猊，高友乾骑的是花斑豹，李兴霸骑的是狰狞，四兽冲出阵来。子牙两边战将都跌翻下马，连子牙撞下鞍鞒。”

只因那九龙岛四圣的坐骑，都是上古奇兽，天生具有强大妖气。寻常战马根本禁不住上古奇兽的妖气压迫，故都腿软筋酥，不能站立。

若商军方面此时下令冲锋，西岐方面必然惨败（商军却与西歧展开和谈）。

因这四兽非常强大，元始天尊不得不将自己的坐骑四不相借给姜子牙使用。而四圣能够降伏上古奇兽，其实力可见一斑。

大战二：四圣大败西岐四将。

姜子牙第二次上昆仑，得到了元始天尊赐予的三件法宝。他信心满满地出战，不料，一交手就被四圣打了个满地找牙。

因战马畏惧奇兽，于是姜子牙只带了哪吒、龙须虎、黄飞虎三人出战。双方四对四。

交战时，先是王魔不忿姜子牙骗人，纵骑来擒姜子牙。一旁哪吒急忙上前保护。两人大战。哪吒武艺精湛，此前与诸将打斗从未遇上敌手，可王魔舞动宝剑迎战，丝毫不露败象。

不过，因枪长剑短，兵器上王魔始终吃亏。于是，杨森拍马上前助战。他掏出法宝，乃是一粒开天珠——四圣的法宝名气很霸气，分别叫开天珠、辟地珠、混元宝珠。杨森甩手打出开天珠。哪吒与王魔交战正紧，哪里防得住？开天珠狠狠打在哪吒身上，竟把哪吒打下风火轮来。

这是哪吒出世以来第一次吃大亏。

眼看王魔要上前取哪吒首级，一旁的黄飞虎急忙冲上。杨森再度出手，黄飞虎瞬间被打下坐骑。龙须虎叫嚷着冲上前去，但被高友乾用混元宝珠打伤。

西岐三将逃回城中，剩下姜子牙驾四不相逃亡北海。王魔追上后，甩出开天珠把姜子牙直接打死。幸亏文殊广法天尊及时赶到，以仙丹救活了姜子牙。

此战双方是四对四，杨森出手与寻常单挑、第三人偷袭不同。西岐方面姜子牙与龙须虎都是神仙级别，哪吒是堪比神仙的人仙高手，黄飞虎则是人间武将顶尖高手，可面对四圣，全然没有招架之力。

大战三：四圣丝毫不惧文殊、普贤。

早在姜子牙二上昆仑之前，元始天尊就已经了解到西岐阵前局势。在姜子牙回到西岐之时，文殊广法天尊与普贤真人就已经来到西岐，在暗中等候。

为何他们不早早进入西岐城，在两军阵前与四圣正面交手呢？

很简单，四圣实力不俗，与文殊、普贤一样，都达到了金仙境界。若是正面开战，双方胜负难料。

等到王魔追杀姜子牙，孤身一人时，文殊与徒弟木吒才跳出来拦截。

面对文殊广法天尊，王魔丝毫不惧。文殊开口说自己道行如何高深，劝王魔主动撤退。王魔哈哈大笑说：“文殊广法天尊，你好大话！我和你一样规矩，怎言月缺难圆。难道你有名师，我无教主！”对文殊的警告，王魔全不在意。

而后来得知王魔被文殊杀害，三圣大怒说：“可惜千年道行，一旦死于五龙山！”对于王魔的死，他们三人感受到的不是恐惧，而是愤怒。

为什么呢？

因为就他们的了解，王魔实力绝不弱于文殊，其死亡必定另有原因。

在杨森、高友乾又被击杀后，朝歌城中的闻太师听闻九龙岛三圣死讯，大吃一惊说：“道兄你却为着何事，死于非命！今见此报，使吾痛入骨髓！”正因为四圣实力高超，乍听死讯，闻太师才会觉得难以相信，大吃一惊。

当然，就算四圣有金仙修为，实力不凡，可最终还是被文殊、木吒、金吒等人杀死了。

那么，神通不俗的九龙岛四圣，为何会被同阶的文殊广法天尊，以及低一个大境界的木吒、金吒杀害呢？

010 四圣死亡是因对手太黑，还是自己太傻

对于出战西岐，九龙岛四圣信心满满。面对闻太师时，王魔就说：“闻兄既来，我贫道一往，救援桂芳，大事自然可定。”

当时，闻太师已经如实告知他们西岐战况，王魔、杨森等人有如此自信，全因他们的修为、法宝全面凌驾于姜子牙、哪吒等人之上。

那么，金仙之境的九龙岛四圣，为何会折戟长沙，在西岐城外全部道消身殒呢？

主要原因有两个。

其一，对手虽不是很强，但很阴，很腹黑。

先说四圣魁首王魔之死。

王魔追杀姜子牙，撞见了文殊广法天尊与徒弟金吒。文殊与金吒绝非偶然到此，而是潜伏已久，正等四圣落单方才行动。

见到王魔，文殊声称己方是顺应天命，王魔等则是逆天而行，警告王魔早早离开，否则死路一条。言语中，文殊仿佛根本不把王魔放在眼中。交战时，文殊更是派弟子金吒出场，以示自己乃是高人身份，不屑与王魔相斗。

结果呢？

原文说：“话说王魔、金吒恶战山下，文殊广法天尊取一物，此宝在玄门为遁龙桩……”

在王魔与徒弟金吒交手、彼此搏杀到紧张处时，文殊竟然拿出元始天尊赐予的镇山之宝遁龙桩，暗中偷袭王魔！

文殊广法天尊若真的有品，应当喝退金吒，与王魔公平一战。王魔与金吒相斗，一直不肯用法宝，一半是轻敌，一半是自重。但到文殊这里，口头上说得漂亮，做起事来却一点都不讲究。

细品原文“（遁龙桩）落将下来，王魔急难逃脱”可以看出，以王魔的修为，遁龙桩只能在极短的时间将其稍稍困住。只要给王魔一定时间，他就有机会脱困。但就在王魔拼命挣扎、意图逃脱束缚的时候，金吒上前，手起剑落砍掉王魔头颅。

这一师一徒之间连个暗号都不需要发出，为何配合能如此默契？

八成是文殊与金吒经常用这招阴人，配合多次，经验丰富。

相比文殊广法天尊，子牙公要起阴招来也很溜。

在首战大败之后，姜子牙就痛定思痛，开始想对策。他已经从昆仑元始天尊处借到了打神鞭这种大罗金仙级别的法宝。他只要运用得当，对九龙岛四圣这种金仙级别，可以做到一击必杀。

只是，姜子牙根本就没胆量和四圣正面拼杀。于是，在三圣叫战时，姜子牙带着己方最强战力——哪吒、金吒出场。

叫战时，姜子牙再没有傻乎乎冲上前，而是吩咐哪吒与金吒上前，自己在后面偷偷祭出打神鞭。在高友乾、杨森、李兴霸与哪吒、金吒缠斗的时候，他找准机会，一鞭子打下。

四圣之中，王魔武艺最高，杨森先手意识最强，高友乾和李兴霸都只能算中平。姜子牙选择四圣中最弱的高友乾一鞭子打下，果然，高友乾躲闪不及，顿时脑浆迸裂而死。高友乾死得太突然，李兴霸一时懵了。

杨森反应过来，想要灭了姜子牙，于是拍骑冲过去。一旁的哪吒甩出乾坤圈，杨森浑然不惧，伸出手去要收了乾坤圈。就在杨森全力对付哪吒的时候，金吒祭出了遁龙桩，困住了杨森一小会儿。金吒抓住机会，上前一剑把杨森砍为两段。

正因为姜子牙尝到了暗中下黑手的甜头，于是在第三次出战前，姜子牙早早就与金吒合计：“你去战李兴霸，我用打神鞭助你今日成功。”总算是李兴霸吃一堑，长一智，见到金吒、哪吒扑来，后排的姜子牙又准备祭出打神鞭，他赶紧纵骑逃跑。

其二，己方虽不弱，但很傻很天真。

四圣初到前线，当时西岐方面的战力以姜子牙与哪吒为首，根本无一人可以与他们叫板。他们本该抓住时机，一举灭杀西岐主力。可是，他们不但没有在第一时间出手，反倒和姜子牙搞和谈，让姜子牙获得了宝贵的缓冲时间。

九龙岛四圣为何这么傻呢？

只因他们太天真。

面对姜子牙时，四圣说："你我俱是道门，只因闻太师相招，特地到此。我等莫非与子牙解围，并无他意。"

阐教人人磨刀霍霍，以灭杀截教为己任，彼此之间已经势同水火，难以共存，四圣却提出，你我都是道门，不必闹得你死我活，根本就没有意识到斗争的残酷性。并且，在双方谈判时，九龙岛四圣对姜子牙的口头承诺竟然毫不怀疑。

四圣提出，只要姜子牙答应他们三个条件，他们就会劝说闻太师撤军：条件一，武王姬发要对商朝称臣；条件二，西岐必须拿出钱粮犒赏商军；条件三，必须交出黄飞虎。

客观来说，四圣提出的这三个条件并不苛刻。姜子牙自己也说，姬发本就是商臣，且无意叛商；朝廷官军出动，西岐方面提供粮饷也是义务；就是交出黄飞虎这条比较难为人，但只要姬发承认纣王的君主身份，交出叛臣黄飞虎也是基本义务。并且，这三个条件是在四圣有足够实力灭杀姜子牙、黄飞虎的时候提出的。

面对这三个条件，姜子牙一口答应，只是提出须略等几天，让他安排一番。

其实，姜子牙趁着这个空当，跑到昆仑山找元始天尊要了三宝，并且，元始天尊也及时安排了人马迎战四圣。

对姜子牙的缓兵之计，王魔、杨森等人浑然未觉。张桂芳提醒四圣，姜子牙可能在骗人，但王魔竟然还傻乎乎地认为不至于。

从以上种种可以看出，四圣实在是很傻，很天真。在残酷的战争中，竟然还和敌人谈信义，讲道德。善良到如此地步，也是该死！

四圣中李兴霸是被普贤真人的弟子木吒，以吴钩宝剑斩杀。这其中，李兴霸过于托大是一个原因，过于单纯是另一个原因。

两人见面时，木吒主动询问李兴霸来自何方。按照常理来说，害人之心不可有，防人之心不可无。可是，李兴霸对眼前突然冒出来的青年道童，一点不知防备，坦然说自己是九龙岛炼气士李兴霸，因助张桂芳失利，坐此暂歇，竟把自己的老底全部曝光。

木吒一听哈哈大笑说："我临行时，吾师尊说：'你要遇着李兴霸，捉他去西岐见子牙为贽见。'岂知恰恰遇你。"

木吒此话一下子激怒了李兴霸！

以木吒神仙级的修为，就算拥有吴钩宝剑，也很难斩杀已经有敌意的李兴霸。可是，阐教方面的情报工作非常出色，对敌方的性情、神通了解得一清二楚，战斗起来自然事半功倍。

李兴霸在四圣中虽只算是中平，但面对一个晚辈还是有着基本的骄傲。见木吒藐视自己，他当然大怒，一时之间只知道发狠斗剑，全不想用出法宝——和一个晚辈斗法还用法宝，赢了也丢脸！

可李兴霸没有想到，自己早就被算计到了。木吒在比武的同时，悄悄使出吴钩宝剑——他那法宝和一般法宝不同，根本不需要祭在空中，也不需要用手甩出，只需要摆动肩膀，那宝剑就自行飞去，瞬间斩杀敌人。

九龙岛四圣明明有大威力法宝随身，可每次都被人先拿出法宝给灭杀。若是他们抢先出手，结果肯定不同。

为何他们的先手意识如此淡薄？

一来，九龙岛四圣常年居住在外海，远离纷争，过惯了无忧无虑的生活，一下子根本就不适应残酷冷血的战争。

二来，九龙岛四圣太自信，也太善良，竟然觉得靠和谈就可以解决朝歌与西岐的纷争，根本就没有意识到背后其实是阐教与截教的激烈冲突。

反观阐教，先手意识的普及就很到位。许多人都明白“先下手为强，后下手遭殃”。既然开战，那就是你死我活，再谈什么诺言，谈什么情义，只是个笑话。

只要最终获胜，得到了话语权，那么，昔日的无耻就会变成智慧，卑劣也会变成高贵。

011 谁才是封神忠义勇烈第一将

在九龙岛四圣被阐教仙人下黑手灭杀的同时，商军大将张桂芳也力战身殒。张桂芳武艺超群、品性卓绝，其勇烈忠义堪称封神第一人。

张桂芳之勇烈，在封神诸多武将中，可入顶尖高手行列。

张桂芳初次登场，大战黄飞虎十五回合，抽出空来以呼名落马术将对手擒拿。

哪吒乃莲花化身，神勇无敌，武艺堪称封神世界巅峰水平。风林与之交手，二十回合落败，张桂芳则与之大战三四十回合，稍稍有些力怯。后来，张桂芳施展呼名落马术无效，惊慌之下被哪吒的乾坤圈砸伤手臂，但在骨断筋折之下依然没有落马。

最能体现张桂芳之勇烈的，是平生最后一战。

当时，王魔、杨森、高友乾等三圣先后被西岐斩杀，只剩下张桂芳与李兴霸苦苦支撑。

来日西岐叫战，张桂芳没有选择避战不出，而是提枪上马，可谓“明知山有虎，偏向虎山行”。

张桂芳的第一个对手，是黄飞虎幼子黄天祥。

封神榜中，黄天祥封天罡星，虽无法术却武功盖世，是封神世界唯一以凡人之资击杀人仙炼气士（风林）的超级强者。

张桂芳比黄天祥如何？

原文说：“话说黄天祥大战张桂芳，三十合未分上下。”

字面上说二人不分胜败，实际上黄天祥比张桂芳要略逊一筹。当时的黄天祥不过十岁出头，枪法如神不假，但毕竟经验欠缺，少年力弱。他能击杀风林，很大程度上是靠着出其不意，突袭截杀。

正因看到黄天祥与张桂芳久战不下，西岐主帅姜子牙才会擂鼓助战，西岐众多武将才会一起涌出，共战张桂芳。

西岐一共派出多少武将？

原文说：“周营数十骑，左右抢出伯达、伯适、仲突、仲忽、叔夜、叔夏、季随、季呙、毛公遂、周公旦、召公奭、吕公望、南宫适、辛甲、辛免、太颠、闳夭、黄明、周纪等，围裹上来，把张桂芳围在垓心。”

“哪吒见走了李兴霸，登轮直杀进桂芳垓心来。”

不但有足足二十位凡人武将参与围杀张桂芳，在击败李兴霸之后，哪吒也加入战团，成为张桂芳的主要对手。

按照常理，哪吒一人就足以击败张桂芳，更不要说诸将中还有黄天祥、南宫适、周纪等顶尖或一流武将。

事实却让人大跌眼镜，书中说：“从清晨只杀到午牌时分。”

张桂芳不但没有落败，反而一打就是四五个小时。

张桂芳在人生的最后一刻，小宇宙爆发，仿佛战神附体一般，一条枪使得出神入化，精力也仿佛无穷无尽，让西岐众将包括哪吒与黄天祥都郁闷不已。

张桂芳为何在人生的最后时刻如此神勇呢？只因他心中有为商朝社稷尽忠效死的强大信念！

张桂芳之忠义，在封神世界中极为罕见。

在封神世界中，乃至在任何世界中，总有许多人整天在口头上念叨忠诚，高喊信义，可是，在生与死的考验中，在名与利的诱惑下，他们就原形毕露，丑态尽显了。

在《封神演义》中，被无数人膜拜的忠义楷模，当属西伯侯姬昌与太师闻仲。

姬昌素来以忠义自命，比如他修书给冀州侯苏护，劝其归降；比如他听闻纣王宣召，冒死进朝歌；比如他受七年拘禁，回到西岐后依然交代姬发与子牙切莫背叛——仿佛姬昌到死都是商朝的忠臣。

只是，姬昌的忠义绝不纯粹。若是真的忠义，他不会在纣王无道时无只言片语进谏；若是真的忠义，他不会在回归西岐后率军讨伐崇侯虎，谋夺北方诸侯控制权；若是真的忠义，他不会任命"野心勃勃"的姜子牙为托孤大臣……

姬昌的忠义，只是为了在商朝势力尚大的时候蒙蔽纣王，掩盖心底深处的称霸之心。

至于闻太师，与姬昌一样，其忠义并不纯粹！

若闻太师真的一心为国，就应该废掉妲己，赶走奸佞；若闻太师真的一心为国，就应该大力改革，剔除弊政；若闻太师真的一心为国，就应该力保商容、比干、黄飞虎等一帮商朝重臣……

闻太师常常打着忠义的旗号，挟持纣王，扫除异己，坐看忠臣一个个被害死，被赶走。事实上，在纣王亲政的前七年，以及闻太师正式回归、武成王黄飞虎反商之后，商朝的军政大权都被闻太师牢牢抓在手中。在封神大战开启之后，纣王不知不觉中已经沦为闻太师的傀儡。

张桂芳则与上面两位大不相同。

眼看无法突出敌将包围，张桂芳不想在被俘后受到羞辱，于是调转枪头，自杀身亡。

临终前，张桂芳大叫一声："纣王陛下！臣不能报国立功，一死以尽臣节！"

在张桂芳心中，只有商朝，只有纣王。面对死亡的威胁，他没有一丝一毫的动摇，有的只有为国尽忠、为君效死的决心。

虽然说纣王无道，以致国政混乱，但并不是说反叛纣王就天经地义。

张桂芳初到西岐时，阵前痛斥姜子牙说："姜尚，你原为纣臣，曾受恩禄，为何又背朝廷，而助姬发作恶。又纳叛臣黄飞虎，复施诡计，说晁田降周。"

张桂芳给姜子牙定了个欺君叛国之罪。这罪名有无道理呢？

有道理！

自古以来有所谓“食君之禄，忠君之事”。若姜子牙没有在商朝出仕，一切好说。可姜子牙已经在商朝为官，出任下大夫，和纣王之间有了君臣名分。那么，姜子牙再改投西岐门下，就是叛国，就是贰臣。

姬发本也是商朝臣属，黄飞虎更是商朝通缉罪犯，姜子牙挑唆姬发对抗朝廷，收容黄飞虎，确实已经犯下大罪。

若商朝国力强大，最终擒拿了姜子牙，灭了西岐，那在历史上姜子牙与姬发、黄飞虎等人就会变成无恶不作的罪人。可谁让西岐强大并且有阐教仙人做后盾，并且获得最终的胜利呢？

结果，忠诚与叛逆，美与丑，善与恶，都随着胜败而逆转。

在封神榜中，武艺与人品都堪称顶尖的张桂芳，仅仅是位列北斗群星之一，并且封号是极具侮辱性的丧门星。成者王侯败者寇，是非对错难定论。

012 姜子牙冰封岐山是蓄谋已久的屠杀吗

既然是战争，那就难免死人。

大战既起，双方主将各展其能，或强力进攻，或兵行奇招，都是以击溃对方为目标。当此之时，大量兵士的死亡在所难免，我们很难把这些死亡归咎于双方主将。

不过，若双方实力有天差地别，本可轻易降伏对方，却依然施展暴力，造成大量无谓伤亡，那么，这种伤亡就是一种屠杀，指挥这场战役的人也就可称屠夫。比如秦将白起，在赵国大军已经投降的情况下，竟然坑杀四十万俘虏，难怪会在史书上留下“人屠”恶名。

在商周大战之中，姜子牙冰封岐山一战，也可谓一场屠杀，并且是一场蓄谋已久的屠杀。在这场屠杀中，五万商军人人带伤，三千人被活活冻死。而这些，本来是完全可以避免的！

老将鲁雄乃是商朝征伐西岐第四路主帅。在三十六路征伐中，这一路算是极弱。

第一路晁田、晁雷兄弟伐西岐时，西岐方面除了姜子牙并无其他擅长道术者，故晁田的失败还是败在运筹帷幄，败在将略不如上。

等鲁雄出兵时，西岐方面已经汇聚了姜子牙、金吒、木吒、哪吒、龙须虎等多位道门中人。尤其是姜子牙已经拥有三宝，金吒与木吒的法宝也是可以击杀金仙的强力法宝。此时的西岐，完全可以碾压鲁雄部队。

西岐方面只要稍稍展示实力，就可以在战场上一举擒拿敌方主将，尽数收降五万商军。如此一来，可以将伤亡降到最低。

可是，姜子牙没有这么做。

他苦心布置了一个局，引鲁雄的五万商军钻了进去。其目的就是要进行一场屠杀！

哪些地方可以证明“五万商军尽带伤，三千儿郎丧西岐”是一场蓄谋已经的屠杀呢？

其一，子牙阻截商军。

听闻鲁雄领兵逼近岐山，姜子牙传令：命南宫适、武吉点五千人马，往岐山安营，阻塞路口，不放他人马过来。

鲁雄因为天气炎热，又听闻张桂芳已然战败，于是把大军驻扎在树林之中，借助林荫遮蔽烈日，同时上书朝歌，请求援兵。

姜子牙为防鲁雄继续进军，派遣南宫适在商军对面列阵，阻止商军越过西岐山。

其二，调西岐军上山。

当时乃是酷暑天气，商军在林荫之中，依然酷热难当，何况南宫适在烈日下扎营。武吉提醒南宫适，继续在空地扎营，恐怕三军生出怨言。

没想到第二天，姜子牙竟然下令西岐军队全部到山顶扎营。山顶更热，军士怨声载道。别说打仗，军士连喘息也艰难。而且山顶取水又困难，半数军队又饥又渴。

商军则人人欢喜，觉得姜子牙糊涂昏庸。他们怎能料到，一场屠杀就要展开。

其三，西岐发放棉衣。

南宫适连连告急，请求调兵下山。姜子牙不许，并亲自率领三千人前来弹压。同时，发给每个西岐兵士一套棉衣棉裤。

西岐军人人生闷气，悲叹：若穿上这些，死得更快了！

其四，姜子牙登坛做法。

姜子牙让人在岐山山顶修建高台，然后披发仗剑，按天罡北斗之数，默念咒语，以剑画符，但见天地昏暗，眨眼间狂风大作。

大风初起时，商军还在庆幸，以为必定是上天庇佑，在夏天行军还会有如此凉风。怎料想这狂风一吹就是三天，天气由热转冷，并渐渐飘起雪花。

鲁雄见雪，不禁忧愁道：“七月秋天，降此大雪，世之罕见。兵士单衣铁甲怎能御寒?”

若姜子牙此时出面，告诉商军，这风雪乃是他施法唤来，鲁雄这五万商军必定不战而降。

可是，姜子牙没有这么做。只因他的目的就是要杀死大量人命!

其五，翻云覆雨，玩弄人命。

大雪下了一天一夜，山顶积雪二尺，山下足有四尺。见如此，姜子牙再度上高台做法，眨眼工夫，风雪天地又变成烈日当空，满山积雪融化，顿时把商军大营淹没。

就在商军大营人人惊慌、个个逃命时，姜子牙再度做法，眨眼工夫，山下一片汪洋又被变成冰封世界。

姜子牙命令南宫适、武吉率领二十位刀斧手，轻轻松松就从商军大营中擒来鲁雄与费仲、尤浑三位主将。

至于那五万商军，都被冻在冰中，奄奄待毙。

等鲁雄等人被擒到军营，姜子牙再念动符咒，扫平风雪，恢复烈日。

在姜子牙翻云覆雨之间，五万商军溃不成军，三千人当场殒命。

姜子牙为何要冰封岐山，屠杀商军将士?

原文说：“前日清福神来报，封神台已造完，张挂‘封神榜’，如今正要祭台。”

自从在东海收编了清福正神柏鉴后，柏鉴就受命监督五路神（当初姜子牙在宋异人后花园收付的五个小妖）负责建造封神台。一晃，数月过去，封神台建造完毕。

姜子牙要正式张挂封神榜，就需要举行一个祭奠封神台的仪式。

那么，是不是祭台就一定需要杀人，用人命来祭祀呢?

并非如此!

姜子牙虽然是封神榜主持人，可是，他毕竟只是西岐丞相。在岐山举行祭祀大典，肯定会被武王姬发知道。

于是，姜子牙就欺骗姬发，说岐山乃西岐立身根本，如今西岐获得大胜，正要祭奠岐山，以谢神恩。武王姬发一听，当即同意。

等到姜子牙下令把鲁雄、费仲、尤浑三人斩杀，下人捧上三颗人头时，武王姬发大骇说：“相父祭山，为何斩人?”

可见，即便是祭奠仪式，也不必斩人。等听到姜子牙说斩杀的二人是费仲、尤浑，不提第三颗人头是谁，姬发立刻明白姜子牙另有所图。西岐能保全，全靠那些有通天彻地之能的奇人，而那些奇人只认姜子牙。故姬发对于姜子牙，只有敬畏恭顺，只能做个名义上的元首。

既然祭奠仪式并非一定要屠戮人命，为何姜子牙要冻死三千兵士，斩杀鲁雄三人呢？

只因姜子牙需要立威！

从张桂芳到西岐开始，西岐连连吃瘪。虽然有哪吒、木吒、金吒等人相助，西岐方面最终击溃了敌军，但是姜子牙在三军面前的表现实在让人汗颜。

九龙岛四圣一出场，姜子牙就被吓得跌下坐骑。

王魔一出手，姜子牙就被活活打死。

西岐方面建立的功勋，几乎都是靠着李家三兄弟，即姜子牙的三个师侄。姜子牙这个做师叔的，在师侄面前未免有些丢脸，在西岐三军面前未免有些没面儿。

姜子牙需要有一个舞台，以展现三个师侄没有的过人神通，把丢的面儿找回来。

借鲁雄五万商军的性命，冰冻岐山，展现呼唤风雨、逆转天时的大神通，就成了姜子牙苦心谋划的一步棋。

金吒、木吒、哪吒虽然修行数年或十数年，金吒、木吒靠着师父的强力法宝，拥有困住、击杀金仙的能力，哪吒因莲花化身拥有神仙境界的体格，但是，他们的本身修为，尤其是对五行道术的理解与掌握，依然在姜子牙之下。

冰封岐山之后，西岐方面人人都知我姜丞相乃神仙人物，可呼风唤雨，可移山倒海，于是，姜子牙昔日阵前摔跤，被人拍死的丑事，也就渐渐被人淡忘了。

013 魔家四将太逆天，竟有三件准圣级法宝

姜子牙呼风唤雨，冰封岐山，在两军阵前狠狠威风了一把。但数月之后，第五路商军杀到。这路军马主帅一出手，就让西岐溃不成军，姜子牙高挂免战牌，连远在昆仑的元始天尊也不得不暗中救场。

这强悍的第五路军主帅正是商朝佳梦关主帅魔家四将。

魔家四将不过是早年得异人传授，粗通五行秘术，按境界不过是人仙修为，为何实力如此逆天？

只因魔家四将拥有四件超强法宝，这四件法宝别说是人仙、神仙难以拥

有，即便比那十二金仙镇洞之宝，也有过之而无不及！

魔家四将都有哪些法宝，其威力又如何呢？

原著第44回，黄飞虎向姜子牙介绍时提到——

大哥魔礼青，有宝剑名曰“青云剑”，此剑上有符印，共“地、水、火、风”四种，其中，风最厉害，若吹人身上，刹那身体成齑粉。那火不是凡火，是黑火，烈焰烧起，凡人碰着便死，神仙也难逃。

二哥魔礼红，有法宝名曰“混元伞”，其上缀有各种宝石，又有符印“装载天地”。此伞一旦张开，不但昏天黑地，日月无光，转动时，连天地也要晃动。

三哥魔礼海，有法宝名曰“地水火风琵琶”，一旦拨动，地、水、火、风齐至，如同青云剑一般。

老末魔礼寿，有灵兽名曰“花狐貂”，此貂身如白象，肋生双翅，张口一吸，能吞万人。

黄飞虎介绍时，西岐众将，比如哪吒、木吒、金吒等人颇为不屑，觉得黄飞虎长他人志气，灭自己威风。但等上战场一比较，才发现魔家四将的法宝根本不是他们能比的。

两军交战，彼此一言不合，当即开战。

魔家四将的武力平平，只能说是二流水平。大哥魔礼青想冲阵擒拿姜子牙，被西岐大将南宫适挡住。魔礼红挥刀上前，被辛甲截下。魔礼海摇枪冲上，与哪吒战在一处。魔礼寿挥舞双锏，与武吉厮杀开来。

封神世界论起武艺，因南宫适几乎逢战必出，最适合作为参照。南宫适武艺为一流，哪吒堪称巅峰，黄天祥、黄飞虎属于超一流，至于辛甲、武吉则为二流。魔家四将与这四人对阵，丝毫占不了上风。

哪吒对付魔礼海轻松自如，游刃有余，故是他最早空出手来，拿出乾坤圈，祭在空中，想要砸魔礼海。

西岐四将当中，辛甲最弱，二哥魔礼红见三弟有危险，急忙摆脱纠缠，跳出阵外，祭出混元伞。此伞既号称混元，即能克制一切五行之物，能装载一切后天法宝，在金仙法宝中基本无敌，即便是大罗金仙的法宝，许多也难耐它何。

混元伞一出，先收了哪吒的乾坤圈。金吒见哪吒危险，赶忙使出遁龙桩，想困住魔礼红。

可那混元伞何等强悍，竟然把金吒的遁龙桩也给收走。姜子牙急忙使出打神鞭。那打神鞭乃是元始天尊炼制，专为封神大战准备，此前就打死了九龙岛四圣中的高友乾。应该说，打神鞭在金仙拥有的法宝中也算强者。姜子牙满心以为此击必中，谁料想，魔礼红把混元伞一摇，打神鞭也被收走了。

这下，不但姜子牙大惊，西岐满营也无不惊骇。

之后，魔礼青趁南宫适分心时，使出青云剑。顿时黑风卷动，南宫适急忙逃跑。魔礼红撑开混元伞，连转三四下，刹那间一片漆黑，仿佛天地崩塌。魔礼海又弹起地水火风琵琶，魔礼寿放出花狐貂到处吃人……

一场混战下来，西岐方面大败。金吒、木吒借土遁走了，哪吒有风火轮也走了，姜子牙一拍四不相飞走了。他们有法术傍身，自然性命无忧。可怜跟随姜子牙出城迎战的西岐将士，十成中有九成带伤，当场阵亡的竟有一万多人，就连姬发的弟弟，也死了六个。虽然说文王百子，可若是照这种死亡速度，根本不用多久，西岐王族就要绝种了。

俗话说：人比人气死，货比货得扔。

若是把魔家四将的法宝和已经登场的诸多法宝相比，可以处在怎样一个位置呢？

毫无疑问，那是绝对的巅峰存在！

我们对照封神世界七大境界，可以把法宝分成 F、E、D、C、B、A、S 七大等级。不同等级划分标准如下。

F 级，凡人武将常备武器，无灵性，不能以法力驱动。如苏全忠的方天画戟，崇黑虎的湛金斧，等等。

E 级，人仙级别常备武器，无灵性，不能以法力驱动（不能祭起）。如姜子牙、金吒、木吒等人的常规武器、袍服，等等。

D 级，神仙级别常备武器，灵性低，可以用法力驱动。如哪吒出世时带的混天绫，后来配给的风火轮、火尖枪；如雷震子的黄金棍、风雷翅等。D 级法宝虽然是仙界中的平凡货色，但放在人仙行列中，依然算不错。

C 级，金仙级别常备武器，灵性中，可以用法力驱动，在五行某系中有较出色表现。如哪吒的金砖（土系，以重取胜）、乾坤圈（金系，以坚固取胜）。

B 级，金仙镇洞之宝，灵性高，常常在某系中有绝强威力，对同阶金仙也常有秒杀功效。如太乙真人一直舍不得给哪吒的九龙神火罩，就是火系高阶法宝，杀伤力远在乾坤圈之上。文殊与普贤不像太乙真人那样有诸多法宝，他们两人各自就一件镇洞之宝：木系缠绕功能的遁龙桩以及金系杀伐功能的吴钩宝剑。

A 级，大罗金仙常备武器，常常能催动某一种天地法则，可以秒杀金仙，伤害大罗金仙。如陆压的斩仙飞刀，赵公明的定海宝珠，三霄娘娘的混元金斗，等等。

S 级，混元大罗金仙常备武器，这类法宝中往往蕴含了某一种甚至多种天地大道，可秒杀金仙，甚至大罗金仙。如老子的风火蒲团、太极图，等等。

对照这七大等级法宝，魔家四将的法宝分别属于哪个级别呢？

青云剑，拥有地、水、火、风符印，已经能催动地、水、火、风法则，尤其是风系法则。故当属于大罗金仙常备武器的 A 级。

混元伞，号称混元，克制一切五行，有装载天地符印，能包容万物，同样能催动天地法则，并且威力还在青云剑之上，当属于 A + 级别。

地水火风琵琶，书中说了和青云剑一样，能催动地、水、火、风，当属于 A 级法宝。

花狐貂，能吞人，擅飞行，貌似厉害，其实威力有限，初战登场并未擒拿击伤任何有名武将，预估当在 C 级法宝行列。

虽然花狐貂比较弱，但魔家四将中竟然有三人拥有大罗金仙级别的法宝，尤其是混元伞超级强悍，就算是十二仙首亲自赶到，也未必能在混元伞下讨得了好。

于是，在魔家四将围攻西岐城的时候，姜子牙高挂免战牌，全力防守。魔家四将继续攻城，姜子牙不得不施展移山倒海之术，把北海覆盖在西岐城上。可就算如此，元始天尊还不放心，竟然亲自出手，施展妙法，用自家琉璃瓶中的三光神水罩着西岐城，如此，才抗住魔家四将的攻击。

姜子牙就这样窝在西岐城等候援兵，这一等就是一年多！

那么，元始天尊究竟是如何解决西岐被围困局的？魔家四将如此强悍，怎么会被区区一个黄天化诛杀呢？

014 魔家四将法宝无敌，元始天尊三招破局

作为封神行动的真正主持人，元始天尊虽对魔家四将的强悍早有了解，但魔家四将法宝的强悍程度，还是大大出乎他的意料。

于是，在魔家四将横扫西岐，姜子牙无奈借北海之水保护西岐之后，元始天尊不得不暗中出手，帮扶姜子牙。

元始天尊为何不直接出手呢？

很简单，元始天尊要面子。魔家四将虽强，但辈分很低。原著中，魔家四将的师父是个谜，不知是谁。但无论是谁，魔家四将的辈分绝对比元始天尊，

比十二仙首要低。在截教二代仙人没有登场的情况下，阐教一方不但元始天尊不能出手，并且十二仙首也不能出手。

不过，不出手并不代表就置身事外，以元始天尊为代表的阐教仙人向来狡猾多谋。像元始天尊就把自己制作的大量法宝分发给诸多弟子，而十二仙首也大都把最强护身法宝交给弟子，前往西岐参战。原本修为多仅是人仙的阐教三代弟子们，得师父（师祖）的最强法宝相助，实力倍增，基本拥有了金仙级别的杀伤力，有些弟子甚至可以青出于蓝，倒杀师父。

只是，魔家四将与此前各路均不同，放眼十二仙首，他们的法宝竟无一可抗衡魔家四将法宝。尤其是魔礼红的混元伞，专克五行法宝，即便十二仙首亲临，战况也未必能好转。

正因如此，元始天尊虽未在此战登场，但他居中调度，分兵派将，分三步走，并由三代弟子黄天化一举击杀魔家四将。阐教方面最终不但成功破局，并且赢得相当漂亮。

很多人把击杀魔家四将的功劳算在黄天化身上，其实不然。扭转局势的真正高手，是元始天尊！

那么，元始天尊用了哪三招，成功破解了魔家四将对西岐的围困呢？

第一招，暗倒天光神水，解西岐被攻之困。

魔家四将最开始是用火炮云梯、滚木礌石等常规方式攻城。西岐方面此前虽然遭遇大败，但不过死了一万人，伤了数万人，城中依然还有三十多万部队。而且姜子牙、黄飞虎都是人间第一流军事统帅。而魔家四将麾下不过十万人，于是，虽攻城数月，但毫无成效。

之后，魔家四将开始驱动法宝，对西岐城发动了更强的法宝攻击。此前说过，魔家四将的青云剑、地水火风琵琶都能发动地、水、火、风等天地规则攻击，混元伞可以撼动天地，花狐貂可以凭空吃人。西岐城不过是凡间城池，根本就扛不住魔家四将这种大罗金仙级别的法宝攻击。

姜子牙如何知道魔家四将即将展开法宝攻击的呢？

书中提到：“忽然猛风大作，把宝纛幡杆一折两段。子牙大惊，忙焚香，把金钱搜求八卦，只吓得面如土色。”

在《封神演义》中，姜子牙虽然会推衍之术，但基本都是马后炮，即发生什么旗杆折断、星星陨落等事情，然后，他进行演算，才发现确实有大事发生。

在我看来，这旗杆折断，并非偶然，也非自然，而是元始天尊有要事向姜子牙传达的警示。比如十二仙首与元始天尊之间，常用碧游床作为主要传讯方式，姜子牙作为二代弟子，并且是封神行动的具体执行人，本也有资格享用碧游床。怎奈姜子牙修为太低，仅仅是神仙初期境界，即便使用碧游床，其感应也很模糊（信号接收不良）。于是，元始天尊只好改用风吹大旗，然后姜子牙自行演算这种比较传统、比较低级的传讯方式。

元始天尊告诉姜子牙，借北海之水倒盖西岐，可保西岐城无虞。

当晚，姜子牙披发仗剑，借来北海之水。

其实，北海之水并不能抵挡魔家四将的法宝攻击。元始天尊只是需要拿北海之水作为掩护，自己偷偷将净瓶中的天光神水倒在了北海之水上。

于是，魔家四将法宝的各种攻击，一律被吸收。魔家四将忙碌了一晚，天明时发现西岐城竟然毫发无伤。

此后，魔家四将就改攻为守，开始对西岐城的围困。

或许有读者会说，魔家四将好傻，为何不隔段时间再度突袭西岐呢？只因魔家四将可以防过姜子牙，却防不了神识普照天下的元始天尊。一旦魔家四将有异动，姜子牙门前的大旗就会被吹断。以有心算无心，魔家四将没有突袭的机会。

第二招，派出韩毒龙兄弟，解西岐缺粮之困。

在西岐城被包围之后，粮食就成了大问题。西岐一共有四十万兵马，但这四十万兵马乃是西岐国总兵力，寻常时间都派驻各地，由各地负责军粮供应，而如今全部汇聚西岐城，人吃马嚼，加上被围困，城内必然出现大量囤积居奇行为。两个月过去，西岐军粮储备告急。若再无军粮供应，西岐城将不攻自破。

可是，西岐城被魔家四将包围，寻常人根本无法进入。于是，阐教大佬元始天尊不得不为西岐军民吃饭这等“小事”操心。

在元始天尊的十二代首席弟子当中，居住在金庭山玉屋洞的道行天尊实力不俗。在封神大战中，他有三个弟子先后上场——韩毒龙、薛恶虎、韦护。前两位实力比较渣，韦护则是三代弟子中的佼佼者。

和多数金仙热衷攻击性法术、法宝不同，道行天尊有一件看似无用，其实有大用的法宝——玉斗。那玉斗表面看来，不过碗口大小，也就能装一斗米，实际上里面另有乾坤，可倒出几乎无穷无尽的粮食。有此宝相助，很快，西岐城诸多粮仓全部爆满。困扰姜子牙两个月的粮食问题被成功解决。

玉斗中的粮食是从哪来的呢？

封神世界的东西都不能凭空幻化，玉斗其实犹如仙侠小说中的超大储物袋，只能装载粮食，并不能变出粮食。

我估计，这韩毒龙与薛恶虎就是专门负责在金庭山种粮食的。他们正因为种粮食耽误了修行，以至于实力太渣。道行天尊也舍不得给这两个废柴徒弟好法宝，后来，韩毒龙、薛恶虎赤手空拳去闯十绝阵，结果当了炮灰。

第三招，派出杨戬，盗取魔家法宝。

西岐军民的粮食问题好解决，可如何解决魔家四将的威胁呢？

魔家四将本身不过是人仙修为，若无法宝护身，根本就没啥威胁。可是，十二仙首手中的法宝无一强过混元伞、青云剑等法宝。换言之，正面迎战，阐教方面毫无胜算。

于是，曲线救赎，先盗取魔家四将法宝，就成了唯一的脱困方法。

因此，虽没有强力法宝，但拥有八九玄功、擅长变化之术的二郎神杨戬，闪亮登场！

元始天尊（玉鼎真人）为何要派杨戬出马呢？

有两个原因。

其一，杨戬实力超强。杨戬的实力到底有多强？因魔家四将故事中，杨戬只是初次登场，等以后有更多精彩战例，我们再详细分析其实力。不过，可以毫不夸张地说，杨戬的实力，不但是阐教方面三代弟子第一人，而且，就算是比十二仙首，也有过之而无不及！

杨戬修为高、实力强，就算是正面碰上魔家四将的法宝攻击，虽不能胜，也能全身而退。

其二，杨戬擅长变化之术。他这八九玄功，不单单是三代弟子中独一份，并且在整个封神世界登场仙人中也非常罕见（袁洪也会）。变化之术的核心是幻术，实际上并不能增强自身战力，但对于刺探军情、偷盗宝物，最是便利！西游世界的孙悟空，不就经常变个小妖或变个虫子混入妖洞吗？

于是，两军交战中，杨戬装作被花狐貂吃掉，趁机滑入花狐貂腹中。趁着花狐貂外出，杨戬捏碎了花狐貂心脏。之后，杨戬变为花狐貂进入敌营，盗走了最为强大的混元伞。

可以说，混元伞一失去，魔家四将的威胁几乎就失去了大半。封神世界的法宝与主人并没有锁定关系。一旦离手，别人照样可以驱动。西岐方面只要放出混元伞，就可以成功收走青云剑、地水火风琵琶。故在此后的一系列战斗中，魔家四将再没有使出青云剑和地水火风琵琶。

我们都知道，魔家四将是死在黄天化手中的。黄天化拥有道德真君仿照火龙标炼制的杀伤力奇大的法宝攒心钉。只是，这攒心钉的威力再大，也不过和吴钩宝剑、遁龙桩相仿。为何金吒、木吒、哪吒、杨戬没能杀死魔家四将，偏偏是黄天化成就大名呢？

015 为何黄天化能一口气击杀魔家四将

黄天化虽然武艺不凡，但就其此前两次出手的表现来看，在西岐众将中其实不算出色。尤其是与李家三吒相比，武功不如哪吒，法宝不如金吒、木吒，明摆着略逊一筹。单看黄天化兴冲冲下山，一上场就被魔家四将拍死，就可以知道这一点。

可让人惊讶的是，就是这位贪吃好斗、实力心性皆不如李家三吒，更不如杨戬的黄天化，一举击杀魔家四将！

很神奇吧？

若我们勘破了元始天尊的布局，就会发现，其实不是黄天化有多神奇，关键是元始天尊的安排巧妙！

元始天尊对黄天化的安排分两步走。

其一，安排黄天化下山送死。

哪里看出黄天化下山，是元始天尊安排的呢？

原著说："且说青峰山紫阳洞清虚道德真君忽然心血潮来，叫金霞童子……"

就在杨戬偷得混元伞，潜回西岐城，见到了姜子牙，献上宝伞，魔家四将发现自家最重要的法宝被偷，惊慌失措的同时，远在青峰山紫阳洞的道德真君忽然心血来潮了！

此前分析已经说明，这心血来潮，其实就是元始天尊通过屁股下面的碧游床，向坐在同款碧游床上修炼的十二位大弟子传递消息的一种方式。

得到了元始天尊指示之后，道德天尊才叫来徒弟黄天化，传给黄天化一套锤法，又把自己的玉麒麟送给他，让他带上火龙标下山与父亲黄飞虎共同辅佐西岐。

按照常理，徒弟下山，师父应当赐予护身法宝。可是，道德天尊只送了代步的玉麒麟，偏没送护身法宝——那火龙标乃是当初黄天化从陈桐手中得到的法宝，打凡人武将自然百发百中，可是，对于人仙、神仙有几成胜算，很难讲。

是道德天尊小气，还是他老糊涂，忘记了？

都不是！

是元始天尊早有交代，黄天化此次下山，不得带强力法宝。元始天尊就是要让黄天化去送死！

为了隐藏坑死黄天化的痕迹，临行时，道德天尊故意提醒黄天化：“徒弟，你不可忘本，必尊道德。”

等到黄天化下山，见了父母。父母哪里会舍得儿子吃得差、穿得差，于是，在父母的劝说、自己的贪心之下，黄天化半推半就穿上了王服，系上了玉带，吃上了鱼肉。

姜子牙也接到了元始天尊消息。一见面，姜子牙就训斥黄天化说：“你原是道门，为何一旦变服？我身居相位，不敢忘昆仑之德。你昨日下山，今日变服，还把丝绦束了。”

姜子牙骂起黄天化来，一副道貌岸然模样，仿佛自己比黄天化不知高尚多少。其实，当年他下山时，更把阐教规矩全然抛却，在宋异人山庄大鱼大肉吃着，此后丢了道服穿上官服，甚至连老婆都娶了。

在朝歌逍遥了七年的姜子牙，到了必要时刻非常能装，非常能舍。他当了西岐宰相，成了公众人物，却开始遵循清规，连上战场也是一身道袍，与往日竟然一刀两断。

黄天化非常惭愧，赶紧换了道服。可第二天一出场，黄天化依然被魔礼青用白玉金刚镯直接砸死。

尸体运回紫阳洞，道德天尊将黄天化救醒，狠狠责骂说：“好畜生！下山吃荤，罪之一也；变服忘本，罪之二也。若不看子牙面上，决不救你！”

仿佛黄天化是因为换了道服，吃了荤腥，才被杀似的。

其实，黄天化被杀，是因为元始天尊要让他去送死！

其二，借助误判，一举逆袭。

魔家四将都很精明，但正因为精明，于是常常过于自信。自信则导致自大，自大就难免误判。

在魔家四将看来，结合以往多次交手的经验来看，西岐众将中，李家三吒武艺不俗，杨戬更是神通广大。杨戬取回混元伞后，被混元伞收走的西岐众人法宝，已经全部被其取回。因此，在魔家四将心中，杨戬、姜子牙、李家三吒，都有一定杀伤力。

可是，这黄天化初次登场，不到二十回合就被魔礼青以白玉金刚镯击杀，毫无反抗之力——就在魔礼青想收割黄天化首级时，哪吒上前保护。魔礼青再使出白玉金刚镯，被哪吒祭出的乾坤圈一下子就打碎了。可见，黄天化的武艺与反应速度都不如哪吒！

等到黄天化第二次登场时，魔家四将还用旧眼光看人。岂知“士别三日，当刮目相看”。黄天化虽然贪心，虽然好斗，但是，身为黄家人，他天生对战斗有超强的领悟能力。所谓“吃一堑，长一智”，既然在武艺上很难取胜，那么，就靠法宝取胜。

徒弟死而复生，二度下山，道德真君终于拿出了看家法宝攒心钉。攒心钉不但速度迅捷，一击致命，并且与主人心神联系，可瞬间收回。

交战时，黄天化与魔礼青还未打三五个回合就诈败。魔礼青自以为吃定了黄天化，谁料想黄天化回手一钉，魔礼青就跌落尘埃，一命呜呼。

魔礼红大怒来追，黄天化把收回的攒心钉再度打出，魔礼红瞬间死亡。

魔礼海见状大怒，还来追赶，被黄天化再次用攒心钉击杀。

最后剩下魔礼寿，他亲见三个哥哥瞬间惨死，不敢追赶，于是放出花狐貂去咬。不料，真花狐貂早已死了，是杨戬变成了花狐貂模样。杨戬一口咬伤了魔礼寿，魔礼寿大痛。黄天化抓住时机，甩出攒心钉，收割了魔家四将最后一位的性命。

从黄天化击杀魔礼青到魔礼寿死亡，不过是数个呼吸之间，可谓电光火石，生死两界。与其说是黄天化攻击意识强，攒心钉致命，不如说是魔家四将被此前黄天化速败迷惑，产生思维误区，最终害死了自己。

而制造这个迷局的，才能算是击败魔家四将的真正高手。

016 魔家四将的师父究竟是谁

《封神演义》中，阐教仙人的出身来历大都清晰可查，而截教仙人的师承则比较模糊。

如李靖一家，三个儿子的师父都是阐教大佬元始天尊门下十二仙首之一，三吒都是传承有序的阐教第三代仙人。就算是李靖，书中也明确提到，其师父为西昆仑散人度厄真人。

可是，小说中还有大量诸如张桂芳、魔家四将之流，在介绍来历时只是略带一笔提到“早年得异人传授秘术”，但这异人是谁，书中语焉不详。

为何会出现这种情况呢？

我想，这和阐教与截教的文化氛围不同有关。

阐教，尤其是元始天尊门下，讲究传承有序。大多数时候，玉虚宫都是从万千凡人中，挑选资质最为优秀者，选入门中，择为弟子。传授功法时，往往摒绝外人，师父与弟子口口相传。即便是举行论道大会，那也都是关起门来，不允许外人旁听。

由此一来，阐教就形成了两大特色：

其一，弟子稀少，但精英较多，千年成就金仙者比比皆是；

其二，门派内等级森严，师兄弟间竞争激烈，师父掌握徒弟的生杀大权。

反观截教，通天教主主张“有教无类”。他除了在早年收了四位弟子，之后无数万年都不再收亲传弟子。但是，他经常大开山门，公开传法，几乎是毫无保留地把自己对于长生的感悟告诉门人。四大弟子受益最多，修为最高，在通天教主闭关时，常常由他们代为传授门人功课。只是，功法得来容易，珍惜者也就少了。

由此一来，截教也形成了两大特色：

其一，弟子极多，精英极少，往往修行千年，也不过区区神仙修为，达到金仙者百不足一；

其二，弟子之间比较平等，关系和睦，多重情义，但门规稀松，高层对普通弟子控制力不够。

两种门风其实各有利弊，若能兼收并蓄，则会有完全不同之气象。

比较了一番二教传功之不同后，我们回到主题：魔家四将的师父究竟是谁？

我们可以判定，魔家四将的师父一定不是阐教中人。

为何？

以魔家四将拥有法宝的威力，绝不可能是十二仙首能够制造的，即便是燃灯道人，也无丝毫可能。

放眼阐教，也就大掌教老子与掌教元始天尊拥有炼制 A 级法宝的能力。

二者之中，可以先排除老子。

老子实力强大不假，可是，在封神世界中，他擅长的是炼气，不是炼器或炼丹。他唯一的弟子玄都大法师更是穷得连一件法宝也没有。

而元始天尊热衷炼器，他那十二代大弟子手中的法宝，几乎都是他所炼制。且元始天尊也有炼制 A 级法宝的能力。虽然说十二仙首拥有的绝大多数法宝都仅仅是 B 级，或者 B + 级，但有一件元始天尊炼制的法宝，不但超过了 A 级（大罗金仙，准圣），甚至已经达到了 S 级（混元大罗金仙，圣人）。那就是广成子手中的番天印。下文中，为收服拥有番天印的殷郊，不得不上天入地借来四位圣人的法宝。

只是，封神行动是元始天尊主持推进、姜子牙具体施行的一项重大活动。作为主持人，元始天尊自然要争取阐教利益最大化。元始天尊只要不傻，就绝无可能把超强法宝送给不在编的记名弟子，然后让其扶商灭周，搬起石头砸自己的脚。

因此，魔家四将的师父唯有是截教仙人，才能解释这个问题。

截教仙人中恰恰拥有多位修为高深、精通炼器的仙人。

因通天教主大开山门，无私传法，因此，与阐教只有元始天尊精通炼器不同（云中子自己也炼器，但他不是阐教内门），截教许多仙人都擅长炼器。

像十绝阵，就是十天君依据各自对仙法的领悟，炼制出的独门阵法。

截教三代仙人中，号称一气仙余元者，更是炼器师中的佼佼者。他炼制的独门法宝戮魂幡，专攻魂魄，不但人仙难以抵挡，即便是寻常神仙，也无法逃脱。在哪吒重伤其弟子余化，破了戮魂幡之后，余元再展神通，创造性研发出更强法宝——化血神刀。你哪吒不是对魂魄攻击免疫吗？你总还有血吧！这化血神刀，只要在对手皮肤上划出一道血痕，就能取对手性命。余化以此刀连续击败哪吒、雷震子。即便是杨戬遇上此刀，也要运转八九玄功，才堪堪抗住。

像闻太师的金蛟双鞭，是其师父金灵圣母炼制。金灵圣母手中，则是自家炼制的玉如意。那玉如意十分强悍，金灵圣母持之以一对三，并且是十二仙首中最强组合——都会法身变幻之术的文殊、普贤、慈航！

当然，截教擅长炼器者虽多，但达到大罗金仙境界者，还是屈指可数。其中，通天教主四大弟子毫无疑问修为最高，都拥有炼制 A 级法宝的能力。

我认为，魔家四将的师父，就在这通天教主四大弟子当中。

四大弟子中金灵圣母在万仙阵中被群殴而死，龟灵圣母被蚊虫吸干了血肉，无当圣母在万仙阵后消失无踪，而四大弟子之首的多宝道人，则被老子擒拿，后来入西方教，开创佛派，成一教之尊。

这四大弟子中，最可能是魔家四将师父的，正是多宝道人。

为何说多宝道人最有可能是魔家四将师父呢？

理由有四点。

其一，魔家四将与多宝道人的归宿相同。

书中明确提到，魔家四将虽然陨落，登上封神榜，但在一千年后，他们将会加入佛派，成为佛派的护法神祇。

多宝道人被老子擒拿之后，也加入西方教。他神通广大，才智卓绝，原著也暗示多宝道人即佛派的如来佛祖。

其二，魔家四将法宝的运转规则与多宝道人功法相同。

一般来说，阐教仙人与截教大多数仙人拿出的法宝，都是依据五行大道运转的。比如哪吒的乾坤圈（金系），金吒的遁龙桩（木系），木吒的吴钩剑（金系），姜子牙的杏黄旗（土系）。西方教教主准提道人、副教主接引道人，他们使用的法宝也一样是遵循五行，而并非由地、水、火、风规则运转。

可是，魔家四将的法宝却非如此。他们的法宝诸如青云剑、地水火风琵琶，是依照“地、水、火、风”四种元素进行转换，与五行生克相比，是截然不同的另一种大道。

在封神世界中，明确提到可用地、水、火、风组建世界的，是通天教主。估计多宝道人正是从师父那里学到了相关知识，并且发扬光大，不但成功制造出与众不同的以地、水、火、风规则运行的法宝，并且将这种观念广泛普及。

其三，多宝道人号称“多宝”，必有原因。

多宝道人号称“多宝”，可是在封神大战中，他除拿了师父的仙剑，并没有用出其他法宝。这是为什么呢？

我想，有两个可能。一个是，他知道自家炼制的法宝不能和老子、元始天尊手中那种S级，甚至是S+级法宝抗衡，于是藏拙没有用出；另一个是，他虽然拥有多宝，但也是善财童子，法宝多被他送给门人弟子了。

其四，多宝道人有收徒传宝，对抗封神行动的理由。

封神行动看似是三教共立，其实，只要是由参与者之一的元始天尊主持，就做不到真正的公平。元始天尊早早派出门人姜子牙下山，就等于宣告天下，自己要兴周灭商。

以多宝道人对老子也敢挥剑的豪迈性子，他可不怕元始天尊。何况，身为截教掌门大弟子，多宝道人更有保护门派，庇佑门人的职责。于是，多宝道人完全可能在凡间收下几个记名弟子，传他们几件强力法宝，让他们在封神大战中扶商灭周，恶心恶心元始天尊。

017 魔家四将死后，闻太师为何就亲自西征

前文中分析过，闻太师对天下局势的判断，出现了重大错误。他本该在商朝实力强劲、西岐尚还弱小时，以狮子搏兔也尽全力的精神，大举西征。如此，自然可以一举荡平西岐。可是，闻太师因为种种原因，把亲征之事一拖再拖，最终迁延时日，以至于错失良机。

在听闻前线魔家四将也战败殒落后，闻太师拍案大怒曰：“谁知四将英勇，都也丧于西岐，姜尚有何本领，挫辱朝廷军将！”

就在这一天，闻太师决定亲自领军西征。

那么，闻太师决定西征，仅仅是因为魔家四将陨落吗？背后真正的原因又是什么？

应该说，魔家四将的陨落，只是一个表层原因。

确实，魔家四将实力强大。叛变的武成王黄飞虎也说过，即便是他，对魔家四将也非常忌惮。可以说，在商朝军界，魔家四将无论是领兵作战，还是道术神通，都堪称第一流人物。魔家四将被西岐击败，足以证明西岐已经强大到堪称可怕的地步。但是，魔家四将在商朝军界也并非无人可以取代，像丘引、张奎、邓九公等人，综合实力也非常强大，并不见得就比魔家四将要弱。

真正让闻太师改变主意，决定亲征的，是当时的商朝内外局势已经发生了变化。

其一，外部局势初步安定。

就在接到魔家四将陨落军报之前，闻太师接到了东、南方向两处捷报。一处说，游魂关总兵多次击败东伯侯姜文焕，姜文焕不敌退兵。一处说，三山关总兵邓九公，在女儿邓婵玉的帮助下，屡次大败南伯侯鄂顺，鄂顺军无奈已然退兵。

之前，东、南两路诸侯叛军虽然一直没有攻破商朝关隘，但是屡战不退，始终让闻太师心中挂怀。如今，这两路叛军受到重创，短时间之内已经不可能再度兴兵作乱。

趁着东、南两路平定，已解决后顾之忧的大好时机，闻太师方才决定西征。

其二，内部的祸患基本解决。

纣王之所以倒行逆施，源自两方力量的推波助澜：一个是后宫中苏妲己不停吹枕头风；一个是朝堂上费仲、尤浑经常进谗言。在这两股力量中，费仲、尤浑是决定性力量。苏妲己虽然奸猾，但是后宫无法直接干政，而且苏妲己在纣王面前也一直扮演着可爱女人的角色，许多事情她还必须借助外臣，即费仲和尤浑的力量，才能达成目的。

此前，借着鲁雄领兵西征的机会，闻太师已经把费仲、尤浑发配军前效力。这两位大奸臣已经如太师所愿，死在了岐山之下。如今的朝堂上，只剩下微子等还算忠良的臣子。

再加上天下乱象已显，九尾妖狐苏妲己搅乱国政的任务已基本达成，可以向妖祖女娲娘娘交差了。于是，苏妲己也安分下来，只管尽情享受皇宫奢华，再没出什么幺蛾子。

内部祸患的基本解决，让闻太师可以安心出征。

其三，边镇，格局大逆转，西岐成为商朝强敌。

最让闻太师动容的，是边镇形势的大逆转。此前，闻太师一直把西岐方面当成普通边患，于是，他只是派出部分方面力量去剿灭。可如今，西岐屡次击败朝廷军队，十数万大军陷落在西岐山下。西岐之强，已经严重威胁到商朝的统治。

西岐之乱，已经从商朝的疥癣之患，变成了致命之疾。

另外，忠诚之心促使闻太师西征。

作为商朝的托孤重臣，实际上的摄政王，闻太师对商朝有着强烈的责任感。

他这次出征，刚坐上墨麒麟，竟就被掀翻下地。旁人都说兆头不好，劝闻太师让别家将领领兵。闻太师却说："人臣将身许国而忘其家，上马抡兵而忘其命，将军上阵，不死带伤，此理之常，何足为异！"

以闻太师的道术，他当然能够进行推衍，了解到此行的吉凶。可是，即便未来是大凶，以闻太师对商朝的忠诚，必然也会悍然无畏，大步前行。

后来，闻太师途经绝龙岭，想到自己下山之时师父的交代，说闻仲一生遇不得"绝"字。面对又一次凶兆警示，闻太师虽然惊骇，但依然选择了进军。

虽然，闻太师在巩固权势、打击政敌方面也会玩弄一些手段，但不得不说，放眼天下文武众臣，能像闻太师这样忠心为国者实在罕见。

故原著作者不遗余力地赞美闻太师："太师一点丹心，三年征伐，俱是为国为民。"对于闻太师的最终失败，作者很是惋惜："用尽机谋扶帝业，上天垂象不能成。"

如此忠诚的闻太师，为何会惨败？原著作者因为种种原因无法明言，只好归结于上天。其实，所谓上天就是三界最高层，即鸿钧老祖的意旨。

鸿钧老祖早已拍板：西岐兴，朝歌亡。这对闻太师方面确实很不利。但是，具体去施行鸿钧老祖主张的，是实力远比截教要弱的阐教。若闻太师能够积极运动，合理分配手中的资源，未必就不是阐教的对手。像十天君摆出的十绝阵，若是利用好了，完全可以将阐教中坚力量全灭。

那么，闻太师亲征时发生了什么，是什么原因使得闻太师最终败亡呢？

018 闻太师对阵姜子牙，比拼嘴炮谁胜出

经过数月行军，闻太师率领的三十万西征大军终于赶到西岐城下。

两军初次对阵，在开打之前，少不了双方主帅的一番嘴炮。当然，双方主帅打嘴炮并非为逞口舌之快，而是要争夺道德与法统的制高点。所谓出师有名，这嘴炮争的，就是这名。

商军统帅闻太师，堪称文韬武略样样精通。论文，掌控朝局群臣俯首，即便纣王也对其恭恭敬敬；论武，数十年征战从无败北，一直被公认为大商王朝的擎天玉柱、架海金梁。

西岐统帅姜子牙，为开创周朝八百年江山之谋主。论文，街头相面口舌生花，能把死的说成活的；论武，屡次击败商朝征伐大军，冰封岐山倒海救城神通了得，赢得西岐君臣一致尊崇。

那么，两人初次对阵，嘴炮比拼中谁最终胜出呢？

先看战前心态。

在到达西岐城之前，闻太师一行人因是抄小道行军，于是从绝龙岭下经过。

闻太师当年下山之时，其师，即通天教主四大弟子之一的金灵圣母，曾经吩咐说：“你一生逢不得‘绝’字。”可如今大军行进，正准备与西岐生死拼杀，闻太师半路上却撞见绝龙岭。

面对如此凶兆，闻太师默默不语。虽然最终他下令继续行军，可凶兆当头的阴影还是让他耿耿于怀。自然，对西岐姜子牙，闻太师也多了一份重视，少了一份大意。

姜子牙在朝歌七年，久闻闻太师大名，却因闻太师远征未归，一直无缘得见。

听说闻太师亲征，姜子牙非常重视，交战前亲自登上城池，观看闻太师扎营布寨情况。观看良久，姜子牙慨叹：观商军如此整齐干练，人言尚未尽其所学。对闻太师的才略，姜子牙认为，众人对其评价应该更高些！

一旁的黄飞虎劝姜子牙不必忧心，像魔家四将那等英杰，也被西岐消灭，闻太师又算什么？言辞之间，对闻仲很不以为然。

姜子牙却没有那么乐观，想到未来必有一场恶仗，他忧心忡忡。

再观临阵说辞。

虽说双方各有心事，对己方前途都有些担忧，但临到上阵，双方又把各自心事全都抛开，在公众面前露出一副笃定姿态。

作为名义上的下属，姜子牙先上前对闻太师行礼问候。

闻太师趁势使出第一招：扣大帽！

闻太师金鞭一指，傲然说：“姜丞相，闻你乃昆仑名士，为何不谙事体，何也?”

闻太师先是捧了姜子牙一下，说姜子牙乃是昆仑名士。其实，姜子牙的修为在昆仑弟子当中，只算是废柴弟子。同样修道四五十年，姜子牙不过是区区神仙修为，而申公豹已经达到金仙修为。而闻太师实力更远超普通金仙，修为到达准圣级别、大罗境界!

闻太师从心底深处看不起姜子牙。他捧姜子牙的目的，是为了打压姜子牙。于是，在尊姜子牙为昆仑名士之后，随即责备姜子牙：既然学了道术，知晓强弱，为何还倒行逆施，以下犯上?

姜子牙说：“尚忝玉虚门下，周旋道德，何敢违背天常。上尊王命，下顺军民，奉法守公，一循余道。有何不谙事体之处?”

闻太师没想到姜子牙悍然不惧，把奉承全部接下，又把批评全部奉还。

第一次交锋，双方一比一打平。

闻太师见姜子牙果然伶牙俐齿，于是只得使出第二招：列罪状。

见空扣大帽吓不倒姜子牙，闻太师只好拿出一些干货。他列举出姜子牙两大罪状：其一，未经请示，擅立武王，犯下欺君大罪；其二，收纳叛臣，抗拒官兵，犯下叛君大罪。这两桩罪名事实俱在，姜子牙很难反驳。

没想到姜子牙不以为意，微微一笑，说出反驳理由。

在姜子牙看来，西岐确实未经请示纣王就自立武王，但西岐向来是姬家国土，姬发乃是姬昌嫡子，子承父业，有何不可?至于收纳黄飞虎，起因全在纣王。既然君王失德，又怎能苛责臣下。如今天下八百诸侯尽数反商，也都是欺君叛君不成?至于说西岐抗拒官兵，姜子牙强调，西岐从未起兵冒犯商朝国土，一直都是商军屡次来袭，西岐不过是保家卫土而已!

听到此处，书中说“闻太师被此数语说得面皮通红”。

很明显，这第二次嘴炮交锋，闻太师败北。

其实，闻太师久统大军，思维多少有些军人化，比较实诚，崇尚力量，对于诡诈之道的熟练远不如街头术士出身的姜子牙。

姜子牙的反驳，明显有偷换概念之嫌。即便姬发是子承父业，可西岐毕竟是商朝属国，未经请示，擅自废立都属于欺君，都属于非法。即便天下诸侯都反纣王，只要西岐不承认反叛，就不能接受叛臣黄飞虎。否则不是既要做婊子，又想立牌坊吗?

闻太师见说不过姜子牙，只好使出第三招：转话题。

他转头大骂姜子牙身边的黄飞虎：“满朝富贵，尽在黄门，一旦负君，造反助恶，杀害命官，逆恶贯盈，还来强辩!”

黄飞虎也是一员武将，权谋机变堪称一流，可嘴皮子功夫平庸得很，几句话就被闻太师骂得脸红，沉默不语。

闻太师乘胜追击，下令捉拿叛将黄飞虎，双方于是开打。

虽然在初次交锋的比拼嘴炮中，闻太师落败，姜子牙胜出，使西岐军队仿佛站在了正义一方，但决定战争胜败的，不是嘴炮，而是刀枪。

战斗中，闻太师一反嘴炮战中的笨拙，表现异常骁勇。他挥舞雌雄金鞭，打翻姜子牙，打翻哪吒。金吒、木吒齐齐来攻闻太师，也被雌雄金鞭几个起落，双双打翻。

书中说："闻太师好鞭，只打得落花流水。"西岐将士在雌雄金鞭面前，几乎全部溃败。唯独拥有八九玄功，练就铜皮铁骨的杨戬，被闻太师一鞭打中顶门，虽火星迸溅，却浑然无事。

闻太师大惊说："西岐有这些奇人，安得不反！"

到达闻太师、姜子牙这种地位的大人物，对所谓正义与邪恶，所谓是与非，都有了远超凡人的见解。在闻太师看来，姜子牙反与不反，西岐反与不反，根本就和道德无关，和礼法无关。商朝若是远胜西岐，西岐必定不敢反；商朝若是与西岐相当，西岐必定不甘心臣服；商朝若是不如西岐，西岐不反反倒不正常。

决定反与不反的，是实力的强弱。眼下的西岐能人汇聚，实力强大，不甘心臣服商朝，方才合情合理！

019 闻太师是神仙、金仙，还是大罗金仙

作为商朝军界实际上的最高统帅，闻太师一生南征北战，在征伐西岐前从无败绩，可在征伐西岐时，除了第一战小胜一场外，此后连连惨败，连护身法宝雌雄金鞭也被姜子牙的打神鞭毁掉。

到底是什么原因，使得闻太师折戟西岐，兵败身亡呢？

其中原因甚多。

原著中闻太师曾经自述，曾在金灵圣母门下修道五十年。那么，闻太师之所以战败，是不是因为修行时间太短，修为境界不高，以至于实力不如人呢？

有关闻太师的修为境界，在书中有多处描述，最为明确且有力的地方，是姜子牙宣读封神敕书时，对闻仲做出的一个评价，原文如下——

“尔闻仲曾入名山，证修大道，虽闻朝元之果，未证至一之谛，登大罗而无缘，位人臣之极品，辅相两朝，竭忠补衮，虽劫运之使然，其贞烈之可悯。今特令尔督率雷部……”

这封神榜敕书，虽然由姜子牙宣读，但并非姜子牙撰写。书中说得明白，乃是元始天尊写好，由白鹤童子拿来，姜子牙摆出香案迎接，然后恭恭敬敬宣读。故在这评价文字前面，还有“今奉太上元始敕命”的字样。

元始天尊与闻仲，是敌对阵营，对闻仲的道德评判或许会有偏颇之处，但是，以元始天尊的眼光，在评定闻仲的修为境界时，必然非常准确。

元始天尊认为，闻仲虽然修道仅仅五十年，没有到达“至一”，即最巅峰、最高的境界，但已经“闻朝元之果”。所谓“朝元”，即三花聚顶，五气朝元的简称。换句话说，闻太师已经达到了三花聚顶，五气朝元之境。

在九龙岛四圣出场时，书中明确提到，四圣虽然修为高深，但还没有到达“朝元”之境。

在燃灯率领十二仙首大破十绝阵的故事中，书中在描述阐教破阵高手时，几乎都提到了其修为达到了“三花聚顶，五气朝元”之境界。如文殊广法天尊破天绝阵时，书中说：“三花久已朝元海，缨络垂丝顶上珠。”慈航道人破风吼阵时，书中说：“玉京金阙朝元始，紫府丹霄悟妙真。”这文殊广法天尊和慈航道人都是到达了朝元之境的。

而在三霄娘娘摆出九曲黄河阵后，燃灯道人与十二仙首共入黄河阵，结果除了最擅长逃跑的燃灯道人成功逃遁，其他十二仙首全部陷落，被削去了顶上三花，千年道行，毁于一旦。堂堂十二仙首，修为尽废，成了肉体凡胎。

按照我之前对于封神世界炼气士境界的划分，这拥有证道朝元，即已经拥有三花聚顶，五气朝元的修士，至少也是金仙中期修为。

那么，闻太师的修为是否就止步于金仙中期呢？

我们再看元始天尊敕书的下一句：“登大罗而无缘。”

这一句话如何来理解呢？是说闻太师想要登上大罗境界，却最终无缘，还是说闻太师已经登上大罗，却无缘更高的大道呢？

若是前一种，那么，闻太师的修为就止步于金仙；若是后一种，那么，闻太师的修为就是堪比准圣的大罗金仙！

我认为，后一种理解才更贴近原文。

我们在理解一句话含义时，需要结合上下文理解，把这句话放在特定的语境中，才不至于断章取义。

原文评价闻仲修为的话语为："尔闻仲曾入名山，证修大道，虽闻朝元之果，未证至一之谛，登大罗而无缘。"

整句话在叙述方式上，很明显是先肯定，后否定，即始终按照"虽然如何，但是如何"这种方式叙述。于是，原文当理解成："你闻仲曾经入名山，求访大道，虽已到达朝元境界，却没有领悟最高真谛，虽已登上了大罗境界，却最终无缘大道。"原句中的"无缘"，不是说无缘大罗，而是无缘"至一之谛"。

那什么才是"至一之谛"呢？

在元始天尊评价闻仲的师父金灵圣母的敕书中，有文曰："尔金灵圣母，道德已全，曾历百千之劫；嗔心未退，致罹杀戮之殃。"

这所谓"至一之谛"，当是比大罗还要高的一种规则、境界，用敕书中语句说，就是"道德已全"境界。当然，道德已全还不是封神世界修仙的极致，毕竟，就算是金灵圣母也还没有到混元大罗金仙，即圣人境界。

即便证道大罗，道德已全，也只能说窥悟到了一丝天道，距离真正掌握了天道规则的混元大罗金仙，还是有本质的区别。

事实上，在封神世界中，能够证道大罗，修为如闻太师者极少！

阐教二代仙人，就算是赫赫有名的十二仙首，虽然已到达了朝元境界，但是没有一个证道大罗。

即便是在高手林立的截教仙人中，绝大多数人也没有证道大罗。比如赵公明，这位封神世界名气极大，从天皇时期就已经得道的仙人，他也没有证道大罗。

元始天尊敕书云："尔赵公明昔修大道，已证三乘根行；深入仙乡，无奈心头火热。德业迥超清净，其如妄境牵缠。一堕恶趣，返真无路。生未能入大罗之境，死当受金诰之封。"

敕书明确说，赵公明活着的时候没有到达大罗境界！

但是，在陆压射死赵公明故事中，原著明确说："正是有力无处使，只恨钉头七箭书。把一个大罗神仙只拜得如俗子病夫一般。"

由之可见，赵公明虽然没有证道大罗，但是却已经是大罗金仙境界。

按照我对炼气士境界的划分，到达朝元之境，却未登大罗，当是大罗金仙初期；已经证道大罗，道德未全，当是大罗金仙中期；道德已全，未悟天道，当是大罗金仙后期。毕竟，在证道大罗之前，还有一个窥得一丝大罗奥义，却没有完全领悟的阶段。

于是，我们说，闻太师虽仅修道五十年，然天纵奇才，其修为就已经到达大罗金仙中期，遥遥领先于万千仙人。在圣人之下，除了截教四大弟子之外，修为能赛过闻太师的，几乎没有！

难怪当初闻太师追击黄飞虎，被道德真君一捏神砂骗走时，原著作者解释说："太师乃碧游宫金灵圣母门下，五行大道，倒海移山，闻风知胜败，嗅土定军情，怎么一捏神砂，便自不知？大抵天数已归周主，闻太师这一会阴阳交错，一时失计。"

原著作者对闻太师非常喜爱，将其修为设定得极高。道德真君虽然了得，但比闻太师差距其实很远。为让闻太师被骗一事说通，作者不得不把一切归之于天数。

既然闻太师修为如此高深，赛过十二仙首，与姜子牙更有天渊之别，为何几番与姜子牙对阵，却被姜子牙打得狼狈逃窜呢？

020 闻太师为何斗不过姜子牙

既然闻太师乃是大罗金仙中期的高手，比区区神仙境界的姜子牙，其修为不知道要高出多少。但是，闻太师与姜子牙几番交战，除了第一次小胜外，为何总是惨败呢？

让我们结合闻太师登场后的多个战例分析，一起探寻下问题出在哪里。

闻太师在离开朝歌之后，为更快到达西岐，选择了走小路前进。途经黄花山时，闻太师收服了邓、辛、张、陶四员大将。

当时，闻太师到达黄花山，见山色秀美，不禁顿起归隐之心。闻太师正在看风景时，忽然从山上冲下大寨主邓忠，只见此人青面獠牙，金盔重斧。闻太师嘿然而笑，手中金鞭一指，平地出现一座金墙，把那邓忠困住。

不久，黄花山上的张节与陶荣挥舞兵器双战闻太师。闻太师一拍墨麒麟跳出圈外，以金鞭一指，平地出现大海，困住了张节；金鞭又一指，平地出现森林，困住了陶荣。

黄花山上另一位大将辛环大怒，振翅飞翔前来救援。闻太师见五行遁术无法直接降伏辛环，于是金鞭一指一块巨石，黄巾力士出现，以巨石压在辛环背上。

从黄花山太师收四将故事中，我们可以看出什么呢？

一是闻太师修为确实高深，完全是碾压四将。

黄花山四将并非凡人武将，且不说辛环乃人间奇士，能以双翅飞行，那邓忠青面獠牙，也是一副异人模样，而在两军交战时，陶荣曾使出法宝聚风幡，摇几下，即飞沙走石，可见这四人至少都是人仙修为。

以闻太师的修为，翻手间就可以杀死邓、辛、张、陶四将。只是闻太师考虑到麾下没有得力大将，凡事都要亲自出面不大好看，于是才手下留情，以五行遁术收降四人。

二是闻太师气度远胜姜子牙。

我们可以把闻太师收四将与姜子牙收龙须虎做个对比。

姜子牙在北海观风，忽然跳出个怪物龙须虎，把姜子牙吓得失魂落魄，冷汗连连。龙须虎提出要吃姜子牙的肉，姜子牙惶恐不安，根本不敢和龙须虎硬战，还是靠着翻看元始天尊留下的书简，诱骗天真纯洁的龙须虎进行赌赛，靠着杏黄旗的强大土系能力，才勉强收服了龙须虎。

相比姜子牙的失态与窘迫，闻太师是何等镇定与洒脱！

三是闻太师五行法术造诣远胜姜子牙。

姜子牙也会五行法术，他最强的是水系法术。冰封岐山，借来北海，都显示出他在水系法术上拥有很高的造诣。其次是土系法术，姜子牙出行时大都是借用土遁。而至于火系、金系、木系，姜子牙则造诣平平。

相比闻太师，姜子牙的五行法术造诣差得不是一星半点。

为了冰封岐山，姜子牙不但先要设置高台，斋戒沐浴，还要披发仗剑，布置罡斗，念咒画符，连连忙活个五七天，才能完成施法。

闻太师呢？挥手间便凝聚出庞大水灵气，形成一片汪洋；挥手间凝聚庞大木灵气，形成一片森林；挥手间凝聚庞大金灵气，形成无数金墙。

绝大多数金仙以下修为的炼气士，都仅仅精通一两门五行法术，而闻太师不但五行皆通，并且每一种都拥有很高造诣。

既然闻太师无论是战斗形态，还是战斗能力都远胜姜子牙，为何在交手时还会屡屡惨败呢？

要想弄清楚这个问题，我们还要参详下闻太师与姜子牙的三次交手情况。

首先，闻太师雌雄金鞭逞英豪。

如果说黄花山收四将，展现的是闻太师修为的高超，那么，西岐城下雌雄金鞭遍打西岐众将，则是彰显闻太师法宝的强悍。

闻太师手中雌雄金鞭打了西岐哪些将领？

两军交战，自然是将对将，兵对兵。闻太师拍墨麒麟上前，与姜子牙战在一处。可叹姜子牙不但修为低微，连武艺也很稀松，被闻太师三五回合就打得手忙脚乱，无法招架。

闻太师举起雄鞭，祭在空中，一鞭子打将下来，正中姜子牙肩背，姜子牙翻身落马。闻太师要来抢首级，幸得哪吒机智，立刻甩开对手，突袭闻太师。闻太师不得不回手抵挡，重伤的姜子牙才被辛甲救回。

闻太师与哪吒大战三五个回合，又祭出金鞭。原文说：“哪吒不曾防备，也被打下轮来。”

金吒前来救援，架住闻太师金鞭，闻太师奋起神威，金鞭几个起落，把金吒、木吒打翻在地，道行天尊的傻弟子韩毒龙也被打翻。

杨戬见势不妙，急忙出来营救。几个回合之后，闻太师再度祭出金鞭，金鞭妥妥地打中杨戬顶门。可是，虽顶门火星迸溅，杨戬本人却浑然无事。

闻太师见状大吃一惊，称赞说：“此等异人，真乃道德之士！”

乍一看这场战斗，闻太师威风八面，但若我们静下心来细看，就可以发现闻太师其实色厉内荏。

这一仗闻太师之所以能胜出，关键是闻太师为老牌名将，先手意识极强，每次都抢先祭出法宝雌雄金鞭，于是才侥幸占据了上风。但是，雌雄金鞭为何打中杨戬，而杨戬浑然不觉呢？这其实就暗示了雌雄金鞭的杀伤力其实非常可疑。

我们都知道，在封神世界的打斗中，除了先手意识，最重要的就是比拼法宝了。在封神世界的设定中，法宝的使用几乎是全无下限。一个凡人也可以驱动B级（金仙级别）法宝乃至A级（大罗金仙级别）法宝。于是，在封神世界中竟然发生修炼几年的徒弟，仗着师父的法宝打师叔、打师父的事情。

那么，雌雄金鞭到底是什么级别的法宝呢？

从雌雄金鞭能够轻松将人仙强者金吒、木吒，乃至两世修炼、莲花化身的哪吒，能灵活运用高级五行遁术、修为达到神仙中期的姜子牙打倒，我们可以归纳出，雌雄金鞭至少是C级法宝。

而被闻太师雌雄金鞭打中后，哪吒虽然落下风火轮，姜子牙虽然掉下四不相，但并未受重伤，三天之后，这些挨打的将领全都可以正常上战场。再从雌雄金鞭打杨戬，杨戬根本没有受伤可以看出，这雌雄金鞭也就是C级——连C+（至少是重伤神仙修为）也没有达到，更不要说B-（秒杀神仙、人仙）级别以上了。

闻太师乃堂堂大罗金仙修为的高人，其唯一法宝（可怜啊可怜！）竟然只是C级？

我们从闻太师之后的两场败仗中，可以印证这个观点。

其次，两军再战，闻太师惨败。

首胜后，闻太师只是高兴了三天。三天后，两军再度交战。

这一次姜子牙有了防备，见闻太师祭出金鞭，他也把打神鞭祭在空中。结果，两鞭相交，闻太师那雌鞭被一下打成两段。

闻太师那雌雄金鞭，乃是雌雄两条蛟龙炼化，闻太师倚仗此宝，从军多年，如今却在打神鞭下，被一击成为废品。

姜子牙乘胜追击，再度祭出打神鞭，把闻太师打下墨麒麟。西岐方面大胜！

再次，晚上劫营，西岐大胜。

晚上，在杨戬的建议下，姜子牙决定劫营。

闻仲也很了得，算到了姜子牙在大胜之下，必定会乘胜追击，选择在夜晚劫营。他本做出了周密安排，在大营前后左右都设下埋伏，单等西岐大军入内。

按照闻太师的想法，西岐只要来劫营，必定是偷鸡不成蚀把米，赔了夫人又折兵。可没想到杨戬竟然放出体内三昧真火，把商军的粮草一把火烧了个精光。

闻太师大惊失色，只能逃跑，但偏偏在此时撞见了姜子牙。

姜子牙祭出打神鞭，闻太师担心自家的雄鞭也会被打断，竟然不敢祭出。于是，硬生生挨了姜子牙这次鞭打。原文说，这一鞭子只打得闻太师胸腹中三昧真火喷出三四尺远。

闻太师大败而逃。

封神世界有许多奇葩设定，法宝之威盖过修为，就是其一。修为高有好处，可以多活许多年，但是寿命长未必战斗力高。只有在对方法宝的级别低于自己一个大境界时，炼气士才能依靠修为勉强胜出。

比如，人仙风林用D级法宝珠子杀死了武王姬发的弟弟，但是对上哪吒，那珠子被哪吒伸手一指就收走了。

再比如，神仙哪吒要用C级法宝乾坤圈砸杨森，金仙境界的杨森伸手一指，就可以收掉乾坤圈。但是，金吒拿出B级法宝遁龙桩，木吒拿出B+级（可以重伤乃至秒杀金仙）法宝吴钩宝剑时，那杨森等金仙若是硬抗，就只有一死了。

021 姜子牙的打神鞭到底有多强

所谓：“夫欲善其事，必先利其器！”混迹封神世界，要想在斗法中保全性命、杀敌制胜，没有强力法宝可不行。

闻太师虽然是大罗金仙中期修为，但手中仅有一件 C 级法宝雌雄金鞭。在面对几乎把 B 级法宝当成标配的阐教十二仙首以及十二仙首亲传弟子时，自然而然，闻太师只能处于被动挨打位置。

反观姜子牙，本身虽然只有神仙中期修为，但手中有元始天尊赐予的两件强力法宝——打神鞭与中央戊己旗（杏黄旗）。这两件法宝一攻一守，都堪称强大。

在与闻太师交战时，打神鞭大放异彩，接连三次击中闻太师，把闻太师打得口鼻喷火，屁滚尿流，就差没有望风而逃了！

那么，打神鞭到底有多强呢？

在封神大战开始时，拥有乾坤圈、混天绫、金砖、风火轮等多件法宝的哪吒，几乎就是胜利的代名词。有那么一段时间，就连西岐统帅姜子牙，都对哪吒这师侄艳羡无比。

于是，姜子牙二上昆仑山，痛哭流涕，大叹苦经，终于求得元始天尊赐下法宝打神鞭与杏黄旗。

杏黄旗以防御为主，出场次数较少，其具体功效，我们以后专文论述，本文专述打神鞭。

打神鞭落入姜子牙手中后，曾经的废柴姜子牙就立刻拽了起来。

每逢大战，姜子牙基本都会出场，出场时必定手持打神鞭，威风八面。当然，像金吒、木吒、哪吒、杨戬等师侄必定会围绕在姜子牙身边，时刻保护。姜子牙要做的，就是在众位师侄在前方大战时，祭出打神鞭，抽冷子狠拍对方一下。

整部《封神演义》中，姜子牙一共十八次祭出打神鞭，打中敌人法宝一次，打中敌人十三次，失手四次。至于打神鞭的四次失手，另有玄机，我们以后专文论述。

从打神鞭与雌雄金鞭同时出手，结果却一完好，一碎裂，可以看出，打神鞭的品质，与雌雄金鞭相比，绝非高出一星半点。若仅仅是略强，雌雄金鞭当是出现裂痕，而不是当场碎裂。打神鞭至少比雌雄金鞭高出一个大层次。

据前文论述，雌雄金鞭不过是能够伤害神仙的 C 级法宝，级别很低。但就算打神鞭比雌雄金鞭高出一个大层次，也不过 B 级法宝。

那么，打神鞭有没有可能是 A 级法宝呢？

全书中被打神鞭击中、修为达到大罗金仙境界的，有两人：一个是闻太师，一个是云霄娘娘。

他们被打神鞭击中后，反应如何呢？

闻太师比较惨，因为他的法宝太垃圾，遇上打神鞭除了硬抗，毫无办法可想。在全书中，他一个人就被打神鞭打中了三次。

第42回，姜子牙祭出打神鞭，打碎了闻太师雄鞭之后，再度祭出，闻太师被正面打中后，落下墨麒麟。文中没有具体点出打神鞭打中闻太师身上何处位置，但是闻太师被正面打中后，不但没有脑浆迸裂，而且立刻施展土遁之术离开了战场，当晚即可照常指挥作战，身上并没有任何伤势。

晚间，姜子牙劫营，因杨戬放火烧了商军粮草，闻太师大为焦急，逃跑时撞见姜子牙。姜子牙祭出打神鞭，又一次正面击中闻太师。书中说：“只打的闻太师三昧火喷出三四尺远近。”

打神鞭的命中率几乎是百分之百，这一点非常厉害。闻太师被打得喷火，可见，体内受到了一定伤害，毕竟是一天两度被打。但是，这伤势依然不重。

后来，十绝阵被攻破后，西岐反攻，姜子牙再度遇见闻太师，又祭出打神鞭。闻太师第三目看见，急忙闪躲，打神鞭打中了左肩膀。

闻太师毕竟是沙场老将，吃一堑，长一智，第三次被打时，终于没被打神鞭拍到头。打中肩膀后，书中只字未提闻太师有啥特殊反应——既没有落马，也没有受伤——仿佛浑然不觉一般！

云霄娘娘为兄报仇，来到西岐。姜子牙祭出打神鞭，正中云霄娘娘，云霄娘娘被打得掉下青鸾。

云霄娘娘与闻太师一样，都是大罗金仙修为。书中强调“正中”云霄娘娘，说明云霄娘娘是正面被打中的（头、顶门），没有来得及做任何卸力措施。而在此情况下被打中，云霄娘娘并没有受伤，仅仅是跌落坐骑。

A级法宝的基本标准，当是能够对大罗金仙造成重大甚至致命伤害。

这打神鞭打中大罗金仙寻常部位，比如肩膀，几乎不能造成伤害。即便是击中大罗金仙脆弱的顶门部位，也仅仅是让他们受到强烈撞击，身体并未受伤，或者说仅受极少伤害。

故打神鞭还不够资格列入A级法宝。

那么，打神鞭是否够资格列入B+级别法宝呢？

B+级别法宝，必须能对金仙造成一击必杀，并且成功率极高。

比如普贤真人（或木吒）的吴钩宝剑，一旦用出，对手非死即重伤，像九龙岛四圣之李兴霸、十绝阵中的袁天君、彻地夫人即是命丧此剑下。即便是像吕岳这样的金仙强者，在面对木吒使用吴钩宝剑时，也不得不交出一条胳膊。

而金吒的遁龙桩，只能将敌人困住，然后趁机将敌人杀害，则属于典型的辅助性法宝，只能算是普通 B 级法宝了。

那么，打神鞭呢？

打神鞭确实有两次成功击杀对手的光辉战绩。

一次是第 39 回，姜子牙以打神鞭击中九龙岛四圣之高友乾顶门，高友乾被打得脑浆迸裂，当场死亡。一次是第 51 回，菡芝仙帮助三霄娘娘，与子牙大战。子牙祭出打神鞭，“正中菡芝仙顶护”，打得脑浆迸出。这两人都有金仙修为，可是，都被打神鞭一击杀死。

不过，书中在写到两人死因时，都特别强调，他们是被打神鞭打中了顶门。在许多神魔小说中，顶门都是仙人最为脆弱的地方。高友乾、菡芝仙被击中顶门而死，并不能证明打神鞭就拥有一击必杀金仙的能力。像哪吒的乾坤圈，在 C 级法宝中算弱的，但若被它击中顶门，金仙也难免神魂出窍，死于非命。

而书中还写到了打神鞭击中多位金仙，但仅仅是让金仙受伤，甚至浑然无事的战例。

比如姜子牙用打神鞭打吕岳，第一次时，吕岳被打下坐骑，但是他立刻借土遁逃离战场，可见基本没有受伤。第二次时，打神鞭“正中后背”，吕岳被打得喷出三昧真火。但这次也只受了点轻伤。

比如姜子牙用打神鞭打殷洪，殷洪穿了师父赤精子的紫绶仙衣，于是“只当不知”。区区人仙穿了紫绶仙衣，打神鞭竟然就丝毫不能伤害，可见打神鞭根本破不了紫绶仙衣的防御。

后来，姜子牙又用打神鞭打殷郊，殷郊被打中后背。殷郊毕竟只有数年修行，仅为人仙的境界，于是被打得连翻筋斗，落下马去。书中提到他因此受伤，郁郁不乐。

再后来，余元被打神鞭打中后背，也喷出三昧真火……

综合来看，打神鞭对于人仙、神仙威胁较大，一击之下就可以造成伤害，但是伤害有限——竟然连殷郊都打不死；对于金仙有一定概率可以造成伤害，若击中要害比如顶门，可以将金仙杀死；对于大罗金仙几乎不能造成伤害，被击中要害也不过是喷火，连药都不用吃。

故此，打神鞭可以列入 B 级（金仙级）法宝，但是，在 B 级当中，仅属于命中率高，但杀伤力有限的 B-级法宝。

换言之，姜子牙的打神鞭虽然比闻太师的雌雄金鞭要强，但那只是因为雌雄金鞭实在太弱——连修为成渣的韩毒龙受雌雄金鞭一击后都没有受伤，因此，雌雄金鞭虽可列入 C 级法宝，却只能算是 C-级法宝，比乾坤圈还不如！

022 谁才是西岐谋主、姜子牙的好智囊

在世人眼中，主持封神大业的姜子牙是运筹帷幄、决胜千里的权谋高手。其实，姜子牙在处理内政，尤其是操控武王姬发与西岐群臣方面，还算游刃有余，但在面对波诡云谲的军事行动时，就常常抓瞎。

每当此时，姜子牙身边就会出现一个帮助他出谋划策，指出西岐军事行动方向的重要人物。此人不但智慧过人，并且神勇无敌，堪称智勇双全好青年。

说到这里，想必大家都猜到了此人身份，没错，西岐的真正谋主、主帅姜子牙的好智囊，不是旁人，乃是出身于玉鼎真人门下的杨戬！

从杨戬登场，到闻太师西征这短短一两年间，姜子牙两度陷入困局，几乎无计可施。而两次都是杨戬出马，力挽狂澜，扭转局势！

魔家四将围困西岐城时，虽然因道行天尊派出弟子韩毒龙、薛恶虎，让西岐有了玉斗中无穷米粮的相助，解决了粮食危机，但是，粮食危机的解决只能算是治标不治本，唯有突破魔家四将的包围，才能让西岐真正走向胜利。

因此，在被围城的数月时间中，姜子牙一直心中担忧，闷闷不乐。

杨戬到来后，主动请求姜子牙撤去免战牌，与魔家四将一战。

杨戬与其他下山诸人都不同。大多数人下山时都是兴冲冲想立一番大功，仗着师父赐给的镇洞之宝，基本不把敌人放在眼中。于是，侥幸获胜者有之，被敌人一击灭杀者也有之。

杨戬请战则不同。虽然他修为高深，在西岐众将中属于绝对的第一人，但他一直谦恭低调，出风头的事情总是主动让给他人。他加入西岐后的主动求战，也并非为了建立大功，而是为了观察形势。

原著在此战中特意写了一位楚州解粮官马成龙。

杨戬本以一敌四丝毫不落下风，并且枪法迅捷如风，让魔家四将根本抽不出手来释放法宝。此时，马成龙赶到。他一心立功，杀入重围。结果，不到十个回合，那魔礼寿就放出宠物花狐貂，一口咬死了马成龙。

见到马成龙只剩下半截血淋淋的身子，西岐众将无不骇然。杨戬看了，心中却大喜。别人怕花狐貂，他杨戬有八九玄功护体，又有何惧？

杨戬被花狐貂吞下肚子后，他找个无人的地方，一下捏爆花狐貂心脏，轻松回归西岐大营。满营众人无不惊骇。姜子牙与哪吒更是认为，人死不能复生。杨戬则微微一笑："家师秘授，自有玄妙，随风变化，不可思议。"然后当众变成花狐貂，把众人震得一愣一愣的。

之后，杨戬再入商营，盗取了魔家四将的最强法宝混元伞，取回了姜子牙、哪吒等人失落的法宝，一举扭转西岐颓势。

得知混元伞被盗，魔礼红大惊失色道："吾立大功，只凭此宝；今一旦失了，怎生奈何！"魔礼红本身不过是人仙修为，只是仗着超强法宝混元伞，才能横扫战场，威风八面。如今混元伞失却，他怎不惊骇？更因混元伞有"装载乾坤"之强悍神通，即便魔家四将用出青云剑、地水火风琵琶，也都会被混元伞收了。

可以说，黄天化能成功击杀魔家四将，一个重要原因就是杨戬盗走了混元伞。

可是，在最终叙功的时候，杨戬非常低调，他把斩杀魔家四将的大功全推给了黄天化，自家只记了个咬伤魔礼红之手的小小功劳。

虽说杨戬下山乃是元始天尊授意、玉鼎真人安排，但阐教高层就是看中了杨戬的八九玄功，这功法不但能让身体坚硬如铁，更能随风变化，最是适合做刺探军情、潜伏敌后的危险工作。

而杨戬能随机应变，又不骄傲，不居功，俨然翩翩君子，实在让人佩服。

在闻太师西征时，姜子牙再度陷入困局，又是杨戬定下策略，帮助西岐解围。

闻太师与西岐初战时，雌雄金鞭横扫战场，令姜子牙闷闷不乐。

杨戬上前献策说："丞相且歇息一二日，再与他会战，定胜闻仲。若得胜之时，乘机劫营，先挫其锋，后面势如破竹，闻仲可擒矣。"

姜子牙行军作战，最热衷的就是劫营。只是，他的劫营有些无厘头，白天打了胜仗要劫营，白天打了败仗还要劫营。劫营几乎成了姜子牙统军的最强，也是唯一的战术。

杨戬对劫营的看法则不同。他认为，应当在白天会战获得胜利之后，趁着己方士气高涨，敌方军心不稳的大好时机，在夜晚劫营。如此，方可达成目的。

姜子牙接受建议，按计施行。当时，西岐军队在白天大胜商军，姜子牙用打神鞭打碎了闻太师雌鞭。到晚上，西岐军队大举劫营。虽然闻太师修为高深，算出了西岐将在夜晚劫营，有所准备，可他万万没有想到西岐军队中的杨戬，竟然已经能够做到轻松将三昧真火外放的地步。商军大营的粮草被杨戬一口真火尽数烧毁，闻太师不得不大败逃离。

等到十天君到达后，西岐再度陷入困局。当时杨戬因地位所限，没有登场，但在十绝阵故事中，杨戬的表现依然堪称上佳。

十天君邀请姜子牙前去观阵。杨戬主动提出跟随。在入阵之前，杨戬说：“吾等看阵，不可以暗兵、暗宝暗算吾师叔，非大丈揆之所为也。”

十天君中有人心地还算良善，有人却是心机诡诈之辈，杨戬先提出不可暗害，貌似小人之心，其实正封了十天君之口，让他们无法暗中下手。

后来，姜子牙被主持落魂阵的姚天君拜走了魂魄，整日昏睡。又是杨戬每日照顾姜子牙，并主持日常军务。基本上在杨戬到来后，姜子牙每事必问杨戬，而杨戬也自然而然成为第三代弟子魁首。

在十绝阵故事中，不但第三代弟子多数遭了毒手，如保护武王姬发的哪吒，就连十二仙首都被尽数削落顶上三花，可身为第三代弟子的杨戬则大放异彩。

他不但潜进高手林立的商军大营，救回师叔黄龙真人，并且在赵公明弟子夺取钉头七箭书的时候，巧妙设局，幻化出商军营帐，夺回了箭书，成功为西岐除掉赵公明这个强悍敌人做了铺垫，可谓智勇双全！

杨戬的故事还有很多，我们以后还会再谈。

023 雷震子加入西岐遭遇了什么尴尬事

闻太师西征时，有一位人仙级高手正式登场。此公就是昔日姬昌在燕山之畔认下的义子雷震子。

雷震子一登场，就大败辛环，也算有几分出彩。但他在西岐城中却遭遇尴尬的囧事。雷震子有此遭遇的背后原因又是什么呢？

几乎每位新人物正式登场，都有着特殊原因。

哪吒正式下山，是因为张桂芳征伐西岐，西岐无一人可以抵挡其呼名落马的魂魄攻击。身为莲花化身的哪吒于是奉命下山，大显神威，击败张桂芳。

九龙岛四圣挑战西岐，西岐虽有姜子牙与哪吒，但毕竟人单力孤，此时，带着师门重宝的金吒与木吒齐齐下山，联手杀敌，灭杀四圣。

魔家四将法宝无双，力压西岐，姜子牙无计可施。身具八九玄功，最擅长刺探军情、变化诡谲的杨戬奉命下山，化为花狐貂，盗走了混元伞，扭转局势。

只是杨戬虽然擅长变化，但是他除了哮天犬，并无强力法宝，可谓防守有余，杀敌不足。此时，道德真君的弟子黄天化奉命下山，虽然一度死亡，但最终凭借杀伤力强大的法宝攒心钉连杀魔家四将，声威大震。

那么，早在姬昌回归西岐时就已经亮相的雷震子，为何会选择在闻太师西征时，正式下山呢？

一来，是时机已到。从晁田、晁雷兄弟征伐西岐开始，封神大战正式开启，诸多阐教第三代已经正式加盟西岐阵营，此时参战，正当其时。

二来，是恰逢对手。闻太师在黄花山收下四员大将，其中辛环肋生双翅，手舞锤钻，往来飘忽，黄天化屡次与辛环大战，不能取胜，即便哪吒与杨戬，一时也难奈辛环何。

三来，是接到命令。此前我曾经说过，阐教中高层之间，常以碧游床互发信息，强化联系。雷震子此时选择下山，正因“终南山玉柱洞云中子在碧游床”接到了来自元始天尊的命令，了解到了前线的变化，于是派雷震子参战。

云中子本人虽然是福德之仙，但他并非元始天尊弟子，手中并无强力法宝。徒弟下山时，他竟然无宝可赠。雷震子所能倚仗的，是风雷翅与黄金棍。

所谓：“两枚仙杏安天下，一条金棍定乾坤。”云中子虽对传给徒弟的两件法宝非常自豪，但其实，风雷双翅除了行动迅速，顷刻万里，即用来逃命比较厉害之外，并无更大用处，论起法宝等级，只好算是 D 级；至于黄金棍，灵性低下，并不能如同法宝一样祭在空中，论起法宝等级，同样只算是 D 级。

不过，仗着风雷翅的快速身法，雷震子虽然在杀敌方面立功寥寥，但总算是熬到了封神大战结束，最终以肉身成圣。

为了让雷震子建立大功，云中子用心良苦。

他一收到高层消息，忙命金霞童儿唤来雷震子，没说两三句，就让雷震子“速去”西岐。果然，雷震子刚到岐山，就撞见闻太师率领败兵逃来。

雷震子奋力冲杀，商军丢盔弃甲。闻太师见空中出现敌将，急忙命令辛环上前抵挡。于是，两个鸟人在空中一番厮杀。

那辛环虽然说天生神勇，但哪里比得了雷震子服下仙杏、接受人体改造那般强大。大战了数十个回合，辛环不敌，抽身逃跑。

所谓有其师必有其徒，雷震子虽然年纪不大，但心机不小。他见辛环逃走，并不追赶。反正已经击败辛环，立下一功，可以作为进见之礼了，而若深入追击，陷入敌阵，反倒可能自取其辱。

只是，雷震子兴匆匆赶到西岐城时，却一再遭受质疑与冷遇，这让他火热的心，凉了不少。

初见姜子牙，雷震子口称师叔。姜子牙一看，不认识啊，于是询问雷震子出身。雷震子回禀说："弟子乃终南山玉柱洞云中子门下雷震子是也；今奉师命下山，一则谒师叔立功，二则见皇兄相会。"

姜子牙听后，略有些发懵。

那云中子虽然并非玉虚宫门下，但与阐教亲近，勉强也算是同门。雷震子称姜子牙为师叔，也不为过。只是，这"见皇兄相会"，却是何意？

姜子牙询问："你皇兄是谁？"

雷震子一仰脖子，颇有些自得地回答："皇兄乃是武王。"

姜子牙看看两边廊下站着的数十位文王的儿子——文王儿子太多，很不"值钱"，商周大战中阵亡的武将，不少都是殿下——问他们可认得雷震子。那些殿下上下打量一番，人人都大摇起头。

这下雷震子的蓝靛脸也不禁憋红了。

雷震子从小在山中修道，对于自己的身份一直非常骄傲。当初听闻自己的父亲竟然是西伯侯，他欢喜无限。五关救父，他更是拼了小命。他没想到今天到了西岐城，到了自家后院，却遭受这等质疑。

雷震子满心都是无奈，都是怨愤，可是没有法子，只能把当初姬昌如何在燕山认下自己为义子，自己又如何在七年后五关救父一一说明。

姜子牙这才恍然大悟，表态自己确实听姬昌说起过雷震子。

姬昌已亡，武王姬发还在。雷震子的身份要想得到认可，还要武王姬发点头。于是，姜子牙带着雷震子去见武王。

姜子牙先让雷震子在外等候，自己入殿求见，口称："大王御弟朝见。"武王姬发很奇怪，自家御弟何必要姜子牙代为求见呢？姜子牙于是把昔日姬昌燕山收雷震子的故事说了一遍。武王一听，脸上无喜无悲，宣雷震子进见。

等见到雷震子，武王姬发表态说："御弟，昔先王曾言贤弟之功，救危出关，复回终南；今日相逢，实为庆幸！"

姬发对雷震子昔日救父的功勋大加赞赏，一口确认雷震子御弟的身份。

按照礼节，武王姬发必须带着雷震子进入内殿，拜见自家母亲，自己妻子，把雷震子介绍给西岐王族。但是，姬发却以雷震子形象凶恶为由，绝口不提让雷震子入后宫的事情，仅仅是吩咐姜子牙，好好招待雷震子。

姜子牙多么精明，立刻看出姬发对雷震子厌恶多于喜欢，于是说："雷震子持斋，只随臣府宅，以便立功。”于是，此次会面之后，雷震子不但再无机会入后宫，连单独见武王的资格也没有了。

雷震子名为文王殿下，在外人看来风光无限，其实，在文王诸子心目中，他身份卑贱，实属另类。

雷震子为何会在西岐城遭受冷遇呢？

只因那雷震子本就是姬昌在外偶然捡到的便宜儿子，与姬家本就毫无血缘关系。加上雷震子从出生后就一直在山中修道，与姬家更无半点亲情。若非当年雷震子有五关救父之功，保不齐姬发就翻脸不认人。

当然，对于云中子来说，武王姬发对雷震子好不好，根本就不重要。他所看重的，就是雷震子文王殿下的身份。只要西岐阵营认可这个身份，那云中子师徒就坐实了助周灭商的功劳。

而眼下姬发虽然不喜欢雷震子，但等到灭商成功，雷震子肉身成圣，得到天庭敕封时，姬发与其后代君王，还不屁滚尿流地来拍雷震子的马屁，以自家拥有仙人为荣？

024　十天君为何放弃清修，加入封神大战

封神行动早在许多年前就已经开展，截教教主通天更在碧游宫前张贴告示，告诫门下，闭门清修，切莫掺和商朝与西岐的纷争。可以说，截教金仙高手早就知道掺和封神大战会有性命之忧。

如果说当初九龙岛四圣是受闻太师邀请，磨不开情面方才下山，最终身蹈死地，那么，十天君则在闻太师出面邀请之前，就已经决定前往西岐助战了。

十天君本与商周大战无关，他们完全可以逍遥海外，静心等待封神大战结束。反正，需要渡杀劫的是阐教十二仙首。可是，他们却犹如染了疯魔一般，呼朋引伴，兴冲冲前往西岐，最终全部身殒道消。

是什么原因让十天君愿意放弃清修，冒着生命危险，前往封神大战第一线呢？

首先，因为闻太师的情面。

截教四大弟子以下，有不少能人，摆下十绝阵的十天君实力都在金仙中期以上。赵公明、云霄、琼霄、碧霄兄妹，个个神通广大，早在天皇时期就已经得道，达到大罗金仙之境，论寿元已经活了数千年。可是，在见到闻太师时，

大家无一例外，都口称“闻兄”。

闻太师为何如此受尊敬?

一来，闻太师身份尊贵。他的师父乃是通天教主四大弟子之一的金灵圣母。故他虽然是三代弟子，却是嫡传，其在截教中地位之高，是普通截教散仙无法与之相比的。

二来，闻太师修为高深。他虽只在金灵圣母门下修行五十年，论寿元不足百岁，但已经勘破大罗奥义，达到了大罗金仙中期境界，堪称三界万年难遇之奇才。若闻太师不死，不需多少时日，他或许就能窥悟天道，达到圣人之境。

三来，闻太师重情重义。闻太师与朋友交往，颇重情义。无论是耳闻还是目见前来助拳的道友陨落，闻太师无不睚眦欲裂，悲痛欲绝。为朋友，闻太师不知道流了几遍眼泪。正因闻太师重情重义，朋友们也愿意为闻太师甘冒奇险，挺身赴死。

其次，因为申公豹的煽动。

闻太师前往东海访友，见到菡芝仙。菡芝仙提到：“前日申公豹来请俺们往西岐助你。”

申公豹乃是阐教仙人，到底说了什么，竟然能煽动一帮截教仙人冒险前往西岐呢？书中没有细说。

不过，后文写十天君在西岐城外摆下十绝阵，双方会面。十天君的带头大哥秦天君秦完怒斥姜子牙，其中话语，估计就是照搬申公豹说辞。

秦完说：“汝乃昆仑门客，吾是截教门人，为何你倚道术欺侮贵教？甚非你我道家体面。”

子牙答曰：“道友何以见得我欺侮吾教?”

秦完又说：“你将九龙岛魔家四人诛戮，还深侮吾教。我等今下山，与你见个雌雄。”

此处原文有误，“魔家四人”当是“王魔四人”。原著中并未提到魔家四将出生于九龙岛，而王魔等人则明确是九龙岛炼气士。

申公豹要想说动截教仙人，就必须站在截教的立场去思考、去劝说。之前陨落的商军人马中，唯独九龙岛四圣是金仙修为，与秦天君等人交好——摆下地烈阵的赵天君，也是九龙岛炼气士。故申公豹必定会大谈九龙岛四圣如何惨死，阐教门人像姜子牙之流如何嚣张，强调四圣之死不但是四圣个人的耻辱，更是整个截教的耻辱。

故十天君下山，既是为好友报仇，更是要为截教挽回颜面。

若十天君下山时，不管不顾，放出法宝大杀四方，那么，就算姜子牙手中有打神鞭，麾下有杨戬、哪吒等人相助，也必定会大败。除了杨戬有可能逃生，其他人都死定了！

可是，十天君来到西岐城外，竟然慢悠悠摆出十绝阵，还非常高姿态地邀请西岐方面代表到阵内参观，白白放过了大败西岐、重创阐教的大好时机。

十天君为何这么“傻”呢？

原因有两个。

其一，顾念两教同源。

闻太师与十天君在商军大营商议对策时，袁天君提出：“二教皈依，总是一理。”他们认为，姜子牙是昆仑门下，是元始天尊徒弟，而他们是碧游宫通天教主门下，虽然说分属阐截二教，但毕竟红花绿叶总是一家。于是，十天君等人决定：“我们先与他斗智，方显两教中玄妙；若要倚勇斗力，皆非我等道门所为。”

在十天君看来，两家同源，不能伤了和气。摆出大阵斗智，让姜子牙知难而退，主动认输，方是最好的解决途径。可是，善良的袁天君等人忘记了，阐教对截教早就开了杀戒，不但杀了许多截教三代门人，就连二代弟子如九龙岛四圣，也照杀不误。

对敌人仁慈，就是对自己狠毒。最终，十天君都尝到了苦果。

其二，不忍妄造杀孽。

两军对阵，秦天君告诉姜子牙，己方之所以没有直接冲杀，而是摆出大阵，是因为“不必倚强，恐伤上帝好生之仁，累此无辜黎庶，勇悍儿郎”。

和当初九龙岛四圣一样，截教仙人普遍都有着爱惜民命的意识。这一点非常难得！

修为达到金仙境界的高手，挥手间就可以移山倒海，杀死千万人。尤其是像十天君，人人都拥有强力法宝，比如落魂阵姚天君手中的黑砂，别说凡人，就算是神仙，甚至金仙，一旦身体接触到，也是血肉溃烂，身死道消。

明明身怀大杀器、实力碾压西岐的十天君，选择的却是伤害范围最小的摆阵模式。

反倒是一贯高举正义大旗的姜子牙，在冰封岐山之战中，一下子就重伤五万人，冻死三千人。

当然，十天君摆下大阵还有一个原因，就是自视其高，觉得十绝阵足够强大，完全可以迫使西岐方面投降。只是，他们万万没有想到，代表西岐前来破阵的，并非姜子牙，而是阐教十二仙首——还有那号称阐教圣人之下第一人的大罗金仙强者燃灯道人也都亲自下界，来破大阵。

那么，十天君摆下的十绝阵威力到底如何？

025 封神十绝阵杀敌原理大揭秘

截教十天君布下的十绝阵，乃封神世界四大奇阵之一。为破十绝阵，阐教不但派出中流砥柱十二仙首参战，更有阐教圣人之下第一高手燃灯道人统筹调度。后来，因赵公明与三霄娘娘中途加入，搞得高高在上的老子、元始天尊都不得不纡尊降贵，亲自出手，才从死亡边缘救回十二代大弟子。

十绝阵之战，是截教与阐教之间的第一次大会战。会战中，双方各展手段，各种神通道术、法宝奇珍层出不穷。虽然最后截教大败，十天君全部阵亡，但是，我们并不能因此就认为十绝阵是摆设，十天君是废柴。

事实上，十绝阵各有奥妙，十天君实力高超。十天君布下的十绝阵，对金仙初期基本可以横扫，对金仙中期乃至后期，都有极大的威慑力。十绝阵之所以被破，不是因为不强，而是因为被针对克制！

那么，十绝阵为何叫作十绝阵，它们杀敌制胜的原理都是什么呢？

在原著中，作者通过闻太师与十天君的对话，把十绝阵的运行原理，含蓄地告诉了读者。我结合原文，一一为大家解析。

第一，天绝阵。

秦天君介绍天绝阵曰：“此阵乃吾师曾演先天之数，得先天清气，内藏混沌之几，中有三首幡，按天、地、人三才，共合为一气。若人入此阵内，有雷鸣之处，化作灰尘；仙道若逢此处，肢体震为粉碎。故曰‘天绝阵’也。”

在封神世界中，许多修士都会推衍先天之数，比如闻太师、姜子牙、姬昌，不过，能从推衍中窥悟先天清气的形成规律，进而汇聚并运用先天清气，则必然是强者中的强者。秦天君从其师父（不知是谁，估计是四大弟子之一）那里学得了汇聚先天清气的法门，并将这先天清气作为运转天绝阵的主要动力，使得天绝阵拥有强大的能量。

这强大能量，正是天绝阵能击杀金仙强者的根本。

在天绝阵中，秦天君又按照混沌大道运转的一丝规律，设置了天、地、人三首幡。这三首幡，是一个攻击性法宝，可以从大阵中吸取先天清气能量，转化成天雷之力。一旦有人（仙）进入天绝阵，秦天君就可以挥舞三首幡，以天雷轰击对手。

因此阵是以先天清气作为运转根本，故名天绝阵。

第二，地烈阵。

赵天君介绍地烈阵曰：“吾地烈阵‘亦按地道之数，中藏凝厚之体，外现隐跃之妙，变化多端，内隐一首红幡，招动处，上有雷鸣，下有火起。凡人、仙进此阵，再无复生之理；纵有五行妙术，怎逃此厄！’”

在道家的理论中，与天道对应的是地道。盘古开天，清气上升则为天，浊气下降则为地。赵天君所说的地道之数看似玄妙，诸如“中藏凝厚之体，外现隐跃之妙”，在我看来，其实就是赵天君掌握了从地壳中激发岩浆的规律。这岩浆既有土的凝厚，又有火的隐跃，属于半凝固体，当然是变化多端。

至于地烈阵中的红幡，和天绝阵中的三首幡类似，也是一种攻击性法宝。与三首幡不同的是，红幡吸收的不是先天清气，而是地道之力——地底岩浆。

为了更好地激发地底岩浆，红幡还能引动天雷之力。于是，地烈阵一旦发动，就会出现上有天雷、下有地火的强力攻击。

因此阵是以地火作为主要攻击手段，故名地烈阵。

第三阵，风吼阵。

董天君介绍风吼阵曰：“吾风吼阵，中藏玄妙，按地、水、火、风之数，内有风、火。此风、火乃先天之气，三昧真火，百万兵刃，从中而出。若人、仙进此阵，风、火交作，万刃齐攒，四肢立成齑粉。怕他有倒海移山之异术，难逃身体化成脓。”

风吼阵和常见的五行元素法阵不同，它是依靠地、水、火、风的四元素运转规律建立的法阵。法阵的核心，是对于风元素的掌控。

阐教十二仙首修习的多是五行道法，对于地、水、火、风的攻击防御力低。

何况，风吼阵中的风不是凡风，火也不是凡火。一旦催动风吼阵，阵中就狂风肆虐。风卷动早就布置好的三昧真火（三昧真火一般为修士体内真火，此处当有鼎炉可以制造出类似火焰）、百万兵刃，对入阵者进行全方位攻击。阵中恶风本就可以杀伤仙人，三昧真火、百万刀刃更是强悍，故风吼阵的威力奇大，远超寻常法阵。

只是，火、刀全靠狂风催动，一旦风系攻击无法发动，风吼阵威力就去了大半。燃灯道人正是在得到定风珠之后，方才命人破阵。

因此阵以风系法术为核心，故名曰风吼阵。

第四，寒冰阵。

袁天君介绍寒冰阵曰：“此阵非一日功行乃能练就，名为‘寒冰’，实为刀山。内藏玄妙，中有风雷，上有冰山如狼牙，下有冰块如刀剑。若人、仙入此阵，风雷动处，上下一磕，四肢立成齑粉。纵有异术，难免此难。”

冰系法术是水系法术的变种，既有水的寒冷，又有土的厚重，还有金的锐利。

很明显，袁天君精通冰系法术。他用了许多时日，把寒冰阵变成了一个超级大冰窟。不但地面冰刀密布，就连头顶也是冰剑高悬。

袁天君还在阵中布下了许多引雷符。一旦敌人入内，他就催动引雷符，引来天雷，击打敌人。同时，将冰刀冰剑一起催动，上下夹击，让敌人无处可逃。

因此阵以冰系攻击为主，故名曰寒冰阵。

第五，金光阵。

金光圣母介绍金光阵曰：“内夺日月之精，藏天地之气，中有二十一面宝镜，用二十一根高杆，每一面悬在高杆顶上，一镜上有一套。若人、仙入阵，将此套拽起，雷声震动镜子，只一二转，金光射出，照住其身，立刻化为脓血。纵会飞腾，难越此阵。”

从金光圣母的介绍看，此阵威力全仰仗二十一面宝镜。这宝镜是金光圣母多年苦心方才炼制的。镜子的作用本是反光，此镜却能自动吸收天地之间的金系灵气，转化为强大的光系攻击。这金光非常强大，即便仙人被金光照射，肉身也会化为脓血。

因有二十一面镜子，摆放在大阵的不同方面。一旦解开镜罩，镜子发射出的金光，立刻覆盖整个大阵，几乎没有任何死角。故金光圣母说，即便对手能纵地飞腾，也难逃金光攻击。在民间传说中，金光圣母就是电母，所谓金光，其实就是闪电。

因此阵攻击全靠金光，故名曰金光阵。

第六，化血阵。

孙天君介绍化血阵曰：“吾此阵法，用先天灵气，中有风雷，内藏数片黑砂。但人、仙入阵，雷响处，风卷黑砂，些须着处，立化血水。纵是神仙，难逃厉害。”

从孙天君的介绍看，化血阵当是天绝阵的加强版。

此阵同样以先天灵气作为运转大阵的根本，同样能引动风雷。与天绝阵不同的是，孙天君炼制了一种神奇黑砂，腐蚀性极为强大。砂随风卷，铺天盖地，即便被数粒黑砂击中仙人皮肤，敌人也会立刻全身溃烂而亡。

估计这黑砂就是一种奇毒，敌人沾上一星半点就会死亡。一般的阵法都是五行攻击，此阵大有不同，估计走的是毒系攻击。

因黑砂主打化敌血肉，故此阵名曰化血阵。

第七，烈焰阵。

白天君介绍烈焰阵曰："此阵内藏三火，有三昧火、空中火、石中火。三火并为一气，中有三首红幡。若人、仙进此阵内，三幡展动，三火齐飞，须臾成为灰烬。纵有避火真言，难躲三昧真火。"

从介绍看，此阵为五行中火系攻击。

修士体内蕴藏的三昧真火，一旦发出，就已经有炼化仙人的威力——姜子牙就曾经以三昧真火炼化同为神仙级别的千年琵琶精。可见，即便是对付同阶存在，三昧真火依然具有强大威慑力。

而空中火与石中火必然是更为罕见、更为厉害的火焰。这空中火与石中火究竟是什么火呢？在原著中有诗曰："燧人方有空中火，炼养丹砂炉内藏。"

照我理解，这空中火乃是闪电。虽然说中国很早就有钻木取火的传说，但同时，也有很多人认为早期人类使用的火焰，主要来自天火，即闪电劈中树木燃起的大火。至于石中火，当是硫黄硝石，即火药、炸药。历史上正是因为炼丹，误打误撞，道士们找到了火药的配方。

此处是说，白天君在火系法术造诣上颇为高深，他不但可以发出强大的三昧真火攻击，并且能以三昧真火为引，引动空中火（闪电），引爆石中火（火药），从而形成三火合爆，产生巨大杀伤力。

若敌人进入大阵，白天君就会舞动三首红幡。三首红幡类似于一个自动转化器，将吸收三火能量，然后按照炼气士心意在指定范围内爆炸，对敌人造成致命攻击。虽然许多仙人都会避火真言，但是，那避火真言只能避寻常火焰，根本无法避得烈焰阵中三种奇火。

因此阵主打火系攻击，故名曰烈焰阵。

第八，落魂阵。

姚天君介绍落魂阵曰："此阵非同小可，乃闭生门，开死户，中藏天地厉气，结聚而成。内有白纸幡一首，上存符印。若人、仙入阵内，白幡展动，魄消魂散，顷刻而灭；不论神仙，随入随灭。"

与此前的所有大阵都不同，其他诸阵都是攻击修士身体，以毁灭肉身为手段达到消灭敌人的目的。但对于仙人来说，肉身溃烂不要紧，只要魂魄还在，就可以重新凝聚肉身，重新开始修炼。

落魂阵则是攻击敌人魂魄，一旦被落魂阵锁定，敌人就会魂销魄散，从天地间彻底消失。

姚天君精通阵法，他把落魂阵布置成了一个聚阴之地，里面死气弥漫。他炼制的白纸幡，可以引动阵内的死气对敌人进行魂魄攻击。

另外，原著中赤精子几次闯阵，都写到姚天君向赤精子洒黑砂。那黑砂估计也是一种腐蚀性法宝，不过和化血阵不同，攻击的不是血肉，而是神魂。

因此阵主攻魂魄，能让敌人魂飞魄散，故名曰落魂阵。

第九，红水阵。

王天君介绍红水阵曰："内夺壬癸之精，藏天乙之妙，变幻莫测。中有一八卦台，台上有三个葫芦，任随人、仙入阵，将葫芦往下一掷，倾出红水，汪洋无际，若其水溅出一点粘在身上，顷刻化为血水。"

所谓"壬癸之精""天乙之妙"，其实都是说王天君在水系道术上造诣高深，不知从何处搜罗得一种威力强大的神水。这神水量很大，装起来仿佛只有三葫芦，可一旦放出去却变成汪洋无际的大海。这种水威力极大，即便有一点溅出沾到身上，神仙也要顷刻间变成血水。

这红水阵中的红水和化血阵中的黑砂，异曲同工。不过，无论是量还是质，红水阵都远在化血阵之上。

因此阵主打五行中水系攻击，其水呈红色，故名曰红水阵。

第十，红砂阵。

张天君介绍红砂阵曰："内按天、地、人三才，中分三气，内藏红砂三斗。看似红砂，着身利刃，上不知天，下不知地，中不知人。若人、仙冲入此阵，风雷运处，飞沙伤人，立刻骸骨俱成齑粉。纵有神仙佛祖，遭此再不能逃。"

从介绍看，红砂阵是天绝阵、地烈阵、化血阵的三合一版。

红砂阵运转，不但需要天道之气，还需要地道之气、人道之气。以三才气息作为运转根本，这就使得红砂阵的基础能量远在天绝阵、地烈阵、化血阵之上。

红砂阵和天绝阵一样，可以引动风雷之力，又和化血阵一样，以飞砂伤敌，与之不同的是，红砂阵中的红砂威力奇大，一旦被击中，敌人不仅仅是血肉溃烂，并且连骸骨都成为粉末。最为厉害的，是即便"神仙佛祖"般强大的存在，也会被红砂阵击杀。红砂的威力远超化血阵黑砂、红水阵红水。

这红砂为何如此厉害？

张天君诗云："万象包罗为一处，方知截教有鸿蒙。"

原来，因那红砂阵乃是依靠天、地、人三才气息运转，拥有包罗万象之能，故阵中红砂方才会有毁佛灭祖的威力。

因红砂为法阵主攻手段，故此阵名曰红砂阵。

以上是十绝阵杀敌原理的介绍。那么，十天君布下的十绝阵孰强孰弱呢？

026 十天君十绝阵战力排行榜

截教十天君都有金仙修为，他们在阵法上造诣颇深，布下的十绝阵拥有足以碾压金仙初期、威胁金仙中期乃至后期的强大战力。前文中，我们已经把十绝阵的运转原理一一说明。那么，具体到实战中，十天君布下的十绝阵战力排行如何呢？

原著对于阐教十二仙首大破十绝阵的描写，有许多程式化的地方。大体无非是一个菜鸟去送死，然后一个高手杀了阵主，破了大阵。不过，细品原文就可以发现，原著中每破一阵的描述都有不同。我们结合一些破阵细节，可以明晰地看清楚十天君、十绝阵孰强孰弱。

第十名，袁天君寒冰阵。

十绝阵中最弱的，当属袁天君布下的寒冰阵。理由有两点。

其一，寒冰阵攻击方式单调乏力。

寒冰阵就仿佛一个大冰窟，里面有许多冰刀冰剑，人一旦进入，就上下合击，犹如牙齿啃咬一般。主持破阵的燃灯道人命令道行天尊弟子薛恶虎入阵。薛恶虎刚入大阵，寒冰阵即启动，薛恶虎果然就被上下冰刀磨成了肉泥。只是，薛恶虎不过人仙修为，在此前也毫无建树，道行天尊连个法宝都舍不得送出，完全就是拿这徒弟当炮灰。因此，寒冰阵击杀薛恶虎，算不得厉害。

其二，被普贤护体金灯轻松击破。

普贤真人奉命破阵。与多数破阵金仙在进入大阵前就开启全部护体神通不同，普贤真人一直到走入大阵，见袁天君摇动黑幡、有冰山打下之后，方才施展出庆云护体神通。普贤真人的护体庆云中有一金灯，放出千百道光华。在金灯照耀之下，那冰山竟自然消化。一个时辰之后，冰山化为无形。书中明确提到“见其阵已破”。

普贤真人仅仅是用护体金灯就破了寒冰阵，根本就没有用到其他法宝，可见这寒冰阵弱到了何种地步！袁天君慌忙逃跑，被普贤真人放出法宝吴钩剑，一剑将其斩为两段。

第九名，秦天君天绝阵。

秦天君布下的天绝阵名字很霸气，但威力很令人泄气。当然，此阵比寒冰阵要强，只是比之其他大阵要弱。何以见得？

在亲眼看到邓华闯阵被斩杀后，燃灯道人派文殊广法天尊前去破阵。临行前，燃灯叮嘱说：“务要小心。”从此可以看出，在燃灯心中，天绝阵足以威胁到文殊。对天绝阵的强大，文殊本人也颇为谨慎。他迟迟不敢闯阵，一直等到燃灯敲金钟催促，才足踏两朵白莲，口中又变出一朵金莲，左手放出白光，白光上出现五盏金灯，全身无处不护得周全，方才缓缓走入大阵。

那为何说天绝阵比其他阵要弱呢?

十绝阵中，多数初次闯阵的修士，都会被大阵直接击毙，可是，当邓华闯入天绝阵时，秦天君摇动三首幡，引发天雷之力，仅仅是把邓华震晕。秦天君走下高台，亲手用剑方才斩杀邓华。

邓华是玉虚宫门下，身份和姜子牙一样，是元始天尊亲传弟子。那么，邓华的修为如何呢？燃灯道人慨叹说：“可怜数年道行，今日结果。”邓华拜在元始天尊门下不过数年，修行时间太短，且又是元始天尊派来祭阵的炮灰，故修为不可能很高，顶多就是神仙修为。

天绝阵直接轰击到金仙乃至神仙身上，竟只能让对方晕倒，而不能直接杀死，可见威力有限。另外，秦天君面对文殊，把三首幡摇动数十次，不能伤到文殊分毫。在文殊护体神通全开的情况下，天绝阵完全失效。这也是一处硬伤。

在这种情况下，文殊祭出遁龙桩，定住秦天君，然后挥剑将其斩杀。

第八名，赵天君地烈阵。

燃灯道人先是派出道行天尊门下弟子韩毒龙前去破阵。大阵开启，韩毒龙瞬间被雷火轰击成渣。之后，惧留孙奉命前往破阵。

天绝阵主要以天雷伤人，而地烈阵不但有天雷，更有地火，威力更胜一筹。

只是，惧留孙不愧是日后要成佛的高手，他破起大阵来，远比之前的普贤与文殊潇洒。普贤与文殊都是施展护体神通，仗着自身法力深厚，与对方比拼法力。双方足足拼斗了一两个时辰，方才决出胜负。

惧留孙呢?

一见赵天君摇动五方幡，启动大阵，惧留孙随即现出庆云护体，然后祭出法宝捆仙绳，直接把赵天君擒拿。整个破阵行动，几乎就在眨眼工夫完成。

第七名，孙天君化血阵。

前文说了，化血阵其实是天绝阵的升级版，除了常规的以先天清气为根本，引动天雷外，还加了几片黑砂伤敌。

此次负责祭阵的，是一位匆忙赶来的武夷山白云洞散仙乔坤。从其能独自开辟洞府可以看出，修为也应当达到金仙之境。乔坤虽然修习的是阐教功法，却非玉虚宫门下。他也不知道是受了何人怂恿，来破十绝阵。乔坤进入大阵后，孙天君开启大阵，将黑砂甩出。黑砂击中乔坤，乔坤瞬间变成血水。

正式破阵的是太乙真人。

回顾哪吒故事，我们可以知道，太乙真人是一个实力强大且心机深沉的主儿。当初，他面对修为还要超过他的石矶娘娘毫不畏惧，以九龙神火罩将对方击杀。可见，无论是先手意识还是神通、法宝，他都远胜过寻常金仙。

此处，孙天君故意撩拨太乙真人，太乙真人却不疾不徐，入阵之前脚下现出两朵青莲，头顶出现一朵庆云，把上下护得周全，方才追入大阵。孙天君甩出黑砂，击中太乙真人护体庆云，可是黑砂一接触到庆云，就如同雪遇上烈火一般，自动消失。

孙天君那黑砂不过是几片，一会工夫就用光了。在他准备开溜的时候，太乙真人祭出九龙神火罩，将孙天君烧死。

第六名，王天君红水阵。

红水阵是十绝阵中第九座大阵。王天君叫阵，燃灯遍观左右，吩咐加入阵营不久的散仙曹宝前去破阵。这曹宝也是金仙修为，在散仙当中颇有名气，就连截教的王天君也久闻其名。王天君劝曹宝退出，曹宝坚决不肯，于是开战。

王天君催发大阵，祭出法宝葫芦，放出红水。瞬间，阵内一片汪洋，曹宝既没有防御法宝，也没有护体神通，结果被红水沾身，四肢顿时化为血水，当场死亡。

之后，燃灯道人命令道德真君前去破阵。

当时，还有道德真君、玉鼎真人、道行天尊、灵宝大法师、黄龙真人五人没有出手。为何燃灯偏要派道德真君去破阵呢？

原因有两点。

其一，此前赵公明来到西岐，以定海珠大败阐教五位上仙，即广成子、赤精子、玉鼎真人、道德天尊、灵宝大法师。五人或轻或重都受了一些伤。眼下，玉鼎真人、道行天尊、灵宝大法师三人还要养伤，黄龙真人本领又很渣，唯独道德真君本领高强，从未出手，毫发未伤。

其二，王天君的红水阵主打水系功法，是化血阵的加强版。道德真君不但有护体神通，更有超强法宝五火七禽扇。水可以克火，火也可以克水。只要道德真君法宝够强，法力够深，就不会败阵。

王天君进入大阵，祭出葫芦。道德真君则非常谨慎，他先放出护身莲花，头顶现出庆云，把全身都保护好了，不让一点红水沾身。有此护体神通，道德真君已经立于不败之地。

一个时辰后，王天君法力渐渐耗尽，想要逃跑，但被道德真君祭出的五火七禽扇一扇，立刻化为飞灰。红水阵被破。

第五名，金光圣母金光阵。

根据此前分析，金光阵之强大，全仗二十一面镜子。镜子一旦面对敌人，就会自动放射出万道金光（闪电），多面镜子可施展无缝攻击，威力算是很强。

此次赶来送死的，是奉元始天尊命令匆匆下山的萧臻。此人一入大阵，金光圣母启动大阵，金光射中萧臻，萧臻顿时血肉消散，百年道行，毁于一旦。

萧臻的修为当在邓华之上，金光阵的威力也远超此前数阵。故主持破阵的燃灯道人派出了十二金仙中公认修为最高，且拥有最强法宝的广成子前去破阵。

广成子非常有自信，他说："此阵有何难破，聊为儿戏耳！"

入阵之前，广成子没有开启护体神通。入阵后，金光圣母启动镜子，放出百道金光。广成子急忙把自家八卦仙衣打开，把头也包在仙衣当中。金光虽强，却始终无法突破八卦仙衣的防御。一个时辰之后，广成子见金光圣母疏忽，暗中祭出番天印，将十九面镜子全部打破。金光圣母忙去摘取最后两面镜子，却被广成子祭出番天印打中顶门，脑浆迸裂而死！

广成子仗着防御极强的八卦仙衣，抗住了金光。不过，从其"忙将八卦仙衣打开，连头裹定，不见其身"可以看出，即便以广成子之强悍，也不敢直接碰触金光。这金光阵中的镜子不需要法力驱动就可以放射金光。若金光圣母不是出现疏忽，被广成子乘机砸碎许多镜子，究竟谁胜谁负，还真很难说。

第四名，白天君烈焰阵。

白天君是十天君中最擅长火系神通的金仙。在传统仙幻小说中，最强的神通法术当属火系与雷系法术。火系至猛至烈，雷系至刚至强，都有极强威力。

因此前数阵无一成功，加上赵公明被陆压钉头七箭书所伤，闻太师忧心忡忡。白天君主动请战，要以烈焰阵会一会阐教群仙。

白天君出面叫战。原文说："燃灯顾左右，无一人答应。"十二仙首中能人众多，金仙后期也不在少数，竟无一人主动出战。莫非这白天君的烈焰阵非常强大，以至于十二仙首无一人可破？

当然不是！

烈焰阵乃是十绝阵中第七座大阵。之前，在燃灯道人的安排下，阐教群仙中的六位强者先后出手破去了六座大阵。他们已经完成了任务，不必也不想再冒风险，于是选择了沉默。

十二仙首中还剩六人未出手，不过，赤精子、道行天尊、玉鼎真人、灵宝大法师都被定海珠打伤。赤精子修为精深，恢复较快，但道行天尊、灵宝大法师、玉鼎真人修为略低，伤势未复，故不敢应战。

当时道德真君既没有受伤，本身也擅长火系神通，可是他竟也选择了沉默！很明显，火系神通的对拼上，道德真君并无十足把握。

于是，现场就出现了白天君疯狂叫嚣，而阐教十二金仙全都低头沉默的场景。

那烈焰阵是被何人所破？

昆仑散仙陆压道人。

陆压询问燃灯，得知那大阵乃是烈焰阵，陆压哈哈大笑，主动请求前去破阵。白天君摇动红幡，催发三大奇火，猛烈轰击陆压。若是寻常金仙，即便是金仙后期高手，若无强大护体神通，也会被轰成渣滓。眼看烈焰阵要创建头功，可白天君偏偏撞上了陆压。

原文说："他不知陆压乃火内之珍，离地之精，三昧之灵。三火攒绕，共在一家，焉能坏得此人。"

不少读者受网络小说影响，把陆压的地位抬得极高。其实，陆压强则强矣，却并没有到达圣人境界，也就和赵公明一般，是大罗金仙。陆压的实力，比之三霄娘娘也大有不如，否则不会在杀死赵公明之后立刻逃跑。

书中说得明白，陆压乃是火内之珍，离地之精，乃火灵得道，修成人身。他从火中生，在火中长，故在烈焰阵中，犹如龙入大海，毫无半点危险。

不过，烈焰阵虽然不能伤到陆压，但只要白天君不停催发大阵，陆压也必须施法方能抵挡。毕竟陆压乃大罗金仙，法力深厚，远在白天君之上。双方一直僵持了两三个时辰。渐渐的，白天君法力枯竭，三火威力大减。陆压得以抽出手来祭出葫芦飞刀，将白天君杀死。

烈焰阵虽然被破，但是在白天君的催发下，烈焰阵能让十二仙首无人应战，且以金仙境界困住大罗金仙境界的陆压两三个时辰，不可谓不强大。

第三名，董天君风吼阵。

能够进入十绝阵前三名的，都是威力强大的奇阵。

封神世界的大多数法阵，其布阵都是依照五行原理。而风吼阵与众不同，它乃是遵循地、水、火、风四元素运转原理布置，大大增加了破阵难度。

风吼阵之所以很强，关键就在于奇异风力。

在董天君开始叫阵之时，燃灯道人亲自临场观看，立刻表态短时期无法破阵。他说："破不得。这'风吼阵'非世间风也。此风乃地、水、火之风。若一运动之时，风内有万刀齐至，何以抵挡？须得先借得定风珠，治住了风，然后此阵方能得破。"

燃灯询问何人知道定风珠下落，灵宝大法师说出他的朋友度厄真人（李靖的启蒙老师）处有定风珠。于是，姜子牙派遣散宜生与晁田赶往铁叉山借宝。

得到定风珠后，燃灯立刻组织破阵。他先派大将方弼上场。方弼身高三丈，天生神力，可毕竟是血肉凡胎，一入风吼阵，就被万千黑风斩杀成无数段，死于非命。

之后，燃灯道人命慈航道人前去破阵，并把定风珠交给慈航。有了定风珠，那风吼阵中的奇异黑风就全无效力。董天君连续催动大阵，可那黑风一到慈航身边，就被其头顶定风珠排斥，无法伤及分毫。见定风珠果然有效，慈航道人大喜，他把清净琉璃瓶祭在空中，从瓶中出现一道黑气，将董天君吸入。瞬间，董天君化为血水。

虽然说慈航道人在破风吼阵时，连护体莲花、头顶庆云都没有放出，但并不能说风吼阵不强。只因风吼阵的威力全在风上，被定风珠定住了黑风，其威力已经基本消散。而若无定风珠，就算是慈航道人将护体神通全开，也无法在风吼阵中全身而退。正因风吼阵极强，燃灯道人才会断言：没有定风珠，就破不得风吼阵。

还剩下落魂阵与红砂阵这两座大阵，哪一座更强呢？

027 落魂阵拜死姜子牙，吓退赤精子

十绝阵中，姚天君布下的落魂阵是个异类。

其他九座大阵或者是五行攻击，或者是四元素攻击，都是攻击炼气士的肉身，以达到杀死对方的目的。唯独落魂阵是直接攻击对方神魂，对手一旦被困，不但肉身溃烂，并且魂飞魄散，将彻底消失在三界之中。

阵主姚天君，一登场就告诉闻仲与众天君：“只小弟略施小术，把姜子牙处死，军中无主，西岐自然瓦解。常言‘蛇无头而不行，军无主而则乱’，又何必区区与之较胜负哉？”

姚天君是在吹牛吗？还真不是！

他让闻太师在落魂阵中修建一座高台，设下一个香案，在台上扎一个草人，草人上书“姜尚”二字。然后，姚天君亲自出手，在草人头上点亮三盏灯，在脚边点亮七盏灯。那上三盏灯叫作催魂灯，那下七盏灯叫作促魄灯。

然后，姚天君披发仗剑，脚踏罡斗，在落魂阵中施法，一日拜三次。从第一天开始，远在西岐城中的姜子牙就心烦意乱。拜了三四天，姜子牙更颠三倒四，坐卧不宁。拜了七八天，收了姜子牙一魂二魄，以至于姜子牙整日发困，

只想睡觉。拜了二十日，收了姜子牙二魂六魄，然后姜子牙整日酣睡，鼻息如雷，已经是进气少，出气多，不一会工夫，姜子牙就死了。

后来，姜子牙剩下的一魂一魄感应到生死危机，飘飘荡荡前往昆仑山求救。南极仙翁见状，大吃一惊，忙把姜子牙的残魂收在葫芦当中。之后，由赤精子出面，带着葫芦回归西岐，并尝试进入落魂阵中夺回姜子牙魂魄。

姚天君还在落魂阵中继续拜，每日葫芦中的姜子牙残魂，都在不停地撞葫芦口，仿佛有强大力量在吸扯残魂。幸亏赤精子把葫芦口再三塞紧，子牙残魂才无法被收走。

赤精子脚踏两朵莲花，前往落魂阵抢夺草人，不想被姚天君发现。姚天君挥手打出黑砂，赤精子知道黑砂厉害，急忙逃走。结果，草人也没捞到，还把自家两朵护体莲花给打落了。

赤精子逃回西岐城中，面对众人，满脸都是愧色。原文说他“面色恍惚，喘息不定”，连连慨叹曰：“好厉害！好厉害！‘落魂阵’几乎连我陷于里面！饶我走得快，犹把我足下两朵白莲花打落在阵中。”

无论众人如何哭诉，赤精子都表示再不敢贸然进入落魂阵。思前想后，赤精子只得重返昆仑山，找大师兄南极仙翁商议。

南极仙翁一听落魂阵如此厉害，也没了主张，急忙请示元始天尊。元始天尊提出，唯有去八景宫找大老爷老子求助，方才能解姜子牙之难。

于是，赤精子急匆匆跑去找老子，哀求老子出手。老子早就接到了元始天尊传讯，也没多话，就把自家最强防御法宝太极图交给赤精子。

这太极图是什么级别法宝？

书中说得明白：“此图乃老君劈地开天，分清理浊，定地、水、火、风，包罗万象之宝。”

换言之，太极图乃是封神世界中极少的几个包含最高天地法则的法宝，若论等级，绝对属于 S＋。

要破姚天君的落魂阵，竟然要用这种在圣人中也算顶级法宝的太极图，可见姚天君落魂阵之强大。

来到落魂阵之前，赤精子打开太极图。那太极图化作一座金色长桥，放出五色毫光，照耀万千大地。整个落魂阵中原本是阴气弥漫，被这五色毫光照射，阴气顿时被冲散，落魂阵已经被破了大半。

赤精子冲下去夺过草人，转身就跑。太极图闹出这般大动静，当然惊动了姚天君。姚天君无法阻止落魂阵阴气消散，但见到赤精子跑到跟前，自然不会放过反击机会。他将足足一斗的黑砂往空中尽数泼去。赤精子一朝被蛇咬，十年怕井绳，心慌意乱之下，竟然左手一松，把太极图落在阵中，被姚天君捡了去。

不过，老子早就料到了赤精子胆怯鲁莽，必有遗失，早早在太极图上做了手脚，施加了封印法术。故姚天君虽然得到了太极图，却始终无法运用。

赤精子把草人中的子牙魂魄与葫芦中的魂魄一并放回子牙体内，姜子牙方才悠悠醒转。

那落魂阵最终是被何人所破，姚天君下场又如何呢？

落魂阵乃十绝阵中第八阵。燃灯道人先是命令大高个方相前去破阵。方相手持方天画戟，冲入敌阵，气势很威猛，可是，他乃区区凡人，又无法宝防身，一进入大阵，就被黑砂击中，顷刻死亡。

之后，燃灯道人命赤精子前去破阵，赤精子领命。燃灯道人已经知道赤精子在落魂阵中吃了大亏，为何还要派赤精子前去呢？

所谓“从哪里跌倒，就从哪里爬起”。别的仙首都轻松大破敌阵，风光无限，身为十二仙首中堂堂击金钟首仙，赤精子却在落魂阵中吃了瘪。这种羞辱必须洗刷，而且必须由赤精子本人去洗刷。

何况，经过太极图五色毫光照耀，落魂阵中积聚数月的庞大阴气已基本消散，姚天君所能倚仗的，只剩下手中黑砂而已。落魂阵早就名不副实了！

于是，由赤精子出手击破落魂阵，挽回自己名誉，最是合适。

不过，就算已失去大半威能的落魂阵，依然堪称恐怖。赤精子三入落魂阵，还是慎之又慎。他开启头顶庆云护体，身上穿着八卦紫绶仙衣，然后才走入落魂阵中。

姚天君几斗黑砂洒出，伤不了赤精子分毫。姚天君心中惶恐，想要下台，赤精子抢先出手，拿出法宝阴阳镜对着姚天君一晃。那阴阳镜一面主生，一面主死。被死镜一照，姚天君当即昏迷。赤精子挥舞宝剑，上去砍了首级，从姚天君怀中取回了太极图，得胜回归。

在封神世界中，攻击魂魄类的法术、法宝都非常厉害，也很难破解。姚天君的草人夺魂术可以在二十一天时间夺走对手三魂七魄，在百千里之外，杀敌于无形，其威力不可谓不强大。并且，这法术一旦施展，除了夺回寄托魂魄的草人，别无他法可以破解。

在这一点上，姚天君的草人夺魄术与陆压的钉头七箭书异曲同工。只是，因为当时杨戬出手，阻止了商军大营夺回箭书，以至于大罗金仙赵公明真正死亡。于是，大家都觉得钉头七箭书相当厉害，而姚天君的草人夺魄术却因最终失败而名声不显。

其实，二者都需要一日三拜，二十一日杀敌，破局都需要夺回魂魄载体（草人、箭书）。两种神通法术在杀伤力上，其实难分伯仲。

028　每逢破阵燃灯为何总派菜鸟去送死

破红砂阵时，燃灯道人告诉姜子牙："此红砂阵乃一大恶阵，必须要一福人方保无虞。若无福人去破此阵，必须大损。"

燃灯道人提出，红砂阵威力极大，一般人都不能破，只有"福人"出马，才有破阵可能。

姜子牙询问谁是福人。燃灯提出："须是当今圣主方可。若是别人，凶多吉少。"

姜子牙很是不解，武王姬发虽是西岐之主，但是根本不会武艺，更不要说神通法术。以凡人之躯前去破阵，还不是去送死吗？

可是，燃灯道人不容分说，严令武王下场。武王姬发无奈地说："列位道长此来，俱为西土祸乱不安，而发此恻隐。今日用孤，安敢不去。"在场阐教诸仙，都是为了他西岐的未来浴血拼杀，身为地主的自己没道理在遇难时畏惧退缩。

于是，武王姬发带着雷震子和哪吒走入红砂阵。

三人刚入阵，张天君就启动大阵，把红砂漫天撒来。眨眼工夫，武王姬发落下逍遥马，哪吒被打落风火轮，雷震子刚想张开风雷翅逃跑，也被红砂打翻。三人遂陷落在红砂阵中。

燃灯道人为何要派武王姬发前去破阵呢？从原文表述看，武王除了在红砂阵中昏迷了一百天，啥也没干啊！

要想弄清楚这个问题，我们首先要明白什么叫作"祭阵"。

原文中，燃灯道人初到西岐，主持十绝阵破阵要务时，就公开表态说："此一劫必损吾十友！"

燃灯道人提出，这一次十绝阵劫难，我阐教方面必定要死十个人。

双方都还没交手，燃灯道人凭什么就认为己方会死十个人呢？

其实，不单单是破红砂阵，在破其他大阵时，燃灯道人也总是先派凡人武将或者是"垃圾"仙人前去破阵。在被十绝阵主杀死那人之后，方才派出十二金仙中的强者前去破阵。

一些读者无法理解燃灯的做法，认为燃灯道人好心黑，好残忍，好冷血！

其实，燃灯道人也是不得不如此。

燃灯如此安排的第一个原因，是为了祭阵。

所谓“祭阵”，就是用一个人的血肉灵魂去祭奠大阵。

当初姜子牙之所以要冰封岐山，冻死三千敌军，又公然杀死商军主帅鲁雄、费仲、尤浑三人，目的就是要以他们来祭奠封神台落成。

封神台本就是收聚封神大战死难精英魂魄之所在。姜子牙在落成之日，一口气送上三位神仙魂魄，充实封神台，工作很是勤勉。

只是，十绝阵乃是截教十天君布下的杀阵，目的就是要和阐教为难，为何燃灯道人不好好爱惜下属，反倒一而再、再而三地派人去送死呢？

只因唯有用一个活人的血肉精魂去祭奠大阵，才能冲抵部分阴煞之气。

十绝阵都是三界罕见的大凶之阵。布阵数月以来，积聚了无比浓厚的凶煞之气。这凶煞之气非常强大，就算是金仙强者进入，也很难抵挡。

可是，当阐教十二金仙中强者正式破阵时，我们却发现，破十绝阵都没费什么力气。

举个明显的例子，赤精子初次进入落魂阵时，惊慌失措，全无上仙风度，两次被姚天君发现，都被打得落荒而逃。可等到赤精子正式破大阵时，姚天君启动落魂阵，赤精子却浑然无事。姚天君除了用黑砂伤敌，竟全无其他手段。落魂阵能销魂夺魄的神奇功效到哪里去了呢？

我们仔细回想下赤精子三次进入落魂阵之间发生的事情，就可以找到落魂阵大大削弱的原因。

一来，赤精子曾经使用太极图；二来，方相已经殒落在落魂阵中。

一方面，太极图放射的五色毫光大大削弱了落魂阵中积聚的阴煞之气；另一方面，方相陨落在落魂阵中，其血肉神魂进一步冲抵了阴煞之气。相比前者，方相的陨落更有针对性，因此更为重要。

正因如此，赤精子才能在第三次进入落魂阵时成功逆转，大败姚天君。

如此安排的第二个原因，是为了平衡。

燃灯道人能成为阐教圣人之下第一人，一方面是因为他修为颇高，为阐教众多弟子中唯一达到大罗金仙境界的；另一方面是因为他心思缜密，顾虑长远，常常能在不经意间操控对手。

当天绝阵被破，秦天君被杀之时，闻太师大怒，就要冲上去大闹。燃灯道人命黄龙真人上前，拦住闻太师说：“秦完‘天绝阵’坏吾邓华师弟，想秦完身亡，足以相敌。今十阵方才破一，还有九阵未见雌雄；原是斗法，不必恃强。你且暂退！”

按照燃灯、黄龙的说法，你截教方面死了一个秦天君，我阐教方面也死了一个邓华，彼此一比一平，都不算吃亏。

类似的场景一再出现，每次一阵被破，闻太师都想不守规矩，一拥而上，但都被燃灯道人以类似说法阻止。

每次听到“你们死了 N 个，我们也死了 N 个，你们不吃亏！”的话语，闻太师他们受伤的心灵就会得到些许安慰。于是，他们一次又一次继续被坑。

结果，阐教方面以两个凡人武将（方弼、方相），两个人仙弟子（韩毒龙、薛恶虎），两个散仙（乔坤、曹宝），两个不成器的弟子（邓华、萧臻）作为代价，成功击杀了截教金仙强者十天君。

以燃灯道人的修为，当然不惧十天君。他刻意把己方人员派去送死，不仅仅是为了安抚十天君、闻太师，更是为了安抚远在碧游宫的通天教主。阐教人丁单薄，截教万仙汇聚，阐教都能做到一比一，截教是不是不吃亏？

如此安排的第三个原因，是为了占指标。

占什么指标？

和方弼、方相这些蠢人不同，像乔坤、曹宝、邓华、萧臻等人，都有神仙乃至金仙境界，算是修道有成。他们为什么也要跑去送死？并且，还都是主动跑来西岐送死？邓华和萧臻还可以说是奉了元始天尊命令，像乔坤和曹宝乃是散仙，为何也要凑这个热闹呢？

只因在生与死的选择中，死的利益更大！

像乔坤、曹宝、邓华、萧臻等人，都属于资质平庸之辈，他们在修道上无法达到较高境界，比如书中反复强调的朝元之境。因为大道无望，他们做不了逍遥自在的仙，于是退而求其次，选择做要守规矩要操劳但同样可以长生不老的神。

阐教十二仙首，修为大都达到了金仙中期甚至金仙后期，都是大道有成之辈，他们自然不甘心做任人驱使的神，而想做自由自在的仙。

元始天尊是封神行动的真正推进者，燃灯道人自然了解其心意。但凡能进入封神榜的，都会在未来的天庭占据一席之地。元始天尊一方面想要保全自己的有生力量，一方面又不想截教在未来的天庭一家独大，于是他开动脑筋，想出了对策。

于是，在十绝阵以及未来的许多交战中，一再出现了一些实力完全不成正比的凡人武将或低级人仙弟子，冲上阵前当炮灰的场景。

最终，封神榜单公布，截教诸大仙虽然大部分都在榜单中，但是，所占名次、所居职位大都不高，反倒是像黄飞虎、黄天化、伯邑考等阐教方面的凡人武将名位显赫。像邓华、方弼等死在十绝阵中的阐教低手们，也都获得了堪比十天君的重要职位。

029 红砂阵为何要真命天子百日祭阵

十绝阵中最强法阵，当属张天君的红砂阵！

何以见得？

只因破红砂阵时，需要祭阵的乃是武王；更因破阵时，下场的竟不是十二仙首中任何一人，而是阐教掌门大弟子南极仙翁。

换言之，非武王没有资格祭阵，不能冲抵红砂阵强大的阴煞之气；非逼近准圣的南极仙翁，无法安然进入并破除红砂阵。

这武王不也是肉体凡胎吗？他去祭阵与其他人去有何不同呢？

大不相同！

到底有何不同呢？且看姜子牙与燃灯的一番对话——

武王与哪吒、雷震子进入大阵，张天君一把红砂将其全部打翻。燃灯道人与姜子牙但见阵内一股黑气往上冲。姜子牙心慌，连忙询问：“武王怎不见出阵来？”

燃灯道人表示：“武王、雷震子、哪吒三人俱该受困此阵。百日方能出得此厄。”

姜子牙一听，顿足叹息曰：“武王乃仁德之君，如何受得百日之苦，那时若有差讹，奈何？”

燃灯道人笑曰：“不妨。天命有在，周主洪福，自保无事，子牙何必着忙。”

大家发现了武王与他人有何不同吗？

燃灯道人强调：武王姬发乃是真命之主，洪福齐天。

什么叫作真命之主呢？就是天命所归，老天已经安排他、注定他成为开国君主。

在封神世界中，所谓的上天并非虚指。在多数时候，老天，上天，指的都是鸿钧老祖。鸿钧老祖吩咐三个弟子主持佥押封神榜，以封神大战形式，为未来的天庭挑选神仙。

在指定封神计划的时候，有许多事情过于细枝末节，没有办法一一指定。但是，一些重大事件，都作为最高指示明确了下来。

哪些大事是鸿钧老祖亲自拍板确认，作为最高指示明确下来的呢？

文殊广法天尊在第一次登场时，与九龙岛四圣中的王魔有一番对话。其中，文殊提到自己下山的五个理由：一则成汤气数已尽；二则西岐真主降临；三则吾阐教犯了杀戒；四则姜子牙该享西地福禄，身膺将相之权；五则与玉虚宫代理封神。

看到了吗？这五件大事，就是在封神大战前，由鸿钧老祖亲自拍板，即便是元始天尊、通天教主也不能改变的五件大事。

从这五件大事看，在十绝阵中，无数仙人都可以死亡，唯独两人不能死！

其一，姜子牙。姜子牙乃鸿钧老祖认可的封神行动主持人。故他死了N次，阐教方面就将他复活N次。这不是作弊，而是执行老祖命令。当初申公豹挑唆姜子牙放弃封神，去帮助商朝，被南极仙翁知道后好一番大骂，其理由正是子牙代理封神。

其二，武王姬发。姬发乃是鸿钧老祖认可的周朝开国君主。一些人觉得所谓真主是西伯侯姬昌，其实不然。姬昌只是一个过渡者、引导者，西岐真主只能是武王姬发。

故燃灯道人明知红砂阵乃是大恶阵，明知武王是一介凡人，却偏要让武王进入红砂阵。

果然，当武王在红砂阵中昏迷后，每天张天君都会跑去在武王身边洒一些红砂。

武王在进入大阵前，燃灯道人特意在武王的身上、王冠上贴了许多符咒，用来抵挡各种攻击。仿佛是因为燃灯道人如此安排，才保全武王百日不死。其实，若张天君与闻太师真的有心要武王姬发的小命，完全可以揭下武王身上符咒，然后挥舞宝剑，一剑斩下武王首级。

可是，张天君除了任劳任怨每天不落地洒一次红砂，对落在手中的武王姬发竟全无杀害的想法。就连仇敌闻太师，都没有一次表示要杀武王。

是张天君、闻太师傻吗？当然不是。是他们不敢弄死武王！就算是武王姬发孤身入阵，毫无符箓护体，张天君一粒红砂就可以要了武王小命。

他们很清楚即便在封神大战中陨落，也可以转世成神，但若是杀死武王，忤逆了鸿钧老祖，那就只有神魂俱灭、万劫不复一条路了。

武王是最适合的祭阵人选，这点应当没有疑义。不过，燃灯道人为何要等武王陷落红砂阵百日，方才派人前去破阵呢？

首先，燃灯道人的安排，与元始天尊意见相同。

之前，元始天尊与老子下界，破了黄河阵，灭了三霄娘娘，之后他们就回宫去了。十二仙首在黄河阵中都被削去了顶上三花，修为尽废，成了凡人。临行前，元始天尊吩咐："如今留南极仙翁破'红砂阵'，我同道兄暂回玉虚宫。白鹤童子，陪你师父同回。"

从元始天尊"留"南极仙翁与白鹤童子破阵，可以看出，元始天尊早就知道破红砂阵需等武王入阵满百日。

于是，南极仙翁留在西岐，每日打坐修行，等待时日。到第九十九天时，姜子牙前来请示，第一百天西岐方面摆阵，南极仙翁下场破阵。

破其他大阵时，虽然也需要祭阵，但人一死后，立刻就可以正式破阵。为何破红砂阵，偏要等够百日呢？

只因红砂阵中的阴煞之气太过强大！

当南极仙翁下场破阵时，张天君见后说："道兄，你是为善最乐之士，亦非破阵之流，此阵只怕你：可惜修就神仙体，若遇红砂顷刻休。"

张天君为人不错，一见面并没有恶语相向，反倒夸赞南极仙翁最乐为善。当然，我们也可以从话语中看出，张天君面对南极仙翁，并没有丝毫怯弱。在他看来，自家的红砂阵完全可以灭杀南极仙翁。

事实如何呢？

张天君与南极仙翁略一交手，就退入红砂阵。南极仙翁竟然没有开任何护体神通，也没有穿任何防御仙衣，就那么走进了红砂阵。

张天君抓起红砂洒来，南极仙翁挥舞从道德真君那里借来的五火七禽扇，一扇下去，烈火熊熊就把红砂全部烧毁。张天君端起一斗红砂泼天洒去，南极仙翁连续数扇，红砂立刻消失无踪。

张天君见如此，转身想要逃跑，被一旁的白鹤童子祭出元始天尊赐予的玉如意，一下打中后心，跌落在地。白鹤童子上前，一剑将张天君斩杀。

为何号称极凶极恶的红砂阵，除了张天君手中红砂，竟不能伤害南极仙翁分毫？

并非红砂阵名不副实，其秘密就在武王百日祭阵中。

一方面，武王姬发乃真命之主，张天君不敢伤害。另一方面，武王姬发身具王者之气，至阳至刚。他被困大阵之后，看似昏迷不醒全无作为，其实，其散发的王者之气无时无刻不在抵消红砂阵中的阴煞之气。

在一百天之后，红砂阵中积聚的阴煞之气几乎被消磨殆尽。因此，元始天尊与燃灯道人都选择在武王祭阵百日之后，方才派人破阵。

其实，张天君还是很厉害的。红砂阵虽然威力大减，但是红砂还可以可以伤到金仙的。只是，张天君没想到，南极仙翁竟然一口气带了两件法宝前来破阵。

一件是B+级别的五火七禽扇。红砂阵属土，五火七禽扇属火。按照道理，本是土克火，怎奈五火七禽扇乃是世间五大奇火，威力强大。加上南极仙翁以金仙圆满境界的强大法力驱动，扇出的火焰更加强大。

白鹤童子手中的玉如意更是S级法宝。别看玉如意只是把张天君打晕，那是因为白鹤童子修为低微，使不出玉如意全部威能。

南极仙翁手中有这两大法宝，要破一个已经被耗去绝大部分威能的红砂阵，还不是轻而易举?

030 赤精子与广成子，谁才是击金钟的首仙

此前我们用了不少篇幅谈截教十天君与十绝阵，现在，我们换个角度，来谈谈阐教群仙。

因老子与元始天尊择徒标准严格，阐教门下一向人丁单薄。但是，因为是精挑细选，能入门者大都是精英中的精英。不少人修习数年、数十年就已经进阶神仙境界，甚至金仙境界。

在数百弟子中，地位最为崇高的，当属燃灯道人。

燃灯道人并非元始天尊弟子，他在阐教的地位非常特殊。燃灯道人称呼十二仙首为道友，十二仙首却称呼燃灯为老师。正因为他在阐教拥有二人之下、万人之上的崇高地位，元始天尊才会特命燃灯来主持调度破阵重任。

在元始天尊的亲传弟子中，南极仙翁资历最老，成就最高，也最得元始天尊信任。

南极仙翁修为高深，仅次于燃灯，远高于十二仙首。别的弟子在学成后，都被元始天尊赶出昆仑山，自建洞府，开宗立派去了。唯独南极仙翁常驻昆仑山，几乎寸步不离元始天尊左右。就连南极仙翁的弟子白鹤童子，也深得天尊信任，常常充当元始天尊与十二仙首之间的信使，传递一些最高等级的机密消息。

南极仙翁之下，就是十二仙首。前文中我们已经分析过，这十二仙首乃是

元始天尊所教授的十二批弟子中的佼佼者，故称为仙首，原著中有些地方也叫十二代大弟子。他们都有金仙中期以上修为，部分甚至达到了金仙后期修为。放眼整个仙界，能以一千五百年就达到这种境界者，寥寥无几！

那么，在十二仙首中，谁实力最强，排名第一呢？

在元始天尊管理下的阐教，门规森严，等级明晰。就算姜子牙修为很渣，杨戬与哪吒对他都必须恭恭敬敬行进见之礼。道理很简单，姜子牙是他们的师叔，是长辈。这一点和奉行强者为尊的截教，大不相同。

到了阐教、截教双方议定的破阵之日，燃灯道人下令排班，于是十二仙首与姜子牙、杨戬等人纷纷按秩序站好，然后一对一对走向阵前。

当时，燃灯道人领头，原文说："只见赤精子对广成子；太乙真人对灵宝大法师；道德真君对惧留孙；文殊广法天尊对普贤真人；慈航道人对黄龙真人；玉鼎真人对道行天尊；十二代上仙，齐齐整整摆出；当中梅花鹿上坐燃灯道人；赤精子击金钟；广成子击玉磬。"

书中说得明白，在十二仙首中，第一对出场的是赤精子与广成子。而在二人之中，又以赤精子为尊，由他击金钟，至于广成子，则屈居第二，击玉磬。

这一个排位并非偶然。在群仙大破诛仙阵故事中，阐教群仙再度排班。当时，云中子和陆压受到阐教邀请，也参与盛会，于是，参加班次的就一共有七对十四人。

原文说："赤精子对广成子；太乙真人对灵宝大法师；清虚道德真君对惧留孙；文殊广法天尊对普贤真人；云中子对慈航道人；玉鼎真人对道行天尊；黄龙真人对陆压。"

前次主持排班的乃是燃灯道人，而此次主持者乃是元始天尊！

大家细看名单，可以发现，赤精子的班列依然在广成子之前。可见，在元始天尊心中，赤精子就是十二金仙中击金钟的首仙！

可是，在群仙破黄河阵故事中，广成子遇上了云霄娘娘。云霄娘娘却称呼广成子为击金钟的首仙。乍一看，让人觉得前后矛盾，难以理解。

原文云霄说："广成子，莫说你是玉虚宫头一位击金钟首仙，若逢吾宝，也难脱厄。"

在赵公明的三个妹妹中，琼霄与碧霄鲁莽好斗，云霄娘娘最是稳重。她既然称呼广成子为玉虚宫击金钟首仙，那必定不会有错。

那如何理解阐教两次排班时，广成子都是第二位、击玉磬，赤精子才是击金钟首仙呢？

赵公明因萧升的落宝金钱，失落了法宝定海珠。他为争一口气来到三仙岛找自家三个妹妹云霄、琼霄、碧霄商量借宝。不料，云霄娘娘在听闻赵公明是前往西岐，掺和封神大战时，竟一口拒绝帮忙。

云霄娘娘自有理由，她说："大兄，此事不可行。昔日三教共议，佥押'封神榜'，吾等俱在碧游宫。我们截教门人，'封神榜'上颇多，因此禁止不出洞府，只为此也。"

云霄娘娘三人本是那种一心修炼，无心红尘的炼气士，这也是她们能够在修为上比自家大哥还要高出一筹的重要原因。

从其话语中也可以看出，云霄娘娘自从在三教佥押封神榜之后，就一直闭门不出，再也不问外界是非了。

换言之，云霄娘娘对仙界人物的信息一直没有更新，基本停留在佥押封神榜那个时段。

于是，我们可以得出一个观点——在三教佥押封神榜时，广成子应当还是玉虚宫十二金仙之首。

但是，在云霄娘娘等人闭关修习之后，到封神大战正式开始之时，广成子不知道犯了什么事情，让元始天尊很生气，于是，将其排位下挫了一位。结果，老二赤精子坐上了头把交椅，广成子则屈居第二。

因为原著对佥押封神榜到纣王七年女娲派三妖入皇宫、正式展开封神行动之间的许多年中仙界的变化只字未提，所以我也无从推测。不过，在我看来，广成子犯错的原因根本不重要。只因贬斥广成子，提拔赤精子，乃是元始天尊刻意所为。

元始天尊如此一调整，乍居高位的赤精子果然感激涕零，一贯躲懒的他也多次主动请命，参与到封神行动中。而遭受贬斥的广成子也一改旧日高傲脾气，对师父命令言听计从，为封神行动尽心尽力。纵观整场封神行动，十二仙首中出力最多的，就是广成子了。

也唯有如此理解，才能明白，大破十绝阵前，赤精子的举动为何那么异常。

031 赤精子太极图在手为何表现还那么渣

赤精子做出了哪些异常举动呢？

其一，孤身来到西岐。

元始天尊时刻关注西岐动向，自然知道截教十天君已经在西岐城外摆下十绝阵，而姜子牙被姚天君的草人夺魄术搞得差点魂飞魄散，元始天尊自然也一清二楚。为此，他传令十二仙首，务必在某月某日到达西岐城，共破十绝阵。

十二仙首都是阐教精英中的精英，是成名千年的上仙，地位极为尊崇。十二仙首下界，必需的排场少不了。于是，二仙山麻姑洞黄龙真人来到西岐，告诉姜子牙："众道友咫尺即来。此处凡俗不便，贫道先至，与子牙议论。可在西门外，搭一芦篷席殿，结彩悬花，以便三山五岳道友齐来，可以安歇。不然，有亵众圣，甚非尊贤之理。"

十二仙首虽然表态保扶武王，但是，他们连昊天上帝的臣子都不屑去做，更是不会向武王姬发行臣子之礼的。他们把暂时歇脚的芦篷搭在城外而不搭在城内，就是告诉武王：十二仙首不受你管辖，要想见我们，你得亲自来。

等到芦篷搭好的那一天，阐教群仙如期而至。书中按照先后到达的顺序，明确写道："先来的是——九仙山桃源洞广成子、太华山云霄洞赤精子、二仙山麻姑洞黄龙真人……"

乍一看，仿佛赤精子是在广成子之后到来。其实，早在芦篷没有搭好之前，赤精子就已经待在西岐城，为取回姜子牙魂魄一事，奔波了多日了。

为何别的仙首都在家等待元始天尊法旨，偏偏赤精子先来西岐？莫非是元始天尊有特别命令？

非也!

其二，主动请求帮助子牙。

姜子牙剩下一魂一魄来到昆仑山，正撞见闲游山间、采摘灵药的南极仙翁。南极仙翁猛见子牙魂魄，大吃一惊，慌忙上前抓住魂魄，装入葫芦法宝当中。

原文说："（南极仙翁）径进玉虚宫，启掌教老师。才进得宫门，后面有人叫曰：'南极仙翁不要走!'"

南极仙翁本要进入玉虚宫，把子牙只剩下残魂的事情禀告元始天尊，请师父定夺。没想到刚入门，还未禀奏，就被人喊住。这个喊住南极仙翁的人，就是赤精子。

赤精子为何要喊住南极仙翁呢?

原文中赤精子说道："我正为子牙魂魄赶来，我因先到西岐山，封神台上见清福神柏鉴，说：'子牙魂魄方才至此，被我推出，今游昆仑山去了。'故此特地赶来。方才见你进宫，故意问你。"

原来，赤精子对西岐的事情非常关心。他的弟子还未下山，在西岐城中并没有赤精子的心腹。不过，由赤精子一到西岐山，就去见清福神柏鉴可以看出，这柏鉴和赤精子应当颇有交情。

那柏鉴乃是人族三皇之一的人皇轩辕黄帝昔日部下，而赤精子相传正是黄帝时期的人，两人极有可能是旧识。柏鉴能成为封神台引导仙人，首先是有道德真君的推荐，再者估计赤精子也在背后使了不少力气。

于是，在姜子牙残魂飘到封神台时，柏鉴立刻联系了昔日好友，把这个重要消息告诉了赤精子。

其三，口气很大，表现很渣。

南极仙翁表示，子牙的事情很重要，一定要禀告老师。赤精子则说："多大事情，惊动教主。你将葫芦拿来与我，待吾去救子牙走一番。"全然一副不以为意的姿态。

只是，赤精子口中说得风轻云淡，事实上心里则是"心慌意急"。此入落魂阵，绝对是凶多吉少。在封神世界，魂魄攻击的神通法术非常罕见。正因为罕见，所以能够防御、反击魂魄攻击的法宝、法术也就极少。赤精子虽然是金仙后期的强者，可对破落魂阵，并没有半分把握。

加上落魂阵布阵数月以来，积聚了庞大的阴煞之气。赤精子放出脚下莲花，方才缓慢入阵。见到子牙草人，他想要去夺，却被姚天君发现。姚天君一把黑砂洒来，赤精子转身逃跑，因心慌而法力紊乱，脚下两朵莲花也被黑砂打落。

这下赤精子没脸见人了。

子牙一日不能还魂，危机就一日不能解除。万一子牙身亡，赤精子受责罚是小事，万一因此触怒了鸿钧老祖，那可不是玩的。

于是，赤精子只好垂头丧气再次来到昆仑山，找南极仙翁。但南极仙翁也没有法子，只好如实告诉元始天尊。元始天尊知道落魂阵厉害，并没有怪罪赤精子吹牛皮，只是指点他去八景宫找老子借太极图。

再入阵后，赤精子刚抢了草人，就被姚天君发现。

原文说："赤精子叫一声：'不好！'把左手一放，将太极图落在阵里，被姚天君所得。"

太极图乃是老君重宝，失去宝物后的赤精子吓得魂不附体，面如金纸，担心自己会被老子严惩。

太极图本是盘古开天辟地，定下地、水、火、风天地规则的强大法宝。有太极图护体，可挡封神世界一切伤害。为何赤精子还会那么慌张呢？

他到底在害怕，在担心什么？

若我们把赤精子的异常举动，和广成子、赤精子在封神行动开始前后的排位变化结合起来，就可以明白了。

原来，赤精子本是十二仙首中的老二，虽然说其修为也达到了金仙后期，但是他几乎处处不如广成子。

赤精子的法宝是阴阳镜，号称掌控生死，但威力远不如广成子的番天印。

赤精子无论口才也好，权谋也好，急智也好，都不如广成子。但是，赤精子的野心（雄心）和广成子一样，都希望成为十二仙首第一人。

当元始天尊调整十二仙首排位后，赤精子万分兴奋，感激涕零。但是，他必然也会面对许多质疑，许多嘲讽。因此，赤精子急需要做出一番大事情来证明自己的能力，证明自己完全有资格做十二仙首头把交椅。

恰在赤精子渴望找寻机会立功的时候，姜子牙的魂魄被姚天君夺走。

姜子牙乃是鸿钧老祖亲自拍板指定的封神行动主持人，封神行动没他不行。若能成功夺回子牙魂魄，不但将赢得师父元始天尊的器重，真正确立赤精子击金钟弟子的地位，甚至可能惊动鸿钧老祖。

若是能让老祖高看一眼，随便指点几句，赤精子就将受用无穷！

于是，在听闻柏鉴传来的消息后，赤精子赶紧来到西岐，又迅速赶到昆仑山，冒着生命危险，接下了夺取子牙魂魄的任务。

只是，落魂阵实在强大。在经历黑砂打落莲花那生死一瞬的悸动之后，赤精子有些恐惧了，有些后悔了。加上那太极图乃是圣人重宝，关系重大。在借宝时，老子就提出，赤精子会把太极图失落。赤精子以为是师伯对自己不放心，故心理压力极大。

于是，赤精子一则渴望建立功勋，证明自己；二则畏惧落魂阵，害怕死亡；三则担心失落太极图，要受师伯责罚。在此境况之下，赤精子心慌意乱，心乱如麻，竟然在胜券在握时，失落了太极图。

元始天尊与老子把赤精子的种种表现都看在眼里。这赤精子虽然能力不如广成子，心性更不如广成子，但对二人忠心耿耿，能想师尊之所想，急师尊之所急，即便冒险，也想为师尊排忧解难。这点，远远超过那个自大任性的广成子。

于是，即便赤精子二入落魂阵，夺回子牙魂魄中的表现差强人意，元始天尊还是让赤精子继续做玉虚宫击金钟的首仙。

对于上级来说，下属的忠心远比能力重要！

032 燃灯道人为何让一介凡人讨取定风珠

在燃灯道人的统筹调度下，文殊与惧留孙先后破了天绝阵与地烈阵。第三阵是董天君的风吼阵。燃灯早就得到情报，知那风吼阵乃是一大恶阵，非有法宝定风珠不能破。众人询问，何处可得定风珠。十二仙首之灵宝大法师提出，他有个朋友，即住在九鼎铁叉山的度厄真人处有定风珠。

定风珠的去向有了，可如何取得定风珠呢？按照常理，燃灯道人应当派出得力干将，争取在第一时间赶到铁叉山，见到度厄真人，借取定风珠。最合适的人选当是灵宝大法师。就算灵宝大法师自重身份，不愿前往，也可以派出杨戬、哪吒等第三代精英弟子。他们或者骑乘灵兽，或者用五行遁术，数千里路程，简直呼吸间可至。

让人疑惑的是，燃灯道人竟然派散宜生和晁田两个凡人，不远千里，奔波数月，方才拿到定风珠。

战场时机千变万化，数月时间极有可能发生战局逆转，燃灯道人为何让一介凡人费时费力地讨取定风珠呢？他刻意拖延，有何意图？

其一，派西岐官员前往，乃强调借定风珠是官方行为。

度厄真人并非玉虚宫弟子，从其功法看，勉强算是阐教散仙。不过，度厄真人和十二仙首之间关系平平，更与太乙真人还有些仇怨。

当初，太乙真人设局，放纵弟子哪吒欺凌李靖，使得李家父子成仇。可怜李靖被太乙真人玩弄于股掌之间，最后无奈之下被迫叛离师门，改投在燃灯道人门下。这对于李靖的本师度厄真人来说是极大的羞辱。加上哪吒肆意行凶，打死了骷髅山石矶娘娘两个徒弟。太乙真人不但不主持公道，反倒把上门说理的石矶娘娘打死。而那惨死的石矶娘娘，唯一的好友正是度厄真人！

因为畏惧玉虚宫实力，度厄真人没有跳出来找太乙真人麻烦，但是并不代表度厄真人心中没有怨气。

身为度厄真人好友，灵宝大法师本当为朋友出头，可偏偏太乙真人也是十二仙首之一。两边都是朋友，故灵宝大法师只好选择沉默。估计这也是灵宝大法师只字不提出面借宝的主要原因。

燃灯道人何等精明，自然看出了灵宝大法师的不情愿。加上在哪吒与李靖的纠纷中，他自己也是得利人之一，故他也根本不提及让灵宝大法师去借宝。

至于派出哪吒、杨戬则同样不适宜。哪吒是李靖之子却把李靖打得屁滚尿流，若派哪吒前往，无异于嘲讽度厄真人不会教徒弟，还极有可能激怒度厄。杨戬与度厄真人没有仇隙，但也没有交情，度厄真人完全可以不借定风珠。

派出散宜生、晁田则大不相同。

鸿钧老祖早在制定封神计划的时候，就已经明确推翻商朝、扶助西岐的战略方向。这一点，三界金仙人尽皆知。散宜生是西岐文官领袖，晁田是西岐将领，由他们出面前往借宝，就等于告诉度厄真人，定风珠乃是西岐战事所需，而并非为了某人私利。度厄真人虽然不喜十二仙首，但必须执行鸿钧老祖定下的方略。拒绝帮助西岐，就是违背鸿钧老祖的意旨，这顶大帽子谁都承受不了。

因此，在见到灵宝大法师书信后，度厄真人说："先生此来，为借定风珠。此时群仙聚集，会破十绝阵，皆是定数，我也不得不允。"

从"不得不允"可以看出，对于借定风珠一事，度厄真人心中并不乐意。可是，破十绝阵乃是"定数"，是三界第一仙鸿钧老祖的意思，度厄真人万万不敢违背。

其二，拖延数月正好让阐教方面进一步搜集十绝阵情报，做出针对性安排。

阐教方面为何能轻松破除天绝阵与地烈阵？

主要原因有两点。

一来，阐教已经掌握了破十绝阵的核心秘诀——祭阵。在正式破阵之前，选派炮灰送死，可以极大程度冲抵十绝阵中阴煞之气，大大削弱十绝阵威力。正是由于炮灰祭阵，在正式破阵时，十绝阵往往显得名不副实，甚至不堪一击，总是被阐教方面挥手间攻破。

二来，燃灯道人派去破天绝阵、地烈阵的是十二仙首中的强者。为了确保获胜，燃灯道人派出了在十二仙首中也居于上流水平的文殊广法天尊与惧留孙下场。

文殊很强。十二仙首大多是金仙中期，即达到三花聚顶境界，但未必到达五气朝元境界。文殊入场诗曰："悟得灵台体自殊，自由自在法难拘。三花久已朝元海，缨络垂丝顶上珠。"可见文殊在很早之前就已经到达三花聚顶的中期境界，此时已经是五气朝元的后期境界。并且，文殊除了修为境界颇高外，还"体自殊"，在炼体术以及护体神通上的造诣也颇为不凡。

参与十绝阵的部分仙首仅有足下两朵莲花，少数几位还有庆云护顶。而文殊不但足下有莲花，头顶庆云，还有口中七宝金莲，手中白莲，四朵莲花全方位护体。又有五盏金灯，放出五色毫光，最擅长破除阴邪之气。于是，任凭天绝阵阵主秦天君接连摇晃幡旗数十下，文殊也岿然不动。

惧留孙比之文殊，修为不弱分毫，更有强力法宝捆仙索。他与地烈阵赵天君仅仅是一个照面，就冲破地烈阵防护，祭出捆仙索，轻松生擒赵天君。

原文诗曰：“金光出手万仙惊，一道英风透体生。地烈阵中施妙法，平空拎去上芦篷。”

如果说文殊的实力只不过比秦天君高出一筹，仗着龟甲式防御耗光了秦天君法力，方才取得了胜利，那么，惧留孙的实力则高出赵天君数筹，几乎是碾压性获胜。

不过，十绝阵的排位并非是按照各位天君的实力，在之后的大阵中，就出现了许多远比天绝阵、地烈阵还要强的大阵。燃灯道人若是一味派出强者出战，那么，前期风光后期遭殃，局势必然会崩坏。

唯有统筹调度，精细了解敌方实力，派出略胜一筹者前去破阵，才能将己方利益最大化，达到元始天尊预期的不死一位仙首却完胜十天君的目标。

为此，燃灯道人必须给玉虚宫充足的时间去摸清十天君、十绝阵的隐秘。

另外，空出一段时间等待炮灰人物到场，也是燃灯道人的一个意图。

燃灯道人虽然奉命主持破十绝阵，但不是所有决定都出自他个人主观意愿。比如，在派何人充当祭阵炮灰的问题上，燃灯道人所能做的不过是顺应天数——听候高层指令而已！

破十绝阵前，原文中燃灯遍观左右说：“并无一个在劫先破此阵之人……”

由燃灯道人话语可以看出，由谁来祭阵并不是由燃灯道人决定，否则他就不用考虑其他，挑个毫无背景的凡人小兵去祭阵即可。

只因那祭阵之人虽是炮灰，却也是封神榜上标明的人物，未来必定是三百六十五位正神之一。因名额有限，资源紧张，故即便做炮灰，也要由封神行动高层——元始天尊、老子等人拍板。

于是，在没有人可以祭阵的时候，燃灯道人从不强行破阵。像破天绝阵时就一直等玉虚宫当代第五位门人邓华到场后方才开战。

破风吼阵时，燃灯道人同样发现没有在劫破阵之人，于是他下令按兵不动，静静等待。数月之后，黄飞虎带来了大高个方弼、方相。见到二人，燃灯道人不禁长叹说：“天数已定，万物难逃！就命方弼破‘风吼阵’走一遭。”

方弼乃商朝大将，黄飞虎部下，属于人道教将领，此时又归顺西岐。从身份讲，符合入榜要求；从站队看，符合阐教利益。于是，燃灯道人即刻命令方弼下场。

不少读者觉得方弼可怜，怀揣着封侯美梦投靠西岐，可加入西岐第一天就被风吼阵轰成了渣。其实，方弼对于阐教并没有立下丝毫功勋，仅仅因为黄飞虎力荐，就被西岐接纳，成为天庭正神，从此享受万民香火，长生不老，比区区封侯不知道风光多少。这么看来，方弼其实是赚了！

033 赵公明为何敢逆天而行挑战西岐

如果说，截教十天君半是被申公豹撺掇，半是挨不过闻太师情面，方才去了西岐，那么罗浮山大罗金仙赵公明下山，则小半是受邀，大半是主动。赵公明明知西岐乃封神战场、仙家死地，为何还要兴冲冲前往呢？

虽然说赵公明在临终之前，颇有些埋怨闻太师，觉得是闻仲坑了自己，但是推究起来，实在是赵公明主动下山的。

赵公明在截教中的地位在闻太师之上，他不需要看闻仲脸色。

当十绝阵被破了六阵之后，闻太师忧心如焚，再也无法端坐。他苦思冥想，三山五岳之中，还有哪位道友神通广大却又能卖自己人情。忽然，闻太师想到了赵公明。

原文说，闻太师心下踌躇："若得此人来，大事庶几可定。"

闻太师为何踌躇？他并非担心赵公明实力不济，而是担心自己请不动赵公明。

闻太师乃通天教主第三代嫡传弟子，修为高深，达到大罗金仙境界，在截教地位崇高，寻常金仙都得仰望他。

只是，赵公明可不是普通金仙。

赵公明在临终之前喟叹，明确提及他的修为境界。原文说："想吾在天皇时得道，修成玉肌仙体。"赵公明是一位在天皇时期就已经得证大道的仙人，论资历，阐教十二仙首无人可比。唯独燃灯道人与赵公明相同，同是天皇时期就已经进阶成为大罗金仙。

何况，赵公明还有三个修为堪称恐怖的妹妹。三霄娘娘虽然不是通天教主四大弟子，但论起修为、战力，三霄娘娘比四大弟子毫不逊色，都是敢捋起袖子直接和圣人干架的狠角色。若三霄娘娘面对的不是在圣人中也堪称巅峰存在的玄都洞老子、拥有强大法宝的元始天尊，而是像人族三皇、女娲娘娘等混元大罗金仙初期的圣人，以三霄娘娘金蛟剪、混元金斗的强悍战力，鹿死谁手还真未可知。

因此，闻太师前往罗浮山见赵公明，只能是以软语哀求来打动赵公明。

赵公明乃大罗金仙，心机深沉自不必说，些许小利根本不能打动他。那么，他为何会答应下山呢？

赵公明得知闻太师来访，主动出洞府迎接。闻太师虽然是后辈，但修为同样是大罗金仙，赵公明必须给予相应的尊重。

一见面，赵公明大笑，说了一番话。这番话暴露出赵公明下山的真正原因。

他说："闻道兄，哪一阵风儿吹你到此？你享人间富贵，受用金屋繁华，全不念道门光景，清淡家风！"

凡人为何羡慕仙人？只因仙人有着远比凡人更为悠久的寿元。神仙境界已经有千年寿元，金仙境界就号称长生不老，大罗金仙更是寿与天齐。但仙人在享受远比凡人悠长寿元的同时，也要承受凡人无法忍耐的寂寞。为了增进一点点修为，仙人常常就要枯坐修行数十年，乃至上百年。

对于像赵公明、闻太师这等大罗金仙来说，要想在短期内突破一个大境界，达到混元之境，几乎不可能，而漫长的清修又非常寂寞。于是，赵公明、闻太师等人都动了贪恋红尘富贵之心。

闻太师每次向道友介绍自己时，都是说："商都闻太师来访。"在闻太师心目中，他最得意的不是自己大罗金仙的修为，而是商朝太师的官位。多数仙人对此也非常羡慕，见到闻仲时常常打躬作揖，称其为"太师"，如同凡人下属见上级一般。

赵公明虽不至于那么丢份儿，见闻太师从来都是称其为"道兄"，但在他心底深处，同样渴望人间富贵，否则就不会酸味十足地说闻太师只顾享受人间繁华，不念道门清淡家风了。

赵公明帮助商朝有何好处？

对于太师的官爵，赵公明并未放在眼中。不过，若扫平西岐，那赵公明就有安定天下之大功。商朝必然会给赵公明修建庙宇，让万民祭祀。要知道，修仙级别越高，对于香火供奉的需求也越高。一个没有庞大信徒的神仙，不可能拥有强大的法力。

求现世富贵也好，求后世祭祀也罢，归根到底，还是求利。所谓：无利不起早。神仙也是如此。

不过，整个封神仙界都已经知道，三教圣人共同佥押了封神榜，定下来兴周灭商的方案。为何赵公明偏偏要逆流而上，逆天而行呢？

只因截教高层有怨气，尤其是通天教主有怨气。

从人间王朝的现实情况看，以闻太师为首的截教无疑掌控着商朝的军政命脉。鸿钧老祖要兴周灭商，就等于要斩断截教在人间的影响力，进而培植阐教成为人间王朝的掌控者。

兴周灭商，对于阐教，对于元始天尊无疑是件大好事，可对于截教，对于通天教主来说，却是抢了他们的饭碗，要了他们的小命。

因为畏惧鸿钧老祖，通天教主只能转告诸位弟子，让他们在各自洞府清修，不要惹事。可是，通天教主在门下弟子几番闯祸，甚至公然组团下山对抗西岐，阻挠兴周灭商大业时，他依然选择了沉默。

这沉默，就等于在默许、在怂恿截教弟子——什么兴周灭商，什么封神大业，全不用管，先把可恶的阐教干翻再说！

何况，截教高手实在太多。阐教除了二圣，就燃灯道人一个大罗金仙，而截教的大罗金仙数以十计！

按照通天教主的猜想，他自个儿不出手，两个师兄自然也不好意思以大欺小。于是，以截教二代弟子的恐怖实力，即便阐教群仙抱团出战，封神行动执行人姜子牙拉偏架，最后获胜的也必然是截教。

只是，通天教主万万没有想到，平日里道貌岸然的大师兄、二师兄，竟然不按常理出牌，纡尊降贵掺和到弟子们的混战中。

通天教主的盲目自信与盲目乐观，极大地影响了整个截教，尤其是影响到像赵公明这类大罗金仙。

赵公明就根本没有把阐教仙人放在眼中。听闻太师说到十绝阵已经败了六阵，赵公明一脸不屑，批评闻太师说：“你当时怎不早来？今日之败，乃自取之也。”

言下之意：谁让你不早点来找我，却找一帮废柴，丢人现眼了吧！

难怪赵公明发此狂言，人家有狂的本钱。他一出马就连败阐教五位上仙，连燃灯道人也被他打得屁滚尿流，慌忙逃窜。

赵公明的实力究竟如何？他凭什么能大败阐教群仙？

034 哪位截教仙人一出手，十二仙首都成了渣

作为第一位受邀来西岐的截教大罗金仙，赵公明霸气十足，一出手就碾压阐教群仙。威名赫赫、声震三界的玉虚宫十二仙首，在他面前都成了渣。

赵公明的实力为何那么高？他大败十二仙首，靠的究竟是什么？

赵公明来到西岐，初登战场时，书中如此描绘他：

“天地玄黄修道德，洪荒宇宙炼元神。虎龙啸聚风云鼎，乌兔周旋卯酉晨。五遁三除闲戏耍，移山倒海等闲论。掌上曾安天地诀，一双草履任游巡。五气朝元真罕事，三花聚顶自长春。峨眉山下声名远，得到罗浮有几人。”

在封神世界，仙人们修的是道德，炼的是元神。道德越是齐全，元神越是凝练，其修为也就越高。

赵公明修行资历极老，老到早在此界天地开辟之前，在那个渺远的天地玄黄时代，就已经存在。当然，那个时候的赵公明还是一个小字辈。在经历了盘古（老子、元始天尊）开天辟地之后，又经历了鸿蒙时代、洪荒时代，一直到第一批人类出现的天皇时期，赵公明终于得证大道，进入了大罗金仙境界。

天皇时期是封神世界一个高级仙人辈出的时期，不仅出现了一大批如赵公明、燃灯道人一样的大罗金仙，还出现了像人族三皇、妖祖女娲这样的混元大罗金仙。

对于赵公明等人来说，他们不仅有机会听闻通天教主、元始天尊、老子等人说法，甚至还有机会得到鸿钧老祖的亲自指点。于是，他们那一批人几乎个个神通广大，成为各自门派中让人仰望的存在。

什么五行遁术，什么“三除”（从原文“五遁三除闲戏耍，移山倒海等闲论”看，三除或许和五遁一样，是一种神通法术；也可能是修行中的斩三尸，个人意见偏向后者），赵公明都可以如戏耍一般，轻松做到；什么移山倒海，什么遨游天下，都不算难事。即便是许多仙人难以企及的三花聚顶、五气朝元之境界，在赵公明看来，也不过尔尔。

因为赵公明拥有大罗金仙的强大修为，所以在对战金仙境界的十二仙首时，他几乎立于不败之地。

不过，在封神世界，高一个境界并不是就无敌了。在拥有强大法宝的情况下，人仙倒杀神仙，神仙倒杀金仙的事情，屡有发生。

而赵公明除了修为高深外，神通与法宝同样非常强大！原著用了一个伏虎的故事，点出赵公明神通之强。

赵公明离开罗浮山之后，偶然看到一个岛上有一头黑虎。原文如此写他伏虎：

“赵公明掉步向前，将二指伏虎在地，用丝绦套住虎项，跨在虎背上，把虎头一拍，用符印一道画在虎项上。那虎四足就起风云，霎时间来到成汤营。”

《水浒传》中武松打虎，要百十老拳，出一身臭汗，方才打死老虎。《西游记》中孙悟空要挥舞金箍棒，方才打死老虎。赵公明仅仅伸出两个手指头，就降伏猛虎。比之武松与孙悟空，不知道要轻松多少，潇洒多少！

尤其是赵公明在虎身上画一道符印，竟然就让一头凡虎能够腾云，速度还不逊色于麒麟、鸾凤那种神兽灵禽。这种化腐朽为神奇的神通着实了得。

当然，赵公明之所以能碾压阐教群仙，关键原因还是在于他拥有强大的兵器和法宝。

在封神世界，使用鞭、锏类武器的仙人不少。这鞭、锏虽然没有刀剑锋利，但因为兵器沉重，打击力度大，对敌时的威力比之一般刀剑还要强过几分。战场上，士兵被刀剑砍中，因有盔甲护体，常常不过是皮外伤，可若是被鞭、锏打中，往往骨断筋折，五脏受创。

像姜子牙、闻太师的兵器，都是鞭。当然，同样是鞭，威力也有大小。

姜子牙的打神鞭因为有各种特殊情境，从战绩看有时非常强悍，有时很废柴，发挥不稳定，我们之后专文再述。

闻太师的雌雄金鞭名字很威武，但杀伤力实在有限。我估计有两个原因：一来，闻太师修行时间太短，不足百年，因此除了师父赐给的雌雄金鞭，还没有找到更为强大的法宝；二来，兵器和法宝不同，因为种类所限，兵器不能大量注入或贮存灵力，于是在施法时的威力也就有限。

赵公明的金鞭威力明显在闻太师的雌雄金鞭之上。

赵公明与姜子牙初一交手，还没打几个回合，姜子牙就手忙脚乱。赵公明得以祭出金鞭，一鞭打中姜子牙。书中说：“子牙被鞭打伤后心，死了。”

对于仙人来说，身体各部位中，最为脆弱的是顶门。无数仙人被击中顶门，于是一命呜呼。至于后背，就算是背心，比顶门的抗击打力要强多了。

当初，姜子牙被闻太师一鞭打中肩膀，虽然落马，但是并未受伤。就连人仙中垫底的韩毒龙，被雌雄金鞭打倒了，也不用吃药立刻就能再战。

而闻太师被打神鞭打中背心，虽被打得三昧真火狂喷，但是连药也不用吃，打坐几天就自行恢复了。

可眼下神仙境界的姜子牙竟然只是在后背位置挨了赵公明一鞭子，就被活活打死了。这足以说明赵公明的金鞭以法宝级别论，至少是 C + 级，甚至可入 B 级。在兵器中，这金鞭差不多可称为神兵利器了。

之后，哪吒冲上前保护姜子牙，被赵公明一鞭打翻。就算哪吒是超强改造体，也疼得龇牙咧嘴。

不过，金鞭的战绩也止步于此。毕竟兵器不是法宝，对于金仙以上修为的仙人造成的伤害非常有限。

那么，赵公明有什么强大法宝呢？

035 定海珠有多强，竟让大罗金仙也疯狂

所谓功夫再高，也怕菜刀，行走江湖没有一两件防身利器，那是要倒霉的。大罗金仙赵公明，就拥有两件超强法宝，一为缚龙索，一为定海珠。

赵公明倚仗缚龙索与定海珠，横扫阐教十二仙首，或生擒活捉，或一招打晕，尽展大罗金仙之威。

先说缚龙索。

在封神世界中，最出名的绳索类法宝当属捆仙绳。

早在十绝阵第二场地裂阵时，十二仙首之惧留孙就以捆仙绳轻松擒拿金仙境界的赵天君。在封神大战后期，惧留孙徒弟土行孙，更倚仗捆仙绳大展神威，先后擒拿哪吒、黄天化、姜子牙。就连拥有八九玄功的杨戬，也无法逃脱捆仙绳的束缚。

按照封神世界法宝体系的划分，惧留孙的捆仙绳当属 B + 级法宝无疑。

赵公明的缚龙索，名气虽然不如惧留孙的捆仙绳，但其强大的束缚能力，比捆仙绳有过之而无不及。

在赵公明大败哪吒、姜子牙之后，燃灯道人不得不率领阐教群仙迎战。赵公明原本就因己方的赵天君被燃灯道人吊在芦篷前示众，心中深感羞辱，发誓要擒拿阐教一位上仙泄愤。恰巧黄龙真人强出头，赵公明于是祭出缚龙索，把黄龙真人凭空拿去。

黄龙真人的修为已经到达三花聚顶境界，即金仙中期，可是在缚龙索的强大束缚力之下，竟然毫无遁逃机会，被一招擒拿，最后也被吊到商军大营前示众。

可见，缚龙索也是一件可以对金仙境界强者造成重大伤害的 B + 级法宝。

那么，捆仙绳与缚龙索相比，哪个更强呢？

我以为还是缚龙索。

在惧留孙祭出捆仙绳，擒拿赵天君时，原著曰：“（惧留孙）取捆仙绳，命黄巾力士将赵江拿在芦篷，听候指挥。”作为法宝，捆仙绳本身并不能召唤黄巾力士。很明显，惧留孙是担心捆仙绳本身束缚之力无法锁定并擒拿赵天君，

于是才召唤出黄巾力士协助，在捆仙绳将赵天君绑缚之后，立刻擒拿，以避免赵天君逃脱。

而在赵公明擒拿黄龙真人时，原著曰："未及数合，赵公明将缚龙索祭起，把黄龙真人平空（凭空）拿去。"

从"平空"一词可以看出，原作者也觉得赵公明单靠缚龙索而没有施展其他强大神通，就生擒黄龙真人，实在了不起！

不过，因为赵公明拥有威力更为强大的定海珠，缚龙索就显得不那么厉害了。

再说定海珠。

定海珠的战场表现堪称惊艳！

因黄龙真人被捉，现任大师兄赤精子坐不住了。他主动上前挥舞宝剑来战赵公明。只是，赤精子武艺稀松，还没打三五个回合，赵公明就抽出手来，祭出了法宝定海珠。

原文曰："公明将此宝祭于空中，有五色毫光。纵然神仙，观之不明，瞧之不见，一刷下来，将赤精子打了一交。"

在定海珠法宝光华照耀之下，赤精子瞬间失明，然后就被定海珠打倒在地。

之后，前任大师兄、现任二师兄广成子，还有道行天尊、玉鼎真人、灵宝大法师，都被定海珠一个照面打翻在地。

还不到一盏茶工夫，赵公明竟然连败阐教五位上仙，还活捉一位上仙。这份战绩，在商军阵营，堪称前无古人！

定海珠到底是什么宝物，为何能碾压金仙强者呢？

一旁观战的燃灯道人把挨打的五位叫来，询问有没有看清赵公明使用的是什么宝贝。五人都说，只看到红光闪烁，然后就被打得头晕倒地了。

从五位金仙的描述可以看出，定海珠非常强大，非常罕见。五位金仙明明与定海珠"亲密"接触了一回，竟然还弄不清楚定海珠是啥玩意儿。

后来，燃灯道人与赵公明交手，他特意施展了慧眼神通，可除了一片光华，还是什么也看不见。

那光华之中是不是毫无一物呢？

不是。

书中交代："珠有二十四颗。此珠后来兴于释门，化为二十四诸天。"

原来，在五色毫光之中，是由二十四颗宝珠汇聚而成的一颗大珠。

以燃灯道人与赤精子等人的强悍修为为何还看不透定海珠呢？

有两个原因。

其一，定海珠品级极高，当是A+级，甚至S-级法宝。

在被散仙萧升的落宝金钱击落了定海珠与缚龙索之后，赵公明大为悔恨。他愤愤然告诉闻太师说：“吾自得道，仗此奇珠。今被无名小辈收去，吾心碎矣！”一贯狂傲的赵公明竟然要心碎，可见他对定海珠是何等看重。

在向三个妹妹求借宝贝时，赵公明说：“洛地开天，成了道果，得此二宝，方欲炼性修真，在罗浮洞中以证元始；今一旦落余儿曹之手，心甚不平。”

赵公明口中虽然说的是“二宝”，其实偏指定海珠。

按赵公明的介绍，他早在开天辟地时期就已经得到了定海珠。定海珠非常神奇、非常强大，不但可以伤敌，并且可以证道。赵公明之所以能成为大罗金仙，主要就因参悟定海珠。

换言之，定海珠如“落宝金钱”“混元伞”等强大法宝一样，蕴含天地规则。并且，定海珠蕴含的规则远不止一丝！它不仅已经让赵公明进阶大罗境界，窥悟大罗真谛，甚至还可以让赵公明一直参悟，一直修炼，直至突破大罗，道德齐全，最终达到更高的混元之境——以证元始。

其二，定海珠蕴含的是地、水、火、风之道，与鸿钧一脉主修的五行之道大不相同。

定海珠既然叫作定海，当是其中蕴藏了深奥的水系大道。只是，定海珠中的水，并非金、木、水、火、土五行中的水，而是地、水、火、风四元素中的水。二者面貌相同，本质各异。

燃灯道人与赤精子、广成子等人对于地、水、火、风那一套的运行规律不甚了解，因此也就看不透此宝。

不过，在经历风吼阵之后，燃灯道人已经深刻感受到了四元素大道的强大。

自从天皇得道以来，燃灯道人苦苦修炼，一直在找寻突破的契机，可是都未能找到。其修为一直被困在大罗金仙境界。眼看着后生晚辈诸如伏羲、炎帝、轩辕、女娲都一个个进阶混元，成为圣人，燃灯道人心中很是不甘。

在得到定海珠之后，燃灯道人惊喜地发现，自己不但有机会窥悟道德，甚至有机会进阶混元，完成自己修行千万年的夙愿。

于是，面对讨要定海珠的赵公明，燃灯道人没有一点强占他人物品的羞愧。他说：“此珠乃佛门之宝，今见主必定要取。你那左道旁门，岂有福慧压得住他！此珠还是我等了道证果之珍，你也不必妄想。”

为了提升自己的修为，燃灯道人不仅厚着脸皮昧下了别人的法宝，还开始盘算叛出道门，投身西方教。

当然，赵公明不会眼睁睁让燃灯道人夺走定海珠，夺走他成圣的机会，于是与燃灯道人的大战势不可免。

那么，赵公明 PK 燃灯道人，谁技高一筹呢？

036 赵公明 PK 燃灯，生死大战谁将存活

赵公明在打死姜子牙，打败十二仙首之后，跨虎临阵，威风凛凛，指名道姓挑战燃灯道人。

燃灯道人乃是阐教圣人之下第一高手，修为、战力自然远高于十二仙首。两位大罗金仙激烈碰撞，自然引发一场精彩纷呈的大战。

两人之间先后交手三次，胜负情况如何呢？

第一战：燃灯大败，落荒而逃！

开战前，燃灯道人还颇为沉着，貌似潇洒地告诉阐教群仙："你们不必出去，待吾出去会他。"仿佛收拾赵公明，乃是小菜一碟般轻松。

两人见面，赵公明索要杨戬。前一天赵公明以缚龙索拿了黄龙真人，吊在军营前示众。不想杨戬仗着八九玄功，变身救走黄龙真人。

燃灯自然不会交出杨戬，于是推说："道友乃斗筲之器，此事非是他能，乃仗武王洪福，姜尚之德耳。"

西岐方面为了证明自己对抗朝廷的正确性，经常宣扬诸如纣王如何残暴，商朝如何腐朽，武王如何仁德，西岐如何必兴等等观点。这些宣传不仅让西岐国内民心稳定，更吸引来八方受苦受难的民众，对于那些同样反叛商朝的东、南各两百镇诸侯更是一股无形助力。

只是，对于拥有挥手间就可以移山倒海，毁灭一国的大罗金仙赵公明来说，无论百姓也好，帝王也罢，都是凡人一枚，他弹指间可灭；国家兴旺也好，衰亡也罢，他一力就可以逆转。

和元始天尊凡事总是留一手不同，通天教主在传授技艺时，几乎不藏私。故截教门下能人辈出，大罗金仙数以十计。强大的个人实力，也使得截教门下对老子、元始天尊，甚至是鸿钧老祖，都缺少了一份本应该拥有的畏惧。

故赵公明听燃灯说完，勃然大怒，认为燃灯是在蛊惑军心。两人遂战在一处。

燃灯道人手中也有一把宝剑，不过，估计其品级不高，威力不济，书中连

名字都没有交代。双方交手不过二三回合，赵公明就祭出法宝定海珠。

燃灯道人早就从挨打的五位上仙口中了解到了定海珠的强大威力，而他对于五色毫光中究竟有什么，也非常好奇。于是，他冒着极大风险近距离施展慧眼神通观看。让他失望的是，即便在咫尺之间，他依然无法看破定海珠。

眼看定海珠已经迫近，再不走就要挨打，燃灯道人拨转梅花鹿，落荒而逃。

从燃灯畏战潜逃可知，燃灯道人根本斗不过拥有定海珠的赵公明。他若逃得再稍微慢一点，必定也会被定海珠打晕，贻笑大方。

第二战：燃灯偷袭，侥幸得手。

燃灯一路逃跑，不知不觉跑到了五夷山。后由散仙萧升出手相助，以落宝金钱先后击落了赵公明的定海珠与缚龙索，被另一散仙曹宝收起。之后，赵公明以金鞭打死了萧升。

燃灯道人看准时机果断出手，祭出一件名为“乾坤尺”的法宝。赵公明此时正与曹宝相斗，一心想取回自家定海珠与缚龙索，哪里还能留意到燃灯道人。结果，乾坤尺狠狠打中赵公明，赵公明疼得差点落下黑虎。就这会工夫，曹宝退到了燃灯身边。

赵公明觉得自己已经没了法宝，而敌方却不知道还有什么强力手段，略一沉吟，便果断选择了撤退。

此战，燃灯道人在赵公明与萧升、曹宝大战时，以乾坤尺偷袭得手。若无萧升、曹宝，燃灯道人不可能反败为胜。故燃灯此战虽然获胜，却胜得不够体面，不够光彩。

第三战：金蛟剪前，燃灯屁滚尿流。

燃灯道人得了定海珠后，万分欢喜，再不舍得归还。赵公明见与燃灯道理说不通，于是跑去找三个妹妹借来了金蛟剪。

金蛟剪乃是一件可与圣人一战的超强法宝。定海珠虽然强大，但主要强在蕴含水之规则，可以凭借其提高修为，明悟大道，而在攻击力方面，战力也有限。故五位金仙仙首虽然无法逃脱定海珠一击，可是被击中也不过是短暂昏迷，并没有性命之忧。

金蛟剪就不一样了，它与闻太师的雌雄双鞭一样，都是蛟龙所化，可是杀伤力不知道要比雌雄金鞭强多少。就算是燃灯道人这样的大罗金仙，若被击中，也会被一剪两半。

赵公明与燃灯二人见面，没说几句就开打，打了几招，赵公明就放金蛟剪。书中说："那时起在空中，往下铺来，燃灯忙拚了梅花鹿，借木遁去了。把梅花鹿一铺两段。"

金蛟剪就如追踪导弹一般，可以敏锐地感应到血肉神魂的气息，然后做出相应攻击。金蛟剪是三霄娘娘护身法宝，名气自然极大。只是，三霄娘娘常年隐居，尤其是大姐云霄娘娘更是性情稳重，不爱争斗。故仙界中人虽然久闻金蛟剪大名，却极少有人亲眼见过金蛟剪。

让人奇怪的是，燃灯道人不但早就知道赵公明去了三仙岛借宝，而且对赵公明刚借到手的金蛟剪的性能也非常了解。正因如此，燃灯道人才会在赵公明刚一祭出金蛟剪时，立刻就选择木遁术——以木遁术隐去自身血肉生气，然后留下梅花鹿替死。

当然，即便燃灯早有安排，与赵公明这一战还是把他吓得够呛。

回到本阵，十二仙首纷纷上前询问——万千双眼睛都看到燃灯又一次临阵败逃。本来极爱面子的燃灯这次也公开承认自己不行了。他连连摇头，再三说道："好厉害！好厉害！"若他再慢那么一丁点儿，被剪成两半的就是他自己了。

这次惨败是燃灯道人一生中遭遇的最大危机。从此之后他就极少出手。那种生死一瞬的惊恐，就算是燃灯，也不敢再一次承受。

三次交手，燃灯道人两败一胜。那么，我们是不是可以认为，燃灯道人斗不过赵公明呢?

不能。

我们知道，封神世界的仙人大战，首重比拼法宝。只要法宝够强，人仙可以倒杀金仙!

赵公明之所以能碾压阐教群仙，除了因为他有大罗金仙的修为，还因为他有金鞭、缚龙索、定海珠等强大的兵器与法宝。

正因为有定海珠，在与燃灯的第一战中，赵公明才能穷追猛打，占尽上风。一旦定海珠、缚龙索丢了，拥有乾坤尺的燃灯道人立刻就翻盘。第三战中，燃灯逃跑与其说是害怕赵公明，不如说是害怕金蛟剪。事实是定海珠与金蛟剪击败了燃灯，而非赵公明。

何况，在几次交手中，燃灯无论是占据上风时，还是落魄被追打时，表现得都很沉稳。尤其是两次面对生死危机时，他竟然都做到了在关键一秒及时逃跑。这份保命的功夫，堪称封神第一人。

换言之，以燃灯的机敏，拥有定海珠的赵公明几乎不可能杀死燃灯。而以赵公明的自大，拥有定海珠的燃灯几乎分分钟可以杀死赵公明。

同样是大罗金仙境界的高手，同样是定海珠的拥有者，赵公明貌似强大，其实斗争经验与心理素质都远不如燃灯。若两人在同等条件下性命相搏，赵公明必败，燃灯道人必胜！

在两人第二次交手时，五夷山散仙萧升、曹宝的表现堪称惊艳，落宝金钱更是神奇无比。那么，两位散仙为何要助燃灯？落宝金钱又是怎样的法宝呢？

037 落宝金钱为何能刷落定海珠

前文说到燃灯道人被赵公明追得落荒而逃，来到了五夷山，提及两位散仙——萧升与曹宝。修为平平的萧升凭借手中落宝金钱，丝毫不惧大罗金仙赵公明，硬生生刷落并夺走了赵公明的定海珠与缚龙索。

萧升、曹宝本是无忧无虑的散仙，在阐教与截教的纷争中完全可以置身事外，为何他们纷纷跑来蹚浑水？

结合原著中二人言行，我们可以发现其原因有三点。

一者，自视甚高，有所倚仗。

赵公明见到一青衣、一红衣两位道者放过了燃灯，拦住了自己去路，于是询问对方是谁。二人大笑曰：“你连我也认不得，还称你是神仙？”

然后，二人吟诵了一首诗，以说明其修为精深，道术玄奇，诗云：

“堪笑公明问我家，我家原住在烟霞；眉藤火电非闲说，手种金莲岂自夸。三尺焦桐为活计，一壶美酒是生涯；骑龙跨出游沧海，夜静无人玩月华。”

从二人口称能够眉间蕴藏火与电，手中堪可种金莲可以看出，萧升、曹宝乃是金仙修为。这在散仙当中已经算是强者，可与大罗金仙赵公明相比，依然有若云泥。

不过，萧升、曹宝二人修为虽然不很高，手中却握有奇宝落宝金钱。估计在此前许多年，萧升、曹宝就曾以落宝金钱越级挑战过大罗金仙，并获得了成功。因此，在面对气势凌人的大罗金仙赵公明时，萧升、曹宝丝毫不惧，甚至对赵公明有些不屑，一副主动挑衅的意思。

二者，锄强扶弱，顺应天命。

萧升、曹宝批评赵公明说：“今见燃灯老师被你欺逼太甚，强逆天道，扶假灭真，自不知己罪，反特强追袭，吾故问你端的。”

二人强调，赵公明追杀燃灯乃是强逆天道、扶假灭真之举。他们是出于义愤，路见不平，于是一声怒吼拔刀相助。

鸿钧老祖让三教圣人在碧游宫佥押封神榜，定下兴周灭商之大政方针一事，封神世界仙人共知。赵公明等截教仙人自恃道术高强，要灭西岐保朝歌，那就意味着与元始天尊、老子作对，与鸿钧老祖作对。

不过，萧升、曹宝这番话说得虽然是义正词严，但其实只是表面文章。口号人人会喊，动机则各有不同。

三者，帮助阐教，有利可图。

最根本的原因，还在于萧升、曹宝二人帮助燃灯，帮助阐教，有利可图。

在封神大战中，出现了不少阐教与截教之外的第三方人马。他们住在三山五岳，但修习的根本来自西昆仑。

在封神世界中，道家第一仙山当属昆仑山。以元始天尊为首的玉虚宫仙人住在东昆仑。无数散仙居住在西昆仑，比如拥有定风珠、住在九鼎铁叉山的度厄真人，遨游天下居无定所的陆压道人，都宣称自己是西昆仑散仙。

萧升、曹宝虽然住在五夷山，其实也是西昆仑散仙。

封神大战本与西昆仑散仙无关，可是大战之后能被敕封为神，长生不老，受万民供奉的优惠条件实在让人心动。

西昆仑散仙因为没有高明功法，没有正宗道门传承，几乎不可能修到大罗金仙以上境界——陆压道人是绝对的另类，他能成大罗金仙，另有玄机。

于是，无法成就仙家大道的西昆仑散仙们，纷纷加入成就神道的行列。

封神大战看似是公平抉择，其实裁定权全在阐教大佬元始天尊手上。于是，帮助阐教，取悦元始天尊，就成了散仙们共同的追求。

事实上，阐教弱小而截教强大。散仙们加入截教，犹如水滴入海，难起波澜。而散仙们加入阐教，则犹如雪中送炭，阐教必定大喜——未来的天庭依然将充斥阐教与截教的争斗。因有西昆仑散仙的帮助，人丁寥落的阐教神有了许多盟友，再加上人道教诸神，方才能够对抗数量庞大的截教诸神。

落宝金钱又凭啥能刷落定海珠、缚龙索呢?

萧升、曹宝与赵公明大战时，祭出的法宝落宝金钱非常神奇，竟然把 A + 级法宝定海珠刷落了。莫非那落宝金钱品级比定海珠还高，是 S 级（圣人级）法宝不成?

按照之前介绍的封神世界法宝品级划分标准——能够蕴藏些许天地规则的法宝，可入 A 级。蕴藏（掌控）的天地规则越多，其品级也就越高。

比如混元伞，号称“装载乾坤”，事实上也确实强悍。混元伞一旦出手，几乎无物不被克，不被收。故混元伞绝对是 A + 级法宝。

定海珠攻击力虽然不强，但蕴藏的水之规则非常丰沛，不但可以帮助修真者突破大罗金仙三小境界的瓶颈，甚至有一丝让修真者窥悟天道、进阶圣人的契机。故定海珠也是绝对的A+级法宝。

那落宝金钱呢？

书中介绍，萧升“取出一个金钱，有翅，名曰：‘落宝金钱’，也祭起空中，只见缚龙索跟金钱落在地上……萧升又发金钱，定海珠随钱而下；曹宝忙忙抢了定海珠。”

从“落宝金钱”的名字可以看出，此法宝确实蕴含了些许天地规则——专落天下各种法宝。定海珠虽然强大，但既然是法宝，就被落宝金钱克制。

可见，落宝金钱已经有资格列入A级法宝行列。不过，在A级中，落宝金钱又处于怎样的地位呢？

在我看来，落宝金钱虽然能刷落定海珠，但蕴藏的规则实在太少，仅仅能列为A-级法宝。

理由很简单，赵公明祭出兵器金鞭，不但将落宝金钱打落，还直接把萧升打得脑浆迸裂而死。

原著解释说：“萧升又发金钱，不知鞭是兵器不是宝，如何落得？”

落宝金钱能落相对高级的法宝，却不能落相对低级的兵器，貌似很强大，其实存在巨大漏洞。它的威能根本不能与混元伞、定海珠相比。

何况，落宝金钱绝非无宝不落。比如说一方手持太极图这种S+法宝，落宝金钱必定无法刷落。以落宝金钱蕴藏的少量规则之力，顶多也就是能刷落A+以下法宝。

那么，落宝金钱凭啥能刷落许多法宝呢？

原因不难猜。

书中如此描绘此宝：“取出一个金钱，有翅。”所谓落宝金钱，就是一个有翅膀的金币。

封神世界的法宝大多有其社会来源。比如广成子的番天印，强大无比，就源自千百年来人们对于权力的崇拜。大印是权力的象征，而古人也真心认为官府大印可以辟邪。

至于落宝金钱的强大威力则源自人们对于金钱的崇拜。自古以来，人们都说钱能通神，钱能役鬼。有钱能使鬼推磨嘛！

封神世界仙人们的法宝各有不同，但在原作者看来，都是钱的变种，故几乎都被落宝金钱所克。

038 诸仙阵亡后法宝归了谁

不少读者都对一个问题存有疑惑：封神大战中，那些被杀死的神仙们的法宝归了谁？

像魔家四将，人人都拥有不俗法宝，尤其是号称可以装载乾坤的混元伞，更是圣人之下几乎无敌的存在。姜子牙他们杀了魔家四将后，为何不把混元伞拿出来使用？那样不是可以大杀四方，轻松扫灭所谓截教十天君吗？就是对上大罗金仙赵公明，也完全可以不惧！

让人奇怪的是，不仅仅是混元伞在主人陨落后就不再登场，而几乎所有仙人殒落后法宝都消失不见了。

这些法宝莫非都随着主人陨落被毁了？还是一直被某些人藏起来了？

要想弄清楚这些法宝的去向，就必须明白封神大战的真相。

封神大战由表及里，有三层意义。

其一，封神大战是人间王朝的更迭之战，是新兴的周朝取代衰朽的商朝，是正义战胜邪恶的战争。

其二，封神大战是仙界对人间王朝掌控权的争夺战，支持周朝的阐教意图打倒支持商朝的截教。谁最终获胜，谁就将成为人间王朝之后百千年的幕后掌控者，可以享受万民供奉，获得尊崇地位。

其三，封神大战是仙界组建天庭诸神的选拔赛，落选者可继续做逍遥自在的仙人，获许者可以死后重生并成为受万民供奉的神。即便人间王朝更迭，神在天界，在人间的地位都不会改变。在封神大战中被杀死，并非一件纯粹的倒霉事。对不少仙人来说，只是由仙转神而已。

正因为在封神大战中陨落的诸位仙人并非真正死亡，在不久之后就会重新由魂魄凝聚出肉身，再获新生，故他们死亡后，本属于他们的法宝，就必须短暂封存，等这些神仙重生之后，法宝都要一一归还。

如魔家四将，在封神榜中被封为四大天王，即增长天王、广目天王、多闻天王、持国天王，他们在天庭掌管风调雨顺之职，同时兼任佛门护法金刚。原著中特别提到了他们各自的法宝：增长天王掌青光宝剑一口，广目天王掌碧玉琵琶一面，多闻天王掌混元伞，持国天王掌紫金龙花狐貂——四大天王拥有的法宝和当初在人间为将时一模一样。

又如跟随在闻太师身边的辛环，其人鸟头人身，肋生双翅，手中兵器为锤钻。不少读者以为，负责打雷的雷神是雷震子，其实不然。受封雷神的是辛环——无论是哪种版本的传说、演义，雷公都是鸟头双翅，手中激发雷电的法宝是雷公锤，而不是黄金棍。

又如三霄娘娘，她们的法宝混元金斗一度被老子收走，但最终也还给了她们。她们死后被封为感应随世仙姑。元始天尊敕书中明确提到——三人执掌混元金斗，天地间所有仙、凡、人、圣，都必须由混元金斗中转世投胎，任何人不得逾越。若无混元金斗，三霄娘娘还是三霄娘娘吗？

那陨落诸仙的法宝由谁短暂保管呢？

由元始天尊总负责，由姜子牙具体保管。

在封神大战中，元始天尊有着双重身份：作为阐教掌教，他是参战方；作为鸿钧老祖选定的封神行动主持人，他又充当大战的裁判员。正因为他身兼数职，又腹黑偏心，故在封神大战中屡屡“吹黑哨”，甚至亲自下场掺和。

当然，元始天尊虽然爱胡搞，但还是有一定底线的。比如对陨落诸仙的法宝，他就基本上没有染指。

这并非是因他修为高深，看不上弟子辈的法宝——像混元金斗的威力可绝不逊色于他手中的玉如意。而且，就算他自己不用这些法宝，他也可以送给徒弟做人情。像十二仙首中的黄龙真人、灵宝大法师，都还是无弟子、无法宝的悲催角色，更不要说阐教其他弟子了。

问题的关键是，鸿钧老祖早就定下了规矩！

截教也好，阐教也罢，都是鸿钧老祖门下。手心手背都是肉！虽然因为小徒弟通天教主任性，一味“扩招”，收了不少“匪类”，出了不少狂妄自大、不知尊卑的弟子，但上天有好生之德，能修行到如今境界也都不容易。因此，鸿钧老祖在下定决心打压截教的同时，也给这帮不成器的弟子重新开辟了一扇门，根据各自神通品行，一一对应不同神位。

正因如此，诸仙在封神大战中殒落后，姜子牙都将缴获的法宝封存，等正式封神后，皆一一归还。

按照此规则，在赵公明封神之后，姜子牙方面应当把赵公明证道之宝定海珠归还赵公明，否则堂堂财神，竟没有强力法宝，颜面何存？

事实却是，燃灯道人在夺走赵公明的定海珠之后就强占不还，严重破坏了鸿钧老祖制定的规矩。

039 为何燃灯能打破规则，强占公明定海珠

在封神大战结束后，几乎所有陨落仙人的法宝都归还了原主。“几乎”二字也就意味着并非全部，事实上有两个例外。

其一，在经过五关时，黄天化曾经击杀守关大将陈桐，夺走了其法宝火龙标。此后，黄天化就把火龙标据为己有，在以后的大战中屡有出手。在正式封神后，火龙标归谁所有，书中并未明言，而按照鸿钧老祖定下的规则，应当归还陈桐。

其二，萧升、曹宝与赵公明大战，萧升以落宝金钱刷落定海珠，曹宝及时捡起。之后，赵公明用金鞭把萧升打死，但因燃灯道人暗中偷袭，以乾坤尺打中赵公明，赵公明不得不撤走。定海珠就落到了曹宝手上。

那么，定海珠为何后来又落入燃灯道人之手呢？

原著中燃灯道人对曹宝说：“方才公明祭起二物，欲伤二位，贫道见一金钱起去，那物随钱而落，道友忙忙收起，果是何物？”曹宝回答：“吾宝名为‘落宝金钱’，连落公明二物，不知何名。”

燃灯道人心机深沉，一言一语无不暗含玄机。他的询问看似客气，其实以他的身份地位，一旦出口，身为散仙的曹宝根本无法拒绝。询问中，他关注的也并非萧升、曹宝的落宝金钱，而是随钱而落的赵公明的“二物”。

等曹宝将定海珠与缚龙索拿出观看时，燃灯道人拍掌大叫曰：“今日方见其奇珍，吾道成矣。”对定海珠的贪婪觊觎之情，溢于言表。

曹宝立刻明白了燃灯道人的意思，于是顺势询问缘故。燃灯道人回答了两个理由，让曹宝不得不交出定海珠。

第一，定海珠的真正主人并非赵公明。

燃灯道人说：“此宝名为‘定海珠’，自元始以来，此珠曾出现光辉，照耀玄都；后来杳然无闻，不知落于何人之手。”

按照燃灯道人的说法，定海珠在开天辟地之时就已经存在，并且一度在老子居住的玄都洞中出现。换言之，定海珠乃阐教之宝，可是后来不知道什么原因，定海珠失踪了——燃灯道人暗示，赵公明是从玄都洞盗走了定海珠。

既然赵公明并非定海珠的真正主人，那么，身为阐教大罗金仙的燃灯道人，自然有资格收回此宝。

第二，定海珠对燃灯道人意义重大。

燃灯道人说："今幸逢道友收得此宝，贫道不觉心爽神快。"

燃灯道人进阶大罗金仙已经几千年，可是修为迟迟无法突破。在遇上定海珠之后，其中蕴藏的丰富水之规则，让燃灯道人长久停滞的修为隐隐有了突破的迹象。一旦进阶成为混元大罗金仙，燃灯道人的前景将无限广阔。即便阐教，也再无法束缚也。

燃灯道人对曹宝坦诚自己对定海珠的渴望，曹宝当然无法拒绝。

曹宝曰："老师既遇见此宝，必是有可用之处，老师自当收去。"

身为散仙的曹宝，在阐教与截教纷争的封神大战中，主动明确立场，帮助阐教，本就是渴望得到阐教的支持与认可，以在未来的封神行动中，分得一杯羹。

以定海珠的强大威力，必定会引来许多强大仙人出手。以曹宝的修为，肯定无法长期占有定海珠。如今借花献佛，讨好燃灯道人，对曹宝可谓是最佳选择。

燃灯道人还假意推辞说："贫道无功，焉敢受此？"曹宝再三强调"一物自有一主"，自己留着定海珠也没什么用处，燃灯道人这才"勉强"收下了定海珠。

以燃灯的实力，从曹宝手上索得定海珠并非难事。不过，为何他能够打破鸿钧老祖定下的规则，在正式封神后依然拥有定海珠呢？

此事背后必有玄机！

燃灯道人早在混元时期，就已经踏上仙途，在天皇时期已经得道，进阶大罗金仙，成为阐教圣人之下第一人。

阐教虽然有老子和元始天尊两位圣人，但门下弟子修为普遍不高。以南极仙翁为首的玉虚宫弟子，最高境界不过金仙后期，连一位大罗金仙也没有。

而燃灯道人并非老子与元始天尊的弟子，他与阐教之间，更似一种合作关系。故十二仙首和曹宝、萧升等人，都称其为老师。

加入阐教几千年，燃灯道人看似风光，受到群仙尊崇，但实际上，他的修为并没有大的进步，阐教方面也没有给他强力法宝。也就是说，除了一些虚名，燃灯道人加入阐教后，真正的收获极少。

因此，阐教方面能不能继续留下燃灯道人，燃灯道人愿不愿意继续给元始天尊"打杂"，是个非常严峻的问题。

不过，定海珠的出现，让一切有了转机。

燃灯道人因有了定海珠，极有可能突破大罗境界，成为混元大罗金仙，实现数千年的夙愿。阐教方面则通过庇护燃灯道人，既可以回报燃灯道人无数年对阐教的付出，又能让阐教出现第三位圣人，可谓一举两得。

而截教方面因为赵公明丢了定海珠，实力受损，自然不会甘心。只是，封神行动本就是由阐教元始天尊主持，人家对各种规定都拥有最终解释权。赵公明再不满，也是胳膊拧不过大腿。

当然，最关键的还是鸿钧老祖的态度。若鸿钧老祖强调要公事公办，一切按规矩操作，元始天尊也无法庇护燃灯。

那鸿钧老祖为何默许燃灯搞特殊，继续占有本不属于他的法宝呢?

因为鸿钧老祖对燃灯另有安排——让燃灯混入西方教!

在封神世界中，鸿钧老祖是出场人物中修为最高的存在，但未必是所有世界所有人物中最高的存在。

封神世界只是万千世界中的一个世界。即便在封神世界也隐藏着一些可以威胁到鸿钧老祖的势力，比如西方教。

西方教非常神秘，教主准提道人、副教主接引道人都是混元大罗金仙，并且修为、法宝与元始天尊都在伯仲之间。可以想见，这二位教主的师父必定更为恐怖，甚至可能与鸿钧老祖一样，达到了混元无极大罗金仙境界!

身为封神世界的掌控者，鸿钧老祖不可能让一股不可操控的势力长久存在。面对此种情况，多数人的应对是两种：一剿杀，一招抚。

只是，剿杀必定引来仇恨，甚至是逼得隐藏着的存在出手。那样的话，虽杀敌一千，但也会自伤八百，得不偿失。至于安抚也很难奏效。人家西方教本就是称霸一方，与东方仙界并立，西方教主何必自降身份，成为东方道门的附庸呢?

鸿钧老祖英明神武，选择了第三种方略——化敌为友，化人为己。

封神大战中，准提道人与接引道人兴冲冲来到东方招兵买马。他们从大战中抢到了一些厉害人物，比如孔宣。封神大战结束后，更有一些厉害人物主动投靠西方教，比如文殊、普贤、慈航、惧留孙，比如燃灯道人、多宝道人，等等。

封神大战结束后，截教覆灭，阐教分裂，乍一看，西方教好像是封神大战的真正受益者。其实，因为太多道门仙人的加入，封神大战结束不久，西方教就名存实亡——甚至连名也改成了佛派。

新生的佛派中东方道门势力强大无比，压过了传统的西方教势力。于是，出身阐教的燃灯道人成为佛派第一任教主，出身截教的多宝道人成为佛派第二任教主。

不知不觉中，西方教消失了，新生的佛派除了名称上不同，事实上已经被道门同化，成为鸿钧老祖掌控下的一股势力。

鸿钧老祖才是封神大战的真正获益人。

既然鸿钧老祖准备让燃灯道人接管西方教，当然必须让燃灯道人提升实力。一教之主再怎么弱，也必须是混元境界，必须是圣人。

因此，对鸿均老祖默许燃灯道人继续占有定海珠，就很好理解了。

040 兄长被欺负，云霄娘娘为何不借宝

定海珠被燃灯道人夺走之后，赵公明闷闷不乐。法宝丢失，不仅让一贯傲娇的赵公明颜面大损，更使得其修行大道从此壅塞，基本无望混元之境。

是可忍，孰不可忍！

思前想后，赵公明决定前往三仙岛找三个妹妹三霄娘娘求助，以期夺回定海珠，一洗前耻。

赵公明兴冲冲而来，以他的想法，自己与三个妹妹感情深厚，只要开口，三个妹妹顾念兄妹情谊，不可能不相助。没想到他说明来意后，大妹子云霄娘娘不但不同意借宝，反而把他狠狠训斥一番，赶出了洞府。

若三霄娘娘本领低微，没有能力为兄长出头也还罢了，事实上三霄娘娘的修为比赵公明高出太多。即便是在大罗金仙之中，她们也是最为强大的那一批存在。而三霄娘娘合力一击，即便是混元初期境界的圣人也很难抵挡。

那么，拥有如此逆天神通的云霄娘娘，为何不肯帮助兄长赵公明呢？

听闻赵公明叙述，云霄娘娘只是摇头，她说："大兄此事不可行。昔日三教共议佥押封神榜，吾等俱在碧游宫，又有两句贴在宫外：'谨闭洞门，静诵黄庭三两卷；身投西土，封神榜上有名人。'如今阐教道友犯了杀戒，吾截教实是逍遥，昔日凤鸣岐山，今生圣主，何必与他争论是非。大兄你不该下山，你我只等子牙封过神，见神仙玉石；大兄请回峨嵋山，待平定封神之日，吾亲自往灵鹫山，问燃灯讨珠还你；若此时特要借金蛟剪、混元金斗，妹子不能从命。"

云霄娘娘强调，自己之所以不愿借出金蛟剪，有三个原因。

其一，掺和封神大战，有违通天教主法旨。

当初三教圣人共同在碧游宫签订契约，同意开展封神行动。通天教主之所

以同意签字，一者是鸿钧老祖有命，不好违背；二者是封神大战名义上是阐教十二仙首要渡杀劫，昊天上帝想让阐教十二仙首称臣。

换言之，从鸿钧老祖的宣传看，封神行动是一场针对阐教、打压阐教势力的一场大战。截教方面只要关紧洞门，不问凡间是非，就可以躲过此次仙界大劫。

身为大罗金仙的云霄娘娘，深知大战凶险，修行不易。她不想自家兄长在封神大战中越陷越深。故她刻意抬出教主法旨，希望能劝阻赵公明。

其二，封神结束，云霄会出面帮兄长讨回定海珠。

赵公明提出，定海珠失落，自己修行无望。云霄娘娘则安慰赵公明不必心焦。就算燃灯道人眼下得到定海珠又如何？以云霄娘娘的实力，一旦放出金蛟剪，拥有定海珠的燃灯道人也只有望风而逃的份。

但眼下燃灯道人是代表阐教扶持西岐，是在执行鸿钧老祖兴周灭商的伟大战略。此时找燃灯道人的麻烦，就是与鸿钧老祖作对。与鸿钧老祖作对，就是与天命作对，只有死路一条。

而待封神大战结束后，燃灯道人就仅仅是阐教的一员大罗金仙。从地位、从实力来讲，三霄娘娘都不逊色燃灯。

关键一点是，燃灯道人私吞他人法宝，有违鸿钧老祖定下的分配规则。

也就是说，到时候云霄娘娘不但有能力而且有充分的理由讨回定海珠。

若赵公明够理智的话，就应该听从妹妹的劝说，暂时放弃定海珠，回归罗浮山，静待封神大战结束。可赵公明深陷战局之中，被仇恨蒙蔽了双眼。听了云霄的话，他只是埋怨妹妹薄情。一旁的琼霄与碧霄心有不忍，都劝说大姐。可云霄依然不同意，她说：“非是不肯，恐怕一时失手，追悔何及？总求兄请回山，不久封神在迩，何必太急！”

在这番话中，云霄娘娘又道出自己不愿意借宝的第三个原因。

其三，金蛟剪过于霸道，万一杀了燃灯道人不好交代。

对于自家法宝金蛟剪，云霄娘娘有着十分的信心。在后文中，云霄娘娘无奈之下终于答应借出金蛟剪，临行前，她再三叮嘱赵公明说：“大兄！你把金蛟剪拿去，对燃灯说：‘你可把定海珠还我，我便不放金蛟剪；你若不还我宝珠，我便放金蛟剪，那时月缺难圆。’他自然把宝珠还你。大兄千万不可造次行事，我是实言。”

眼下燃灯道人虽然夺走了赵公明的定海珠，但那是因为赵公明主动下山帮助衰朽的商朝对抗西岐，也就是说赵公明是在阻碍鸿钧老祖定下的兴周灭商大计。与赵公明违抗天命的大错相比，燃灯道人强占定海珠根本不算啥。

赵公明没有金蛟剪，斗不过燃灯，就会回归罗浮山隐居，抗命之罪自然消散。而若赵公明有了金蛟剪，必然再去西岐，与燃灯厮杀。万一没收住手，金蛟剪杀掉了燃灯道人，那么，赵公明的罪过就更大了。

杀了燃灯，赵公明不仅要面对老子与元始天尊的怒火，更要面对鸿钧老祖的责罚。人家燃灯帮助西岐，就是在帮鸿钧老祖做事！

赵公明虽然气愤失望，可大妹妹云霄不肯借宝，他也无可奈何。本来，赵公明在无法可想之下也就会回罗浮山隐居，不想半路上撞见了菡芝仙。

这菡芝仙是个喜欢凑热闹的人，一听赵公明在妹妹那里吃了瘪，主动提出去说和。在菡芝仙一番说辞下，云霄娘娘不得不借出金蛟剪。

那么，菡芝仙是如何说动云霄娘娘的呢？

菡芝仙说："三位娘娘！道兄乃你三位一脉，为何不立纲纪，难道玉虚宫有道术，吾等就无道术？他即收了道兄二宝，理当为道兄出力，三位姐姐为何不允，这是何故？倘或道兄往别处借了奇珍，复得西岐燃灯之宝，你姊妹面上不好看了！况且至亲一脉，又非别人，今亲妹子不借，何况他人哉？连我八卦炉中炼一物，也要协助闻兄去，怎的你倒不肯？"

赵公明嘴笨，菡芝仙则伶牙俐齿。针对云霄娘娘的三个理由，她也提出了两个理由。

其一，师门受辱，理当挺身而出，何况受辱者是亲兄。

截教拥有不少大罗金仙，可是这批人几乎都是在天皇时期就已经得道的大仙，而最近一两千年来，截教并无非常厉害的角色。因此，在人数最为庞大的神仙、金仙层次，截教占不到什么便宜。

反观阐教，因元始天尊择徒标准严格，人丁虽然寥若，综合实力却也颇强，尤其是在金仙层次，玉虚宫十二仙首几乎可以称霸。

再加上截教弟子多是各类禽兽修真，进阶缓慢。而几乎都是人族出身的阐教弟子对截教有着天然的优越感。相应的，截教仙人多少也有些自卑，为自己被鄙视而不忿。

因此，截教仙人一旦被人撩拨——比如被申公豹——常常就会暴走。他们个人斗不过玉虚宫，于是就打着维护师门尊严的旗号，呼朋引伴，共同对抗阐教。

菡芝仙这里就是把赵公明的个人受辱，上升到师门受辱的高度。若仅仅是赵公明一人受辱，那是私事，云霄娘娘可以出手，也可以置之不理。但现在是整个师门受辱，云霄娘娘就必须相助了。

其二，赵公明若在他处借宝成功，三霄娘娘颜面无存。

菡芝仙强调，现在阐教的暴行已经引起截教仙人的公愤，即便三霄娘娘不借法宝，别人也会借。像她菡芝仙，就准备前往西岐，帮助赵公明一起对付燃灯道人。

如此一来，燃灯道人一样可能被杀，事情一样可能变得糟糕。云霄娘娘希望兄长暂避大战的美好愿望一样无法实现。

既然赵公明于别处也能借来宝贝，那云霄还不如答应借宝了。如此一来，既可以增进兄妹之间的情谊，也可以把事情的危害限制在可控范围之内。

应该说，菡芝仙这番话公私兼顾，让云霄很难辩驳。

云霄思考再三，终于答应借金蛟剪。临别时她再三嘱托，让赵公明小心再小心。可是云霄万万没有想到，就在赵公明赶回西岐的同时，一个神秘人物来到西岐。他此行的目的非常明确——不惜一切代价斩杀大罗金仙赵公明。

这个神秘人究竟是谁呢？

041 陆压辈分有多高，真的是鸿钧老祖的小师弟吗

如同《西游记》中神龙见首不见尾的菩提祖师一样，在《封神演义》中同样存在一位神通广大且来历成谜的仙人，此人就是号称西昆仑散仙的陆压道人。

关于陆压道人，有着太多的谜团，称陆压为封神最神秘的仙人也丝毫不为过。

因为神秘，更因为陆压神通广大，一出场就斩杀大罗金仙赵公明，做出许多常人无法做到的事情，经历十绝阵、诛仙阵、万仙阵毫发未伤，来也潇洒，去也从容，所以，在封神大战登场诸仙中，陆压道人人气极高，影响极大。

下面我们就一起来谈谈陆压道人。

其一，辈分有多高？

关于陆压道人的辈分，坊间有个说法流传极广：先有鸿钧后有天，陆压道人还在前。今年才活十八岁，一个混沌为一年。

这个说法源自由小说《封神演义》改编而成的苏州评弹，在读者群中拥有极大影响力。但凡说起陆压，总有人会念叨：先有鸿钧后有天，陆压道人还在前。

按照这种说法，陆压道人的辈分极高，仿佛仅次于鸿钧老祖。

某网络小说更把这段话无限发挥，编造了一个创始元灵，把封神中的许多

人物生拉硬扯到了一起。比如说，创始元灵收了四个徒弟，大徒弟鸿钧老祖，二徒弟鲲鹏祖师，三徒弟女娲娘娘，四徒弟陆压道人。然后，鸿钧老祖传法于老子、元始天尊、通天教主，三位徒弟分别开创阐教与截教；鲲鹏祖师传法于接引道人、准提道人，两位徒弟开创西方教，后来二人不和，接引转世成为释迦牟尼，开创佛教，准提道人则改名换姓，成了菩提祖师。

按照这种说法，陆压道人的辈分与鸿钧老祖相同，乃是元始天尊的小师叔。

不得不说，坊间的这些观点虽然脑洞开得极大，但能将诸多古代著名神话人物串在一起并形成谱系，自成一家之言，颇令人佩服。

只是，陆压道人乃是明代神魔小说《封神演义》的原创人物，此前中国神话中根本没有陆压。因此，跳出《封神演义》说陆压，纯属编造。

其实，在《封神演义》原著中，陆压道人每每在登场时都会吟诵诗歌，在这些陆压的自述诗中，就已经明白道出陆压的许多秘密。

许多时候，真相就摆在我们面前，只是很多人固执成见，不肯接受新知罢了。

陆压初到西岐时，以燃灯道人为首的阐教群仙无一人认识陆压。陆压于是自我介绍说：

“贫道乃是昆仑客，石桥南畔有旧宅。修行得道混元初，才了长生知顺逆。休夸炉内紫金丹，须知火里焚玉液。跨青鸾，骑白鹤，不去蟠桃飧寿药，不去玄都拜老君，不去玉虚门上诺。三山五岳任我游，海岛蓬莱随意乐。人人称我为仙癖，腹内盈虚自有情。陆压散人亲到此，西岐要伏赵公明。”

这首诗歌蕴含的信息量很大，我们以后会反复提到。

关于辈分，陆压道人自称，他早在混元时期——由混沌时期到开天辟地之初的鸿蒙时期统称为混元——就已经得道。

在封神世界中，鸿钧老祖之下还有许多位混元大罗金仙级别的圣人，比如居住在天庭的昊天上帝、西王母，居住在玄都洞八景宫的老子，居住在昆仑山玉虚宫的元始天尊。

陆压道人自称，对于以上三家圣人，他全不低头，不称臣，不参拜，他乃是天地间逍遥自在的一位散仙。

从此处看，陆压道人在仙界地位极高，仿佛真可能是老子、元始天尊等的小师叔。

其实，这首诗歌乃是陆压向燃灯道人的自我介绍。和大多数人找工作投递的简历一样，陆压道人的自述其实掺水严重。

陆压道人早在混元时期就已经存在，这点不假，但是他真正得道的时间，不是在混元时期，而是在天皇时期。

陆压在见云霄娘娘时，口中说：“吾自从天皇悟道，见过了多少逆顺。”

封神世界中，在混元时期就已经存在、踏上仙途，在天皇时期进入大罗金仙境界的高手虽然不是很多，但绝非陆压道人一个。

比如燃灯道人在自述时就说：“盘古修来不记年，阴阳二气在先天。”燃灯道人在盘古活跃的时代，在开天辟地之前就已经存在。

赵公明听了很不服气，大叫说：“后来天地生吾后，有甚玄门道德仙!”赵公明与燃灯都是在天地开辟之前的混沌时期就已经存在，在天皇时期就已经得道的仙人。

换言之，陆压道人在仙界的辈分顶多也就是和燃灯道人、赵公明等人相同。

事实上，陆压道人在封神世界、阐教的地位，比燃灯道人还稍逊一筹!

小说第 48 回陆压说：“众位道兄，闻仲已察出原由，今着他二门人去岐山，抢此箭书。”此处，陆压称呼燃灯、赤精子、广成子为道兄。

十二仙首开始时称呼陆压为“道友”，熟悉了之后称“道兄”，到共破诛仙阵时称“师兄”。

而燃灯道人从未单独称陆压为“道兄”，在陆压以钉头七箭书杀死赵公明之后，燃灯说：“公道术精奇，真个可羡!”燃灯道人称陆压为“公”，仅仅是表示对陆压能力的敬佩。

陆压破十绝阵时，姜子牙称呼陆压为“道兄”，在破诛仙阵后，则称陆压为“老师”。

为何有此变化呢?

只因陆压乃是西昆仑散仙，与姜子牙并无师承关系。广成子可以称呼陆压为“道兄”，姜子牙也可以。但情况在三教共破诛仙阵故事中发生了变化。看原文——

次日天明，燃灯来启曰：“老师，今日可会诛仙阵么?”元始曰：“此地岂吾久居之所?”吩咐弟子：“排班。”赤精子对广成子，云中子对慈航道人，黄龙真人对陆压；燃灯同子牙在后。

十二仙首称呼燃灯道人为“老师”，足见燃灯道人在阐教的地位远在十二仙首之上，但燃灯道人与十二仙首一样，称呼元始天尊为“老师”，又可见燃灯道人依然是元始天尊晚辈。

元始天尊是吩咐“弟子”排班，陆压道人与云中子却混在十二仙首中。于是，我们可以说，从破诛仙阵开始，陆压道人已经基本被定位为元始天尊的弟子辈。

因此，陆压道人根本就不可能是什么鸿钧老祖的师弟、元始天尊的师叔。事实上，陆压道人在阐教仙人中的地位，别说不能和老子、元始天尊相比，就连与燃灯道人相比也有所不如，也就和十二仙首相当！

042 陆压的修为有多深

《封神演义》中，许多仙人在出战时常常会吟诵诗歌，以说明修为验证道法。陆压道人每次出战几乎都会吟诵诗歌，只是他的自述诗大都是强调自己如何逍遥，如何出尘，极少说到自己的修为。

不过，陆压道人能斩杀大罗金仙赵公明，斩杀一气仙余元，历经十绝阵、诛仙阵、万仙阵而毫发无损，即便面对手握混元金斗的三霄娘娘都能从容脱身，其修为必定不俗。

那么，神秘的陆压修为究竟有多深？比赵公明如何？比燃灯道人又如何呢？

原著中关于修为，陆压道人曾亲口说："修行得道混元初，才了长生知顺逆。休夸炉内紫金丹，须知火里焚玉液。"

上句中，陆压自称在混元之初就已经得道，此处所谓得道，估计只是进阶金仙而并非大罗金仙。否则在后来面对三霄娘娘时，陆压也不会改口说自己是在天皇时期得道。

一旦进入金仙之境，寿元就长达数千年乃至万年，对于凡人来说，就已经是长生不死了。而成为大罗金仙，更将拥有数万年乃至数十万年的寿元。

下句中，陆压自称已经在体内凝聚出紫金丹，这正是封神世界中修为进入大罗金仙的一个重要标志。

燃灯道人在面对三霄娘娘时，就曾经说："顶上灵光十丈远，包罗万象胸襟。九返金丹全不讲，修成仙体彻灵明。"燃灯道人因为没有强力法宝，在对阵赵公明时屡次表现都比较窝囊。其实，若单论修为，赵公明仅仅是大罗金仙初期，比燃灯道人要差多了。

此处，燃灯道人在阐明自己修为时提到了两个特征：一是头顶拥有十丈灵光；二是体内修成了九转紫金丹。

像赤精子、广成子等十二仙首，其修为至少是金仙中期，虽然不是人人都达到五气朝元境界，但也都身具异常云气。只是，金仙之气与大罗金仙之气自然不同。因此，不能因为燃灯的"灵气"只有十丈，文殊广法天尊却有三千丈紫气，就觉得燃灯不如文殊。

事实上，燃灯道人不但是大罗金仙境界的强者，而且已经进入了大罗金仙后期境界。体内紫金丹九转大成，距离混元圣人也仅仅是一步之遥。这也是燃灯道人得到定海珠之后不久，就成功进阶的重要原因。

由上述分析我们可以确定，陆压早在天皇时期就已经进阶大罗金仙。不过，陆压究竟处于大罗金仙境界的哪一个阶段呢？

虽然原著中没有明确说明，但我们依据陆压在面对赵公明与三霄娘娘时不同的态度，陆压与燃灯道人的实战对比，就可以推测出陆压所处的具体境界。

陆压初到西岐，面对燃灯介绍自己来意时说："他（赵公明）只知道术无穷，岂晓得玄中更妙，故此贫道特来会他一会。"赵公明依仗金蛟剪刚把燃灯杀得大败，阐教群仙都丧魂落魄，可陆压全不在意，根本不把赵公明放在心中。

面对赵公明询问时，陆压依然从容，他说："赵公明！你竟也不认得我，我也非仙也非圣，你听我道来……不识高名空费力，吾今到此绝公明。"

陆压言辞中几乎处处都是对赵公明的不屑，并对赵公明见识浅陋、修为孱弱极尽嘲讽之能事。赵公明堂堂大罗金仙，在陆压口中，几乎就如土鸡瓦狗，挥手间就可以消灭。

陆压之所以如此自信，除了他拥有钉头七箭书这种阴毒非凡的秘术，也是因为他的修为境界大大高于赵公明。

陆压杀死赵公明之后，三霄娘娘赶到阵前。云霄娘娘指名道姓要陆压来相见。

云霄娘娘质问陆压，为何杀死自家兄长赵公明。云霄的口气很不善，可陆压道人一改当初面对赵公明时杀气腾腾的模样，老老实实地说明理由，半点傲气也无。

结尾时陆压还说："吾劝道友，此地不可久居，此处乃兵山火海，怎立其身？若久居之，恐失长生之道。吾不知忌讳，冒昧上陈。"

在封神大战中来去自由、一贯狂放的陆压，面对云霄娘娘时竟然说出"不知忌讳，冒昧上陈"这等谦卑词语，这说明了什么？

封神世界以实力为尊，那三霄娘娘的修为还在燃灯之上，应当已经到达大罗金仙圆满之境。三霄娘娘凭借手中金蛟剪与混元金斗，完全可以在圣人之下称霸。就连混元大罗金仙中期的元始天尊为免失手有损颜面，都不敢独立与之迎战。精明的陆压又怎么会轻易得罪三霄？

那陆压与燃灯相比，谁的修为更强？

燃灯道人的修为虽然也略逊三霄娘娘——主要是云霄，但面对三霄时依然谈笑自若，气度从容，没有半点低头。

事实上，燃灯道人在实战上的表现也比陆压要好许多。

交战之初，碧霄娘娘祭出混元金斗。原文说：“陆压看见，却待逃避，其如此宝利害，只听得一声响，将陆压拿去，望成汤老营一摔。陆压纵有玄妙之功，也摔得昏昏默默。”

碧霄娘娘并非偷袭，而是光明正大祭出混元金斗。陆压明明看见，也已经施展了自身最强遁术，想和之前一样，化作长虹而去。可是，在混元金斗的强大吸力捕捉之下，陆压根本无法反抗，只能眼睁睁看着自己被混元金斗吸走，然后摔得七荤八素。

在此刻，若三霄娘娘有伤人之心，陆压必死无疑。

之后，三霄娘娘以混元金斗把阐教十二仙首全部擒拿，单剩下燃灯道人与姜子牙。

原文中云霄娘娘说：“月缺今已难圆，作恶到底。燃灯道人，今番你也难逃！”

云霄娘娘的修为还在碧霄娘娘之上，以她无穷浑厚法力驱动混元金斗，燃灯道人能躲过吗?

原文说：“又祭混元金斗来擒燃灯，燃灯见事不好，借土遁化清风而去。”

燃灯道人竟然从混元金斗威压下成功逃脱。这说明了什么?

这足以说明在不动用任何法宝，单凭自身修为、神通来论，燃灯实力远在陆压之上。

其实，燃灯胜过陆压的记载还有许多。比如在对战孔宣之时。

孔宣乃开天辟地之初最早存在的孔雀真灵，拥有强大的五色神光。

陆压出战孔宣，见孔宣使出神光，急忙化长虹遁走。回大营见姜子牙时，陆压尚惊魂未定，口中说：“果是利害，不知是何神异，竟不可解；贫道只得化长虹走来，再作商议。”

燃灯道人虽也不能降服孔宣，不过，对战时他却要淡定得多。

燃灯先与孔宣战了几个回合，然后用定海珠砸孔宣，不想孔宣神光一摇，竟然把定海珠给收了。燃灯又祭出金钵盂，也被孔宣的神光收了。燃灯并没就此逃跑，而是召唤出门人大鹏鸟。大鹏鸟与孔宣大战了两个时辰，方才被神光击败。

在大鹏与孔宣打斗时，燃灯一直开启慧眼，近距离观看孔宣。只是五色神光对慧眼有强大的克制效果，燃灯始终无法看出孔宣真身，也就无法击败孔宣。

后来，孔宣用神光来杀燃灯，燃灯也化一道祥光回归西岐。

不过，燃灯道人虽被五色神光击败，但并不是说燃灯的修为就不如孔宣。燃灯的徒弟大鹏鸟都可以和孔宣打两个时辰呢。很多时候，战局胜败与修为高低无关，往往由法宝的强弱决定。

此处燃灯对战孔宣，不是像陆压一样直接遁走，而是想尽办法拖延时间以求看破孔宣，扭转战局。从此点看，燃灯的修为要高出陆压无疑。

于是，我们说陆压的修为比大罗金仙初期的赵公明要高，但比大罗金仙后期的燃灯道人要低，大约处在大罗金仙中期。

043 陆压有哪两项绝世神通

确实，陆压修为比赵公明高些，可是，也不过略高一个小境界。更何况赵公明手中有超强法宝金蛟剪。与之正面对敌，陆压只有逃跑的份。陆压凭什么那么自信，把赵公明视如无物呢?

只因陆压道人身具两项绝世神通，一项用来杀敌，一项用来保命。有这两项神通护身，商军大营即便能人再多、群仙汇聚，陆压也能笑傲两军阵前。

这第一项绝世神通，叫作钉头七箭书。

陆压初见阐教群仙，口气极大。连燃灯道人都被赵公明的金蛟剪杀得大败，陆压却一副云淡风轻模样。

等陆压与赵公明会面，在赵公明祭出金蛟剪后，阐教群仙尤其是燃灯道人瞪大眼睛准备看陆压的精彩表演。结果，陆压远远看见金蛟剪，就大叫一声“来得好!”随即，化一道长虹逃回西岐阵营。

众人面面相觑，都有几分失望。燃灯道人的眼神更有几分嘲笑，明明看见陆压败回本阵，偏偏还询问说：“会公明一事如何?”

陆压浑不在意，告诉燃灯，不用担心，自己自有神通秘术除掉赵公明。

陆压的神通秘术就是钉头七箭书。

具体如何操作呢?

陆压交给姜子牙一卷帛书，说：“写得明白，上有符印口诀，依次而用，可往西山立一营，营内一台，结一草人，人身上书赵公明三字，头上一盏灯，足下一盏灯，脚步罡斗，书符结印焚化，一日三次拜礼，至二十一日之午时，贫道自来助你，公明自然绝也。”

陆压说得简单，仿佛扎个草人写上对方名字，每天对着草人鞠躬下拜三次，二十一天之后，对方就会死掉。

真相当然不会如此简单。陆压的钉头七箭书之所以有勾魂夺魄之功效，可以射杀大罗金仙，除了要做到以上种种之外，还有三处关窍。

其一，汇聚阳气。

陆压吩咐姜子牙，从西岐数十万大军中选调出最为强壮的三千士兵，全部都是二三十岁青年男子。在举行祭拜仪式时，这三千士兵全部都环绕在高台四周。

陆压为何要如此安排？

陆压是要汇聚三千精壮男子的充沛阳气，为他所用。当初落魂阵姚天君是借助落魂阵汇聚的庞大阴气，施展秘术。二者异曲同工。

虽然我们常说，仙人与凡人不同，没有魂魄只有元神，但其实，元神只不过是魂魄的一种高级状态。仙人的修为境界越高，其魂魄也就越凝实。凡人的魂魄虚无缥缈，神仙则已经有了元神，只不过淡如烟雾，而到达金仙境界时魂魄已经成形，与本体无异。

大罗金仙的元神自然更加强大，更加坚固，要想撼动大罗金仙的神魂，可不是一件容易的事情。

因此，陆压让姜子牙借助三千壮丁的阳气施展搜魂夺魄之术，一连祭拜二十天。

其二，焚化秘符。

单单汇聚阳气还不行。陆压又交给姜子牙许多符箓。这些符箓乃陆压花了许多心血，准备了许多天方才绘制成功。它们都可以增强己方神魂，削弱对方神魂。

其三，宝弓射魂。

最为关键的，还是第二十一天时，用桑枝弓射草人。

姜子牙祭拜五天后，赵公明心如火发，心烦意乱，可是又不知道出了什么事情。十来天时，赵公明每天只是酣睡。闻太师询问时，赵公明却说自己没有睡觉。

事实上，在第五天时，赵公明的神魂已经受到了攻击。因神魂不安，赵公明才会心中不安。

等到十天半月，赵公明的神魂已经部分离体，就如落魂阵中姚天君祭拜姜子牙一样，三魂七魄不全，自然昏昏思睡。

闻太师起卦发现了真相，派出去夺取草人箭书的赵公明两位徒弟却被西岐发觉并杀死。于是，大家只好眼睁睁看着赵公明日渐一日地昏沉。

终于到了第二十一天，赵公明的三魂七魄基本已经被汇聚到了草人之上。

陆压笑吟吟地拿出了一张小小的桑枝弓，三支桃枝箭。虽然书中没有细说，但这桑枝弓、桃枝箭绝非凡品。

陆压曾经有一首自述诗云：

“或在东洋观皓月，或临南海又乘龙。三山虎豹俱骑尽，五岳青鸾足下从；不富贵不簪缨，玉虚宫内亦无名。玄都观里桃千树，自酌三杯任我行。”

相传东海尽头有两株相互扶持的大桑树（扶桑），相传太阳神每天都是从那里出发巡游天下。玄都乃老子修行之地，里面栽满了奇花异草，各种仙桃也是极多。

莫非陆压的桑枝弓就取自东海扶桑古树，桃枝箭就取自玄都桃林？

自古以来，人们就认为桑木、桃木有镇压邪灵，驱魂散魄之功效。陆压的这套弓箭必定是对仙人神魂有大伤害的奇宝。

等到午时，天地间阳气最盛，陆压告诉姜子牙可以射箭了。姜子牙第一箭射中草人左目，远在百里外的商军大营，赵公明大叫一声，左眼流下血泪，顿时瞎了。姜子牙第二箭射草人右目，赵公明右眼立刻也瞎了。姜子牙第三箭射草人心窝，赵公明就死在了商军大营。

不过，赵公明毕竟是大罗金仙，被二十一天祭拜，射中三箭之后，虽然神魂受到重创，但远远还没有到达魂飞魄散的地步。

对于仙人来说，肉身只不过是一个载体。肉身毁灭了，或者转世投胎，或者直接用秘术凝聚，用数年或数十年工夫，就恢复如常，又是一条好汉了。

赵公明死后，他三个妹妹气呼呼地前来报仇。陆压虽然修为高深，法宝强横，可是，在三霄面前还不够看。于是，陆压只好使出自己第二项绝世神通。

他这第二项神通是什么呢？

044 封神中谁的遁术堪比孙悟空筋斗云

凡人羡慕神仙，大半因为两个原因：一是仙人寿元悠长，堪称长生不老；二是仙人腾云驾雾，可以遨游天下。

在西游世界三界仙人的腾云术中，孙悟空的筋斗云最为神奇。那么，在封神世界中，有没有哪位仙人的飞行速度堪比筋斗云呢？

在西游世界中，先锋以上的妖怪几乎都会腾云驾雾。当然，其速度有快有慢。如孙悟空学艺时表演那般，神仙级别的仙妖只不过刚刚能够浮空，飞行速度只不过比跑快一些。地仙级别的仙妖可日行千里，一日游遍三山五岳。天仙级别的仙妖则可以日行万里，一日游遍四海。

孙悟空的筋斗云在天仙级别的仙妖中几近于无敌的存在，一个筋斗可飞行十万八千里，仅仅比专擅飞行的金翅大鹏略逊一筹。

封神世界仙人的出行方式与西游世界大有不同。封神世界中仙人修炼非常看重五行。人仙、神仙出门，基本以五行遁术为主。

在五行遁术中，仙人使用最为常见的是土遁。如姜子牙下昆仑，上昆仑，都是“借土遁而走”。李靖追赶哪吒，是发动土遁术。殷郊下山后与人交战，落败后还是“借土遁去了”。即便是金仙以上仙人也常常会使用土遁。比如杨戬上昆仑玉虚宫，就是驾土遁而走。

截教仙人大都居住在海外仙岛，比如截教十天君，就基本住在九龙岛、三仙岛等地。他们与水为邻，对于水系遁术尤其精通。他们前往西岐时就是使用水遁。

人仙、神仙级别的仙人大都只擅长一二种五行遁术，金仙以上则五行兼备，常常能依据环境不同，使用不同的遁术。

比如截教仙人罗宣精通火系法术，死后被封为火德星君。他在火烧西岐时就使用火遁术，让自己可以在火中自由穿行，往来迅捷。

五行遁术按照五行关系，一样有生克关系。

原著中洪锦使用土遁逃走，龙吉公主则发动木遁追击。木可以克土，故在双方遁术修为相近的情况下，龙吉公主依然追上了洪锦。

五行遁术之间还有精专与普通之别。

同样使用土遁，一般的人仙、神仙只能日行六百里，厉害些的不过日行八百里，但土行孙以人仙修为却能日行千里，于是在战场上屡败敌人。而商朝大将张奎更将土遁术发挥到了极致，竟然能够日行一千五百里。这种恐怖速度在金仙境界之下几乎无敌。

原著中经常说某某仙人使用五行遁术，一霎时来到某地，其实，五行遁术只是低阶神通法术，其效力着实有限。能日行千里已经很不错了。

封神世界中的中高级仙人出门，基本采用另一种方式——骑乘灵兽、灵禽。

像姜子牙，本来不过是神仙境界，以他的修为根本降服不了高阶灵兽。因九龙岛四圣骑乘的都是上古异兽，姜子牙身为主帅，当着百万大军的面从战场上摔落下来。元始天尊作为姜子牙的师父，觉得颜面无光。又因为姜子牙遁术平平，难以在纷乱的战场上保全性命。所以元始天尊不得不咬咬牙，把自己骑乘的洪荒异兽四不相借给姜子牙使用。

闻太师骑乘的是墨麒麟，一拍头角，墨麒麟脚下就升起风云，眨眼工夫就从西岐赶到了东海。

黄飞虎骑的是五色神牛，赵公明骑的是黑虎，火灵圣母骑的是金眼驼，三霄娘娘骑的是鸾凤。越是高级的仙人，其坐骑也越是稀罕。

这些坐骑低些的可以日行千里，高些的可以日行万里，让仙人可以在不消耗自身法力的情况下快速到达目的地。

不过，战场情况瞬息万变，坐骑的反应速度还是有限。在危及生命的关键时刻，仙人所能倚仗的还是自己的保命神通。封神世界金仙以上仙人，基本在精通五行遁术之外都还会修习一种保命神通。

封神大战后期，哪吒得了九龙神火罩，实力大涨。降伏梅山七怪时，哪吒祭出九龙神火罩，本已经将常昊罩住，不料常昊竟然使出保命神通，化一道赤光而去。

之后，金大升祭出法宝来打杨戬，杨戬见对方法宝来得太快，恐怕有危险，急忙化一道金光逃走。

在写《勘破西游》时，我曾经提到，猪八戒有两项保命神通，其一曰御风术，其一曰红光遁。猪八戒使用红光遁时，是把全身短暂分解，化成一道红光遁走。其速度远超寻常腾云术，爆发速度堪比筋斗云。

其实，不单是猪八戒会使用红光遁，孙悟空也会。在被困莲花洞时，孙悟空就曾经化为万道红光遁走。

我将这种将身体化为各种颜色光华然后遁走的神通，称之为光遁术。

毫无疑问，光遁术是五行遁术的高端版本，使用门槛高，其效果也不是五行遁术能够相比的。

封神世界中，在圣人之下，将遁术使用得最为精妙的，有两个人。

其一，陆压。

陆压在战场上屡屡挑战强敌。他之所以有强大信心，就是因为他精通光遁术。赵公明祭出金蛟剪，陆压见势不妙，化一道长虹而去；陆压战孔宣，见孔宣放出神光，忙化长虹而走。

其二，燃灯。

赵公明祭出定海珠，燃灯驾起梅花鹿逃跑；赵公明祭出金蛟剪，燃灯急忙借木遁逃走，金蛟剪将梅花鹿剪成两半；燃灯战孔宣多时，见孔宣摇动神光，于是化一道祥光飞走。

陆压与燃灯，谁才是封神逃跑第一人呢？

当然是燃灯。

陆压在面对混元金斗时，明明已经察觉却依然被混元金斗擒拿。而燃灯道人则无论是在何种场合都从未被敌人擒拿，每次总能在关键一秒潇洒遁走！

045 陆压的真身究竟是啥

有人说陆压是火神祝融，有人说陆压是太阳之灵三足金乌，还有人说陆压是人间第一个使用火的燧人氏。可惜，以上猜测在原著中都找不到证据。

其实，原著作者以旁白的方式已经含蓄地点出了陆压的身份。我们以此为中心，结合原著中其他旁证，就可以比较准确地辨明陆压的真实身份了。

在陆压开始施展钉头七箭书之后，烈焰阵阵主白天君发起挑战。燃灯道人放眼四顾，找不到合适人选去祭阵、破阵。一旁的陆压道人主动出列，请求破阵。

陆压非常自信。十二仙首破其他大阵时，都需要先派一人前去祭阵。在大阵煞气被抵消大半之后，方才防护全开，走入大阵。

陆压既不需要人祭阵，也全然没有施展任何防护神通。他潇潇洒洒走入烈焰阵。白天君摇动幡旗，催动大阵，顿时大阵中烈火熊熊。天、地、人三种奇火——空中火、地中火、三昧火，将陆压团团包围。若是十二仙首中任意一位，在没有防护之下必然灰飞烟灭。可是陆压在火中不但没有受伤，反倒越发精神。

原著作者如此解说：“他不知陆压乃火内之珍，离地之精，三昧之灵；三火攒绕，共在一家，焉能坏得此人？”

原作者告诉我们，陆压乃是火中奇珍，即陆压也是火，是天地间万千火中非常珍惜罕见的一种火；陆压还是“离地之精”，在《易经》中，坎为水，离为火，“离地之精”同样是说陆压是火中精华；至于“三昧之灵”，在封神世界神仙以上境界的仙人都能在体内凝聚出三昧（精气神）真火，此处是再一次强调陆压是火灵之体。

空中火、地中火、三昧火虽然厉害，但陆压本就是火灵，又进阶了大罗，掌握了火之规则，因此，对于陆压来说不但无害，反倒大补。

在烈焰阵中修养了两个时辰，看看白天君法力几乎耗尽，陆压也就不再等待。在动手除去白天君之前，陆压口中吟诵了一首诗：

“燧人曾炼火中阴，三昧攒来用意深；烈焰空烧吾授，何劳白礼费其心。”

一些人单凭三足金乌是太阳神真身，祝融是上古著名火神，就简单得出陆压是三足金乌或祝融，实在轻率。因为词句中提到了燧人氏，燧人氏又是人间第一个获得火的人族大贤，于是就认为陆压是燧人氏，也有些武断。

在我看来，陆压不是燧人氏，而是燧人氏曾经炼化、获得的那“火中阴”。水与火是天地间最具代表的阴阳二物。表面看来，水火不容，其实，修炼到了一定境界，就可以做到水火相容，坎离相济。故火中有阴，水中有阳。

陆压自述诗声称，自己是天地间一缕奇火，曾经在燧人氏手中出现。

《封神演义》卷首诗云：“燧人取火免鲜食，伏羲画卦阴阳前。”可见，燧人氏的出现比天皇伏羲氏还早许多年。

在天皇伏羲时代，陆压非常幸运地遇上了一位高人，得传无上大法，让他可以在天皇伏羲时代进阶大罗金仙。

因此，陆压的诗歌可以简单理解为：我是燧人氏曾经炼化的火中精灵，我已经通晓关于火的各种真谛。烈焰阵火焰熊熊，可我得高人密授仙法，白天君只不过空费心神，能奈我何！

也正因为陆压是火灵成仙，他才能从三霄娘娘的眼皮底下逃脱。

当时，碧霄娘娘以混元金斗将陆压擒拿。混元金斗何等强大，以至于陆压被放出混元金斗依然迷迷糊糊。碧霄娘娘亲自绑缚陆压，并且用符印镇压陆压泥丸宫，以防止元神出窍。

后来，碧霄娘娘提出，陆压是用箭射死了自己兄长赵公明，因此，也要用箭射死陆压。于是，她传令三军射箭。

原文说：“箭发如雨，那箭射在陆压身上。一会儿，那箭连箭杆与箭头都成灰末，众军卒大惊。”

碧霄娘娘大怒，祭出金蛟剪，陆压看见，急忙化长虹飞走。

陆压不是被封印了泥丸宫吗？为何还能自由飞走？

陆压修为确实高深，神通也不俗，但若碧霄娘娘只是绑缚陆压，不下令射箭，陆压并不能冲破符印。可是，碧霄娘娘不知陆压乃是火灵得道，竟然下令射箭，反倒送给陆压一个绝妙的逃生机会。

因为木生火，万千木质箭杆刚刚靠近便被陆压全部吸收，体内火灵力暴涨冲破泥丸宫符印。因为火克金，万千铁质箭头还没有靠近陆压，就已经被焚毁。

后文中，殷郊的部将马善武艺平平，被凡人武将邓九公擒拿。战场上，马善并没有展现什么特异神通。但在用刀将其斩首时，监斩官发现，怎么也杀不死他。姜子牙下令哪吒、金吒等人，以三昧真火焚烧马善，谁知马善却法力大涨，挣脱了绳索，借火光逃之夭夭。

这只因马善也是火灵成仙。火克金，因此刀剑难伤。马善本就是奇火，故被三昧真火焚烧，反而实力大涨。

查询马善来历时，韦护曾说：“世间有三处，有三盏灯：玄都洞八景宫有一盏灯，玉虚宫有一盏灯，灵鹫山有一盏灯，莫非就是此灯作怪。”

后来，杨戬到玉虚宫元始天尊处查询，白鹤童子回复说，洞中那盏神灯正亮着。杨戬知道不是此处，就前往西方灵鹫洞，见了燃灯道人。一问，发现洞中琉璃盏已经灭了。燃灯道人大怒，立刻下山擒拿。

马善真身乃是灵鹫洞燃灯道人处一盏神灯焰火。那么，同为火灵成仙的陆压，真身是什么呢？

杨戬到了玉虚宫，到了灵鹫洞，唯独没有到玄都洞八景宫。那么，陆压的真身有没有可能是老子八景宫神灯的焰火呢？

046 陆压为何定要杀死赵公明

陆压逢人总爱说自己闲游五岳，闷戏四海，乃是一位野人。在登场诗中更标榜不拜老子，不拜元始天尊，更不向昊天上帝称臣，仿佛陆压就是天地间一毫无师承、毫无背景、天生天养、自修得道的一位散仙。

在封神世界的确有不少散仙，一些散仙还达到了金仙中后期的高深境界。比如云中子、石矶娘娘。不过，靠着自行修炼何其艰难。石矶娘娘从玄黄时代就存在，乃是老子、元始天尊一辈的人物，可是独立修行无数万年到如今也不过是金仙，还因为太穷没有强力法宝被太乙真人杀害。

没有教派中圣人高手的指点，没有教派强大资源的支持，单靠自行感悟进阶到大罗金仙境界几乎不可能。正因如此，云中子才会想尽办法讨好元始天尊，加入阐教。

事实上，陆压根本就不是散仙。他在人前反复说自己无门无派，其实是为了遮掩自己下凡参与封神大战的真正目的。

我们常说，耳听为虚，眼见为实。看一个人如何，不单要听其言，还要观其行。

我们一起来看看陆压下山后说了些什么，又做了些什么。只要找到陆压参战的真正目的，就能真正弄清楚陆压的出身来历。

陆压拜见燃灯道人时登场时末尾云：“陆压散人亲到此，西岐要伏赵公明。”

陆压在战场初见赵公明时，则直接道明来意：“不识高名空费力，吾今到此绝公明。”

从以上两处，我们可以清晰地看到，陆压下山的目的非常明确，就是来杀赵公明的。

赵公明初见陆压时，茫然不识。陆压也说：“吾有名，是你也认不得我。”可见，赵公明此前根本就不认识陆压。也就是说，两人之间并无私仇。

既然两人之间并无仇隙，陆压为何指名道姓要杀赵公明呢?

只因陆压接到了高层命令，是上面有人要收拾赵公明。

这个要取赵公明性命的人是谁呢?

赵公明修行也有许多年，即便从证道天皇算起也有几千年了，平时结下的仇家想必不少。不过，在原著中明确提到与赵公明有仇的，只有一位。

谁呢?

阐教大掌教老子。

老子乃是鸿钧老祖大弟子，通天教主的大师兄，赵公明乃是老子诸多师侄中的一位。两人地位悬殊，分属二教，极少见面，怎么会结仇呢?

因为定海珠!

最开始，燃灯道人看不出定海珠来历。在得到定海珠之后仔细观看，燃灯大吃一惊，对曹宝道出定海珠来历：此珠曾出现光辉，照耀玄都；后来杳然无闻，不知落于何人之手。

原来，定海珠本是玄都洞八景宫老子的宝物。在无数年前老子曾经把定海珠拿出来展览过。燃灯道人因此得见定海珠。可是，在展览不久，定海珠却神秘失踪了。

以老子的神通、修为，若是大张旗鼓严格盘查，未必找不到小偷。可是，对方竟然能从老子的眼皮子底下盗走定海珠，若传扬开去，老子必将成为圣人间的笑谈。这是爱面子的老子绝不愿意看到的。

因此，老子在秘密调查无果之后，就打掉牙往肚里咽，悄悄隐瞒了此事。

燃灯道人作为老子、元始天尊的合伙人，与二人乃是亦徒亦友的亲密关系，自然知道这件秘闻。

而从玄都洞盗走定海珠的正是赵公明。

他正是在得到定海珠后修为大涨，成功进阶大罗金仙。

为了隐瞒盗宝事件，赵公明煞费苦心，也不知道他用了什么手段使得定海珠在发动时光华四射，彻底改变了原来的形态，以至于燃灯两次远观都没有发现真相。

当定海珠落到燃灯道人手上后，赵公明非常惊慌。妹妹云霄已经告诉他，在封神大战结束之后会帮他讨回定海珠。但赵公明还是坚持要借金蛟剪，立刻要回定海珠。只因赵公明自己明白，定海珠真相一旦被识破，不但讨要不回来，并且自己也会有杀身大祸。

只是，赵公明万万没想到，祸事来得那么快。他刚从三仙岛回来，老子就已经派出麾下大将、修为已经到达大罗金仙的神灯火灵陆压道人，指名道姓剿杀赵公明。

唯有陆压道人是老子玄都洞灯火之灵，才能解释为何作者写天下有三盏神灯，偏偏落下了玄都洞。也唯有陆压道人是老子麾下，相当于记名弟子，才能解释陆压一个散仙，为何会有大罗金仙的强大修为（灵鹫洞火灵马善神通平平，顶多是金仙初期）。

唯有陆压是老子指派，才能解释钉头七箭书被盗走时，陆压为何会大惊失色地说："箭书被盗，吾等有死无生。"那钉头七箭书必定是老子秘传，符篆乃老子所画，陆压只会施展，并不会制作。否则，箭书被盗，陆压完全可以再制作一个，而他面对三霄娘娘时也不用逃跑，因为无论是谁，都二十一天拜死就是。

赵公明既然是盗贼，老子完全可以派大弟子玄都大法师拿上法宝，光明正大地来擒拿，为何要派个无人认识的陆压下山，还要求陆压隐藏身份，假扮散仙呢？

只因陆压下山，除了要杀死赵公明，了结盗宝公案外，还肩负一个重要使命。这个使命过于重大，以至于不能暴露其真实身份。

047 陆压其实是天使

面对燃灯道人、姜子牙等人，陆压自称是个三不管的自由人，下山只为击杀赵公明。可是，在杀死赵公明之后，陆压还是频频登场。可见，杀死赵公明并不是陆压下山的真正使命，或者说，杀死赵公明只是陆压道人诸多任务中的一个。

那么，陆压道人下山的真正使命是什么？

三霄娘娘实力逆天，尤其是大姐云霄娘娘更是圣人之下几乎无敌的存在。

若云霄娘娘一心追杀陆压，那陆压就麻烦大了。

为了获得云霄娘娘的谅解，陆压不得不开口说出自己杀死赵公明的真正原因：

“吾自从天皇悟道，见过了多少逆顺。历代以来，从善归宗，自成正果。岂意赵公明不守顺，专行逆，助灭纲败纪之君，杀戮无辜百姓，天怒民怨。且仗自己道术，不顾别人修持。此是只知有己，不知有人，便是逆天。从古来逆天者亡，吾今即是天差杀此逆士，又何怨于我！”

这番话，看似是空话、套话，其实是陆压的肺腑之言。他把能说的都用一种比较含蓄的方式说了出来。

话语中，他强调了三点内容：其一，历代以来，只有从善归宗方能成就正果；其二，赵公明倚仗道术，逆天行事；其三，陆压杀赵公明乃是代天行罚。此三点都不难理解，逻辑关系也貌似紧密。

不过，在封神世界中什么是善，什么是恶呢？

在很多人看来，商纣王乃铁板钉钉的无道昏君，自然是恶的。陆压也提出，赵公明帮助败坏纲纪的商纣王，那就是恶。

只是，我们细看《封神演义》原著就知道，商纣王即位之初天下太平。其政局逆转，只因为妲己入宫。九尾妖狐魅术天下无双，被擒获后连换几波将士都杀不了她。商纣王被九尾狐魅惑多年，更是深受其毒。纣王名下的绝大多数恶行，其实都是妲己打着他的旗号做的。

把败坏朝纲的罪名全套在商纣王身上，实在有些冤。

或许有人会说，谁让纣王对女娲娘娘起了坏心思呢？若她不亵渎女娲，女娲也不会派三妖去打击报复。

在《勘破封神1》中我们已经分析过，纣王题诗女娲宫本就是一个局。即便纣王没有猥亵女娲，女娲为了执行人族三皇的命令，也同样会派出三妖。

归根到底，是鸿钧老祖要搞倒商朝，搞臭商纣王。早在商纣王还没有登基称帝时，鸿钧老祖就已经授意三教圣人定下封神榜。榜中就已经明确颠覆商朝，新建周朝的方案。为了推进鸿钧老祖的计划，商纣王必须成为昏君，成为坏蛋，商朝必须腐败，必须黑暗。

在封神世界中，什么是顺？什么是逆？

遵从鸿钧老祖的法旨，支持兴周灭商就是顺；违背鸿钧老祖法旨，支持兴商灭周就是逆。鸿钧老祖就是苍天化身，他的话语就是天命，顺天则兴，逆天则亡。

赵公明乃大罗金仙，拥有定海珠、金蛟剪等强大法宝。在一般情况下，鸿钧老祖对这等优异门徒，都会给予充分自由，让他们任意施为，无所约束，自在逍遥，快乐无边。

但是，鸿钧老祖有一个逆鳞，就是他拍板的事情，容不得任何人以任何方式违背。

无数人在登上高位前，都对前人的霸道专制痛恨不已。但等到自己上台，却往往比前人还要专横霸道。越是高位者，越是容不得自己被一丝一毫地冒犯。

赵公明竟然敢公开支持商朝，依仗神通打压西岐，阻碍封神行动。不知不觉中，赵公明已经犯下必死之罪。

听闻陆压这番解释，云霄娘娘已经明白兄长赵公明的真正死因。因此，她沉默不语，没有再纠缠陆压。

既然赵公明必须死，为何鸿钧老祖不光明正大地派个代表来擒拿赵公明，将其明正典刑呢？

只因鸿钧老祖虽然定下封神行动，但为照顾明显吃亏的小徒弟通天教主，制定封神榜名单时，并没有公开姓名。换言之，封神行动只是规定了必须要敕封三百六十五位正神。至于这个正神是阐教出身，还是截教出身，抑或人道教、无教派人士，都没有明确的规定。

因此，严格来说，支持商朝，参与封神行动，虽然有违鸿钧老祖法旨，但只是死亡概率极大，并非全无生机。事实上，截教不少仙人诸如无当圣母，还有一大波被西方教收走的人物，直到大战结束都还活蹦乱跳。

另外，封神行动是以商朝与西岐（周朝）、阐教与截教彼此赌斗的方式展开。就算鸿钧老祖偏心，任命元始天尊为封神行动负责人，但在行动开展过程中，他也不好直接干涉。若是让截教方面感觉一丝希望也无，那大家也不用斗法了，直接集体抹脖子算了。

为了装出一副公平、公正模样，鸿钧老祖不好插手大战。至少是在封神行动之初，还是小辈们小打小闹的时候，鸿钧老祖不方便直接插手。

不过，像赵公明这等自恃神通了得，阻碍封神行动的刺头，鸿钧老祖又不得不除！

于是，鸿钧老祖交代大徒弟老子，选派得力干将出马，铲除那些违背他法旨的人。

在封神大战中，鸿钧老祖的二徒弟元始天尊，把麾下十二仙首全部派到前线，南极仙翁也前后奔走。相比之下，大徒弟老子在完成老师交代的功课时，态度就有些怠惰。他明明有一个徒弟玄都大法师可以参战，可以支持封神行动，可他就是不放人出去。

只因封神大战太危险，元始天尊门下十二仙首要渡杀劫，可老子门下的玄都大法师早就渡过了，自然不愿意掺和。

可燃灯道人禀告老子，得知定海珠竟然出现时，老子再也忍不住了。

为了杀死赵公明，更为了完成鸿钧老祖交代的封神重任，老子最终派出神通超强，极少见人的记名弟子陆压下山。

在从三霄娘娘手下成功遁走之后，陆压一躲就是几年。一直到孔宣登场时，他才二度出现。

因孔宣五色神光实在霸道，西岐无人可破，周武王忧心忡忡，找到姜子牙说要退兵。姜子牙无奈之下就要退兵，恰在此时，陆压回归。

陆压告诉姜子牙："切不可退兵！若退兵之时，使众门人俱遭横死。天数已定，决不差错。"

在会面武王时，陆压再次强调，一旦退兵，将士门人全部会死。武王姬发吓得面色如土，再不敢提退兵的事情。

为何陆压说一旦退兵，大家难逃一死呢？

一者，一旦退兵，被孔宣五色神光擒拿的阐教弟子就会被杀。这点很好理解。

二者，一旦退兵，就会延误时间，最终导致任务失败。姜子牙曾经自语说："吾师偈中说'界牌关下遇诛仙'，如何在此处有这枝人马阻住许久？似此如之奈何！"

在无数年前，鸿钧老祖已经把封神行动的几个重要时间点定了下来。就如在纣王继位第七年派出三妖；第九年姜子牙下山；第十六年文王渭水访贤；第二十一年黄飞虎反叛，同年，晁田出兵，商朝对西岐的三十六路征伐正式开始；第三十二年，纣王自焚，子牙封神。

我们完全可以把封神大战看成鸿钧老祖制作的一款游戏。一些任务必须在规定的时间完成，否则就会全盘失败。

鸿钧老祖是个完美主义者。弟子们若不能分毫不差地按照计划完成封神任务，那么，所有参与者，尤其是主持封神行动的元始天尊、姜子牙等人都会倒大霉。故此，陆压才会急匆匆跑来西岐，提醒姜子牙。

之后，每当姜子牙遇到了难以解决的问题，或者杀不了的敌人，陆压就会及时出现，帮助姜子牙解决疑难，使得姜子牙能够在规定时间内完成鸿钧老祖定下的计划。

正因如此，陆压在与人交谈，尤其是面对敌人时，最爱提的一个词就是"天"。就像他斩杀一气仙余元时就说："你逆天行事，天理难容，况你是封神榜上之人，我不过代天行罚。”

陆压以“天使”自居，仔细品味，确实如此！

048 明明子牙射死公明，云霄为何只敢抓陆压

赵公明刚刚死亡，申公豹就赶到三仙岛找三霄报丧。

申公豹口中是如何诉说赵公明之死的呢？

他说：“赵道兄被姜尚钉头七箭书射死岐山，你们还不知道？”在申公豹口中，赵公明是死于姜子牙之手。

虽然钉头七箭书由陆压提供，但是，从第一天开坛做法，到第二十一天用弓箭射死赵公明，陆压从未经手，全部是由姜子牙实际执行。因此，从某种角度上说，确实是姜子牙杀死了赵公明。

琼霄、碧霄两人闻言，捶胸顿足，大哭曰：“不料吾兄死于姜尚之手，实为痛心！”

原著只写琼霄、碧霄大哭，指认姜子牙为凶手，偏不写云霄反应。只因云霄娘娘性情稳重，机敏多谋，对于自家兄长的死因，她还存有疑虑。

很简单，姜子牙资质平庸，不过是神仙修为，他凭什么杀死大罗金仙？其中必有猫腻。

当三霄娘娘赶到西岐城外商军大营，闻太师痛哭流涕，告诉三霄赵公明死亡的前因后果。

闻太师强调说：“数日来，西岐山姜尚立坛行术，咒诅令兄，被吾算出。彼时令兄有二门人——陈九公、姚少司，令他去抢钉头七箭书，又被哪吒杀死。”

在闻太师口中，害死赵公明的还是姜子牙。他也认为是姜子牙诅咒赵公明，导致赵公明死亡。

等到见了赵公明尸体，亲眼看到自家兄长双目、心窝流血，琼霄娘娘大叫一声，几乎当场气晕。碧霄娘娘则咬牙切齿地说：“姐姐不必着急，我们拿住他，也射他三箭，报此仇恨！”

很明显，琼霄与碧霄口中的“他”，是姜子牙。

可在两个妹妹怒火熊熊，恨不得把姜子牙生吞活剥的时候，云霄娘娘却说了一句让众人大吃一惊的话。

她说：“不管姜尚事，是野人陆压弄这样邪术！”

此前，申公豹在叙述时只字未提陆压，闻太师虽提到了陆压，但强调是姜子牙害死了赵公明。云霄娘娘为何偏认为是陆压杀死了赵公明，还强调和姜子牙一点关系也没有呢?

只因云霄娘娘看破了申公豹、闻太师的心事，在应对兄长之死时，选择了一个风险最小的报仇方式。

申公豹为何说是姜子牙杀死了赵公明呢?

申公豹到处搞串联，策动截教仙人对抗阐教打压西岐，其最主要原因就是，四处宣扬元始天尊处事不公，偏爱姜子牙。痛恨姜子牙，要搞倒姜子牙，已经成了申公豹行走江湖的招牌动作。

闻太师为何说是姜子牙杀死了赵公明呢?

对于闻太师来说，西岐大军主帅乃是姜子牙。陆压也好，燃灯也好，都是帮助西岐的势力。无论是陆压杀的人，还是燃灯杀的人，在闻太师看来，都是为姜子牙而杀，姜子牙才是罪魁祸首。何况，此次事件中，陆压只是动了嘴皮子，顶多算是教唆犯，行凶杀人者确实就是姜子牙。

那云霄娘娘为何提出陆压才是真凶，与姜子牙无关呢?

云霄娘娘认为，姜子牙是奉命施法，如同傀儡一般，幕后操纵者乃是陆压，是陆压的钉头七箭书杀死了赵公明。

以上三人谁的观点是最正确的呢?

事实上，赵公明之死，是陆压教唆，姜子牙实际执行。就如买凶杀人一样，按照律法，买凶者与杀人者同罪，都犯了故意杀人罪。

换言之，不能因为陆压没有实际杀人就认为陆压无罪，也不能因为姜子牙听命于人就认为姜子牙无罪。三霄娘娘要报仇的话，应当把陆压和姜子牙都干掉!

云霄娘娘那么精明的一个人，为何看不清真相呢?

云霄娘娘当然明白真相。可是，正因为云霄精明，处事冷静而理智，她才会故意说，不关姜子牙事，只找陆压一人报仇。

为什么?

因陆压乃是“野人”!就云霄娘娘的调查了解，陆压道人无门无派，本身修为并不很高，背后也貌似没有强大后台，正是可以下手的角色。

而姜子牙呢?那是万万不能动的主，谁动姜子牙谁就要倒霉。此前，姜子牙也好几次被人打死，可是，但凡朝姜子牙下过黑手的无一人还活着。

并非姜子牙本身神通如何了得，而是因为姜子牙乃是鸿钧老祖钦定的封神行动实际执行人。由姜子牙代天封神，是在许多年前三教圣人佥押封神榜时就已经定好的。云霄娘娘当时就在碧游宫，自然知道这件事情。

杀死一个野人无关紧要，可若杀死了姜子牙，那惹出的麻烦就大了。

云霄娘娘虽来到西岐，但只是想着报仇之后就离开。正因如此，她后来擒拿了玉虚宫十二仙首才会觉得为难——放也不好，杀也不好。

不过，在我看来，以上诸人在看赵公明之死事件时，都少算了一个人。这个人虽然没有朝赵公明挥刀，却延误时机导致赵公明最后死亡。

这个隐藏起来的凶手是谁呢？

049 闻太师为何坑死赵公明

闻太师与赵公明同为截教大罗金仙，平日里相交莫逆，感情深厚。正因是好友相邀，赵公明才会答应下山助阵。只是，知人知面不知心，赵公明为闻太师下山，闻太师却在赵公明中了钉头七箭书后，有心坑杀赵公明。

杀死赵公明的不是陆压和姜子牙吗？与闻太师又有什么关系？

姜子牙开坛做法，诅咒赵公明，三四日后，赵公明“心如火发，意似油煎，走投无路，帐前走到帐后，抓耳挠腮”。又过了几天，“赵公明昏乱，不知军务，只是睡卧，尝闻鼻息之声”。

赵公明已经是大罗金仙，早就可以不吃不喝，不睡不眠。可眼下一天到晚，只知睡觉。事出反常必有妖。事实上，赵公明的异常举动已经引起了闻太师、张天君等人的注意。

更何况，十天君中落魂阵阵主姚天君与陆压一样精通魂魄攻击术。几个月前，姚天君就施展秘术，拘走了姜子牙的大半魂魄。

原文第44回姚天君附在闻太师耳边，悄悄说道：“须……如此如此，自然命绝。又何劳众道兄费心。”在施展拘魂术前，姚天君已经把施展秘术的种种条件以及相关的症状，单独告诉了闻太师。

因此，在赵公明开始不分早晚地昏睡时，闻太师心中已经知道了赵公明中了对方的魂魄攻击。

可是，闻太师就是不公开此事。

一直到半个月之后，赵公明越发昏沉，剩下的两位天君也发现了赵公明不对劲。他们找到闻太师，请求说：“闻兄，据我等观赵道兄光景，不是好事，想有人暗算他的，取金钱一卦，便知何故。”

此前，只要军中出现异常，闻太师必定以金钱卜卦，可这次赵公明明显不对劲，闻太师却始终没有卜卦。若非两位天君上门求助，闻太师依然会装聋作哑。

算卦后，闻太师做吃惊状，宣布赵公明中了陆压邪术。他从姚天君处早就得知，但凡要破解魂魄攻击术，就必须夺回寄托魂魄的草人（箭书）。可当着两位朋友的面，闻太师只是无助地说：“这事如何处?”

还是王天君主动提出：“吾辈须往西岐山，抢了他的书来，方能解得此厄。”

当时，赵公明中招已经十五六天，距离死亡已不到一周，夺回箭书已经迫在眉睫。

派谁去抢夺箭书呢?

西岐高手林立，至少有两位大罗金仙，十二位金仙中期以上强者。商军方面只有一位大罗金仙（还是没有高级法宝的穷光蛋），两位普通金仙，两位神仙。

按照当时的局势，上策是闻太师立刻前往三仙岛请出三霄娘娘，由三霄出面，夺回箭书。以他们坐骑的速度，从西岐到三仙岛一天可以一个来回。以三霄大罗金仙后期的强悍修为，金蛟剪、混元金斗几乎无敌的威力，只要她们中任意一人出手，箭书必定手到擒来。如此，赵公明就不会死。

中策是闻太师或者两位天君出面夺书。玉虚宫十二仙首自恃身份高贵，不屑于做这类保安工作。姜子牙派出保护箭书的是哪吒。若闻太师三人出手，即便不用法宝，也可以从哪吒手上轻松走脱。即便是有杨戬出面拦截，以杨戬的神通，也未必拦得住闻太师三人。如此，赵公明多半不会死。

下策是由赵公明徒弟陈九公、姚少司前往夺书。二人身为赵公明弟子，救护师父，夺回魂魄乃是天经地义的事情。只是，二人修为孱弱，且一件法宝也没有，让他们出门夺书，除了装装样子，敷衍下三霄外，几乎注定了失败。事实上，二人面对杨戬、哪吒，没打几个照面就被斩杀了。安排这两位菜鸟夺取箭书，赵公明必死无疑!

那么，闻太师为何要如此安排?

只因对闻太师来说，赵公明死掉远比赵公明活下来有利!

闻太师本身修为虽然极高，但他没有强力法宝，因此即便是对上手持遁龙桩、吴钩宝剑的金吒、木吒，也可能遭遇生命危险。在几番大败之后，寻访修为不俗，拥有强力法宝的道友相助，已经成了闻太师镇压西岐，保卫商朝的唯一途径。

若闻太师选上策，请来三霄，救活了赵公明，以云霄娘娘的理智，必定会勒令兄长赵公明回山隐居。

事实上，赵公明已经后悔了。他告诉闻太师说：“罢了！悔吾早不听吾妹之言，果有丧身之祸!”他若能逃过大劫必定心灰意冷，再不敢争强好胜。如此一来，商军大营只剩下闻太师与两位天君，几乎注定了败亡。

但若赵公明死了，情况就大不一样了。即便云霄娘娘再怎么不愿意和元始天尊结仇，不想与鸿钧老祖作对，可面对自家兄长惨死模样，闻太师就不相信云霄娘娘还能忍得住。

果然，在亲眼见到兄长双目胸口三处流血时，一贯冷静的云霄娘娘也怒从心头起，恶向胆边生，发誓要与阐教斗个高低。

为了引出赵公明背后的三霄娘娘出手，闻太师可谓不择手段。

其实，在抢夺箭书失败之后，距离赵公明死亡也尚有数天。闻太师也完全可以抽出空来去找三霄，或者找其他人，或者自己去抢夺箭书。可是，闻太师除了待在赵公明身边，一脸愁容，两行泪水，竟然再没有采取其他抢救措施，只是眼睁睁看着赵公明在痛苦中煎熬数天，最终毙命。

闻太师做这一切，只因三霄娘娘的实力堪称逆天，闻太师需要逼她们出手。她们与闻太师虽然同为大罗金仙，但战斗力完全不在一个档次上。若说闻太师的手中拿着弹弓，三霄娘娘则可谓握有核武器。

三霄娘娘真有这么强?

050 圣人之下最强组合，碾压一切大罗金仙

鸿钧老祖的三位徒弟中，老二元始天尊的修为最低。但是，他为人最严谨，最重法度，重传承。他门下弟子虽然少，但门规森严，传承有序。老三通天教主则修为高深，为人洒脱不羁，讲究率性而为。其麾下门徒万千，在传承上多半不清不楚。除了早在混元之初就收下的四大弟子，只有极少数几个人可以确定为通天亲传。住在三仙岛的云霄、琼霄、碧霄三位娘娘，就是其中之一。

当申公豹向三霄娘娘通报赵公明死讯时，琼霄与碧霄悲痛欲绝，就要下山为哥哥报仇。云霄娘娘却说：“吾师有言：‘截教门中不许下山，如下山者，‘封神榜’上定是有名。’故此天数已定。吾兄不听师言，故此难脱此厄。”

云霄娘娘口中的“吾师”，毫无疑问，正是通天。

其实，三霄娘娘不仅是通天教主的亲传弟子，更是亲传弟子中修为高深，

战力爆表的天才人物。说三霄是圣人之下最强组合，丝毫不过分。

三霄娘娘无一不是大罗金仙后期强者，云霄娘娘更是道德齐全，已半步踏入圣人之境的逆天人物。

何以见得?

封神大战中，阐教群仙诸如燃灯、陆压、赤精子等人，一旦登场总爱吟诗，说自己修为如何高深，神通如何了得。而三霄登场时，却一句诗歌也无。

原著中虽然找不到三霄娘娘的自述诗，却有一首原作者以姜子牙眼光看云霄的诗句：

“云髻双蟠道德清，红袍白鹤顶朱缨。丝绦束定乾坤结，足下麻鞋瑞彩生。劈地开天成道行，三仙岛内炼真形。六气三尸俱抛尽，咫尺青鸾离玉京。”

诗歌的前四句写云霄娘娘的衣着打扮，不过其中“道德清”“乾坤结”可谓一语双关。既是说云霄娘娘云鬟高耸，梳着双蟠髻，给人气度高贵之感，又是说云霄娘娘已经到达道德齐全的大罗金仙后期境界。腰间丝绦打的是一个乾坤结，这乾坤结既是打结的一种方式，又象征了云霄娘娘神通大成，可以扭转乾坤。

后四句是写云霄娘娘的修为道行。她早在开天辟地之时就已经成就仙道(到达金仙境界)，现在，云霄娘娘更已经抛弃六气，斩却三尸，成就大罗金仙。

另外，我们可以结合三霄娘娘言行，推测出三霄的修为。

因三霄指名道姓要见陆压，陆压不得不登场。他口中吟诵诗句云：“袍袖展，乾坤大；杖头挑，日月明。只在一粒丹成。”从诗句可知，陆压早已经超越三花聚顶、五气朝元的金仙境界，凝聚浩瀚真元成就紫金丹，进入大罗金仙境界。一展袍袖，可装乾坤；一挥臂膀，可挑日月。

结合前文对陆压的分析，我们可以知道，此处陆压的诗句并无吹嘘。陆压不仅是大罗金仙，并且已经到达大罗金仙中期。

可是，在面对三霄娘娘时，陆压没有半点大罗金仙强者的傲气，反而谦虚到有些卑微。

陆压说：“三位道友肯容吾一言，吾便当说；不容吾言，任你所为……吾不失忌讳，冒昧上陈。”

陆压的口气不像是面对仇家，反倒像面对师长，紧张中满是恭敬，恭敬中又有几分讨好。很明显，陆压在极力放低身段，唯恐激怒三霄。

反观三霄，不但对陆压视如无物，对燃灯毫不客气，即便对元始天尊，三霄娘娘也毫无惧色!

因三霄用混元金斗把玉虚宫十二仙首一锅端了，逼得燃灯道人无计可施，只好去昆仑请元始天尊下山。封神行动面临崩盘局面，元始天尊不得不赶来西岐。

远远见到西岐芦篷中有庆云如亩，金灯万盏，云霄娘娘知道元始天尊来临。她不禁埋怨两个妹子：“师伯至矣！妹子，我当初不肯下山，你二人坚执不从。我一时动了无明，偶设此阵，把玉虚门人俱陷在里面，使我又不好放他，又不好坏他。今番师伯又来，怎好相见，真为掣肘！”

元始天尊到来，让云霄娘娘意识到了问题的严重性。手中的俘虏放也不是，留也不是，她左右为难。

不过，云霄娘娘只是觉得不好意思见师伯元始天尊，却并没有说自己怕了元始天尊。

若真的怕了，那就直接放人，不用为难了。

而对姐姐的担心，琼霄、碧霄则很不以为然。

琼霄说：“姐姐此言差矣！他又不是吾师，尊他为上，不过看吾师之面。我不是他教下门人，任凭我为，如何怕他？”

在琼霄看来，元始天尊除了辈分高些，没啥了不起。以往尊敬元始天尊不是因为元始天尊修为高深，神通了得，而是看在自己师父面子上而已！

从以上言行可以推出，三霄的修为境界当远在陆压之上，其中修为最高的大姐云霄，距离混元之境仅只差一步。三霄联手，可以碾压一切大罗金仙，更何况她们还拥有超强法宝金蛟剪与混元金斗。

三霄娘娘拥有 A + 级法宝金蛟剪，S 级法宝混元金斗，综合实力超过普通圣人！

金蛟剪很强大，甚至可以说是大罗金仙级别中杀伤力最为强大的法宝。一旦被击中，大罗金仙也必死无疑。

当赵公明讨要金蛟剪时，云霄娘娘再三嘱咐：“大兄，你把金蛟剪拿去，对燃灯说：‘你可把定海珠还我，我便不放金蛟剪；你若不还我宝珠，我便放金蛟剪，那时月缺难圆。’”

燃灯道人已经得到了定海珠，以他的修为催动定海珠，可以碾压一切金仙，即便在大罗金仙境界中，也可以称霸一方。可是，定海珠对上金蛟剪，几乎就成了渣。云霄为何再三嘱托哥哥？那是唯恐赵公明意气用事，随便就放出金蛟剪，以至把燃灯道人也杀了。

在两人再度对阵前，燃灯道人已经得知赵公明借来了金蛟剪，他也做了许多准备。可是当赵公明祭出金蛟剪后，燃灯道人除了逃跑，别无他法。

即便是拥有斩仙飞刀的陆压，对上握有金蛟剪的赵公明，同样也只能逃跑。正因为金蛟剪过于强大，陆压才不得不放弃正面攻击，改用钉头七箭书，暗中下黑手。

拥有金蛟剪的琼霄与碧霄，甚至壮志踌躇地想用金蛟剪来击杀元始天尊。

只是，金蛟剪虽然是金系大成法宝，对大罗金仙拥有极大威胁。但它毕竟仅拥有一系规则之力，还没有达到蕴含天地大道的地步。

因此，金蛟剪可以严重威胁到大罗金仙，拥有一击必杀的能力，但在实战上并不能做到百发百中，秒杀大罗金仙。陆压与燃灯就双双躲过了金蛟剪的追杀。

因此，金蛟剪还不能算圣人级法宝，而只能算是大罗金仙 A + 级超强法宝。

混元金斗则大大不同。这件法宝可以秒抓一切大罗金仙，甚至圣人级别高手也难以逃脱。

大凡 S 级法宝，几乎都是混元时期就已经存在的，就如老子的太极图、风火蒲团，元始天尊的盘古幡、玉如意。混元金斗也是如此。

原文诗云："此斗开天长出来，内藏天地按三才。碧游宫里亲传授，阐教门人尽受灾。"

原来，这混元金斗并非后天炼制，而是封神世界开辟时，天地自行孕化而来（长出来）。混元金斗中蕴含无限法则，更有一条轮回大道。

就如元始天尊敕书中所云："特敕封尔执掌混元金斗，专擅先后之天，凡一应仙、凡、人、圣、诸侯、天子、贵、贱、贤、愚，落地先从金斗转劫，不得越此。"

正因为一切仙、凡、人、圣都有生有死，逃不脱轮回大道，所以，拥有混元金斗的三霄娘娘，完全拥有与圣人一战的实力。

事实上，混元大罗金仙中期的元始天尊也没有勇气与拥有混元金斗、金蛟剪的三霄娘娘一战。

元始天尊刚到西岐，休息一晚，神满气足后，带着燃灯道人与南极仙翁等，兴冲冲走入三霄娘娘布下的黄河阵。按照常理，元始天尊既然进入大阵了，那就应该挥手把大阵破掉，这才符合混元圣人的身份。

可是，元始天尊放了一番狠话之后，就悄悄退出了黄河阵，让燃灯与南极仙翁很郁闷。

南极仙翁是机灵鬼，紧闭嘴巴不去询问。燃灯道人实在没忍住，问道："方才老师入阵，如何不破此阵，将众道友提援出来，大发慈悲。"

元始天尊哈哈一笑说："此教虽是贫道掌，尚有师长，必当请问过道兄，方才可行。"

按元始天尊的意思，他可轻松破掉黄河阵，只是出于礼貌，在大师兄老子到来之前，不好擅自做主。

事实上，老子根本就没要元始天尊等他。老子巴不得元始天尊破了黄河阵，那样，他也就不用中途结束修行，辛辛苦苦下界了。

为何这样说呢？我们且看老子如何说。

老子说："三仙童子设一'黄河阵'，吾教下门下俱厄于此，你可曾去看？"老子修为极高，早已经是混元大罗金仙后期强者，鸿钧老祖之下最强存在。在他眼中，三霄娘娘也不过是童子。

元始天尊回答说："贫道先进去看过，正应垂象，故候道兄。"

老子哈哈一笑说："你就破了罢，又何必等我？"

元始天尊没有回答。原文说："二位天尊默坐不言。"

元始天尊沉默，是因为被老子说破隐秘，好尴尬啊！元始天尊之所以装作非常重礼仪，讲规矩的模样，本当出手却不出手，唯一的解释就是，他没有把握击败三霄，生怕在弟子面前出丑！

当然，三霄之所以拥有越级挑战的逆天实力，除了修为高深、法宝超强外，还与她们苦心布置的九曲黄河阵有关。

这九曲黄河阵中又隐藏着什么秘密呢？

051 黄河阵太逆天，三霄挥手尽废十二仙

虽然说三霄娘娘修为高深，混元金斗是 S 级超强法宝，可元始天尊毕竟是混元大罗金仙中期高手，他不但修为比三霄高出一个大境界，并且手中拥有多件 S 级法宝，比如玉如意、杏黄旗，甚至还有可以开天辟地、奠定天地的 S + 法宝盘古幡。为何在面对三霄时，他依然忌惮有加，不敢独自面对呢？

只因三霄娘娘手中，除了拥有金蛟剪与混元金斗，还拥有一件足以威胁到圣人的大杀器，那就是九曲黄河阵！

九曲黄河阵规模不大，只需要六百兵丁摆阵。不过，阵中的布置却非常玄妙。

原文曰："何处起，何处止。内藏先天秘密，生死机关；外按九宫八卦，出入门户，连环进退，井井有条。"

三霄娘娘让六百兵丁按九宫八卦方位站定，并且依照一定规律出入进退，使得大阵一旦启动，就可以沟通天地之力。因大阵蕴含先天秘密，故威力奇大。

九曲黄河阵的威力究竟大到怎样的地步呢？

原文中云霄娘娘告诉闻太师说：“此阵内按三才，包藏天地之妙；中有惑仙丹，闭仙诀，能失仙之神，消仙之魄，陷仙之形，损仙之气，丧神仙之原本，损神仙之肢体。神仙入此而成凡，凡人入此而即绝。九曲曲中无直，曲尽造化之奇，抉尽神仙之秘。任他三教圣人，遭此亦难逃脱。”

云霄娘娘的话可做两层来理解。

一者，解释九曲黄河阵的杀敌原理。

九曲黄河阵布阵符合天道，包藏玄机，其中更有惑仙丹，闭仙诀。一旦仙人进入，就会被惑仙丹散发的气息迷惑本心，导致魂魄不稳甚至消散；那闭仙诀又可以大大削弱仙人肉身之力，减弱仙人内在法力，使得仙人元神受伤。

换言之，九曲黄河阵拥有从内而外，大大削弱对方修为、防护的能力。

一般的仙家法术、法宝，都只是攻击肉身，只有极少数法术、法宝可以攻击魂魄，而九曲黄河阵竟然可以同时攻击肉身和魂魄！

二者，说明九曲黄河阵的攻击范围。

九曲黄河阵虽然只用了六百兵士布阵，虽然只是由三霄这样的大罗金仙出面主持，但就其威力来说，比之诛仙阵、万仙阵也毫不逊色，都是封神世界绝对的顶级大阵。

在原著中九曲黄河阵虽然只用了一回半篇幅来写，并且是夹杂在十天君十绝阵中，但其威力根本不是十绝阵可以相比的。

十绝阵虽强，但其极限不过是对金仙境界有威胁。像陆压，不需要祭阵，不需要神通护体，就可以轻松出入烈焰阵。若是燃灯道人进入破阵也一样。也就是说，十绝阵虽强，但还伤不了大罗金仙。

九曲黄河阵就不一样了。

原文说：“曲尽造化之奇，抉尽神仙之秘。任他三教圣人，遭此亦难逃脱。”

两个“尽”字足以说明九曲黄河阵之强大。大阵一旦启动，不但可以重创金仙、大罗金仙，甚至可以威胁到混元大罗金仙！

就算是三教圣人——老子、元始天尊、通天教主这样的牛人角色，也会受到九曲黄河阵的伤害。

事实上，云霄娘娘对九曲黄河阵威力的介绍丝毫没有掺水。三霄与西岐的对战，完全可以用“霸气四溢”来形容。

整个对战可以分为两个阶段。

第一阶段，黄河阵外，三霄大败阐教二、三代弟子。

对付这批人，三霄娘娘都是站在大阵之外，凭借自身力量对敌。

第一个跳出来的是阐教三代弟子第一人杨戬。杨戬拥有八九玄功，精通变化之术，肉身最为强悍，也最擅长应对突发情况。由他第一个出场，非常合适。

双方交手数个回合，碧霄娘娘祭出混元金斗。以往敌方运用法宝时，杨戬总能在最后一秒化金光逃遁。可是，一旦对上了混元金斗，即便大罗金仙也必定被抓。于是，混元金斗一道金光就把杨戬吸入。碧霄娘娘把杨戬往黄河阵中一摔，也不用绳子捆绑，也不用封印泥丸宫，杨戬就此昏迷不醒。

原文作者赞叹：“七十二变俱无用，怎脱‘黄河阵’内灾！”

之后，金吒跳出来，祭出法宝遁龙桩。遁龙桩乃是 B + 法宝。面对金仙时，遁龙桩在此前从无失手。可是，云霄娘娘只是大笑，用中指一戳，遁龙桩就掉落了。随即，云霄祭出混元金斗，把金吒也吸入并摔到黄河阵中。

木吒看见，忙祭出吴钩宝剑砍琼霄娘娘。琼霄也笑道：“莫道吴钩不是宝，吴钩是宝也难伤吾！”云霄随手一招，吴钩宝剑也失控掉落。随即，木吒也被拿入黄河阵。

当时的西岐阵营，三代弟子中杨戬修为最高，金吒、木吒法宝最为强悍。见他们三人都是几个照面就被擒拿，其他三代弟子谁也不敢出手。

于是，第二天大战就轮到玉虚宫十二仙首了。

以赤精子、广成子为首的玉虚宫十二代大弟子，出场时还很牛气。赤精子还不无威胁地说：“少出大言！琼霄道友，你今日到此，也免不得‘封神榜’上有名。”

结果，没过几招，赤精子就被云霄娘娘用混元金斗收入，摔在黄河阵中。

或许因杨戬、金吒、木吒是三代弟子，三霄娘娘不想落个欺凌小辈的骂名，他们三人虽然被摔入九曲黄河阵中，但除了昏迷不醒外，身体神魂并未受到实质性伤害。

十二仙首就没有那么幸运了。

因赤精子出言不逊，惹恼了云霄娘娘，又因为赤精子同样是二代弟子，与云霄也算是同辈，云霄下手也就略重了些。

原文说：“将赤精子拿住，往‘黄河阵’内一摔，跌在里面，如醉如痴，即时把顶上泥丸宫闭塞了。可怜千年功行，坐中辛苦，只因一千五百年逢此大劫，乃遇此斗，装入阵中，纵是神仙也没用了。”

云霄娘娘在一摔之间，应当是启动了黄河阵惑仙、闭仙功能。赤精子瞬间泥丸宫闭塞，花费千年修行方才炼成的顶上三花顿时被削去。从此，赤精子法力尽废，成了凡人！

之后，三霄娘娘祭出混元金斗，又先后把广成子、文殊广法天尊、普贤真人、慈航道人、道德真君、太乙真人、灵宝大法师、惧留孙、黄龙真人等十一仙首全部擒拿，皆摔入黄河阵中，并全部削去顶上三花，废去修为。

云霄娘娘还待拿燃灯道人，燃灯见势不妙，立刻化清风遁走。

十二仙首虽强，但与三霄娘娘相比差了一个大境界；燃灯道人虽强，但三霄娘娘有逆天法宝混元金斗。可以说，三霄娘娘打赢他们，根本就是毫无悬念。

可是，元始天尊与老子都是圣人修为，老子更是鸿钧老祖之下最强的存在，三霄竟然敢捋虎须，与这两位相斗！

那么，三霄与二圣的交手情况如何？她们有没有一丝获胜可能呢？

052 三霄合力可灭圣

如果问读者朋友：封神大战中，阐教群仙遭遇最大挫败的战役是哪次？估计不少读者会回答：诛仙剑阵战役或者万仙阵战役。

为何？

因为那两场战役中，带领截教群仙出战的是截教教主通天。

事实上，在那两场战役中，阐教事先进行了充分的布局，最后几乎是完胜截教。

而在封神大战中，阐教唯一受到重创，阵线一度接近崩溃的，是在迎战三霄娘娘摆下的九曲黄河阵时。

为击败三霄，破去黄河阵，不仅阐教十二仙首被削去三花，废去修为，全部沦为凡人，就连阐教掌教元始天尊都一度面临生命危险。若非元始天尊擅于审时度势，明智地选择了龟缩战术，那么，等待阐教的就是大溃灭。

混元金斗乃是开天辟地时天地孕化，蕴含无穷天地大道。一旦全力施展，不仅可以横扫大罗金仙，甚至可以抓捕圣人。

九曲黄河阵乃通天教主亲自传授，蕴含天地大道，一旦催动，对于圣人境界同样有极大削弱作用。

正因为有这两件大杀器叠加的霸道威力，依然还是大罗金仙境界的三霄娘娘才敢于挑战混元大罗金仙中期的元始天尊。

有关元始天尊忌惮三霄的观点，前文在评价混元金斗时已经论述。事实上，让元始天尊害怕的不仅仅是混元金斗，更有黄河阵。一旦进入黄河阵，即便是元始天尊也无法阻止大阵对于自身法力、防御的削弱。

在圣人境界当中，元始天尊的修为只能算是牛尾鸡头。在混沌时期就已经存在的诸位老牌圣人中，元始天尊几乎垫底。一旦实力被削弱，那么，就有可能跌落至混元大罗金仙初期境界，即与人族三皇、女娲等新晋圣人一般。

若在黄河阵外，以元始天尊的修为，加上有超强法宝玉如意护体，当不惧拥有金蛟剪与混元金斗的三霄娘娘。可是，若身处黄河阵，结果就大大不同了。

云霄娘娘本就是大罗金仙圆满之境，距离成圣只差半步。她若全力催发混元金斗，完全可以与初期圣人一战。加上琼霄与碧霄亦实力不俗，还有锋锐无匹的金蛟剪虎视眈眈。三霄娘娘合力，完全有实力灭掉一位初期圣人！

因此，元始天尊才会无视燃灯道人的疑问，道貌岸然其实憋屈万分地采取龟缩策略，安静等待大师兄到来。

与元始天尊畏缩不前的懦弱样子不同，面对三霄，老子显得轻松淡定。

破阵当日，老子对元始天尊说："今日破了'黄河阵'早回，红尘不可久居。"言下之意，破黄河阵只是小菜一碟，一旦他老人家出手，必定马到成功。

面对三霄时，老子也全无元始天尊那般客气。因三霄娘娘见了自己，竟然立而不拜，老子立刻就黑下脸来，怒声训斥曰："你等不守清规，敢行忤慢！尔师见吾且躬身稽首，你焉敢无状！"

老子确实有资格发脾气。他本就是鸿钧老祖掌门大弟子，早在玄黄时代就已经得道，在混沌时期元始天尊与通天教主刚入门时，他老人家就已经成圣。如今更是进入混元大罗金仙后期境界。加上老子拥有一门超强秘术，一旦施展，实力更将飙升。别说是三霄，就算是通天教主亲自主持黄河阵，亲自催动混元金斗，老子也可以轻松灭之！

在前几天元始天尊到来时，云霄娘娘带着两位妹妹恭恭敬敬到阵前迎接。此刻，老子到来，三霄娘娘却立而不拜。明明是元始弱而老子强，为何三霄反而前恭后倨呢？

只因面对元始天尊时，三霄娘娘有一战之力，故可以示弱，好引诱元始天尊出手。为激怒元始天尊，彩云仙子还在元始天尊即将退出大阵时，甩出法宝戮目珠，偷袭元始本尊。

彩云仙子的无礼举动，让燃灯道人与南极仙翁很气愤。正因如此，燃灯道人才会请教元始天尊为何不直接出手破了黄河阵，灭了三霄。

没想到元始天尊真的很能忍，硬是装出一副谦恭守礼模样，等师兄老子到来。元始天尊就是那种做大事不拘小节的主儿。

老子到来后，三霄娘娘知道一场血战难以避免。既然双方已经撕破脸，那么，为了提高己方士气，过往那些虚礼就全不再讲了。

如果说三霄面对元始天尊，是三分尊重七分轻蔑，那么，在面对老子时就恰恰相反，是三分轻蔑七分尊重。

云霄对两位妹妹说："玄都大老爷也来了，怎生是好？"碧霄娘娘说："姐姐，各教所授，哪里管他！今日他再来，吾不是昨日那样待他，哪里怕他？"

此前，元始天尊到来时，云霄娘娘也曾为难。当时是因抓了阐教群仙，不知怎么面对师伯元始天尊。琼霄娘娘回答说："任凭我为，如何怕他？"言辞中满满都是自信，都是不屑。

眼下老子到来，云霄娘娘深深不安，未来面对的是一场你死我活的血战，可对手是两位比己方高一个大境界的圣人强者，其中之一更是连师父通天教主也忌惮的大师伯。

而碧霄娘娘口中虽说得无畏，但其实两处"哪里"就已经暴露了她的底气不足，只是面对强敌，强作镇定，自我安慰而已。

如果说三霄迎战元始天尊，或许是胜负对半开，那么，三霄迎战二圣，其胜算就几乎为零了。不过，若三霄能够合理安排，充分利用各种有利因素，她们未必没有逃生的可能。

那么，最佳迎战方案当如何安排呢？

首先，始终保持三打一的状态。

三霄再强，毕竟还只是大罗金仙，而二圣实力即便再被削弱，毕竟还是圣人强者。在二圣联手下，三霄毫无胜算。但若三霄出言挤兑，迫使元始天尊与老子自重身份，不能同时出手，那么，三霄合力就大有作为。

其次，攻击顺序先弱后强。

二圣当中，元始天尊弱而老子强。若三霄合力先攻击元始天尊，将有一定概率击杀元始天尊。即便杀不死元始天尊，能伤到他那也是大有面子的事情。而若先攻击老子，则只有极小概率能伤到老子。比较之下，当然是先攻击元始天尊比较合适。

其三，先出诱饵，后出杀招。

对战圣人，如何才能将三霄的合力发挥到最大呢？

三霄之中，碧霄最弱，琼霄居中，云霄最强。因此，最合理的安排是让碧霄仗剑冲上，吸引敌方火力。然后，琼霄祭出金蛟剪，云霄祭出混元金斗，同时发动攻击。

在封神大战中，基本没有一人同时祭出两件法宝的战例。利用这个漏洞做文章，三霄的生存概率将大大增加。双方一旦交手，二圣用手中武器架住碧霄宝剑，然后，风火蒲团与玉如意只能抗衡一件法宝，那三霄的另一件法宝将有一定概率伤到二圣。

可是，在实战当中，三霄娘娘却选择了最为糟糕的迎战方案。

琼霄娘娘说："但他进此阵，就放金蛟剪，再祭混元金斗，何必惧他?"

在三霄娘娘的方案中，她们也知道合力一击。不过，她们选择进攻的对象是老子。这已经很不明智了。她们竟然还摆谱，坚持与师伯一对一交手。

老子与元始天尊进入大阵后，琼霄第一个出战，祭出金蛟剪。金蛟剪虽强，却只是A+法宝，很难伤到混元圣人。老子更是圣人中的圣人，他挥挥衣袖，就把金蛟剪收入大袖之中。

然后，碧霄娘娘祭出混元金斗，老子扔出风火蒲团。那蒲团虽然只是老子打坐时坐的蒲团，却同样是一件S级法宝，蕴含风火大道。本来风火蒲团与混元金斗品阶一样，可碧霄只是大罗金仙后期，老子却是混元大罗金仙后期，法力之差可谓天壤有别。故混元金斗被风火蒲团夹住，被黄巾力士带走。

云霄娘娘本来修为最高，却只是拿着普通宝剑第三个出战。但即便如此，老子对云霄也不敢怠慢，竟然祭出自己的最强法宝太极图（又名乾坤图）。云霄娘娘被太极图裹住，被压在了麒麟山下，随即死亡。

见三霄法宝尽数被大师兄收走，最强的云霄也被抓，元始天尊这才跳了出来。

琼霄仗剑而来，元始天尊命令白鹤童子祭出玉如意。玉如意打中琼霄顶门，琼霄当场死亡。碧霄祭出一口飞剑冲上，又被白鹤童子祭出玉如意打落飞剑。元始天尊拿出一个盒子，把碧霄装入。不一会儿，碧霄化为血水。

强悍无匹的大罗金仙三姐妹就此陨落。

053 斩十天君杀赵家兄妹，谁居功至伟

在封神大战发动之初，截教强而阐教弱。阐教虽然有两位圣人，但明面上仅有燃灯道人一位大罗金仙，就算加上来历扑朔的陆压道人，也不过两位。反观截教，虽然只有一位圣人，但大罗金仙境界的强者数以十计。并且，四大弟子与三霄娘娘都是大罗金仙后期强者。只要给他们一些强力法宝，比如混元金斗、诛仙剑、戮仙剑等，他们完全有实力超越大境界，挑战圣人。

可是，随着战局发展，胜利的天平渐渐倾向阐教。尤其是在十绝阵、黄河

阵两次战役中，截教方面一次性就陨落了四位大罗金仙，十二位金仙，可谓损失惨重！

导致截教方面惨败有很多原因，最为重要的，不是截教仙人实力弱，而是缺乏经营。

没错，阐教之所以能够以弱胜强，最为关键的，是有元始天尊居中调度，总是谋定而后动，在精细了解敌情的前提下，给予敌人最致命的打击。

而截教方面，虽然十天君都是人精，云霄娘娘更是行事稳健，但是，某个人之力在整个教派大战面前，还是显得非常脆弱。若截教通天教主能够亲自主持谋划封神大战，充分调动截教战力，在适当时机出动出面，截教绝不至于惨败。

排除元始天尊，在斩十天君，杀赵家兄妹的行动中，谁的功劳最大呢？

就具体战斗看，十天君乃是由十二仙首中八位金仙以及陆压、南极仙翁斩杀，赵公明乃是姜子牙射杀，三霄娘娘是被老子与元始天尊合力杀死。他们的战功不容抹杀。

不过，在阐教高层的合理安排下，但凡被指派出场者，几乎都是敌方克星，总是不费吹灰之力斩杀对方。因此，破十绝阵时，燃灯道人的功劳远大于下场诸仙；杀赵公明时，陆压功劳远大于姜子牙；杀三霄时，元始天尊功劳大于老子。但以上诸仙仅可算是二等功臣。

燃灯道人之所以能够合力调度，安排人选斩杀十天君，陆压之所以能够顺利杀死赵公明，元始天尊之所以能够在最佳时机斩杀三霄，还多亏了一位仙人相助。

此人就是背负叛教骂名，潜伏敌后的申公豹。与十二仙首、燃灯、陆压等人相比，申公豹居功至伟，堪称一等功臣。

那么，申公豹在斩杀十天君与赵家兄妹的行动中，究竟做出了哪些贡献，立下什么战功呢？

鸿钧老祖早在许多年前就已经宣布兴周灭商，通天教主更在碧游宫传下严令，禁止门人前往西岐。因此，在正常情况下，截教仙人不会前往西岐。

可是，昊天上帝的天庭空缺职位太多，需要大规模招人，而阐教仙人自恃身份，不屑于加入，于是，千方百计引诱截教仙人前往西岐，加入封神大战，就成了元始天尊日思夜想的事情。

为了顺利完成引诱计划，申公豹忍辱负重，背负叛教骂名，离开了昆仑山。

因出师不利，闻太师前往金鳌岛寻访道友，没想到岛上一个人也没有。后来遇上了菡芝仙，他才明白有十位道友已经准备前往西岐，帮助闻太师。

闻太师好奇怪，自己都还没有开口，为何十位道友就主动相助呢？一问之下，菡芝仙回答：“前日申公豹来请俺们往西岐助你。”

申公豹为何跑来请十天君出战呢？

表面看来，是申公豹小肚鸡肠，不忿元始天尊选择姜子牙作为封神行动具体执行人，于是，心生怨恨到处寻访高人刁难姜子牙。

事实上，是申公豹与元始天尊一直保持着紧密联系。姜子牙已经把闻太师战败的消息禀告元始天尊，元始天尊料定闻太师必定会寻访同门相助。

与其任凭时局发展，不如把一切都掌控在手中。于是，申公豹奉命先来到东海诸岛，怂恿截教仙人前往西岐，参与封神大战。

十天君摆下的十绝阵，对金仙有着极大的威胁，可最终，十二仙首竟然无一陨落，甚至连受伤都没有。

为何十绝阵如此名实不符？

其实，十绝阵很强大。它们之所以收效甚微，那是因为被阐教有所针对。

燃灯道人每逢破阵，都会先选派一个实力渣者充当炮灰，然后依据十绝阵不同性能，选派相应神通的阐教仙人迎战。

那么，燃灯道人如何知道破阵之前需要祭阵？又如何能摸清十绝阵的不同性能呢？

并非燃灯道人修为高深，见识广博，而是因为有申公豹。

比如在击破天绝阵、地裂阵之后，阐教群仙急吼吼想接着再破大阵。燃灯道人却提出：“破不得。这‘风吼阵’非世间风也。此风乃地、水、火之风。若一运动之时，风内有万刀齐至，何以抵挡？须得先借得定风珠，治住了风，然后此阵方能得破。”

那十绝阵都是十天君答应申公豹前往帮助闻太师之后，最新炼制的大阵。此前，姜子牙进入参观后表示，自己闻所未闻，见所未见。不仅仅是姜子牙，包括阐教十二仙首、截教闻太师都没有见过十绝阵，自然也就不知道十绝阵的秘密。

可如今，燃灯道人不但知道风吼阵的运行原理，竟然连破阵需要定风珠也知道。这不是很奇怪吗？

只因燃灯道人早就从元始天尊处了解到了风吼阵的隐秘。而这些情报，都多亏了申公豹。

其实，陆压能顺利杀死赵公明，同样多亏了申公豹。

原文曰：“且说燃灯与众门人静坐，各运元神。陆压忽然心血来潮，道人不语，掐指一算，早解其意。”

阐教群仙运转元神，不仅仅是静坐修炼，更是与高层交通讯息。陆压虽然是老子那边的人，但他登场同样得到了元始天尊的同意，要接受元始天尊的调度。

此前，闻太师刚决定派出姚少司、陈九公前往西岐抢夺陆压的箭书。但几乎瞬间之后——姚少司还没出发——陆压就已经知道了这个消息。

前文中我曾经说过，封神世界也好，西游世界也好，没有哪位仙人能够真正预测未来。所谓掐指一算，其实是综合信息，而心血来潮，正是接收到信息的标志。

申公豹虽然人不在商军大营，但是必定与十天君时刻保持联系。他在得到闻太师下令抢夺箭书命令后，及时反馈给元始天尊，元始天尊又通知了陆压。

在斩杀三霄时，同样有申公豹的身影。

赵公明死后，闻太师或者十天君中残存的两位天君本应当肩负起报丧任务。可是，让人奇怪的是，到三仙岛报丧的竟然是申公豹。

一方面是因为闻太师心中有愧，另一方面则是因为申公豹别有所图。

若由闻太师或者两位天君报丧，那么，真的只是报丧。申公豹去则大不一样，他假意报丧，真实意图则是挑唆三霄前往西岐。

三霄中琼霄、碧霄都是爱冲动的女人，被申公豹三言两语说得大怒。云霄娘娘本不愿下山，可是两个妹妹都已经先走，只能跟随下山。

申公豹又挑唆好事的彩云仙子与菡芝仙前往西岐。

在三霄横扫西岐战场的时候，申公豹已经把三霄的修为、神通、法宝等一应情报汇报给了元始天尊。于是，才会出现燃灯道人前往昆仑山求助时，却看见元始天尊已经准备好了沉香辇，正准备出发的场景。

若非有申公豹挑唆，截教仙人不会下山，而若截教仙人不参与封神大战，那最后阐教仙人就要倒霉。若非申公豹摸清了十天君的底牌，阐教群仙不可能轻松击破十绝阵。若非有申公豹及时提醒，箭书很可能被夺走，赵公明可能不死。若非申公豹挑唆三霄下山，并及时通知元始天尊，那十二仙首可能全部阵亡，阐教将会面临大溃败。

054 杨戬到底有多强

截教第三代中有一位逆天的存在，即五十年修行就进阶大罗金仙的闻太师，而阐教方面也同样有一位上天宠儿，以阐教第三代弟子身份，在封神大战战场上大放异彩。此人就是元始天尊十二位大弟子中玉泉山金霞洞玉鼎真人门下——杨戬！

杨戬很强。在神仙多如狗，金仙满地走的封神世界，杨戬虽然是阐教第三代弟子，却每每在姜子牙、十二仙首等阐教二代仙人也束手无策时，以一己之力，扭转时局，力挽狂澜，为西岐崛起立下不世功勋。姜子牙赞之曰："智勇双全，奇功万古!"

杨戬到底有多强？又为何那么强呢？

杨戬一出山，就以七十二变之术变成花狐貂，盗走魔家四将最强法宝混元伞，使得魔家四将战力大减，从而一举扭转僵局。

十绝阵故事、黄河阵故事中，杨戬同样有上佳表现，其强劲势头，比之神秘的陆压道人，也丝毫不逊色。

杨戬之强，一是肉身强悍。

闻太师初次登场，以手中雌雄金鞭大杀四方。一鞭把姜子牙活活打死，一鞭把哪吒打落风火轮，又一鞭打伤了金吒、木吒、韩毒龙。眼看前方大阵就要崩溃，杨戬挺身而出。闻太师祭起双鞭，狠狠打下。结果如何？

原文说："只打得火星迸出，全然不理，一若平常。"

闻太师的金鞭虽然只是C级法宝，但仙人最为脆弱的就是顶门，姜子牙就被一击而亡。即便是寻常金仙，也无法正面承受金鞭一击。金鞭打中杨戬，从"火星迸出"可以看出，闻太师下手狠辣，绝无留情；而从"一若平常"可以看出，杨戬肉身之强，远超寻常神仙、金仙，达到了一个不可思议的程度。

杨戬之强，二是武艺高强。

武艺，在封神世界的中下层仙人斗法中很重要，但是，在金仙以上，甚至大罗金仙层次的斗法中，就显得非常鸡肋。因为高阶仙人见面，往往只是交手三招两式，就各自祭出法宝。

杨戬有很多优势，却也有一项重大劣势——他没有法宝！可是，即便是没有超强法宝的杨戬，在封神大战中却往往立下奇功。

赵公明很强，虽然他仅仅是大罗金仙初期，但凭借其出色武艺，超强的先手意识，以及强悍法宝定海珠、金蛟剪，每每在战斗中都能取得压倒性优势。他在与阐教方面的多次交手中，唯一吃亏的一次，就是对上了杨戬。

当时，赵公明打伤姜子牙、哪吒，黄天化见势不妙急忙冲上，让金吒、木吒好救回姜子牙与哪吒。黄天化武艺一流，但战赵公明犹有不足，一旁的雷震子也急忙冲上。杨戬见赵公明犹有余力，也纵马摇枪去斗赵公明。

当时，雷震子攻上三路，黄天化打中三路，杨戬神枪专扎赵公明下三路。赵公明被三人杀得一身大汗，根本抽不出手来放定海珠。

后来，三霄娘娘加入大战后，彩云仙子用戮目珠伤了黄天化，又打伤了姜子牙。姜子牙眼睛不能视物，几乎坐不稳四不相。琼霄娘娘仗剑追赶，全亏杨戬左右互持，方才无虞。

杨戬之强，三是有逆天灵兽哮天犬。

在封神世界中，哮天犬就是个 BUG。这条狗太牛了，不但咬神仙，咬金仙，连大罗金仙也照咬不误，比魔家四将的花狐貂实在强得太多了！

杨戬、黄天化、雷震子三人大战赵公明时，虽然占了上风，却也奈何不了赵公明。是杨戬悄悄唤出哮天犬，一下子改变了战局。那狗行动如风，牙尖嘴利，一跃而起咬中了赵公明脖子。赵公明吃痛，不得不败归本营。

后来，杨戬与三霄大战。姜子牙打伤了云霄，碧霄娘娘气呼呼来追赶姜子牙。杨戬趁机放出哮天犬，一口咬中了碧霄娘娘肩膀。那狗好狠，把碧霄娘娘玉肩连皮带肉扯下一大块。碧霄娘娘敷了药，才治好伤势。

在以后的许多场战斗中，哮天犬都表现卓绝，给杨戬挣了不少脸面，让杨戬的综合实力大增。

杨戬之强，四是有七十二变。

杨戬的最强神通当属七十二变。

赵公明横扫阐教诸仙时，拿了黄龙真人，吊在商军大营之前。

以燃灯道人为首的阐教诸仙见了，人人气愤，却无可奈何。商军大营有金仙修为的十天君，更有大罗金仙赵公明，可谓龙潭虎穴。他们虽有心去救黄龙真人，却没有谁敢出头。

玉鼎真人哈哈一笑，表示不妨事，他有办法救出黄龙真人。

玉鼎真人有啥办法呢？就是让徒弟杨戬出马。

杨戬拥有七十二般变化，最适合做这种潜入敌后的工作。当晚，杨戬在八九点钟，变成一只飞蛾飞到黄龙真人耳边。黄龙真人虽然被抓，但毕竟也有金仙修为。他告诉杨戬，只要帮自己撕掉泥丸宫封印，自己就可元神出窍，回归西岐。于是，杨戬撕去符箓，黄龙真人遁走。

反观商军大营，十天君中的赵江赵天君自从被抓之后就一直被吊在西岐大营之前。不但十天君不敢去救，就连赵公明也无可奈何。

拥有七十二变的杨戬，是绝对的另类。

杨戬在夺回赵公明魂魄箭书事件中，将七十二变之神鬼莫测发挥得淋漓尽致。

当时，赵公明的徒弟姚少司、陈九公已经成功潜入西岐大营，从姜子牙手中夺走了拥有赵公明魂魄的箭书。哪吒与杨戬奉命追赶。

杨戬走到半路，见一股风来得奇怪，猜想必定是姚少司等人施展遁术经过此地。

若是哪吒遇上，必定二话不说冲上前去。杨戬则不然。在阐教三代弟子中，杨戬毫无疑问是最为睿智的一个。此时贸然冲上去，极有可能坏事！

以赵公明大罗金仙的身份，他的亲传弟子至少也是神仙修为，甚至可能是金仙修为。若是拥有一两件法宝，那实力将更不可测。何况，对方有两人，杨戬这边只有一人。若是正面拦截，对方完全可以让一人留下，一人逃走。那样，箭书必定无法夺回。

就在刹那工夫，杨戬就想好了对策。他随手抓起一把土草，往空中一洒，同时念动咒语。瞬间，平地出现了一座大营，来往士兵全是商军服色。

姚少司、陈九公一见大喜，立刻进入，见大营中坐着闻太师，就把箭书奉上。闻太师收了箭书后，散了神通，现出杨戬本相，与二人大战。最后哪吒赶到，杀死了姚少司，杨戬则把陈九公一枪刺死。

箭书顺利夺回，姜子牙大喜，夸赞杨戬为："智勇双全，奇功万古！"

阐教第三代弟子绝大多数不过是人仙修为，连元神也没有凝练出。可是，杨戬不但拥有元神，并且其元神能随风变化，拥有无穷妙道，其修为不但超过姜子牙，更远超许多金仙，令其他阐教三代弟子只能仰望。

杨戬为何如此强？

在杨戬登场时，原著中说："杨戬曾炼过九转玄功，七十二变化，无穷妙道，肉身成圣，封清源妙道真君。"

杨戬自述诗云："秘授仙传真妙诀，我与道中俱各别。随风有影即无形，赴得蟠桃添寿节。"

原来，杨戬修炼的功法和一般仙人截然不同。一般的仙人都是修行五行法术，可杨戬修炼的叫作"九转玄功"（书中有时称为"八九玄功"）。这功法非常难修炼，在封神世界明确炼成的仅仅有两位：一位是杨戬，一位是梅山七圣之首白猿袁洪。就连杨戬师父玉鼎真人，也不过是知道此功法，却并未炼成。

炼成九转玄功之后，就会拥有七十二般变化，奥妙无穷。另外，肉身也会强悍到一个恐怖程度，一般法宝难以将其伤害，就连毒攻、魂魄攻击都会大大减弱。

别看杨戬在登场时只是一副道童打扮，开口闭口称呼姜子牙为师叔，与其他阐教三代弟子貌似没有不同。其实，杨戬在下山之前，就已经“肉身成圣”！

所谓“肉身成圣”，其实就是肉身成神。杨戬在下山之前，就已经接受了昊天上帝的敕封，成为“清源妙道真君”。他和他师父玉鼎真人一样，早就拥有参加西王母蟠桃会的资格。

世上有两种人都堪称枭雄，一种是扮猪吃虎，一种是扮虎吃猪。杨戬就是第一种人。他修为高深，在仙界地位尊崇，见到三霄娘娘，开口也是称“道兄”，可是，却混迹在一帮不成气候的三代弟子当中。于是，在封神大战中，常常有些不知底细的截教仙人，把杨戬当作寻常晚辈，结果自己怎么死的都不清楚。

055 十二仙首谁最渣

在十绝阵、黄河阵故事中，阐教群仙虽然遭受平生未有之大挫败，昔日横行仙界的玉虚宫十二仙首更被削去三花，尽废修为。不过，他们的表现也并非全无是处。在十绝阵中，阐教群仙大败十天君，神秘登场的陆压射杀大罗金仙赵公明，三代中的天才杨戬武艺超群，智谋过人，成功夺回箭书……

玉虚宫十二仙首比赵公明、三霄确实不如。赵家兄妹从开天辟地时就已经踏上仙途，天皇时期进阶大罗，距今修行了无数年。十二仙首年岁最长的广成子，也不过是轩辕黄帝时期生人，距今修行不超过两千年。但以区区一两千年修行，十二仙首就能够普遍达到金仙中期，那也都是人中龙凤，堪称妖孽。

玉虚宫十二仙首多数都实力强劲且精明睿智，未来前途不可限量。不过，十指有长短，他们中也有那么几位，不但综合实力名不副实，且鲁莽冲动，全无道家从容气度，在与敌人的交锋中一而再，再而三地出丑。而有一位，说他是十二仙首中最渣的金仙，也丝毫不过分。

此人就是玉虚宫十二代大弟子中的黄龙真人。

元始天尊创办的修仙“学校”玉虚宫，招收了许多学生。其中，有十二届学生已经“毕业”。而每一届的“学霸”，都拥有开办“分校”，招收学生的权力。大多数学霸也都深得元始天尊欢心。临“毕业”时，元始天尊都会把自己手中淘汰的中低阶法宝赏赐给爱徒。不过，有几届学生的水平实在太差，就连“学霸”也很渣，元始天尊实在不满意。于是，那几届的“学霸”只能空手下山。

在封神世界，法宝是体现仙人实力的最重要方式。斗法时没有法宝，就算是金仙强者，也同样没有安全感。

截教十天君摆下十绝阵，阐教燃灯道人主持破阵。除了地裂阵与红砂阵因过于强大，不得不由陆压道人与南极仙翁破阵，其他八阵都是由十二仙首负责。

十二仙首实力有强有弱，作为负责阐教日常工作的燃灯道人自是一清二楚。他选派了八人参战，剩下四人分别是玉鼎真人、道行天尊、灵宝大法师、黄龙真人。

为何燃灯道人不让这四人参战呢？很简单，在燃灯看来，他们四人最弱，是十二仙首中垫底的存在。

或许有人会说，玉鼎真人应该不弱啊，他徒弟不是杨戬吗？道行天尊实力也应该不弱啊，他徒弟可是韦护。

虽说名师出高徒，老师好一般学生都不会差，但是，像自己连秀才也考不上的老师，却教出了一波波举人、进士学生，那也是常有的事情。

徒弟的强弱与老师的强弱，不成正比。

关键一点是，玉鼎真人、道行天尊、灵宝大法师、黄龙真人都是无强力法宝的金仙。

此处的强力法宝，是指金仙级，即 B 级法宝。以黄龙真人等人千年修行，不可能一件法宝没有。像玉鼎真人、黄龙真人手中的宝剑，道行天尊赐给徒弟的玉斗、降魔杵，虽都是法宝，但级别都不到 B 级，因此在对战金仙时基本无用。

没有强力法宝，就无法击杀对手，在斗法中就处于绝对的劣势。事实上，这四位正是封神大战十数年，全场无胜绩的尴尬仙首。

当然，无法宝的金仙也挺多，为何说黄龙真人最渣呢？

黄龙真人修为平平，不过是金仙中期，可是，他为人却鲁莽自大，简直就是一副找死的脾气。

当天绝阵被破时，闻太师大怒，要去追杀文殊。此时，阐教群仙大都没动。大家都清楚，闻太师虽然修为高深，但是无强力法宝，对上文殊并无胜算。可是，在燃灯背后站着的黄龙真人偏偏冲出，拦住闻太师，喝令闻太师不得逞强，暂且退去。

黄龙真人为何这么做？

一来是讨好燃灯，在其面前求个好印象；二来是找寻存在感，以痛斥闻太师证明自己的强大。

要知道黄龙真人本是元始天尊第三届最优秀学生，在排班时本当在第三位。可是，在迎战十绝阵排班时，燃灯却让黄龙真人排在第十位，仅仅在玉鼎真人与道行天尊之前。燃灯道人如此轻视黄龙真人，黄龙真人当然不服气。

此后每当十绝阵某阵被破，闻太师大怒时，黄龙真人都会飞出班列，阻拦闻太师。可以说，在十绝阵战役中，十二仙首中最出风头的不是破阵的八位金仙，而是上蹿下跳的黄龙真人。

有句话叫不作不死。正因为黄龙真人一味逞强，爱出风头，结果遇上了赵公明后，蒙受奇耻大辱。

赵公明来到阵前，指名道姓要和燃灯道人说话。他们两人都是天皇时期就已经证道的大罗金仙，修为相同，实力相近。他们之间展开对话，完全对等。

可是，黄龙真人不知进退，竟然在赵公明和燃灯说话说到一半的时候窜出来，且放出狂言说："赵公明，你今日至此，也是'封神榜'上有名的，合该此处尽绝！"

黄龙真人把赵公明看成是闻太师，还以为有燃灯道人护着，羞辱赵公明两句也没事。没想到赵公明神通广大，远非闻太师可比。

结果，两人交手还没几个回合，赵公明祭出缚龙索，凭空就把黄龙真人生擒活捉。让一旁的燃灯道人与其他仙首看得目瞪口呆。

之后，赤精子、广成子被赵公明定海珠轻松击败。玉鼎真人、道行天尊、灵宝大法师三人，平日里和黄龙真人交情都不错——这也很好理解，学霸爱和学霸在一起——三人也都冲上去，结果，一个照面都被赵公明的定海珠打翻。

赵公明也不屑追赶五位金仙，只捆绑了嚣张跋扈不知死活的黄龙真人，用符印封了泥丸宫，将他吊在商军大营前示众。

对于凡人来说，仙人是至高无上的存在。可如今，堂堂玉虚宫十二仙首之一，竟然沦为囚徒，被万千凡人围观，指指戳戳，嘲笑讽刺。

是可忍，孰不可忍！

一时之间，燃灯道人与其他十一位仙首，人人顿足叹息，深以为耻。

若非杨戬施展变化神通，揭下符印，黄龙真人哪能元神出窍，逃离束缚。

在回到西岐阵营后，黄龙真人那莫名其妙的自负感并未消失。此后还有多次斗法，黄龙真人都是嘴上牛气，手下稀松，被三霄擒拿也就罢了，还被吕岳杀得屁滚尿流。整个封神大战无数次战斗中，黄龙真人一败再败，从无胜绩。

在破诛仙阵时，玉虚宫十二仙首再度排班。那一次，燃灯道人把黄龙真人安排在了十二仙首最末一名，与客串的陆压道人一起，在最后一列出场。

其实，实力弱些，资质差些不要紧，关键是要学会藏拙，学会扬长避短。

像同样无法宝的玉鼎真人就做得非常好。封神大战中，他同样没有击败过金仙，没有出色的战绩，却让人觉得高深莫测，实力很强，甚至还有人认为玉鼎真人是十二仙首第一人。

综上，黄龙真人修为平平、无强力法宝，又性情鲁莽、自负狂妄。如果说玉鼎真人、道行天尊、灵宝大法师三人的实力还有待商榷，黄龙真人则是毫无疑义的玉虚宫最渣仙首。

那么，在强手如林的玉虚宫十二仙首中，哪些人实力堪称一流，谁的实力又最强呢？

056　十二仙首谁最强

玉虚宫一流强者，必须符合几个基本条件：一是修为当在金仙后期，即达到三花聚顶，五气朝元之境界；二是拥有强大神通法术；三是拥有能对金仙一击必杀的强力法宝。

十二位仙首中，有哪些人达到了以上条件呢？

原著有一个细节，泄漏了天机。

燃灯与众道者曰："列位道友，贫道今破十阵，与子牙代劳已完，众位各归府。只留广成子，你去桃花岭阻闻仲，不许他进佳梦关；又留赤精子，你去燕山阻闻仲，不许他进五关。二位速去！又留慈航道人在此，以下请回。"

当时，南极仙翁破去了十绝阵中最后，也是最强的红砂阵。剩下的事情就是姜子牙发动全面反攻，消灭闻太师了。

闻太师虽无强力法宝，可毕竟是大罗金仙修为，寻常金仙根本伤不了闻太师。而阐教这边，玉虚宫十二仙首在黄河阵中全部被削去三花，尽废修为，成了凡人。虽然从黄河阵破，到红砂阵破，有那么数十天的修养时间，以玉虚宫十二仙首的天赋与经验，多多少少也可以恢复一些实力，但商军方面不但有大罗金仙修为的闻太师，还有两位金仙强者菡芝仙与彩云仙子。菡芝仙与彩云仙子可都是敢与二圣大战的猛女人。派一般的仙首与她们和闻太师参战，无异于送羊入虎口。

以燃灯道人的地位，自然是不屑于亲自出手。他反复权衡之下，最终拍板，让广成子、赤精子、慈航道人三人留下破阵。

燃灯道人为何留下这三人呢？

只因这三人正是玉虚宫十二仙首中实力排名前三的一流高手！其实，在破十绝阵时，这三人的表现就堪称惊艳。

此前我们已经分析过，十绝阵的排列顺序并不能代表十绝阵威力的强弱。不过，所破的大阵越强，自然代表着破阵者的综合实力越强。

比如十绝阵中最弱的当属袁天君寒冰阵，破阵者是普贤真人；第九是秦天君天绝阵，破阵者是文殊广法天尊；第八是赵天君地裂阵，破阵者是惧留孙；第七是孙天君化血阵，破阵者是太乙真人；第六是金光圣母的金光阵，破阵者是广成子；第五是王天君的红水阵，破阵者是道德真君；第四是白天君烈焰阵，破阵者是陆压道人；第三是董天君风吼阵，破阵者是慈航道人；第二是姚天君落魂阵，破阵者是赤精子；第一是张天君红砂阵，破阵者是南极仙翁。

十绝阵破阵者中，所破大阵排名前五的破阵者分别是南极仙翁、赤精子、慈航道人、陆压、广成子。

南极仙翁之所以能破去红砂阵，一来，是他修行时间最长，修为在玉虚宫弟子中也最高，基本达到了金仙圆满之境界；二来，是南极仙翁手中有两件强大法宝，一件是借自道德真君的五火扇，破去了蚀骨红砂，一件是借自元始天尊的S级法宝玉如意，敲死了张天君。

另外，破烈焰阵的陆压道人乃是铁板钉钉的大罗金仙，并且还是火灵得道的大罗金仙，故能轻松破去烈焰阵。

排除掉这两位之后，我们可以发现，剩下的三位破阵者正是广成子、赤精子、慈航道人。不过，他们三人之间谁最强呢？

是如十绝阵的强弱一般，赤精子最强，慈航道人次之，广成子第三吗？

不是！

玉虚宫十二仙首中最强者当属广成子。

广成子本是玉虚宫十二仙首中入门最早、修为最高的金仙。正因修为高深，千百年来，广成子才会一直担任玉虚宫击金钟首仙。

原著第46回目叫作《广成子破金光阵》。其实，在那一回中，十绝阵中的风吼阵、寒冰阵、金光阵、化血阵先后被破。原作者为何单单把广成子破金光阵作为回目呢？

只因广成子在十二仙首中实力最为强大，金光阵在此回所破四阵中也堪称最为凶险。

风吼阵的危险本在金光阵之上，可是，慈航道人破阵时已经得到了度厄真人的定风珠，使风吼阵的威力已经去了大半。后文中赤精子破落魂阵时，也因他此前已经两度进入落魂阵，并且太极图放射五色毫光已经大大削弱了落魂阵。唯独广成子所破的金光阵，威力一直未损。

在十天君中，金光圣母也是单挑能力最强的一位金仙。

当初，闻太师前往东海寻访仙友，见到了菡芝仙，在她口中我们可以知道，其中九位天君都在一处炼宝，唯独金光圣母单独在一岛。其他九位天君都是先行前往商军大营，唯独金光圣母是闻太师陪同前往。

金光圣母拥有二十一面宝镜，每面宝镜都可以发射雷电攻击，一旦二十一面宝镜同时发动，将会产生交叉雷电，无死角攻击。

广成子在进入金光阵后，知道宝镜厉害，他也没有开启庆云神通，而是直接龟缩在元始天尊赐下的防御法袍八卦紫绶仙衣中。一直扛了一个多时辰，见金光圣母防攻击略有松弛，广成子果断出手，以番天印打碎宝镜，杀死金光圣母。

广成子的番天印很强。燃灯道人命广成子驻守桃花岭，阻碍闻太师退兵。闻大师远远见到广成子手举番天印，就下令退兵。辛环等人不理解。闻太师解释说："广成子番天印，吾等招架不住。若中此印，倘或无生，如何是好！"

换言之，广成子的番天印不单对金仙有着一击必杀的威能，就算对上大罗金仙，那大罗金仙不死也残。

在对战三霄时，其他仙首都战战兢兢，不敢上前。广成子却很是洒脱。他说："云霄休小看吾辈，有辱阐道之仙，自恃碧游宫左道！"

云霄娘娘见是广成子冲出，不敢怠慢，急忙催动青鸾，上前阻拦。她说："广成子，莫说你是玉虚宫头一位击金钟首仙，若逢吾宝，也难脱厄。"

对于云霄娘娘混元金斗的威力，广成子心知肚明。和其他仙人，比如黄龙真人不同，广成子知道自己与三霄存在着不可逾越的差距。可是，虽然实力悬殊，广成子却不想丢了脸面，失了气度。他哈哈一笑说："吾已犯戒，怎说脱厄？定就前因，怎违天命。今临杀戒，虽悔何及！"

可以说，广成子虽然也被三霄擒拿，确是十二仙首中最为三霄看重之人。他的修为与法宝都很强悍，其品性、气度更是远超其他仙首。

057 赤精子哪里不如广成子

在原著中，玉虚宫十二仙首分别在破十绝阵与破诛仙阵时，各有一次正规排班。那两次排班，虽在细节上多有不同，但赤精子始终居于首位，排在广成子之前。

换言之，赤精子才是封神大战十数年中，元始天尊指定的击金钟首仙。

此前我们曾经分析过，此前的百千年，广成子是玉虚宫击金钟首仙。如今赤精子取代广成子上位，是否说明赤精子的实力已经高过广成子，成为十二仙首第一人呢？

并非如此。其实，无论在阐教高层心目中，还是在对手截教仙人心目中，赤精子的实力都不如广成子。

前文说了，燃灯道人在安排人手阻拦闻太师撤退时，第一个想到的，不是赤精子，而是广成子。之后，在安排人选去碧游宫谒见通天教主时，元始天尊第一个想到的还是广成子。甚至在安排四位仙人摘取四把仙剑时，元始天尊依然是把摘取第一把宝剑的重任交给广成子。赤精子永远都是第二位。

面对赵公明，赤精子挥剑迎战。赵公明轻松挥鞭，不过三五个回合，就抽出手来祭出定海珠，一下把赤精子打翻。

赵公明正想上前一鞭结果赤精子性命，广成子大步上前，仗剑阻拦。原文说：“公明见广成子来得凶恶，急忙迎架广成子。”

广成子是真正的金仙后期强者，在大罗金仙赵公明眼中，其实力也堪称“凶恶”，也不得不“急忙”招架。反观对战赤精子，赵公明可称轻松惬意，可见在赵公明心中，广成子实力更在赤精子之上。

闻太师撤退时，在燕山遇上赤精子阻拦。赤精子只是表示，自己奉燃灯道人命令在此阻拦，让闻太师从哪里来，回哪里去。言辞间赤精子对闻太师不但没有侮辱，还可以说很是客气。

原文说：“太师只气得三尸魂暴躁，七窍内生烟。”

闻太师大叫大嚷，认定赤精子欺人太甚，冲上前去和赤精子大战一场。一直到赤精子取出阴阳镜来，闻太师才不得不调转墨麒麟，退出圈外。

闻太师在桃花山遇上广成子，不战而退，全无半点怨言。在燕山遇上赤精子却怒气冲天，大战一场。为什么？

只因在闻太师心中，广成子修为高深，是值得重视的对手。可广成子之下，全不能进闻太师法眼。如今赤精子也趁机阻拦他退路，他深感耻辱。

其实，不仅是修为神通，就连法宝，广成子的番天印也高出赤精子的阴阳镜一筹。

广成子的弟子殷郊手持番天印，一度横扫西岐，让阐教群仙无不束手。最终，竟然要从四位圣人手中借来四面先天五行旗，一起施展才能遏制番天印。阴阳镜虽强，却不能伤害哪吒，只用老子太极图一件重宝就可以压制。

那么，元始天尊、燃灯道人等玉虚宫高层，为何要让实力略逊一筹的赤精子排在首位，压广成子一头呢？

只因赤精子虽实力不是第一，却忠心可嘉，勇悍可用。每逢大战，即便对手实力可以秒杀金仙，赤精子也从来不惧。

大罗金仙后期强者三霄娘娘来到西岐，陆压一战即逃，燃灯道人也恐惧不安，可赤精子却昂然不惧。

见了三霄，赤精子第一个冲出队列，大骂曰："少出大言！琼霄道友，你今日到此，也免不得'封神榜'上有名。"虽然赤精子没和琼霄打三五个回合就被混元金斗抓走，可是，赤精子这份不屈的气度，还是很值得敬佩。黄龙真人被赵公明用缚龙索擒拿，阐教群仙无不惊骇。也是赤精子第一个带头冲上去，与赵公明大战。

当然，更为重要的，是元始天尊对广成子另有重任。让广成子排在第二，貌似是对广成子的打压，其实是元始天尊的一个重要布局。关于这一点，我们等以后再说。

058 慈航道人与太乙真人谁更强

在破十绝阵与诛仙阵的两次排班序列中，排名第三的都是太乙真人，慈航道人则都排在第九位。

为何十二仙首中，综合实力第三的是慈航道人，而非太乙真人呢？

不可否认，太乙真人的综合实力很强。

早在哪吒故事中，我们就曾经把太乙真人与石矶娘娘做过对比。双方曾经各有诗词论述自身道行。石矶娘娘修为已经到达三花聚顶、五气朝元境界，即金仙后期。太乙真人则略逊一筹，估计只有金仙中期境界。

不过，太乙真人法宝众多。他给了徒弟哪吒乾坤圈、混天绫、风火轮、火尖枪等中低级法宝，自己手中还留有一件强悍的 B + 级法宝九龙神火罩。靠着九龙神火罩的威力，太乙真人一招击杀石矶娘娘。

在破化血阵时，太乙真人在进入大阵之前，先施展护体神通，脚下出现两朵青莲，头顶出现一朵庆云。孙天君扔出夺命黑砂，却无法突破青莲、庆云防护，最终被太乙真人祭出的九龙神火罩烧死。

不过，慈航道人的综合实力更强。

慈航道人的修为、神通在十二仙首中当属第一流。

此前我们曾经说过，风吼阵乃是十绝阵中罕见恶阵。即便是得到了定风珠，可以不惧阵中神风，可是，大阵威力依然可怕。

别的仙首在进入大阵前，必定护体神通全开，可是，慈航道人除了祭出定风珠外，既没有开启脚下莲花，也没有开启头顶庆云，就和平常一样进入大阵。

其实，慈航道人不仅拥有莲花、庆云护体神通，还拥有十二仙首中少见的显化法身神通。在万仙阵故事中，慈航道人为降金光仙，破四象阵，火力全开。

当时，他头顶现出庆云，盖住顶门，然后一声雷响，现出法身。那法身拥有三头六臂，眼中有金龙飞舞，耳中有金莲绽放，足下踏着金鳌，手中托着神杵，加上元始天尊赐下的三宝玉如意。金光仙一见，不战而逃。

那一回回目叫作《三大师收狮象犼》。此前，自从在黄河阵中，玉虚宫十二仙首无一例外都被削去三花，散去五气，成了凡人。大家各自回洞府重修。只是，重修的时间太短暂，到三教会战万仙阵故事时，仅过去了六年。其间，发生了殷郊、殷洪兄弟背叛师门事件。之所以广成子被殷郊打跑，赤精子不敌殷洪，一方面是因为番天印、阴阳镜威力巨大，另一方面也是因为二人受伤严重，修为并未恢复。

在万仙阵中，代表十二仙首出战的有三位，分别是文殊、普贤、慈航。这三位后来都加入了西方教，即民间所说的“三大士”，他们不但拥有庆云、莲花护体神通，还拥有显化法身、迅速提升实力的强悍神通。

元始天尊为何指派这三人出战？只因这三人功法奇特（都能现出三头六臂法身），与其他仙首并不相同。他们三人本身修为虽非最高，恢复情况却最好。

三大士中，文殊修为最弱，是靠着准提道人帮忙，才重开泥丸宫；普贤居中；慈航最强。

或许有读者会说，慈航道人是仗着元始天尊赐下的三宝玉如意才打赢金光仙的。

金光仙很强，远超虬首仙和灵牙仙。他出场时口中说：“二指降龙虎，双眸运大玄。谁人来会我，方是大罗仙。”在金光仙看来，哪种人才有资格，才敢出来与他一战呢？至少要是大罗金仙才行。

其实，若非慈航道人修为高深，显化法身实力强悍，即便手持玉如意，也奈何不了金光仙。

慈航道人不仅修为了得，神通超群，更有超强法宝。慈航道人的法宝不多，镇洞之宝就一个，叫作清净琉璃瓶。

那清净琉璃瓶乃是一种罕见的吸纳法宝，一旦祭出，可以从瓶中放出一股黑气，一旦被黑气萦绕，就会被捉入瓶中。不过瞬间工夫，金仙也会被化为血水。

与太乙真人的九龙神火罩相比，两者虽然都拥有对金仙一击必杀的威力，但在运用效果上，九龙神火罩远不能和清净琉璃瓶相比。

九龙神火罩在运用时必须看准敌人方位，准确抛出，只有将敌人罩在罩中，才能发挥功效。万一没有罩到敌人，就会失去先机，有性命之忧。

可清净琉璃瓶全无这种担忧。它一旦被祭出，瓶中黑烟会自动搜索敌人，将敌人吸入瓶中。只要法宝祭出，金仙级仙人全无逃生可能。

这清净琉璃瓶看似只是 B + 级法宝，其实还隐藏着极大潜能。一直到后来慈航道人加入西方教，修为更进一步，其手持的代表性法宝依然是清净琉璃瓶。可见，清净琉璃瓶乃是罕见的可以升级的法宝，其真正品阶极有可能是 A 级，甚至 A + 级。

慈航道人因破风吼阵，还得到了度厄真人的定风珠。这宝珠慈航道人一直没有归还。阻截闻太师时，慈航道人就曾用定风珠对抗菡芝仙（风婆）。

定风珠无风不定，几乎就是任何风系神通的克星。大家想想，这定风珠和哪一件超级法宝很像？和赵公明（燃灯道人）手中的定海珠很像！

定海珠蕴含水系规则，定风珠中则蕴含风系规则。一旦蕴含了规则之力，那就是大罗金仙级，即 A 级法宝了。

换言之，这定风珠即便比不上定海珠强大，其真正威能也堪比普通 A 级法宝。

随着慈航道人修为的提升，对天地规则领悟将更加透彻，他这两件法宝的威能也将更大，其综合实力当然也就越强。

059 玉虚宫三次班列变化潜藏惊人布局

有读者一直对十二仙首中有四位仙首会在封神大战后背叛阐教，加入西方教存有疑问。

其实，我在之前写燃灯道人破坏规则霸占定海珠一文中，就已经提到，这和鸿钧老祖的一个惊人布局有关。

鸿钧老祖想将东方道门仙人打入西方教，进而控制西方教。只是，西方教两位教主还有他们背后的神秘超级强者绝非傻子。若这些加入者没有足够充分的理由，人家根本就不会接受。

比如，西方教为何会接受玉虚宫文殊、普贤、慈航、惧留孙四位仙首的投诚？

要知道这四位仙首可都是元始天尊的亲传弟子，在东方仙界都是让万仙羡慕嫉妒恨的存在。东方道门资源丰富，信徒众多，犹如一个已经走上正轨的超级企业。反观西方教即便发展再蓬勃，也还是草创伊始。四位仙首何必要抛弃现在的丰厚待遇，转投到新东家呢？

我想，在四仙首叛教投靠时，必定会大谈苦经，说自己在玉虚宫备受歧视。所谓："宁为鸡口，不为牛后。"人们总是渴望自己被尊重，仙人也不例外。

西方教两位教主在经过调查之后就会发现，事情和四位仙首说得差不多，至少在表面看来，四位仙首在玉虚宫过得并不如意。或许这正是四位仙首叛教，而西方教二教主接受他们的重要原因。

到底哪些地方可以证明四位仙首在玉虚宫备受打压呢？

秘密就潜藏在原著玉虚宫十二仙首的三次班列中。

在原著中，破十绝阵与诛仙阵之前，在燃灯道人的主持下，分别各有一次排班。而在这两次之前，还有一次大家的自主排班。

为破十绝阵，玉虚宫十二仙首纷纷降临西岐城。原文中十二仙首登场的次序为：第一，九仙山桃源洞广成子；第二，太华山云霄洞赤精子；第三，二仙山麻姑洞黄龙真人；第四，夹龙山飞龙洞惧留孙（后入释成佛）；第五，乾元山金光洞太乙真人；第六，崆峒山元阳洞灵宝大法师；第七，五龙山云霄洞文殊广法天尊（后成文殊菩萨）；第八，九宫山白鹤洞普贤真人（后成普贤菩萨）；第九，普陀山落伽洞慈航道人（后成观世音大士）；第十，玉泉山金霞洞玉鼎真人；第十一，金庭山玉屋洞道行天尊；第十二，青峰山紫阳洞清虚道德真君。

在我看来，十二仙首这次登场有着特别的意义，绝非随意为之。

因为，在这次登场之前，赤精子为救姜子牙魂魄，已经在西岐待了许久。而黄龙真人作为跑龙套，也提前来到西岐城，但是，在登场当天，他们都早早离开了西岐城，然后又按照特定的顺序，与其他仙首一起登场。

这次登场和之后的两次排班顺序并不相同。在我看来，这是原作者在告诉我们，这最早的一次登场，是十二仙首最原始的班列顺序，即单纯以入门早晚作为标准的一次排序。这也可以解释，为何两次破阵前击金钟的都是赤精子，可是云霄娘娘却说广成子才是击金钟首仙。

燃灯道人是奉老子与元始天尊命令主持破十绝阵，而元始天尊等又是要实现鸿钧老祖的最高意图，因此，燃灯道人的两次排班，其实体现的是元始天尊乃至鸿钧老祖的意志。

破十绝阵时，十二仙首的排班顺序如下：赤精子对广成子；太乙真人对灵宝大法师；道德真君对惧留孙；文殊广法天尊对普贤真人；慈航道人对黄龙真人；玉鼎真人对道行天尊。

在这次排班中，与初始排班有几个重要变化。

其一，赤精子与广成子班列对调。对调意义此前已经说过，不再赘述。

其二，太乙真人、灵宝大法师班列升两位；道德真君升七位，从末尾进阶到第五位。

其三，黄龙真人降了七位，沦为第十；玉鼎真人与道行天尊下降一位，成为垫底。

其四，文殊、普贤、慈航班列不变，依然是第七、第八、第九位。

此次排班中，最重要的变化就是黄龙真人排位大降，而道德真君排位大增。与黄龙真人无法宝的可悲现状截然不同，道德真君堪称十二仙首中最富有的一位。

大多数仙首只有一位徒弟，道行天尊有三位——那是因为韩毒龙、韩擒虎都太平庸，也死得太早，于是，他老人家又强力推出了关门弟子韦护。道德真君则有两位高徒——黄天化与杨任。

多数仙首只有一只坐骑，道德真君则给两个徒弟一人发了一只神兽。

别的仙首都是给徒弟一个金仙镇洞法宝。像金吒的遁龙桩、木吒的吴钩宝剑，临到师父要用时，还要还回去。别看哪吒法宝多，像什么混天绫、金砖、乾坤圈，其实都是低阶法宝，而太乙真人唯一的 B + 法宝九龙神火罩一直舍不得给哪吒。

道德真君呢？

黄天化下山时，道德真君赐予攒心钉，靠着这超强法宝，黄天化一口气灭杀了实力超强的魔家四将。

杨任下山时，道德真君赐予七禽五火扇，还有一把莫邪宝剑。这可都是能够一击秒杀金仙的 B + 法宝。

玉鼎真人、道行天尊、灵宝大法师、黄龙真人连一件 B + 法宝都没有，道德真君一人却有三件。元始天尊对道德真君这个小徒弟，还真不是一般的偏爱！

在破诛仙阵前，燃灯道人再一次让十二仙首排班，顺序如下：赤精子对广成子；太乙真人对灵宝大法师；清虚道德真君对惧留孙；文殊广法天尊对普贤真人；云中子对慈航道人；玉鼎真人对道行天尊；黄龙真人对陆压。

与上次排班相比，排除掉云中子与陆压两个外人，十二仙首中绝大多数人的班列没有太大变化，唯独黄龙真人从第十名跌落到了最末一名。

正是这没有太大变化，才让人气愤，让人绝望。

在破诛仙阵前，十二仙首参与的最大战役，就是破十绝阵与黄河阵。十二仙首在赵公明与三霄手上，无一人讨得好，可以说是全军覆没。大家谁也不能嘲笑谁。

但是，在破十绝阵时，惧留孙、文殊、普贤、慈航都参与破阵，立下大功，道行天尊、黄龙真人则都是寸功未立——玉鼎真人因徒弟杨戬救人，灵宝大法师提示定风珠下落，也算立下些许功劳。

黄龙真人更因被赵公明抓获，被公开示众，有损玉虚宫颜面，于是从第十名罚落到第十二名，大家也都认可。玉鼎真人与道行天尊因有黄龙真人垫底，被抬高一位，也在众仙可以接受的范围内。

但凭什么与大家一样破阵的太乙真人高居第三位呢？凭什么灵宝大法师仅仅是说出定风珠下落——事实上他不说，燃灯道人也会从申公豹处得到消息——就依然霸占第四位呢？

因此，班列本当在第三位的惧留孙必定不服气。

这班列的排位可不是小事，它象征着一位仙首在玉虚宫的实际地位，以及在掌教元始天尊心中的重要性。

与惧留孙相比，慈航道人立功更大。他与广成子、赤精子三人还有阻拦闻太师的功劳。

想那云中子，不过是一介散仙，可因为击杀闻太师有功，其班列竟然飙升到慈航道人前面。这让立下两大战功的慈航道人情何以堪？对于文殊与普贤来说，班列不升，那就意味着下降。

这三次班列的变化，足以说明元始天尊赏罚不明。他不是按照入门早晚排班，也不是按照实力高下排班，更不是按照功劳大小排班。

他定下的班列，有辈分因素，有实力因素，有功劳因素，有个人喜好因素。四种因素中，第四种才是关键因素。说你行你就行，不行也行；说你不行就不行，行也不行。

就如道德真君，本是资历最浅的仙首，却一人得三件法宝，并且功劳平平，却高居上位。这让仅有捆仙绳的惧留孙，仅有遁龙桩的文殊，仅有吴钩宝剑的普贤，情何以堪？

或许正是这个原因，让四位仙首叛教。

至于四位仙首有没有看破元始天尊刻意如此排班的用意，四位仙首加入西方教后元始天尊如何操控，那是另一个话题。

060 闻太师兵败将亡，真是天命注定吗

一百回的《封神演义》，用了十二回来写闻太师西征。这十二回故事中高潮迭起，引人入胜之至。尤其是其中十天君、赵公明、三霄娘娘等人的故事，让我们反复品味，欲罢不能。

在三霄娘娘阵亡，黄河阵被破后，闻太师心灰意冷。随即，西岐方面发动总攻，商军一败再败。撤退途中，好友菡芝仙、彩云仙子先后阵亡，弟子吉立、余庆力战而死，心腹爱将辛环等人也先后陨落，就连坐骑墨麒麟也被雷震子打死。数十万大军两三天工夫只剩下几千残兵败将。数十年征战从无败绩，一辈子不服输的闻太师也不禁老泪涟涟，悲叹曰："天绝成汤！当今失政，致天心不顺，民怨日生。臣空有赤胆忠心，无能回其万一。岂臣下征伐不用心之罪也!"

在闻太师看来，自己这次西征兵败，并非自家不用心指挥，实在是因为天子纣王昏庸无道，以至于民怨沸腾，最终惹得上天不满。是老天要灭亡商朝，他闻太师再牛，再怎么赤胆忠心，也无法逆天行事。

闻太师兵败将亡，真是天命注定吗?

事实上，闻太师一直以来都是一位不信命的主儿。

闻太师虽然在朝为官，但以他的修为，以他在截教的人脉，必定早已经知道封神行动，知道高层定下的兴周灭商计划。可是，他一直都没有把西岐当回事儿，把姜子牙当回事儿。就算是黄河阵被破、三霄娘娘被杀之后，闻太师也没有吓倒。他一方面把战况回报朝歌，另一方面急调三山关总兵邓九公前来援助。他还准备和西岐再干一场!

听闻西岐大军来袭，姜子牙发动对商军总攻，闻太师的第一反应不是胆怯，而是大怒曰："吾不速拿姜尚报仇，誓不俱生!"当时的闻太师，心中虽然有不满，有悲痛，但是豪气不失，自信犹在。

那么，究竟是什么人、什么事让闻太师豪气丧尽，自信凋零，对商朝未来不抱希望了呢?

在大决战之初，商军与西岐军的实力对比如何呢?

当时，西岐方面还有广成子、赤精子、慈航道人三位前金仙强者。三人虽法宝尚在，可毕竟修为被废，沦为凡人，对商军的威胁有限。

此外，西岐虽还有不少阐教三代弟子，诸如杨戬、哪吒、黄天化、金吒、

木吒等，他们不论修为高低，大都有师父赐予的强力法宝，综合实力很强。

但在闻太师看来，金仙级别的法宝再强，对他这个大罗金仙只不过是略有威胁，根本杀不死他。

何况，商军方面还有彩云仙子和菡芝仙，她们可都是敢和圣人干架的金仙强者。另外，闻太师还有两位神仙徒弟，以及辛环、邓忠等四位人仙级副将，麾下更有数十万兵马。

虽然相比较之下，商军方面还是要弱些，但闻太师征战多年，也不是没有打过以少胜多、以弱胜强的战役。在闻太师看来，商军尚可一战！

尚可一战的商军，究竟为何在数天之间就一败再败，最终沦落到无可挽回的地步呢？

闻太师说自己的败亡并非军事失败，而是上天注定。这句话不准确。

此前我就说过，截教之败与其说是败给了天命，不如说是败给了人谋。十绝阵、黄河阵摆下之初，截教方面都是以碾压状态横扫阐教群仙，可在阐教群仙的运营下，十天君与赵家兄妹先后都陨落了。

西岐与商军的大决战也是如此。

从表面上看，指挥此次大决战的是西岐丞相姜子牙。事实上，姜子牙只是人前一傀儡。真正指挥这场大战的，是阐教的燃灯道人。

在燃灯道人的指挥下，西岐的战力被发挥到了极限，而商军的战力则一而再，再而三地被针对性打压，最终，全面崩盘。

闻太师总说自己征战数十年从无败绩，实际上并非是他的军事谋略如何了得，而是他此前遇上的都是凡人叛逆势力或低级妖仙。而一旦遇上真正的权谋大家，闻太师只有被“菜”的份。

燃灯道人究竟做了哪些决策，方将拥有诸多战将、数十万兵马的闻太师军团彻底击溃的呢？

决策一，留下慈航道人克制菡芝仙。

在燃灯道人看来，大决战之初，商军最有威胁的人物是谁？不是闻太师，不是辛环等人，而是菡芝仙。

闻太师身边此时有两位女仙——菡芝仙与彩云仙子。彩云仙子本有法宝戮目珠，可以放射光芒，伤害对方眼睛。可是，在破黄河阵时，戮目珠被元始天尊毁去，彩云仙子已没了法宝。于是，拥有风袋的菡芝仙，就成了商军眼下最具有杀伤力的人物。

燃灯道人留下慈航道人，就是为了对付菡芝仙。

大战开始时，黄天化迎战闻太师，杨戬敌住菡芝仙，彩云仙子大战哪吒，商军邓、辛、张、陶四副将与西岐黄飞虎、南宫适、武吉、辛甲大战。双方旗鼓相当。

可是，当菡芝仙祭出法宝神风袋之后，情况逆转。风袋高悬，从袋口中冲出一阵黑风，席卷战场，让人寸步难行。菡芝仙正以为得计，想冲上去斩将杀敌。不料，慈航道人祭出定风珠，顿时黑风散尽。

姜子牙见菡芝仙还在发愣，立刻祭出打神鞭，一鞭打中菡芝仙顶门。可怜这位热心肠的女仙被打得脑浆崩裂，当场死于非命。

菡芝仙一死，商军军心摇动。彩云仙子听到菡芝仙惨叫，不禁回头观望。哪吒对敌人从来都是心狠手辣，见有机可乘，立刻冲过去一枪刺中彩云仙子肩膀。彩云仙子受伤落马，哪吒再补一枪，将彩云仙子彻底杀死。

西岐四武将之中，黄飞虎最为神勇。眼见商军四将都有撤退之心，他大喝一声，把对手张节刺于马下。

闻太师见此，虚晃一鞭，率领残部退回大营。

可以说，在燃灯的调度下，西岐军队仅仅一战，就已经把商军打残。

决策二，派遣广成子、赤精子阻截商军退路。

在发动大决战之前，燃灯道人就派广成子前往桃花山，赤精子前往燕山，分别阻截闻太师退路。

在第一次交战前，闻太师根本没有想过撤退。可是，当晚遭遇西岐军队夜袭，商军再度惨败后，闻太师不得不考虑撤退。

可是，往哪里撤呢？

以闻太师的手段，他乃大罗金仙，自然可以飞天遁地，轻松离开战场。可是，他是大军主帅，一心想把这几万残兵活着带回朝歌。由此，闻太师渐渐走进了燃灯道人布下的死局。

闻太师有三处出路：一路经桃花山前往佳梦关，一路经燕山前往五关，一路经黄花山前往青龙关。

燃灯道人已安排广成子驻守桃花山，阻止商军入佳梦关；派赤精子驻守燕山，阻止商军进入五关。

闻太师虽然没有强力法宝，可是，他在截教地位尊崇，人脉广泛，在商朝军政两界更是影响力巨大。可以说，只要闻太师活着，就能源源不断请来截教仙人助战，就能持续不断发动对西岐的进攻。

因此，西岐要想崛起，封神之战要想按照规定时间完成，就必须尽早除掉闻太师。

而此刻，正是除掉闻太师的最佳时机。

广成子与赤精子虽然修为被废，可声名素著，法宝又强悍。闻太师虽然修为高深，却仅有一根金鞭。见广成子时，闻太师不战而退。见赤精子时，双方打斗了一场即作罢。最终，闻太师还是按照燃灯道人的预定计划，往黄花山方向撤退。

燃灯道人为何要诱导闻太师走向黄花山呢？

只因前往黄花山进入青龙关时，要经过一处绝地。

那处绝地，正是杀死闻太师的最佳场所——绝龙岭。

当初闻太师学成下山时，师父金灵圣母就告诫他："你这一生逢不得'绝'字"。闻太师一直谨记在心。在西征出发时，他途经绝龙岭时就胆战心惊，觉得非常不吉利。

事实上，那处地方正是阐教高层早就为闻太师准备好的葬身之地。

不过，闻太师乃大罗金仙，一生好强，他可不会伸长脖子等人砍。那么，闻太师为何会被杀呢？这就要说到燃灯道人的第三个决策。

决策三，派云中子截杀闻太师。

云中子很强，但他再强也不过金仙修为，其九龙神火柱很强，但再强也还是云中子炼制的法宝。云中子本不可能杀死闻太师，那闻太师为何会死呢？

061 元始天尊为何要让云中子击杀闻太师

在解释云中子为何能以金仙修为杀死大罗金仙闻太师之前，我们先来讨论一个相关问题：元始天尊为何要让散仙云中子出面击杀闻太师？

在前文中，我们已经分析过，闻太师对商朝实在太重要，对推进封神行动实在太重要，于是，闻太师非死不可，并且只能早死，不能晚死。

在黄河阵被破，商军一败再败之时，正是杀死闻太师的最佳时机。

不过，阐教难道就无人可以杀死闻太师了吗？竟然沦落到让一个教外的散仙出面？

阐教虽然人丁不旺，虽然十二仙首修为都被废，但还是有那么三五个人，有能力、有资格杀死闻太师的。

比如玉虚宫大师兄南极仙翁，他的实力比之云中子只会强不会弱。比如老子的唯一弟子玄都大法师，老子随便赐给一法宝，都能让玄都大法师除掉闻太师。

何况，阐教还有一明一暗两个大罗金仙——燃灯道人与陆压。他们本身修为高深，又一个拥有定海珠，一个拥有斩仙飞刀，收拾一个只有兵器的落魄大罗金仙闻太师，还不是小菜一碟？

那为何元始天尊还要让云中子来杀闻太师呢？

这是因为大罗金仙太过珍稀。每一位大罗金仙，都是东方仙界，都是鸿钧老祖看重的珍稀资源。因此，老子与元始天尊再狠心，也只敢灭其肉身，而不敢让他们魂飞魄散，彻底死亡。

这就引发了一个难题。

为了顺利完成鸿钧老祖制定的封神行动，包括老子、元始天尊在内的阐教仙人必须对截教大开杀戒。可是，仙界高层都明白，那些被杀死的仙人在封神行动结束之后，就会由仙而成神，血法全满，重获新生。

那些大罗金仙更是了不得，即便死后重生，在天庭地位也相当尊崇。闻太师就成为九天应元雷声普化天尊，麾下率领二十四位天君。他师父金灵圣母，更是成为天界八万四千星宿之主。在天庭的权力仅次于昊天上帝。

换言之，这些截教仙人虽然在封神行动中被阐教以各种手段杀死了，但是他们的实力、势力，并未真正被削弱，有一些人还被加强了。

在这种情况下，谁杀死大罗金仙，谁就将在封神结束后，拥有一个不死不休、永世难逃的仇敌，还是大罗金仙修为的仇敌！

像这种会沾染一身臊的脏活，元始天尊怎么会安排自己的心腹弟子去干呢？

刚巧，云中子是一介散仙，他一心想在阐截大战中分一杯羹，捞些好处。可是，要想加入阐教，必须要交个投名状，而杀死闻太师，正是云中子的投名状。

南极仙翁、燃灯道人有其他方式获得珍稀修炼资源，云中子却没有强大的师门背景，没有庞大的修炼资源，于是，他只有干脏活，干黑活，才能挤进阐教阵营，才能有机会进阶。

即便是老子也不想亲手击杀大罗金仙。

之前我们讲过陆压击杀赵公明的故事。陆压为何要隐瞒自己的身份，总说自己是个散仙呢？正因为阐教方面不希望赵公明，不希望截教通天教主知道赵公明是死于老子徒弟之手。

陆压在接受了击杀任务之后，也纠结了许久。他与赵公明本无私仇，又不得不完成师父交代的任务。于是，他非常滑头地找了一个替罪羊——姜子牙。

他让姜子牙搭建祭坛，祭拜诅咒，让姜子牙以神弓射死赵公明。反正姜子牙乃是鸿钧老祖钦定的封神行动执行人，任谁也不敢真正杀死姜子牙。

老子与三霄娘娘大战时，他先后收走了琼霄与碧霄的法宝，最后以乾坤图抓走了云霄。当时，老子吩咐黄巾力士说："将云霄裹去了，压在麒麟崖下！"

麒麟崖在哪里？

在元始天尊玉虚宫所在的昆仑山脚下。

云霄娘娘被压在麒麟崖下，生死如何呢？云霄仗剑要杀老子，老子为何不当场击杀她呢？

只因云霄娘娘乃是通天教主爱徒，黄河阵就是通天教主亲手传授。第一时间击杀云霄娘娘，很有可能激怒通天。若是通天教主在三霄死亡后立刻下山，那将严重影响元始天尊的布局，甚至导致整个封神行动的失败。

当然，从云霄娘娘被封神可以知道，最终云霄还是被杀死了。被谁杀死的呢？一般来说，大家都会把这笔账算在元始天尊头上。谁让麒麟崖是昆仑山所在，是元始天尊的地盘呢？

这老子不把云霄娘娘压在自家的玄都洞，却偏偏压在元始天尊的昆仑山脚下，也是居心不良。

那元始天尊为何会亲手击杀琼霄与碧霄呢？

一来，琼霄、碧霄与云霄不同，这两位女仙都是霸蛮脾气，对师伯元始天尊多有辱骂。元始天尊出手教训下两位师侄，合乎情理。反正元始天尊又没有把她们彻底弄死。

二来，元始天尊乃是鸿钧老祖指定的封神行动主持人。三霄娘娘助商灭周，公开破坏封神行动，作为鸿钧老祖的代言人，元始天尊出手击杀二人，合乎法理，即便是通天教主，也不敢多说什么。

062 金仙云中子为何能击杀大罗金仙闻太师

终南山玉柱洞炼气士云中子实力强劲，此前曾向纣王献上自制木剑，令九尾妖狐妲己望而生畏。其弟子乃雷震子，手中一杆黄金棍，背后展开风雷翅，在西岐阵营中算是一员骁将。

不过，云中子的实力再强，依然还只是金仙境界。

或许有人会说，云中子乃"福德之仙"，气运过人，远非十二仙首可比。其实，原文所谓"福德之仙"，是说云中子不犯黄河阵，躲过了被三霄娘娘削去三花，散去五气的厄运。

只是，玉虚宫十二仙首在黄河阵被尽废修为，真的是一件倒霉事吗？

根本就不是！

原著中说得明白，鸿钧老祖举行封神行动，原因之一是玉虚宫十二仙首修行一千五百年，却未斩却三尸，无法得证大道。为此，十二仙首必须堕落红尘，在人间王朝大战中完成杀劫。

也就是说，玉虚宫十二仙首只要完成了杀劫，那么，在之后的修行中就将再无瓶颈，一路坦途，顺利修炼到大罗金仙境界。

黄河阵中十二仙首被削去三花，正应验了鸿钧老祖所说的杀劫。因此，被削去三花，废去修为，对十二仙首来说，貌似很倒霉、很悲催，其实是件大幸事。

而云中子没有经历这场杀劫，在未来修行的过程中必然会出现瓶颈，必将迟迟难以突破到大罗金仙境界。他与十二仙首的距离，也将越来越大。

阐教门下最具特色的风气就是护短。不管徒弟再霸蛮、再无礼，师父也必定会无条件庇护。这股风气，正源自元始天尊。十二仙首乃是元始天尊心爱弟子，他怎么可能让自家人吃亏？

再说那闻太师乃是大罗金仙，即便没有超强法宝，杀敌能力有限，但其修为高深，普通金仙法宝难伤其身。

那么，云中子为何能成功击杀闻太师呢？

其一，奉敕炼通天神火柱。

云中子曾向十二仙首解释，自己来得较晚，是奉了元始天尊之命，在家中炼制一件超强法宝——通天神火柱。

前文我曾经分析过，云中子乃是一介散仙，只有两件法宝，一件是水火花篮，一件是照妖鉴。云中子多次参与封神大战，可是，在战场上从未使用这两件法宝，可见其顶多是普通 B 级法宝，甚至可能是 C 级法宝。没法子，散仙出身注定了是穷人一枚，便宜货拿不出手。

为笼络云中子，让云中子安心去干脏活、累活，元始天尊于是传给云中子一个炼制 B + 法宝的法门。

这通天神火柱一旦祭出，将会出现八根柱子，每根柱子中出现四十九条火龙，齐齐喷火，烈焰腾飞。

若大家还记得太乙真人杀石矶娘娘的场景，就会想到，元始天尊赐给太乙真人的法宝九龙神火罩与云中子这通天神火柱惊人相似。只不过一个是变出九条火龙，一个是变出三四百条火龙。

其二，激怒闻太师，让其自行踏入绝地。

通天神火柱与九龙神火罩都是火系法宝，攻击力强悍，但是都有一个非常明显的弊端——只能在法宝笼罩的有限范围内伤敌。

闻太师乃大罗金仙修为，遁术神奇，云中子在祭出法宝时，很难准确将闻太师罩住。于是，云中子在对战时故意嘲笑闻太师，要闻太师投降，激得闻太师上当。

闻太师乃是截教嫡传，一生最是自负，听云中子竟然要自己投降，不禁哈哈大笑说："云中子，你把我闻仲当作稚子婴儿，怎言吾逢绝地，以此欺吾。你我莫非五行之术，在道通知。你今如此戏我，看你有何法治我！"

一般金仙级法宝，都是蕴藏五行之力。闻太师能修成大罗，对于五行之力早已经了如指掌，甚至已经明悟了一些天地规则。不管金仙法宝再强，只要闻太师施展相应法术，就顶多只能损伤，而无法杀死他。故此，对于云中子的手段，闻太师不屑一顾。

云中子说："你敢到这个所在来？"

为对付闻太师，云中子早早就把通天神火柱暗中祭出。等到闻太师踏入圈子，云中子用手发雷，催动法宝。顿时，平地出现八根火柱，三百多条火龙齐齐喷火。一时之间，神火柱内部烈焰熊熊，仿佛可以焚烧一切。

那闻太师有没有被烧死呢？

没有！

闻太师捏了避火诀，站在火柱之中，任凭烈火焚烧，全身毫发无伤。也就是说，云中子的通天神火柱事实上对闻太师半点伤害也没有。

那闻太师为何会死呢？

只因在云中子背后，还藏着一个大罗金仙。事实上，杀死闻太师的不是云中子，而是燃灯道人。

其三，燃灯道人暗中出手，与云中子联手击杀闻太师。

在吩咐云中子前去绝龙岭埋伏之后，燃灯道人就对姜子牙说："我贫道也往绝龙岭，助云中子一臂之力。吾今去也！"

燃灯道人早就知道单凭云中子的能力，杀不死闻太师。但是，燃灯道人又不愿意承担击杀大罗金仙的恶名。于是，他公开宣布让云中子前去截杀，却偷偷前去帮忙。

燃灯道人怎么帮忙呢？

闻太师在通天神火柱中待了好一会儿，见云中子再无特别手段，不禁嘲笑说："云中子！你的道术也只如此！吾不久居，我去也！"

按照闻太师的设想，他向上一飞，必定飞出神火柱范围，从此回归朝歌，天高地广，自可再起兵马，打回西岐。没想到他飞到半空，猛得撞到一个东西上。那东西坚硬无比，就算闻太师头顶戴了九云烈焰冠，也不禁被撞得七荤八素，从空中跌落下来。

那法宝可不寻常，正是燃灯道人身上仅次于定海珠的超强法宝紫金钵盂。燃灯道人曾经想用紫金钵盂砸孔宣，虽然没有成功，但那也绝对是一件大罗金仙级法宝。

燃灯道人这一安排，出乎闻太师意料。

在撞伤之后，闻太师晕晕乎乎，有那么一刹那没有掐避火诀。就在这时，云中子再次催发通天神火柱。瞬间工夫，闻太师就被烧成灰烬。

虽然说闻太师之死多半是死在燃灯道人的算计之上，但是战场杀敌从来都只计结果，不择手段。

在闻太师之死事件中，不仅云中子、燃灯、广成子等人有所贡献，像阐教第三代弟子哪吒、黄天化、杨戬、雷震子等人也都有不俗表现。那么，在三代弟子中，谁的表现最赞呢？

063 土行孙背叛师门实乃阐教高层布局

闻太师兵败身亡之后，纣王下诏，命令三山关总兵邓九公率领二十万大军奔赴西岐，务必剿灭叛逆，重振军威。

邓九公刚接到诏令，就有一位奇人前来投靠。此人长相丑陋，身材矮小，口气却很大，仿佛只要他出马，西岐指日可定。

事实上，这矮个奇人确实有异能。他乃是夹龙山飞龙洞惧留孙的徒弟土行孙。他登场后，一度横扫西岐阵营，无人可敌。就连杨戬与他初交手也被他生擒活捉！

只是，惧留孙乃是阐教玉虚宫十二仙首之一，为何他唯一的徒弟土行孙不投靠西岐，反而投靠了商营呢？

书中有交代，土行孙叛门，关键是被申公豹忽悠了。

那申公豹为何要忽悠土行孙呢？

原文说得明白：“申公豹知闻太师绝龙岭身亡，深恨子牙；往五岳三山，寻访仙客伐西岐，为闻太师报仇。”

在世人面前，尤其是在截教仙人面前，申公豹一向扮演小肚鸡肠的反骨仔角色。因为嫉妒姜子牙，于是他把搞破坏当成自己的毕生事业。

那土行孙为何会被申公豹忽悠呢?

土行孙初见申公豹，颇有警惕之心。当被询问是谁时，土行孙不直接回答，而是反问:“老师是阐教，是截教?”当听到申公豹说是阐教时，土行孙放下心来，说出自己乃是惧留孙弟子。

然后，申公豹使出惯常招数，说土行孙仙道难成——事实上土行孙修行已经百年，依然没有修出元神，比姜子牙还要愚钝——只好修个人间富贵。

土行孙也有自知之明，闻言深以为然，就问如何才能得到富贵。申公豹表示，自己愿意修书一封，推荐土行孙前往三山关邓九公处，必定可以披蟒腰玉，享受人间富贵。

土行孙大喜，盗了师父的捆仙绳，下山而去。

从表面上看，土行孙叛出师门，投靠商营，完全合理。毕竟外有申公豹引诱，内里土行孙贪图富贵，故二人一拍即合，从此同流合污。

只是，若我们细细推敲，就可以发现这里面有不少漏洞。事情的真相远不像表面那么简单!

先说申公豹“往五岳三山，寻访仙客伐西岐，为闻太师报仇”一事。

按照文字上的意思，申公豹那是真恨姜子牙，真怜闻太师。只是，若申公豹真的想搞垮西岐，搞倒姜子牙，真心想为闻太师报仇，那他应当到三山五岳当中寻访一些真正厉害的人物，比如闻太师的师父金灵圣母，师祖通天教主。他找阐教三代弟子土行孙，算个啥事?

土行孙一度横扫西岐不假，但那是因为西岐阵营当时只剩下一伙三代小辈的缘故。所谓:“山中无老虎，猴子称霸王。”

最终，杨戬请来土行孙的师父惧留孙，轻轻松松就将土行孙生擒活捉了。

若申公豹请来的是真正的截教大能，比如说金灵圣母一流人物，情况将会如何?

那西岐阵营将全面崩塌!

除非老子、元始天尊再一次下山。

只是，老子、元始天尊也是要面子的。此前因为三霄已经下山了一次，若再度下山，做师伯的面子往哪里搁?毕竟小师弟通天一直都没出面，自家身为师兄一而再地出场，实在难为情。

结合此前分析我们知道，申公豹乃是元始天尊打入截教内部的一枚棋子。申公豹的重要目的，是在对阐教最为有利的时间下，将截教仙人引诱出山。在杀十天君与杀三霄的事件上，申公豹就功劳极大。

闻太师死后，截教一口气死了五位大罗金仙，十二位金仙，损失惨重，可是阐教方面也损失不小，玉虚宫十二仙首全部修为被废，沦为凡人，短时期内都必须闭关恢复修为。

因此，当时的西岐阵营看似兵强马壮，猛将如云，但一旦遇上截教金仙以上强者，阐教方面很难给出相应支援。

在十二仙首养伤的几年间，申公豹既要引诱一些人前往西岐，推进封神大战，又要避免截教高手前往西岐，打乱元始天尊的既定部署。

于是，让阐教三代弟子投靠商营，就成了申公豹与元始天尊的最佳选择。

毕竟，阐教高层对这些被忽悠的叛徒们使用的神通与法术，都了如指掌，对于如何应对，也一清二楚。像惧留孙这种师父，更是对徒弟留了一手。就算惧留孙的修为被废，土行孙也逃不出他的手掌心。

杨戬找上门说土行孙已经叛门时，惧留孙一脸惊骇模样。其实，对于这事情，惧留孙必定心知肚明。

申公豹乃是在飞龙洞口说反土行孙，土行孙又盗走了惧留孙唯一的法宝捆仙绳，并且一走就是数月。就在洞中打坐修炼的惧留孙说自己对这事全不知情，这可能吗?

绝不可能!

唯一的解释就是，惧留孙早就接到了元始天尊的密令，让他配合申公豹行动，放土行孙下山。

类似的故事在之后一段时间一再上演，比如申公豹说反殷郊、殷洪，其真相与此类似，都是阐教高层刻意安排。

064 谁是封神第一暗器高手

封神中有那么一位凡人奇女子，既没有修习仙家术法，武艺也只好算是二流，可是，凭借一手妙到毫巅的暗器手法，打遍仙凡，三五百步间无敌手，堪称封神世界第一暗器高手!

此女是谁?

这位传奇女子，就是三山关总兵邓九公之女、土行孙之妻、后封为六合星君的邓婵玉。

身为女子，邓婵玉本当闭门闺中，做些刺绣女红。事实上，在大战之初，其父邓九公也没有考虑让女儿抛头露面。

原文说："（邓九公）命太鸾为正印先行；子邓秀为副印先行；赵升、孙焰红为救应使；随带女孩儿邓婵玉，随军征伐。"

邓婵玉之所以随军，只是因为父亲被调往前线，三山关另有总兵入驻，作为未嫁之女，只能跟随父兄来到西岐。

若邓九公征伐西岐一切顺利，邓婵玉也不必出手。可惜，邓九公除了初战告捷外，在第二战时，就遭遇了重大挫败。

是邓九公不通将略，麾下武将武艺稀松吗？

并非如此。

邓九公乃一代名将，连武成王黄飞虎也不得不承认其为罕见之将才。可是，就如姜子牙所说："将才好破，左道难破！"在兴周灭商之战中，哪一家能拥有更为强大的仙家力量，哪一家就能取得最终的胜利。

邓九公军团中，主帅邓九公，先锋官太鸾、邓秀都是凡人武将。救应使赵升、孙焰红虽修习了仙术，会口中喷火，但是他们的喷火术只能近距离使用，范围不过三五尺远，只能算是三流神通，杀伤力实在有限。

当时土行孙已经加入邓九公军团，只是邓九公见土行孙长相丑陋，身材矮小，有些瞧不起他，只因碍于情面才勉强给了他一个督粮官的职务，把他派去后方催粮。

反观西岐阵营，南宫适、武吉、太颠、辛甲都是武艺一流的凡人武将，哪吒、黄天化、杨戬三人则武艺超群，神通了得，金吒、木吒虽武艺略差些，可都有金仙镇洞法宝护身。他们每个人放出去都可以独当一面。主帅姜子牙虽武艺稀松，可人家有打神鞭杀敌，杏黄旗护体，可谓攻防兼备，寻常金仙难伤。

两军一对比，明显是商军弱而西岐强。也就是说，若非出现意外，商军注定了失败。事实上，战局的发展也正是如此。

双方第一场大战，邓九公派出先锋太鸾，姜子牙派出大将南宫适。两人都是封神第一流武将，大战三十回合不分胜败。太鸾故意卖个破绽，南宫适一时大意，被削去肩头护甲，大败而归。只是，凡人武将的拼斗，在封神大战中只算是开胃菜。

在第二场大战时，双方火力全开。商军方面五位大将全部登场，西岐方面黄飞虎、哪吒、黄天化、武吉、太颠、黄天禄登场。

当时，黄飞虎与哪吒双战邓九公。邓九公虽然年老，可老当益壮，三五十回合丝毫不落下风。哪吒见邓九公神勇，再战下去恐怕短时间依然不能取胜，于是偷偷祭出乾坤圈，一下子砸中邓九公臂膀，把邓九公打得皮开肉绽，大败归逃。

西岐大将太颠见邓九公战败，很是高兴，防御一时疏忽，被赵升一口火烧中头脸，顿时焦头烂额，差点成了红烧猪头。

此次交锋，看似两军互有损伤，但商军伤的是主帅，西岐伤的只是大将。并且，西岐方面阐教三代弟子还有许多手段没有使出，商军方面却只会近距离喷火。

眼看父亲疼痛不已，商军士气低落，邓婵玉主动求战。邓九公只是嘱咐女儿仔细些，并未阻拦。只因在邓九公看来，女儿完全有实力扭转战局，大败西岐众将。

那么，邓婵玉是如何超越仙凡界限，以凡人之身，大败哪吒、黄天化等众多修仙者呢？

战绩一，败哪吒。

哪吒是个骄傲的男子，对女人有着天生的蔑视。见了邓婵玉，哪吒说："你乃五体不全妇女，焉敢阵前使勇！况你系深闺弱质，不守家教，露面抛头，不识羞愧。料你总会兵机，也难逃吾之手。"

什么叫作"五体不全"？在传统说法中，所谓"五体"，是说人的筋、脉、肉、皮、骨。在古人看来，女人比男人身体孱弱，就是因为女人筋不全、脉不全、肉不全、皮不全、骨不全。故用"五体不全"，指代女人。

此处哪吒笑话邓婵玉是五体不全之妇女，身单体弱远不如男人强健，怎么还敢在阵前叫战。况且从礼法上说，女子抛头露面乃是件丢脸的事情。哪吒觉得，就算邓婵玉懂点武艺，也不可能赢得了自己。

事实上，单凭武艺，邓婵玉绝非哪吒对手。双方交战不过三五回合，邓婵玉就有些手软。不过，她也明白扬长避短，当下掉转马头，假装败走。

哪吒心中一点也没有起疑，还点头叹息说："果然是个女子，不耐大战。"

哪吒驱动风火轮追赶。眼看哪吒距离邓婵玉还有"三五射之地"，邓婵玉从囊中取出五光石，反手一甩，正打中哪吒脸上。

古人所说的"一射之地"，一般在一百二十步到一百五十步之间，大约等于今天的两百米左右。邓婵玉的五光石竟然能甩出六百到一千米，并且准确命中目标。

要想在这种间距中准确命中敌人，需要何等强大的腕力，何等精巧的技艺！难怪原作者会发出慨叹："发手五光出掌内，纵是仙凡也皱眉。"

战绩二，败黄天化。

哪吒伤得挺严重，原文曰："只打得傅粉脸青紫，鼻眼皆平，败回相府。"

邓婵玉一发五光石，把哪吒的脸都拍扁了！

如果说哪吒之败，多少还有些自大因素，那么，黄天化之败，就纯粹是技不如人了。

黄天化见了邓婵玉，完全没有身为男子要怜惜美女的觉悟，开口就大骂道："你这贱人，可是昨日将石打伤吾道兄哪吒？是你么？不要走！"

双方大战，邓婵玉故技重施，打了三五个回合，拨转马头就走。

若邓婵玉就这么走了，黄天化想到昨天哪吒之败，或许就放邓婵玉离开了。毕竟，邓婵玉主动撤退，已经算黄天化赢了一场。偏偏邓婵玉在临走前回头说了一句："黄天化，你敢来赶我？"

不得不说，邓婵玉不但美若天仙，并且聪慧过人。她深深知道黄天化这种贵族公子的心态：丢啥也不能丢脸！

黄天化果然中招，他明知赶下去会有危险，可忍不住想："吾若不赶她，恐哪吒笑话我。"

结果，黄天化催动玉麒麟追赶。邓婵玉听闻脑后有风声传来，她也不用回头，取五光石，回手就是一甩。

原文说："黄天化急待闪时，已打在脸上，比哪吒分外打得狠，掩面遽回。"

我们常说速度快，快得像"电光火石"。黄天化先手意识本就不是很强，如今撞见了邓婵玉，就算有心防备，也被人家打了个满地找牙。

战绩三，败龙须虎，败杨戬。

眼见连续两天自家兄弟都吃了败仗，身为带头大哥的杨戬坐不住了。

不过，杨戬做事向来稳重，不打无准备之仗。为了进一步了解敌人，杨戬主动邀请龙须虎与自己一同出战。

当时周营还有雷震子以及其他武将，杨戬为何定要邀请龙须虎呢？

杨戬对龙须虎说："此女用石打人，师兄可往，吾当掠阵。"

按照杨戬的猜测，邓婵玉是用石头打人，龙须虎也是用石头打人，双方算是同一种技能。况且，邓婵玉同一时间只能发一块石头，龙须虎却能双手发石雨，实现成片杀伤。按照常理，龙须虎应当可以克制邓婵玉。

当然，杨戬最主要的目的，还是让龙须虎在前头冲杀，他好在后方仔细观察，看邓婵玉的发石术有无破绽。

交战之初，龙须虎颇为勇猛，双手一展，如同磨盘大小的石头如飞蝗、雨点一般，朝邓婵玉打来。

邓婵玉见状不妙，赶忙退出石雨范围。龙须虎自以为得计，乘胜追赶。没想到邓婵玉要的就是这样。她出了石雨范围后，反手就是一石。龙须虎眼见一抹奇光飞来，连忙低头躲闪。可是，哪里躲得开，五光石正打在他脖子上。龙须虎吃痛，捂着脖子往回飞跑。邓婵玉又一发五光石打中龙须虎小腿。龙须虎本就只有一只脚，顿时倒地不起。邓婵玉反身纵马，想要取龙须虎首级，幸亏杨戬冲出，拦住邓婵玉去路。

邓婵玉与杨戬打了两三招，故技重施，又一次拨马回走。杨戬纵马赶来，邓婵玉反手一甩，一枚五光石正打中杨戬面门。原文说："打的脸上火星迸出。"

杨戬乃封神世界炼成九转玄功的绝世天才，在面对突发事件时，杨戬向来以反应敏捷著称。比如遭遇大罗金仙孔宣之时，金仙强者也难逃孔宣五的色神光，可是杨戬却能成功遁走。

如今杨戬为何躲不开邓婵玉的五光石呢？莫非邓婵玉五光石的命中率比孔宣的五色神光还要高?

当然不是。杨戬之所以会被五光石打中，另有原因。

什么原因呢?

且看原文："婵玉又发一石，正中杨戬，打的脸上火星迸出，往下愈赶得紧了……婵玉见马势赶得甚急，忙发一石，又中杨戬脸上；只当不知。"

原来，结合哪吒、黄天化受伤的状况以及自已观敌掠阵亲眼所见，杨戬已经看出，邓婵玉的攻击方式只是发射五光石一种。对于哪吒、黄天化、龙须虎来说，五光石的力道难以抵御，会造成重大伤害。可对于炼成九转玄功，血肉强度堪比金仙法宝的杨戬来说，只要运转玄功，完全可以挡下五光石。

为此，杨戬明知邓婵玉会发五光石，依然选择追赶。因为他只要抗住了飞石攻击，与邓婵玉近战，邓婵玉就失去了优势。

果然，在两次飞石都无效后，邓婵玉心慌意乱。杨戬已经逼近，趁机祭出哮天犬——杨戬虽然没有强力法宝，可他那哮天犬，连大罗金仙也能咬中，无疑就相当于一件犀利异常的强大法宝。哮天犬迅如闪电，冲着邓婵玉防御最弱的脖子处狠狠咬去。双方距离已太近，邓婵玉哪里躲闪的开，脖子处连皮带肉被撕下一大块。邓婵玉疼痛难忍，几乎落马，大败归营。

从此之后，邓婵玉只好在营中养伤，再没有与西岐交战。

065 哪吒与黄天化彼此嘲笑背后的权力暗流

在阐教第三代门人中，哪吒与黄天化的关系最为奇怪。

两人感情好时赛过亲兄弟，完全把性命相托。与敌交战时，经常是哪吒第一个冲出，黄天化随即跟上，阻止敌方围攻哪吒。两人翻脸时却如同仇人，恨不得把对方一拳打翻还要在脸上踩上几脚。

关于两人之间的纠葛，有一处故事非常生动，最能体现彼此之间的真正关系。

当时，邓九公之女邓婵玉挑战西岐众将，哪吒第一个出战，结果，被五光石打得鼻青脸肿，败回本阵。

姜子牙身为主帅，在询问事情原委后并没有责备哪吒。所谓胜败乃兵家常事，何况哪吒的战绩摆在那里，他的实力无人可以否认。故姜子牙只是好言安慰说："追赶必要小心。"

本来，一场风波也就此了结了。

在场众将虽然人人都绷着脸，装作一副同情模样，可是哪吒知道，大家看着他脸上的伤，一个个都在强忍着不笑出来。

偏偏黄天化很不识趣地捅了一句："为将之道：身临战场，务要眼观四处，耳听八方。难道你一块石头也不会招架，被她打伤；今恐土星打断，就破了相，一生俱是不好。"

黄天化身为将门之后，开口闭口就是为将之道，仿佛哪吒不懂得这些大道理一般。后面更用反语嘲笑哪吒被邓婵玉一介女流打伤，从此破相，一生都要走霉运。

哪吒本就因为脸上带伤，心中羞愧。黄天化不但不安慰，反倒来揭疮疤，哪吒不禁恼羞成怒，气冲牛斗。可是，自己毕竟战败，鼻骨都断了呢，有什么脸面反驳人家。于是，哪吒心中恨透了黄天化，气呼呼回家去了。

所谓："六月的债，还得快。"黄天化头一天刚嘲笑完哪吒，转眼自己也被邓婵玉打伤了。因为黄天化骂邓婵玉为贱人，邓婵玉出手分外狠辣，黄天化的脸伤比哪吒还要重，被五光石打成一团糨糊，几乎就分不清眉眼口鼻了。幸亏黄天化是修道之士，若是凡人，早就脑浆崩裂了。

见黄天化受伤，姜子牙身为主帅还是颇为担忧，他一样安慰说："且养伤痕。"并未有一句话批评。

一旁哪吒见了，心中狂喜，立刻跳出来大声说："为将要眼观四处，耳听八方。你连一女将如何也失手与她，被她打断山根，一百年还是晦气!"

哪吒不愧是仙三代中鼎鼎大名的恶少，最擅长的就是欺负人。昨天黄天化说哪吒，多少还有关心成分，如今哪吒说黄天化，则全是嘲讽。

黄天化当场翻脸说："你为何还我此言！我出余无心，你为何记其小忿!"

哪吒可不是个能吃亏的主儿，他立刻反驳说：“你如何昨日辱我！”言下之意，你昨日如何辱我，我今日就如何辱你！

所谓“以彼之道，还施彼身”，最为恶毒，也最为难防。

一时之间，丞相府大堂上两人指指戳戳，跳脚大骂，全无仙人风范。把姜子牙气得连拍桌子，大喝一声：“你两个为国，何必如此！”

姜子牙不愧是老人精，一句两人都是为国，把哪吒与黄天化都狠狠捧了一下，又狠狠讽刺了一下。姜子牙言下之意是，你两人都是为国，同样受了伤，同样被女人打败了，竟然还同样有脸大闹，实在同样无耻！

一听师叔如此说，“二人各自负愧”，即哪吒与黄天化心中都满是惭愧，这场纠纷也就告一段落。

只是，哪吒与黄天化之间的纠纷并没有就此终结，此后，类似事件还时有发生。这看似充满笑点的故事，背后其实隐藏着西岐军界权力纷争的暗流。

只要有人的地方，就会有江湖，有江湖的地方，就会有争斗，有争斗的地方就会有派系。那么，在西岐阵营中，有哪些派系呢？

总体来说，可以分成两大派，每派又可以分成多个系。

一派是凡人武将派。成员都是凡人武将。这一派又可以分成两大系。一系是西岐本土将领，以南宫适为首，麾下有太颠、辛甲、武吉等人。一系是原商朝反正将领，以黄飞虎为首，麾下有黄飞虎结义兄弟黄明、周纪，兄弟黄飞彪、黄飞豹，儿子黄天爵、黄天禄、黄天祥等，昔日部下晁田、晁雷、邓九公等。

一派是仙人武将派。成员都是阐教第三代弟子，如哪吒、金吒、木吒、黄天化、杨戬，以及虽是散仙出身却被阐教接纳的雷震子，还有后来加入的土行孙、韦护、杨任等。

在凡人武将派中，本来应当以西岐本土将领为首，可是黄飞虎官高位显，被武王封为开国武成王，成为西岐第一位异姓王。加上黄飞虎麾下猛将如云，兄弟、儿子、部下一大堆，最终黄家鸠占鹊巢，成为西岐凡人武将中执牛耳者。

黄飞虎的儿子黄天化又是道德真君爱徒，一下山就击杀魔家四将，立下赫赫战功。黄家可谓仙凡通吃，遂成为西岐（西周）最有权势的军界豪门。

黄飞虎后来为何会被封为东岳泰山天齐仁圣大帝，总管天地人间吉凶祸福？并非黄飞虎本人有多厉害，而是黄家势力庞大，遍布仙凡，又是第一位主动来投的商朝巨擘，具有重要的标杆意义。

在仙人武将派中，李家势力最大。李家本就有三吒，而三吒的背后更站着太乙真人、文殊广法天尊、普贤真人。父亲李靖，先拜度厄真人为师，后来又投靠到燃灯道人门下。有三位金仙强者、一位大罗金仙庇护，李家不嚣张都不行。封神世界肉身成圣者不过七人，竟有四人都是李家人！

其他几位仙人武将中杨任与黄天化是师兄弟，可以归属黄家势力。土行孙是先叛后降，虽然战功不凡，但是地位不可能会高。毕竟哪家君王都不喜欢不忠心的下属。杨戬为人最低调，一般不掺和权力争斗。雷震子看似是西岐殿下，其实最另类，最孤单。韦护实力不俗，可师父道行天尊在玉虚宫地位不高，以至于韦护在西岐也很少发言。

换言之，在西岐阵营中，黄家人马最多，李家实力最强。为了西岐的霸业，两家肯定要合作。可为了争夺话语权，两家也必定要争斗。

哪吒与黄天化的争吵，其实正是两家权争的缩影。

幸亏有姜子牙在西岐掌舵，他既是西岐丞相，凡人武将之顶头上司；又是元始天尊亲传弟子，仙人武将的师叔辈。无论仙凡，姜子牙都可以压制他们一头。用姜子牙来驾驭西岐阵营，恰是元始天尊苦心谋划许久的布局。

066 闻太师第三只眼有何特异神通

一说到拥有三只眼的神仙，大家第一反应就会想到杨戬（二郎神）。

杨戬登场时，原文曰：“这道人带扇云冠，穿水合服，腰束丝绦，脚登麻鞋，至帘前下拜。”杨戬一副标准的道家仙人打扮，从外观看，并无任何特异之处。此后，在原著中还有多处对杨戬样貌、神通的描写，但无一处提到杨戬拥有第三只眼。

那大家印象中为何都觉得杨戬有第三只眼呢？

在清朝之前的神话体系中，杨戬没有第三只眼，但是，随着时代的发展，到了清朝中后期，为了突显杨戬的卓尔不群，一些戏曲班子在塑造杨戬形象时，人为地添加上了第三目。拥有三只眼的杨戬形象，遂传播开去，被大众接受。

后来，一些说书艺人在演绎《封神演义》和《西游记》时，也把拥有三只眼一事，加到杨戬（二郎神）身上。就如单田芳版的《西游记》，二郎神不但拥有三只眼，这第三只眼还成为杨戬的特异神通，使得杨戬在七十二变之外，又多了一变，拥有了七十三变。

其实，《封神演义》《西游记》原著中，杨戬（二郎神）确实没有第三只眼，甚至，杨戬与二郎神都不是一个人！

在《封神演义》中，杨戬乃是玉鼎真人弟子，出身没有其他特异之处。翻遍全书，也没有提到杨戬是家中老二，更没有一处称其为“二郎神”。

在《西游记》中，二郎神姓杨，乃杨家老二，但对其名叫什么，只字未提。翻遍《西游记》，无一处提到二郎神叫杨戬。并且，书中明确说到二郎神乃是玉皇大帝的亲外甥。而在《封神演义》中，根本就没有玉皇大帝，当时的天庭之主乃是昊天上帝。

在中国的神话体系中，从秦汉到隋唐，国家祭祀的天帝都是昊天上帝。到了宋朝，因宋真宗尊奉，玉皇大帝才渐渐取代昊天上帝，成为万神之主。

——在中国，再牛的神仙，也要靠皇帝册封！

老百姓对于历史，对于文学，也总是热衷于按照自己的喜好标准美化人物。不知不觉间，许多历史人物、文学人物都大大偏离了历史或原著。比如包拯、关羽，再比如孙悟空、杨戬。

看待历史、品读人物各持己见，不人云亦云是好事，不过以讹传讹，自欺欺人就不大好了。

那么，在《封神演义》中，有哪些仙人拥有三只眼呢？结合原著，列举如下。

第一处：“黄幡脚下有一道人，穿大红袍服，面如蓝靛，发似朱砂，三目圆睁，骑金眼驼，手提宝剑……吾乃九龙岛炼气之士，名为吕岳。”

第二处：“辕门外来一道人，戴鱼尾冠，面如重枣，海下赤髯，红发，三目，穿大红八卦服，骑赤烟驹……贫道乃火龙岛焰中仙罗宣是也。”

第三处：“殷郊……见一人面如蓝靛，发似朱砂，骑红砂马，金甲红袍，三只眼，拎两根狼牙棒……见殷郊三头六臂，也是三只眼……又一人带扇云盔，淡黄袍，点钢枪，白龙马，面如傅粉，三绺长髯，也奔上山来……那人也是三只眼，滚鞍下马，拜伏在地。”

结合此三段原文可以知道，九龙岛炼气士吕岳、火龙岛焰中仙罗宣、变身之后的纣王之子殷郊以及投靠殷郊的马善、温良等五人都拥有三只眼。

而在《封神演义》中，最为出名、描写也最详细的三目仙人，当属闻仲闻太师。那么，闻太师的第三只神目，有什么特异之处呢？

在原著中，有九处地方写到了闻太师的第三只眼，一共写到了两种特异处。

其一，闻太师的第三只眼平时看不见，情绪激动时会显现，并放射白光。

原文一说：“闻太师听得此言，心中大怒，三目交辉，只急得当中那一只神目睁开，白光现尺余远近。”

当时，闻太师远征归来，就听闻比干被剖腹挖心而死，又见到朝堂上的炮烙刑具，得知纣王竟然如此混乱，不禁大怒。在心中气极的状态下，平日不出现的第三只眼蓦然出现，并且放出一尺多长的白光。

原文二说：“太师听说，当中神目睁开，长髯直竖。”

当时，闻太师正劝说纣王推行新政，革除弊端，不料费仲在一旁胡言乱语，批评闻太师以下犯上。闻太师大怒，挥拳把费仲打翻。

此处，同样是因为生气，闻太师的第三只神目睁开。

原文三说：“闻太师当中一目睁开，白光有二尺远近，只气得三尸神暴躁，七窍内生烟。”

闻太师对魔家四将寄有厚望，不料四将也被西岐斩杀。噩耗传来，闻太师心中大怒，第三目再度睁开，放射白光两尺有余。

此处，又是因为生气，第三目睁开。且越是生气，神目中绽放的白光越长。

原文四说：“太师乃丹心赤胆……岂意如今失机被辱，只急的当中神目睁开，长吁短叹。”

闻太师亲率大军征讨西岐，不料交战不久，就被西岐杀得大败。他心中恼恨，不禁第三目显现。

原文五说：“闻太师气冲斗牛，神目光辉，须发皆竖。回进老营，忙请四阵主入帐。”

化血阵被破后，闻太师心中又气又悲，眉心第三只眼放射光辉。

闻太师这第三只眼，除了做个摆设，显得他与众不同之外，就没有什么实际功效吗？

有的！

其二，闻太师的第三只眼可以加强视力，拓宽视野，见人所不能见之景象。

原文六说：“闻太师当中眼睁开看时，好凶恶之像，二翅飞来。”

当时，闻太师路过黄花山，邓忠、辛环等人先后杀来。辛环背生双翅，从天空出现，对闻太师施行突袭。危急时刻，闻太师第三只眼显现，迅速捕捉到了辛环动向。

原文七说：“猛然当中神目看见，西岐一股杀气直冲中军。”

在三霄娘娘阵亡之后，西岐在燃灯道人的主持下发动总攻。在白天大战一场后，姜子牙亲率大军，发动夜袭。在夜袭之前，闻太师心中不安，于是启动第三只眼。那神目好奇特，竟然看出西岐阵营有一股杀气冲天。闻太师于是推断，西岐必然在夜间劫营。

原文八说：“夜战时，子牙祭起打神鞭。闻太师当中神目看见，急忙躲时，早中左肩臂。”

夜战时，昏暗异常。姜子牙又是在闻太师与他人交战时偷偷祭出打神鞭，一般人根本发现不了。可是，闻太师有第三只眼，竟然看到了打神鞭。他急忙躲闪，不过，打神鞭的命中率极高，最终他只是躲过了顶门，让打神鞭打在了肩膀上。

原文九说：“闻太师乃是神目，左右观看，又不见影迹。”

闻太师虽然对西岐的夜袭早有防备，但双方实力悬殊，商军再度大败。溃逃时，又几度遭遇截杀。大胜在即，姜子牙陪同武王姬发前去观看闻太师的败逃丑态，并且让军士喊口号嘲笑闻太师。闻太师大怒，挥鞭冲出。可是，姜子牙一声号令，所有人马全都躲入山崖不见了。闻太师开启神目观看，可依然不见踪迹。

在《西游记》中，孙悟空虽然没有第三只眼，但是在八卦炉中煅烧而得“火眼金睛”神通，让他可以看破幻象，识别真伪。而《封神演义》中的第三只眼，看起来好神奇，好稀罕，只有六位仙人拥有，但其实，仅仅是可以加强视力、拓宽视野，看到杀气而已。并且闻太师神目的增强效果也相当有限，并不能让闻太师躲开敌人的攻击，也没有透视功能，看不到山崖背后的景象。

闻太师的第三只眼能不能看破杨戬的变化。答案也是不能。

在闻太师兵败逃亡时，杨戬正是把闻太师引入绝龙岭的关键人物。当时，闻太师等人因屡次战败，迷失方向，杨戬就变成一个樵夫，等在闻太师等人的前路上。闻太师派人问路，樵夫说向西南走十五里，再过白鹤墩，就到了青龙关大道。闻太师根本没有发现樵夫有何异常，领着残兵败卒就向西南前进。这一去，闻太师去的并非青龙关，而恰恰是绝龙岭。

067 土行孙为何能扫西岐，抓杨戬

在阐教第三代弟子当中，土行孙的综合实力绝非第一，甚至连前三也未必能进去。可是，一个让人奇怪的现象是，当土行孙作为敌对方登场时，一度横扫西岐阵营。不但骁勇善战的哪吒、黄天化被他擒拿，就连拥有九转玄功、英明神武的杨戬也被其活捉。

土行孙为何如此厉害呢？

在《隋唐演义》中，有一个非常精彩的故事，叫作“三杰反打第二杰”。

按照《隋唐演义》中武力排名，裴元庆是第三杰，宇文化及是第二杰，正常情况下裴元庆本不可能打赢宇文化及。可事情就是那么奇怪，每次裴元庆遇上宇文化及时，总会因这样那样的原因，让他可以大败宇文化及。

土行孙的胜利，大体上也是如此。

具体讲来，土行孙为何能战胜西岐诸多悍将，成就一时无二之威名呢？

一是擒哪吒。

哪吒的武艺本在土行孙之上，为何两人交战时，会被土行孙擒拿呢？

哪吒身材高大，登在风火轮上，使的又是长枪，擅长的是中长距离作战。土行孙本就矮小，学的又是欺身近战，专打敌人下三路的棍法。

两人交战时，土行孙只是在哪吒前后蹦跳，把哪吒杀出一身汗来。不过，风火轮迅捷如风，土行孙要想击中哪吒也绝非易事。

土行孙就说："哪吒！你长我矮，你不好发手，我不好用功。你下轮来，见个输赢。"哪吒从来自负，认定土行孙是自寻死路，于是跳下风火轮。

他哪里知道，土行孙要的就是这样。哪吒没了风火轮的速度加持，身法远不如土行孙灵动。没一会工夫，哪吒腿上、腰间就连续被土行孙打了数棍。哪吒吃痛，才要祭出乾坤圈，没想到土行孙手更快，早早祭出了捆仙绳，把凭空拿了去，摔在商军大营外。

虽说土行孙生擒哪吒主要靠的是捆仙绳，但就交战情况看，土行孙虽然武艺二流，却能充分利用身材、棍法，化弊为利，以长击短。若久战下去，想必吃亏的还是哪吒！

二是擒黄天化。

第二天，西岐派出黄天化。

黄天化坐着玉麒麟，手中挥舞双锤，与土行孙战在一处。黄天化这个人，是个典型的官二代、仙三代，骨子里面充满着傲气。在自身武艺高过对方的情况下，黄天化基本不屑于使用法宝。

可是，你不用法宝人家用法宝啊。结果，没三五个回合后，土行孙祭出捆仙绳，轻松把黄天化也生擒活捉。

黄天化被抓到商军后营，与哪吒捆绑在一处。一见哪吒，黄天化又是惭愧，又是气愤，不禁大叫大嚷。还是哪吒安慰黄天化，安心等待，不必着急："命该绝地，急也无用；命若该生，且自宁耐。"

不得不说，虽然哪吒与黄天化都有官二代的霸道脾气，但是在对大道的感悟上，哪吒远在黄天化之上。哪吒一番话，看似是对命运的屈从，其实正是顺应天命之举。

哪吒之所以能肉身成圣，最为重要的原因，不是他比黄天化厉害，而是他气运比黄天化强太多。

邓九公为何不把哪吒与黄天化斩首示众呢？

邓九公本想把哪吒当即斩首，但转念一想，此前多次征伐都以失败告终，自家奉诏西征，终于擒获地方大将，那应当押解到朝歌，让天子纣王亲自裁决，以彰显天子之威，也更能显出自己有大将之才。

阐教也有不少人被生擒活捉，许多人就是因为对手这“转念一想”而活了下来。这“转念一想”看似偶然，其实正是气运所在。

三是捉姜子牙。

第三天大战，土行孙指名道姓要擒拿姜子牙。姜子牙不得以出战。

两人剑来棍去，才三五个回合，土行孙就祭出捆仙绳，一下子就把姜子牙捆下四不相。

眼看主帅就要被活捉，西岐将领一拥而上，把被捆成粽子的姜子牙抢回己方阵营。大家七手八脚想把绳子弄断，怎料想，无论怎么割，绳子都不断，反倒越挣扎越往肉里陷。

就在大家满脸愁苦时，相府外来了一位道童。原来是白鹤童子奉了元始天尊法旨，拿了一张符箓，贴在姜子牙身上，捆仙绳顿时就松了下来。

我多次提到封神大战中的许多人、许多事都是由元始天尊布局的。此处元始天尊不等禀告，在第一时间就派出白鹤童子送来松绳符咒，就是一个证据。

四是战杨戬。

第四天时，土行孙又在城外叫战。此时，杨戬主动求战。

放眼西岐阵营，虽然还有金吒、木吒、雷震子诸人，但是他们无论是武艺，还是智谋都不如杨戬。让杨戬出战，已经是西岐阵营最佳也是最后的选择。

杨戬在毫无防备的情况下，都能躲开大罗金仙孔宣的五色神光。按照常理，他在有备而来、警惕性十足的情况下，绝不至于躲不开土行孙的捆仙绳。

可是，结果让人大跌眼镜。两人交手不到五七个回合，土行孙祭出捆仙绳，杨戬瞬间就被擒拿。

这是怎么一回事呢？

原来，并非杨戬躲不开捆仙绳，而是他想近距离观看土行孙使用的法宝，到底是不是惧留孙的法宝捆仙绳。

早在土行孙三度祭出法宝时，杨戬就仔细观察那绳子，发现绳子发出的金光，色正而不邪，明显是正道仙家法宝。他告诉姜子牙，那绳子可能是惧留孙的捆仙绳，姜子牙一口否定说：“岂有此理！难道惧留孙反来害我。”

既然姜子牙不相信，那么，杨戬就必须拿出切实证据。为了进一步确认土行孙使用法宝是捆仙绳，杨戬故意让自己被生擒。

反正杨戬有九转玄功，七十二般变化。他被擒拿后变成一块大石头，土行孙又惊又骇，收了捆仙绳。杨戬立刻显出本相，略打了三五回合就跑回西岐了。

见了姜子牙，杨戬说："他前日拿师叔，据弟子看，定是捆仙绳。今日弟子被他捆著，我留心著意，仔细定睛，还是捆仙绳，分毫不差!"

以杨戬的武艺，加上哮天犬帮忙，杨戬大有机会生擒土行孙。可是，打狗还得看主人。既然知道敌将乃是师伯惧留孙门下，那么，在未经得到师伯允许的情况下，擅自对师伯徒弟出手，必定会使得惧留孙不快。

于是，杨戬主动请求前往夹龙山飞龙洞，请出师伯惧留孙来降伏土行孙。

只是，任凭杨戬怎么劝说，姜子牙还是不肯相信土行孙是惧留孙弟子。恰在此时，姜子牙收到土行孙即将入西岐行刺的消息，急召杨戬议事。杨戬不愧是西岐智囊，他巧施妙计，就轻松擒拿土行孙。

068 杨戬如何擒获土行孙

整部《封神演义》中，英武不凡，卓尔不群，堪称最优秀的男子，当属杨戬；姿容绝代，不让须眉，堪称最优秀的女子，当属邓婵玉。可惜，鲜花常插在牛粪上，邓婵玉没有和杨戬走到一起，反倒嫁给了身形猥琐、贪婪好色的土行孙。就如《水浒传》中，一丈青扈三娘嫁给了矮脚虎王英一般。

土行孙比之王英，虽然同样贪财好利，同样痴迷女色，但土行孙总算有几分真本事。土行孙之所以能够轻松擒拿哪吒、黄天化、杨戬，一方面靠的是师父惧留孙的捆仙绳，另一方面也因他自己能够扬长避短，应对机敏，最大限度地发挥自身战力。

何况，他还拥有一门在封神世界中也堪称绝活的神通——地行术。

封神中的仙人大都修习五行法术，土遁术几乎人人都会。不过，地行术虽然也是土系法术中的一种，却并非一般的土遁术。二者最大的区别，就是土遁术是在地面上行走，而地行术是在地底下行走。

换言之，地行术其实就是钻地术。按照修习程度的深浅，运转功法在地底下能够行走的路程长短不一。像土行孙的地行术，可以让他在地底下行走千里。之后，就必须钻出地面，重新施法。

地行术从法术等级上来说，只能算是一种中级术法，为何能算是封神世界的一绝呢？

只因封神世界的多数法宝，多数神通法术，都是面对面地施法，连对空的法宝、法术都很少，针对地下的法宝、法术就更罕见了。

换言之，商军与西岐大战，在正常情况下，必须先击败西岐城外的护卫军团，再攻下西岐城，方才能够威胁到城内的丞相府、王府。即便是有极少的飞行英雄，比如辛环，从空中发动袭击，西岐阵营也可以朝空中射箭，或者祭出法宝、灵兽攻击，比如杨戬的哮天犬就可以咬中半空的辛环。

但是，像土行孙施展地行术，西岐方面要如何防备呢？

西岐阵营绝大多数的防备将形同虚设。即便派出再多的人马巡逻，也总会出现死角。土行孙施展地行术，可以从西岐城内任意地方出现，甚至是直接从武王姬发的床前出现，然后施行刺杀。

拥有地行术的土行孙，就是一个天生的刺客。

杨戬与土行孙在阵前有两度交手。第一次杨戬藏拙，故意让土行孙用捆仙绳擒拿。第二次杨戬火力全开，并且祭出哮天犬，想要将土行孙生擒活捉。

从杨戬下山以来，几度祭出哮天犬。除了在面对魔家四将的混元伞时，哮天犬一度失灵，之后哮天犬咬大罗金仙赵公明，再咬大罗金仙碧霄娘娘。哮天犬的迅捷与凶悍，让人瞠目结舌。

可是，就在哮天犬恶狠狠朝土行孙扑去的瞬间，土行孙竟然将身体一扭，凭空消失不见了。

杨戬当场就愣住了，好一会儿才想明白土行孙应该是会地行术，毕竟十二仙首中惧留孙的地行术名震仙界。

意识到土行孙会地行术，杨戬忧心忡忡，对西岐的城防问题非常担忧。他立刻求见姜子牙，希望师叔加强戒备，防止土行孙来偷袭。

姜子牙本不在意，可忽然间，一股怪风吹来，把丞相府银安殿前的大旗给吹断了。前文说了，这风吹旗杆乃是元始天尊传递消息的一种方式，就如同手机铃响。姜子牙急忙取出香炉，摆出八卦前来占卜，接收并查看元始天尊传来的讯息。

按照讯息显示，土行孙将在今晚偷进西岐城，对姜子牙、武王姬发施行刺杀！

姜子牙大吃一惊，立刻命人把武王姬发请到丞相府中，然后召见杨戬，商议对策。

土行孙可能在任意时间、任意地点出现，杨戬要如何才能捉到土行孙呢？

其一，重点保护武王姬发。

虽然土行孙行刺的目标是姜子牙与姬发两人，但是，姜子牙乃是神仙修为，又有打神鞭、杏黄旗护身，土行孙要想杀死姜子牙，比较困难。而武王姬发只是凡人一枚，寻常时间，那些阐教三代的仙人将领也都是在丞相府听令。王府里的护卫都只是凡人将士。

为此，杨戬首先建议姜子牙，把武王姬发请到丞相府，让姜子牙与姬发待在一地，方便护卫。

当然，为了生擒活捉土行孙，杨戬特别交代，在请武王前来时，务必隐蔽，不要让土行孙知晓。姬发进入丞相府后立刻被安排到一间密室中，由哪吒、黄天化等人贴身护卫，确保安全无虞。

其二，在防护力度上故意一松一紧。

杨戬希望的，不单是击退土行孙的此次行刺，而是将土行孙擒拿，彻底解决隐患。因此，杨戬就必须布置一个局，一个让土行孙看来，有利可图的局。

杨戬虽然只是见过土行孙几面，但是对于土行孙却很了解，或者说对于人性很了解。人都有趋利避害的本能，土行孙也不能例外。

当看到丞相府人人刀出鞘、弓上弦，严阵以待的样子，土行孙不敢贸然行事。他从丞相府一个角落钻出，等待了很久。可一直等到大半夜，姜子牙都一直高坐大殿，众将环立。土行孙找不到出手的机会。

于是，土行孙只好放弃丞相府，钻入地下，朝王府而去。

土行孙很容易就混进了后宫。武王姬发正和一众妃嫔饮酒作乐。不久，喝得醉醺醺的武王姬发让宫女、宦官全部退下，在一个妃子的搀扶下，上了龙床。

眼看房中只有人事不知的姬发与一介凡人女子，土行孙大喜，从地下钻出，开始行刺！

其三，色诱土行孙。

土行孙上前一刀，轻轻松松将姬发头颅割下。他正要离开，忽然见姬发旁边那妃子脸如桃花，美艳非常，又有异香扑鼻，让人神魂颠倒。土行孙本就好色，一见美女，立刻走不动道了。

土行孙喝醒美女，美女见到身边的无头尸体，满脸都是恐惧，表示只要土行孙饶命，就愿意侍奉土行孙。

土行孙大喜，当下就要办事。就在他脱光了衣衫，钻入被子，想要搂抱女子时，那女子反手把土行孙脖子搂住，然后大喝一声说：“好匹夫！你把吾当谁！”

土行孙定睛再看，哪里有什么美女宫妃，身后明明就是日前大战的杨戬。

杨戬修得九转玄功，擅长变化。为何他不变成武王姬发，而要变成美女呢？

因为土行孙虽然贪婪好色，但行事机敏。在没有确信安全之前，土行孙不会轻易出现。即便出现，在行刺武王得手之前，土行孙心中也必定高度警惕。若杨戬变成武王姬发，两人就免不了一番搏斗。土行孙很有可能趁机溜走。

而变成美女，先让土行孙行刺成功，则可以大大降低土行孙的警惕性。何况，在得到美女以身相许的承诺后，土行孙满心都是情欲，正是防备最为松懈的时候。正因如此，杨戬才能轻松生擒土行孙。

不过，土行孙也颇为了得。姜子牙听闻土行孙被擒拿，吩咐杨戬将其斩首。杨戬也就是把土行孙从右手转到左手——方便拿刀砍人——的眨眼工夫，土行孙就奋力一挣，脚一沾地，瞬间不见了。

见土行孙逃走，杨戬满脸尴尬。土行孙精明如妖，基本不可能二度上当。见姜子牙面色发青，杨戬立刻请求前往飞龙洞找惧留孙，让师伯来降服那个叛徒。那么，身为十二仙首之一的惧留孙，是一位怎样的仙人呢？

069 为何说土行孙师徒都是滑头鬼

土行孙本是阐教仙人却加入邓九公军团，帮助截教灭周兴商，犯下叛教大罪。土行孙之师惧留孙，身为阐教十二仙首之一，门下土行孙叛教作乱，也有教导不严之过。可是，在惧留孙与土行孙一番巧言之后，两人竟双双逃过责罚。

这是怎么一回事呢？

土行孙能逃过责罚，最大的原因，是有惧留孙百般庇佑。惧留孙敢于出言说情，是因他已经摘清了自己。

惧留孙如何摆脱教导不严之过呢？

杨戬到达夹龙山飞龙洞，见到了惧留孙。惧留孙开始还浑若无事，询问杨戬前来有何事情。等到杨戬询问捆仙绳可还在，惧留孙方才“慌忙站起”，问杨戬怎么知道。等到杨戬把土行孙加入邓九公军团，拿了西岐许多将领的事情一一说明。惧留孙大怒说：“好畜生！你敢私自下山，盗吾宝贝，害吾不浅！”

结合申公豹劝说土行孙下山故事的分析，可以推知，土行孙盗宝时惧留孙就在飞龙洞中，土行孙下山帮助商朝，应是惧留孙默认的事情。但是，这一布局，惧留孙已经从元始天尊处知晓，姜子牙却一无所知。

于是，惧留孙作勃然大怒状，把自己从背叛阐教、教导不严的恶名中摘了出来。

等见了姜子牙，惧留孙又说："自从我来破十绝阵回去，自未曾检点此宝；岂知是这畜生盗在这里作怪!"

姜子牙与惧留孙同为二代弟子，虽然惧留孙修为更高，但是姜子牙乃是鸿钧老祖认可的封神行动执行人。在兴周灭商的问题上，惧留孙也必须照顾到姜子牙的情感。

见姜子牙对自己放纵徒弟下山颇有怨言，惧留孙不得不再次解释，强调之所以会对徒弟失于管教，是因为破十绝阵——破黄河阵时受了重伤，修为尽废——回到洞府之后，自己就忙于疗伤修炼，所以没有经常检查法宝，以至于徒弟偷走捆仙绳也没有及时知晓。

惧留孙是在强调，土行孙能够盗走捆仙绳，和帮助你姜子牙破阵也有关系。

见姜子牙脸色缓和了些，惧留孙又说："不妨，须得……如此如此，顷刻擒获!"

姜子牙也知道拿师兄没有法子，又听到师兄能即刻擒拿土行孙，解决西岐危难，不禁转怒为喜。

后来，殷郊、殷洪拿了师父的法宝做坏事，广成子、赤精子都无可奈何，惧留孙收拾土行孙却轻而易举!

当时，惧留孙让姜子牙与土行孙交战，自己施展纵地金光法隐藏在云端。等土行孙祭出捆仙绳时，他就悄悄收走捆仙绳。土行孙不止带了一根捆仙绳，于是再祭出，惧留孙再收走。没一会儿，土行孙绳子用尽，惧留孙便现身擒拿。

土行孙见师父到来，扭身就往地下钻去。惧留孙把手指一指，土行孙脚下泥土顿时变得比铁还硬，土行孙根本钻不下去。就在土行孙惊慌失措间，惧留孙赶上，用捆仙绳将土行孙绑了。

惧留孙教了土行孙的地行术，却没有教土行孙化土为金的本领，更没有教土行孙化金为土的本领。在遇到比普通泥土更加坚固、堪比金铁的土层时，土行孙的地行术自动失效。

这也可以从侧面说明，惧留孙早就防着土行孙叛门，留了一手好收拾土行孙。惧留孙心机之深，可见一斑。

在活捉土行孙之后，姜子牙下令将土行孙斩首示众。惧留孙自然不肯。

他问土行孙："你这畜生！我自破十绝阵回去，此捆仙绳我一向不曾检点，谁知被你盗出。你实说，是谁人唆使?"

惧留孙这番话有两层含义。

其一，告诉姜子牙，是土行孙盗走的捆仙绳，和我无关。惧留孙暗示土行孙在盗宝事件上要统一口径，免得戳破谎言。

其二，为土行孙开脱。惧留孙要让土行孙交代幕后唆使之人，意思就是土行孙之所以叛教，是年少无知，被人唆使，于是，在论罪时也当从轻发落。

土行孙与师父本就是一类人，圆滑如油，奸诈似鬼。他一听惧留孙言语，立刻把申公豹给出卖了。

并且，土行孙强调，“老师来破十绝阵，弟子闲耍高山，偶逢一道人跨虎而来”。他说遇上申公豹，是在惧留孙还在破十绝阵的时候，师父根本不在家，因此，自己叛教与师父一毛钱关系没有。

土行孙又说：“他教我往闻太师行营成功，弟子不肯。他荐我往三山关邓九公麾下建功。师父，弟子一时迷惑。”

原著中说了，申公豹前往夹龙山时，是在得知闻太师死讯之后，当时惧留孙就在洞中养伤。可是，土行孙却把时间点大大移前，说申公豹推荐他加入闻太师军团，他坚决不同意，仿佛他很爱阐教，立场坚定。

土行孙也明白，闻太师与西岐乃是生死仇敌，加入闻太师军团，不可饶恕。可是，邓九公则不然，这位商军将领是有概率背叛朝歌，加入西岐的。

按照土行孙这番言辞，不但惧留孙无罪，就连土行孙也变得颇有底线了。

只是，姜子牙依然不肯放过土行孙。他愤愤然说：“道兄传他地行之术，他心毒恶，暗进城垣，行刺武王与我！……若是毫厘差迟，道兄也有干系！”

原来，土行孙除了有背叛师门、助纣为虐的罪名外，更有刺杀姜子牙与姬发的大罪。

姜子牙要杀土行孙，可不是因为土行孙想要刺杀他，于是公报私仇。而是因为姜子牙乃是鸿钧老祖认可的封神行动执行人，姬发也是鸿钧老祖定下的人间王朝真命天子。土行孙意图杀害姜子牙与姬发，就等于破坏封神行动，与鸿钧老祖作对。

所谓“不作不死！”这土行孙刺杀姜子牙、姬发，那就是作死的节奏。

惧留孙一听大吃一惊，走过去大骂土行孙说：“畜生！你进城行刺武王，行刺你师叔，那时幸而无虞；若是差迟，罪系于我。”

惧留孙看似在骂徒弟，其实是在告诉姜子牙，刺杀姬发与师弟你，确实是大罪，可是，事实不是没有刺杀成功吗？你又何必揪住不放呢？

一旁的土行孙也急忙开动脑筋，给自己刺杀姜子牙、姬发找借口。

土行孙确实有急才，略一思索，他就一脸愤然地说：“我实告师尊：……（邓九公）将女许我，欲赘为婿；被他催逼弟子，弟子不得已，仗地行之术，故有此举。”

土行孙强调，自己本不敢刺杀师叔与武王，怎奈那邓九公以女儿为诱饵，逼迫土行孙去刺杀。自己是万不得已，才做出那种忤逆犯上之事。

惧留孙与土行孙一唱一和，土行孙这个主动行刺的元凶，竟然变成了胁从，邓九公则成了主谋。而邓九公乃敌方大将，干掉敌方首领，那也是食人俸禄，忠人之事。

听土行孙师徒如此说，姜子牙默默不语。见这师弟不肯松口，惧留孙暗中算计，最终提出了一个戴罪立功的方案——“子牙公，方才贫道卜算，这畜生与那女子该有系足之缘。前生分定，事非偶然。若得一人作伐，方可全美。若此女来至，其父不久也是周臣。”

惧留孙一口断定，自家徒弟土行孙与邓九公之女邓婵玉乃是“前生分定，事非偶然”。既然是天命注定，老天最大，那么，土行孙奉岳父命令刺杀姜子牙、姬发，也就成了二人命中一劫，不好归罪土行孙。

原著中，惧留孙也好，姜子牙也好，西岐文武众将也好，无一不说土行孙与邓婵玉之间是天定良缘，分定前生。最后就连邓九公一方，也接受了这段姻缘。只是，在美满姻缘背后的丑陋真相是什么呢?

070 色艺双绝的邓婵玉为何要嫁土行孙

上天，在古人心中的地位极度神圣。再纠结的问题，一旦涉及天数、天命，也会迎刃而解。土行孙本犯下滔天大罪，论律当处以斩首之刑。可是，其师惧留孙一旦提出，土行孙与邓婵玉乃天定良缘，姜子牙立刻就改变态度，对土行孙免于责罚，并积极运营，促成土行孙与邓婵玉的婚事。

只是，土行孙与邓婵玉之间，真的是天定良缘吗?

当然不是!

在我看来，他们之间绝非良缘，而是孽缘！所谓天定姻缘，只不过是惧留孙与姜子牙达成的一场交易：你放了我徒弟，我送你一场大功!

为何如此说呢?

原著中许多处地方一而再，再而三地宣扬土行孙与邓婵玉之间是姻缘前定。

如卷首诗云：“姻缘前定果天然，须信红丝足下牵。敌国不妨成好合，仇雠应自得翩联。”

文中又云：“纵使九公称敌国，蓝桥也自结姻亲。”

文中还云："百年好事今朝合，莫把红丝孟浪夸。"

传统说法中，人间的姻缘都由月下老人管理。夫妻之所以能够成婚，能够不远千万里，在茫茫人海中找到彼此，那都是因为月下老人在两人脚上绑了红线，定下姻缘。

不过，前文我们说了，土行孙之所以提起与邓婵玉的婚事，关键是要摆脱自身的刺杀罪名。土行孙口中说，是邓九公以邓婵玉为诱饵，逼迫自己入城行刺。事实上，原著中说得明白，是土行孙贪恋邓婵玉美色，主动向邓九公提出要入城刺杀姜子牙与武王姬发。并且，土行孙一次不成又再次出手，动手时根本就没有一丝一毫顾及阐教门规与师门情分。

土行孙就是一个彻头彻尾的贪图富贵、见色忘义的混蛋。

惧留孙也是在姜子牙不肯放过土行孙之后，方才提出土行孙与邓婵玉之间是天定姻缘之说，希望姜子牙不要再为难他徒弟。

并且，惧留孙还说："前生分定，事非偶然。若得一人作伐，方可全美。若此女来至，其父不久也是周臣。"惧留孙主动提出，只要按照自己的计划行事，那不但可以促成土、邓二人婚事，并且可以招降邓九公。

自从西岐树起大旗与朝歌对抗，商朝几度发兵。西岐虽然屡次获胜，但商朝犹如百足之虫，死而不僵，实力依然可怕。若能招降邓九公，对西岐以后的拓展，必大有裨益。

姜子牙心中大动。只是，他还有些担心，毕竟邓九公与自己交战多场，结怨已深。

惧留孙却毫不在意地说："武王洪福，乃有道之君。天数已定，不怕不能完全。只是选一能言之士，前往汤营说合，不怕不成！"

惧留孙两用"不怕不"，是在告诉姜子牙，武王建立周朝，乃是上天注定。有鸿钧老祖撑腰，你担心什么？至于眼下说和邓九公的事情，有我惧留孙在场做主，你又担心什么？

事实上，当时的邓九公军团，除了一个土行孙，其他如邓九公、邓婵玉都是伤残败将。就算太鸾勇武，赵升、孙焰红会点火系法术，可怎么抵得过西岐阵营兵强马壮，高手如云？

有玉虚宫十二仙首之一的惧留孙坐镇大营，姜子牙确实放心很多。事实上，认可与土行孙的婚事，只是邓婵玉与邓九公为求活命的无奈之举。

按照惧留孙的建议，西岐派出上大夫散宜生前往提亲，邓九公一听勃然大怒。他根本就不承认自己答应嫁女。他反复强调，土行孙身份卑微，形貌丑陋，怎么配得上他家女儿。就算是散宜生说出土行孙是惧留孙徒弟，邓九公依然不予认可。

直到散宜生缓缓引导，说出邓九公可能是在醉酒后为了激励土行孙，于是才提出嫁女一事，邓九公方才点头承认。但是，邓九公提出，所谓婚事本就是酒后戏言，何况，约定达成的前提是土行孙杀了姜子牙和武王姬发。如今土行孙兵败被擒，还有什么脸面和他来谈婚事？

邓九公说得没有错。土行孙既然刺杀失败，那就是无能鼠辈，就没有和他邓家谈婚论嫁的资格。

邓九公本可以一口回绝西岐，可是，人都是贪婪的，尤其是看到前方有明显利益可图的时候，都会自动把身边的隐患忽略。太鸾提出，可以借商谈婚事的机会设下埋伏杀掉姜子牙。邓九公大喜，就与散宜生做了约定。

到了约定日期，双方交手。邓九公明明早做了准备，却依然被西岐杀得大败，连邓婵玉也被生擒活捉。

惧留孙提出，当晚就让土行孙与邓婵玉洞房。至于其他相关手续，以后再说。

在封神大战中，阐教仙人总爱标榜正道，称截教为妖道妖人。可是，在处理土行孙的问题上，惧留孙做得很不光彩，对姜子牙连哄带骗，对徒弟放纵不管，完全不顾规矩，不守法度。

当晚，土行孙对邓婵玉花言巧语，百般哄骗。哄骗不成后，就霸王硬上弓，最终强占了邓婵玉身子。邓婵玉完全是在泪水中睡去，在泪水中醒来。

邓婵玉也是个极聪明的人，知道哭是不能解决问题的。她的决定不仅关系到自己的生死，还关系到父兄存亡，以及十数万商军的去留。

第二天醒来，她找到姜子牙，主动要求去商军大营劝说父亲归降。

见到邓九公后，邓婵玉泪如泉涌，告诉父亲自己的身子已经被土行孙玷污。这也还罢了，关键是在惧留孙的宣扬下，西岐满营将士，无人不知她邓婵玉是土行孙之妻。嫁女于敌国的恶名，邓九公是坐定了。

然后，邓婵玉劝说父亲归降。她说：“父亲今以爱女轻许敌国，姜子牙亲进汤营行礼，父亲虽是赚辞，谁肯信之！父亲况且失师辱国，归商自有显戮。”

邓九公在己方设下埋伏的情况下，依然被西岐打得屁滚尿流，可见彼此实力根本不在一个档次上。若是继续打下去，不但女儿会被杀，而且必然会兵败将亡。若是撤退回国，又凭空担了通敌嫁女的恶名，商纣王也不过放过他。

于是，承认邓婵玉与土行孙的婚事，率军队集体投降西岐，就成了邓九公的唯一活路。如此，不但可以保全女儿性命，自己性命，也可保全手下将士的性命。

很快，在姜子牙主动出迎，以礼相待的情况下，邓九公终于承认女儿婚事，率军归降西岐。

不过，邓九公虽然归降，却是在退无可退的情况下归降的。在西岐高层的心目中，对他始终有阴影。因此，邓九公一系在西岐的地位，根本无法和主动归降的黄飞虎家族相比。黄家在封神榜上都身居高位，邓九公父女则只是普通小神，从此可见一斑。

071 号称神机妙算的姜子牙究竟有多大本领

在中国军事史上，姜子牙的地位极高，隋唐之前历朝都尊其为“武圣”。在《封神演义》中，姜子牙的地位也颇高，他不仅是元始天尊高足，帝王之师，人间宰相，更是封神行动的执行人，受上天庇佑，可无限重生。

对于兴周灭商行动名义上的领导人姜子牙，原著不吝赞美之词，多处慨叹姜子牙神机妙算，举世无双。只是，《封神演义》中的姜子牙真的是智谋无双的绝代人杰吗?

非也!

事实上，姜子牙玩玩权谋还行，论起运筹帷幄，决胜千里，就和他无关了。姜子牙的军事才华不但比不上杨戬、黄飞虎，就连闻太师、邓九公也不如。

那么，将略平庸的姜子牙，如何带领西岐军队获得一个又一个胜利的呢?

原著中第56回叫作《子牙计收邓九公》，是写姜子牙如何神机妙算，最终收服商军大将邓九公的故事。原著中对姜子牙不吝赞美之词。有诗云：“子牙妙计真难及，鸾使奇谋枉用偏。”又云：“子牙妙算世无伦，学贯天人泣鬼神。”再云：“妙算神机说子牙，运筹帏幄更无差。”

只是，若我们细看第56回就会发现，邓九公之所以会归降，和姜子牙的计策并没有多大关系。

邓九公之所以会投降西岐，首功当属惧留孙!

邓九公军团与西岐多次交手，总体来说，胜多败少。尤其是邓婵玉与土行孙二人，连败西岐多位将领，商军士气大震，西岐则忧心忡忡。就算姜子牙与杨戬联手设下计谋，一度生擒土行孙，可人家土行孙毕竟还是成功逃脱了。

正因为土行孙逃脱，姬发与姜子牙无时无刻不面临被刺杀的危险，杨戬这才急匆匆前往夹龙山飞龙洞请惧留孙帮助。

惧留孙到场后，靠着教学时留了一手的把戏抓住了徒弟土行孙，解决了西岐阵营面临的最大威胁。

为了救徒弟，惧留孙又抛出了天定良缘观点，并且主动提出，可以借助土行孙与邓婵玉的婚事，促成邓九公军团投降。惧留孙以婚姻促投降的点子，不仅可以解决土行孙的个人问题，更能解决西岐面临的军事威胁，可谓一举两得，功莫大焉。

事实上，惧留孙不仅为姜子牙指明了行动的大方向，并且连一些操作细节都告诉了姜子牙。比如，惧留孙提出，要促成婚事，须派一位得力大臣前往做说客。而姜子牙不过是将这个任务更具体地落实到了散宜生头上。

并且，惧留孙一直在姜子牙身边，看着姜子牙推进此事。姜子牙做出每一个决策，也都会和惧留孙商量，并在得到惧留孙的认可之后，方才施行。

在整场劝降行动中，最为关键的有三步。

其一，打压邓九公。在邓九公还有希望，还有底牌可出的情况下，邓九公不可能真心投降。因此，姜子牙与惧留孙都明白，即便散宜生能口吐莲花，也无法真正劝降邓九公。只有让邓九公放手一搏，见证西岐真正的强大，才会心甘情愿臣服。

其二，收服邓婵玉。邓九公军团本是西岐敌对方，要想化敌为友，必须有一个双方都可以接受的纽带。土行孙与邓婵玉的婚事，恰恰就是这个纽带。只是，邓婵玉根本看不上土行孙。于是，收服邓婵玉就成了完成行动的重要步骤。土行孙本就贪恋邓婵玉美色，这个重任自然交到土行孙头上。

其三，劝服邓九公。一旦邓婵玉归降，那么，进退维谷的邓九公就有了台阶可下。只要派出邓婵玉去劝说，邓九公肯定会投降。

三步当中，第一步最为重要。那打压邓九公的计划，是姜子牙独自想出来的吗？

原文说："子牙送太鸾出府归，与惧留孙商议曰：'必须……如此如此，大事可成。'"

原来，这一步计划，依然是姜子牙与惧留孙商议之后定下的。

当时，邓九公与姜子牙虽约定好会面，但都知道此会面见注定会有一场大战。

那么，决定这场战斗胜负的关键因素是什么呢？

是姜子牙的计谋吗？

当时，邓九公在二十万大军中挑选出三百精壮士兵，各自暗藏短刀利刃，埋伏在大帐外。一旦邓九公摔杯，伏兵就全部冲出。另外，他又安排赵升率领一支人马，埋伏在左营，孙焰红率领一支人马，埋伏在右营，单等中军大帐摔杯信号，就冲出接应。邓九公还安排太鸾与儿子邓秀，在辕门前拦住西岐将领，不放西岐大部队进入。又安排邓婵玉率领一支人马，为三路救应使，以应付突发事件。

以当时商军的实力，邓九公如此安排，堪称完美。按照常理，邓九公一方本应当获胜。

可是，在绝对的实力面前，任何计谋都是浮云！

会面的前一天，姜子牙也调派众将。他命令杨戬变化成普通士兵，跟随自己左右。又挑选出五十名精壮士兵，充作抬彩礼的脚夫。命令辛甲、辛免、太颠、闳夭，四贤、八俊各藏利刃充作护卫。又安排雷震子率领一支人马冲左营，南宫适率领一支人马冲右营，金吒、木吒、龙须虎率领大队人马负责抢亲。

会面当天，姜子牙来了。太鸾、邓秀把西岐大队人马拦住，单放姜子牙与五六十名没有穿盔甲的脚夫进入大营。

姜子牙一进入大帐，也不与邓九公闲扯，一声令下，那五六十名脚夫打开礼盒，拿出兵器，就四处冲杀。邓九公埋伏的三百士兵也冲进来乱砍。

本来，以三百人对上五六十人，那是赢定了的事情。怎料想西岐这五六十名脚夫中，有近二十人都是西岐名将，杨戬更是如虎入羊群，大杀四方。商军的三百伏兵眨眼工夫就被西岐一众杀光了。

见众军大乱，西岐各路人马齐齐冲出。太鸾与邓秀哪里挡得住。

起初，姜子牙安排雷震子攻打左营，南宫适攻打右营，结果却是辛甲、辛免与赵升、孙焰红大战。起初，姜子牙安排金吒、木吒抢亲，结果却是土行孙擒获了邓婵玉。

虽然姜子牙的安排很糟糕，西岐这些阐教仙人也是一团乱打，但是，谁让西岐阵营强者如云，远胜商军呢？

拥有许多阐教仙人的西岐军队，就犹如装备了导弹、坦克等现代化杀伤性武器，对上只有大刀、长矛的商军，那还不是轻易碾压！乱打一气也可以完美胜出。

事实上，姜子牙领导的西岐阵营能够屡次大败商军，绝大多数时候都与计谋无关。像此前姜子牙夜袭闻太师军团时，闻太师虽早就料到，并做出了最佳安排，可是一旦双方开战，闻太师军团还是惨败。

还是之前那句话，在绝对的实力面前，一切计谋都是浮云！

当然，西岐阵营尤其是阐教高层不少人都是智谋犹如妖孽的可怕人物，比如元始天尊、老子、燃灯道人，甚至十二仙首中的多数人，也堪称谋深如海。而姜子牙和他们相比，无异于“小白”（菜鸟）一枚。

072 苏护说好归降西岐，为何临阵变卦

邓九公归降西岐的消息传到朝歌，纣王大怒。在商议新任西征大帅人选时，有人举荐当朝国丈冀州侯苏护，理由是苏护乃国家外戚，必定能与国家同生死，共患难。满朝百官都以为这个建议很好，纣王也非常欢喜地答应了。

可惜，纣王与百官纯属一厢情愿。

冀州侯苏护的忠诚之心，早在当初反出朝歌时就已经丢掉了，他献上女儿，再度朝商，不过是为了生存的无奈之举。

接到纣王诏书后，苏护把妻子、儿子叫到一起，提出："我明日意欲将满门良眷带在行营，至西岐归降周王，共享太平；然后会合诸侯，共伐无道！"

这苏护打的主意竟然是趁着此次西征，把妻子、儿子都带上，一起投降！

苏护为何要投降呢？他女儿妲己不是当朝皇后吗？

席间，苏护咬牙切齿地对妻子说："我不幸生女妲己，进上朝歌。谁想这贱人尽违父母之训，无端作孽，迷惑纣王，无所不为，使天下诸侯衔恨于我。"

本来，女儿当上皇后，乃是家门幸事。可是，妲己当上皇后后，建炮烙，造虿盆，大杀忠良；又建酒池肉林、鹿台，穷奢极欲，奴役万民。天下人不敢抱怨纣王，于是，纷纷痛骂妲己妖媚惑主，败坏江山。身为妲己生父的苏护，当了国丈不但没有享受到百官的尊崇，反倒尝遍了各种冷嘲热讽。

苏护一生最在乎的便是自己的名声。如今因为妲己，使得自己被天下诸侯怨恨，那女儿不要也罢！

加上妲己本尊早已死去，占据其身的乃是九尾妖狐。她对于苏护这便宜老爸，可没半点好感，自然也没啥特殊照顾。

于是，妲己虽封后多年，但苏护全家一分好处也没得到，反招来天下骂名。难怪苏护对妲己这个女儿万分痛恨，对纣王全无眷恋。

就连妲己的生母杨氏，也表态说："将军之言甚善，正是我母子之心。"在杨氏心中，只有儿子苏全忠，把女儿妲己全当死了！

既然苏护一心归降西岐，那么，待他亲率大军来到西岐城下的时候，就应该在第一时间投降。事实却是，苏护到了西岐城下，不但没有表态归降，反而一而再，再而三地与西岐发动大战。

这是为什么呢？

且让我们细看苏护到达西岐城下之后的一举一动。

听闻冀州侯苏护率领十万大军在西岐城下扎营，姜子牙急忙击鼓，召集众将议事。

黄飞虎是西岐阵营唯一的一位异姓王，在西岐地位极高。姜子牙对黄飞虎非常尊重。除了因为黄家本身猛将如云，实力强大外，黄飞虎本是商朝兵马大元帅，堪称军界百科全书，对商朝各路将领无不知根知底，也是重要原因。

知己知彼，方能百战百胜！

姜子牙询问黄飞虎，苏护此人如何。黄飞虎回答，苏护为人刚正，不是那种阿谀奉承之徒，虽然是纣王岳父，但是与纣王不和，早在多年前就有心归降西岐。

黄飞虎强调："（苏护）时常有书至末将处，此人若来，必定归周，再无疑惑。"在黄飞虎的口中，苏护与他关系极好，彼此经常有书信往来。并且，黄飞虎断言，苏护此次前来，必定要归降西岐。

见黄飞虎言之凿凿，姜子牙不禁放心许多。可是，等到两军摆开阵势，真正对阵时，苏护的举动却让黄飞虎与姜子牙大跌眼镜！

因苏护到达后三天没有叫战，黄飞虎主动到阵前劝降苏护。

黄飞虎上了五色神牛，在商军辕门前大叫："请苏侯答话！"大营外探马进入中军，禀告苏护，苏护不但不肯出来，而且派出先锋官赵丙出马。

这就等于告诉黄飞虎与西岐阵营，苏护不想和谈，只想开战。

那赵丙哪里是黄飞虎的对手，两人大战了二十回合，黄飞虎就将赵丙生擒活捉。

虽然擒拿了赵丙，但黄飞虎依然闷闷不乐。他不明白，早年自己与苏护聊天时，苏护再三说自己想要归降西岐，为何如今到了西岐，反倒不提归降了呢？

第二天，黄飞虎再去商军辕门前喊苏护，苏护依然不出门。五军救应使郑伦主动出战。

黄飞虎虽然武艺精湛，可入封神顶尖高手行列，但是毕竟不会道术。郑伦师从度厄真人，学得鼻窍喷气、动摇魂魄的秘术。郑伦先手意识颇强，交手不过三十回合，挥手一招乌鸦兵，鼻子喷出白光。顿时，黄飞虎头晕眼花，倒在地上，被乌鸦兵生擒活捉。

第三天，黄天化大战郑伦。自从杀了魔家四将之后，黄天化的机灵劲就像用光了一般。明明有着秒杀金仙的超强法宝攒心钉，总是舍不得用。他与郑伦交手不到十个回合，就被郑伦秘术喷倒，生擒活捉。

之后，郑伦大战邓婵玉、土行孙夫妻。郑伦再度抢先施展秘术，土行孙一度被抓。不过，土行孙会地行术，在被砍头的关键一秒钻入地下不见了。而邓婵玉五光石迅捷如电，打伤了郑伦面皮。

又过了一天，郑伦主动出战，指名道姓要邓婵玉单挑。一旁的哪吒却拦住邓婵玉，冲出去和郑伦大战。

哪吒武艺出神入化，郑伦哪里是对手。也就打了十来招，郑伦就一挥手柄铁杵，告诉乌鸦兵准备来抢人，然后鼻子喷出两道白光，冲向哪吒面门。

郑伦的窍中喷气秘术，乃是一种攻击魂魄的法术。书中说：“哪吒无魂魄，怎能跌得下轮来。”前文我们曾经说过，哪吒其实有三魂七魄，但是，哪吒的魂魄被太乙真人以金丹、符印定在了莲花之内，与一般人的魂魄大不相同。因此，金仙以下的魂魄攻击法术，对哪吒全无效果。

郑伦连喷了三次，哪吒浑然不动。哪吒不禁嘲笑说：“你这匹夫害的是什么病？只管哼！”

又打了三十个回合，哪吒祭出乾坤圈，打中郑伦后背。郑伦筋断骨折，惨败归营。

见到郑伦大败，苏护方才命人摆下酒宴，把被囚数天的黄飞虎请来喝酒。席间，苏护方才下拜请罪，说：“末将有意归周久矣。”

苏护为何在两军大战五场之后，方才提归降之事呢？

苏护从来都是一个精明的人。就如他当初反商与归商，看似冲动其实都是精打细算一样，他来到西岐城下的种种表现，同样是为了给自己争取最大的利益。

若一到西岐苏护就主动归降，那么，谁知道苏护军团的强大？谁又会真正看重苏护？若苏护是第一个归降西岐的诸侯，那还好说，物以稀为贵。关键是当时黄飞虎、晁田、邓九公等多位商朝名将都已经归降了西岐。若苏护没有出色的表现与强悍的实力，在未来的西岐军界很难站稳脚跟。

苏护确实想投降西岐，但又必须是在大胜西岐之后再归降。有了几场大胜作为筹码，让西岐知道他苏护不是无能之辈，然后再率军投降。苏护觉得唯有如此，才最符合自身利益。

黄飞虎早在第二天就已经被绑在商军后营，苏护口口声声说是黄飞虎好友，为何一直到三天之后方才与黄飞虎见面呢？

只因在三天后，即第五天，郑伦遭遇哪吒，被打成重伤——苏护军团的最强战力被击败。这就意味着两军的局势已经逆转。

若苏护继续绷着，不肯归降，搞不好就会变成第二个邓九公，被西岐杀得屁滚尿流，不得不投降。到那时候，可就再没有资格谈条件了。

二人见面时，苏护与黄飞虎大谈昔日友情，多次强调自己久欲归周。黄飞虎也精明得很，只字不提苏护对自己的种种冷落，再三感谢再生之德。

当苏护表态，要释放黄飞虎父子时，黄飞虎更拍胸脯保证，自己必定会促成归降一事。

只是，苏护毕竟是在五场大战之后方才见黄飞虎，在己方战败后方才提议降西岐的。西岐丞相姜子牙在军事上虽然平庸，可玩政治绝对是一把好手。他不可能看不出苏护的小心思。

苏护为了摆脱窘境，毫不犹豫地把部下郑伦推出来挡炮口。

他告诉黄飞虎："今奉敕西征，实欲乘机归顺，怎奈偏将郑伦坚执不允。我将言语开说上古顺逆有归之语，他只是不从。"

在苏护话语中，郑伦身为大军主将，在军中威望素著，他坚持不肯归降，苏护也不好撕破脸。正因郑伦固执，他苏护才没有在第一时间归顺。

其实，明眼人都可以看出，苏护找的这个借口根本禁不起推敲。

郑伦再强势，也不过是苏护麾下一个部将。苏护再无能，那也是冀州十万将士的最高统帅。何况，苏护久经沙场，军功赫赫，当年都敢与纣王叫板，如今又怎么会被一个部下挟持？

郑伦是有道术，他的道术还颇为强悍，苏护麾下无人可以抵挡，这点不假，但是郑伦的道术一次只能伤到一个对手，并且短时期内不能连续施法。苏护要是真心想干掉郑伦，只要安排五十个刀斧手，就可以轻松把郑伦剁成肉酱。

对苏护的心思，黄飞虎看得明白。

只要苏护肯归降，一切都好说。作为商军昔日最高统帅，黄飞虎在姜子牙面前已经拍胸脯保证苏护会归顺。他最担心的就是苏护翻脸不认人，作死到底。如今既然苏护已经表态归顺，那么，囚禁他父子的小小过错，黄飞虎也就不予计较了。

回到西岐城，见了姜子牙，黄飞虎狠狠地把苏护夸赞了一番，又把郑伦狠狠地骂了一通。姜子牙大怒，让黄飞虎与苏护协商，找机会把郑伦干掉，尽快率军来降。

就在苏护满心欢喜，等待西岐城传来好消息的时候，一个神秘道人横空而降。此人到来后，展现强大神通，轻而易举地取代苏护，成为商军话事人。

这道人表示，自己定会杀掉姜子牙，铲平西岐城。身为商军主帅的苏护没有立场反对他，结果，只得暂时退居二线，任凭道人折腾。

这道人一登场就霸气十足，自称是截教门下第一仙，仿佛除了通天教主，就他最厉害。这牛气的道人是谁呢？他是有真本领，还是在吹牛呢？

073 谁自称是截教通天之下第一人

这位牛气的超强仙人是受申公豹邀请而来的，名叫吕岳，乃九龙岛炼气士。

初见苏护时，吕岳口中吟诵了一首诗歌，其中后四句为：“九龙岛内经修炼，截教门中我最先。若问衲子名何姓？吕岳声名四海传。”

吕岳口气极大。在他看来，自己的名声四海传言，天下皆知。这也还罢了，关键一点，在万仙来朝的偌大截教中，吕岳认为自己是通天教主之下第一人！

吕岳是在自吹自擂吗？

冀州侯苏护并非仙界中人，对阐、截二教的各种人物也并不了解。吕岳在苏护的面前，或许可能忽悠过去。但是，在两军阵前，当着阐教二代弟子姜子牙与许多三代弟子，吕岳又一次宣称：“截教门中我最先，玄中妙诀许多言。”

这吕岳不论仙凡，逢人便说自己是截教第一门人，根本就不把截教四大弟子放在眼中。这需要多大的自信，多强的实力，方才能够做到？

那么，这来自九龙岛声名山的炼气士吕岳，究竟拥有何种修为？综合实力是否真的如他所说，是截教中通天之下第一人呢？

原著中对吕岳的修为，有不少诗歌做了直接描述。

面对苏护时，吕岳自述诗前四句云：“弱水行来不用船，周游天下妙无端。阳神出窍人难见，水虎牵来事更玄。”

前两句比较好懂，吕岳说自己五行道术已经大成，可不用乘船，凭空飞渡弱水，更可凭借遁术周游天下。后两句中，所谓“阳神”就是元神，修真者进入神仙境界，其三魂七魄就能够凝练成元神。不过，神仙的元神还比较弱，无法离体太远。只有金仙以上修为，元神方才能神游万里。所谓“水虎”，与火龙相对。在道家炼丹术中，常把黑铅称为水虎，把红铅称为火龙，一个属阴，一个属阳。能够融合龙虎，就能金丹大成。

此处原著中借吕岳之口说他能够做到牵来水虎这样玄之又玄的事情，等于是告诉读者吕岳已经超越寻常金仙，体内炼出了金丹。

在《封神演义》中，拥有三花聚顶，五气朝元之象是金仙的典型特征，拥有九转金丹是大罗金仙的典型特征。

换言之，吕岳已经进入了大罗金仙境界。

面对姜子牙时，吕岳再吟自述诗，其中有诗云：“五行道术寻常事，驾雾腾云只等闲。腹内离龙并坎虎，捉来一处自熬煎。炼就纯阳乾健体，九转还丹把寿延。八极神游真自在，逍遥任意大罗天。”

此八句诗歌和之前的四句诗含义类似。大意为，吕岳精通五行道术，遁术神奇，已经融合龙虎，练就纯阳之体，体内拥有九转金丹，寿元悠长。最后两句是说，吕岳可以元神出窍，在天地之间最远的八极，最高的大罗天都能逍遥往来，毫无拘束。

此处点出“九转金丹”与“大罗天”，也足以说明吕岳已经成为封神世界仅次于圣人的强大存在。

那吕岳的神通法术如何呢？

吕岳初到商军大营外，苏护对吕岳并不重视，连个请字也没说，搞得吕岳很郁闷。不过，吕岳想到自己答应了申公豹，并且觉得可以用自身实力证明自己，也就忍气吞声，进了商军大营。

吕岳与苏护见面之后，正尴尬间，忽然听到隔壁传来一阵阵痛苦呼号声。吕岳前往观看，原来是郑伦正在那里大叫大嚷。

自从被哪吒乾坤圈打断脊背后，郑伦痛彻心扉。随军医生用遍了良药，毫无效果。吕岳一见，哈哈一笑说：“此是乾坤圈打的，不妨，待吾救你。”然后，他取出一个葫芦，倒出一粒丹药，用水研开，敷在郑伦背上。那药实在神奇，一旦敷上，郑伦的伤势立刻就好了。

郑伦摆脱了病痛，大为欢喜，对道术神奇的吕岳钦佩无比，当即就磕头拜吕岳为师。

从吕岳挥手间治愈郑伦可以看出，吕岳在医药与炼丹上功力颇深，至少超过寻常金仙。

与西岐交战时，吕岳自恃身份，在徒弟到达前不肯直接下场出战。他的四个徒弟也颇为争气，虽然面对的都是阐教三代精英，但最终四位徒弟全胜西岐。

大徒弟叫周信，与金吒交战。他拥有法宝头疼磬。与金吒交战不过几个回合，周信诈败，转身就走。金吒追上，周信拿出法宝头疼磬，冲着金吒敲了三四下。那金吒当即就头痛不已，面如金纸。金吒勉强败回本阵，立刻就倒地不起，用遍医药，全无效果。

二徒弟叫李奇，与木吒交战。他拥有法宝发燥幡。与木吒交手不过五七个回合，李奇诈败，转身就走。木吒追上，李奇拿出法宝发燥幡，对着木吒摇了三摇。那木吒打了一个寒战，就面如白纸，浑身上下火燎一般，一会冷，一会热。木吒也顾不得羞耻，竟然当众解开袍服，赤身裸体跑回西岐大营。刚到大营，木吒就口吐白沫，身如炭火，昏迷不醒。

三徒弟叫朱天麟，与雷震子交战。他拥有法宝昏迷剑。雷震子张开风雷翅，以高击下，迅捷如风，占尽了空中优势。朱天麟勉强接了几招，然后催动法宝，把手中昏迷剑朝雷震子一指，雷震子就觉得头脑发昏，驾不动风雷翅。眼看就要掉下来，雷震子强打精神，朝西岐城方向疾飞。刚到相府，雷震子就从空中跌落下来，昏迷不醒。

四徒弟叫杨文辉，与龙须虎交战。他拥有法宝散瘟鞭。上阵时，龙须虎抢先施展神通，双手连续发射出磨盘大小的飞石，把杨文辉打的到处跑。杨文辉边跑边取出散瘟鞭，对着龙须虎一甩。龙须虎就觉得全身一抽搐，然后调转方向，对着西岐城连发飞石。他一路打到丞相府，打上银安殿，姜子牙见了忙让人把疯癫的龙须虎拿下。龙须虎被绑住后口吐白沫，双眼圆睁，神志不清。

吕岳的四位徒弟都颇为了得，其修为至少在神仙之境，或者已经达到金仙境界。

金吒、木吒等人虽然还只是人仙修为，可是，他们或者拥有超强法宝，或者拥有天赋神通，寻常金仙没有法宝护体，遇上他们都要跑。

周信、李奇等人轻松击败金吒、木吒等人，足以从侧面说明，吕岳的实力确实不凡！

尤为难得的，是周信、李奇等人拥有强大的制符、炼器能力。

四位门人是在吕岳赶到商军大营之后才到来的。吕岳问徒弟们为何来晚了。徒弟们说：“因攻伐之物未曾制完，故此来迟。”

在封神世界中，为何许多金仙都没有法宝？只因法宝的炼制非常艰难，不但需要许多天材地宝，而且还需要炼器师有着高深的制符技艺。唯有在法宝上绘制各种精深符箓，才能彻底激发法宝的强大威力。

玉虚宫十二金仙手中的那些法宝，基本都是由元始天尊赐予的。散仙云中子也是在得到元始天尊指点后，方才能够炼制出通天神火柱。

而吕岳不单本人神通广大，亲手炼制了多件法宝，并且连四个徒弟都能够炼制出仙人也难逃的强大法宝。

后来，杨戬的师父玉鼎真人到达西岐城。姜子牙求这位师兄救救金吒、木吒等人，玉鼎真人同样束手无策。最后，还是杨戬去火云宫，求来地皇神农氏的仙丹，方才救回四人。

周信、李奇炼制的法宝，竟然需要圣人炼制的丹药才能破解，可见其威力何等强悍。

那么，教出周信、李奇等四人的吕岳，自然是更加强悍。

只是，吕岳在战场上的表现却让人大跌眼镜。他在登场的第一战，就被黄天化以火龙标戳坏了腿，又被姜子牙以打神鞭打下坐骑，可谓狼狈逃窜，全无半点高人风姿。吕岳不是自称截教第一门人吗？为何会这么弱呢？

074 封神群伤能力最强大罗金仙是谁

在杨戬、黄天化等人的围攻之下，吕岳受伤颇重。回到商军大营后，他七窍中依然不断喷出三昧真火。主帅苏护心中偷着乐，郑伦则忧心忡忡。

吕岳的四个徒弟却并不担心，他们上前说："今日不意老师反被他取了胜。"在他们心中，老师依然是最强的，今日之败只是个意外。

事实上，吕岳的综合实力超强，他屡次称自己为截教通天之下第一人，绝非吹牛。

论单挑，吕岳不如三霄中的琼霄，也比不上之后登场的孔宣，甚至连赵公明也有不如。但是，吕岳自有神通秘术，一旦施展，可以造成大范围致命伤害，挥手间收割百万生灵，堪称封神一绝！

论群伤能力，放眼封神世界，除了可以毁天灭地的鸿钧老祖、三教圣人，估计就是吕岳最强了。别说大罗金仙，就算是一些普通圣人，也不如吕岳。

吕岳的群伤能力为何这么霸道？只因吕岳有两样神通，都已达到封神世界圣人之下的巅峰之境！

其一是制符。

周信、李奇等人在战场上大败阐教门人，后排的郑伦看了很不解气，觉得几天下来，己方虽然获胜，却没有擒人捉将。吕岳听了哈哈一笑说："你不知吾门人所用之物俱有玄功，只略展动了，他自然绝命，何劳持刀用剑杀他。"

在吕岳看来，用刀剑杀人，只是莽夫所为。像他们这样有身份的人，只要施展神通秘术，自然可以手不沾血，轻松灭杀敌人。

吕岳口中所说的"所用之物俱有玄功"，即指四位徒弟炼制的法宝上面绘制了吕岳独门的制符之术。

符印看似都是一些歪歪扭扭的鬼画符，其实暗含玄机。仙人们把自己对于天道的理解，融合在符印之中，用不同的线条组合，沟通天地之力，将法宝、阵法、神通等等的威力增加到最大。

前文故事中，陆压的钉头七箭书之所以能杀死赵公明，三霄的九曲黄河阵之所以敢叫板元始天尊，都是因为箭书、黄河阵上面绘制了强大而特殊的符印。

说起徒弟们的炼器、制符之术，吕岳颇为满意，他曾作诗一首，夸耀此事：“不负玄门诀，功夫修炼来。炉中分好歹，火内辨三才。阴阳定左右，符印最奇哉。仙人逢此术，难免杀身灾。”

吕岳的四个徒弟绘制的符印就可以让法宝拥有强悍威力，连金仙都无法破解。修为高深，制符堪称一绝的吕岳若亲自出手，那威力自然不可阻挡。

其二是制毒。

封神世界中，吕岳堪称圣人之下最强毒系仙人。

吕岳精通医道，一枚丹药下肚，即轻松解决了郑伦被乾坤圈击中的背伤。打神鞭、火龙标造成伤势虽让吕岳口鼻喷火，但一枚丹药下肚后，就立刻恢复了正常。

当初，土行孙盗了惧留孙五葫芦仙丹，救了被哮天犬咬伤的邓婵玉。可面对被吕岳徒弟弄昏的金吒、木吒等人，惧留孙的丹药全无效果。而黄龙道人、玉鼎真人到达后，同样无计可施。

可见，在医药之道上，吕岳的造诣远超十二金仙。

比起医道，吕岳更强的是毒道。

为了报复姜子牙，入夜之后，吕岳让四个徒弟分别拿着自己一葫芦丹药，前往西岐东南西北四方，分别播撒。

那葫芦中的丹药乃是吕岳用独门手法炼制的瘟丹，混入水中，无色无味。无论凡人还是仙人，一旦喝了混有瘟丹的水，都会变得头晕眼花，上吐下泻，五七天工夫，就会彻底死亡。

西岐城中上至武王姬发，下到寻常百姓，都喝了毒水，只一天工夫，西岐城百万民众全部都躺在床上，奄奄待毙。整个西岐城哀嚎一片，几乎就像是人间地狱。

连姜子牙、土行孙等仙人也无法避免。

西岐城仙凡万众中，唯有两人逃过此劫难。

一是哪吒，他乃是莲花化身，早早绝了人间烟火。不喝毒水，自然不会中毒。二是杨戬，他拥有九转玄功，身体强健程度远非寻常金仙可比。若是直接服下吕岳毒丹，杨戬多半难逃一劫。但如今不过饮用了一些被稀释的毒水，杨戬还可以承受。

身在昆仑的元始天尊，一直关注着西岐城。见姜子牙等人遭遇劫难，他传讯给黄龙道人与玉鼎真人，让他们负责解决此事。

元始天尊为何派这两位出场呢？

只因十二金仙中就这两位排名最低。其他的徒弟们本领高些，以后都要承担作战重任。他们当下正处在恢复修为的关键时期，不能打扰。

唯独黄龙真人与玉鼎真人修为平平，一般不会上场杀敌。对他们二人而言，少一些恢复时间，也没有多大关系。

当然，在黄龙真人与玉鼎真人之间，元始天尊更看重玉鼎真人。

黄龙真人抢先到达西岐城。见了杨戬，他问：“你师父可曾来?”杨戬回答不曾。等到黄龙真人探望了姜子牙与武王，再登上城楼时，玉鼎真人方驾纵地金光法赶到。

玉鼎真人为何来迟?

玉鼎真人回答说：“我借金光纵地，故此来迟。”

原来，玉鼎真人太苦逼了。黄龙真人虽然修为最低，为人鲁莽，没有法宝，但总还有只灵禽。有灵禽乘坐，走亲访友很便利。而玉鼎真人既没有法宝（有一把没有特殊神通的剑，当属兵器），又没有坐骑，赶路只能苦哈哈地驾驭纵地金光法。此时的他因修为被废，法力不够充沛，速度自然比不过黄龙真人。

不过，这只是玉鼎真人随口编出的一个理由，他真正来迟的缘由，另有玄机。

玉鼎真人一见杨戬，就说：“今吕岳将此异术治此一郡，众生遭逢大厄。今着杨戬速往火云洞，见三圣大师，速取丹药，可救此愆。”

大家细品上文，可以发现，玉鼎真人的口气根本不像师父在对心爱的徒弟说话，反倒像是在传达高层命令。

事实上，让杨戬去火云洞找三圣，并非是玉鼎真人的意思，而是元始天尊的意思。玉鼎真人正是因为接收元始天尊这道指令，多花了一些时间，才会迟些赶到西岐城。

三圣在封神世界属于非常神秘的存在。从后文杨戬与三圣门人的对话可以知道，凭杨戬的见识与地位，竟然从没有听说过三圣，更不知道三圣是谁。这不是很奇怪吗?

三圣为何如此低调?玉鼎真人为何不亲自去求三圣，直接带了丹药来救西岐万民呢?

075 杨戬为何不知三皇是谁

玉鼎真人派杨戬去火云洞拜求“三圣大师”，讨取灵药救治西岐城百万生灵。杨戬此前从未去过火云洞，不过，玉鼎真人详细介绍了火云洞的方向、路程、大体形貌。故杨戬驾驭土遁比较轻松地找到了火云洞。

到了火云洞口，杨戬不敢擅入，只在洞外等候。好一会儿，一个童子出来问话。杨戬忙上前行礼曰：“师兄，弟子乃玉泉山金霞洞玉鼎真人门徒杨戬；今奉师命，特到此处，参谒三圣老爷。借师兄转达一声。”

杨戬修为高深，实力强悍，为人谦逊，从不强出头。他毕竟是仙界后辈，担心三圣大师不知道自己是谁，于是他强调自己乃是玉虚宫十二仙首之一玉鼎真人的弟子，奉师父命令来拜谒三圣。

在我们看来，杨戬的回答谦恭有礼，毫无问题。童子听了却很奇怪，询问说：“你可知道三圣人是谁？如何以老爷相称？”

当初，玉鼎真人在介绍三圣时，称之为“三圣大师”。杨戬此刻则改称为“三圣老爷”。

“大师”是对修为高深者的尊称。“老爷”则表示彼此之间地位悬殊、关系亲密。比如，苏护进京时，驿丞称其为“老爷”，在官场中这是下级对上级的通称，强调地位悬殊。而苏护家将禀告军情时，称苏护为“老爷”，这是说二者之间是主仆关系，强调关系亲密。

有读者不理解，彼此是主仆，关系怎么就亲密了？在清朝，见皇帝时，只有满臣才能自称“奴才”，汉臣必须自称“臣”。无数官员都以对皇帝自称“奴才”为荣，只因这样称呼仿佛就成了皇帝家里人。

像姜子牙、赤精子等玉虚宫二代弟子，在正式场合会称呼元始天尊为“老师”“掌教”，称呼老子为“师伯”“大掌教”，而在非正式场合则常常称呼元始天尊为“老爷”，老子为“大老爷”。

此处，杨戬称呼三圣为“三圣老爷”，仿佛是三圣的师门晚辈，多少有些套近乎的意思，故童子有此一问。

杨戬听了很尴尬，只得打躬作揖，承认自己不知道。

童子微笑说：“你不知，不怪你。此三圣乃天、地、人三皇帝主。”杨戬再次行礼说：“多感师兄指教，其实弟子不知！”

杨戬闯荡仙界多年，下山前就已经受昊天上帝册封，号清源妙道真君。他通晓仙界秘闻，了解大多数仙人的出身来历、法宝性能。被申公豹邀请来的土行孙以及后来的殷洪、殷郊等人，都是被杨戬看出法宝，看破出身，然后才被擒，或被杀。可以说，称杨戬为西岐阵营的百晓生也不为过。

可是，杨戬竟然连三圣是谁都不清楚，这不是很奇怪吗？

三圣到原著第58回方正式登场。其实，早在原著第1回时，三圣就已经出现了。

原文曰：“女娲娘娘降诞，三月十五日往火云宫朝贺伏羲、炎帝、轩辕三圣。”

所谓“三圣”，指的是天皇伏羲，地皇炎帝（神农），人皇黄帝（轩辕）。因他们是人间万民之主，故又称之为“人族三皇”。

以杨戬的学识，一听到所谓“天地人三皇帝主”，应该就知道了三圣是谁。那么，为何杨戬不知道火云洞三圣就是人族三皇呢？

原因不难猜：在杨戬这种仙界后辈以及人间万民心中，人族三皇早就在无数年前就已经寿元耗尽，死了！

天皇伏羲死了，传位给地皇神农；地皇神农死了，传位给人皇轩辕；人皇轩辕死了，传位给少昊……尧帝死了，传位给舜帝；舜帝死了，传位给大禹；大禹传位给儿子启，建立了夏朝；夏朝经过无数年，汤兴起灭了夏桀，建立了商；又经过无数年，江山传到了如今的帝辛，即纣王手中。

杨戬万万没有想到，伏羲、神农、轩辕三位人间帝王竟然没有死。他们不但没有死，并且还修炼到了圣人境界。

像赵公明、燃灯道人、三霄娘娘、陆压等人都是在开天辟地之前就已经修行，修行了无数年方才在天皇伏羲时期进入大罗金仙境界。那从三皇时期到封神时期，过去了多少年呢？

原著中反复提到十二仙首要渡杀劫，原因之一是修行一千五百年，没有斩却三尸。由之估算，从三皇到封神如今，也就两千年。

区区两千年修行，三皇就都达到圣人境界。这种进阶速度，绝对惊艳！

玉鼎真人知道火云洞地址，又知道三圣是谁，为何他不亲自来火云洞讨取仙丹，而只是派弟子杨戬前来呢？

只因论年龄，玉鼎真人比三圣年轻不了几岁，可论修为，玉鼎真人比三圣则差了两个大境界。

许多年前，玉鼎真人可与三皇称兄道弟，如今见面却必须下跪行礼。这种丢脸的事情，玉鼎真人不愿做。

派杨戬去则不然，杨戬虽然修为不俗，但辈分低。让杨戬给三圣磕头，玉鼎真人也不丢面子。

人族三皇凭什么在短短两千年就进阶圣人境界呢？

在听了杨戬来意后，天皇伏羲开口说：“想吾辈为君，和八卦，定礼乐，并无祸乱。”

伏羲的话语中，讲到了“和八卦，定礼乐”，这正是人族三皇（严格说是天皇与人皇）成圣的原因。

全书卷首诗中说得更明白：“伏羲画卦阴阳前，神农治世尝百草，轩辕礼乐婚姻联。”

阐、截二教的仙人，走的都是修习道术、锻炼元神的路子。人族三皇则不同。

他们成圣的关键不在修行道术，而在积攒功德。积攒的功德到了一定的量，就能引发身体本质的变化，从而获得悠久寿元，无上法力。

三皇积攒功德的方式各有不同。伏羲是靠着衍化阴阳，传下八卦，从而积攒功德。神农炎帝是尝遍百草，为后世留下无数药方，治疗万民，从而积攒功德。轩辕黄帝是依靠订立礼乐，让百姓从野蛮走向文明，从而积攒功德。

不过，以功德成圣，只是三皇迅速进阶的原因之一。另一个重要原因，是三皇始终顺应天命，顺势而为。

伏羲告诉神农说：“方今商运当衰，干戈四起，想武王德业日盛，纣恶贯盈，以周伐纣，此是天数。但申公豹扭转天心，助恶为虐，邀请左道，大是可恨。御弟不可辞劳，转济周功，不负有德之业。”

伏羲强调，如今商朝将亡，西岐将兴。兴周灭商，乃是天数。如今西岐城遭遇困厄，是申公豹逆天行事。作为三皇之一的神农，应当顺天而为。如此，方才“不负有德之业”。

伏羲这段话，既是在对神农说，也是在告诉杨戬，告诉杨戬背后的玉鼎真人，告诉玉鼎真人背后的元始天尊——三皇会遵从鸿钧老祖法旨，大力促成兴周灭商行动。

伏羲是三界之中极少的几位明白封神行动真相的大能——当初女娲派出三妖魅惑纣王，祸乱商朝江山，正是因为在火云宫得了三圣法旨。而三圣的命令又来自仙界更高层、堪称天命的鸿钧老祖。

所谓兴周灭商是“天数”，就是说兴周灭商是鸿钧老祖的意思。所谓申公豹“扭转天心”，就是说申公豹与鸿钧老祖对着干。伏羲强调，唯有遵循天命，按照鸿钧老祖的意思办事，才能够“不负有德之业”。

为了表示对兴周灭商行动的支持，神农氏不但给了杨戬三粒仙丹，还主动把自己珍藏多年，可以预防、治疗瘟疫的柴胡草赠送给杨戬，让杨戬把柴胡草带到人间，以造福万民。

杨戬回到西岐城后，按照神农的吩咐，让武王姬发、姜子牙以及西岐城万民服下药水，瞬间工夫，所有发瘟的人就全部好转。只是，吕岳的瘟丹十分霸道，西岐人服下药水后瘟病虽然止住，又休息了七八天，但身体依然虚弱，将士们大都无力作战。

076　霸气冲天的吕岳为何会被姜子牙打成狗

在四位徒弟大败阐教三代门人之后，身为师父的吕岳闪亮登场。

见吕岳身穿大红袍，面如蓝靛，发似朱砂，三目圆睁，一副世外奇人模样，姜子牙忧心忡忡，担心截教仙人又要搞十绝阵。

不过，姜子牙有元始天尊做后台，还是有几分底气。他警告吕岳："常言'顺天者存，逆天者亡'。道兄又何得逆天而行其己意哉！况道兄在道门久炼，岂不知'封神榜'乃三教圣人所主，非吾一己之私。"

听了姜子牙的话，吕岳也是默默无言。以他通天教主亲传弟子的身份，自然知道封神榜一事。于是，他说："只因你等恃阐教门人，侮我截教，吾故令四个门人略略使你知道。今日特来会你一会，共决雌雄。"

吕岳强调，自己下山帮助商军，并非要扶商灭周，破坏封神行动，与三教圣人、鸿钧老祖作对。他下山仅仅是因为阐教门人侮辱截教，自己身为截教弟子，为了宗门荣耀，方才出手。

吕岳言下之意，是说自己此次前来，非是要对付西岐丞相姜子牙，而是要对付阐教二代弟子姜子牙。吕岳很聪明，悄悄偷换了概念。他虽然自视甚高，但还没有狂妄到无视三教圣人的地步。

之后，吕岳口中吟诵诗歌，说明自己对大道的感悟，威胁姜子牙早早投降，免得被杀。

姜子牙听后，哈哈一笑说："据道兄所谈，不过如峨眉山赵公明，三仙岛云霄、琼霄、碧霄之道，一旦俱成画饼，料道兄此来，不过自取杀身之祸耳。"

从话语中看，姜子牙仿佛根本不把吕岳放在眼中。其实，他这话正点出了吕岳修为的高深，说他确实是与赵公明、三霄娘娘同一个境界，都是大罗金仙强者。以姜子牙以及杨戬、哪吒等人的本领，是无法与吕岳抗衡的。姜子牙不过是打肿脸充胖子，仗着元始天尊的招牌狐假虎威罢了。

不过，战斗的结果却让人大跌眼镜。大罗金仙吕岳，面对一群晚辈竟然被杀得大败，最终身负重伤，狼狈如狗，不得不借助土遁逃走。

这是怎么一回事呢？

当时，两军摆开阵势。双方言语不和，吕岳纵开金眼驼，手持宝剑，冲姜子牙直冲过来，姜子牙急忙应战。姜子牙哪里是吕岳的对手，眼看就要不支，一旁的杨戬纵马挥刀，朝吕岳头顶砍来。吕岳忙用宝剑架住杨戬三尖两刃刀。哪吒也驱动风火轮，挥舞火尖枪，朝吕岳冲杀过来。与此同时，黄天化也催开玉麒麟，挥舞长枪，杀将过来。

四人把吕岳团团围住，厮杀在一处。哪吒的武艺乃是封神巅峰；杨戬的武艺与哪吒相当，临战经验还在哪吒之上；黄天化骁勇善战，武艺足可入封神一流。这三位加上姜子牙群殴吕岳。

不过，吕岳的本领也颇不凡，他手中宝剑左右挥舞，丝毫不落下风。

商军大将郑伦见到自己亲手擒拿的黄天化竟然活生生出现在战场上，知道是主帅苏护私下放走的，不禁大怒，冲出来就要打死黄天化。

哪吒见状，恐怕黄天化会吃亏，于是大叫："黄公子，你去拿吕岳，吾来杀此匹夫!"

哪吒仗着自己对魂魄攻击术免疫，主动来战郑伦。郑伦因为秘术对付不了哪吒，又被哪吒乾坤圈打过，见哪吒冲来，心中就犯怵。不过，他武艺也不俗，又有了防备，一时之间哪吒倒也伤不了郑伦。

哪吒去斗郑伦，土行孙立刻提着镔铁棍补上哪吒的位置。邓婵玉则手中握着五光石，想找个机会偷袭吕岳。只是杨戬等四人把吕岳团团围住，邓婵玉担心打着自己人。

见久战无功，吕岳大展神威，摇动手脚，全身骨节爆响，眨眼工夫变成三头六臂——吕岳乃是全书中第一个展现三头六臂神通的强者。

吕岳一只手拿着形天印，一只手拿着瘟疫钟，一只手拿着形瘟幡，一只手拿着止瘟剑，剩下两只手各拿一把宝剑，六件法宝挥舞不停。

姜子牙等人见吕岳法相凶恶，又不知吕岳手中六种法宝有何威能，一时之间，无人再敢近身攻击。原著说："子牙见了吕岳现如此形相，心下十分惧怕。"

杨戬也不敢上前，他调转马头，走出圈外，命令金毛童子用弹弓打吕岳。吕岳见众人不敢上前，心中得意，根本就没有看到一个毛头小子瞄准了自己。

金毛童子一弹弓打中了吕岳肩膀，吕岳并未受伤。但是，吕岳精神上出现了一刹那的恍惚。黄天化一直盯着吕岳，见有机可乘忙甩出火龙标，一标打在吕岳腿上。

吕岳吃痛。

姜子牙见吕岳受伤，趁机祭出打神鞭。打神鞭的威力虽然不够强，但是命中率奇高。打神鞭一下子打中吕岳，吕岳防备不及，身形不稳，掉下金眼驼。

见杨戬等人就要冲来，吕岳忙借土遁去了。

郑伦见吕岳受伤，心下一慌，哪吒趁机一枪刺中郑伦肩膀。郑伦也败回大营。

吕岳为何会被一群晚辈击败呢？

只因独虎斗不过群狼！

封神大战中，仙人的修为达到金仙之后，基本就放弃了武艺比斗，比拼神通、法宝成了主流。这也使得许多追寻大道的仙人，对武艺之道不够重视。截教仙人大都武艺稀松——赵公明是个例外。吕岳的武艺虽不错，但也只能勉强算是一流。短时期比斗，吕岳可以撑得住，时间一长就不行了。

其实，武道修行到了极高境界，对于金仙以上依然可以造成致命威胁。比如，原著中以凡人武将身份击杀人仙（风林）的少年黄天祥，就是凭借枪法如风，让对手没有时间祭出法宝施展神通，然后一枪将其刺杀的。

围攻吕岳的四人中，姜子牙的武艺稀松，可以忽略，但杨戬、黄天化武艺超群，加上土行孙攻击下盘让吕岳手忙脚乱。三人联手让明明拥有诸多致命法宝的吕岳，根本就没有时间去祭出法宝。再加上金毛童子这第五人参战，吕岳之败也就成了必然。

不过，吕岳战败并不能说明吕岳不强。就算是派上其他大罗金仙，对上杨戬、黄天化他们这种上中下三路、远近程同步的攻击方式，也必然败北。

并且，杨戬、黄天化等人都是战士型仙人，擅长的就是近身攻击。吕岳却是法师型仙人，擅长的是后排施法。一个法师被一群战士围殴，能成功逃命已经算是了得。

吕岳逃回商军大营，勃然大怒，决定施展出自己的成名秘术。

077 谁被十仙围攻却成功遁走

吕岳令四个徒弟将他炼制的绝命瘟丹，混入水中，播撒在西岐城四方。一旦城中之人喝了此水，必定会中吕岳毒手。

在吕岳看来，他向西岐城投了瘟丹，只要过个七八天，西岐万民就会死绝，西岐城也将不攻自破。

事实上，西岐城的局势和吕岳的预料相差不大。虽然在中毒的第二天，杨戬就已经到火云洞求来了仙丹，但是，即便有仙丹解毒，七八天后，西岐满城将士依然身体孱弱，就算是姜子牙也是强打精神才能勉强工作。

西岐城楼上看似有人来人往，其实都是杨戬施展的撒豆成兵幻术。真正能够对敌的，唯有玉鼎真人、黄龙真人、杨戬、哪吒四人。

吕岳下令，四位徒弟各带领三千人马分别攻打西岐四门。因小徒弟杨文辉实力最弱，吕岳亲自上场，帮助徒弟攻打北门。为防止苏护在后方捣乱，吕岳又派郑伦留守。

见吕岳率军来袭，哪吒毕竟年轻，多少有些慌乱。还是黄龙真人一副高人风范，吩咐说："不妨，开门让他进来，吾自有道理！"

论单挑能力，黄龙真人被公认为十二仙首中最渣。那么，黄龙真人的智略如何呢？在他的坐镇指挥下，西岐城守住了吗？

虽然吕岳师徒气势汹汹而来，最终却丢下三具尸体狼狈逃去。西岐城竟被黄龙真人、杨戬等四人成功守住了。

其实，西岐城能够守住，和黄龙真人的指挥没有半点关系。

本来，西岐城中空虚，依仗坚城对抗商军才是最佳选择。可是，黄龙真人却要求打开城门，把商军放入城来。

莫非黄龙真人另有妙计，可以关门打狗吗？根本不是！

黄龙真人也就是随口那么一说，把商军放进来后，并没有任何后招。

能够守住西岐城，完全是靠杨戬、哪吒浴血奋战，拼死杀掉对手。

当时吕岳的大徒弟周信冲开东门，往城里杀来。杨戬深知擒贼先擒王的道理。他也不管商朝三千将士，单单拦住了周信。

杨戬大喝一声："周信！是尔自来取死，不要走，吃吾一刀！"此前周信在战场上成功击败金吒，又知道西岐城将士都在发瘟中，心中难免得意。他哪里知道杨戬的武艺远在金吒之上，先手意识又特别强悍。杨戬本可以用武艺取胜，偏偏只与周信打了三五个回合，就祭出哮天犬。那恶狗一口咬在周信的脖子上，周信伸手拉扯，哮天犬就是不松口。杨戬上前一刀，将周信砍为两段。

周信不是不想用法宝，实在是杨戬的刀法太快，下手又太早，没有机会用法宝。两人的综合实力根本就不是一个档次。

周信一死，闯入东门的三千商军立刻溃逃。

西门内，吕岳的二徒弟李奇被哪吒拦住。哪吒与杨戬一样，武艺高强，先手意识也强。哪吒将火尖枪使得泼风一般，让李奇没有机会拿出法宝。然后，哪吒一枪刺出，让李奇不得不防，同时祭出乾坤圈，一下就把李奇砸翻。哪吒再补上一枪，李奇毙命。西门的三千商军随之溃逃。

南门内，吕岳的三徒弟朱天麟遇上了玉鼎真人。原文说："玉鼎真人在南门战朱天麟，杨戬走马接应。"

不得不说，玉鼎真人的武艺颇为稀松，徒弟杨戬早就把对手干掉，都赶来南门助战了，玉鼎真人还在和朱天麟比斗。

见杨戬纵马奔来，朱天麟立刻意识到大师兄周信已阵亡，心中不由一慌。玉鼎真人抓住机会，祭出斩仙剑（此斩仙剑就是玉鼎真人的手持宝剑，并无特异神通，当属兵器），将朱天麟一剑杀死。

最后，只剩下北门还在战斗。

黄龙真人遇上了吕岳与杨文辉。

黄龙真人跨鹤而来，气势十足，大喝道："吕岳慢来！你欺敌擅入西岐，真如鱼游釜中，鸟投网悰，自取其死！"

吕岳一见是黄龙真人，哈哈大笑说："你有何能，敢出此大言？"

仙界稍稍有些地位的人，谁不知道黄龙真人眼高手低，战力成渣。吕岳虽然是个绝命毒师，近身搏斗能力较差，但收拾区区黄龙真人还是不在话下。

结果，吕岳现出三头六臂法相，几个回合就把黄龙真人杀得大败。幸亏黄龙真人的灵禽白鹤跑得快，不然黄龙就扑街变死龙了。

吕岳的小徒弟杨文辉见师父大展神威，很高兴，连连大叫："拿住黄龙真人！"没想到他这几嗓子，把附近正在搜寻目标的哪吒、杨戬、玉鼎真人都吸引了过来。四人联手大战吕岳。

听闻外面喊声震天，待在丞相府保护姜子牙的金吒、木吒、黄天化、龙须虎、土行孙、雷震子六人坐不住了。

雷震子张开风雷翅，飞出去打探情报。不久，雷震子回禀是吕岳率军攻入西岐城。金吒、木吒等人哪里还坐得住，纷纷请命出战。

结果，六人一起冲向北门，与杨戬、哪吒等四人围殴吕岳。

于是，就出现了绝命毒师大战十位仙人的精彩一幕。

多人围殴最大的好处，就是可以多角度、多手段同时进攻。杨戬、哪吒、黄天化、土行孙四人武艺不凡，把刀枪锤棍舞动如风，把吕岳上中下三路全部封住，让吕岳没有一点时间、一点可能祭出法宝。

吕岳空有一身法力，毒术堪比圣人，却被迫以短击长，与杨戬、哪吒等近战。不过，吕岳的三头六臂法相让他的近身战力提升许多，杨戬、哪吒等人根本不可能单凭武艺杀掉吕岳。

于是，金吒祭出遁龙桩，木吒祭出吴钩宝剑。

这两件法宝都是金仙级镇洞之宝，真正的 B + 级别法宝。遁龙桩乃七宝金莲所化，对手一旦被套住就会陷入幻境，手脚被圈不能移动。吴钩宝剑乃上古神剑，心念一动就可以凭空飞出取敌首级。在此前与金仙级仙人作战中，这两件法宝从未失手，或擒或杀，都是一击必杀。

但是，吕岳面对这两件法宝的齐齐攻击，却成功躲过。当然，他也付出了一些代价。

见遁龙桩飞来，吕岳一拍金眼驼，凭空飞起，躲过了遁龙桩。同时，吴钩宝剑飞到，吕岳忙用一只胳膊阻挡，虽然胳膊当即被砍断，但也避过了吴钩宝剑的击杀。

见金吒、木吒祭出法宝，杨戬、哪吒等人都以为吕岳必死，在防守上就出现了一丝破绽。吕岳见机再拍金眼驼，跳出圈外，然后飞速遁走。

躲在一边看热闹的杨文辉见师父败了，也急忙驾土遁遁走。残余商军在十位仙人的联手下，很快被杀了个干净。西岐城防守战成功！

此战，吕岳虽然死了三个徒弟都还没有攻下西岐城，但绝不能说他就不强。

要知道，杨戬、哪吒、黄天化、金吒、木吒等人都杀过金仙强者。能从十位仙人，尤其是从武艺巅峰的杨戬、哪吒、黄天化等人手中，从金吒、木吒的遁龙桩、吴钩宝剑之下逃生，本身就足以证明吕岳的强大。

078 历代第一全真韦护的修为有多高

吕岳驾金眼驼遁走，小徒弟杨文辉死命跟随。两人昏头昏脑地跑了许久，方在一座山中歇脚。

吕岳告诉徒弟，自己想去寻访一位道友共破西岐，以雪今日之耻。话未说完，一位拿着根大棒的年轻道士唱着小曲，走了过来。吕岳询问对方是谁？

那道人回答说：“吾非别人，乃金庭山玉屋洞道行天尊门下韦护是也。今奉师命下山，佐师叔子牙，东进五关灭纣。今先往西岐，擒拿吕岳，以为进见之功。”

这韦护领了任务抓吕岳，一下山恰恰就撞见吕岳。类似桥段在《封神演义》中多次出现。当初金吒杀王魔，木吒杀李兴霸就是如此。

原著对韦护评价极高。在西岐准备反攻朝歌时，韦护向师父道行天尊问前程。道行天尊哈哈一笑说：“历代多少修行客，独你全真第一人！”他让韦护放一百个心，此一番去朝歌，必定大吉大利，成就正果。

所谓“全真”，可以从两个角度理解：其一，保全天性，即是全真，达到全真之境，就意味着修成仙道；其二，与沙门相对，是对道教、道士的俗称。

无论做哪一种理解，能够成为全真第一人，都是无上荣耀。在封神大战后，韦护肉身成圣，被封为三教护法。无论在人间还是天庭，在道家还是佛家，韦护的地位都很高。

那么，号称历代全真第一人、三教护法神将的韦护，其修为如何呢？

道行天尊在玉虚宫十二仙首中的排位虽然不高，但是，就如玉鼎真人可以教出杨戬一般，道行天尊的弟子韦护也堪称人中龙凤。阐教三代弟子中，其修为当在哪吒之上，杨戬之下，排名第二！

韦护的修为真有这么高吗？

阐教大多数三代弟子都是人仙修为，境界低下。他们都是十二仙首为完成封神任务，在最近十来年从人间挑选的，学艺几年就被派下山去了，其修为能高到哪里去？

如金吒、木吒、黄天化、杨任、殷郊、殷洪等人，他们的修行时间短的不过六七年，长的不过十余年。他们能在如此短时间内成为人仙强者，已经算是厉害。

十二仙首中也有几位心机深沉的，早在许多年前就已经收徒，可是，徒弟们资质平平，难堪大用。

像惧留孙的徒弟土行孙，在阐教三代弟子中，唯有他能施展五行中阶法术地行术。不过，他下山时已经年过百岁——比姜子牙年纪都还大。已修炼百岁，他竟然还没有炼出元神，若再如此继续修仙，注定前途暗淡。难怪惧留孙会安排土行孙走死后封神的捷径。

还有一些人不甘封神，于是苦思冥想，大开脑洞，想出一些另类法门提升弟子修为。

如太乙真人，他让徒弟灵珠子转世投胎成哪吒，最终让哪吒以莲花化身的奇葩方式登上封神战场。应该说，太乙真人这一招非常成功。莲花化身让哪吒在面对大罗金仙以下的魂魄攻击时完全免疫。最终，哪吒肉身成圣。

云中子虽非玉虚宫弟子，但一心借封神上位。他刻意安排弟子转世，变成婴儿雷震子，与姬家攀上亲戚。雷震子长大后，云中子引诱他服下霸道奇果。结果，雷震子虽变成了丑八怪，但也拥有了罕见的飞行能力。能飞，让雷震子躲避了许多劫难，最终他也肉身成圣。

论起修为，金吒、木吒、黄天化、杨任、殷洪算是一个档次，当是人仙中期；殷郊（殷郊修行数年，竟炼成三头六臂法相，绝对是天才！）、土行孙（修炼百年）、雷震子（两世修仙）算是一个档次，当是人仙后期；哪吒、韦陀、杨戬算是一个档次，他们都超越了人仙级别。

当然，在这修为最高的三人当中，彼此间差距又如鸿沟。其中，哪吒修为最低，韦护居中，杨戬最高。

原著中多次说哪吒“没有魂魄”，于是才对魂魄攻击的法宝免疫。此前我们已经分析过，哪吒其实还有三魂七魄，只是太乙真人用金丹将哪吒的三魂七魄固定在了莲花上，这令他与其他人仙的魂魄寄居在肉身上大不相同，轻易不会摇动。

人仙要进阶神仙，重要的标志就是将魂魄转化成元神。莲花化身让哪吒的魂魄变得很坚固，很强大，但毕竟还没有转化成元神。因此，哪吒确实堪比神仙境界的实力，魂魄强度甚至远超一般神仙，却也只能算是伪神仙。

至于杨戬，前文说了，其修为绝对在寻常金仙之上。至于他有没有到达大罗金仙境界，与其他准圣相比又如何，我们后文再述。

那韦护呢？他进入神仙境界了吗？

韦护应该在许多年前，就已经进入了神仙境界。

韦护初见吕岳时，口中哼了一个小曲。其词曰：“烟霞深处隐吾躯，修炼天皇访道机。一点真元无破漏，拖白虎，过桥西。易消磨天地须臾。人称我全真客，伴龙虎守茅芦，过几世固守男儿。”

封神世界仙人登场，都会吟诵一首自述诗，以明心证道。

我们认真品读韦护此词，可以发现其中蕴藏了两个大隐秘。

隐秘一：为提升修为，韦护多次转世重修。

韦护说自己在茅庐中“伴龙虎”，即凝练体内金丹许多年。为了修成仙道，他“过几世固守男儿”，即轮回好几世，每一世都保持童子之身，元阳未破——这韦护就是封神中的“唐僧”啊。

那韦护从什么时间开始修仙的呢？第二句说“修炼天皇访道机”。原来，韦护早在天皇时期就已经出生，并且开始探寻大道——这韦护，竟然和广成子、赤精子、道行天尊等师辈一样，都是在三皇时期就开始修行！

只是，韦护的资质实在太渣。人族三圣修行两千年成圣，师父道行天尊修行两千年成金仙，他自己虽做了两千年的童子鸡，但距离金仙还遥遥无期。

那么，韦护究竟是什么修为呢？

隐秘二：修为当在人仙之上，金仙之下。

韦护说自己转世多次，从来都“一点真元无破漏”，既是说他保守住了元阳，又可以看出人家韦护已经修出了真元。唯有神仙境界以上的修真者，才能在体内修出真元。

韦护又说自己“拖白虎，过桥西”。之前我们说过白虎、水虎都是炼丹术语。和西游世界一样，封神世界的修仙，在凝练元神的同时，最重要的功课就是凝练体内金丹。九转金丹大成，就意味着达到大罗金仙境界。

韦护自然没有凝出金丹，但是，他已经能“拖白虎，过桥西”，即在凝丹途中取得了初步成效。可见，他至少是突破到了神仙境界。

封神世界中，对于金仙级仙人都会强调其身具奇光，如三花聚顶，五气朝元等。对韦护则全无类似描写，可见，他还没有到达金仙之境。

而若韦护到了金仙境界，拥有漫长寿元，他也就不用多次转世，不用冒着生命危险参加封神大战了。

韦护的修为在阐教三代弟子中算是佼佼者，达到了神仙境界。那么，韦护的实战能力如何？

079　吓跑瘟神的韦护究竟有多强

韦护登场时，商朝对西岐的三十六路征伐已经到了末期。不久，姜子牙就金台拜将，发动了西岐对商朝的反攻。前后八年间，韦护一直跟随在姜子牙左右，历经大小战斗无数。

那么，韦护立下了哪些赫赫战功呢？

主要战功有三件：一出山就杀死瘟神吕岳的小徒弟杨文辉；攻打潼关时，亲手击杀潼关大将余达；攻打渑池县时，亲手击杀渑池主帅张奎。

另外，韦护还曾经与姜子牙、杨戬、哪吒等人一起，围攻罗宣、孔宣、火灵圣母、吕岳，试图击杀马善、袁洪，等等。

让我们结合韦护的实战表现，来看看韦护的真正战力如何。

韦护一登场，就撞见了吕岳师徒。按照此前我们对金吒撞见王魔、木吒撞见李兴霸的分析，这绝非巧合，而是阐教高层在详细了解敌人动向后做出的针对性安排。

韦护开口就说：“今先往西岐，擒拿吕岳，以为进见之功。”话语中对吕岳充满了蔑视。这让一向以身在吕祖门下、感觉无上光荣的杨文辉顿时暴走。他大喝一声，拿着宝剑就杀了过来。

杨文辉本是个胆小鬼，在师兄弟四人中本领最弱。当初杨戬、哪吒等十位仙人围攻吕岳时，杨文辉连挥剑帮忙的勇气都没有，一直躲在角落瑟瑟发抖。

眼下他见到对方是孤身一人，己方却有师徒二人，二挑一明显占优势。加上韦护出言侮辱吕岳，作为徒弟的杨文辉也不得不出手。

只是，杨文辉光顾着讨好师父，却没想到眼前这年轻道士竟然是个硬茬子。交手不过三五回合，韦护抢先祭出降魔杵，准准地打在杨文辉顶门上。杨文辉被打得脑浆迸出，当场死亡。

评估封神世界的仙人实力，修为高低只是一个方面，甚至可以说是次要方面；仙人拥有的法宝强弱，才是决定其综合实力高下的关键。

韦护拥有的唯一法宝，叫作降魔杵。这降魔杵平时就拎在韦护手上，仿佛普通兵器一般。他一旦施法，就可以把降魔杵祭起，激发无穷威力。

降魔杵的威力如何呢？

原文曰："此宝拿在手中，轻如灰草；打在人身上，重似泰山。"

降魔杵的典型特征就是"重"。这个特点很朴实，也很实用。所谓"一力降十会"，绝大多数的仙人在面对如同泰山一般沉重的降魔杵时，都无法正面抵挡。

潼关大将余达，也是被降魔杵一下子打翻，当场死亡。

渑池县主帅张奎也本是商军一员虎将，不但对商朝忠心耿耿，并且武艺高强，神通了得。他一出手就斩杀黄飞虎、崇黑虎等八员大将，又生擒杨戬，杀死土行孙。这份战功，在商朝军界无人可比。

可是，张奎遇上了韦护。原文曰："半空中韦护把降魔杵往下打来。此宝乃镇压邪魔护三教大法之物，可怜张奎怎禁得起。"

张奎实力很强，但他毕竟只是人仙修为，无法正面抗下降魔杵一击。

其实，别说是人仙、神仙、金仙，就算是大罗金仙，都不敢正面被降魔杵打中。

只是，韦护的降魔杵重如泰山，威力强大不假，却有一个重大缺陷！

降魔杵很重，一般仙人难以承受。而与重相伴的，是降魔杵必然出现的另一个特点——"拙"。

因为很重，所以降魔杵很难做到迅捷如风，灵活变化。因此，在实战中，降魔杵看似威力奇大，但命中率并不高！

比如，吕岳就成功从降魔杵下逃生。

吕岳本在一块大石头上坐着休息，见最后一个徒弟眨眼工夫也死了，不禁又悲又怒。他拎起宝剑也冲上前去。韦护与吕岳打了五七个回合，一有机会，立刻祭起降魔杵。

原文曰："吕岳观之，料不能破此宝，遂借土遁，化黄光而去。"

准确理解这句话，是定位韦护战力的关键。

理解一：降魔杵很重，吕岳无法"破"掉此宝。

身为大罗金仙，吕岳有自己的骄傲。一个小辈在自己面前施展法宝，他的第一个反应，就是想凭借自己的修为，收掉对方的法宝。就如石矶娘娘空手就收掉了哪吒的乾坤圈、混天绫一般。

此处，吕岳虽然收不掉降魔杵，但降魔杵也未必能要吕岳的性命。

后来，灵鹫洞灯火得道的马善被擒，姜子牙让韦护祭出降魔杵杀死马善。结果韦护一杵打下去，但见马善化为金光。一会儿工夫，那金光又重新汇聚成马善。

再后来，一气仙余元被抓，姜子牙又让韦护祭出降魔杵打人。结果，三五下之后，只见“腾腾烟出，烈烈火飞”，余元浑然无事。

降魔杵为何打不死这二人呢？

那马善乃是火灵得道，虽然修为远远不如陆压，但毕竟是火灵之体。被降魔杵打几下，会短时间消散，但只要附近有火灵气，就可以重新凝聚。

那余元更是了得，他自称“天皇得道将身炼，修仙养道碧游宫”——此公竟然又是一位在天皇时期就已经得道（与韦护在天皇时期开始访道大不相同）的大罗金仙。截教的大罗金仙真是一抓一大把啊！

也就是说，降魔杵对人仙、神仙、金仙有致命伤害，但是对于大罗金仙，只能伤，但杀不死。

理解二：降魔杵很拙，高级仙人可以凭借遁术逃逸。

身为大罗金仙，吕岳对于五行道术无一不精，遁术从五行遁术进阶到了光遁术。

降魔杵很重，威力很大，但是反应比较迟钝，以至于命中率不高。

事实上，不仅吕岳从降魔杵下成功遁走，后文中梅山七圣之首的袁洪也在降魔杵下化白光遁走。而三山关总兵孔宣，凭借其天赋神通五色神光，更丝毫不惧降魔杵。韦护一祭出，降魔杵就被五色神光刷走了。

总体来说，降魔杵是一件金仙级法宝，比哪吒的乾坤圈要强，比殷郊的番天印要弱，基本和木吒的吴钩宝剑、黄天化的攒心钉是一个级别，都属于 B + 级法宝。

换言之，韦护拥有神仙级修为，又有金仙级镇洞之宝，在阐教三代中当属于绝对的强者。他比杨戬自然不如，但比其他人则远远超过，是三代中一人之下，无数人之上的狠角色。

当然，等后来太乙真人传授哪吒八臂神通，又把镇洞之宝九龙神火罩相授时，哪吒的实力将大大提升，自然也就超越韦护，继续做他的阐教三代第二人了。

080　哪两个娃娃堪称封神碰瓷大师

在封神世界，杨戬英明神武，沉稳老道，从来只有他骗人，几乎从未被人骗。可是，凡事都有例外，在杨戬几乎无敌的人生中，有那么一次，在两个小娃娃手下，杨戬被坑得很惨，而且只能打落牙往肚里咽。

两个小娃娃设局精妙，堪称封神碰瓷大师。这两个小娃娃叫作金毛童子。

没错，他们就是杨戬的徒弟金毛童子。

在全书中，金毛童子只有两次出场，是绝对的龙套人物。可是，名著之所以是名著，就是连那闲笔也可以让人反复咀嚼，再三慨叹，挖掘出许多深意。

金毛童子究竟是如何设局？杨戬为何又会上当呢？

土行孙大闹西岐城，让姜子牙忧心不已。杨戬施展土遁术前往夹龙山飞龙洞请惧留孙。

封神世界的遁术与西游世界的腾云术有一个共同的特点：施法者若到过目的地，施展神通后一般都可以准确到达；施法者若没有到过目的地，那么，常常要中途调整方向，才能到达。

就如同我们现在开车，有导航的地方一般可以准确到达。若连导航也没有，再牛的老司机也无法准确到达一个陌生的地点。

杨戬没有来过夹龙山，不过，他博学多闻，知道夹龙山的大概方位。按照常理，杨戬施展土遁术后应当在夹龙山附近落下。可是，途中，杨戬的遁术两次被打断了。一次是误落凤凰山，撞见了龙吉公主；一次是落在某个无名大泽旁。

杨戬的遁术为何会被打断呢？

这就要说到封神世界五行遁术的另一个规则：要想成功施展五行遁术，必须在两个地点之间拥有相同且稳定的五行元素。

西岐城有土元素，夹龙山也有土元素。杨戬结合夹龙山所在方位、与西岐之间的距离，施展土遁术。他本应该直达夹龙山附近。可是，途中忽然出现了强大而充沛的水元素。

原文说：“杨戬借土遁而行；未及盏茶时候，又落在低泽之旁。为何又落？……杨戬见狂风大作，雾暗天愁，泽中旋起二三丈水头。”

正是这在大泽中蓦然出现的神秘水怪，严重干扰到了杨戬的土遁术，让杨戬不得不落下。

那水怪口如血盆，牙如钢剑，气势汹汹，主动跳上岸去，拿着钢叉要来抓杨戬，仿佛很厉害。

杨戬见了，哈哈大笑说：“好孽障！怎敢如此！”杨戬与水怪交手几个回合，发出掌心雷打在水怪身上。那水怪转身就走，杨戬随后跟来。

见前方有一座山，山下有一个大洞，那水怪往洞里钻去。杨戬跟着也钻了进去。

洞中漆黑一片，杨戬运转真元，从双眼喷出三昧真火，把山洞照耀得如同白昼。杨戬四顾，哪里还有什么水怪的身影。

洞穴其实不大，在尽头的石台上放着两样东西。

杨戬上前观看，一样是件奇门兵器，叫三尖两刃刀，刀身满是流光，绝非凡品。杨戬大喜，拿起来舞动了一番。他此前使用的是长枪，总觉得不趁手。如今这三尖两刃刀无论尺寸、重量还是品质，都让杨戬非常满意。

再打开旁边包袱，杨戬见是一件袍子，淡淡鹅黄色，上面满是各种符文，竟然是件仙衣。杨戬穿了，发现大小长短无一不合适，就如同有人为他量身定制一般。

杨戬更加欢喜。他把淡黄袍脱下包好，把三尖两刃刀也拿起，就想离开山洞。

就在此时，洞中忽然出现了两个童子。那两个童子大叫：“拿住盗袍的贼!”

杨戬大吃一惊。

在杨戬看来，他是追寻水怪进入山洞，洞中并无一人。那三尖两刃刀与淡黄袍都是无主之物。无主之物自然可取，怎么会是偷。

只是，两个童子不可能真的是凭空出现的。他们必定早就隐藏在洞穴中，见杨戬拿了宝贝就走，才跳出来阻拦。

杨戬心虚了，他强作镇定说：“那童子，哪个盗袍?”然后左顾右盼，仿佛在找盗袍人一样。

没想到人家童子伸手一指，说：“是你!”

杨戬尴尬了，他恼羞成怒说：“吾盗你的袍？把你这孽障！吾修道多年，岂犯贼盗!”

杨戬强调，我怎么可能盗你的袍？我修道许多年，功力高深，怎么会做偷盗之事?

一贯文质彬彬颇有君子之风的杨戬，被两个孩子说得脸红脖子粗，不禁爆粗口。

很明显，睿智如杨戬，盗人宝物被当场抓住后，也不禁方寸大乱。修道多年和不偷不盗有因果关系吗？只要宝物够值钱，亿万富翁也会忍不住当小偷！

童子问：“你是谁？”

这两个娃娃心机颇深，知道继续之前的话题，搞不好杨戬就会翻脸不认人，把他们杀掉灭口，于是转换话题，询问杨戬的出身来历。

杨戬立刻一挺腰板说：“吾乃玉泉山金霞洞玉鼎真人门下杨戬是也。”

天下道门，阐、截为尊。杨戬的师父乃是玉虚宫元始天尊亲传弟子。这个身份，在仙界足以让无数人艳羡。

那两个童子一听，立刻倒身下拜说：“弟子不知老师到，有失迎迓。”

这两位竟然就要拜杨戬做师父。

杨戬听了，放心许多。既然对方有求于他，就不会再追究盗宝之事。否则事情传扬开去，杨戬的脸面没地方放。

杨戬询问对方是谁。两童子回答，弟子叫作金毛童子。

由此，双方确立了师徒关系。

乍一看此事，仿佛就是一处闲笔，写杨戬如何得到三尖两刃刀与淡黄袍。细细品味却可以发现，杨戬得宝，根本就是金毛童子布的一个局。

金毛童子是从哪里冒出来的？

有人说，那水怪是三尖两刃刀幻化，于是才会“口似血盆，牙如钢剑”。还有人说，两位金毛童子的本体就是三尖两刃刀与淡黄袍。

在封神世界确实有宝物修成灵体的例子，比如，马善就是灵鹫洞灯火成仙，陆压是八景宫灯火得道。只是，他们都修行了千万年，本身实力也非常高强。杨戬得到的三尖两刃刀与淡黄袍虽然也不错，但严格来说，连法宝都还不是（法宝都可以随心施展，凭空祭出），不可能修出人形。

在我看来，原著中把金毛童子的出身说得非常明白——“弟子乃五夷山金毛童子是也！”

这两个娃娃或许是因为都是金发，于是都被叫作金毛童子。他们是五夷山的散修。

翻看全书，出身于五夷山的仙人还有三位——萧升、曹宝、乔坤。

这金毛童子很有可能是服侍萧升、曹宝的小小妖修。在萧升、曹宝等人死后，两位童子无人可以指点修行，于是就把五夷山白云洞中遗留的宝物三尖两刃刀、淡黄袍（仙家衣服，大小都可以随心变化）拿走，想以此作为见面礼，找一个师父。

只是，找个好师父远比找个好徒弟还要难！

他们苦心思量，在大泽之畔布了一个局。

这个局其实有三关，可以考察未来师父的三项能力。

第一关，实力。

既然是要挑师父，绝不能是废柴。金毛童子本就是水系体质（他们前往西岐，施展的就是水遁），选择大泽作为战场，可以增添他们的战力。

他们中的一位幻化成水怪——也可能是现出本体，与杨戬大战。杨戬三五个回合将其击败，展现了强大的实力，通过了第一关。

第二关，心性。

在被对手追击的情况下，正常人都不会逃到自己藏宝的地方。金毛童子引杨戬入洞，就是要引杨戬入局，用宝物来试探杨戬的心性。

见到杨戬拿了宝物要走，他们跳出来阻拦——其实是和杨戬谈判。

在被喝破偷盗一事后，杨戬虽然否认偷盗，却并没有出手斩杀金毛童子，展现了一定的风度。可见这未来师父的人品不坏。

金毛童子可以在杨戬探查洞府时消失不见，就意味着洞中另有密道离开，或者他们会类似隐身的法术。若杨戬翻脸，宝物虽可能丢掉，但金毛童子应该可以逃命。

第三关，后台。

杨戬自报家门，让金毛童子大为欢喜。昔日萧升、曹宝不惜得罪赵公明也要讨好阐教，怎比得上他们亲自加入阐教？何况眼前师父还是三代弟子中著名的清源妙道真君。

因杨戬实力高、心性好、后台硬，堪称完美师父，于是，金毛童子倒身下拜，认下杨戬做师父。

所谓：“吃人嘴软，拿人手短。”杨戬刚拿了人家两件宝物，虽然嘴上不肯承认，心中却知道理亏。于是，杨戬没有再提任何要求，当场就认下了这对徒弟。

既然拜师了，那徒弟就得跟师父走啊，偏偏杨戬还要去夹龙山公干。

杨戬就吩咐说：“你既拜吾为师，你先往西岐去，见姜丞相，你说我往夹龙山去了。”

杨戬让两徒弟先去西岐城待着。他让徒弟加入西岐阵营，也算是给他们找到一份稳定的差事。

金毛童子相当精明，立刻意识到师父话语中存在的问题。他们说：“倘姜丞相不纳，如何？”言下之意是，师父你认识姜子牙，我们不认识啊，有什么东西可以证明我们的身份呢？

杨戬听了，很是无奈，把自己手中的长枪和三尖两刃刀、淡黄袍一起交给金毛童子。有长枪作证，姜子牙自然会接纳他们。

两位金毛童子驾水遁来到西岐城，姜子牙很高兴，认为杨戬的弟子必定不凡，西岐力量又壮大了一分。

只是他万万没有想到，这两位金毛童子加入西岐阵营后，参战十年只是出手过一次——杨戬、哪吒等多人围攻吕岳时，杨戬命令金毛童子从背后用弹弓偷袭吕岳。金毛童子一弹弓打中吕岳胳膊。

而在其他时候，单挑也好，群战也好，金毛童子都不见踪影。

是原作者写漏了吗？是金毛童子修为太弱吗？

都不是！

金毛童子来到西岐之后的行为，正符合他们设局拜师的投机心理。

金毛童子和杨戬大战时，可以掀起二三丈巨浪，可以搅得方圆十数里昏天黑地，和杨戬正面交手也能打个三五回合，在杨戬发力追赶时还能成功遁走……种种迹象都表明，金毛童子的修为绝不低，很有可能是千年水怪成精，和土怪龙须虎的修为相当。

他们拜杨戬为师，就是看中了阐教这棵参天大树。反正遇事有师父在前面顶着，他们身为唯一的阐教四代弟子，辈分最小，有着天然的名分可以躲在后排看风景。

封神大战中战功赫赫的杨戬、哪吒韦护等七人最后都得以肉身成圣。虽然金毛童子因为功勋不够，不能成圣，但是，只有极少数仙人能活到封神大战之后。他们那时候还能活着就非常了不起！何况有杨戬这样牛的师父撑腰，他们的前途应该不可限量！

081 肉身成圣咋回事

前文中我们几次提到韦护、哪吒、杨戬等人在封神大战之后都“肉身成圣”。这韦护等人的肉身成圣是咋回事？和老子、元始天尊、通天教主这种圣人是不是一回事呢？

一、此圣人非彼圣人。

在封神世界的仙人等级中，圣人乃是最高等级。唯有修为达到混元大罗金仙境界的仙人，才有资格被称为圣人。

比如老子、元始天尊、通天教主，在原著中，他们被尊为“三教圣人”，是铁板钉钉的混元大罗金仙。

昊天上帝是鸿钧老祖拍板选定的天帝，自是圣人无疑。就连他的妻子瑶池金母，也修为高深，达到了圣人境界。原著中南极仙翁去瑶池借聚仙旗，就有诗赞瑶池金母为圣人。

人族三皇各以不同方式造福人间万民，以功德成圣。因他们隐居在火云宫，于是，原著中常称之为火云宫三圣。

女娲也是圣人。在《封神演义》中女娲没有造人，不是人类之祖。不过开篇第1回中，借宰相商容之口道出，昔日仙界大战，苍天撕裂，百姓危在旦夕，是女娲炼石补天，拯救了天下苍生。因补天之大功德，女娲也修成圣人。

鸿钧老祖作为封神世界最强仙人，自然也是圣人。

这些圣人的实力都很强。他们挥手间可以移山倒海，其中强者更可以开天辟地，创造新世界。在封神世界中，他们都是绝对的强者。

至于李靖、杨戬、哪吒、韦护、金吒、木吒、雷震子七人，书中虽说他们最终“肉身成圣”，但此圣人非彼圣人。

按照当初三教圣人的设定，那些仙道难成的仙人们都必须在封神大战中被杀死，然后以魂魄状态接受封神，以丧失自由换取长生不老。但是，李靖、杨戬等七人在封神大战中各有奇遇，最终都活到了封神大战结束。那些被杀死的失败者都可以被封神，得到长生，更何况李靖、杨戬这种活着的胜利者。

于是，李靖、杨戬等七人最终以肉身状态，接受天庭敕封，成为神。

杨戬因修为高深，在下山之前就已经被敕封为清源妙道真君。原著在写到燃灯赐宝塔给李靖时，也提到李靖后来被敕封为托塔天王、灵山护法。韦护则是三教护法神将。至于金吒、木吒、哪吒、雷震子四人，书中只是说他们肉身成圣，并没有提到具体封什么神。

因此，李靖、杨戬等七人的“肉身成圣”，其实就是“肉身成神”的意思。

二、肉身成圣有什么好处？

所谓：“天下熙熙，皆为利来；天下攘攘，皆为利往。”若是肉身成圣没有一些好处，像燃灯道人也不至于做下截和这种丢脸事情，像太乙真人、云中子也不会拿徒弟当试验品，进行人体改造。七圣的师父们都是活了一两千年的仙人，心思都深沉着呢。

那肉身成圣究竟有什么好处呢？

第一个好处，就是自由。

进入封神榜中的那些仙人，他们的肉身都已经被毁去，魂魄都被封神台拘禁。从此之后他们须为昊天上帝工作，以换取凝聚肉身，重获新生。

而肉身成圣的这七人，其选择就多了一项。这七人都是封神大战的胜利者，是周朝建立的大功臣，人人都拥有一份功德，他们七人都获得了天庭神仙的编制。他们可以选择为昊天上帝工作，比如李靖、杨戬、韦护三人，书中都提到他们接受敕封后的神位。他们也可以选择继续修仙，或者继续跟随师父修行，或者四处游历独自修行，比如哪吒、木吒、金吒、雷震子四人，书中就没有提到他们获得什么神位。

或许，在封神大战之后许多年，哪吒三兄弟终于厌倦了无所事事的生活，答应出来工作。于是，哪吒当了三坛海会大神，金吒与木吒都当了佛门护法使者。唯独雷震子坚持不工作，结果，我们谁也不知道雷震子最后封了什么神。

第二个好处，是地位高。

为何肉身成圣的七人都是阐教弟子？截教弟子就没有一人肉身成圣呢？

因为鸿钧老祖定下的方案是兴周灭商，截教弟子逆天而行，自然都必须杀死，都只能接受次一等的神位。而顺应天命，坚决执行兴周灭商决议的李靖、杨戬等七人，在封神大战结束后，除了获得一份天庭神仙编制外，更获得了一份功德。

原著赞叹雷震子说：“肉身成圣仙家体，功业齐天帝子图。”赞叹李靖说：“肉身成圣超天境，久后灵山护法台。”武王姬发赞叹七人说：“朕蒙卿等旋乾转坤之力，浴日补天之才，戡祸乱于永清，辟宇宙而再朗，其有功于社稷生民，真无涯际；虽家禋户祀，尚不足以报其劳，岂骤舍朕而归山也?”

李靖、杨戬等人的功德，虽然比不上三皇与女娲，但足以让他们的修为突飞猛进，上一个大台阶。

尤其是杨戬与哪吒二人，他们二人一个运筹帷幄，一个冲锋在前，可以说，西岐能够灭商，建立大周，其中大半的战功都是杨戬与哪吒打下来的。

杨戬本就修成九转玄功，修为远超金仙，加上兴周灭商的大功德，其修为必定可以进入大罗金仙境界。无论是哪一种神话传说，封神大战之后的杨戬都堪称天庭战神，是圣人之下几乎无敌的存在。

哪吒在炼成八臂法相之后，修为突飞猛进，已经是神仙境界强者。加上兴周灭商的大功德，其修为当可比金仙强者。在许多神话传说中，哪吒都是天庭大军中的急先锋，武力值仅次于杨戬。

而韦护、金吒、木吒、雷震子等人凭借兴周灭商功德，应该都可以进入金仙境界。

总体来说，他们七人在天庭的地位远远高于一般的神。截教出身的神中唯有昔日那些大罗金仙境界的强者，才可以和他们七人分庭抗礼。

只是，参加兴周灭商的三代弟子也不少，为何只有他们七人肉身成圣呢？其中李家凭啥就占了四个指标呢？

082 肉身成圣为何没有一个凡人，一位金仙

从理论上说，西岐阵营中，但凡支持兴周灭商，建立功业，积攒下一定功德者，人人都有机会肉身成圣。只是，现实与理论永远都是大相径庭。

事实上，只要是凡人，就没有机会，也没有资格肉身成圣。因为凡人的本质是人。无论是在人间还是在天庭，人都属于被操控、被左右、被压迫的存在。

封神世界以实力为尊。人，力量孱弱，只能屈从。就算如方弼、方相那种力大如牛、胆大如虎的人中豪杰，就算如武王姬发那种开国称君、地位极尊的人中龙凤，在仙人的眼中，依然低他们一等。

在封神大战结束后，凡人中的普通将士一律成为炮灰，被风烟吹散。凡人中的英杰有两个去处。一个是在人间封侯拜将，百年归老之后，可以享受后代祭祀；一个是死后封神，以人道教的身份成为天庭诸神中的一员。

无论是在人间，还是在天庭，这些人全都是阐教仙人的附庸。附庸当然没有机会，也没有资格享受肉身成圣这种连无数中低级仙人都渴望，也羡慕的超级大礼包。

阐教仙人中，玉虚宫十二仙首这种金仙强者本有机会肉身成圣。

原著第 15 回说道，三教圣人之所以要搞封神榜，原因之一是因为“昊天上帝命仙首十二称臣”。

在封神世界中，其实不单单是玉虚宫十二仙首，就算是他们的大师兄南极仙翁，都已经向昊天上帝称臣。

在殷郊叛乱故事中，为降伏手持番天印的殷郊，南极仙翁接受委托前往瑶池拜见金母，借取聚仙旗。原著说：“南极仙翁即忙收拾，换了朝服，系了玎珰玉珮，手执朝笏，离了玉虚宫，足踏祥云，飘飘荡荡……来到瑶池。”

此前，南极仙翁到玄都洞见老子，都没有换衣服，而此刻去见瑶池金母，则特意换了朝服，拿了朝笏，全然一副臣子见君王的打扮。见到金母之后，南极仙翁尊金母为圣母，自称小臣子，这足以说明彼此之间的的确确就是君臣关系。

既然南极仙翁以及十二仙首都已经对昊天上帝、瑶池金母称臣，那原著所谓“昊天上帝命十二仙首称臣”是什么意思？

只因南极仙翁与十二仙首虽然对昊天上帝称臣，确立了彼此之间的君臣关系，但是，南极仙翁也好，十二仙首也罢，他们都没有在天庭担任具体职务。换言之，南极仙翁与十二仙首只是口头称臣，实际上并不受昊天上帝管束。

只要他们答应去天庭工作，那至少也是个部门主管，会成为一方主神。若那样的话，十二仙首就算是肉身成圣了。

但是，肉身成圣对于哪吒、韦陀等人算是超级福利，而对十二仙首来说，则鸡肋得很。他们追寻的是金丹大道，是有朝一日成为大罗金仙，拥有无尽寿元，永远逍遥在天地之间。

不过，对于正在极速扩张的天庭神仙集团，十二仙首与他们的师父元始天尊也都不敢轻视。虽然他们自身不屑于加入，但并不妨碍他们派出自己的弟子与仆从加入。毕竟，在未来的天庭诸神中占据一定席位，对于他们自身的利益也有大好处。

而以肉身状态成为天庭正神，远比以魂魄状态成为天庭正神的待遇要高得多。为此，十二仙首从很早就开始盘算，让自己的弟子，即阐教第三代仙人进入天庭。

从理论上来说，只要是阐教三代弟子都有机会，也有资格肉身成圣。那为何广成子的徒弟殷郊，赤精子的徒弟殷洪，惧留孙的徒弟土行孙，道行天尊的徒弟韩毒龙、韩恶虎，道德真君的徒弟黄天化、杨任都没有肉身成圣呢？是殷郊、黄天化等人武艺差些，神通弱些，就被取消了资格，送上了死地吗？

非也。

其实，从姜子牙金台拜将之时，道行天尊、道德真君等人对徒弟的嘱托看，在那时候谁能肉身成圣，就已经基本确定了下来。

唯有符合三个标准的阐教三代弟子，才能肉身成圣。

其一，有忠心，能忠心于阐教。

忠诚永远是考核下属的第一要素，并且这忠诚并不是忠于国家，忠于大义，而是忠于自己，终于己方势力。

在老子与元始天尊看来，唯有忠于阐教，才算是真正的忠诚。否则，就是叛教，就十恶不赦，不可原谅。

广成子的徒弟殷郊、赤精子的徒弟殷洪、惧留孙的徒弟土行孙，身为阐教三代弟子，蒙受师门养育、训导之恩，却犯下违背诺言、背叛师门的大罪。他们下山之后，保纣伐周，逆天而行。他们得罪的不仅仅是自己师父，更是元始天尊，还有那至高无上的鸿钧老祖。

若非殷郊、殷洪同时还是商朝殿下，在人间身份尊贵，元始天尊多少必须顾及商朝的庇护势力——截教——的脸面，若非土行孙在师父惧留孙来临前能幡然醒悟，并在之后立下不少功勋，元始天尊连死后封神的待遇也未必会给他们。

其二，有潜力，有仙道大成的潜力。

原著中多次写到，截教仙人以及许多散仙之所以会在封神大战中被杀，只因他们仙道难成，修不出三花聚顶，五气朝元。这些仙人修行百千年，许多只是神仙或金仙初期修为，在修仙之路上走不长远。于是，他们不得不以牺牲自由，投身天庭换取成神，以享受神道香火的另类方式，获得长生。

在阐教三代弟子中，但凡死掉的，也都是修仙潜力不足者。

土行孙修行百年依然是人仙，其资质比姜子牙还要差。他这种人，就算让他肉身成圣，继续走修仙的路子，也很难进阶金仙。

道行天尊有三个徒弟，其中韩毒龙、韩恶虎都做了炮灰，死后封神。他们两位跟随道行天尊也已许多年，从战场表现看，不但修为平平，除了最基本的五行遁术外，不会任何特异神通法术，就连武艺也平庸至极，在三代弟子中是绝对的垫底。

其三，有实力，并在乱战中活下去。

道德真君有两个徒弟——黄天化、杨任。按照上面的分析，黄天化与杨任对阐教忠心不二，实力在三代弟子中虽不是前三，但也在中上水准，为何他们也没有肉身成圣呢？

更何况，黄天化下山极早。从黄飞虎反出五关时他就已经登场。在魔家四将肆虐时，他更大展神威，一举灭杀四天王。

只是，黄天化虽然武艺不俗，法宝很强，师父道德真君在元始天尊那里也非常得宠，但是他有一个致命缺点——战场生存能力太差！

别人下山，大都会先立个大功，而黄天化下山时，则先是直接被魔家四将杀死了。若非他师父道德真君开启作弊模式，硬生生让黄天化复活一次，那他寸功未立就会去封神台了。

另外，黄天化一下山就换下道袍，穿上了官服。这也表示他对功名利禄极为看重，缺少修道之心。对此，姜子牙与道德真君都纷纷训斥他。从此处看，黄天化在仙道上也难有大的成就。

而杨任心机深沉，又有超强法宝五火七禽扇，虽立下不少战功，但可惜他本是殷商大臣，受到纣王折磨，重生后依然一腔怨气。身处战场必须悍不畏死，但也必须冷静沉稳，像杨戬就是其中典范。杨任恰恰相反，常常会因为怨气、怒气导致判断错误。杨任最终被杀，就和其过于执拗，失于冷静有关。

就算武艺再高，法宝再强，活不到封神大战结束，一样不能肉身成圣。

那杨戬、哪吒等七人是否都符合以上这三个标准？其中，李家凭啥有四人成圣呢？

083 为何杨戬、哪吒等七人肉身成圣

阐教三代弟子有不少，凭啥杨戬、哪吒等七人肉身成圣？

先说杨戬、韦护、雷震子三人。

杨戬的师父是玉虚宫中排行老十的玉鼎真人。玉鼎真人的修为在十二仙首中只能说是中下，但弟子杨戬却修为高深，青出于蓝而胜于蓝。

杨戬下山之前就已经炼成九转玄功，被天庭敕封为清源妙道真君。他已肉身成圣好多年了，来到西岐担任督粮官，纯粹是扮猪吃老虎。

为何这么说？

虽然书中杨戬反复强调，自己的九转玄功、七十二变化是学自师父玉鼎真人，不过，原著中没有一处地方写到玉鼎真人会变化之术，会九转玄功。

师父都没有炼成的传奇功法，为何杨戬能够炼成呢？

一来杨戬天资卓绝。从杨戬的战场表现看，虽然在斩将杀敌方面不如哪吒，但是西岐陷入危局时常常是杨戬出谋划策，力挽狂澜。他在处事方面更是滴水不漏，在修仙方面也是个奇才。

二来背后应有高人指点。这个高人，最有可能的就是师祖元始天尊。

元始天尊乃是鸿钧老祖指定的封神行动主持人。为了保证完成老祖任务，元始天尊殚精竭虑，费尽心机。为了避免激怒通天教主，元始天尊只是派出三代弟子常驻西岐。但是，他又担心三代弟子实力不够，不足以对付一波又一波的截教金仙，于是，他悄悄训练了杨戬。让已经炼成九转玄功的杨戬，以三代弟子身份加入西岐阵营。

有杨戬、哪吒常伴左右，帮助姜子牙，西岐阵营力量大增，除非遇上大罗金仙级别的高手，西岐阵营基本无碍。一旦截教派出大罗金仙，那阐教也有理由派出十二仙首，甚至二圣。

再说韦护。韦护参加封神大战比较晚，商朝对西岐的三十六路征伐都快完了他才下山，而且下山之后的战绩也平平，只是打打群架，混点经验。韦护这人一看就是老油条。不过，为了活着，在不影响大局的情况下，耍点小心机是也可以接受的。

韦护能肉身成圣，和其多次重生，经验丰富有关。凭借兴周灭商的功德，韦护有很大机会进阶金仙，成为一枚更有用处的棋子。

更何况，鸿钧老祖早就在谋划派出弟子打入西方教。燃灯道人、惧留孙、文殊、普贤、慈航五人修为高深，进入西方教后必定能执掌权柄，分别成为高层人物。不过，在西方教中下层仙人中，东方道派还没有利益代言人。而韦护，正是一个合适的人选。

正因如此，早在韦护一出山时，原著就说他是三教护法，未来将进入释门(佛门)。

一方面韦护本人修为不俗，擅于生存，另一方面高层早有安排，故他才能肉身成圣。

至于雷震子，他本身武艺平平，除了会飞没啥神通。他凭啥能肉身成圣呢？

与其他人相比，雷震子有两大优势。

其一，他是散仙传人。雷震子的老师云中子本不是阐教门下，他乃是终南山中一散仙。不过，在诸多支持阐教的散仙中，云中子不但修为高深，并且权谋老道。云中子先是主动投靠阐教，渐渐取得元始天尊的信任，立下了斩杀闻太师的大功，又冒着生命危险，参加破除诛仙阵、万仙阵。云中子用自己的忠诚与实力证明了自己的价值。最终，云中子以散仙代表的身份，加入玉虚宫班列，享受与十二仙首等同的待遇。

自然，作为云中子的嫡系传人，雷震子也拥有了肉身成圣的资格。并且，因为雷震子是唯一的散仙代表，其成圣概率比普通阐教三代弟子还要高。

其二，他是西岐殿下。经过云中子的苦心运营，雷震子除了有终南山炼气士的身份，还有一个西岐殿下的身份。

西岐（周朝）乃是鸿钧老祖钦定的要扶持的人间王朝。姬家人自然在西岐阵营中地位也颇尊贵。封神榜中，共有九位神仙是姬姓王子，其中伯邑考更是被封为中天北极紫微大帝（即象征帝星的紫微星）。雷震子作为西伯侯姬昌第一百个儿子，在西岐阵营中地位特殊。在分配肉身成圣指标时，高层也不得不考虑给姬家人留个指标。

因为这两个原因，实力平庸的雷震子也肉身成圣。至于成了什么神，那就只有原作者知道了。

我们再来说说为何李家有四位肉身成圣。

哪吒本是灵珠子得道，跟随太乙真人修行多年，之后又转世投胎，成为哪吒。再后来又以莲花重塑身体，拥有了对魂魄攻击免疫的超强能力。

太乙真人很早就把改造哪吒的计划报给了元始天尊。元始天尊对这位大力支持自己工作，并且有想法、有实力的徒弟非常看重。于是，在哪吒出生之前，在姜子牙下山之前，元始天尊就已经下敕令，任命哪吒为未来西岐的正印先锋官。

哪吒在李靖身边时，是一个典型的仙二代、官二代，做了不少欺负弱小（东海龙王看似强大，在太乙真人面前就是弱小者）、蛮不讲理的事情。不过，在参加封神大战之后，哪吒就仿佛变了一个人，变得爱憎分明、团结友爱。哪吒虽然多次与黄天化吵嘴，但一上战场总是帮助这个，帮助那个。

在兴周灭商战争中，哪吒的战功第一，这点毫无争议。可以说，在阐教三代弟子中，哪吒绝对算是“又红又专”的好孩子，他若不能肉身成圣，那没天理了。

文殊广法天尊的徒弟金吒，是李靖的大儿子。普贤真人的徒弟木吒，是李靖的二儿子。在十二仙首中，文殊与普贤是一对好朋友，经常前后脚出现。他们的徒弟又是两兄弟，这使得这两位金仙之间的联系更加紧密。

本来，金吒与木吒在阐教三代弟子中只能算是中庸，既不特别好，也不特别坏，属于最容易被遗忘的那种。可是，因为有太乙真人的加盟，让一切都变得不同了。

太乙真人本可以直接让徒弟灵珠子下山，也可以直接把灵珠子改造成莲花化身。他之所以没有这么干，而偏偏让灵珠子转世投胎，硬生生和李靖一家拉上关系，就是为了笼络文殊、普贤两位师弟。

太乙真人虽然得师父器重，但在十二仙首中没啥朋友，从来都是独来独往。谁愿意做个孤独者呢？于是，找个伙伴，借封神大战共同扩张势力，就成了太乙真人的迫切需求。

李靖家已经有两个儿子拜在两个师弟门下，让徒弟灵珠子投胎到李家，正可以借着徒弟，拉近与两个师弟的关系。

后来，太乙真人刻意挑拨哪吒与父亲李靖的关系。为了缓和父子矛盾，他又请出了文殊与普贤，甚至还把亦师亦友的燃灯道人拉下水，做了李靖的第二位师父。

从此之后，李靖一家不但有了四位人仙强者，背后更站着三位金仙强者，一位大罗金仙。

在太乙真人的一番布局下，1 +1 +1 +1 >4。李家所代表的势力，成为玉虚宫十二仙首中最强的势力。

有四位超强仙人庇护，哪吒等人想死都难。

当然，李家四人除了哪吒仗着莲花化身经常冲杀在第一线，金吒、木吒常常以保护姜子牙为借口，缩在大军后头，李靖则更加狡猾，除了下山时仗着黄金宝塔杀了罗宣，后来就几乎没有单挑过。

唯有活下来，才能肉身成圣。

有背景，有实力，有头脑，再加上对阐教忠心耿耿，李家方才成就一门四圣！

084 殷洪为何一下山就叛师归商

回到西岐城下，吕岳被群仙围殴打跑之后，纣王二殿下殷洪闪亮登场。

苏护本以为熬出了头，终于可以投降西岐了。他知道若再继续折腾下去，非把西岐得罪狠了不可。可没想到刚送走吕岳，当年被大风刮走的二殿下殷洪又来了。在验明身份后，苏护只得交出统兵大权，继续到后营待着。

在《封神演义》中，殷洪、殷郊两兄弟都是悲剧角色。

为何这么说？

殷洪、殷郊两兄弟的一生，就是悲剧的一生。

他们虽然出身高贵，但少年时期就遭遇重大挫折。不但亲眼看见母亲被人害死，还被父亲抛弃，要把他们公开斩首。

在母丧父弃的凄惨境遇下，两位仙人从天而降，收留了他们。他们在仙山洞府中苦苦修炼了二十年，终于学成。下山后一度风光无限，但最终一个被太极图打成飞灰，一个被引入岐山受犁锄而死。

两兄弟死时不过三十岁出头，正是人生最巅峰的时刻。

导致两兄弟以悲剧终结的原因很多，其中一个重要原因是殷洪、殷郊两弟兄都选择了背叛师门，回归商朝。

殷洪、殷郊在下山之前，都曾经在师父面前发下誓言，表态坚决不会背叛师门，保纣伐周。可是下山不久，两兄弟就都把誓言抛诸脑后。其间，他们都遇上了封神世界大名鼎鼎的搅屎棍申公豹。

殷洪为何会背叛师门？申公豹的言辞为何能打动殷洪呢？

其实，在我看来，殷洪背叛师门回归商朝，是势所必然，一点也不奇怪。反倒保周伐纣是违背人性，违背殷洪本意。

赤精子在放殷洪下山之前，与徒弟有一番对话。

他提出，保周伐纣有两大好处，希望徒弟珍惜：其一，如今武王乃是仁圣之君，上合天心，下符民意；其二，姜子牙乃你之师叔，合当封拜，灭独夫于牧野——你下山之后，助子牙一臂之力，自然可以建立不朽之大功业。

赤精子这番话，若是对旁人讲，自然有很大吸引力。西岐（原著中经常把西岐和周混用，其实当时的西岐并未正式改国号）有明君贤相，注定要一统天下。赤精子甚至把仙界高层的重大机密——姜子牙将在牧野之战大败商军——都泄漏给徒弟，希望徒弟能顺应天命，做个锦上添花之人。

可是，殷洪不是旁人。别人需要投靠明君，仰仗贤相，需要浴血厮杀，拼死拼活才能封侯拜将。殷洪则不然，人家一出生就含着金钥匙，天生就是千岁殿下。身为嫡子的殷洪，最不济也可以裂土封王，运气好还能成天下共主。

武王姬发有啥了不起？不就是区区西岐之君吗？想当年他老子姬昌见了殷洪都要跪地磕头。更何况如今武王姬发联合诸侯，正是要夺取他殷家的天下。

不过，在师父面前，殷洪还是把自个儿的小心思深深掩藏，拍着胸脯保证，自己下山之后必定会加入西岐，保周伐纣。

殷洪自有理由。他说："老师在上：弟子虽是纣王亲子，我与妲己有百世之仇。父不慈，子不孝。他听妲己之言，剜吾母之目，烙吾母二手，在西宫死于非命。弟子时时饮恨，刻刻痛心。怎能得此机会拿住妲己，以报我母沉冤，弟子虽死无恨!"

赤精子听了殷洪这番话，不由大喜。我看了殷洪这番话，心中却是一沉。

面对抚养、教导他二十年的师父赤精子，殷洪没有把真心话全说出来，但是也没有撒谎。殷洪明白地告诉师父，自己为何能答应保周伐纣？那是因为自己想要杀死妲己，报仇雪恨。

只是，妲己乃是当今皇后，自己父亲被其迷惑。单凭个人力量，殷洪无法报仇。为此，殷洪想要从西岐借兵，或者说，借助西岐的力量来压制纣王，使得自己有机会抓住妲己，报母亲被杀之仇。

赤精子只看到殷洪对妲己、对纣王的恨，却没有发觉殷洪对商朝江山本身的深深不舍。殷洪从来没有说自己要投靠西岐，推翻商朝。他说的是"怎能得此机会拿住妲己"。对于殷洪来说，保西岐只是权宜之计。一旦他把妲己搞死，西岐也就没有了利用价值。

正因殷洪只恨妲己，不恨商朝，所以说殷洪下山之后，注定了会回归商朝。

殷洪从十二岁就被赤精子带入山中修炼，一直被灌输西岐如何好，纣王如何坏的思想。经过二十年的洗脑，殷洪已经比较自觉地把老师的意思当成了自己的意思。

可以说，如果殷洪继续待在山中，或者下山是由赤精子带着直接送到西岐阵营，在耳濡目染之下，或许殷洪真的能够保周伐纣，彻底斩断与商朝的联系。

可惜，因为在黄河阵中被削去三花，散去五气，赤精子急需闭关修炼，恢复修为，没有时间和精力陪同弟子下山。

而殷洪一旦孤身闯入花花世界，必然会受到许多引诱。那被赤精子强行关上的眷恋殷商的心门，也因受到这样那样的引诱，被缓缓打开。

殷洪下山之后，受到了哪些引诱呢?

下山之后，殷洪借遁术来到了二龙山。在二龙山，殷洪收服了庞弘、刘甫、苟章、毕环等四位大将。

殷洪武艺平平，并非庞弘等人对手。但仗着手中拥有超强法宝阴阳镜，殷洪连续照晕三人，最后一位叫毕环的见势不妙，急忙跪地求饶，恳请仙长饶恕几人性命。

殷洪下山之后，一心想扩充势力，见四人勇悍，麾下有不少兵马，就起了收服之心。

他告诉毕环："吾非仙长，乃纣王殿下殷洪是也。"

像金吒、木吒、韦护等人下山，向他人介绍自己时，都会说自己是什么山什么洞某位高人的弟子。因为在他们心中，自己的真正身份是修道者，是阐教嫡系门人。

可是，殷洪一口否定自己修道者的身份，反倒强调在凡间的出身——纣王殿下殷洪。由此可见，在殷洪心中，最在意的身份还是商朝的二殿下，而云霄洞赤精子弟子的身份可以忽略不计。

听了殷洪介绍，毕环立刻下跪，口称千岁。其他三人醒后，跳起来还要和殷洪拼命，等毕环告诉他们殷洪是殿下时，三人立刻不打了，不但倒身下拜，还表态要率领二龙山全部兵马，跟随殷洪打天下。

四人为何一听到殷洪的身份，就抛下仇恨，不顾羞耻地跟随殷洪?

原因很简单，殷洪身份高贵，跟着他混有肉吃!

这就像在《三国演义》中，关羽、张飞和其他大老粗，一听到刘备是汉室宗亲，就立刻下拜磕头是一个道理。

刘备只是一个编草席的没落皇孙，殷洪却是正牌的二殿下。在二龙山打家劫舍有啥前途?

事实上庞弘、毕环等人的选择真的没错。虽然他们最后都被杀了，却因此被都被封为神。他们原本不过是一群土匪，能够被封神，确实就是沾了殷洪的光。

殷洪虽然被纣王抛弃，虽然很恨自己父亲，但在骨子里，殷洪从来没有忘记自己是商朝二殿下。只因若没有这个身份，殷洪就只是普通人一个，可有了这个身份，殷洪顿时就成了万人敬仰的人上人。

如果说，二龙山四将对殷洪的尊崇，让殷洪意识到商朝二殿下身份的贵重，从而对师父赤精子灌输的种种观念产生了一丝怀疑，一丝松动，那么，在与申公豹一番交谈后，坚持了二十年的保周伐纣的信念就彻底崩塌了，一直潜藏在殷洪心底深处的“恶魔”窜了出来!

申公豹是如何劝说殷洪的呢?

申公豹与殷洪一番客套后，询问殷洪去向。殷洪说：“奉师命往西岐，助武王伐纣。”

我们细品此句，可以发现，殷洪强调自己前往西岐是遵从师父命令，言下之意，此举并非本意。

申公豹何等精明人物，他立刻发现了殷洪心中的犹疑。

申公豹先是端正脸色，询问殷洪，纣王是你什么人。殷洪说，是我父亲。

申公豹大喝一声说：“世间岂有子助他人，反伐父亲之理!”

殷洪和之前面对庞弘一样，搬出老师赤精子的训导：“纣王无道，天下叛之。今以天之所顺，行天之罚，天必顺之；虽有孝子慈孙，不能改其愆尤。”

申公豹听了却哈哈大笑，嘲讽殷洪愚昧，他说：“你乃成汤苗裔，虽纣王无道，无子伐父之理。况百年之后，谁为继嗣之人?”

申公豹这番话犹如重锤打在殷洪心中。

殷洪立身的根本就是商朝殿下。若是推翻了纣王，那商朝天下就完了，他商朝殿下的身份也就完了。所谓：“皮之不存，毛将焉附?”

何况，就算纣王对殷洪不好，但那属于家务事，一切好商量。这商朝的天下必须保，这朝歌的天子必须殷家人来做。

申公豹提醒殷洪，一旦纣王驾崩，那殷洪就有机会成为商朝天子。如今帮着武王伐纣，不是自毁前程，自毁江山吗?

申公豹见殷洪默默不语，知道自己的一番话已经说动了殷洪，于是劝殷洪前往西岐，与苏护合兵一处，共同讨伐姜子牙。

殷洪提出，苏护乃是自己杀母仇人妲己的父亲，自己绝不能和仇人之父合作。

申公豹再次大笑说：“‘怪人须在腹，相见有何妨。’你成了天下，任你将他怎么去报母之恨，何必在一时自失机会。”

这申公豹确实厉害，一句话就能道出对方最渴望的是什么。

申公豹为何能说动殷洪？不是靠什么父子情谊，而是给了殷洪一个希望。

此前，殷洪想的，是如何杀掉妲己，为母报仇。经申公豹提醒，殷洪确立了一个新目标：夺取商朝天子之位！

身为商朝嫡系王子，这才是殷洪应该有，也必须有的伟大理想。

为了这个伟大理想，殷洪可以忍气吞声和妲己之父合作，可以暂时放下对父亲的仇恨，可以背叛教导他二十年的师父。

原著作者叹息说："堪恨申公多饶舌，殷洪难免这灾迍。"乍一看，仿佛殷洪叛变都怪申公豹，其实，结合前文分析我们可以知道，殷洪从来都没有想过和商朝决裂。申公豹一番话，只不过是点醒了殷洪，让迷茫的殷洪看清了保周伐纣的利与弊。

赤精子为何让殷洪保周伐纣？因为他觉得只有如此，才能让徒弟的利益最大化，才能保住成汤一脉。但是，经申公豹劝说，殷洪却觉得，唯有保住商朝，灭掉西岐，才符合他的根本利益。

最终，殷洪选择了商朝，背叛了师门，其实这正是人人趋利的本性使然。

085　殷洪下山后的战绩如何

殷洪下山后，与西岐诸将多有交手，展现的实力颇为强大。那么，殷洪的实力究竟如何呢？

先说殷洪的修为。

殷洪修道不过二十年，和阐教绝大多数三代弟子一样，没有修出元神，是人仙境界无疑。

再看殷洪的武艺。

二龙山上，殷洪被强盗头子庞弘、刘甫拦住。原文说："殷洪怎敌得过二人。"

庞弘、刘甫虽能在二龙山称霸，可放在整个封神世界不过是凡人武将中的三流人物。后来，庞弘与哪吒大战，不过数个回合，就被哪吒用乾坤圈砸死。刘甫与邓九公大战，大约一二十回合就被邓九公一刀砍为两段。面对这两位庸手，殷洪不得不动用到法宝阴阳镜，方能摆脱危局。可见，殷洪的武艺实在不算高明。

西岐城下，黄飞虎大战殷洪，两骑交锋，枪剑往来，大约二十回合后，原文说："黄飞虎枪法如风驰电掣，往来如飞，枪入怀中，殷洪招架不住。"

黄飞虎的武艺乃是封神顶尖高手水准，按理来说，殷洪能与黄飞虎大战二十回合，也算了得。只是，黄飞虎此番交手，大有放水嫌疑。

原来，在大战之前，黄飞虎已经听传令官回禀，是殷商二殿下殷洪前来叫战。

黄飞虎于殷洪有恩。殷洪、殷郊兄弟当初被纣王追杀，是黄飞虎暗示方弼、方相兄弟救走殷洪、殷郊。后来，黄飞虎又亲自追上，赠送银两。虽然殷洪、殷郊兄弟最终还是被纣王擒回，可是，对于黄飞虎的恩情，两兄弟还是铭记在心。

因此，黄飞虎主动向姜子牙请求出战。在他看来，若对方真是殷洪，他可以借着当初恩情，劝说殷洪投降。若能成功，又是大功一件。

来到阵前，黄飞虎有些傻眼。最后一次见到殷洪时，殷洪才是个十二岁的少年，如今二十年已过去，殷洪的容貌早就大变。

到底对方是不是个山寨货呢？

于是，他开口询问对方是谁。殷洪明确回答自己是二殿下。

殷洪问黄飞虎是谁，黄飞虎说：“殿下，吾非别人，乃开国武成王黄飞虎是也！”

在黄飞虎看来，只要提起自己黄飞虎的名号，殷洪必定会想起当初恩情，两人阵前相认，一场大战就可以避免。

谁料想殷洪听了介绍，也起了怀疑。在他看来，黄飞虎乃是他商朝的镇国武成王，绝不可能跑到西岐来做什么开国武成王。眼前的此人必定不是自己的恩公。

于是，两人交战中，殷洪当使出全力，黄飞虎却心有怀疑，不会使出全力。

之后，殷洪还曾经与姜子牙、哪吒交手，都只打了三五个回合。

论起武艺，殷洪不但比不上杨戬、哪吒、黄飞虎、黄天化、土行孙，就连雷震子、金吒、木吒、南宫适、武吉等人都不如。

殷洪除了略懂些最基本的五行遁术，并没有修成任何独门神通。他能擒拿敌将，在西岐大显威风，全靠有三件法宝护身。

殷洪下山时，师父赤精子把云霄洞三件镇洞之宝全部交托给他。

其一曰：水火锋。

赤精子点评说：“水火锋可以随身护体。”

下山之后，无论是二龙山大战四将，还是在西岐城与黄飞虎、姜子牙交手，殷洪手中使用的都是水火锋。

结合战场表现看，这水火锋其实就是融合了水火属性的一把宝剑。其威能比闻太师的雌雄金鞭还要差。多次使用，竟从没有被祭起过。可见这水火锋除了名字酷炫一点，没有什么特别之处。

其二曰：紫绶仙衣。

赤精子点评说："你穿此紫绶仙衣，可救你刀剑之灾。"

封神世界以法宝称雄。能够拥有一件攻击性法宝，已经算是幸运，而能够拥有一件防御性法宝，更是如凤毛麟角。像十二仙首都出身名门，且有元始天尊这个炼器大师做靠山，可是，能够拥有金仙级防御法宝的只有两位——赤精子与广成子。赤精子拥有紫绶仙衣，广成子则拥有八卦仙衣。

为何其他仙首没有防御性法宝呢？

我估计这仙衣是玉虚宫击金钟首仙的福利。广成子是前任击金钟首仙，赤精子是现任击金钟首仙，故唯有他们二人拥有。

紫绶仙衣非常强大，强大到即便可以秒杀金仙的 B + 级法宝打在身上，也可以让主人浑然无事。

殷洪靠着紫绶仙衣，两度避过劫难。

第一次是与姜子牙大战时。三五招之后姜子牙就祭出打神鞭。打神鞭都能把大罗金仙打得喷火，可是，打在殷洪身上呢？

原文说："不知殷洪内衬紫绶仙衣，此鞭打在身上，只当不知。"

第二次时，殷洪被邓婵玉五光石打伤了脸，胡乱逃走，被哪吒拦截，猛一枪刺出。按照常理，这一枪下去，就算是大罗金仙也要受伤。

可是，原文说："哪吒刺斜惊一枪，劈胸刺来，亏杀了紫绶仙衣，枪尖也不曾刺入分毫。"

火尖枪何等锋利，竟然不能刺入紫绶仙衣分毫！

穿上了紫绶仙衣的殷洪，就等于拥有了不死之身，至少是在 A 级（大罗金仙级）以下法宝面前不死。

其三曰：阴阳镜。

赤精子点评说："徒弟，此镜半边红，半边白；把红的一晃，便是生路；把白的一晃，便是死路。"

封神世界中，从属性上将法宝基本可以分为三类：一为五行类，这占主流，如太乙真人的九龙神火罩（火系）、文殊广法天尊的遁龙桩（木系）、普贤真人的吴钩宝剑（金系）；二为地、水、火、风四元素类，比较少见，如魔家四将的青云剑、混元伞，被慈航带走的定风珠，老子的风火蒲团等；三为魂魄攻击类，最为罕见，如七首将军余化的戮魂幡、法戒的妖幡等。

阴阳镜其实也是魂魄攻击的法宝。与其他法宝不同的是，阴阳镜除了具备动摇敌人魂魄，使敌人陷入昏迷的效果，同时还拥有恢复敌人魂魄，让人瞬间苏醒的功能。

阴阳镜使用起来极为便利，只要把镜面对着人一晃，就可以起到伤魂或疗魂的效果。当然，这也意味着阴阳镜在使用时有一个重大缺陷，即必须用镜子照见敌人，并且是得在比较近的距离照见，才能让敌人昏迷或苏醒。

在二龙山，殷洪就靠着阴阳镜，把庞弘、刘甫等三人晃晕，然后又用另一面将他们唤醒。

殷洪与西岐两度交手。第一次，他仗着手中阴阳镜，先后把黄飞虎与黄天化晃晕，擒拿回营。第二次，殷洪见哪吒凶猛，便用阴阳镜去晃哪吒。

原文说："（殷洪）不知哪吒乃莲花化身，不系精血之体，怎晃的他死?"

一看到类似这种桥段，我们不得不佩服太乙真人实在深谋远略。封神大战中，多次出现靠魂魄攻击法术或法宝横扫战场的事情，却屡屡在哪吒面前无效。靠着对魂魄攻击免疫的莲花化身，哪吒一次又一次建立大功，最终成为斩将杀敌功绩最多的牛人。

在两次大战中，杨戬虽然有上场，比如他借助哮天犬啃咬，杀掉了二龙山四将中的毕环，但他从不和殷洪正面交手——不得不说，杨戬有时候也是狡猾的。

杨戬修道多年，见闻广博，处事稳健。对于玉虚宫十二仙首拥有哪些法宝，各自法宝有何种威能，杨戬都一清二楚。

从殷洪最开始拿出一面镜子法宝时，杨戬就开始怀疑那镜子是阴阳镜。等亲眼见到那镜子晃其他人有效，晃哪吒却无功时，杨戬断定：这镜子就是赤精子师伯的阴阳镜。

以自身超一流的武艺，加上哮天犬的帮助，杨戬完全有可能生擒或击杀殷洪。毕竟殷洪武艺平平，杨戬可以杀得他没有时间祭出法宝。

可是，杨戬这人做事，从来都是三思而行。若是由他出面拿下殷洪，就算立下大功，也会大大损伤师伯赤精子的颜面。

于是，杨戬立刻禀告姜子牙，主动请求前往太华山云霄洞请赤精子下山，由赤精子来收服自家徒弟。

086 赤精子为何收服不了徒弟殷洪

杨戬奉命到太华山云霄洞请来师伯赤精子，阵前招降殷洪。在众人看来，只要赤精子出马，殷洪必定投降。一来，赤精子对殷洪有二十年养育、教导之恩情；二来，师父赤精子毕竟曾有金仙后期修为，就算如今弱了些，总不至于收拾不了徒弟。

没想到阵前一谈，殷洪拒不投降。无奈之下，师徒之间刀兵相见。令人大跌眼镜的一幕出现了：殷洪手持法宝阴阳镜，打得师父赤精子落荒而逃。

回到西岐城中，众多阐教三代弟子围着赤精子，纷纷嘲笑说："赤老师，你太弱了！岂有徒弟与师尊对峙之理！"

赤精子再三分辨，可是谁也不听。在大家看来，赤精子再怎么说也不能打不过徒弟啊。

事实上，赤精子心中有苦不敢说：不是他赤精子太弱，是老师元始天尊太坑！

殷洪拒绝投降一事和元始天尊有什么关系？且听我慢慢道来。

我们先看战场上赤精子与殷洪的一番对话，看看殷洪拒不投降的真正原因是什么。

殷洪告诉赤精子说："老师在上，容弟子一言告禀：殷洪乃纣王之子，怎的反助武王。古云：'子不言父过。'况敢从反叛而弑父哉！"

经过申公豹一番点拨，殷洪就仿佛觉醒了一般，从一个在洞府修炼时对老师言听计从的乖乖仔变成了一个言辞犀利、见识独到的叛逆者。

此前，赤精子总爱说纣王如何坏，姬发如何好，伐纣保周乃是顺应天命、顺应民心之举。只是，天道难寻，天命难测，至于民心，更是容易被掌权者操控。可是，人道中的礼法则清晰可见。比如，子不言父过。身为子女，就算父亲有过错，也不能去说。家丑不可外扬嘛。更何况父亲乃是一家之主，身为子女只能帮着补台，不能拆台、砸台。

作为殷商殿下、纣王之子，就算天下人皆反纣王，殷洪也不能反纣王。这一点，赤精子也无法反驳。

殷洪更说："未修仙道，先修人道。人道未完，仙道远矣。"

一个修仙者，如果连最基本的伦常都不能遵守，身为儿子却要去杀父亲，怎么可能得证大道？

面对殷洪的犀利言辞，赤精子勃然大怒。他再三诉说纣王如何坏，姬发如何好，如何天命已定，如何逆天难活。可是，殷洪一句话就把赤精子咽得半死。

殷洪说："未有师尊教人以不忠不孝之事者，弟子实难从命！"

殷洪说得没错，身为师父的赤精子竟然教导殷洪去反父亲，去杀父亲，这种荒唐事实在于礼法不合。

赤精子无话可说，只好拔剑和殷洪干一架。

下山之后，经历多次战斗的殷洪，亲眼见证了法宝阴阳镜、紫绶仙衣的强大。所以，如今拥有三件法宝的殷洪，就算面对师父赤精子，也悍然不惧。

殷洪一而再，再而三地避让。但躲过了赤精子三剑之后，殷洪也火了。他怒声说："老师，你偏执己见，我让你三次，吾尽师礼，这一剑吾不让你了！"

结果，两人再打了几个回合，殷洪就祭出了阴阳镜，想要去照赤精子。

原文说："赤精子见了，恐有差讹，藉纵地金光法走了。"

身为阴阳镜的前主人，对阴阳镜的威力自然一清二楚。他知道以自己现在的可怜修为，根本扛不下阴阳镜一击。于是，他早早施展纵地金光法，一溜烟逃走了。

殷洪为何拒绝投降呢？

从上文可知有两个原因：

一者，殷洪觉得自己身为儿子，不应该造父亲的反；

二者，殷洪拥有三件法宝，信心爆棚，觉得自己有能力干掉西岐，重整商朝江山。

结合殷洪的种种言行可以知道，他所说的不造父亲的反，其实只是个托词。在他心中，对纣王依然痛恨。只要有机会，殷洪肯定会杀掉妲己，杀掉纣王。然后，他自己登基。

因此，殷洪拒绝投降的真正原因，是第二个。

此前数次大战，阴阳镜几乎横扫西岐。就算阴阳镜在哪吒身上失效了，但是有紫绶仙衣在身，殷洪依然立于不败之地。

两军若是继续打下去，殷洪只要避开哪吒，就可以持续收割西岐诸将人头，最终，西岐将只剩下哪吒一人——有紫绶仙衣在身，就连哮天犬也咬不动殷洪，但阴阳镜却可以伤到杨戬。到那时候，哪吒独木难支，西岐还是会崩溃。

若西岐派人去仙山洞府请来其他玉虚宫金仙，结果会如何呢？

别说其他洞府的弟子对付不了殷洪，就算是鼎盛时期的仙首们亲自出手，也未必斗得过殷洪。攻，殷洪有阴阳镜，对金仙强者也可秒杀；防，殷洪有紫绶仙衣，可无视绝大多数金仙级攻击性法宝。当然，文殊广法天尊（金吒）的遁龙桩、惧留孙（土行孙）的捆仙绳是束缚性法宝，或许还是能够困住殷洪。但是，殷洪同样有概率用阴阳镜晃死对方。

身怀奇宝，才是殷洪拒绝投降的真正原因！只是，这和元始天尊又有什么关系呢？

身为殷洪的师父，赤精子对殷洪的脾气非常了解。其实，他早就知道问题出在哪里。

初见杨戬时，赤精子就叹息说："吾错用其人！将一洞珍宝尽付殷洪，岂知这畜生反生祸乱！"

见到姜子牙时，赤精子再次叹息说："贫道将一洞珍宝尽付与殷洪……这孽障不知听何人唆使，中途改了念头。"

姜子牙也是个聪明人，立刻听明白了问题出在哪里。他说："道兄如何把阴阳镜也付与他？"

作为师父，对徒弟喜爱、信任，交给徒弟一些法宝防身，那都是可以的，也是必须的。只是，把一洞珍宝全部交托，这就有点过了。

比如，太乙真人是如何对待爱徒哪吒的呢？

哪吒一出生，就自带乾坤圈、混天绫。这是太乙真人赐给的第一批法宝。等到哪吒重塑莲花化身，准备下山参战时，太乙真人再传哪吒火尖枪、风火轮。早在斗石矶娘娘的时候，哪吒曾经向师父讨要过金光洞最强法宝九龙神火罩，可太乙真人不给。在封神大战前中期，哪吒也一直没有超强法宝。一直等到会战诛仙阵前，太乙真人才传哪吒八臂法相神通，赐给他九龙神火罩。

民间有所谓："升米恩，斗米仇。"像太乙真人每次只给一点法宝，始终让哪吒有求于自己，哪吒对师父就感恩戴德；像赤精子一次性把全部法宝都给了殷洪，殷洪已经从赤精子处得不到半点好处，他怎么可能还乖乖听话呢？

人性有时候就是这么卑劣！

不过，作为修仙两千年的仙人，已见惯了人情冷暖，世态炎凉，赤精子难道就看不破这一点吗？他难道就没有想过，殷洪在得了全部法宝后可能叛师归商吗？

赤精子当然想过！

在我看来，赤精子本不想把全洞珍宝都交给殷洪，但是，元始天尊命令他这么做。

何以见得？

殷洪是在吕岳被打跑之后，奉师命下山的。

赤精子为何不早不晚，偏偏在那时候让殷洪下山呢？我们结合原著，发现当时赤精子一直在洞中苦修，前后只发生了一件不同寻常的事。那就是白鹤童子带来了掌教元始天尊的一封书札。

原著说："且言太华山云霄洞赤精子，只因削了顶上三花，潜消胸中五气，闲坐于洞中，保养天元。只见有玉虚宫白鹤童子持札而至，赤精子接见。"

书札中写了什么呢？

原文说：“谢恩毕，方知姜子牙金台拜将。”书札中说明了姜子牙金台拜将的日子，要求赤精子到时候下山参与盛会。

乍一看，这份书信没有毛病，仔细推敲则大有问题。

有啥问题呢？

殷洪下山之时，是在商纣王二十八年年初，而姜子牙金台拜将之时，则是在商纣王三十年三月十五。金台拜将明明是在两年之后才进行，元始天尊为何这么早就让白鹤童子来通知呢？

是担心路途遥远，赤精子赶不及？是消息传递不便，于是提前通知？

都不是。

元始天尊早在数十年，上百年前就已经制定好了封神行动的大体刚要，几个重要的时间点，都早早确定了，其中就包括了金台拜将的时间点。就算是临时通知，以白鹤童子的遁术，也可以在一天之内传达。

总之，元始天尊根本没有必要提前两年通知赤精子。何况，赤精子到时也只是到场观礼，根本不需要他做什么。

于是，真相浮出水面。元始天尊之所以要在两年前就早早送出信札，貌似是提醒赤精子去观礼，其实是提醒赤精子送徒弟殷洪下山，并且，元始天尊要求赤精子，把全部法宝都交给殷洪。

在之前申公豹说反土行孙的章节中，我曾经提到，在黄河阵后，十二仙首修为尽废，阐教处于一个极度虚弱的时期。此时，若商朝方面自主召来强大仙人，西岐阵营很难抵挡。为此，阐教高层派遣申公豹有意识地说反阐教三代弟子，让自己人打自己人，大家知根知底，如此可以更好地掌控两军局势。

何况，元始天尊虽然不想让心爱的十二代大弟子们加入天庭，但是，他又怎肯让截教仙人在未来掌控天庭？为此，他也必须派出一部分阐教势力加入天庭。最好的选择，就是让阐教三代弟子去死，与截教仙人一样封神。如此，也可以堵住截教的嘴——封神大战死的可不只是你们截教的人！

结合此前对肉身成圣的分析，可以知道，元始天尊、老子等阐教高层早在许多年前，就已经做好了牺牲商朝，抹黑纣王的布局。阐教三代弟子中，哪些人可以肉身成圣，哪些人必须去死，高层早有安排。

像殷洪、殷郊兄弟，他们是商朝殿下，这就是原罪。话说回来，像殷洪、殷郊这种天生贵族，骨子里也必定不甘心做西岐的附庸。为此，阐教高层安排赤精子送出一洞法宝，在三件法宝强大威力的迷惑下，殷洪自然容易迷失自我，最终把自己送上死亡之路。

作为师父，赤精子还是很关心，很疼爱殷洪的。赤精子知道弟子殷洪的脾气，必定禁不起诱惑。他不想交给殷洪三件法宝，但是又不敢违背师父命令。于是在殷洪都收好东西，准备下山的时候，赤精子还特意把殷洪叫回来，警告殷洪，并且让殷洪发誓，切切不可违背自己的嘱托，否则只有死路一条。在殷洪发誓，违背诺言将四肢俱成飞灰之后，赤精子才放殷洪下山。

后来，赤精子亲眼见到殷洪被太极图化为飞灰，不禁放声大哭："太华山再无人养道修真。见吾道门下这样如此，可为疼心！"

赤精子好伤心，好无奈。他既是哭殷洪，更是哭自己！

徒弟之死，作为师父的他难辞其咎。赤精子虽是玉虚宫击打金钟首仙，但是在圣人面前，依然是一个无法左右自己命运的棋子。

殷洪之死，是死在太极图上。难道阴阳镜那么强大，竟然要封神世界中最强法宝之一的太极图才能镇压？

087 慈航道人下山有啥可怕真相

阴阳镜再强，也还只是金仙级镇洞之宝，即 B + 级别，阐教方面本无须动用先天至强法宝太极图。那么，阐教高层为何如此做呢？

我们先来确认一下阴阳镜的等级。

阴阳镜是玉虚宫现任击金钟首仙赤精子的法宝，可以一晃让人生，一晃让人死。从其攻击方式上说，属于魂魄攻击类法宝。

从战场表现看，阴阳镜曾经晃死过凡人武将庞弘、刘甫、黄飞虎，晃死过人仙强者黄天化，吓退过恢复期的赤精子。

整体来说，阴阳镜对于金仙以下仙人有较大威胁，基本上被晃中就会晕死。但是，其效力对于大罗金仙以上仙人，将大打折扣。

何以见得？

原著中提到闻太师退兵时，曾遇上广成子阻截。闻太师畏惧番天印，于是主动避让。后来，闻太师又遇上赤精子拦截，双方一言不合就开战。等赤精子拿出阴阳镜，闻太师一拍墨麒麟，跳出圈外退走。

像闻太师这种修为达到大罗金仙境界的仙人，正面被阴阳镜晃中，结果会如何呢？在我看来，只会伤，不会死。

番天印打的是仙人肉身。在封神世界中，仙人们多炼气、炼神，不炼体。

金仙境界与人仙境界相比，元神强大无数倍，但是，肉身强度的提升有限。这也是三代弟子们拿着师父的法宝，就可以横行霸道，挑战金仙的重要原因。

但是，阴阳镜打的是仙人魂魄。随着修为等级的提升，仙人的魂魄强度越来越大。像陆压要用钉头七箭书射死赵公明，不但要二十一天祭拜，还要借助千百壮士的魂魄，借助超强符箓，才能让赵公明魂魄离体——而最终赵公明的魂魄也没有死。

因此，赤精子的阴阳镜晃不死大罗金仙，只能算是 B + 级别法宝。

至于太极图，乃是老子开天辟地，订立封神世界地、水、火、风的至强法宝，是封神世界中最为罕见的先天法宝。若论等级，绝对是最强的 S + 级别。

阐教只要派出一个大罗金仙，就可以分分钟收拾掉殷洪。动用太极图，绝对是杀鸡用牛刀。

那么，用牛刀杀鸡的原因是什么呢？

要想弄清楚这个问题，我们且来关注下殷洪之死故事中特别登场的一个人物——十二仙首之一的普陀山慈航道人。

赤精子被殷洪打败后，西岐阵营一度陷入困局。大家都不知道该如何是好。尤其是赤精子，忧心忡忡。他对众人说：“如今殷洪阻挠逆法，恐误子牙拜将之期，如之奈何？”

子牙拜将虽然还在两年后，可是，三十六路征伐还有几路。不能及时收服殷洪，苏护就无法投降，朝歌方面就不会派出新一路征伐大军。这就犹如蝴蝶效应一般，将引发连锁反应，最终导致姜子牙无法如期金台拜将，灭商之日也就会被拖延。

赤精子虽然是玉虚宫击金钟首仙，但无论如何，也承担不起耽误封神行动的大罪名。

就在此时，忽报丞相府外有道人来访。姜子牙出迎，发现是普陀山慈航道人。

慈航道人为何下山？他告诉姜子牙：“专为殷洪而来。”

赤精子一听大喜，忙问慈航道人有何方法可以收服殷洪。慈航道人回答：“若擒殷洪，须是赤精子道兄将太极图，须……如此如此，方能除得此患。”

慈航道人提出的是什么方法呢？

慈航道人告诉赤精子与姜子牙，来日可让姜子牙为诱饵，与殷洪交战，只需败，不许胜——其实，殷洪有紫绶仙衣护体，姜子牙也胜不了——将殷洪一路牵引到战场南方。赤精子拿着太极图在那里等候。

昔日十二仙首共破十绝阵，赤精子从老子那里借来太极图，以破落魂阵。中间，太极图一度被落魂阵主姚天君所得。姚天君被杀死后，太极图就由姜子牙负责保管。老子下山破黄河阵时，曾经用太极图擒拿云霄娘娘。用完后，他依然把太极图交给姜子牙，没有带回。

老子如此安排，并非他有未卜先知神通，而是他早就知道封神行动的具体方案，知道殷洪会带走一洞珍宝，野心膨胀，背叛师门，也知道姜子牙还要借用太极图来收服殷洪。

到那一天，姜子牙临阵叫战。殷洪自信满满，果然一路追打姜子牙。

眼看徒弟已经到来，赤精子展开太极图。

太极图中拥有万千大道，无所不包，因此，既是最强的防御法宝，又是最强的攻击法宝，还自成一个小世界。

太极图一展开，就出现一座金桥。姜子牙站在金桥上喝问殷洪，可敢上前与他大战三回合。殷洪正在得意时，哪里想那么多，一边大笑，一边上桥。

一旦走上桥，殷洪就觉得心神失控。脑袋中刚想到可能有伏兵，就有伏兵杀来。想到朝歌，就进了午门，见到黄贵妃、杨贵妃，继续往前走，就看到了生母姜皇后。

殷洪以为自己是做梦，姜皇后却告诉他："冤家！你不尊师父之言，要保无道而伐有道，又发誓言，开口受刑，出口有愿，当日发誓说四肢成为飞灰，你今日上了太极图，眼下要成灰烬之苦！"

殷洪到此刻，才明白自己已经被困在太极图的虚幻世界中，他心中万分惊骇。他呼唤母亲救他，姜皇后却消失不见了。他又呼唤师父救他，赤精子却叹息说，殷洪你已经犯了天条，难逃一死。

殷洪感受到死亡的危机，痛哭流涕，再三哀求。赤精子与殷洪生活了二十年，难免心软，差点要就要把殷洪放出。

恰在此时，空中传来慈航道人的声音："天命如此，岂敢有违。毋得误了他进封神台时辰！"

赤精子心中一凛，只能含悲忍泪，将太极图一抖，太极图内卷起一阵狂风，将殷洪连人带马，化为飞灰，使殷洪的灵魂前往封神台。

看慈航道人此次到来之后的种种言行，可以发现一个可怕的真相：慈航道人下山，根本不是为了收服殷洪，而是为了杀死殷洪。

在殷洪顽固不化，一心对抗西岐时，慈航道人告诉赤精子："唯有如此，方能除得此祸。"在殷洪已经后悔，想要痛改前非时，慈航道人告诉赤精子："天命如此，岂敢有违！"

慈航道人与殷洪之间无冤无仇，和赤精子之间也没有仇隙。他之所以如此冷血，不肯给殷洪改过机会，只因为他这次下山是得到了元始天尊法旨。他的意思，其实就是元始天尊的意思。

殷洪明明已经悔过，元始天尊为何还要杀死殷洪呢？

除了前文所说的，殷洪是商朝殿下，拥有原罪，以及阐教需要弟子加入天庭外，还有一个重要原因：殷洪曾经发誓，若是自己违背承诺，就要承受四肢化为飞灰的惩罚。

昔日与申公豹谈话时，殷洪对此颇为担心。申公豹哈哈一笑说：“此乃牙疼咒耳！世间岂有血肉成为飞灰之理！”

确实，在封神世界中，绝大多数法宝都只能将人杀死，让魂魄离开肉体，却不能将四肢化为灰飞。只是，别的法宝不行，不代表太极图不行。

为了证明天道不爽，天命难违，违背了誓言，天道就会降下惩罚，元始天尊方才特别派出慈航道人，不惜动用太极图，以便让殷洪如誓言中一样，化为灰飞而死。

088 打神鞭为何打不中马元

在赤精子被殷洪打跑之后，慈航道人下山之前，商军大营前还来了一个凶恶道人。这道人令姜子牙此前百发百中的打神鞭，竟然失灵了。

这位凶恶道人乃是来自骷髅山白骨洞的一气仙马元。那打神鞭为何打不中马元呢？

因申公豹引荐，马元来到西岐，寻找殷洪。之后，马元出战，与姜子牙略说了几句，就挥剑开战。打了三五个回合，姜子牙就祭出打神鞭来打。

结合此前的分析，我们知道，打神鞭打人的威力虽然并不强，只要不被打中顶门，大多数情况下都不会死，甚至被打后连药也不必吃，但是打神鞭的命中率极高，不但是金仙必中，就算对方是大罗金仙，也难逃一击。

可是，原文说：“马元不是‘封神榜’上人，被马元看见，伸手接住鞭，收在豹皮囊里。子牙大惊。”

这马元也没有施展什么特异神通，也没有拿出什么超强法宝，他就是伸出手来，竟然就接住了打神鞭。

那马元是不是修为极高，实力极强呢？

就在姜子牙大吃一惊的时候，西岐麾下一名来自秦州的督粮官武荣上前助战。这武荣在西岐阵营只算是无名之辈，可马元竟然被他杀得手软筋麻，力气难支。

马元不得已用出绝招。他默念咒语，喝一声：“疾！”忽然，从他脑后伸出一只巨手，单单一节手指就好像一个大冬瓜。那巨手凭空将武荣抓到空中，又往地下一摔。马元再上前，劈开武荣，扯出心肝，当众吃掉。

当众吃心肝很吓人，不过马元靠用出绝技方才杀掉一个凡人武将，我们只能说：马元，你好弱！

后来，土行孙上前与马元交手。马元被打得骨软筋酥，招架费力，于是再度念咒，施展巨手神通。土行孙被抓到高空，再度被摔下。但土行孙一接触到地，扭身就钻入不见了。

马元的巨手能够抓到土行孙，这份神通也算是不俗。只是，许多神通、法宝都能做到这点，但是他们的主人却都无法躲避打神鞭。

一旁为丈夫掠阵的邓婵玉，见马元还在四处张望，寻找土行孙踪迹，于是取出五光石，甩手打去。五光石正中马元脸上，打得他金光乱冒。马元“哎呀”一声，痛得不禁喊出声来。

与西岐众三代弟子相比，马元的修为毕竟要高些。他被五光石打中后，书中并没有说被打得鼻青脸肿，而是说“打得金光乱冒”。但是，马元也未能像杨戬一样，被打中后浑然无事，而是痛得哎呀乱叫。

之后，杨戬与马元大战，马元再度施展巨手神通，将杨戬抓起，并且当众扯出心肝脾肺吃了。

是马元巨手无敌，连杨戬都跑不掉吗？

当然不是。后文交代，马元回到大营后，肚中疼痛不已，咕咕乱响，然后大泻三日，拉得马元七荤八素。

原文说：“岂知是杨戬用八九玄功，变化腾挪之妙，将一粒奇丹，使马元泻了三日。”

原来，杨戬是故意让马元擒拿。他把一颗能让神仙也拉肚子的仙丹幻化成自己心肝脾肺模样，让马元吃下。

马元吃下仙丹后，三天不能出战。西岐方面正好借这三天调兵遣将，找出马元破绽。

果然，就在第三天，文殊广法天尊驾临。姜子牙询问师兄来意，文殊哈哈一笑说：“贫道因闻马元来伐西岐，恐误你三月十五日拜将之辰，故此来收马元。”

其实，不是文殊主动来收马元，是元始天尊得知西岐第一手情报后，派出文殊前来公干。

这马元，论武艺打不过二流凡人武将，论神通压不服土行孙，貌似成功抓到杨戬，其实是被杨戬算计，玉虚宫元始天尊那里也只是派出修为被废的十二仙首之一来收服他。由此种种可见，马元的综合实力并不强。

那么，为何金仙必打、大罗难逃的打神鞭，偏偏打不中马元呢？

真是因为马元不在封神榜上吗？

那么，封神榜上到底有没有名单呢？

要弄清楚这些问题，我们首先要区别两个概念：封神行动与封神榜是两码事。

封神行动是借助人间王朝大战，选拔天庭神仙的一场选拔行动。封神榜是悬挂在封神台上的一个榜单。这份榜单，据说在三教圣人共同捡押时就已经明确。不过，具体名单如何，除了三教圣人，外人并不知道。

原著中第一次提到榜单时，燃灯道人说：“三教内俱有弥封无影，死后见明。”作为阐教中仅次于二圣的大人物，燃灯道人对封神榜的细节，知道得自然比一般人清楚。

燃灯道人强调，封神榜榜单被圣人以强大封印封住，唯有那些已经被杀且有资格进入榜单的名字，会显露出来。也就是说，封神榜榜单在公众看来，最开始是空白的，随着封神大战的深入，名字一个个显现，增多。

通天教主也曾提到封神榜。他除了说到有无影弥封，还提到哪些人会上榜。通天说：“其中有忠臣义士上榜者；有不成仙道而成神道者；各有深浅厚薄，彼此缘分，故神有尊卑，死有先后。”

通天教主强调，在凡人当中，唯有忠臣义士可以上榜；在仙人当中，则是那种不能成就仙道的人才会上榜。不过，通天教主又补充说，上榜各有缘分，尊卑先后不同。换言之，并非说那些修为浅薄的人仙、神仙就必定上榜；修为高深的金仙、大罗金仙，就不会进入封神榜。一切还看缘分。

这一切看缘分，不就等于暗示说：圣人之下，谁都有可能上榜吗？

元始天尊也曾经提到封神榜，他提到订立榜单时，三教圣人把所有被卷进封神大战的人、仙、妖分为三等：

第一等，根行高深，成仙道；

第二等，根行稍差，成神道；

第三等，根行浅薄，成人道。

成就仙道与成就神道者都超脱三界，不入轮回；成就人道者，还需要重归轮回。

也就是说，像杨戬、哪吒等人是根行高深，于是成就了仙道；黄飞虎、黄天化等根行稍差，成就神道；姜子牙、姬发以及无数凡人将士，根行浅薄，重入轮回。

乍一看，这么划分挺合理。但若仔细分析，却可以发现，元始天尊这番话全是骗人的。三霄娘娘的根行会比哪吒、韦护等人差？姜子牙、姬昌、姬发会比黄飞虎、黄天化差？

事实上，在代表鸿钧老祖意图的元始天尊、老子口中，所谓根行高低，与其人修道的根行全无关系，而是顺应高层意图，就是根行高，敢于忤逆高层意思，就是根行低。当然，茫茫多的凡人将士，无论是顺应，还是忤逆，都注定了是炮灰，都被认定是根行低，都必须进入轮回。

那封神榜无影弥封之下，到底有没有姓名呢？

我认为，有！

但是，此次天庭是要敕封365位正神，而封神榜无影弥封之下应该只是有一些大人物的名字，未必有完整的365个名字。甚至，我认为，封神榜最终公布的名字，和最初三教圣人拟定的名字，并不相同。

只因三教圣人虽然强大，但是并无无所不能。

为了保证封神计划顺利达成，三教圣人倚仗强大的智慧，通天的手段，制定了周密计划。在这个计划中，一些牵涉全局的核心人物和核心事件，其登场时间和死亡时间必定都已经安排好了。

比如，姜子牙下山之日，拜相之日，金台拜将之日，牧野之战之日，商纣王自杀之日……都已经定好。

比如，闻太师下山之日，离开朝歌远征北海之日，回到朝歌追杀黄飞虎之日，亲率大军西征之日，被杀于绝龙岭之日……也都已经定好。

毕竟闻太师修为高深，人脉宽广，他的死亡关乎商朝兴衰，必须早做安排。也正因一切早有安排，其师金灵圣母才会从通天教主处隐约知道，自己这个徒弟一生逢不得“绝”字。

对应封神榜名单，鸿钧老祖与三教圣人可以保证一些核心人物、主要人物必定被封神，但很难保证参战人员一切都如预先设计一般或生存，或被杀。

事实上，姜子牙最终公布的封神榜名单一共有371位，和三教圣人预计的365位并不相同。毕竟，天道无常，永远都存在变数。就算是鸿钧老祖，也不能操控一切。

比如，西方教就是独立于东方道派的一股强大势力。鸿钧老祖、元始天尊可以预料到西方教会趁着东方封神分一杯羹，但未必能料到准提道人何时何地会出现。

比如，准提道人此次救马元，就出乎元始天尊预料。

准提道人说，封神榜上无马元名字。事实恰恰相反，有两个强有力的证据证明，元始天尊制定的封神榜上的的确确有马元的名字。

证据一：马元是申公豹邀请而来的。

前文中，我们不厌其烦地强调，申公豹与姜子牙乃是元始天尊的一暗一明两枚棋子。申公豹负责引诱，姜子牙负责斩杀。从马元乃申公豹引荐到商军大营这点，可以看出，元始天尊早就布局要杀死马元，即让马元被封神。

申公豹共邀请三十六路人马讨伐西岐，这些人无一例外都被封神了。马元自然也不应例外。

证据二：文殊见到姜子牙说："子牙公，贫道因闻马元来伐西岐，恐误你三月十五日拜将之辰，故此来收马元。子牙公可以放心。"

文殊明明白白地说，自己是为收马元而来。事实上，文殊不但目的明确，并且早早就想好了杀马元的计划。因文殊广法天尊也是个修为被废的前金仙，正面对战马元并无优势。于是，他利用马元贪婪好杀的性格，设下陷阱。他将遁龙桩幻化为一妇人，成功锁定马元。若准提道人不出现，文殊必定可以完成元始天尊交代下的，斩杀马元，送其封神的任务。

那么，准提道人为何会在文殊杀马元的最后一秒出现呢？

其实，准提道人早在附近潜伏多时，一直在找机会收服马元。只是文殊虽然修为被废，但是道法高妙，依然可以擒拿马元。等看到再不出手马元就要被杀，准提道人才不顾脸面跳了出来。

准提道人自然不会强行带走马元，他提出一个理由：马元封神榜上无名，与我西方有缘。言下之意，既然封神榜上无名，那你文殊杀不得马元；与我西方有缘，那我准提就可以带走马元。

结合此处我们可以推知：当初马元之所以能够接过打神鞭，并非马元本身神通有多高，而是准提道人看中了马元。是他在暗中出手，破掉了打神鞭一击，造成打神鞭打不中马元的假象。这也为他后来带走马元，找了一个很好的借口。

文殊听了准提的自我介绍，得知对方乃是西方圣人级别高手，哪里敢不答应请求？

那马元死里逃生，自然感激准提。准提又开出丰厚条件："道友，可惜五行修炼，枉费工夫！不如随我上西方：八德池边，谈讲三乘大法；七宝林下，任你自在逍遥。”

准提说马元五行修炼，枉费工夫。言下之意是说，你马元在东方已经没法混了，还是跟我走吧。到了西方后，再过逍遥无边的日子。马元听了，当即答应。

在原著的描述中，这马元乃是一个彻头彻尾的食人恶魔，在截教中也是人人唾弃的角色。为何号称慈悲心肠的西方教要收走马元呢？

089 东方仙界大战，西方教为何敢强行介入

阐教仙人经常说截教仙人是妖邪，是畜生，事实上，截教与阐教一样，都是封神世界中的名门正派。两家的创教祖师爷更是师兄弟，修习的都是鸿钧老祖所传道法。所谓：“红花绿叶白莲藕，三教原来是一家。”

只因修道观念不同，彼此利益又有冲突，更因为上层操控，多方势力推波助澜，两个兄弟门派逐渐反目成仇，势同水火，彼此不能相融。最终，闹得刀兵相见，不死不休。同室操戈，自然亲痛仇快。只是，正因为曾经是亲人，一旦翻脸，恨起来往往比仇人下手还要狠。自然，最终的结果必然是兄弟相残，两败俱伤，第三方得利。

在封神大战中，最后得利的，自然是与东方道门并立的西方教。

封神世界对三界势力的划分和西游世界截然不同。

在西游世界中，高居统治地位的是天庭。玉皇大帝是现任天帝，统管三十三重天。其中，取经故事发生在第一重天。第一重天中，道家在东胜神洲、北俱芦洲占绝对主流。南赡部洲与西牛贺洲则佛道兼有。

在封神世界中，没有多重天，大家都生活在一个世界。不过，东方和西方各有一股强大势力。

在东方，人间有商朝、西岐，天庭有昊天上帝，仙界有阐教、截教。他们都归鸿钧老祖管辖。鸿钧老祖就是东方世界之主。

在西方，人间是哪个王朝不得而知，有无天庭也不得而知。只知道他们那里有一个西方教势力强大，强大到拥有两个圣人级别高手。

至于两位圣人教主之上，有没有更高层次——如鸿钧老祖一级的超强高手，不得而知。

从书中登场的人物看，鸿钧老祖是封神世界最强仙人。

一场在东方发生的仙凡大战，为何西方圣人要强行介入？

这就犹如两兄弟在争家产，打得头破血流。此时，忽然冲入一个外人，直接抢东西走人。正常来说，会有什么反应？——自然是两兄弟先罢手，一起把外人先打跑。

何况，阐教、截教之上还有鸿钧老祖呢。准提道人截和，就不担心鸿钧老祖发怒吗？

准提道人虽然是西方教副教主，达到混元大罗金仙境界的圣人高手，但是，他还是很怕鸿钧老祖的。

不过，火中取粟，全因有利。只要有利可图，准提道人愿意冒点风险。

准提道人所追求的利，到底是什么呢？

原著第65回准提道人劝接引道人说："西方虽是极乐，其道何日得行于东南；不若借东南大教，兼行吾道，有何不可。"

原来，西方虽号称极乐世界，但门徒寥若，远不如东方道门繁华昌盛。两位教主不想继续做光杆司令，想要把西方道法传播天下，为此就要广收门人。只是，靠自己两个教主辛苦传授，非要有千儿八百年的工夫，才能教出一批金仙级别的徒弟。

但如今，东方道门正进行封神大战，各处隐居的仙人纷纷出山。若能够趁着阐教与截教大杀一通的混乱时刻，直接带走一些金仙，既可以迅速扩张人马，也可以免去庞大的培训费用，省时省力，一举多得，何乐不为？

只是，贸然干预东方仙界的事情，会不会引发反击呢？要知道，东方道门可是有一位西方两位教主都惹不起的巨无霸式的人物。

正因为怕惹怒鸿钧老祖，又不想错过趁着大战扩充人马，准提道人才会选择了马元。

准提道人告诉文殊说："此人根行且重，与吾西方有缘，待贫道把他带上西方，成为正果。亦是道兄慈悲，贫道不二门中之幸也。"

准提道人身为圣人，修为比文殊高两个大境界。面对文殊，准提没有半点狂傲之气，而是态度谦恭，使用平辈、商量的语气和文殊交流，让文殊大为感动。

在提出带走马元时，准提道人除了强调马元封神榜上无名外，还强调马元"根行且重"，即马元是个修仙的好苗子。

结合前文我们可知，所谓根行深不深，全在高层一句话。

事实上，马元已修行千年，不过还是普通金仙境界，除了一个巨手神通，也没有什么了不起的，根本谈不上根行深！

马元为何会被申公豹说动，来到西岐阵营杀人呢？

这还要从马元的居住地骷髅山白骨洞说起。

提起骷髅山白骨洞，记性好的读者应该还记得被太乙真人杀死的石矶娘娘就住在那里——原来，这一气仙马元竟然和石矶娘娘同居！也不知两人是夫妻还是朋友，但彼此关系很好那是一定的。

当初，太乙真人杀石矶娘娘的时候，马元没有出现。极有可能是马元因事外出，不在洞府。或许，马元就是因石矶娘娘之死，恨上了阐教。另外，太乙真人等十二仙首被困黄河阵，如今修为都被废的消息，在截教仙人中传得沸沸扬扬。马元自认为报仇的机会到了。于是，当申公豹一开口，马元就答应下山，挑战西岐阵营。

这马元除了会巨手神通外，最大的特点就是爱吃人，并且是手撕心肝，生吞活吃。这爱好就算是在率性而为的截教仙人中，也绝对的变态。

此前，阐教也好，截教也好，两军对阵时彼此攻杀，都杀了不少人。像姜子牙冰封岐山，差点把五万商军冻死。像吕岳散播瘟疫，差点害死西岐一城百姓。不过，他们的目的都只是获胜，而绝不像马元以杀人为乐，以人类为食。

如此一位食人恶魔，在准提道人的口中，为何就变成根行且重的奇才？

只因马元修为不高，品性低劣，正符合准提道人此刻的需求。

准提道人既想从封神大战中捞取一杯羹，又不想得罪三教圣人与鸿钧老祖，于是，准提道人就想先找个人试探下东方道派高层的意见。

虽然马元是元始天尊定下的封神榜上神仙，但是马元修为平平且凶残嗜血，就算是在截教中，也很让人厌恶。带走马元，就算元始天尊有点生气，也不至于翻脸。

090　苏护、郑伦为何双双投降西岐

马元被准提道人带走后，殷洪也被赤精子用太极图杀死。当晚，苏护派儿子苏全忠在夜间偷偷摸到西岐城下，将投降书射入。

这苏护从在冀州时就和妻子、儿子商量投降西岐，为何到此刻才正式递上投降书？

这苏护是个非常精明的主儿。他一心想利用手中资源，为自己换取最大回报。于是，他才会故意放纵郑伦与西岐大战，才会故意拖延不见黄飞虎，才会见了黄飞虎也不立刻投降。

可是，等到商军一败再败，殷洪、马元的到来更使得商军与西岐仇怨更深，苏护渐渐也坐不住了。眼看马元与殷洪都一去不回，苏护明白自己只剩下最后的机会了。他若再不投降，迎接他的就是西岐大军的碾压。

不过，苏护虽然是个武将，却心机深沉，不在姜子牙之下。就算是投降，苏护也选择了一种最能保护自己利益的方式。

此前邓九公表态投降后，提出要求，要姜子牙亲自迎接自己，然后再率军投降。邓九公是个磊落君子，既然说了投降，那就光明正大地投降。他要挣的，就是一个面子。

苏护不一样。苏护不是小人，但也谈不上是君子，他是一个标准的政客，永远都把政治利益放在第一位。

他是怎么做的？

苏护告诉姜子牙：我们就要投降了，但是，我不能公开率军投降——不是我不想，而是我不能。就如此前告诉黄飞虎一般，我这边有个叫郑伦的，是商军死忠分子。有他在，我们无法公开投降。为了表示我的诚意，我邀请您老率领西岐军队夜袭商军，然后“护父子乘机可将巨恶擒解施行”，即我苏护父子会乘机把郑伦等死忠分子擒拿，然后我们再归降西岐。

苏护不公开投降，而是请求姜子牙夜袭，这对他有何好处呢？

好处一：苏护此举，等于告诉姜子牙，我们是主动投降的，不是战败被俘，不能把我们当二等公民，必须给我足够的待遇。

好处二：苏护此举，可以告诉商军将士，我们是被迫投降的，我们力尽被俘，已经为国尽忠，可以心无遗憾。

如此一来，苏护投降西岐，既可以高官得做，骏马得骑，又不会有主动投敌、叛国卖主之讥，可谓一举两得。

事实上，苏护在投降一事上还耍了一些小手段。

比如，苏护提出，西岐大军夜袭当晚，“护父子乘机可将巨恶擒解施行”——本应当由苏护、苏全忠父子擒拿郑伦，然后率军投降，如此方算是完成约定。可是，当西岐大军来到时，苏护与苏全忠全不管商军将士，带上金银细软，在家丁的护卫下，偷偷溜进西岐城去了。

商军大营和以往一样，由郑伦镇守中军大营，由殷洪收的刘甫、苟章左右护卫。最后，邓九公杀了刘甫，南宫适与黄天祥联手，杀死了苟章，邓九公将郑伦生擒活捉。

苏护为何这么做？

唯有如此做，才可以让郑伦等人率领商军继续反抗，给天下人一个苏护率军力战的假象。

唯有如此做，才可以告诉西岐，郑伦真的如我苏护此前说的一样，已经掌握了商军大权，我们不投降，真的是被迫的。

唯有如此做，苏才可以借刀杀人，把本属于殷洪一系的刘甫、苟章，以及不听从他将令的郑伦全部弄死。

不过，苏护没有想到，姜子牙远比他想象的还要大度。他暗中吩咐邓九公、黄飞虎等人，此次夜袭，别人也就算了，但是对郑伦必须生擒。

郑伦虽然屡屡和西岐做对，确实可恶，但是郑伦身怀异能，本领了得。西岐正在用兵之时，千军易得，一将难寻啊！

等到大军得胜归来，苏护带着儿子拜见姜子牙。姜子牙与苏护打交道多次，岂会不知道苏护的小心思。

他先是高度评价苏护："识时务，弃暗投明；审祸福，择主而仕。宁弃椒房之宠，以洗万世污名，真英雄也！"

然后，姜子牙当着苏护的面，让人把郑伦推进来。面对苏护时，姜子牙还是一脸春风，等见郑伦时，却脸如寒霜。

姜子牙训斥郑伦不识时务，逆天而行。郑伦自然不服，大骂主帅与敌酋勾结，方才导致他战败。把一旁站着的苏护，听得脸色发白。

姜子牙喝令将不识时务的郑伦推出去砍了，然后，他笑嘻嘻地看着苏护。

苏护见到姜子牙一边要杀郑伦，一边迟迟不发令牌，就知道姜子牙全是演戏。姜子牙就是要借杀郑伦来敲打敲打苏护，别一天到晚和自己耍心眼。

苏护无奈，只能上前为郑伦求饶，表态自己可以去招降郑伦。

姜子牙一听，哈哈大笑说："吾知郑将军忠义，乃可用之人，特激之，使将军说之耳，易于见听。今将军既肯如此，老夫敢不如命。"

姜子牙权谋老道，处事稳妥。郑伦身怀异能，可以一用，但是以他大国宰相的身份，郑伦还不配由他出面劝降。

苏护已经归降，但是，商军是由西岐打趴下的，郑伦是由邓九公生擒活捉的，苏护可谓寸功未立。因此，姜子牙虽然口头上高度表扬苏护，但是迟迟不给苏护任命正式官职，也没有引荐给武王姬发。

姜子牙就是要晾一晾苏护，让苏护别老是耍小心思。

苏护这才明白，自己唯有劝降郑伦，在西岐阵营才能有一席之地。毕竟苏护与苏全忠都是凡人武将，郑伦才是冀州军团最强战力。

只是，郑伦脾气死犟，又深恨苏护卖主求荣，不好劝说啊。

苏护苦苦思考许久，方才找到郑伦。他与郑伦谈了好几个小时，其中，有三句话最能打动郑伦。

其一，识时务者为俊杰。

苏护告诉郑伦，如今昏君当国，百姓涂炭，天下三分，其二已归周。

其二，你有大将之才，死非其所。

在说明天下大势后，苏护把郑伦好一顿猛夸，告诉郑伦若执迷不悟，死了也是白死。

其三，良禽择木，贤臣择主。

苏护列举黄飞虎、邓九公等人，那都是天下豪杰，可如今也都投降。何况西岐势大，未来必能一统天下，若是归降，以后必定有享不尽的荣华富贵。

总之，苏护告诉郑伦：再不归降，唯有一死；若是归降，好处多多。

其实，郑伦对商朝貌似忠心，其实骨子里并没有什么感情。他所坚信的，从来都是个人武力。在郑伦看来，自己异能天下无双，可以力挽狂澜。只是，在和西岐多次交手之后，尤其是几次被哪吒打伤后，郑伦也不再像往日一般自信满满了。

和苏护一番交谈，让郑伦明白，眼下投降是自己唯一的，也是最好的选择，于是，郑伦终于松口表示答应。

不过，郑伦提出，自己多次擒拿、打伤西岐将领，万一归降，以后不好相处。苏护请示姜子牙，姜子牙亲口承诺，过往一切不予追究。郑伦这才整理衣衫，叩拜归降。

等苏护劝降了郑伦后，姜子牙方才带着苏护来见武王姬发。姬发鼓励了一番，交代姜子牙善待苏护，苏护再三叩拜。由此，苏护这一路征伐正式落幕。

091 苏护叛国，苏妲己为何能逃脱罪责

冀州侯苏护归降西岐之前，虽然他为了维护自家名声，做了种种安排，但在明眼人看来，无论他怎样掩饰，都难逃叛国之讥。

消息传到朝歌，中大夫方景春看到奏本，不禁大骂：“老匹夫！一门尽受天子宠眷，不思报本，今日反降叛逆，真狗彘之不若！”

站在西岐的角度上看，苏护归降乃是良禽择木而栖，乃是弃暗投明，可站在商朝的角度看，苏护乃当朝国丈，受尽恩宠，谁投降他也不能投降。难怪方

景春会骂苏护猪狗不如。

方景春抱着本章求见纣王。纣王大怒。他说："苏护乃朕心腹之臣，贵戚之卿，如何一旦反降周助恶，情殊痛恨!"纣王也想不明白苏护为何要背叛自己。

方景春请求严惩叛逆，像苏护这种叛国大罪，按律要满门抄斩，甚至灭九族。苏妲己身为苏护之女，也难逃罪责。可是，在苏妲己的一番言辞下，纣王竟然轻松揭过此事，对妲己更加宠信了。

这是怎么一回事呢?

不得不说，九尾妖狐所化的苏妲己非常聪明。她对时局的判断，对人心的掌握，远在一般人之上。

纣王听奏砸大殿时，妲己躲在屏风之后，听到了苏护叛国一事。

纣王没有答应方景春严惩苏护，而是表态自有主张。乍一看，纣王好像没有生气，可苏妲己知道，纣王其实很生气。他只是顾及屏风后苏妲己的面子，没有当场发作。等到外人走开，纣王必然大怒。

于是，在纣王散朝后，苏妲己不等宣召，主动来到御案之前，双膝跪下，泪如泉涌，请求纣王严惩。

苏妲己说："妾在深宫，荷蒙圣上恩宠，粉骨难消。不知父亲受何人唆使，反降叛逆，罪恶通天，法当族诛，情无可赦。愿陛下斩妲己之首，悬于都城，以谢天下。"

在《封神演义》中，申公豹辩才无双，是公认第一的铁嘴钢牙。但苏妲己巾帼不让须眉，伶牙俐齿不在申公豹之下。

苏妲己在话语中看似承认自身罪过，主动请求砍下自己脑袋，其实是在为自己辩护。

苏妲己提出两个理由，证明自己无罪：其一，自己人在深宫，父亲叛国自己怎能知晓；其二，父亲乃是国丈，受皇恩深重，叛国一事很有可能是受人挑唆。既然苏护叛国都可能另有隐情，那人在深宫的苏妲己又怎能严惩?

苏妲己一方面强调自己无罪，一方面却主动请求严惩自己。为了什么呢?

苏妲己流着泪说："庶百官万姓知陛下圣明，乾纲在握，守祖宗成法，不私贵幸，正妾之报陛下恩遇之荣，死有余幸矣。"

苏妲己提出，之所以愿意委屈自己，接受惩罚，乃是为了纣王，为了让天下百姓都知道纣王公正无私。

听了苏妲己这番话，纣王无比感动，心中原有的一腔怒火，瞬间消散。他扶起妲己，表示苏护叛国一事绝不会牵连到她，她的皇后之位绝不会动摇。并且，纣王还发誓："纵朕将江山尽失，也与爱卿无干。"

苏妲己在外人眼中，是一个狡诈凶残的恶妇，但在纣王眼中，一直都是个温婉贤淑的好妻子。

纣王非常精明，他登基已经三十年，早就不是当初那个迷恋美色的毛头小伙。可是，即便二十年过去了，苏妲己在纣王心中，依然是无人可以撼动的第一美女。

之所以如此，除了因苏妲己拥有九尾妖狐的强大魅术，更因为苏妲己在纣王面前，始终保持谦恭低调，总是做出一副甘愿为纣王付出一切的姿态。

纣王将心比心，就算是天下人都骂妲己，纣王也感念妲己的好。

之后，纣王召开朝会，商议再派何人领军前去讨伐西岐。

上大夫李定推荐三山关现任总兵张山，理由是张山用兵多年，做事稳重周详。纣王当即下诏，派张山率军出征。

与以往派出的几路大军相比，张山这一路大军很弱。从元帅张山，到副将钱保、李锦，偏将马德、桑元，都是凡人武将，并且，除了张山，都是三流角色。

听闻是三山关总兵张山统军，姜子牙询问也曾担任三山关总兵的邓九公。邓九公评价说："张山原是末将交代官，此人乃一勇之将耳。"

所谓"交代官"，其实就是接替的官员。在征伐西岐的几路商军中，有几路统帅都曾担任三山关总兵。比如邓九公、张山，以及后来的洪锦、孔宣。

商朝为何多次调兵都调三山关人马？

那三山关之外，乃是南伯侯鄂顺的地盘。在天下四大诸侯中，鄂顺最是软弱，多次被李靖与邓九公杀败，之后再不敢兴兵。

邓九公对张山的评价还是比较中肯的。张山虽然是凡人武将，论武艺却堪称一流。

邓九公因为自己是战败归降，几乎每次有商军叫战，他都会主动请战。这次张山前来，也是邓九公第一个出战。

第一天，张山派出首席副将钱保。邓九公与钱保交战三十回合，钱保刀法渐渐散乱。邓九公猛一发力，刀如泼风，将钱保斩于马下。

第二天，张山亲自出马，与邓九公大战。两人交手三十回合，张山年轻力壮，越杀越勇，邓九公年老力衰，刀法渐乱。眼看父亲就要倒霉，背后观敌掠阵的邓婵玉急忙甩出五光石，打中张山脸面，把张山一张脸打得血肉模糊，疼得差点摔下马去。

张山逃回大营，紧闭寨门。

092 封神也有金翅大鹏雕

就在张山被邓婵玉打伤，苦无出路时，有一位道人求见。

张山大喜，请道人入内。道人尖嘴猴腮，形容古怪，自称乃蓬莱岛炼气士，人称羽翼仙。

这羽翼仙是谁?

这羽翼仙乃是封神世界响当当的一位妖王，在西游世界也大名鼎鼎，他的真身乃是金翅大鹏雕，俗称大鹏。

当然，封神与西游中，对大鹏的设定并不相同。

在封神中，大鹏乃是截教门下、蓬莱岛炼气士中的一位妖修，与孔宣（天地间第一只孔雀）没有关系。后来他被燃灯道人降服，做了燃灯的徒弟。

在西游中，大鹏乃孔雀的弟弟。孔雀被如来佛祖封为佛母，大鹏就成了如来的便宜舅舅，最后被如来降服，做了佛祖的贴身护法。

不过，不管是在封神中，还是在西游中，大鹏都是一位厉害角色。

这羽翼仙（大鹏）本在蓬莱岛清修，为何会跑来帮助商军，攻打西岐呢?

两军对阵，一见姜子牙，羽翼仙就气呼呼地说："姜子牙，我且问你：你莫非是昆仑门下元始徒弟，你有何能，对人骂我，欲拔吾翎毛，抽吾筋骨？我与你无涉，你如何这等欺人?"

原来，是有人告诉羽翼仙，姜子牙仰仗自己是玉虚宫弟子，狂妄自大，说了很多肆意侮辱截教仙人的话。羽翼仙作为蓬莱岛威名赫赫的头号妖修，自然也被姜子牙侮辱。据说，姜子牙放出话来，要拔了羽翼仙的翎毛，抽了羽翼仙的筋骨。于是，羽翼仙才会大怒，特意下山来找姜子牙晦气。

姜子牙一听着急了，这明摆着是闭门家中坐，祸从天上来。他与哪吒、黄天化等三代弟子不同，知道截教其实藏龙卧虎，能不招惹还是不要招惹。

他忙告诉羽翼仙，自己根本不认识对方，彼此又无仇怨，怎么会出言侮辱羽翼仙呢?

很明显，羽翼仙是被人忽悠了！

读者想必都已经猜到，那个忽悠羽翼仙的人，就是申公豹。

羽翼仙是个非常淳朴、心地简单的鸟人。听姜子牙如此说，他一腔怒火已消散了大半，心中竟然在想：此言大是有理！

不过，羽翼仙在蓬莱岛炼气士中地位尊贵，名头极大，自有他的尊严，就算姜子牙说得在理，他也不好意思当众道歉。于是他告诉姜子牙：“你话虽有理，只是此语未必无自而来。但说过，你从今百事斟酌，毋得再是如此造次，我与你不得干休。去罢！”

羽翼仙这番话虽然还有点高高在上的意味，不过，已经不像此前那样咄咄逼人。只要姜子牙再说上几句场面话，大家哈哈一笑，一场干戈就可以化为玉帛。

姜子牙都已经想好了安抚的言辞，没想到哪吒不干了。在哪吒心中，截教仙人都是废柴，明明没啥本事，口气却都极大。这羽翼仙胡乱咬人，不当众道歉也罢了，竟还出言威胁，完全无视他阐教。暴脾气的哪吒也不请示姜子牙，直接登开风火轮，摇动火尖枪，杀向羽翼仙。

羽翼仙见状一愣，随即哈哈大笑。

在羽翼仙看来，他修为高深，地位尊贵，以高姿态说姜子牙几句，是很正常的事。反倒是哪吒这个三代小辈，竟然连基本的长幼有序的礼节都不遵守了，当众朝他舞刀弄枪。难怪仙界许多人都传阐教如何霸道，如何欺凌截教。

羽翼仙心中原本的一点愧疚，因哪吒烟消云散，取而代之的，是浓浓的战意。

虽然姜子牙身边猛将如云，可羽翼仙浑然不惧。在他看来，自己修为高深，别说是击败眼前几位，就算是铲平西岐城，也不过举手之劳！

那羽翼仙究竟何等修为？

两军对战时，原著如此描写羽翼仙（大鹏）：“头挽双髻，体貌轻扬。皂袍麻履，形异寻常。嘴如鹰鸷，眼露凶光。葫芦背上，剑佩身藏。蓬莱怪物，得道无疆。飞腾万里，时歇沧浪。名为金翅，绰号禽王。”

这登场诗中提到了两个重要信息。

其一，“得道无疆”：羽翼仙已经得道，拥有悠久寿元。其二，“飞腾万里”：羽翼仙擅长飞行，并且两翅具有扇海之力。

后文中，燃灯道人与羽翼仙聊天时提到“你在天皇时得道，如何大运也不知”。

全书中，明确写到“天皇时得道”五个字的有两位修者，一个是赵公明，一个就是本文的羽翼仙。

赵公明可是书中明确提到的“大罗神仙”。换言之，这羽翼仙竟然也是在天皇时期就已经进入大罗金仙的超级强者！

相比阐教公开身份的只有一位大罗金仙（燃灯道人），截教的大罗金仙还真是多！

不过，就像此前我们说的，但凡被申公豹邀请来的仙人，都是元始天尊挖好了坑，布好了局，准备弄死的仙人。

那么，羽翼仙的神通、战力如何呢？

093 大鹏一出手，元始天尊也着慌

羽翼仙（大鹏）修为不俗，不过，修为高只是代表寿元长，与战力高低没有对等关系。

西岐阵营的阐教三代弟子，虽然大多数不过是人仙修为，但他们人人手中都有强悍法宝。来的别说是金仙，就算是大罗金仙，他们也照打不误。被他们打伤、打跑的大罗金仙，可不止一个。

再者，反正他们都是晚辈，在对战截教二代弟子的时候，根本就没有必要一对一。大伙抱团群殴，各种法宝齐轰，看看到底谁厉害。

与羽翼仙一战，就是如此。

哪吒摇动火尖枪先冲上，黄天化催动玉麒麟跟上，雷震子飞起空中打上三路，土行孙倒拖镔铁棍打下三路。就连杨戬也不在后排观敌掠阵了，他舞动三尖两刃刀，也上前助战。五人把羽翼仙团团围住。

那羽翼仙武艺果然了得，被五人围攻竟然毫不慌乱。交战许久，五人竟然不能取胜。

哪吒担心有变，抢先祭出乾坤圈来打羽翼仙。羽翼仙明明看见，却被其他人的刀枪封住了手脚。乾坤圈狠狠砸在羽翼仙肩头。若是寻常金仙，被乾坤圈砸中，不死也伤。可是，羽翼仙竟然只是眉头一皱，可见他肉身之强悍，不愧是大罗金仙境界的高人！

羽翼仙知道下一轮法宝轰击又要到来，正想抽身逃走。不料黄天化甩手祭出一枚攒心钉，羽翼仙急忙扭身，结果攒心钉没有打中羽翼仙心口，打在了右臂上。趁着羽翼仙疼痛的档口，土行孙冲上去在对方腿上狠狠打了几棍。杨戬也祭出哮天犬，把羽翼仙的脖子咬下一块肉来。

羽翼仙惨叫连连，杨戬等人就想上前收割人头。羽翼仙虽受了伤，但五位晚辈岂能留得住他！他大叫一声，借土遁走了。

杨戬、哪吒等人自然欢喜无限，回城内庆贺。羽翼仙回到商军大营，服下丹药，肩头、胳膊、腿上、脖子上的伤，竟一霎时全好了。

羽翼仙心中愤懑，他告诉张山说：“我念‘慈悲’二字，倒不肯伤众生之命；他今日反来伤我，是彼自取杀身之祸！”

羽翼仙明白，单凭他一人，靠武力很难取胜，要想报仇，唯有施展他的独门神通。

那羽翼仙有何独门神通呢？

当晚一更天，羽翼仙走出大营，现出本相，乃是一只大鹏金翅雕。他张开双翅，飞在空中，原文说：“把天也遮黑了半边。”

羽翼仙乃是妖修。人类修者身体孱弱，于是常常炼制各种法宝，以提升自己实力。妖修的肉身天生强悍，随着修为越高，更会觉醒神秘的天赋神通。比如，姜子牙的徒弟龙须虎是土系妖怪成精，明明他没有修习仙法，却拥有手发飞石的天赋神通。

这金翅大鹏雕在《西游记》中，最擅长的神通是飞行，两翅一扇，可以飞行九万里。故那大鹏，又号称云程万里鹏。

在《封神演义》中，金翅大鹏雕最擅长的神通是扇风。他本体巨大，两翅展开遮天蔽日。一扇动，更会卷动超强神风，别说是人，就算是神仙，也会被神风吹飞。

原文诗曰：“二翅遮天云雾迷，空中响亮似春雷。曾扇四海俱见底，吃尽龙王海内鱼。”

传说中，金翅大鹏雕以神龙为食。为了吃到龙，金翅大鹏雕竟然用他那双金翅，扇动起超强神风，把浩渺无边的东西南北四大海洋之水吹干，然后，把四海之中的神龙全部吃掉了。

眼下，羽翼仙也想扇动神风，把西岐城以及城内的百万生灵全部吹飞。

可以说，单凭姜子牙与杨戬、哪吒等人的实力，在神风之下，他们自己可以保命，但绝无法保全西岐城和城内的无数百姓。

眼看西岐城就要遭受一场大劫难！

就在羽翼仙飞近西岐城的时候，却看见西岐城上竟然被一层海水覆盖。羽翼仙想要扇飞西岐城的计划竟然泄密了。

羽翼仙想不明白。他头脑简单，也没有多想。他哈哈一笑说：“姜尚可谓腐朽，不知我的厉害。我欲稍用些须之力，连四海顷刻扇干，岂在此一海之水！”在羽翼仙看来，就算西岐城有一海之水保护，他有金翅神风，三五下就可以吹干海水，吹飞城池。

羽翼仙一连扇动了七八十下翅膀，可是，那西岐城上的海水不但没有变少，反倒越来越多，渐渐的，海水竟然涨与天齐，都到了羽翼仙脚下了。

羽翼仙从一更天扇到五更天，累了个半死，也没有把海水吹干，西岐城更是稳如磐石。

羽翼仙又累又气，他不明白哪里出了问题。

单纯的羽翼仙自然不会知道，从他见到申公豹那一刻开始，一切都在元始天尊的算计之中。是申公豹把羽翼仙忽悠到了西岐战场，自然申公豹也把羽翼仙的独门神通汇报给了元始天尊。按照他们对羽翼仙与西岐诸将的了解，最后肯定会开战，而一旦开战，羽翼仙必然会用出天赋神通。

于是，就在羽翼仙回到商军大营时，姜子牙的丞相府忽然吹来一阵怪风，把屋顶的一片瓦吹了下来。

姜子牙大吃一惊，知道是师父来最新指示了。于是他急忙摆开香案，用金钱占卜吉凶——其实就是接受师父指示。然后，原文说："只见排下卦来，把子牙吓得魂不附体；忙沐浴更衣，望昆仑下拜。"

昆仑山上的元始天尊告诉了姜子牙什么，让姜子牙吓得魂不附体呢？

元始天尊告诉姜子牙，就在今晚，羽翼仙会施展神通吹飞西岐城，他命令姜子牙赶紧施法借来北海之水覆盖在西岐城上。

单凭北海之水就能保护西岐城？

当然不能。就如羽翼仙所说，他的金翅神风可以把四海之水吹干，这一海之水如何保得住西岐城？

在姜子牙施法借来北海之水盖住西岐城时，遥远的昆仑山玉虚宫中，元始天尊竟然也在秘密施法。原文说：元始天尊早知详细，用琉璃瓶中三光神水，洒向北海水面之上，又命四偈谛神："把西岐城护定，不可晃动。"

原来，西岐城能保住，姜子牙施法借海只是表面原因，真正原因是元始天尊也出手了！

这元始天尊身为阐教掌教，尤其还是阐截大战的裁判员，竟然破坏约定，再度上场。

当初，魔家四将以混元伞、青云剑等大罗金仙级法宝攻击西岐城，也是元始天尊暗中出手，用出三光神水庇护西岐城。不过，羽翼仙的这次攻击比魔家四将更加凶悍，元始天尊不得不再派出四位揭谛神看护西岐城。

从此可见，羽翼仙虽然没有超强法宝，但是他的天赋神通绝对堪比大罗金仙级（A 级）法宝，群伤能力超强。

但是，在元始天尊这个圣人高手作弊的情况下，羽翼仙攻打西岐城失败了。

因为劳累了一天却毫无效果，羽翼仙又羞又愧，他觉得没脸再见张山。因为又累又饿，于是他想去找点吃的。这大鹏展翅，一飞万里。若就让羽翼仙这么走了，申公豹、姜子牙他们可就白忙一场。于是，在元始天尊的命令下，燃灯道人匆匆登场。

094 燃灯道人凭啥能将大鹏一指击溃

又累又饿的羽翼仙在飞行途中见到一座山前有个老道，觉得老道好欺负，于是想抓了吃掉。没想到那老道挥手一指，就把羽翼仙轻松击落。老道也不生气，指点羽翼仙前往某座山可以饱餐一顿。羽翼仙听后也没多想，就前往那座山。等吃了一些点心后，羽翼仙回转西岐，又路过那山，又见到神秘老道。那老道挥手再一指，羽翼仙再度被击落。这一次，老道出手狠辣，让羽翼仙求生不能，求死不得。在万般无奈之下，羽翼仙为求活命，只能拜神秘老道为师，跟随老道而去。

这两次击败羽翼仙的神秘老道，就是玉虚宫的燃灯道人。

在破十绝阵时，我们分析了，燃灯道人乃是大罗金仙后期修为，实力高深，为阐教圣人之下第一强者。可是，羽翼仙也同样是大罗金仙修为。人家一发怒，施展天赋神通，竟还要元始天尊亲自出手，才能保全西岐城。

如此一个狠辣角色，为何会被一个同阶存在两次轻松击败呢？莫非燃灯道人已经突破到了圣人境界？

从后文燃灯道人战孔宣我们可以知道，燃灯道人依然是大罗金仙境界。就算燃灯道人有定海珠相助，要想进阶圣人，至少也需要数十年，上百年才行。

那么，燃灯道人究竟用了什么方法两度击败羽翼仙，迫使强大的羽翼仙认自已做师父呢？

在原著中，燃灯道人的战力在诸多大罗金仙中，绝不是最强，像三霄娘娘、孔宣等人，实力都明显在燃灯道人之上。就算是大罗金仙初期的赵公明，有定海珠在手，也可以将燃灯道人杀得屁滚尿流。

在得到赵公明定海珠之后，燃灯道人的实力虽然突飞猛进，不但境界有些许提升，战力也增加不少，但是，仅仅是这些，还不足以让燃灯轻松击败羽翼仙。

燃灯道人最强大的地方，其实不是他的战力，而是他的头脑。

单论计略，燃灯道人可以算是仅次于元始天尊的绝世高手。若非燃灯道人精通计略，精于布局，元始天尊与老子也不可能放心把破十绝阵与擒拿羽翼仙这等重要任务交托给他。

燃灯道人究竟用了什么计策，想了什么办法，方才做到两次一指击溃羽翼仙的呢？

其一，半路突袭。

元始天尊一直在关注西岐城，关注羽翼仙。为了掌握羽翼仙的第一手资料，元始天尊特意派出了四位揭谛神前往西岐城。一方面是守护城池，一方面是监视羽翼仙。

羽翼仙离开西岐，飞往别处后，四位揭谛神立刻把消息传递给了燃灯道人。我们曾经说过，阐教有多种方法可以超越空间，快速传递消息，比如用碧游床，用怪风提示，然后算卦等等。总之，燃灯道人预先知道羽翼仙的飞行方向，于是早早埋伏在前面。

燃灯道人伏击的地点颇有讲究。

原文说那无名山头："方塘积水，隐千年未变的蛟龙；深穴依山，生万载得道之仙子。果然不亚玄都府，真是神仙出入门。"

其他也还罢了，诗歌中说那山中湖泊中，竟然隐藏有千年蛟龙。羽翼仙（大鹏金翅雕）生性喜食蛟龙。一个饿极了的人，看到美食当前，怎能抵挡住诱惑？

偏偏在这时，羽翼仙看到一个道人在山洞前打坐。吃仙人自然又比吃蛟龙来得大补，羽翼仙更加欢喜。于是，羽翼仙的防御之心降到了最低。

原文说："不若将此道人抓来吃了，以为充饥，再作道理。"

这个道人自然就是燃灯所变化。为了引诱羽翼仙，他不但改换了容颜，还施展法术屏蔽了自己大罗金仙后期的强大气息——让自己显得既美味，又没有威胁。

就在羽翼仙俯冲下来抓人的时候，燃灯道人忽然爆发出强大气息，以指代剑，戳向羽翼仙。被美食蒙蔽了心识的羽翼仙突然遭遇袭击，虽然立刻运转法力防护，但其金翅还是受了伤害。

原文说："大鹏雕扑蹋的跌将下地来。"

其二，好言指引。

被击落的羽翼仙立刻处于战斗状态。他虽然被击落，但不过是在大意时遭遇突袭，燃灯道人的凭空一指，并没能重伤羽翼仙。

此时若是正面开战，燃灯道人虽然技高一筹，但羽翼仙擅长飞行，打不赢还可以跑，燃灯道人很难留住或杀死羽翼仙。

为此，燃灯道人选择好言相待，缓缓引诱。他略微皱眉说："你好没礼！你为何来伤我？"

羽翼仙心思简单，他老老实实说："实不相瞒，我去伐西岐，腹中饿了，借你充脏，不知道友仙术精奇，得罪了！"

在腹中饥饿的状态下，羽翼仙不想与眼前这个强敌交手。

燃灯道人也不生气，他告诉羽翼仙，他知道有个地方有许多美食。羽翼仙若是前去，必然可以饱餐一顿。

羽翼仙一听大喜，以为遇上了一位好人，躬身谢过后，立刻飞去。到了紫云崖，他果然看到来来往往许多人前来吃饭。

燃灯道人指引的地方叫作“紫云崖”。

紫云崖可不是个随便去处，乃是火云洞三圣中炎帝神农的地盘。当初杨戬去找三圣时，神农就是在紫云崖上摘取柴胡草，送给杨戬。

在仙界中，火云宫三圣一直是个非常神秘的存在，实力高强却处事低调。绝大多数仙人都不知道三圣是谁，也不知道三圣住在哪里。羽翼仙也是如此。

羽翼仙万万没有想到，燃灯道人早就和火云宫三圣打好了招呼，就等着羽翼仙踏入陷阱。

羽翼仙纯粹就是一吃货，一到饿肚子的时候，智商就直线下降。果不其然，羽翼仙中招了！

其三，巧计降妖。

羽翼仙到达紫云崖，直说自己是来蹭饭的。迎接的道童也不生气，只是说，斋饭已经没有了，要吃明天请早。羽翼仙很生气，觉得道童歧视他，吵嚷着今天一定要吃。后来，出现了一个穿黄衣服的道人解围说，斋饭确实没有了，不过点心还有许多。然后，道童就把点心端了来，羽翼仙一口气吃了一百零八个。

羽翼仙对之前那位好心的老道并不是没有半点怀疑。到了紫云崖后，若是对方直接端出斋饭，请羽翼仙来吃，羽翼仙多半会怀疑。可人家偏偏告诉羽翼仙，斋饭都没了，要请羽翼仙走开。这反倒让羽翼仙觉得，紫云崖应该是安全的。因此，羽翼仙吃得很开心，完全没多想。吃完后，他又化为大鹏雕飞回西岐，准备再战姜子牙。

经过之前那山时，羽翼仙见到那道人还坐在那里。羽翼仙这次警惕十足，也运转了法力。按照常理，燃灯根本就不能伤到羽翼仙了。

可是，燃灯道人再度一指，羽翼仙觉得肚中大痛，撕心裂肺的痛。结果，他再一次从高空坠落，狠狠摔在燃灯道人面前。

羽翼仙在地上翻滚，口中还喊着：“疼杀我也！”

燃灯道人这次就没那么好说话了，他一直冷冷地看着羽翼仙。羽翼仙终于发觉自己可能被坑了，于是拼命呕吐，结果，竟然从肚子中吐出许多东西来。

那东西白光光的，连绵不断，仿佛像一根银索。羽翼仙大惊。自己只是吃了一百零八个点心，何时吃了银索？

羽翼仙知道不好，转身就想飞走。燃灯道人一抹脸，现出本相。他冲上前扯起银索，越拉越长，到后来，稍稍一扯动，羽翼仙的小心脏就痛得要死。

见对方竟然是燃灯道人，羽翼仙连忙求饶。燃灯道人自然不会轻易放走羽翼仙。那如何处置羽翼仙呢？

按照元始天尊的意思，自然是杀死羽翼仙，然后让羽翼仙去封神，送去给昊天上帝当差。只是，那样的话，燃灯道人就是白忙一场了。

燃灯道人一直秉承一个原则：一旦出手，绝不走空。当初破十绝阵，他就曾经夺了个定海珠。此刻降服羽翼仙，自然也要捞取一点好处。

既然准提道人一个外人都可以浑水摸鱼带走马元，凭啥燃灯道人为玉虚宫卖命数千年，就不能带走一个羽翼仙呢？

燃灯道人身为阐教圣人之下第一高手，貌似光荣，其实根本就没有自己的势力。趁着封神大战，燃灯道人正好择机扩充自己的势力。所以，趁着公干，收编羽翼仙就成了最好选择。

于是，燃灯道人没有正面与羽翼仙斗法，而是巧妙设局，让羽翼仙被自己所困——羽翼仙吃下的一百零八个点心，乃是燃灯道人的一件强大法宝——一百零八颗念珠所化。

点心被吃下后，就化为银索，锁定羽翼仙的心肝脾肺。燃灯道人稍一动念，就可以让羽翼仙生不如死。

燃灯道人威胁羽翼仙，说其逆天而行，罪大恶极，要把他吊在眼前这大松树前，一直到姜子牙伐纣成功再来放人。

羽翼仙一听大惊。他一个晚上不吃饭已经饿得发昏，要是几年不吃饭，还不饿成鸟干？

羽翼仙苦苦哀求，表示只要放了自己，自己啥也愿意干。燃灯道人一听大喜，他就等羽翼仙这句话呢。他说：“你既肯改邪归正，须当拜我为师，我方可放你。”

羽翼仙乃是截教二代弟子，大罗金仙修为，在正常情况下绝不可能认燃灯道人做师父。可是眼下情势逼人，羽翼仙为求活命，只能答应。

见羽翼仙已经答应，燃灯道人也大度地把银索收起。羽翼仙跪下行拜师大礼。之后，他就跟随燃灯道人去了灵鹫山。

在封神大战登场的诸多仙人中，羽翼仙算是比较单纯，比较简单，甚至有点傻。不过，也正因为他单纯，结局也远比其他截教仙人要好。

人生在世，许多时候都要精明些，不过，有时候却也不妨傻一些。

095 殷郊背叛师门的真正原因是什么

羽翼仙被燃灯道人降伏后，西岐危局解除。就在张山苦苦支撑时，殷商大殿下殷郊来到阵前。之后几回，写的是殷郊故事。

乍一看，殷郊的故事如同殷洪一般，都是下山之后受到诱骗，背叛了师门，然后被西岐阵营请来高手，依照当初誓言，将其消灭。

但若我们仔细阅读，就可以发现，殷郊与殷洪的故事大不相同。

殷郊远比弟弟殷洪要成熟。母亲被害时，殷郊已经十五岁。与弟弟殷洪对父亲还抱有一线希望不同，殷郊深刻了解到政治的丑陋与父亲的无情。

因此，当师父广成子派遣殷郊下山时，殷郊说："弟子虽是纣王之子，实与妲己为仇。父王反信奸言，诛妻杀子，母死无辜，此恨时时在心，刻刻北念，不能有忘。"

殷郊表示，自己虽然是纣王之子，但是自己与妲己誓不两立。而妲己之所以能够害死殷郊之母，正因为父亲纣王绝情。换言之，殷郊不但恨妲己，更恨父亲纣王。

殷郊不但是这么说的，心中也的确是这么想的。是以在下山之后，殷郊先后遇上了两拨人劝说，都坚定地表示：绝不会背叛师门，绝不会保纣伐周。

在九仙山时，殷郊遇上了温良、马善。这两位对殷郊身为殷商太子，却要前往西岐阵营感到很奇怪。殷郊解释说："商家气数已尽，周家王气正盛，况吾父得十罪于天下，今天下诸侯应天顺人，以有道伐无道，以无德让有德，此理之常，岂吾家故业哉！"

殷郊的回答颇有大局观。二十年的修道生活，让殷郊远离世俗琐事，却也让殷郊对于过往种种有了更多的反思。早在害死殷郊母亲之前，纣王就大肆屠戮忠良，逼得东方与南方四百镇诸侯反叛。如今，西岐武王更是三分天下有其二，八百镇诸侯都叛了商。

殷郊深刻认识到，商朝大厦将倾。若是强行保纣，无异于逆天而行，必然会受到上天严惩。保周伐纣，是殷郊唯一的生存之路。

在前往西岐的路上，殷郊遇上了申公豹。

申公豹大意说，殷郊身为儿子，以子伐父，大逆不道，并暗示殷郊可以先保纣王，后夺天下云云。当初殷洪一听到这番说辞，立刻就被说晕了。可是，殷郊听了后，依然冷静。

殷郊反驳申公豹说：“老师之言虽是，奈天数已定，吾父无道，天命人心已离，周主当兴，吾何敢逆天哉！况姜子牙有将相之才，仁德数布于天下，诸侯无不响应。我老师曾吩咐我下山助姜师叔东进五关，吾何敢有背师言，此事断难从命。”

殷郊的回答有点官方，却是实情。殷郊明白，商朝大势已去。就算自己有心保纣，夺取王位、重振朝纲的路途也将遥遥无期。

从师父广成子的口中，殷郊早已经知道西岐丞相姜子牙与仙界高层的关系。就连师父广成子那样高高在上的仙人们，为了西岐崛起都四处奔走，单靠一个殷郊怎么可能挽回商朝败局？

那么，殷郊后来为何又背叛师门，去保纣伐周呢？

只因申公豹告诉了殷郊一个消息。这个消息让殷郊无比愤怒，让殷郊与西岐彻底成仇。

申公豹告诉殷郊：“殿下之父亲固得罪于天下，可与为仇；殿下之胞弟殷洪，闻说他也下山助周，岂意他（姜子牙）欲邀己功，竟将殿下亲弟用太极图化成飞灰，此还是有德之人做的事，无德之人做的事？今殿下忘手足而事仇敌，吾为殿下不取也。”

申公豹深通人性，专会找人心的弱点下手。见打父子亲情牌无效，申公豹又开始打兄弟情义牌。

这一招，对殷郊杀伤力很大！

殷郊与殷洪本就是一母同胞，兄弟情深。加上少年时，母亲被害父亲抛弃，让殷郊与殷洪更是相依为命。殷洪当时年幼，心思单纯，比较“小白”，在逃亡途中都能够在庙中酣睡。殷郊则相反，他早已成熟，历经大难后，对父亲已经绝望，天下间唯独弟弟让他牵挂。没想到二十年未见，第一次得到弟弟的消息，竟然就是弟弟的死讯，这让殷郊情何以堪？

不过，申公豹的言辞明显有着强烈的个人情感色彩，殷郊并未全信。

见殷郊还有怀疑，申公豹提出，如今商军大帅张山就在西岐，殷郊可以先去问问张山，看看有无姜子牙用太极图灭杀殷洪一事。若没有，申公豹绝不阻止殷郊投奔西岐。

殷郊听后，心事重重。

到了西岐，见西岐城下果然有商军驻扎。殷郊亲自询问，张山回答：“二千岁因伐西岐，被姜尚用太极图化作飞灰多日矣！”

殷郊闻讯，大叫一声，昏倒在地。等众人将其唤醒，殷郊放声大哭说：“兄弟果死于恶人之手！”然后，他折箭发誓，定要杀掉姜子牙，为弟弟殷洪报仇。

也就是说，殷郊其实并不想保纣伐周，他想的，只是借商军与西岐大战的这个平台，报他弟弟被杀的私仇。

应该说，殷郊有这个心思在情理之中。如果有人能够出面好好劝解，殷郊对西岐，对姜子牙的仇恨，未必不能化解。

但是，姜子牙的一句话，将殷郊彻底推向了敌对面。

两军阵前，殷郊呼唤姜子牙答话。他说："吾乃长殿下殷郊是也！你将吾弟殷洪用太极图化作飞灰，此恨如何消歇！"

若来的是一位大罗金仙，手段强大，姜子牙必然小心谨慎，恭恭敬敬答话。可眼前来的不过是殷商殿下，口气又这般狂妄，这让姜子牙很不满。

如今的西岐可不是姜子牙刚来那时的西岐。屡战屡胜，让姜子牙信心爆棚。姜子牙回答说："彼自取死，与我何干。"

站在姜子牙的立场上看，他这句话没有问题。殷洪之死，从表层说，是殷洪背叛师门，自寻死路；从深层说，是高层安排，设局伏杀。无论从哪方面说，都和姜子牙无关。

不过，从殷郊的立场看，姜子牙这番话就十分冷漠，十分傲慢，仿佛根本不把殷洪放在眼中，更没有觉得殷洪被太极图轰成渣很残忍。

这让深爱弟弟的殷郊万分恼火。原文说："殷郊听罢，大叫一声，几乎气绝！"

最后，自然是开战。仗着番天印、落魂钟，殷郊一度称雄，接连打伤了哪吒、黄天化、黄飞虎等多人。

殷郊与殷洪兄弟都很可怜，年少经历父弃母丧很可怜，被高层设局，沦为棋子更可怜。殷洪叛门，一半是因为有野心；殷郊叛门，则满满都是无奈。

那殷郊的神通如何？番天印到底有多强大呢？

096 让大罗金仙颤抖的番天印到底有多强

殷郊下山之后，在西岐城外与阐教三代弟子多有交手，后来更大败师父广成子，让准圣级别的燃灯道人也表示无可奈何，综合实力非常强大。

不过，殷郊跟随广成子修道不过二十年，凭啥能够击败广成子，吓退燃灯道人呢？

封神世界的仙人实力，一般包括修为、神通法术、法宝三个方面。

先说殷郊的修为与神通法术。

封神世界的庸才很多，天才也不少。闻太师五十年修成大罗金仙自不必说，就连申公豹也可用四十年修成金仙。姜子牙其实也算不错，用五十年修出了元神，进入了神仙境界。

那殷郊是不是天才呢？很遗憾，不是！

殷郊修道二十年，除了会最基本的土遁术这种五行法术，根本不会其他任何神通法术，更没有修出元神，因此，其修为依然还是垫底的人仙境界。

不过，为了让徒弟更能折腾，师父广成子绞尽脑汁，想出了一个拔苗助长的方法。

在吩咐殷郊下山之前，广成子让徒弟去桃源洞外狮子崖前寻找一个兵器。殷郊依照吩咐前去寻找，找来找去，发现不知何时狮子崖多了一个洞，洞中有一座庭院，庭院中有一个石桌，桌子上有热气腾腾的六七枚豆子。

殷郊看看左右无人，捏起豆子一个一个吃了。吃完出洞，他全身骨头爆响。然后，就冒出两个头和四只手来。殷郊完全不明白怎么回事，吓得目瞪口呆。短短时间，他就从一个青年才俊变成了一个三头六臂的怪物。书中说他面如蓝靛，发似朱砂，口中长着獠牙，头上有三只眼睛。

殷郊遍寻狮子崖，还是找不到武器，只能回去见师父。不料，广成子却拍掌大笑说："奇哉！奇哉！仁君有德，天生异人。"

很明显，那洞府乃是广成子所幻化，那豆子是广成子放置的，所谓找兵器，那只是一个借口。广成子这么做的目的，是要让殷郊吃下秘药，进行人体改造，以最快的速度提升殷郊战力。

封神世界中，拥有类似于三头六臂神通的仙人不少。比如文殊、普贤、慈航等金仙，哪吒在后来也可以变身成八臂哪吒。这些仙人拥有的都是真正的变身神通，可以让身体在正常状态与变身状态之间自由切换。殷郊的三头六臂则是强行催化导致的半成品。他吃了豆子之后从此就告别了帅哥形象，一直、永远都保持三头六臂的怪物模样。

广成子和云中子都很坑人，让徒弟服下秘药虽然提升了徒弟的实力，也毁了徒弟后半生的幸福。太乙真人一样坑人，哪吒固然还是帅，可因为是莲花莲藕做身躯，只好一直保持七岁孩童的模样。

殷郊下山时，师父广成子同样把一洞珍宝全部相授。

第一件宝贝：雌雄剑。

雌雄剑是个兵器，应该比较锋利。不过，原著中单单提了一次剑名，没有任何实战表现。殷郊上战场时，使用的不是师父赐给的雌雄剑，而是自己习惯的画戟。最大的原因应该是雌雄剑只能挥舞，不能祭出，其威力可能比闻太师的雌雄金鞭、赵公明的金鞭都要差。

第二件宝贝：落魂钟。

所谓“落魂钟”，顾名思义，应当属于魂魄攻击类法宝，一旦摇动，可以发出声波，撼动敌方神魂。

大战中，黄天化迎战殷郊。殷郊摇动落魂钟，黄天化当即从玉麒麟上摔下。摔下之后，黄天化依然昏迷不醒，结果被商军主帅张山生擒。一直等到拿回商军大营，绑上了绳索，黄天化才悠悠醒转。

黄飞虎见儿子被抓，催动五色神牛也来斗殷郊。殷郊再度摇晃落魂钟，黄飞虎也摔下神牛，被殷郊副将马善、温良生擒。

几天后，殷郊与西岐再度开战。他拿出落魂钟，对着哪吒摇晃。原文说：“哪吒全然不理。”哪吒乃莲花化身，其魂魄已被金丹固定，落魂钟虽强，却无法撼动哪吒的魂魄。

哪吒趁机祭出金砖，对着落魂钟狠狠砸去。原文说：“正中殷郊的落魂钟上，只打得霞光万道，殷郊大惊。”

从“殷郊大惊”可以看出，落魂钟被金砖击中后，并非无事，多多少少受了一些损伤，因此才让殷郊很吃惊，赶紧把落魂钟收起。

在此战之后，落魂钟就再没有登场。评其威力，可与阴阳镜相比，都属于金仙镇洞之宝，即 B + 级别。

第三件宝贝：番天印。

在许多读者心中，番天印非常厉害，甚至有人说番天印是封神最强法宝。大家之所以会有这样的认识，与原著中许多金仙强者，甚至是大罗金仙，对番天印的极度畏惧有关。

当初，闻太师与西岐决战后撤退，在桃花山上遭遇广成子阻截。当时的广成子已经经历黄河阵，修为被废，沦为凡人，只是仗着有元始天尊赐予的些许法力，还可以勉强驱动番天印。

见广成子祭出番天印，闻太师如何反应呢？原文说：“太师一见，知印厉害，拨转麒麟往西便走。”

一贯耿直无畏的闻太师，在见到番天印后，竟然闻风而逃。部下邓忠非常不解，就询问原因。闻太师边退边叹息：“广成子番天印，吾等招架不住。若中此印，倘或无生，如何是好！且自避他。”

在闻太师看来，即便他修为达到大罗金仙境界，也无法用肉身直接硬抗番天印。一旦被番天印击中，有很大概率会被直接砸死！

事实上，还真有一位强者被番天印击中，落得个脑浆崩裂、当场死亡的下场。此人就是截教三代弟子火灵圣母。原文说：“广成子将番天印祭起在空中，落将下来，火灵圣母哪里躲得及，正中顶门，可怜打的脑浆迸出。”

见到番天印祭出，火灵圣母的第一反应就是躲。可惜，番天印一旦祭出，砸人的速度飞快，命中率奇高。火灵圣母就算是多宝道人亲传弟子，修为高深，也没有躲过番天印。

事实上，不但是截教三代弟子不敌番天印，就算是通天教主亲传四大弟子，在番天印面前，也只能颤抖。原文说：“广成子祭番天印打来。龟灵圣母见此印打下来，招架不住，忙现原身，乃是个大乌龟。”

四大弟子之一的龟灵圣母见番天印打来，知道招架不住，只好现出真身，以真身强悍的龟甲硬抗番天印。

最让读者津津乐道的，是广成子以番天印砸多宝道人。

多宝道人乃是通天教主首徒，他修为极高，绝对是大罗金仙境界中的强者。即便对上老子，多宝道人也敢挥剑冲出。可是，在见到广成子祭出番天印时，原文说：“多宝道人躲不及，一印正中后心，扑的打了一跌。”

多宝道人的第一选择，不是迎战，而是逃跑。莫非，在多宝道人眼中，番天印比圣人还要可怕？

可是，一个很奇怪的现象是，让仙界许多金仙甚至大罗金仙畏之如虎的番天印，打到哪吒身上，仅仅是将他打下风火轮；打到杨戬身上，甚至都不能把他打下马来。

这是怎么回事呢？

在封神仙界，番天印拥有超强名气，可实战中，番天印仿佛并不强。且让我们看看番天印祭出后的实战表现。

殷郊下山时，曾经多次祭出番天印，其中，哪吒与杨戬先后被番天印击中。

先看哪吒。

殷郊与姜子牙翻脸后，哪吒率先出战。两人交手不过几个回合，殷郊就祭出番天印。

原文说：“轮马相交，未及数合，被殷郊一番天印把哪吒打下风火轮来。”

哪吒的风火轮与其他仙人的坐骑类似。打下风火轮，就等于打下坐骑。哪吒会被番天印打下风火轮，可见番天印一击的力道确实挺大。但是，被番天印击中的哪吒，有没有像闻太师担心的那样“倘或无生”，被一击打死呢？

没有！

事实上，哪吒不但没有被打死，甚至根本没受重伤。哪吒在被打下风火轮的第二天，就可正常参战了。在邓九公擒拿殷郊副将马善后，他还奉命用三昧真火烧马善。

从此可见，哪吒被番天印正面击中后，顶多是受了轻伤。

再说杨戬。

后来，哪吒与杨戬再战殷郊。殷郊祭出落魂钟对付哪吒，全然无效。他同时用番天印打杨戬，原文说：“杨戬有八九玄功，迎风变化，打不下马来。”乍一看这句话，仿佛杨戬全没有受伤，但细细品读，可以发现，杨戬多少还是受了伤。

杨戬修成八九玄功，身体强度远在同阶仙人之上。他又会迎风变化，可以在番天印击中身体的瞬间，让那一块肌肤坚硬如铁。因为这个原因，杨戬没有被当场打下马来。

但是，没有被打下马来，并不代表杨戬浑然无事。原著特别强调杨戬会八九玄功，能迎风变化，其实就是在暗示，若杨戬不运转玄功，不施展变化，就不能硬抗番天印。而就算运转玄功，施展变化，杨戬也受了重击，只是没有被当场打下马来而已。

总之，番天印无论是打哪吒还是打杨戬，都只能造成轻伤，根本不能重伤，更没有将他二人直接打死。

封神世界有许多法宝能够对哪吒、杨戬造成致命威胁，但是，番天印却不在此列。可是，番天印又实实在在打死了火灵圣母，更把多宝道人打了一个跌，这又怎么解释呢？

其一，哪吒与杨戬的肉身强度，都远超同阶仙人。

杨戬自不必多说。重生之后的哪吒乃是莲花化身。塑造其肉身的莲花、莲叶乃是金光洞中五连池孕育的奇宝。加上太乙真人又按照天地人排列，放入金丹定住魂魄，使得哪吒不但魂魄稳固程度远过寻常仙人，就连身躯硬度，也很是强悍。

其二，火灵圣母等被打死，其实很冤。因为火灵圣母被击中了顶门。

翻遍封神，番天印一共打死了两位仙人，除了火灵圣母，还有一位叫金光圣母。在破十绝阵故事时，广成子先是祭出番天印，砸碎了金光圣母的十九面宝镜，又祭出番天印，直接砸死了金光圣母。

原文说：“金光圣母躲不及，正中顶门，脑浆迸出。”

在封神世界的设定中，仙人肉身中最为脆弱的部位就是顶门。但凡被击中顶门者，几乎必死！姜子牙手中的打神鞭，曾经多次击中对手。击中顶门者必死，可是，没有被击中顶门的，连药也不用涂抹，休息一晚第二天就可以正常上战场了。

像龟灵圣母，在变身后被番天印狠狠击中，但是，除了现出本相有些难为情外，她没受半点伤害。

从此可见，若火灵圣母与金光圣母没有被击中顶门，百分百不会死！

其三，多宝道人打跌，事出有因。

原文说："广成子祭起番天印，多宝道人躲不及，一印正中后心。"

从番天印正中"后心"可以看出，在广成子祭出番天印后，多宝道人的第一选择是转身逃跑，以至于番天印砸中的是多宝道人后背背心。

为何多宝道人不敢正面硬抗番天印？是他扛不下来吗？不是。

是多宝道人心中有了怯意！

当初那个被番天印打死的火灵圣母，就是多宝道人的弟子。可以说，弟子被番天印打死，让多宝道人很生气，但生气的同时，多多少少也留下些阴影。后来，他更亲眼看见师妹龟灵圣母为了硬抗番天印，现出乌龟本相。这让多宝道人心中的阴影更重了。

人一旦怕了某人某事，就会不自觉地看轻自身实力。于是，当看到番天印打来，多宝道人立刻选择逃跑。

番天印击中多宝道人后背心，就犹如有人在本就在往前跑的人背后推了一把。只要轻微的力量，就可以将奔跑的人推个打跌。

事实上，在封神世界的设定中，仙人身上第二脆弱的地方就是前后心，被法宝击中者不死也要受重伤。可是，多宝道人在打跌之后，立刻起身。第二天他迎接通天教主，主持对战事宜，更亲自上阵，迎战老子。可见，受了番天印背心一击，多宝道人根本没受伤！

可以说，在实战中，番天印的表现不仅和太极图、风火蒲团那种圣人级法宝无法相比，也无法和定海珠、混元伞、混元金斗那种大罗金仙级法宝相比。就连与阴阳镜、九龙神火罩、吴钩宝剑、七禽五火扇等金仙级镇洞之宝相比，番天印的实际攻击力（致死率）也大大不如，因为那几件法宝，都可以做到对大罗金仙以下一击必杀！

若番天印不是靠着令大罗金仙也难逃一击，命中率较高，得以加分——全书番天印一共被祭出十多次，仅有两次被对手逃脱，一次是闻太师拍墨麒麟逃跑，一次是广成子借纵地金光法逃跑——单凭其攻击力，连金仙镇洞之宝（B+级）也排不上。

那么，实战表现欠佳的番天印，为何会在封神仙界拥有那么大的名气呢？

番天印之所以在封神仙界大大有名，又是因为阐教高层在布局！

为破殷郊手中的番天印，阐教竟然遍访天下圣人，借来四件圣人级别法宝。以番天印的真实威力，根本无须如此！阐教高层此举，到底在图谋什么？

097 阐教对番天印造势有何意图

其实，在十天君布下十绝阵的时候，截教仙人对广成子的番天印并没有后来那么畏惧。当时，金光圣母对广成子丝毫不惧，见其到来，傲然说："广成子，你也敢会吾此阵？"

虽然番天印最终把金光圣母砸死，但是，和其他仙首的镇洞之宝相比，尤其是与大破红砂阵的道德真君法宝七禽五火扇相比，番天印并未见得如何出彩。

番天印在仙界名声大噪，恰恰就在殷郊手持番天印，大战阐教诸仙后。当时，阐教高层表示，番天印过于强大，唯有向四位圣人借来四面先天宝旗方才能破。

没有亲见番天印实战威力的截教诸仙，在听到这个消息后会做何想？

自然是人人畏惧，以为番天印一出，绝无可能以肉身硬抗，也无可能用金仙级法宝攻破。于是，就形成大罗金仙见到番天印祭出，也转身逃跑的局面。

其实，这一切都不过是阐教高层的精心布局。那么，阐教高层是如何为番天印造势？高调造势除了吓唬截教仙人，还有什么更深远的意图呢？

为了给番天印造势，阐教高层费尽心机，步步设局。

第一步，要求广成子将一洞珍宝都交给殷郊，并在对战中许败不许胜。

原著中有三处证据，可以说明阐教高层有此安排。

证据一，原文说："忽有白鹤童子奉玉虚符命，言子牙不日金台拜将，命众门人须至西岐山饯别东征。"

与赤精子一样，在吩咐弟子殷郊下山之前，广成子同样收到了一封元始天尊的书信。

这封书信很奇怪。

首先是内容奇怪。元始天尊告诉广成子，姜子牙不日将金台拜将，让广成子在指定日期到西岐山为姜子牙饯行。事实上，殷郊下山是在殷洪下山差不多一年后，也就是距离姜子牙金台拜将的时间还有足足一年。从九仙山桃花洞到西岐虽然有数千里之遥，但广成子会纵地金光法，瞬息可到西岐，根本无须这么早提前通知。

其次是时机奇怪。元始天尊早不送信，晚不送信，偏偏选在商军主帅张山陷入危局，眼看就要溃败的时候送来书信，然后殷郊就下山了，并随后接管了商军大权。

证据二，殷郊是被申公豹说动的，背叛师门与西岐敌对。

到此时，仙界中无人不知申公豹与姜子牙有矛盾，要请来三十六路征伐破西岐。而我们已经分析过，申公豹乃是元始天尊布下的一步暗棋。但凡被申公豹请去西岐前线的仙人，其神通、法宝信息，都已经被申公豹泄漏给了阐教高层。是以这些仙人无一不被针对，最后几乎都被干掉。

殷郊也是被申公豹说动，是三十六路征伐中的一路，自然也就属于阐教高层布局中的一环。

证据三，对广成子不敌殷郊，姜子牙很不能理解。

见殷郊祭出番天印，广成子借纵地金光法逃回西岐城。姜子牙见广成子面色难看，忙问结果如何。广成子大骂殷郊孽障，掩饰自己战败的丑事。

对这个结果，姜子牙很不能理解。原文说："子牙不知番天印的厉害。"

事实上，姜子牙已经在阵前亲眼见证番天印的威力。此前殷郊曾用番天印一下把哪吒打下风火轮来。在姜子牙看来，番天印确实很强，但是绝没有强到让金仙望风而逃的地步。人家弟子辈的哪吒被正面砸中，不但没有被打死，而且连重一点的伤也没有受。姜子牙就想不明白了，广成子乃是玉虚宫十二仙首中公认的最强者，为何就不能降服自家徒弟呢？莫非广成子也像赤精子一样，被削弱太多了？

事实上，在阐教高层的布局中，广成子只是一个引子。专为番天印造势而再临西岐的大人物，是燃灯道人。表面上，燃灯道人是为了降服殷郊的副将马善而来。其实。燃灯道人就是为殷郊，为番天印而下山。

若燃灯道人不来，西岐诸小将有没有实力击杀殷郊呢？

当然有！

落魂钟伤不了哪吒，番天印打不下杨戬，单凭此二人，就可以降服殷郊。但若是让三代弟子如此简单地就把殷郊收拾了，阐教高层除了为天庭送去一个垃圾神仙，并没有得到什么实际好处。

这种事情是元始天尊不能接受的。

燃灯道人到来后，首先就给番天印，给降服殷郊的事情定下了调子："殷郊被申公豹说反，如之奈何？"言下之意，以他大罗金仙后期境界的强者，竟然也对付不了手持番天印的殷郊。

让人大跌眼镜的是，就在燃灯道人表态不久，姜子牙与殷郊大战，就获得了决定性胜利。

当时，在杨戬的建议下，西岐有针对性地派出哪吒与杨戬出战。开战不久，哪吒、杨戬就联手杀掉了殷郊副将温良。殷郊大怒，可是他的两件法宝分别被哪吒、杨戬克制，于是只好祭出番天印朝姜子牙打去。姜子牙祭出杏黄旗护体，然后再祭出打神鞭。番天印悬在半空翻滚，落不下来；打神鞭则狠狠击中殷郊，殷郊落马，借土遁狼狈逃回。原文说："殷郊着伤逃回进营，纳闷郁郁不喜。"

换言之，到此时，战局已经逆转，胜利的天平已经倒向西岐。殷郊本身的实力与赵公明、吕岳、羽翼仙等根本无法相提并论，他们几个可以在众人法宝齐轰中逃遁，至于殷郊，几乎只能被众人法宝齐轰成渣。

可是燃灯道人偏偏不让姜子牙干掉殷郊。他一脸忧色地说："番天印厉害，除非取了玄都离地焰光旗，西方取了青莲宝色旗。如今只有了玉虚杏黄旗，殷郊如何伏得他，必先去取了此旗方可。"

西岐众多小将都觉得不能理解，殷郊不是被他们打怕了吗？之后双方还有多次交战，殷郊都不敢亲自下场。为何燃灯把殷郊吹得那么厉害呢？

在场诸仙中唯有广成子多少知道些高层内幕。他主动表示愿意去玄都洞，找师伯老子借离地焰光旗，之后他又去西方借来青莲宝色旗。

按照燃灯此前的说辞，三旗到手，已经可以开始抓殷郊了。可燃灯道人一拍脑门，又提出："如今正南用离地焰光旗，东方用青莲宝色旗，中央用杏黄戊己旗，西方用素色云界旗，单让北方与殷郊走，方可治之。"

本来，三面宝旗已经可以守住三路，留出一路，燃灯道人偏还要再加一个素色云界旗。而且，他再次强调，唯有如此，方可治之。

于是，在众人同情的目光中，给徒弟擦屁股的广成子，只好再一次出门，去拜访大师兄南极仙翁。由南极仙翁出面，去瑶池圣母处，终于借来了第四面宝旗。

然后，双方大战。文殊广法天尊持青莲宝色旗守东面，赤精子持离地焰光旗守南面，燃灯道人持杏黄戊己旗守中央，武王姬发与姜子牙持素色云界旗守西面，单留北路。每一次都是殷郊祭出番天印，番天印都砸不下来，殷郊只好撤退。无可奈何，殷郊只能退到唯一没有防守的北方。他用番天印砸出一条山路，穿行时却被燃灯道人施法将两山推动，狠狠夹住。最终，由广成子推犁上山，姜子牙徒弟武吉出手，把殷郊犁锄。

其实，若燃灯道人肯出手，连定海珠都不用祭出，随便用个金钵，就可以罩住殷郊，或者用乾坤尺，就可以砸晕殷郊。那么，燃灯道人为何如此费心费力安排一切，绞尽脑汁为番天印造势呢？

除了可以吓唬吓唬不知内情的截教仙人外，还可以让殷郊如他当初发下的誓言一般死去——阐教高层同样要用殷郊的死，证明天道不可欺，天命不可违。

当然，阐教高层如此做，还有一个更加深远的意图：借助为番天印造势，借助殷郊之死，成功联合各方势力，保证封神行动朝着有利于阐教的方向发展。

098 借四圣旗灭殷郊乃元始天尊精妙布局

封神大战，看似是没落腐朽的商朝与新兴崛起的西岐（周朝）之间的王朝更迭战，实际上是东方道门重新调整封神世界仙界格局的一场大战。

东方道门为何要调整仙界格局呢？

此前封神世界中的东方仙界，存在着三股势力——通天教主为首的截教势力，元始天尊为首的阐教势力，昊天上帝为首的天庭势力。

这三股势力存在已久，不仅阐教与截教在混沌初开前后就已经创立教派，就连昊天上帝的天庭，也在封神大战之前无数万年就已经存在。像东海龙王就是天庭任命的水神。只是，但凡有些道行的仙人，无一不渴望逍遥自在的生活。唯有极少数大道难成的仙人加入天庭，以自由换取长生。

随着时间的推移，阐教与天庭的势力渐渐没落，截教的势力则日渐壮大，到封神大战前，已经成为封神东方世界的最强势力。

截教通天教主门下，不但人数众多，号称万仙来朝，并且高手辈出，二代弟子中达到大罗金仙境界的有十多人，金仙更是数以百计。截教弟子在人间王朝军政两界担任要职者极多，从事实上说，截教不但称霸仙界，并且已经是人间王朝的幕后掌控者。

这使得截教可以不断获得香火供奉，不断补充新一代弟子，牢牢占据封神世界东方最强势力的交椅。若对截教势力不加以遏制，在未来千年，阐教或天庭极有可能被截教吞并，最终由截教独霸东方仙凡两界。

如此局面，是东方道门之主鸿钧老祖不愿意看到的。唯有三强并立，才能彼此牵制，达到平衡。为此东方仙界的格局必须做出重大改变。

只是，阐教与截教都是鸿钧老祖门下弟子创立的，天庭也和他有千丝万缕的关系。因此，为表示公平，鸿钧老祖召集三个弟子，提出了封神计划。

表面看来，这个计划是为了帮助阐教十二仙首度杀劫，为天庭挑选新的神仙，实际上是一场打压甚至消灭截教的运动。截教教主通天非常聪明，自然看出了老师的意图。这也是通天教主在封神大战前期任凭弟子被杀，一直隐忍的最重要原因。

为了确保封神大战朝着自己定下的目标发展，鸿钧老祖非常厚黑地挑选了二弟子、阐教教主元始天尊做封神行动的策划人。

于是，一个个坑杀截教仙人、保全阐教精英的布局出台。

只是截教实在强大，就算元始天尊、燃灯道人等阐教高层绞尽脑汁，也很难独立完成打压截教的重任。因为，对截教门下的屠杀，最终必然会引起通天教主的震怒。一旦双方撕破脸皮，通天教主亲自出手，单单一个阐教根本不是截教的对手。

于是，元始天尊必须要给自己多找几个帮手，分担截教的火力。

在仔细思考之后，元始天尊向封神世界的三股势力发出了邀请。为降服殷郊，燃灯道人派出广成子、南极仙翁前往各处，其实就是落实教主元始天尊的这项意图。

广成子首先来到八景宫玄都洞，拜见老子，求取离地焰光旗。

老子的门人很少，仅仅有玄都大法师一人。不过，老子真正的人马可不仅如此。他乃是玄黄时代就已经得道、混沌时期就已经称圣的绝世强者，他那八景宫中一草一木，一禽一兽，放出去都可能是强大仙人。自称西昆仑散仙的陆压道人，其实就是玄都洞中灯火所化。

广成子来到玄都洞，玄都大法师入洞禀告。老子回答：“广成子不必着他进来，他来是要离地焰光旗；你将此旗付与他去罢。”

对于广成子来借宝贝，老子全力支持，连最基本的拜见之礼都免了。因为老子乃是阐教前任教主，如今虽然卸任，但阐教的兴衰与老子休戚相关。若元始天尊不能完成老师交代的任务，作为大掌教的老子也会挨批。因此，老子是元始天尊的坚实后盾，最可靠的盟友。但凡在封神大战中阐教门下有需求，老子无不答应。

之后，广成子来到西方世界求见西方教教主接引道人。西方教是封神西方世界的最强势力，教中有两位混元大罗金仙（圣人）——接引道人与准提道人。

此前千万年，西方教与东方道门都没什么联系。因此，初见广成子时，接引道人表现得非常冷淡，对于广成子要借青莲宝色旗也一口拒绝。

接引道人说：“贫道西方乃清净无为，与贵道不同，此旗恐惹红尘，不敢从命。”

广成子再三解释，接引道人始终冷着脸不答应。直到副教主准提道人说了一句话，才让接引道人改了主意。

准提道人说：“东南两度，有三千丈红气冲空，与吾西方有缘；是我八德池中五百年花开之数。西方虽是极乐，其道何日得行于东南；不若借东南大教，兼行吾道，有何不可。”

身为教主，接引道人与准提道人一直把扩张势力，弘扬法门作为自己的使命。向东南方向发展，就是西方教的未来方向。只是，东方道门非常强大，拥有十位圣人（鸿钧老祖、老子、元始天尊、通天教主、昊天上帝、瑶池金母、伏羲、神农、轩辕、女娲），其中鸿钧老祖更是超级强者。若没有得到东方道门高层的允许，擅自前往东南世界传教，必然会引发争端。

是以此前准提道人把度化的第一个目标，选定在恶人马元身上。并且他强调，马元封神榜上无名，与西方有缘，方才带走马元。准提道人正是希望以此躲避东方道门高层的反击。

最开始，准提道人还担心阐教高层事后找茬。他却没有想到，自己这个举动恰恰符合元始天尊的心意。

元始天尊交代燃灯道人：务必找到一个合适的理由，邀请西方教入伙，大家一起对付截教势力。只是，天下人都是无利不起早，凭啥西方教给你阐教卖命？

准提道人那番话，既是劝说接引道人，也是希望广成子向阐教高层传话——要想我们帮阐教出手，就必须答应我们的条件。

广成子把西方教的意图回禀燃灯，燃灯再禀告元始天尊，元始天尊最终选择了答应。

之后许多次截教仙人将被杀死时，从某个角落就会跳出一个西方教圣人，口称某人封神榜无名，与西方有缘，然后就将那人带走了。

事实上，借着封神大战的机会，西方教不但招募到了一批金仙甚至大罗金仙，而且在万仙阵中，一口气招募了三千神仙。正符合当初准提口中所说的三千丈红尘！

这元始天尊为了打倒截教，竟然把东方道门三分之一的利益割让给西方教。这和历史上唐高祖李渊为争夺天下，答应突厥“土地归大唐，金箔子女归突厥”异曲同工。

若他们最终失败，此举自然是“卖国恶行”。事实是他们笑到了最后，于是，这“卖国恶行”也就变成了明智之举。

原本，燃灯道人提出的是需要三面旗帜，即元始天尊的杏黄戊己旗、老子的离地焰光旗、接引道人的青莲宝色旗。因为若有西方教二圣相助，加上阐教二圣，已经稳压截教。

可是，燃灯道人细细思考，最终还是决定再邀请瑶池金母以及她背后的天庭势力。

此前两次都是广成子前去借旗，为何这一次要让南极仙翁去呢？

只因昊天上帝曾经下令，让玉虚宫十二仙首称臣，但是被十二仙首拒绝了。昊天上帝乃是圣人，单凭十二仙首怎么敢与之做对？明显是元始天尊要求弟子们不得向昊天上帝称臣。

不过，身为玉虚宫大弟子的南极仙翁，却早就向天庭臣服了。由他出面借宝，既可以给天庭足够尊重，也可以继续坚持十二仙首不称臣的原则。

南极仙翁穿上朝服，来到瑶池，恭恭敬敬趴伏在地，把来因一一说明，最后恳求说："今奉玉虚之命，特恳圣母，恩赐聚仙旗，下至西岐，治殷郊以应愿言。诚惶诚恐，稽首顿首。具疏小臣南极仙翁具奏。"

南极仙翁知道，单凭自己的面子，未必能打动瑶池金母。于是，他搬出了老师玉虚宫主人元始天尊，说自己是应元始天尊之命，来恳求瑶池金母。并且，他再三强调自己的臣子身份，以示对瑶池金母的无限恭敬、臣服之意。

南极仙翁跪了好久，里面方才仙乐大作，出来八位女仙，将瑶池金母的敕令交付。敕令云："敕旨付南极仙翁：周武当有天下，纣王秽德彰闻，应当绝灭，正合天心。今特敕尔聚仙旗前去，以助周邦，毋得延缓，有亵仙宝。速往。钦哉！望阙谢恩。"

对于所谓玉虚宫之命，瑶池金母并未看在眼中。是以在她的敕令中，瑶池金母只是强调，周兴商灭乃是天心所在，即是鸿钧老祖的意思。言下之意，我借给你宝旗，是支持鸿钧老祖。

瑶池金母还强调，拿了宝旗你就立刻走，用完了就赶紧拿回来，时间拖久了就是亵渎仙宝，还要求南极仙翁对着瑶池磕头谢恩再走。

我们看三方圣人的言行，可以发现，老子与元始天尊荣辱与共，接引、准提与元始天尊达成利益联盟，唯独瑶池金母不屑于和元始天尊联手，她只是答应借旗，却没有提出条件。正因如此，在之后的破诛仙阵，破万仙阵时，西方教都有帮忙，可昊天上帝与瑶池金母无一人到场。

总之，借番天印一事，元始天尊所在的阐教，成功邀请到了西方教二圣联手，天庭势力虽然没有答应联盟，却也表态支持，不会敌对。从此刻起，阐教在大局上已经压倒截教，稳稳占据了优势。

099 谁被生擒后，西岐竟无人可将其杀死

作为古代仙幻小说的巅峰之作，《封神演义》的许多地方看似粗疏，其实精细。

殷洪下山时，在二龙山收了刘甫、毕环等四员副将。殷郊下山时，在白龙山收了马善、温良两员副将。情节看似雷同，其实很能说明问题：两位殷商殿下，亮出身份名号就能笼络到几员干将、数千人马，可见殷商在朝野之间的威望还是极高。

并且，殷郊是哥哥，殷洪是弟弟，做哥哥的不但实力更强，更能折腾，就连部下也分外强悍。刘甫、毕环都是凡人武将，马善、温良却都是炼气士。尤其是马善，身具奇异神通，被西岐擒拿后竟然打也打不死，杀也杀不死，烧也烧不死，实属罕见。

这马善到底何方神圣？他下山的真正目的是啥？

在白龙山登场时，马善显得很寻常。他一听殷郊身份，立刻表态追随。就算殷郊后来转换主意，保纣伐周，他也没有提出异议。

两军交锋第一战，完全是殷郊的主场。马善与温良非常严谨地扮演着打下手的角色。在黄飞虎被殷郊落魂钟晃晕的时候，马善与温良紧跟而上，将黄飞虎捆绑带走。

第二战时，马善主动请战，殷郊在后方掠阵。西岐方面派出大将邓九公。

西岐本土武将中，南宫适为第一武将。等黄飞虎投奔西岐后，南宫适就靠边站了。而等邓九公投降后，就经常由这邓老将军扮演冲锋陷阵的角色了。

也难怪，黄飞虎、邓九公、苏护三位虽然都算是降将，但是归降方式不同，归降后的地位自然也不同。黄飞虎是主动来投，受封开国武成王；苏护在来到西岐之初，就通过黄飞虎表示愿意归降；唯独邓九公是在女儿被掳、大军溃败之后投降的，所以三人中邓九公的地位最为低下。

原著借邓九公之眼，写出了马善穿戴、气质的与众不同。

原文说："戴一顶扇云冠，光芒四射；黄花袍，紫气盘旋；银叶甲，辉煌灿烂；三股绦，身后交加；白龙马追风赶日；杵臼枪大蟒顽蛇。修行在仙山洞府，成道行有正无邪。"

在登场诗中，马善身穿淡黄袍，头戴扇云冠，手持长枪，胯下白马，英姿飒爽。这身装扮亦道亦俗，尤其是诗歌中反复强调，马善紫光绕体，一身正

气，和封神中一位鼎鼎大名的人物很像。

谁呢？杨戬！

原著第一次写杨戬上阵：“四将见西岐城内一人，似道非道，似俗非俗，带扇云冠，道服丝绦，骑白马，执长枪。”

杨戬的装扮与马善唯一的不同，是穿着道服，系着丝绦。不过，后来遇上金毛童子，得到淡黄袍与三尖两刃刀后，杨戬就换下了道服，穿上了淡黄袍，武器也由长枪改成了三尖两刃刀。

原作者为何要这么写呢？

只因马善并非妖邪。结合后文我们可以知道，马善乃是天地间三大神灯之一、灵鹫山元觉洞神灯的灯火得道。也就是说，马善是在灵鹫山中修行，学的是燃灯道人的仙法，算是燃灯道人的弟子。因此，原著诗歌才说马善“修行在仙山洞府，成道行有正无邪”。

此前，我们曾分析过陆压真身，知道陆压同样是灯火成仙。不过，陆压乃是玄都洞中神灯灯火。玄都洞主人老子是鸿钧老祖之下最强圣人。他洞中的灯火得道成仙之后，修为亦达到了大罗金仙境界，实力超强。

那么，燃灯道人灵鹫洞中的灯火，成仙之后实力如何？

先看武艺。

马善与邓九公两马往还，打了十二三个回合。原文说：“邓九公刀法如神，马善敌不住，被邓九公闪一刀逼开了马善的枪，抓住腰间绦袍，拎过鞍鞒，往下一摔，生擒进城。”

虽然邓九公的武艺在封神世界中已经算是一流，但马善与之交手，竟然十二三回合就被生擒活捉。这份武艺，只能算作三四流。

那马善神通如何呢？

马善被擒后，当众大骂姜子牙。姜子牙大怒，吩咐将马善推出去砍了。南宫适为监斩官。他手起刀落，切马善犹如切菜一般。只是，“钢刀随过随时长，如同切水一般同”，那马善的脑袋刚被削掉，眨眼工夫从脖子中又长出一个脑袋。南宫适再砍两刀，马善的脑袋被砍后又再长两次。

南宫适虽不是仙人，但也见过许多神奇法术，可如马善一般，脑袋被砍能重生的，还是第一个。

南宫适大吃一惊，赶紧回禀姜子牙。姜子牙也大吃一惊，带着诸将出营亲自查看，见刀枪果然杀不死马善。

姜子牙遍看诸将，吩咐韦护监斩。

韦护手中的降魔杵乃是重型武器，手中握着如灯草，一杵打下如泰山。就算马元能重生，被降魔杵砸中也将会变成肉泥。

韦护挥舞降魔杵，朝着马善最脆弱的顶门部位砸去。这一砸果然奏效，只打得一派金光，就地散开。马善竟然被降魔杵打散了形体，变成一地金光！

只是，众人都不知道，马善乃是火灵得道，并非肉体凡胎。降魔杵下，马善无法硬抗，但是，只要火灵尚在，马善随时都可以重新凝聚出形体。

因此，当韦护收起降魔杵，那一地金光又重新变成马善。

众人皆大吃一惊。姜子牙思量再三，命令众位门人，用三昧真火煅烧马善。

三昧真火至阳至刚，最是克制妖物。当初，姜子牙就是用一口三昧真火把琵琶精烧得半死。

于是，哪吒、金吒、木吒、雷震子、黄天化、韦护一共五人从口鼻喷出三昧真火，齐齐烧向马善。

没成想，那三昧真火一接触到马善，马善却立刻借着火势飞起。

只因那马善本就是火灵成仙，用火去烧马善，等于给马善送去补品。一时间马善被刀砍杵砸留下的伤势全都恢复，并借火遁成功逃离了。

从马善所展现的神通看，西岐众仙其实无一人可以真正伤到马善。尤其是马善能够砍头重生，形体散后又可重聚，足以说明马善已经达到了不死不灭的地步。

马善本就不是人类，他没有血肉之躯。他的身躯乃是火灵凝聚，这也就意味着他可以任意改换自己的容貌、形体，可以变成人，可以变成兽，可以变成三头六臂……

拥有如此诡异神通的马善，为何会被邓九公生擒活捉呢？要想弄清楚这个问题，先要明白马善下山的原因。

殷郊在白龙山初见马善时，马善只是一个普通山大王，没有什么怪异之处。可是，没有什么怪异之处，恰恰证明了很怪异。

要知道马善可不是凡人武将，他乃是火灵成仙，师父是准圣，他本人也神通了得，修行过千年，实力堪比金仙。如此一个高人，为何会窝在区区白龙山，带着几千强盗过日子？除非是高层有命，马善不得不这么做！

没错，马善下山，同样是阐教高层所安排，是燃灯道人指令马善寄居白龙山，等候殷郊。

原著中有何证据证明马善下山，是燃灯道人安排的呢？

在马善逃回殷郊处后，西岐众将开会讨论对策。杨戬提出可以去终南山云中子处借来照妖宝鉴，看看马善真身，或许可以有所发现。

姜子牙同意。之后，杨戬借来照妖宝鉴，他亲自登场，故意拖延时间，与马善打了二三十个回合。交战时，杨戬偷偷用照妖宝鉴照马善，发现镜子中只有一个灯头。

所谓灯头，其实就是灯盏上的灯火。韦护提出世间有三盏神灯，一在玄都洞，一在玉虚宫，一在灵鹫洞。那灯头极有可能属于三盏神灯之一。

杨戬先去玉虚宫，白鹤童子回复说灯盏亮着。杨戬再去灵鹫山元觉洞。

燃灯问杨戬来干什么。原文杨戬说："老爷面前的琉璃灯灭了。"

这与马善同体的琉璃神灯放在哪里呢？就放在燃灯道人的面前。从马善登场，到杨戬此刻来到灵鹫山，已经过去了许多天。按照常理，燃灯道人早就应该发现了。

可燃灯道人啥反应？

原文说："道人抬头看见灯灭了，'呀'的一声，'这孽障走了！'"

燃灯道人只要一抬头就可以看到灯灭，可他出出进进许多次，就是没有看见灯灭了。在封神仙界，同样有白天有黑夜。若是白天看不到灯灭也还罢了，晚上怎么可能没发现灯灭了？

唯一的可能就是燃灯道人早就知道灯灭了，那马善下山就是他安排的！

那燃灯道人安排马善下山，有何目的呢？

目的就是要让马善跟随殷郊，通过马善，让西岐方面请自己下山，由他燃灯道人主持灭殷郊，破番天印一事。

正因如此，马善才会十二三回合就被邓九公生擒，生擒后又故意大骂姜子牙，惹得姜子牙要杀他。从之后几次交战看，马善明明精通火系功法，却一次也没有施展，更没有伤害西岐将领。

燃灯道人被请下山后，以琉璃灯盏轻松收服马善。他吩咐黄巾力士把马善押回灵鹫山，可他自己却留在了西岐阵营，充当大佬，夺过姜子牙指挥权。明明番天印不很强，殷郊更弱，可燃灯道人偏偏强调，唯有借来四位圣人的先天宝旗，方能破番天印，杀死殷郊。

在降服马善后，杀死殷郊前，商军大营还来了一位叫作罗宣的仙人。此人差点将西岐百万生灵全灭。

100 谁是封神最强火系仙人

在封神世界中，有不少精通火系神通的仙人，像布下十绝阵的十天君，许多人都能施展火系法术。其中烈焰阵主白天君更是其中翘楚，他能掌控三昧火、石中火、空中火等三种奇火。

封神大战中，陆压与马善都是火灵得道。陆压修为高深，达到大罗金仙境界，号称离火之精；马善修为差些，但也能重生不死，火中遁形。他们二人对火系规则的领悟又比十天君高出许多。

不过，若说谁才是封神最强火系仙人，答案并非马善，也非陆压。

马善上阵，全无法宝、法术，单靠武艺，其火系神通只用作保命，没有伤敌。陆压上阵，全靠斩仙飞刀，另外就是遁术神奇，逃命功夫与燃灯道人并称第一。

论起火系攻击性法术，马善、陆压二人远不如来自火龙岛、号称焰中仙的罗宣道人。

截教仙人多来自海岛，有什么九龙岛、蓬莱岛、金鳌岛、三仙岛、白鹿岛、白云岛、火龙岛，等等。诸多海岛中，三仙岛实力最强，拥有三位大罗金仙——云霄、琼霄、碧霄，岛屿也因她们得名。封神榜上三霄权力极大，统管仙凡轮回事务。其次是九龙岛，九龙岛有四圣，有瘟神吕岳。封神榜上四圣封凌霄殿四将，即昊天上帝的禁军统领，吕岳是瘟部之主。蓬莱岛上有两位大仙：人族以一气仙余元为尊，他乃是闻太师的师兄、金灵圣母的徒弟；妖族以羽翼仙为王，他后来归了灵鹫山燃灯道人。

第四大岛，就该是火龙岛了。火龙岛上仙人无数，最有名望的是焰中仙罗宣。

罗宣凭啥成为火龙岛形象代言人？就是因为罗宣精擅火系神通，最会玩火。

罗宣上阵时，原文如此说：“鱼尾冠，纯然烈焰；大红袍，片片云生。丝绦悬赤色，麻履长红云。剑带星星火，马如赤爪龙。面如血泼紫，钢牙暴出唇。三目光辉观宇宙，火龙岛内有声名。”

西岐方面一看罗宣打扮，老一辈的都忧心忡忡，年轻一辈的都哈哈大笑。姜子牙老于世故，见罗宣从头到脚一身红，穿如此奇装异服，觉得罗宣必有奇异神通，必然难缠。哪吒等人年轻气盛，却认为罗宣那丑汉很是滑稽，身为男子，不但从头到脚一身红，竟然连腰间剑、胯下马都是红色的。这人也太能装了吧！

在我看来，不是罗宣想把自己打扮成一身红，而是罗宣从头到脚都充斥着着火灵力，让他呈现出一身红。

这罗宣，与闻太师一样，都有三只眼，也都能变身成三头六臂。

那么，这个酷酷的罗宣究竟什么修为？

在元始天尊敕封罗宣时，封神榜榜文评价说：“尔罗宣昔在火龙岛曾修无上之真，未跨青鸾之翼，因一念嗔痴，弃七尺为乌有，虽尤尔咎，实乃往愆。”

作为胜利的一方，元始天尊对失败者罗宣自然没什么好评价。不过，“曾修无上之真，未跨青鸾之翼”还是比较客观地道出了罗宣的修为。

所谓“曾修无上之真”，“无上”即至高无上。封神世界中常常把修仙的极致称之为至一之境，元始之境，与此处的“无上之真”是一个意思。也就是说，罗宣作为一个专修火系的仙人，他对五行当中的火系法术领悟颇深，曾经朝着至高境界迈进。

可惜，罗宣虽渴望成就大道，实际上“未跨青鸾之翼”。“跨青鸾”可以有两种理解。一种是骑乘青鸾灵禽，一种是象征得道，即修炼达到大罗金仙以上境界。

原著中，写陆压道人时，就有诗句说他：“跨青鸾，骑白鹤，不去蟠桃飧寿药，不去玄都拜老君。”事实上，陆压出行从来没有骑乘过青鸾。此处的“跨青鸾”，就是形容陆压达到大罗金仙境界，逍遥自由的样子。

换言之，“曾修无上之真，未跨青鸾之翼”就是说，罗宣曾经渴望修成大道，可惜最终没有证道成功，没有达到大罗金仙境界。

论修为，罗宣应该还是金仙。当然，同样是金仙，也有强有弱。论修为，论战力，罗宣都算是金仙中的强者。

因受申公豹邀请，罗宣来到西岐。他在西岐的种种遭遇，与号称截教圣人之下第一人的吕岳很像。一开始，罗宣也被众小将围攻。

罗宣与姜子牙一言不合，随即开战。哪吒性情最是刚猛，最是急躁，立刻冲上去截杀罗宣，保护姜子牙。罗宣的朋友刘环见状，也冲出来拦住哪吒。

杨戬见状，舞动三尖两刃刀冲出，黄天化拍玉麒麟赶来，雷震子展开双翅，从空中挥舞黄金棍就砸，土行孙晃动镔铁棍，朝罗宣下三路打去。就连经常当背景的韦护这次也冲动了一回，举起降魔杵朝着罗宣顶门就砸。

罗宣见状，晃一晃身躯，现出三头六臂法相，六只手拿着照天印、五龙轮、万鸦壶、万里起云烟、两把飞烟剑，与众人战在一处。

罗宣的武艺还是不错的，被六人围攻，还把黄天化打下坐骑。杨戬忙祭出哮天犬，但姜子牙早就祭出打神鞭，把罗宣打得差点掉下坐骑来。哪吒又用乾坤圈打伤了刘环。罗、刘二人一拍坐骑，双双大败逃走。

事实上，西岐众小将个个武艺精通，更拥有许多金仙镇洞之宝。在他们多人围攻之下，除非是圣人，任谁都要落荒而逃。

然后，罗宣也开始图谋报复。

封神榜上，罗宣被封为火德真君，自然擅长火攻。

他先是朝西岐城中射出许多万里起云烟（其实就是火箭），刹那间，西岐城内到处起火。然后，又祭出万鸦壶，从壶中飞出千万只火鸦（仙侠小说中常会见到妖禽火鸦）。还用几条火龙把个五龙轮（类似投石机）架起，甩出无数火石，把城内那些宫阙楼阁，砸碎，烧尽。

罗宣这把火，威力如何？

原文说："可怜东、西、南、北各处火起，相府、皇城到处生烟。子牙在府内只听的百姓呐喊之声，震动华岳。"

西岐城经过这一场大火，到处废墟一片，死伤数以万计。

面对大火，各方的反应如何？

罗宣说："这也是西岐一群众生该当如此，非我定用此狠毒也！"

刘环说："他既无情，理当如此。"

武王姬发号啕大哭，跪地匍匐说："只愿上天将姬发尽户灭绝，不忍万民遭此灾厄。"

姜子牙在相府听闻罗宣放火，吓得"神魂俱不附体"。

燃灯道人说："贫道非是不知（西岐万民被火烧），吾若是来治此火，异人必不能至。"

大家看五人反应，有何感受？

罗宣、刘环被申公豹诱骗下山，本是来和姜子牙论理，不想被哪吒、杨戬等人暴揍一顿，结果，恶向胆边生，为一己私欲发动火攻，自是恶人。

武王姬发为百姓痛哭，甘愿自己绝户以救万民，真真仁德之君。

姜子牙吓得魂不附体，哪里还有半点宰相气度？

最坏的就是燃灯道人！他因为收马善一直就留在西岐城。以他的神通，早就感知罗宣在西岐城上放火，也完全有能力救下万民，可是，他偏偏不出手！

燃灯道人还振振有词，说若自己出手了，异人就不能来了。

为了把扑灭西岐大火的功绩送给异人，那数以万计死在大火中的百姓就一律都被燃灯道人无视了。

那么，这位前来救火的异人是谁呢？此人有什么背景，让燃灯道人也不敢插手呢？

101 龙吉公主得罪了谁竟被贬下界

原文说："罗宣正烧西岐，来了凤凰山青鸾斗阙的龙吉公主，乃是昊天上帝亲生，瑶池金母之女。"

原来，燃灯道人等待的竟然是天庭二圣昊天上帝与瑶池金母之女龙吉公主。

龙吉公主是天帝之女，本该高居天庭，为何会住在人间凤凰山青鸾斗阙呢？

其实，原著早在写土行孙的故事时，就已经提到龙吉公主。

当时，杨戬用土遁术前往压龙山，不想半路中忽然土遁术被打断，来到了一座山前。

这座山路径幽深，杳然难觅。杨戬想弄清楚自己的土遁术为何会被打断，于是略往林中走了数十步。

没想到走入林中不久，就看到了一座桥，桥过后是一座巨大宫殿。门楣上悬着一个匾额，上书“青鸾斗阙”四个大字。

杨戬也算是见闻广博，却从没有听说哪家仙山洞府叫作青鸾斗阙，也没有见过哪家殿阁有眼前如此富丽奢华却又不失清幽高雅。

就在杨戬四处打量间，朱红大门打开，从里面出来八位女仙，各持羽扇，当中一位道姑，身穿大红白鹤绛绡衣，姿容绝代，气质动人。

杨戬躲在树林间想要等那女道姑离开，没想到人家根本就是冲他而来。那道姑让手下女仙到林中把杨戬寻出，询问杨戬来由。

杨戬一男子，竟误闯到一女子家门口。杨戬很尴尬，只好报出师承来历，强调自己是奉师叔姜子牙命令前往二龙山公干，并非专门埋伏在林中偷窥。

那道姑听了，不但没有为难杨戬，反而明确告诉杨戬，那土行孙确实就是惧留孙门人，前往压龙山请惧留孙下山，定可解救西岐危难。

这深居山林的道姑，竟然对玉虚宫徒子徒孙的信息一清二楚。

杨戬有些奇怪，询问道姑是谁。

那道姑回答说：“吾非别人，乃昊天上帝亲女，瑶池金母所生。只因那年蟠桃会，该我奉酒，有失规矩，误犯清戒，将我谪贬凤凰山青鸾匽阙。吾乃龙吉公主是也。”

之后，杨戬就告辞离开了。

乍一看，杨戬仿佛是偶遇龙吉公主，但仔细分析可以看出，这偶遇实是龙吉公主精心设计的。

杨戬修道多年，对玉虚宫诸位师伯师叔的洞府无一不熟。他早就知道前往压龙山的道路，根本不需要半路停下辨别方向。他之所以会在凤凰山驻足，完全和后来“偶遇”金毛童子一样，是其土遁术被强行打断所致。

龙吉公主为何要这么做？

见到杨戬后，龙吉公主做了两件事。

其一，告诉杨戬土行孙确实是惧留孙徒弟。杨戬并不认识土行孙，也不能确定土行孙是惧留孙弟子，他只是依据捆仙绳的威力，推测是惧留孙的法宝。如今，龙吉公主则明确告诉杨戬：你的判断没错，请惧留孙正可以解救西岐危局。

很明显，龙吉公主在向杨戬示好，而向杨戬示好就等于向西岐阵营示好，向西岐阵营示好就等于向西岐背后的阐教示好。

其二，告诉杨戬自己被贬下界的原因。按照常理，龙吉公主与杨戬男女有别，并且两人仅仅是第一次见面，这龙吉公主就把自家的丑事——被贬下界的原因相告，这实在有点奇怪。

龙吉公主为何会这么大胆，这么另类？莫非这龙吉公主对杨戬一见倾心，于是就把心里话全盘托出了？

当然不是！

龙吉公主后来可是嫁给了洪锦。她之所以如此直白，是需要借杨戬之口，把自己下界的原因转告给姜子牙，告诉给阐教，以表明自己对西岐，对阐教坦坦荡荡，诚心相待。

龙吉公主本是昊天上帝与瑶池金母之女，父母都是圣人，为何会被贬下凡呢？

龙吉公主自称："那年蟠桃会，该我奉酒，有失规矩，误犯清戒。"

龙吉公主称，自己是在蟠桃会上奉酒（敬酒）时，失了规矩，于是被贬。龙吉公主是天庭二圣之女，其公主身份尊贵无比。需要她亲自奉酒的仙人，其地位至少是堪比天庭二圣。个人猜测，极有可能是老子、元始天尊、通天教主三圣中的一人。三圣是洪钧老祖亲传弟子，不但身份比昊天上帝尊贵，修为也比昊天上帝要高。其他如人族三皇、女娲等，虽然也是圣人，但身份、地位比昊天上帝要低。

估计龙吉公主是在给三圣中某位倒酒时，泼泼洒洒，污了对方袍服，惹得对方生气了。为了平息那人怒气，昊天上帝不得不下令，将龙吉公主贬斥下界。

那么，龙吉公主到底是得罪了哪位圣人呢？

在我看来，龙吉得罪是三圣中的通天教主。

其实，龙吉公主修为高深，年纪也颇大。她见到燃灯道人，也是称其为道友，并不像十二仙首、云中子等人称其为老师。龙吉公主出身名门，从小就见惯了大罗金仙。圣人也是她家常客，蟠桃会又经常开。龙吉公主必定早就习惯了大场合，绝不可能因为给圣人敬酒，就紧张得手不稳。

她之所以会有失规矩，必定另有原因。

什么原因呢？

在我看来，当是通天教主故意找茬。他极有可能是暗中出手，使得龙吉公主打翻了酒杯，弄脏了他的衣服，然后，借机发难，搞得昊天上帝下不来台，不得不把女儿贬斥。

要知道，通天教主与昊天上帝早有矛盾！

鸿钧老祖为何要发动封神大战？目的之一，就是要为昊天上帝为首的天庭补充人马。可是，天庭神仙从何而来？从封神大战而来。迫于师父的压力，通天教主不得不在封神榜上签字，把许多徒弟徒孙送入天庭。

但是，通天教主不敢对鸿钧老祖生气，可未必不敢拍昊天上帝的桌子。

在通天教主看来，老子与元始天尊两位师兄欺负自己也还罢了，区区昊天上帝一个后进圣人，凭啥也在他头上拉屎？

是可忍，孰不可忍！

其实，原著中还有一处非常有力的证据，可以证明龙吉公主与通天教主宿怨很深。

万仙阵时，通天教主正与老子、元始天尊说话。

原文说："话犹未了，只见洪锦走马至阵前，与龙吉公主也不听约束，举刀刃直冲杀过去。"

洪锦和妻子龙吉公主，竟然在通天教主和元始天尊还在说话的时候，也不听从元始天尊的约束，就挥刀杀向通天教主？

洪锦、龙吉公主与通天教主有啥仇？

洪锦本是截教仙人，曾经还不愿意投降西岐。他与通天教主全无半点仇恨。之所以他会朝着通天教主挥刀，唯一的理解就是，他得知通天教主曾经欺负过他妻子。

所谓："仇人相见，分外眼红。"龙吉公主早就恨透了通天教主。若没有他刁难，龙吉公主哪里会沦落到下凡，与一般低阶仙人为伍？

正因通天教主害得龙吉公主被贬，龙吉公主才会和丈夫一起，不顾约束定要杀死通天。

102 谁是封神最强水系仙人

龙吉公主的实力如何呢？

罗宣能成为火龙岛第一炼气士，凭火系神通在高人辈出的截教闯出名声，足见修为高深，神通不凡。他释放的火系神通法术，杀伤力极大，唯有九龙岛第一炼气士、瘟癀之祖吕岳可以相比。别说是姜子牙、哪吒，就算是杨戬、十二金仙，看到那般大火，也只能徒然叹息，全无办法。

可以说，在金仙中，精通火系神通的罗宣已经是绝对的强者。我甚至猜测，他已经窥悟到一丝火系法则之力，已半只脚踏入大罗金仙境界。唯因如此，在元始天尊评定封神榜时，罗宣才会被封为火德星君，与九天应元雷声普化天尊闻仲、瘟癀昊天大帝吕岳、坎宫斗母金灵圣母并列，成为超越凡神、统领一部的大神。

可是，如此强悍的罗宣，在遇上龙吉公主后竟然全无反手之力！

原著中说，龙吉公主跨青鸾来到西岐城上，远远见城中有万千火鸦喷吐烈焰，百姓哭嚎挣扎。龙吉公主忙吩咐一旁女仙，将法宝雾露乾坤网祭出。

从名字就可以看出，此网乃水系超强法宝，并且是专克火系神通的法宝。

果然，此宝一旦祭出，立刻罩住整座西岐城，且从网中洒出无数真水。真水灭真火，眨眼工夫，万只火鸦就被真水化去。

罗宣一见，大怒。祭出五龙轮劈面打来。当初，罗宣就是靠着五龙轮打伤了黄天化，可见此宝既可以放火，也可以砸人。

龙吉公主见了，全不担心，她取出法宝四海瓶托在手中。那四海瓶能容纳四海之水，水系力量何等强大。五龙轮化作五条火龙飞来，刚到龙吉公主身边，就被吸入四海瓶中。虽然五龙轮能释放无穷烈焰，但是，瓶中有四海之水，眨眼工夫五条火龙就被淹灭，五龙轮也被龙吉公主收走。

罗宣更加愤怒，祭出法宝万里起云烟，射出万千火箭。龙吉公主一晃四海瓶，所有火箭全射入四海瓶中，箭沉大海，全无消息。

一旁刘环见状，知道情况紧急，于是趁着龙吉公主与罗宣斗法，他脚踏烈焰，挥舞宝剑，冲杀过来。

龙吉公主乃是女子，怎能与男子近身搏斗。她粉脸一红，祭出神兵二龙剑。那剑飞到空中，化成两条神龙朝刘环扑咬过去。刘环哪里能够躲开，刹那工夫，被两条神龙穿心而过，死于非命。

罗宣大叫，心疼不已。他忙现出三头六臂法相，祭出最后的法宝照天印。大凡印类法宝，无不讲究厚重、庞大、迅猛。照天印也是如此。那法宝化作小山大小朝龙吉公主压去。龙吉公主毫不慌张，把二龙剑一指，照天印竟然就落在火中。

她再度祭出二龙剑，宝剑冲向罗宣。罗宣知道无法硬抗，只好一拍坐骑赤烟驹，跳出圈外，转身逃去。龙吉公主挥手一指，二龙剑继续追杀。罗宣大骇，忙喝令赤烟驹快走。只是赤烟驹哪里有二龙剑快，眨眼工夫，二龙剑追上，一剑刺在赤烟驹屁股上。赤烟驹倒下死去，罗宣被摔下坐骑，借火遁逃走。

整场大战不过数个来回，堂堂火龙岛第一炼气士罗宣，就被龙吉公主杀得落荒而逃。

当然，龙吉公主能够获胜，除了她修为高深，精通水系功法外，和她拥有超强水系法宝有着密切关系。她毕竟是天庭二圣之女，手中的雾露乾坤网与四海瓶应该都是蕴藏水系规则之力的大罗金仙级法宝。二龙剑也与金蛟剪很像。即便杀伤力没金蛟剪变态，单凭能追上神兽的迅捷速度，也是罕见的神兵利器。

单从此战看，龙吉公主至少是金仙强者，甚至有可能已达到大罗金仙境界。

见罗宣逃走，龙吉公主也不追赶。她施展水系法术，降下瓢泼大雨。不多时，整个西岐城的大火全被扑灭。满城百姓无不欢呼："武王洪福齐天，普施恩泽，吾等皆有命也！"百姓们只是感激武王姬发，并不知道救他们的另有其人。

此前，龙吉公主多年来一直住在遥远的凤凰山青鸾斗阙，为何会在罗宣放火之夜，非常准时地赶到西岐城呢？

要知道罗宣放的可不是普通火焰，而是三昧真火，宫殿楼阁眨眼工夫就会烧光。唯有罗宣这边一放火，那边龙吉公主就出发，才能恰恰赶到，及时灭火。

因此，唯一的真相就是，罗宣放火与龙吉公主救火，都是阐教高层所安排！

罗宣是申公豹忽悠来的。申公豹必然会在第一时间把罗宣的神通法术、品性脾气如实汇报给阐教高层。以元始天尊的见识，在掌握了罗宣的情报后，完全有能力推测到罗宣之后的举动。

申公豹以阐教欺凌截教，侮辱罗宣等人为由，将罗宣骗到西岐。罗宣品性不像羽翼仙那么单纯，他更加高傲，更加偏激。于是，罗宣与姜子牙一旦对阵，双方必然谈崩，必然开战。单凭罗宣的武艺，绝不能战胜阐教众小将，于是，他必然施展压箱底的火系绝学，西岐城必然会遭遇一次烈火焚城之大劫。

因此，派何人灭火，就成了元始天尊必须考虑的问题。

元始天尊的徒弟中，大徒弟南极仙翁一直负责元始天尊的日常事务，无法轻易离开；十二仙首修为被废，正在恢复中，不适合出战，并且，就算十二仙首修为尽复，也很难破解罗宣的火系神通。

仔细想想，十二仙首中还真的没有一位精通水系功法，或者拥有水系法宝。在《西游记》中观音菩萨的玉净瓶可以装一海之水，瓶中有甘露杨柳。在《封神演义》中，慈航道人的法宝虽叫清净琉璃瓶，但那瓶子不是用来装水的，而是用来装人的——瓶中有许多黑气，一旦祭出黑气就会冲出来，将敌人吸入，片刻间将敌人化为脓水。这法宝可全无半点仁慈模样。

倒是元始天尊有个琉璃瓶，里面装的是三光神水，可以灭火，也可以抵御法术攻击。而且，燃灯道人也有足够修为压服罗宣，又有水系超强法宝定海珠可以灭火。

但左右权衡后，元始天尊还是决定把扑灭西岐大火的功绩交给了龙吉公主。

原文有两处地方可以证明，燃灯道人与龙吉公主早就知道罗宣会来放火。

原文中燃灯道人说："贫道非是不知（罗宣放火），吾若是来治此火，异人必不能至。"

原文龙吉公主初见罗宣时，罗宣喝问对方是谁。龙吉公主道明身份，却不问罗宣是谁，只是说："你有何能，敢动恶意，有逆天心，来害明君，吾特来助阵。你可速回，毋取灭亡之祸。"见罗宣祭出五龙轮，龙吉公主一笑说："我知道你只有这些伎俩，你可尽力发来！"

燃灯道人从元始天尊处得知，罗宣必然会来到西岐，必然会火攻西岐，这点不难理解。

而从罗宣问龙吉是谁可以知道，二人此前没有见过，彼此并不认识。可是，罗宣不认识龙吉，龙吉却不但知道罗宣是谁，并且连罗宣精通什么法术，有什么法宝，应当如何克制，全都一清二楚。

这说明了什么？说明早就有人把罗宣的资料告诉了龙吉公主。

事实上，罗宣火焚西岐城就是阐教布的一个局。他们设局致罗宣放火，犯下违逆天命的大罪，然后让龙吉公主出手，营救西岐百万生灵，获得一份丰厚回报。

龙吉公主本人的一番话道出了其中隐秘。

事后，姜子牙代表武王出面感谢龙吉公主。龙吉公主解释说："贫道乃龙吉公主，有罪于天；方才罗宣用火焚烧西岐，贫道今特来此间，用些须小法术，救灭此火，特佐子牙东征，会了诸侯，有功于社稷，可免罪愆，得再回瑶池耳，真不负贫道下山一场。"

龙吉公主出身高贵，实力又强，面对姜子牙等一干晚辈，一直是有啥说啥。她坦白告诉姜子牙，自己来帮西岐灭火，并非不图回报。她当初获罪于天，被贬到凤凰山。她一直想重回天庭，只是苦无办法。如今，龙吉公主以击败罗宣，救下西岐城作为觐见之礼，主动加入到西岐阵营。她这么做的目的，是希望借助辅佐姜子牙东征，大会诸侯，创建新朝的功绩，赎免罪过，重回天庭。

那阐教高层为何要把这份功劳送给龙吉公主呢？

只因燃灯道人早就是阐教圣人之下第一人，此前已经多次立下大功。即便他此次再灭西岐大火，也不过是锦上添花。如此辛苦奔波一场，从鸿钧老祖处所得的回报太小。

但是，把这份功劳送给龙吉公主，结果就大不相同，意义非凡。

龙吉公主背后站着的是天庭二圣。此前许多年，昊天上帝与瑶池金母在支持阐教还是支持截教的态度上，一直很暧昧。从昊天上帝的立场看，截教已经有一些仙人加入天庭，可阐教则一毛不拔，很不给他面子。因此，他多次强调，自己希望玉虚宫十二仙首前来称臣。

但是，从龙吉公主受到侮辱，昊天上帝不得不贬斥女儿那一刻开始，天庭二圣就对通天教主有了恨意。

封神大战本就是鸿钧老祖操办的一场为天庭选拔仙人的活动。身为天庭之主，昊天上帝不方便直接参与封神大战。此前南极仙翁来借聚仙旗时，瑶池金母也显得比较高傲。

但是，那一切都是做给通天教主看的。毕竟他们二人的实力、地位都不如通天教主。不能像老子、元始天尊一样，与通天教主公然撕破脸。

他们选择了另一种方式表示自己的态度——让自己的女儿龙吉公主加入西岐阵营，辅佐姜子牙灭商。这就等于宣布，天庭二圣其实也是阐教的坚定支持者。

元始天尊安排龙吉公主来灭西岐大火，送给龙吉公主一份功劳，帮助龙吉公主重返天庭，无疑是送给昊天上帝与瑶池金母一份大礼。身为父母，最开心的事情就是子女有前途，过得好。如今，元始天尊对他们的女儿很好，他们自然要投桃报李，支持元始天尊。

于是，通过接纳龙吉公主入西岐阵营，阐教高层成功地把天庭也捆绑到自己的战车上。不知不觉间，封神四大势力逐渐分成两大集团，形成了三打一的局面。

通天教主的好日子就快到头了！

103 灭殷郊时燃灯为何安排姬发观看

为了灭杀殷郊，燃灯道人一共借来了四面先天宝旗。然后，在燃灯道人的布置下，西岐大军发动了对商军的总攻。商军主帅张山、大将李锦先后战死。殷郊只带着几个残兵败将逃离。

同时，燃灯道人又安排赤精子、文殊广法天尊、武王姬发与自己，四人各持一面宝旗，前往四方阻截殷郊。

西岐阵营有众多三代弟子，殷郊的师父广成子也在场。他们都能驱动先天宝旗，为何燃灯道人偏偏选择这四人呢？

当时，南极仙翁把聚仙旗交给燃灯道人后，转身就离开了西岐。燃灯道人说："今有聚仙旗，可以擒殷郊。只是还少两三位可助成功。"

话音未落，从外面先后走来赤精子与文殊广法天尊。燃灯道人一见大喜，立刻就安排这两人下场。很明显，这二人赶来，都是接到了高层命令，是元始天尊安排他们下场。

为何安排赤精子？原文中广成子一见赤精子，不禁嗟叹说："我与道兄一样，遭此不肖弟子。"赤精子与广成子恰是难兄难弟。广成子与殷郊感情深厚，不愿意亲自出手灭杀徒弟，于是，赤精子为其代劳，顺便挣一份功绩。

为何安排文殊广法天尊？此前，文殊奉命下山灭杀马元，不想半途被准提道人截和，文殊便少了一项功绩。此刻，文殊再度下山灭杀殷郊，正是完成上次未尽之杀劫。

至于安排燃灯也很好理解。此次下场的两位都名列十二仙首，三代弟子没资格下场。燃灯道人身份还在十二仙首之上，他辛苦下山一场，总要收获点功绩。所以他安排自己持杏黄旗镇守中央，也算公私兼顾。

唯一难理解的是安排武王姬发镇守西方，执掌聚仙旗。

武王姬发乃是一介凡人，根本无法驱动聚仙旗。实际上也是由与他在一起的姜子牙祭出聚仙旗，赶走了殷郊。

燃灯道人为何不直接安排姜子牙守西方，偏要拉扯上武王姬发呢？

回答这个问题之前，让我们回顾一下燃灯道人主持破十绝阵时的安排。

十绝阵中，最厉害的就是第十阵红砂阵。燃灯道人提出，红砂阵过于凶恶，唯有大福之人才能镇压。于是，他吩咐武王姬发前去破阵。

姜子牙一听，大吃一惊说："当今天子体先王仁德，不善武事，怎破得此阵？"

姜子牙虽不同意这个安排，但话说得很含蓄。人家武王姬发不过是一介凡人，别说不精通武艺，就算修炼成人仙、神仙，甚至金仙，擅自踏入红砂阵，也是个死。燃灯道人把破阵这差事交给武王姬发，这不是坑人吗？

燃灯道人丝毫不肯退让，他脸色一寒说："事不宜迟，速请武王，吾自有处。”

武王姬发匆匆赶到阵前，听说要自己上场，吓得双腿打战。不过，他还是很懂事地说：“列位道长此来，俱为西土祸乱不安，而发此恻隐。今日用孤，安敢不去。”

燃灯道人大喜，在武王姬发胸前背心都贴上许多符箓，以保姬发不会受到致命伤害。

武王姬发是个聪明人。虽然知道上场有生命危险，但还是选择遵命去做。人家阐教仙人都是为西岐，为你姬发忙活，姬发又怎能充当甩手掌柜。在适当的情况下，姬发也应该上场体验一下！

总之，为了让武王姬发知道仙家斗法的可怕，知道阐教护国的艰辛，燃灯道人一而再地安排武王姬发上场。

燃灯道人安排武王姬发持聚仙旗阻截殷郊，还有另一个目的。

燃灯道人大展手段，把殷郊的身子夹在两座山之间，单单露出一个头来。

见到殷郊即将受犁锄而死，燃灯道人、文殊广法天尊等人一脸冷漠。在他们看来，殷郊乃逆天而行，命该如此，丝毫不值得同情。广成子则很心痛，毕竟彼此有二十年师徒情谊。赤精子免不了心中快慰——自己总算不是唯一的倒霉蛋。

现场中，唯一丧魂落魄、流泪哭嚎的，是武王姬发。

原文中武王滚鞍下马，跪在尘埃之中，大叫：“小臣姬发，奉法克守臣节，并不敢欺君枉上。相父今日令殿下如此，使孤有万年污名。”

武王姬发年纪虽然不算大，但也是三四十岁的成年人，知道斗争的残酷与艰辛。商朝与西岐之间，早就是你死我亡，不共戴天。此前，罗宣放火，西岐万民受苦，武王姬发看了痛哭流涕，恨不得自己代替，那完全可以理解。毕竟民乃邦本，没了百姓，他这个西岐君王也就成了光杆司令。

可如今殷郊乃是敌国王子，他被杀死，武王姬发为何流泪呢？真是因为殷郊被杀，就会让武王姬发有万年污名吗？

事实上，历朝开国之君，哪有多少是白手起家的？绝大多数开国之君，都是前朝重臣，手握重兵，权倾天下。武王姬发一方面标榜自己不肯欺君罔上，一方面却又不经纣王批准，自立为武王。这本身就很矛盾，很讽刺。

在各种演义中，类似武王姬发、蜀汉刘备这种君王很受民众喜欢，觉得他们很仁慈。其实，他们的许多行为，在明眼人看来，大半都是作秀。正如鲁迅先生评价说：“刘备长厚近似伪。”

像姜子牙，就觉得武王姬发完全不必如此悲伤。他劝说道："殷郊违逆天命，大数如此，怎能脱逃。大王要尽人臣之道，行礼以尽主公之德可也。"

姜子牙的意思是说，大王您意思意思就可以了，千万别当真。殷郊若不死，纣王若不诛，武王姬发如何才能建立新朝，一统天下？

让姜子牙意外的是，这次武王姬发似乎是认真了。他告诉姜子牙说："相父今日把储君夹在山中，大罪俱在我姬发了。望列位老师大开恻隐，怜念姬发，放了殿下罢！"

原来，武王姬发不能接受的是，明明是姜子牙逼迫殷郊，要杀殷郊，却让他背负骂名。

事实上确实如此。武王姬发名义上是西岐之主，实际上他全无实权。西岐的大权完全掌握在姜子牙手上。就连如何处置殷郊，姬发也没有半点发言权。所以，对于这种背黑锅的事情，姬发很不愿意去做。

姜子牙听了，很是尴尬。在姬发看来，西岐大权尽在他姜子牙手中，是姜子牙把姬发架空，让姬发做了傀儡。事实上，他姜子牙也是一个提线木偶。阐教高层让他怎么做，他也只能怎么做。

燃灯道人听了，哈哈一笑说："贤王不知天数。殷郊违逆天命，怎能逃脱，大王尽过君臣之礼便罢了。大王又不可逆天行事。"

燃灯道人看似在笑，但是话语颇为冷硬。燃灯道人前一句批评姬发不知天数，提醒姬发，殷郊是因为违逆天命因此要受犁锄之刑；后一句则警告姬发，若再坚持，你姬发也是逆天行事，要倒大霉！

武王姬发却一根筋，不听燃灯道人的，只求姜子牙表态。

姜子牙很是无奈，端正脸色说："老臣不过顺天应人，断不敢逆天而误主公也。"

姜子牙强调，犁锄殷郊，确实会让武王姬发背负杀主之恶名，但是，这么做是顺天应人。若是救下殷郊，则是逆天行事，那么，就会误了武王姬发的前程。

因为燃灯道人在场，姜子牙不好泄漏过多仙界隐秘。事实上，若武王姬发还要坚持，必定惹怒鸿钧老祖，搞不好就把姬发给灭了。反正文王姬昌有一百个儿子，有的是人接替王位。

听姜子牙如此说，姬发含着眼泪，撮土焚香，跪拜在地，称臣哭泣说："臣非不救殿下，奈众老师要顺守天命，实非臣之罪也。"

姬发很无奈。看似他在哭殷郊，其实是在哭自己。大家都是苦命人，都是身不由己。

而这，恰恰是燃灯道人让武王姬发阻截殷郊，观看殷郊被杀所想要的结果。

燃灯道人就是要提醒武王姬发：商朝是因为逆天而亡，西岐（周朝）是因为顺天而兴。他们阐教，代表了上天。至于武王姬发，这个所谓的真命之主，只不过是个招之即来，挥之即去的傀儡！若不听话，殷郊就是你的下场！

后来，燃灯道人命令广成子扶着犁上山。不过，广成子毕竟是老牌仙首，在玉虚宫地位颇高。燃灯道人多少还需要照顾一下广成子的颜面。于是，在真正行刑时，燃灯道人改命姜子牙的徒弟武吉扶着犁，把殷郊的脑袋犁田一般犁了去。

殷郊故事到此结束。

104 神奇的空间法术旗门遁

商军主帅张山殉国的消息传到朝歌，纣王大怒。群臣献策，再调三山关总兵洪锦，统率十万兵马前往西岐。

洪锦乃截教门人，修成道术，神通不凡。洪锦军团的实力在三十六路征伐中，不上不下，只能说是中流。因没有申公豹忽悠截教其他仙人加入，整场战役的时间较短。前后不过几天工夫，打了四场，主将就被擒，军团也被告破。

洪锦被封为大元帅，率十万兵马西征，看似风光，其实杀机四伏。前任多位三山关总兵都奉命西征，不是投降了西岐，就是被西岐所杀。因此，洪锦忧心忡忡，他再三交代两位大将季康、柏显忠，务必谨慎小心，不得造次草率。

第一天大战，由商军大将季康迎战西岐大将南宫适。

南宫适询问季康是谁。季康颇为自豪，他说："吾乃洪总兵麾下正印官季康是也；今奉敕征伐。尔等叛逆之徒，理当受首辕门，尚敢领兵拒敌，真是无法无君！"

南宫适一听笑了，他说："似你这等不堪之类，西岐城也不知杀了百万，又在你这一二人而已！快快回兵，免你一死。"

商军屡次西征，折在岐山脚下的军士少说也有百万。可是，不单是季康，包括朝歌许多将领，依然觉得商朝形势远胜西岐，认为此前战败的都是窝囊废，只要他们亲自出马，就能击败姜子牙，灭掉西岐。

这就像两窝蚂蚁在彼此相斗，老蚁王一族坚信自己可以击败新蚁王。可是，老蚁王一族根本没有意识到，在新蚁王的背后，还站着一群强大无比、可以轻易灭杀万千蚁族的人类！

当然，季康比较强，他武艺不输南宫适，更学了一门左道秘术。

双方大战三十回合不分胜败，季康念动咒语，头顶出现一片黑云，云中跳出一只恶狗。那恶狗扑下云来，朝着南宫适脖子上狠狠咬去。刹那间，南宫适连皮肉带盔甲，被恶犬咬去半边。南宫适吓得魂不附体，仓皇败回城去。

季康这法术很像杨戬祭出的哮天犬。

在许多人印象中，杨戬养了一只狗——就是哮天犬，时常跟在杨戬脚边。事实上，原著中杨戬从来都是独来独往，身边根本就没有跟着一只狗。哮天犬就如法宝一般，是需要杨戬运转法力“祭出”，方才会出现。一口咬下后，无论成功与否，哮天犬都会消失。想要哮天犬再现形，杨戬必须再度祭出才行。

季康战败了南宫适，得意扬扬回到大营。洪锦也很高兴，觉得“头阵胜，阵阵胜”。只是，他万万没有想到，这只是他一厢情愿。洪锦军团的厄运很快就来了。

第二天大战，由商军大将柏显忠迎战西岐邓九公。

柏显忠乃是洪锦军团副先行官，此人武艺还在季康之下，又不会一点法术。邓九公早就认识柏显忠，好意开口劝降。不料柏显忠丝毫不给面子，怒骂说：“似你这匹夫，负国大恩，不顾仁义，乃天下不仁不智之狗彘耳！”

邓九公大怒。他好意劝说，柏显忠不听也罢了，竟然还骂他邓九公是猪狗。于是，他下定决心要把柏显忠干掉。

邓九公虽年纪挺大，但武艺超群，实力还在南宫适之上！结果，不到三十回合，邓九公卖个破绽，将柏显忠一刀砍死，又削了首级，号令三军。

第三天，商军主帅洪锦亲自出马，西岐殿下姬叔明迎战。

洪锦上阵，免不了唱一番前人的老调，批评姬发与姜子牙，不该不守臣节，逆天作乱。

姜子牙听了，哈哈大笑。世人都把天子当成上天，把忤逆天子当成逆天，姜子牙却知道，所谓天子在仙人眼中，不过如蝼蚁！盲目支持商纣王的洪锦诸人，才是真正的逆天作乱！

姜子牙还把最为机密的军事情报坦然相告，完全没有把洪锦放在眼中。他说：“今诸侯八百齐伐无道，吾不久会兵孟津，吊民伐罪，以救生民涂炭，削平祸乱。”

洪锦大怒，双方开战。

洪锦冲上阵，本是想杀姜子牙，而西岐阵营的哪吒、黄天化等人也蠢蠢欲动。不想有人更加心急，竟然抢在哪吒之前与洪锦杀在一处。

此人就是武王姬发的七十二弟姬叔明。

姬叔明性情暴躁，武艺不凡。他每见立功的都是阐教门人，本土将领除了南宫适，连登场亮相的机会都难得，心中自然不甘。

事实却是，像他们这种凡人武将，在仙人大战中，只能当炮灰。

洪锦与姬叔明打了三四十个回合，见武艺无法取胜，于是跳出圈外，拿出一件法宝。

原文说：“将一皂旗往下一戳，把刀望上一晃，那旗化作一门，洪锦连人带马径进旗门而去。殿下不知，也把马赶进旗门来。此时洪锦看得见姬叔明，姬叔明看不见洪锦，马头方进旗门，洪锦在旗门里一刀把姬叔明挥于马下。”

封神世界的神奇法术、法宝极多，从攻击类型看，基本可以分为三类：物理攻击型、法术攻击型、魂魄攻击型。不过，这三类几乎又都是同一类——都是在同一空间发出攻击。

封神世界中空间类法宝很少，慈航道人的琉璃瓶算一个。空间类的法术就更少了。在空间法术、法宝中，能够实现空间跳转的，洪锦的旗门遁算是代表。

旗门遁的运行原理是什么？

旗门遁就仿佛是一个可以极速发动的空间阵法。洪锦手中的黑色旗子，就如现下修仙小说中常见的布阵主要工具——阵旗。旗子一旦插下，阵法就开始运转。旗子所化的一座门，就如哆啦 A 梦的任意门，人一旦进入，就会从战场消失，到达另一个空间。

因阵主熟悉阵法的运转规律，他走入旗门后，可以借助阵法，隐蔽起来。而外人闯入旗门，发现周围环境大变，必然惊慌失措，难以静心寻找敌踪。阵主则趁机偷袭，将敌人斩杀。

当阵主把旗子收起，整个阵法就消失了。人也凭空显现，重新出现在战场。

此前，姜子牙从未见过类似法术、法宝，于是大吃一惊。有旗门遁法术护身，洪锦就有了主场优势。任何人追进旗门，因敌暗我明，都将有性命危险。

不过，旗门遁也有一个非常明显的弊端：施展之后，敌人必须追着进入旗门，否则所谓的优势就如浮云。

洪锦小胜一场后，有点自得，在阵前叫阵。邓九公之女邓婵玉闻言，很不高兴。她冲上去与洪锦大战，洪锦还是打不赢邓婵玉，于是故技重施，立下旗门遁，走入旗门，凭空消失。

不料，邓婵玉不像姬叔明那么傻，人家追到旗门外，就是不进去。不但不进去，还甩手一五光石打入旗门。

邓婵玉手法何等快捷，洪锦刚走入旗门，五光石就追着打来。刚巧洪锦回头看有没有人追，五光石狠狠打在洪锦脸上。

于是，阵前将士没有看见人影，却听见旗门之下有人“哎哟”大叫了一声。洪锦见邓婵玉始终不赶来，无可奈何只能收了旗子，败回大营。

像旗门遁这种法术，总体来说杀伤力有限。比如杨戬，就算他进了旗门遁，只要运转玄功，洪锦用普通刀剑来砍杨戬根本无效。并且，一旦对手掌握了旗门遁的杀敌原理，即便追入旗门，只要心中有了防备，洪锦也很难袭击成功。

所以，龙吉公主听闻旗门遁，不禁微笑说：“此乃小术耳!”

事实上，龙吉公主绝非吹牛，正是她出手破了洪锦的旗门遁，并且将洪锦生擒活捉。

105 谁是封神头号白富美

如果评选封神世界“白富美”，毫无疑问，龙吉公主将拔得头筹。

封神世界的仙人，无论是仙家名门十二仙首之流，还是草根散仙度厄真人、云中子之流，多居住在山洞中。他们的洞府大都非常朴素，除了基本的床榻，并没有什么奢华器具。龙吉公主则不然。作为昊天上帝与瑶池金母之女，她被贬下界后，依然住在奢华低调有内涵的凤凰山青鸾斗阙“别墅”中。杨戬也算是见多识广，可见到龙吉公主的居所，也不禁目眩神迷，迈不动道。

封神仙人出行，大都靠五行遁术或纵地金光法，只有极少数豪门仙人才有灵禽神兽。因姜子牙主持封神行动，元始天尊为了自家脸面，才把四不相转借于他。就算是玉虚宫十二仙首，也大半没有坐骑。截教仙人也一样穷。像罗浮山赵公明，已经修成大罗金仙，临到出门时，还只能抓只凡虎当坐骑。人家龙吉公主呢？前来西岐灭火，不但自己骑跨青鸾神鸟，就连八个跟随的女仆，都人人骑乘灵禽异鸟。

谁让人家是天庭二圣之女呢？南极仙翁来到瑶池，见到“青鸾对对，彩凤双双”，她家养的灵禽多得是。

封神世界中多数仙人，能拥有一两件与自己修为同等级的法宝就算不错了。十二仙首中，黄龙道人最穷，除了一个仙鹤灵禽，一件金仙级法宝都没有。太乙真人算是富裕了，但赐给哪吒的混天绫、乾坤圈、风火轮，都只是神仙级法宝。好几位截教金仙只要挥手一指，就可收了乾坤圈。太乙真人唯一的金仙级法宝是九龙神火罩。正因只有一件，所以太乙真人一直舍不得赐给哪吒。

火龙岛第一炼气士罗宣施展三头六臂时，一共拿了六件法宝——一手执照天印，一手执五龙轮，一手执万鸦壶，一手执万里起云烟，双手使飞烟剑。这六件火系法宝杀伤力都不算强，论品级只能算是普通金仙法宝（B级），却是罗宣耗费数千年心血方才炼制成功的。正因如此，当法宝被龙吉公主收走时，罗宣心都在滴血，逃离岐山很久，都在盘算如何夺回法宝。

再看龙吉公主，她的法宝不但品质高——雾露乾坤网、四海瓶、二龙剑，每一样都是蕴含规则之力的大罗金仙级法宝，而且数量极多，她每次上场几乎都可以掏出全新法宝对敌。

姜子牙东征时，孔宣以五色神光横扫西岐，几乎无人可以伤到孔宣。可龙吉公主祭出鸾飞宝剑，一剑砍在孔宣胳膊上。孔宣惨叫，痛得几乎落马。

姜子牙兵伐佳梦关时，抓到了截教门下胡雷。此人有秘法无法被斩杀。龙吉公主又拿出了三寸五分乾坤针，打入胡雷顶门，定住胡雷魂魄，成功将胡雷杀死。

在万仙阵中，龙吉公主再次登场，这次她拿出了一把叫作瑶池白光剑的宝剑，杀了几名仙人。若非撞上了通天教主四大弟子之一、大罗金仙后期高手金灵圣母，别的仙人很难杀死法宝众多的龙吉公主。

在龙吉公主大战洪锦故事中，龙吉公主更是一口气拿出了三件宝贝，轻松击破旗门遁，生擒洪锦，展现了身为封神第一“白富美”的超强底蕴。

前文说到邓婵玉以五光石打伤洪锦。第二天，洪锦阵前指名道姓要挑战邓婵玉。土行孙有些担心，提醒邓婵玉千万别进旗门。邓婵玉笑说自己不会上当，只是不进旗门遁虽可以保命，却无法破敌。

隔壁的龙吉公主听到两夫妻谈话，前来询问怎么回事。当得知一切后，龙吉公主笑笑说：“此乃小术耳！”话语间，她有十足的把握可以破解洪锦秘法。

土行孙把龙吉公主的话语禀告姜子牙，姜子牙就请龙吉公主出战。

原来，龙吉公主竟然知道洪锦施展的法术叫作旗门遁，更知道旗门遁其实包含外旗门与内旗门两种秘法。洪锦以黑色阵旗施展的，就是内旗门。她手中有白色阵旗，可以施展外旗门，正好可以克制洪锦。

洪锦根本不知道自己的宿命之敌已经到来。他与龙吉公主大战三四回合，就插下黑旗，走入门中，隐身起来，等待公主进入后偷袭。没想到龙吉公主根本不追，而是拿出白旗插下。那白旗也化为一道门，龙吉公主走入。白旗所化的门后世界与洪锦的旗门世界相通，并且可以从洪锦背后出现。

结果，躲在旗门背后的洪锦，眼睁睁看着龙吉公主走入白旗门后消失。只眨眼工夫，龙吉公主就挥舞宝剑，砍向洪锦后背。

幸亏龙吉公主是豪门公主，力气很小，洪锦虽然背上被砍，受伤也不很重。洪锦随即纵马向北方狂奔。龙吉公主也一路追赶。

洪锦的马只是凡马，不能腾云驾雾。见龙吉公主赶得急切，洪锦忙下马，施展土遁术逃走。没想到龙吉公主虽然力气小，但人家乃二圣之女，从小不知道吃了多少灵丹妙药，蟠桃更是当饭吃。论起在五行法术上的道行，龙吉公主远超洪锦。

见洪锦施展土遁术，龙吉公主大笑。她也下马，却施展木遁术追赶。木可以克土，于是，任凭洪锦如何调转方向，龙吉公主始终咬住不放。

洪锦大急。眼见赶到北海，洪锦大喜。他虽没有陆上神兽，却有一件鲸龙法宝。他把法宝往水里一丢，那法宝见水重生，化为鲸龙。洪锦踏上鲸背，朝海中冲去。

洪锦本以为有鲸龙相助，定可以摆脱龙吉公主。没想到龙吉公主赶到北海，见了洪锦骑跨鲸龙，不禁又笑。她说："幸吾离瑶池带得此宝而来。"

她也掏出一件法宝，往水里一丢。那法宝同样遇水重生，乃是一只神奈。龙吉公主跃上神奈，仗剑赶来。神奈与鲸龙同是水上神兽，但神奈更为强大，最是克制鲸龙。结果没多久工夫，鲸龙就被赶上。

龙吉公主又祭出第三件宝贝，唤作捆龙索。捆龙索一旦祭出，很快就飞到洪锦身边，将洪锦绑起。龙吉公主又召来黄巾力士，让他们把洪锦抬去西岐，交给姜子牙发落。

龙吉公主与洪锦一战，与其说是龙吉公主修为高，降伏了洪锦，不如说是龙吉公主法宝多，砸死了洪锦。

106　天庭二圣为何要给女儿冠以思凡罪名

龙吉公主抓住洪锦后，将其交给姜子牙处理。那洪锦曾在万众瞩目下杀死武王姬发的弟弟姬叔明，为照顾姬发情绪，姜子牙必须杀死洪锦。因此，姜子牙没像以往一样劝降，而是直接喝令刀斧手将洪锦推出去斩首。

就在洪锦要被砍头之时，天上飞来一位道人，边飞还边喊："刀下留人!"监斩官南宫适看见，知道来的是仙人。他不敢造次，赶紧进入丞相府，禀告姜子牙。

来人自称是月合老人（俗称月老）。据他说，天庭二圣之女龙吉公主之所以会被贬，是因为动了凡心。龙吉唯有与洪锦成婚，了结一段姻缘，才能够返本归元，重回天界。

在月合老人口中，龙吉公主是因为思凡，想男人了，于是才被贬的。可之前龙吉公主亲口告诉杨戬，她是因为敬酒失仪然后被贬的。

那么，龙吉公主到底是为了什么被贬的呢？她与洪锦的婚事有啥猫腻？

在原著中，确实有一处提到了龙吉公主是因为思凡而被贬下界。

龙吉公主初到西岐城，原文说："只因有念思凡，贬在凤凰山青鸾斗阙。"

不过，原著中还有更多地方可以证明：龙吉公主被贬，根本就不是因为思凡，她此前与洪锦没有半点关系。

证据一，龙吉公主与洪锦没有半点感情基础。

月合老人声称："公主与洪锦有俗世姻缘，曾绾红丝之约，该有一世夫妻。"又称："今贬下凡间者，正要了此一段俗缘。"

若月合老人所说为真，那么，龙吉公主应该在天庭时就与洪锦认识，或者对洪锦心生恋慕，或者两人已经私订终身。事实却是，龙吉公主在西岐城外初见洪锦，不仅没有表露半点情意，甚至连最基本的好感都没有。龙吉公主开口就要洪锦下马受死，洪锦则大骂龙吉是贱人。

若二人早有情意，会如此侮辱对方吗？

之后两人大战，洪锦战败逃遁。龙吉公主高喊："莫说你有道术，便赶你上天入地，也要带了你的首级来！"龙吉公主一心想的是立下大功，重回瑶池，于是对洪锦万里追杀，绝不留情。

抓住洪锦后，龙吉公主告诉姜子牙："自下高山，未与丞相成尺寸之功；今日捉了洪锦，但凭丞相发落。"然后她转身就回房间了，根本就没有为洪锦求情的意思。

要知道龙吉公主可是真身下界，不是转世投胎。她拥有被贬前后完整的记忆。若龙吉公主与洪锦有情，她会眼睁睁看着姜子牙下令杀死洪锦吗？

证据二，龙吉公主亲口否认思凡一事。

月合老人希望姜子牙促成龙吉公主与洪锦的婚事。姜子牙很为难。他心想："她乃蕊宫仙子，吾怎好将凡间姻缘之事与她讲？"在姜子牙看来，龙吉公主身份太高贵，洪锦根本配不上她。

洪锦在俗世王朝担任三山关总兵，又是截教仙人，会些法术。但正如龙吉公主评价旗门遁："此乃小术耳！"洪锦的修为、实力与龙吉公主差得太远。

但月合老人声称，他乃是奉了"符元仙翁"的命令，前来通报此事。原著中，这符元仙翁从未登场，只是在月合老人口中出现——其他神话中也没有这个人物。我估计符元仙翁应是天庭掌管婚姻的大神，月合老人是其副手。

既然符元仙翁说龙吉公主与洪锦姻缘注定，那就代表天庭的意思，姜子牙不敢不遵从。于是他派邓婵玉，把月合老人的意思转告龙吉公主。

龙吉公主告诉邓婵玉："吾因在瑶池犯了清规，特贬我下凡，不得复归瑶池与吾母亲重逢。今下山来，岂得又多此一番俗孽耶。"

在龙吉公主口中，她被贬的原因，就是因为犯了清规。下山之后若是成婚，那罪孽将更重，更无法回归瑶池了。

很明显，龙吉公主根本就不认可月合老人所谓思凡的说法，也并不想和洪锦成婚。

证据三，月合老人的话语中充满了威逼利诱。

月合老人希望姜子牙帮忙劝劝龙吉公主，他说："（龙吉与洪锦成婚）可以保子牙兵度五关，助得一臂之力。子牙公不可违了这件大事。"

月合老人乃天庭仙人，深知封神大战的本质。灭商兴周，看似是为武王姬发服务，其实是为鸿钧老祖服务，为天庭二圣服务。只要对完成封神行动有利的，姜子牙就应该努力促成。

只是，姜子牙与月合老人毕竟分属两个阵营。龙吉公主的婚事属于天庭内部事务，姜子牙不好插手。于是，他只是让邓婵玉转述，并没有出面劝说。

贪小利吃大亏的道理，姜子牙还是懂得。

见龙吉公主不肯出来，月合老人只好去见龙吉公主。双方行礼后，月合老人说："今日公主已归正道，今贬下凡间者，正要了此一段俗缘，自然反本归元耳。况今子牙拜将在迩，那时兵度五关，公主该与洪锦建不世之勋，垂名竹帛。候功成之日，瑶池自有旌幡来迎接公主回宫。"

月合老人先给龙吉公主描绘了一番美好前景：只要龙吉与洪锦成婚，那么，就能返本归元；只要龙吉与洪锦成婚，就能建立不世功勋；只要龙吉与洪锦成婚，功成之日就能重回瑶池。

若龙吉公主与洪锦早有情意，还需要月合老人如此利诱吗？

见龙吉公主不肯点头，月合老人再度开口，他说："此是天数，公主虽欲强为，不可得矣。"

月合老人告诉龙吉，与洪锦成婚一事，乃是天数。对龙吉公主来说，天数是什么？不就是父亲、母亲的意思吗？月合老人暗示龙吉，与洪锦成婚，看似是符元仙翁的命令，其实正是昊天上帝与瑶池金母的意思。

他提醒龙吉公主，自己为何不早不晚救下洪锦？正是天命如此安排。他还说，"公主当依贫道之言，不可误却佳期，罪愆更甚，那时悔之晚矣。"

月合老人提出，若龙吉公主执意不肯答应婚事，那只会获罪更深。到那时，别说回瑶池了，估计还有更多的罪受！

月合老人一番话，充满了威胁，充满了逼迫。若龙吉公主与洪锦真的是姻缘早定，他还需要如此吗？

龙吉公主虽然法宝众多，实力强大，可在天庭二圣面前，只不过是一个弱女子。

经过一番痛苦挣扎，龙吉公主长叹一声说：“谁知有此孽冤所系！既是仙翁掌人间婚姻之牍，我也不能强辞，但凭二位主持。”

于是，龙吉公主在纣王三十五年三月初三日，与洪锦成婚。

既然龙吉公主并非思凡下界，与洪锦并无什么前定姻缘，为何昊天上帝、瑶池金母要逼着女儿嫁给一个不喜欢的男子呢？

说来说去，根子还在利益上。

按照我们此前的分析，龙吉公主应该是在蟠桃会上触怒了通天教主，于是，昊天上帝将女儿贬斥。龙吉公主加入西岐阵营，确实也标志着天庭势力与阐教势力结盟。

可是，作为天庭之主，昊天上帝并不想把自己与阐教完全捆绑在一起，将截教完全抛弃。因为，昊天上帝是天庭之主。凡是在封神大战中被杀死的仙人，无论是出身阐教，还是出身截教，最终都将成为他的臣民。

手心手背都是肉！过于偏袒阐教，必然冷落截教，这对以后天庭的稳定，有害无益。因此，在与阐教结盟的同时，昊天上帝也需要向截教示好。

不过，让昊天上帝头疼的是，打压通天教主，消灭截教乃是鸿钧老祖的意思。如何在不得罪鸿钧老祖，不得罪阐教的情况下，向截教仙人示好呢？

苦思良久，昊天上帝与瑶池金母终于想出了一条妙计：让女儿加入西岐阵营，但是，与截教仙人成婚。

于是，龙吉公主就成为天庭联系阐教与截教的桥梁。虽然洪锦只是一个普通的截教仙人，师父根本不知道是谁，但他毕竟是铁板钉钉的截教仙人。

并且，洪锦还是唯一被西岐生擒，并且愿意投降的元帅级截教仙人。

因此，就算是龙吉公主没有看上洪锦，昊天上帝也必须把洪锦塞给女儿。在昊天上帝的心中，女儿的幸福远不如他的帝位重要。

就在洪锦与龙吉公主成婚的当月，姜子牙正式金台拜将，西岐六十万大军准备东征伐纣。

声　明

本书内容与现实宗教无关。本书所解读的是我国古典名著《封神演义》虚构的神话世界。

勘破封神

三界封神皆是局 叁

叶之秋 著

中国发展出版社
CHINA DEVELOPMENT PRESS

图书在版编目（CIP）数据

勘破封神．3/叶之秋著．—北京：中国发展出版社，2018．6（2020．1 重印）

ISBN 978－7－5177－0725－7

Ⅰ．①勘…　Ⅱ．①叶…　Ⅲ．①《封神演义》—小说研究　Ⅳ．①I207．419

中国版本图书馆 CIP 数据核字（2017）第 175348 号

书　　　名：勘破封神．3
著作责任者：叶之秋
联 系 地 址：北京市西城区裕民东路 3 号 9 层　100029
标 准 书 号：ISBN 978－7－5177－0725－7
经　销　者：各地新华书店
印　刷　者：河北鑫兆源印刷有限公司
开　　　本：710mm×1000mm　1/16
印　　　张：18
字　　　数：328 千字
版　　　次：2018 年 6 月第 1 版
印　　　次：2020 年 1 月第 2 次印刷
定　　　价：39．80 元

联 系 电 话：（010）68990642　68990692
购 书 热 线：（010）68990682　68990686
网 络 订 购：http：//zgfzcbs．tmall．com//
网 购 电 话：（010）68990639　88333349
本 社 网 址：http：//www．develpress．com．cn
电 子 邮 件：271799043@qq．com

序　言
截教失败、商朝覆灭的真正原因

在《封神演义》中，阐教仙人但凡登场，都喜欢贬低截教仙人，说什么截教仙人是披毛戴角之人、湿生卵化之辈，是旁门左道。西岐将领遇上商朝将领时，都喜欢大谈商纣王如何失德于天下，西岐武王如何是正义之师、仁德之军云云。

封神大战中，截教灭亡、商朝覆灭，仿佛是他们本身作孽太多，于是注定了灭亡。

只是，真相绝非如此。

就如历史永远是由掌权者书写一般，作为封神大战中的战败方，无论是仙界的截教还是人间的商朝，都丧失了话语权。没有了话语权，那么，许多的真相、许多的苦衷就注定了被掩盖。

那么，截教败亡、商朝覆灭的真正原因是什么呢？

首先来说，《封神演义》中的商纣王并非一个简单的暴君，甚至可以说，他骨子里不是暴君。

在封神故事中，商纣王为何会修建炮烙，为何会滥杀大臣，为何会残害百姓？最为重要的原因，不是商纣王本身很坏，而是被妲己迷惑。

商纣王不过是区区凡人，妲己却是由修炼千年的九尾妖狐所演化。九尾狐乃是整部书中最精通媚术的大妖。别说是没有修炼的纣王禁不起九尾狐诱惑，就连周营中阐教门下的雷震子、韦护，包括神通广大的杨戬，都被九尾狐媚术迷惑。最后还是姜子牙祭出了陆压的斩仙飞刀，方才将其杀死。

那九尾狐为何要迷惑纣王，杀害忠良？她乃是奉了女娲娘娘的命令！至于女娲娘娘，则是得到了仙界更高层的指令。

总之，商朝之所以要灭亡，不是因为纣王太坏，而是因为仙界高层决意如此。在仙人面前，凡人就如蝼蚁。书中常常说“天命如此”，其实就是说仙界高层要如此。

截教有那么多大罗金仙，通天教主的实力更是逆天。在诛仙阵中，通天教主以一敌四，虽最终落败，但也算全身而退，足以自傲。

那么，有如此强大实力的通天教主为何保不住截教呢?

只因在双方还没有交手时，通天教主的师父鸿钧老祖就已经拍板：截教必须死！

若非鸿钧老祖早有此意，怎么会把封神大战的裁判权交给元始天尊，由元始天尊的代言人姜子牙主持封神行动?

尤其是诛仙阵、万仙阵中，身为阐教掌教的老子、元始天尊，竟不惜请出西方教两位教主来打通天教主。这就仿佛自己兄弟打架，老子、元始天尊二打一也就罢了，竟然还请外援。面对如此无耻行径，身为家长的鸿钧老祖不但不阻止，反倒对外援很客气，放弃姿态与西方教二圣平辈论交。这就等于是告诉西方教二圣，感谢你们出手帮我教训那混小子。至于被西方教带走的三千截教徒孙，鸿钧老祖也毫不介意。

当然，鸿钧老祖别有深意，但从对待三个徒弟来说，绝对没有做到一碗水端平。

换言之，正是因为鸿钧老祖执意要灭截教，截教才会败亡，商朝才会覆灭。

所谓：“商亡周兴万千谜，阐截大战一场戏，三界封神皆是局！”封神大战牵涉的势力很多，出场的人物更多。除了鸿钧老祖，许多圣人都参与其中，这就使得封神大战的真相更加扑朔迷离，也使得解密封神的本书更加有趣。

目 录

001 东征在即，武王姬发为何忧心忡忡

在击败洪锦，促成龙吉公主与洪锦的婚事后，姜子牙与西岐众将开始紧锣密鼓地张罗金台拜将、率军东征等等事宜。

商纣王三十五年暨大周武王十三年三月十五日，姜子牙金台拜将。三月二十四日，在姜子牙的陪同下，武王姬发亲率六十万大军发动东征。

在万民欢欣鼓舞的幸福时刻，作为西周（从发动东征那一刻起，西岐武王姬发正式脱离商朝隶属关系，故改称西岐为西周）之主的武王姬发，却忧心忡忡。

他到底在担心什么呢？

三月四日，武王坐殿，召开大朝会。丞相姜子牙递上出师表，恳请武王批准东征。

表章中，姜子牙痛批商纣王无道，上不敬天，下不爱民，荒嬉国政，残害忠良，宠溺奸佞，天人共愤。

姜子牙提出，天下八百诸侯将在孟津会兵，共同讨伐无道昏君，拯救万民于水火，恳请武王上体天心，下念民情，同意东征。

百官亲眼见证西周军团如何击溃一波又一波来犯的商军，对西周东征信心满满。见姜子牙上出师表，众人无不摩拳擦掌，兴奋异常，都等着武王姬发当堂拍板。

没想到姬发看完表章，竟然不肯答应。他提出了自己的担忧：先王（文王姬昌）临终之时，特别嘱托姬发，“切不可以臣伐君”。

即便商纣王被天下共弃，理当征伐，但父亲遗命在前，姬发若是同意东征，就是违背父训，就是不孝。自古帝王以孝治天下，天子以百姓为子民，百姓以天子为君父。君王若被认为不孝，就会失去统御百姓的根基。

武王姬发的这个担心，看似是不想违背父命，其实是想要维护自己统治的合法性、合理性。

他的担忧是正确的，也是必需的。后来，武王东征之日，伯夷叔齐拦马

劝谏，大体的意思就是，武王不应该以臣伐君。一旦以臣伐君，武王姬发不但会成为商朝的死敌，并且会处于礼法的对立面，从而失去一批人的支持。

不过，任何一件事情都有两面性。即便是在传统礼法中，对于以臣伐君也有截然不同的两种评判标准。

一种观点认为：君乃臣纲，不可违抗，以臣伐君，大逆不道。

另一种观点认为：君臣关系是灵活的，不固定的。所谓“良禽择木而栖”，君王对臣子不好，臣子可以离开；又有所谓“君视臣如草芥，则臣视君如寇仇”，君王如果对臣子很坏，臣子不但可以踹了君王，甚至还可以灭了君王。

千万别把武王姬发当成一个固守礼法的迂腐之士。若姬发迂腐，就不可能在姬昌死后不等纣王诏令就自封武王；若姬发迂腐，就不会接纳叛逃来投的武成王黄飞虎；若姬发迂腐，就不会一而再、再而三地招降商军主帅；若姬发迂腐，就不会默许姜子牙与天下诸侯联络，定下孟津会盟的协议。

以武王姬发的见识与胸襟，不可能看不透这些。那么，武王姬发为何还一副忧心忡忡的模样？

我们且看姜子牙与西岐百官如何对答。

姜子牙首先肯定姬发的担忧，他说：“老臣怎敢有负先王。”但是，他马上又说纣王如何无道，不足以君天下。天下诸侯已经商定会兵孟津，共伐无道。若西周违背承诺，不去伐纣，恐怕会成为天下诸侯的公敌。

虽然是文王姬昌从渭水之滨把姜子牙请入西岐城，拜为丞相，但是，对于姬昌的政治抱负，姜子牙从未认同。姬昌一生饱经忧患，他梦寐以求的，就是安居西岐。他从没有，也从不敢奢望取代商朝，一统天下。在他看来，商朝无比强大，西岐能保守一方就已经不错。可是，姜子牙从走下昆仑那一刻起，盘算的就是一统天下，保周伐纣。因此，姜子牙只是在口头上说不敢有负先王，其实，心底深处根本不认可姬昌的遗命。政客们从来都是口是心非，子牙公也不能免俗。

不过，姜子牙对武王姬发的心理把握还不够精准。他重点提到其他三方诸侯都愿意讨伐纣王，武王不参与将会得罪三方诸侯。但他没有意识到，西周已何等强大，早就是四方共主，武王姬发根本不怕其他三方诸侯。

果然，武王姬发表示，其他三路诸侯愿意讨伐纣王，尽管让他们去，我们西方按兵不动。如此一来，既不失臣节，又不违父命。

姜子牙一听，急了。他赶紧说，如今商纣王倒行逆施，已经得罪上天，天命已然归周。如今武王兴兵东征，正是代天行事，若不顺应天命，反倒会遭受祸患。

没想到姜子牙这番话，不但没有说动姬发，反倒让姬发脸色一沉，更加不高兴了。

就在前不久，姬发还痛哭流涕哀求姜子牙放过殷郊，但姜子牙与阐教众仙根本不听。当时，燃灯道人与姜子牙就威胁武王姬发，若不懂得顺应天命，即便是武王姬发，也会被上天抛弃。

武王姬发对姜子牙是又敬又畏。敬的是姜子牙为了西周崛起，殚精竭虑，付出许多；畏的是姜子牙背后有庞大的仙家势力，那些仙家视凡人如蝼蚁，挥手即灭杀，根本不是人间帝王可以抗衡的。

因此，对于姜子牙的劝说，武王姬发选择以沉默表示抗议。

眼看事情陷入僵局，西岐本土文官领袖散宜生上前禀奏。他三两句话就解开了武王姬发心结，让姬发大为满意，随即批准了姜子牙东征的提议。

散宜生到底说了些啥，让武王姬发改变了主意？

散宜生首先表示："丞相之言乃为国忠谋，大王不可不听。"

对于西周来说，东征朝歌既是求发展，也是求生存。若不趁着商朝实力虚弱，痛打落水狗，一旦等商朝恢复过来，西周的日子必然难过。

何况，姜子牙是啥人？大家都知道姜子牙乃是昆仑山玉虚宫门下。之前几次大战，不但各路仙家都来助战，就连传说中的圣人老子、元始天尊都降临西岐城。这说明什么？这说明谁要阻挡姜子牙行事，谁就会得罪圣人，得罪上天！

散宜生劝说武王姬发，若不能举兵东征，呼应诸侯，就不能取信于众人。若是众人怪罪西周助纣为虐，反倒为西周引来祸患。何况纣王无道，屡次西征，西周百姓人人痛恨，不如依从丞相意见，会兵孟津。

散宜生话语中的主要观点几乎与姜子牙所说一模一样，都是强调不东征的害处。但是，散宜生在措辞上与姜子牙截然不同。

他提出，会兵孟津是为了"陈兵商郊，观政于商，俟其自改"。也就是说，我们诸侯举兵，不是为了讨伐纣王，不是以臣伐君，而是为了观察商朝的政务，促使纣王改进。如此一来，既可以向君王尽忠，也可以向姬昌尽孝。

不得不说，散宜生这番改动堪称精妙，一举解决了武王姬发的担忧。

武王姬发当即表态："大夫之言是也!"

然后，散宜生禀奏，若要东征，必须拜丞相为大将军，赐予姜子牙黄钺、白旄，让他能总理军政大权。

武王姬发表示："但凭大夫主张!"

明明散宜生只是在措辞上做了些改动，根本观点与姜子牙一致，为何此前姜子牙进言，武王姬发公开反对，而此刻散宜生进言，武王姬发就立刻接纳，还做出一副欢喜模样?

武王姬发对于天下诸侯的态度并不在意，也不担心东征会失利。所谓"季孙之忧，在萧墙之内"，武王姬发真正担忧的，是姜子牙擅权，是自己沦为傀儡。

明明东征对西周、对武王有百利，姬发偏要鸡蛋里挑骨头。他的目的就是要打压打压姜子牙。同样的话，散宜生说，姬发就听；姜子牙说，姬发就不听。气死你!

姬发这么做可不单单是和姜子牙怄气，他也是在大力扶持西周本土势力。在姜子牙的丞相府中，阐教仙人势力最大，其次是以黄飞虎为首的投降派武将，反倒是西岐本土势力最弱。这些情况让武王姬发多少有些不安。

姬发的这个反应，也引起了姜子牙的关注。他也算是老谋深算，很快就读懂了姬发的心意。当姬发询问东征之后，西周政务交托给谁时，姜子牙回答，政务交给散宜生，军务交给黄滚（黄飞虎之父）。如此安排，既可以对黄飞虎等投降派势力有个交代，也可以极大安抚西周本土势力。因为大军东征后，西周本土根本没有重大军务，西周的实际掌权人其实就是本土官员代表散宜生。

002 子牙公脑残了？为何算错三十六路征伐

前文说到，商纣王三十五年暨大周武王十三年的三月十五日，周武王在金台拜姜子牙为大将军，授予其军政大权，不日率军东征。

金台拜将标志着封神行动朝着成功的方向迈出了重要一步。为了表彰姜子牙的功勋，元始天尊与十二仙首纷纷来到西岐城，共庆盛事。席间，元始天尊更亲自举杯，感谢姜子牙的辛苦操劳。

不过，按照当初元始天尊的交代，唯有在击败三十六路征伐之后，姜子牙才能金台拜将，率军东征。

原文中，姜子牙听闻洪锦率军来犯，大喜。他说："三十六路征伐，今日已满，可以打点东征。"子牙公掰着手指头反复盘算，最后认定洪锦就是第三十六路征伐。击败洪锦后，他就功德圆满，可以金台拜将，率军东征了。

可是，姜子牙东征没几天，就在金鸡岭遭遇孔宣大军堵截。姜子牙很奇怪，他心中想："三十六路人马俱完，怎么又有这支兵来？"然后，我们的子牙公再度掰手指，反复算了几遍。最后，他说："连张山是三十五路，连此一路方是三十六路。此事必又费手。"

姜子牙能够四十年修成神仙，八十来岁成为大国丞相，麾下有战将千员，百万雄兵，按理说，其智商绝对不会低。为何连三十六路人马都会算错？

莫非子牙公的大脑一时短路了？

当然不是。事实上，姜子牙此前的盘算根本没有错。

那问题究竟出在哪里呢？

先说三十六路征伐。

关于三十六路征伐到底是哪三十六路，颇有争议。

有人说，这三十六路征伐，都是由申公豹邀请而来的各路仙人。

当初，申公豹登场，要抢夺姜子牙封神之权。元始天尊提醒姜子牙说："此一去，但凡有叫你的，不可应他。若是应他，有三十六路征伐你。"后来，姜子牙回应了申公豹，并与申公豹赌赛。南极仙翁又说："你应他不打紧，有三十六路兵马来伐你。"

也就是说，所谓三十六路人马，都是申公豹邀请而来的。

但是，在金台拜将之前，申公豹只是邀请了赵公明、三霄娘娘、土行孙、殷洪、吕岳、殷郊、羽翼仙、罗宣等不多的人马。并且，在金台拜将（即三十六路人马完结）后，申公豹还邀请了不少人马。

并且，早在姜子牙上昆仑之前，张桂芳大败西岐众将时，太乙真人就提到了三十六路征伐。当时，太乙真人嘱咐哪吒说：“如今三十六路兵伐西岐，你可前去辅佐明君，以应上天垂象。”换言之，张桂芳这路人马就是三十六路征伐之一。哪吒去破张桂芳，就是顺应上天。

总之，三十六路征伐，既应该包含商朝派出的各路大军，也应该包含申公豹邀请而来的各路仙人，还应该包含闻太师邀请而来的各路仙人。

那么，到金台拜将之前，一共有几路人马攻打西岐？

凡人武将必须是大帅级，方可作为一路；仙人必须是金仙以上修为者，方可作为一路；若是作为仙人弟子、副将登场的，则与师父、主将同一路。

我们按照时间顺序简单罗列一下。

第一路，商军主帅晁田，副将晁雷；

第二路，商军主帅张桂芳；

第三路至第六路，截教仙人九龙岛四圣；

第七路，商军主帅鲁雄，文官费仲、尤浑；

第八路，商军主帅魔家四将；

第九路，商军主帅闻太师，副将邓辛、张陶；

第十至第十九路，截教十天君；

第二十路，截教仙人赵公明；

第二十一至二十三路，截教仙人三霄娘娘；

第二十四路，截教仙人菡芝仙；

第二十五路，截教仙人彩云仙子；

第二十六路，商军主帅邓九公、女儿邓婵玉、副将太鸾；

第二十七路，阐教仙人土行孙；

第二十八路，商军主帅苏护、儿子苏全忠、副将郑伦；

第二十九路，截教仙人吕岳以及徒弟四人；

第三十路，阐教门人殷洪以及庞、苟、刘、毕四副将；

第三十一路，截教仙人马元；

第三十二路，商军主帅张山、副将李锦；

第三十三路，截教仙人羽翼仙；

第三十四路，阐教仙人殷郊，副将温良、马善；

第三十五路，截教仙人罗宣、随从刘环；

第三十六路，商军主帅洪锦、副将柏显忠等。

原著中，听闻有道人来到西岐城挑战，姜子牙心中盘算：“原该有三十六路征伐西岐，此来已是三十二路，还有四路未曾来至，我少不得要出去。”

大家可以对比上文，在羽翼仙到来之前，恰恰是有三十二路征伐了结。

上文姜子牙所说，连张山是三十五路，这也没错。张山本人是第三十二路，之后，在他主持商军对抗西岐时，羽翼仙、殷郊、罗宣先后到来。等最后张山败北时，恰恰是三十五路完结。

因此，洪锦一路确实就是第三十六路，姜子牙没有算错。

那么，姜子牙为何又说是自己此前算错了，加孔宣才是三十六路呢？

姜子牙如此做，是为了给阐教高层、给师父元始天尊遮羞！

鸿钧老祖把具体策划封神行动的大权交给元始天尊。元始天尊也耗费了许多心血布局。不过，人算不如天算。就算以元始天尊的修为、心智，也无法做到面面俱到。尤其是对于对立阵营——如商朝高层、截教高层——的反应，元始天尊只能做到部分影响，还做不到完全左右。

元始天尊早在许多年前就已经定下金台拜将的日子。这一点，仙界人尽皆知。截教方面也早就知道。为了保证金台拜将之前，能够顺利了结三十六路征伐，姜子牙与申公豹都可谓殚精竭虑。没想到在击败三十六路征伐之后，竟然还出现了第三十七路！

在元始天尊最初的设想中，商朝高层在经历了九次西征惨败后，就应该认清现状，从出击转为防守。没想到商朝高层自我感觉挺好，在三十六路征战失败后，还派遣孔宣继续西征。

这要是被通天教主知道了，必定会嘲笑元始天尊无能。耗费千年心血布局，竟然出现这么大的纰漏，在金台拜将之后还多出一路西征人马。这不正说明元始天尊领导无方，对大局掌控不力？

要知道，通天教主对于师父把封神大权交给元始天尊，一直都耿耿于怀，很不满意。

为了给师父遮羞，为了不让阐教高层丢脸，姜子牙告诉阐教门人，也就是告诉仙界所有人：是我姜子牙无能，是我算错了，这孔宣才是第三十六路。

当然，姜子牙这番举动只能骗过无知百姓，仙界高层都清楚中间是怎么回事。只是，既然姜子牙出面当了替罪羊，通天教主也就不好揪着这件事情不放。

事实上，天道尚缺。元始天尊的布局如果天衣无缝，才不正常！即便是圣人，也有很多事情无法操控。

003 元始天尊为啥亲自祝贺子牙拜将

早在数年前，元始天尊就特意派出白鹤童子，带上自己的亲笔书信，一一通知十二仙首，务必在纣王三十五年暨大周武王十三年的三月十五日赶到西岐城，共同庆贺姜子牙金台拜将。

姜子牙不过是人间周国（原名西岐）的丞相。金台拜将也不过是姜子牙被武王姬发授予大将军之职。区区一个人间将相，为何能惊动高高在上的圣人，让一群神通广大的金仙在恢复修为的关键时刻特意下山，为他庆贺？

原文中写到，姜子牙早就知道师父与师兄们要来。于是，在接受了百官恭贺后，他立刻下了将台，带上杨戬、哪吒等一干三代门人，匆匆赶往城外芦篷。芦篷中虽不如将台上装饰奢华，也没有万众簇拥，可是，在姜子牙的心中，芦篷中人远比将台上下更为重要。

一到芦篷，就见到玉虚宫门下十二仙首都在门口迎接。众人拍手大笑，对子牙说："相将威仪，自壮行色，子牙真人中之龙也！"

在玉虚宫时，姜子牙也曾见到十二仙首。那时，姜子牙不过是玉虚宫普通弟子，修为仅是神仙境界。十二仙首则都是金仙强者，并且都被允许开宗立派，传授门徒。名义上，姜子牙是十二仙首的师弟，实际上，姜子牙在十二仙首那边根本没地位。像姜子牙这样神仙修为的师弟，在玉虚宫一抓一大把。

可是，姜子牙很幸运，被师父元始天尊选定为封神行动的主持人。并且，下山后，姜子牙不负众望，成功击败三十六路征伐，熬到了金台拜将之日，大大推进了封神行动的进程。

所谓"相将威仪"，在十二仙首心中其实不值一提。十二仙首欣赏的——甚至可以说羡慕的——是姜子牙有机会完成封神行动。若是那样，姜子牙在玉虚宫，在元始天尊心中的地位，就将直线上升，甚至凌驾于部分仙首之上。

姜子牙混迹官场多年，自然知道进退。他对十二仙首弯腰行礼，态度很是谦恭。他说："多蒙列位师兄抬举，今日得握兵权，皆众师兄之赐也，而姜尚何能哉!"

姜子牙说这番话时，态度很诚恳，让十二仙首颇为满意。

事实上，姜子牙之所以能获得成功，和十二位师兄的大力支持密不可分。若没有十二仙首以身犯险，西岐绝对无法攻破十绝阵；若无十二仙首冒死出手，西岐绝无法击败闻太师；若无十二仙首及时帮忙，西岐绝无法避过吕岳散播的瘟劫；若无十二仙首派出许多心腹弟子，西岐绝无法击破来犯商军……

姜子牙明白，自己能金台拜将，多亏了十二仙首，多亏了玉虚宫，多亏了阐教。他明白，他的根在阐教。今日的一切，都是阐教掌教元始天尊所赐。

众人闲话一番，就听见空中仙乐齐鸣，在群仙簇拥之下，阐教掌教元始天尊降临。今日姜子牙是主人，于是由他领头，趴伏在地，恭迎掌教老爷。元始天尊上芦篷高坐，姜子牙与众位师兄再度行礼。

元始天尊乃一教至尊，为何会亲临西岐，向姜子牙道贺?

元始天尊说："姜尚，你四十年积功累行，今为帝王之师，以受人间福禄，不可小视了。你东征灭纣，立功建业，列土分茅，子孙绵远，国祚延长。贫道今日特来饯你。"

元始天尊这番话，包含三层意思。

其一，姜子牙今日之功勋，全因阐教。

姜子牙为何能成帝王之师，享受人间富贵?姜子牙个人才能出众，智谋过人是一方面，但更重要的，是姜子牙在玉虚宫修行四十年。若姜子牙不是玉虚宫门下，那他根本不能成为人间王朝将相。

其二，姜子牙未来之成就，全在灭商。

姜子牙本来只是玉虚宫普通弟子，修为不高，才能平平，可为何能金台拜将?全因元始天尊亲自挑选，让姜子牙主持封神行动。姜子牙唯有促成兴周灭商大业，完成封神行动，才能回报元始天尊，才算功德圆满。

其三，我对你姜子牙寄予厚望，万万不可辜负！

玉虚宫门人数以百计，可即便是十二仙首，也从没有得到掌教师父亲自敬酒的待遇。如今，元始天尊亲自给姜子牙敬酒。这既是鼓励，又是鞭策。

姜子牙知道这杯酒分量很重，于是下跪接过，一饮而尽。

元始天尊说："此一杯愿子成功扶圣主!"又倒一杯，元始天尊说："治国定无虞。"又倒一杯，元始天尊说："速速会诸侯。"

元始天尊一共敬了姜子牙三杯酒，也说了三句祝酒词，提醒姜子牙好好辅佐武王姬发，治理好周朝，当然最为重要的，是早日到达孟津，大会诸侯，推翻商朝，完成封神。

为了鼓励姜子牙，更为了警告姜子牙，让姜子牙明白自己的出身、自己的责任，元始天尊亲自下山，敬酒三杯。

眼看元始天尊敬完酒就要离去，姜子牙再度下跪，询问东征之后吉凶如何。

元始天尊告诉姜子牙，放心好了，此行并没有什么大问题。不过，他还是告诉姜子牙一首诗，让姜子牙好好揣摩。诗云：

界牌关遇诛仙阵，穿云关下受瘟癀。谨防达兆光先德，过了万仙身体康。

姜子牙闻言，不甚明白。不过，我们翻看后文就可以明白，这首诗大意是说，在界牌关时，姜子牙诸人会遇上诛仙阵；在穿云关时，姜子牙诸人会遇上瘟疫；一路上还有叫作"达兆光先德"的五个人，会给姜子牙制造一些麻烦；等过了万仙阵，就再没什么大灾难了。

说完此诗，元始天尊驾云离去。

004　诸仙赠言有何玄机

师父走了，十二仙首这才放松一些，和姜子牙彼此敬酒，好一番热闹。大师兄南极仙翁也向姜子牙敬酒三杯。然后，南极仙翁第二个离去，十二仙首随即也纷纷告辞——这到场和离场顺序，真和官场一模一样。

临别时，三代弟子们也纷纷向师父询问前程。

文殊广法天尊告诉金吒："修身一性超仙体，何怕无谋进五关。"

文殊告诉金吒，你根行深厚，早已经超过凡仙，何必担心没有办法进入五关呢？进了五关可就到了朝歌。文殊言下之意，是说金吒必定能够安全完成灭商任务，最终肉身成圣。

太乙真人告诉哪吒：“汜水关前重道术，方显莲花是化身。”

后文汜水关余化使用化血神刀，伤了西岐许多将领。哪吒回金光洞重修，学得三头八臂神通，太乙真人又赐给九龙神火罩与阴阳剑，让哪吒实力大大提升。

普贤真人告诉木吒：“进关全仗吴钩剑，不负仙传在九宫。”

普贤与元始天尊一样，是在点木吒——木吒的一切成就都多亏了九宫山普贤真人赐给的吴钩宝剑。不过，他也暗示木吒，入关没啥大问题。

道行天尊告诉韦护：“历代多少修行客，独你全真第一人！”

道行天尊把韦护夸成了一朵花，韦护不过是神仙修为，却被说成了历代全真第一人。当然，做师父的喜爱、欣赏徒弟，也可以理解。

云中子不是十二仙首，也来到西岐庆贺。他告诉雷震子说：“两枚仙杏安天下，可保周家八百年。”

云中子见到雷震子，几乎每次都要提到“两枚仙杏”或者“风雷二翅”。在云中子看来，正是他成功改造了雷震子，才让雷震子神通大涨，可以安全到达朝歌。

玉鼎真人告诉杨戬：“修成八九玄中妙，任尔纵横在世间。”

几乎每个师父都在夸徒弟，顺便也夸自己，玉鼎真人也不能免俗。他对自家徒弟的评价尤为霸气。不过，杨戬修成八九玄功，其修为实力在阐教三代弟子中的确是毫无疑问的第一人。人家玉鼎真人有骄傲的资本。

燃灯道人告诉李靖说：“肉身成圣超天境，久后灵山护法台。”

燃灯道人地位与其他仙人不同，他不但知道李靖可以肉身成圣，安全到达朝歌，并且知道千百年后李靖最终的归宿是做灵山护法大神。

封神世界不但拼爹，还要拼师父！

见大家都问了前程，黄天化也上前询问。师父道德真君一看，长叹一声说：“逢高不可战，遇能即速回。金鸡头上看，蜂拥便知机。止得功为首，千载姓名题。若不知时务，防身有难危。”我们结合后文可以知道，道德真君是告诉黄天化，此去不久，在金鸡岭黄天化立下首攻之后，将被高继能以蜂群蜇死。

黄天化虽不能尽知玄机，但也听得出自己前途不妙，只是他年少骄傲，并不放在心上。最终，其死状果然如师父所料。

土行孙也问前程，惧留孙说："地行道术既能通，莫为贪嗔错用功。撺出一獐咬一口，崖前猛兽带衣红。"

惧留孙提醒土行孙，最后会因地行术吃大亏，而土行孙的克星是"一獐"（即张奎）。

诸仙临别赠言，纷纷告诉弟子前程。我们从中可以读出些什么呢？

其一，封神大战确实是个超大布局。

在封神大战开始之前，元始天尊、云中子等人就对未来做出一些预言。我曾经提到，那些预言其实都不是真正的预言，而是他们早就掌握了封神大战的行事历。

元始天尊策划的封神行动确实可以说非常庞大，非常精细。不但对于大事件有具体时间点的设定，就连其中一个小人物，比如三代弟子的生死，都做出了明确安排。比如金吒、木吒、哪吒、李靖、杨戬、雷震子、韦陀等七人安全进入五关，最终肉身成圣，就是早有安排；比如黄天化被高继能杀死，土行孙被张奎杀死，也都是早有安排。

其二，高层决定一切，包括生死。

黄天化与土行孙为何会在东征不久就被杀死，其他七人为何就能安全到达朝歌？

表面看来，是黄天化、土行孙遇上了克星，实际上是他们被阐教高层设定为弃子。

黄天化在下山之后第一战，就被魔家四将杀死。他师父道德真君用仙丹将黄天化救活。若非高层要求黄天化死在高继能手中，道德真君完全可以用仙丹再次救活黄天化。像姜子牙，不就是开挂一般，多次被杀死，又多次被复活？

阐教高层为何要黄天化与土行孙被杀死呢？

一来，二人品性有亏。黄天化一下山就换下道服，可见道心不坚；土行孙一度背叛阐教，攻打西岐，可见立场不稳。

二来，阐教需要向天庭渗透势力。元始天尊舍不得让十二仙首被封神，但是，天庭诸神中总要有阐教的代表。于是，挑来选去，就选中了黄天化和土行孙。他们二人辈分很低，但是在封神榜上的排名不低。尤其是黄天化，竟然被封为统管三山之大神炳灵公，在封神榜单中排名第二！

005 杨戬为何去督粮？子牙择将有玄机

姜子牙金台拜将之后，就开始筹备东征。因他麾下有六十万兵马，于是需要任命一些重要将领。

头一个重要职位，是先锋官。姜子牙遍看诸将，选定南宫适、武吉、哪吒、黄天化四人出任先锋，并由他们自行抽签，决定具体职务。最后，黄天化为前哨先锋，南宫适为左哨先锋，武吉是右哨先锋，哪吒是后哨先锋。

第二个重要职位，是督粮官。姜子牙再看诸将，选定杨戬、土行孙、郑伦出任督粮官，同样让他们自行抽签。最后，杨戬是头运督粮官，土行孙是二运督粮官，郑伦是三运督粮官。

跟随姜子牙东征的将领极多，细算起来足有六七十位。为何姜子牙要选择以上七人出任先锋官、督粮官？

首先，他们都是西周真正的猛将，是精英中的精英。

论武艺，以上七人每一位拿出来，都可以独当一面。论神通，除了南宫适与武吉，其他五人全都是炼气士，拥有不俗的神通法术。在此前的多次征战中，这七人都曾立下赫赫战功。选拔他们七人为先锋官和督粮官，足以服众。

其次，他们分别是西周几股重要势力的代表。

南宫适代表的是西周（西岐）本土势力。在西周凡人武将中，出身本土的将领很多，比如辛甲、辛免、太颠，比如武王姬发的三十六个弟弟，都有一身不俗的武艺。只是，兴周灭商之战有诸多仙人参战，唯有最杰出的凡人武将才能拥有与炼气士一战的实力。南宫适虽然没有斩杀过仙人，但与许多仙人都交过手，并且都活了下来。这就足以说明南宫适不但实力不俗，并且气运高，完全可以占有一个先锋名额。

武吉是姜子牙的徒弟。姜子牙本人在西周没有经营什么势力，就武吉算是姜子牙的身边人。在杨戬未加入西岐时，武吉经常帮姜子牙主持内务。武吉虽不通道法，但武艺高超，并且是姜子牙亲传弟子，自然有资格占有一个先锋名额。

哪吒是太乙真人门徒，又是陈塘关李靖李家的代表。无论是论实力论出身，还是论在西周军界的影响力，哪吒都有资格做先锋。并且，哪吒可是元始天尊唯一亲自指定的先锋官。

黄天化是道德真君门徒，是武成王黄飞虎黄家的代表。黄飞虎早在封神大战之前就主动投靠西岐，这使得他在西岐的地位很是超然。武王姬发也好，姜子牙也好，俨然都把黄飞虎当成了西周军界的二把手。而且黄家人丁兴旺，兄弟子侄一大堆，个个都如龙似虎。黄天化若不出任先锋官，黄家肯定有意见！

杨戬是玉鼎真人门徒，是阐教三代第一人，也是姜子牙的智囊，这都使得姜子牙对杨戬另眼相看。那为何姜子牙不让杨戬出任先锋官，而派杨戬去运粮呢？

一方面，杨戬性情沉稳，而做先锋官则需要锐气十足；另一方面，杨戬是西周阵营的底牌，唯有在关键时刻拿出才能发挥至关重要的作用。

土行孙是惧留孙门徒，又是邓九公的女婿。他一身下三路武艺以及地行术、捆仙绳，使得其综合实力非常强大。但是土行孙身形矮小，样貌丑陋，让他做先锋官有些损伤西周脸面。

郑伦是度厄真人门徒，又是苏护麾下大将。在选拔大将时，姜子牙自然要照顾到各派系。于是，郑伦成为督粮官也在情理之中。

西周在立国前，有黄飞虎来投。立国后（封神大战开始后）有邓九公、苏护、洪锦来投。在七大将中，有前三家的代表，可为何没有洪锦军团的代表呢？

是因为洪锦实力不行，或者说他麾下没有能人吗？

不是。洪锦麾下大将季康，豢养黑犬神兽，擅长突袭咬人，与哮天犬相似。洪锦的实力，比南宫适、武吉哪里差了？

最重要的原因，是姜子牙另有安排！

在扫荡阻截的孔宣兵马后，姜子牙大军一路推进。为了加快进度，姜子牙决定兵分三路，另外挑选两员大将，一路取佳梦关，一路取青龙关。

姜子牙麾下名将不少，黄飞虎、邓九公、苏护、洪锦都曾经担任大军主帅。姜子牙最后选择了哪两位呢？

姜子牙选择了黄飞虎与洪锦！

选黄飞虎这点很好理解，大家都能接受。毕竟黄飞虎不但武艺超群，并且久掌兵权，熟知兵法。他的军略，比姜子牙只高不低。

可为何姜子牙不选邓九公、苏护，偏选洪锦？前两位在军界的名气可比洪锦大多了。

只因邓家与苏家在西周大军中已经分别占了一个重要职位，就不再适合出任一路军主将了。洪锦呢？虽然他在军界的名气比不上三位老将军，但人家娶了个好老婆。看在龙吉公主的面子上，姜子牙也必须给洪锦安排一个比较光鲜、比较出彩的职位。

不过，为了保证完成任务，也为了避免出现意外，姜子牙在分派副将时，有意将各股势力打散。比如，派邓九公、太鸾、孙焰红等将领加入黄飞虎军团，派南宫适、苏护、苏全忠等人加入洪锦军团。

姜子牙可不会把绝对权力交给一个投降的将领！

006 姬发、姜子牙该不该东征

武王姬发与姜子牙该不该东征讨伐纣王？

这个问题放在如今，自然不是问题。因为姬发顺利地灭掉了商朝，纣王也自焚而死。按照成王败寇的规律，商纣自然该灭，周武自然当兴。

不过，这个问题放在当时，却是个非常重大、非常严峻的问题。

当初姜子牙提议东征，武王姬发忧心忡忡，一个重要原因就是此举有亏臣子之义。就算是天下八百诸侯都归了西周，就算西周的兵马足够强大可以灭商，可是，西周（西岐）毕竟数百年都是商朝的臣属。以臣伐君，以下犯上，那就是大不义。

古人出兵，讲究“师出有名”，这名，其实就是名分，就是大义。无论姜子牙把纣王说得如何坏，把伐纣说得如何对，可在天下一部分人，尤其是那些支持商朝的人看来，那都是大不义。

那姬发与姜子牙是如何处理这个问题的呢？莫非把支持商朝、反对周朝的人都杀掉？

六十万周兵离开西岐城，很快就走过了燕山，马上就要到商境了。在首阳山前，有两位老者拦住了军队，要求见武王与大帅。

能阻拦六十万大军前进者，必非常人。姜子牙忙请出武王姬发，两人一起骑马来到军前，询问对方是谁，为何阻拦军马。

那两位老者自称是伯夷、叔齐。姜子牙与武王一听，这二人乃当世名人，忙欠身行礼。

伯夷叔齐是两兄弟，他们都是一个小国孤竹国的王子。伯夷是老大，叔齐是老三。他们的父亲很喜欢叔齐，临终遗命让叔齐继承国君之位。父亲死后，国人公推最年长的伯夷继承君位。伯夷却以父亲有命为由，让给三弟叔齐。叔齐则以立国以长为由，拒绝接受。结果伯夷、叔齐双双离开孤竹国，最后由老二捡了个便宜，当了国君。伯夷叔齐因为孝悌友爱，谦恭守礼，成为天下知名的守礼君子。

伯夷、叔齐搬出老一套理论，什么“子不言父过，臣不彰君恶”，什么身为臣子，不能以下犯上，以臣伐君云云，反对东征。他们提出，就算是纣王无道，那么，身为臣子的武王姬发也应该遵守君臣名分，用仁德去慢慢感化纣王。伯夷、叔齐在品德上是让人敬仰的君子，但在识见上就是一对迂腐老头。

武王姬发听闻，沉默不语。他若说伯夷、叔齐说得不对，就有违礼法；若说伯夷、叔齐说得对，那就要撤兵。最好的回应就是沉默，由姜子牙去说。

姜子牙乃是坚定的伐商派。他大谈当今天下纷乱，百姓都生活在水深火热之中，天命已经不在商朝。如今与八百诸侯一起，兵伐朝歌。西周兴起，正是顺天应人。

讲了许久，见伯夷、叔齐还拦住马头不放他们走，姜子牙很不高兴，一挥手，冲出一队士兵，把伯夷、叔齐“扶”到一边。周营将士，满心都是杀敌立功，都恨伯夷、叔齐碍眼，纷纷拔刀要杀了二人。多亏姜子牙劝阻，两人才侥幸活命。

后来，周朝灭了商朝，取了天下。伯夷、叔齐发誓忠于商朝，不吃周朝的粮食，于是在首阳山上吃野菜。等野菜吃完了，二人双双而死。

这二人虽然不识时务，但也颇有风骨。有原则，有操守的人，总还是让人尊敬。加上伯夷、叔齐虽有大名，却无实权，并不能威胁到周朝的统治，善待他们，反倒可以为新朝赢得美名。

在金鸡岭前，周军再度被阻截。这次阻截的人叫魏贲。

魏贲乃是一员武将，书中也没有提他是哪里人，是否是商军将领。他兵阻金鸡岭的目的与伯夷、叔齐截然相反。伯夷、叔齐是为了保纣，魏贲是为了伐纣！

魏贲武艺超群，自然要表现一番再投靠。于是他立下营寨，主动挑战。

周营先锋官南宫适出战，与魏贲交手三十回合，被杀得汗流浃背。南宫适心中慌乱间，竟然被魏贲生擒活捉！幸亏魏贲只是为了出名，把南宫适放了回去。

姜子牙见大军开拔，初战就失败，很是生气，要把南宫适推出去斩首。幸亏魏贲及时赶到，恳请刀下留人，又主动表示自己愿意归降周营。

姜子牙大喜，召回南宫适说："你乃周室元勋，身为首领，初阵失机，理当该斩；奈魏贲归周，乃先凶而后吉。虽然如此，你可将左哨先行印与魏贲，你自随营听用。"

魏贲归周，意义重大。就如当初武成王黄飞虎主动来投西岐一样，代表周朝确实是人心所向，伐纣确实符合天意。姜子牙刚刚因伯夷、叔齐阻拦的不快，也被冲散了许多。

事实上，当时的天下间，支持纣王的少，拥护姬发的多。尤其是纣王宠信奸佞，残害大臣，四大方伯中就有三位受到迫害。于是，八百镇诸侯皆反。历来君王得罪了百姓不要紧，但得罪了权贵就要倒大霉。

一旦失去了官心，没有了八百镇诸侯的支持，商朝也就失去了立国的根基。绝大多数人都会自觉趋利避害，尤其是一些有能力、有抱负的人。魏贲归周，就是当时投奔周朝的万千人马的缩影。

正因魏贲来投意义重大，姜子牙立刻加封魏贲为先锋官。刚刚落败被擒的南宫适，则被撸掉官职，戴罪立功。当然，南宫适毕竟是西周本土勋贵，一旦有机会——比如不久之后黄天化战死，南宫适就恢复了先锋官职务。

007 高继能到底有多强

就在魏贲归顺姜子牙之后没几天，金鸡岭上又来了一股商军。此军主帅是三山关总兵，名字叫作孔宣。他拥有一种五色神光神通，神光一刷，几乎无物可挡。

孔宣登场后，大展神威，先刷走洪锦、哪吒、雷震子，后刷走金吒、木吒，又把姜子牙的打神鞭、韦护的降魔杵、杨戬的哮天犬、燃灯道人的定海珠先后刷走。单凭一人之力，孔宣横扫西周阵营。最后还是一位圣人登场，方才将孔宣降伏。

整场大战，孔宣麾下副将全被杀死，而西周方面只死了一人。这位未出周土就殒落的倒霉蛋，叫作黄天化。

黄天化武艺精湛，法宝强悍，巅峰时期曾经一口气击杀魔家四将，实力不可谓不强。只是，黄天化不是被强大的孔宣杀死的，而是死在孔宣麾下一位副将手中。这位副将叫作高继能，乃孔宣军团五军救应使。

高继能实力有多强？为何他能杀死黄天化？

人们常说："物以类聚，人以群分。"按照常理，主帅孔宣很强，他麾下大将也应当不弱。事实恰恰相反，孔宣的两位先锋官无论是武艺还是意识，都只能算是二流。

两军第一战，由商军先锋官陈庚对战周军先锋官黄天化。两人大战三十回合，黄天化虚掩一枪就走。原文说："陈庚不知好歹，随后赶来。"黄天化听得脑后銮铃响动，知道陈庚跟来，于是挂下双鞭，取出火龙标，反手一标，将陈庚打下马去。

陈庚能与黄天化交手三十回合不败，武艺也算不俗。但是，此人见识太低，"不知好歹"，根本就看不出黄天化在故意示弱，一旦追击，自然被杀。

黄天化回马取了陈庚首级，姜子牙大喜，为黄天化记下头一功。

听闻陈庚战死，孔宣哈哈一笑说："陈庚自己无能，死不足惜。"孔宣与陈庚虽然同是商军将领，但彼此并无感情。在强者孔宣看来，陈庚就如蝼蚁，死了也就死了，无损大局。

两军第二战，由商军另一位先锋孙合迎战周军另一位先锋武吉。武吉与黄天化一般，交手三十回合后虚掩一枪败逃。孙合比陈庚还要愚蠢，昨天刚看到同僚追击被反杀，竟还无所顾忌地追上。孙合自然没啥好下场，被武吉回马一枪戳死。

听闻又败了一场，孔宣很不高兴。他不是为孙合之死伤心，而是因为连败两场，挫了军队士气，损了他孔宣颜面。

放眼大帐，只剩下五军救应使高继能与副将周信。高继能只能请战。

高继能登场后，对上周军第三位先锋官哪吒。高继能早就听闻哪吒大名，他说："哪吒慢来！闻你道术过人，一般今日也会得你着。"哪吒一听大喜说："既知吾名，何不早早下马受死？你且通名来，功劳簿上好记你的首级。"

我们对比双方对话可以发现，哪吒对高继能全无畏惧，高继能则深深忌惮哪吒。之间高下立判，实战结果也是如此！

双方交手不过几个回合，"恐哪吒先下手，高继能掩一枪便走"。高继能早就知道哪吒神通了得，于是抢先下手，准备出绝招。

没想到哪吒比高继能还聪明，他一边追赶一边祭出乾坤圈。结果，高继能还没有把他的法宝蜈蜂袋打开，哪吒的乾坤圈就砸到了身上。结果，高继能大痛，只能落荒而逃。

从双方交手情况看，高继能武艺远不如哪吒，因此，交手仅仅三五个回合就开始动用法宝。高继能的法宝是个蜈蜂袋，需要打开口袋，念诵咒语驱动袋中蜈蜂，靠着万千蜈蜂伤敌。他这个法宝，优势在于可以远距离发动，造成群伤伤害；劣势在于需要一定施法时间，很容易被打断。反观哪吒的乾坤圈，虽然造成的伤害不大，书中几乎没人被乾坤圈砸死，但是祭出的瞬间就可以伤敌。

因此，就算是双方再战，高继能也不是哪吒对手！

那么，高继能为何能杀死黄天化呢？

在高继能战败后的第二天，孔宣亲自出马，生擒洪锦。当晚，姜子牙想用夜袭破敌，于是派出黄天化、哪吒、雷震子三人各率一路人马攻打商军大营。

姜子牙的计划本不错，若正常施行，可以对商军造成重大打击。可是，孔宣的单体战斗力过于强大，用一骑当千也不足以形容他。

当晚，三人冲入商军大营。雷震子靠着高空优势，打死了商军将领周信，然后与哪吒双战孔宣。两人武艺不俗，尤其是哪吒枪法如神，联手之下孔宣一时也招架不住。正当雷震子大喝一声，准备施展全力一击灭杀孔宣时，孔宣一晃神光，将雷震子刷走。哪吒要逃，孔宣再一晃神光，依然将哪吒刷走。

剩下黄天化一人还在冲杀，后来就撞到了高继能。两人交战，原文说："好黄天化！两柄锤只打的枪尖生烈焰，杀气透心寒，似流星不落地，来往不沾尘。高继能见如此了得，掩一枪，拨马就走。"

从原文单赞黄天化锤法可知，黄天化武艺绝对在高继能之上。可是，正因为高继能武艺远不如黄天化，一贯傲娇的黄大公子就放松了警惕，没有在第一时间施展火龙标或攒心钉！

高继能在逃跑途中祭出蜈蜂袋。刹那间，万千蜈蜂飞向黄天化，黄天化把双锤施展得泼风一般，竟然没有一只蜈蜂可以近身！可是，蜈蜂乃是受高继能驱使，高继能见黄天化武艺太强，蜈蜂攻击无效，于是命令蜈蜂袭击黄天化的坐骑玉麒麟。玉麒麟被蜈蜂蜇中，立刻后蹄立起，不断嘶鸣。意外之下，黄天化竟被摔下坐骑。高继能冲上，一枪把黄天化刺死。

黄天化与高继能之间的战斗，几乎是哪吒与高继能战斗的翻版。可是，二者有相同的开始，却有不一样的结果。

为何哪吒大败高继能，黄天化却被高继能杀死呢？

先说黄天化。黄天化乃黄飞虎长子，出身豪门，又是道德真君徒弟，拥有超强法宝。他虽然三岁修道，但一直没有改掉浮躁的毛病。一旦遇上武艺不如自己的对手，黄天化往往轻敌，执拗般地想用武艺取胜，于是常常反被敌人擒拿。

在西周阵营中，出战频率最高的是黄天化与哪吒二人。可是，哪吒屡立战功，黄天化则屡次被擒拿。两人最关键的不同，就在于哪吒先手意识强悍，总是抢先祭出乾坤圈砸人。而黄天化坐拥对金仙也致命的攒心钉，却一而再、再而三地被敌方击败，擒拿。

再看高继能。他武艺平平，法宝蜈蜂袋在诸多法宝中也只能算是下品（C级）——一旦祭出，黄天化竟然可以单凭双锤，就阻绝蜈蜂进攻。但是，高继能能够扬长避短，充分发挥自身优势，在第一时间祭出法宝，并且跟随战场形势改换蜈蜂的进攻对象，最终成功击杀对手。可见，高继能无论是对自身法宝的掌控能力，还是在战场上随机应变的能力，都远在黄天化之上。

高继能杀死黄天化，是一场典型的以弱胜强的战斗。

当然，黄天化之所以会被高继能杀死，根子还不在高继能身上，而是阐教高层安排。若高层想要黄天化不死，一粒仙丹就可以将他轻松救活。但阐教高层想要黄天化死，于是，黄天化就必须死。师父道德真君也不敢出手相救。此观点在前文已有分析，不再赘述。

与高继能实力平庸却手段狠辣相比，孔宣的本领不知道要高出多少。可是，与西周一战，他生擒活捉多人，却没有杀死一人。以孔宣之能，完全可以逍遥天地间，为何他要屈膝成为商臣，效忠商纣？为何他对阐教门下只抓不杀呢？

008 孔宣修为高深，为何甘心做商臣

在商朝文官武将中，有不少人都是炼气士出身。不过，这些人中，除了闻太师修为高深，达到了大罗金仙水平，可以长生不老外，绝大多数人依然无法超脱轮回。

比如原著在提到李靖、郑伦等人时，都强调他们仙道难成，于是下山求个人间富贵。不单单他们二人如此，就算是拥有大罗金仙级法宝的魔家四将，精通呼名落马术、几乎在人仙境界无敌的张桂芳，也都还是人仙修为。百年之后，必然寿元耗尽，沦为一抔黄土。

孔宣则不然。孔宣是商朝文官武将中寿元最长的一个，也是修为最高的一个。

孔宣早就认得燃灯，燃灯却不认得孔宣。

见孔宣一口道破自己身份，燃灯道人还颇有几分自得。他说：“你既知

我道行深高，你便当倒戈投顺，同周王进五关，以伐独夫，如何执迷不悟，尚敢支吾也。”在燃灯道人看来，孔宣既然知道自己身份，就应该主动投降。

燃灯道人为何那么自信？只因燃灯在仙界的辈分极高。

他曾说自己：“盘古修来不记年，阴阳二气在先天。”也就是说，燃灯道人早在盘古开天辟地之前，就已经出生。他和元始天尊、通天教主，都是真正的封神世界之外的高人。

在燃灯道人踏上修仙之路后，盘古与老子、元始天尊方才开天辟地。不过，燃灯道人的悟性仿佛并不高，同时期的元始天尊与通天教主在鸿蒙时代都进阶圣人了，他还只是一金仙。一直等到千万年之后的天皇时期，燃灯道人才成为大罗金仙。

不过，燃灯道人毕竟资格老。于是，无论是在阐教，还是在截教，许多仙人就算比燃灯道人神通还要强，对燃灯道人还是很尊敬。

像孔宣一见燃灯道人就说：“燃灯道人，你是清闲人，吾知你道行且深，何苦也来惹此红尘之祸?”当然，孔宣对燃灯只是敬老，并非畏惧。

于是，当燃灯要求孔宣投降时，孔宣哈哈大笑说：“你说你道行深高，你也不知我的根脚。”

所谓“根脚”，就是出身，来历。孔宣到底是什么出身，有什么牛气哄哄的来历呢?

孔宣说道：“混沌初分吾出世，两仪太极任搜求。如今了却生生理，不向三乘妙里游。”

从一二句看，孔宣的寿元不及燃灯。燃灯是在混沌时期就已经诞生，孔宣则是在混沌初分，即开天辟地之后的鸿蒙时代出生。这个辈分比燃灯道人虽然不如，但与十二仙首、与南极仙翁相比，则不知道高出了多少。

关键一点，孔宣不但出生时间早，人家得道，即达到大罗金仙境界的时间也很早。早在天地初分之时，孔宣就已经在搜求两仪、太极，即寻觅天地运行的真正大道。

到如今，孔宣达到了何种层次呢?

他已经“了却生生理”，即彻底了解了生命生长的道理，完全勘破了长生大道的玄机。孔宣敢这么说，至少也是达到了大罗金仙后期境界，掌握了大量天地规则，甚至明悟了一丝天地大道。这份修为，比燃灯道人丝毫不差，还在陆压、闻太师等人之上。

以孔宣强大的修为，无尽的寿元，他为何要屈居人下，给商纣王做臣子？还出大力气帮助商纣王攻打西岐呢？孔宣的做法确实很难让人理解。不过，我们从燃灯道人不认识孔宣这点，可以做一个推测。

燃灯道人地位高，见识广。无论阐教、截教，还是散仙中的大罗金仙，燃灯道人几乎无人不识。为何燃灯道人会没见过孔宣？唯一的可能，就是孔宣一直在躲避阐教、截教高层。

以孔宣的修为，他只要到仙界闯荡一番，必然可以获得极大名头，在阐教或截教中身居高位。可是，孔宣既没有去阐教，也没有去截教，而是一直隐藏了起来。

千万年来，孔宣躲在哪里，以至于无人知晓呢？所谓“大隐隐于朝”，说的就是孔宣！

别人修道有成，都占据仙山洞府，闲来游逛三山五岳，隔三岔五还去天庭吃个蟠桃。唯独孔宣，千百年来一直混迹于人间王朝。因为一旦曝光，孔宣必然会被阐教或截教高层盯上，从而沦为两教高层斗法的棋子，失去宝贵的自由。

009 孔宣在圣人之下是否无敌

对于孔宣的修为，无人不认为必有准圣级别；对于孔宣的战力，也无人不认为很强，即便在大罗金仙中，也是王者般的存在。

只是，孔宣到底有多强，在圣人之下是否无敌？

前文中，我们结合孔宣与燃灯的对话已经确认，孔宣早在天地初开就已经踏上仙途，在许多年前就已经进阶大罗金仙，并且已经“了却生生理”，彻底掌握了长生大道的规则之力。孔宣这份修为，比燃灯毫不逊色，至少都是大罗金仙后期存在。

不过，修为高未必战斗力强。像闻太师，是得证大罗的大罗金仙，与陆压一样，都达到了大罗金仙中期修为。可是，闻太师的战斗力别说比陆压，连赵公明也远远不如。就算是与十二金仙相比，有一小半也能追着闻太师打。关键一点，是闻太师空有修为，既没有强大神通，也没有强力法宝。

孔宣乃妖族出身，他的本体乃是封神世界第一只孔雀真灵。

妖族与人族在修炼上有很大不同：人族肉体孱弱，于是多炼气，努力提升元神强度，借助法宝来保护自身；妖族天生肉身强大，于是多炼体，并且妖族经过修炼后，会自然而然具备一种独特的天赋神通。

妖族与他人战斗，往往不需要借助法宝之力，而是单凭肉身与天赋神通作战。像孔宣，经过亿万年修炼，他就领悟了一种奇特的五色神光神通。

五色神光非常厉害，几乎无物不刷。五色神光为何这么厉害？

书中有交代。孔宣登场之后，与姜子牙一番辩驳。一旁洪锦听得不耐烦，冲出要抓孔宣。孔宣大笑冲出交战。没几回合，洪锦诈败，祭出旗门遁。孔宣再次大笑，还没等洪锦走入旗门，就被孔宣背后黄光一闪，凭空刷走。

姜子牙急忙来救，邓九公怕姜子牙有失，纵马前来帮忙。趁着邓九公与孔宣交手，姜子牙忙祭出打神鞭。打神鞭虽然威力不强，但是命中率极高。除了因准提道人暗中捣鬼，没有打中马元外，还没有失过手。没想到孔宣心念一动，背后神光一摇，红光闪过，打神鞭也被刷走。

姜子牙急忙退兵。回到大营，他暗中思索："此人后有五道光华，按有五行之状，今将洪锦摄去，不知凶吉，如之奈何？"子牙公这番话正道出了五色神光的厉害之处。

封神世界中，绝大多数仙人都是修习五行元素功法。随着境界的提升，对五行元素的掌控之力也越发巧妙。神仙以上的修者，都可以移山倒海。等境界到大罗金仙后，对于五行元素的相生相克关系，更是融会贯通。像三霄娘娘布下的九曲黄河阵，其实就是充分运用了水系规则之力。只要身在大阵中，自身法力就能源源不断补充，敌人则会被严重削弱。

不过，绝大多数大罗金仙，就算懂得了部分五行规则，可以进行一定程度的五行转换，但是在圣人之下，还没有谁能像孔宣一样，将这种领悟变成一种神通，可以在心念一动的刹那间，就施展出克制的法术。

所谓五色神光，其实就是孔宣真身、孔雀尾部的五根本命翎羽。五根翎羽呈现青、黄、赤、白、黑五种颜色，正对应木、土、火、金、水五行。

这五色神光很强大，它神奇的转换功能，让孔宣在圣人之下的五行元素攻击中，基本处于无敌状态。无论这个五行元素攻击是来自仙人，还是法宝，孔宣几乎都能免疫。

那么，孔宣在圣人之下，是不是就无敌呢？

孔宣几次出战，一度横扫西周阵营，很是风光，但是，也好几次被打得鼻青脸肿，狼狈不堪。

莫非这个伤到孔宣的人是杨戬？很遗憾，不是！

在孔宣一口气刷走黄飞虎、崇黑虎等五人后，姜子牙大吃一惊，不敢再战。几天后，杨戬运粮来到大营，听闻消息，主动请战。

杨戬很聪明，他料定孔宣拥有神光，必非常人，极有可能是妖灵之体。此前他曾借云中子的照妖宝鉴，此时还没有归还，因此他想借着与孔宣交手的时机，看能否照出孔宣的本体，探查孔宣的来历。可是，杨戬照了好几次，镜中只是如一块五彩装成的玛瑙，不停翻滚，根本照不出孔宣的本体。

孔宣见杨戬偷偷摸摸用法宝照自己，哈哈大笑，让杨戬上前来照。杨戬好害臊，可上前照了还是和此前一样——可见孔宣的实力过于强大，已经五行混一，足以屏蔽金仙级法宝窥探。

之后，杨戬与孔宣大战。双方交手三十个回合，杨戬不能取胜，于是祭出哮天犬，结果被孔宣神光一刷刷没了。

一旁韦护忙祭出降魔杵，想帮杨戬。没想到孔宣再一刷，降魔杵也跑了。也幸亏孔宣刷降魔杵去了，杨戬趁机施展纵地金光法逃走了。

真正伤到孔宣的有三个人，分别是龙吉公主、土行孙、邓婵玉。其中，尤以邓婵玉最为厉害。即便对方是大罗金仙强者，她手中的五光石也照打不误！

当时，孔宣又刷走了李靖的黄金宝塔，刷走了金吒与木吒。姜子牙大怒冲出，若非有杏黄旗护体，就连姜子牙也被孔宣刷走了——从神光刷不走杏黄旗，可见孔宣的五色神光对于圣人级法宝无效。

见孔宣嚣张，情况危急，邓婵玉大怒，抓出一块五光石甩手打去。

邓婵玉并非炼气士，发五光石也没有运用任何法力。她就是一精通暗器的凡人女子，因此，孔宣的五色神光对邓婵玉根本无效。

最为重要的，是邓婵玉发石的速度太快，快到令大罗金仙也眼晕。原文说：“发手红光出五指，流星一点落将来。”刹那工夫，五光石就砸中了孔宣面门，把堂堂大罗金仙打得口鼻流血。孔宣急忙拨马撤退。

这时候龙吉公主飞身上前，祭出鸾飞宝剑，砍向孔宣后背。孔宣没有留心，被宝剑砍中左臂。孔宣大叫一声，几乎落马。

之后，孔宣吃了丹药，身体痊愈。出战时，刚好遇见督粮归来的土行孙。土行孙见孔宣要找他老婆晦气，很不高兴，提着镔铁棍就跳了出去。

别看土行孙综合实力不如杨戬、哪吒，但特别懂得扬长避短。他借助自身身形矮小的“优势”，专门打孔宣的下三路。孔宣在马上左转右转，费了半天劲，根本就打不到土行孙，反倒被土行孙几次打中了腿。

孔宣觉得丢脸，就施展五色神光来刷土行孙。土行孙多机灵一个人，立刻施展地行术，钻入地下不见了。

因此，与孔宣正面一战，土行孙算是小胜。

就在孔宣狐疑，盯着地面到处找寻土行孙的档口，土行孙的老婆邓婵玉甩手又是一块五光石，口中还喝道：“逆贼看石！”孔宣刚抬头，五光石就再一次狠狠砸中他面门。孔宣转身就跑，邓婵玉又一石飞来，砸中孔宣后颈。邓婵玉虽然是女子，这手劲可不小。原文说：“（孔宣）着实带了重伤，逃回行营。”

凡人中能一而再、再而三地让孔宣受重伤，放眼天下，绝没有第二人！

从孔宣几次受伤，我们可以发现，孔宣在圣人之下，并非无敌。只要西周阵营诸位联手围杀，从多角度进攻，许多法宝齐轰，未必就拿不下孔宣。

后来，孔宣吃了药，伤势好了，再次点名挑战邓婵玉。邓婵玉根本不怕孔宣，可姜子牙觉得西周不能再败，于是劝阻邓婵玉，高挂免战牌。一直等到燃灯道人赶到，姜子牙才取消免战牌。

此前我们提到，得到定海珠后，燃灯道人不但修为大涨，趋向大罗金仙圆满之境，其战斗力也大幅度飙升。那么，燃灯道人与孔宣一战，谁强谁弱呢？

010 孔宣 PK 燃灯，谁更强一分

孔宣的实力很强，虽然还做不到圣人之下无敌手，但也距离不远了。别

说金仙，就算是普通大罗金仙，也绝不是孔宣对手。

金鸡岭上，阐教门人大都完败于孔宣。就算龙吉公主、土行孙、邓婵玉曾经伤了孔宣，但并不能说他们就斗得过孔宣。像龙吉公主与土行孙，都是在意外情况下才得手。一旦再度交战，孔宣有了防备，二人不但伤不了孔宣，反倒有很大几率被五色神光刷走。

邓婵玉是武将中的异类，她的暗器手法堪称封神一绝。但是暗器毕竟只是暗器，她打伤孔宣一百次，孔宣也不会死，可是，孔宣五色神光刷到邓婵玉一次，邓婵玉就会被生擒活捉。他们之间就犹如蚂蚁和大象，蚂蚁虽可以多次咬中大象，但只要被大象逮到一次，就死路一条。

在几番大战中，真正能称得上孔宣对手的人，只有三个。

第一个是杨戬。

杨戬与孔宣大战数十个回合，双方不分胜败。此前杨戬多次与人相斗，甚至与金仙、大罗金仙相斗，武艺都能略胜一筹。可孔宣，不但神通惊人，并且武艺超群。后来，杨戬祭出哮天犬偷袭，没想到被孔宣神光一刷，哮天犬竟然被吸入神光。

修行到了金仙以上级别，就很难靠武艺杀死对方了。杨戬虽然修成八九玄功，会七十二变，但说到斩将杀敌，功绩还不如哪吒。一个重要原因就是杨戬没有致命一击的强力法宝，他能依仗的，唯有神出鬼没的哮天犬。可如今哮天犬被神光刷走，杨戬也不禁大骇。

乍一看，仿佛杨戬比孔宣弱很多。确实，杨戬降伏不了孔宣，但我们换个角度看，孔宣能降伏杨戬吗？

孔宣武艺和杨戬一般无二，他杀敌的最大依仗是五色神光。可是，杨戬修成八九玄功，能迎风变化，遁术更是精妙。孔宣施展五色神光，可以刷走哪吒，可以刷走黄飞虎，却刷不走杨戬。

杨戬一身修为堪比大罗金仙，危急时刻施展的也不是普通五行遁术，而是更为高明的光遁术，即金仙以上方能修炼的纵地金光法。

因此，孔宣也很难降服杨戬。

第二个是陆压。

陆压赶到大营，是为了劝说姜子牙千万不能退兵。其意义我们在陆压系列中已经分析，此处不赘述。之后，陆压上阵，想凭自身之力为姜子牙消灾解难。

两人见面，各自说了几句威胁的话。之后，两人交战。五六回合后，陆压就想放出法宝斩仙飞刀。可是，陆压刚祭出葫芦，飞刀还没有解封，就见孔宣将五色神光刷来。

陆压的法宝斩仙飞刀毕竟是外物，需要一定的施法时间，可孔宣的五色神光乃天赋神通，心念一动就可以施展。何况，就算陆压的斩仙飞刀祭出，也百分百会被五色神光刷走。陆压的斩仙飞刀是很强，但只能算是大罗金仙普通级（A 级）法宝，距离大罗金仙镇洞之宝（A +）还有一段距离。

死在斩仙飞刀之下的都是什么人呢？

结合原著，斩仙飞刀一共杀死过五个人，分别是白礼、余元、袁洪、邱引、妲己。这五个人中，除了袁洪修为较高，其他都在金仙、神仙境界。就算是斩杀袁洪，那也是在袁洪被擒拿后，全身捆绑无法逃遁的情况下。因此，众多读者对斩仙飞刀的评价与对陆压的评价一样，都虚高太多。

当然，如果把孔宣的元神封锁，屏蔽掉五色神光，斩仙飞刀还是能杀死孔宣的。只是，那样还能证明斩仙飞刀强大吗？

原文中陆压对孔宣非常畏惧。他来到时本一副高人姿态，对孔宣颇有不屑。书中明确提到他曾想祭出斩仙飞刀，但是一见孔宣神光，立刻收起念头，转身飞遁。他回到大营，对姜子牙叹息说：“（孔宣）果是厉害，不知是何神异，竟不可解。贫道只得化长虹走来，再作商议。”

陆压本是一个高傲的人，可孔宣实在强大，他无法可破，只好承认自己无能。

当然，与杨戬一样，陆压降伏不了孔宣，孔宣也刷不到陆压。

不过，杨戬与陆压的总体实力还是在孔宣之下。杨戬与陆压几乎没有机会降伏孔宣，但只要二人稍有疏忽，孔宣就大有机会刷到二人。

可是，孔宣对上燃灯道人，就很难讨得便宜了。我们且看看孔宣与燃灯的交手情况。

燃灯道人与孔宣交手不过二三回合，就主动祭出法宝定海珠。定海珠蕴含丰富水系规则，乃真正的 A + 级法宝。可是，在孔宣神光一刷之下，定海珠依然消失无踪。原文说："燃灯大惊，又祭出紫金钵盂，只见也落在神光中去了。"

定海珠与紫金钵盂都是大罗金仙级法宝，并且品阶都不低，为何会被孔宣五色神光刷走呢？

只因孔宣的五色神光乃是孔宣孔雀真身五行大成的五根本命翎羽。单独一根翎羽，比如白色的水系翎羽，其威能可能不如定海珠，但是孔宣的五色神光五行圆满，可以自行转换，可以相生相克之道对付。比如说，运转五色神光，全部转换成土系神光，以土克水，自然就可以压制住原本更强一筹的定海珠。至于紫金钵盂乃是金系法宝，孔宣可以运转五色神光，全部转换成火系神光，以火来克金，自然可以收走紫金钵盂。

见两大法宝被收，燃灯道人大叫："门人何在？"

他在前不久收了同样有大罗金仙修为的羽翼仙（大鹏金翅雕）为徒——在封神中，孔宣是雄孔雀，与大鹏没有血脉关系。羽翼仙虽然在斗法上不如燃灯道人，但在近身搏斗上在燃灯之上。燃灯道人很懂得扬长避短。

果然，羽翼仙表现不俗。他现出本体冲上孔宣，孔宣见大鹏凶猛，也忙将头盔一挺，一道红光冲出，在空中与大鹏交战。双方足足打斗了两个时辰，忽然听得一声巨响，大鹏被打落尘埃。孔宣收回红光，用神光来刷燃灯道人。燃灯道人忙带着大鹏，驾祥光遁走。

大家细看孔宣与燃灯一战，二者之间各自有何优劣呢？

孔宣的优势是有五色神光，对圣人之下的法宝，他几乎可以全部刷走。燃灯道人的优势是他法力凝厚，还有一个近身搏斗强悍的徒弟大鹏。

孔宣的劣势是五色神光防守有余，攻击不足，速度也有限。以燃灯的遁术，五色神光根本就刷不到燃灯。燃灯道人的劣势是手中没有圣人级法宝，也暂时没有找到克制孔宣的神通法术。自保有余，伤敌不足。

但是，燃灯道人与杨戬、陆压不同。即便他与孔宣交手一百次，孔宣也刷不到燃灯一次。可是，只要被燃灯找到克制孔宣的办法，就有可能彻底弄死孔宣！

换言之，燃灯道人的综合实力绝不在孔宣之下！

其实，燃灯道人此次下山，就是受元始天尊委托。他的来意就是灭杀孔宣，继续推进封神行动。若是准提道人再晚来几天，燃灯道人必定能找到克制办法，或者借来相应法宝——比如说，还在姜子牙手中的太极图。只要燃灯道人祭出太极图，孔宣百分百刷不走。那么，最后的结局就是孔宣被太极图卷起，最后被燃灯道人灭杀。

那燃灯道人为何不立刻用太极图灭杀孔宣呢？

燃灯道人何许人也？他乃是阐教十二仙首也要躬身尊称“老师”的大人物，是阐教二圣之下第一人。他不但地位超然，综合实力也很强悍，在大罗金仙境界罕有敌手。燃灯道人当然希望凭借自己的神通与法宝降伏孔宣。只是他也没有想到，无名人士孔宣竟然那么强。

其实，回到大营，和姜子牙商量一番后，燃灯道人本就准备借太极图来降伏孔宣。毕竟面子是小事，封神行动不能延迟。

可就在燃灯与姜子牙商量对策的时候，准提道人竟来到金鸡岭。见面之后，准提道人开口就说：“前日广成子道友在俺西方，借青莲宝色旗，也会过贫道。今日孔宣与吾西方有缘，特来请他同赴极乐之乡。”

准提道人明摆着就是一副截和抢人的嘴脸。可是，阐教不久前刚借了人家的青莲宝色旗，正欠西方教一个人情。现在准提道人开口索要孔宣，燃灯道人能不给吗？于是，燃灯道人只好装出一副大喜模样，说：“道兄今日收伏孔宣，正是武王东进之期矣。”

在燃灯道人看来，只要能及时降伏孔宣，推进东征，不被鸿钧老祖责怪，把孔宣这块肥肉吐出来，也可以接受。

那么，准提道人是如何降伏孔宣的呢？

011 准提道人为何能降伏孔宣

准提道人乃西方教副教主，混元大罗金仙修为。从修为看，高孔宣一个大境界。但是，封神世界斗法，修为境界的重要性远不如法宝与神通。只要有超强法宝在手，人仙都可以追着金仙打。若没有超强法宝，大罗金仙也奈何不了金仙。

那么，准提道人是怎么降伏孔宣的呢？

准提道人一见燃灯道人，就一再强调：“孔宣根行深重，与西方有缘。”很明显，他打定了主意要收孔宣。

千百年来，孔宣一直隐藏在人间王朝中。就连燃灯道人这样的东方仙界大能，都没有见过孔宣，准提道人为何能知道孔宣？

很明显，在广成子借走青莲宝色旗后，准提道人就一直潜伏在西岐城附近，持续关注封神大战。

此前，因摸不准元始天尊的反应，准提道人只是收了一个实力平平的马元。如今，东方道门欠他们西方教一个大大的人情，准提道人自然不准备留情，一心想带走一个厉害人物。

现在阻截周军的孔宣，修为高深，神通广大，正是极佳人选。所以准提道人在燃灯道人回营之后立刻登场。因为他也知道，再晚一些，阐教高层或者会拿出圣人法宝，或者圣人亲自下场，总之，孔宣小命不保。一旦孔宣死了，就只能被封神，从此与西方教无缘。再者连续观战，也让准提道人将孔宣的底牌摸得一清二楚！

两军阵前，孔宣见来了一个老道（西方教也是道士打扮，且留长发，并非光头）。那老道梳着双抓髻，头上插着一朵小野花，手中拿着一截小树枝，笑意盈盈走上前来。

原文说：“孔宣出营，见一道人来得蹊跷。”准提道人这身打扮的确很奇葩，哪里像脱俗绝尘的大圣人，简直就是个一身俗气还爱俏的傻道士。

孔宣让对方通名。准提道人也不说自己是谁，只是告诉孔宣，他此次前来，是邀请孔宣前去西方极乐世界，演讲三乘大法，成就金身正果，共享无边清净。孔宣听后，哈哈大笑，斥责准提一派胡言，根本没有动心。

准提道人见孔宣不信，当场吟诵一首诗，说明孔宣归属西方的种种好处：“脱却羽毛归极乐，超出凡笼养百神。洗尘涤垢全无染，返本还元不坏身。”

只是，听了这首诗后，孔宣大怒，再不和准提闲话，挥舞大刀劈斩过去。

孔宣为何生气？只因准提道人的话语，句句都透着圣人那股子高高在上的意味。

准提道人说，你孔宣归属西方教，就可以脱去羽毛，修成大道；就可以超出牢笼，不受拘束；就可以洗涤尘垢，心无尘埃；就可以返本归元，修成金刚不坏之身。

准提道人自然是认为他开出的条件很优厚。可是，孔宣向来就是个独行侠，从不愿意伏低做小。在一贯高傲的孔宣看来，准提道人的四个好处，无一不在嘲笑他：说脱却羽毛，无异于嘲笑他是有羽毛的禽兽；说超出凡笼，无异于嘲笑他现在是笼中鸟；说洗尘涤垢，无异于嘲笑他心中满是尘垢；说返本还元，无异于嘲笑他本末倒置，错悟大道。

见孔宣动刀，准提道人也只有一叹。嘴上说来终觉浅，还是手下见真章！

准提道人看似匆匆而来，登场时一副闲散模样，其实，他此次前来，拿了西方教至强法宝，降伏孔宣施展的也是自己最强的神通。

原文说："准提道人把七宝妙树一刷，把孔宣的大秆刀刷在一边。孔宣忙取金鞭在手，复往准提道人打来。道人又把七宝妙树刷来，把孔宣的鞭又刷在一边去了。"

准提道人与孔宣交战，手中拿的看似寻常一根小树枝，其实是圣人级法宝七宝妙树。在四圣共破诛仙阵故事中，准提道人同样是用七宝妙树迎战通天教主，并且交战时，他的七宝妙树竟然轻轻松松把通天教主手中的宝剑打得粉碎。如今，为降伏孔宣，准提道人也是火力全开，一出手就是重宝。

见兵器被夺，孔宣心中着急，忙用红光来刷准提道人。准提道人能拥有七宝妙树这种非常霸道的圣人级法宝，其本身遁术自然极高。孔宣本来以为准提道人会用七宝妙树来破五色神光，或者施展遁光逃走，却万万没有想到，自己一道红光竟然就把准提道人刷得无影无踪。

后排观战的燃灯道人也看得目瞪口呆。那准提道人不是西方教圣人吗？怎么这么废柴？

可就在几个呼吸之后，大家就看见孔宣瞪大眼睛，张大嘴巴，一副痛苦不堪的模样。接着，孔宣头顶的金盔，身上的袍甲，竟然寸寸碎裂。孔宣的肉身竟然在迅速膨胀，胯下马也因孔宣身躯过于沉重，被压趴在地上。

孔宣背后的五色神光也在不断闪动，仿佛要融化什么，又仿佛被什么撕扯。燃灯道人这才明白，那准提道人并非是被五色神光刷走，而是故意飞到五色神光之中。

不得不说，准提道人不愧是圣人，其见识还在燃灯道人之上。仅仅是看了几场战斗，准提道人就看出孔宣的五色神光确实不凡，以七宝妙树这纯木系法宝，虽然能压服五色神光，但也必须付出沉重代价。准提道人可不想自己的本命法宝受损，于是，他另辟蹊径，用另一个更便捷的方法击破孔宣。

孔宣神光虽强，却只能刷走外物。一旦进入孔宣身体内部，神光就无法发挥作用。而准提凭借圣人修为，就算被神光刷走，也不会陷入昏迷。

他在孔宣身体内，施展自身最强神通——二十四首金身法相。

别的仙人都是修出三头六臂法相，强一些的是三头八臂，可人家准提道人却是二十四个头，十八只手！虽然不成比例，样子也比较吓人，可是，很有用！尤其是准提道人的十八只手，各自掌握一件法宝，诸如璎珞伞盖、花罐鱼肠、加持神杵、宝锉、金铃、金弓、银戟、幡旗，等等。其中，威力最大的法宝，当属加持神杵。

准提道人的金身法相很强大，竟然把孔宣肉身撑破。然后，准提道人把加持神杵放在孔宣背上，喝道："道友，请现原形！"

孔宣就觉得背上有无数座大山镇压，让他骨软筋麻。随着准提道人法力加持，加持神杵越发沉重，几乎要把孔宣筋骨都压碎。无可奈何之下，孔宣只好现出原形——他本是一只目细冠红的孔雀。

之后，准提道人骑着孔宣来到姜子牙大营。他告诉燃灯，自己就不下来了，准备立刻回转西方。

准提道人为何不下骑？为何立刻就要回西方？

只因准提道人这番施法，也损耗巨大。他一手持神杵，一手握着丝绦，丝绦扣在孔雀颈脖，对孔雀（孔宣）丝毫不敢放松。

换言之，准提道人只是凭借神通，暂时压服了孔宣。一旦他走下孔雀，撤去神杵，极有可能孔宣就会叛变。他只有回到西方，有师兄接引道人帮助，孔宣才会被彻底降伏。

012 降伏高继能，为何定要找崇黑虎

孔宣被准提道人带走后，其故事就暂时结束。不过，在孔宣被擒前，还有一个故事值得一提。

得知黄天化被高继能杀死，黄飞虎痛不欲生，放声大哭说："天化苦死！

不能取成汤尺寸之土，要你奇才无用!”黄飞虎心中很苦。大伙斗志昂扬出关，盼望的是建立新朝，裂土封侯。没想到还没有跨过金鸡岭，进入商朝境地，最有出息的长子就惨死了。

满营众将无不兔死狐悲，就连武王姬发也如同醉酒一般，晕晕乎乎。

这时候，南宫适说了一句话：“黄将军不必如此。令郎为国捐躯，万年垂于青史。方今高继能有左道蜈蜂之术，将军何不请崇城崇黑虎？他善能破此左道之术。”

听闻此言，黄飞虎立刻求见姜子牙，要去崇城请来崇黑虎。姜子牙一听，当即答应。之后的许多天，姜子牙一直高挂免战牌，不与孔宣大军对阵，一直等到黄飞虎带着崇黑虎到来。

崇黑虎有个葫芦法宝，里面有万千铁嘴神鹰，正是高继能蜈蜂的克星。

后来，高继能与崇黑虎大战，他抽空祭出蜈蜂袋，放出万千蜈蜂，遮天蔽日，如骤雨飞蝗，扑向崇黑虎。崇黑虎不慌不忙，打开红葫芦，口中念动咒语。只见葫芦中冒出一阵黑烟，黑烟中隐隐有数千只铁嘴神鹰。黑烟散开，神鹰乘风飞起，扑向蜈蜂。只不过数息之间，蜈蜂就被神鹰吃了个干干净净。

从法宝性能看，神鹰自是飞虫类的克星。黄飞虎请来的崇黑虎，确实起到了大作用。

只是，西周阵营有许多阐教门人，其中，拥有金仙镇洞之宝的门人不在少数。他们的法宝虽然不像崇黑虎的铁嘴神鹰，正克制蜈蜂袋，但是，论威力，不少都远在红葫芦之上。

且不说哪吒此前已经用乾坤圈打伤了高继能，就算是他两位哥哥，金吒与木吒，他两人一个有遁龙桩，一个有吴钩宝剑，随便哪个法宝祭出，都可以在刹那间锁定高继能。以高继能的修为，根本不可能逃脱这两件法宝的追击，注定只有一死。

还有土行孙，无论施展地行术还是捆仙索，都大有可能击杀高继能。韦陀的降魔杵一旦祭出，高继能同样也跑不了！更不要说杨戬、姜子牙，这两人一个有哮天犬，一个有打神鞭，都有极大可能一举击杀高继能。至于能把孔宣也打得很惨的邓婵玉，法宝无限多的龙吉公主，同样有实力灭杀高继能。

换言之，西周阵营有大把的强人可以击败或杀死高继能。那么，姜子牙为何还要舍近求远，派出黄飞虎去请崇黑虎呢？

只因姜子牙醉翁之意不在酒。他看重的，不是崇黑虎的法宝红葫芦，而是崇黑虎本人！

原著第69回，洪锦对战孔宣时说："天下八百诸侯俱已归周，料你一个忠臣，也不能济得甚事。"在洪锦看来，商朝大势已去，根本不值得再为之卖命。自己乃是识时务之英雄，孔宣则不过是愚忠之辈。

原著早在第37回，初上昆仑，遇上申公豹时，姜子牙说："文王托孤，我立武王，三分天下，周土已得二分，八百诸侯，悦而归周。"仿佛，在商朝派出三十六路大军征伐西岐之初，八百镇诸侯就都归了周。

事情真的是这样吗？当然不是！姜子牙也好，洪锦也罢，都是在给自家脸上贴金。

事实上，一直到姜子牙东征之时，商朝的势力都还很强大。真正归属武王姬发、姜子牙管辖的，依然只有西部两百镇诸侯。

当时的天下，以商朝为中心，其东、西、南、北各有两百镇诸侯。东伯侯姜桓楚、南伯侯鄂崇禹被杀之后，他们的儿子姜文焕、鄂顺先后自立，各自统率麾下两百镇诸侯。早在姬昌回归西岐之前，东、南四百镇诸侯就已经宣布独立，并且，东、南互为援手，使得商朝不得不调派大军前往镇压。

不过，东、南两路毕竟没有天命眷顾，大都是凡人将士，可是，商朝驻边将领中，不乏能人异士。尤其是驻扎三山关的历任总兵，都是名将中的名将，高人中的高人。由此，东、南两路一度遭到重创。后来，因为西岐（西周）的"叛乱"，东、南压力大减。他们虽进攻不足，但自保有余。

但是在原著中没有任何地方提到，姜文焕与鄂顺曾派人向武王姬发投递降表。

此次姜子牙请命东征，也只是提到，天下八百诸侯约定，在孟津大会诸侯。也就是说，八百镇诸侯，尤其是四大领袖，看看谁先到达孟津。在诸侯汇聚孟津之后，大伙会推举一位盟主，领导八百镇诸侯共同对抗商纣。

因此，武王姬发也好，姜文焕、鄂顺也好，他们都在打算抢先入关，头一个赶到孟津。若非第一个赶到孟津，也就不好意思争夺盟主之位了。

当武成王黄飞虎晓行夜宿赶到崇城附近的飞凤山，遇上几位壮士在比拼武艺。几人一见如故，问起黄飞虎来意。当听闻黄飞虎说，想请崇黑虎前去金鸡岭破高继能时，其中一位名叫文聘的武将说：“只怕崇君侯不得来。”黄飞虎询问原因。文聘说：“崇君侯操演人马，要进陈塘关，至孟津会天下诸侯，恐误了事，决不得来。”

人家崇黑虎如今也是北伯侯的身份，与武王姬发一般无二。他也想着突破陈塘关，头一个到孟津大会天下诸侯呢。

黄飞虎一听，忧心忡忡。不过，有个叫崔英的却表示，只要说清利弊，崇黑虎一定会出手相助。

我们知道崇黑虎最后确实跟着黄飞虎去了金鸡岭。不过，崇黑虎为何会放弃先入关的机会，帮助西周，帮助姜子牙呢？

原来，在黄飞虎见崇黑虎时，崔英劝崇黑虎道：“仁兄莫非为先要进陈塘关么？今姜元帅阻隔在金鸡岭，仁兄纵先进陈塘关，至孟津，也少不得等武王到，方可会合诸侯。这不是还可迟得？”

崔英的话讲得既直白，又含蓄。他直白地告诉崇黑虎，在与武王姬发的关系中，武王姬发是主，崇黑虎是从；他又含蓄地提醒崇黑虎，切莫做不切实际的君王美梦，安心做个一方霸主就好。

只因崇黑虎与另两家伯侯不同。他的北伯侯之位，乃是姜子牙率领西岐大军打下崇城，杀死崇侯虎后，拱手让给崇黑虎的。因此，从那时开始，武王姬发与崇黑虎之间，名虽并立，实属君臣。

别人可以不买姜子牙、姬发的账，他崇黑虎必须买。于是，崇黑虎把家中事务都托付给儿子崇应彪，带着文聘、崔英、蒋雄等三人前往金鸡岭。

这一去，崇黑虎名义上是帮黄飞虎杀高继能，实际上是向武王姬发正式称臣。

果然，到达大营后，崇黑虎主动请求拜见周王。见面时，崇黑虎行大礼参拜，并且说：“今大王体上天好生之仁，救民于水火，共伐独夫，孔宣自不度德，敢阻天兵，是自取死耳，随即扑灭。”

武王姬发表示，孔宣厉害，自己都有些想撤兵了。崇黑虎忙劝说道：“大王差矣！今纣恶贯盈，人神共怒，岂得以孔宣疥癣之辈，以阻天下诸侯之心！时哉不可失！大王切不可灰了将士之心。”

崇黑虎对姬发所言，全无一丝分庭抗礼之意，全是赞颂，推崇武王姬发，明确表达了自己对姬发的尊敬。姬发听后大喜。

有了崇黑虎的鼎力支持，加上西周军队的赫赫战功，就算姜文焕与鄂顺有些小野心，也不敢和姬发争夺盟主之位了。

013　哪个小人物拥有封神无双妙法

因孔宣兵阻金鸡岭，周军行军进程被大大延缓。为加快进度，姜子牙苦思之后，决定兵分三路，齐头并进。其中，洪锦率领十万人马，带着南宫适、苏护父子等人，领一路军攻打佳梦关。

洪锦立功心切，一路晓行夜宿，很快就赶到佳梦关下。

洪锦还是颇懂用兵。虽然他这路兵马猛将如云，南宫适、苏全忠都是封神世界武将中的一流高手，他自己与妻子龙吉公主、先锋官季康又精通奇门法术，但是，兵临城下后，洪锦反而下令休息一晚，明日再战。

洪锦说："兵行百里，不战自疲。"许多时候，心太急切，反会误事。

佳梦关最初的主帅乃是魔家四将，四将调离后，就由胡升接替。胡升虽武艺平平，却精通兵法，颇能审时度势。麾下两员大将徐坤、胡云鹏也算骁勇。有他们坐镇佳梦关，普通贼寇倒也不敢觊觎。

加上胡升还有一个弟弟胡雷，早年拜在火灵圣母门下。那火灵圣母乃是多宝道人亲传弟子。换言之，胡雷是截教嫡传第四代弟子，倒也算是出身名门。在火灵圣母门中，胡雷学得一门奇门法术，堪称封神无双妙法。仗着这门法术，几乎无人可以杀死胡雷。

那么，洪锦能否攻破佳梦关？胡雷的奇门法术究竟是啥呢？

休息一晚后，洪锦下令开战。一战之下，胡升等人就发现，西周军马实在强大，佳梦关与之相比，根本不在一个档次上！

双方一共打了三天，进行了四场战斗，最终佳梦关完败。

第一战，洪锦派先锋官季康迎战佳梦关副将徐坤。两人大战五十回合不分胜败，季康念动咒语，祭出黑犬神兽。黑犬一口咬中徐坤脸面，把脸上肉咬去一大块。徐坤惨叫，枪法大乱，被季康手起刀落，斩于马下。

第二战，洪锦派苏全忠迎战佳梦关副将胡云鹏。苏全忠有万夫莫敌之勇，胡云鹏哪是对手，两人大战三四十回合，胡云鹏被杀得冷汗连连，人仰马翻。最后被苏全忠大喝一声，刺于马下。

见两位副将都死了，胡升就和弟弟商量：“贤弟，今两阵连失二将，天命可知。况今天下归周，非只一处，俺弟兄商议，不若归周，以顺天时，亦不失豪杰之所为。”

所谓大厦将倾，独木难支。与那些身在朝歌，还在醉生梦死的商朝权贵不同，胡升对于西周的强大有着深刻的感受。何况，徐坤、胡云鹏就死在眼前。单凭自己，根本挡不住西周大军的铁蹄。加上人家黄飞虎、邓九公、苏护、洪锦，一个个都是全国知名的军界名将，不都投降了西周？

因此，胡升觉得，在当时的情况下，自家兄弟归顺西周，不但不会惹祸，反倒有可能获得丰厚回报，“不失豪杰之所为”。

没想到弟弟胡雷和胡升想得完全不一样。胡雷强调自家兄弟身受国恩，岂能临阵叛逃。见弟弟说得大义凛然，胡升也只好默默不语。

那么，这胡雷是真君子、大忠臣吗？并非如此。

胡雷之所以不想投降，并非他对商朝多么忠诚，而是认为，凭他一身无双妙法，就可以阻拦洪锦大军。

事实上，若洪锦军团中没有龙吉公主，单凭胡雷一人，确实就可以搞晕整个洪锦军团。这是为什么呢？

第三天，胡雷出战，洪锦派出大将南宫适迎战。

胡雷虽然是炼气士出身，武艺倒也不俗，竟然与南宫适大战三四十回合不败。武艺毕竟不是胡雷专业。南宫适卖了一个破绽，就引诱到胡雷，把胡雷生擒活捉。

洪锦本想招降胡雷，不料胡雷立而不跪，并且大骂洪锦为反国逆贼，猪狗不如。洪锦气得大怒，喝令将胡雷斩首。原著中并没有写具体行刑情况，我估计是行刑时情况一切正常，无非是一刀砍去，头颅滚落，血流遍地。

没过一小会，就在洪锦祝贺南宫适立下斩将杀敌大功的时候，报事官回禀：“胡雷又来讨战。”

洪锦大怒，下令把报事官杀了。那胡雷刚才不是被斩首了吗？怎么可能又冒出一胡雷？报事官吓得发抖，辩解说，没有报错，确实就是胡雷……

南宫适坐不住了，主动请求出战。若胡雷真的没死，那他生擒胡雷的功劳就要取消了。等南宫适到阵前一看，发现面前人真的就是胡雷。

这可就奇怪了。胡雷的头颅还挂在辕门口示众呢，怎么又冒出一个胡雷？莫非胡雷有长得一模一样的同胞兄弟？

南宫适大骂："妖人焉敢以邪术惑吾！不要走！"胡雷也不逃跑，他冲上前去，与南宫适战在一处。可是，这胡雷的武艺还是不如南宫适，于是再度被南宫适擒拿。

洪锦大喜，准备亲自监斩。只是，他搞不清楚胡雷到底是如何逃脱的。

因为将士议论纷纷，惊动了在后营修炼的龙吉公主。龙吉公主听闻，呵呵一笑。她告诉洪锦，胡雷所学不过是个小法术，根本就不值一提。然后，龙吉公主让人把胡雷压住，把顶上头发分开。她从怀中取出一根三寸五分乾坤针，插入胡雷泥丸宫中。刽子手再度开斩，瞬间，胡雷的头颅被砍掉，尸体倒下。

大家等了很久，都没有再听到有人叫战，这才确信胡雷真的被杀死了。洪锦询问原因。龙吉公主只是说："此乃替身法，何足为奇！"

龙吉公主称胡雷所学的替身法是不值一提的小法术，其实不然。这替身法即便放在整个封神世界中，也堪称无双妙法。

为何这么说？因为这替身法几乎就打破了天地规则！

按照封神世界仙人七大境界的设定，人仙与神仙、金仙等中高阶仙人最大的不同，就是没有修出元神。

当初，赵公明以缚龙索抓走黄龙真人。为防止黄龙真人逃跑，老赵在黄龙泥丸宫上贴了一张符咒。杨戬变化潜入商军大营，揭去符咒，黄龙真人得以施展元神出窍之术，逃出生天。黄龙真人的元神出窍之术，不单单是元神逃离，而是元神与肉身一起遁走。

人仙境界的炼气士，还没有凝练出元神。三魂七魄都是散的，根本无法出窍，自然也就无法逃脱束缚。

可是，胡雷修习的替身术竟然就解决了这个问题。也不知胡雷这替身术具体如何修炼，总之，修成了替身术后，胡雷可以如同神仙以上炼气士一样，施展魂魄出窍之术。

当然，胡雷的魂魄出窍之术，比黄龙真人的元神出窍之术，还是有重大弊端。黄龙真人施展法术后，是元神与肉身一起逃离。可胡雷的魂魄出窍之术，只是单纯的魂魄离体，在行刑现场会丢下一具尸体。

当然，胡雷应该炼制了一些备用身体。这些备用身体就如同我们现在的克隆人，形貌如本体一般无二，只是没有魂魄。旧魂魄一旦注入，胡雷就会重生。

若没有龙吉公主出手，胡雷完全可以如同读档一般，反复重生，反复迎战西周诸将。

何况，龙吉公主能破解胡雷法术，也并不代表替身术就很渣。龙吉公主乃天庭二圣之女，她手中的宝物大都冠以“乾坤”“天地”等相当大气的名字，其法宝品阶必然不低。那乾坤针至少也是金仙镇洞之宝级别。

当然，替身术虽然玄妙，却只能自保，无法攻击。在没有其他强力法宝或攻击性神通法术护体的情况下，单会替身术，根本无法逃脱被屠杀的命运。

胡雷就如同一只肥羊，就算能重生，也注定会被又一次杀死。

014 火灵圣母为何能砍翻龙吉，打死子牙

胡雷被洪锦斩首后，他老哥胡升胆战心惊，立刻派人送出降表，表示愿意献关纳降。洪锦大喜。可就在洪锦准备接收佳梦关的时候，一个坏消息传来——佳梦关城门紧闭，城楼上再度升起了商朝大旗。还不到一天，胡升竟然变卦了。

洪锦很郁闷，大骂胡升背信弃义。其实，并非胡升不讲诚信，而是佳梦关忽然来了一个道姑，阻止胡升投降。那道姑自称是胡雷的师父，此次下山，要为徒弟胡雷报仇。胡升请教道姑法号，道姑称，自己名叫火灵圣母。

胡升并非仙界中人，自然没有听过火灵圣母之名。论辈分，火灵圣母与闻太师一样，都是截教嫡传第三代弟子。论神通法术、法宝威能，火灵圣母更胜过闻太师一筹。

下山第一战，火灵圣母就砍翻洪锦、龙吉，杀死一万多周兵。第二战，

姜子牙带着韦陀、哪吒围攻火灵圣母，火灵圣母依然击败三人，烧死四五千周兵，还差点割掉姜子牙首级。若非有广成子阻截，单单火灵圣母一人，就可以对抗六十万周军。

其实，就算是广成子，如果没有元始天尊赐下密宝，也根本奈何不了火灵圣母。火灵圣母之所以会被杀死，并非她实力不如广成子，而是因为被刻意针对了。

火灵圣母实力究竟如何？被针对又是怎么一回事呢？

见火灵圣母阻止自己投降，胡升畏畏缩缩，告诉她佳梦关只有两万将士，根本无力对抗六十万周军。火灵圣母微微一笑，让胡升选拔三千精锐给她。她自有破敌妙法。

火灵圣母让三千人都穿上大红衣衫，光着脚，披散头发，背上都贴上一个红纸剪的红葫芦，在脚心写上“风火”符印，然后，一手拿刀，一手拿幡。火灵圣母称这支部队为火龙兵，训练七日后，就出关迎战周军。

两军交战之时，火灵圣母挥手一招，三千火龙兵冲上。那些火龙兵本是凡夫俗子，可是在火灵圣母法力加持之下，竟然全身冒出雄雄火焰。并且，那火焰并非天火，也并非野火，乃是三昧真火。

借着三千火龙兵脚底的风火符印、手中的火系幡旗，火灵圣母竟然将火龙兵体内元阳之气成功转换，使得火龙兵背上的火葫芦也可以喷出三昧真火。

仙家的三昧真火何等强大，别说是周兵将士，就算是那些刀剑锣鼓，碰着火焰，也瞬间灰飞。

洪锦的十万大军哪里见过如此凶猛、霸道的军队，纷纷溃逃。十万人硬是被三千人追打得屁滚尿流，溃不成军。洪锦退军数十里，方才整顿军马。一番检查，发现仅此一战，周军就死亡一万多将士。

之后，姜子牙带着九万周军再度迎战火龙兵。一战之后，三千火龙兵无一死亡，周军又丢下四五千具尸体。

不过，等到火灵圣母被广成子击杀后，火龙兵没有了仙家法术加持，身上火焰熄灭，恢复成了凡人将士。三千火龙兵只好投降。

作为截教第三代嫡传弟子，火灵圣母的火系神通已经达到了金仙巅峰。不但是十二仙首的火系神通无法与火灵圣母相比，就算是号称封神火系第一金仙的罗宣（后受封火德真君），若不使用法宝，单论本体神通法术，比火灵圣母也要略逊一筹！

火灵圣母不但神通非凡，其法宝金霞冠更是金仙法宝中的珍品。

洪锦迎战火灵圣母。二人交手几个回合，洪锦刚想施展旗门遁，火灵圣母就用宝剑挑开头顶金霞冠上的淡黄包袱——只因金霞冠无时无刻不放射万道金芒，为了遮掩，火灵圣母不得不在金霞冠上盖上一层淡黄包袱。

但见金霞冠一露出来，就射出无穷金光，笼罩方圆十五六丈范围。在金光笼罩之下，那火灵圣母竟仿佛凭空消失了一般。原文说："她看得见洪锦，洪锦看不见她，早被圣母把洪锦照前甲上一剑砍来。"

这金霞冠的效果与旗门遁略有相似。在法宝效果范围内，己方都可以占据绝对优势。不过，金霞冠有一点远远超过旗门遁，那就是用旗门遁攻敌，敌人必须主动进入旗门世界，可是，一旦金霞冠祭出，只要在十五六丈范围内，无论敌人愿不愿意，都会进入金光世界。

金霞冠的效力范围足有十五六丈，基本可以涵盖近、中、远三种类型的攻击。并且，在金光世界中，不但是人仙看不到火灵圣母，就算是神仙、金仙，同样会中招。

洪锦被火灵圣母砍伤后，匆忙逃跑。龙吉公主在后营静修，听到声响，急忙出来查看。见到洪锦受伤，背后火光冲天，龙吉公主急忙念咒施法，想灭掉眼前大火。

龙吉公主的水系神通极强，加上她有大罗金仙级法宝，灭个三昧真火不应该有问题。没想到就在龙吉公主施法时，原文说："又见一块金光奔至面前。公主不知所以，忙欲看时，被火灵圣母举剑照龙吉公主劈来。"

那跑来的一块金光，其实就是头顶金霞冠的火灵圣母。以龙吉公主金仙圆满、半步踏进大罗境界的修为，依然看不破金光。结果，龙吉公主也被火灵圣母劈胸砍翻。幸亏龙吉公主修为高深，虽然受伤，但还不会死掉。她与洪锦一起，匆匆逃走。

洪锦与龙吉一番商量，决定向姜子牙求救。姜子牙初见书信，很不高兴，觉得洪锦被击败，丢了他老姜的脸。可等到姜子牙亲自上场，就发现自己也白搭。

最开始，姜子牙、韦护、哪吒三人围攻火灵圣母。哪吒乃是封神巅峰级武将，一杆火尖枪出神入化。加上韦护与姜子牙帮忙，没多大工夫，哪吒三人就把火灵圣母杀得手忙脚乱。

火灵圣母见状，忙抽身退走，并用宝剑挑开淡黄包袱，金霞光放射金光。姜子牙、韦护、哪吒三人顿时进入金光世界，看不到火灵圣母身影。

正慌乱间，火灵圣母一剑刺入姜子牙胸膛。姜子牙惨叫，忙拨转四不相逃走。火灵圣母率领三千火龙兵冲杀。

哪吒与韦护也转身逃跑。两人都是聪明人，见火灵圣母只是要杀姜子牙，于是稍作延迟，就与姜子牙分开了。反正姜子牙是元始天尊钦定的封神行动主持人，他若是死了，还可以满血复活。而哪吒与韦护死了，保不齐就真的死了。

姜子牙那坐骑四不相，虽然说是元始天尊的坐骑，可速度比火灵圣母的金眼驼，丝毫不占优势。没多大工夫，姜子牙就被火灵圣母追近。火灵圣母取出一个混元锤，朝着姜子牙就打去。混元锤正打中姜子牙后心。姜子牙再次惨叫，滚下四不相，竟然就此死了！

多亏广成子及时赶到，给姜子牙喂下仙丹。那仙丹入腹，就化作磅礴生机，散入姜子牙十二重楼。广成子又在一旁以法力护持，即便如此，也足足等了一个多时辰，姜子牙才再度苏醒。

015 广成子单靠番天印根本杀不死火灵圣母吗

广成子为何会在火灵圣母击杀姜子牙的现场出现？

原文中，广成子自称："吾奉玉虚符命，在此等你多时矣！"广成子说得明白，他之所以会出现在此处，无巧不巧地救下姜子牙，乃是奉了玉虚符命——玉虚宫宫主元始天尊之命。

元始天尊为何不派其他仙首，而派广成子在此等候火灵圣母呢？是因为广成子很强，一定能击败火灵圣母吗？

此前，我们已经分析过，广成子是玉虚宫真正的击金钟首仙。论修为，他是金仙后期，逼近圆满，在十二仙首中境界应当最高。但是，我们也说过，广成子的法宝番天印属于典型的名不副实的法宝，其命中率尚可，但对金仙的杀伤力，还不如吴钩宝剑、攒心钉、琉璃净瓶、九龙神火罩，更比不上七禽五火扇。

那元始天尊为何选择广成子呢？因为广成子有针对性法宝扫霞衣，刚好可以破除火灵圣母的金霞冠。

火灵圣母与广成子大战。两人交手没几个回合，火灵圣母就挑开淡黄包袱，金霞冠再度现出万道金光。火灵圣母正想趁着广成子发懵的时候砍上一剑，却见广成子一脸微笑看着自己。

金霞冠那无穷金光，一遇上广成子，竟然凭空消散。刹那工夫，金霞冠威能全无，变成了一个普普通通的金冠。原文说："她不知广成子内穿着扫霞衣，将金霞冠的金光一扫全无。"

扫霞衣非常神奇，正如其名一般，可以不断扫却金霞冠所释放的无穷金光，最终使得金霞冠沦为废品。

见金霞冠被破，火灵圣母大怒说："敢破吾法宝，怎肯干休！"

按照常理，自家压箱底的法宝被破，就应该转身逃命。火灵圣母为何一根筋，还冲上去和广成子硬拼呢？

后文中通天教主亲口说："广成子把金霞冠缴来，正是尊吾法旨，不敢擅用吾宝。"通天教主称金霞冠为"吾宝"，可见那金霞冠并非火灵圣母炼制，而是通天教主赐给多宝道人，多宝道人又赐给火灵圣母的法宝。

在金仙之中，金霞冠威名远播，堪称独一份！有金霞冠护体，寻常金仙根本不是火灵圣母的对手。其实，放眼整个仙界，除了广成子，应该就没有其他金仙能破得了金霞冠。

那广成子的扫霞衣又是怎么来的？莫非广成子也是个炼器大师？

两年之前，即纣王二十八年春，赤精子派殷洪下山时，说过这样一番话："殷洪，你若是东进时，倘过佳梦关，有一火灵圣母，她有金霞冠戴在头上，放金霞三四十丈，罩着她一身，她看得见你，你看不见她。你穿此紫绶仙衣，可救你刀剑之灾。"

当时，赤精子虽然奉元始天尊之命，将一洞珍宝都送给了徒弟殷洪，但他并不知道高层已经安排殷洪去死。赤精子还满心以为自家徒弟可以打到朝歌，肉身成圣。

在赤精子看来，殷洪下山投奔周营，前路可能遇上种种磨难，但是最大的危机来自火灵圣母。因金霞冠一出，几乎无物可破。在金光世界的绝对优势下，火灵圣母想杀谁就杀谁。不过，有八卦紫绶仙衣护体，殷洪虽然看不到火灵圣母（自然也就无法祭出法宝伤敌），但至少可以抗过刀剑砍杀，逃出金光范围。

当时的赤精子只字未提扫霞衣。

一年之前，即纣王二十九年春，广成子派殷郊下山，他送给徒弟番天印、落魂钟、雌雄剑，同样未提扫霞衣。是广成子藏私，舍不得给徒弟宝衣吗？

不是！广成子说："吾把洞内宝珍尽付与他，谁知今日之变。"广成子确实把自家宝贝都给了殷郊。

那他为何没有给殷郊扫霞衣呢？原因只有一个，当时广成子并没有得到扫霞衣。

那广成子的扫霞衣是怎么来的呢？

广成子的扫霞衣，是他不久前到玉虚宫接受符命时，师尊元始天尊所赐。

广成子没有什么特异神通，法宝主要就是番天印与落魂钟。这两件法宝在伤敌时，都需要先锁定敌人。但是，火灵圣母只要现出金霞冠，广成子就看不到火灵圣母，番天印与落魂钟也就失去了攻击目标。不过，有了元始天尊所赐的扫霞衣，杀死火灵圣母就成了轻而易举的事情。

元始天尊乃是封神世界鼎鼎大名的炼器大师。他炼制了一大批金仙级别法宝，赐给爱徒们。他完全有实力炼制出扫霞衣。

不过，元始天尊身为玉虚宫主、封神行动的策划人，整天忙得要死。若非必须，他根本就不会亲自出手炼制法宝。

那元始天尊为何要炼制扫霞衣呢？其目的就是要击破金霞冠，并杀死火灵圣母。

为了完成封神行动，元始天尊做了大量的调查工作，对于阐教、截教金仙以上仙人几乎了如指掌。像火灵圣母这样的强大金仙，并且还是截教嫡传的三代金仙，其神通法术如何，法宝威能如何，元始天尊更是一清二楚。

元始天尊要做的，不仅仅是杀死火灵圣母，好把此女推上封神台，更为重要的，是借火灵圣母之死，推进封神行动。因此，元始天尊要求广成子，在特定的时间、特定的地点，以特定的方式杀死火灵圣母。然后，由广成子出面，将金霞冠送回碧游宫。

前文我说火灵圣母之死是被针对，正是因为如此。

不过，元始天尊为何要这么做？区区火灵圣母，值得让元始天尊如此绞尽脑汁，费心费力吗？

016 广成子为何在特定时间杀死火灵圣母

上文我们分析道，元始天尊命令广成子在特定的时间、特定的地点，以特定的方式杀死火灵圣母。换言之，火灵圣母被杀死，全是阐教高层布的一个局。在原著中，有哪些地方可以证明这个观点呢？

证据一：阐教高层早就料到火灵圣母会在佳梦关登场。

从两年前殷洪下山时，赤精子就告诉殷洪，有可能在佳梦关遇上一位危险人物火灵圣母。可见，不但是元始天尊知道火灵圣母会在佳梦关登场，就连门下弟子赤精子也一清二楚。

阐教高层凭啥断言火灵圣母会在佳梦关出现呢？因为胡雷是火灵圣母的徒弟。徒弟被杀，师父出面报仇，这合情合理。

当然，并非每一个师父都会愿意为徒弟下山。像闻太师死了，他师父金灵圣母就没有下山。赵公明、三霄死了，通天教主也没有下山。

如何确保火灵圣母就一定会下山呢？

证据二：申公豹在附近出现。

姜子牙被广成子救活后，匆忙逃向大营方向，半路撞见了申公豹。申公豹挥剑杀来。

申公豹为何会在佳梦关出现？他可是一个沾染无穷是非之人。他出现的地方，必然满是阴谋。

我们有理由猜测：那火灵圣母就是申公豹挑拨下山的，申公豹正是跟随火灵圣母而来。

火灵圣母听闻姜子牙率军赶到，告诉胡升说："今日姜尚自来，也不负我下山一场。我必亲会他，方才甘心。"

胡雷本是龙吉公主破除其秘法，由洪锦下令杀死的，其死亡与姜子牙的关系并不大。可是，我们看火灵圣母话语，她下山完全是冲着姜子牙而来。仿佛唯有杀死姜子牙，才能泄她心头之恨。至于真正弄死她徒弟的洪锦与龙吉，在砍了一剑之后，就不再纠缠了。

这不是很奇怪吗？

不过，若我们脑补一个情节，一切就会变得合理。

申公豹跑到火灵圣母洞府，如同以往忽悠旁人一样，大谈姜子牙如何蔑视火灵圣母，如何诋毁截教道法，更杀死了火灵圣母的爱徒。然后，火灵圣母大怒，气冲冲下山。

也就是说，为徒弟报仇，只是火灵圣母下山的诸多原因中的一个，并且不是最为重要的那一个。火灵圣母下山，最为重要的目的是杀死姜子牙，挽回自身颜面，顺便为截教立威。

胡雷的死加上申公豹的忽悠，使得火灵圣母必然会下山。

以元始天尊的手段，炼制一件扫霞衣并不需要太久。何况阐教高层早在数年前就已经注意到了火灵圣母，就开始运作针对性方案。

为何元始天尊不在火灵圣母到达佳梦关第一天就派出广成子干掉火灵圣母呢？那样的话，一万五千大周将士就会免于一死，洪锦、龙吉公主也不会被打伤，姜子牙更不会又一次品尝死亡的滋味。

若广成子在第一时间灭杀火灵圣母，确实可以挽救许多性命。但是，若火灵圣母没有造下那许多杀孽，广成子又凭啥灭杀火灵圣母呢？

火灵圣母造下杀孽是因，广成子灭杀火灵圣母是果。这因果之间的先后顺序非常重要。颠倒了顺序，也就搅乱了因果。

后文中，广成子带着金霞冠前往碧游宫。面见通天教主时，广成子说了这样一番话："弟子启师叔：今有姜尚东征，兵至佳梦关，此是武王应天顺人，吊民伐罪，纣恶贯盈，理当剿灭。不意师叔教下门人火灵圣母仗此金霞冠，前来阻逆大兵，擅行杀害生灵，糜烂士卒：头一阵剑伤洪锦并龙吉公主；第二阵又伤姜尚，几乎丧命。弟子奉师尊之命，下山再三劝慰。彼仍恃宝行歔，欲伤弟子。弟子不得已，用了番天印，不意打中顶门，以绝生命。弟子特将金霞冠缴上碧游宫，请师叔法旨。"

作为玉虚宫老牌首仙，广成子能言善辩，远过赤精子。他这番话看似是陈述事实，其实句句都在说火灵圣母该死。

其一，兴周灭商乃是鸿钧老祖所命。姜子牙辅佐武王东征，乃是顺应天命。可是，火灵圣母竟然助纣为虐，逆天而行，并且杀害万余生灵，罪孽深重。

其二，火灵圣母杀死凡人也就罢了，她还杀伤了两个绝对不能惹的大人物。一个是龙吉公主，人家乃是蕊宫仙子，天庭二圣之女，身份贵重；一个是姜子牙，人家是奉鸿钧老祖之命，具体推进封神行动之人。

广成子还强调，虽然火灵圣母犯下这两桩大罪，可他还反复劝说，以求挽救火灵圣母。是火灵圣母执迷不悟想要杀死他，他广成子为了自卫，不得以才动用番天印。然后，又很不小心用番天印打中了火灵圣母顶门，这才导致火灵圣母死亡。

总之，那火灵圣母罪该万死，广成子则杀人无罪。

其实，广成子之所以在火灵圣母造下杀孽之后动手，一方面是可以坐实火灵圣母罪行，洗脱自身杀人罪过，另一方面是在元始天尊的计划中，一万五千条性命与洪锦、龙吉、姜子牙全不如另一个人重要。

这个大人物就是通天教主。

引通天教主入局，才是广成子在特定条件下杀死火灵圣母的关键原因。

唯有杀死火灵圣母，得到金霞冠，广成子才有借口前往碧游宫，拜谒通天教主。唯有在火灵圣母造下杀孽之后再杀死火灵圣母，广成子才有机会从通天教主的“魔掌”中逃生，离开碧游宫。

只是，通天教主是何等人物，他乃是鸿钧老祖的小徒弟，最了解老祖的心思。封神行动虽然对截教不公，此前已经有不少截教仙人被杀，但通天教主一直是打掉牙往肚里咽，从不敢公开违背师父的主张。

一方面是阐教有二圣，截教只有他通天一圣，在圣人级力量比拼方面，截教确实弱一些。但更为重要的，是通天教主知道封神行动乃是师父的主张。他若反对封神行动，就是与师父做对。这个后果实在太严重。

只是，树欲静而风不止！

通天教主一心想躲在碧游宫，安安静静待到封神行动结束。可是元始天尊与老子不想让通天置身事外。

此前，在元始天尊的精心布局，申公豹的天才忽悠，姜子牙的苦苦支撑下，已经有数十位截教、阐教以及人道教门下被杀死，进入了封神台。只是，鸿钧老祖给予天庭正神的指标是365个。如今，封神行动的时间表已经过去大半，可进入封神台的魂魄，还不到三分之一。

若是正常发展下去，元始天尊铁定完不成封神任务。

在金台拜将时，元始天尊通过临别赠言，把自己的计划隐约透漏给姜子牙与十二金仙——界牌关遇诛仙阵……过了万仙身体康。

从诗句可以看出，元始天尊与老子在谋划搞两个大会战——诛仙阵与万仙阵——一次性灭杀数十个乃至上百个仙人。

元始天尊可以做十二金仙的主，却不能做通天教主的主。凭啥他就断定通天教主会下山，并且布下诛仙阵与万仙阵呢？

017 三谒碧游宫背后的玄机

事实上，在广成子三谒碧游宫之前，通天教主一直隐忍不发。就算是心腹弟子赵公明、三霄娘娘等被杀，他也没有出面。可是，在广成子三谒碧游宫之后，通天教主却大发雷霆，并且拿出四把仙剑，交代多宝道人去布下诛仙大阵，发誓要与阐教斗个高下。

广成子三谒碧游宫到底说了啥、做了啥，让通天教主态度大变呢？

先说一谒碧游宫。

最开始，双方都是按规矩说话，按规矩办事。

截教仙人见广成子来到碧游宫，个个怒形于色。可是，通天教主听完广成子灭杀火灵圣母的叙述后，依然态度沉稳，无喜无怒。

他老人家表示："广成子，你与姜尚说，他有打神鞭，如有我教下门人阻他者，任凭他打。前日我有谕帖在宫外，诸弟子各宜紧守，他若不听教训的，是自取咎，与姜尚无干。广成子去罢！"

有些人对通天教主放任阐教灭杀截教仙人很不能理解。其实，死在封神大战中的人也好，仙也好，都不是真正死亡，而是去了封神台。等封神行动结束，这些人就可以重生，成就神道。

所谓成神道，其本质无非是从通天教主创立的截教门下，跳槽到了昊天上帝创立的天庭门下。通天教主麾下有上万仙人，如今仅仅是数十个仙人被挖脚，对于通天教主来说，除了些微颜面受损，根本不算事。何况，借兴周灭商行封神之举，乃是鸿钧老祖命令。违背老祖法旨，那可就不仅是面子问题了。

按照当初三教封神的约定，谁阻拦兴周灭商，姜子牙就可以灭谁。通天教主此时越是公事公办，其实越能救下大批弟子。若通天教主带头阻碍封神，保不齐鸿钧老祖一怒，把通天教主也弄死。

只是，截教那些仙人，尤其是以多宝道人为首的四大弟子，并不能理解师父通天教主的一番苦心。在他们看来，师父有四把仙剑，自可以纵横仙界。别说老子与元始天尊，就算是鸿钧老祖，也不如他们师父！

听了通天教主的训话，截教仙人心中很不服气。他们出宫后议论纷纷，很不理解师父为何那么软弱。原文说："众弟子心下甚是不服，俱在宫外等他。旁边有最不忿的是金灵圣母、无当圣母。"

金灵圣母与无当圣母都是四大弟子之一，在截教仙人中地位极高。金灵圣母的二弟子闻仲闻太师，死于阐教之手。无当圣母与金灵圣母乃是闺蜜，自然爱其所爱，恨其所恨，帮着自家姐妹说话。这两人心中郁闷，在通天教主面前不敢说话，可在其他仙人面前，免不了大发牢骚。

一旁龟灵圣母听了，大怒，挥舞宝剑就要去抓广成子泄愤。广成子此来，若真是为了归还金霞冠，那就应该在交还之后早早离去。可是，他偏偏这看看，那逛逛。见龟灵圣母拿剑来赶，广成子还笑呵呵停下，问："道兄有何吩咐？"

龟灵圣母是个头脑简单的女子，气呼呼说："你把吾教门人打死，还到此处来卖精神，分明是欺蔑吾教，显你等豪强，情殊可恨！不要走！我与火灵圣母报仇！"

广成子架住宝剑，说："道友差矣！你的师尊共立'封神榜'，岂是我等欺她，是她自取。也是天数该然，与我何咎！道友言替她报仇，真是不谙事体！"

在通天教主面前，广成子在陈述时尽量公正，对火灵圣母阻碍封神之举还表示惋惜。可在龟灵圣母面前，广成子就改换了面目，完全一副高高在上姿态，开口道友差矣，闭口不谙事体。不但对杀死火灵圣母没有半点悔意，而且对龟灵圣母等人也充满蔑视。

广成子这副嘴脸，顿时让龟灵圣母大怒。龟灵圣母被激得连砍几剑，广成子就祭出法宝番天印。那龟灵圣母虽然是大罗金仙修为，境界远在广成子之上，但是她既没有修炼护体神通（如玉虚宫十二仙首，大都能施展庆云莲花护体），又没有强力法宝护身。见番天印打来，她心慌意乱，忙现出本体，以龟甲硬抗。

原文说："龟灵圣母见此印打下来，招架不住，忙现原身，乃是个大乌龟。见龟灵圣母现了原身，各人面上俱觉惭愧之极，甚是追悔。"其实，龟灵圣母是在番天印砸下之前，主动现出本体，并非是被番天印打得现出真身。并且，番天印打中龟壳之后，龟灵圣母丝毫无碍，马上就恢复了人身。

多宝道人、金灵圣母等人之所以惭愧，那是因为他们乃是截教四大弟子，都是大罗金仙，论资历比燃灯道人也丝毫不差。如今竟然被区区金仙吓得现出本体，确实有些丢脸。四大弟子不好动手，其他如虬首仙、乌云仙等见状，纷纷仗剑来赶广成子。广成子不但不往外逃，还冲入碧游宫内。

再说二谒碧游宫。

见到广成子去而复返，通天教主觉得有些奇怪，于是询问原因。广成子表示，龟灵圣母要为火灵圣母复仇，自己被众人赶杀，无路可走，才回到碧游宫。

通天教主召来龟灵圣母询问原因。龟灵圣母说："广成子将吾教下门人打死，反上宫来献金霞冠，分明是欺蔑吾教!"龟灵圣母是站在截教立场说话，表示自己是为了截教尊严才去捉拿广成子。可是，她万万没有想到，通天教主听后会生气。

通天教主说："吾为掌教之主，反不如你等？此是你不守我谕言，自取其祸，大抵俱是天数，我岂不知？广成子把金霞冠缴来，正是尊吾法旨，不敢擅用吾宝。尔等仍是狼心野性，不守我清规，大是可恶！将龟灵圣母革出宫外，不许入宫听讲!"

对于同样一件事情，大家由于立场不同，常常给出的评价也就不同。

身为截教的一员，对于截教受辱，龟灵圣母深以为耻。可在通天教主看来，些许颜面受损算得了什么，阻碍封神行动，得罪鸿钧老祖才是真正可怕的事。

通天教主早在封神行动开始之前，就已经立下规矩。这规矩本是为了保护众位弟子。可是，一些弟子一方面违背他的命令，擅自下山阻碍封神行动，另一方面又打着维护截教尊严的旗子，煽动更多的人掺和到封神行动中去。

若不尽早阻止，必然有更多弟子被杀，截教也会受到更大冲击。为此，通天教主不惜将跟随自己数万年的老弟子革出门墙。

截教弟子们不能理解通天苦心，私下议论说："今为广成子，反把自家门弟子轻辱，师尊如何这样偏心？"于是，在广成子出宫门后，截教仙人聚在一起鼓噪："拿住了广成子以泄吾众人之恨！"

其实，龟灵圣母被通天开除出教就在眼前，大家谁也不敢出头。广成子完全可以安全飞走。可是，广成子再次回转，三谒碧游宫。

其实，通天教主心中也郁闷。可是，许多话，尤其是自己畏惧鸿钧老祖的话，他绝无法说出口，更无法向一贯尊崇自己的弟子说出口。

见到广成子第三次进入碧游宫，通天教主也恼了。他说："你为何又进我宫来？全无规矩，任你胡行！"

对广成子杀死火灵圣母，通天教主其实是生气的。对阐教门下接连杀死截教仙人，通天教主也是不忿的。只是，为了顾全大局，通天教主告诉自己——要忍耐！

广成子双膝跪下，说了一番话。正是这番话，让通天教主大怒。

广成子说："蒙师叔吩咐，弟子去了；其如众门人不放弟子去，只要与弟子并力。弟子之来，无非敬上之道；若是如此，弟子是求荣反辱。望老师慈悲发付弟子，也不坏师叔昔日三教共立'封神榜'的体面。"

通天教主立刻让水火童子把所有门下召来，并且训斥这些弟子是"无知畜生"。通天为何如此生气？

通天教主在气这些弟子不懂事，不理解自己一番苦心也就罢了，竟然还一而再、再而三地违背自己命令！

有令不能行，有禁不能止，正是身为掌权者最大的禁忌。

面对诸位弟子，通天教主怒喝："你这些不守规矩的畜生！如何师命不遵，恃强生事，这是何说！广成子是我三教法旨扶助周武，这是应运而兴。他等逆天行事，理当如此。你等如何还是这等胡为？情实可恨！"

大家看通天教主话语，其意全在一点上，即不守规矩，不遵师命。

若是遵师命，守规矩，安静闭门潜修，不去西岐惹事，哪里会有这些是非？众人听了，默默无语。当然，他们只是怕了通天教主，并非是懂了师父的苦心。

然后，通天教主吩咐广成子离开。于是，在千百截教弟子充满怒气的眼神中，广成子离去。

此时，通天教主的态度依然没有变，但是广成子的一番搅局已经让碧游宫再无法恢复到此前的平静。

此前，三十六路征伐中，截教仙人下山一部分是因为私人情谊，比如十天君主动助拳，闻太师邀请赵公明；一部分是因为申公豹忽悠，他到处挑拨，说姜子牙如何蔑视某人，诋毁某人，把某人激得去西岐送死。但无论是哪一种，都只是个人行为，不能代表通天教主，更不能代表整个截教。

可是，广成子三谒碧游宫，使得昔日的个人矛盾迅速升级成为阐教与截教之间的矛盾，升级成元始天尊与通天教主的矛盾。

说广成子三谒碧游宫乃是封神大会战的导火索，一点不为过。

不过，真正点燃通天教主怒火的，不是广成子，而是另外一人。此人在截教地位极高，乃一人之下，万人之上。他就是多宝道人。

多宝道人为何要撩拨通天教主，促使其下山？是因为火灵圣母是他徒弟，他要借通天教主为自己出气吗？

018 导致碧游宫骚乱的内因是什么

广成子三谒碧游宫，使得原本平静的碧游宫一片骚乱。不过，广成子刻意挑拨只是外因，若非截教内部出现问题，就算有献金霞冠这个导火索，也不会出现什么大问题。

那么，导致碧游宫骚乱的内因是什么？

原文中，金灵圣母、无当圣母一语道破真相：“火灵圣母是多宝道人门下，广成子打死了她，就是打我等一样。”

广成子打死火灵圣母，最应该生气的，不是围追堵截广成子的金灵圣母、无当圣母，也不是挥剑冲出的龟灵圣母，而是这三位的大师兄多宝道人。

为何最应该生气的多宝道人在广成子面前始终一言不发呢？

若我们细看整场碧游宫骚乱事件，就可以发现，使得截教诸多弟子气愤万分，挑起对阐教怒火的人，正是多宝道人。

身为截教掌教大弟子的多宝道人，不但神通广大，修为高深，在权谋韬略上，也精深卓越，远非寻常大罗金仙可比。

有哪些地方可以证明多宝道人在操纵碧游宫骚乱？

证据一：多宝道人重情义。

多宝道人是一个颇重情意之人。在四圣大破诛仙阵故事中，通天教主被老子扁拐打伤。原文说——

多宝道人见师父受了亏，在八卦台作歌而来。歌曰：

碧游宫内谈玄妙，岂忍吾师扁拐伤。只今舒展胸中术，且与师伯做一场！

歌罢，大呼：“师伯！我来了！”好多宝道人！仗剑飞来直取。

多宝道人修为再高，也不过是大罗金仙，与师伯老子差整整一个大境界。他实力再强，也根本不是老子的对手。可是，见师父通天教主有难，多宝道人明知自己冲出必死无疑，还是毫无顾忌地冲上。这份情义，就连原作者也不禁赞叹：好多宝道人！

那多宝道人为何不为徒弟火灵圣母出头？

原文中，通天教主告诉广成子说：“前日我有谕帖在宫外，诸弟子各宜紧守，他若不听教训的，是自取咎，与姜尚无干。”

原来，多宝道人虽然心疼弟子被杀，虽然怨恨广成子狠辣，可是，师父通天教主早有命令，要谨守规矩，不得擅自下山。别的弟子，比如九龙岛四圣、十天君，甚至赵家兄妹等等，他们修为或有高低，辈分或有异同，但都有一个共同点——他们不在四大弟子之列，也不住在碧游宫中。

也就是说，其他截教弟子行事相对自由。他们可以率性一些，放纵一些，可是，身为截教掌教大弟子的多宝道人，却必须谨守规矩。未经通天教主同意，他不敢私自下山。这既是遵守规矩，也是对师父的尊重。

同为四大弟子的金灵圣母、无当圣母、龟灵圣母三人眼见大师兄忧心忡忡，人人感同身受。大师兄不方便出头，她们几个主动代劳。

证据二：三位师妹强出头。

在通天教主说出“凡吾教下弟子不遵训诲，任凭他打”等话语后，众弟子心中都不服。

当时，多宝道人也在众弟子中。可是，他一言不发。因为只要开口，就是违背师父命令。

三位师妹就没有多宝道人那么多顾忌。金灵圣母的弟子闻太师也被阐教打死，自然与多宝道人同仇敌忾。她们把广成子打死火灵圣母，缴纳金霞冠上升到欺凌、蔑视截教的高度，打出为截教尊严与阐教一战的口号，并且直接批评通天教主老糊涂。

不过，金灵圣母和无当圣母也挺滑头。她们只是大发牢骚，却并没有动手。最后动手的，是与阐教全无瓜葛的龟灵圣母。

当然，正因为龟灵圣母与阐教无瓜葛，无私仇，她出手教训广成子，才符合为截教挽回声誉的口号。

后来，广成子祭出番天印，龟灵圣母现出本体。原文说：“金灵圣母、多宝道人见龟灵圣母现了原身，各人面上俱觉惭愧之极，甚是追悔。”

多宝道人一直就在碧游宫。三个师妹先后发言，为他的徒弟鸣不平，要收拾杀死他徒弟的广成子，唯独多宝道人沉默不语。这奇怪的举止背后必有深意。

实际上，龟灵圣母现出本相不但没有让截教仙人畏惧，反倒激起了截教弟子的普遍仇恨。这使得多宝道人与广成子的矛盾，不再是私仇，也不再局限于四大弟子，而是扩散到整个截教门下。

原文截教诸仙说：“广成子，你欺吾教，不是这等！”

证据三：多宝道人激通天。

将与广成子的私仇，上升到截教与阐教的教派之争，正是多宝道人所愿。唯有如此，通天教主才会解除禁令，放他下山。多宝道人也才有可能请动师父通天教主出手，横扫西岐。

从何处可知龟灵圣母与截教诸仙其实都是受到多宝道人影响、操纵呢？

原文中，通天教主在开除龟灵圣母之后，见众弟子虽然低头，可是人人气愤，于是开口解释说：“姜尚乃是奉吾三教法旨，扶佐应运帝王，这三教中都有在‘封神榜’上的。广成子也是犯教之仙，他就打死火灵圣母，非是他来寻事做，这是你去寻他，总是天意。尔等何苦与他做对？连我的训谕不依，成何体面！”

通天教主强调，姜子牙乃是奉三教法旨行事，火灵圣母阻碍封神行动被打死，也是天意。

见师父苦口婆心，谆谆教诲，众人听了，都露出愧色。就连龟灵圣母也只是默默流泪，再不敢反驳。

此时，若没有人站出来，截教上下就将恢复到以前，极有可能再无人去西岐，也再无人敢对抗阐教。那么，火灵圣母的仇也将永无机会去报。

于是，多宝道人不再隐忍，他主动上前跪下说：“师圣谕，怎敢不依？只是广成子太欺吾教，妄自尊大他的玉虚教法，辱骂我等不堪，老师哪里知道？倒把他一面虚词当作真话，被他欺诳过了。”

在截教诸仙都不敢言语的时候，多宝道人站了出来。他说出的理由与龟灵圣母没有太大差别，同样是说广成子欺凌截教，是可忍，孰不可忍。可是，因为身份不同，那分量也就不同。

并且，多宝道人言辞之间，对通天教主也略有怨气，说“老师哪里知道”，说“被他欺诳过了”——原来，不单单广成子灭杀火灵圣母是欺凌、蔑视截教的观点源自多宝道人，就连骂通天教主是老糊涂的观点，也是源自多宝道人。

多宝道人不愧是截教四大弟子之首！做了几万年的掌教大弟子，他在截教弟子中的威信，比师父通天教主也丝毫不差！

那多宝道人为何要操控碧游宫骚乱，激怒师父通天教主呢？

只因多宝道人明白，要想为徒弟复仇，就要面对整个阐教的反击。要想对抗整个阐教，就必须得到师父通天教主的支持与参与。

于是，他说了一番话，成功改变了通天教主的态度。通天教主拿出四把仙剑，让多宝道人下山布下诛仙剑阵，截教正式与阐教宣战。

那么，多宝道人究竟说了些什么？元始天尊凭啥料定通天教主会布诛仙阵呢？

019 通天教主为何要与阐教硬杠上

多宝道人先是提醒通天教主，千万别被广成子花言巧语欺骗。通天教主则回答说："红花绿叶白莲藕，三教原来总一般。"虽然阐教不断下手灭杀他截教门下，但通天教主念在大家师出同源的情面上，不想与师兄，与阐教撕破脸。

多宝道人回答说，大家都知道阐教的真面目如何，就您一人不清楚。因为老师您顾念同门情义，大家也不敢把真相告诉您。如今都到这份上，只能把真相告诉您了。

那事情的真相究竟如何呢？

多宝道人说："他骂吾教是左道旁门，'不分披毛带角之人，湿生卵化之辈，皆可同群共处'。他视我为无物，独称他玉虚道法为'无上至尊'，所以弟子等不服也。"

多宝道人提出，以广成子为代表的阐教门人，对截教充满了蔑视，根本不像通天教主想象中那样，看重与截教的同源情谊。

在诸多对阐教的污蔑之词中，有两种说法最让截教弟子愤怒。

其一，自认正道，以截教为左道旁门。如此认为的理由，是通天教主在收徒时不设门限，许多非人类的妖禽走兽也纷纷加入截教。人妖共处，人兽共处，故此就是左道旁门。

其二，自认强大，以玉虚道法为无上至尊道法，认为截教实力不如他。

多宝道人所引用的话，在原著中仅此一处。那么，是不是多宝道人在污蔑广成子，欺骗通天教主呢？

不是的。原著中虽然没有正面写到广成子就以上两点抨击截教，却写了元始天尊在诛仙阵前大骂截教，大骂通天教主。

在诛仙阵前，元始天尊质问通天教主，为何违背约定，阻碍封神。通天教主提出，问广成子就知道他为何会变卦。

通天教主说："广成子，你曾骂我的教下不论是非，不分好歹，纵羽毛禽兽亦不择而教，一体同观。想吾师一教传三友，吾与羽毛禽兽相并，道兄难道与我不是一本相传？"

若广成子没有说过类似话语，当时有元始天尊撑腰，他完全可以一口否定。那样的话，通天教主就师出无名，就会当众出丑，也必然会受到鸿钧老祖重罚。事实却是，广成子缩在元始天尊背后，根本不敢出声。

元始天尊则大咧咧说："贤弟，你也莫怪广成子。其实，你门下胡为乱做，不知顺逆，一味恃强，人言兽行。况贤弟也不择是何根行，一意收留，致有彼此搬弄是非，令生灵涂炭。你心忍乎！"

什么叫"你也莫怪广成子"？这不就等于替广成子承认确实说过那番话？

元始天尊非常霸道地提出，截教与通天被骂，全在自身有问题。

问题一，纵容门下，一味恃强；问题二，不择根行，一意收留。

我们对比下多宝道人口中所说与元始天尊言语，可以发现，二者观点基本相同。元始天尊与广成子一样，都看不起截教，都认为通天教主不分种群，胡乱收徒，很丢脸。

二者也有一点不同，那就是多宝道人口中，广成子自认为玉虚道法天下第一，而元始天尊则说，截教门下是"一味恃强，人言兽行"，即认为截教比阐教要强。

有这点区别其实也很好理解。广成子等阐教弟子是背着通天教主，背着四大弟子才敢贬低截教，元始天尊当着通天教主的面，哪里敢说截教很弱？

我们从元始天尊的回答可以看出，多宝道人没有冤枉广成子。广成子确实对截教，对通天做过类似评价。

听了多宝道人所述，通天教主心中大怒，不过，他口中还是说："我看广成子亦是真实君子，断无是言。你们不要错听了。"

等到多宝道人与诸位弟子全都表示，愿意与广成子当面对质，通天教主这才信了。

一旦认识到真相，通天教主怒极反笑。对于广成子贬低他截教弱，他并不在意。可是，说他截教收徒太滥，与禽兽为伍，让他不能忍受。

通天教主冷笑道："我与羽毛相并，他师父却是何人？我成羽毛，他师父也是羽毛之类。这畜生这等轻薄！"

之前，因徒弟不遵守自家规矩，通天怒斥他们是畜生。如今了解到广成子的真面目，广成子也成了畜生。可见，在通天教主心底深处，还是觉得收了畜生徒弟有些丢脸。其实，不单单是他觉得畜生确实比人类要低级，就连怒斥广成子的多宝道人在心底深处，也觉得畜生低人一等。

原文提到龟灵圣母现出本相，不就说："彼时金灵圣母、多宝道人见龟灵圣母现了原身，各人面上俱觉惭愧之极，甚是追悔。"

通天教主门下，其实绝大多数是人类仙人。像九龙岛四圣、十天君、赵公明、三霄娘娘被杀后都没有提到现出本相，可见都是人。截教四大弟子中，多宝道人、金灵圣母、无当圣母也都是人，唯独龟灵圣母是个老母龟。

只是，通天教主可以骂自家徒弟是畜生，却不能允许别人骂自家徒弟是畜生。这就像父母可以打骂自家娃，却不能允许别人多嘴一样。与其说广成子的轻薄刺激了通天教主，不如说是元始天尊的轻薄伤害了通天教主。

为了证明自己收徒的方式没错，证明自己很强，通天教主赐给多宝道人四把仙剑，让他在界牌关布下诛仙大阵。他老人家要亲自下场，与两位师兄过过招。

早在金台拜将时，元始天尊就告诉姜子牙：界牌关遇诛仙阵……过了万仙身体康。

元始天尊向来与通天教主不和，凭他的实力也无法命令通天教主。元始天尊凭啥认为，通天教主一定会在界牌关布下诛仙阵？

其一，广成子三谒碧游宫，刺激通天教主，本就是元始天尊所安排。在三谒碧游宫之后，通天教主必然有所动作。

其二，姜子牙在过金鸡岭后兵分三路。洪锦领一路伐佳梦关，黄飞虎领一路伐青龙关。三谒碧游宫时，姜子牙已经亲率四十万主力大军，攻打汜水关。布置诛仙大阵需要一定时间，并且是在关隘之前布阵，因此，最合适的地点，必然是在汜水关之后的界牌关。

其三，四大仙剑乃是通天教主最强法宝。四大仙剑是鸿钧老祖当初在分宝崖前，当众赐给通天教主的。元始天尊对此一清二楚。通天教主毕竟只是一人，他要想以一敌二，就必然要用出四大仙剑。于是，元始天尊能料到通天教主在界牌关布下诛仙大阵，也就不奇怪了。

至于元始天尊还预言通天教主会布下万仙阵，是因为通天教主酷爱阵法——截教门下受到通天教主影响，都非常喜爱摆阵——通天教主没有料到元始天尊已经邀请到西方教二圣。以四打一，通天教主必输无疑。大败之后，元始天尊料定通天教主不甘心，必然会用出压箱底手段。而通天教主的最强手段，就是摆下万仙大阵，借万仙之力，对抗阐教。

圣人最强大的地方，不是他们拥有毁天灭地的神通与法宝，而是卓尔不凡、高人一等的眼光与智慧。

020 谁是封神榜上武神化身

封神世界中，武艺高强的人不少，但能达到巅峰境界的并不多。不但达到巅峰境界，并且在死后得到仙界高层认可，在封神榜上得享高位的，更是凤毛麟角。而单凭凡人武将身份，多次成功击杀仙人的，独有一人。

此人就是封神榜上的天罡星黄天祥，其勇武之状，堪称武神化身。黄天祥的登场堪称惊艳！

当时，张桂芳统率大军征讨西岐，他麾下有一位大将名叫风林，早年拜仙人为师，学成五行法术，尤其是丹田中孕养一颗红珠，能祭出伤人，威力颇大。风林上场第一战，就凭借红珠成功击杀西岐殿下姬叔乾。即便是西岐本土第一武将南宫适，也被风林以红珠生擒活捉。

后来，两军再战，黄天祥出场。原文说："只听西岐城里一声炮响，走出一员小将，还是一个光头儿，银冠银甲，白马长枪，此乃黄飞虎第四子黄天祥。"

黄天祥的样子很酷。在封神中，但凡是原著作者喜爱的武将，那都是白马长枪，银盔银甲。黄天祥不但有帅哥的标准套装，还是一光头。

这小光头不但穿得酷，并且武艺超凡脱俗，还在南宫适之上。原文说："走马杀到军前，神武耀威，勇贯三军，枪法如骤雨。天祥刺斜里一枪，把风林挑下马来。"

在原著中，能做到枪法如骤雨，让仙人也抽不出手来祭出法宝的武将极少。除了黄天祥，大概只有杨戬了。

虽然说当时的风林正与哪吒大战，黄天祥属于偷袭得手，但黄天祥能单凭武艺击杀炼气士（仙人），在整部《封神演义》中都堪称另类。

并且，我们要知道，杀死风林时，黄天祥只有八岁！别家的娃八岁的时候只知道玩泥巴，可黄天祥已经披挂上阵，并且杀死了武艺高强、拥有仙家法术的敌将。

黄天祥杀死风林，多少有些幸运。风林本人在仙人中也只能算是末流。毕竟哪吒都可以空手接住风林的红珠。不过，在黄天祥短暂的人生中，还有着许多光辉战绩。

八岁时，黄天祥与张桂芳大战，双方打了三十个回合不分胜败。

张桂芳曾与黄飞虎交手，双方不分胜败，后以呼名落马术擒拿黄飞虎。之后，张桂芳几个回合后用法术擒拿南宫适、周纪等人。在与黄天祥大战后，张桂芳更以一人之力，力战西岐四贤八俊、南宫适、黄明、周纪等二十人，并且从清晨杀到中午，依然保持不败。

可以说，张桂芳的武艺绝对是封神世界超一流高手。唯有在哪吒的火尖枪下，张桂芳才因力弱而略逊一筹。

八岁的黄天祥能与张桂芳短时期战平，已经相当不错。

十二岁时，西岐发动对闻太师的总攻。黄天祥奉命出战，在冲阵时遇上商军副将陶荣。原文说："（黄天祥）年少勇猛，势不可当，展枪如龙摆尾，转换似蟒翻身。陶荣躲不及，早被一枪刺于马下。邓忠挡不住，只得败走。"

黄天祥枪法最大的特点就是既快且狠。陶荣与邓忠那都是占据黄花山多年的强盗头领。陶荣能与姜子牙弟子武吉大战数十回合不分胜败，那也是武将中的一流高手，并且，他能祭出聚风幡伤敌，可见与风林一样，也是一位炼气士。可是，他遇上黄天祥，不过是一个照面就被杀死。

十四岁时，殷洪下山，半路收了苟章、刘甫四将。两军大战中，黄家诸人奉命出战，苟章迎上黄天祥。见黄天祥不过是个十来岁少年，苟章根本不在意。结果，双方仅一个照面，黄天祥一枪刺中苟章左腿。

后来，两军再战。南宫适迎战苟章，苟章招架不住，拨马逃走，正撞上黄天祥。黄天祥再次一枪，将苟章挑于马下。

十七岁时，西周东征。姜子牙派遣黄飞虎统率十万大军攻打青龙关。青龙关总兵丘引，麾下有四位副将。其中一人叫作高贵，他与黄天祥交手，来来往往不过十五个回合，就被黄天祥一招刺中心窝，当场死亡。

黄天祥一生中最为耀眼的战绩，是在青龙关大战丘引，将这位修炼千年的曲蟮精枪刺，箭伤，锏打。

当时，因见黄天祥杀死副将高贵，丘引大怒冲上，与黄天祥战在一处。

原文说："黄天祥使发了这条枪，如风驰雨骤，势不可当，丘引自觉不能胜。"黄天祥枪快如骤雨，杀得丘引只有招架之功，没有还手之力。自然，丘引更没有时间祭出法宝。

黄天祥不但武艺超群，并且战斗经验非常丰富。他故意卖一个破绽，引丘引来攻，然后一枪刺出，正扎中丘引左腿。丘引大叫一声，拨马逃跑。黄天祥挂下长枪，取出弓箭，拉弓如满月，一箭射出，往丘引后心射出。丘引听到身后弓弦响动，急忙躲闪，却依然被射中肩窝。

丘引回到城内，服下丹药，修养了三天。三天后，丘引指名道姓挑战黄天祥，黄天祥坦然应战。双方交战三十个回合，黄天祥瞥见丘引的头盔中露出散发——原著中道人、头陀经常披散头发，而普通人则束发——于是猜测丘引精通法术。若是继续与丘引继续比斗，稍有疏忽，就会被丘引法术击中。

于是黄天祥故意露出一个破绽，丘引一心要报仇雪恨，一见大喜，忙一枪刺来。黄天祥侧身闪过，丘引正跌向黄天祥怀中。黄天祥忙抽出腰间银装锏，对着丘引胸口狠狠一砸。这一砸，少说也有千斤之力。即使丘引胸甲前有护心宝镜，也被打得鲜血狂喷，几乎落马。

丘引逃回青龙关后，连忙服下丹药。可这次受伤太重，服了丹药也几天都没痊愈。丘引只好高挂免战牌，不敢再出战。后来，他麾下督粮官陈奇来到，主动出战。哼哈二将在阵前各显神通，丘引也得以多修养数天。

不过，两次战败、三次受伤也让丘引深深反思。所谓："吃一堑，长一智。"黄天祥的优势在枪法快捷，武艺超群，丘引的优势在于精通道法，有秘宝伤敌。于是，在伤势痊愈后，丘引再次出战，指名道姓要见黄天祥。

黄飞虎有心劝阻，可黄天祥不听。出阵后，黄天祥见丘引改了装扮，如今不戴头盔了，而是戴了一个金箍，披散头发，如同头陀（武松就是头陀打扮）一般。

原来，丘引乃是千年曲蟮成精，他体内也修炼有一颗碗大红珠。一旦念咒施法，可以从头顶长出一道白光，白光中闪现红珠。一般人只要看一眼红珠，就会神魂飘荡，晕倒于马下。

从此可知，丘引的红珠品质远在风林的红珠之上。风林祭出的红珠只能像石头一般砸人，可丘引的红珠却可以散发出一种独特的魔力，让人一眼看到，魂魄就会受到攻击，如同其他魂魄类攻击法宝一样。

黄天祥也是年少，连续多年的胜利让他有强大的自信，以至于对拥有法术、法宝的炼气士也失去了凡人应有的畏惧。

双方大战，黄天祥枪法如骤雨，丘引自然还是挡不住。只是，这次丘引根本没想硬挡。他交手不过数个回合，就虚掩一枪，拨马回逃。黄天祥自以为胜券在握，策马去追。

丘引念动咒语，头顶浮现红珠。然后，他回头大叫："黄天祥，你看吾此宝。"

原文说："黄天祥不知所以，抬头看时，不觉神魂飘荡，一会儿不知南北西东，昏昏惨惨，被步下军卒生擒下马。"

丘引的红珠法宝，其实和当初七首将军余化的落魂幡一样，都有致命缺点。只要不靠近落魂幡，就不会昏迷；只要不看丘引红珠，也不会中招。只是，仙家法术、法宝种类太多，实在防不胜防。而凡人一旦中招，几乎无法可逃。

黄天祥被抓后，知道丘引深恨自己，于是，他当着商军将士，大骂丘引，有心求死。丘引大怒，果然下令将黄天祥斩首。只是，丘引嫌斩首还不解恨，竟然把黄天祥那无首尸身还高挂于城楼。后来，土行孙与哪吒先后赶到。土行孙以地行术上城楼，取走黄天祥首级、尸身，合葬一处。

得知黄天祥惨死，黄飞虎痛哭流涕。原作者借黄飞虎之手，写下悼亡诗：

为国捐躯赴战场，丹心可并日争光。几番未灭强梁寇，左术擒儿年少亡。

在封神榜上，黄家人地位都颇高。其中，黄天化是三山大神，黄飞虎是五岳大神（东岳统领五岳），黄天祥则是天罡星。

黄天祥这天罡星地位极高，他不单是北斗九星官之首，麾下更有三十六位星君。人们熟知的天罡三十六星君，那都是黄天祥的部下。

黄天祥能在封神榜上居如此高位，一方面是因为他是黄家人，是人道教西周阵营的重要代表，另一方面是因为他武艺卓绝一片丹心，为破敌将年少而死。

021 谁战功赛过黄天祥封神排名却不高

在西周大军攻打青龙关时，接连殒落了两员大将，一人是黄天祥，另一人是邓九公。

邓九公武艺堪比黄飞虎，战功赛过黄天祥，可是，在评定功绩的封神榜上，他仅仅被封为青龙星，乃斗部数百小星之一。

邓九公的武艺、战功真如此不凡吗？为何他的结局很一般呢？

先说其武功。邓九公是封神世界罕见的武艺达到巅峰境界的高手之一。

在西岐武将中，出场最为频繁的当属南宫适。能与南宫适大战不分胜败者，基本都可以列为封神一流武将。能进入这一行列的武将不算多，但也不算少。诸如姜子牙的徒弟武吉，西岐本土的太颠、辛甲、辛免，归降的邓九公先锋官太鸾、苏护的长子苏全忠，等等，他们的武艺与南宫适都在伯仲之间。

在南宫适之上，还有屈指可数的超一流高手，他们的武艺都达到了封神巅峰之境。即便与仙人一战，也丝毫不落下风。

在超一流高手中，黄飞虎是一个代表。邓九公的武艺比之黄飞虎丝毫不差！

邓九公初到西岐，黄飞虎主动迎战。原文说："话说邓九公战住黄飞虎。左哨哪吒见黄飞虎战邓九公不下，忍不得登开风火轮，摇枪助战。"

此处，黄飞虎大战邓九公，久战却不能取胜，以至于哪吒要出手相助。这点足见邓九公武艺之强。当然，"战不下"并非"不如"，挑战一方与应战一方的状态也有所不同。这些我们还是要注意。

哪吒冲上后，与黄飞虎双战邓九公。哪吒何等了得，他与杨戬乃是站在封神世界武艺最高峰的两人。可是，双战之下，邓九公败了吗？

原文说："九公原是战将，抖擞神威，展开大刀，精神加倍。哪吒见邓九公勇猛，暗取乾坤圈打来，正中九公左臂上。"

邓九公年纪颇大，可是，其勇还赛过廉颇，犹如三国中张飞，属于遇强则强，越战越勇型。他以一敌二，竟然还不落下风，哪吒要借助法宝乾坤圈，才克敌制胜。

单凭此一战，邓九公就可以列入封神超一流武将行列。

邓九公归降西岐后，在短短数年间，几乎是逢战必出，每出必胜，战功之多，在西岐（西周）阵营中，远超诸将，唯有哪吒可与其相比。

邓九公归降后，第一个来打的是苏护军团。苏护有心归降，自己和儿子都是一流武将，可就是不出战。反倒是麾下五军救应使郑伦主动求战，以奇门法术擒拿黄飞虎、黄天化，就连机灵鬼土行孙也中招。一时之间，郑伦威震西岐。

后来，郑伦遇上了哪吒，法术失灵，被哪吒打伤。可是，除了哪吒，其他人依然畏惧郑伦。郑伦的法术乃是从鼻中喷出两道白光，施法时间极短，杀伤力又极大，一般人就算知道郑伦神通，也很难反应过来。

可是，强大如郑伦，最后竟然被邓九公生擒活捉！

当时，殷洪已经来到西岐。他有副将刘甫、苟章等人。西岐发动袭击，刘甫撞上邓九公，邓九公仅一个照面就将刘甫斩于马下。后来，整个商军大营全都溃散，唯独郑伦所部坚守。邓九公从旁冲出，一刀猛劈，压住郑伦降魔杵。然后，邓九公纵马上前，抓住郑伦袍带，轻松提起，又狠狠一摔。他麾下亲兵立刻上前，将郑伦捆绑。

当晚众将回大营复命：黄飞虎无功而返；邓九公斩刘甫、擒郑伦；南宫适先击败苟章，黄天祥后将其刺死。

许多人谈起凡人武将时，多称赞黄天祥以凡人身份杀死仙人（炼气士）。其实，生擒比杀死还要艰难。而邓九公不但生擒了郑伦这个人仙级炼气士，还活捉过一个至少是神仙级的仙人马善。

马善乃是灵鹫山元觉洞中的灯火成仙，拥有不灭之体。他下山后投在殷郊帐下。后来，邓九公迎战马善。双方交手不过十二三个回合。

原文说："邓九公刀法如神，马善敌不住，被邓九公闪一刀逼开了马善的枪，抓住腰间绦袍，拎过鞍鞒，往下一摔，生擒进城。"

在原著中，一共有三位武将被原作者称之为"枪法（刀法）如神"，分别是黄天禄、黄飞虎、邓九公。其中，唯独邓九公被如此赞颂两次。

在邓九公为西岐（西周）作战的短短数年间，死在其刀下的将领更多达六人。

张山军团来犯，其先锋大将钱保挑战。邓九公与钱保大战三十回合，被邓九公一刀斩于马下。

洪锦军团来犯，邓九公迎战其先锋大将柏显忠。双方大战二三十回合。原文说："邓九公乃是有名大将，展开刀如同闪电，势不可当。"

在原著中，一共有四人武艺被赞颂为"势不可挡"——黄天禄、黄天祥、哪吒、邓九公。所谓势不可挡，就是说一方拥有绝对的优势，对方全无反抗之能，二者根本就不在一个档次上！

果然，邓九公稍稍卖个破绽，挥起一刀，将柏显忠斩于马下。

孔宣军团来犯。孔宣五色神光何等强大，就算是燃灯道人也束手无策。别的将领出战，或者是被刷去兵器、法宝，或者直接被刷走活人——黄飞虎、崇黑虎等五岳正神，就被孔宣一口气刷走。可是，邓九公为保姜子牙，主动迎战孔宣，最终却成功脱身。其应变之机敏，堪比杨戬。

西周东征，邓九公被分配在黄飞虎军团，出任先锋官。迎战青龙关时，青龙关总兵丘引麾下有四位副将。其中，名叫高贵者，被黄天祥杀死，其余三位副将，全被邓九公一人杀死，并且邓九公都是三五个回合就一刀将对方劈斩，可谓轻松之极。

邓九公一生当中，仅有一败，乃败在张山之手。

张山乃是邓九公的接任者，同样曾任三山关总兵，其人不通法术，但是武艺高强。邓九公称之为"一勇之夫"。

邓九公此言，颇有轻视之意，毕竟邓九公不但精通武艺，且颇有谋略。不过，张山之勇，确实罕见。

二人交战，邓九公三十个回合战不下张山。那是不是邓九公与张山武艺不分胜败呢？很遗憾，不是！

原文说："邓婵玉在后阵，见父亲刀法渐乱，打马兜回，发手一石，把张山脸上打伤。"这"刀法渐乱"，足可见邓九公武艺不如张山。

不过，张山虽然勇武赛过邓九公，但最终还是死在邓九公手上。

在西岐发动总攻时，邓九公主动挑战张山，要一雪前耻。因为是总攻，也不讲究什么单挑规则。邓九公的副将冲上去帮忙，喷出一口火烧伤张山面皮。张山拨马逃跑，被邓九公追上，一刀劈于马下。

如此骁勇的邓九公，最终还是难逃一死。他是死在青龙关督粮官陈奇手中。

当时，陈奇刚刚督粮归来，主动请战。邓九公只把陈奇当成凡人武将，根本就没有提防对方有法术。

两人交手，大战三十回合。原文说："邓九公的刀法如神，陈奇用的是短兵器，如何抵挡得住。"

论武艺，陈奇根本就不是邓九公对手。只是，他腹中还修炼有一口黄气，喷出口来，可以撼人魂魄，如同郑伦一般。

邓九公被黄气喷中，顿时落马，被陈奇麾下活捉。老邓被抓后很不服气，他气呼呼骂道："夫左道之术擒吾，我就死也不服!"这老头忘了，打仗不是请客吃饭，谁也不会和你谈公平，讲条件。当初老邓自己不也是借助副将那口火，才杀了张山么?

邓九公的结局很一般，在封神榜上，他仅仅被封青龙星。有人或许会说，青龙星乃是斗部群小星中第一人，也算不错。

其实，那个排名第一，并非真的第一，封神斗部群星的排名其实不分先后，青龙星更不是第一名。

与青龙星并列的白虎星叫作殷成秀，朱雀星叫作马方，玄武星叫作徐坤。这三人都是些什么人呢？那都是无名下将，属于和邓九公交手几个回合就被一刀斩于马下的角色。

邓九公乃西征一路军主帅，归降西岐后立下赫赫战功，为何封神时地位这么低？黄飞虎可是东岳大帝，黄天祥也是天罡星君呢!

原因只有一个，邓九公是降将!

封神榜看似是三教共立，其实体现的是封神行动策划人元始天尊所代表的阐教利益。作为阐教在人间的代表，西周阵营人马在封神时往往地位较高，商朝阵营人马在封神时往往地位较低。

黄飞虎虽也是降将，但黄飞虎乃是主动投靠西岐，并且是在西岐还臣服于商朝，实力还较为弱小时归降的。故黄飞虎被封为开国武成王。在封神大战中，西周死去的官职最高者，就是黄飞虎。黄飞虎受封东岳大帝，并且总管人间祸福，也算是名至实归。

邓九公本是商军大帅，率军来攻打西岐。他是在被西岐打败后，无可奈何才归降西岐的。因此，在封神榜上，其地位必然不高。就算是邓九公逢战必出，每出必胜，也无法洗刷身上曾经的污点。

在邓九公死后，原文有一句诗评价道：功名未遂扶王志，今日逢危已尽忠。

对于邓九公这种降将来说，为西周的建立死去，是最佳选择。

022 破青龙关周营为何死了两位上将

黄天祥与邓九公都是封神世界屈指可数的超一流武将，可在攻打青龙关时，竟然双双殒落。莫非是青龙关守将实在太强？

前文已交代，青龙关总兵名叫丘引，乃是千年曲蟮成精，体内孕有一颗红珠，能祭在头顶。若有人注目此珠，其神魂必然受到迷惑，被丘引所擒。

那么，丘引那红珠是不是威力奇大，西周无人可以破解？

并非如此。

听闻黄天祥被杀，姜子牙派出先锋官哪吒前往青龙关援助。哪吒出阵挑战，丘引应战。双方往来杀了二三十个回合。丘引哪里是哪吒对手。于是，丘引虚晃一枪，拨马逃跑。逃跑途中祭出体内红珠，然后高叫："哪吒！你看吾之宝！"——这情景颇像《西游记》里金角银角大王高喊：孙行者，叫你一声你敢答应吗？不同的是，红葫芦是直接把人吸进去，而丘引的这颗红珠，是吸引人的魂魄，使得看珠者昏迷。

哪吒抬头看后，哈哈大笑说："无知匹夫！此不过是个红珠儿，你叫我看他怎的！"丘引大吃一惊。他自从得道化形以来，凭借红珠法宝，不知道遇到多少对手，没有一个人不中招，可如今在哪吒面前竟然失效。

他哪里知道哪吒乃莲花化身，其魂魄已被金丹固定，大罗金仙以下法宝根本无法撼动其魂魄。

见丘引逃跑，哪吒祭出乾坤圈来，一下砸中丘引肩窝，打得丘引骨断筋折。

其实，不单单是哪吒，像玉虚宫十二金仙、杨戬，他们的三魂七魄升级成了元神，凝练程度远超凡人。丘引的红珠对他们一样无效。

那陈奇的实力是不是很强呢？陈奇的武艺很一般。

陈奇先与邓九公大战三十回合，书中明确说到“邓九公的刀法入神，陈奇如何抵挡得住”。

邓九公被杀死后，其老部下太鸾主动出战。太鸾武艺精湛，当初大战南宫适时，靠着卖一个破绽，竟然砍伤南宫适。如今与陈奇大战，自然不在话下。可是，人家陈奇有法术。交手二十个回合，陈奇喷出一口黄气，太鸾应声落马，被飞虎兵擒拿。

黄飞虎知道陈奇有法术，于是在第三场战斗时，一口气派出了自家三个儿子，分别是黄天禄、黄天爵、黄天祥。在原著中，黄天禄是和黄天祥一样的狠角色，黄天爵要略差一些，但既然是黄飞虎的儿子，那至少也是一流武将水平。

三人群战陈奇，当然大战上风。黄天禄一枪刺中陈奇的右腿，陈奇忙驾坐骑跳出圈外。黄天禄追赶，却被陈奇回头一口黄气喷倒，飞虎兵上前擒拿。黄天爵和黄天祥竟然不敢追上，眼睁睁看着陈奇把哥哥带走。

后来，土行孙押粮来到中军大营，听闻岳父邓九公被陈奇杀死，邓婵玉已经先去报仇，于是领了令箭，也来到青龙关前。

土行孙武艺不俗，专朝下三路打去。陈奇手忙脚乱，很是狼狈。不过，他战斗经验也颇丰富，立刻把降魔杵一摆，对着土行孙就喷出一口黄气。土行孙一跤跌倒。不过，土行孙有地行术，等斩首时，他一扭身钻入地下不见了。

再后来，郑伦押粮来到青龙关。他听土行孙说，关中有一位武将，和他有着几乎同样的神通法术，都可以伤人魂魄，把人击晕。只不过二人一个是从口中喷出黄气，一个是从鼻中喷出白光。

郑伦大感惊讶。早年他师父度厄真人在传授他法术时说，他的法术天下无双。郑伦不大相信在青龙关中竟然还有和他拥有相似法术的人。

事实证明，两人的法术还真的是差不多。

两人大战，都是手持降魔杵，各自都是带着三千兵马，手持挠钩、绳索。两人都是练就特殊气息，一旦施法，都可以在瞬间让敌方昏迷。

郑伦的先手意识非常强，先举起降魔杵，暗示部下做好准备。陈奇立刻依样画葫芦。然后，两人几乎在同一时间施法，郑伦鼻中喷出白光，陈奇口中喷出黄气。两人同时中招，同时摔下马去。两家兵马各自把主将抢回。

一场斗法以平局结束。

见到这结果，两军阵前出现了少有的欢快场景，原文说："土行孙同众将笑得腰软骨折。"这是怎么回事呢？

陈奇的法术几乎就是郑伦的翻版。出现这种局面，最大可能就是陈奇的师父也是度厄真人。

在书中，有两人明确被提到是度厄真人的徒弟，一个是李靖，一个是郑伦。不过，有一个奇怪的现象是，李靖与郑伦这一对师兄弟，彼此见面从不打招呼，仿佛根本不知道有对方这么一个师兄弟。

从原著中三人的登场时间推测他们的拜师时间，有很大可能是度厄真人早年收李靖为徒，三五年后李靖下山；然后，度厄真人又收郑伦为徒，三五年后郑伦毕业下山；最后，度厄真人收陈奇为徒，三五年后毕业下山。

于是，出现了陈奇与郑伦拥有外表不同、本质一样的罕见神通。就连郑伦自己也说："此人当真有此法术。世间又有此异人！"

至于度厄真人这么做的原因，也很好理解：多个徒弟多条路！

度厄真人本人不想参与封神大战，可又希望在未来与阐教、天庭搞好关系，于是，多教几个徒弟，分别派到各派。结果，他的三个徒弟，老大李靖肉身成圣，当了仙人；老二郑伦降了西岐，代表阐教势力被封神；老三陈奇保纣伐周，代表截教势力被封神。

在各派势力中，度厄真人都有人脉，这不挺好？

回到之前的话题，既然丘引的红珠威力有限，陈奇的法术与郑伦一般，那西周阵营有大把的奇人异士可以拿下这二人。

比如哪吒。这二人的攻击都是魂魄类攻击，哪吒正是他们的克星。

就算不派出哪吒，派金吒、木吒、韦护、杨戬、土行孙等人，只要他们抢先出手，那就必然能擒拿甚至击杀丘引与陈奇。

像金吒可以用遁龙桩定住对方，金吒可以用吴钩宝剑将对方斩首，韦护祭出降魔杵可以轻松打死二人。至于杨戬，有哮天犬帮助咬人，连大罗金仙也要落荒而逃。

那么，为何黄天祥与邓九公还会死在青龙关下呢？

只因姜子牙分兵派将时，派给黄飞虎的几乎都是一些不会法术的凡人武将。原文说：“黄飞虎的先行是邓九公；黄明、周纪、龙环、吴谦、黄飞豹、黄飞彪、黄天禄、黄天爵、黄天祥、太鸾、邓秀、赵升、孙焰红，择吉日祭旗，往青龙关去了。”

黄飞虎部下有两人会法术——赵升与孙焰红。不过，这二人武艺平庸，法术也只是会口喷焰火，杀伤力非常有限。

明明姜子牙的本部大军只是在行军，根本没有战事，为何姜子牙要把杨戬、哪吒、韦护、金吒、木吒、雷震子等精通法术、拥有法宝的阐教门人扣在手中，偏偏派出一群凡人武将以及个别法力低微者呢？

像以往商朝派出大军征伐，哪吒、杨戬等人经常上场，西周阵营几乎没死人。可如今，单单打一个青龙关，遇上两个寻常对手，竟然就死了两位大将。

姜子牙难道不知道这么安排会损兵折将，会害死人吗？

姜子牙当然知道！只是形势已经与此前不同。

在西岐时代，商朝派三十六路人马征伐，当时商朝强而西岐弱。保证头面人物不死，可以大大提升西岐的凝聚力。于是，当黄天化被魔家四将打死后，道德真君立刻派人来救。像十天君摆下十绝阵时，燃灯道人与十二金仙不请自来……

可是，如今商朝弱而西周强。为了封神行动的顺利推进，为了保证阐教在天庭拥有一定的人马，西周阵营中的凡人武将也好，阐教门下也好，必须有一部分人要去死。只有死了，才能封神，才能在以后继续为阐教，为鸿钧老祖效力。

其实，不单单是黄天祥、邓九公，西周阵营还有不少人被阐教高层写在了死亡名单上。只是他们自己不知道而已。相比凡人武将，在姜子牙，在阐教高层看来，当然是自家门徒的小命更为珍贵。于是，西周阵营大量凡人武将都死了，可阐教门下只是死了有污点的黄天化与土行孙两人。

023 化血神刀竟能让圣人之下必死

在确认丘引与陈奇法术本质后，西周方面本可以派出哪吒迎战。不过，哪吒主动向黄飞虎献策，提议由他和土行孙分别遁入青龙关，一个打开城门，一个救出黄天禄、太鸾，然后周军大举攻入。

哪吒虽然不如杨戬遇事沉稳，处变有方，但他久经沙场，对于战斗有着天生的敏感。若是由他再次迎战丘引、陈奇，他乃莲花化身，正好克制二人，当然能够保证不败，或许还能够伤敌或者杀敌。但是，要想攻下青龙关，还需要花费一些时间。

相比之下，有哪吒与土行孙、郑伦加入的黄飞虎军团，实力已经远远超过只有丘引与陈奇两位守将的青龙关。于是，一拥而上，以强搏弱，就成了夺取关隘的最佳选择。

黄飞虎一听大喜，当即依计而行。

当晚二更时分，土行孙先遁入关内，暗中杀死监狱看守，释放黄天禄与太鸾。同时，哪吒登上风火轮飞入青龙关，他祭出金砖，三两下把守城将士打死，打散，然后他打开城锁，放周军大部队进入。

丘引与陈奇还不曾睡觉，听闻城内喊声一片，大吃一惊，两人都上马出府。武成王黄飞虎率领众将，齐齐朝总兵府杀来，正撞见丘引与陈奇。哪吒、邓秀、赵升、孙焰红等把丘引缠住，郑伦则与陈奇战在一处。正厮杀间，土行孙带着黄天禄与太鸾也杀入战团。丘引见机不妙，想要逃跑，却被土行孙一镔铁棍打下马来。黄飞虎急忙上前，摇枪就刺。危急关头，稍有迟疑就要丢掉性命。丘引不愧是千年曲蟮成精，滑不溜丢。在关键一秒，他施展土遁之术，逃之夭夭。

剩下一个陈奇那就惨了。众人齐齐冲上，围殴陈奇。陈奇大骇，拼死抵挡。哪吒不愿意多费工夫，于是祭出乾坤圈，一下子砸中陈奇胳膊。陈奇受伤，露出破绽，被黄飞虎一枪刺中肋下，死于非命。

青龙关之战仿佛周军东征的一个缩影。在金台拜将前后，商周形势已经大变。西周阵营兵强马壮，精通术法的炼气士数以十计，加上又有玉虚宫作为坚强后盾，十二仙首都随叫随到，东征路上，区区一城如何能对抗整个周营？

因此在此后，由截教教主出面，组织一两场大会战，是商朝、截教的必然选择。

听闻佳梦关与青龙关先后被解放，姜子牙大喜。这两关一南一北，五关居其中。若不攻下二关，周军大举进入五关，难免有粮道被攻，后院不宁的后果。

听闻黄天祥、邓九公战死，姜子牙也好言安慰了一番黄飞虎、邓婵玉。不久，周军大举进发，来到汜水关下。

汜水关总兵韩荣，乃一介凡人，无论是勇武还是智谋，都很平庸。听闻周军来攻，韩荣很是恐惧。召开第一场军事会议时，韩荣就满是恐惧之色，尽想着如何保全自家性命。

当然，韩荣的担心不无道理。汜水关诸将中，除了七首将军余化，其他人都是废柴。可是，在当年黄飞虎出关时，余化被哪吒所伤后，就离开汜水关，回到蓬莱岛养伤，进修去了。

两军第一场战斗，由周军正印先锋官哪吒迎战汜水关先锋官王虎。结果，两马相交，不过三五回合，哪吒连乾坤圈也不用祭出，直接一枪就把王虎给扎死了。周军乘势而上，韩荣只好败退。

就在韩荣心灰意冷，盘算逃跑的时候，七首将军余化归来。两位宾主多年，感情一向不错。如今大兵压境，余化竟然回归，韩荣自然大喜。

余化表示，当年被哪吒所辱，如今要千百倍还之。他师父一气仙余元，炼就一件秘宝，非常强大。余化说："纵周家有千万军将，只叫他片甲无存。"

余化非常自信。在他看来，有师父所赐法宝，击败哪吒完全不在话下。事实也确实如此！

不但是哪吒，放眼整个西周阵营，无人可以抵御他那法宝。就连杨戬与玉虚宫十二金仙也不行！

那法宝就是一气仙余元仰仗成名的护身法宝化血神刀。事实上，余化还真没吹牛。化血神刀很强，非常强，强到圣人以下难逃一死的可怕地步。

我们先看看原著中对化血神刀如何评价。旁白诗云："丹炉曾锻炼，火里用功夫。灵气后先妙，阴阳表里扶。透甲元神丧，沾身性命无。哪吒逢此刀，眼下血为肤。"

那化血神刀乃是一气仙余元在丹炉中以三昧真火锻炼多年方成。其宝蕴含阴阳变化之妙，借助仙家灵气施展，威力无穷。第五、六句更是直接点出了化血神刀的奥妙：此刀一出，不必斩首，只要沾到对方半点血肉，就可以攻击到对方元神，并且，沾之必死！

而实战结果和这评价，几乎没有什么差别。

余化第一战，对阵哪吒。

哪吒见到余化，满脸都是笑。在他看来，余化乃是自己手下败将，如今竟然还敢跑出来献丑，不是找死是什么。余化见了哪吒也颇为尴尬。他也不和哪吒多话，两人就战在一处。

余化虽然重回蓬莱岛数年，可武艺依然不如哪吒。大战二三十回合之后，余化已经露出败象。余化虚掩一戟，抽空祭出化血神刀。

原文说："如一道电光，中了刀痕，时刻即死。那刀来得甚快，哪吒躲不及，中了一刀。"化血神刀刀如闪电，迅捷非常，几乎无人可躲，并且伤人立死。不过，哪吒中刀后，死了没有呢？

哪吒中刀之后，大叫一声，急忙拨马败回大营。刚入辕门，就跌下风火轮，牙关紧咬，只是颤抖，无法出声。

哪吒为何没有死？只因哪吒乃是莲花化身，并无血肉，其魂魄也被金丹定住。纵然被化血神刀所伤，却不像其他人一样，会由血肉牵连到魂魄或元神。不过，即便如此，哪吒也是奄奄待毙，离死不远。

后来，太乙真人派出童子，将哪吒背上乾元山养伤去了。

余化第二战，对阵雷震子。

雷震子没有什么法宝——云中子也是抠门，炼制出了通天神火柱，也舍不得借给徒弟用用。雷震子只是仗着两枚仙杏所化的风雷翅，行动迅捷，以高击下，虽然很难立功，但保命尚可。

二人大战，雷震子飞来飞去，余化打得很费力。于是，三五招过后，余化就祭出化血神刀。雷震子急忙躲闪，但是飞刀还是刺穿了风雷翅。雷震子受伤之后，立刻觉得全身麻痹。他勉强飞到大营就摔落尘埃，如同痴呆一般，昏迷不醒。

化血神刀不是见血封喉，伤人立死吗？为何雷震子也不死？

书中有解释，原来，雷震子的风雷翅乃是两枚仙杏所化，严格来说，算是法宝。若是化血神刀划伤了雷震子身躯，那自然必死。可伤到的只是风雷翅，与魂魄间的联系远不如血肉，于是雷震子勉强不死。

见两位门人都昏迷不醒，姜子牙大惊。其他诸位也都不敢出战。西周阵营只得高挂免战牌。

几天后，杨戬押粮归来，见到此情景，主动请战。

杨戬做事非常稳健。他上阵之前，先仔细研究了下雷震子的伤情。他见伤口上血液漆黑如墨，料定是被奇毒所伤。雷震子昏迷不醒，则是血毒扩散，牵连到魂魄所致。

于是，上阵对战时，杨戬一直小心翼翼。双方对战二十来回合，杨戬见余化祭出化血神刀，急忙运转八九玄功，在刀刺伤自己的瞬间将元神遁走。但即便如此，杨戬也大叫一声，惨败回营。

杨戬修成八九玄功，其血肉身躯远超旁人，即便是一般的大罗金仙，其肉身强度也比不上杨戬。加上他在受伤前将元神遁走，因此，他肩膀虽然受伤，但是元神并没有受到影响。只是，肉身受到奇毒攻击，也是感觉麻木，行动很是不便。

杨戬自觉无法解毒，于是告别姜子牙，前往玉泉山金霞洞向师父玉鼎真人求助。

玉鼎真人在玉虚宫十二仙首中，实力虽然不算顶尖，可见闻广博，机智多谋，杨戬在玉鼎真人身上学到很多。

那玉鼎真人能否破解化血神刀之毒呢？

玉鼎真人叹息说：“此乃是化血刀所伤。但此刀伤了，见血即死。幸雷震子伤的两枚仙杏，你又有玄功，故尔如此；不然，皆不可活。”

在玉鼎真人看来，即便是杨戬，不运转九转玄功，被化血神刀所伤，那也必死。这也就意味着，化血神刀能够达到金仙必杀，大罗金仙也难逃的强悍地步。

从其对杨戬（修为堪比大罗金仙）都极具威胁力来看，一气仙余元炼制的化血神刀，竟然已经达到了大罗金仙级别，即A级法宝行列。其威力根本不是番天印那种级别法宝所能比拟！

杨戬大惊，忙问解毒之法。玉鼎真人摇头叹息说：“此毒连我也不能解。”

不过，玉鼎真人了解到，在当初一气仙余元炼制化血神刀时，曾经在丹炉中与神刀一起炼制有三枚解毒仙丹。玉鼎真人说："要解此毒，非此丹药，不能得济!"

原来，天下间竟然无人（当然是圣人以下）可破化血神刀之毒，就连一气仙余元自己，也只能仰仗当初炼制的三枚解毒丹。

那么，杨戬如何从一气仙余元处得到解毒仙丹呢?

024 杨戬如何巧取解毒丹，灭杀余化

玉鼎真人虽然知道余元处有解毒仙丹可以破解化血神刀之毒。只是余元把化血神刀送给徒弟余化，就是要徒弟去汜水关为难阐教门下。如今哪吒与雷震子中毒，余元高兴都来不及，怎么可能拱手让出解毒仙丹呢?

苦思良久，玉鼎真人想出一计。杨戬依计而行，竟然成功得到解毒仙丹。

所谓："不入虎穴，焉得虎子。"要想得到解毒丹，就必须上余元所在的蓬莱岛一趟。

《封神演义》中对蓬莱仙境的描写，几乎照搬《西游记》，就连描写花果山的经典名句"百川会处擎天柱，万劫无移大地根"，也只是稍改为"百川汇注擎天柱，万劫无移大地根"。

杨戬从师父玉鼎真人处，早打听到一气仙余元的洞府所在。来到蓬莱岛后，他走到无人之处，施展八九玄功，变化成七首将军余化模样。

他走入洞府，见到一气仙余元，当即倒身下拜。余元见到余化，很是惊讶，询问来由。

杨戬知道，要想骗人，绝不能全说谎话，必须九分真一分假。

于是，杨戬把余化下山之后的种种遭遇，包括如何以化血神刀大败哪吒，击伤雷震子等等经历如实相告。余元听得大喜，连连点头。杨戬又说："第三阵恰来了姜子牙师侄杨戬，弟子用刀去伤他，被他一指，反把刀指回来，将弟子伤了肩臂，望老师慈悲救拔。"

杨戬把余化与自己一战的结果稍稍改动，改为余化被化血神刀所伤。如此一来，他就有理由朝余元讨要解毒丹了。

余元听了，大吃一惊说："有这等事? 他有何能，敢指回我的宝刀?"

对于杨戬挥手一指就破了化血神刀的事情，余元很是怀疑。可是，眼前徒弟的肩膀伤的的确确就是中了化血神刀的迹象。

余元也是关心则乱，没有细想杨戬话语中的破绽，就拿出了压箱底的三枚解毒丹。

余元说：“当时炼此宝，在炉中分龙虎，定阴阳，同炼了三粒丹药，我如今将此丹留在此间也无用，你不若将此丹药取了去，以备不虞。”

杨戬忙伸手接过，依照礼节叩谢，然后离开洞府，驾金光飞速遁走。

杨戬这一场骗局，可谓胆大之极，凶险之极。杨戬的玄功虽然巧妙，一般情况下金仙也无法分辨，可余元与余化毕竟是多年徒弟——看这姓名，更像父子——彼此熟悉。杨戬所谓的要丹理由，其实很牵强。余元有很大几率识破骗局。

杨戬的神通虽然不凡，但蓬莱岛乃是截教仙人聚居地，余元一声高喊，就会引来许多帮手。那样的话，杨戬有伤在身，保不齐就要吃大亏。

不得不说，杨戬有大气运加身，受到作者万千眷顾。像这种骗局，别人若是复制，那难逃一死。

事实上，杨戬刚离开不久，余元就起了怀疑。他暗自思忖：“杨戬有多大本领，能指回我的化血刀？若余化被刀伤了，他如何还到得这里？其中定有缘故。”

化血神刀何等厉害，连玉鼎真人也称无法可破。杨戬修成九转玄功，肉身强悍，又能迎风变化，其实力堪比大罗金仙，但他的修为并不很高，顶多也就是金仙境界，确实无法做到挥手一指，宝刀回转的地步。

徒弟余化有几斤几两，余元一清二楚。若是中了化血神刀，余化必然一死。如何还能赶到蓬莱岛？唯有余化是他人变化方有可能。而周营中，正有一个精通变化之术的杨戬！

余元大怒，连忙上了金睛五云驼，去追赶杨戬。杨戬听闻风声响动，知道是余元赶来。余元乃金灵圣母大弟子，手中可能还有强大法宝。

为求保命，杨戬唯有抢先出手。

于是，杨戬早早把哮天犬祭在空中。余元赶来，正想质问杨戬，为何要行欺骗之事。不妨哮天犬忽然出现，冲着他脖子狠狠咬去。余元惨叫一声，脖子受伤，大红白鹤衣也被扯去半边。

杨戬与余元这一战，看似胜利，其实只是偷袭，并不能说余元就不如杨戬。

见余元受伤，杨戬立刻召回哮天犬，再度施展金光遁走。余元来得匆忙，身上并没有带疗伤丹药，只好回蓬莱岛去了。他想着等敷好药后，就赶往汜水关。

这么一耽搁，余元晚来了一天，从此就与徒弟天人永隔。

三枚解毒仙丹，杨戬得到后立刻服下一枚。回到周营后，他把一枚丹药交给木吒，让送到乾元山去救哪吒，又把一枚丹药让雷震子服下。

至此，三枚解毒丹全部用完。世间再无药可解化血神刀之毒。

本来，这正是余化大展神威之时。可是，在见到杨戬与雷震子满血复活，回到战场后，余化竟然决定不再使用化血神刀了。

这是怎么回事呢？

两军阵前，杨戬说："幸吾炼有丹药，若无丹药，几中汝之奸计也。"杨戬声称，自己炼有丹药，已经解了化血神刀之毒。这让余化大吃一惊。

余化暗想："此丹乃一炉所出，焉能周营中也有此丹？若此处有这丹，此刀无用！"这家伙竟然就决定不用化血神刀了！

余化早年能在哪吒的乾坤圈下逃走，此前又能抢先祭出化血神刀，接连击伤多人，可见绝对不蠢。可是，在见到杨戬、雷震子重上战场后，他竟然昏头昏脑，做出化血神刀无用的白痴结论。

只因余化万万想不到，杨戬竟然会变成他的模样，从师父余元处得到化血神刀解药。

在余化看来，天下间只有师父余元处有三枚解药，可如今杨戬与雷震子竟然痊愈，必然另有高人相助。比如，杨戬可能跑到玉虚宫找元始天尊。元始天尊虽然不擅长炼丹，可毕竟是圣人。若是元始天尊出手，保不齐就能化解神刀之毒。何况，封神最强炼丹、炼药大师神农，也支持阐教。此前截教最强毒仙吕岳的瘟毒就被西周阵营化解。西周能化解吕岳之毒，为何就不能化解神刀之毒。若真有圣人在背后出手，余化的化血神刀还真是无用。

本来，当时的余化应该立刻回城，避免交战，然后回转蓬莱岛，面见师父，询问解毒丹详情。如此一来，西周有解毒仙丹一事就会被戳穿，而化血神刀也将再展雄风。

可惜，余化一时迟疑，犯下大错。他见杨戬纵马摇刀奔来，明知武艺不敌，竟然还与杨戬战在一处。余化奋起余勇，与杨戬大战三十回合不分胜败。余化沾沾自喜，惹怒了一旁的雷震子。他一摇风雷翅，飞在空中，以高击下，双战余化。

余化刚用手中戟架住黄金棍，杨戬趁机就是一刀。余化连忙躲闪，却被雷震子一棍打中坐骑。余化被掀翻在地。杨戬上前，将其一刀砍死。

原文点评余化说："一腔左术全无用，枉做成汤梁栋材。"其实，不是左术无用，是余化有点笨，敌人又太狡猾。

不过，在封神世界中，杨戬的狡猾也只能算二流。与杨戬相比，惧留孙才是大师。他靠着狡猾如狐的手段，竟然一再以金仙修为擒拿大罗金仙！

这又是怎么回事呢？

025 封神截教最强三代弟子是谁

大家都知道，杨戬乃是阐教门下最强三代弟子。那么，截教门下最强三代弟子是谁呢？

书中明确提及的截教三代弟子不多，仅有多宝道人的弟子火灵圣母，金灵圣母的弟子余元、闻太师，乌云仙的弟子余德等人。不过，他们人数虽少，但各个实力强悍。其中，修为最高、综合实力最强的，当属一气仙余元。

四位三代弟子中，闻太师乃是大罗金仙中期修为。那么，余元的修为如何呢？

余元的登场诗云："蓬莱岛内修仙体，自在逍遥得至清。位在监斋成神道，一气仙名旧有声。"蓬莱岛乃是东海著名仙岛，岛上有百千仙人，而在诸多仙人中，一气仙余元名气最大。

余元之所以名气大，最主要的原因，就是他已经修成了无上仙体，达到了大罗金仙修为。

原文中有三处可以证明这点。

其一，土行孙用镔铁棍打余元肉身，其肉身浑然无事。

当时，土行孙看中了余元的坐骑五云驼，于是借地行术来到汜水关内余元住所。余元神念何等强大，早就感应到有人到来。他故意把元神遁走，留下躯壳。那肉身没了元神，于是发出如雷般的鼾声。

土行孙以为余元睡着了，于是现出身形，去偷五云驼。等解了缰绳后，看到余元，他一发狠，竟然挥舞镔铁棍，朝着余元耳朵处打过去。耳朵靠近太阳穴，正是人身上非常脆弱之处。若是寻常仙人，早就被这镔铁棍一下打死。可是，余元的肉身只是从七窍处喷出三昧真火，依然坐着不动。

土行孙又打了几棍，余元只是不出声。土行孙又是惊讶，又是畏惧，忙骑了五云驼遁走。

其二，余元被擒拿后，刀剑、法宝难伤。

余元被擒拿后，姜子牙下令将其斩首。李靖监斩，可是，他挥舞宝剑奋力砍去，只听得一声巨响，如同金铁交鸣。再看余元颈脖，浑然无事，连个剑痕都没有。反倒是李靖的护身宝剑，被砍缺了二指有余。

姜子牙大惊，带人亲自监斩。他命令韦护用降魔杵去砸。降魔杵祭出后狠狠砸去，只打得余元身上烈焰腾腾，火焰漫天。可是，等焰火过去，余元根本没事。姜子牙再度大惊。

其三，余元自述在天皇时期已经得道。

被擒获后，余元一脸平静。他告诉姜子牙："君不见，天皇得道将身炼。修仙养道碧游宫，坎虎离龙方出现。五行随我任心游，四海三江都走遍。顶金顶玉秘修成，曾在炉中仙火煅。你今斩我要分明，自古一剑还一剑，漫道余言说不灵。"

从此话语可以看出，余元在天皇时期已经得道。得道的含义有很多种，可以是成仙悟道，也可以指代修成大罗。

在此处，余元强调自己体内已经孕育坎虎离龙，即修成了金丹。并且，他已经悟透了五行，可以任意逍遥，遨游天下。这两种描述，和陆压的自述非常像。

并且，余元说自己的肉身曾经在鼎炉中用仙火煅烧，故刀剑难伤，这也解释了为何土行孙与李靖、韦陀都伤不了余元。

结合以上三点可以看出，余元如今确实已经是大罗金仙修为。

在大罗金仙中，余元的实力也可以居于中流。他不仅拥有堪比九转玄功的强悍肉身，更精通炼器，手中有不少大罗金仙级强悍法宝，可以对大罗金仙造成致命一击。

若杨戬正面与余元硬碰硬，两位三代最强弟子，谁会更强一分？

在我看来，毫无疑问，余元更强！

虽然说在此前的追击战中，杨戬成功击伤余元，但是余元受伤有限。

一般人被哮天犬咬中，往往要被扯去大块皮肉。比如碧霄娘娘。原文说：“杨戬又放起哮天犬，把碧霄肩膀上一口，连皮带服扯了一块下来。”碧霄娘娘虽然也是大罗金仙，但是她的肉身强度很一般，被狗咬中后，是连皮带衣服被扯下。其他如邓婵玉、毕环、周信被哮天犬咬中后，都是扯下皮肉，受伤严重，甚至被杨戬趁机斩杀。

只有极少数肉身强悍，战力超强者能够例外。比如赵公明。原文说：“赵公明不防备，早被哮天犬一口把颈项咬伤，将袍服扯碎。”赵公明的袍服被扯碎，但脖子只是咬伤。再如羽翼仙被咬中后，也只是留下伤痕。

那余元被咬中时如何呢？

原文说：“牙如钢剑伤皮肉，红袍拉下半边来。”从诗句可见，余元被哮天犬咬中后，扯下的是大红袍，他的颈脖只是受了些轻伤。

余元肉身强悍，已经达到刀剑、法宝都难伤害的强悍地步。韦护的降魔杵一旦砸下重如泰山，余元也能轻松扛过。若是砸在杨戬身上，杨戬能浑然无事吗？还真难说。

至少我们可以认定，余元的肉身强度，绝不逊色于修成八九玄功的杨戬。

杨戬的最强本领无非就是祭出哮天犬，然后趁机用刀砍。既然哮天犬只能对余元造成轻伤，刀砍不动余元，那余元与杨戬对战就已经立于不败之地。

可是，余元手中有圣人以下必杀的化血神刀，还有神秘的一尺三寸金光锉，可以对大罗金仙造成致命伤害。就算杨戬一时遁走元神，以肉身硬抗躲过化血神刀一击，可是，没有了肉身保护，杨戬如何继续抵御余元的进攻？

因此，若余元与杨戬正面一战，最终的获胜者必然是余元。

只是，打仗不是请客吃饭，谁也不会和你公平单挑。在阐教各种算计下，强大如余元也被打成狗。

负责打狗者，是土行孙的师父惧留孙。

惧留孙只是金仙修为，就算是金仙后期也和余元隔着一个大境界。惧留孙的压箱底法宝是捆仙绳。若是正面对敌，惧留孙根本就不是余元的对手。

那么，惧留孙是如何一而再地生擒余元的呢？刀剑、法宝难伤的余元，最后又是被谁杀死的呢？

026 惧留孙为何能两次生擒一气仙余元

惧留孙在玉虚宫十二仙首中，虽然不能进前三，但也在中上游。只是，十二仙首最强者也不过金仙修为，与大罗金仙相比，还是差一个大境界。

以惧留孙的修为与法宝，对战一气仙余元原本是非常危险的。可是，两人交手的结果让人大跌眼镜。惧留孙竟然一而再地生擒活捉余元。

这究竟是怎么回事呢？

先看余元下山第一战。

余元出阵，点名要见杨戬。姜子牙告诉他，杨戬不在，然后出言教训余元，不知天命，对抗周兵，乃自取灭亡之道。在奉命东征之后，姜子牙的口气变得极大，动不动以天命压人。

余元听后大怒，认定姜子牙乃是妖言惑众，挥舞宝剑要灭了姜子牙。

姜子牙自然不是余元的对手。可是，姜子牙从来就不会一个人出场。一般情况下，他身边都会有三个保镖——哪吒、金吒、木吒。如今哪吒受伤，木吒送药去了，单单一个金吒，只有一个遁龙桩，明显不能护卫姜子牙安全。于是，当天的护卫工作就改由李靖与韦陀担任。

见李靖与韦护也加入战团，余元很是吃力。韦护的武艺平平，李靖却是罕见的高手。当年他与哪吒可是多次大战，若非哪吒老是拿法宝砸人，李靖根本不会输给儿子。

余元大急，忙祭出法宝一尺三寸金光锉，要来打姜子牙。姜子牙也是久经沙场之人，七死三灾频频，因此，杏黄旗从不离身。杏黄旗乃圣人品级法宝，金光锉再强，也破不了杏黄旗防御。见一击无效，余元只能收回金光锉。但他也算机敏，随即再祭出金光锉来打李靖。对手三人之中，李靖武艺最高，只要把李靖打翻，那就可以取得胜利。

没想到那天姜子牙超常发挥，在收起杏黄旗的瞬间也祭出了打神鞭。于是，打神鞭打中余元，打得余元三昧真火喷出口中丈许远。余元的金光锉一击落空。李靖趁机上前，一枪刺中余元大腿。余元吃痛，把五云驼一拍，即刻遁走。

从战斗结果看，余元落败而归。不过，余元只是略略受伤，连药也不用吃。他稍稍打坐运功，全身即恢复如初。

不过，这场战斗正是余元挑战周营的缩影。余元修为再高，法宝再牛，也只是孤身一人。周营单个一人拿出来，都不是余元对手。可是，大伙一拥而上，围殴余元，余元再强，也要落荒而逃。

更何况，周营的背后有阐教，有玉虚宫的支持。余元的背后虽有截教，可是与玉虚宫时刻关注，主动出手相比，碧游宫给予余元的实在太少了！

后来，土行孙看中了余元的五云驼，在夜间前来盗取，但被余元轻松拿住。余元知道惧留孙擅长地行术，于是抓住土行孙后只是提在手中，不让土行孙沾地。后来，他又拿出如意乾坤袋，将土行孙装入其中，然后用三昧真火煅烧。土行孙在口袋中无法逃脱，被烧得惨叫连连。

可就在土行孙命在旦夕之时，忽然刮来一阵怪风。风中出现惧留孙，从余元手中一把抢走如意乾坤袋，救走了土行孙。

惧留孙为何会出现呢？莫非他能预知未来？当然不是！

书中交代，此前惧留孙正在洞府中打坐修炼，忽然，元始天尊的白鹤童子飞来。白鹤童子说："奉师尊玉旨，命师兄去救土行孙。"原来，是元始天尊得知土行孙有难，于是立刻通知惧留孙前去营救。

此前，黄天化有难，为何就一命呜呼？只因元始天尊想要黄天化死，就算黄天化的师父道德真君有法可救，也不敢出手。

如今，土行孙未请示姜子牙，就跑去偷盗余元五云驼，干下侮辱周营之事。姜子牙在得知情形后，又羞又怒，下令将土行孙推出斩首。

土行孙品行如此恶劣，元始天尊为何还让惧留孙去救呢？只因在之前的计划中，土行孙不当死在此处。

在一场庞大的布局中，一点点的改动都可能影响到大局。为了大局着想，土行孙必须被救活。

有元始天尊居中调度，十二仙首及时护卫，周营自然立于不败之地。反观余元那就危险了。他单体实力不错，可是，面对整个阐教，他的下场注定很惨。

第二天，余元去阵前点名要见惧留孙。

按照道理，惧留孙的徒弟去偷人家坐骑，被余元逮个正着，余元以火煅烧土行孙，教训教训，也是正常。惧留孙救下土行孙后，就算不给人家道歉，那至少也要把如意乾坤袋归还，如此才符合名门大派的身份。

可是，惧留孙告诉姜子牙："他来只为如意乾坤袋，我不去会他。你只须如此，自可擒此泼道也。"从最开始，惧留孙就打算使出阴招来对付余元。

余元见了姜子牙，很不满意。两人话不投机，又战在一处。

原文说："子牙大战余元，未及十数合，被惧留孙祭捆仙绳在空中，命黄巾力士半空将余元拿去。"惧留孙的捆仙绳相当厉害，别说是金仙，就连大罗金仙中招后也逃脱不了。不过，前提是被捆上。

惧留孙为何派姜子牙下场，自己缩在后面呢？

只因大家都知道姜子牙比较弱。余元和弱弱的姜子牙动手，必然不屑于在第一时间祭出法宝，这样，惧留孙就有了下手的机会。若惧留孙下场，余元大怒之下极有可能抢先出手。那样，惧留孙就倒大霉了。

余元被捆绑后，姜子牙下令斩首。可是，刀剑、法宝全奈何不了余元。惧留孙也想不出好办法。

最终，惧留孙提议，让姜子牙打造一个铁柜，把被捆仙绳绑着的余元放入铁柜中，然后让黄巾力士将铁柜沉入北海。

惧留孙自以为这个办法可以一直困住余元。没想到黄巾力士刚把铁柜丢下海，余元就借水遁遁走了。原文说："铁柜亦是五金之物，况又丢在水中，此乃金水相生，反助了他一臂之力。"

从后文中姜子牙、惧留孙得知余元逃遁，大吃一惊来看，惧留孙绝非有意放走余元。实在是余元悟透了五行奥妙，达到了大罗金仙境界，故此才能借助金水相生奥妙，从铁柜中逃脱。

之后，余元一路遁走，来到了碧游宫外。由水火童子引见，余元见到了师父金灵圣母和通天教主。

金灵圣母见徒弟被捆仙绳绑着，又羞又怒。她召集许多截教门人，一起向通天教主告状。通天教主得知余元被装入铁柜沉入北海一事，也勃然大怒，认定惧留孙是欺辱他截教。

为此，通天教主特意赐下一件法宝，让余元拿着去降伏惧留孙。

那宝贝名叫空心锁。原著中没有对空心锁威能的具体描述。我们单从字面看，这法宝当具有锁心——锁定元神、魂魄之功效。此宝是通天教主赐下，其品级至少也是大罗金仙级法宝。

那手持空心锁的余元，打赢惧留孙了吗？很遗憾，没有！

听闻余元又在阵前挑战，惧留孙告诉姜子牙说：“子牙，你还与他答话，待吾再擒他进来，且救一时燃眉之急。若是他先祭其宝，则吾不能支耳。”

这惧留孙竟然故技重施，再次借姜子牙与余元交手之机，趁机偷袭。

姜子牙出面答话，余元因手中有重宝，信心满满，他冲上阵前说：“姜子牙，我与你今日定见雌雄！”结果，他与姜子牙交手仅仅一个回合，躲在阴影中的惧留孙，就祭出捆仙绳将余元绑了。

可叹余元，空有大罗修为、超强法宝，却无施展之机。

当然，大家都说：“吃一堑，长一智。”这余元竟然两次被惧留孙以同样方式擒拿，我也不知道是该夸余元纯洁，还是该笑余元蠢笨。而像惧留孙这种人，最好不要与他为敌，但也万万不能与他为友。

余元被抓之后，姜子牙和惧留孙又一次为难了。

两人讨论说，要杀余元，不过是用五行之术。可是，余元精通五行变化，只要利用生克之道，寻常方法根本弄不死他。

余元也得意扬扬，自以为姜子牙奈何不了他。

谁料想陆压忽然来到。余元一听陆压之名，登时大惊失色，哀求陆压饶他一命。他也知道陆压有斩仙飞刀。其刀不在五行之列，即便大罗金仙也一击必杀。只是，他哪里能知道，陆压之所以会出现，那就是因为他接到了元始天尊命令。元始天尊就是要杀死余元，进一步激怒通天教主。

陆压见余元哀求，无奈说：“你逆天行事，天理难容，况你是封神榜上之人，我不过代天行罚。”陆压言下之意，谁让你余元阻碍封神，得罪了元始天尊？圣人要弄死你，你千万不要怪我。

陆压祭出飞刀的方式和一般人祭出法宝大不相同。

他告诉姜子牙，摆出香案，然后他焚起清香，朝昆仑下拜，然后取出一个葫芦，揭开封印。但见葫芦中冒出一道白光，如同长线升起空中。空中有七寸五分一个小东西。那东西有翅膀，有眼睛，很是奇怪。

陆压口称：“宝贝请转身！”但见那东西在白光中转了三四圈，余元的脑袋就落了下来。

陆压在杀人之前，先要朝昆仑祭拜，可见让他杀人的命令必定来自昆仑。那法宝之所以能够杀人，就如同当初龙吉公主的三寸五分乾坤钉一样，被飞刀双眼盯住，就能锁定元神。元神不能逃脱，余元也就必死了。

杀死余元后，姜子牙本想将其首级挂在辕门，号令三军。陆压劝阻说：“不可。余元原有仙体，若是暴露，则非礼矣。用土掩埋。”对于姜子牙来说，余元就是敌人。对于陆压来说，余元却也是同道。余元此时虽然死了，可注定会封神重生。此时留点情分，到时候才好相见。

027　三千商军为何能大败六十万周军

在封神大战中，因有无数仙人加入，决定战争胜负的关键，一般都不在军队本身，而在仙人斗法的胜负。仙人胜则军队胜；仙人败，则军队败。

可是，有一场战役却是个例外。在那场战役中，商军主将的单挑实力平平，甚至可以说，周营中阐教门下任谁出战，都大有几率击伤甚至灭杀对方。可是，因为商军普遍装备了一种强大武器，使得周营即便有许多仙人也望风逃遁，六十万周军更被三千商军一路赶杀，死伤惨重。

商军装备的武器叫作万刃车。

那么，商军为何有万刃车这种强大武器？

前文说到，汜水关总兵韩荣听闻余元被杀，顿时失魂落魄。他知道独木难支，无法对抗周军，可又不忍心背叛纣王，献关投降。于是，他和几位副将商议，将印绶挂在官衙，各自带上家眷，弃官而去，归隐山林。反正他们为官多年，搜刮了不少金银，完全可以在乡间安稳度过晚年。

就在韩荣下令收拾金银，准备逃跑的时候，他的两个儿子跑来见他。他大儿子叫作韩升，二儿子叫作韩变，两人告诉韩荣，万万不可轻言弃官。所谓：“在社稷者死社稷，在封疆者死封疆。”一旦逃离，必然会被世人讥讽，使得一世英名受污。

韩荣见两个儿子大谈忠义，他也不禁汗颜。他告诉儿子，自己也想报效君王，怎奈周军强者众多，他韩荣独木难支。若是强行抵抗，激怒周军，一旦破关，那么汜水关数十万军民，未免要成炮灰。如今他弃官而去，反倒是救了关中百姓。

韩升、韩变听了哈哈大笑，他们告诉父亲放心，有他们二人在，必定可阻截周兵，保汜水关无恙。

见两个儿子口气如此大，韩荣大为奇怪，询问儿子凭啥如此自信。韩升就从书房中取出一个东西——乃是一个纸做的风车，当中有一个转盘，手拿着转盘中间的竹竿，吹口气，转盘就转动如飞。

韩升、韩变兄弟声称，这纸做的风车叫作万刃车，乃是一件威力强大的仙家法宝。有万刃车在手，就算周军有雄兵百万，也不是他们的对手。

韩荣看后，大失所望。在他看来，儿子手中拿的，不过就是寻常风车。与一般风车略有不同的是，在风车主竿上还有一个幡旗，上面写着一些鬼画符样看不懂的文字。

韩升见父亲脸色，哈哈一笑。他们兄弟把父亲拉到校场，在主座上坐好，把那纸做的风车放在校场中央。他们兄弟齐齐上马，披发仗剑，口中念动咒语。但见校场中忽然出现遮天云雾，凭空刮起烈烈阴风。在阴风云雾中，竟然还有无数火焰。在风火中，更有百万刀刃飞舞。韩荣吓得脸色发白，魂不附体。

一会儿，韩升、韩变收了法术，顿时，风火刀刃全部消失。校场上一片狼藉，那些靶子、草人，被切割成碎片。中间纸做的风车却安然无恙。

韩荣大喜，询问儿子为何有如此神奇法术。

韩升、韩变说：“那年父亲朝觐之时，来了一个陀头，叫作法戒，在我府前化斋。俺弟兄就与了他一斋，他就叫我们拜他为师。我们那时见他体貌异常，就拜他为师。他说道：‘异日姜尚必有兵来，我秘授你此法宝，可破周兵，可保此关。’今日正应我师之言，定然一阵成功，姜尚可擒也。”

书中说了，法戒乃是截教弟子，虽不在碧游宫亲传弟子行列，可在截教普通弟子中，还是颇有名气。

与阐教门下尽是战士型仙人不同，截教门下有许多学者型仙人。他们或者专研阵法（十天君、三霄娘娘），或者精通毒术、瘟疫（吕岳），或者专攻炼器（余元）。论起修为，他们许多人都在玉虚宫十二仙首之上，可论战斗经验、保命神通，则大大不如。

法戒就是截教诸多学者型仙人中的一位。他在封神大战中的战绩平平，有胜有败，但他在炼器方面的造诣，堪称一绝。

万刃车的成功研发，乃是封神世界法宝研制的突破性成就。

仙人的法宝，一般都需要罕见的天材地宝作为原料，并需要炼制者精心煅烧，并且在上面绘制各种奥妙符文，方才能够展现强大威力。

像十二仙首，乃是玉虚宫门下杰出弟子。元始天尊本人也擅长炼器。可即便如此，十二仙首中竟然还有一些人没有一件金仙级法宝。

可在法戒的手中，法宝不但可以批量生产，一下就产出三千件，并且只需要以寻常纸张作为原料，绘制的符文也被凝缩成“地水火风”四个字。虽然这种弱化版的法宝自然不能对仙人造成致命伤害，但因为数量庞大，群攻效果惊人，就算是阐教门人，也不敢冲入风火刀阵之中，更不要说周军那些凡人将士了。

韩升告诉父亲：“此车有三千辆，哪怕姜尚雄师六十万耶！一阵管教他片甲不存！”

韩升的话本就是为了鼓舞士气，多少有些水分。不过，三千万刃车登场时，确实将六十万周军杀得大败。

韩升从数万商军中挑选出三千人，交给两儿子训练。韩升、韩变让三千军士披发赤脚，左手拿着万刃车，右手拿着大刀。训练两周之后，三千商军正式出战。

两军对战，周军先锋官魏贲冲出，韩升、韩变出面阻截。韩升、韩变武艺平平，哪里是魏贲的对手。交手不过两三个回合，韩升、韩变拨马就走。魏贲赶来，韩升、韩变把枪一摆，三千万刃车杀出。他俩念动咒语，顿时风火齐出。

原文说：“人撞人，哀声惨戚；马踩马，鬼哭神惊。诸将士慌忙乱走；众门人借遁而行。忙坏了先行元帅；搅乱了武王行营。”

周军被万刃车一阵杀得尸山血海，难以抵挡。韩荣想着晚上偷袭可以对周军造成更重伤害，于是鸣金收兵。

两军不过略有交锋，周军已经被万刃车杀死杀伤七八千士卒。周军众人都说：“一派利刃，漫空塞地而来，风火助威，势不可敌，非若军士可以力敌也。”

这三千纸做的风车，竟然发挥出了当年风吼阵般强大的威力。阐教门下若非仗着遁术逃脱，若正面被万刃车击中，也必然受伤。

当晚，韩升、韩变趁着夜色，带着三千万刃车对周军大营发动夜袭。

原文说：“当日已晚，子牙因今日不曾打点，致令众将着伤，心下忧烦，不曾防备今夜劫寨。也是合该如此。众将因早间失利，俱去安歇。”

此前，当商军一方发动夜袭，周营将会造成重大伤亡的时候，都会出现种种异象。比如说，姜子牙丞相府屋顶上的瓦片，被大风刮下；大军辕门前的旗杆被风刮断。然后，姜子牙急忙占卜，得知敌情，于是周营躲过一劫。此前魔家四将、闻太师、羽翼仙要对周营夜袭的时候，都是如此。

可是，此刻商军夜袭，竟然没有任何异象发生。这是为什么？

原作者只是说，姜子牙忧心忡忡，无心考虑其他，众将也都睡觉去了，于是，周营合该有此劫难。

事实上是元始天尊明知商军发动夜袭，却不再提醒姜子牙。

原因和此前我对周营频频出现将领死亡现象的分析一样。如今周军强而商军弱，为了封神大战的需要，也不能总让商军去死，周营也必须付出一定代价。

在没有圣人眷顾——暗中递纸条，打小抄——的情况下，在融合了一定地水火风规则之力的万刃车攻击之下，周营死伤惨重。

原文说：“姜子牙有法难使，金木二吒也自难摹。李靖难使金塔，雷震子只保皇哥。南宫适抱头而走，武成王不顾兵戈。四贤八俊俱无用，马死人亡遍地拖。”

在韩升、韩变兄弟施法催动之下，三千万刃车冲入周军大营。因是夜黑，周营将士彼此不能相顾，被杀得血流成河，尸横遍野，六十万周军被杀得七零八落。在毛公遂、周公旦的保护下，武王姬发逃出大营。姜子牙仗着有杏黄旗护身，纵四不相一路狂奔。韩升、韩变催动万刃车追赶。

原文说：“把子牙赶得上天无路。”姜子牙空有打神鞭在身，却不敢回头迎战。老姜征战多年，混到如此凄惨的地步，也是少见。

不过，就在韩升、韩变得意之时，一位命中克星出现，轻而易举将二人生擒。

028 周营惨败暴露哪些危机

姜子牙修为虽然不高，但也算是久病成医，在历经多次劫难后，逃跑经验丰富之极。他见情势危急，骑上四不相就夺路狂奔。他从汜水关下一路逃跑，一跑就是百千里，竟然都跑到金鸡岭了。

其实，子牙公手上还有件强大法宝——打神鞭。本来，他只要祭出打神鞭，就可以收拾掉韩升或者韩变。只是，在祭出打神鞭的同时，他也有一定几率被万刃车砍中。虽然几率很小，但子牙公也不想冒险。于是，他一路逃啊逃。若没有救星出现，姜子牙将一路逃回西岐城。

幸运的是，就在金鸡岭上，姜子牙遇上了督粮归来的郑伦。一见自家人到来，老姜登时两眼泪汪汪，胆气也壮了三分。

姜子牙说："后有追兵，用的是万刃车，又有风火助威，势不可当。此是左道异术，你仔细且避其锐。"

在姜子牙口中，万刃车实在强大，无法阻挡。那么，郑伦迎战韩升、韩变的结果如何呢？

郑伦纵金睛兽上前，正面迎上韩升、韩变。郑伦大喝一声说："好匹夫，怎敢追我元帅！"估计后排的姜子牙听了会满脸羞愧。

韩升闻言，哈哈大笑说："你来也替不得他！"意思是说，你来了，也救不了姜子牙，顶多不过是他们多灭杀一人而已。

可是，韩升、韩变兄弟忘了回头多看几眼。原文说："韩升弟兄在前紧赶，三千兵随后，少离半射之地。"

本来，以万刃车之杀伤力，就算是郑伦，正面迎上也必然受伤。不过，郑伦的运气，或者说姜子牙的运气不错。因长途奔袭，骑着马的韩升、韩变兄弟已经把拿着万刃车的三千步兵远远甩开了。没有三千万刃车在侧的韩升、韩变，几乎就是两只肥羊。

可叹韩升、韩变二人还停留在追杀姜子牙的兴奋中，根本没有意识到局势已经变得很危险。何况，他们遇上的不是周营的普通将领，而是郑伦。

周营将领很多，凡人武将加上阐教门人，有名有姓的将近百人。即便是阐教门下，常驻西岐的也有九人。加上归降的黄家人、邓家人、苏家人、洪家人，武艺超群、法宝强悍者数以十计。可是，这些人中，绝大多数都只是能锦上添花，不会雪中送炭之辈。大胜在即时，这些人会一拥而上，抢夺功劳；生死危机时，这些人将明哲保身，作壁上观。

后文中，武王姬发见到逃难归来的姜子牙，就不禁流泪哭诉。姬发说："孤几乎吓杀！幸得毛公遂保孤，方得免难。"周营那么多将领，为何在武王姬发有难时只有一个毛公遂在旁边保护？姬发之语，既是哭诉，也是批评。

原文这么解释："众门人诸将齐集，大抵是黉夜交兵，便是有道术的也只顾得自己，故此大折一阵。"诸位精通仙法的阐教门人在武王有难时，为何都不在身边呢？只因商军是在夜间偷袭，大家只能顾得了自己。

事实上，不是因为夜间大家视野受限才没有救武王姬发，而是他们胆小怕事，明哲保身，只顾自己，不顾武王。在阐教诸门人看来，武王姬发乃是鸿钧老祖钦定的开国之君。即便他在乱军中被杀死了，高层也会拿出仙丹来救活他。就如当初姬发在红砂阵遇险一样。

像金吒、木吒、李靖、韦护都是这种人。雷震子、土行孙稍稍好些。哪吒、黄天化、杨戬三人则完全不同。哪吒、黄天化热血好战，悍不畏死。杨戬则精明沉稳，更赤胆忠心。商军夜袭之夜，若是此三人中任意一人在，姜子牙与武王姬发绝不至于那么狼狈。可惜，黄天化已死，哪吒负伤去了乾元山金光洞，杨戬在督粮的路上。

郑伦虽然是中途加入周营，不过，他属于那种干一行，爱一行的人，角色转换非常彻底。大家看他称呼姜子牙为"吾元帅"就可以知道，他已经完全把自己定位为周营一员。

郑伦的性情与哪吒、黄天化相似，遇到危难从不畏缩，对手越强，越是兴奋。听姜子牙说万刃车很厉害，郑伦的第一反应不是避让，而是纵骑而上，与韩升、韩变兄弟战在一处。

郑伦的武艺虽然不算封神世界巅峰，但也可入一流行列。韩升、韩变武艺稀松，即便双战，也不是郑伦的对手。何况，在封神诸多人物中，郑伦的先手意识算是极强。这也是他以人仙修为，却能屡建大功的关键原因。

原文说：“郑伦知他万刃车厉害，只见后面一片风火兵刃拥来，郑伦知其所以，只一合，忙运动鼻子内两道白光，一声响，对着韩升兄弟二人哼了一声……”

远远看到三千商军卷着风火而来，郑伦多么机敏，立刻做出决断。他明明武艺占优，依然在一个回合后就开始放大招。所谓狮子搏兔，也用全力。如此，才可以保证战绩。

两道白光闪过，韩升、韩变双双落马。郑伦部下乌鸦兵上前将二人捆绑锁拿。等到那三千商军赶到金鸡岭想要上前救人，可因为万刃车没有了韩升、韩变的施法加持，已经恢复成普通纸风车。郑伦一声大喝，三千商军便丢下万刃车，转身逃跑，眨眼工夫就跑得干干净净。

在郑伦的护卫下，姜子牙回到了汜水关大营，见到了诸位将领。

可以说，在听到武王姬发的哭诉后，联想到自己一夜逃亡的窘状，姜子牙对满营诸将必然很失望。可是，姜子牙一句批评的话都没有说。原文道：“彼此安慰，治酒压惊，一宿不表。次日，整顿雄师，复至汜水关下扎营。”

姜子牙就仿佛什么事情也没有发生一样，和武王姬发喝着小酒，聊着闲话。第二天，整顿兵马，再次出征。只因姜子牙知道，法不责众。当晚表现欠佳的将领实在太多了。何况，刀剑高悬，性命堪忧时，谁不怕死？别人可不像姬发、姜子牙一样有重生的机会。

不过，在后来评定封神榜时，估计有姜子牙递话，救过姜子牙一命的郑伦在封神榜中地位颇高。他以一个投降将领的身份，却被元始天尊单独敕封，成为镇守西方之护法大神，地位与八部主神等同。

在韩升、韩变死后，汜水关失去了最大的倚仗。姜子牙将韩升、韩变推到阵前，把钢刀架在两人脖子上，威逼二人开口招降其父。没想到韩升、韩变凛然不惧，劝父亲死守城池，忠心报国。姜子牙大怒，将二人杀死。

见双子身亡，韩荣肝肠寸断，他大叫一声，跳下城楼而死。原文说：“可怜父子三人，捐躯尽节，千古罕及。”

《封神演义》的作者以及许多历史学家，都有一种奇怪的观点，一方面对韩荣、韩升这种助纣为虐之徒满是鄙视、批判之词，一方面又对韩荣、韩升等为故国死节之人无限推崇，不吝赞美之词。

自古以来，能把信仰看得高过生命的人都太少。因为少，所以珍惜，所以被人推崇。只是，老百姓另有一套评判标准。

原文就说：“韩荣坠城而死，城中百姓开关，迎接子牙人马进汜水关。父老焚香迎接武王进帅府，众将官欢喜，查点府库钱粮停妥，出榜安民。”

韩荣前脚刚死，后脚就有人开关献城。不是老百姓不效忠君王，而是自家性命要紧。入城之后，众将领无不欢喜。破城之后，周军做的第一件事情就是查点府库钱粮。大伙都等着评定功绩，分发金银呢！

029 封神最成功的人体改造大师是谁

哪吒受伤后，被太乙真人接回乾元山金光洞中休养。后来，杨戬盗得化血神刀解毒丹，托木吒前去送药。在服下解毒丹后，哪吒的伤情痊愈。

其实，即便杨戬没有盗得解毒丹，以太乙真人的神通也能治好哪吒的伤情。

前文不是说化血神刀之毒，天下间无他人可解吗？莫非太乙真人也是罕见的炼丹大师、医家圣手？

并非如此。

太乙真人的炼丹术、医术在金仙之中平凡无奇。可是，他有一样神通，不但在金仙中，就算与大罗金仙中人相比，也绝对算是出类拔萃。

这神通，叫作人体改造术。

前文我们曾经说过，为迎战封神，不少大仙都对门人弟子进行人体改造，以迅速提升他们的修为。比如，云中子让雷震子服下两枚仙杏，使得雷震子拥有风雷翅，可以瞬息千里；广成子让殷郊吃下仙豆，使得殷郊长出三头六臂九只眼，武力值大大提升。

同样，太乙真人为提升徒弟哪吒的实力，也煞费苦心。以莲花重塑的肉身，使得哪吒可以躲避绝大多数的魂魄类攻击。这魂魄攻击免疫的神通，让哪吒在周营中如鹤立鸡群，独领风骚。

其实，太乙真人对哪吒的人体改造，并非只用莲花塑身一次，前前后后他一共施展了四次。每次之后，哪吒的本领都得到迅速提升。

其一，让哪吒转投人胎。

哪吒的前世叫灵珠子。之所以叫作灵珠子，是因为他本是一颗宝珠吸收天地灵气后，修炼得道化成人形。也就是说，哪吒的前世并非人族，而是灵族，如陆压、马善、石矶娘娘一样，都是由某样物体产生灵智后所化。

灵族修炼有优势，他们经过修炼，一般都能拥有强大的天赋神通。比如火灵陆压与马善，就不畏惧任何火焰，并且能火中重生、火中遁形，等等。

但灵族修炼也有一个极大的劣势，那就是需要耗费超长的时间。无论是马善还是陆压，都是动辄修炼了几千年甚至上万年的老怪物。像石矶娘娘，更是从玄黄时期就已经存在，修到金仙进阶，竟然耗费了亿万年。

但封神大战不等人。太乙真人想在封神大战中建立功勋，必须培养出一个好弟子。于是，他让灵珠子转世投胎，并且是投胎到人类腹中。

人类修仙有一个极大优势，那就是进阶迅速。人类一出生便开启灵智，并且体形、魂魄最似仙人。相比世间万族，人族最适合修仙。像十二仙首，他们长的不过修行两千年，短的不过千余年，就已经到达金仙中期以上境界。这点可是妖族、灵族等无法相比的。

只是，人类修仙也有一个极大的劣势，那就是肉身孱弱。

为此，太乙真人开始了对哪吒的第二次改造。

其二，让哪吒以香火塑身。

在哪吒系列中，我们曾经说过，太乙真人是刻意布局，激发哪吒与父亲李靖之间的矛盾，故意让哪吒惹是生非。最终，哪吒剖腹挖心，散去人类血肉。

这对于哪吒与李靖来说，自然是件肝肠寸断的糟心事，可对于太乙真人来说，却是改造哪吒的必须一步。唯有散去孱弱的人类肉身，哪吒才有可能既拥有人类的灵智，又拥有强大的新肉身。

太乙真人让哪吒回家，托梦给母亲，让母亲修建哪吒行宫。通过百姓对哪吒塑像的叩拜，让哪吒吸收百姓的香火。随着吸收香火渐多，哪吒的魂魄也越发凝聚。如果再有三五年，哪吒就可以拥有香火所化的肉身。

按照太乙真人的计划，那肉身与莲花化身一样，都非血肉之躯，寻常法术、法宝对那肉身同样无效。那肉身、魂魄因为是万千百姓的香火、信仰凝聚，强度比莲花化身还高。可是，李靖砸碎哪吒雕像，打乱了太乙真人的安排。哪吒不但无法凝聚出肉身，连魂魄也受到了重大伤害。

无可奈何之下，太乙真人只能对哪吒进行第三次人体改造。

其三，以莲花塑身，金丹定魂。

因为哪吒又一次只剩下残魂，时间上就更加紧迫了，于是，太乙真人只好用莲花池中的莲花重塑哪吒肉身，并且以金丹强行定住哪吒的魂魄，以达到类似香火凝聚肉身、魂魄的效果。

应该说，重生之后的哪吒，比早年的哪吒强了许多。可是，他依然有很大的提升空间。

在剿灭三十六路征伐期间，哪吒凭借莲花化身屡立战功，但是哪吒修为不高，综合实力提升缓慢等问题也暴露了出来。

一般情况下，仙人都是依靠提升修为，提高本体实力。因为魂魄被定住，哪吒在修炼魂魄上困难重重。魂魄不能化为元神，哪吒就无法正式进阶神仙，其神通、法力就会大大受限。但一旦解锁定魂，单凭莲花身躯，哪吒在战斗中就失去了最大优势。

如何在不解锁金丹定魂的情况下，大大提升哪吒实力呢？

在苦思多年的情况下，太乙真人终于找到了方法。在哪吒被化血神刀所伤后，太乙真人将哪吒接回。他正是要借这个时机，对哪吒进行第四次改造。

其四，三头八臂，自由隐现。

哪吒伤好准备下山，太乙真人赐给哪吒三杯酒，并且拿出三个枣儿给哪吒过酒。哪吒服下后，驾风火轮离开。可没走多远，他身体内一阵爆响，竟然长出两颗脑袋，六只手来。

哪吒大吃一惊，连忙赶回金光洞询问师父。一问之下，哪吒才知道，这本就是师父所安排。他之所以长成三头八臂模样，全因吃了那三个枣儿。那三个枣儿，就是太乙真人苦心炼制的人体改造丹所化。

太乙真人说："子牙行营有许多异士，然而有双翼者，有变化者，有地行者，有奇珍者，有异宝者，今着你现三头八臂，不负我金光洞里所传。"

周营奇人异士极多，论速度，哪吒不如雷震子；论变化，哪吒不如杨戬；论神通，哪吒不如土行孙；论法宝，哪吒不如金吒、木吒、韦陀。单凭一个魂魄攻击免疫，哪吒在周营中已经越来越难混！

可是，哪吒修成三头八臂后，情况就大不相同了。三头八臂首先大大提升了哪吒的武力值，从此之后，攻防能力大幅度提升。

太乙真人这三枚枣儿，比当初广成子给殷郊吃的豆子要强太多了。当初殷郊吃了豆子后也长出三头六臂——和三头八臂相差不多。不过，有一点很鸡肋，就是殷郊那三头六臂是定型的，永远都是一副怪物模样。哪吒的三头八臂神通就不一样了。太乙真人说了："这法隐隐现现，但凭你自己心意。"人家既可以变成杀神模样吓小孩，也可以恢复成帅哥模样哄美女。

另外，在哪吒本有的乾坤圈、混天绫、金砖、两根火尖枪之外，太乙真人又把自己压箱底的阴阳双剑与九龙神火罩传给了哪吒。从此之后，哪吒也拥有金仙镇洞之宝（B+）了！

哪吒自然大喜。他到了西岐城后，故意不收回神通，以三头八臂模样进入周营，拜见姜子牙。满营众将见了，无不羡慕。

只是，大家除了羡慕也别无他法。在封神诸仙中，除了太乙真人，还真没有哪个师父对徒弟那么上心。他们都只是传点粗浅神通，暂借一件法宝，从此就甩手不管了。像哪吒这样，两次三番回去进修的，绝无仅有！

030 元始天尊出巡有哪些神奇之处

封神世界中圣人极少，他们不但修为高深、神通广大、法力强悍，并且就连出行、住宿都有许多神奇现象。

在封神诸圣之中，最喜欢出巡的当属元始天尊，最喜欢讲排场的也是元始天尊。元始天尊出行有哪些神奇之处呢？

其一，乘坐"超级豪车"。

在封神世界，绝大多数仙人出门都是施展五行遁术，只有极少数身家丰厚者才能乘坐灵兽灵禽。

姜子牙在第一次见到九龙岛四圣坐的上古凶兽时，惊骇不已，也羡慕不已。后来，他上昆仑见了元始天尊，苦苦哀求，元始天尊才把他自己的坐骑四不相相借。

元始天尊看起来很大方，其实很小气！他借给姜子牙的，只是他看不上眼的一只普通坐骑。四不相的实力在封神世界里算是很渣的。无论是常规遁术还是爆发能力、反应能力，四不相都平平无奇，比截教许多金仙的坐骑也强不了多少。否则，姜子牙也不会一而再、再而三地被人追上，打死。

以元始天尊的身份，怎么可能只有一只坐骑？他家后院，绝对养着一群灵兽灵禽。但他出门乘坐的不是一般的灵禽灵兽，而是一辆超级豪车。他的豪车堪称封神世界最为奢华的出行工具。

在破黄河阵故事中，原文说：“燃灯秉香，轵道伏地……元始天尊落了沉香辇。”在破诛仙阵故事中，原文说：“只见元始天尊坐九龙沉香辇。”

元始天尊不愧圣人中的大腕。所谓“辇”，多指帝王乘坐的马车。元始天尊的身份比帝王可高贵多了。他出行乘坐的，乃是由九条神龙拉动的由罕见的沉香木打造的豪车。

我们虽然不知道此车的速度如何，但论舒适性，论奢华度，这九龙沉香辇绝对是封神头一份。

其二，登场自带音效、异香。

传统的仙佛壁画中，圣人出行都有许多小仙随行。他们或者在前排清场，或者在空中飞舞盘旋，或者演奏各种乐器。护卫、仪仗、奏乐等各有分工。总之，仙乐是有人演奏，方才能够产生的。

可是，在《封神演义》中并非如此。

为破黄河阵，阐教掌教元始天尊驾临西岐。原文说：“燃灯、子牙听见半空中仙乐，一派嘹亮之音，燃灯秉香，轵道伏地。馥馥香烟，氤氲遍地。”

随元始天尊驾临西岐城的，仅仅是南极仙翁一人，并无许多小仙。既然没有小仙跟随，那么，大家耳中听到的嘹亮仙乐是从哪里冒出来的呢？

唯一的解释是，那仙乐是圣人自带的。或者说，是圣人神通衍化出来的。

在破诛仙阵故事中，元始天尊二次下山。原文说：“只听得半空中仙乐齐鸣，异香缥缈，从空而降。众仙下篷来，迎掌教师尊。”此处一样只是提到，来的就是元始天尊，并无随从小仙。而且，元始天尊登场除了自带音效外，还能自带异香。那香味可不是沉香辇带来的，而是圣人身上散发的。

与元始天尊同样，老子在登场时也能自带音效，自带香气。

原文说：“说话未了，只听得半空中一派仙乐之声，异香缥缈，板角青牛上坐一圣人，有玄都大法师牵住此牛，飘飘落下来。”跟随老子下山的，只有玄都大法师一人。可是，他一旦登场，也有一派仙乐，异香飘飘。

其他如通天教主、女娲娘娘出行，都是如此。

不过，没有达到圣人级别的仙人，可没有这种待遇。

比如，原著中讲到十二仙首驾临西岐，就只是驾驭遁光，没有任何奇异之处。燃灯道人的修为、地位虽比十二仙首要高，但他来到西岐也只是“跨鹿乘云，香风袭袭”。

换言之，圣人出巡，有仙乐，有异香；大罗金仙下界，有异香，无仙乐；金仙及以下，啥也没有。

其三，住宿自带光环。

除了出行时圣人与众不同外，在住宿时圣人也有神奇之处。

破黄河阵故事中，原文说：“至子时分，天尊顶上现庆云，有一亩田大，上放五色毫光，金灯万盏，点点落下，如檐前滴水不断。”

元始天尊来到西岐城后，准备明天破阵，当晚休息。别的仙人休息时，不过是运转元神，外表并无异象。可是，元始天尊乃圣人高手，一旦进入静修之境，头顶就显出庆云，庆云之上还有金灯。

在破十绝阵故事中，像文殊、普贤等人也展现了头顶浮现庆云、脚下生出莲花的护体神通。相比截教仙人大都热衷炼器、炼药、阵法等身外之物，阐教仙人大都修炼了强悍的护体神通。

法宝可能被夺走，阵法可能被攻破，唯独护体神通抢不走。靠着庆云、莲花护体，阐教十二仙首躲过了许多次劫难。

元始天尊修炼的庆云神通可比弟子们强太多了。像文殊不过是头顶方块之地有庆云，普贤不过有八盏金灯。可是，元始天尊有亩许大庆云，有万盏金灯。

在万仙阵故事中，原文说：“至子时正，元始顶上现出庆云，垂珠璎珞，金花万朵，络绎不断，远近照耀。”这一次，元始天尊换了花样，除了头顶庆云照旧，这次不显现金灯，改展现金花了，并且放射万道光芒。

老子打坐时显出的异象，与元始天尊有相似，也有不同。他打坐时，也会出现庆云，不过庆云之上不是金灯，不是金花，而是一座不停转动、放射金光的玲珑宝塔。

那么，作为封神世界第一高手的鸿钧老祖，其出巡时有何异象呢？

原文说：“忽见正南上祥云万道，瑞气千条，异香袭袭，见一道者，手执竹杖而来。”与元始天尊、老子、通天教主等弟子出行时仙乐飘飘不同，鸿钧老祖出行是祥云万道，瑞气千条。

鸿钧老祖出行虽然不像元始天尊那般奢华高贵，也不像通天教主那般前呼后拥，但给人的震撼却远过诸位圣人。就算是指着鼻子骂通天教主的老子，在见到祥云腾跃之后，也立刻趴伏在地。

031 燃灯与十二金仙为何不敢进诛仙阵

在封神诸多金仙中，玉虚宫十二金仙算是绝对的强者。因为出身名门、背景深厚，加上本身修为不俗，多有超强法宝，十二金仙在面对截教仙人时常常自信满满。即便是遭遇大罗金仙高手，十二金仙也浑然不惧，嬉笑怒骂如常。放眼整个封神大战，除了在赵公明与三霄娘娘处大折颜面，十二金仙还真没有怕过谁。

可是，在诛仙阵前，一贯眼高于顶的玉虚宫十二金仙，竟然连进入大阵查探的勇气都没有。这是怎么一回事呢？

依照元始天尊的法旨，在约定的日子，玉虚宫十二金仙在界牌关前齐齐聚首。

除了这伙老兄弟，陆压道人竟然也来了。陆压道人说：“如今诛仙阵一会，只有万仙阵再会一次，吾等劫运已满，自此归山，再图精进，以正道果。”

会战诛仙阵之后，还有万仙阵，这本是阐教高层的绝密消息。元始天尊在金台拜将时曾经透漏给姜子牙与十二金仙，当时陆压并不在场。那陆压为何会知道呢？

此处再一次证明，陆压道人的真实身份并非散仙，而是老子玄都洞中的灯火成仙。陆压其实就是老子的弟子！

原文十二金仙回答说：“师兄之言正是如此。”

“师兄”与“道兄”不同。所谓“道兄”，只是修道之人彼此的客气称呼，一般与实力有关，而与师承无关。原著中燃灯道人称呼三霄娘娘为“道兄”，杨戬同样称呼三霄为“道兄”。只因杨戬的辈分虽然低，但是修为却高。“师兄”则无关修为，只与师承有关。原著中，姜子牙只是神仙修为，见到广成子、南极仙翁都是称“师兄”。杨戬修为很高，见了姜子牙一样恭恭敬敬地叫“师叔”。

十二金仙在十绝阵时初见陆压，那时不知陆压真实身份，称呼陆压为“道友”。如今大家发现原来是同气连枝，于是称陆压为“师兄”。

不过，从陆压与十二金仙的对话可以看出，在陆压与十二金仙看来，别说破诛仙阵不算什么，就算是截教最强的万仙阵也无法阻挡他们前进的脚步。于是，当燃灯道人到来后，大伙儿一起嚷着要去诛仙阵看看。燃灯道人再三阻拦都没拦住。

既然十二金仙这么有信心，为何他们到了诛仙阵前却不敢进入呢？

首先，燃灯道人慎重的态度惊到了十二金仙。

燃灯道人到来后，询问大伙：“诛仙阵只在前面，诸友可曾见么？”

十二金仙听了问话，很是奇怪。他们早听闻截教要在界牌关前摆下诛仙大阵。可是，他们从空中飞过的时候，明明什么也没有看见。如今，燃灯道人却说诛仙阵就在前面，这是怎么回事呢？

燃灯道人乃是师长辈，十二金仙不敢撒谎，老老实实地说：“前面不见什么光景。”

燃灯道人挥手一指说：“那一派红气罩住的便是。”众人起身，定睛观看，可依然什么也没有看见。

这说明什么？说明诛仙阵非常强大，强大到它就在眼前，而十二金仙竟然都看不到。若是贸然闯进去，还不是有死无生？

多宝道人感知到燃灯道人已经来了，于是他发出掌心雷，将遮蔽诛仙阵的红气震开，让阐教门下能够见到诛仙阵。

十二金仙站在周营搭建的芦篷中远远观看。蓦然间，发现红气退散，显现出一座大阵来。

原文说：“杀气腾腾，阴云惨惨，怪雾盘旋，冷风习习，或隐或现，或升或降，上下反复不定。”

玉虚宫十二金仙的修为太低，加上他们又都在远处，除了感受到诛仙阵散发出来的强大杀气，根本不明白其中运作原理，更谈不上如何去闯阵，破阵。

强大如燃灯道人、陆压道人等都沉默不语，实力高强如广成子、赤精子、太乙真人也都不出声。唯独水平最渣的黄龙道人，不知道诛仙阵凶险，还在嚷嚷：“吾等今犯杀戒，该惹红尘，既遇此阵，也当得一会。”这家伙竟然把诛仙阵当成十绝阵，想进入大阵中耍一耍。

燃灯道人听了，一脸严肃地告诫说：“自古圣人云：只观善地千千次，莫看人间杀伐临。”他老人家言下之意，这诛仙阵可不是好闯的。一旦进入，便有性命之忧。

可是，十二金仙中大多数人都看不懂诛仙阵如何强大，如何凶险。见黄龙真人都不害怕，大家纷纷开口，要求去诛仙阵中走一走。万一诛仙阵名不副实，那他们也就顺手破了，省得师父元始天尊出手了。

燃灯道人阻止不了，只好领头压阵，带着他们来到诛仙阵前。

不过，因为有燃灯道人的严重警告，十二金仙还是很谨慎的。他们口中对诛仙阵不屑，可谁也不敢第一个闯入大阵。

其次，亲眼见到四把仙剑，十二金仙无不畏惧。

众人来到诛仙阵前，看到大阵东西南北四方各自挂着一把宝剑。燃灯道人向十二金仙介绍，那四把宝剑分别叫作诛仙剑、戮仙剑、陷仙剑、绝仙剑。这四把仙剑本是鸿钧老祖斩妖除魔、震慑万仙之佩剑。因他老人家修成无极大道，挥手可毁天灭地，已经不需要借助法宝之威，于是在亿万年前，他在分宝崖前将这四把仙剑传给了小徒弟通天教主。

当得知眼前四把仙剑竟然是祖师爷所传，玉虚宫十二金仙无不骇然。虽然他们依旧看不懂大阵上高悬宝剑有何门道，但任凭是谁，再也不敢踏入诛仙阵半步。

事实上，不单是玉虚宫十二金仙入阵必死，就算是燃灯道人进入，一旦多宝道人催发大阵，燃灯道人也百分百必死！

要知道，后来元始天尊进入大阵，开启全部护体神通，在经过高悬的仙剑时，其护体莲花也被削掉一朵。

032 多宝道人为何敢当着阐教群仙的面挑战广成子

燃灯道人与玉虚宫十二金仙在诛仙大阵外左瞧右看的时候，听闻阵内传来歌声：

“兵戈剑戈，怎脱诛仙祸；情魔意魔，反起无明火。今日难过，死生在我。玉虚宫招灾惹祸，穿心宝锁，回头才知往事讹。咫尺起风波，这番怎逃躲。自倚才能，早晚遭折挫！”

此歌大意为，阐教群仙大动干戈，妄惹无明，触怒了通天教主，如今截教摆下诛仙阵，阐教众生是生是死，都由截教掌控。以往，玉虚宫门下总是倚仗才能，肆意妄为，如今怎能逃脱眼前劫难？

在歌声中，满是对阐教的愤恨与蔑视。这唱歌者是谁？通天教主门下大弟子、负责在界牌关布下诛仙剑阵的多宝道人。

身为截教四大弟子之首的多宝道人，其实力到底有多强？他为何唱歌？又为何躲在诛仙阵内唱歌？

之前，广成子杀了多宝道人的亲传弟子火灵圣母，阐教群仙杀害了数以十计的截教仙人，并且在元始天尊的默许下，阐教仙人肆意散布对截教的种种污蔑言语。身为截教掌门大弟子，多宝道人有着强烈的宗门荣誉感。面对阐教的污蔑，是可忍，孰不可忍。因此，只要有机会，多宝道人就要出手会一会阐教仙人，挫挫阐教仙人的骄狂之气。

至于为何躲在诛仙阵中，那也简单。有诛仙阵的加持，他胜算大增。别说玉虚宫十二金仙，就算是燃灯道人进来，也不用多宝道人动手。那高悬的仙剑，就会直接把他打残。

听闻多宝道人挑衅的言辞，玉虚宫十二金仙多露出激动神色，不少人就要冲入大阵。燃灯道人连忙劝说：“众道友，你们听听作的歌声，岂是善良之辈！我等且各自回芦篷，等掌教师尊来，自有处治。”

燃灯道人第一句话是批评多宝道人，说多宝动辄说什么诛仙，用心险恶。然后又劝说十二金仙，不要与多宝道人计较，暂且回芦篷，等掌教老爷元始天尊来了再说。燃灯道人是个说话只说半句的人。他言下之意，是多宝道人很强，诛仙剑阵危险，我们斗不过，先躲躲吧。

十二金仙虽然不忿，但没有谁敢冲入大阵找多宝道人的麻烦。于是，大家都准备退走。见言语挑衅无效，多宝道人只好跳出大阵。他大叫说：“广成子，不要走，吾来也！”

多宝道人这一跳，乃是冒着很大的风险。

原著中虽然没有明确介绍多宝道人的修为，但以他通天教主大弟子的身份，至少也是大罗金仙修为，甚至应该是大罗金仙后期圆满之境。

要知道，他三个师妹每个人都修行了数万年，龟灵圣母、无当圣母，那都是和孔宣一样，从开天辟地之后就存在的第一批生灵。而多宝道人入门最早，追随通天教主的时间最长，在截教门下深得众多师弟师妹尊崇。通天教主要布诛仙阵，也第一个想到多宝。

论修为，多宝道人完全可以碾压广成子。

可无论多宝道人再强，也只是一个人，对方却有十三个人。

单单一个燃灯道人，实力就不逊多宝道人，更何况玉虚宫十二金仙绝大多数都有超强法宝。就算金仙级镇洞之宝一下子杀不死大罗金仙后期仙人，但是三五件、七八件法宝一齐轰下，多宝道人不死也要残。当初同为大罗金仙的赵公明、吕岳等人，不就是遭遇众小强围殴，最终被打成“狗”了吗？

可是，多宝道人还是跳了出来。

一方面，多宝道人觉得自己修为高深，远超玉虚宫十二金仙；另一方面，他背后就有诛仙阵在那杵着，若打不赢，那就躲入大阵好了。

面对挑战，广成子大怒。他说：“多宝道人，如今不是在你碧游宫，倚你人多，再三欺我；况你掌教师尊吩咐过，你等全不遵依，又摆此诛仙阵。我等既犯了杀戒，毕竟你等俱入劫数之内，故造此孽障耳。正所谓‘阎罗注定三更死，怎肯留人到五更’！”

当着燃灯道人和其他师兄弟的面，广成子一副很委屈的模样。在他口中，多宝道人早在碧游宫时，就倚仗人多，再三欺负他；如今不在碧游宫了，还是很嚣张。如今，他有众多师兄弟撑腰，可不像当初那样势单力孤了。他广成子要当一回阎王，弄死多宝道人。

两人交手，战在一处。广成子心中满是杀意，抢先祭出法宝番天印。原文说：“广成子祭起番天印，多宝道人躲不及，一印正中后心，扑的打了一跌，多宝道人逃回阵中去了。”

番天印一旦祭出，速度奇快，很难躲闪。这一点，已经通过数人的死亡得到证明。不过，番天印的威力并不很强，或者说多宝道人的抗击打能力非常强。总之，被番天印打中后心后，多宝道人不但没死，甚至连重伤都没有。他只是如同被人推了一把一样，打了一个跌，立刻爬起来，浑然无事。

见广成子还一副激动模样，燃灯道人忙劝说道：“且各自回去，再作商议。”

诛仙阵太过凶险，擅自闯入，有死无生。广成子与众仙也只能悻悻然离去。

从表面上看，这一战是多宝道人败了。但若我们联系前后来看，就会发现，多宝道人其实是诈败。

为何这么说？

因为多宝道人一直都在盘算如何把阐教众仙引诱进入诛仙阵。最开始，他以歌声激怒；见唱歌无效，他跳出来挑战广成子；被广成子打伤后，貌似慌忙地躲进诛仙阵。这先强后弱之间的对比实在太分明了。

在广成子等玉虚宫十二金仙看来，多宝道人不过如此，没啥了不起。可是，身为阐教二圣之下第一人的燃灯道人，对多宝道人却始终忌惮。他三番两次劝说众仙，不要招惹多宝，不要进入诛仙阵。

换言之，燃灯道人知道多宝道人的真实水平很强，猜出多宝道人是在引诱众仙。一旦大家上当，追杀入诛仙阵，那么，最终的结局就会真如多宝所言：“死生在我！”

033　诛仙阵到底有多强？元始天尊能破吗

燃灯道人与玉虚宫十二金仙回到芦篷后不久，掌教元始天尊驾临。诸位弟子拜见，元始天尊说：“今日诛仙阵上，才分别得彼此。”

元始天尊在未进入诛仙阵前，对于破阵颇有信心。所谓才分得彼此，其实就是才分得高下。自然是，他的阐教为高，通天教主的截教为下。

见元始天尊这么有信心，大家都放心了。第二天一大早，燃灯道人就跑来请示：“老师，今日可会诛仙阵么？”元始天尊回答说：“此地岂吾久居之所？”他老人家言下之意，这界牌关芦篷中有什么好待的，自然要尽快破阵，回玉虚宫才行。

然后，阐教门下排班，大家一对对出行，簇拥着元始天尊，以最强阵容来到诛仙阵前。

来到大阵前，元始天尊与通天教主彼此客套了一番。然后，元始天尊开始挑事。他批评通天教主设立诛仙阵是违背诺言，逆天而行。通天教主表示，自己也是被逼无奈，实在是广成子辱他截教太甚。

见广成子默认过错，元始天尊不但不批评，反倒包庇说：“贤弟，你也莫怪广成子。其实，你门下胡为乱做，不知顺逆，一味恃强，人言兽行。”对于通天教主，元始天尊倒打一耙。通天教主大怒说：“据道兄所说，只是你的门人有理，连骂我也是该的？”

双方于是闹翻。口头无法解决的问题，只好以武力来解决。

通天教主提出，只要元始天尊破了诛仙阵，那他就承认有错。元始天尊哈哈一笑说：“你要我破此阵，这也不难，待吾自来见你此阵。”

到此时，元始天尊对于破诛仙阵还是自信满满。但是，等元始天尊进入诛仙阵转了一圈之后，他的态度就发生了大逆转。

他出了诛仙阵后，阐教群仙前来迎接。资历最深的燃灯道人见元始天尊脸色有点难看，于是询问：“老师，此阵中有何光景？”元始天尊没有详细说，只回答：“看不得。”一听此话，燃灯道人立刻明白，然后不再询问。

一旁的大弟子南极仙翁却说：“老师既入阵中，今日如何不破了他的，让姜师弟好东行？”南极仙翁对师父元始天尊向来极有信心。在他看来，师父乃是圣人，是通天教主的二师兄，实力自然当在通天教主之上。既然元始天尊能安然走出诛仙阵，那就证明元始天尊有足够的实力破阵。

十二金仙听了，也连连点头，看元始天尊的眼神中都满是兴奋与期待。

元始天尊面沉似水，淡淡地说：“古云：‘先师次长。’虽然吾掌此教，况有师长在前，岂可独自专擅？候大师兄来，自有道理。”

他老人家言下之意，诛仙阵没啥了不起，他随手可破。只是，他上面还有大师兄，未经大师兄同意，他不好先破了诛仙阵。

元始天尊说的是实话，还是在为自己遮羞？

就在当天，老子降临芦篷。两人客套一番后，元始天尊表示：“今日贫道自专，先进他阵中走了一遭，未曾与他较量。”元始天尊强调，自己进入诛仙阵，只是逛了逛，并非尝试破阵。

老子哈哈一笑说：“你就破了他的罢了。”言下之意，元始天尊根本不需要等他老子。

其实，类似的场景不仅出现了一次。

当初，在三霄娘娘摆下黄河阵的时候，元始天尊也是先入大阵一趟，然后，燃灯询问为何不顺手破了大阵。元始天尊也回答要等大师兄。等老子来了，老子却回答："你就破了罢，又何必等我？"

至此，真相浮出水面，元始天尊并非不屑于破阵，而是根本无法破阵。为了给自己遮羞，他才谎称要等大师兄前来。

那么，元始天尊在诛仙阵中遭遇了什么，让他胆战心惊地退出大阵，以圣人之尊却不惜撒谎呢？

当时，元始天尊驱动九龙沉香辇来到大阵东门。四门之中，东门悬挂的乃是诛仙剑。

元始天尊口头上对诛仙阵不屑一顾，行动上却非常重视。

他一拍沉香辇，飞到空中，又召来四位揭谛神，把沉香辇抬走。他开启护体神通，脚下生出四朵金莲花，花瓣上生光，光上又生花。刹那间，在元始天尊周围，形成了万朵金莲。在万朵金莲的保护之下，元始天尊缓缓飘进大阵东门。

通天教主见元始天尊到来，发一声掌心雷，震动东门高悬的那把宝剑。那诛仙剑一晃动，原文说："虽是元始，顶上还飘飘落下一朵莲花来。"通天教主还未真正出手，单凭悬挂的先天宝剑本身威力，就击落了元始天尊的一朵莲花。

走入大阵后，元始天尊非常谨慎。他从正南门走到正西门，又到正北门看了一遍，最终又从正东门出来。整个过程中，元始天尊并没有一次出手，就如他对老子所说，只是到诛仙阵中逛了一逛。

出阵之后，元始天尊还唱了一首歌，表示对通天教主与诛仙剑阵的鄙视。歌曰："好笑通天有厚颜，空将四剑挂中间。枉劳用尽心机术，独我纵横任往还。"

乍一看，元始天尊能走入大阵并全身而退，确实算是"纵横往还"。只是，当初元始天尊对众位弟子、对通天教主所说的，可不是进入诛仙阵，而是破了诛仙阵。

如何才算是破阵？

一者，击败或杀死主持大阵者。像后来真正破阵时，乃是四圣联手痛扁通天教主，通天教主被打得落荒而逃。

二者，毁去大阵阵眼，使得大阵瘫痪。像后来广成子、玉鼎真人等四人奉命摘取四把仙剑。仙剑被摘后，诛仙阵自然失效。

元始天尊明明说是要破阵，可进入大阵后根本不敢出手。元始天尊既不去打通天教主，也不去毁阵眼，根本不去触发大阵，那诛仙阵自然不会攻击他。他老人家就如当初十二金仙逛十绝阵一样，只是入诛仙阵一游。

明明是自己说空话，说大话，答应破阵却不敢出手，在元始天尊口中却变成了尊重师兄，顾全礼仪，不屑于破阵。

不过，元始天尊虽然无力破阵，却并不代表无人可以破阵。像其大师兄老子的实力就远超元始天尊。事实上，老子到来后，不但进入诛仙阵，并且施展绝顶神通与通天教主大战了一番。

034 老子大战通天，谁胜谁负

如果说元始天尊对通天教主还有三分忌惮，老子却浑然不把通天教主当回事，就连通天教主最为得意的诛仙剑阵，老子也没有放在眼中。

与元始天尊初会时，老子就说："你就破了他的罢了。他肯相从就罢，他若不肯相从，便将他拿上紫霄宫去见老师，看他如何讲。"在老子口中，通天教主和他根本就不在一个档次。通天教主就是一个任他呼来喝去的小家伙。小家伙若是不听话，那就拿大耳刮子扇到听话！

老子不单是在元始天尊面前说话这么霸气，就算是当着通天教主的面也丝毫不改。

与通天教主见面时，老子开口就训斥他有违天命。通天教主很委屈，强调自己并没有违背承诺，是广成子与二师兄元始天尊那边出了问题。老子还不等他说完就拍板定论说："你趁早听我之言，速速将此阵解释，回守碧游宫，改过前愆，尚可容你还掌截教；若不听吾言，拿你去紫霄宫，见了师尊，将你贬入轮回，永不能再至碧游宫，那时悔之晚矣！"

原来，对于这个风头甚健的小师弟，老子想的可不止扇两个耳光，挫挫锐气这么简单。他心底深处希望的，是将他一巴掌拍死。就算有鸿钧老祖撑腰，若是通天教主惹他不高兴了，他也要弄死通天教主，将他打入轮回。

这一刻，老子霸气四溢，无人可挡。尤其是老子一脸淡然，仿佛弄死通天教主就和拍死一只苍蝇一般。

那通天教主听了什么反应？原文说——

通天教主听罢，须弥山红了半边，修行眼双睛烟起，大怒，叫曰：“李聃！我和你一体同人，总掌二教，你如何这等欺灭我，难道我不如你！吾已摆下此阵，断不与你甘休！你敢来破我此阵？”

老子出道极早，早在玄黄时代就已经参悟大道，在混沌初期就已经证道混元。换言之，在老子得道称圣的时候，通天教主可能还没有出生。

老子确实有轻蔑通天教主的理由。在混沌、鸿蒙时期，通天教主对于大师兄老子必然是恭恭敬敬的。只是，随着时光流逝，昔日不入仙流的少年同样成了混元圣人。昔日通天教主对于老子的种种恭敬甚至谄媚的记忆，到如今都成了耻辱。

面对高傲如昔的老子，通天教主大怒，叫着，跳着，要和他单挑。

和元始天尊谨慎小心，开启全部防护不同，老子大笑表示：“有何难哉！你不可后悔！”在老子看来，破个诛仙阵不过挥手间的事情。

见通天教主匆匆进入大阵，老子又说：“既然要我破阵，我先让你进此阵，运用停当，我再进来，毋令得你手慌脚乱。”老子确实很牛，他不但允许小师弟开启大阵，借助大阵的加持之力，并且让他布置妥当才进入。言下之意，小师弟你尽管把全部手段都使出来，别等最后被打哭了，再说大师兄欺负你！

那老子大战通天的结果如何呢？

元始天尊进场时，通天教主没有做任何布置，元始天尊是自己选择了东方诛仙门。如今，通天教主是早早进入西方陷仙门，并且开启了陷仙门种种法阵，坐等老子到来。

等通天教主布置好了，老子一拍青牛，青牛四只脚生起祥光，老子周身紫气红云缠绕。老子又拿出太极图，一抖之下，太极图化为一座金桥，凌空而成。老子骑牛踏上金桥，走入西门，走到陷仙剑下。

太极图乃是封神世界开天辟地的圣人级法宝，它的主要功能是定立地水火风，确立世界的运行规则，其中蕴含了强大的天地大道，可攻可守。此前，广成子一震太极图，就将殷郊化为飞灰；老子用太极图一卷，就卷走了云霄娘娘。

老子这次动用太极图，只是将其化为金桥，让他可以更快进入诛仙剑阵。因金桥凌空虚立，诛仙阵中在地面布下的一些阵法就无法发动。

不过，老子要进入西门，依然要从四大仙剑之一的陷仙剑下走过。

见到机会到来，通天教主发一声掌心雷，撼动陷仙剑。可是，陷仙剑被连连催动多次，老子全身上下毫发无伤。原文说："通天教主见老子进阵，如入无人之境，不觉满面通红，遍身火发，将手中剑火速忙迎。"事实证明，老子的修为果然远超元始天尊。

然后，老子与通天教主战在一处。老子挥舞扁拐，劈面打向通天教主，边打还边开口教训通天教主。

阐教门下都在诛仙剑阵外，看不到阵内情况。截教群仙则在大阵之中，在众多弟子的围观下，通天教主打起十二分精神，全力抵御老子。

混元圣人斗法，动静何其了得。加上通天教主频频催动诛仙阵中的种种阵法，只见大阵中四面八方雷鸣风吼，电光闪烁，仿佛天崩地裂一般。原文用了大段的诗词来描写诛仙阵的种种凶险，这里就不引用了。

在老子头顶的本命法宝玲珑宝塔的照耀之下，所有雷鸣风吼各种类型的攻击，全都化为虚无。

可以说，即便有诛仙剑的加持，爆发状态的通天教主的实力也只是和普通状态的老子在伯仲之间。

若是老子全力爆发，与通天教主相比又如何呢？

双方大战了半个时辰。老子觉得，以他大师兄的身份、鸿钧老祖门下第一人的名头，继续打下去有点丢脸。于是，老子决定出绝招——

把青牛一拎，跳出圈子来；把鱼尾冠一推，只见顶上三道气出，化为三清。

在西游世界中，所谓三清，是指元始天尊、灵宝天尊、太上老君。在封神世界中，三清则是老子修炼的一口真气所衍化的三个化身。这三个化身自有名字，分别叫作上清道人、玉清道人、太清道人。

这三清的实力如何？三清加上老子本人，能斗得过通天教主吗？

035　三清大战通天，谁更强一筹

一位仙人实力的强弱与否，关键看三个方面——修为、法宝、神通。那三清修为如何，有何法宝，又有何神通呢？

上清道人登场诗云："混元初判道为先，常有常无得自然。紫气东来三万里，函关初度五千年。"上清道人自称，自己早在混元初判、天地初开时期就已经悟道。他所领悟的大道，并非大罗金仙之道，而是混元大道，即圣人之道。因此，在得道之时，有三万里紫气东来。在至今五千年前，上清道人更度过函谷关，将大道传向西方。

玉清道人登场诗云："函关初出至昆仑，一统华夷属道门。我体本同天地老，须弥山倒性还存。"玉清道人强调自己功德卓著，曾经一统华夷。是他第一个来到昆仑山，开宗立派，传法于世人。与上清道人相同，玉清道人也修成了混元大道，故能与天地同寿，就算是须弥仙山倒塌，他也不会死亡。

太清道人登场诗云："混沌从来不计年，鸿濛剖处我居先。参同天地玄黄理，任你旁门望眼穿。"太清道人声称自己早在混沌时期就开始修行，到如今不知道过去了几万年。就算是开天辟地起，他也是最早进入封神世界的圣人之一。如今，他更参透了天地玄黄之天地至道，这份修为是旁门仙人难以企及的。

三清在登场诗中，都强调自身拥有混元大罗金仙修为。事实上，三清身上散发出来的强大气息，也确实达到了圣人境界。正因如此，每多一人登场，通天教主的脸色就煞白一分。

三清不但修为高深，并且人人都有不俗法宝，或攻或守，实力无法小觑。

上清道人头戴九云冠，身穿大红白鹤绛绡衣，骑着一匹白色神兽，手中拿着一把宝剑，大叫着："李道兄，吾来助你一臂之力！"玉清道人则头戴如意冠，身穿淡黄八卦衣，骑着天马，手中拿着灵芝如意，口中也嚷着一起揍通天。太清道人头戴九霄冠，身穿八宝万寿紫霞衣，一手拿着龙须扇，一手拿着三宝玉如意，同样嚷着攻破诛仙阵，痛扁通天教主。

原文说："四位天尊围住了通天教主，或上或下，或左或右，通天教主只有招架之功。”老子在三清道人的帮助下，把通天教主压得死死的。通天教主左支右绌，疲于招架，明显落于下风。

不过，老子仗着一气化三清神通，虽然在短时期压制了有诛仙阵加持的通天教主，但这优势并无法长久。只因严格来说，三清道人并非实体，而是幻象。

原文说：“老子一气化的三清，不过是元气而已，虽然有形有色裹住了通天教主，也不能伤他。此是老子气化分身之妙，迷惑通天教主。”

原来，老子凭借先天真气所化的三清道人，只是一团元气组成。他们散发出来的气息很唬人，和圣人一般。为了迷惑通天教主，老子特意将三团元气散往三个方向，让三清道人化作不同面目，从不同方向冲来。以至于三清道人的忽然降临，令通天教主震惊不已，短时期内还真的以为天地间有三位连他都不认识的圣人高手存在。

但是，幻象就是幻象，交手不用多久，通天教主就会意识到，三清道人虚有其表，根本无法伤到自己。一旦通天教主意识到这点，他就会全力进攻老子本体。

而且，在有诛仙阵加持的情况下，通天教主虽无法战胜老子，却也不至于落败，但老子何等精明，战斗经验何其丰富？他在三清道人即将气散消失之前，瞬间将三清道人全部收走。通天教主虽然心中有怀疑，但因三清道人忽然出现，又忽然消失，神龙见首不见尾，他也不敢轻易就做出认定。

就在通天教主发呆的工夫，老子挥舞扁拐，狠狠打了通天教主两三下。从此看，论本体修为与神通，老子确实远在通天教主之上。

多宝道人见师父受伤，挥剑冲上。老子一见笑道：“米粒之珠，也放光华!”

老子不但实力高超，神通了得，并且非常擅于掌控局势。在他口中，仿佛对多宝道人不屑一顾。事实上，他对多宝道人一点都不敢轻视，完全是把多宝道人当成一个平等的对手对待。原文说：“（老子）把扁拐架剑，随取风火蒲团祭起空中，命黄巾力士将风火蒲团把多宝道人卷将去了。”

若多宝道人真的很弱，老子本人真的可以秒杀多宝道人。老子就应该挥手一指，灭杀多宝道人。至少也应该像姜子牙降伏五路神一般，张手一个掌心雷，五路神就被打的七荤八素，跪地趴伏。

可是，老子是用自己最强大的兵器扁拐，架住多宝道人的宝剑，用自己第二强大的法宝风火蒲团（最强大的法宝是太极图）卷起多宝道人。这足以证明多宝道人的强大，不愧是截教圣人之下第一人！

在老子擒拿多宝道人的时候，通天教主竟然无法阻止。从这也可以看出，即便有诛仙剑阵加持，通天教主依然赢不了老子。

在擒拿多宝道人之后，老子也知道通天教主必然大怒，极有可能陷入疯狂。于是，他见好就收，瞬间遁出了诛仙阵。只留下通天教主在阵中大吼大叫地生闷气。

见大师兄出来，元始天尊询问战况如何。老子明明占了上风，却没有像元始天尊那样吹牛皮。他说："他虽摆此恶阵，急切也难破他的，被吾打了二三扁拐。多宝道人被吾用风火蒲团拿往玄都去了。"

老子的气度毕竟要大些。虽然和小师弟关系不好，当着小师弟的面怎么贬低对方都可以，但是在背后，老子对事实还是很尊重。

事实就是，诛仙阵很强，通天教主很强，即便以老子之能，短时间也无法攻破。老子取得的胜利，只是打了通天教主两三扁拐，并擒拿了通天教主的大弟子多宝道人。这些胜利，并不足以让阐教攻破诛仙阵。

见老子都肯定诛仙阵的厉害，元始天尊这才开口说出实话："此阵有四门，得四位有力量的方能破得。"元始天尊承认，诛仙阵有四座仙门，要想破阵，就必须四门齐破。所谓有力量之人，必须和他与老子一样，达到圣人境界。

老子也说，他与元始天尊只能顾及两处，"还有两处，非众门人所敢破之阵。此剑你我不怕，别人怎么经得起?"除非达到了圣人修为，否则就算是大罗金仙后期，也无法在四大仙剑一挥之下，保全性命。

就在阐教二圣闲聊的时候，广成子前来禀告，西方教准提道人来访。其实，元始天尊在出门之前，就已经派人向西方教发出邀请，做好了四圣联手共破诛仙阵的打算。

036　四圣破诛仙阵时各自表现如何

西方教副教主准提道人的到来，犹如想睡觉时有人送来枕头，老子与元始天尊大喜，将其接入。准提道人为何会在此处出现？

在准提道人收马元时，我们就分析过西方教的境况。西方教人才稀少，又想大规模扩张，于是想趁着东方仙界大战的时候，直接带走一批人。

只是，东方仙界乃是鸿钧老祖的地盘。要想从封神大战中分一杯羹，就必须为封神大战做出贡献。因元始天尊是鸿钧老祖指定的封神行动策划人，所以西方教选择了与元始天尊、与阐教合作，共同对付截教，对付通天教主。

双方见面，老子笑曰：“道兄此来，无非为破诛仙阵来，收西方有缘。”老子这是在强调，要想收西方有缘人，必须先帮着他们破诛仙阵。你先帮我，我再帮你。

准提道人回答说：“贫道来东南两土，未遇有缘；又几番见东南二处有数百道红气冲空，知是有缘，贫道借此而来，渡得有缘，以兴西法，故不辞跋涉，会一会截教门下诸友也。”

准提道人是说，要我出手就必须答应我们的条件。封神大战开始已经多年，可是西方教除了收走了马元和孔宣，还没有获得其他好处。如今，“东南二处有数百道红气冲空，知是有缘”。准提道人提出，要想他们帮忙破诛仙阵也可以，但是必须交出数百位仙人给西方教。

老子表示，西方教还必须再出一人，凑齐四人，才能破了诛仙阵，也才能答应准提道人的要求。

准提道人答应，随即回去西方，请来接引道人。于是，四圣会聚芦篷，就等第二天共破诛仙阵。

老子实力本就高过通天，元始天尊也不过略逊通天一筹。如今又加上两位圣人，破诛仙阵就成了毫无悬念的事情。

四位教主来到诛仙阵外时，通天教主大吃一惊。通天教主说：“你二位乃是西方教下清净之乡，至此地意欲何为？”他言下之意，你我双方并无仇隙，为何要帮着元始天尊对付我？

准提道人说：“弟兄二人虽是西方教主，特往此处来遇有缘。”准提道人表示，我们对阐截二教的纷争本无兴趣，此次前来只是为了收些门徒。

通天教主恐吓说，东西方本来如同水火，二人此来只是自寻烦恼。若是准提道人独自对上通天教主，或许还会有些畏惧，可如今他身边还有三位圣人，哪里还会被通天吓着。

见威胁无用，通天教主只好回转诛仙阵，开启大阵，正面迎战四圣。

要想破诛仙阵，先要进入仙门。

元始天尊主动选择了东方，照旧进入诛仙门。在通过诛仙剑时，通天教主发掌心雷催动仙剑。这次元始天尊早有准备，用庆云迎住宝剑，庆云之上还有千朵金花，络绎不绝。那诛仙剑根本落不下来。元始天尊毫发无伤地进入诛仙门，来到中央。

与此同时，接引道人进入南方戮仙门。通天教主催发仙剑，接引道人头顶现出三颗舍利子，射出光华定住了戮仙剑。原文说："那剑如钉钉一般，如何下来得。"接引道人通过戮仙门，来到中央。

老子进入西方陷仙门，通天教主催发仙剑，老子头顶现出玲珑宝塔，以万道光华射住仙剑。老子轻松经过陷仙门，来到中央。

准提道人进入北方绝仙门，通天教主催发绝仙剑，准提道人忙挥动七宝妙树。宝树上放射千朵青莲，射住绝仙剑。准提道人也进入绝仙门，来到中央。

见四人都来到面前，通天教主进一步催发大阵，顿时间阵内风雷阵阵，杀气腾腾。只是，四位圣人那都是混元大罗金仙强者，在开启护体神通的情况下，大阵的风雷对他们根本无效。

面对四圣，通天教主也浑然不惧。他挥舞宝剑，先砍接引道人。

四人之中，接引道人绝不是垫底之人，通天教主为何先攻击接引道人？

原文说："接引道人手无寸铁，只有一拂尘架来。"四圣之中，其他诸人手中都有强悍法宝。老子的扁拐自不必说，元始天尊的三宝玉如意是至刚至强之物，准提道人的七宝妙树能扛住绝仙剑一击，可见也很强大。唯独接引道人，无论是本命法宝舍利子，还是手中的拂尘，在攻击性上的表现貌似都不强。

接引道人急忙催动法力，在拂尘上显出五色莲花，朵朵绽放，拖住通天教主的宝剑。一旁的老子也有些担心接引道人，忙挥舞扁拐冲上来打通天教主。见大师兄上前，元始天尊也跟在后面，将三宝玉如意乱打。

见突袭无效，通天教主立刻选择改换攻击对象。这次，他朝准提道人下手。见通天教主攻来，准提道人大惊，忙显出金身法相，展现出二十四首，十八只手，各种法宝诸如璎珞、伞盖、花贯、鱼肠、金弓、银戟、加持神杵等舞动如风，把通天教主宝剑挡开。

通天教主神通何等了得，丝毫不惧准提道人。准提道人大叫：“道友快来!”他前不久刚收了孔宣。如今情势危急，眨眼间就有性命危险，他也顾不了许多了，把孔宣召唤出来，共同抵御通天教主。孔宣在大罗金仙中算是绝对强者，可是面对通天教主依然不堪一击。

见准提道人加上孔宣，依然挡不住通天教主，老子挥舞扁拐再次冲上，对着通天教主的后心狠狠一击。

通天教主与准提道人交手，占据绝对上风，正处于兴奋间，不料老子扁拐砸来。当即，通天教主被打得三昧真火喷出，伤势不轻。

元始天尊趁机祭出三宝玉如意打来，通天教主打起精神，以宝剑架住玉如意。可就在此时，刚才还被通天教主碾压的准提道人竟然祭出加持神杵，一下砸中通天教主。旧伤未愈，再添新伤。通天教主大叫一声，跌下奎牛。

四圣冲来，通天教主施展土遁遁走。不料，通天教主刚飞起身形，就被一件法宝砸中。原来，元始天尊早知道通天教主必败，于是安排阐教圣人之下最强者燃灯道人在空中拦截。

见通天教主败走，燃灯道人祭出定海珠把通天教主从空中打落。不过，通天教主何等强大，被燃灯砸中不过是意外。等通天教主再一次施展土遁时，燃灯道人连忙退走，再不敢阻拦。通天教主成功逃回碧游宫去了。

见通天教主已经逃走，元始天尊发掌心雷，阵外等候的广成子、赤精子、道行天尊、玉鼎真人等四人进入大阵。他们有元始天尊赐下的符箓护身，驱动大阵的通天教主又已经败走，因此四人轻轻松松取下了四把仙剑。

阵主通天教主败走，作为阵眼的四把仙剑也被取下，于是诛仙大阵被彻底告破。

整场圣人大战，前后时间很短，彼此交手不过一二个照面就结束了。不过，就在这短短混战中，五圣各自的实力都展现无遗。

那么，五圣之间的实力排行如何呢?

037 五大圣人排排坐

一、五大圣人中，实力最弱者当属接引道人。

接引道人乃西方教教主，地位还在准提道人之上，为何他的实力会最弱？

地位尊贵并不代表实力高强，就像通天教主明明在鸿钧老祖的三大弟子中排行老幺，可实力之强却让老子也深深忌惮。

有两处证据可以证明五圣之中接引道人最弱。

其一，诛仙阵内四圣围攻，通天教主选择的第一个攻击对象是接引道人。

在以一敌四的情况下，通天教主要想险中求生，险中求胜，那就必须突破包围。第一个被攻击的，往往就是实力最弱者。像在三英战吕布时，吕布要突围，就是先朝刘备猛攻的。

原文也说："接引道人手无寸铁，只有一拂尘架来。"接引道人的修为或许在准提道人之上，或许不逊色元始天尊甚至通天教主，但接引道人的本命法宝乃是三颗舍利子，手中的武器则是一只拂尘。无论是舍利子还是拂尘，都不擅长攻击。通天教主攻击接引道人，确实是最佳选择。

其二，在诛仙阵、万仙阵中两次被通天教主攻击时，接引道人都是被动防守，并且需要他人救援。

诛仙阵中，通天教主挥剑砍接引道人，接引道人的拂尘化作莲花，朵朵绽放，托住宝剑。还没等通天教主得手，老子就挥舞扁拐纷纷砸来，通天教主不得不放弃攻击接引道人，与老子战在一处。

在万仙阵中，通天教主再次来战接引道人。接引道人顶上现出三颗舍利子，绽放光芒，在空中上下翻腾，遍地都是金光，层层护卫。通天教主的宝剑被舍利子金光阻隔。通天教主大怒，祭出鱼鼓朝接引道人打来。一旁的准提道人伸手一指，法力凝聚成一朵金莲，拦住鱼鼓。鱼鼓与莲花相持不下。

若接引道人实力够强，老子与准提道人根本就不必出手相助。

二、五大圣人中，实力较弱的是元始天尊。

元始天尊乃是阐教现任掌教、通天教主的二师兄，他常用的法宝叫作三宝玉如意。三宝玉如意乃是至刚至强之物。在破黄河阵时，白鹤童子就是祭出此宝，敲死了琼霄娘娘。

诛仙阵大战中，元始天尊曾经挥动三宝玉如意，跟随老子之后攻击通天教主。乱战中，元始天尊虽然没有打中通天教主，但也迫使通天教主放弃了对元始天尊的进攻。

相比接引道人，在攻击力上，元始天尊要高过一筹；在防御力上，元始天尊则略逊一筹。

在四圣共破诛仙阵故事中，元始天尊最让人诟病的，就是第一次进入诛仙阵时被诛仙剑削落了一朵金莲。

虽然说接引与准提两道人进入诛仙阵前，已经从元始天尊和老子口中得知了四把仙剑的相关情报，引起了足够重视，而且元始天尊在第二次进入大阵时也同样没有受伤，但是，他总是四圣之中唯一在防御力上有明确污点之人。

并且，两次大战中，在有老子护驾的情况下，元始天尊仅能自保，却未能伤到通天教主分毫。其战绩比之准提道人有明显不如！

三、五大圣人中，实力居中者当属准提道人。

西方教二圣之中，准提道人远比接引道人要活跃。无论是口才，还是战力，准提道人都在接引道人之上，尤其是对战经验方面，更是远过接引道人。其综合实力，当在元始天尊之上，通天教主之下。

破诛仙阵时，准提道人现出法相金身，二十四颗脑袋，十八只手。一般人说眼观六路，耳听八方。变身之后，准提道人有二十四颗脑袋，四十八只耳朵和眼睛，基本做到了防御无死角。十八只手挥舞十八件法宝，尤其是圣人级重宝加持神杵，更是威力巨大，基本做到了全方位攻击。防御无死角，攻击全方位，变身之后的准提道人实力大增。

更何况，他还有孔宣相助。与五大圣人相比，孔宣的实力虽然算是极弱，但在关键时刻，一根稻草也能压死人。

可惜，准提道人尽管用尽全力，也只是勉强挡住通天教主的攻击。

不过，准提道人非常会把握时机，竟以弱胜强，两度击败通天教主。

诛仙阵中，老子与元始天尊联手对通天教主发动猛攻。准提道人不退反进，一神杵打中通天教主后背。通天教主本就被老子扁拐重伤，此时伤上加伤，只得施展土遁遁走。

万仙阵时，通天教主再次与准提道人交手。

开始，准提道人祭出金莲挡住通天教主的鱼鼓法宝，双方相持不下。不过，这次通天教主是以一敌二，他的宝剑还在与接引道人的舍利神光抗衡。可见，在法力上，准提道人远不如通天教主。

后来，双方混战。见准提道人大杀四方，屠戮截教门徒，通天教主大怒，骑着奎牛冲过来。准提道人先用七宝妙树架住通天教主宝剑。通天教主挥剑再砍，准提道人却将七宝妙树一刷，竟然将通天手中宝剑打得粉碎。通天教主见势不妙，赶紧一拍奎牛，跳出圈外。

准提道人为何能毁掉通天教主的宝剑？

通天教主的最强攻击性法宝，乃是鸿钧老祖所赐的四把仙剑，但诛仙阵被破时，四把仙剑都被元始天尊收走了。此时，他手中使用的只是一把寻常宝剑。虽然品质也当不凡，可毕竟连正式名字也没有，怎么能与准提道人的本命法宝七宝妙树相比。

七宝妙树不止坚硬无比，在被仙剑一击时，于准提道人加持的情况下，还能“刷”物，即短时期注入大量法力，极大提升七宝妙树的攻击力。当初孔宣的兵器也是被七宝妙树刷开的。通天教主在不明真相的情况下，其宝剑被七宝妙树“刷”碎，也在情理之中。

凭两次击败通天教主的战绩，准提道人稳居五大圣人第三名。

四、五大圣人中，通天教主实力较强，在准提之上，老子之下。

诛仙阵中，通天教主以一人之力，对抗四大圣人凛然不惧。在四圣围攻之下，通天教主依然能主动出击，并且对接引、准提道人造成威胁，两次迫使老子出手相助。尤其是通天教主在被老子扁拐、准提神杵、燃灯定海珠重伤之后，依然能成功遁走，足见实力不凡。若非老子重创通天教主在前，单以准提道人的实力，即便有孔宣相助，也根本伤不了通天。

对于被准提道人神杵砸伤，通天教主深以为耻，一直耿耿于怀。

在万仙阵前，通天教主对老子说：“我是哪一件不如你？你敢欺我！今日你再请西方准提道人将加持杵打我就是了。不知他打我即是打你一般，此恨如何可解！”

在诛仙阵中，老子一扁拐将通天教主砸得狂喷真火，然后才是准提一神杵将通天教主砸下坐骑。可是，此次见面，通天教主完全不提老子扁拐砸伤，单单说准提道人神杵打他。这是为何？

老子实力强大，在诸圣之中早有共识，而且老子又是通天教主大师兄，身份尊贵，被老子打伤，通天教主并不觉得怎么丢脸。可是，准提道人乃是一个外人，并且身份只是西方教的副教主。被他打伤，通天教主深以为耻。

从此处也可得知，虽然通天教主被准提道人所伤，但他依然看不起准提道人。只因准提道人能伤到通天教主，并非实力高过通天教主，而是因有老子出手相助。

与老子擅长炼气，攻击手段繁多不同，通天教主最为擅长的其实不是战斗，而是阵法之道与符箓之术。诛仙阵与万仙阵都能大大提升通天教主的实力。

在诛仙阵被破之后，通天教主曾经施展秘术，炼制了一柄六魂幡。通天教主曾说："此幡有六尾，尾上书接引道人、准提道人、老子、元始、武王、姜尚六人姓名，早晚用符印，俟拜完之日，将此幡摇动，要坏六位的性命。"

乍一看，这六魂幡和姚天君的落魂幡、陆压的钉头七箭书仿佛，可是，六魂幡威力之强远非其他二物可比。在施法之下，通天教主这六魂幡竟然能一口气夺取四位圣人的性命。

通天教主可不是在吹牛。若非长耳定光仙中途背叛，在万仙阵混战中，那六魂幡若成功施展，必然能取得奇效。即便不能杀死四圣，也能将其重伤。

五、五大圣人中，实力最强者毫无疑问是老子。

通天教主实力何等强大，可在面对老子时，却始终恭敬。就算被老子蔑视，他也只是强调："李耳，难道我就不如你！"

通天教主的话语看似硬气，其实底气严重不足。他会这么嚷嚷，正暴露出他面对老子时信心的严重不足。只是，他身为教主多年，听惯了阿谀之词，口中不愿意承认不如大师兄罢了。

在实战中，老子也展现了远超寻常圣人的强大实力。

在有诛仙阵加持的情况下，通天教主仅能和普通状态的老子打个平手。在老子施展一气化三清神通，全力爆发之下，老子完全压制通天教主，并且成功将其击伤。

在五圣会战诛仙阵时，通天教主两次受伤，最终败走，出力最大的是老子。没有老子出手，通天教主根本不会受伤，准提道人更无法伤到通天教主。

在万仙阵时，四圣围攻通天教主，又是老子第一个击伤通天教主，扁拐也多次砸中通天教主宝剑，然后才有准提道人用七宝妙树刷碎了通天教主的宝剑。

万仙阵被破后，鸿钧老祖降临。他告诉三个徒弟，无论此前恩怨如何，从此之后，要全部放下，不得追究。当时他老人家说："今日我与你讲明，从此解释。大徒弟，你须让过他罢。”

鸿钧老祖第一句话是对通天教主说，让通天教主不要复仇。第二句却是对老子说，让老子也不要再纠缠通天教主。鸿钧老祖只字不提元始天尊。只因大家都明白，阐教没有老子做后盾，单靠元始天尊，根本奈何不了通天教主。

为了迫使三个徒弟放弃仇怨，更是为了迫使大徒弟老子听自己的话，不得造次，鸿钧老祖还当众命令三个徒弟吃下丹药。那丹药不是长生延寿之丹，而是一颗毒丹。鸿钧老祖说：“此丹炼就有玄功，因你三人各自攻。若有先将念头改，腹中丹发即时薨!”

鸿钧老祖竟然用这种可耻手段威逼三位徒弟——主要是大徒弟老子，必须听从命令，遵守承诺，否则死路一条。

我估计老子的修为已经处在混元大罗金仙后期，施展一气化三清可以到达混元大罗金仙圆满之境，只差一步就进入混元无极大罗金仙境界。

正因老子实在太强，所以就算是鸿钧老祖也颇为忌惮。因此，即便手段有些卑劣，但为了达成目的，维持新的平衡，鸿钧老祖也照做。

038　界牌关有啥奇人奇术，竟连杀周营三将

诛仙阵被破后，姜子牙大起兵马，兵临界牌关下。

界牌关总兵名叫徐盖，此人乃是凡人武将，见周营大兵压境，惶恐不安，一心投降。不过，他麾下有两员大将王豹、彭遵，都是身怀道术的截教门人。在他们的强烈要求下，徐盖无可奈何，只能迎战周军。

王豹、彭遵在封神大战中没有什么名气，但拥有的神通、法宝也颇为不俗。周营先锋大将魏贲，副将赵丙、孙子雨都被此二人先后斩杀。

那么，王豹与彭遵究竟有何道术？其法宝又有何奇特之处呢？

两军交锋第一战，周营魏贲迎战商军彭遵。

魏贲武艺超群，乃封神十大凡人武将之一。彭遵武艺虽然不如魏贲，却也能大战三十回合不分胜败。

见魏贲骁勇，彭遵虚掩一枪，拨马向南方败走。在封神大战中，以退为

进，反手一击的现象屡见不鲜。若是魏贲够聪明，就不应该追击。反正敌将已经败走，也算是取了头功。可是，魏贲竟然纵马追去。彭遵回头，见魏贲赶来，不禁大笑。他挂下铁枪，从袋中取出一个法宝，往地下一扔。

那法宝名叫菡萏阵，乃是按照三才八卦方位布置的一个精巧阵盘。平时看来，只有巴掌大小，一旦祭出，其中就会出现超大空间。

彭遵先进入大阵。魏贲不知道前方有陷阱，茫然追入，左右寻找彭遵。彭遵躲在暗处，发一道掌心雷，将大阵启动。只见大阵中黑烟腾腾，随即一声巨响，魏贲连人带马被炸成了粉末。

这菡萏阵在表面上与洪锦的旗门遁相仿，都可以形成一个独立空间，阵主进入后都可以大占优势。不同的是，旗门遁施展后，阵主就自带隐身功能，可以近身砍杀敌将，而菡萏阵祭出后，敌将依然可以看见阵主。不过，菡萏阵的杀敌效果明显还在旗门遁之上。阵主只要启动大阵，就会有黑烟冒出，然后爆炸四响，敌将身亡。

所谓菡萏，其实就是莲花、荷花。在我看来，这菡萏阵其实就是地雷阵。只要敌将进入雷区，就会被炸成无数朵荷花。

从魏贲连人带马被炸成粉末可以看出，菡萏阵威力极强，别说是凡人武将，估计就算是莲花化身的哪吒与炼成九转玄功的杨戬，也难挡其锋。

听闻魏贲身亡，姜子牙不禁叹息："魏贲忠勇之士，可怜死于非命，情实可悯!"

那魏贲来到周营时间不过一年。除了在夺取汜水关时参与群战，一度保护了姜子牙，并无斩将杀敌之功。界牌关迎战彭遵，乃是魏贲第一次以周营先锋大将身份出战。谁料想，不但没有杀敌，反而被敌将所杀。

两军交锋第二战，周营苏护迎战商军王豹。

诸多归降将领中，唯独黄飞虎正式受封开国武成王，其他诸人并未受封。因此，苏护在介绍自己身份时，依然是说："吾乃冀州侯苏护是也!"估计在这么说的时候，他自己也很尴尬吧。

王豹对苏护很鄙视。在他看来，即便天下人都反了商朝，苏护也不应该反。苏护的女儿苏妲己乃是商朝正宫皇后，论起蒙受皇恩，天下没有谁比得过苏家。苏护也是有苦难言，只好用手中枪说话。

两人大战一处。苏护虽然号称沙场老将，威震北方，但在武艺之道上其实平平。见父亲久战敌将不下，苏全忠大喝一声，催马上前。冀州老牌副将赵丙、孙子羽也想立功，两人也跟着冲上。

四人大战王豹。王豹的武艺虽然不错，但论单挑，还不是苏全忠一人对手。如今四人齐攻，王豹顿时手忙脚乱。他也算个有决断之人，立刻拨马退走。

苏护、苏全忠都是精明人，知道穷寇莫追。赵丙鲁莽，纵马赶去。却未想到王豹竟然是个炼气士。他虽然没有什么好法宝，却修炼了一门简单而强大的神通——劈面雷。

赵丙追得急切，被王豹一个雷打中头脸，顿时被轰得血肉模糊，跌下坐骑。孙子羽与赵丙一向交好，见朋友落马，大怒冲出。王豹一扬手，又是一个劈面雷放出。孙子羽急忙躲闪，虽然躲过了正面一击，却被劈面雷携带的火焰烧伤了头脸。孙子羽惨叫一声，跌下马去。

王豹拨马回戟，一戟一个，把重伤的两人刺死。原文说："苏家父子不敢向前。"赵丙与孙子羽虽然是他们的老部下，跟随他们出生入死许多年，他们也想报仇，可毕竟自家小命更重要。

等回到周营，听闻禀告，姜子牙大怒说："父子久临战场，如何不知进退，致损二将?"以苏护的见识，确实应该知道追击的凶险。以苏护的地位，也完全有资格劝阻赵丙、孙子羽追击。可是，苏护贪功，不惜让赵丙犯险。毕竟赵丙是苏护军团的人，赵丙若是杀敌，他苏护也有功劳。

苏护辩解说，王豹有妖术，他们根本挡不住。姜子牙听了，依然很不满意，连连叹息说："误丧忠良，实为可恨!"

王豹曾经批评苏护说："苏护，你乃天下至无情无义之夫!"此话还真是一针见血。除了对自家性命看重，对其他人，包括对女儿、对部下，苏护都是无情无义。

彭遵与王豹各胜一场，自然得意扬扬。只是，周营中能人众多，他们遭遇的都不过是凡人武将而已。几天之后，彭遵与王豹就双双战死。

杀死彭遵的是雷震子。

见己方连败两场，姜子牙心中郁闷。于是，他亲自点将："众门人谁去关下走一遭?"姜子牙强调，凡人武将不必去了，此战，必须由阐教门人出马。话未说完，雷震子请战。

诸位门人中，杨戬、土行孙乃是督粮官，经常不在营中。哪吒身为先锋，已经多次出战，功勋卓著有目共睹。金吒、木吒、韦护、李靖等人，除非姜子牙指名道姓，从来都一声不吭，装傻充愣。于是，较有血性的雷震子主动请缨，就可以理解了。

雷震子也属幸运，彭遵并不知道雷震子有风雷翅，可以瞬息千里。双方大战数个回合后，彭遵假装败走。他本想在途中祭出法宝菡萏阵，谁料想雷震子展开风雷翅，瞬间便追到了彭遵马头。雷震子劈头一棍打下，彭遵急忙躲闪，依然被打中肩头。

雷震子力大棍重，当初曾一棍砸碎一座山头，彭遵的小肩膀哪里承受得住。彭遵惨叫一声，落下马去。雷震子收起双翅，割下彭遵首级，回周营报功。

消息传入界牌关，总兵徐盖胆战心惊。副将王豹却不以为意。在他看来，彭遵的菡萏阵哪里比得上他的劈面雷可以随手施展，便捷无比。

王豹这法术若是对上旁人，倒也颇有威力。谁料想他命不好，遇上了哪吒。

两人交战数个回合，王豹想："打人不过先下手。"他挥手一个劈面雷打出，正砸中哪吒面门。王豹大喜，却见雷火过后，哪吒毫发无伤。

哪吒的身躯是太乙真人以莲花炼就，此前不久又经历了新一轮的改造，肉身之强远超寻常炼气士。在周营中，也只有杨戬的肉身强度略强哪吒三分。

就在王豹发懵的工夫，哪吒祭出乾坤圈打去，正砸中王豹顶门。王豹顿时被打晕落马——乾坤圈砸中王豹顶门，王豹竟然没有爆浆而亡，这乾坤圈果然鸡肋！哪吒上前，一枪将其刺死。

彭遵与王豹的法宝、法术虽不算顶级，却也颇有威力。若彭遵遇上的是哪吒，王豹遇上的是雷震子，双方谁会笑到最后，还真是难说。

当然，有元始天尊的承诺在先，就算雷震子、哪吒死亡，他们的师父也都会出面把他们救活。此前二人中了化血神刀，也能度过大劫，看似是杨戬功勋，其实根子还在高层。

所谓有大气运，看似虚无缥缈，其实就是背后有高人撑腰。

039 法戒真是封神榜上无名吗

彭遵、王豹先后惨死，界牌关中就只剩下总兵徐盖。徐盖一边叹息，一边打算献关投降。就在此时，外面来了一个头陀，自称法戒，说要给徒弟彭遵报仇雪恨。徐盖知道头陀乃是世外高人，无可奈何，只能任凭法戒施为。

法戒这个名字，细心的读者估计会有印象。就在前不久周营攻打汜水关时，有韩升、韩变驱动万刃车杀敌，那万刃车就是法戒所传。在五关之中，法戒一口气收了两家的徒弟，这是铁了心要和周营干到底的节奏啊！

那么，法戒到底有何神通、法宝，敢跳出来阻挡周兵？

在封神世界中，就连西方教教主接引与准提，都是道人打扮，唯独法戒，头戴金箍儿，做头陀打扮。

在一些影视剧中，那法戒多被打扮成一个凶狠残暴的恶和尚，其实，原著中的法戒头戴赤金箍，身穿皂盖服，上绘白鹤朝云之图，腰上系水火丝绦，颇有些仙风道骨模样。

原著赞叹："五遁三除无比赛，胸藏万象包成。自幼根深成大道，一时应堕红尘。"单凭这胸中包藏万象，根行深厚成就大道几句话，就可以断言，法戒至少也有金仙强者境界。

法戒修为如此不俗，在实战中本领如何呢？

法戒初上阵时，也颇威风了一把。

因为徒弟彭遵是被雷震子打死的，法戒临阵时指名道姓要见雷震子。雷震子年少，闻言大怒，振风雷翅打向法戒。法戒与雷震子交手不过四五个回合，就跳出圈子，祭出一幡——原著中此幡无名，有人称之为妖幡，实在不妥——对着雷震子一晃。

雷震子觉得脑袋一晕，就再也没有知觉了。风雷翅失控，雷震子跌落尘埃。法戒一挥手，界牌关军兵冲上，将雷震子捆绑拿下。雷震子被绑起时，依然昏迷不醒，如同死了一般。

封神大战中，有不少仙人都拥有魂魄攻击类法术、法宝，比如张桂芳的呼名落马术、余化的落魂幡、郑伦的口鼻白光、陈奇的腹中黄气，等等。不过，这些法术或者法宝只能伤敌于一时。像黄飞虎被张桂芳秘术喊晕落马后，在被捆绑时就已经醒转。邓九公被陈奇腹中黄气喷中，也只是一时晕眩。可是，雷震子中了法戒无名幡之后，迟迟不醒。

那么，雷震子一直到什么时候才醒？

法戒回到界牌关后，吩咐兵丁把雷震子提来。当时雷震子依然不知人事。原文说：“法戒对雷震子将幡右转两转。雷震子睁开眼一观，已被擒捉。”

原来，这被无名幡击中之人，根本不会自行醒转。这就如同玉虚宫十二仙首中赤精子的阴阳镜一般。被阴镜照过死掉的人，必须用阳镜再照才能复活。我估计那无名幡在攻击对手时，不仅仅是像一般的魂魄攻击类法宝只是撼动魂魄，而是吸取了对手一丝魂魄，导致对手魂魄残缺，无法自行恢复。只有在转动无名幡后，将那一丝残魂放回，补全了魂魄，对手才会再次醒转。

因此，法戒这无名幡看似寻常，其实乃是罕见的魂魄类至宝，至少也是金仙镇洞之宝级别。与其称之为妖幡，不如称之为夺魂幡。有此幡在手，难怪法戒信心爆棚，当着数十万周营将士叫嚣：“今番定要擒姜尚！”

一旁周营先锋官哪吒恼了。他武艺本就高强，又是爱炫的性子，如今新得了三头八臂神通与九龙神火罩，一直都没有机会用出。现在遇上强敌法戒，正是大展神威之时。

哪吒大骂：“妖道用何邪术，敢伤吾道兄也！”他也不请示姜子牙，挥舞火尖枪，与法戒战在一处。法戒勉强抵挡了三四个回合，再次祭出旗幡。

见法戒拿出旗幡，哪吒也很紧张。可是，一晃之下，哪吒毫无痛感。法戒接连晃了三五下，哪吒依然无事。这时，法戒大惊，哪吒大喜。法戒正想拨马逃跑，不料哪吒已经祭出乾坤圈，一下砸中法戒后背。法戒被打了一个跌。哪吒冲上，正想一枪刺死法戒。法戒却已经施展土遁遁走。

因哪吒乃莲花化身，恰恰对无名幡免疫，于是法戒战败。不过，此战前后法戒的表现依然是可圈可点。

乾坤圈的威力虽然不算很强，但也要看砸中的部位如何。顶门、前胸、后背，那都是致命之处。法戒被乾坤圈砸中后背，仅仅是一跌，足见法戒实力不凡。

关键一点是，法戒回到界牌关之后，很快就明白了问题所在。界牌关总兵徐盖询问法戒为何战败。法戒回答说："不妨，是我误用此宝。他原来是灵珠子化身，原无魂魄，焉能擒他。"

因魂魄攻击术无效，反被哪吒打伤的人很多，但能从中悟到失败原因者，仅有法戒一人。当然，法戒只是知道哪吒前世是灵珠子，并不清楚太乙真人悄悄给哪吒进行了人体改造。他的分析貌似正确，其实错误。

法戒自以为发现了哪吒的秘密，于是在第二天依然请战。

昨天哪吒大败法戒，也让姜子牙信心倍增。两军阵前，姜子牙大叫："法戒，今日定与你定个雌雄！"随即，他催动四不相，与法戒战在一处。两人打了三五个回合。见姜子牙有些不敌，在后方掠阵的李靖纵马摇戟，上前帮助姜子牙。有李靖相助，姜子牙得以空出手来祭出打神鞭。

打神鞭乃是元始天尊亲赐法宝，此前伤敌多人，为姜子牙最强攻击类法宝。我们曾对打神鞭进行过分析，此宝虽然出身不凡，但是威力平平；其命中率很高，许多仙人都被打中，但是不伤到要害基本不会令对手死亡。换言之，打神鞭若祭出，就算打不死法戒也应该可以将其打伤。

可是，现场情况让人大跌眼镜——那打神鞭祭出时威风凛凛，神力惊人，可等落到法戒身边时，却仿佛力气大减。法戒一伸手，竟然就接住了打神鞭。

此前，打神鞭祭出，或者打伤，或者打死，或者打空，都算正常。可像眼前被人收走的情况，只出现过一次。

打神鞭可是连大罗金仙都照打不误，法戒何德何能，怎么能收走打神鞭呢？

原文说："不知此宝只打得神，法戒非封神榜上之人。"按照原著的说法，这法戒和马元一样，都是封神榜上无名之人，于是可以接住打神鞭。

事情真的是这样吗？

每次发生这种意外，都会冒出一个西方教教主。

法戒接住打神鞭后，得意扬扬。可是，幸福的时光实在太短暂。就在同时，负责催粮的土行孙、杨戬、郑伦一起赶到，三位督粮官齐战法戒。三人武艺都相当厉害，杨戬更是巅峰水准，杀得法戒手忙脚乱，根本没有机会祭出法宝。最后，郑伦鼻窍喷出白光，将法戒击晕。乌鸦兵将法戒生擒。

就在姜子牙下令将法戒推出斩首的时候，一位道人唱歌而来。来到军前，道人高喊：“刀下留人！”那道人不是旁人，乃是西方教副教主准提道人。姜子牙一见是圣人降临，不敢怠慢，连忙出营迎接。姜子牙询问准提道人，此来有何指教。准提道人声称：“法戒封神榜上无名，与吾西方有缘。”

那准提道人乃是与元始天尊同修为的高人，此前四圣攻破诛仙阵，又帮了阐教，帮了周营一个大忙。既然他开口，姜子牙怎么敢不照办？

那么，法戒是不是真的封神榜上无名，与西方有缘呢？

当然不是！准提道人对法戒的一番话暴露了真相。

他告诉法戒：西方极乐真幽境，风清月朗天籁定……七宝林内更逍遥，八德池边多寂静……昆仑地脉发来龙，更比昆仑无命令。

准提道人的言下之意，只要法戒肯皈依西方教，不但可以活命，逃过眼前大劫，并且去了西方后可以逍遥自在，无所拘束。截教与阐教相比，最大的优势是什么？不就是自由自在，约束少吗？他西方教比截教的规矩还要少，一旦去了，日子还要逍遥。

准提道人明显是在用利引诱法戒。法戒也是明白人，心中虽然有些不情愿，但是“只得皈依”。

040 徐盖徐芳一降一战，谁对谁错

面对六十万周军汹汹来犯，商朝上下出现了两种截然不同的态度。界牌关总兵徐盖与穿云关总兵徐芳两兄弟一位力主投降，一位力主死战，正是商朝万千官民的缩影。

所谓：“食君之禄，忠君之事。”在敌军来犯时，投敌卖国，卖主求荣，从来都受到唾弃。所谓：“识时务者为俊杰。”在大厦将倾时，选择一条求生之路，也是天性使然，很难指责。只是，主降派与主战派势同水火。徐盖与徐芳两兄弟之间，也因为选择不同，站到了对立面，从而上演了兄弟相残的悲戚一幕。

那么，在商周王朝交替之时，徐盖与徐荣兄弟的选择，谁对谁错呢？

当周军兵临城下时，界牌关总兵徐盖的表现很有些丢脸。

他召开军前会议，告诉诸将："今天下已归周武，眼见此关难守，众将不可不知。"身为商朝一关总兵，敌军来犯之时，徐盖不但不奋勇反击，反倒散布消极言论，强调关隘难守，就差没有直接说出投降了。

是徐盖品行低劣，贪生怕死？并非如此。早在四圣攻破诛仙阵时，徐盖就已经知道未来必有一战。于是，他立刻做出应对，召集军士，加强训练。同时，派出差官前往朝歌，向纣王求援。

界牌关只有彭遵、王豹两位炼气士，关内将士不过数万，根本不是周营对手。徐盖并非懦夫，但是没有谁愿意求死。若是纣王能够重视徐盖的请求，派出援军，那么，徐盖自然会努力抵抗。可是，纣王的反应让徐盖、让天下人都大失所望。

商纣王看到界牌关军报时，起初也大吃一惊，想要点将支援。只是，妲己和胡喜媚等人告诉纣王，所谓军情紧急，不过是前方将士欺骗朝廷、冒取钱粮的诡计。妲己所言其实漏洞百出。只要翻查奏章，纣王就可以发现各地都有告急文书，总不可能天下各关隘总兵联手作假吧。

可是，商纣王甘愿被妲己糊弄，甘心做一只蜗牛，就算外面有风刀霜剑，他也只想着把头缩在壳中。为了粉饰太平，商纣王不但没有派出援军，反倒把徐盖派出的差官斩首。消息传开，徐盖心灰意冷。

徐盖告诉诸将："纣王听信谗言，杀了差官，是自取灭亡，非为臣不忠之罪。"人家纣王都不珍惜自家的江山，徐盖不过是一个打工仔，凭啥要为了纣王与周营死磕呢？

随着战局变化，徐盖投降的态度也越发明晰。两军交锋第一战，彭遵杀了魏贲，众将都来恭喜。唯独徐盖默默不语，只是按照惯例给彭遵记上功勋。

第二天开军前会议时，徐盖大叹苦经，说："关中粮草不足，朝廷又不点将办守，昨日虽则胜了他一阵，恐此关终难守耳。"众将本来兴奋，被徐盖这么一说，都垂头丧气。彭遵斩了魏贲不假，可是，周营号称战将千员，雄兵百万。没有朝廷的支援，区区界牌关怎么可能独自对抗？

彭遵听了自然不服气，但总兵大人说的也是实情。

一旁王豹请战。之后，王豹大战苏护，并成功斩杀赵丙、孙子羽二人。商军再次获得胜利。徐盖给王豹记下功劳，依然忧心忡忡。

等到第三天，彭遵被雷震子杀死，徐盖终于发飙了。他在军前会议上连拍桌子，怒喝道："此关终是难守，我知顺逆，你们只欲强持。"他言下之意，王豹、彭遵不知顺逆，对抗周营不过是螳臂当车而已。自己作死也就罢了，凭啥还要坑人？

王豹听了自然不服气。第四天，他也不请示徐盖，直接领兵出战，结果被哪吒轻松灭杀。

听闻王豹被杀，徐盖一方面很是伤心，另一方面也想："二将不知时务，自讨杀身之祸。不若差官纳降，以免生民涂炭。"

一心主战的彭遵、王豹都已经被杀，他徐盖可以收拾收拾准备投降了。如此，既可以免除生民涂炭之苦，他本人也可以保住性命，甚至保住官职。

没想到法戒又出现，稍稍阻碍了徐盖的计划。不过，法戒也只是折腾了两天，就被周营生擒，后被准提道人带走了。

听闻法戒被擒，徐盖再也坐不住了。他急忙命左右，把法戒擒拿的雷震子给放了。他带着雷震子一起来到周营辕门前，请求归降。

姜子牙大喜。距离孟津会盟的时间很紧，他必须尽早进兵。若是徐盖拖延下去，保不齐又有什么截教仙人来关前助阵。能够就此拿下界牌关，也算是帮了姜子牙一个小忙。

姜子牙对徐盖不错，当面肯定了徐盖的献关之功，且将其引荐给武王姬发。姬发表示："徐将军献关有功，命设宴犒赏三军。"

有周主姬发的这句表彰，徐盖的后半生算是有了保障。可是，徐盖立功心切，在兵临穿云关时，竟然主动请求劝说弟弟、穿云关总兵徐芳归降。

徐盖与徐芳虽然是一母同胞亲兄弟，但在战与降的态度上，两人截然不同。

听闻徐盖投降，徐芳大怒，他拍案大骂："匹夫不顾父母妻子，失身反叛，苟图爵位，遗臭万年！"商朝总兵在地方任职，其家人常常被扣留在朝歌。徐盖投降周营，商纣王自然会迁怒到在朝歌的徐家人。身为弟弟的徐芳也会受池鱼之殃。

不过，若说徐盖完全是为了"苟图爵位"，为了升官发财而投降周营，这点并不正确。在徐盖投降后，无论是姜子牙还是姬发，都只是肯定了徐盖献关的功劳，却并没有给徐盖具体的官职。

若徐盖是在商朝西征时投降，那么，必然能够受到周营重用。只因那时候商朝强而周国弱。如今是周军大举东征，情势已经发生逆转，是周军强而商军弱。

此前，佳梦关总兵胡升本有意归降，但因火灵圣母来到，不得不再与周营做对。于是，在姜子牙接收了佳梦关后，竟把献关投降的总兵胡升给斩首了。

徐盖虽然没有朝三暮四，但他是在界牌关无将可战的情况下投降的，周营能给他的待遇其实有限，别说升官发财了，就是能保住现有级别也算不错了。

徐盖投降的最关键原因，不是为了升官，而是为了保命！

那徐芳为何坚决不投降呢？

他告诉诸将："不幸吾兄忘亲背君，苟图富贵，献了关隘，已降叛臣。但我一门难免戮身之罪。为今之计，必尽擒贼臣，以赎前罪方可。"原来，他力主死战真正的原因也是为了赎罪，为了活命！他要借哥哥徐盖一人的头颅，保全徐家上下许多人的性命。

于是，当徐盖来到阵前劝说徐芳投降时，徐芳大喝一声，将徐盖拿下。徐芳说："辱没祖宗匹夫！你降反贼，也不顾家眷遭殃。今日你自来至此，正是祖宗有灵，不令徐门受屠戮也！"

徐芳的反应和当初黄飞虎的父亲黄滚有些像。表面上看来，他们是商朝的忠臣，为了国家，为了皇帝，可以大义灭亲。但细细分析就可以看出，他们其实是为皇权积威压迫，不敢去反抗。在一人与一个家族的单选题中，很多人都会选择家族。

徐盖为了自己活命，不顾全家族安危自然不对，但徐芳的选择就是正确的吗？

徐盖大骂弟弟说："你这不知天时的匹夫！天下尽已归周，纣王亡在旦夕，何况你这弹丸之地，敢抗拒吊民伐罪之师！你要做忠臣，你比苏护、黄飞虎何如？洪锦、邓九公何如？我今被你所擒，死固无足惜，但不知何人擒你，以泄吾忿也！"

徐盖与徐芳两兄弟都是精明人，只是徐盖的目光更长远一些。徐芳擒拿徐盖，看似可以救下家族，但是天下尽已归周，不出几年，连商纣王都要被灭，而纣王一旦被灭，那么，拥护纣王的万千贵族，都要给纣王陪葬！最终，整个徐家都会因徐盖的选择而覆灭。在一人与一个家族的单选题中，徐盖选择了保全自己。与其大家都死，不如自己活下来。

徐芳听了，默默不语。于是，他也没有杀哥哥，只是把哥哥拘禁在囚牢中。

后来，穿云关被攻破，徐芳被生擒，姜子牙下令斩首。斩首前，姜子牙宣布徐芳罪状："徐芳，你擒兄已绝手足之情，为臣有失边疆之责，你有何颜尚敢抗礼？此乃人中之禽兽也！速推出斩首！"

姜子牙骂徐芳为禽兽，其实过分了。徐芳虽然生擒兄长，但并没有杀死徐盖；虽然最后丢了穿云关，但坚持到最后一刻，尽了臣子本分。姜子牙之所以如此生气，是因为徐芳接纳了吕岳。吕岳在穿云关前摆下瘟癀阵，让姜子牙在其中受了百日苦楚。姜子牙自然饶不了徐芳。

至于徐盖，在穿云关被破时为周军所救。他在监牢中和黄飞虎关在一起，彼此有了一段同甘共苦的美好时光。在获救后，有黄飞虎的照拂，加上他献上界牌关的大功，说不准真能够加官晋爵。

在商周大战的乱流中，为了活下去，真的好艰难。

041 封神后期哪吒与杨戬谁更强

二度下山后，哪吒拥有了三头八臂神通，更得太乙真人赐下金光洞镇洞之宝九龙神火罩，综合实力再次飙升。

界牌关前，哪吒大展神威，以乾坤圈砸死敌将王豹，又大败截教仙人法戒，立下赫赫战功。不过，因为王豹太弱，法戒的法宝又刚好被哪吒克制，所以哪吒连变身神通都没有使出就获得了胜利。

那么，在封神大战后期，哪吒若火力全开，其实力会有多强呢？比杨戬又如何？

在穿云关下，哪吒再次大展神威，连杀二将，实力堪称惊艳。

穿云关主帅为徐芳，此公只是凡人武将，在单挑上不值一提。他麾下有两员大将，一位是神烟将军马忠，另一位是曾为洪锦部将的龙安吉。这两人都是炼气士，一位有不俗法术，一位有神奇法宝，总体实力不俗。

穿云关第一战，哪吒对阵马忠。

马忠武艺平平但先手意识强悍。与哪吒交手三五个回合后，马忠暗想："我若不先下手，恐他先弄手脚，却是不美。"所谓："先下手为强，后下手遭殃。"封神大战中，有不少人拥有强大法宝却因为被对方抢占先机而含恨殒落。像黄天化就是个典型的反面教材。

马忠号称神烟将军，其法术自然与烟有关。他把口一张，一股黑烟喷出，瞬间弥漫四周，连人带马都被烟雾笼罩。在神烟笼罩范围内，马忠可以看到哪吒，哪吒却看不到马忠。

这神烟之术与洪锦的旗门遁很像，在法术范围内都可以让施法者占据绝对优势。略有不同的是，洪锦的旗门遁需要对手走入旗门中，而马忠的神烟却张口就来，立刻就可以将对手笼罩，拖入攻击范围。

不过，哪吒的战斗经验何等丰富。他立刻将风火轮登起，飞出了烟雾。若哪吒仅有如此本事，那马忠杀不了哪吒，哪吒也降不了马忠。

马忠在烟雾中四处查看，见哪吒瞬间消失，心中惊疑不定。忽然空中有人大叫："马忠休走，吾来也！"

马忠抬头，见空中站着一个蓝面獠牙、三头八臂的怪人。很明显，那怪人就是哪吒。在三头八臂状态下，哪吒攻防能力大增，就算是进入神烟之中，也可以快速反应，不致被马忠所伤。

见法术无效，马忠吓得魂不附体，拨马就走。哪吒一心立下头功，于是不用金砖，不用乾坤圈，而是祭出了新得的九龙神火罩。

九龙神火罩是能轻松烧死金仙后期境界仙人的强大法宝。此宝一出，马忠怎能逃脱？见已经罩住马忠，哪吒把手一拍，启动神火罩。罩中出现九条火龙，上下翻飞，喷吐烈焰。霎时间，马忠连人带马化为灰烬。眼见得马忠被烧得连渣也不剩，商军上下人人惶恐。

此前，哪吒杀敌最大的倚仗是乾坤圈，只是乾坤圈威力有限，一般情况下只能伤敌。不少敌将在被乾坤圈砸伤后依然逃走，大大影响了哪吒的杀敌成功率。

如今有了三头八臂神通与九龙神火罩，情况就不同了。三头八臂让哪吒有了更坚固的防御、更敏捷的反应、更犀利的攻击。最重要的一点是，哪吒从此后，也有了对大罗金仙以下仙人一击必杀的能力。

与龙安吉一战，把哪吒的优势体现得更为明显。

龙安吉是一位隐藏很深的能人。他本是洪锦部下，跟随洪锦征战多年，可洪锦除了知道龙安吉武艺不俗外，根本不知道他精通法术，也是炼气士。

周营先派黄飞虎迎战龙安吉。龙安吉很能打。黄飞虎武艺超群，就算与哪吒相比也不差什么。可是，龙安吉竟然与黄飞虎大战五十个回合不分胜败。原著赞叹："二将真是'棋逢敌手，将遇作家'。"此处"作家"，是指行家、高手。

见武艺不能取胜，龙安吉祭出法宝。龙安吉的法宝很奇特，他拿出一个圆环往空中一丢。那圆环放射光芒，由一而二，化成两个，彼此交替旋转，呈现太极阴阳图形。同时，空中传出"叮当"声音。

龙安吉叫道："黄飞虎，看吾法宝。"黄飞虎习惯性地抬头看去，这一看不要紧，只觉得大脑瞬间短路，摔下马去，被龙安吉部下生擒活捉。

龙安吉的法宝名叫"四肢酥"，与青龙关总兵丘引的头顶红珠有些像。二者都需要对手观看，通过对手的眼睛传递信号攻击对手魂魄。略有不同的是，龙安吉的四肢酥自带音响，就算龙安吉不叫唤，对手一般也会条件发射地抬头去看。

见黄飞虎被擒，姜子牙闷闷不乐。洪锦听闻敌将是老部下，有心立功，于是主动请战。没想到人家龙安吉根本看不起洪锦。洪锦刚说出劝降的话，就被龙安吉狠狠嘲笑了一番。

洪锦大怒，只能出手。洪锦的法宝旗门遁看似神奇，其实鸡肋。加上龙安吉对洪锦的底牌摸得一清二楚，根本不会中招。

交手不久，龙安吉又祭出四肢酥。这次，龙安吉并没有开口，洪锦只是抬头一看，就登时昏迷落马，也被龙安吉活捉。

姜子牙见洪锦被擒，十分不乐。满营诸将大都垂头不语，唯独哪吒出列请战。

龙安吉也算了得，两次胜利并没有让他骄狂。他见哪吒脚蹬风火轮，知道对手是修道之士。于是，他决定抢先出手。

两人交手不过一个回合，龙安吉就祭出四肢酥。若是龙安吉有别的强大法宝，哪吒或许就中招了。偏偏四肢酥是魂魄攻击类法宝，刚好被哪吒克制。

哪吒抬头看去，看见空中双环旋转，传来“叮当”之声，也是惊骇。一个呼吸之后，四肢酥探查不到哪吒的魂魄，攻击无效，从空中跌落。

龙安吉出道以来，祭出四肢酥从未落空，如今竟对哪吒无效，不禁大吃一惊。

哪吒则哈哈大笑，庆幸不已。他展现三头八臂神通，祭出乾坤圈，大叫：“你的圈不如我的，也还你一圈！”

龙安吉惊慌失措，来不及躲闪，那乾坤圈妥妥地砸中顶门。龙安吉虽然没有当场脑浆崩裂，却也头重如山，摔下马去。哪吒上前，补上一枪，龙安吉魂归封神台。

哪吒的武艺本就是封神巅峰，有了三头八臂的变身神通之后，无论攻防都大大提升，单凭这一项，哪吒就堪比雷震子。

哪吒还有金仙镇洞之宝九龙神火罩。在诸多金仙级法宝中，九龙神火罩攻击力强大，与黄金宝塔、吴钩宝剑、阴阳镜、番天印、降魔杵等相比丝毫不逊色，与遁龙桩与捆仙索相比则更加致命。单凭这一项，哪吒就堪比李靖、金吒、木吒、土行孙、韦陀等人。

在同时拥有第一、第二项的情况下，哪吒已经远超多数同辈。在周营中，除了杨戬，无人是哪吒的对手。但是，哪吒还拥有对魂魄攻击免疫的能力，此三项融合，哪吒的实力堪称逆天。他以人仙的修为，完全可以与金仙甚至大罗金仙一战。

若是哪吒对上杨戬，双方的胜负情况将会如何？

比拼武艺，哪吒胜出。

在未施展变身时，哪吒已经能与杨戬斗个旗鼓相当。在施展三头八臂神通后，哪吒实力暴涨，单论武艺将稍胜杨戬一筹。不过，三头八臂神通能大大提升哪吒的攻防实力，也会加速消耗体内法力，变身状态无法持续很久。因此，若哪吒与杨戬展开生死大战，变身能带给哪吒的优势其实有限。

比拼法术，杨戬胜出。

杨戬修成八九玄功，有七十二般变化。哪吒除了变身，并无其他神通。不过，杨戬的变化只是虚像，就比如杨戬变成元始天尊，只能让他拥有元始天尊的外貌，并不能拥有元始天尊的法力。在不明真相的情况下，哪吒斗杨戬很可能会像通天教主遇上三清道人一样，短时期手忙脚乱。若杨戬能够合理利用，就有机会击伤哪吒。

比拼法宝，结果难测。

杨戬的法宝其实就是哮天犬。与其说哮天犬是杨戬豢养的一只灵兽，不如说是一只狗形法宝。哮天犬平时都被杨戬收在袋中，只有需要时才会被杨戬祭出。哮天犬行动迅捷，就算是大罗金仙赵公明、一气仙余元等人也难逃哮天犬一扑。

哪吒身手敏捷，风火轮遁术飞快，但他毕竟修为较低，还不会纵地金光法。在没有变身的情况下，他十有八九会被哮天犬咬中。不过，若是哪吒施展变身，有三头八臂无死角监控，全方位攻击，应该就能够避开哮天犬的扑击。像身手敏捷的土行孙，就曾经成功躲避哮天犬。哮天犬伤敌主要还是依靠突袭。在哪吒与杨戬彼此都知道底牌的情况下，哮天犬还想咬中变身的哪吒，很难。

另外，哮天犬伤害有限。我们统计哮天犬的战绩可以发现，虽然不少大罗金仙也被哮天犬咬中，但是还没有凡人武将或仙人直接被哮天犬咬死。哪吒就算是被哮天犬咬中，也只是受些轻伤。以他的反应速度，安全遁走没有问题。

哪吒的法宝是九龙神火罩。一旦被此宝罩住，杨戬必死无疑。不过，这法宝与当初烧死闻太师的通天神火柱一样，都有一个不大不小的缺陷——只能攻击罩内敌人。哪吒必须在事先就判断好对手的方位，然后祭出九龙神火罩。九龙神火罩必须恰恰将对手罩住，才能开启火龙杀敌。杨戬能从孔宣的五色神光中遁走，其光遁术在大罗金仙中也堪称强悍。哪吒要想罩住杨戬，很难。

结合以上分析来看，在封神后期，杨戬在周营阐教门人中遥遥领先的优势已然不再。哪吒无论是本身战力还是法宝威能，都已经成为堪比杨戬的强大存在。

042 阐教门人最痛恨的截教仙人是谁

截教门下有不少凶人、恶人、猛人，他们来到西岐后，都会风光一把，擒拿一两个周营将领，然后被阐教门人针对性灭杀。因此，真正得罪整个周营，让阐教门下集体痛恨的人极少。而吕岳则是那极少数人中最招阐教门人痛恨的一个。

吕岳为何会招致阐教门下的集体仇恨？他重回西岐后又做了什么？

当初吕岳带着四个徒弟，大败阐教门人，将金吒、木吒、雷震子、龙须虎四位整得晕死过去。后来，吕岳更在西岐城中散布瘟疫，把上至武王姬发、姜子牙，下至西岐城中百万民众统统整得奄奄待毙。唯独杨戬有八九玄功，哪吒有莲花化身，方才躲避一劫。

可以说，若无封神世界最擅长炼丹、炼药的神农炎帝出手相助，西岐百万生灵与阐教诸多门人，包括姜子牙，都要魂归封神台。能一口气把周营诸多阐教门人推至死亡边缘者极少，吕岳绝对是其中佼佼者。正因如此，无论是稳健的杨戬、热血的哪吒，还是滑头藏拙的金吒、木吒、韦陀等人，对吕岳都非常痛恨。

前文说到穿云关两位大将身亡，总兵徐芳彷徨无措。恰在此时，吕岳来到。

五年前，吕岳被杨戬、哪吒等十仙围攻，他仗着三头六臂神通成功遁走。逃回九龙岛后，吕岳并没有就此放弃。经过五年的苦心专研，他终于研发出了一种强大法阵。因此，他重回前线，要再战阐教。

见到吕岳出现，姜子牙与诸多门人无不咬牙切齿。姜子牙说：“吕道友，你不知进退，尚不愧颜！当日既得逃生而去，今日又为何复投死地也。”姜子牙所言非虚。如今的周营高手如云，杨戬、哪吒都是堪比大罗金仙初期的强大存在，其他门人也各有强大法宝。整个周营若是全力爆发，在圣人之下几乎没有对手。

吕岳听了，也是大怒。他说：“我今日来时，也不知谁死谁活！”吕岳虽然不以武力见长，但毕竟是大罗金仙，尊严不容冒犯。何况他此次前来，确实有大倚仗。

没想到周营那些阐教门人再一次不顾规矩，齐齐出手。原文说——

只见雷震子大吼一声，骂曰：“不知死的匹夫！吾来了！”展开二翅，飞在空中。好黄金棍，夹头打来，吕岳手中剑急架忙迎。金吒步行，用双剑劈头砍来。木吒厉声大骂：“泼道，不要走！也吃吾一剑！”李靖、韦护、哪吒众门人一齐拥上前来，将吕岳困在垓心。除了杨戬、土行孙押运粮草在外，整个周营中的阐教门人齐齐出手，七人围殴吕岳。

大家都明白，吕岳的法术神通非常诡异。若是放纵吕岳暗中施为，大家怎么死的都不知道。围殴虽不光彩，但能获得胜利，保全性命，众人也就顾不得脸面了。

吕岳也着实了得。他一晃身躯，现出三头六臂，祭出法宝列瘟印，把冲在最前面的雷震子一下子砸翻，落下尘埃。众门人忙把雷震子救回。姜子牙没有去救，他抽空祭出打神鞭，朝吕岳打去。打神鞭一下子打中吕岳后背，把吕岳打得三昧真火狂喷。吕岳不再纠缠，果断施展遁术，回到穿云关。

在七仙围殴之下，吕岳还能砸翻雷震子，再度逃遁，实力果然强悍。

吕岳打坐一晚，完全恢复。几天后，他的师弟陈庚赶到。一见陈庚，吕岳大喜。因为陈庚带来了由吕岳设计、陈庚炼制的布阵宝物。

阐教门人多爱炼气，多修护体神通，截教门人则多爱炼器，多修阵法之道。吕岳除了专研毒术外，对于阵法也颇有研究。此次，他与擅长炼器的陈庚合作，共同研发了一个强大法阵——瘟癀阵。

凡大阵必有阵眼，阵眼中必放宝物。诛仙阵的阵眼，是四把先天宝剑；瘟癀阵的阵眼，则是二十一把瘟癀伞。

这一天，吕岳与陈庚出关叫战，姜子牙与杨戬应战。

吕岳自信满满。两军阵前，他傲然说：“吾有一阵，摆与你看，但你认得，吾便保周伐纣；若是认不得，我与你立见高低。”等吕岳摆好大阵后，姜子牙带着杨戬、哪吒、李靖等人上前观看。他们在阵前左看右看，看不出名堂，就提出要进入阵内观看。吕岳告诉姜子牙，可放心进入大阵，中途他绝不会启动大阵，暗箭伤人。

原文说：“子牙同众人往前后看了一遍，浑然一阵，又无字迹，如何认得。”无论是身为二代的姜子牙，还是博学多闻的杨戬，都根本没有见过眼前大阵。

事实上，这瘟癀阵乃是吕岳与陈庚首创的大阵，此前根本就没有在封神世界出现过，姜子牙与杨戬等人自然不可能认识。

可就在吕岳得意扬扬的时候，杨戬一口道出大阵“瘟癀”之名。原来，姜子牙福至心灵，忽然想起金台拜将时元始天尊的临别赠言：“界牌关遇诛仙阵，穿云关下受瘟癀。”既然昔日界牌关前遇上的是诛仙阵，那么，如今在穿云关前遇上的自然应当是瘟癀阵。姜子牙把自己的想法告诉杨戬，杨戬深以为然。既然掌教老爷有言在先，自然不会有错。

于是，杨戬来到前列，一脸轻蔑地对吕岳说：“吕道长，此乃小术耳，何足为奇！此乃瘟癀阵。你还不曾摆全，俟摆全了，吾再来破你的。”

吕岳听闻，大吃一惊。原文诗云：“炉中玄妙全无用，一片雄心付水流。”吕岳万万没有想到，自己苦心专研五年炼制的独门法阵，竟然会被阐教门人一语道破。一般来说，识得大阵，多半就知道破阵之法。吕岳想破脑袋，也猜不出姜子牙与杨戬为何会认出瘟癀阵。

其实，要猜出瘟癀之名并不难。身为封神行动策划人的元始天尊，对于截教仙人尤其是大罗金仙级别的强大仙人都做过精细研究。

吕岳擅长毒术，他制作的毒与一般的毒不同，具有极强的传染性。这种毒也被称为“瘟”。当初吕岳就是在西岐城中投放了五葫芦瘟丹在井水中，数天内就导致整个西岐城无人不感染瘟疫。所谓“癀”，同样是急性传染病，多发生在牛马猪羊等牲畜身上。“瘟癀阵”就是可以对人类、牲畜等所有动物造成感染性伤害的强大法阵。

对于姜子牙来说，吕岳远在九龙岛闭门炼制法阵。可对于元始天尊来说，吕岳的重要举措，他都一清二楚。但凡高明的领导者，都擅长用“间”。我们反复提到，申公豹就是元始天尊安插进截教的一个间谍。

申公豹与吕岳交情深厚，当初吕岳来到西岐，就是听从申公豹劝说。吕岳回到九龙岛四五年，与陈庚炼制瘟癀伞，必然要搜罗材料，必然会惊动一些有心人。申公豹为人精明，不但口才出众，而且心机深沉。以他的才干，从吕岳或陈庚口中套出瘟癀阵之名，轻而易举。

如此一来，元始天尊能在吕岳还未摆出瘟癀阵时，就知道瘟癀阵这个名字，也就不足为奇了。不过，光知道阵名，不知道如何破阵也是白瞎。面对吕岳布下的瘟癀阵，周营要如何才能攻破呢？

043 瘟癀阵到底有多强

从姜子牙金台拜将开始，东征灭商就成了周营最为重要的任务。元始天尊早就定下会师孟津与攻破朝歌的日期。姜子牙虽贵为周营六十万大军主帅，但若是延误了日期，破坏了封神行动，他也吃罪不起。

为了加快进军速度，保证准时完成计划，姜子牙日夜忧心。在攻破其他关隘，比如青龙关、佳梦关、汜水关、界牌关时，周军所花费的时间短则三五日，长则一个月。除了大军行军必须花费的时间外，用于破关杀敌的时间都很短。就算是破诛仙大阵，前后也不过是数天时间。

可是，为了破吕岳的瘟癀阵，周军竟然在穿云关前一待就是百十天。瘟癀阵到底有多强，竟然让周营，让阐教如此畏惧？

杨戬在吕岳面前吹了一番牛后，回到大营中。姜子牙为破阵甚是忧心。哪吒则全不在意，他说："十绝恶阵与诛仙这样大阵，俱也破了，何况此小小阵图，不足为虑。"

众人听了，连连点头，都劝姜子牙不必担心。姜子牙听了，也宽心不少。他说："古人云：'人无远虑，必有近忧。'岂可因其小而忽略。"其实，这群家伙都是在自吹自擂，自欺欺人。当初的十绝阵也好，诛仙阵也好，哪里是他们破的。人家十二仙首和四大圣人抛头颅、洒热血的时候，他们都只是在外面看戏。

前几天，阐教二圣破了诛仙阵，才刚刚离场。现在对方只是一个大罗金仙出场叫战，若是阐教方面二圣再度下场，就算是赢了，脸面也丢尽了。

就在大家吹牛间，外面禀报：终南山云中子求见。

大伙一听，非常高兴。云中子的战力虽然未必比杨戬、哪吒强，但人家是老牌金仙，见多识广，或许就知道破阵之法呢？何况，云中子能在此刻出现，背后很可能就是元始天尊的安排。

事实也正是如此。

当姜子牙询问破阵之法时，云中子淡淡一笑说：“此阵不用别人，乃是子牙公百日之灾。只至灾满，自有一人来破。”云中子告诉大家，要想破阵，只需要两个人。一个是姜子牙，他命中该有百日灾难。一旦百日完满，就会有另一个神秘人前来破了瘟癀阵。

至于云中子，他跑到周营来干什么？

云中子说：“吾与你代掌帅印，调督军事，其余不足为虑。”这云中子巴巴地跑来，竟然是要当回元帅，过把瘾。姜子牙心中狐疑。云中子说话只说一半，让人猜不透。

玉虚宫能人众多，为何是云中子前来坐镇？姜子牙本领并不强，为何一定要他下场破阵？

其实，这一切都是元始天尊的安排。元始天尊早在金台拜将时就告诉姜子牙，在穿云关前将会遇上瘟癀阵。自然，他早就做好了破阵的诸多准备。

准备之一，是派人去周营指挥调度。

在破十绝阵时，是燃灯道人负责指挥调度。破黄河阵、诛仙阵时，元始天尊亲自当场，自然由他指挥。在燃灯道人之下，阐教还有南极仙翁，还有十二仙首。为何元始天尊不派他们下场？

只因在黄河阵后，元始天尊门下这些弟子大都已经下山。为收土行孙，惧留孙下山；为击败吕岳，黄龙真人与玉鼎真人下山；为收马元，文殊广法天尊下山；为灭殷洪，慈航道人与赤精子下山；为收殷郊，广成子下山；为收马善，燃灯道人下山；为降孔宣，陆压与燃灯道人先后下山；为杀火灵圣母，广成子再次下山；为抓捕申公豹，惧留孙再次下山。

虽然十二仙首中还有一些人没有下山，但那些人或者修为较低，比如灵宝大法师、道行天尊；或者另有重任，比如太乙真人（专研人体改造术）、道德真君（培养新弟子杨任）。相对而言，中途加入阐教的云中子实力不凡，此前也仅仅是在灭杀闻太师一战中有过出手。他要想获得阐教金仙的认可，必须获得更多功勋。于是，由云中子下山，坐镇指挥破瘟癀阵也就可以理解了。

云中子坐镇周营百天，他做了什么呢？

云中子什么也没有做！在姜子牙被瘟癀阵所困后，他高挂免战牌，严令周营诸将，各自谨守营寨，不得妄言出战。

云中子这么做，并非胆小，而是因为瘟癀阵太强！放眼周营，甚至可以说放眼阐教，除了二圣亲自出马，唯有姜子牙能扛住瘟癀阵攻击。别人要是下场，去一个，死一个；去两个，死一双！

准备之二，是派姜子牙出战。

姜子牙不过是神仙修为，他何德何能可以破瘟癀阵？事实上，姜子牙根本破不了瘟癀阵，他能扛住瘟癀阵，全因有两道防护。

原著说，在姜子牙破阵之日，云中子先把姜子牙请来，像当初燃灯道人对武王姬发一样，在姜子牙前心、后背、头顶各自贴上一道符箓，又让姜子牙把一粒丹药放在怀中。这些符箓、丹药可不是云中子炼制的，而是元始天尊所赐。

有这一道防护还不够。姜子牙一进入瘟癀阵，就把杏黄旗给拿了出来。当吕岳驱动瘟癀伞盖住姜子牙时，姜子牙忙展开杏黄旗，架住瘟癀伞。杏黄旗上放射万道金光，瘟癀伞上毒气无法侵入。但是，杏黄旗也无法突破瘟癀伞的毒气屏障，双方陷入僵持状态。姜子牙寸步难行，就此被困在大阵中。

吕岳对外宣布，姜子牙已经死在阵中。事实上，他每天三次进入大阵，驱动瘟癀伞，用毒气攻击姜子牙。姜子则牙仗着杏黄旗拼命抵抗。

在瘟癀伞与杏黄旗的比拼中，谁胜谁负呢？

百日后，阐教门人进入大阵。原文说："只见子牙在四不相上伏定，手执着杏黄旗，左右金花发现，拥护其身。诸门人看见，齐来搀住。子牙也不言语，面如淡金。"

原来，即便有杏黄旗保护，姜子牙竟然还是被瘟癀伞毒气侵害。百日后，姜子牙已经是面如淡金，口不能言，昏死了过去。杏黄旗乃是封神世界五大仙旗之中央戊己旗，圣人级别法宝，拥有最强的防御神通。在有杏黄旗庇佑，有元始天尊赐给的符箓、金丹护体的情况下，姜子牙依然被瘟癀伞所伤。

可见，若是没有杏黄旗，没有符箓、金丹，就算是大罗金仙前来，十有八九也会殒落在瘟癀阵中。

不过，让人大跌眼镜的是，最后破掉瘟癀阵的，不是阐教两位圣人，不是燃灯道人、陆压道人等大罗金仙，甚至都不是云中子那种金仙，而是修道不久，依然还是人仙修为的杨任。

杨任不过是在下山之前得道德真君突击传授了一些本领，他有何能耐可以破瘟癀阵呢？只因他手中拥有一件克制瘟癀阵的奇宝！

044 杨任为何能轻松破了瘟癀阵

从纣王十四年被纣王挖了双眼，又被道德真君所救，一晃到如今，杨任已经在青峰山紫阳洞修道十八年。

十八年间，杨任一直在苦修，从未下山。为何他一旦下山，就能够破了大罗金仙吕岳布置的瘟癀阵？要知道，姜子牙也只能凭借杏黄旗勉强抗住瘟癀伞的毒性攻击。

这只因道德真君在杨任下山时，一口气送给徒弟三件宝贝。

宝贝一：飞电枪。

此前的十八年，杨任一直在修习五行道术，并未学习武艺。在他准备下山时，道德真君把杨任叫来，赐给他一杆飞电枪，突击传授了一套枪法。

飞电枪有何性能？原文诗云：“穿心透骨不寻常，刺虎降龙真可羡。先天铅汞配雌雄，炼就坎离相眷恋。也能飞，也能战，变化无穷随意见。”

飞电枪主要有两大特点：其一，能飞。一般的武器只能由主将握在手中杀敌，可杨任的飞电枪却能祭出杀敌，既是长枪，又是飞剑。其二，如电。飞电枪一旦使用，迅如闪电，可以刺虎降龙，并且在长枪与飞剑中可以随意切换，变化无穷。

杨任的记忆能力、才华远超常人，故只是看了一遍就基本掌握了飞电枪法。

杨任的飞电枪法在实战中威力如何？

杨任下山很晚，但是建立的功勋还在金吒、木吒等人之上。他在被杀之前参战多次，有两三次用出飞电枪。

第一次是初下山时遇上方义真押解周营四将前往朝歌。杨任挺枪拦截，与方义真大战。两三个回合后，杨任恐怕商军士兵趁机害了黄飞虎，想速战速决，于是放弃飞电枪，祭出了法宝。

第二次是在瘟癀阵前与吕岳大战。双方只是大战了两个回合，“战未三合，吕岳掩一剑往阵中而走”。我们注意原文用词，并不是说吕岳往阵中“败走”，而是“掩一剑往阵中而走”。可见，吕岳并非不敌，而是要把杨任引入瘟癀阵中。

第三次是与袁洪交手，杨任只是用飞电枪打了五六个回合，就祭出了法宝。

由此种种看，飞电枪虽然神异，但杨任毕竟是文臣，并不以武艺见长。他能破瘟癀阵，与飞电枪并无关系。

宝贝二：云霞兽。

仙人斗法和武将比拼武艺不同。武将比拼武艺一般都要大战二三十回合，遇上旗鼓相当的，打个三天三夜不分胜败都有可能。但是，仙人斗法往往在瞬间就决出胜负，判定生死。

在这个时候，有一只反应敏捷、遁术飞快的坐骑就非常重要。像当初姜子牙被火灵圣母追杀，若是姜子牙的四不相再给力一些，比金眼驼飞得快些，姜子牙也不至于被火灵圣母又劈又砸，再度承受死亡之苦。

在封神仙界，只有少数身家极为富有的仙人才能有灵兽、灵禽作为坐骑。像玉虚宫十二仙首中，广成子、赤精子、文殊、普贤、慈航等人都没有坐骑。黄龙真人虽没有法宝，但拥有一只灵禽坐骑。唯独道德真君，一人就拥有多只坐骑。

当初大徒弟黄天化下山，道德真君送出一只玉麒麟。仗着玉麒麟之迅捷，黄天化才能一举击杀魔家四将。只是，黄天化之死，也怪玉麒麟。高继能祭出蜈蜂来蛰黄天化。黄天化把双锤舞动如风，蜈蜂无法靠近。但高继能又指挥蜈蜂攻击玉麒麟，玉麒麟被蜇吃痛，把黄天化摔下，遂害得黄天化被高继能杀死。

黄天化死后，没有交代玉麒麟下落，多半是被道德真君回收了。只是，玉麒麟已经有了妨主之实，不适合再赐给他人。道德真君大手一挥，牵出了另一只神兽——云霞兽。

那云霞兽头上有角，主人一拍，云霞兽四足自然生出云霞，飞在空中。杨任有云霞兽相助，可瞬息千里，战场生存能力大大增强。

只是，云霞兽毕竟只是坐骑，让杨任能破瘟癀阵的，另有奇宝。

宝贝三：五火神焰扇。

在玉虚宫十二仙首中，道德真君绝对是头号富翁，不但登场坐骑就有两只，法宝更有许多。

此前，道德真君赐给黄天化攒心钉，那是一件金仙镇洞之宝，B + 级别，可以一击秒杀金仙。

在破十绝阵时，道德真君更拿出了压箱底的法宝五火七禽扇。

当时，王天君布下红水阵，杀死散仙曹宝。道德真君脚踏莲花，避开毒水，又用五火七禽扇扇出无穷烈焰，将王天君化为飞灰。在破红砂阵时，南极仙翁使用的是一把五火七翎扇，将张天君红砂扇飞。

原文介绍五火七禽扇时说："五火奇珍号七翎，授人初出乘离荧。逢山怪石成灰烬，遇海煎乾少露泠。克木克金为第一，焚梁焚栋暂无停。"原来，五火七禽扇，又名五火七翎扇，融合了空中火、石中火、木中火、三昧火、人间火等五种真火，用凤凰翅、青鸾翅、大鹏翅、孔雀翅、白鹤翅、鸿鹄翅、枭鸟翅等七种火系灵禽翎毛炼制而成。在原著中，有时也称这把扇为七禽扇、七翎扇。

杨任下山时，道德真君送给他一把五火神焰扇。很多人认为，五火神焰扇就是当初的五火七禽扇，我觉得并非如此。

此后，杨任多次使用五火神焰扇，原著中又简称为"五火扇"，却没有一处说杨任使用的是五火七禽扇，或者七禽扇、七翎扇。

杨任使用的扇子不但与当初的五火七禽扇名称不同，其威力也有极大变化。

在破十绝阵时，五火七禽扇威力已经极大，但是，在红砂阵中也只是扇去了红砂，不能把张天君直接灭杀。

可是，杨任手中的五火神焰扇，几乎是遇神杀神，遇佛杀佛，没有任何圣人以下仙人，可以硬抗五火扇一扇。

像袁洪已经修成九转玄功，肉身强度堪比杨戬，可是，面对五火扇扇来，也只能施展遁术逃走，留下马匹被瞬间烧成飞灰。在万仙阵中，杨任更是大展神威，五火扇神火过处，百千截教仙人无处遁形，全被灭杀。单论杀敌人数，阐教门下他绝对是第一人。

正是仗着五火神焰扇，杨任轻松破了吕岳的瘟癀阵。

杨任来到阵前，指名要战吕岳。吕岳出战，两人交手两个回合，吕岳退入大阵。杨任丝毫不惧，一拍云霞兽，进入大阵。

吕岳登上八卦台，催动瘟癀伞。

原文说："杨任把五火扇一扇，那伞化作灰烬，飘扬而去。又连扇了数扇，只见那二十把伞尽成飞灰。"吕岳与陈庚苦心炼制多年的二十一把瘟癀伞，在瞬间工夫，就被五火扇付之一炬。

吕岳见势不妙，还想着捏避火诀逃出生天。不料，杨任五火扇扇出的火焰并非五行之火，而是五种本源真火凝练而成，至刚至强。吕岳刚遁走，杨任一拍云霞兽赶上，连扇数下，把八卦台和吕岳都烧成灰烬。前后不过几个呼吸的时间，困住六十万周军百多天的瘟癀阵就被烧了个干干净净！

原著慨叹吕岳之死，诗云："九龙岛内曾修炼，得道多年根未深。今日遭逢神火扇，可知天意灭嗔心。"

其实，吕岳修道多年，根行深重，所谓"根未深""天意灭嗔心"，不过是因为吕岳一心力挺截教，阻止西周代商，所以得罪了元始天尊，忤逆了鸿钧老祖。

既然杨任可以凭借五火神焰扇轻松破了瘟癀阵，元始天尊为何还要安排云中子下山，让姜子牙被困大阵一百天呢？

045 元始天尊拖延百日破阵之谜

在姜子牙被困一百天的日子中，元始天尊究竟做了些什么？

首先，我们可以确定，吕岳的瘟癀阵再强，也不可能拦住元始天尊与老子。只要他们二位肯出手，必定可以在第一时间破掉大阵。那么，元始天尊为何不出手呢？

一个重要的原因，是阐教二圣刚刚回山。截教此次只是派大罗金仙出战，阐教不适合再由二圣下场。否则，丢不起面子。

对于老百姓来说，面子问题不是什么大问题。可对于圣人来说，面子问题就是天大的问题。通天教主摆下诛仙阵，不就是因为被大师兄、二师兄鄙视，在众位徒弟面前丢了脸面吗？天子一怒，尚可伏尸百里；圣人一怒，那还了得？

因此，破瘟癀阵的，只能是阐教门人，最好是阐教三代弟子。截教二代弟子、大罗金仙布下的法阵，被阐教一个人仙修为的三代弟子破了，传扬开去，对于一贯强横的截教来说，绝对是一件打脸的事情。

只是，阐教三代弟子中，就算是杨戬、哪吒进入瘟癀阵，也有死无生。要想完成破阵的重任，必须制造一件全新的强大法宝。

这个法宝就是五火神焰扇。正如我在前文所说，五火神焰扇并非五火七禽扇。

五火七禽扇是以五种真火、七种灵禽翎毛炼制而成，对于金仙有极大威胁。若是评定法宝等级，至少是金仙镇洞之宝，甚至可能达到了大罗金仙初级法宝（即A－级）。

五火神焰扇则不然，就算是大罗金仙吕岳，捏着避火诀也无法扛住五火扇一扇。修成九转玄功的袁洪也只能望扇而逃。若是评定法宝等级，五火神焰扇至少是大罗金仙普通法宝，甚至可能达到大罗金仙镇洞之宝（即A＋）级别。

五火神焰扇为何会强大这么多？相比五火七禽扇有何不同？

两者最大的不同，就是五火神焰扇少了七种灵禽的翎毛。在五火七禽扇中，不同灵禽的翎毛有不同属性，有的是火属性，有的是风属性，有的是水属性……七种灵禽的翎毛，让五火七禽扇有了多种性能，但也使得法宝的品质不纯。多而杂，最终限制了五火七禽扇的品级与威力。

五火神焰扇则去掉了七种灵禽翎毛，单单保留了五种真火。并且，元始天尊将原来的五种真火进一步提纯，炼出本源真火。最终，只有单一火属性的五火扇，其功能看似减少了，其威力却大大增加了。若是说在封神世界定海珠是大罗金仙级水系第一法宝，那么，五火扇则是大罗金仙级火系第一法宝。

炼制新的五火扇实在不易。从得到吕岳要摆下瘟癀阵的消息后，元始天尊就日夜赶工。他早就预估了时间，在吕岳摆下大阵之后第九十天才能炼好五火扇。

于是，元始天尊交代云中子前去周营，拖延吕岳一百天。在第九十天，元始天尊终于炼制好五火神焰扇，他把五火扇交给心腹爱徒道德天尊，道德天尊再交给杨任。

一场完美的打脸行动就完成了。

当然，元始天尊这么做，除了打脸、炼制法宝需要时间两个原因外，还有一个重要原因，那就是掩盖他“用间”的真相。

前文说了，元始天尊很擅长用间。申公豹就是元始天尊打入截教内部的重要棋子。正因为有申公豹通风报信，元始天尊才能在截教仙人下山之前，就摸清对方的底牌，从而有针对地做出布置。像吕岳听杨戬道破他“瘟癀阵”之名，就目瞪口呆，大吃一惊。

不过，吕岳就算吃惊，就算有所怀疑，也拿不出什么真凭实据证明是申公豹出卖了他。毕竟，吕岳炼制瘟癀阵这件事情，对于阐教门人来说是机密，可是，对于吕岳的好友，对于九龙岛炼气士来说，并不是什么惊天秘闻。在原著中就写到有一位叫作李平的炼气士，在吕岳布下瘟癀阵之后，赶到前线，再三劝说吕岳放弃大阵，回归九龙山，不要与周营、与阐教做对。也就是说，知道瘟癀阵之名的确实不止吕岳与陈庚二人。吕岳的怀疑对象，不仅仅是申公豹。

但若是阐教方面在吕岳布下大阵的第一天，就拿出了针对性法宝，轻松破了从未在封神世界出现的瘟癀阵，那结果会如何？

那样不但吕岳会死不瞑目，而且将惊动整个截教。大家会人人自危，提防阐教奸细，从而不下山阻碍周兵，从而破坏了元始天尊苦心多年的封神计划。

于是，元始天尊做出一副瘟癀阵很强、很难破的姿态，以满足吕岳的小小虚荣心。在蒙蔽了截教众仙的耳目后，阐教一举击破吕岳。

046 元始为何提醒子牙谨防潼关五将

失去吕岳这个倚仗，穿云关瞬间被破，商军大帅徐芳也被斩首。

休整数日后，姜子牙率领大军再次出征，兵临潼关城下。潼关总兵叫作余化龙，在商朝军界名气极大。他本人虽是凡人武将，可是五个儿子都修炼了道术，尤其是小儿子余德，更拜在截教嫡传二代弟子乌云仙门下。

姜子牙本以为可以轻易攻破潼关，毕竟此时的周营今非昔比。他万万没有想到，六十万周兵差一点全殁落在潼关城下。在屡次受挫后，姜子牙方想起元始天尊昔日留言：“界牌关遇诛仙阵，穿云关下受瘟癀。谨防达兆光先德，过了万仙身体康。”

从西岐城到朝歌，看似只要经过五关，但五关处处有能人把手。汜水关前有孔宣阻拦，界牌关前有多宝道人布下的诛仙阵，穿云关前有吕岳布下的瘟癀阵，潼关前有余达、余兆、余光、余先、余德五位能人，临潼关前则是汇聚截教精英的万仙阵。

潼关总兵余化龙的五个儿子究竟有何能耐，能让元始天尊也忌惮，留言提醒姜子牙？

潼关第一战，余达对战太鸾。

余达扮相不俗，白马银枪，雄姿飒飒，而且他武艺精熟。太鸾武艺可入封神十大凡人武将行列，余达却能与太鸾大战二三十回合不分胜败。

见武艺难以取胜，余达当机立断，拨马回走。太鸾一心立功，纵马赶来。余达听闻脑后马蹄声近，挂下银枪，取出撞心杵反手打去，正打中太鸾面门。太鸾落马，被余达一枪扎中心窝死去。

从余达反手一杵就打中太鸾面门可以看出，两人距离极近。余达出手若是慢那么零点几秒，死的就是他自己。

余达有勇有谋。他用撞心杵杀敌，完全是把自己的脑袋别在裤腰带上，没有置之死地而后生的勇气绝对办不到。在关键一秒出手，也体现出余达对时机的把握相当精准。太鸾被余达击杀，实在不冤。

潼关第二战，余兆对战苏护。

东征以来，苏护出战的次数屈指可数，眼见众人都立下大功，苏护也有些眼红。于是在子牙升帐点将时，他主动请战。

只要苏护出战，对方必然痛骂苏护薄情寡义，余兆也不例外。双方一言不合，随即开战。苏护武艺不错，但还未到封神一流境界。双方大战不到十个回合，余兆得空，祭出了一件法宝。

余兆的法宝叫作杏黄幡，此幡与杏黄旗只有一字之差，功能也截然不同。但见杏黄旗一展，幡旗中乍现一道刺目金光。苏护眼睛一时失明，等恢复视力时，却发现余兆连人带马都已经消失了。

苏护大吃一惊，急忙睁大眼睛左右观看，忽然听闻脑后有马蹄声响起，急忙拨马。但是，时间已经来不及了。余兆早在金光出现时，瞬移到了苏护马后。余兆摇动长枪，一枪刺中苏护肋下，苏护翻身落马，当即死去。

余兆的杏黄幡有两大功能：其一，放射金光，让对手短暂失明；其二，瞬间移到对手身后。这两大功能都非常实用，几乎就是综合了旗门遁与金霞冠所长。凭借此宝，余兆可以对付绝大多数的周营将领。就算是面对阐教门下，他也有很大几率获胜。

潼关第三战，余光对战苏全忠。

听闻父亲阵亡，苏全忠又悲又怒，上前请战。人一旦处于大悲大喜的境地，往往会失去理智，判断失误。苏全忠武艺虽强，此时却不宜出战。只是，苏全忠一再坚持，姜子牙不得已同意。

潼关派出的是余化龙第三子余光。苏全忠怒发冲冠，大战二十回合，杀得余光手软脚麻。余光也算了得，当即拨马败走。苏全忠明知穷寇莫追的道理，但为了给父亲报仇，还是纵马追去。

余光一见大喜，他挂下长枪，取出五根梅花标反手打出。苏全忠追得太近，虽然急忙躲闪，避开了两根梅花标，却还有三根打中。苏全忠眼看就要坠马，他拼尽全力方才坐稳，败回周营。在姜子牙出手疗伤后，即刻恢复。

潼关第四战，两军将领混战。

余化龙眼见三场连胜，颇为得意，于是在第四天亲自出马，想要一举击溃周军。

周营方面虽然连败三场，但出场者都是凡人将领，阐教门人尚未出马。故此，姜子牙虽有些烦闷，却并不担心。

见余化龙亲自出战，姜子牙也摆开阵势迎战。余化龙一声号令，在家的四个儿子余达、余兆、余光、余先一起杀出。周营方面苏全忠挡住余达，武吉迎上余兆，邓九公之子邓秀拦住余光，黄飞虎阻住余先。两军捉对厮杀，一时之间，不分胜败。

余达诈败逃走，苏全忠追赶，被余达反手一个撞心杵，打在苏全忠胸口。苏全忠的护心镜被打得粉碎，翻身落马，被周兵救回。余达冲过来想要刺死苏全忠，雷震子展开风雷翅，瞬间拦住余达。

余化龙纵马舞刀杀向姜子牙，在子牙身边护卫的哪吒催动风火轮拦住余化龙。就在此时，杨戬催粮来到，他见战场上五对将领杀在一处，难解难分。

于是，他悄悄祭出哮天犬，冲着潼关大帅余化龙颈脖咬去。余化龙被哪吒缠住，本就落于下风，哪里还能避开哮天犬。结果，他连皮肉带头盔，被哮天犬一口咬掉，只得败走。

见余化龙负伤败走，哪吒祭出乾坤圈打余先，余先忙于救父亲，只能略偏头躲开，乾坤圈砸中余先肩窝。余先惨叫，也败归潼关。余家其他几位一见，也跟着退回潼关。姜子牙催动大军，冲杀过去，杀死了不少商军。

此战，因为杨戬偷袭，一举扭转局势，周营大胜。

潼关第五战，阐教门下围殴余德。

余家父子受伤，只能闭关不战。几天后，余德回家，以丹药救好父兄。

第二天，余德出战。见余德一身道家打扮，大家都知道对方必有异术在身。杨戬舞动三尖两刃刀，第一个冲出。哪吒催动风火轮跟上。一见这两位最强者都出动了，其他如雷震子、韦护、金吒、木吒、李靖知道出战绝无危险，也跟风上前，围殴余德。

余德修道不过十余年，就算乌云仙道行高深，功法不俗，余德的修为也必然有限。被阐教七位门人围殴，余德纵然身怀奇术，也无法施展。

杨戬乃是心思细密之人。寻常不出手，出手必伤敌。他见余德全身散发浓浓邪气，不敢拖延，一拨马跳出圈外，取出银弓，射出金弹，一弹打中余德。余德惨叫一声，忙借土遁逃走。

到此处，余化龙五个儿子都已经登场。从战场情况看，五子虽然本领不俗，余兆还有奇宝，但是五子的杀伤力根本无法和诛仙阵、瘟癀阵相提并论。为何元始天尊要留言警告姜子牙，对他们小心提防呢？

047 谁是第二位差点将周营团灭的截教高人

封神大战中，有两位截教高人一度将周营推至团灭的边缘。一位是九龙岛第一炼气士、精通瘟癀毒术的大罗金仙吕岳；另一位即是潼关总兵余化龙第五子余德。

余德乃是通天教主亲传弟子乌云仙的徒弟。乌云仙自己顶多也就是大罗金仙修为，凭啥他的弟子余德能和吕岳一般，一口气伤及整个周营呢？

只因余德天赋异禀。他虽然修道不过十余年，可是，境界远高同侪，更学得一门强大秘术。正是依靠这独门秘术，余德不但让周营六十万将士奄奄待毙，还让阐教诸多门人生不如死。

余德的这门秘术叫作痘疹之术。那么，余德这痘疹之术是如何施展，又是如何被破的呢？

余德被围殴落败后回到城中。他见父兄都有些垂头丧气，微微一笑说：“你们今夜沐浴净身，我用一术，使周兵七日内，叫他片甲无存。”

众兄弟一听大喜，按照弟弟交代，都洗刷了一遍，到了晚上八点钟，都来见弟弟。

余德拿出五块布帕，按照青色、黄色、赤色、白色、黑色的顺序放在地上，然后又拿出五个小斗，让四个哥哥一人拿一个。余达、余兆等人看见小斗中都是一些不知名的粉末。

余德嘱咐说：“一会我会施法。让你们什么时候洒粉末，你们就跟着洒；让你们什么时候泼粉末，你们就跟着泼。只要几位哥哥严格按照我说的做，我保证不用张弓射箭，不动一兵一卒，七天之内让周营六十万大军死得干干净净！”

在指点一番后，余德五人各自站在一块布帕上。余德脚踏罡斗，运转先天一气，舞动宝剑。刹那间，五人脚下狂风大作，托起布帕向周营飞去。

余德带着四个哥哥站在周营上空，将五个小斗中的粉末泼洒向四面八方，一直忙活了五六个小时，见毒粉已经遍及各处，五人才飞回潼关。

余德这痘疹之毒，效果如何呢？

原文提到，从第二天一早开始，六十万周军人人身体发热，个个睡卧难宁。不仅武王姬发、大将南宫适这等凡人如此，就连主帅姜子牙、金吒、李靖、韦陀等炼气士也全身长出小颗粒，一摸就疼，连路也不能走了。

整个周营也就两人没有被毒粉感染。一位是哪吒，一位是杨戬。

毒粉为何对他们二人无效？原著解释说：“哪吒乃莲花化身，不逢此厄。杨戬知道余德是左道之人，故此夜间不在营中，各自运度，因此上不曾浸染。”

这痘疹毒粉和吕岳的瘟疫之毒一样，传播时都需要借助血肉。哪吒乃莲花化身，并无血肉，自然不会被传染。杨戬虽然肉身强悍，远超寻常仙人，可毕竟还是血肉之躯。他能躲过痘疹毒粉，是因为他心机深沉，早猜到余德会搞邪术，于是一个人睡在大营外。可见，即便是杨戬，若是被痘疹毒粉洒到，也会被感染。

那痘疹之毒是不是比瘟疫之毒还要厉害？

当初杨戬躲过了瘟疫之毒，原著解释说："哪吒乃莲花化身，杨戬有元功变化。"原来，瘟疫毒粉一样能伤到杨戬，只是，杨戬凭借八九玄功、七十二变抗过了毒粉。比如说，他在被毒粉沾染时，立刻将身体石化。只要不是血肉之躯，就不会被毒粉伤害。

有了吕岳瘟疫之毒的前车之鉴，周营此次虽然都遭了大难，可是，远不如当初惊慌。

哪吒与杨戬每日到城楼巡查，提防商军偷袭。一晃，五六天过去，眼看七日之期将近，姜子牙与武王姬发等人都快要死了，哪吒与杨戬这才有些担心起来。

按照道理，玉虚宫掌教老爷应该派人来了啊！就在两人抱怨间，半空中黄龙真人骑着白鹤到来，一见面就说："杨戬，你师父可曾来？"原来，这次被抓丁出差的，又是黄龙真人和玉鼎真人。

杨戬回答说："师父不曾来。"黄龙真人抱怨说："他原说先来。"

玉鼎真人明明说要先来，为何迟迟不至呢？原来，他在传达师父命令，让黄龙真人同去周营后，还写了一封信，耽误了些时间。

玉虚宫十二仙首中，玉鼎真人对丹药最为热衷，平日里和封神第一炼丹大师神农炎帝有几分交情。自然，写信央求神农帮忙的任务就落在玉鼎真人头上。

不一会儿，玉鼎真人驾遁光也来到周营。他与黄龙真人一起见了姜子牙，安慰了一番，然后告诉杨戬，拿着他的书信，再去火云洞一趟。

杨戬知道，像这种低声下气求人的活，只能由徒弟来做。于是，他接过书信，施展遁术，来到火云洞。

他已经是第二次来找三皇，可谓轻车熟路。见到三皇后，杨戬恭恭敬敬递上书信，恳请三皇出手相助。

书信中玉鼎真人口气非常恭敬，他先是持弟子之礼问候三皇，然后说明周朝兴起乃顺应天命，封神大战更是鸿钧老祖意思，如今姜子牙等阐教门人与周营六十万大军遇难，出手解救乃是大功劳一件。

三皇之首伏羲看了书信，说："今武王有事于天下，乃是应运之君，数当有此厄难，吾等理宜助一臂之力。"伏羲是在告诉神农、轩辕，武王姬发乃是应运而生之君王，救周军就是顺应天命，反之，自然就是逆天而行。神农听了，立刻表态支持。

神农和上次一样，交给杨戬三粒仙丹，吩咐说："此丹：一粒可救武王；一粒可救子牙；一粒用水化开，只在军前四处洒过，此毒气自然消灭。"

从神话到现实，从来都是等级森严。武王姬发与姜子牙都可以享受一人一粒仙丹的待遇，六十万周兵却只能共享一粒丹药。姬发与姜子牙自然是立刻痊愈，六十万周军却还要在伤病中挣扎许多日。

临别时，神农与上次一样，再次赠送杨戬一株仙草。他告诉杨戬，余德之毒名为痘疹，是一种很厉害的传染病。若是这疾病在人间传开，可用升麻草治疗。

杨戬回到周营，依法救治。阐教门下都会五行之术，自然先好了。不过，伤虽好了，大家脸上却都留下了疤痕。姜子牙与门人个个恼恨，都发誓不取潼关誓不罢休。

这天也恰恰是第七天，余德见此前六天周营都寂静无声，死气一片，还在想周营应该死绝了。于是，余德兄弟大开城门，准备攻占周营。

双方在潼关城下撞见，立刻展开厮杀。姜子牙坐四不相，挥舞打神鞭冲在最前面，杨戬与哪吒一左一右护卫。金吒、木吒、李靖父子紧跟其后，杨任、雷震子、韦护、龙须虎各展手段向前冲杀。余化龙父子五人很快就陷入阐教门人的包围中。

这次大家动了真怒，阐教门下没有谁再留手。哪吒见余化龙父子朝城内退去，先催动风火轮跑到潼关城楼，把守城的士兵杀了个干干净净。周军一声呐喊，冲入潼关。

眼见关隘要失守，余化龙父子大惊。雷震子趁着余光走神，劈头一棍狠狠砸来，余光脑浆崩裂而死。余达本欲来救援，却被韦陀祭出降魔杵一杵打死。余先、余兆两兄弟转身想逃，杨任拿出五火扇一扇，两人顿化飞灰。余德悲痛欲绝，想要抓住姜子牙做人质，却被姜子牙祭出打神鞭打伤，李靖冲上，一戟将余德刺死。

余化龙眼见潼关失守，五子阵亡，心灰意冷，自刎身亡。潼关刚才还雄关如铁，眨眼间即一败涂地。

姜子牙迎接武王进入潼关。潼关之后就是临潼关。当初通天教主在诛仙阵败走后就开始在临潼关前布置万仙阵，阐教门下也早有应对。

布置诛仙阵时，通天教主还不知道元始天尊与老子邀请到了西方教二圣。正因为忽然被四打一，通天教主方才惨败。如今，通天教主明知对方会四圣齐出，竟然还敢摆阵叫战。他究竟有啥倚仗？

048 谁竟敢杀入阐教群仙中击伤黄龙

阐教掌教元始天尊早就收到了风，知道通天教主要在临潼关前摆下万仙阵，与阐教拼一个鱼死网破。于是，在击败了余德、夺取了潼关之后，黄龙真人、玉鼎真人两人就提醒姜子牙，在临潼关前修建芦篷，等待掌教师尊和各位师兄到来。

没过几天，芦篷修好，玉虚宫十二仙首、云中子、燃灯道人等先后到来。大家伙聚在一起，又和当初在诛仙阵前一样，好一番高谈阔论。以十二仙首的傲娇性子，当然大谈阐教如何厉害，截教如何孱弱。否则，破诛仙阵时截教教主也不会被打得屁滚尿流，落荒而逃。他们这边四圣联手，欺负人家一个的事实却被自动忽略。

在众仙中，笑得最欢、说得最多的当属黄龙真人。只是，黄龙真人万万没有想到，还没等他笑完，哭的日子就到了。他们一伙人到万仙阵外游玩，不料撞到一个截教猛人。他于阐教众仙手中，竟然一举击伤黄龙真人。

这位截教猛人叫作马遂，法号金箍仙。

此前我们说到的截教仙人，只有极少数的几位，比如三霄娘娘、多宝道人和通天教主有明确的师承关系。我们可以依照当下修仙小说的说法，称九龙岛四圣、十天君等人为截教外门弟子，称与通天教主有明确师承关系的为内门弟子。

在封神大战发生时依然居住在碧游宫中，每天跟随通天教主修道的，有上四代弟子与七大上仙。上四代弟子也叫四大弟子，即多宝道人、金灵圣母、无当圣母、龟灵圣母。在多宝道人被老子抓走后，金灵圣母自动升级，成为掌门大弟子。万仙阵就是由她负责布置的。七大上仙即金光仙、乌云仙、毗芦仙、灵牙仙、虬首仙、金箍仙、长耳定光仙。

此前的一些章节中，四大弟子登场为多。在万仙阵中，七大上仙则较为活跃。在万仙阵大会战开始之前，阐截二教就已经有一次碰撞。截教中出手的，就是排名第六的金箍仙马遂。

见阐教门下到来，金灵圣母以掌心雷现出万仙阵。阐教群仙遥望远方，见到万仙阵中截教仙人数以万计。燃灯道人看了，不禁大惊说："今日方知截教有这许多人品。吾教不过屈指可数之人。"

燃灯道人的寿元、修为都远超十二仙首，见识也高出许多。虽然截教屡次大败，但那都是元始天尊苦心布局，多方联合所致。截教的综合实力其实强过阐教太多。

对于截教强而阐教弱这一点，元始天尊在公众场合从未否认。反倒是十二仙首尤其是黄龙真人，始终觉得阐教高人一等。黄龙真人说："众位道友，自元始以来，为道独尊，但不知截教门中一意滥传，遍及匪类，真是可惜工夫！"

通天教主奉行有教无类原则，门徒广大，其中达到大罗金仙者数以十计，达到金仙者数以百千计。绝大多数仙人都重情重义，像马元那种食人魔其实极少。在黄龙真人口中，却成了"一意滥传，遍及匪类"。

道行天尊提议去看看万仙阵，燃灯道人不同意，怎奈广成子跟风，嚷着只看阵，不进阵，燃灯道人没法，只好带着大家前去。到了万仙阵前，阐教群仙指指点点。大家虽然心中惊骇，可口中都是轻蔑之词。尤其是黄龙真人，言语最是不堪。

那一天正是马遂负责巡查大阵，听闻阐教群仙贬低截教，心中已是窝火，听到黄龙真人言辞，更是怒火冲天。于是，他一声呐喊，竟然从万仙阵中跳出。

他一出阵，就大叫说："玉虚门下，既来偷看吾阵，敢与我见个高低？"这马遂胆子可真大，以一人之力竟敢叫板阐教群仙。

马遂有何本领，如此自信？

马遂登场，口中歌云：“人笑马遂是痴仙，痴仙腹内有真玄。真玄有路无人走，惟我蟠桃赴几千。”

从诗句看，马遂的修为实在不凡。像杨戬，也不过说自己参加过几回蟠桃会。可马遂却参加了几千次。唯有金仙强者，才有资格参加瑶池金母举办的蟠桃会。从此可知，马遂至少在数千年前就已经是金仙以上修为。玉虚宫十二仙首修行时间不过两三千年，连三尸都未斩却，与金箍仙马遂相比，实在差得太多。

见马遂跳出，燃灯道人不禁眉头紧皱，叹息说：“你们只贪看恶阵，致多生此一段是非。”燃灯道人虽没有和金箍仙交过手，却知道马遂实力非凡，很不好惹。

黄龙真人无知者无畏，上前说：“马遂，你休要这等自恃。”马遂一听，哈哈一笑，挥舞宝剑冲杀过来，看样子竟要冲入阐教群仙队伍中击杀黄龙真人。黄龙真人大惊，他吹牛厉害，斗法不行，忙挥舞宝剑招架。

马遂也知道双拳难敌四手，他劈面一剑只是为了争取时间。见黄龙真人手忙脚乱，他祭出成名法宝。只见一个金晃晃的金箍儿出现在空中，旋转飞向黄龙真人。黄龙真人想要躲闪却哪里躲得过。

金箍套住黄龙真人后，立刻收缩。黄龙真人但觉头痛难忍，不禁连连惨叫，口鼻眼耳中狂奔三昧真火。燃灯道人虽然不喜黄龙真人，但是见到他受困，不得不出手相助。他安排救下黄龙真人，然后挡在前面。

马遂看群仙势大，也不追赶，冷冷一笑，跳回万仙阵中。

燃灯道人等人把黄龙真人带回芦篷，大家用尽手段，竟然没有一人能把金箍解下。

好一会儿，半空中云光缥渺，马遂看是南极仙翁从万仙阵上飞过。他跳在空中，竟然想截杀南极仙翁。

南极仙翁此来是打前站，背后就是元始天尊。他心中有倚仗，于是笑笑说：“马遂，你休要猖獗，掌教师尊来了。”马遂本以为是南极仙翁诈他，闻言还要动手。忽然听到远方仙乐飘飘，一股庞大的威压劈面而来，果然是元始天尊来了。马遂无奈，只好飞回万仙阵去了。

南极仙翁赶到芦篷，告诉大家掌教老爷到了。大家忙整理衣衫，排好班次迎接元始天尊。黄龙真人也强忍疼痛，跟着大家叩拜。

元始天尊虽然恼恨黄龙真人无能，丢了他的脸，但是当着众位弟子的面也没有多说。他叫过黄龙真人，挥手一指，一道玄奇法力进入黄龙身体，那金箍随即脱落。黄龙真人终于脱困，不禁大喜，再三叩谢师父。

金箍仙马遂修为高深，实力强悍，碾压玉虚宫十二仙首，丝毫不把南极仙翁放在眼中，就连燃灯道人也对他忌惮三分，其金箍法宝唯有元始天尊这种圣人方才能破，足可见他绝对有大罗金仙修为。

尤为难得的是，马遂做事很有分寸。在群仙环绕中，果断祭出法宝，一举击伤黄龙真人；见燃灯道人护卫，立刻退回万仙阵；南极仙翁单独一人飞来，他果断跳出截杀；得知元始天尊将至，又立刻跳回万仙阵。

以此种种看，马遂不仅实力强悍，而且进退有度。难怪在万仙阵会战中，截教仙人大都殒落，金箍仙马遂却成功逃脱，从此不知所踪。

049 哪位仙人一出手连准提道人也避让

元始天尊来到芦篷不久，老子也骑着青牛驾临。同一天，通天教主也带领诸多门人到达万仙阵。第二天，三位圣人在万仙阵前会面。双方各自怀恨，哪里能谈到一块去。即便是圣人，最终还是靠拳头说话。

此次万仙阵乃是两教大会战，双方门人都要参与。身为掌教的三位圣人自然不会轻易下场。双方各派精英弟子，大战多个回合，彼此各有胜负。

有一人代表截教第一个下场，他一出手就打翻赤精子，吓跑广成子，就连准提道人也被此人逼得连连避让。

这位牛人叫作乌云仙，在截教七上仙中排名第二。乌云仙很强。余德正是从他这里学得一手痘疹毒术，差点将周营团灭。

通天教主在万仙阵中还布置下了太极阵、两仪阵、四象阵三座大阵。负责镇守太极阵的，正是深得通天教主喜爱的乌云仙。

见截教大阵摆成，老子询问："谁去破此太极阵走一遭。"话音未落，赤精子大叫："弟子愿会此阵。"

赤精子不过是金仙后期修为，怎么敢强出头来破阵？

一来，赤精子乃是玉虚宫十二仙首中现任击金钟首仙，他有责任出头；

二来，那太极阵乃是从太极图中衍化，赤精子曾向老子借太极图破姚天君落魂阵，后来又用太极图杀了殷洪，对太极图比较熟悉，自然对太极阵也有几分研究。

谁料想乌云仙根本看不起赤精子，他还不等赤精子进入大阵，就抢先跳出，竟然要在太极阵前就击杀赤精子。

赤精子大怒说："乌云仙，你不可恃强，此处是你的死地了。"赤精子也知道乌云仙很强，但他背后就有两位掌教圣人盯着，怎敢后退？丢了小命老师会帮忙复活，可若丢了阐教的面子，就死无葬身之地了。赤精子挥舞宝剑，硬着头皮冲杀过去。

乌云仙大怒，仗剑来斗赤精子。两人交手不过三四个回合，赤精子就被乌云仙压得手软。乌云仙空出手来祭出混元锤。

那混元锤乃是通天教主亲赐重宝，威力强大。只听空中一声响亮，那混元锤忽然就出现在赤精子面前。赤精子哪里躲得过，被混元锤一锤子打了一个跌。

乌云仙就要冲上去刺死赤精子，阐教群仙中跳出广成子，抵住了乌云仙。广成子实力还在赤精子之上，更有命中率奇高的法宝番天印。乌云仙也不多话，三五个回合后，再度祭出混元锤。广成子同样躲闪不及，被打倒在地。广成子也算了得，咬着牙忍着痛爬起来，往西北方向遁走。

通天教主见首战获胜，很是满意。他下令道："定然拿来！"他这次已经狠下心来，要和两位师兄分个高下，对阐教门下再不留情。

乌云仙奉命去追。广成子已经受伤，遁术受到影响，没多久就被乌云仙追上。眼看乌云仙又要祭出混元锤，若再被砸中，广成子必死无疑。就在广成子惶恐无奈时，转过山坡，忽然出现一个道人。广成子一见大喜，忙躲到这人身后。

此人正是匆匆赶来的西方教副教主准提道人。准提道人乃圣人强者，手中七宝妙树更是先天灵宝。

乌云仙见了，却毫不畏惧。他大叫道："准提道人，你前日在诛仙阵上伤了吾师，今又阻吾去路，情殊可恨！"

截教群仙早就从通天教主口中得知了当日诛仙阵五圣大战的情况，知道了阐教是仗着四圣联手，以多欺少取胜。当日准提道人能伤了通天教主，不过是因为他先被老子击伤，准提道人捡了个便宜而已。

如今，准提道人竟然拦住乌云仙去路，救走广成子，乌云仙怎能忍受？他挥舞宝剑，照着准提道人的顶门劈斩过去。

乌云仙修为了得，虽然没有成圣，但在大罗金仙中已经是强者。就算是准提道人，也没有法子单凭肉身扛住乌云仙一击。准提道人把口一张，吐出一朵青莲，托住乌云仙宝剑。

准提道人最爱做的事情就是收服强者。他见乌云仙勇悍，很是喜爱，便说："道友，我与你是有缘之客，特来化你归吾西方，共享极乐。"

不过，乌云仙是通天教主铁杆粉丝，深受器重，怎么可能背叛？何况，在乌云仙看来，准提道人也不过尔尔，凭啥让他臣服？

乌云仙再一剑砍去，准提道人用中指一指，一道白光闪现，一朵白莲花托住了乌云仙宝剑。

两次攻击被破，乌云仙大怒，再次挥剑砍来。准提道人也有些恼火，运起先天真气，用拂尘一刷，把乌云仙手中宝剑打碎，空留剑柄。

原文说："乌云仙大怒，拎起混元锤打来，准提就跳出圈子去了，乌云仙随后赶来。"

乌云仙也是勇悍，见宝剑被损，竟然不退反进。他祭出混元锤，照准提道人顶门砸去。

混元锤蕴含混元之力，就算是圣人也照打不误。准提道人大惊，忙跳出圈外，逃离混元锤攻击范围。

堂堂圣人，竟然被截教二代弟子追着打！

眼看和乌云仙没法子好好说话，准提道人也怒了。他一拍手说："徒弟在哪里？"话音未落，后方出现一个小童，身穿水合衣，手持一根竹枝。

水火童子手中的竹子不是凡俗之物，而是八德池边竹林中孕育的一件奇宝，号称六根清净竹。此竹中蕴含无穷佛力，最能净化法力。准提道人早就从元始天尊处打听到截教许多高手底细，知道七大上仙中乌云仙乃是水族出身。于是，他特意把六根清净竹炼制成钓竿型法宝，以克制乌云仙。

见乌云仙舞剑杀来，水火童子把竹枝晃动。只见那六根清净竹放出无限光华，把乌云仙裹住。乌云仙就觉得越是拼命挣扎，法力流失越快。最终，连保持人形都不能够。

准提道人叫道："乌云仙，你此时不现原形，更待何时！"同时狂催法力，把六根清净竹的威力发挥到十分。乌云仙但觉法力一空，万般无奈下只能把头一晃，现出本相——乃是一只修行了万年的金须鳌鱼。

准提道人知道乌云仙是通天教主爱徒。若是带到前方，必然会激怒通天教主，朝自己下手。于是，他让水火童子先把乌云仙带走，等万仙阵后再回去慢慢修理。

水火童子仗着有六根清净竹压制，跳上鳌鱼背，把乌云仙押往西方八德池去了。

准提道人来到万仙阵前，问候了老子、元始天尊。在得知乌云仙被擒后，通天教主果然大怒，就要出手。可是，老子、元始天尊虎视眈眈。对方有三圣在场，动手也讨不了便宜。通天教主只好强压怒火，继续吩咐弟子出战。

之后，截教派出虬首仙、灵牙仙、金光仙，阐教派出文殊、普贤、慈航。这就是许多读者都熟知的"三大士降伏狮象犼"的故事。只是，三大士降伏狮象犼真的是因为三大士实力高强，胜过截教三仙吗？

050 三大士凭啥收伏狮象犼？

文殊广法天尊、普贤真人、慈航道人这三位玉虚宫仙首，在封神大战后不久就投奔了西方教。在西方教改制后，文殊、普贤、慈航三人地位大大提升，成为享誉天下的三大菩萨，人称"三大士"。

在《西游记》中提到的三大菩萨出门都有自己的坐骑。文殊菩萨的坐骑是一头狮子，普贤菩萨的坐骑是一只大象，慈航道人——观音菩萨的坐骑是一只金毛犼。

我们都知道，要想得到一只坐骑可不容易。何况，三大士的坐骑都神通广大，论出身都是截教七大上仙之一；论起修为也只在三大士之上，不在三大士之下。三大士究竟凭啥能收伏他们呢？

第一战，文殊广法天尊大战虬首仙。

在乌云仙被准提道人擒拿后，虬首仙代替镇守太极阵。他在阵中做歌道："大道非凡道，玄中玄更玄。谁能参悟透，咫尺见先天。"

虬首仙能说出如此言语，可见他已经参悟大道，见到了所谓先天。他让通天教主息怒，主动迎战阐教门下。

阐教十二仙都亲眼见到赤精子、广成子被乌云仙追着打，看到眼前又是截教七上仙之一前来挑战，人人低头沉默。

准提道人遍观众人，最后把目光看向文殊广法天尊。他不仅想从截教带走高手，还想着从阐教挖脚。在十二仙首中，他最欣赏文殊广法天尊。文殊广法天尊修为不算最强，但为人稳健，处事低调，无论是破十绝阵，还是收马元，表现都很是不错。只是，因为被云霄娘娘抓入黄河阵，文殊广法天尊被废的修为迟迟没有恢复，无法激发最强神通，此刻若是下场，生死难料。

准提道人有心示好，于是他说："文殊广法天尊，借你去会此位有缘之客。"他凝聚法力，挥手一指。文殊广法天尊但觉一股浑厚的法力冲入体内，直朝泥丸宫涌去。大家都听到一声闷响，只见文殊广法天尊头顶闭塞数年的泥丸宫被一举冲开，头顶三光重现，瑞气盘旋。

在准提道人的帮助下，文殊广法天尊修为不仅完全恢复，还赛过昔日几分。

其实，以元始天尊的能力，他完全可以挥挥手就把十二仙首的伤势一举治愈。只是，他已经在许多地方开启了作弊模式。鸿钧老祖也早就规定了，玉虚宫十二仙首在封神大战中必须经历一次杀劫。因此，元始天尊只是赐给十二仙首用来保命的纵地金光法，让弟子们自己恢复修为。

多年过去，除了赤精子、广成子等少数几位修为高深的弟子，多数仙首都还没有恢复。不过没关系，没恢复的话，元始天尊、准提道人就出手帮忙恢复。反正已经是万仙阵最后一战了，不用再顾忌什么了。

见文殊广法天尊修为恢复，元始天尊也很高兴。只是，文殊广法天尊即便修为有所提升，那也不是虬首仙的对手。

于是，元始天尊赐给文殊广法天尊一件圣人级法宝。此宝名曰盘古幡。盘古乃是开辟封神世界的最主要大神，虽然他已经殒落，但此宝能冠以盘古之名，必定非凡。

文殊久闻师父有一件圣人级法宝盘古幡，此次见到不禁大喜。他做歌一首，道出盘古幡好处："混元一气此为先，万劫修持合太玄。莫道此中多变化，汞铅消尽福无边。"

在文殊看来，就算虬首仙有太极阵加持，实力大增，可是，太极阵从何而来？从太极图衍化而来。而太极图之所以强大，是因为蕴含地水火风大道之力。文殊广法天尊虽然没有太极图，可是，眼前的盘古幡同样是开天辟地之宝，同样蕴含丰富的大道规则。只要有盘古幡在手，完全可以碾压太极阵，甚至将太极阵种种好处逆转，为文殊广法天尊所用。

虬首仙一见元始天尊竟然拿出压箱底法宝，当众赐给徒弟，不禁又惊又怒。见文殊广法天尊一脸得意吟诵歌谣，虬首仙大叫："今日之功，各显其数，不必多言！"虬首仙挥舞宝剑砍来，文殊广法天尊急忙用宝剑遮拦。几个回合之后，虬首仙就退回太极阵。虽然他也知道盘古幡厉害，可是，不出手试试，他怎能甘心？

文殊广法天尊仗着盘古幡护体，大步走入太极阵。虬首仙祭出符印，催动大阵。只见大阵中一时出现铜墙铁壁，一时出现如山刀剑。稍有一步踏错，就算是大罗金仙，也会死无葬身之地。文殊广法天尊也不敢随意走动。他把盘古幡不停晃动，从幡旗中放射出万道光芒。只见光芒到处，太极阵中种种陷阱如冰雪消融。不多时工夫，整个太极阵竟然就被盘古幡镇压。

见太极阵被盘古幡轻松击破，虬首仙大惊。

此时，文殊广法天尊运转法力，现出真身法相。但见空中香风缥渺，文殊广法天尊头顶出现无穷璎珞，脚下有朵朵青莲绽放。玉虚宫十二仙首大都修炼有庆云、莲花护体神通，其实，文殊广法天尊、普贤真人、慈航道人三人更修炼了法相金身神通。一旦祭出法相金身，短时期防御能力将大涨。

虬首仙心下着慌。他虽然修为不俗，却并不像乌云仙那样受通天教主宠爱，得赐重宝。他手中除了一把宝剑，并无强力法宝。见几次攻击无效，虬首仙转身就要逃。

太极阵已经被盘古幡控制，虬首仙怎能逃脱？见虬首仙放弃攻击，转身逃跑，文殊广法天尊大喜。他忙祭出捆妖绳，命令黄巾力士将虬首仙擒拿，送往芦篷下。以他的能力，只能短暂束缚虬首仙，要想让对方现出原形，真正降伏，还需要借助师父的力量。

文殊广法天尊收了法相，手持盘古幡缓缓退出。通天教主不禁叹息，他门下弟子修为高深者不在少数，可是，大家受到他的影响，普遍痴迷阵法，对能提升个人实力的护体神通和法宝炼制很不上心。因此，截教许多弟子明明修为高出阐教门人许多，可还是被阐教击败。

元始天尊命南极仙翁将虬首仙打出原形。南极仙翁领命。在元始天尊门下，就南极仙翁修为最高。元始天尊早就传他一套口诀，专门用来压制妖族仙人。他对着虬首仙念了好一通咒语，然后大喝一声："疾！还不速现原形，更待何时！"

虬首仙毕竟被法宝捆缚，被咒语连连击伤，最终只能就地一滚，现出青毛狮子本相。元始天尊吩咐："就命广法天尊坐骑，仍于项下挂一牌，上书虬首仙名讳。"

等文殊广法天尊骑着青狮来到阵前，截教人人羞愤。元始天尊大喜，他要的就是这个效果。

第二战，普贤真人大战灵牙仙。

见师父通天教主大怒，灵牙仙急忙劝住。灵牙仙奉命坐镇两仪阵，他自诩修为高深，对两仪阵颇为精通，应该可以为截教扳回一局。

元始天尊当众点名，吩咐普贤真人下场破阵。见普贤真人一脸苦相，元始天尊微微一笑，赐给普贤真人一道太极符印。

太极图乃是老子定立封神世界的超级法宝，威力太大，一旦由金仙以上强者全力催动，极有可能造成世界不稳。可是，破万仙阵必然要用到太极图的种种威能。于是，由老子亲自出手，绘制了一道蕴含少许地水火风大道之力的太极符印。虽然只是一道符印，只是蕴含了少数大道之力，可是对于圣人以下仙人来说，这太极符印已经是过于强大，无法撼动了。

普贤真人信心满满，来到阵前说："灵牙仙，你苦行成形，为何不守本分，又来多此一番事也。只怕你咫尺间现了原形，那时悔之晚矣。"灵牙仙并不知道元始天尊赐下了宝贝，见普贤真人如此托大，不禁大怒，挥舞两把宝剑（估计用两根象牙炼制的），来斗普贤真人。

两人交手不过两三回合，灵牙仙退入两仪阵。普贤真人有太极符印护体，哪里会怕。他踏步赶入两仪阵。灵牙仙催动大阵，但见大阵中风雷阵阵，袭向普贤真人。可是，风雷还没有触及普贤真人，就被普贤真人身上散发出来的强大气息击散。

见到普贤真人在两仪阵中竟然浑然无事，灵牙仙大惊。普贤真人也不多话，一晃身躯，现出法相金身。但见普贤真人化为一个青面獠牙巨人，有三头六臂，其中一只手挥舞降魔宝杵，朝灵牙仙大步追来。

灵牙仙也是勇悍，竟然不逃，他舞动宝剑，大战普贤真人。只是，有太极符印在身的普贤真人实力暴涨，早就超越了金仙水准。灵牙仙的所有攻击未靠近普贤真人就全部消散。而普贤真人的许多法宝，则次次击中灵牙仙。

不多时，灵牙仙已经受到重创。普贤真人见时机已到，祭出长虹索，吩咐黄巾力士，将灵牙仙擒入芦篷，交师父处置。

这次老子不愿等待，直接让元始天尊赐给南极仙翁三宝玉如意。南极仙翁领命，用玉如意一下把灵牙仙砸翻。灵牙仙差点昏死过去，只能现出白象原形。

老子把白象赐给普贤真人，让他和文殊广法天尊一样，在白象脖子上写上灵牙仙名字。普贤真人骑着白象，来到万仙阵前，通天教主看了，几乎把肺气炸。

第三战，慈航大战金光仙。

金光仙乃是七大上仙第一位，修行时间最长，此次负责坐镇四象阵。见师父通天教主恼恨，金光仙急忙安慰，然后主动叫战："阐教门人不要逞强，吾来也！"

金光仙乃是老牌大罗金仙，实力强悍。登场时，他长歌一首："妙法广无边，身心合汞铅。今领四象阵，道术岂多言。二指降龙虎，双眸运大玄。谁人来会我，方是大罗仙。"

四象阵乃是万仙三阵中最后一座阵，不容有失。通天教主特意安排金光仙镇守。金光仙威名在外，此歌一出，人人震动。

原文说："元始见金光仙出得四象阵来，勇猛莫敌。"就连阐教掌教元始天尊见了金光仙，也感受到金光仙的强大杀气。他见金光仙如此勇猛，不敢轻视。他叫来慈航道人，然后把自己最强的法宝三宝玉如意赐给他。他还不放心，又对着慈航道人耳语一番，交代进入大阵后如何如何，必定可以破了四象阵。

明明是弟子比斗，元始天尊不但借出自家法宝——在万仙阵中，三宝玉如意很忙，刚才还借给南极仙翁打灵牙仙，现在借给慈航道人斗金光仙，一会元始天尊又拿回来斗通天教主——还临场指点，把四象阵秘密泄露给慈航道人。

为了赢得胜利，元始天尊也是拼了！

慈航道人大踏步来到四象阵前，边走他还边说："普陀崖下有名声，了劫归根返玉京。今日已完收四象，梦魂犹自怕临兵。"有师父的亲自指点，又有三宝玉如意防身，慈航道人有十二分的信心可以击破四象阵，活捉金光仙。

金光仙还不知道元始天尊已经搞了小动作，一听慈航道人唱歌，不禁大怒道："慈航道人，你口出大言，肆行无忌，好个'今日已完收四象'，只怕你死于目前！不要走，正要拿你！"

两人交手三个回合，金光仙退入大阵。慈航道人得师父指点，知道四象阵厉害。他口中虽然对四象阵不屑一顾，可来到大阵前，就先现出庆云护体，然后又现出金身法相，以三头六臂姿态、防御全开模式走入四象阵。

金光仙见到慈航道人手中挥舞的竟然是元始天尊的最强法宝三宝玉如意，不禁大吃一惊。元始天尊完全不按照规矩来，如此公然作弊，还搞什么弟子比斗？

金光仙转身要逃，慈航道人哪里能放他走。他手中本有净瓶法宝，也算强悍，但还远不能降伏金光仙。

慈航道人直接祭出三宝玉如意，朝金光仙打去。但见宝光闪动，金光仙只一下就被打翻。慈航道人召来黄巾力士，将金光仙拿去芦篷。

南极仙翁从黄巾力士手中接过三宝玉如意，对着金光仙脑袋连敲几下，口中喝道："这孽障还不速现原形，更待何时！"

再不现原形，把你脑浆都敲出来！金光仙大骇，还是小命重要啊，他忙就地一滚，现出金毛犼本相。

元始天尊拿回三宝玉如意，吩咐把金光仙赐给慈航道人，让慈航道人也做一个牌子，写上金光仙名字，骑着金毛犼去万仙阵前羞辱羞辱通天教主。

眼见三阵连破，三个徒弟被擒，通天教主老脸通红。

他早看到元始天尊和老子接连赐给门人法宝，破坏比斗规矩。可是，他无法指责两位师兄。一旦开口，两位师兄肯定会说，你也可以把法宝给弟子啊。

通天教主最强的法宝就是四把先天宝剑。可是，诛仙阵一战，四把仙剑全被阐教夺走。此时的通天教主手中，除了一些很鸡肋的普通法宝，没有一件能与三宝玉如意相比。

不过，通天教主还是很幸运。大家都见到截教三阵被破，已经有四仙被擒，可是，通天教主的嫡传弟子们几乎没人想要退缩。

七大上仙不行，那还有四大弟子嘛。身为老四的龟灵圣母挺身而出，安慰老师说："老师不要动怒，吾来也！"

051 吸干龟灵圣母的神秘蚊虫是啥来历

龟灵圣母乃是四大弟子之一，虽然在四弟子中排名最末，但修为之高，实力之强，依然不是玉虚宫十二仙首可比。阐教要想抓他，除非圣人亲自出手或者赐下超强法宝。

可是，如此强悍的龟灵圣母竟被一群神秘蚊虫吸干了血肉，莫名其妙死亡。这蚊虫在吃掉龟灵圣母后还不罢休，竟还飞到西方教，把接引道人的十二品莲台给吃了三品。一直等到接引道人回家才将其降伏。

这群神秘而牛气的蚊虫，究竟是啥来历？龟灵圣母死亡的真相是什么？

对于龟灵圣母之死，坊间有许多猜测。

有人说，从犯罪学的角度看，谁得利最大，谁是凶手。在龟灵圣母死亡案中，龟灵圣母被吃，截教利益受损；十二品莲台被吃掉三品，西方教利益受损：由此看来，那神秘蚊虫极有可能是阐教驯养，秘密潜入西方教，躲在接引道人小包中，伺机攻击接引道人，对西方教不利。

也有人说，通天教主收徒有教无类，门下多是各种妖族。那神秘蚊虫能吃掉大罗金仙龟灵圣母，绝非普通妖兽。唯有通天教主才有实力教出这么强大的弟子。通天教主是要施展苦肉计，一面杀掉龟灵圣母，洗刷自己污名；一面吃掉莲台，重创西方教。

还有人说，天下妖族都归妖祖女娲娘娘管辖，神秘蚊虫很可能是女娲娘娘用召妖幡唤来的。在封神大战中，女娲娘娘支持阐教打截教，阐教又对西方教有所忌惮。于是女娲娘娘悄悄派出神秘蚊虫，吃掉龟灵圣母，毁掉十二品莲台，一箭双雕。

这些猜测都有一些道理，只是论证时都缺乏原文作为依据。要想找到真相，还是必须从龟灵圣母死亡前后的种种事件入手分析。

让我们先回顾一下龟灵圣母被吃前的景象。

龟灵圣母很强，她与金光仙、虬首仙等人一样，早在两三千年前就已经到达了大罗金仙境界。登场时，她口诵诗歌云：“炎帝修成大道通，胸藏万象妙无穷。”

原文补充介绍她的出身来历，其中有诗云：“苍颉造字须成体，卜筮先知伴伏羲。九宫八卦生成定，散碎铺遮绿羽衣。生来好勇龙王幸，死后还驼三教碑。要知此物名何姓，炎帝得道母乌龟。”

无论是龟灵圣母自述，还是原著中的旁白，都提到龟灵圣母早在地皇炎帝时期就修成大道。龟灵圣母相比在天皇伏羲时期就已经修成大道的燃灯道人、赵公明、三霄娘娘等要略逊一筹，可是，相比在人皇轩辕前后出生、踏上仙途的赤精子、广成子等人，不知道高出多少。

老子、元始天尊、准提道人三人嘲笑龟灵圣母本体丑陋，是只大母龟。其实，龟灵圣母在仙界的资历也算了得。

她的龟背天生就具有九宫八卦纹路，乃天生异种，极具灵性。因看到仓颉造字、伏羲演算八卦，龟灵圣母有所感悟而脱去龟壳，踏上仙途。龟灵圣母在经历了天皇伏羲时代的修炼后，在地皇炎帝时期，就已经超越凡仙，成就大罗。达到大罗境界的龟灵圣母，岂是玉虚宫十二仙首可比。

龟灵圣母的第一个对手是阐教十二仙首中的惧留孙。

惧留孙开始颇为傲气，他主动上前喝道：“那孽障慢来!”可是，交手不到三个回合，惧留孙就被压制。龟灵圣母祭出法宝日月珠。惧留孙一见对方祭出不知名宝珠，放射强大光芒，立刻吓得不敢招架，转身就往西方逃窜。

为何十二金仙一旦战败全部往西方逃窜?

周军是东征朝歌，截教大阵都在东方，往西方逃就是往本阵方向逃。还有，西方教两位教主都从西方来。他们往西方逃，也有机会撞见。

此时的龟灵圣母还斗志昂扬，完全没有意识到死亡已经临近。

追了一段时间，迎面走来一个道人，放过惧留孙，拦住了龟灵圣母。龟灵圣母一看，对方乃是西方教教主接引道人。

身为西方教教主，接引道人的地位比准提道人要高。不过，论起在封神大战中的收获，接引道人则远不如准提道人。此前，准提道人已经成功收服了孔宣，二人联手，实力大涨。前两天，准提道人又成功带走乌云仙，门下再多一位大罗金仙。

接引道人此来，自然也想带走一位大罗仙。否则此消彼长，他在西方教的地位可就尴尬了。接引道人叫道："不要赶吾道友。你既修成人体，礼当守分安居，如何肆志乱行，作此孽障。若不听吾之言，那时追悔何及！你可速回，吾乃西方教主，大展沙门，今来特遇有缘，非是无端惹事。"

接引道人的话语中包含三层意思：其一，惧留孙是我道友，我保定了；其二，我是西方教教主，此来不是惹事，而是要高薪招聘优秀人才；其三，龟灵圣母若是能顺从接引道人，接引道人将善待龟灵圣母，否则，令其追悔莫及。

那么，龟灵圣母是怎么回应接引道人的呢？

龟灵圣母用自己的言行，狠狠打了接引道人的脸。她挥剑大叫："你是西方客，当守你巢穴，如何敢在此妖言乱语，惑吾清听！"然后，她也不再多说，直接祭出法宝日月珠，朝接引道人劈面打去。

对于接引道人的招募，龟灵圣母完全无视。在她看来，所谓"特遇有缘"、西方教教主亲自出面招募的优待，都是妖言胡说。龟灵圣母如此言行，不单是拒绝了接引道人的邀请，完全无视接引道人的好意，并且是对接引道人大大的侮辱。

接引道人也知道不展示些手段，龟灵圣母不会低头。于是他挥手一指，放射一道白光，白光上生出一朵青莲，轻轻托住了日月珠。

龟灵圣母也是一根筋，见一击不成，竟然再次祭出日月珠砸向接引道人。

见龟灵圣母如此不知好歹，接引道人大怒。他祭出手中念珠法宝，一下子砸在龟灵圣母背上。那小小一串念珠，仿佛变得如三山五岳一般沉重，把龟灵圣母一下子压翻在地，现出原形。

惧留孙一见大喜，忙挥舞宝剑上前，要一剑杀了龟灵圣母。接引道人急忙阻止说："道友不可杀她，若动此念，转劫难完，相报不已。"

接引道人有心拉拢惧留孙进西方教。此次西方教扩招，接引道人与准提道人已经做了精细研究，对于十二仙首中的文殊广法天尊、普贤真人、慈航道人、惧留孙都非常看好，准备把他们引入西方教。不过，与阐教只有四五位加入西方教不同，此次西方教将从截教收编数百位金仙，几千位神仙。因此，若惧留孙出面杀了截教二代弟子龟灵圣母，消息传开，西方教内部派系斗争必然会激化。所以，接引道人才会说，一旦杀戮，就会冤冤相报，“转劫难完”。

之后，接引道人让白莲童子把龟灵圣母带回西方教驻地。

原文说：“西方白莲童子将一小小包儿打开，欲收龟灵圣母，不意走出一件好东西，甚是厉害，声音细细，映日飞来。说话白莲童子打开包裹，放出蚊虫。那蚊虫闻得血腥气，俱来叮在龟灵圣母头足之上，及至赶打，如何赶得彻；未曾赶得这里，那里又宿满了。不一时，把龟灵圣母吸成空壳。”

不久前，准提道人指挥水火童子以六根清净竹降伏了乌云仙。因水火童子有六根清净竹，于是他可以迫使乌云仙听自己的话，乖乖去往八德池。

可是，龟灵圣母乃是被接引道人念珠降伏，水火童子手中并无法宝，他要想把龟灵圣母带回西方只能另想办法。

白莲童子的办法就是把龟灵圣母装进一个小包。那个小包，极有可能像《西游记》弥勒佛祖的后天袋一样，威力强大，大罗金仙也会被装入。

可是，小包中“不意走出”蚊虫。白莲童子忘记了在小包中还有此前装入的强大妖仙——一群强悍的吸血蚊虫。因龟灵圣母被接引道人打伤，流出血来，这群蚊虫顿时扑到龟灵圣母头脚上猛吸，只是一小会工夫，龟灵圣母血肉就被吸干，只剩下空壳。

只是，白莲童子何等人物？他乃是接引道人身边童子，做这份工作，最重要的就是心细。白莲童子怎么可能连小包法宝中还有另一只强大妖兽的事情也忘记了？并且，原文中也说：“说话白莲童子打开包裹，放出蚊虫……”

原来，从小包中飞出强大蚊虫根本就不是意外，而是白莲童子故意所致！白莲童子就是要放出蚊虫，杀死龟灵圣母。

连接引道人都劝惧留孙不要杀龟灵圣母，白莲童子为何要悄悄害死她？

只因龟灵圣母已经得罪了接引道人，接引道人早就想将其处死。只是，他不想脏了自己的手，影响西方教以后的团结。

哪些地方可以看出接引道人想杀龟灵圣母?

在龟灵圣母两次出手打接引道人时，接引道人就说：“既到此间，也免不得行此红尘之事；非是我不慈悲，乃是气数使然，我也难为自主。”所谓红尘之事是什么？不就是出手夺人性命？西方教两位教主在出重手前，都喜欢自我宽慰一番：我要杀你，不是我不慈悲，是你该死！说完这番话，接引道人才祭出念珠。

还有，我们要注意，接引道人在劝说惧留孙时，只是强调当众击杀龟灵圣母遗祸无穷，对龟灵圣母侮辱自己该不该杀，则只字不提。白莲童子其实一直就跟在接引道人身边，随时等候传唤，自然听到了这番言辞。

在召出白莲童子后，接引道人吩咐：“我同此位道友去会有缘之客，你可将此畜收之。”此前，准提道人在收服乌云仙时，见面之初称之为“乌云仙友”，降伏后称之为“乌云仙”，从没有把乌云仙当畜生看待。此刻，接引道人对龟灵圣母既没有称“仙友”，也没有称其法号“龟灵圣母”，而是轻蔑地称其为“此畜”。

对于当着惧留孙的面再三拒绝自己邀请，还出手要杀自己的龟灵圣母，接引道人绝不能让其活命。在接引道人看来，龟灵圣母就是一只该死的畜生。唯有杀死龟灵圣母，才能让接引道人受伤的小心灵得到些许安慰。

跟随接引道人许多年的白莲童子怎么可能不明白这称呼中的含义。

既然接引道人已经同惧留孙走开，有了不在场的证据，白莲童子就开始了灭口工作。

接引道人此来是为了从封神大战中，尤其是从截教中大量吸收人员，因此接引道人绝对不能让截教仙人知道他杀害截教俘虏的事情。在放纵蚊虫吃掉龟灵圣母后，接引道人命令白莲童子，指挥蚊虫飞往西方，把十二品莲台吃了三品。

所谓莲台，不过就是接引道人的宝座，就如元始天尊的九龙沉香辇。十二品莲台变成了九品莲台，只是让宝座的酷炫程度低了一些，对接引道人、对西方教根本没啥真正影响。

接引道人就是要让吃掉龟灵圣母的蚊虫再去攻击西方教。这就等于告诉天下人，蚊虫与西方教无关，龟灵圣母之死纯粹是场意外。

052 万仙阵通天教主为何战败

眼见弟子连番失利，不是被接引、准提两圣人直接擒拿，就是被老子、元始一天尊赐下重宝活捉，通天教主大怒。

不过，通天教主只是大怒，并非大悲。原文中通天教主说：“今日且让他暂回，明日决要会你等，以见高下！”

见到接引道人来到阵前，对方四圣已经会聚，通天教主没有丝毫恐惧。他所想的，是在明天那个约好的五圣会战之日，当着二教万千弟子的面，将四圣一举击败！

通天教主凭啥这么有底气？

那元始天尊、老子、接引道人、准提道人四人都是圣人强者，若是合力，自可横行此界。只是，大家毕竟来自两个教派，仅是为了眼前的利益暂时联合。

对于明天的大战，元始天尊忧心忡忡。他作为封神行动的策划人，责任重大，不容有失。他对接引、准提道人说：“二位道兄此来共佐周室，若明日破阵，必尽除此教，以绝彼之虚妄。”

元始天尊希望西方教二圣在明天的会战中全力出击，将截教一网打尽，彻底抹杀。也就是说，元始天尊不仅仅希望让截教诸多门人去封神，还希望把小师弟通天教主也弄死。

对于元始天尊这个要求，接引道人一口拒绝。他说：“贫道此来，单只为渡有缘之客。据吾观，万仙阵中邪者多而正者少，没奈何，只得随缘相得，不敢勉强耳。”

接引道人是在强调，我这次来破万仙阵，并不是来帮你阐教灭截教，而是要从截教中带走一些好苗子。眼下看来，截教中好苗子很少，不值得我全力出手。至于联手灭杀通天教主的事情，随缘吧！

一旁老子听了，说：“吾等门人今已满戒，明日速破此阵，让他早早返本还元。”老子对接引道人有些不满，对二师弟元始天尊也有些不满。有他老子在，破个万仙阵还要求外人？对于老子来说，只要他拿出太极图来，妥妥擒拿通天教主。只是碍于师父鸿钧老祖的面子，他不敢过于跋扈。

接引道人与准提道人此次前来，与其说是为了共破万仙阵，不如说是来收取在诛仙阵出手的报酬，要他们拼死相搏，怎么可能？见大师兄放话，元始天尊也不禁讪讪，明白自己求错了人。

只是，老子在不用出太极图的情况下，凭啥那么自信可以击败通天教主？

在正常情况下，通天教主绝无可能赢过四圣联手。就算是老子一人出手，通天教主也只能勉强抵抗。

大战开始，老子第一个冲出，与通天教主斗在一处。元始天尊紧紧跟上，挥舞三宝玉如意乱打。通天教主挥舞宝剑，奋力抵挡。他虽不至于落败，却也被二圣缠住，无法兼顾他处。

接引道人、准提道人根本不去斗通天教主。接引道人拿出乾坤袋——应该就是白莲童子手中的神秘小包。乾坤袋放出万道白光，将截教千百仙人吸入袋中。准提道人展现二十四首、十八只手法相金身，手中七宝妙树舞动，专门追打截教高手。

眼见弟子们被这西方教二圣或生擒，或灭杀，通天教主心痛不已。

与此同时，阐教门下也冲入大阵，与截教仙人战在一处。此时的截教仙人，大罗金仙级高手已经所剩无几，何况阐教门下手中多有圣人级重宝。

二弟子金灵圣母手持龙虎玉如意一人迎战文殊广法天尊、普贤真人、慈航道人三人。慈航道人已将三宝玉如意归还师父，可文殊广法天尊手中依然有盘古幡，普贤真人手中依然有太极符印，三人更都显出法相金身，以最强战力迎战金灵圣母。

金灵圣母越战越勇，竟然与三大士打得难解难分。因跳跃躲闪，金灵圣母头顶冠带崩断，金冠跌落。就在此时，一贯爱下黑手、打闷棍的燃灯道人——在曹宝、萧升战赵公明时，燃灯偷袭赵公明；设局坑了羽翼仙；趁着通天教主受伤用定海珠砸——见到金灵圣母头发散乱，遮蔽视线，他果断祭出定海珠打去。可怜金灵圣母顶门被砸，登时气绝。

在老子、元始天尊的安排下，广成子祭出诛仙剑，赤精子祭出戮仙剑，道行天尊祭出陷仙剑，玉鼎真人祭出绝仙剑。四大仙剑何等犀利，但见剑芒到处，犹如砍瓜切菜一般，所遇截教仙人全被灭杀。

其他如姜子牙、哪吒、杨戬、杨任等人也各展神威，收割性命。

眼见弟子被屠戮，通天教主大怒，他连声高呼："长耳定光仙快取六魂幡来！"

原来，通天教主心中最大的倚仗，就是苦心炼制、参拜多日的六魂幡！

早在诛仙阵大败之后，通天教主就开始炼制六魂幡。他在幡上刻画了无数符印，写上老子、元始天尊、接引道人、准提道人、姬发、姜尚六人名字，早中晚三次参拜。到如今六魂幡已经炼成，此刻，正是大展神威之时。

因通天教主要下场比斗，就把持幡的任务交给了七大上仙中最小的长耳定光仙。但通天教主万万没有想到，平时里最为恭敬、最为低调的长耳定光仙，竟然会在自己最需要的时候背叛自己！

长耳定光仙手持六魂幡，一直躲在人群中。听到老师呼唤，长耳定光仙竟然悄悄走出万仙阵，前往阐教驻守的芦篷。

长耳定光仙为何临阵叛教？

后来老子询问原因，长耳定光仙解释说："弟子因见师伯道正理明，吾师未免偏听逆理，造此孽障，弟子不忍使用，故收匿藏身于此处。"据长耳定光仙说，他是因为老子、元始天尊道正理明，通天教主偏听逆理，于是改投门庭。

其实，长耳定光仙在撒谎。所谓的道理正确或者偏听偏信，全看立场。他是看到万仙阵中四圣联手攻打截教，连牛气冲天的师父都被打得狼狈逃窜，比自己厉害许多的师兄师姐都一一被灭杀后，对通天教主，对截教彻底失去了信心。

为了活命，长耳定光仙选择了背叛！

长耳定光仙的出走，给通天教主打击很大。没有了苦心炼制的六魂幡，通天教主迅速陷入困境。眼见通天教主心神失守，老子及时出手，一扁拐砸中通天教主。通天教主着急，祭出一把紫电锤来打老子。老子大笑说："此物怎能近我。"不过，老子并未托大，他一摇头现出玲珑宝塔，放射毫光，挡住紫电锤。

通天教主正催动法力、运转紫电锤时，元始天尊祭出玉如意，正砸中通天教主肩窝。通天教主大痛，几乎要落下奎牛。通天教主一拍奎牛，跳出圈子。老子也不追赶。

通天教主又与接引、准提道人先后交手。他本就受伤，西方二圣又一直联手，最终，他的宝剑被准提道人七宝妙树刷碎，只好逃出万仙阵去了。

逃跑时，通天教主身边汇聚了二三百门徒。他叹息说："定光仙可恨将六魂幡窃去，使吾大功不能成！"在通天教主看来，若长耳定光仙不背叛，他借助六魂幡之威，就可以成就大功，击败四圣，使截教独尊于世。

那么，六魂幡有那么强吗？

书中提到，老子见过长耳定光仙，听他讲了改投门庭的经过后，让长耳定光仙取出六魂幡，拿下姬发、姜尚名字，然后挥舞六魂幡，看看能否伤到四圣。

原文说："定光仙依命，将幡连展数展。只见四位教主顶上各现奇珍：元始现庆云，老子现塔，西方二位教主现舍利子，保护其身。定光仙见了，弃幡倒身下拜。"按照字面的意思，自然是说六魂幡无用，根本伤不了四圣。因此，定光仙倒身下拜。

只是，六魂幡真的伤不了四圣吗？

我们看四圣之应对：老子现出了玲珑宝塔，元始天尊用出了庆云护体，西方教两位教主都现出本命舍利子。四圣是仗着各自最强的护体神通，方才抗下了六魂幡攻击。并且，他们是在心中已经知晓、提前做好准备的情况下对抗六魂幡的。若是如通天教主安排，双方是在大混战时由定光仙忽然用出六魂幡。那么，被通天教主纠缠的四圣，还能够轻而易举地抗下六魂幡攻击吗？很难！何况，以通天教主的见识，他苦心制作、认为是最大倚仗的六魂幡，怎么可能对圣人无用？

老子要定光仙用出六魂幡，只不过是要表现出自己的强大。他要告诉定光仙：就算你不来，我们照样灭通天教主。

老子为何这么自信？因为他知道通天教主的底牌。

老子有三件重宝——太极图、风火蒲团、扁拐。在两次圣人大战中，他都只用了扁拐。元始天尊有两件重宝——三宝玉如意、盘古幡。在两次圣人大战中，他先后用出。通天教主有什么超强法宝？不就是四把仙剑嘛！可怜在诛仙阵一口气失落了四把先天宝剑，因此在万仙阵会战时，通天教主只好用出普通宝剑，以至于被准提道人七宝妙树刷碎，脸都丢大了。

通天教主也曾经赐给余元空心锁，于万仙阵中用出紫电锤，但这两件都是普通的圣人级法宝。与堪称神器的扁拐、三宝玉如意、舍利子、七宝妙树相比，根本不在一个档次上。

圣人大战和杨戬、哪吒等人斗法其实一样，决定战斗胜负的，不是个人修为，而是法宝！没有了先天宝剑的通天教主，就算再凶悍，也绝不是老子的对手。

053　多宝道人为何去西方当了佛祖

万仙阵一战，截教万千仙人几乎团灭，只剩零落二三百人存活。

上四代弟子中，金灵圣母、龟灵圣母一个死在阐教手中，一个死在西方教手中，只剩下无当圣母侥幸逃脱，从此不知所踪。七大上仙中，金光仙、虬首仙、灵牙仙先后被擒，沦为坐骑，后与主人同归西方；乌云仙被接引道人降伏；毗卢仙与长耳定光仙投靠了西方教；剩下一个金箍仙，侥幸逃脱不知所踪。

在通天教主嫡传弟子中，结局最让人惊讶的是掌门大弟子多宝道人。

多宝道人在诛仙阵中因挑战老子，被老子生擒。按照常理，他早该被老子灭杀。封神世界中的老子，绝对是个狠角色。别说赤精子、广成子等门徒见了老子战战兢兢，汗不敢出，就连元始天尊被老子呵斥一句也绝不敢回嘴。

对于敢挑衅自己尊严的人，老子从来都不会手软。当初三霄娘娘只是摆下黄河阵与元始天尊叫板，并未辱及老子，老子都大展摧花辣手，将碧霄、云霄娘娘无情杀死。

多宝道人当众对老子挥剑，已经是对师长大不敬。依照老子的脾气，就算不当场灭杀，事后也要找机会整死多宝道人。

让人惊讶的是，这得罪了老子的多宝道人，在封神大战中不但没死，反倒在大战后加入西方教，在千年后成了西方教第三任教主、释迦牟尼佛。

这是怎么一回事呢？

在诛仙阵前，广成子与多宝道人交手，原文说："一个是广成不老神仙体，一个是多宝西方拜释迦。"

若是单独看"拜"字，有两种理解：其一，朝拜，如童子拜观音；其二，担任，如官拜宰相。此处当作第二种理解。即多年之后，多宝道人担任佛祖，成为释迦牟尼佛。

为何这么理解？在多宝道人被老子生擒，原文提及归宿时说："从今弃邪归正道，他与西方却有缘。"从此可知，多宝道人在封神大战结束后，已经"弃邪归正"，加入了西方教。

当然，加入了西方教不一定成释迦牟尼佛，不一定当佛祖。

原文在介绍西方教时，多次提到，此西方教在千年之后将大有一场大变革。西方教将会变成新兴的佛教。阐教与截教中不少仙人，在新兴的佛教中都会担任要职。比如文殊广法天尊、普贤真人、慈航道人三位玉虚宫仙首，在新兴的佛教中都担任菩萨，成为赫赫有名的"三大士"；惧留孙级别更高，成为拘留孙佛；截教七大上仙中的毗卢仙、定光仙也因各自功勋，一个成为毗卢佛，一个成为定光佛。

无论是修为实力，还是在仙界中的地位，多宝道人都远超毗卢仙、定光仙，更不是惧留孙、文殊广法天尊等人可比。他加入西方教后，完全有实力、有资格成为佛，成为佛祖。

其实，多宝道人出任西方教下任佛祖，乃大势所趋。

封神大战中，接引道人以乾坤袋吸走了三四千截教仙人。这些人成为西方教的根基。所谓的五百罗汉、三千揭谛，大都是由截教仙人组成。也就是说，在西方教的基层力量中，截教占据绝对优势。

在西方教的中高层力量中，阐教与截教谁强？

阐教精英在封神大战后主动加入西方教的有五人——燃灯道人、惧留孙、文殊广法天尊、普贤真人、慈航道人。其中，燃灯道人与惧留孙成了佛，其他三位则成了菩萨。

截教精英中加入西方教的，有九人——多宝道人、毗卢仙、定光仙、乌云仙、虬首仙、金光仙、灵牙仙、马元、法戒。这些人中，多宝道人、毗卢仙、定光仙三人成佛；乌云仙、马元、法戒乃准提道人亲自招募，至少是菩萨；虬首仙、金光仙、灵牙仙虽实力高强，但地位低下，不过，再怎么着也当享受罗汉待遇。

原著中没有明确说孔宣是截教门人，不过，在阐截二教的争斗中，孔宣支持截教这点毫无争议。孔宣因是坐骑，级别并不高，人称孔雀明王菩萨。

但是，他追随准提道人，在西方教的影响力也不小。

总体对比来看，在西方教中高层中，截教势力依然大于阐教势力。

多宝道人在截教中本就是一人之下，万人之上。加入西方教后，他自然成为西方教中截教派系的领导人。接引与准提道人为了宗派稳定，也当安排多宝道人出任教主。

另外，多宝道人出任佛祖，背后当是鸿钧老祖安排。

此前我们曾经说过，鸿钧老祖策划封神大战有多重目的。其中之一，就是要吞并独立多年的西方仙界势力。

阐教也好，截教也好，天庭也罢，都属于东方世界。西方世界一直由西方教仙人主管。作为封神世界最强仙人，卧榻之侧岂容他人鼾睡？一统东西方世界，乃是鸿钧老祖的既定目标。

只是，西方教二圣之上，未必没有更强势力。鸿钧老祖不能在没有理由的情况下发动东西方仙界大战。于是，鸿钧老祖借助封神行动，吸引西方教前来招募仙人，趁机将大批东方道门仙人打入西方仙界，以达到“曲线救国”“化夷为汉”的目的。

果然，接引与准提道人一收到邀请，大为心动。他们的眼界远不如鸿钧老祖高远。准提道人也好，接引道人也罢，只看到大量扩招后西方教实力的大涨，完全没有意识到这种盲目扩张将会给西方教的管理造成重大冲击。

最直接的恶果，就是在封神大战后不久，西方教将会分裂成三派：以接引、准提道人为代表的本土派；以燃灯古佛为代表的阐教派；以多宝道人——释迦牟尼佛为代表的截教派。

为了保持控制权，西方教本土派系只能和昔日盟友联手，让阐教出身的燃灯古佛成为新任佛祖。只是，随着时间的流逝，截教派系中越来越多的仙人进阶，截教在西方教中的影响力越来越大。最终，燃灯古佛也只能让位。

截教出身的多宝道人——释迦牟尼佛最终上位，成为第三任教主。并且，多宝道人大力改革，将西方教改组为佛教，自己出任佛祖。佛祖的头衔很多，其中之一，叫作多宝如来，于是也有人称其为如来佛祖。

在新兴的佛教中，接引道人、准提道人、燃灯古佛被剥夺权柄，保留佛位，退居二线。

经过千年的布局，西方教终于消失。而存在于封神世界的，都是臣服于鸿钧老祖的势力。

正因为多宝道人接受了鸿钧老祖的秘密任务，潜入西方教夺取最高权力，所以，老子虽厌恶多宝道人，却不敢下黑手。

与元始天尊、老子不同，在封神大战中，鸿钧老祖一直在通观全局。至于阐截二教的利益纠纷，他并不很关心。于是，在元始天尊要弄一些手腕时，在老子悄悄下黑手时，鸿钧老祖并没有插手。

那么，在万仙阵后，高居九天之上的鸿钧老祖为何会踏入红尘，来见三个徒弟呢？

054 鸿钧老祖踏足红尘有何目的

通天教主战败后，对随从诸仙说："今番失利，再有何颜掌碧游宫大教。左右是一不做，二不休，如今回宫，再立'地水火风'，换个世界罢！"

眼见截教万仙大都殒落，通天教主深恨老子、元始天尊。只是，四把仙剑失落，多位得力门徒殒落，通天教主已无力量再与师兄抗衡。于是，他想回转碧游宫，再立"地水火风"。

再立"地水火风"是什么意思？

在赤精子前往玄都洞借太极图时，原文曾说，太极图乃是老子开辟世界，定立地水火风之宝。也就是说，在开辟新世界后，要想让世界运行稳定，就必须定立最为基本的四大元素运行法则。

通天教主想的并非是离开封神世界，到别处开辟新世界，而是回到碧游宫，施展莫大神通，毁掉封神世界，由他重立地水火风。既然得不到，那就干脆毁掉！

一听此话，随从诸仙人人称赞。反倒是通天教主犹豫起来，毕竟毁掉封神世界干系太大。他说："不若往紫霄宫见吾老师，先禀过了他，然后再行此事。"如果有紫霄宫鸿钧老祖支持，那通天教主就无后顾之忧了。否则，就算毁了封神世界，通天教主也难逃老子、元始天尊追杀。

通天教主顾忌师父鸿钧老祖，暂缓毁灭封神世界的念头，不过，只要他心中对两位师兄的仇恨没有消散，那么，封神世界就不会有真正的安稳。

正是意识到这点，鸿钧老祖走下九天，踏足红尘。

对于三个徒弟，鸿钧老祖的态度各有不同。

对于通天教主，鸿钧老祖看似痛斥，其实爱宠。

初见通天教主，鸿钧老祖训斥道："你为何设此一阵，涂炭无限生灵，这是何说！"

当初，老子、元始天尊、通天教主三位徒弟在碧游宫佥押封神榜，通天教主已经答应支持封神行动。如今却设下万仙阵，导致无数仙人死亡，严重阻碍封神行动。

通天教主说："启老师：二位师兄欺灭吾教，纵门人毁骂弟子，又杀戮弟子门下，全不念同堂手足，一味欺凌，分明是欺老师一般。望老师慈悲！"通天教主提出，自己摆下万仙阵事出有因，都怪两位师兄看不起他，还放纵弟子辱骂自己，杀戮截教门下，全然不顾念师出同源。欺负自己，其实就是无视鸿钧老祖。通天教主希望鸿钧老祖为自己出头，教训两位师兄。

老子、元始天尊羞辱通天教主是事实，可是，通天教主阻碍封神行动也是事实。在私情与公事面前，鸿钧老祖无疑更看重公事。

鸿钧老祖骂道："你这等欺心！分明是你自己作孽，你不自责，尚去责人，情殊可恨！当日三教共佥'封神榜'，你何得尽忘之也！"

诛仙阵前，阐教门下设局杀死的截教仙人不过二三十人。万仙阵一战就殒落了上万仙人。当初三教佥押封神榜，不过是需要册封三百六十五位正神。如今殒落万千仙人，不单是截教几乎全灭，更大大削弱了封神东方仙界的力量，这并不符合鸿钧老祖策划封神行动的初衷。

鸿钧老祖怒斥通天教主不争气，为虚名而动怒，害死了门下万千仙人。不过，鸿钧老祖并不想将通天教主一棒子打死。

鸿钧老祖告诉通天教主："我特来大发慈悲，与你等解释冤愆，各掌教宗，毋得生事。"鸿钧老祖强调，自己此次下界，就是来帮助三个徒弟放下仇怨，各掌管各自宗教，从此不得再生事。

老祖这话看似公平无私，其实是大大包庇通天教主。万仙阵后，通天教主势弱，老子、元始天尊势强。通天教主几乎不可能击杀老子、元始天尊；老子、元始天尊则大有机会灭杀通天教主。眼下，元始天尊完全可以高举封神大旗，带领老子、接引道人、准提道人，将通天教主击杀。毕竟通天教主已经违背约定，成了叛师罪人。

老子、元始天尊一方既有灭杀通天教主的能力，更有灭杀通天教主的理由！此时，鸿钧老祖提出，大家放下仇怨，各掌宗教，不是包庇通天是什么？

为保证自己的意思得到贯彻，鸿钧老祖在通天教主的陪同下，来到芦篷前，约见老子、元始天尊。

寒暄毕，鸿钧老祖召来三个徒弟，当众做出宣判："……不意通天弟子轻信门徒，致生事端……以致俱遭屠戮，罪诚在你，非是我为师的有偏向，这是公论。"

鸿钧老祖首先判定，万仙殒落之罪，罪在通天教主。

一听此话，西方教两位教主大喜说："老师之言不差！"他们还真的认为鸿钧老祖在骂通天教主。反观老子、元始天尊则一直沉默。他们何等精明，立刻猜到老祖话中有话。

鸿钧老祖叹口气，告诉通天教主："今日我与你讲明，从此解释。"说完，他转向老子说："大徒弟，你须让过他罢。俱各归仙阙，毋得戕害生灵。况姜尚大功垂成，再毋多言。从此各修宗教。"

按照常理，既然通天教主犯下大罪，那就应当受到重罚。应当像当初老子威胁通天教主时所言，将通天教主修为尽废，贬入轮回。让大家大跌眼镜的是，鸿钧老祖只是口头骂了一顿通天教主，就揭过不提，反倒要求大徒弟老子饶过通天教主。并且，鸿钧老祖还强调，从此后，大家各修宗教。也就是说，截教依然可以存在，通天依然是截教教主。对于此事，老子、元始天尊不得阻挠。

原来，老子与元始天尊辛辛苦苦闹一场，除了杀了几个虾兵蟹将，丝毫不能伤到通天教主。

老子自然不服气。可是，他追随老师时间最久，最是知道老师的脾气。鸿钧老祖在面对外人，面对晚辈时，常常一脸笑容。可在老子、元始天尊等人面前，从来都是说一不二，不可违抗。

见老子没有当场答应，鸿钧老祖皱皱眉头。他吩咐道："三人过来跪下！"然后，他从怀中拿出一个葫芦，从葫芦中倒出三粒丹药，交给每人一粒。

鸿钧老祖说："你们吞入腹中，吾自有话说。"鸿钧老祖很霸气，让三徒弟先服下丹药再说。谁敢迟疑，就先拿谁开刀。三人徒弟不敢不听话，各自吞下丹药。

鸿钧老祖冷着脸告诉他们说，这丹药并非却病长生之丹，而是一种毒丹。若是谁敢不听他的命令，擅自对师兄弟出手，那么，这枚丹药就会发作。到时候就算是混元大罗金仙，也会立刻死亡！

一听此话，元始天尊、老子脸色发青，尤其是老子，更是手脚冰冷。这鸿钧老祖是有多宠通天教主！明明元始天尊和老子才是努力完成任务的弟子，明明通天教主违抗师命，阻碍了封神行动，可是，最终受到威胁的是元始天尊和老子！

三人叩谢老师之恩。然后，鸿钧老祖告诉通天教主："你随我去。"通天教主此刻实力大亏，就算是躲在碧游宫也不安全。唯有待在鸿钧老祖的紫霄宫，才能免受老子、元始天尊伤害。

既然鸿钧老祖这么宠爱通天教主，为何又要安排封神行动，让老子、元始天尊去杀戮截教门下？

只因截教势大，将要打破封神世界的平衡。更因西方教觊觎东方仙界，鸿钧老祖必须将其拔除。

封神大战后，阐教势大，天庭与西方教势力崛起，成为新三角。

天庭势力与西方教势力中，截教出身的仙人数量众多，拥有强大影响力。像通天教主的二弟子金灵圣母，在天庭担任坎宫斗母，统率二百多正神，万千星宿。像通天教主的大弟子多宝道人出任西方教第三任教主，并成功改制，成为佛祖。

金灵圣母、多宝道人与鸿钧老祖没有什么感情，可他们都是通天教主的心腹弟子。只要鸿钧老祖把通天教主抓在手中，就等于控制了天庭势力与新西方教势力。与其说鸿钧老祖是宠爱通天教主这个人，不如说是看重通天教主所代表的利益。

更牢固地掌控封神世界，才是鸿钧老祖最关心的事情。

055 卞吉幽魂白骨幡真的无人能破

万仙阵后，截教万仙殒落，名存实亡，通天教主也被鸿钧老祖带走。阐教在封神大战中已经取得了决定性胜利。

鸿钧老祖有命，阐截二教各归洞府。以二圣为首的阐教仙人统统不得再下凡尘。十二仙首与姜子牙拱手道别，陆压在送给子牙斩仙飞刀后也告辞离开。

此后的征战中，商军再无截教高人相助，相应的，除了常年在周营服役的阐教门人，二代仙首、陆压、燃灯等人也不得出手。

周营六十万大军已经到了五关最后一关，距离朝歌只不过隔着一道黄河，可是，从拿下临潼关到攻下朝歌，周军竟然用了三年！

临潼关守将叫作欧阳淳，先锋官叫卞金龙。这两位都是商纣王的死忠粉。不过，他们都是凡人武将，能力有限。真正阻碍周军的，是卞金龙之子卞吉。他早年得高人传授一柄奇幡，但凡将领靠近幡旗，必定晕倒。

这杆幡旗，硬是将周军困住数月。无论是杨戬、哪吒等阐教门人，还是南宫适、武吉等周营武将，竟无一人能破了卞吉幡旗。

这是怎么一回事呢？卞吉的幡旗真有那么强吗？

两军交锋第一战，武成王黄飞虎与敌将卞金龙交手不到三十回合就大吼一声，将卞金龙刺于马下，然后枭首示众，立下头功。

消息传开，周营上下无不大喜，都认为临潼关指日可破。临潼关内则一片哀戚。总兵欧阳淳大叹国运衰落，不知如何才能挡住周军。就在他苦无良策之时，卞金龙之子卞吉主动求见，要上阵杀敌，为父报仇。见卞吉信心满满，欧阳淳大喜。

第二天，卞吉让家将扛出一个大柜，从柜中拿出一杆幡旗，插在两军阵前。那幡旗十分古怪，有四五丈高，幡上绘制了许多古怪符文，旗杆更是由无数白骨炼制。这幡旗叫作幽魂白骨幡。仗着此幡，卞吉连胜三场，擒拿五位周将，就连雷震子与土行孙也被卞吉活捉。

第一战，生擒南宫适。

幡旗竖起后，卞吉指名道姓要黄飞虎出战，姜子牙派先锋官南宫适出战。两人见面话不投机，当即开打。双方交手有二三十个回合，卞吉拨马就走。南宫适纵马追来。

卞吉策马从幽魂白骨幡下跑过，南宫适不知底细，也往幡下追去。刚靠近幡旗，南宫适就感觉一阵阴风扑面，连人带马都昏死过去。卞吉早就安排了心腹家将在幡旗附近守候。一见南宫适摔倒，大家一拥而上，将南宫适捆绑，带入临潼关内。

本来，总兵欧阳淳要将南宫适斩首示众，却有一员副将劝阻。那人提出，朝歌奸佞当道，多次说边关将士谎称敌情，冒领钱粮。如今抓到了周将，正好押解朝歌，让朝中奸佞无话可说。为此，欧阳淳下令将南宫适收监，等再抓一两位周将就押往朝歌。

第二战，生擒黄飞虎。

第二天，卞吉再次叫战，黄飞虎虽知卞吉道术古怪，却不想被人说是缩头乌龟，只能出战。

两人战了三十个回合，卞吉故技重施，拨马朝幡旗败走。黄飞虎并不知道幡旗有古怪，还以为是卞吉施了法术。于是，他全力盯着卞吉，防着对方出招，不自觉中追到了幡旗下。黄飞虎但觉眼前一黑，连人带马晕倒。黄飞虎的结拜兄弟黄明摇动斧头追来，走到幡旗下，也摔倒了。

卞吉连擒二将，尤其是抓到了杀父仇人黄飞虎，不禁大喜，就要将黄飞虎斩首，以报父仇。总兵欧阳淳却说：“他是起祸渠魁，正当献上朝廷正法。”在许多商朝官员眼中，黄飞虎比姬发还要可恶。若不是为了抓捕黄飞虎，商军也不会接连出兵，最终引发商周大战。见欧阳淳不肯，卞吉无可奈何，只好放过黄飞虎。

得知黄飞虎、黄明被擒，姜子牙大惊。他亲自出营观看，发现那幡上有许多朱砂符印，周围有千条黑气缠绕，一看就是阴邪之物。姜子牙交代下去：“此正是左道之术。你等今后交战，只不往他幡下过便了。”

第三战，擒雷震子。

又一天，姜子牙亲率众将掠阵，看到临潼关总兵欧阳淳也不从幡旗下走过。姜子牙再次确认，就是幡旗作祟。周将只要不从幡旗下过，即便不能胜利，却也不至于落败。可是，雷震子还是被卞吉活捉了。

卞吉叫战时，雷震子主动迎战。前三位周将被擒，皆因从幡旗下走过。他雷震子可以在空中纵横，自然不会被幡旗所困。

于是，雷震子与卞吉交手不过三五回合，就丢下卞吉，挥舞黄金棍想去把幽魂白骨幡打碎。雷震子没有想到，那幽魂白骨幡乃是用万人魂魄炼成，上有无穷阴魂气息。生人一旦靠近，魂魄就会受伤。雷震子刚刚靠近幡旗，还不待挥起黄金棍，就跌落尘埃，不省人事。

后排韦护看了，忙祭出法宝降魔杵去打幡旗。在韦护看来，法宝并无生命，当可破幡旗。降魔杵威力颇大，但要祭出伤敌，还是必须由炼气士输入法力，而法力其实就是一股强大的生之气息。故此，降魔杵一靠近幽魂幡，生之气息就被吸走，降魔杵最终跌落。

阐教门人一见，都大惊失色。卞吉回头见幡旗又收了两件法宝，不禁哈哈大笑。

仗着幽魂白骨幡之威，卞吉连胜三场。就连阐教门人两次试探，都宣告失败。一时之间，周营上下彷徨无措。

二运督粮官土行孙押送粮草赶到后，见到两军阵前竖着一杆幡旗，幡旗下竟然丢着雷震子的黄金棍、韦陀的降魔杵，很是奇怪，就入营求见姜子牙。

姜子牙把几天的战况略说一番。哪吒强调，那幡旗很是古怪，要千万小心。土行孙不以为意。在他看来，别人会被幡旗弄晕，他土行孙不会。他有地行术在身，何惧幡旗？

没想到土行孙刚靠近幡旗，还没等他施展地行术拿两件宝贝，就晕倒在地。卞家家将将土行孙捆绑，欧阳淳下令斩首。就在刀斧手挥刀之时，土行孙一扭身钻入地下不见了。

事实证明，土行孙也破不了幽魂白骨幡。

那么，幽魂白骨幡是不是非常强大，以致周营无人可破呢？

事实上，卞吉的幽魂白骨幡并不强。此宝就是一件魂魄攻击类法宝，和七首将军余化使用的戮魂幡非常像。两件法宝都需要敌将从幡旗下走过，才能攻击伤敌。

只要哪吒出马，就可以轻松拿起幡旗，杀掉卞吉。原文中，哪吒也确实两度出手，大战卞吉。两次交手中，哪吒都占绝对优势，只是哪吒始终没有去破幽魂白骨幡。

第一次交手。在雷震子被擒拿后，哪吒出战。早知卞吉武艺不俗，幡旗诡异，哪吒一上阵就现出三头八臂法相，以最强战力迎战。

卞吉一见哪吒青面獠牙，心中大惊，一交手，更觉哪吒凶悍。不过两三个回合，卞吉就手忙脚乱。哪吒趁机祭出乾坤圈，一圈砸中卞吉，卞吉差点摔下马去。卞吉拨马败逃，哪吒则驻足不追。

第二次交手。土行孙从刑场逃脱后，卞吉再次出战。周营将领人人低头，最后还是哪吒请战。见是哪吒出战，卞吉心中叫苦。他哪里是哪吒对手，交手几个回合，卞吉再次败走。见卞吉又走向幡旗，哪吒再次驻足。

哪吒为何两次放弃追击？

原文说："论哪吒要往幡下来，他也来得；他是莲花化身，却无魂魄，如何来不得。只是哪吒天性乖巧，他犹恐不妙，便立住脚，看卞吉往幡下过去了。他便登回风火轮，自己回营。"

像哪吒、韦护这些人之所以能肉身成圣，一直活到朝歌，除了本身实力强劲外，更主要的是临战经验丰富。

韦护、金吒、木吒从来都是遇事能躲则躲，不求有功但求无过。毕竟，封神大战中能人异士众多，稍不留神就会一命归西。何况，在万仙阵后，鸿钧老祖有命，阐教高层不得下山。若是哪吒、韦护等人出事，他们的师父也无法下山救护。

为此，一贯热血好斗的哪吒也改了脾气，变得小心谨慎，乖巧了起来。

其实，就算幽魂白骨幡难破，阐教门人也可以先出法宝灭杀卞吉。只要卞吉死去，周军就可以饶过幽魂白骨幡，攻入临潼关。

只是，以姜子牙为首的周营上下，都力求稳妥，不敢冒险。结果，临潼关下出现了尴尬的一幕：白骨幡矗立阵前，六十万周军干瞪眼。

056 邓芮二侯为何要破幽魂白骨幡

最终助周营破了幽魂白骨幡、拿下临潼关的，并非什么世外高人，而是来自朝歌的两位高官邓昆、芮吉。这二位本是商纣王钦点大将，是带领钱粮、军马前来支援临潼关的，他们为何临阵倒戈，反帮周营去破幽魂白骨幡呢？

首先，商纣王荒嬉朝政，识人不明。

周军大兵压境，临潼关总兵欧阳淳接连发文向朝歌告急。皇伯微子心忧不已，闯上鹿台，谒见纣王。听闻姜子牙已经破了汜水关、界牌关、穿云关、潼关，五关只剩最后一座临潼关，纣王大惊失色。

商纣王并非真的昏庸，只是被妲己、胡喜媚等蒙蔽，一直认为是边关守将贪图战功，冒领钱粮，于是谎称敌情。如今有皇伯亲自禀奏，必然真有其事。临潼关一旦被破，周军就将逼近渑池。那时候八百诸侯会盟孟津，围困朝歌，商朝将再无翻盘机会。

眼见情势危急，商纣王不得不亲自临朝，与久违的百官商议退敌之策。

上大夫李通推荐邓昆、芮吉二人带兵救援。李通评价二人说：“臣观众臣之内，只有邓昆、芮吉素有忠良之心，辅国实念，若得此二臣前去，可保无虞也。”

眼见上大夫李通言之凿凿，皇伯微子也并无反对之辞，商纣王当即拍板，任命邓昆、芮吉二人为大将军，率领大军救援临潼关。

拜见纣王时，邓昆、芮吉连连叩首，口称：“臣敢不竭驽骀之力以报陛下知遇之恩也。”态度诚恳，恭敬之至。

只是，商纣王万万没有想到，那邓昆与黄飞虎乃是两姨夫，彼此关系极好。就算是黄飞虎投奔西岐后，两家都还有书信往来。朝歌城中潜伏着如此一个大大的奸细，商纣王竟丝毫没有察觉。而且，不单是邓昆早就有意归周，就连芮吉也觉得天下十之八九已经归周，效忠纣王只有死路一条。

遇上这样两位心怀二志的大将军率领大军进入临潼关，欧阳淳与卞吉危矣！

当然，邓昆、芮吉远来是客，欧阳淳与卞吉才是地主。只要二人小心防范，卞吉有道术在身，又岂会怕了邓昆、芮吉？只是欧阳淳与卞吉都没有想到，邓昆与芮吉都是影帝级别的高手，人前从来都是一副忠于商朝的模样，连同为影帝的姜子牙都差点被二人骗过。

其次，归周乃大势所趋。

来到临潼关后，听闻姨夫黄飞虎被擒，邓昆就开始盘算如何救出黄飞虎。

他救黄飞虎不全为私情，更是为自家富贵考虑。他心想：“我想天下八百诸侯，尽已归周，此关大势尽失，料此关焉能阻得他！不若归周，此为上策。”

要想归周，首先要获得同行大将芮吉的支持。否则芮吉、欧阳淳联手，邓昆独木难支。

两位大将军既然到任，自然要出阵杀敌。见了姜子牙，邓昆痛斥姜子牙逆天妄为，芮吉批评姬发以臣伐君。欧阳淳见了，满心欢喜，把邓昆、芮吉当成同道。两军一阵冲杀。大家都是精明人，除了卞吉受伤，全都安全退回。

亲眼见到了周军军马整齐，猛将如云，邓昆与芮吉都在盘算归周，只是不知道对方心思。于是，两人相约饮酒。席间，彼此出言试探，两人一拍即合，只是苦于黄飞虎被擒，无人引荐。

恰巧土行孙以地行术进入临潼关，刺探敌情，听闻二人话语，就现出身形，打包票给二人引荐。二侯大喜，当即写下归降文书，让土行孙带回。姜子牙接到书信，自然大喜。他本就为破关而苦恼，如今收到二侯归降文书，正是久旱逢甘雨。

邓昆、芮吉二侯商议既定，立刻开始夺关计划。

再次，卞吉年少无知，三两招就交出底牌。

卞吉虽有道术，但毕竟是一孩子。论起权谋机变，根本不是混迹官场多年的邓昆、芮吉可比。

周军之所以难破临潼关，全因卞吉那幽魂白骨幡。经过几天观察，邓昆、芮吉发现，那神秘幡旗下，除了卞吉与其家将，就算是临潼关商军将士，也不能靠近。那神秘幡旗本就是卞吉法宝，卞吉不惧可以理解。卞家家将也是凡人，为何能通过幡旗？其中必有隐秘！

为了得到其中秘密，邓昆、芮吉下令，来日整军，与敌方再战。出关时，邓昆叫来卞吉，要求把幽魂白骨幡撤去。卞吉一听大惊，解释说：“若去了此幡，临潼关休矣。”

芮吉假装糊涂，大怒说：“吾乃是朝廷钦差官，反走小径；你为偏将，倒行中道。”邓昆、芮吉乃朝廷钦命大将军，竟然只能绕过幡旗走小路，卞吉不过是一偏将，身份卑微，却可以走幡旗下的大道。从礼仪上讲，确实说不过去。

思前想后，卞吉提出了折中办法。他一口气画了三道符箓，分别送给邓昆、芮吉、欧阳淳。他告诉三人，只要把这道符箓放在头盔中，从幡旗下走过自然无事。

邓昆、芮吉一听大喜。有此符箓在手，破临潼关不难！

两军交战，见邓昆、芮吉与卞吉一样从幡旗下走过，姜子牙又惊又喜，立刻派土行孙入关，询问原委。邓昆、芮吉见了土行孙，忙将符箓献上。姜子牙研究一晚，明白了其中奥秘。他一口气绘制了数十百张符篆，周营将领人人一张。

最后，欧阳淳乃一勇之夫，坐视卞吉被杀。

有了符篆，姜子牙立刻发动总攻。周营将领把卞吉包围，卞吉拨马往幡旗下逃走。周营将领齐齐追赶。卞吉大喜，以为又要擒拿周将，谁料想周营将领到了幡旗下浑然无事。韦护收了降魔杵、黄金棍，连幽魂白骨幡也被大家带走。卞吉看得目瞪口呆。

回到城中，卞吉狐疑不定，他禀告欧阳淳三人："不知何故，他众将一拥前来，俱往幡下过来。此乃天丧成汤，非末将战不胜之罪也。"

没想到芮吉恶人先告状，反诬陷卞吉与周营私通，假输一阵，好让周将一拥而入，夺取关隘。幸亏守关将士及时关闭城门，方才未让卞吉奸计得逞。然后，邓昆、芮吉喝令刀斧手将卞吉推出斩首。

原文说："欧阳淳不知其故，见斩了卞吉，目瞪口呆，心下茫然。"此一句可以看出，欧阳淳就是一勇之夫，智商极低！就算邓昆、芮吉是纣王钦差，但他们远来是客，欧阳淳才是地头蛇。若是欧阳淳有一点主见，那也应该阻止邓昆、芮吉杀卞吉。

卞吉若死，临潼关再无希望。何况，说卞吉通敌纯属无稽之谈。卞吉本非商朝将领，只因父亲被周将黄飞虎所杀，于是出面拒周。卞吉出战以来，屡次擒拿周将，下手从不容情，众人有目共睹。卞吉要杀周营将领为父报仇，周营将领要杀卞吉为被掳将领复仇。双方如同冰火，难以共存。

这样一个卞吉，怎么可能通敌？若不是卞吉通敌，那诬陷卞吉的邓昆、芮吉则大大可疑。如此简单的一个道理，欧阳淳竟然目瞪口呆，心下茫然，完全看不懂局势。

杀了卞吉后，邓昆、芮吉长舒一口气。邓昆、芮吉直接告诉欧阳淳，成汤气数已尽，天下多已归周。与周营作对的卞吉已经被杀死，他们可以邀请欧阳淳一起投降武王，犹不失封侯之位。否则，死路一条！

欧阳淳大怒。到此刻他才明白，邓昆、芮吉才是真正的通敌叛徒。三人就在堂前厮杀起来，欧阳淳哪里是二侯对手。不多时，欧阳淳被芮吉一剑砍翻，削了首级。

邓昆亲自到监牢中放出了黄飞虎、黄明、南宫适三将。两姨夫相见，少不了互诉衷肠。当即，邓昆、芮吉与黄飞虎三将来到周营。

姜子牙大喜，赞叹说：“今日贤侯归周，真不失贤臣择主而仕之智!”

邓昆、芮吉与界牌关总兵徐盖不同。虽然大家都是投降，但二侯乃是主动献关，有功无过；徐盖则是兵败后无奈归降，虽有功也只是小功。故此，姜子牙连连称赞二人为“贤侯”，说二人有“智”。

确实，邓昆、芮吉二人归周后，不但有黄飞虎这个周国唯一的异姓王做靠山，还有主动献关之功勋，以后小日子想不红火都难。

057 张奎为何能一人斩杀五岳

姜子牙攻下临潼关后，催动大军，不一日来到渑池县。

渑池是一座小县，只有一两万兵马，但地理位置极为重要。它前近临潼，背靠黄河，一旦周军拿下渑池，就可以与商朝共有黄河之险。若是渡过黄河，就能与诸侯会师孟津，从此到商都朝歌就是一马平川。

攻城之初，周军连胜两场。姜子牙本以为攻下渑池指日可待。谁料想渑池守将张奎神通了得，竟然以一人之力连杀周营九位大将，其中更有黄飞虎、土行孙等赫赫有名人物。

张奎究竟有何本领，竟然能以一人之力斩杀五岳诸神？莫非他像金鸡岭上的孔宣，又是封神世界一位不世出的高人？

原著中张奎夫人高兰英一番话，揭破了真相。高兰英说：“将军有此道术，且又有坐骑可以成功，何惧贼兵哉?”

张奎之所以能够以一敌多，斩杀周营九位大将，主要有两个原因：其一，身怀地行术神通；其二，马快。

商军在渑池县的防御力量，并未见得如何逆天。周军兵至渑池，前两场都轻松获胜。先锋南宫适与渑池副将王佐大战二三十回合，南宫适奋起一刀，将王佐斩为两段。随即，大将黄飞虎迎战渑池副将郑椿，双方交手二十个回合，黄飞虎一枪刺郑椿于马下。

两位副将阵亡后，渑池真正的守将只剩下张奎一人。在夫人的鼓励下，张奎扬长避短，充分发挥自己的两大优势，在三场战斗中连杀周营九位大将。

第一战，仗马快连杀二殿下。

文王姬昌一生育有九十九子，其中三十多人喜爱武艺，跟随姜子牙东征。姬叔明、姬叔升正是诸殿下中武艺佼佼者。听闻张奎叫战，二殿下齐齐上阵，想要以二敌一，拿下张奎。

两位殿下与张奎大战有二三十回合。原文说："姬叔明等二将见战张奎不下，二位殿下掩一枪，诈败而走。"

姬叔明、姬叔升二人的武艺，在封神武将中只能算是二流。若是他们遇上南宫适，多半会在二三十回合后就被南宫适奋起一刀斩杀。此处，姬叔明、姬叔升双战张奎"战不下"，即单凭正常发挥，无法靠武艺斩杀张奎，于是他们虚掩一枪，诈败而走，想用回马一枪的方式取胜。从此也可知，张奎的武艺确实高出两位殿下，但高出也有限。

姬叔明纵马而驰，一直跑了四五百米远，张奎才去追。姬叔明听闻背后有马蹄声响动，故意放慢马速，以便施展回马一枪。他按照正常马速估算张奎赶到时间，心中正窃喜。张奎一拍独角乌烟兽头顶之角，那马如同乌烟，瞬间来到姬叔明马后。还没等姬叔明提起长枪，张奎长刀就已经挥起。姬叔明被一刀斩为两段。姬叔升听闻背后响动，拨马来救兄弟。他刚拨转马头，张奎倏忽而至，劈面一刀将姬叔升也斩杀。

姜子牙大惊，急忙鸣金收兵。回到大营，大家总结失败教训。诸将都说："张奎的马有些奇异，其快如风。"姜子牙和诸将都认为，马快才是张奎获胜的主要原因。

第二战，仗马快和夫人相助，连杀五岳诸神。

封神榜上，黄飞虎受封东岳大帝，崇黑虎受封南岳大帝，文聘受封北岳大帝，崔英受封中岳大帝，蒋雄受封西岳大帝，张奎则受封七杀星。五岳诸神中，唯有黄飞虎是周营将领，其他四人都是北方联军领袖。

崇黑虎四人怎么会跑到渑池县来?

原来，崇黑虎自从杀了高继能之后，就催动大军攻下了陈塘关。早在数月之前，他就率领北方联军到达孟津，等候姜子牙东征大军。从被封为北伯侯开始，崇黑虎就已经对武王姬发称臣。此次，他就是代表北方两百镇诸侯前来迎接武王姬发，同时想要帮助周军尽快攻克渑池，赶到孟津。

在崇黑虎看来，他身怀道术，更有铁嘴神鹰相助，无论单杀、群伤都有莫大威能。北方联军从崇城杀到孟津，一路斩关夺旗，所向披靡，区区一个渑池县怎能挡住他崇黑虎?

崇黑虎带领文聘、崔英、蒋雄等三杰共战张奎。黄飞虎念及崇黑虎曾为黄天化复仇，斩杀高继能，也慨然下场，助崇黑虎斩杀张奎。由此，五岳汇聚，共战七杀。

张奎以一敌五，结果如何?

原文说："五将把张奎围在垓心，战有三四十回合，未分胜负。"张奎能以一敌五，大战三四十回合不败，是不是说张奎的武艺就堪比五人总和，远赛黄飞虎、崇黑虎?

事实上，多人武艺比斗，绝非人越多综合实力越强。人一多，就会有人偷懒。比如这次大战中的黄飞虎就是出工不出力。他下场只是做个姿态。以他的武艺，别说和凡人将领，就是和哪吒、杨戬也可以斗个不分胜败。

见久战不能取胜，崇黑虎面皮有些挂不住。他暗想，此来既是要立功，那就不必恋战。于是，他把坐下金睛兽一拍，跳出圈子，想放铁嘴神鹰伤敌。其他四人早就见识过崇黑虎道术，也跟着崇黑虎败走。

张奎微微冷笑。等五将去了有三四百米远，张奎把马角一拍，独角乌烟兽瞬间移动到文聘身后。张奎手起一刀，将文聘砍翻。崇黑虎正一边揭开葫芦盖，一边念诵咒语，根本没注意到文聘已死。张奎再次瞬移，朝后脑一刀将崇黑虎斩杀。崔英、黄飞虎、蒋雄三人发现不妙，勒转马头来战张奎。

就在此时，张奎的夫人高兰英催马上前，边走边取出红葫芦，祭出四十九根太阳神针。那神针一旦祭出，就放射强大光芒，射住人双瞳，使人目不能视物。

张奎夫妇配合实在默契。张奎刚一追杀，高兰英就同步追出。黄飞虎三将刚想反击，就被高兰英太阳神针射住双目。张奎趁机舞刀，接连将三将斩杀。

听闻黄飞虎五人齐齐阵亡，姜子牙大惊失色，询问原委。掠阵将领回答说："张奎的马有些厉害，故此五将俱措手不及。"

换言之，张奎能以一人之力击杀五岳，并非其武艺超群、神通过人，而是因为马快。加上有夫人高兰英相助，更是如虎添翼。

不过，封神大战开始以来，商军与截教中有无数高人来伐西岐。黄飞虎此前也多次被擒，可谓屡经坎坷。

过五关时，他满门被七首将军余化所擒，却无一人被杀；晁田、晁雷西征，黄飞虎中计被擒，还是获救生还；张桂芳西征，呼名落马术横行一时，黄飞虎被呼名落马，却侥幸获救；苏护征西，郑伦擒获黄飞虎，却被苏护释放；殷洪、殷郊下山，先后生擒黄飞虎，黄飞虎两次被释放；金鸡岭上，孔宣以五色神光刷走黄飞虎，黄飞虎依然不死；穿云关前，黄飞虎被龙安吉擒获，因他是罪魁祸首，反倒没有被杀；临潼关前，卞吉以幽魂幡擒获黄飞虎，却被姨夫邓昆释放。

崇黑虎也是从崇城一路杀到孟津，历经许多凶险。

为何黄飞虎、崇黑虎等人之前都能化险为夷，此刻却一命归西？

原文中，张奎的一番话，道出了其中玄机。高兰英告诉张奎，有地行术与乌烟兽护身，不用害怕周军。张奎回答说："夫人不知，五关之内多少英雄，俱不能阻逆，一旦至此，天意可知。"

周军能屡败商军，不是周军的真实实力胜过商军，而是因为顺应天意——周军背后有阐教圣人支持，取胜符合鸿钧老祖意旨。

黄飞虎屡经大难而不死，同样是天命所归。

黄飞虎本是商朝最高武官，他背叛商朝，归顺西岐正意味着商纣无道，西岐当兴。因此，黄飞虎一到西岐，就被姬发封为开国武成王。之后，商军每次征伐西岐，投降诸将比如邓九公、苏护、洪锦等人，都会提到黄飞虎如何神勇，如何功大，可都归降了西岐，何况我等云云。

黄飞虎活着，对于西岐崛起意义重大。在那时，黄飞虎不能死。

眼下，周营已经反守为攻，东征朝歌。东征之初，商朝背后还有截教做靠山，实力不可小觑。可是，在诛仙阵、万仙阵两次大会战后，截教几乎团灭，商朝的仙界根基已毁，商周大战的结局再无悬念。因此，阐教高层再不下山。

只是，万仙阵中截教有一二百位仙人死后封神，阐教却无一人殒落。这将导致天庭八部正神中，阐教势力大不如截教势力。为此，在万仙阵后，代表阐教势力的周营将领与阐教门下都可以大量死亡了。于是，张奎单以马快，就斩杀二殿下、黄飞虎、崇黑虎等多人，这就可以理解了。

不过，黄飞虎毕竟是凡人武将，崇黑虎的综合实力在人仙中也只能算是中庸。周营中还有实力堪比大罗金仙实力的哪吒、杨戬，为何他们也降不了张奎？

058 杨戬、哪吒为何降不了张奎

事实上，无论是杨戬还是哪吒，其真正实力都在张奎之上。让我们结合原著，看看杨戬、哪吒与张奎为何没有降伏张奎。

杨戬一共与张奎斗了三场。

第一场，杨戬智杀乌烟兽。

张奎接连战两场，诛杀姬叔明、姬叔升、黄飞虎、崇黑虎、文聘、崔英、蒋雄七位大将。一时之间，周营人人惊恐，姜子牙忧心不已。

不久，督粮官杨戬完成催粮任务，前来缴令。听闻黄飞虎五人被杀，杨戬深深叹息。等下了军帐，杨戬私下里找到哪吒，询问："张奎有何本领，先行为何不去会他？"

杨戬言下对哪吒颇有些责备。哪吒身为先行官，有责任冲锋在前。张奎就算有些道术，也不过是人仙境界的炼气士。杨戬深知哪吒实力绝不在自己之下，他不明白哪吒为何放任张奎胡为，导致周营连败。

哪吒闻言，颇为尴尬，他解释说："崇君侯意欲见功，不才先要让他，岂好占越？不意俱遭其害。"

听了此话，杨戬沉默。哪吒的话看似有理，其实很勉强。崇黑虎是盟军大帅，地位只比姜子牙略低，他主动请命，哪吒确实不合适争抢。只是，张奎在斩杀姬叔明、姬叔升二人时就已经展露马快这一优势，而崇黑虎四人则是刚到周营，不明真相。哪吒这一谦让，就等于将四人推入了死地。

没有师父的庇护，一贯热血、勇悍的哪吒，也变得瞻前顾后了。杨戬不好再说哪吒。就算是神仙，那也怕死啊！

恰在此时，传令官禀告张奎来战。杨戬正要请战，不料黄飞虎之弟黄飞彪吵嚷着要给兄长报仇，姜子牙只能允许。杨戬负责掠阵。

双方见面也不答话，大战二三十回合。黄飞彪武艺本就是二流，因兄长被杀，心中悲愤，枪法未免有些散乱。张奎抓住机会，一刀将其斩于马下。

战局瞬息变幻，杨戬虽想救援却已经晚了。不过，就在这短短工夫，杨戬已经看到张奎坐下马头顶长有一角，确认那马确实有古怪。

杨戬暗道："待吾除之!"既然张奎是仗着马快连杀多人，那么，就先找机会把那怪马斩杀。没了爪牙，看张奎怎么嚣张。

杨戬拍马舞刀上前，与张奎战在一处。双刀相交，打了三十个回合。原文说："杨戬故意卖个破绽，被张奎撞个满怀，伸出手抓住杨戬腰带，拎过鞍鞒。"三十个回合后，杨戬被张奎活捉。不过，杨戬被捉，并非实力不济，而是故意被抓。所谓："不入虎穴，焉得虎子。"杨戬此举，正是如此。

张奎捉了杨戬后，大喜。回到城中，他审问杨戬。杨戬故意大骂张奎，张奎恼了，下令将杨戬斩首。

就在监斩官将杨戬斩首，前来复命时，总兵府马倌禀告说："老爷的马好好的掉下头来。"原来，杨戬在被推出斩首的时候，就施展八九玄功、李代桃僵之术，将张奎那独角乌烟兽与自己对换了。刽子手砍的是杨戬，掉落的却是马头。

杨戬这法术比当初胡雷的替身术还要神奇，堪比《西游记》五庄观故事中的孙悟空。镇元大仙明明将孙悟空扔下油锅，可实际上下油锅的是石狮子。

第二场，杨戬智杀张母。

就在张奎大怒，不明所以的时候，杨戬再度现身，在关前叫战。张奎怒气冲冲，换马出战。两人又斗了二十个回合。原文说："杨戬又卖个破绽，被张奎又抓住腰内丝绦，轻轻拎将过去，二次擒来。"

杨戬这次被抓，同样是故意放水。他艺高人胆大，吃定张奎奈何不了自己。只是，杨戬也没有想到，张奎的夫人高兰英也是一位炼气士，并且见闻广博，竟然知道破解变化之术的方法。

高兰英告诉张奎，要破变化之术并不难：先把乌鸡血、黑狗血与屎尿混合，泼在术士头上，术士被污秽之物淋头，只能现出本相，然后用铁索锁定琵琶骨，用符印镇压泥丸宫，其元神就无法遁走，最后一刀斩杀。

高兰英此法原本有效，只是她实在大意，竟然当着杨戬的面说出此法。虽然当时杨戬被捆着，但他早就修出了元神，凡间绳索岂能绑住他。就在家将准备黑狗血的时候，杨戬已经施展术法，用张奎之母替代了自己。

于是，这边刚洒下狗血屎尿，那边张奎的母亲就淋了满头屎尿。这边一刀砍下，那边张母的人头就已经落地。听闻母亲被杀，张奎放声大哭说："老母养育之恩未报，今因为国，反将吾母丧命，真个痛杀我也！"虽然说张奎之母并非军士，杨戬牵连张母多少有些残忍，只是战争本就无情，谁让他是张奎的母亲呢？

杨戬回到周营，禀告姜子牙："先斩其马，后杀其母，先惑乱其心，然后擒张奎不难矣。"姜子牙闻言大喜，夸赞道："此皆是你不世之功。"在杨戬、姜子牙看来，坑杀张母没有一丝错。所谓做大事不拘小节嘛！

第三场，杨戬战败张奎。

在张奎夜闯周营后，杨戬也曾与张奎正面交手。这次杨戬不再诈败，而是用出了最强手段。

两人见面，张奎怒气冲天，要为母亲报仇。杨戬则淡淡笑道："你这逆天之贼，若不杀你母，你也不知周营中厉害。"张奎恼恨，说："我不杀杨戬，此恨怎休！"

双方舞刀，战在一处。杨戬已知张奎武艺，也不纠缠，三五回合后祭出哮天犬来。他满以为哮天犬迅猛无比，必能伤到张奎。怎料想张奎反应实在敏捷，哮天犬刚一出现，张奎果断下马，一扭身，钻入地下不见了。杨戬看了，很是郁闷。

原文诗歌赞叹说："张奎道术真伶俐，赛过周营土行孙。"在封神世界只有极少数仙人会地行术，能破地行术的法术、法宝极少。杨戬虽然厉害，却无法看到地下，更无法伤到地下的张奎。

张奎在地上作战必败于杨戬，但他有地行术在身，杨戬也很难抓住他。

杨戬很难降伏张奎，那么，哪吒出手结果如何呢？

哪吒与张奎一共斗了两场。

第一场，哪吒祭出九龙神火罩。

在杨戬设计斩杀乌烟兽后，张奎叫战，哪吒主动请战。

哪吒很谨慎。虽然张奎没了怪马，但是谁也不知道他还会什么神通法术。一旦轻敌，下场就会很惨。于是哪吒早早施展三头八臂神通，以最强战力登场。

张奎催马舞刀来战哪吒。两人还没打三五个回合，哪吒直接祭出九龙神火罩，把张奎连人带马全部罩住。然后，哪吒一拍手，从罩中现出九条火龙，喷出万千烈焰，瞬间，罩中人马全无。

在哪吒看来，张奎已经被九龙神火罩罩住，那就必死无疑了。于是，哪吒回禀姜子牙："张奎已被烧死。"他哪里知道，张奎并没有被烧死。张奎在被九龙神火罩罩住的瞬间，就连忙下马，钻入地下不见了。烧死的，只是他的一匹马而已！

这是张奎第一次在战场上使用地行术，哪吒错判也情有可原。

后来，张奎如当初土行孙一样，仗着地行术夜入周营，想要刺杀姬发和姜子牙。不料被巡查官杨任发现，白忙一场。由此，张奎的地行术也就暴露了。杨戬祭出哮天犬那场战斗，则证实了张奎拥有地行术。

第二场，哪吒祭出乾坤圈。

土行孙督粮回归后，大战张奎。杨戬、哪吒怕土行孙有失，都上前助阵。哪吒更是祭出乾坤圈来打。只是，张奎实在伶俐，竟然立刻钻入地下，躲过了乾坤圈一击。

张奎能够成功逃遁，不仅仅因为他有地行术，更因为他反应敏捷，伶俐非常！

哪吒两度祭出法宝都伤不了张奎，可见，哪吒与杨戬一样，虽然战力强过张奎，但都无法克制张奎的地行术，降伏不了张奎。

不过，他们不行，并不代表别人不行。比如土行孙，张奎会地行术，土行孙也会地行术，张奎很伶俐，土行孙同样很伶俐。那为何土行孙不但没有降伏张奎，反倒被张奎所杀呢？

059 土行孙为何会被张奎杀死

原著中，土行孙曾和张奎正面大战。结果，土行孙大败张奎，追得张奎落荒而逃。

起初，两人大战，来来往往打了三五个回合。哪吒急于成功，冲出助战，杨戬也跟随而上。哪吒祭出乾坤圈时，张奎看见，于是施展地行术钻入地下不见了。因为哪吒、杨戬掺和，这次交锋时间很短，土行孙与张奎都未尽全力，彼此难分高下。

土行孙随即也钻入地下，与张奎战在一处。地下世界唯有土行孙与张奎二人，无其他干扰，比斗应该说非常公平。

原文说："遂在地底下，二人又复大战。大抵张奎身子长大，不好转换；土行孙身子矮小，转换伶俐，故此或前或后，张奎反不济事，只得败去。土行孙赶了一程，赶不上，也自回来。"

土行孙与张奎论武艺都是封神一流高手，本来难分上下。不过，土行孙身材矮小，惧留孙因材施教，传他一手专攻下三路的武艺。再加上土行孙身手敏捷，腾挪跳跃能力远在张奎之上。因此，正面交锋的结果是张奎战败。

当然，土行孙地行术一日只可以行一千里，张奎则一日可行一千五百里。张奎若是逃走，土行孙也留不住。

既然土行孙实力强过张奎，为何他还会被张奎所杀？

有些读者误以为土行孙是因为地行术遁速慢，于是被张奎追上杀死。其实不然。无论是地上还是地下，正面交锋都应当是土行孙胜，张奎败，因为土行孙战力更强。所以，土行孙根本不用逃跑，遁术慢这个弱点并不会致命。

张奎能杀死土行孙，另有原因。

其一，土行孙大意。

姜子牙与土行孙商量如何擒拿张奎。姜子牙提出，当初惧留孙曾用指地成钢之术擒拿土行孙。如今，或可以再用此术擒拿张奎。

土行孙一听，深以为然。于是，由姜子牙出面修书一封，由土行孙带着，前往夹龙山飞龙洞拜谒师父惧留孙。

离开周营后，土行孙施展地行术赶到夹龙山猛兽崖。土行孙在猛兽崖飞龙洞修行百年，下山多年如今重回故乡，自然心情激动。原文中土行孙自语道："今日又至故土也！"

就在土行孙满心欢喜的时候，原文又说："不知张奎豫在崖旁侧身躲匿，把刀拎起，只等他来。土行孙哪里知道，只是往前走……土行孙及至抬头时，刀已落下。"土行孙万万没有想到，张奎已经在猛兽崖中埋伏好了。土行孙经过时，张奎忽然杀出，从高往下，一刀将土行孙连肩带背砍翻。

张奎是藏身在山石上，并不是在地底下。由此看来，土行孙被张奎杀害，主要是因为大意。

其二，有神秘人布局杀土行孙。

张奎为什么会在飞龙洞所在的猛兽崖前出现呢？原文说：“土行孙一日只行千里，张奎一日行一千五百里，张奎先到夹龙山，到个崖畔，潜等土行孙。”

乍一看，仿佛是因为土行孙地行术比较慢，张奎比较快，然后，张奎先赶到猛兽崖，暗中等候土行孙。其实，这只能解释为何张奎能先赶到猛兽崖，却没有解释张奎为何要去猛兽崖，埋伏土行孙。

表面原因，是高兰英“能掐会算”。

就在姜子牙与土行孙商议前往飞龙洞求见惧留孙的时候，渑池县总兵府前刮来一阵怪风，把大旗一吹两段。高兰英大惊，急忙取出金钱，排下一卦。一看卦象，高兰英已经明白原委。于是，她让丈夫张奎赶紧前往猛兽崖。

此前，我曾经反复提到，封神世界没有谁能未卜先知。姜子牙府衙前经常大旗被吹断，瓦片被掀下，其实都是元始天尊在提醒他：您有一条新消息！然后，姜子牙再取出金钱卜卦，依据事先约好的解码方法，解读出卦象中内容。

经常给姜子牙示警的是元始天尊，那么，提醒张奎、高兰英的神秘人是谁？

其三，天注定土行孙死于张奎之手。

这个神秘人只能是惧留孙。

惧留孙不是土行孙的师父吗？为何他要把土行孙前往夹龙山的消息泄漏给张奎，让张奎伏击土行孙？

一来，因为张奎也是惧留孙徒弟。

原著中没有提到张奎的师父是谁。在我看来，张奎的师父同样是惧留孙！

听闻张奎也会地行术，土行孙大吃一惊说：“有这样事！当时吾师传吾此术，可称盖世无双，岂有此处又有异人也？”

在封神世界圣人以下，许多金仙都拥有独门秘术。像阐教中玉鼎真人拥有八九玄功秘籍，散仙中度厄真人拥有口腹喷气伤敌秘籍，吕岳拥有毒术，等等。惧留孙敢在传授土行孙地行术时，自称此术盖世无双，那么，在封神世界圣人以下，惧留孙必然真就是独一份。

因此，张奎的地行术也是惧留孙所传。只不过，土行孙是惧留孙亲传弟子，张奎与他则没有师徒名分。而高兰英极有可能也是惧留孙弟子。

二来，封神方案中早就定好土行孙被张奎所杀。

在封神行动计划书中，土行孙早就被划入必死名单。早在姜子牙金台拜将时，惧留孙就告诉徒弟："擒出一獐咬一口，崖前猛兽带衣红。"大家看，惧留孙不但知道土行孙会被张奎（獐）杀死，并且连张奎会埋伏在猛兽崖前也早就知道。

因此，告诉高兰英，让张奎前往猛兽崖伏击土行孙的，极有可能就是惧留孙。

在万仙阵后，截教几乎团灭，布局坑杀土行孙的必然是阐教。

那么，惧留孙为何要这么做?

在张奎杀死土行孙时，原作者提示道："也是数该如此！可怜无辜死于此地!"

在封神世界，所谓命数、上天，大都不是虚指，而是鸿钧老祖的代称。姜子牙代天封神，这个天不是阐教教主元始天尊，不是天庭之主昊天上帝，而是比元始天尊、昊天上帝更牛的鸿钧老祖。

因为种种原因，在封神计划中，土行孙必须被杀死，被封神，作为阐教一员进入天庭。

三来，惧留孙在书信中隐然承认。

在土行孙被杀之后，惧留孙主动派出童子送了一封书信给姜子牙。信中说："前者土行孙合该于猛兽崖死于张奎之手，理数难逃，贫道只有望崖垂泣而已。"

以惧留孙的神通，有人在他家洞府门口埋伏一天，惧留孙怎么可能不知道？他明知张奎要杀土行孙，却不出手干预，只因土行孙命中注定该在猛兽崖下被张奎杀死。对于徒弟的死亡方式，惧留孙早就得知。甚至，他就是布局之人。因此，想到徒弟惨死，念及百年师徒之情，惧留孙才会望崖垂泪。

那么，在元始天尊策划、鸿钧老祖最终拍板的封神计划中，为何要让惧留孙收两个徒弟，并且在猛兽崖前火并呢?

一来，天庭所封八部正神中，阐教出身的仙人极少，为充实阐教势力，势必要让一些弟子被杀封神。土行孙就是被选中者之一。

二来，为了完成封神计划，元始天尊一直在努力减少不可控因素。万仙阵之前，元始天尊常利用申公豹来诱杀截教仙人。万仙阵之后，阐教高层虽然被禁止下山，但元始天尊早就布置好一切，依然可以在幕后操控封神行动。就如同黄河阵后，登场的反派大都是背叛的阐教门人一样，万仙阵后，登场的许多也都是阐教高层安排好的人马。

不单单张奎是阐教的暗棋，就连袁洪也与阐教有关！那么，杨戬、哪吒都杀不死的张奎，究竟是被谁杀死的呢？

060 杀张奎为何要杨戬韦护杨任齐出手

就在姜子牙为张奎杀死土行孙而伤心苦恼的时候，军帐外有一道童求见。道童来自夹龙山飞龙洞，他送来惧留孙一封书信。书信中，惧留孙不但附上了一道具有指地成钢术法的符印，并且还交代了杀死张奎的方法。

按照惧留孙的指点，必须由姜子牙亲自施展调虎离山之计，由杨戬、韦护、杨任三人齐出手，方可在黄河岸边灭杀张奎。

姜子牙依照惧留孙的安排，确实杀死了张奎。只是，杀死张奎真的只有惧留孙所说的一种方法吗？惧留孙如此安排的目的是什么？

我们先看看惧留孙是如何安排的。惧留孙把灭杀张奎分成了三步。

其一，由姜子牙出面引诱张奎离开渑池。

惧留孙本是让姜子牙一人充当诱饵，姜子牙为求完满，邀请武王姬发共同查探渑池城防。二人来到渑池城下，姜子牙对着渑池指指点点，很快惊动了城楼上的商军将士。不一会，消息就传到渑池总兵张奎耳中。

张奎是何等傲气之人，闻讯大怒。他说：“姜尚欺吾太甚！至吾城下，肆行无忌，藐视吾无人物也。”张奎打开城门，纵马舞刀要擒杀姬发、姜子牙。

姜子牙早有准备。他骑乘的是神兽四不相，武王姬发骑乘的是千万骑中挑选的千里驹，岂是张奎胯下凡马可比。张奎一发狠就追了三十里，可是，任他怎么鞭打战马，就是追不上姬发、姜子牙。

就在张奎怒追子牙时，哪吒与雷震子奉命带领周军攻取渑池城。雷震子展开风雷翅飞上城楼，舞动黄金棍打散守城将士，打开城门，引入周军。张奎夫人高兰英还在总兵府中，听闻外面喧闹，忙外出查看，正撞见催动风火轮杀来的哪吒。哪吒何等机敏，一见面也不搭话，早早祭出乾坤圈。高兰英手中的太阳神针还来不及祭出，顶门就狠狠挨了乾坤圈一击。高兰英落马，哪吒冲上，一枪取了性命。

商军将士见走了主帅，死了主母，一声呐喊，或走或降，周军很快就占领了渑池城。

张奎又追了姬发、姜子牙二十里。正追间，听闻背后渑池方向杀声震天，号炮连响，不禁大吃一惊，急忙放弃追击，赶回渑池。

途中，张奎正撞见前来救援的哪吒。二人交手不过三五回合，哪吒就祭出九龙神火罩。张奎知道厉害，立刻一扭身钻入地下。来到渑池城下，见城楼已换了旗帜，知夫人生死难料，张奎悔恨不已。思前想后，如今只有渡过黄河，投奔河对岸的袁洪，共同抵抗周军。

张奎于是转身，继续以地行术朝黄河方向跑去。他万万没有想到，自己此去正踏入了惧留孙布下的死局。

第二步，由杨任、韦陀联手将张奎赶往黄河边。

杨任与韦陀早就在渑池到黄河的路上埋伏。杨任眼中有手，手中有眼。他那眼睛非常神奇，上可以看天，下可以看地，中可以看人间千里。换言之，杨任的眼睛是望远镜加透视镜，比西游世界的著名神仙千里眼还牛。

见到张奎远远赶来，杨任告诉韦护，但看他手指指往哪里，就祭出降魔杵打向哪里。

张奎正在地下埋头奔走，忽然听闻杨任大叫："张奎不要走！今日你难逃此厄也！"早在夜探周营时，张奎就已经知道杨任的神眼可以看到他。如今再次撞见，张奎怎能不惊！眼见杨任一指，韦护降魔杵就带着万千光芒向张奎所在砸来。

韦陀的降魔杵有开山裂石之威，就算张奎在地下行走，若被降魔杵砸中，也会被砸成肉泥。张奎吓得魂不附体，急忙催动地行术，"刷"一下逃离。

杨任催动云霞兽，紧紧追赶，不时指点，韦陀随即祭出降魔杵砸去，然后张奎左躲又藏，最终朝着杨戬的埋伏之地走去。

第三步，杨戬烧符印，韦陀击杀张奎。

眼见张奎已被赶到杨戬埋伏地附近，杨任大叫："杨道兄！张奎来了！"

杨戬按照惧留孙留下的方法，将符印烧了。那符印放射万道金光，融入地下。瞬间，以杨戬为中心的千百里地面，顿时变成钢铁一般坚硬。正在躲避追打的小地鼠张奎，忽然发现前后左右上下六方全部都如钢铁一般坚硬。任凭张奎怎么钻，都无法前进一步！

杨任伸手一指，指出张奎方位，韦陀随即把降魔杵打下。原文说："韦护祭起降魔杵，把张奎打成齑粉，一灵也往封神台去了。"韦陀只是一杵，就把地下的张奎打成粉末！

横行一时的张奎就此殒落。

惧留孙的方法为何一定能杀死张奎？

对于张奎来说，渑池城要靠他防守，但同时，渑池城也可以保护张奎。要想杀张奎，首先必须引他出城。

姬发与姜子牙是周军灵魂，二人若死，周军不攻自破。对此，张奎一清二楚。此前张奎就曾施展过地行术意图刺杀二人。以二人为诱饵，必能引动张奎之贪欲。一旦张奎追出，周军就可以趁势夺取渑池。

没了渑池城的张奎，就是一只落魄地鼠，只能往黄河对岸的商军控制区逃窜。于是，安排人马在黄河边必然能截杀到张奎。

杨任有神眼可以探查地下，韦陀有降魔杵可以开山裂石，杨戬手中有惧留孙留下的符印。三人联手，张奎再无逃遁可能。

只是，杀个张奎真的需要这么麻烦吗？

不尽然！周营中有一人，无须借助惧留孙符印，就可以轻松破了渑池县，杀掉张奎、高兰英夫妇。

这个牛人就是杨任。杨任手中的五火神焰扇何等了得！想当初下山时遇上商军将士，杨任一挥扇，百十位商军将士眨眼成灰飞。瘟癀阵中，杨任三五扇子，就把捏着避火诀的大罗金仙吕岳，连带整个瘟癀阵全部烧毁。万仙阵中，杨任更是凭借五火扇神挡杀神，佛挡杀佛，一人就灭了千百截教仙人。

张奎很强，地行术堪称无双，可若是杨任一见面就挥舞五火扇，结果会如何？

张奎有很大几率会被连带人马直接烧成灰烬。就算张奎施展地行术，躲入渑池城中，只要杨任真的下狠手，他狂舞五火神焰扇，区区泥瓦结构的渑池城墙怎能挡住他？等渑池城都被扇成飞灰，看张奎、高兰英夫妻往哪里躲！

只是，身为正义化身的阐教门人不能干毁人城池、灭人全家的坏事。另外，杨任下山虽晚，但是在破瘟癀阵、破万仙阵两大事件中都立下无人可以取代的赫赫战功。

所谓：“独乐乐不如众乐乐。”甜头总不能让一人独占。杨任有大罗金仙镇洞之宝，自可以横行无忌，但是别的凡人武将、寻常阐教门人也要立功。若没有功勋，凭什么参加封神？

杨任有实力灭张奎，但是高层不会再允许杨任一人灭张奎。于是，在平渑池、杀张奎事件中，武王姬发、主帅姜子牙、先锋哪吒、督粮官杨戬以及雷震子、韦陀、杨任等七人都获得了宝贵的功勋点数。

在平渑池故事中，周营方面除了有九人被张奎斩杀，还有一位女将被张奎之妻高兰英杀死。女将名叫邓婵玉，乃土行孙之妻。此前我们曾经提到，邓婵玉一手暗器功夫，堪称封神一绝，就算是大罗金仙撞见邓婵玉也要被毁容！

那么，如此强悍的邓婵玉为何会被高兰英杀死呢？

061 封神一绝邓婵玉为何会被高兰英所杀

封神大战中涌现了许多奇人异士。其中，以一手五光石功夫成为暗器巅峰高手的邓婵玉，堪称封神一绝。

邓婵玉虽是凡人武将，可是，暗器功夫堪称逆天，可谓打遍仙凡无敌手。就算是大罗金仙强者孔宣，机敏过人的杨戬，遇上了邓婵玉，也难逃被砸中的命运。渑池大将张奎生性机敏，杨戬的哮天犬咬不中他，哪吒的九龙神火罩罩不住他，可是，邓婵玉一出手，张奎立刻毁容。

只是，如此强悍的邓婵玉，在遇上高兰英后，交手仅片刻就被杀死了。高兰英究竟有何能耐，竟然能轻松杀死邓婵玉？

邓婵玉和高兰英一共交手两次，邓婵玉先是一胜，后是一败。

初次交手，邓婵玉为何能击败高兰英？在这胜利的欢喜中，又潜藏着哪些失败的危机呢？

张奎夜袭周营不成，有些灰心失落，于是，妻子高兰英代替张奎出战。

听闻商军派出的是一员女将，邓婵玉立刻请战。姜子牙知道，比武斗法中，但凡对手是女人、头陀、道士等等装扮，必然有奇异手段。姜子牙嘱咐邓婵玉小心，邓婵玉答应。

两人见面，一言不合当即交手。邓婵玉舞动双刀杀来，高兰英挥起双刀迎战。邓婵玉一身红装，高兰英一身素服（为婆婆服丧），两员女将一红一白，战在一起。邓婵玉和高兰英二人都是绝色美女。书中诗歌赞叹："广寒仙子临凡世，月里嫦娥降下方。两员女将天下少，红似银朱白似霜。"如此美人，如此美景，把双方数十万大军都看得痴了。

双方大战二十个回合，不分胜败。见武艺无法取胜，邓婵玉拨马退走。高兰英不知邓婵玉是诈败，纵马追来。邓婵玉听闻脑后有銮铃响动，也不回头，取五光石反手一甩，恰恰砸中高兰英面门。只打得高兰英鼻青脸肿，双眼泪流，拨马败走。

邓婵玉得胜回营，以为高兰英也不过如此。

我们分析下双方优劣。

邓婵玉论武艺和高兰英相当；论暗器功夫，绝世无双，在数十百步外伤人百发百中。只是，邓婵玉要想用五光石伤敌，就必须远离对手，突然出击。虽然敌人难以躲避，但因彼此距离远，一旦敌人败逃，邓婵玉又没有独角乌烟兽，只能眼睁睁看着敌人逃脱。因此，邓婵玉对阵高兰英，只能伤，不能杀。

高兰英论武艺和邓婵玉相当；论神通法宝，甩邓婵玉一条街。此前，张奎大战五岳时，高兰英就曾经祭出太阳神针射住敌人双目，使得张奎趁机尽杀五岳。当时，高兰英出手非常隐秘，大家又觉得她是个女流，掠阵官在汇报五岳被杀情况时，只是说张奎马快，对高兰英的神通法宝只字未提。

因此，高兰英不用法宝，不是邓婵玉对手，而一旦使用法宝，邓婵玉危矣！

高兰英的法宝叫作太阳神针，装在一个红葫芦中。使用时，高兰英要念动咒语，祭出神针。神针一旦射出，就化为刺目光芒射住敌将双目，让敌将双眼“观看不明”。这太阳神针就如一束超亮光线，敌将一看见，就会短暂眼盲。在这段时间，高兰英冲上，将敌人杀死。

高兰英这太阳神针足足有四十九根，一旦祭出，对手基本没有逃脱可能。并且，她这法宝可以在双方近身交战时祭出，在敌人眼盲后立刻补刀，故杀敌效能远超邓婵玉的五光石。

在土行孙被张奎杀死后，邓婵玉心痛流泪，主动要求为丈夫报仇。当初邓婵玉虽然看不上土行孙，不过，古人讲究“嫁鸡随鸡，嫁狗随狗”，既然跟了土行孙，邓婵玉也就死了心。加上土行孙对邓婵玉一直很好，多年下来，夫妻情分也颇为深重。

姜子牙劝邓婵玉不要冲动，邓婵玉不听，来到渑池城下叫张奎出来。

听闻是周营女将叫战，高兰英大怒说：“这贱人！我正欲报一石之恨，今日合该死于此地!”

高兰英此女，不但武艺超群，法术神奇，更有权谋机心。防守渑池数月，张奎多次提出放弃渑池，都被高兰英劝阻。破杨戬变化之术，前往猛虎崖伏击土行孙，都是高兰英主张。这夫妻之间，真正当家做主的不是张奎，而是高兰英。

原文说：“高兰英上马提刀，先将一红葫芦执在手中，放出四十九根太阳神针，先在城里提出。”高兰英这次出战，做了充分准备。为了斩杀邓婵玉，她早在城中就先把太阳神针祭出。如此就可以免去在战场上取出红葫芦，念动咒语祭出神针的时间。太阳神针在空中闪烁一下光芒，隐藏在空气中。只要高兰英心念一动，四十九根太阳神针随时可以爆射伤敌。

邓婵玉只看到渑池城门打开，高兰英纵马冲出。邓婵玉还待喝骂几句，忽然就觉得双目一痛，顿时失明。邓婵玉大吃一惊，慌忙拨马退走。但听得耳边马蹄响动，一股杀意袭来，邓婵玉早被高兰英一刀砍于马下。经此一战，高兰英也有古怪法宝的事情才被周营知晓。

后来，雷震子、哪吒奉命夺取渑池。高兰英慌忙出战，撞上哪吒。原文说：“高兰英见事不好，正欲取葫芦放太阳神针，早已不及，被哪吒一乾坤圈，打中顶上，翻下马来，又是一枪，死于非命。”

高兰英的太阳神针和崇黑虎的铁嘴神鹰、高继能的蜈蜂一样，都是装在葫芦中。祭出伤敌时，都需要一段念咒施法时间。在有准备的情况下，可以预先施法，保持待机状态。但是在突发情况下，很容易措手不及，被对手钻空子。

哪吒的乾坤圈法宝，威力不如九龙神火罩，但强在挥手可用，命中率高，因此，使用率反倒比九龙神火罩要高。加上哪吒浴血沙场许多年，临敌经验远非高兰英所比。因此，双方交手仅一个照面，高兰英就被哪吒杀死。

张奎、高兰英死后，周军入驻渑池。不久姜子牙率领周军渡过黄河，与诸侯在孟津会师。

062 孟津会盟周武王为何拒绝诸侯拥戴

商纣王三十三年暨周武王十六年，姜子牙统率周军与西方二百诸侯渡过黄河，赶到了孟津。除东伯侯姜桓楚未至外，南伯侯鄂顺、北伯侯崇应鸾各自率领麾下两百镇诸侯在孟津等候。谒见武王姬发时，六百诸侯想要拥戴武王为天子，却被姬发拒绝。

早在十六年前，姬发就未经纣王诏令，擅自称王。继位不久，他就擅收叛国罪人黄飞虎，并与朝廷大军对抗多年。从此种种都已看出武王姬发素来就有逐鹿天下之雄心。眼下，天下诸侯都已归周，为何武王姬发反倒胆小起来，拒绝诸侯拥戴呢？

是武王姬发在演戏，欲拒还迎？若是如此，那么在诸侯三请四请之后，武王姬发就应该顺势答应请求，登基做天子。事实却是，无论诸侯如何请求，武王姬发坚决不答应，双方甚至闹得有点尴尬。最终，还是姜子牙出面，告诉诸侯们，今天暂且不商议此事，一切等诸侯联军到达商都朝歌之后再说，诸侯们才悻悻然作罢。

那么，武王姬发到底在担心什么？

是周军战势不佳，商军还有机会翻盘？

六十万周军从纣王三十年暨周武王十三年出发，只不过经历三年，就已经打到了商都朝歌附近。用书中的话说，天下之地，周已得十九。商朝仅仅靠着都城朝歌，根本不可能对抗整个天下。因此，只要不出现惊天巨变，两军交锋的最终结果必然是周军胜，商军败。

是天下诸侯对武王姬发不够忠心?

所谓忠心，其实都是相对而言。在商朝统治坚如磐石的时候，天下诸侯谁若想反，那是自寻死路。只是，商朝到了纣王手上，早已分崩离析。在商朝势力还大的时候，就有东、南四百镇诸侯竖起反旗。这四百镇诸侯要想生存，就只有联合其他对商朝不满的势力。

天下八百诸侯中，唯西岐（周）实力最强。西岐不仅君明臣贤，有数十万大军，更有仙家势力支持。它麾下本就有两百镇诸侯，在杀死崇侯虎、立崇黑虎为北伯侯后，更获得了北方两百镇诸侯的支持。西岐一举成为地盘超过商朝的最强诸侯。

早在闻太师伐西岐时，就有传言：天下三分，周已得其二！正因如此，在姜子牙传檄天下，号召诸侯共伐无道时，天下八百诸侯才会群起响应，答应齐齐出兵，在孟津会盟。如今，周军连破五关，过了黄河，到了孟津。天下诸侯亲眼见到了如同猛虎的周军将士，亲眼看到了杨戬、哪吒等许多飞天遁地的神仙。

拥有如此强劲国力、军力的周武王，早已经天下无敌。为了生存下去，天下诸侯必然会向姬发献上忠心。

那究竟是为了什么，武王姬发再三拒绝诸侯拥戴请求?

我们看看原著中如何交代的。周军到达孟津后，六百诸侯中有十余位诸侯代表主动请求谒见武王。周武王高坐大帐，请诸侯入见。诸侯们一入大营，即匍匐下拜，口称："今大王大驾特临此地，使众诸侯得睹天颜，仰观威德，早救民于水火之中，天下幸甚！万民幸甚!"

诸侯们虽然没有称臣，但称姬发为"大王"，自称"诸侯"，恳请姬发"救民于水火"等等，已经显示了对武王姬发的尊崇之意。姬发见诸侯入营，慌忙下座，却只是躬身下拜，口称"小子"，请各位诸侯起身。

众诸侯坚持跪着，不肯起来。豫州侯姚楚亮带头列举商纣王种种劣迹，然后说："予等奉大王恭行天之罚，伐罪吊民，拯万姓于水火，正应天顺人之举，泄人神之愤，天下无不咸悦。"姚楚亮虽然没明说请姬发做天子，但是表态要尊奉武王姬发代天行罚，吊民伐罪，就等于说尊姬发为天子。

姬发闻言，忙说，纣王虽不行正道，但只是被臣下蒙蔽。如今他率军来到孟津，只为观政，非为篡权。

兖州侯彭祖寿见姬发推迟，还以为姬发担心以臣伐君，落下千古骂名，于是，他一口气举了许多例子，好让姬发放下包袱。彭祖寿提到，当初尧拥有天下，他儿子不肖，于是禅位给了舜。舜称帝多年，他儿子也不行，于是传位给了禹。大禹的儿子启很贤能，于是启成了夏朝开国之君。后来，夏桀无道，成汤夺取了天下。

彭祖寿表示，自古以来，天子之位并非固定，乃是有德者居之。如今，商纣王恶贯满盈，天下诸侯群起而攻之，商纣早就不配为天子。最后，彭祖寿称："大王幸毋固辞，以灰诸侯之心。"他请求姬发不要再推迟，再推迟就伤了大家的心！

两位诸侯一番说辞都可谓入情入理。按常理，姬发应该顺势答应。可是，姬发还是谦让，说自己才德浅薄云云。

要想明白姬发拒绝拥戴的原因，还要结合姬发来到孟津前经历的事情。

大军渡过黄河的时候，周武王姬发亲身经历了一件怪事。

当时，姬发与姜子牙都乘坐一条大船。那天风很大，船很颠簸。姬发有些担心，就询问姜子牙原因。姜子牙解释："黄河水急，平昔浪发，也是不小的；况今日有风，又是龙舟，故此颠簸。"姜子牙是从常识角度解释的，对此，姬发并不买账。

姬发推开舱门，走到甲板上，他要亲自看看。原文说："武王一见黄河，白浪滔天，一望无际，吓得面如土色。"

姬发乃堂堂一国之君，手握生杀大权，定力见识远过寻常。随军作战多年，姬发见多了生死厮杀，心志已然如铁。如今见个风浪就大惊失色，惊慌失措，这还是那个拥有吞并天下雄心的周武王吗？

其中必有玄机！

就在姬发抓定船舷，吓得面色如土的时候，呼啦啦一声响动，从黄河之中忽然跳出一条白色的大鱼。那白鱼凭空跃起，竟然跳入了高大的逍遥舟中。

周武王再次吓了一跳！他忧心忡忡，询问姜子牙："此鱼入舟，主何凶吉？"姜子牙说："恭喜大王！贺喜大王！鱼入王舟者，主纣王该灭，周室当兴，正应大王继汤而有天下也。"

此事史称"白鱼入舟"或"白鱼登舟"。在《封神演义》中，并没有解释为何白鱼入舟就是象征纣王该灭，周朝当兴。后世学者解释：因鱼有鳞甲，当时的人们把鱼看成军队的象征，因商朝贵白，于是，人们就把白鱼入舟，看成是商军必败、商朝必亡的象征。

对姜子牙的解释，周武王还是不满意。因此，当姜子牙提议把白鱼吃了的时候，姬发拒绝了。

姜子牙提出："天赐不取，反受其咎。"他坚持把白鱼杀了。可是，姬发依然坚决不吃。最终，姜子牙只好把鱼赐给了诸位将领。

姬发为何害怕？为何不吃鱼？他在担心！

姜子牙声称，白鱼入舟，是上天显示商朝必亡。这白鱼就是商朝，姬发若是不取（不吃），反倒会违背天命，触怒上天。但是，姬发还是不吃。

他担心的不是别的，正是担心天意！姬发亲身经历了封神大战，也亲眼见到了许多传说中的神仙。他远比那些诸侯们清楚，所谓天意，其实难测！

东征以来，周营就不停地出现将领阵亡。尤其是在最近的渑池县攻城战中，周营竟然一口气死了十位将领，其中还有两位是精通仙法的仙人。若是天意归周，为何会出现如此多的伤亡？

在万仙阵后，阐教高层都被禁止下山。周武王虽然没有亲身经历那段场景，却也必然从属下口中得到了相关信息。他必然会担心，没有了阐教高层的支持，周国到底能走多远？何况，最近几个月周营死伤那么惨重！

事实上，武王姬发在此时拒绝称天子非常明智。周军虽然已至孟津，但前方还有二十万商军阻截，朝歌城中更有数十万兵马。而且，号称千战千胜的东伯侯姜桓楚在约定的日期竟然没有赶到孟津。若没有百分百的把握，姬发不敢贸然称天子。

一直到两年之后，所有的威胁都已经消除，商纣王跳楼自焚，武王姬发才答应天下诸侯的邀请，做了天子。

那么，从孟津到朝歌不过是短短数百里路程，为何周军竟然打了两年？在商军背后阻碍周军的，到底是何方高人？

063　周兵压境，纣王为何还敢残民取乐

《封神演义》中的商纣王与历代昏君有着极大的相似点。他们都贪于酒

色，怠惰朝政，宠幸奸佞，残害忠良。不过，商纣王也与历代昏君有那么一点点不同：无论是初掌朝政时，还是在摘星楼自焚时，商纣王都很精明，或者说，都自以为很精明。

眼看周武王与天下诸侯在孟津会盟，敌军都已经打到自家门口了，按照常理，商纣王应该从睡梦中醒来，好好振作一番。总不能拱手让出江山，束手待毙吧！

商纣王虽也做了一些改变，比如召开朝会，任命义士袁洪为大元帅，统率二十万大军前往孟津迎战诸侯叛军。只是，做完这件事后，商纣王竟和以前一样，每天仍待在后宫，与妲己、胡喜媚、王美人等三妖鬼混。不仅如此，为了取乐，商纣王竟然还敲碎百姓骨髓，杀死怀孕妇女，完全不顾及民心。

自古有云：得民心者得天下，失民心者失天下。商纣王那么一个精明的人，为何会做出如此糊涂的事？

那一天，天降大雪，纣王与三妃在鹿台上摆酒设宴，一边喝酒，一边欣赏雪景。席间，妲己亲自下台清唱一曲，听得纣王如痴如醉。

后来，雪停日出，纣王与妲己凭栏远眺，看朝歌城内景色。

在皇宫西门外有一个大坑，本是建造鹿台时取土遗留。如今大雪数天，坑中积了不少雪水，百姓要想通过，就必须蹚水。来来往往的行人路过这大坑时，都在心中咒骂纣王。只是，大家都畏惧酷刑，不敢公开宣扬。

纣王在鹿台上，远远看到一个老汉光着脚蹚水。那水可都是雪水，非常寒冷。可是，老汉仿佛根本不怕冷的样子，脚步很轻快就走过去了。后来，纣王又看到一个年青人，也光着脚蹚水。只是，那年青人一脸因冰寒而畏惧、瑟缩的样子，在雪水中挪步了很久，才走出那水坑。

纣王心中奇怪，就对妲己说：“怪哉！怪哉！有这等异事！”按照常理，年青人血气旺盛，老年人血气衰退，应该年青人不怕冷，老年人怕冷才对。为何眼前所见二人的行为举止却与常理颠倒？

若是我们来理解，自然是那老年人虽然年纪大，但是经常锻炼，身体强健，不输于少年人，而那年青人体弱多病，身体单薄，比老年人也不如。这种事情，也并非没有。

妲己却给出了一个非常另类的解答。她告诉纣王，那老年人不怕冷，是因为其父母是在精血旺盛时行房受孕，所以精血饱满；那少年人怕冷，则是因为其父母是在精血衰退时行房受孕，所以精血亏损。妲己总结道：一个人若是精血饱满，必然骨髓也满；精血亏损，骨髓也就不满。

纣王听了，哈哈大笑，对妲己这番奇谈怪论并不相信。妲己微微一笑，提出了一个骇人的主张："陛下何不差官去拿来，便知端的!"为了证明自己说的是对的，妲己竟然怂恿纣王杀人以验髓。

纣王听了，没有任何迟疑，更没有训斥妲己，立刻下令把蹚水的老年人与少年人抓来。两人被抓后，很是害怕，吵嚷着自己并没有缺交钱粮，不知官家为何要抓他们。

纣王也不多话，挥手吩咐侍从，把抓来的两人全部杀死，然后敲开各自小腿骨，看看二人小腿骨髓是不是一个满，一个浅。一会儿侍从回禀，果然是老年人骨髓满，少年人骨髓浅。

纣王大喜说："御妻真乃神人也!"然后，纣王一摆手，让随从把尸体拖出皇城。

被纣王夸赞后，妲己颇为自得。她告诉纣王，自己虽然是女流之辈，可是，少年时就得异人传授，懂得许多仙家妙法。比如别家妇人怀孕，她一眼就可以看出妇人腹中胎儿是男是女，脸是向哪个方向。

纣王一听，更加高兴。当即下令，在朝歌城中搜寻一些孕妇入宫。

很快，军兵就到外面抓了三个孕妇进来。妇人被抓，其丈夫、儿女自然不舍。哀号声、鞭打声惊动了在皇城中处理公务的皇伯微子、箕子，皇兄微子启、微子衍等人。

听闻纣王已经残害了两位无辜的百姓，如今无故又抓捕孕妇入宫，箕子大怒，当即前去鹿台谒见纣王。箕子上台，当即匍匐大哭，一边哭一边骂："不意成汤相传数十世之天下，一旦丧于今日，而尚不知警戒修省，造此无辜恶孽，你将何面目见先王之灵也!"

此刻周兵已经距离朝歌不远，刚才箕子都还在和微子叹息，不知如何才能击退周兵，保全社稷。没想到纣王不但不担心，反倒还在这里残害无辜百姓。这不是把百姓往周武王身边推吗?

听闻进谏，纣王大怒。他说："朕偶因观雪，见朝涉者，有老少之分，行步之异，幸皇后分别甚明，朕得以决其疑，于理何害！今朕欲剖孕妇以验阴阳，有甚大事，你敢当面侮君。"

在纣王看来，他杀死那老少二人乃是为了辨明是非，如今剖开孕妇肚子，也是为了验明阴阳——都是严谨的科学研究，不是胡作非为。纣王不懂为何这么做会惹得皇伯大怒。

箕子一听纣王这番回答，鼻子都要气歪了。纣王如此残害百姓，等周武王大军一到朝歌，那百姓还不主动献上城池？这浅显的道理，怎么如此精明的大王就是不明白呢？

箕子大骂纣王昏庸，说纣王必定会成为俘虏。纣王大怒，就要把箕子给杀了。幸亏微子、微子启、微子衍三人赶到，为箕子求情，纣王才将其放过。

不过，经历这场变故，除了箕子被囚禁不能离开，微子、微子启、微子衍三人都悄悄打点行装，带着商朝历代天子的神位离开了朝歌，到乡野隐居去了。

微子等人下去后，纣王下令将三位孕妇抓到面前。妲己指着一位孕妇说，这位腹中是个男孩，脸朝左；那位腹中也是男孩，但是脸朝右；第三位腹中是女孩，脸朝后。妲己说一句，刀斧手就杀一个孕妇。结果和妲己所说分毫不差。

纣王大喜说："御妻妙术如神，虽龟筮莫敌！"

商纣王为何在大兵压境之时还敢如此横行无忌？为何他一点都不担心百姓反叛？

有两个原因。

在酒宴之前，前方已经传来军报，大元帅袁洪初战告捷，已经成功斩杀姚庶良、彭祖寿两位大诸侯。箕子进谏时，商纣王也曾说："周武叛逆，今已有大帅袁洪足可御敌，斩将覆军，不日奏凯。"在商纣王看来，只要前方有袁洪坐镇，周武王自然无法东进。只要朝歌军队还愿意跟随他纣王，百姓的些许不满根本不必在意。

何况，他身边还有一位——应该说是三位拥有惊天神通的妃子。

妲己从十五六岁入宫，到此时，已经嫁给纣王二十多年。已四十岁出头的她依然还是一副二八少女模样，倾国倾城之色分毫不减。商纣王多么精明的人，怎么可能猜不出什么。或许早在云中子献宝剑除妖之时，纣王就已经在怀疑妲己是妖。等到后来妲己邀请所谓神仙来参加宴会，就更证实了纣王的猜测。

后来，妲己吃人时被黄飞虎撞破，黄飞虎以神鹰抓伤了妲己，纣王见到妲己受伤，想必已经确信妲己就是妖魅。只是，那时候的纣王已经被妲己深深魅惑，丝毫不觉得妲己是妖就得必须铲除。

如今，商纣王更亲眼见证到妲己除了美貌外的神奇手段。身边有这么几位能飞天遁地、通晓阴阳的妃子，商纣王还担心什么呢？故此，原文说：“自此肆无忌惮，横行不道，惨恶异常，万民切齿。”

其实，商纣王把袁洪与妲己当成自己江山的依靠，并不算错。与百姓相比，仙人的力量强大太多。只是，商纣王没有想到，他眼中的两位神仙，在周营与天下人眼中，只是妖，并且是毫无背景的野妖。

“妖”与“仙”的不同在何处？所谓“仙”，就是得到了仙界统治势力认可的炼气士；所谓“妖”，则是未被仙界统治势力认可的炼气士。一个有身份证，一个则是黑户。

严格来说，妲己也好，袁洪也罢，他们其实都不是妖而是仙，因为他们都有明确的官方背景。妲己的背后是妖祖女娲娘娘，那么，袁洪等梅山七圣背后，又是哪一股势力呢？

064 梅山六圣与杨戬哪吒的实力差距有多大

还在周兵攻打渑池时，商纣王见满朝官员无人可用，于是张贴招贤榜文。当时的商朝早已残破不堪，纣王更是恶名远播，可是，招贤榜文一贴出，还是不断有三山五岳的奇人前来相助，其中最为有名的当属梅山七圣。

七圣中率先出场的是袁洪。不过，因袁洪实力过于强大，地位也远非其他六圣可比，所以我们把袁洪的分析押后，先说说其他六圣。

紧跟袁洪，联袂而来的是吴龙、常昊。吴龙乃是一只千年蜈蚣精，常昊则是一条千年长蛇精。

两军对阵第一战，周营方面冲出右伯侯姚庶良，商军方面常昊主动迎战。两人交手不过几个回合，常昊诈败，引姚庶良来追。然后他口念咒语，凭空出现一阵狂风，卷来一团黑雾，将自己和姚庶良连人带马全部罩住。黑雾中，姚庶良目不能视，大骇，忙拨马想要退走。就在此时，常昊现出本相，乃是一条巨大蟒蛇。他把口一张，吐出一股毒气，姚庶良顿时晕落马下。常昊下马，散了烟雾，割了姚庶良首级。

兖州侯彭祖寿见好友被杀，大怒冲出，吴龙纵马舞刀迎上。双方交手三五个回合，吴龙也施展神通，弄出一股黑云。彭祖寿被妖云迷惑，不省人事。吴龙上前，一刀将彭祖寿砍为两段。

姚庶良与彭祖寿只是凡人武将，吴龙、常昊能斩杀他们，还算不得英雄。不过，他们对阵哪吒、杨戬的表现，足称惊艳！

见已方一连有两位诸侯阵亡，刚才还热血沸腾、视商朝如无物的六百诸侯顿时就沉默了。眼见士气低落，杨戬与哪吒主动出战。他们二人不但临敌经验丰富，并且实战能力极强，就算不清楚常昊、吴龙的底牌，也有足够的实力逃生。

哪吒大叫："你这孽畜，怎敢将妖术伤吾诸侯！"他舞动火尖枪，与吴龙战在一处。哪吒先手意识强悍，不过三四个回合，就抢先祭出九龙神火罩。但听一声响，九龙神火罩已经把吴龙罩住。哪吒拍手启动火龙，顿时罩中烈焰腾空，一切化为飞灰。

哪吒以为吴龙已被烧死，大喜。他哪里知道，在九龙神火罩将落未落的瞬间，吴龙就已经化为一道青光遁走。

之后，哪吒与杨戬双战常昊。常昊虽是千年蛇妖，在武艺一道只是平平，哪里是哪吒、杨戬的对手。他见势不好，拨马败走。杨戬也不追赶，取出银弓金弹，一弹弓打去。但见金弹如流星划过，在击中常昊的瞬间，金弹竟然凭空消失了！哪吒大怒，祭出九龙神火罩来拿常昊。同样在神火罩落下的瞬间，常昊化为一道赤光遁走。

吴龙与常昊一个是蜈蚣精，一个是长蛇精，都是毒虫，又都行动迅捷，故此，他们能弄风喷毒，能施展光遁术。凭他们的神通，虽然很难伤到杨戬、哪吒，但杨戬、哪吒也很难擒住他们。

在吴龙、常昊之后，来到军前的是千年猪妖朱子真。

朱子真登场之后，与姜子牙有一番对话。之后，南伯侯麾下有副将余忠，从小不信道术，见朱子真在阵前样子傲慢，大怒冲出。结果，双方交手二十个回合后，朱子真诈败退走。等余忠追到人少处，朱子真口中喷出一股黑烟，把余忠罩住。然后，朱子真现出本相，一口把余忠给吃了。

猪的特点就是肚大肠肥，能吃。于是，猪妖朱子真的最强攻击就是将对手吞下。只是，朱子真不知道，话可以乱说，东西不可以乱吃。吃错了，不但牙要磕坏，小命也难保。

接着登场的是羊精杨显、狗精戴礼。

二人上阵挑战。周营中继续是杨戬与哪吒包场，杨戬与杨显战在一处，戴礼则主动拦下哪吒。

杨显武艺颇为精熟，和杨戬斗了二三十回合，见不能取胜，诈败退走。杨戬艺高人胆大，纵马追来。杨显在马上吐出一道白光，连人带马罩住，现出原形来斗杨戬。不料杨戬精通八九玄功，一摇头变成一个斑斓猛虎，朝羊妖扑去。杨显大惊败走。

戴礼与哪吒交手二三十回合，不分胜败。戴礼忽然从口中吐出一粒红珠，展现光华，朝哪吒顶门打去。哪吒见那红珠蕴含庞大法力，颇为凶险，只能虚晃一枪，败下阵来。戴礼是狗妖，那红珠明显就是传说中狗腹中的罕见宝物——狗宝。

杨戬见状，忙来救援，与戴礼又斗了二十来个回合。戴礼故技重施，用红珠来打杨戬。杨戬则立刻祭出哮天犬。你打我，我就放狗咬你！但哮天犬虽然是仙家恶犬，竟然还怕了戴礼那红珠。

最后登场的是千年牛怪金大升。

就如戴礼把狗宝炼成红珠法宝一样，牛怪金大升也把腹中牛黄炼成了一件法宝。

金大升比较幸运，与他交手的乃是周营一位名将、擅长口鼻喷气伤人性命的郑伦。两人交手几个回合。金大升抢先出手，腹中喷出牛黄，如火如电，迅捷无比，一下子击中郑伦脸面。郑伦晕倒落马，金大升挥起大刀，将郑伦杀死。

六圣之中，羊性温柔，羊精杨显的实力也最弱；猪性贪吃，朱子真最后也死在吃上；蛇精常昊与蜈蚣精吴龙有保命神通却无伤敌手段，实力居中；狗精戴礼实力强悍，红珠法宝让哪吒、哮天犬都深感畏惧；实力最强的当属牛怪金大升，不仅郑伦被其法宝杀死，就算是杨戬，遇上金大升也被打得落荒而逃。

六圣有强有弱，总体来说，都有神仙以上实力。尤其是戴礼与金大升，更堪比金仙。从战场表现看，他们个个都精通光遁术，哪吒几乎不可能杀死他们。就算是杨戬出手，并祭出哮天犬相助，也很难杀光六圣，尤其是拥有法宝的戴礼与金大升。

但是，双方交手的结果让人瞠目结舌。笑傲梅山千年的六大妖王，竟然都被杨戬一人杀死。单凭杨戬本身实力，几乎不可能做到此事！那么，究竟是谁在暗中出手帮助杨戬？

065 杨戬为何能一人灭杀梅山六圣

六圣之中，有两位是被杨戬以自身神通，独立斩杀。

其一为猪妖朱子真。

朱子真是千年猪妖，做了多年的吃货，修炼出一副可熔金化铁的肠胃。于是，吃，就成了猪妖朱子真的最强杀敌手段。

朱子真在吃了余忠后，得意扬扬回到阵前。杨戬纵马舞刀来斗朱子真。三五回合后，朱子真现出本相，一口将杨戬吞下。若是寻常仙人，必会被朱子真的胃液溶化。可杨戬修成八九玄功，可任意变化，根本不惧。就如孙悟空戏耍狮驼岭狮魔王一样，朱子真也被杨戬耍得死去活来。

杨戬告诉朱子真，若想活命，就现出本相前去周营，坦承自己的身份。朱子真无奈，只能现出巨大猪身，趴伏在周营前请罪。等朱子真被捆绑，杨戬跳出其腹后，杨戬却告诉姜子牙，务必杀死朱子真，以绝后患。姜子牙依言将朱子真斩杀。

虽然说兵不厌诈，但朱子真既然投降，杨戬又已经答应放生，本就该遵守承诺。如此背信弃义，未免有损杨戬大英雄形象。

其二为狗妖戴礼。

戴礼武艺不俗，法宝厉害，哪吒也被他打跑。

杨戬上场后，戴礼又祭出红珠。见红珠厉害，杨戬祭出哮天犬。哮天犬畏惧红珠，不过，它极聪明，竟然绕过红珠，去扑咬戴礼。戴礼被哮天犬咬住颈脖，无法施展遁术逃走。杨戬赶上，一刀将戴礼杀死。

此战，多亏了哮天犬。若无此犬，杨戬很难杀死戴礼。

六圣之中，有三位是杨戬在得到高人法宝相助的情况下，施展变化之术将其杀死的。

《封神演义》和《西游记》一样，都非常看重生物之间的生克关系。所谓：“一物降一物，卤水点豆腐。”无论那妖邪何等厉害，只要好好利用这生克关系，找到或变化出那妖邪的克星，就可以一举灭杀妖邪。

西游世界中黄花观主蜈蚣精，武艺与孙悟空斗士五六十回合不分胜败，其金光神通堪称无敌，其毒术更堪称西游一绝，挥手可灭万仙。可是，武艺、神通、毒术都非常强悍的蜈蚣精，一遇上老母鸡毗蓝婆，就乖乖臣服。以倒马刺神通横行西游世界、刺破如来佛祖金身、刺伤孙悟空铁头的蝎子精，一遇上大公鸡昴日星官，同样歇菜！

在斗梅山六圣时，杨戬大展神威，充分发挥自己精通变化之术的特长，变出克制生物，将蛇精常昊、蜈蚣精吴龙、羊精杨显杀死。

在初战无功之后，杨戬再斗常昊、吴龙。

双方大战十来个回合，常昊败走。杨戬追上。常昊在马上喷吐毒雾，原身隐藏在毒雾中来伤杨戬。他哪里知道杨戬早就用法宝看破了他的真身！杨戬摇身一变，变成一只飞天蜈蚣，双翅扇动，往来飞舞，两只双钳犹如锋利长刀，闪烁寒光。

常昊大惊。无论是毒性还是遁术，飞天蜈蚣都在蟒蛇之上。常昊转身就要逃走，杨戬（飞天蜈蚣）瞬间跟上，一挥长刀，将巨大蟒蛇切成两段。那断蛇还在地上扭动，残存的上半身还想逃走，杨戬恢复本相，念诵五雷诀，空中出现一道巨大雷电，将那蛇妖身躯震成飞灰。

那边哪吒正与吴龙相斗，杨戬取胜后赶来相助。吴龙见状，转身就逃。哪吒登风火轮要追赶，被杨戬劝阻。哪吒只能变身成三头八臂法相，并不会变化之术，无法擒杀吴龙。

杨戬使出法宝，看破吴龙本相。吴龙喷吐黑雾，现出本相蜈蚣遁走。杨戬忙变成一只五彩雄鸡冲入黑雾，追杀蜈蚣。公鸡阳气最是旺盛，正是万千毒虫克星。蜈蚣被五彩雄鸡赶上。才三五个扑击，五彩雄鸡就把蜈蚣按在利爪下，然后以铁嘴一啄，千年蜈蚣精就被啄断。

再后来，杨戬斗杨显。杨显武艺低微，转身败逃，想以本相伤敌。不料杨戬早就看破其原形，变成一个斑斓猛虎去追杨显。羊哪里是虎的对手，不多时，羊已被老虎扑倒。杨戬恢复本相，割下杨显头颅。

在斗杀六圣时，杨戬得到了哪些人相助呢？

其一，玉泉山玉鼎真人。

在与袁洪等人斗了数场，每场都无功而返后，杨戬想起了当初金台拜将时玉鼎真人的临别赠言："若到孟津，谨防梅山七圣阻隘。"玉鼎真人告诉杨戬，周军在会师孟津后，将会遇上来自梅山的七个强人阻挠。

早在修习八九玄功之初，玉鼎真人就曾告诉杨戬生克之妙。故此，杨戬才会禀告姜子牙："据弟子见袁洪等俱是精灵所化，急切不能成功……照定他的原身，方可擒此妖魅也，不然终无了期。"

擒拿妖仙，最简单、最有效的方式就是变化成对方的克星。只是，要看破梅山诸妖的原形，必须借助一件法宝。这法宝就是终南山云中子的照妖宝鉴。

其二，终南山云中子。

见到云中子，杨戬说明来意。云中子开口道："此乃梅山七怪也，只你可以擒获。"

那梅山七怪隐居梅山千年，根本没在尘世间走动。可是，玉鼎真人和云中子不但一语就道破袁洪、常昊等人的身份，并且，玉鼎真人竟然早在姜子牙金台拜将、袁洪等人根本没有下山之时就已经料定他们会在孟津阻碍周兵。

封神世界中圣人也做不到未卜先知，玉鼎真人凭啥能料到袁洪等七圣会下山？莫非，袁洪、常昊等人下山阻碍周兵和玉鼎真人有关，甚至就是元始天尊等人安排的？

我们暂且存疑。

其三，女娲娘娘。

杨戬大战金大升，金大升祭出牛黄法宝来打杨戬。

原文说："此宝犹如火块飞来。杨戬见来得太急，化一道金光，往正南而走。"金大升的法宝非常犀利，如火如电，杨戬就算修成八九玄功，也无法正面抵挡——可见，金大升法宝之威，还在广成子番天印之上。当初杨戬在番天印打来瞬间，施展八九玄功，番天印打中杨戬，杨戬没有下马。

杨戬化金光遁走，金大升也驾光追击。堂堂周营第一高手，竟然被金大升追杀。

不过，杨戬也并非就打不赢金大升。他已经用照妖镜看破了金大升本相。只要杨戬变化成克制牛类的生物——比如《西游记》中降伏犀牛精的四木禽星，尤其是井木犴，牛类一闻到他的气息就会全身无力，匍匐在地——一样能杀死金大升。

不过，女娲娘娘的出现，让一切变得很简单。

女娲娘娘赐给侍女一件缚妖索法宝，将金大升轻松抓捕。黄巾力士用铜锤在金大升背上打了三四下，金大升吃痛，现出大水牛原形。

女娲娘娘吩咐杨戬把牛怪带回周营，说："我还助你收伏白猿精怪也。"

女娲娘娘乃封神世界万妖之祖，圣人级别。封神大战多年，女娲娘娘从未出现，杨戬等人也没有求助上门。为何女娲娘娘竟然不请自来，还一而再地帮助杨戬，帮助周营降伏妖怪？

066　棋盘山二妖仙背后是哪位圣人

在袁洪、常昊、吴龙三人对抗周军时，从棋盘山来了两位妖仙，一个叫高明，一个叫高觉。这二人有一项奇异本领，无论姜子牙说了什么，做了什么，身在商军大营中的二人总能在第一时间知晓，并做出应对。周军屡次袭击都无功而返，让姜子牙非常苦恼。

高明、高觉一个是桃树精，一个是柳树精，他们为何能拥有如同千里眼、顺风耳一般的神通？在背后支持他们的，又是什么势力？

高明、高觉初登战场的表现颇为不俗。

姜子牙命令先行官哪吒出战，哪吒摇火尖枪杀出，高明、高觉二人忙举起兵器遮挡，双方大战。

哪吒很谨慎，早早施展出三头八臂神通。交手没三五个回合，哪吒抢先祭出乾坤圈。乾坤圈威力虽不如九龙神火罩，但命中率极高，妥妥地砸中高明顶门。一般来说，仙人身上顶门最弱，一旦砸中，往往脑浆崩裂而亡。可是，高明被乾坤圈砸中顶门，只是化为一派金光，地上并无尸体。

哪吒还以为得手，大喜收回乾坤圈，又祭出九龙神火罩来罩高觉。高觉在神火罩落下的瞬间化遁光飞走，哪吒却以为高觉已经被罩住烧死，于是大喜回营。

等第二天高明、高觉再度登场，哪吒大惊。他不肯相信自己失手，还坚持认为高明、高觉是施展了替身之术。

那边哪吒刚对姜子牙说完这话，这边高明就对袁洪等人说："哪吒言吾等有潜身小术，俱出来一看吾等真实。"高觉大笑说："姜尚所仗无他，俱倚的是三山五岳门人，故此所在，侥幸成功，不曾遇着我等奥妙之人。"

袁洪见了，也颇为惊讶。究竟高明、高觉为何会有此等奥妙之术呢？

姜子牙统领诸门人来掠阵，李靖、杨任冲出，截住高明、高觉。

杨任虽是文臣出身，但下手从来狠辣。交手仅一个回合，他就抽出五火扇来对着高明一扇。只听得"呼"的一声，高明化一道黑光飞走。李靖也急忙出手，祭出黄金宝塔来罩高觉。高觉也化遁光而去。

二人凭着手中法宝，虽然一时将高明、高觉击败，但是无法擒杀二人，始终是一场无用功。

姜子牙苦思良久，终于想出了当初在昆仑山时，曾得师父元始天尊传授的破解妖魅之法。

当晚，姜子牙击鼓传召众将。他安排李靖前往两军阵前东方方位，用出符印，打下桃木桩，浇许多黑狗血，等等。他又安排雷震子去南方，哪吒去西方，杨任去北方，和李靖做一样的事。

然后，姜子牙交代韦护，明天他会亲自出战，引诱高明、高觉二人进入他布置好的陷阱。一旦对方入彀，韦陀就把准备好的黑狗血、乌鸡血、女人的屎尿洒在高明、高觉身上。如此，高明、高觉就再没有法子遁走。

姜子牙这法子除多出一个挖坑布陷阱的情节，所用方法和当初高兰英破杨戬幻术时一样。

这边姜子牙还在吩咐，那边高明、高觉已经知晓。二人把一切告诉袁洪，众人哈哈大笑。

第二天高明、高觉出战。二人嘲笑姜子牙："你既是昆仑之士，理当遣将调兵，共决雌雄；为何钉桃桩，安符印，周围布八卦，按九宫，用门人将乌鸡、黑狗血秽污之物压我二人。吾非鬼魅精邪，岂惧你左道之术也！"

姜子牙恼羞成怒，与二人大战。武吉、南宫适也冲出护卫。高明、高觉一路追击，已经冲入陷阱。姜子牙一声喝令，李靖、雷震子等四人启动符印，韦护泼洒屎尿。可高明、高觉的反应堪称逆天，还未等黑血屎尿近身，就已经化遁光飞出大阵。

姜子牙空忙一场，大怒。他还以为是军中出了奸细，要严查泄密之人。还是杨戬提醒姜子牙，军中诸将不是从西岐就跟随左右的忠臣良将，就是阐教门下弟子，大家利益一致，怎么会做奸细呢？高明、高觉能察觉周营安排，必定另有玄机！

杨戬分析的在理，姜子牙只好强压怒气。只是，如何才能破解眼前困局呢？

杨戬提出，自已将前往一处所在，询问一位高人。如此，必定能帮助周营度过此次危机。姜子牙询问那位高人是谁。杨戬说："机不可泄，泄则不能成功也。"聪明的杨戬已经料到高明、高觉有奇特神通，可以察觉周营动态，于是保密不说。

其实，杨戬能够找的高人只有一位——他师父玉鼎真人！

玉鼎真人的本领在玉虚宫十二仙首中虽然只能算中下，可是交友广阔，见多识广。就连敌对势力中一气仙余元炼制化血神刀时，同一炉中出产了三枚解药之事都一清二楚。

来到玉泉山，杨戬把一切告诉师父。

玉鼎真人闻言，果然一语就道破高明、高觉的来历、神通。他说："此孽障是棋盘山桃精、柳鬼。桃、柳根盘三十里，采天地之灵气，受日月之精华，成气有年。今棋盘山有轩辕庙，庙内有泥塑鬼使，名曰千里眼、顺风耳。二怪托其灵气，目能观看千里，耳能详听千里；千里之外，不能视听也。"

原来，高明、高觉身在商军大营，能听闻姜子牙大帐中安排，有两个原因。

其一，高明、高觉是千年桃树精与千年柳树精。他们根系繁多，广达三十里。三十里内的所有事情，他们都能随时察觉。这就如同西游世界通天河中的鲤鱼精一样，拥有灵感之能。

其二，高明、高觉还有贵人相助。高明、高觉的本身神通只能察觉棋盘山三十里范围。可是，借助鬼仙千里眼、顺风耳的神通，高明、高觉的察觉能力将大幅度提升，眼睛可看千里，耳朵可听千里。

道破二怪来历后，玉鼎真人又告诉杨戬破敌之法：只要派人到棋盘山把桃树、柳树连根挖断，用火焚烧，再把庙中鬼仙塑像打碎，高明、高觉自然就丧失了千里眼、顺风耳的神奇察觉能力。

杨戬回到周营，姜子牙询问可得了破敌之法。杨戬很是谨慎，他让子牙派出一千名士兵，擂响战鼓，盖住大帐中声音；又派一千名士兵，摇动红旗，遮蔽大帐影像。然后，杨戬才把师父所说的一番话告诉姜子牙。

姜子牙大喜，让李靖、雷震子等人去挖树根，砸塑像。商军大营中，高明、高觉只听到周营鼓声震天，红旗招展，却不知道发生了什么，很是惶恐。

不多久，李靖、雷震子回营缴令。

那桃树、柳树乃是高明、高觉本体。一被挖断，二人都口吐鲜血，但觉心神恍惚，魂魄不安。

袁洪见到二人受伤，知道不妙。为挽回颓势，袁洪下令，当晚就夜袭周营，务必斩杀姬发与姜子牙。只是，姜子牙那边早就料定袁洪会狗急跳墙，安排好一切就等袁洪等人。

当晚，姜子牙披发仗剑，作法驱动风雾，让商军方位难辨，目不能视物。等高明、高觉冲入周营，一声炮响，李靖、杨任、哪吒、雷震子、杨戬、韦护等人齐齐冲出。

姜子牙带头祭出打神鞭。高明、高觉浑浑噩噩，还继续往前冲。打神鞭各一下就把高明、高觉打得脑浆崩裂而死。曾经精灵无比的高明、高觉二人就此殒落。

高明、高觉二人本来神通平平，能在大战中扬名立万，全靠千里眼、顺风耳两位鬼仙相助。只是，千里眼、顺风耳为什么要帮助高明、高觉对抗周军？

大家注意到没有，千里眼、顺风耳两位鬼仙所在的小庙是轩辕庙——祭祀人族三皇之一的轩辕黄帝的庙宇。

这轩辕黄帝在封神大战中几乎没有登场。就算杨戬两次前往火云洞拜见三皇，也是天皇伏羲负责接待，发布命令，然后神农炎帝负责执行命令，拿出解药。换言之，在鸿钧老祖策划的封神大战中，人族三皇中伏羲、神农因治疗瘟癀与痘疹都立下了功勋，唯独轩辕黄帝在那两次战役中寸功未立！

鸿钧老祖乃是圣人中的圣人，作为人道教三皇之一的轩辕黄帝当然要无条件执行鸿钧老祖的命令。于是，他绞尽脑汁，用自己的方式建立了功勋。

其一，派出轩辕坟三妖潜入商朝皇宫，败坏商朝国政。

女娲娘娘的招妖幡可以召唤天下群妖。为何女娲娘娘唯独选择轩辕坟三妖去执行秘密任务？还不是因为三妖出自轩辕坟，与人族三皇中的黄帝有千丝万缕的关系。

轩辕坟是黄帝留在人间的衣冠冢，本当受到万民崇奉，依时祭扫。事实却是轩辕坟中住了成百上千只妖怪。对此，黄帝不可能不知道。他之所以放任不管，只因为那些妖怪就是他的仆从。

妖与仙的本质其实一样，都是非人类炼气士，只是一个是黑户，一个拥有身份证而已。

其二，在殷洪逃难时，帮助商将擒拿殷洪。

殷洪逃难时走入轩辕庙躲避。他向圣像祈祷："今父王无道，杀子诛妻，殷洪逃难，借圣帝庙宇安宿一夜，明日早行。望圣帝护祐！若得寸土安身，殷洪自当重修殿宇，再换金身。"

按照常理，轩辕黄帝当彰显神迹，庇佑殷洪，躲过追杀。事实却是，那殷洪一入轩辕庙竟然就睡着了，然后，就被追赶过来的商军将领抓了个正着。

殷洪明明是无辜之人，本当受神明庇佑。可是，鸿钧老祖封神计划中早就安排好纣王有诛妻杀子之罪孽，殷洪注定要上刑场。当然，被杀前被仙人（赤精子）带走，然后感激涕零，拜仙人为师，这同样是早就安排好的。

其三，帮助高明、高觉对抗周军。

这轩辕庙中的鬼仙千里眼、顺风耳之所以敢帮助高明、高觉，绝非擅自做主，而是得到了轩辕黄帝的命令。

此前，我曾经分析过，元始天尊为了保证在万仙阵后封神计划还能继续推行，于是和三界许多圣人达成了协议，在阐教高层不能下山之后，由他们继续执行护航计划。

唯有安排自己人出场充当坏人，才能保证姜子牙能如期灭掉商军，推翻商朝。这一点和《西游记》中许多妖怪都是佛派与天庭高层故意放下凡间一样。

067 若无女娲相助杨戬能降伏袁洪吗

原著提到："袁洪乃梅山七圣之首，修成八九玄功、七十二般变化，与杨戬一般无二。"在与周营的几番大战中，袁洪都表现了超强的实力。

袁洪挂帅以来，多次出战，几乎与周营中阐教门下都有交手。

周营阐教门下，实力最强者公推杨戬、哪吒，若说第三名，则非杨任莫属。在杨戬、哪吒斗常昊、吴龙时，杨任也催开云霞兽，舞动闪电枪，与袁洪战在一处。

杨任先手意识强悍，交手不过五七个回合，就挂上闪电枪，取出五火扇，照着袁洪一扇，泼天烈焰顿时涌向袁洪。袁洪何等机敏，化一道白光遁走。五火扇只是烧死袁洪胯下一匹马。

杨任法宝虽强，怎奈袁洪身手敏捷，首战尚不能伤到袁洪，等袁洪有了防备就更难伤他了。

事实也正是如此。

在袁洪率军夜袭周营的那晚，杨任与袁洪再次交手。两人交手不过两三个回合，杨任正想取出五火扇伤敌，怎料想袁洪手脚更快。他心念一动，从头顶泥丸宫冲出一道白光，白光中现出一个小白猿，手中挥舞大棍，一棍朝杨任打来。杨任想要躲闪，却哪里来得及，被小白猿一棍打中顶门，当场脑浆崩裂而死。

袁洪与杨戬一样，在修成八九玄功之后，都已经能做到元神出窍，突袭伤人。这可是实打实的功夫，没有金仙以上修为，根本做不到。

周营中阐教门下第四高手，当属韦护。

两军二次大战时，雷震子冲出与袁洪斗在一处。雷震子仗风雷翅往来空中，从高往下劈面打来。黄金棍本就沉重，雷震子借助空中优势，更将黄金棍威力发挥到十分。可是，袁洪不但力大无穷且身手敏捷。雷震子的连番攻击被袁洪挥舞镔铁棍轻松遮挡。每一次双棍撞击，都让雷震子双手发麻。

眼看数十招过去雷震子被袁洪打得手忙脚乱，露出败象，韦陀忙祭出降魔杵，朝袁洪打去。韦护下黑手的功夫在周营中是出了名的。

韦陀的降魔杵落下重如泰山。原文说："袁洪虽是得道白猿，也经不起这一杵。"袁洪再强悍，那也是血肉之躯，无法正面抗下降魔杵——这降魔杵的杀伤力，比番天印还要强大——袁洪只好化一阵白光遁走，降魔杵将他的战马打成肉泥。

不过，和杨任一样，韦陀可以用降魔杵打走袁洪一次，但是很难打走他两次。

袁洪还曾和哪吒交手。

在杨戬用变化之术杀死常昊后，袁洪大怒，要去斗杀杨戬，却被哪吒拦住。

哪吒先现三头八臂，挥舞火尖枪来斗袁洪。还没打三五回合，哪吒就祭出九龙神火罩，向袁洪罩去。奇怪的是，袁洪明明可以遁走，却没有遁走。他早在哪吒与常昊、吴龙斗法时就已经见过哪吒使用神火罩，事后还对二人说杨任的扇子与哪吒的罩子都很厉害。为何此刻他不遁走?

正所谓艺高人胆大，袁洪就是要亲自尝试下九龙神火罩之威。

原文说："哪吒用手一拍，现出九条火龙，将袁洪盘旋周绕焚烧。"从原文可知，哪吒是亲眼看到袁洪就在神火罩中，然后才启动火龙伤敌的。当初石矶娘娘拥有金仙后期修为，在九龙神火罩之下也难逃一死。如今袁洪被烧，却毫发未伤。

原文解释说："不知袁洪有七十二变玄功，焉能烧的着他，袁洪早借火光去了。"原来，袁洪不但可以凭借七十二变抗下神火灼烧，还能在被罩住的情况下，从罩中逃脱!

拥有八九玄功的袁洪，可随风变化，虽然手中没有任何法宝，但其综合实力依然远在阐教许多门人之上。就算是哪吒，有九龙神火罩相助，对上袁洪也几乎没有胜算。

在诸多小弟都被杀死之后，袁洪终于和杨戬正面对上。

大战许久，杨戬祭出哮天犬来，袁洪瞥见，化一道白光飞走。他的敏捷指数堪称爆表，判断力也相当惊人。哮天犬刚一出现，袁洪就已经遁走。

后来，在封神"人屠"邬文化战死后，袁洪再度与杨戬大战。

大战时，袁洪再度施展元神出窍之术，以白猿之体挥棍来打杨戬。杨戬躲闪不及，只好瞬间强化顶门。那镔铁棍打中杨戬，只打得顶门火星四溅。

杨戬大怒，元神也化为一道金光立在空中，朝袁洪顶门一刀劈来。袁洪见来势凶猛，心念一动，绽放一道白气护住全身。

杨戬大喝："梅山猴头，焉敢弄术！拿住你定要剥皮抽筋！"袁洪大怒："你有多大本领，敢将吾兄弟尽行杀害，我与你势不两立！必擒你碎尸万段，以报其恨！"

然后，二人各施手段，变化成万千生物，极尽相生相克之妙。

那么，二人武艺不分上下，变化之术谁高谁低呢？

原文说："尽使其巧，俱不见上下。"杨戬与袁洪二人同样是八九玄功大成，在变化之道上依然是平分秋色，不分高下。

见变化之术也赢不了杨戬，袁洪心念一动，想依靠梅山群猴相助来拿杨戬。袁洪纵祥光遁走，杨戬借土遁跟随，眨眼工夫来到梅山。

袁洪摇身一变，变成一块石头立在路边。杨戬追赶，忽然发觉没有了袁洪气息，于是定睛观看，发觉那怪石就是袁洪。杨戬随即变成一个石匠，一手拿锤子，一手拿钻头。袁洪一见，知道已经被识破，于是化清风飞走。

之后，两人再次施展万千变化，你追我赶。

杨戬赶到梅山山顶，放眼四望寻找袁洪踪迹。只听得一声响亮，忽然从山崖下窜出千百小猴，手中各自拿着棍棒，齐齐乱打杨戬。

杨戬被众小猴缠住，知道无法取胜，只好化为金光遁走。

以上，就是杨戬在女娲娘娘出现之前与袁洪斗法的主要经过。细看斗法，就可以发现，原著中的杨戬与袁洪武艺不分胜败，法术难分高下。原著中只是举了袁洪变石头，杨戬变石匠一个例子，乍一看仿佛杨戬比袁洪更加厉害，其实，那只是因为袁洪变化在前，杨戬变化在后。

书中既然说："尽使其巧，俱不见上下。"又说二人"各使神通，变化无穷，相生相克，各穷其技"。可见实战中，二人变化绝非一次，也绝不仅是单方面的杨戬识破袁洪，而是彼此互有胜负，袁洪也有许多次看破杨戬变化取胜。

换言之，就算杨戬多出一只哮天犬，综合实力要高出袁洪那么一点点，但哮天犬第一次都咬不到袁洪，以后更不可能咬中。

若无女娲娘娘出手相助，杨戬与袁洪即便再斗百场，也必然是徒然无功。人家袁洪要遁走，杨戬根本留不住！

068 女娲娘娘为何要帮助杨戬抓袁洪

在杨戬被群猴纠缠，不得不化金光遁走后，女娲娘娘登场。

此前杨戬在追杀金大升时，已经见过女娲娘娘一面。此刻听闻仙乐声声，祥云缭绕，他知道又是女娲娘娘来了。杨戬急忙趴伏在地，叩头向女娲娘娘请安。

女娲娘娘说：“你虽是玉泉山金霞洞玉鼎真人门徒，善会八九变化，不能降伏此怪。吾将此宝授你，可以收伏此恶怪也。”女娲娘娘毕竟是圣人，此刻虽然是送货上门，但也要给自己挣点脸面。于是，女娲娘娘强调，是因为你杨戬不行，所以我才会来帮忙。

杨戬很尴尬，这女娲娘娘长得很美，但说话真让人堵心。只是杨戬降不了袁洪也是事实，他只好一边接过法宝山河社稷图，一边磕头谢恩。女娲娘娘把宝图的施展方法告诉杨戬，然后启程回宫。她可不担心杨戬敢扣押她的宝物不还。

杨戬学会法门后，把山河社稷图展开，悬挂在一棵大树上。那宝图绽放光华，化为一片山林，与那原来大树融为一体。若非杨戬亲眼所见，也无法察觉不同。

杨戬大喜，他再上梅山，去引袁洪入彀。袁洪在山顶看到杨戬上来，哈哈大笑说：“杨戬，你此来是自送死也!”他与杨戬本难分高下，可有群猴相助，则能胜过杨戬一分。

杨戬心中有倚仗，也哈哈大笑说：“你今日谅无生理!”两人挥舞兵器，斗在一处。数十个回合后，袁洪召唤来群猴，杨戬转身就走。袁洪随即赶上。杨戬朝山脚那大树赶去。

袁洪没有丝毫察觉，径直追过大树。可走过大树，他蓦然发现景色一变，前方竟多出一座高山。

袁洪在梅山生活千年，对梅山一草一木无不熟悉。这大树后怎么会有一座高山？其中必有古怪！袁洪再看前方，哪里还有杨戬的身影！早在袁洪进入山河社稷图之后，杨戬就一纵身，跳下了宝图。

袁洪大吃一惊，眼前山林看似寻常，却给他一股非常凶险的气息。他飞天遁地，四处乱窜，想要找到出口。

可是，山河社稷图是圣人级法宝，其中奥妙岂是他一个白猿能够看破的？原文说："如四象变化有无穷之妙，思山即山，思水即水，想前即前，想后即后。"

杨戬手中拿着宝图，看见那袁洪在图中左窜右跳。在找寻无方后，袁洪又挥舞镔铁棍到处乱砸。可是，无论他怎么折腾，始终无法走出那片山林。

不过，若宝图的威力仅仅如此，那也只能困住袁洪，无法伤到袁洪。

袁洪折腾许久，累了。袁洪心想：若是有鲜美的桃子吃，那可就好了。袁洪心念刚起，他眼前就出现了一片广袤桃林。那林中桃树上正生长着一颗颗硕大鲜润的桃子，一股股香气扑鼻而来。袁洪看见，不禁心神荡漾，现出了白猿之体——这已经是心神失守之兆。

白猿摘了个桃子，一口吞下。那颗桃子很奇怪，竟然随口化了。袁洪吃了桃子，靠着山石坐下，想要小睡片刻。就在此时，他忽然看见杨戬拿着宝剑赶过来。

袁洪忙起身来斗杨戬，却忽然发现自己无法站起来。那吃入腹中的仙桃，如泰山一般沉重，让袁洪根本无法站起。

杨戬赶上，一把抓住袁洪头发，用缚妖索将袁洪绑起。然后，杨戬默念一声咒语，收了山河社稷图，拎着白猿之体的袁洪，前往周营报功。

从收袁洪一事可知，那山河社稷图不仅有幻化之能，并且可以真正伤敌。可谓亦虚亦实，果然强悍。

之后，杨戬奉命斩杀袁洪。一刀下去，袁洪头颅掉落，随即，从脖子中长出一朵白莲，白莲花一放一收，等白莲光芒退去，袁洪的颈脖上又多了一颗猴头。如此三五次，杨戬很无奈，只好去禀告姜子牙。

姜子牙解释说："这猿猴既能采天地之灵气，便会炼日月之精华，故有此变化耳，这也无难。"

这袁洪的白莲重生之术，和西游世界中孙悟空砍头重生一样。在修习八九玄功之后，袁洪元神大成。只要元神不受伤害，砍头也好，砍手砍脚也罢，袁洪都能够靠着吸收天地灵气，将肢体重新凝聚出来。

杨戬虽然也修成八九玄功，却无法破解袁洪这聚灵重生之术。

不过，姜子牙早就得到了陆压所赠的斩仙飞刀。他取出陆压的红葫芦，打开盖子，念动咒语。从红葫芦中出现一道白光，冲上空中，足有三丈长。白光中还有一个东西，有眼睛，有眉毛，还有两个翅膀。

姜子牙朝那宝贝躬身行礼，说道："请宝贝现身！"但见那东西两眼中放出白光，冲向袁洪，刹那间封住了袁洪泥丸宫，让袁洪的元神无法聚灵，更无法逃遁。

姜子牙再朝宝贝躬身行礼，说道："请法宝转身！"那宝贝将身体转了两三转，但见袁洪头颅落地，颈脖喷出鲜血，眨眼间已然陨落！

很多读者对陆压的斩仙飞刀评价极高，甚至认为飞刀可以斩圣。其实，陆压这飞刀在实战中很鸡肋。比如陆压在交手时祭出飞刀杀袁洪，袁洪可不会傻傻站着等飞刀现身，他必然会施展遁术飞走。斩仙飞刀可以在实战中杀死丘引，未必能杀死袁洪。二人的实力并非一个层次！

袁洪一死，孟津二十万商军不攻自破。周军自然更进一步，到达朝歌城下。

可以说，没有女娲娘娘帮助，杨戬就无法降伏袁洪，姜子牙也无法在规定时间到达朝歌。那么，女娲娘娘为何要帮助杨戬呢？

和前文对轩辕黄帝的分析类似，女娲娘娘也是想在封神大战中立功。

在传统神话中，女娲娘娘的地位极高，她既是补天圣人，更是人类始祖。不过，在封神世界中，女娲娘娘的地位则大大不如。

在诸天圣人中，女娲娘娘虽然号称万妖之祖，但实力最差，地位最低。她在自己生日当天，还要去火云宫朝拜三皇。人族三皇正是女娲娘娘的直接领导。正是在朝拜三圣之后，女娲娘娘接到了务必促成封神计划的任务。

在见到纣王题写的淫诗后，女娲娘娘本已大怒，想要直接杀入皇宫，弄死纣王，可是半路撞见殷郊、殷洪，想起了三皇交代的封神任务，不得已，她收敛怒气，派出三妖潜入皇宫。

不过，三妖虽然是从女娲娘娘手中接受了任务，可论出身人家是轩辕黄帝的人马。若是鸿钧老祖就此事计算功勋，保不齐轩辕黄帝的得分还高于女娲娘娘。

为此，女娲娘娘必须做出一件与别家圣人无关的大事，大大推进封神计划。于是，派出梅山七圣阻碍周军，然后主动出手降伏袁洪，就是女娲娘娘的精心布局。

在我看来，梅山七圣与高明、高觉等人都是女娲娘娘麾下，袁洪更是女娲娘娘的弟子。

很多人对于袁洪修成八九玄功无法理解，对于袁洪的师父也有很多猜测。

有三个人可能是袁洪的师父：其一，玉泉山玉鼎真人；其二，玉虚宫元始天尊；其三，女娲宫女娲娘娘。

玉鼎真人有八九玄功不假，但他自己并未炼成。他一个金仙，自然无法创造出堪比大罗金仙的八九玄功功法。极有可能是元始天尊为促成封神计划，把八九玄功赐给玉鼎真人。不过，元始天尊一贯歧视妖族，因此，元始天尊会让玉鼎真人代替他传授杨戬神功，却绝不会收白猿袁洪做徒弟。因此，玉鼎真人与元始天尊都不可能是袁洪的师父。最有可能的，只有女娲娘娘。

女娲娘娘本就是蛇妖，自然不会歧视妖族。她的山河社稷图能随心变化，恰恰蕴含了万物变化之道。

八九玄功极有可能就是女娲娘娘创造的！然后，她收袁洪做徒弟，传下神功，同时把功法交给元始天尊，让玉鼎真人教出了杨戬。

通过杨戬与袁洪大战，三界圣人都见到了袁洪的实力，更见到了女娲娘娘的实力。女娲娘娘主动出面降伏袁洪、金大升，一方面推进了封神行动，一方面也把麾下这些妖怪送入了天庭。

对于玉虚宫十二仙首那种名门大派的精英弟子来说，死后封神是件倒霉事；可对于袁洪、金大升、高明、高觉这种出身妖族、天生就低人一等的炼气士来说，死后封神无疑是件大好事。

相信袁洪、金大升等人在知道事情的真相后，只会感激女娲娘娘。

069 是谁一战灭了二十万周军

从商军征伐西岐开始，到周军兵临孟津，前后十三四年。双方投入兵力总数超过两百万，可是真正在战场上被屠杀的军士数量并不多。像姜子牙冰封岐山，火灵圣母驱动火龙兵杀周兵，韩升、韩变以万刃车杀周兵，在诸多战役中已算死伤惨重。但三次战斗中败者一方不过死伤三五千人，顶多五七千人。

可是，有那么一位猛人，因为他带头夜袭，导致姜子牙领导的周军遭遇前所未有之大挫败。六十万周军在夜袭一战阵亡二十万人，其中还有三四十位像苏全忠那样的封神一二流将领。称呼此人为“封神人屠”也丝毫不为过。

这位猛人不是仙人，不是妖怪，他只是一位凡人。此人的武艺虽然不强，进不了封神十大凡人武将行列，可是，他的杀伤力却堪比大罗金仙，就算是阐教门下的诸多炼气士，在那晚也被他追得到处跑。

这位封神第一人屠、头号猛人，叫作邬文化。

袁洪本是个高傲之人，对于营中那些原来的商军将领不屑一顾。那些人经常劝袁洪，要讲什么兵法、什么将略，见到袁洪不懂排兵布阵还暗中嘲笑。他们哪里知道，在炼气士绝对的力量面前，所谓的兵法将略全部都是浮云。故袁洪从来不让凡人武将参与自己的军事决策。

但是，他对邬文化例外。

一见邬文化，袁洪就非常惊讶。邬文化身材极其高大，站在大帐中恍如金刚一般，“撑在半天里”。邬文化要弯着腰才能走入大帐，挺起身都要把大帐捅破了！

袁洪询问：“将军此来，必怀妙策，今将何计以退周兵？”邬文化回答说：“末将乃一勇鄙夫，奉圣旨赍送元帅帐下调用，听凭指挥。”

袁洪开始还担心邬文化太过聪明，跑来军营指手画脚，与他争夺统兵大权。如今见到邬文化如此实诚，不禁大喜说：“将军此来，必定首建大功，何愁姜尚不授首也！”

第二天，袁洪就摆开阵势，安排邬文化上场。

姜子牙、杨戬等周营将领，初见邬文化同样吃惊。原文说姜子牙“抬头观看，见一大汉竖在半天里，惊问众将……”

在邬文化面前，姜子牙与杨戬等人都要抬头仰望，即便如此，还觉得半边天都被邬文化挡住了。见多了奇人精怪的姜子牙也不禁惊讶，不知哪里跑来这种猛人。

一般来说，奇人大都身怀奇特神通，万万不可轻敌。不过，邬文化首战的表现让人大跌眼镜。

姜子牙派弟子龙须虎出战。龙须虎乃是千年土怪成精，擅长手发飞石，进攻颇为迅猛。此前的许多次突袭战中，龙须虎都立下了赫赫战功。

见到龙须虎，邬文化弯腰低头，大笑说："哪里来了一个虾精？周营中来的是个什么东西？"龙须虎相貌丑陋，确实很像一个超大型虾。见邬文化嘲笑自己，他不服气了，说："好匹夫！把吾当作什么东西！吾乃姜元帅第二门徒龙须虎是也。"能成为姜子牙徒弟，对于妖精出身的龙须虎来说，是件很有面子的事情。

双方一言不合，随即开战。

龙须虎一伸手打出一块石头。他手中飞石有磨盘大小，飞去有千斤之力。他一登场，就等于是座移动投石机，再厚的城墙也会被他的飞石轰塌。邬文化的武器是一根千年巨木，长有十丈，在木头上又钉入了许多超大铁钉，就如同一个超级狼牙棒一般。

见飞石打来，邬文化也不遮挡，一挥排扒木朝龙须虎劈面打来。龙须虎大骇，急忙跳起来躲过。邬文化力气太大，排扒木上铁钉竟然钉入地面三四尺深，匆忙间还拽不出来。

龙须虎见状，连忙出手，七八块飞石砸中邬文化大腿、腰背。邬文化拽出排扒木，再朝龙须虎打来。龙须虎轻松躲过，继续手发飞石。

总之，邬文化身材过高，力气过大，在与龙须虎对战中反倒处于劣势。龙须虎就如当初的土行孙一样，专门打邬文化下三路。不到一个时辰，邬文化身上挨了龙须虎七八十下飞石。

邬文化皮厚肉糙不假，可是，被龙须虎的飞石打中，还是有点小疼。时间一久，邬文化不得不托着排扒木朝东北方向逃走。龙须虎得胜回营。

这一战邬文化打得十分憋屈，他空有一身怪力，没有机会施展。

姜子牙听了龙须虎禀告，大喜。原文说："众将俱以为大而无用，子牙也不深究所以，彼此相安不察。"

周营众将尤其是姜子牙的这一个大意，在当晚就付出了沉重的代价。

邬文化败回本阵后，见到袁洪。袁洪对他好一番责备，说邬文化挫了他三军士气。邬文化表态说："元帅放心，末将今夜劫营，管教他片甲不存，上报朝廷，下泄吾恨。”

袁洪见邬文化有勇再战，也有些欢喜，当下让邬文化下去准备，夜间他也会前去支援。

当天二更时分，商军大营一声炮响，邬文化带头冲入周营。

周营在营寨之后，布置下了七层鹿角，四方木栅，还有许多挡箭牌。若是寻常士兵遇上，必然有死无生。可是，邬文化脚踏在鹿角上，那鹿角纷纷碎裂。他一挥舞排扒木，所有的木栅栏、挡箭牌全部被拍飞。才三两下，周军布下的陷阱就全部被毁。

听闻商军夜袭，周营一片纷乱，将士们到处乱窜。当时天黑，根本分不清敌我。别说周军普通将士，就连阐教门人的第一反应也是逃跑。

邬文化把那十丈长的排扒木挥舞如风，就犹如一辆巨型绞肉车，冲入六十万周军中。那排扒木一扫，就有成百上千人被拍死。就连一些商军士兵，因为冲得太近，也被邬文化拍死。

原文说：“邬文化把排扒木只是横扫两边。也是周营军士有难，可怜被他冲杀得尸横遍野，血流成河，六十万人马在中军呼兄唤弟，觅子寻爷。”

那一晚，邬文化如杀神降临，以一人之力就斩杀十数万周兵。

姜子牙听得有人劫营，第一反应不是指挥作战——他骑上四不相，展开杏黄旗护住自己，然后夺路狂奔。武王姬发也在几个心腹武将的护卫下，远远跑离周营。继续待在周营，必然会被拍死。

见邬文化如此了得，袁洪大喜。他在背后放出妖气，笼罩住周营，然后催动大军冲杀。留在周营的将士，几乎全被屠戮。

整个周营，唯独有一人敢挡邬文化。此人就是杨戬。

当时杨戬见到邬文化来势凶猛，想要去杀敌，可又担心袁洪会放火烧粮草，两边难以兼顾。于是他口中念诵咒语，吹口气把一个草人变成一个超级大汉。那大汉头撑着天，脚踏着地，拦在邬文化前面。

邬文化也就是一个傻大胆，见到火光中出现了一个比他更高更壮许多的大汉，吓得魂不附体，口中说：“我的爷来了!”拖着排扒木转身就逃。

杨戬想要追击，却被袁洪拦住，双方斗了几个回合，杨戬祭出哮天犬，袁洪化遁光飞走。

邬文化与袁洪败走不久，南、北四百镇诸侯都来救援。两军混战，杀到天亮。

天亮后，姜子牙找到武王姬发，整顿兵马。一算之下，一共折损士兵二十余万，将领阵亡了三四十人。昨天还因为击败邬文化而得意扬扬的龙须虎，在夜袭当晚也被邬文化一排扒木拍死。

袁洪把夜袭一事表奏朝廷："邬文化大胜周兵，尸塞孟津，其水为之不流。"百官闻讯，都来向纣王道贺："自征伐西岐，从未有此大胜。"

确实，无论是闻太师，还是截教大罗金仙，无论是哪一路商军大将，没有一人能像邬文化一样，给周军造成如此重创。

不过，邬文化的这次胜利也就如龙须虎的胜利一样，只是大败之前的短暂狂欢而已。几天后，邬文化就被姜子牙设计斩杀，袁洪等梅山七圣也被杨戬擒杀。所谓的大胜，并不能挽回商朝覆灭的败局。

070 姜子牙为何要让周兵烧死邬文化

邬文化重创周军后，就成了周军头号大敌。杨戬主动来找姜子牙，提出先杀邬文化、再破袁洪的方略。杨戬是周营智囊，此前许多次姜子牙都是采纳杨戬献策，然后取得胜利。

可是，这一次姜子牙不等杨戬开口，就吩咐说："须得……如此，方可绝得此人。"

姜子牙是用什么方法杀死邬文化呢？

姜子牙在传达命令时还搞得很神秘，他让杨戬附耳过来，然后说："如此如此，必可成功。"

他的计划可以分为三步。

第一步，让杨戬带上武吉、南宫适，率领兵马前往蟠龙岭方向布下陷阱。

蟠龙岭三面都是高山，只有一条小路通过。敌人一旦进入，只要截断去路，就很难脱身。然后，姜子牙让武吉与南宫适在蟠龙岭山头准备好许多滚木礌石，一旦邬文化进入，就把这些东西推下去堵路。另外，整支军队都装备上当时最为先进的火箭，甚至还推出了许多门火炮（商周时期自然没有火炮，连火箭都没有，《封神演义》毕竟是明朝人写的小说，大家不要较真）。

姜子牙还特意为邬文化准备上了一份厚礼，保证让邬文化死得彻底。

第二步，姜子牙亲自出面，带上武王姬发出面诱敌。

清晨，姜子牙骑着四不相，姬发骑着逍遥马，两人来到商军大营前，优哉游哉闲聊，还对商军大营指指点点。中军官急忙禀告，敌军主帅在窥探我军大营。袁洪闻报大喜。商军在大胜之后士气正旺，巴不得和周军再次开战。他急忙命令邬文化迎敌。

邬文化打开辕门，撒开脚步，拖着排扒木如飞云掣电一般赶到阵前。他边跑还边喊："姜尚休走！今番吾定擒你成功也。速速下骑受死，免吾费力。"邬文化确实是个活宝，四肢发达，头脑简单，他还真以为姜子牙和姬发是来送死的。

姜子牙、姬发见邬文化已经赶来，拨马就走。邬文化见二人不是朝着周军大营败走，于是放心追赶。姜子牙与姬发都有坐骑，邬文化是两条腿赶路，哪里追得上。邬文化是个实在人，他一路狂奔，一个时辰赶了五六十里路。到后来邬文化实在累了，站住脚不追了。

这时姜子牙拨转马头，叫道："邬文化，你敢来与吾战三合么?"邬文化大怒说："有何不敢?"于是撒开脚丫子又追赶起来。

不久，姜子牙与姬发赶到了蟠龙岭。武吉、南宫适急忙把二人接上山头，坐看邬文化踏入陷阱。

第三步，火烧蟠龙岭，炸死邬文化。

眼见姜子牙、姬发走入蟠龙岭，邬文化大喜。在平地上，邬文化跑不过千里马，一旦进了山，邬文化就比马跑得快了。

邬文化说："尚进山，似鱼游釜中，肉在几上!"他紧跟姜子牙身后，追入蟠龙岭小道中。

可是，一等他冲入小道，就发现姜子牙与姬发不见了。就在邬文化前后四望，找寻姜子牙的时候，轰隆隆一声响动，在邬文化前后方都从天而降许多滚木礌石，把小道塞满了。邬文化被堵在了小道中。

邬文化知道不妙，忙挥舞排扒木横扫，希望清扫出一条路，杀出重围。

就在此时，山头号炮连响，杀声震天，无数周兵火箭齐射，数十门火炮齐轰。刹那间，蟠龙岭下的小道就成了一片火海。火海之中的邬文化则被烧得哇哇怪叫。

见邬文化还不死，姜子牙一声令下，启动了他手中的最强武器——地雷。姜子牙早就命令武吉与南宫适在蟠龙岭小道入口附近埋下了许多地雷。邬文化就在将要冲出的时候，无数地雷、地炮轰然炸开。

原文说："可怜顶天立地大汉，陆地行舟的英雄，只落得顷刻化为灰烬。"

人族第一猛人邬文化在火焰中化为灰飞。

姜子牙的这个计策效果明显，确实杀死了邬文化。只是，为了杀死邬文化，姜子牙不但让武王姬发以身犯险，还出动了数以千计的周兵，耗费了几万只火箭，数百斤甚至上千斤炸药。

为了杀死一个凡人武将邬文化，有必要这么大动干戈吗?

事实上，周营中有大把的人可以杀死邬文化，根本不需要像姜子牙安排的那么麻烦。

杨戬若是出战，可以祭出哮天犬，咬住邬文化，然后一刀斩杀；哪吒若是出战，可以祭出九龙神火罩，然后一拍成灰；韦护若是出战，可以祭出降魔杵，一杵把邬文化打成肉泥；李靖若是出战，可以祭出黄金宝塔，一塔把邬文化砸死；金吒若是出战，可以祭出遁龙桩困住邬文化，然后一剑斩杀；木吒若是出战，可以祭出吴钩宝剑，轻松一剑将其杀死；姜子牙若是出战，可以祭出打神鞭，以邬文化的笨拙躲闪能力，击中顶门的可能性极大，就算不能当场击杀，也会受重伤。

周营中阐教门下，唯有雷震子较难杀死邬文化。不过，雷震子往来迅捷，可以打伤邬文化，邬文化却伤不了雷震子。

以上才是邬文化与阐教门人的真正差距。毕竟凡人再强，在炼气士面前，尤其是拥有法宝的炼气士面前，也是浮云！

那么，姜子牙为何不让门人出手，而费心费力布局让周兵周将烧死邬文化?

因为邬文化夜袭导致周营二十万将士阵亡。在周营许多将士心中，对邬文化甚至对商军，产生了浓浓的惧意。这惧意不除，周军就很难再获胜。因此，姜子牙要想振作士气，就不能借助阐教门人，而应当让凡人将士出马，用凡人的方式杀死邬文化。如此虽然费时费力，但最终效果却与阐教门下杀死邬文化截然不同。

火烧邬文化后，出身西岐的武吉、南宫适成了周营英雄，数千周兵亲眼见证邬文化在火中被烧死的惨状。一传十，十传百，很快，邬文化的凶名就会成为历史。一度消沉的周军很快就恢复了斗志。在许多次仙人大战（如诛仙阵、万仙阵）中被排除在外的周营凡人将士，也重新找到了存在感。

虽然封神大战主要是仙人之间的斗法，但封神大战毕竟是借助商周王朝之战而展开的。若是周军士气持续低落，武王依然心怀畏惧，那么周军和武王就会像蜀汉阿斗一样，阐教再想扶也扶不起。

从这个意义上说，“计烧大将邬文化，须得姜公用此谋”，说得分毫不错。

071 金吒木吒如何智取游魂关

就在姜子牙、杨戬等人大败梅山七圣的同时，东方也传来捷报——在金吒、木吒的帮助下，东伯侯姜文焕成功夺取游魂关。

此前，因游魂关总兵窦荣阻挠，东伯侯姜文焕无法在预定时间到达孟津，于是向姜子牙提出求助。金吒、木吒主动求战。

金吒、木吒自从加入周营后，做事情一直很低调，从来都是不求有功，但求无过，属于典型的混日子。他们为何此次积极求战？

只因万仙大阵后截教仙人几乎团灭，来自仙界的威胁几乎消弭。封神大战即将结束，金吒、木吒所立功勋却太少，还无法保证他们有足够资格肉身成圣。

因此，夺取游魂关，完成八百诸侯会盟，就成了金吒、木吒最好的立功时机。

金吒、木吒告别了姜子牙，兄弟二人在路上商议对策。

大哥金吒提出：“我二人奉姜元帅将令来救东伯侯姜文焕进关，若与窦荣大战，恐不利也。我和你且假扮道者，诈进游魂关反去协助窦荣，于中用事，使彼不疑；然后里应外合，一阵成功，何为不美。”

窦荣出任游魂关总兵十多年，凭一己之力阻碍东方二百诸侯，绝对有过人之处。保不齐窦荣本人就会什么神奇法术，或者其麾下另有能人。出于稳妥考虑，正面交战，确实有风险。

那怎样才能将风险降到最低?

在各种兵法将略中，用间无疑是降低风险的最佳方案。元始天尊不就是利用申公豹搜罗截教情报，怂恿截教仙人，然后一个个将他们杀死的吗?

如今，金吒、木吒也准备先打入窦荣阵营，摸清窦荣的真正实力，然后伺机出手。

木吒一听立刻说:“长兄言得甚善。”两人于是前往游魂关总兵府。

只是，两军交战之际，金吒、木吒贸然相投，难免引起窦荣怀疑。于是，金吒化名孙德，木吒化名徐仁，自称是蓬莱岛炼气士。因师父在万仙阵被姜子牙杀死，于是来投靠窦荣，欲借窦荣兵马，给师父报仇。

金吒、木吒编的理由似模似样，窦荣见了，心中信了大半。但就在窦荣准备接纳金吒、木吒之时，一旁副将姚忠大叫，劝窦荣万万不可轻信二人言语。他说，如今东伯侯被游魂关阻碍，不得会兵孟津，姜子牙必然派人前来破关。在这种非常时刻，两位陌生道人忽然出现，来历十分可疑。

窦荣听了，立刻警觉。金吒倒也机智，知道此刻万万不可争辩。越是辩解，越惹人怀疑。于是他冷冷一笑，对木吒说:“道友，不出你之所料。”就在窦荣因金吒冷笑而错愕时，金吒告诉窦荣，姚忠的怀疑非常有道理，我们确实有可能是姜子牙派出的奸细。既然将军有猜疑，那么我们走就好了！二人一边走还一边大笑。

窦荣本已经信了姚忠，可看到金吒的反应，又开始怀疑了。若眼前道人是姜子牙奸细，势必想尽办法留在总兵府作为内应，绝不可能如此轻易离开总兵府。眼前道人越是想离开，越是证明人家心中没鬼。

窦荣与姜文焕对抗十多年，姜文焕虽无法破关，窦荣却也无法击破姜文焕。若是眼前两位道人肯出力，就有可能打破平衡，一举击败姜文焕，建立不世之功勋。

何况，窦荣觉得自己手握十万雄兵，就算金吒、木吒是奸细，也掀不起什么大浪。于是，窦荣让人请回金吒、木吒。

其实，金吒、木吒根本就没有走远，他们不过是施展欲擒故纵之计，好打消窦荣怀疑。

使者带着数百骑很快追上了金吒，木吒。使者开口邀请二人回总兵府，金吒严词拒绝，表示绝不会再受羞辱。

使者则再三恳请，请二人务必回去。原来，窦荣早有交代，若两道人一见邀请立刻回来，则当场把二人杀死；若二人不肯回来，则务必请二人回来。

最后还是木吒（徐仁）打圆场，金吒才做出很不情愿的样子，回到总兵府。

窦荣听了使者回报，降阶相迎，并向两位道人再三表示歉意。

之后，三人商议军情。金吒表示，要想扭转时局，最好的解决办法就是擒杀姜文焕。一旦姜文焕被击破，那么，周军前后受敌，天下诸侯也会望风瓦解。那么，要如何才能擒拿姜文焕呢？金吒表示，一切包在他们身上。

听到这里，窦荣大喜。他苦守游魂关多年，日思夜想的就是擒拿姜文焕。只是，窦荣不知道，这一切不过是金吒的谎言。

第二天，姜文焕派出副将马兆出战。金吒告诉窦荣，准备好捆绑手抓人。然后，他祭出遁龙桩，轻松困住马兆。窦荣催动兵马，一阵冲杀，姜文焕军队大败。

马兆被拿入游魂关，立而不跪，并且大骂金吒是妖道，对金吒用邪术擒拿自己很不服气。窦荣大怒，命令将马兆推出斩首。金吒急忙劝阻。那马兆是姜文焕手下大将，虽然骂了金吒，但金吒还是要尽力保护。何况，马兆此时骂金吒越狠，金吒越是安全。

金吒告诉窦荣，此前朝廷一直觉得诸侯是在借助叛乱，拥兵自重，索取钱粮。此刻，我们抓到了叛军将领，这正是铁证。等擒拿了姜文焕后，一起押解朝歌，让朝廷明正典刑，那时候世人都将知道窦荣的功勋并非虚假。

窦荣一听，这道人是为自己考虑呢，于是把马兆暂且收监。

第三天，金吒与姜文焕大战。

金吒在入游魂关前，已经派人告知姜文焕，二人会在游魂关做内应。此次阵前相见，金吒就是要把夜袭时间相告。

金吒、木吒双双出战。打了七八个回合，姜文焕拨马就走，金吒、木吒随后追赶。追了一二百米，金吒靠近姜文焕，悄悄说：“今夜二更，贤侯可引兵杀至关下，吾等乘机献关便了。”

姜文焕大喜，点头答应，同时，挂下钢刀，抽出弓箭，回马一箭射来。金吒、木吒用剑一拨，箭落在地。金吒大骂：“奸贼，竟敢暗射吾一箭也！”

他作势追赶，姜文焕则纵马远去。

对于金吒、木吒联手还没有擒拿姜文焕一事，窦荣很是怀疑。他询问金吒，为何不用法宝。金吒回答，本来想用，怎奈姜文焕先用回马一箭，然后就跑走了。

窦荣听了，闷闷不乐，却也无可奈何。毕竟战局千变万化，保不齐二位道人说的是实话。

回到总兵府，窦荣的夫人一身戎装，正在大厅等候。窦荣把金吒、木吒介绍给夫人。窦夫人也是一员武将，比窦荣还聪慧三分。她告诉窦荣："不可以一朝之言倾心相信，倘事生不测，急切难防，其祸不小。"窦夫人丝毫不掩饰自己对金吒、木吒的怀疑，一时间，厅堂的气氛很尴尬。

金吒再次施展以退为进之计，脸做愤然状说："贫道一点为纣真心，惟天地可表。今夫人相疑，吾弟兄若飘然而去，又难禁老将军一段热心相待。只等明日擒了姜文焕，方知吾等一段血诚。只恐夫人难与贫道相见耳。"

金吒说话很巧妙，他还是没有为自己辩解，只是强调自己若是走了，反倒有负窦荣。他会在明天就擒拿匪首姜文焕，到时候夫人自然无法再怀疑他。

窦夫人见金吒如此强势，脸上也露出惭愧之色。毕竟金吒、木吒已经抓了一位敌将，并且并没有明显通敌罪证。他们夫妻哪里知道，金吒、木吒已经和姜文焕约好，今晚就里应外合拿下游魂关。

二更时分，姜文焕果然起兵前来攻城。窦荣与夫人忙披挂整齐，前来督战。

金吒提出，自己愿意与窦荣一起迎战姜文焕，他会找机会用法宝擒拿。木吒则留在府中，协助窦夫人守城。窦荣夫妻一听，对这个安排都很满意。在他们夫妻看来，把金吒、木吒分开便于防范，万万没有想到，金吒、木吒和他们想的一样。

窦荣大开城门，冲出与姜文焕厮杀。姜文焕与窦荣战在一处。见时机已到，金吒祭出遁龙桩——遁龙桩不是遁姜文焕，而是遁住了窦荣。姜文焕上前一刀，将窦荣砍为两段。

直到死时，窦荣才意识到，自己真的被骗了！

遥遥看到城门失守，窦夫人意识到丈夫中计，立刻拔出宝剑，要杀木吒。木吒进入游魂关后，还没有真正出手。此刻见窦夫人欲对自己不利，他微微一笑，祭出了吴钩宝剑。那宝剑升在空中，连转两三圈，窦夫人已经人头落地。

见窦夫人身亡，木吒大喊："吾是木吒在此；奉姜元帅将令，来取此关。今主将皆已伏诛，降者免死，逆者无生！"游魂关将士听闻主帅和夫人都战死，大家纷纷丢下兵器，跪地投降。

很快，姜文焕就率军入驻游魂关。金吒与木吒则在第一时间离开，回转周营，向姜子牙报喜。

若是姜子牙派哪吒、杨戬来取关，二人自然是直接与窦荣交战，祭出法宝、灵兽轻松灭杀窦荣，夺取游魂关。金吒、木吒也有一战斩杀窦荣的本领，但是偏偏不用。只能说，金吒、木吒太小心，太谨慎了。当然，若二人不是如此小心，以他们的武艺、法宝，也很难活到最后。

072 千战千胜的姜文焕为何打不下游魂关

在《封神演义》中姜文焕绝对算是一代名将。原作者对他可谓不吝赞美之词。早在妲己想要谋害姜皇后时，原作者就借奸臣费仲之后，大赞姜文焕。费仲说："姜文焕又勇贯三军，力敌万夫，怎的惹得他！若有差讹，其害非小！"

在姜文焕大战窦荣时，原著更说："千战千赢东伯侯，文焕姓姜千古赞！"翻遍全书，在凡人武将中得到原作者如此赞美者，仅有姜文焕一人！

可是，让人大跌眼镜的是，姜文焕从父亲被杀之后，就率领四十万大军攻打游魂关，一打就是二十多年，竟始终没有攻破游魂关。

这是怎么一回事呢？莫非姜文焕名不副实，只是空有虚名？莫非游魂关总兵窦荣是个厉害角色，甚至精通奇门法术，有仙人做靠山？

在金吒、木吒智取游魂关的故事中，窦荣和他夫人双双登场，一直到被杀，也始终没有展现半点神通、法术。他们二人只是凡人武将。

那是不是窦荣武力值超高，姜文焕斗他不过？

根本不是！窦荣的武艺虽然也算不俗，但还没有到达封神十大武将行列。在夺取关隘的那天晚上，窦荣和姜文焕有场单挑。

原文说：“窦荣大喝曰：‘反臣！今日合该休矣！’姜文焕也不答话，仗手中刀直取窦荣，窦荣以手中刀赴面交还。二马相交，双刀并举。”然后原文就提到窦荣催动兵马，两军厮杀在一处。

虽然原文中并没有直接说到双方的单挑胜负如何，但从窦荣率先催动兵马上前可以看出，窦荣的实力绝对在姜文焕之下。唯因如此，他才需要麾下相助。

原文又说：“且言金吒纵步，在军中混战，观见东伯侯带领二百镇诸侯围将上来。金吒急祭起遁龙桩，一声响，先将窦荣遁住。”

原来，窦荣就算是有兵马相助，也不是姜文焕和他麾下二百诸侯的对手。眼看窦荣就要战败，金吒抢先祭出遁龙桩。他这一出手，与其说是帮助姜文焕杀敌，不如说是和姜文焕抢功。

后来，木吒一剑就将窦荣的夫人砍翻，根本就没有任何波折。

换言之，窦荣夫妻虽然也算是凡人武将中的强者，但根本不是姜文焕的对手。那为何姜文焕攻打游魂关二十多年都无法成功?

只因为在封神大战之前，姜文焕根本不想攻破游魂关！

在父亲姜桓楚被杀之后，姜文焕继任为东伯侯。之后，姜文焕就竖起了为父报仇、反抗商朝的大旗。

姜文焕造反，既因亲情，又因权位。所谓复仇不共戴天，纣王杀他父亲，杀他姐姐，他自然要鸣不平。他青年继位，为了凝聚人心，扫除障碍，也必须高举为父报仇的大旗。但是，那时候商朝的势力极大。尤其是闻太师作为截教嫡系仙人，在人间军界有着如同泰山北斗一般的威望。

为了报仇，为了固权，姜文焕必须造反，可是，一旦攻破了游魂关，东方诸侯联军踏足商朝本土，就必然会引来商朝高层的全力反扑。以姜文焕的能力，他绝对无法对抗闻太师指挥下的百万商军。所谓：“枪打出头鸟。”姜文焕不傻。

因此，之后的二十多年，姜文焕都做出一副猛攻游魂关、誓于商朝斗争到底的姿态。事实上，他一直没有出全力。姜文焕虽然有勇有谋，但是他没有仙界的支持，注定无法走得长远。

反观西岐就大不一样了。

姬昌逃回西岐后，聘请姜子牙为相，在四大诸侯中紧跟东、南二伯，竖起了造反大旗。

因姬发自立为王，并且擅自收留叛逆黄飞虎，激怒了商纣王。商纣王决定先拍死西岐，再收拾东、南二侯。没想到西岐背后有阐教高层的支持，商军接连三十六路征伐，都被西岐一一击溃。

最终，姜子牙带着周武王姬发来到了孟津，与天下诸侯会师。当时，天下八百诸侯来了六百，唯独东方的姜文焕及其麾下二百诸侯没到。

在姜桓楚时代，东伯侯可是四大诸侯第一人，东方二百诸侯的实力也属四大诸侯中最强。姜文焕和东方二百诸侯啥时候变得那么弱了？

只因封神大战后期的姜文焕，根本不敢攻破游魂关。天下诸侯中，东伯侯姜家的势力仅次于来自西方的姬家。天下诸侯在孟津会盟，势必要推举盟主。若是姜文焕早早突破游魂关，那就等于公开宣布要和周武王争夺天下霸主之位。一旦有人推举姜文焕，那就等于把姜家送上火山口。

于是，继续装怂，成了姜文焕的必然选择。姜文焕故意装出一副打不下游魂关的模样，连番派人向姜子牙求助。最后在金吒、木吒的帮助下，姜文焕方才斩杀窦荣，破了游魂关。

姜文焕借此告诉天下人，我东方诸侯实力不行，我姜文焕无意争夺大位。在攻破朝歌，天下诸侯进入皇宫之时，也正是姜文焕带领天下诸侯，恭请姬发登上了天子之位。

姜文焕虽然很晚才加入，但很快就赢得了周武王和姜子牙的尊重。这和姜文焕懂得藏拙，明白进退密切相关。

073 姜子牙对商朝君臣的真正态度是什么？

姜文焕入关之后，八百诸侯会齐。姜子牙大喜，即刻率领八百诸侯发兵朝歌。

眼见天下诸侯兵临城下，商纣王终于感到害怕了。他遍问群臣，有无退敌之策。最终还是中大夫飞廉提出重金招贤的老办法，希望用高官厚禄吸引能人，抵抗周军。

招贤榜下达，还真有三人来应征。应征的三位贤人名曰丁策、郭宸、董忠。

三人中以丁策最为优秀，平日熟读兵书，弓马娴熟，堪称一代良才。

对于昏庸无道的商纣王，丁策也非常失望。他知道天下归周已久，商朝很难翻盘。就如同一个身患重病、奄奄待毙之人，绝不是一两剂补药就能治好。只是，商朝非纣王一人之商朝。身为大商百姓的丁策，深感一份保家卫国的责任。眼见文武百官毫无对敌之策，只能束手待毙，丁策很不甘心。

就在丁策徘徊苦恼的时候，好友郭宸来访。

郭宸对商朝更加热爱。他告诉丁策，我们都是商朝的百姓，生在朝歌，长在朝歌，和周边诸侯国百姓不同。我们世世代代都蒙受商朝的恩惠，可是，有商朝才有商民。一旦商朝覆灭，我们又有什么未来？在郭宸看来，他们不仅是为商纣王而战，更是为商朝，为商朝百姓的未来而战。

就在二人辩论的时候，好友董忠来访。董忠告诉二人，他已经揭下招贤榜，并且把两位兄长的名字都填上去了。丁策觉得董忠草率，董忠却大笑说："吾料兄必定出身报国，岂是守株待兔之辈！"

最终，三人都决定前往朝歌，为国而战。商纣王见了三人也很高兴，即刻封丁策为神策上将军，郭宸、董忠为威武上将军。三人受命，第二天就请求出战。

应该说丁策、郭宸、董忠三人的态度代表了一部分商朝本土百姓的态度。商纣王大兴土木，滥用民力不假，敲骨杀妇、残害百姓也不假。不过，对于商朝中上层贵族来说，只要商朝存在，对他们始终是利大于弊。若是商朝灭亡，朝歌的政治、经济地位将大幅度下降，许多家族都会因为商朝灭亡而败落。

只是，丁策三人虽有保纣灭周之心，却无力挽狂澜之能。

两军交战时，南宫适迎战郭宸，武吉拦住丁策，南伯侯鄂顺截杀董忠。六人交手不过二十余回合，一旁恼了东伯侯姜文焕。他与南伯侯鄂顺乃是世交好友，见鄂顺危险，于是拍马上前助战。

董忠与鄂顺本就在伯仲之间。姜文焕武力高出董忠太多，又是忽然冲出，董忠疏忽之下，竟然被姜文焕走马一刀就斩于马下。

见姜文焕立下首功，哪吒也忍耐不住。他一声呐喊冲入战团，杨戬也纵马舞刀冲上。

这二位实力何等强悍，一旦杀入，如虎入羊群。哪吒大战丁策，不过三五个回合祭出乾坤圈。丁策不过是一介凡人，被乾坤圈一下就砸死了。郭宸眼见两位好友阵亡，大吃一惊，拨马就走，却被杨戬赶上，脑后一刀劈死。

三位雄心勃勃的贤才，眨眼工夫全都殒命。原文诗歌叹息说："痴心要想成梁栋，天意扶周怎奈何！"

丁策三人虽然看出天下归周，商朝将亡，却还不明白商朝为何会灭亡。上天已经抛弃商朝，又岂是三个凡夫俗子能够挽救的？

见硬拼不成，商纣王派出大将殷破败前往周营，想要和姜子牙谈判。

听闻朝歌有使者前来，许多将领都劝姜子牙不要接见。天下诸侯共有兵马一百六十万，朝歌城中不过有兵马十万，根本无法抗衡诸侯联军。

可是，姜子牙还是接见了殷破败。一来，姜子牙昔日也曾在朝歌为官，与殷破败算是老相识。二来，姜子牙也想借接见殷破败，向商朝高层，向朝歌百姓传递一个重要信息：我周军对于商朝，对朝歌百姓心存善意。

殷破败早在当初捉拿殷郊时就是黄飞虎的副手，到如今也是一位老将了。他见了姜子牙，略客套了几句，就开始劝说姜子牙退兵。殷破败是一员武将，并不擅长言辞，所说无非是陈词滥调，诸如臣不可伐君，天命不可违，等等。

姜子牙一听笑了。他告诉殷破败，天命并非一成不变。所谓："故天命无常，惟眷有德。"否则怎么会有尧舜禹禅让，有夏商革命？如今商纣王倒行逆施，早已经不配为君。他姜子牙率领诸侯伐纣，又有何妨？

见说不动姜子牙，殷破败武将的血性也上来了，他威胁姜子牙说："我都城尚有甲兵十余万，将不下数百员，倘背城一战，胜负尚未可知；汝等岂就藐视天子，妄恃己能耶？"

见殷破败如此嚣张，旁边的东伯侯姜文焕勃然大怒，拍案而起。当初他姐姐姜皇后被杀，殷破败就是执行将领之一。两人之仇深似海。他拔出宝剑，指着殷破败大骂，痛斥殷破败身为国家大臣，不能劝谏纣王；如今国家将亡，还恬不知耻，鼓唇摇舌想要劝说诸侯，真是猪狗不如。

姜子牙自然知道二人恩怨，忙劝说姜文焕不要冲动。毕竟即便是两国开战，也应当保证使者的安全。姜文焕听了，只能强忍怒气，坐了回去。

没想到那边殷破败却怒了，他站起来大骂，说姜文焕的父亲勾结废后姜氏意图谋逆，刺杀天子，被诛杀天经地义。姜文焕本当安分守己，如今却带头反叛，可谓逆子有种——老子是叛逆，儿子还是叛逆。

姜文焕刚压下的火气顿时腾起。他再次拔出宝剑，大骂说："老匹夫！我思吾父被醢，国母遭害，俱是你这一班贼子播弄国政，欺君罔上，造此祸端！不杀你这老贼，吾父何日得泄此沉冤于地下也！"

姜文焕看似冲动，其实不然。他若只是一勇之夫，如何统率二百镇诸侯多年？他拔剑之时，便给殷破败定下欺君罔上、陷害国母、坑杀东伯侯三项大罪。然后，他一挥宝剑，把殷破败当堂斩杀。

殷破败被杀之后，满座诸侯都拍手称快，唯独姜子牙沉着脸。姜文焕再三解释，姜子牙依然不肯松口，只是说："事已至此，悔之无及。"仿佛并不肯原谅姜文焕。

姜子牙真的很在意殷破败的生死吗？当然不是！

姜文焕是在说了一番话后才挥舞宝剑冲上的。以姜子牙神仙级别的修为，完全可以在瞬间出手阻拦姜文焕。只要姜子牙略微示意，杨戬、哪吒也完全可以拦住姜文焕。

真相只能是，姜子牙正想借姜文焕之手杀死殷破败！

姜子牙想要向朝歌示好不假，但是，他的好意只是针对那些有意归降的官员百姓。从殷破败的种种言辞看，此人乃是商纣王的死忠分子，根本不会投降。放殷破败回朝歌，只会增强朝歌城的抵抗力量；反不如趁机斩杀，还可以震慑朝歌城内那些顽固分子。

姜子牙为何不当众原谅姜文焕？

因为姜子牙毕竟有言在先，两国相交不斩来使。姜文焕杀殷破败不但是违背了外交礼仪，更有藐视姜子牙军令之嫌。

昔日，东伯侯姜家是四大诸侯之首，威望还在西岐姬家之上。如今，姜文焕虽然向武王姬发臣服，但其恭敬程度远不如西岐本土官员。姜子牙有必要找寻机会敲打敲打姜文焕，让他明白君臣之分，上下有别。

074 商纣王亡国的真正原因是什么

姜子牙率领联军一百六十万围困朝歌城。朝歌城中有大军十余万，更有百万民众，数年粮草。姜子牙几次攻城，都被商军击退。

杨戬、哪吒等人献策，施展法术遁入城中，杀散士兵，里应外合，想必可以一举破城。这法子确实简单方便。之前夺取渑池县，用的就是这种计策。

可是，姜子牙一口拒绝。他说："不然。今众人进城，未免有杀伤之苦，百姓岂堪遭此屠戮?"姜子牙表示，朝歌百姓本就受纣王迫害多年，若是再遭遇兵祸，那就不是救民，而是害民了。

苦思冥想下，姜子牙决定以柔克刚，施展宣传攻势。他连夜书写了几十封文告，用箭射入朝歌城中。百姓们看到文告后，痛哭流涕，万分感动，当天晚上就自发行动起来，驱散守城士兵，打开城门，迎接周军入城。

原本激战数场、死伤千百士兵都拿不下的朝歌城，被姜子牙一篇文告轻松攻克。那篇文告究竟写了什么，让百姓那么感动?

姜子牙在文告中重点说了三件事：其一，痛批万恶的商纣王如何虐待百姓；其二，赞扬伟大的周武王如何善待百姓；其三，勇于献城者是好百姓，胆敢顽抗者必诛杀。

在文告中，姜子牙对于商纣王犯下的诛妻杀子、炮烙忠良、任用奸佞、征伐无度等罪过或者只字不提，或者一笔带过，只是大谈商纣王与周武王对百姓的不同。

姜子牙不愧是老谋深算，对于百姓的心理摸得很透彻！对于普通百姓来说，他们并不关心朝廷高层斗争，只要有口安稳饭吃，谁当权都一样。可是，商纣王大兴土木，奴役万民，以及前不久敲骨验髓、杀孕妇辨阴阳等事情都深深伤害到了百姓。

听到说周武王连征用百姓船只，让大军渡河都付给工钱，朝歌的百姓都觉得周武王太仁慈了。何况，人家姜元帅手中有百万雄兵，只要他一发狠，三五天必定可以踏平朝歌城。为了活下去，朝歌百姓也只有果断地抛弃纣王。

姜子牙统率大军进入朝歌城后，出榜安民。很快，各处街巷都被周军占领。商纣王只得率领数千兵马退守皇城。

眼见商纣王覆灭在即，姜子牙反倒不急着出兵了。他苦思多日，在与纣王对阵时，再度抛出了一个文告。这个文告列举了商纣王的十大罪状，具体内容和此前的告民文书大不相同。

姜子牙列举了纣王哪十大罪状呢？

罪状一：沉湎酒色，不敬上天；罪状二：诛杀国母，有悖人伦；罪状三：抛弃太子，不顾国本；罪状四：残害忠良，不配为君；罪状五：杀害伯侯，失信天下；罪状六：宠信妖妃，滥用刑罚；罪状七：盘剥百姓，享受奢靡；罪状八：君欺臣妻，毫无廉耻；罪状九：敲骨破腹，残害百姓；罪状十：昼夜宣淫，杀童续命。

十大罪状中，前面的九大罪状在原著中都有明白表述，唯独第十大罪状，仅仅出于姜子牙文告中。

据姜子牙说，商纣王年岁渐大，体力不支，于是妲己就献了一个药方，把童男抓来，割肾做汤，让纣王服下。此举有断绝百姓子嗣之大罪，可谓残忍之极。

姜子牙的这份文告写得很好，尤其是抓住了商纣王众叛亲离，最终亡国的原因。

此前姜子牙曾经在阵前与商朝将领有过多番辩论，每当他提到武王伐纣无罪论调时，都会强调商纣王已经失去天心，于是才会惹得天下诸侯反叛。姜子牙说的自然没错。封神世界的凡人国度之上，还有仙界势力。这个仙界势力，对于凡人来说，就是天。仙界魁首鸿钧老祖的法旨，就是天意。

不过，姜子牙在面对纣王、面对朝歌万民时，自然不会提所谓天意。天意太虚无缥缈了，无法震慑纣王，也无法说动百姓。因此，姜子牙在列举纣王十大罪状时，尽量落实到具体的人和事。

事实上，王朝的兴亡除了受虚无的天命、气运影响，更受到大大小小的掌权者影响。

时势造英雄，英雄也造时势。

商纣王继位之初，群臣拱手，天下太平，为何数十年后就变成天下纷乱，兵临朝歌呢？因为商纣王杀了一些不该杀的人，做了一些不该做的事！

身为天子，商纣王可以过着奢靡的生活，可以住在豪华的宫殿，甚至可以随意诛杀几个百姓，但万万不能随意屠戮大臣，尤其是手握重兵、镇守藩篱的大臣。

我们细看十大罪状可以发现，诛妻杀子是商纣王走向败亡的关键。

若商纣王没有杀姜皇后，也就不必杀殷郊、殷洪，也就不会杀姜桓楚、鄂崇禹，也就不会激得东、南四百镇诸侯造反。东、南四百镇诸侯不造反，西伯侯姬昌一人根本不敢妄动。

正因为诛妻杀子，商纣王失去了身为天子最大的外援，凭空给自己树立了一个强大的敌人。之后他囚禁姬昌，得罪了西方二百诸侯，却又斩草不除根，放姬昌回西岐。若商纣王再狠辣一些，像干掉自己老丈人一样杀掉姬昌。那么，以姬发的年轻弱小，根本不足以支撑起整个西岐。保不齐在闻太师东征北讨之下，天下四大诸侯就都被商纣王给剿灭了！

不过，姜子牙只是看到了商纣王败亡的一些表象，却没有看清真相。

商纣王会亡国，根子上是因为妲己。

只要妲己在皇宫，商纣王就没法子不犯糊涂。妲己潜入后宫的使命就是祸乱朝纲，打击、削弱商纣王的统治。她要更好地完成使命，就必须要获得更高的权位。妲己要封后，必然会设局害死纣王原配，顺带把殷郊、殷洪、姜桓楚都害死。唯有如此，妲己才能斩断姜家在朝廷的爪牙，坐稳皇后宝座。

在当上皇后之后，妲己的祸害能力更大了。抓捕姬昌又放走姬昌，设局害死贾夫人、逼反黄飞虎，迫害百姓，虐待万民等等事件的背后，几乎都有妲己的身影。

可以说，若无妲己，封神世界中的商纣王根本不会亡国！

奇怪的是，当商纣王明确知道要亡国，并且知道妲己是妖怪的时候，他竟然丝毫不怪妲己。一直到死，他都很爱妲己。这是为什么呢？

075 商纣王为何到死都不怪妖妃妲己

《封神演义》中的商纣王，还是颇有英雄气概的。

面对姜子牙宣布他的十大罪状，商纣王第一反应是大怒。见八百诸侯在姜文焕、鄂顺、崇应鸾的带领下，一拥而上要杀自己，商纣王丝毫不惧，挥舞手中大刀就与天下诸侯战在一处。

商纣王的武艺很强，强到他足可以笑傲天下群雄。当年黄飞虎带着周纪、黄明来到午门找纣王报仇。当时，一龙三虎大战三四十回合不分胜败。

如今，商纣王迎战八百诸侯更是威风八面。

最开始，商纣王大战姜文焕、鄂顺、崇应鸾三人。三人中姜文焕武艺精绝，可入十大凡人武将行列，崇应鸾也是将门虎子，至少有接近一流的武艺。商纣王以一敌三，丝毫不落下风。原文说："只杀得天昏地暗，旭日无光。"足见厮杀之激烈。

见姜文焕、鄂顺等三人竟然斗不赢纣王，姜子牙一声令下，擂鼓助战。于是，左右两方各冲出三五十位武艺精熟的诸侯，把纣王围绕在核心。见周军如此藐视君王，商军方面也不干了，鲁仁杰、雷鹏、雷鲲三人也冲入战团，与诸侯战在一处。

面对天下诸侯的车轮大战，商纣王胆怯了吗？

原文说："那纣王力如三春茂草，越战越有精神。纣王刀摆似飞龙，砍将伤军如雪片，劈诸侯如同儿戏，斩大将鬼哭神惊。"

眼见数十位诸侯依然没有拿下商纣王，后方掠阵的哪吒、杨戬实在看不下去了，他们二人带领阐教门人，也挥舞兵器，祭出法宝，加入战团。结果，杨戬一刀劈死了雷鲲，哪吒祭出乾坤圈砸死了鲁仁杰，雷震子一黄金棍打死了雷鹏。

就是在这样窘境下，商纣王大喝一声，竟然把南伯侯鄂顺斩于马下！

不过，亲眼见到哪吒、雷震子等人或者有仙家法宝，或者凭空飞行，都不是凡人，勇悍如商纣王也难免心中慌乱。见有机可乘，姜文焕取出金鞭，照着纣王就打来。商纣王急忙拨马躲闪，却被金鞭打中后背。商纣王吃痛，只能逃回午门。

原文说："子牙查点大小将官，损了二十六员。又见南伯侯鄂顺被纣王所害，姜文焕等着实伤悼。"此番大战，商纣王虽然被姜文焕偷袭打伤，但是一刀劈死南伯侯鄂顺，并且连杀二十六位诸侯。

商纣王如此凶猛，比之周营第一武将黄天祥也毫不逊色！

不过，商纣王再勇悍，双拳也难敌四手。回到皇宫后，商纣王心中叹息："悔不听忠谏之言，果有今日之辱！"但商纣王并不觉得屠戮忠良的责任在妲己。回到后宫，见到妲己、胡喜媚、王贵人（轩辕坟三妖），商纣王悲从中来，破天荒流泪了。

他说："朕静坐自思，料此不能久守，亡在旦夕。想成汤传位二十八世，今一旦有失，朕将何面目见先帝于在天也！朕已追悔无及，只三位美人与朕久处，一旦分离，朕心不忍，为之奈何？"

在大厦将倾，国亡在即之时，商纣王想的，不是如何保全自己的性命，而是觉得要和妲己等三位美人分开而感到不舍。

商纣王告诉妲己，自己身为天子，誓不能被俘受辱。自杀殉国是自己唯一可以选择的归宿。只是，武王大军一旦入宫，他担心妲己、胡喜媚等人会被乱军欺辱。

妲己听闻纣王此语，心中也是感动。她虽然奉女娲娘娘之命，潜入皇宫，狐媚纣王，败坏朝纲。可是，从纣王七年妲己入宫，到如今纣王三十五年周军兵临朝歌，妲己与商纣王已在一起生活了二十八年。

二十八年间，妲己对纣王多是虚情假意，可商纣王对妲己却是痴心一片。眼见商纣王在临终之时不担心自家性命，却想着三姐妹，妲己、胡喜媚、王贵人等三妖也很感动。

三妖于是和商纣王一起饮酒作乐，借酒浇愁。席间，妲己不忍心见纣王颓废，于是禀告纣王："陛下且省愁烦。妾身生长将门，昔日曾学刀马，颇能厮杀。况妹妹喜媚与王贵人善知道术，皆通战法。陛下放心，今晚看妾等三人一阵成功，解陛下之忧闷耳。"

轩辕坟三妖的任务就是祸乱商朝。如今，商朝将亡，正是她们功成身退之时。此刻，她们悄然离开皇宫是最佳选择。可是，妲己与纣王生活多年，心念纣王恩情，竟然提出要带着两个姐妹，以身犯险，夜袭周营。

商纣王闻言大喜！

其实，《封神演义》中的商纣王聪明绝顶，在处理国政时，他往往能敏锐地发现问题所在。只是，他过于托大，总觉得姜子牙、姬发乃疥癣之患。

有关妲己的真实身份，以纣王的聪睿，不可能没有察觉。像云中子这边刚献宝剑，那边妲己就受伤昏迷。黄飞虎刚在宴席间用铁嘴神鹰抓伤了妖怪，那边妲己的脸上就受了伤。妲己从少女时代就来到皇宫，却号称自己懂得查验阴阳的神秘术法。和妲己往来的胡喜媚、王贵人等人，竟然一个个都是能飞天遁地的神仙。但凡一个正常人，在经历这么多奇怪事件后，都会怀疑妲己不是人，何况是纣王！

但是，在商纣王看来，妲己对他一直很好。妲己的所有言行，无一不是为了他商纣王考虑。

比如滥杀大臣。商纣王后悔没有听忠良建议，早点铲除姜子牙、姬发，这点不假。可是，商纣王从来没有后悔杀掉姜后、姜桓楚、鄂崇禹、比干等人。在纣王看来，这些人或者意图谋逆，或者对自己不敬，都犯了死罪，被杀都是活该！

何况，人家妲己在国家危亡时，竟然主动涉险，夜袭周营。有如此美人相伴，就算是妖怪出身，那又如何？

只是，周朝兴起乃天命所归，轩辕坟三妖夜袭最终失败。听闻三位美人被砍下头颅，现出妖身，悬挂示众的时候，宫人都惊慌失措。唯独商纣王一脸平静，他想起与妲己相处的二十八年，心中伤痛，写下一首诗歌：

玉碎香消实可怜，娇容云鬓尽高悬。奇歌妙舞今何在，覆雨翻云竟枉然。凤枕已无藏玉日，鸳衾难再拂花眠。悠悠此恨情无极，日落沧桑又万年。

就算知道妲己是妖怪，商纣王对妲己也情深义重。在表达深深眷恋之后，商纣王知道大势已去，人力难回，于是登上摘星楼，自焚而死！

轩辕坟三妖都是修行千年的大妖，她们夜袭周营为何会失败？

076　女娲娘娘为何违背承诺将三妖灭口

前文说到妲己不忍见纣王流泪，提出夜袭周营。之后，妲己（九尾妖狐）与胡喜媚（九头雉鸡精）、王贵人（玉石琵琶精）杀入周营，大肆破坏了一番。不过，周营中阐教门人众多，杨戬、哪吒更是战力超强，三妖只得铩羽而归。

就在三妖受到追击，仓皇遁逃的时候，女娲娘娘忽然出现，拿下三妖，交给杨戬将其处死。当初轩辕坟三妖是从女娲娘娘那里领取潜伏后宫、迷惑商纣的命令，为何如今大功告成时，女娲娘娘要违背承诺，将三妖擒拿灭杀呢？

作为千年大妖，妲己等人实力不俗，尤其是千年狐妖妲己，更是三妖最强者。若非觉得夜袭有几分胜算，就算妲己感念纣王恩德，也不会跑去周营送死。

当时，妲己使出双刀，胡喜媚用两口宝剑，王贵人用一口绣鸾刀，三人都乘着桃花马，一声呐喊杀入周营。进入周营后，三妖各弄妖风，掀起尘土，顿时间周营飞沙走石，东西难辨。许多将士都被三妖杀死。

三妖闹得动静很大，惊动了姜子牙与众门人。哪吒登风火轮第一个冲出迎战，杨戬舞动三尖刀随即跟上，雷震子纵风雷翅寻找敌踪，韦护舞动降魔杵就要打人，就连一贯藏拙偷懒的李靖、金吒、木吒也挥舞兵器，来迎战三妖。七位门人围殴三妖。

姜子牙也跑来凑热闹，他运转五雷正法压住军中妖气，一挥手施展掌心雷，把三妖震得心惊胆战。

一见周营高手众多，三妖中最弱的王贵人——当初被姜子牙打出原形的千年琵琶精率先逃走。胡喜媚与妲己也不敢恋战，化一阵妖风逃出周营。三妖虽然战败，但能从阐教八位仙人围攻中成功逃脱、毫发无伤，也算了得。

眼见夜袭不能成功，纣王又一心求死，三妖思来想去，打算逃回轩辕坟中躲避。

就在三妖显出妖身，驾起妖风，飞往轩辕坟的途中，杨戬、雷震子、韦护三人已经领了将令要擒拿三妖。杨戬等人并不知道三妖的底细，也不知道去何处擒拿三妖，于是，他们用了一个守株待兔的笨方法，在朝歌城楼上空等候。

三妖也是倒霉，前往轩辕坟的方向，恰恰就是杨戬三人驻守的位置。

三妖大战三圣，胜负情况如何呢？

一见三妖赶来，杨戬拎起宝剑冲上，大战九头雉鸡精；雷震子挥舞黄金棍来战九尾狐狸精；韦陀拿起降魔杵，来斗玉石琵琶精。

三妖一心逃亡，不愿意和杨戬过多纠缠，于是，相斗不过三五个回合，转身就逃。杨戬三圣紧紧追赶。三妖毕竟修炼千年，能够化形那至少都是神仙以上修为，论五行遁术比韦陀、雷震子分毫不差。

三圣中杨戬遁术最快，他全力催动，一直紧跟九头雉鸡精。看看就要赶上，杨戬祭出哮天犬。那恶犬赶上一口就把九头雉鸡精一颗头咬掉。雉鸡精惨叫连连，只是性命要紧，带着伤拼命逃窜。眼见雉鸡精跑得更快了，原文说："杨戬心下着忙，急驾土遁紧追。"

雷震子风雷翅虽快，可追击的九尾妖狐实力最强，任凭雷震子风雷翅连连扇动，始终追不上九尾妖狐。韦护追赶琵琶精也是一样。

可以说，若此时没有帮手，九尾狐等三妖极有可能逃回轩辕坟。就在三妖拼命逃窜，三圣拼命追赶的时候，前方忽然传来阵阵仙乐，两杆黄幡后出现一群仙人，为首者正是女娲娘娘。

女娲娘娘为何会在此时出现？

原文诗歌云："只为昌期逢泰运，故教仙圣至中州。"诗句意思是说，只因周朝乃顺天应人之王朝，武王乃天命所归之明君，于是，女娲娘娘降临朝歌，帮着周营擒拿三圣。

事情真的是这样吗？

眼见女娲娘娘降临，三妖的第一反应是大喜，她们跪下叩头，口中说："小畜今被杨戬等追赶甚迫，求娘娘救命。"三妖当初就是从女娲娘娘那里领取了潜入皇宫、魅惑纣王、祸乱国政的命令，如今商朝灭亡在即，可谓大功告成，三妖还以为女娲娘娘是来颁奖的。

没想到女娲娘娘一挥手，吩咐童子把三妖擒拿。那童子有女娲娘娘的缚妖索，专克天下妖邪，三妖哪里能够逃脱。

只是，三妖怎么都想不明白，为何自己完成了任务，还要被惩罚？

妲己一边流泪，一边质问女娲娘娘："娘娘反将小畜缚去，见姜子牙发落，不是娘娘'出尔反尔'了？望娘娘上裁！"

女娲娘娘一脸平静，淡然说："吾使你断送殷受天下，原是合上天气数；岂意你无端造孽，残戕生灵，屠毒忠烈，惨恶异常，大拂上天好生之仁。今日你罪恶贯盈，理宜正法。"

女娲娘娘承认，当初自己是让妲己等三妖去断送商朝天下，但自己没有让妲己等三妖无端造孽，滥杀无辜，屠戮忠良。是妲己自作主张，怪不得旁人！女娲娘娘不但把妲己的功绩一口抹杀，而且倒打一耙说妲己有伤天和。

女娲娘娘的指责貌似有理，其实是强词夺理。妲己既然是作为破坏者潜入皇宫，自然要除去保卫商朝的那些忠臣良将；妲己要想在皇宫生存，就必须把威胁到自己的姜皇后、黄贵妃等人铲除。何况，商纣王之所以斩杀那些忠良，一方面是因为纣王想要巩固天子之权。像姜桓楚、鄂崇禹、姬昌等人都是拥兵自重的大军阀。在纣王看来，除掉他们，才有利于商朝的统治。另一方面，是那些进谏的大臣倚老卖老，口无遮拦，当众大骂纣王，让纣王深感羞辱，于是，纣王才将他们斩杀。

女娲娘娘此行的真正目的，其实就是“出尔反尔”——在利用三妖完成祸乱商朝的肮脏任务后，将三妖灭口！

女娲娘娘是圣人末流，一心要得到鸿钧老祖赏识。为此，她必须在封神大战中建立功勋。派出三妖，祸乱商朝，推进封神行动，就是女娲的投名状。

不过，女娲娘娘又是朝歌之福主、商朝的保护神。数百年来，商朝君臣年年都到女娲宫烧香磕头，女娲可得了商朝不少好处！若是让天下百姓知道女娲娘娘一边收着商朝百姓的香火供奉，一边却狠狠揣了商朝一脚，女娲娘娘的光辉形象不就全毁了？

为此，女娲娘娘必须与商朝万民心中罪孽深重的三妖划清界限，将三妖送姜子牙明正典刑，正是最佳途径。

女娲娘娘本就是补天圣人，加上帮助擒拿梅山七圣、轩辕坟三妖，为周朝一统立下了不朽之功。武王姬发作为一个成熟的国君，也必然会和此前历代帝王一样，继续供奉女娲娘娘。

真正倒霉的就是三妖。封神大战中阵亡的知名凡人、仙人、妖怪几乎都被封神，可是，轩辕坟三妖无一人被封神。三妖唯有彻底抹杀，才能保全女娲娘娘的名声！

077 封神最终名单和预期有何不同

在轩辕三妖被诛杀后，纣王心灰意冷，登上摘星楼自焚。因纣王已死，皇宫不攻自破。天下诸侯拥戴武王姬发登基，昭告天下商朝覆灭，周朝建立。不久，大军各自撤回。姜子牙再上昆仑，请来元始天尊法旨，在封神台上册封诸神。

当初天庭说要册封八部正神，八部正神分别是哪八部？正式封神时，和预期又有哪些不同呢？

原著第十五回说："阐教、截教、人道三等，共编成三百六十五位成神，又分八部：上四部雷、火、瘟、斗，下四部群星列宿、三山五岳、步雨兴云、善恶之神。"

封神大战开始之前，昊天上帝就已经把封神的大体框架定好了。天庭将从封神大战中挑选三百六十五位优秀人、仙，册封为神。诸神一共可以分为八个主要部门，每部各有一位主神，率领多位从神。

应该说，天庭的预期方案很不错，可是在正式封神时，却出现了许多错漏。

首先，八部正神中上四部主神明确，权责分明，下四部则多无主神，分工也比较混乱。

上四部之雷部主神为闻仲闻太师，受封为九天应元雷声普化天尊，率领雷部二十四位神仙，主管兴云布雨，并负责斩恶除奸。雷部是天庭直辖部门中最为重要的一个部门。百姓之所以供奉神仙，主要的原因就是求雨。雷部掌管兴云布雨，可谓实权部门。另外，民间都认为九天之雷至刚至强，专打恶人，故雷部诸神也被赋予斩恶除奸的任务。

上四部之火部主神为火龙岛第一仙罗宣，受封为南方三气火德星君，率领火部五位正神，负责巡查人间善恶，主管三界之火。

上四部之瘟部主神为封神大战中最擅长毒术的吕岳，他受封为瘟癀昊天大帝，麾下有六位正神。对于掌管三界的天庭来说，维持三界的生死平衡非常重要。因此，既需要有兴云布雨、眷顾万民的雷部，也需要传播瘟疫、灭杀生灵的瘟部。

上四部之斗部主神乃是通天教主第二位大弟子、闻太师的老师金灵圣母。她不但修为高深，道德双全，达到了大罗金仙后期境界，并且在截教中地位超然，得万仙敬仰。因此，她在死后受封为坎宫斗母，为北极紫气之尊，麾下率领八万四千群星，在天庭八部正神中，最具实权！

下四部之群星列宿是斗部从属，并无主神，具体又分为群星和列宿。群星是以青龙星邓九公为首的一百一十五位正神。列宿则包括二十八宿、天罡三十六星、地煞七十二星、九曜星、北斗水部五星等群神。

群星列宿与上四部星宿无论是在名号上，还是在职责上，多有交叉。比如斗部群星中北斗星宿第一人是天罡星（黄天祥），可是，在群星列宿中另有三十六天罡星、七十二地煞星。比如群星列宿中有二十八宿，却又把其中八位安排到了水、火二部中。

下四部之三山、五岳诸神乃是人间山神，其主神为黄天化和黄飞虎。黄飞虎不但是商朝的军事统帅，更是周朝的开国武成王，在封神榜中可谓人道教领袖。他自己受封为东岳泰山天齐仁圣大帝，统管天地人间福祸吉凶。其子黄天化受封为统管三山之炳灵公。黄家可谓封神榜上最强家族。崇黑虎、文聘、崔英、蒋雄等则受封四岳，追随黄飞虎。

下四部之兴云布雨之神。所谓兴云布雨之神，即是指雷神辛环、电神金光圣母、风神菡芝仙、云神彩云仙子。在诸神中，兴云布雨四神在民间影响极大。很多人都以为雷震子是雷神，其实，辛环乃是鸟嘴人身，手持锤钻，无论是外貌还是法宝，都是符合民间雷神形象的。这四位正神同时又属于上四部中雷部二十四天君之一。

下四部之善恶之神可以分为善神与恶神。罗浮山大罗金仙赵公明死后受封为金龙如意正一龙虎玄坛真君，率领麾下四位正神，负责迎祥纳福，追捕逃亡，可谓善神。余化龙受封为碧霞元君，率领五个儿子，掌管散布痘疹、人间生死，可谓恶神。

以上就是《封神演义》中所谓的天庭八部。

其次，天庭并非仅有八部，还有一些神仙独立于八部之外。

比如以殷郊、杨任为首的太岁部。殷郊死后受封为值年太岁，杨任死后受封为甲子太岁，他们率领麾下十位日值正神，监察星宿度数，管理人间善恶。原著中并没有单独列出兴云布雨部门正神名单。若把太岁部替换兴云布雨，凑成八部更为合适。

王魔、杨森、高友乾、李兴霸等九龙岛四圣被封为镇守凌霄宝殿四圣大元帅，不在八部之列，直接受昊天上帝管辖。魔家四将被封为四大天王，辅佐西方教定立地水火风，成为西方教护法神。郑伦、陈奇受封为哼哈二将，负责镇守西方教山门。云霄娘娘、琼霄娘娘、碧霄娘娘三人受封为感应随时仙姑，管理人间天上一切众生之轮回。申公豹受封为分水将军，执掌东海。背主卖国的商朝大臣飞廉、恶来，被封为冰消瓦解之神。

再次，当初天庭说要册封三百六十五位正神，最后册封人数却有三百七十一人，多出了六位。

我们把相关数据简单列举如下：

首领清福神柏鉴一人；三山五岳之神共六人；雷部正神共二十五人；火部正神共六人；瘟部正神共七人；斗部坎宫斗母一人；斗部五斗星宿二十八人；群星共一百一十五人；二十八宿共二十人（原著申明另外有八人在水火二部中）；随斗部天罡星三十六人；随斗部地煞星七十二人；随斗部九曜星九人；随斗部水部群星五人；太岁部十二人；凌霄殿九龙岛四圣四人；财神部五人；四大天王四人；哼哈二将二人；痘部正神共七人；感应三仙姑三人；分水将军一人；冰消瓦解之神二人。

原著中在龙须虎登场时，曾经说：“封神榜上无名姓，徒建奇功与帝家。”也就是说，按照最初的设定，龙须虎是不能够上封神榜的。但我们翻看最后的封神名单，却发现龙须虎赫然在列，被封为九丑星。

另外，在杨戬剿灭梅山七圣的故事中，在章节回目上说“子牙捉神荼郁垒”，在卷首诗中也说“桃精柳鬼难逃躲，早把封神名姓标”。来自棋盘山的树精高明死后本应封为千里眼郁垒，高觉死后本应封为顺风耳郁垒，可是，不该上榜单的龙须虎上榜了，而该上榜单的高明、高觉却落榜了。

按理来说，封神行动是三教圣人共同确立，由元始天尊苦心策划，姜子牙用心推行的重大行动，绝不应该出现这样的严重错漏。

那么，问题到底出在哪里呢？

078 封神榜单错漏背后有何玄机

作为一部流传了数百年的经典名著，其成书肯定经过精细批改，反复审阅。因此，原著本身应当没有问题，应当禁得起推敲。

若这些错漏并非原作者粗疏大意，而是有意为之，那么，原作者想要表达什么？封神榜错漏的背后究竟有何玄机？

第一个原因，封神涉及多方势力，很难做到精准。

在封神世界，就算是法力通天的鸿钧老祖，也有感到无能为力的时候。正因为鸿钧老祖觉得自己无法完全掌控三个徒弟，才会出下策，拿出毒丹要三个徒弟服下。让徒弟服用毒丹，以便控制徒弟，这不但不能显出鸿钧老祖的强大，反倒显出鸿钧老祖的无能。

鸿钧老祖把封神行动交给元始天尊打理之后，并没有甩手不管，而是一直在关注，一直在调控。比如，协调昊天上帝所代表的天庭势力与阐截二教的关系，比如让人族三皇、妖族女娲也配合阐教主持的封神行动。

虽然说鸿钧老祖的实力为封神第一，但他也无法做到事事皆如意。

作为具体策划封神行动的元始天尊，在决定诸仙命运时，有意识地打压截教，抬高阐教，这使得最终被封神的基本上都是截教仙人和人道教武将，出身阐教而被封神者极少。

这样的安排其实和鸿钧老祖的初衷大有不同。因此，在封神大战后，鸿钧老祖强行出手，安排燃灯道人、惧留孙、文殊广法天尊、普贤真人、慈航等五位阐教强者“背叛”阐教，投靠西方教。若非鸿钧老祖干涉，元始天尊怎么可能自断手足，放门人弟子离开，为他人作嫁衣?

正因为阐教、西方教、截教、人道教等各方大势力都想把自己的利益最大化，因此结果难免和最初不同。

第二个原因，封神涉及鸿钧老祖对于西方教的图谋。

原著中说得明白，昊天上帝所在的天庭，管辖的只是东方世界，西方教不但不受昊天上帝管辖，连鸿钧老祖也管不到他们。可是，在姜子牙宣读的封神榜单中，竟然有六位正神被分派到西方教工作。

像魔家四将，被封为四大天王、西方教护法，掌管西方世界风雨，保护西方世界安宁。像郑伦、陈奇，被封为哼哈二将，负责镇守西方教山门，做了西方教门神。若是减掉这六位神仙，封神榜单上恰恰剩下三百六十五位神仙。

姜子牙只是负责宣读榜单，榜单的内容是由元始天尊书写，元始天尊则要秉持鸿钧老祖的意旨。

鸿钧老祖策划封神行动的目的之一，就是要将不服管束的西方世界也纳入麾下。于是，他故意放纵西方教两位教主在封神大战中大量带走截教仙人，在封神大战结束后，又策划阐教五位仙人的背叛行动。最终使得截教、阐教不少大罗金仙、金仙都进入了西方教高层，成了佛，成了菩萨。像燃灯道人、多宝道人，更先后成为西方教第二任、第三任教主。

西方教中已经有了庞大的东方道门势力存在，元始天尊派出六位神仙接管西方教安保工作，也就不那么突兀了。

第三个原因，元始天尊照顾姜子牙的情绪。

在封神榜单中，有两个人本不应该被封神，一个是龙须虎，一个是马氏。

早在龙须虎登场时，原著已说明他是徒劳一场，封神榜上无名姓。马氏只是一介凡人，根本没有参与封神大战，没有建立任何功勋，没有资格被封神。他们二人能够被封神，就是因为姜子牙。

龙须虎是姜子牙的徒弟，马氏是姜子牙的前妻。因为他们是姜子牙的亲属门人，于是，元始天尊特意批准他们被封神。

只是，封神榜单上名额有限，东方天庭只有三百六十五个空位，加一个人就要减一个人。相比之下，妖族女娲娘娘麾下的棋盘山树精高明、高觉背景最单薄，最好欺负，于是元始天尊大笔一挥，将他们二人删除了。

至于轩辕坟三妖没有被封神，表面原因是罪孽深重，深层还是因为他们是妖。妖族在以元始天尊等正统仙族看来，绝对是低等族群。比截教妖仙更为低劣的则是毫无名门背景的草根野妖。

轩辕坟三妖虽然出身轩辕坟，与轩辕黄帝多少有些关系，但是，封神榜上已经有不少人道教文臣武将，元始天尊已经给了人族三皇足够的面子。因此，在轩辕黄帝不好说情，女娲娘娘拒绝说情的情况下，轩辕坟三妖最终没有被封神。

对于申公豹被封神，不少读者也心生疑惑。

申公豹出身阐教，却叛教投敌，屡次破坏封神行动，为何这样的人也有资格被封神呢？

其实，能否被封神和是否助纣为虐没有半点关系。封神榜是由三教圣人共同签订的榜单，其中体现的是三教圣人的意志。在分析评判时，我们不能用凡人的角度去看，而应当从圣人的角度去看。如此，才能找到真相。

按照凡人的思维，周武王姬发仁德圣明，姜子牙英明神武，他们这两位明君贤相共同带领西岐走向胜利，建立了全新的周王朝。自然，由姜子牙出面主持的封神榜行动，就应该对为周朝建立鞠躬尽瘁的文臣武将进行封赏，把那些助纣为虐、祸害万民的商朝死忠分子排除在封神榜单之外，甚至应该打散其魂魄，让其永远消失在三界之中。

事实却是，无论是周朝的文臣武将，还是商朝的奸佞小人，只要他曾经在封神大战当中拥有一定的高位——小兵小民是没有资格被封神的，那么，在封神榜单上就会有其一席之地。

比如，罪孽深重的商纣王被封为天喜星。前期著名的奸臣费仲、尤浑被封为勾绞星、卷舌星，后期著名奸臣飞廉、恶来被封为冰消瓦解之神。比如，封神榜单上既有兴云布雨，为百姓造福的雷部诸神以及招财纳福诸神，但是也有散播瘟疫、散播痘疹的瘟部与痘部诸神。他们的任务就是给人间带去瘟疫，取生灵性命。

为何封神榜单上会出现这样的怪现象？

在凡人看来，人是万物之灵，人类屠杀其他生灵很正常，而人类被屠杀就觉得很残忍。但是，仙人，尤其是仙人中的圣人是远高于人类的生灵。在他们看来，人类与蝼蚁也没什么不同。

封神世界号称是太极生两仪，两仪生四象。万物皆有阴阳，生灵都有生死，人也有善恶，一切都兼容包并在一个完整的世界里。若是这个世界只有生，而没有死，世界将会被生灵爆满而毁灭。故天庭封神，一方面需要善神，帮扶生灵，一方面也需要恶神，抹杀生灵。

事实上，申公豹不但被封了神，并且是被封为掌管东海的分水将军。这个职务比起封神榜中的绝大多数仙人，权力地位要高得多！

只有八部主神和极少数直属昊天上帝的仙人，被单独宣召封神，并且拥有明确的权责范围。像邓九公、土行孙、邓婵玉一家，他们在封神大战中可谓战功赫赫，可最终被封的只是群星列宿中的普通小星。敕封时只是提到了三人的名号，三人既没有被单独宣召，更没有明确宣布其权责。

也就是说，申公豹受封为分水将军，是仅次于八部主神的重要职位。

申公豹，一个叛徒，一个搞破坏的，为什么在封神榜上地位还那么高？

一来，申公豹是元始天尊的亲传弟子。

在封神榜上，只要和元始天尊沾点边的，受封的职位都挺高。像截教大名鼎鼎的一气仙余元，只是受封为群星列宿中的水府星，多宝道人的弟子火灵圣母受封为火府星，立下无数战功的土行孙受封为土府星。可是，毫无建树、一出山就送死的萧臻被封为金府星，邓华被封为木府星。

原因只有一个，萧臻、邓华都是玉虚宫门人、元始天尊弟子。虽然萧臻、邓华不成器，在元始天尊眼中就是一个炮灰，可是他们毕竟是玉虚宫门人！元始天尊可以不拿他们当回事，但是别人不行！

萧臻、邓华修炼多年，顶多是神仙境界，可是申公豹修行四十年，已经达到金仙境界，比起十二金仙也只差一步。身为玉虚宫二代精英弟子的申公豹，被封神时当然要重点考虑。

二来，申公豹的所作所为大大推进了封神行动。

申公豹与姜子牙有仇，多次煽动截教仙人来西岐闹事。从姜子牙的角度看，申公豹是个大坏蛋。但是，从封神行动策划者元始天尊的角度看，申公豹是个大功臣。

若非申公豹挑唆截教仙人前来西岐，在截教强盛的封神大战前期，元始天尊很难完成斩杀神仙的指标。何况，申公豹极有可能就是元始天尊派出潜入截教的间谍。许多截教隐秘信息，都有可能来自申公豹。对于这个事实上大大推进了封神行动的弟子，在封神大战结束时，元始天尊自然要有所考虑。

079 封神结束后三界格局有何变化

在姜子牙封神之后，李靖、杨戬等人向武王辞行。书中交代他们一行七人虽然没有被封神，却获得了“肉身成圣”的殊荣。

再后来，周武王分封百官，以皇弟姬旦、丞相姜子牙为首的文臣武将都被封赏。从此后天下一统，诸侯臣服，万民安乐，《封神演义》故事结束。

不过，《封神演义》的故事虽然结束，我们对于封神世界的热爱与遐想，却不会止步。在封神行动结束之后，封神三界的格局将会有哪些重大变化呢？

变化一：周朝取代商朝成为人间正统王朝，受上天庇佑。

千万年来，封神世界中的人间王朝背后都存在着这样那样的仙界势力。无论是遥远的天皇时期，还是不久之前的殷商时期，都是如此，新兴的姬家王朝也不能例外。

封神世界中的周朝能够替代商朝，拥有天下，其关键不是因为商朝腐败、纣王昏庸，周朝君明臣贤、受万民拥戴，而是因为有仙界名门阐教的大力扶持，顺应了至高无上的鸿钧老祖意旨。

在亲眼见证到仙人的强大实力后，以姬发为首的周朝天子必然会对阐教圣人加倍推崇，必然会对天庭诸神按时供奉。同样，为维护自身的香火供奉，阐教与天庭也会对周朝多番庇护。有两大仙界势力的支持，周朝的未来可谓一片光明。

变化二：阐教虽胜犹败，截教虽败犹存。

乍一看，阐教仿佛是封神大战的最大胜利者。毕竟元始天尊所在的玉虚宫除了死了两个炮灰二代和土行孙、黄天化等寥寥可数的三代，其精英人物无一阵亡。并且，封神大战中，燃灯道人得到了定海珠，其停滞多年的修为即将发生重大突破。数百年之后，燃灯道人就将进阶成为圣人。

只是，不知道为何——我的理解是鸿钧老祖布局——封神大战结束不久，阐教燃灯道人、惧留孙、文殊广法天尊、普贤真人、慈航真人等五位大仙，齐齐背叛阐教，投靠西方教。

最终，阐教虽然赢得了封神大战，却实力大亏。

截教在封神大战中实力大损。通天教主被鸿钧老祖关了禁闭。上四大弟子中，多宝道人去了西方教，金灵圣母被封神，无当圣母消失不见，龟灵圣母被吃了肉身。七大上仙中，几人封神，几人叛门，几人隐居，也风流云散。通天教主的亲传弟子，看似都没有得到好下场。

不过，事情真的是这样吗？

之前我们反复说过，封神大战的本质不是把仙人杀死，而是给仙人重新安排工作。鸿钧老祖不是想要屠杀自家徒弟徒孙，而是要把三界势力重新洗牌！

因此，那些被西方教带走的、在大战中被杀死的、在混乱中逃跑的，无论哪一类截教仙人，他们其实都还活着。真正形神俱灭，彻底消失的，一个也没有！他们只不过是换了一个身份活着。

他们是不是就此与截教脱离了关系？没有！

无论此后是西方教仙人，还是天庭诸神，或者是隐居起来，他们的记忆都与以前一样，都还是通天教主的死忠分子。也就是说，只要通天教主还活着，有朝一日他一声号令，依然可以万仙会聚。

这也是鸿钧老祖带走通天教主，让金灵圣母统御天庭斗部群星，安排燃灯道人与多宝道人先后担任西方教教主的重要原因。

只要通天教主活着，截教就还存在！

变化三：天庭诸神分布于各行各业，对于凡人仙人的管束更加严格。

鸿钧老祖为何要在宗派之外，再搞一个天庭？

只因维系宗派的是师徒关系，是私情，而维系天庭的是天规戒律，是法理。

统治封神世界无数年以来，鸿钧老祖必然深深了解到单靠宗派维持仙界平衡的痛苦。许多事情，一旦牵涉私情，就很容易党同伐异，公私难辨。

可是，有了天庭这个机构，仙界将大不相同。天庭的运行规则，只讲天规，不讲私情。于是，昔日那些名门大派的弟子，也必须受到天规约束。解决纠纷不再单靠感情，而有了相对公平的依据。

封神大战许多年前，天庭就已经存在。比如东海就有了东海龙王，有了巡海夜叉。只是，那时候的天庭事务繁杂，人员却稀少。

封神大战后，天庭各部门都有了专职神仙，对人间、仙界各地方，各势力的管辖更加严密了。不单单是凡人中的奸邪会受到雷部诸神的监察与打击，就连仙人作恶，也会受到惩罚。

变化四：西方教被换血，从此东西方一统，都归鸿钧老祖掌控。

西方教两位教主本想着在封神大战中分一杯羹，从东方仙界虎口夺食，带走一批高手。谁料想，带走的高手太多，两位教主渐渐失去了西方教的掌控权。

无论是出身截教的仙人，还是从阐教叛门而来的仙人，他们在加入西方教后，都占据了很高的位置。还有，在万仙阵中，截教一拥而入三千仙人，使得门人寥落的西方教，几乎就成了东方道门的西方分部。

接引道人与准提道人自然不甘心苦心经营的教派被夺走控制权。

在《封神演义》原著中，没有明确写到封神大战后西方教的内部斗争，不过却告诉了我们这场斗争的结果——燃灯道人成了燃灯古佛，多宝道人成了释迦牟尼佛，并且将西方教从内到外大改革，就连教派的名字也不叫西方教，而改为佛教了。

可见，在出身东方道门的仙人占据了西方教上中下各阶层的重要岗位后，在燃灯道人与多宝道人先后进阶成为圣人后，接引道人与准提道人不得不放弃教主宝座，退居二线。

从此之后，东方仙界有阐教，西方仙界有佛教，天庭统管东西方仙界庶务。在三大势力之上，鸿钧老祖“高卧九重云，蒲团了道真”，从此大权独揽，逍遥无边！

附录一

封神十大凡人武将排行榜

第十位：苏全忠

生平：苏全忠为冀州侯苏护长子。在苏护反商之后，作为冀州的主力大将多次领兵对抗来犯官军，大败崇侯虎。后跟随父亲征伐西岐，投降西岐。他屡立战功，最后一次出场，是在东征潼关时大战余光、余达。原著中没有明确提到何时死亡，估计是邬文化夜袭周营之夜，阵亡的三四十位武将之一。

战绩：崇侯虎率军讨伐冀州时，苏全忠二十回合刺死敌将梅武；酣战中，苏全忠大喝一声杀死孙子羽；枪挑崇侯虎护心甲，伤崇应彪左臂，使得其几乎落马；与崇黑虎大战，杀得崇黑虎一身冷汗；三四十回合，把胡云鹏刺于马下。苏全忠勇冠三军，与凡人武将相斗从无败绩。

点评：苏全忠非但武艺精熟，且心智过人。随父征伐西岐时一场未战，投降西岐后，也经常藏拙。在父亲苏护被杀后，为复仇多次爆发。与余光、余达大战时，对方武艺不敌退走。明知追击会中法术，苏全忠也拼死赶上。

不过，与苏全忠交手诸位，除了崇侯虎、崇黑虎名气大些，都属无名之辈。故虽常胜，也只能居于十大武将之末。

第九位：姜文焕

生平：姜文焕为东伯侯姜桓楚之子，在姜桓楚被杀之后，自立为东伯侯，起兵造反。书中说他："勇冠三军，力敌万夫。"攻打游魂关，经常取胜，但因有勇无谋，始终不得破关。后在金吒、木吒帮助下，会师孟津。

战绩：一剑杀死殷破败；战三十回合后一刀斩杀殷成秀；纣王大战诸侯时，姜文焕第一个冲出迎战，并一鞭打伤纣王。书中称赞他："千战千赢东伯侯，文焕姓姜千古赞。”

点评：虽然有千战千赢美誉，但击杀的殷破败与殷成秀，都是二三流武将。打伤纣王，主要是因为八百诸侯加上阐教门下围殴纣王。若是单挑，其实力与纣王还有很大距离。

第八位：南宫适

生平：西岐本土武将领袖，从封神大战开始就频频出场，后任周营先锋官之一，亦屡有佳绩。气运极佳，一直活到最后。

战绩：三十回合把晁雷杀得筋疲力尽，生擒之；两次都未及三十回合，生擒仙人胡雷；二三十回合，战败殷洪副将苟章；混战中斩杀张山副将李锦；二三十回合，斩杀张奎副将王佐。战太鸾时，三十回合后被打伤；与魏贲大战三十回合后，汗流浃背，露出败象，被生擒。

点评：南宫适勇冠三军，不愧是西岐本土第一武将。与许多名将都有交手，尤其是两度生擒会替身术的胡雷，很是难得。

第七位：太鸾

生平：邓九公的部下，武艺一流，机智过人。在邓九公伐西岐时，多出奇谋。与邓九公一起投降后，几度出战，最终死在余达手中。

战绩：与南宫适大战三十回合后，靠卖个破绽，故意示弱，打伤了南宫适。青龙关下，大战陈奇，武力胜之，但被陈奇法术击晕。过潼关时，与余达大战三十回合，余达不敌败走，太鸾追击，被余达用撞心杵反手打死。

点评：太鸾武艺与南宫适在伯仲之间，单挑胜之，主要原因是南宫适大意。若双方再战，当不分胜负。但也可见太鸾之机智在南宫适之上。

第六位：魏贲

生平：在姜子牙东征过金鸡岭时，魏贲驻军阻碍。在战胜南宫适后，主动归降。随姜子牙东征，在界牌关时遇上彭遵，死于法术。

战绩：与南宫适大战三十回合，杀得南宫适汗流浃背，后生擒之。与彭遵大战三十回合，彭遵不敌后败走，魏贲追击，中彭遵法术而死。

点评：魏贲战绩较少，不过，单凭生擒南宫适，就可入十大行列。

第五位：邓九公

生平：本为商朝三山关总兵，以一关对抗南伯侯多年。后奉命西征，战败后投降。投降后，频繁出战，屡立战功。东征时，遇上陈奇，被陈奇用法术擒拿后杀死。

战绩：与黄飞虎大战多时，不分胜败，哪吒心急，加入战团，但双战之下，邓九公依然不败。哪吒不得不祭出乾坤圈，方打伤邓九公。他两次生擒精通法术的仙人，一个是武艺与法术都相当不俗的郑伦，一个是元觉洞灯火得道的马善。先后斩杀钱保、刘甫、柏显忠、马方、余成、孙宝。战张山三十回合落败。

点评：邓九公实力远超南宫适，可入巅峰武将行列，唯一败绩是战张山三十回合落败，不过，后来张山却被邓九公杀死。

第四位：张山

生平：商朝三山关总兵，邓九公的继任者，伐西岐时仅仅单挑一场，后有殷郊、罗宣等加入，最终被西岐击杀。

战绩：与邓九公战三十回合，邓九公“刀法散乱”，在后方掠阵的邓婵玉不得不出手，用五光石打伤张山，以救父亲。后在西岐总攻时败逃，被邓九公拦截后击杀。

点评：张山武力当在邓九公之上，但论心智、战斗经验，还是不如邓九公。

第三位：黄飞虎

生平：本为商朝最高军事统帅，因纣王调戏、杀死其妻，反出五关，归降西岐。受封开国武成王。武艺超群，军略不俗，与凡人交战从无败绩，死于张奎之手。

战绩：单挑与纣王战平，与两位义弟联手，战败纣王；三十回合战败张凤；战十数回合败陈桐；将余化杀得人仰马翻；三五个回合擒拿晁雷；二十个回合生擒赵丙；不到三十回合，刺死卞金龙；二十回合刺死郑椿。

点评：黄飞虎武艺是真正的封神巅峰水准，虽然与仙人对战几乎次次被擒拿，但是与凡人交手从无败绩。最后被张奎杀死，也不是因为武艺不敌，而是因为被高兰英太阳神针射住双眼，无法视物，然后被张奎袭杀。

第二位：纣王

生平：商朝天子，能手搏猛虎，托梁换柱，勇武天下无双。虽然好色，夜夜欢歌，但龙精虎猛，丝毫不减。曾在午门大战黄飞虎，后又独斗天下诸侯，在数百人围攻中，依然斩杀南伯侯鄂顺。死后封天喜星。

战绩：与黄飞虎大战多时，不分胜败；黄飞虎、周纪、黄明联手与纣王大战多时，纣王不敌败走，黄飞虎不敢追击；以一人之力大战八百诸侯，斩杀南伯侯鄂顺；后阐教门下杨戬、哪吒等加入战团，在混乱中被姜文焕打伤，然依然成功脱身。

点评：论勇武，历代帝王中，也只有项羽可与之比较了。

第一位：黄天祥

生平：武成王黄飞虎幼子，天生奇才，勇武卓绝。八岁时第一次出战，就枪挑仙人风林，与商朝名将张桂芳大战三十回合不分胜败。后屡次出战，屡立战功，一生两度击杀仙人（风林、陶荣），击败仙人、凡人名将多人。在青龙关，被丘引用法术擒拿后杀死。死后受封为天罡星。

战绩：八岁初战，刺斜里一枪，将风林挑于马下；战张桂芳三十回合不分胜败；陶荣躲闪不及，早被一枪刺于马下；苟章欺黄天祥年幼，不以为意，被一枪正中左腿，败回行营；未及十五合，一枪刺中高贵心窝，翻鞍下马；黄天祥卖了个破绽，一枪正中丘引左腿；黄天祥挂下枪，取弓箭在手，拽开弓弦，往后心射来，正中丘引肩窝；丘引被黄天祥一锏，正中前面护心镜上，打得丘引口喷鲜血，几乎落下鞍鞒。

点评：黄天祥乃封神武神化身，光头无发，银盔银甲，白马长枪，不但形象很酷，武艺也入巅峰之境。其枪法如疾风骤雨，让仙人也无法抽出手来施法。不但两度击杀仙人，还枪刺，箭伤，锏砸，三次击伤千年曲蟮精丘引。这份战绩，在封神凡人武将中，无第二人。

附录二

封神十大神器排行榜

第十位：山河社稷图

在《封神演义》原著介绍女娲娘娘的时候，只是提到女娲娘娘曾经炼石补天，对造人只字不提。事实上，在封神世界，女娲娘娘并非人类始祖。人类以及各种生灵，都是自然衍化的。

女娲娘娘的真正身份，是万妖之祖。因为是妖祖，她才能传唤轩辕坟三妖，让狐狸精入宫魅惑纣王。在袁洪大战杨戬时，女娲娘娘登场，借给杨戬山河社稷图，降伏猿妖。

山河社稷图中自成世界，袁洪进入后就无法跳出，最终被杨戬擒拿。不过，由此也可以看出，山河社稷图在攻击力上其实有限。

第九位：盘古幡

阐教掌教元始天尊手中圣人级法宝。万仙阵中，截教虬首仙摆下太极阵。元始天尊门下十二金仙本无人可以破阵，不过，元始天尊将自家法宝盘古幡借给普贤真人护身。普贤真人摇动盘古幡，定住太极阵，轻松擒拿虬首仙。

在原著中，盘古幡仅仅出场一次。但此宝既然冠以盘古之名，必然与开天辟地有关，威能应该很强。

第八位：六魂幡

在诛仙阵失败之后，通天教主耗费了许多天材地宝炼制出一杆旗幡。他在幡旗上写上老子、元始天尊、接引道人、准提道人、姬发、姜子牙等六人名字，每日参拜，吸取对方魂力。

通天教主声称，此幡一旦用出，就可以坏掉六人性命。只可惜通天教主所托非人。他让心腹弟子长耳定光仙保管六魂幡，可是定光仙竟然临阵反叛。在通天教主最需要六魂幡的时候，定光仙把六魂幡献给了老子、元始天尊，以换取自家活命。

书中写定光仙摘去姬发、姜子牙姓名后摇动幡旗，并没有能杀死四圣，但是，四圣在有准备的情况下，依然要展现最强护体神通，才能对抗六魂幡。可见，在乱战中，若是通天教主突然祭出六魂幡，不说杀死四圣，至少可以重创四圣。

第七位：扁拐

老子的常用法宝是一根扁拐。这扁拐至刚至强，在诛仙阵、万仙阵中，四圣联手攻击通天教主，每一次都是老子先用扁拐打伤通天教主。

扁拐虽然不是老子的最强法宝，但是，用在老子手中，足以威胁到鸿钧老祖以下的任何一位圣人。

第六位：舍利子

不少佛派高人在身躯火化后都能凝练出舍利子。西方教教主接引道人的本命法宝就是三颗舍利子。这三颗舍利子蕴藏天地人三才之力，能放射光芒，抵御强大攻击。通天教主在诛仙阵、万仙阵中两度袭击接引道人，都被接引道人的舍利子光芒阻隔。

不过，接引道人的这舍利子法宝，防御力其实也有限。在诛仙阵中，通天教主挥剑劈砍接引道人，接引道人虽然挡住，但是老子看出接引道人危险，出手相助。在万仙阵中，通天教主袭击接引道人，接引道人以舍利子光芒阻隔。通天教主祭出法宝鱼鼓打来，接引道人无法阻挡，还好有准提道人出手帮忙。由此可见接引道人的舍利子威能还是有限。

第五位：三宝玉如意

元始天尊的最强法宝叫作三宝玉如意。在黄河阵中，白鹤童子曾用此宝灭杀三霄中的碧霄娘娘。在诛仙阵中，元始天尊手持三宝玉如意，跟随老子，乱打通天教主。

在万仙阵中，元始天尊把三宝玉如意赐给弟子。南极仙翁用三宝玉如意将灵牙仙砸得现出原形；慈航道人用三宝玉如意又将金光仙砸得现出原形。后来，白鹤童子又拿着三宝玉如意把申公豹生擒。

元始天尊亲手炼制了许多法宝送给弟子们，但是，他手中的圣人级别法宝并不多，拿得出手的，只有三宝玉如意！

第四位：七宝妙树

西方教副教主准提道人的本命法宝叫作七宝妙树。此宝外表看似柔弱树枝，但是无坚不摧。准提道人曾用此宝刷飞孔宣武器，还以此宝硬抗绝仙剑宝剑一击。

在万仙阵与通天教主再度单挑时，准提道人催发法力，以七宝妙树去刷通天教主佩剑——此时诛仙剑等四大仙剑已经被元始天尊所得，通天教主手中的虽然只是寻常宝剑，但七宝妙树竟然把通天教主的宝剑刷得寸寸碎裂，亦可见七宝妙树之强！

第三位：风火蒲团

阐教大掌教老子的强大法宝，为蕴含风火大道的圣人法宝。在封神大战中，老子曾经用风火蒲团一招收走混元金斗，在诛仙阵中又以此宝轻松擒拿多宝道人。

在对阵通天教主时，无论是在诛仙阵还是万仙阵，老子都没有动用风火蒲团。不是因为风火蒲团太弱，而是因为风火蒲团太强。以何种方式击败通天教主，在何时何地击败通天教主，元始天尊早就做好了计划，禀告了鸿钧老祖。老子虽然实力强悍，也不敢破坏封神计划。

第二位：诛仙剑

通天教主有四把仙剑——诛仙剑、绝仙剑、戮仙剑、陷仙剑，其中诛仙剑最强。这四把仙剑都是鸿钧老祖佩剑，昔日在分宝崖下为通天教主所得。通天教主倚仗这四把仙剑，立下诛仙大阵。在大阵中，他以一敌四，力战老子、元始天尊、接引道人、准提道人四位圣人。虽然最终落败，但是放眼封神世界，除了鸿钧老祖，再无人可以如此风光。

第一位：太极图

阐教大掌教老子的最强法宝，乃奠定封神世界地水火风规则的最强神器。此宝拥有封神世界最强的攻击力与防御力。老子凭借此宝，轻松擒拿云霄娘娘。赤精子曾经借太极图进入落魂阵，又用太极图将殷洪化为灰飞。

在与通天教主的单挑中，老子只是使用扁拐攻击，没有祭出太极图。估计一旦祭出，通天教主将会重伤，甚至可能被生擒。那样的话，老子就会与通天教主结下不死不休的仇怨，最终破坏鸿钧老祖的封神计划。

附录三

封神十大准圣排行榜

封神世界按照不同境界，可以把仙人分成不同的档次，其中混元大罗金仙之下，就是号称“准圣”的大罗金仙。在封神大战中，前后有二十来位大罗金仙登场。那么，谁才是最强大罗金仙呢？

第十位：杨戬

杨戬乃阐教三代门人，修成八九玄功、七十二般变化，能迎风变化，又有神犬哮天相助，综合实力青出于蓝，已达大罗金仙之境。

杨戬下山之时，就施展变化之术盗走混元伞，为击败魔家四将立下大功。之后，他与哪吒截杀邓九公、姚少司，夺回箭书，促成大罗金仙赵公明阵亡。之后杨戬无论是群战还是单挑，都卓尔不群，立下赫赫战功，是公认的周营阐教门下第一人。

杨戬一生最辉煌的战绩，是以一人之力斩杀梅山七圣。当然，在杀死袁洪时，多亏了万妖之祖女娲娘娘所赠的山河社稷图。袁洪实力堪比杨戬，气运却大大不如。在封神大战时，袁洪还能与杨戬战个平手，随着时间推移，二人之间的差距将越拉越大。

杨戬没有超强法宝，但是凭借八九玄功与超强的气运，始终笑傲沙场。这也是杨戬在大罗金仙中杀伤力不是很强，却能存活到最后的重要原因。

第九位：陆压

陆压出身神秘，自称是西昆仑散仙，其实是八景宫玄都洞老子家中的灯焰得道，是标准的阐教仙人。

陆压一登场，就代替老子，用钉头七箭书射死了从玄都洞盗走定海珠的小贼赵公明，并大破十绝阵之烈焰阵。之后，陆压曾大战孔宣，却因破不了五色神光落荒而逃。在万仙阵中，陆压以斩仙飞刀杀死丘引（千年曲蟮成精），之后回归仙界再未出场。后来，姜子牙用斩仙飞刀成功斩杀了袁洪和妲己。

很多读者非常喜爱陆压，把陆压吹成鸿钧老祖的小师弟，事实上那只是网络小说中的一种观点。《封神演义》原著中陆压的最强战绩就是斩杀赵公明。不过，他所用的手段并不光彩。并且，钉头七箭书极有可能是老子绘制。若陆压可以独立绘制钉头七箭书，他也不会在三霄娘娘登场后就吓跑了。

第八位：赵公明

赵公明是截教第一位参与封神大战的大罗金仙，登场时霸气十足，以定海珠大败玉虚宫十二金仙。燃灯道人上场后，也几次被赵公明打得大败。

不过，赵公明气运太差，先是被区区散仙曹宝、萧升刷走了定海珠，又遇上了暗中放冷箭的陆压道人。于是，空有金蛟剪而无法施为。最终，堂堂大罗金仙硬生生魂飞魄散而死。

不过，单凭他大败玉虚宫十二金仙，数败燃灯道人的战绩，足以让赵公明名列十大准圣行列。就算是拥有斩仙飞刀的陆压，在来到西岐后也不敢正面和赵公明作战，而只是在背后偷偷放冷箭。

第七位：龟灵圣母

在截教上四大弟子中，龟灵圣母排行老末，实力也相对较差，但是，比起其他大罗金仙，还是庸中佼佼。

在七大上仙被阐教、西方教联手擒拿之后，龟灵圣母挺身而出，仗剑来斗阐教。阐教惧留孙应战。惧留孙在十二金仙中实力居于中上，开始还嘲笑龟灵圣母，可见到龟灵圣母祭出法宝日月珠之后，全无风度，转身就跑。

龟灵圣母一路追杀，可惜被西方教教主接引道人拦截。面对圣人，龟灵圣母丝毫不惧，接连祭出日月珠来打接引道人。接引道人大怒，祭出法宝念珠打去。最终，龟灵圣母被接引道人打出原形。

龟灵圣母拥有秒杀金仙的实力，且敢于和圣人叫板。身为圣人级教主的接引道人，也必须祭出法宝才能击败龟灵圣母，足见龟灵圣母实力强悍！

第六位：乌云仙

常在碧游宫修炼的截教内门弟子，除了上四大弟子还有七大上仙。乌云仙就是七大上仙最强者。

万仙阵中，乌云仙是守阵头号大仙。他手中有超强法宝混元锤，一旦祭出，连败赤精子、广成子，把二人打得满地找牙。若非准提道人出手拦截，广成子必然殒落。

准提道人乃圣人高手，战力还在元始天尊、接引道人之上。他遇上乌云仙，也不敢硬接混元锤。乌云仙一路追杀准提道人，最后是被准提道人的童子以针对性宝物六根清净竹压制，不得不现出原形。

乌云仙拥有追打圣人的超强实力，名列第六位实至名归。

第五位：金灵圣母

金灵圣母是通天教主的第二位大弟子，在多宝道人被老子抓走后，她负责布置并主持万仙大阵。

在万仙阵中，昊天上帝之女龙吉公主与丈夫洪锦擅自冲阵，想杀通天教主以复仇。龙吉公主手中有多件大罗金仙级法宝，综合实力可秒杀金仙，却被金灵圣母祭出四象塔轻松杀死。

之后，群仙混战，金灵圣母以一人之力硬抗阐教三大士。当时的文殊广法天尊、普贤真人、慈航真人三人不但修为全部恢复，护体神通全开，并且一个手中拿着元始天尊赐下的超强法宝盘古幡，一个拿着老子绘制的超强符箓太极符印。可是，就算三大士手中有圣人法宝，依然难以击败金灵圣母。最终还是靠着阐教最擅长下黑手、拍黑砖的燃灯道人，偷偷祭出定海珠，方才砸死了金灵圣母。

金灵圣母死后被封为坎宫圣母，统管普天星宿，在天庭八部正神中实际权力最大。是因为她不仅地位超然，是阵亡的截教群仙领袖，而且实力强悍，仅差一步就可以成圣。

第四位：孔宣

孔宣在金鸡岭时，凭借其天赋神通五色神光连败多位大罗金仙。他先是把杨戬打跑，后又把陆压吓退。燃灯道人祭出的定海珠、金钵，全被孔宣的五色神光刷走。后来，大鹏金翅雕与孔宣大战，在一二个时辰后被孔宣击败。燃灯道人也不得不施展遁光逃走。

孔宣虽然没有法宝，但他是妖族出身，天生肉体强悍，并且五色神光可以五行合一，圣人以下法宝对其基本无效。

后来，准提道人登场，大战孔宣。准提道人以七宝妙树刷走孔宣手中武器，并趁着孔宣施展五色神光，遁入孔宣体内，然后准提道人展现金身法相，突破孔宣孔雀本体。最后，在圣人级法宝加持神杵的威压下，孔宣不得不臣服。

孔宣的五色神光很强，但是对大罗金仙中遁术高超者基本无效。因此，孔宣的综合实力虽然很强，但在大罗金仙后期高手中自保能力有余，伤敌能力不足。并且，沦为准提道人坐骑后，孔宣的后续发展能力有限，在千百年后也没有成圣。

第三位：云霄娘娘

三霄娘娘虽然没有列入截教上四大弟子、七大上仙行列，但其综合实力却超过截教多数嫡传仙人，尤其是大姐云霄娘娘，综合实力更是强悍。

三霄娘娘一登场，就以混元金斗遍擒玉虚宫十二金仙，就连会八九玄功、七十二变的杨戬也是枉然。陆压最是机灵，从来都是趋利避害，可面对混元金斗也无可奈何。唯有燃灯道人修为高深，刚见云霄娘娘祭出混元金斗，就化清风遁走。

之后，云霄娘娘出面布下黄河大阵，更是大展神威，一举削去十二金仙顶上三花，将十二金仙废为凡人。若非云霄娘娘顾及身份，不想对后辈弟子出手，杨戬、金吒、木吒等人也难逃修为被废的厄运。

只因云霄娘娘实力太强，黄河阵威力逆天，阐教两位圣人不得不联袂下山，擒拿三霄娘娘。大战时，老子先用风火蒲团把混元金斗收走，然后展开太极乾坤图将云霄娘娘裹走，压在麒麟崖下。

太极乾坤图乃是开辟封神世界的圣人级重宝，拥有至强大道法则。在封神世界诸多法宝中，太极图绝对是最强神器。老子面对云霄娘娘，不仅要连番出动法宝，并且需要祭出最强法宝，足见云霄娘娘实力强悍！

第二位：燃灯道人

燃灯道人是阐教圣人之下最强高手，玉虚宫十二金仙见了燃灯道人，也需要口称老师，恭恭敬敬。

燃灯道人修为极高，在天皇时期就已经得道。不过因为他没有得到合适机缘，一直没有成圣。

封神大战中，燃灯道人的战绩貌似不佳：与赵公明交手，燃灯道人先被定海珠吓走，后被金蛟剪追杀；遇上云霄娘娘，燃灯道人被打得逃跑；降伏个大鹏，是靠着要诈；遇上孔宣，只能遁走；他曾经打落过通天教主，不过是靠着偷袭；他也曾砸死了金灵圣母，但还是靠着拍黑砖。

不过，燃灯道人为何会被赵公明、云霄娘娘追打？不是因为他不够强，而是因为他没有强力法宝。面对孔宣战败，也是因为五色神光可以转换五行，正好克制定海珠。

燃灯道人在得到定海珠后大喜，因为定海珠中蕴含庞大水系规则，足可以让他参悟成圣。多年之后燃灯道人正是靠着定海珠，从大罗金仙进阶为混元大罗金仙，成为圣人（燃灯古佛，西方教第二任教主）。

第一位：多宝道人

多宝道人是通天教主门下大弟子，修为高深，实力强悍。他在碧游宫时，通天教主视之为左膀右臂，对其言听计从。多宝道人在截教万仙中威望极高。他的弟子火灵圣母被广成子杀害，多宝道人不用说一句话，就有许多人跳出来为难广成子。

仙界以实力为尊，多宝道人之所以受人尊崇，正是因为他实力强悍。

诛仙阵大战时，广成子以番天印砸多宝道人。番天印砸中多宝道人后背心，多宝道人只是一跌，可见其防御能力高超。

之后，多宝道人挥舞宝剑大战老子。老子口中轻蔑，出手却非常谨慎。他先是用扁拐架起多宝道人宝剑，然后祭出仅次于太极图的超强法宝风火蒲团。最终，多宝道人被风火蒲团卷走。

多宝道人虽然仅仅一招就被老子击败，但老子本就是封神世界仅次于鸿钧老祖的至强圣人。就算是圣人，面对老子的风火蒲团与太极图也只能干瞪眼！通天教主能在诛仙阵中与老子打个平手，一来是因为有四把仙剑加持，能力提升，二来是因为老子始终没有用出风火蒲团与太极图！

多宝道人号称多宝，但是在封神大战中一件法宝也没有拿出。因为种种原因，多宝道人隐藏了大部分实力。

封神大战结束不久，多宝道人加入西方教。多年之后，多宝道人修为大成，进阶圣人，成西方教第三任教主，号释迦牟尼佛，即如来佛祖。

声　明

本书内容与现实宗教无关。本书所解读的是我国古典名著《封神演义》虚构的神话世界。